JN441194

엑셀로 시작하는 데이터 분석과 업무 자동화

저자 김철

파워 쿼리 · 파워 피벗 · 함수 · VBA까지 실무 완전 정복
데이터 분석 + 자동화 + 시각화

YoungJin.com Y.
영진닷컴

엑셀로 시작하는 데이터 분석과 업무 자동화

ISBN 978-89-314-8229-4

독자님의 의견을 받습니다.

이 책을 구입한 독자님은 영진닷컴의 가장 중요한 비평가이자 조언가입니다. 저희 책의 장점과 문제점이 무엇인지, 어떤 책이 출판되기를 바라는지, 책을 더욱 알차게 꾸밀 수 있는 아이디어가 있으면 이메일, 또는 우편으로 연락주시기 바랍니다. 의견을 주실 때에는 책 제목 및 독자님의 성함과 연락처(전화번호나 이메일)를 꼭 남겨 주시기 바랍니다. 독자님의 의견에 대해 바로 답변을 드리고, 또 독자님의 의견을 다음 책에 충분히 반영하도록 늘 노력하겠습니다.

파본이나 잘못된 도서는 구입처에서 교환 및 환불해 드립니다.

이메일 : support@youngjin.com
주 소 : (우)08512 서울특별시 금천구 디지털로9길 32 갑을그레이트밸리 B동 10층
등 록 : 2007. 4. 27. 제16-4189호

STAFF

저자 김철 | **총괄** 김태경 | **진행** 성민 | **디자인·편집** 곽은슬
영업 박준용, 임용수, 김도현, 이윤철 | **마케팅** 이승희, 김근주, 조민영, 김민지, 김진희, 이현아
제작 황장협 | **인쇄** 예림

머리말

매년 연초가 되면 많은 계획과 다짐을 하게 되는데 제 주변 사람 중에는 정말 엑셀을 '제대로 공부해 보겠다'라고 다짐하는 분들이 있습니다. 그러면서 제게 어떻게 하면 좀 더 빠르고 쉽게 익힐 수 있는지를 물어보곤 합니다.

제가 강의를 하며 혹은 지인들에게 받은 난감한 질문 몇 가지 중 하나입니다. 그냥 막연히 열심히 하라고 하기에는 너무 광범위하고, 또 디테일을 살려 말하려니 너무 장황한 설명이 될 것 같기 때문입니다. 저 개인적으로는 제가 강사, 저자로서의 활동을 하는 동안은 항상 고민하고 답을 찾아야 하는 문제인 듯합니다. 그래서 이 책 역시 이러한 분들을 위해서 조금은 쉽게 접근하고, 학습하는 데 도움이 되는 좋은 책을 만들겠단 생각으로 집필했습니다.

책장 한쪽에 먼지 쌓인 채 꽂혀있는 책이 아닌 모니터 옆에 세워져 있고 언제라도 손 닿는 곳에 있는 책이 되고자 현업에서 질문하는, 불편해하는 내용 위주로 어떻게 좀 더 쉽게 해결 방안을 찾고 자동화시킬 수 있는지를 녹였습니다.

처음부터 꼼꼼히 보는 게 가장 좋겠지만, 분량이 작지 않은 책이라 모두 정독하기 쉽지 않기에 불편한 업무가 생겼을 때 주요 키워드를 살펴보고, 책에서 그 부분을 찾아보면 도움이 될 거라 생각합니다.

어느 순간부터 우리 일상에는 AI라는 단어가 자연스레 녹아 들었습니다. 그 발전 속도 역시 상상을 초월할 만합니다. 그에 못지않게 엑셀이라는 프로그램의 발전과 변화 또한 상당했습니다. 이렇게 많은 버전 업과 발전을 통해 향상된 엑셀 기능을 경험해 보시고 업무에 날개를 달고 높이 비상하길 바랍니다.

저는 옆에서 이 책과 더불어 여러분들과 소통하며 작은 힘이 되겠습니다. 모두 연초에 세우셨던 계획 잘 이루시길 바라고, 혹시라도 엑셀 공부를 제대로 하겠단 분들도 초심을 잃지 말기 바랍니다.

이 책을 준비하며 함께 고생한 영진닷컴 관계자분들에게 지면을 빌어 고맙단 말씀을 전합니다. 제가 처음 저자의 말을 적을 때 '안방에 곤히 자고 있는'이라고 썼던 기억이 있는데 이젠 어느덧 훌쩍 커서 직장 생활 3년 차가 된 큰딸 하연이, 어느덧 4학년이 된 작은딸 서연이, 항상 묵묵히 제 옆에서 빈자리를 채워 주고 힘이 되어 주는 아내에게도 고마움을 전합니다.

저자 **김철**

미리 보기 및 부록

미리 보기

이 책은 Microsoft 365의 엑셀을 기준으로 집필했으며, 엑셀의 기초 체력을 다지는 환경 설정부터 마우스 클릭만으로 끝내는 데이터 분석, 그리고 업무 시간을 획기적으로 줄여주는 자동화 기술을 차례로 습득합니다. 나아가 파워 쿼리와 DAX를 활용한 전문 모델링은 물론, 생성형 AI와 파이썬을 접목한 생산성 혁신까지 단계별로 경험하며 엑셀 전문가로 거듭나는 완벽한 여정을 제안합니다.

- **PART** : 총 9개의 PART로 구성되며, 각각의 PART는 엑셀의 "기초 / 피벗 테이블 분석 / 업무 자동화를 위한 함수 / 파워 쿼리를 이용한 데이터 처리 / 차트 및 인포그래픽 / 파워 피벗과 DAX 기반의 심층 모델링 / VBA를 이용한 실전 자동화 / 엑셀 꿀팁 / AI"를 학습할 수 있도록 구성했습니다.

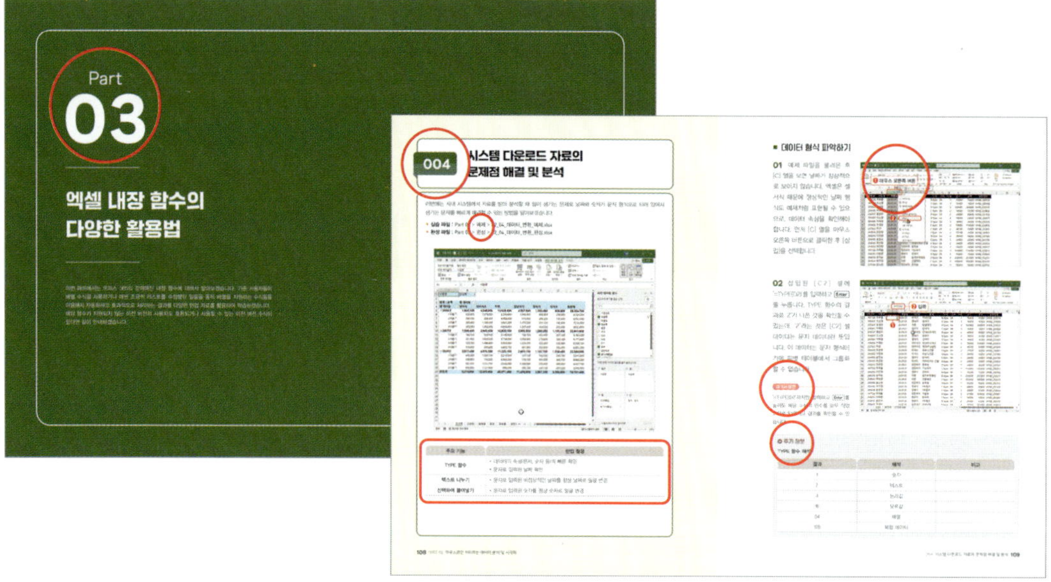

- **핵심 내용** : 본격적인 학습에 앞서 해당 파트에서 다룰 중요 주제와 핵심 흐름을 한눈에 파악할 수 있도록 구성했습니다.
- **실습/완성 파일** : 학습에 즉시 활용할 수 있는 준비 파일과 학습 결과를 비교 · 검토할 수 있는 완성 파일의 경로를 안내합니다.
- **주요 기능/현업 활용** : 각 섹션에서 습득할 핵심 기능이 현업의 어떤 상황에서 어떻게 활용되는지 직관적으로 소개합니다.
- **따라하기 과정** : 엑셀 초보자도 단계별 과정을 차근차근 완수할 수 있도록 상세한 설명과 화면 이미지를 곁들였습니다.
- **여기서 잠깐** : 학습 과정에서 놓치기 쉬운 주의 사항이나 효율적인 작업을 위해 꼭 참고해야 할 팁을 짚어줍니다.
- **추가 정보** : 본문 내용과 연계하여 알아두면 업무의 외연을 넓힐 수 있는 확장 지식들을 간결하게 담았습니다.

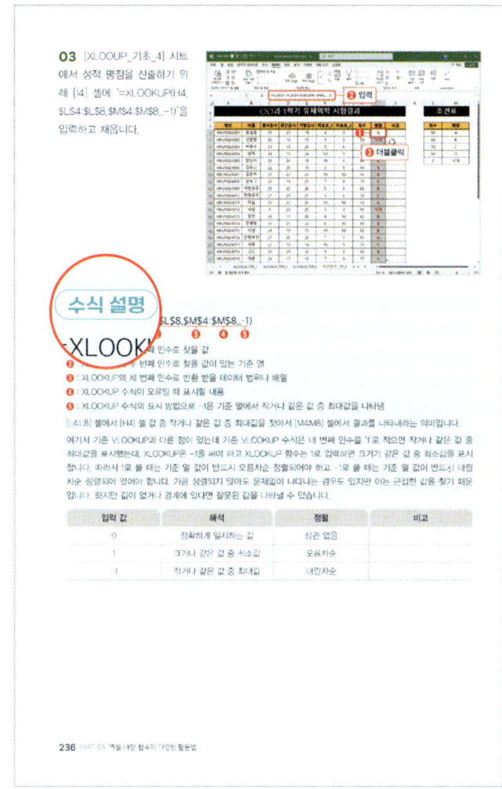

■ **수식 설명** : 수식을 단순히 주입식으로 알려 주는 것이 아니라, 구조를 논리적으로 이해할 수 있도록 돕는 코너입니다.

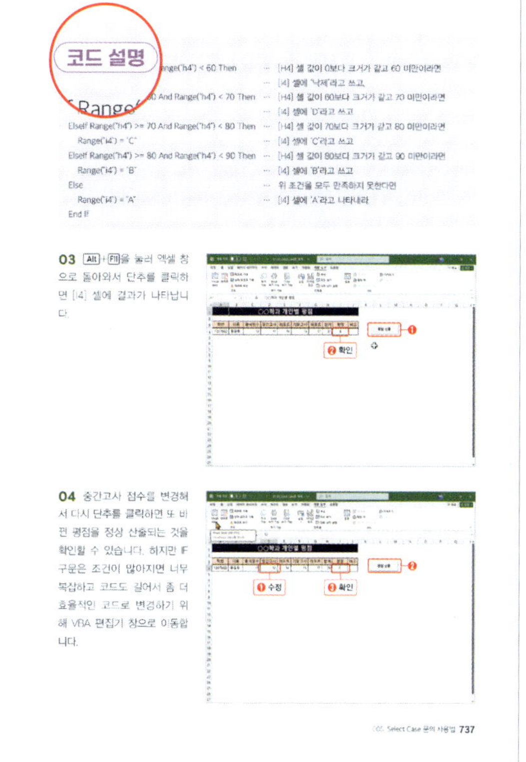

■ **코드 설명** : 복잡한 코드의 흐름을 한눈에 파악하여, 프로그래밍 지식 없이도 업무 자동화의 원리를 완벽히 이해하고 응용하게 해줍니다.

준비 · 완성 파일 다운로드

영진닷컴 홈페이지(www.youngjin.com) – [고객센터] – [부록 CD 다운로드] – [IT도서 · 교재]에서 도서명 검색, 압축 파일을 다운로드 후 내 컴퓨터의 적당한 위치에서 압축을 해제하면 PART별로 예제/완성 파일이 수록되어 있습니다.

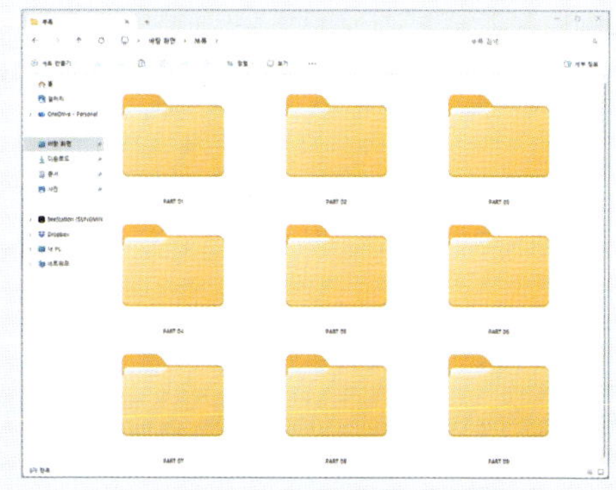

▲ 다운로드한 압축 파일을 해제한 모습

PART별 주요 학습 내용

PART 01 >> 엑셀의 기본 조작 및 엑셀 데이터의 이해

데이터 분석의 시작에 앞서 엑셀의 기초 체력을 다지는 단계입니다. 화면 구성과 업무 효율을 높여주는 환경 설정은 물론, 실무 데이터의 구조를 명확히 이해하고 표 기능을 활용해 실습의 기초를 완벽하게 준비합니다.

PART 02 >> 마우스로만 처리하는 데이터 분석 및 시각화

복잡한 함수 없이도 강력한 분석이 가능한 피벗 테이블의 핵심 활용법과 시각화 기법을 다룹니다. 매출 추이 분석부터 실무의 고질적인 문제인 비정형 데이터 변환까지 마우스 클릭만으로 해결하며, 데이터의 흐름을 한눈에 파악할 수 있는 반응형 대시보드와 보고서 제작 기술도 습득합니다.

PART 03 >> 엑셀 내장 함수의 다양한 활용법

엑셀의 강력한 동적 배열 함수를 활용해 수작업을 획기적으로 줄이고 복잡한 보고서를 자동화하는 방법을 학습합니다. XLOOKUP, FILTER 등 최신 함수로 기존의 번거로운 수식 구조를 단순화하는 것은 물론, 현업 밀착형 사례를 중심으로 실무 해결 능력을 극대화합니다.

PART 04 >> 파워 쿼리를 활용한 빅데이터 분석

엑셀의 한계를 뛰어넘어 대용량 데이터를 자유자재로 다루고 자동화할 수 있는 파워 쿼리의 핵심 기술을 전수합니다. 여러 시트와 폴더에 흩어진 방대한 자료를 일괄 통합하는 것은 물론, 웹 크롤링을 활용한 데이터 수집부터 파워 BI로 이어지는 전문적인 분석 환경 구축 과정을 다룹니다.

PART 05 >> 정보의 시각화와 인포그래픽

분석된 데이터를 의사결정에 즉시 활용할 수 있도록 최적의 보고용 자료로 시각화하는 전략을 학습합니다. 조건부 서식과 스파크 라인을 활용한 직관적인 목표 관리부터, 동적 차트와 와플 차트를 활용한 수준 높은 인포그래픽 제작까지 실습하며 데이터에 생명력을 불어넣는 대시보드 구성 능력을 완성합니다.

PART 06 >> 파워 피벗을 활용한 다양한 분석

기존 피벗 테이블의 한계를 넘어, 데이터 모델링과 DAX 함수를 활용한 고차원적 데이터 분석 기법을 실무에 적용합니다. 파워 피벗의 관계 설정을 통해 여러 데이터를 유기적으로 연결하고, CALCULATE, SUMX 등의 DAX 함수를 활용해 전년 대비 매출 분석이나 예약 현황 관리 같은 복잡한 비즈니스 지표를 자동화된 시각화 결과물로 구현합니다.

PART 07 >> 엑셀 VBA를 활용한 업무 자동화

단순 반복 업무를 완전히 자동화하기 위해 엑셀의 프로그래밍 언어인 VBA를 활용하는 실전 기법을 배웁니다. 매크로 기록기로 작업 과정을 코딩하는 기초부터, 조건문과 순환문을 이용해 기록기만으로는 불가능한 복잡한 데이터 처리 자동화까지 구현하며, 나아가 사용자 정의 함수와 나만의 리본 메뉴를 제작해 업무 환경을 획기적으로 개선합니다.

PART 08 >> 업무 효율을 높이는 엑셀 꿀팁

복잡한 수식 없이도 업무 속도를 즉각적으로 높여주는 엑셀의 숨은 편의 기능과 실전 노하우를 정리합니다. 상태 표시줄의 스마트한 활용부터 데이터 변환법, 프로젝트 진행률 시각화까지, 매번 찾아보기 번거로웠던 핵심 옵션들을 선별하여 실무 효율을 극대화하는 가장 빠르고 쉬운 해결책을 제시합니다.

PART 09 >> 생성형 AI를 이용하여 업무 생산성을 높이는 방법

ChatGPT와 엑셀 파이썬 등 최신 생성형 AI 기술을 업무에 도입하여 생산성을 혁신적으로 끌어올리는 방법을 다룹니다. AI를 활용해 복잡한 파이썬 코드를 생성하고, 클릭 한 번으로 작동하는 나만의 커스텀 추가 기능 탭을 제작하는 등 AI와 결합한 업무 자동화 환경을 맛봅니다.

작업 상황별 주요 키워드

번호	작업별 주요 키워드 내용	예제 파일명	본문 페이지
1	좀 더 효율적인 엑셀 환경을 만들고 싶어요.	01_01_환경 설정_빠른 실행_도구 모음_완성.xlsx	16p
2	자동화된 데이터베이스를 만들고 싶어요.	01_02_데이터_이해와_표_완성.xlsx	29p
3	업무 효율을 높이는 꿀팁을 알고 싶어요.	01_03_다양한_활용 사례_및_팁_완성.xlsx	42p
4	마우스만으로 데이터 분석을 하고 싶어요.	02_01_데이터 분석_완성.xlsx	64p
5	개인별 자동 분리 보고서를 만들고 싶어요.	02_02_값_표시 형식_완성.xlsx	89p
6	전월 대비 매출액, 전년 대비 매출액 등 다양한 통계량을 쉽게 나타내고 싶어요.	02_03_다양한_값_표시 형식_완성.xlsx	97p
7	날짜, 숫자를 정상 데이터로 변환하고 분석하고 싶어요.	02_04_데이터_변환_완성.xlsx	108p
8	각종 경영 통계 분석 자료를 한눈에 보고 싶어요.	02_05_대시보드_완성.xlsx	118p
9	함수 없이 보고서를 빠르게 만들고 싶어요.	02_06_반응형_보고서_완성.xlsx	140p
10	기간을 마음대로 설정한 반응형 보고서를 만들고 싶어요.	02_07_비정형_기간_반응형_보고서_완성.xlsx	158p
11	날짜와 시간까지 포함된 데이터를 변환하고 싶어요.	02_08_날짜 시간_포함_문자 데이터_변환_완성.xlsx	169p
12	데이터 변환 전 만든 피벗 테이블을 수정하고 싶어요.	02_09_데이터_후 변환_완성.xlsx	178p
13	참조 범위를 자동으로 지정하게 하고 싶어요.	03_01_HASH_SIGN_과_트리밍 참조_완성.xlsx	190p
14	함수로 보고서를 만들고 싶어요.	03_02_반응형_보고서_완성.xlsx	197p
15	한 번 입력으로 수식을 채우고 싶어요.	03_03_BYROW_BYCOL_함수_완성.xlsx	213p
16	필터 기능을 함수로 구현하고 싶어요.	03_04_FILTER_함수_완성.xlsx	217p
17	VLOOKUP 함수보다 손쉽게 데이터를 가져오고 싶어요.	03_05_XLOOKUP_함수_완성.xlsx	232p
18	여러 시트의 자료를 한 번에 처리하고 싶어요.	03_06_VSTACK_HSTACK_함수_완성.xlsx	256p
19	함수로 다양한 보고서를 손쉽게 만들고 싶어요.	03_07_GROUPBY_함수_완성.xlsx	264p
20	피벗 테이블을 함수로 구현하고 싶어요.	03_08_PIVOTBY_함수_완성.xlsx	292p
21	문자열 처리에 관해서 궁금해요.	03_09_TEXTSPLIT_TEXTJOIN_함수_완성.xlsx	304p
22	비정상 데이터를 변환해서 처리하는 방법이 궁금해요.	03_10_TEXTSPLIT_함수_활용_통계_완성.xlsx	317p
23	여러 시트 내용을 좀 빠르게 검색하고 싶어요.	03_11_실시간_검색_Filter_함수 활용_완성.xlsx	324p
24	필터도 쉽게하고, 결과 자료를 실시간으로 보고 싶어요.	03_12_검색 가능한_유효성_검사와_특정 기간_Filter_함수_활용_통계_완성.xlsx	329p
25	거래한 날짜에 맞는 단가를 불러들이고 싶어요.	03_13_최근 단가_나타내기_TAKE_함수_완성.xlsx	341p
26	상, 하위 몇 개 데이터를 제외하고 평가하고 싶어요.	03_14_신규_입사자_면접 결과_DROP_함수_완성.xlsx	355p
27	파워 쿼리의 데이터 형식에 대해서 알고 싶어요.	04_01_데이터 형식_날짜 변환_완성.xlsx	364p
28	보고서를 데이터베이스화하고 싶어요.	04_02_데이터베이스_변환_완성.xlsx	370p
29	병합된 머리글 보고서를 데이터베이스화하고 싶어요.	04_03_병합 머리글_데이터베이스_변환_완성.xlsx	376p
30	2개 이상의 시트를 한 번에 분석하고 자동화하고 싶어요.	04_04_다중 시트_필드 추가_자동 반영_완성.xlsx	386p
31	2개 이상의 시트인데 머리글이 달라도 자동화 분석하고 싶어요.	04_05_2026년도-2028년도_다른_필드명_일괄 집계_완성.xlsx	396p
32	데이터가 달리 표기된 여러 시트를 분석하고 싶어요.	04_06_시스템별_아이템명_일괄 변경_매출 집계_완성.xlsx	409p
33	데이터를 효율적으로 관리, 분석하고 싶어요.	04_07_파워 쿼리_병합_완성.xlsx	418p
34	2개 이상 시트를 분석해서 회사 양식에 맞춰서 나타내고 싶어요.	04_08_2026년도-2028년도_보고서_완성.xlsx	427p
35	2개 이상 시트를 여러 형태로 손쉽게 분석하고 싶어요.	04_09_2026년도-2028년도_다중 보고서_완성.xlsx	443p
36	인터넷에서 주식 정보를 가져와 시각화하고 싶어요.	04_10_웹_크롤링_완성.xlsx	458p
37	여러 페이지의 인터넷 주식 정보를 가져와 처리하고 싶어요.	04_11_표_활용_다중_페이지_웹 크롤링_완성.xlsx	469p
38	매출을 표시하고 세부 내용을 같이 표시하고 싶어요.	04_12_특정 기간_세부 내역_파워 쿼리_완성.xlsx	478p

39	한 폴더에 수십 개 파일을 한 번에 분석하고 싶어요.	04_13_폴더 단위_분석_완성.xlsx	488p
40	한 폴더에 있는 머리글이 다른 파일을 한 번에 분석하고 싶어요.	04_14_다른 필드명_폴더 단위_분석_완성.xlsx	497p
41	마우스로 간단히 매출 추이 곡선을 나타내고 싶어요.	05_01_스파크라인_완성.xlsx	508p
42	셀에 간단히 목표 대비 실적을 시각화하고 싶어요.	05_02_스파크라인을_활용한_목표 관리_완성.xlsx	519p
43	각종 데이터를 손쉽게 시각화하고 싶어요.	05_03_조건부 서식_시각화_완성.xlsx	523p
44	날짜만 입력하면 자동으로 변하는 휴가 계획표를 만들고 싶어요.	05_04_조건부 서식_활용_휴가 계획표_완성.xlsx	537p
45	차트 중 제일 많이 활용되는 차트가 뭔지 궁금해요.	05_05_이중 축_차트_완성.xlsx	541p
46	각종 진행 현황을 차트로 나타내고 싶어요.	05_06_각종_진행 현황_차트_완성.xlsx	555p
47	각종 진행 현황을 원형 차트로 나타내고 싶어요.	05_07_각종_진행 현황_원형 차트_완성.xlsx	570p
48	제품 만족도를 인포그래픽 차트로 만들고 싶어요.	05_08_제품 만족도_인포그래픽_차트_완성.xlsx	590p
49	지도를 차트에 나타내고 싶어요.	05_09_등치 지역도_차트_완성.xlsx	604p
50	손쉽게 SWAT 분석의 기초 차트를 만들고 싶어요.	05_10_방사형_분석 차트_완성.xlsx	607p
51	대분류의 세부 Detail을 표시하는 차트를 만들고 싶어요.	05_11_원형_대_원형_차트_완성.xlsx	612p
52	좀 더 다양한 각종 경영 통계 분석 자료를 한눈에 보고 싶어요.	05_12_매출_대시보드_시각화_완성.xlsx	617p
53	엑셀에서 못 그리는 Sankey 차트를 그리고 싶어요.	05_13_Sankey_Diagram.png	641p
54	파워 피벗의 기초가 궁금해요.	06_01_데이터_로딩_완성.xlsx	648p
55	피벗 테이블에 없는 통계량을 피벗으로 나타내고 싶어요.	06_02_고유 개수_완성.xlsx	655p
56	피벗 테이블에 없는 통계량을 함수로 나타내고 싶어요.	06_03_DAX_SUMX_완성.xlsx	663p
57	DAX의 CALCULATE 함수를 왜 사용하는지 궁금해요.	06_04_DAX_CALCULATE_완성.xlsx	667p
58	파워 피벗을 활용해서 문자열을 피벗 테이블로 처리하고 싶어요.	06_05_예약 현황_완성.xlsx	673p
59	각종 데이터를 효율적으로 관리, 분석하고 싶어요.	06_06_피벗 테이블_관계 설정_DAX_측정값_완성.xlsx	680p
60	엑셀 기본 차트로 만들지 못하는 계층 구조 차트를 만들고 싶어요.	06_07_계층 구조_시각화_완성.xlsx	686p
61	매크로를 배우고 싶어요.	07_01_매크로 기록기와_코드 수정_완성.xlsm	696p
62	매크로에서 사용되는 데이터 범위는 어떻게 적어야 하나요?	07_02_데이터 범위의_다양한_선택 방법_완성.xlsm	705p
63	매크로를 잘 활용하기 위해 환경 설정을 어떻게 하면 좋을까요?	07_03_폰트_변경_및_사용자_메뉴_작성_완성.xlsm	721p
64	VBA에서 사용되는 기본 구문이 궁금해요.	07_04_IF_With 문_완성.xlsm	729p
65	VBA에서 IF 문을 중첩하지 않고 간단히 처리하고 싶어요.	07_05_Select_Case 문_완성.xlsm	735p
66	엑셀 내장 함수를 매크로에서도 사용하고 싶어요.	07_06_WorkSheetFunction_완성.xlsm	740p
67	한 번 클릭으로 데이터가 있는 곳까지 자동으로 일처리하고 싶어요.	07_07_For_Next 문_완성.xlsm	742p
68	데이터가 2행 단위로 있는데 자동으로 처리하고 싶어요.	07_08_For_Next 문_2번째_완성.xlsm	748p
69	시트가 여러 개 있을 때도 자동으로 처리하고 싶어요.	07_09_For_Each_Next문_완성.xlsm	751p
70	내가 필요한 함수를 만들어 사용하고 싶어요.	07_10_사용자_정의_함수_완성.xlsm	755p
71	시트 관련 팁이 뭐가 있을까요?	08_01_시트_개체_통계량_완성.xlsx	772p
72	24시간 이상의 경과 시간을 모두 나타내고 싶어요.	08_02_셀 서식_키_이름 정의_완성.xlsx	779p
73	사진도 정렬하고 병합된 셀 데이터를 처리하는 팁을 알려주세요.	08_03_정렬_바꾸기_개체_완성.xlsx	787p
74	한 개 열 데이터를 데이터베이스화하려고 해요.	08_04_데이터 변환_이동_날짜 변환_완성.xlsx	797p
75	숨긴 데이터는 제외하고 복사하고 싶어요.	08_05_필터 관련_완성.xlsx	804p
76	프로젝트 진행 상황판을 만들고 싶어요.	08_06_프로젝트_진행 상황_완성.xlsx	812p
77	엑셀에서 파이썬을 어떻게 사용하는 걸까요?	09_01_파이썬을_활용한_시각화_완성.xlsx	820p
78	나만의 탭을 만들어서 사용하고 싶어요.	09_02_사용자_정의_탭_완성.xlsx	838p

목차

PART 01 엑셀의 기본 조작 및 엑셀 데이터의 이해

PART 02 마우스로만 처리하는 데이터 분석 및 시각화

PART 03 엑셀 내장 함수의 다양한 활용법

PART 04 파워 쿼리를 활용한 빅데이터 분석

목차

PART 05 정보의 시각화와 인포그래픽

PART 06 파워 피벗을 활용한 다양한 분석

PART 07 엑셀 VBA를 활용한 업무 자동화

PART 08 업무 효율을 높이는 엑셀 꿀팁

PART 09 생성형 AI를 이용하여 업무 생산성을 높이는 방법

Part

01

엑셀의 기본 조작 및 엑셀 데이터의 이해

이번 파트에서는 앞으로 엑셀로 데이터를 분석하기 위해 반드시 알아두어야 할 기본 조작법과 데이터의 개념, 그리고 현업에서 즉시 활용할 수 있는 다양한 실무 팁과 응용법을 익히게 됩니다. 이를 통해 엑셀의 기본기를 탄탄히 다지고, 이후 단계에서 진행할 데이터 분석과 시각화 실습의 기초를 확실히 다질 수 있습니다.

001 엑셀의 화면 구성과 명칭

엑셀 화면의 기본 구성 요소와 각 부분의 명칭에 대해 살펴보겠습니다. 그중에서도 실무에서 자주 활용되며 반드시 알아두어야 할 주요 명칭만 선별하여 정리했습니다.

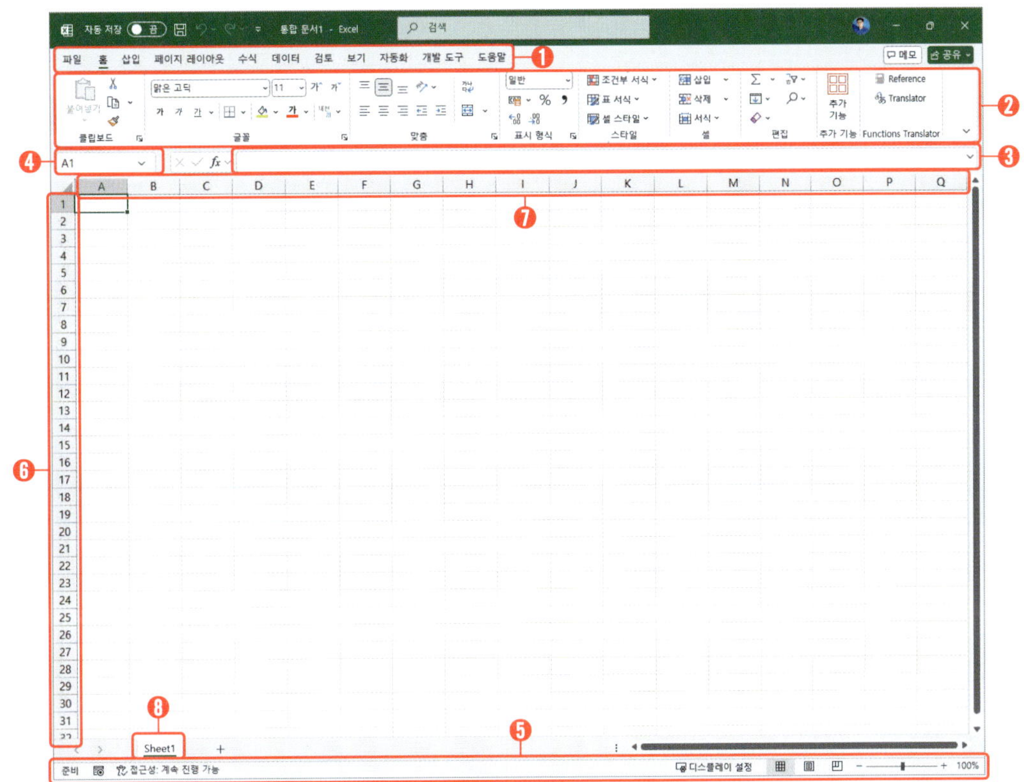

❶ **탭** : 엑셀 메뉴가 나타나는 부분으로 홈부터 도움말까지 기본 구성이 나타나 있습니다.

❷ **그룹** : 엑셀 메뉴 각각의 탭에서 여러 개 그룹으로 구성되어 있으며 그룹 좌, 우측에는 희미한 구분선이 있습니다. 예를 들어, 조건부 서식을 실행하는 것을 표현하자면, '[홈] 탭 – [스타일] 그룹 – [조건부 서식]을 클릭합니다.' 라고 합니다.

❸ **수식 입력줄** : 셀에 수식을 입력하거나 데이터를 입력하면 해당 셀 내용이나 수식을 보여주는 곳입니다.

❹ **이름 상자** : 사용자가 선택한 셀의 셀 주소를 나타내거나 이름 정의를 통해 정의된 범위를 선택할 때도 사용됩니다.

❺ **상태 표시줄** : 엑셀의 전반적인 상태를 보여주는 곳으로 2개 이상의 데이터를 선택했을 때 선택된 데이터의 기초 통계량을 나타냅니다.

❻ **행** : 왼쪽에 1부터 숫자로 나타난 부분, 즉 가로로 된 부분을 행이라고 하고 1행, 2행이라고 부릅니다.

❼ **열** : A부터 세로로 나타난 부분이고 A열, B열이라고 부릅니다.

❽ **시트 탭** : 각 시트의 이름이 나타난 곳으로 색깔을 바꾸거나 시트 이름을 변경할 수 있습니다.

002 환경 설정과 빠른 실행 도구 모음

이번 Chapter에서는 엑셀을 사용하는 과정에서 환경 설정으로 인해 발생할 수 있는 문제와 그 해결 방법, 그리고 엑셀을 보다 효율적으로 활용하기 위한 전반적인 기초 지식을 함께 익히겠습니다.

- **실습 파일 :** Part 01 > 예제 > 01_01_환경 설정_빠른 실행_도구 모음_예제.xlsx
- **완성 파일 :** Part 01 > 완성 > 01_01_환경 설정_빠른 실행_도구 모음_완성.xlsx

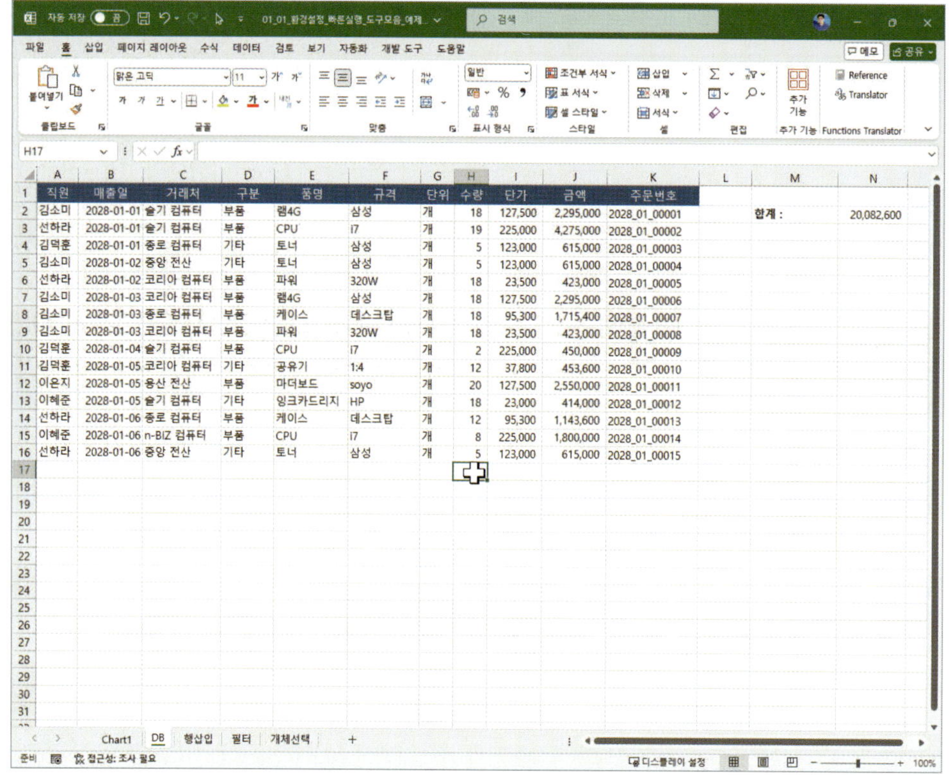

주요 기능	현업 활용
연산자	• 산술 연산자를 이용, 간단한 계산 수행
키 조작	• 계산된 수식의 전체 데이터에 빠르게 적용하기 • 수식 등을 사용하며 참조 범위의 빠른 선택 및 입력
빠른 실행 도구 모음	• 자주 사용하는 기능의 등록을 통한 빠른 접근 • 나만의 도구 모음의 파일 저장 및 이동, 활용

■ 다양한 수식 채우기

01 예제 파일을 불러온 후 [DB] 시트에 금액을 채워 넣겠습니다. 먼저 [J2] 셀에 '=H2*I2'를 입력하고 Enter를 누르면, 결과를 확인할 수 있습니다.

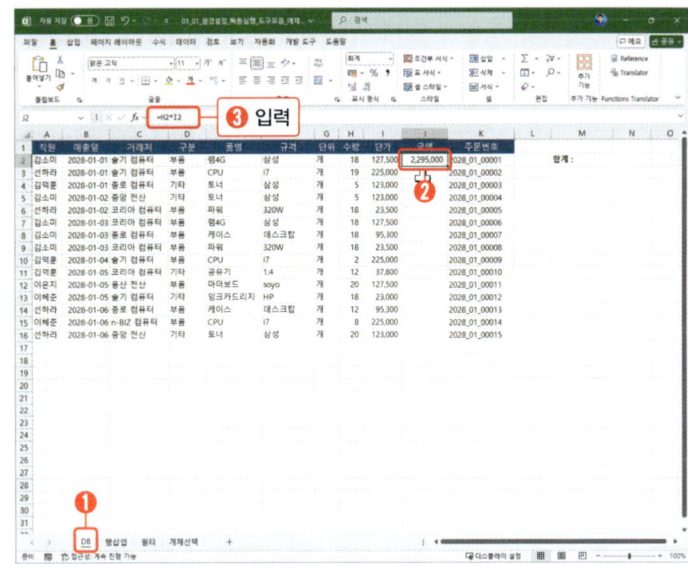

여기서 잠깐

엑셀에서 사용하는 대표적인 산술 연산자를 알아보면 아래 표와 같습니다.

산술 연산자	역할	사용 방법	비고
+	더하기	=10+10 =A1+A2	
–	빼기	=100–10 =A1–A2	
*	곱하기	=10*10 =A1*A2	
/	나누기	=100/10 =A1/A2	
^	거듭제곱	=10^2 =A1^A2	2의 제곱근은 =2(1/2)로 입력

02 [J2] 셀에 입력한 수식을 [J16] 셀까지 채워 넣기 위해 [J2] 셀의 오른쪽 아래에 마우스 커서를 위치시키면 굵은 십자가 형태로 변경되는 것을 확인할 수 있습니다. 이를 엑셀에서는 '채우기 핸들'이라고 부릅니다. 마우스 커서가 채우기 핸들 형태로 바뀌면, [J16] 셀까지 드래그하여 [J2] 셀에 입력한 수식을 복사합니다.

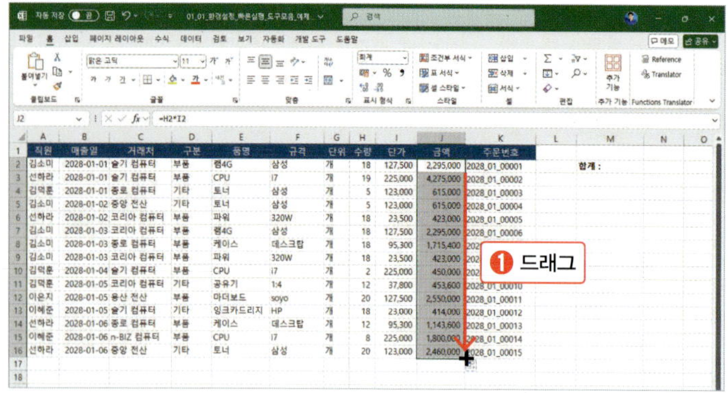

03 이번에는 좀 더 효율적인 수식 채우기 방법을 알아보겠습니다. 먼저 [J3:J16] 셀을 선택하고 Delete 를 눌러 결과를 삭제합니다. 데이터가 많은 경우는 채우기 핸들 드래그가 시간이 오래 걸릴 수도 있고, 오조작 가능성이 있으므로 복사하려는 셀 [J2] 셀의 오른쪽 아래로 마우스 커서를 움직여 채우기 핸들로 변경되었을 때 더블클릭하면 연속된 범위의 마지막까지 해당 수식을 자동 채우기를 할 수 있습니다.

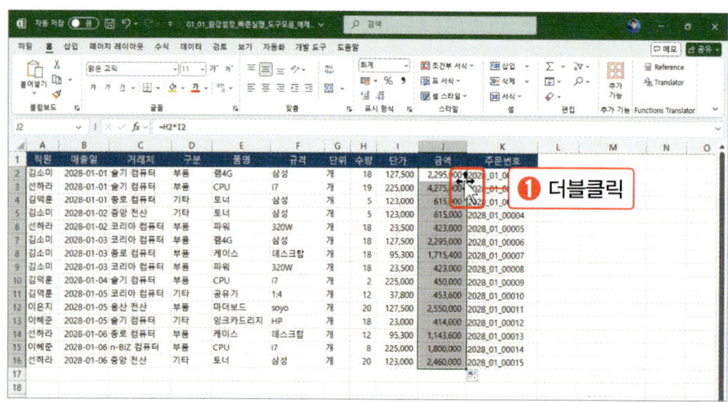

04 이번에는 [N2] 셀에 데이터 금액의 합계를 산출해 보겠습니다. [N2] 셀을 선택하고 '=SUM(J2:J16)'을 입력한 후 Enter 를 누르면 결과를 확인할 수 있습니다.

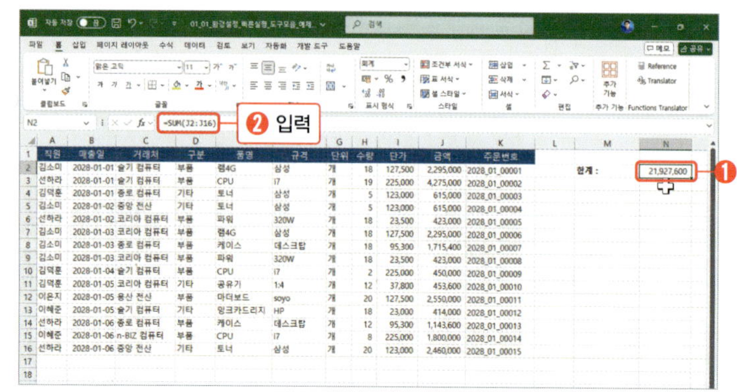

05 [N2] 셀에 좀 더 빠르게 결과를 나타내는 다른 방법을 알아보겠습니다. 앞에서 입력한 수식을 삭제합니다. 다시 [N2] 셀을 선택하고 '=sum('까지 입력한 후 합계할 첫 번째 셀인 [J2] 셀을 선택합니다.

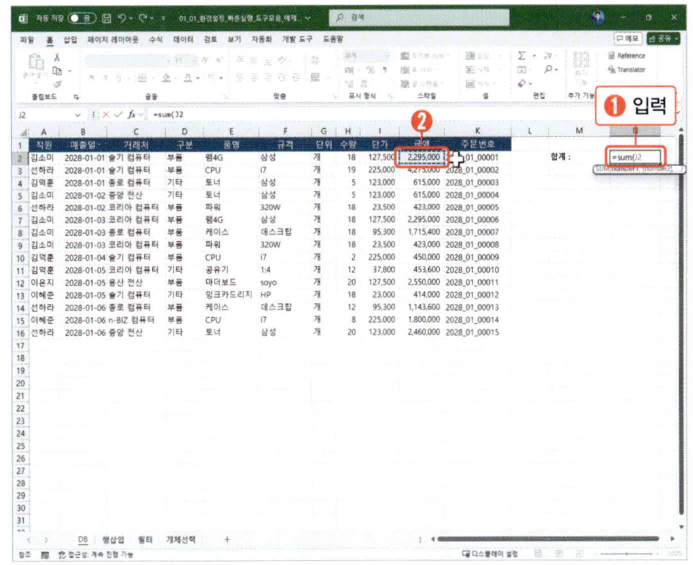

06 [J2] 셀이 선택된 상태에서 Ctrl+Shift+↓를 누르고 닫히는 괄호( ))를 입력하지 않은 상태에서 Enter를 누릅니다. 그렇게 하면 빠르게 합계 범위를 설정해서 수식 입력이 마무리되고 닫히는 괄호도 자동 입력한 것을 확인할 수 있습니다.

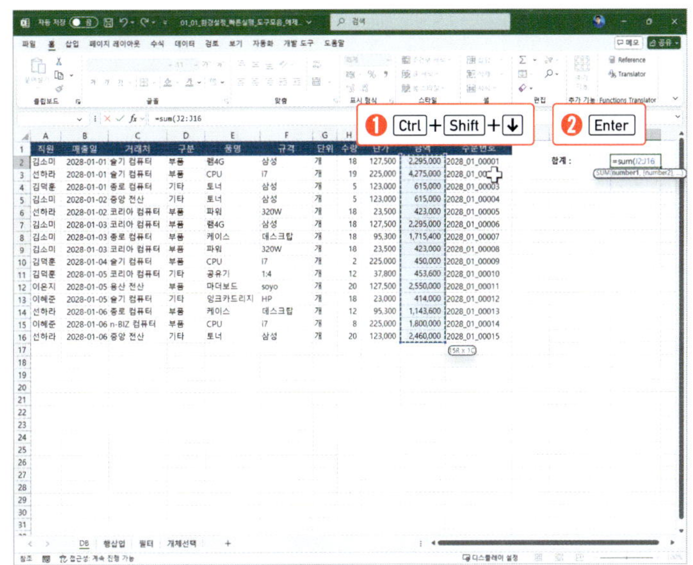

여기서 잠깐

엑셀에서 수식의 모든 인수를 입력했을 때는 닫히는 괄호 없이 Enter를 누르면 마지막 괄호는 자동으로 입력됩니다. 만약 모든 인수를 입력했는데 2개 이상의 괄호가 남았을 때 Enter를 두 번 누르면 열린 괄호만큼을 닫아주게 됩니다.

⊕ 추가 정보

업무 효율을 높이는 조합키

키 조작	실행 결과	비고
Ctrl+화살표	화살표 방향의 끝까지 이동	
Ctrl+Shift+화살표	선택한 셀부터 화살표 방향 끝까지 모든 셀 선택	
Alt+Enter	한 셀에서 데이터를 다중 행으로 입력	
Ctrl+Page Down	다음 시트로 이동(계속 누르고 있으면 마지막 시트까지 이동)	
Ctrl+Page Up	이전 시트로 이동(계속 누르고 있으면 처음 시트까지 이동)	
Ctrl+Home	시트의 첫 셀(A1)로 이동	
Ctrl+End	시트의 사용된 마지막 셀로 이동	
Tab	오른쪽 셀로 이동	
Shift	다른 키와 조합해서 사용하는데 역방향 이동(예를 들어, Shift+Enter를 누르면 위쪽 셀로 이동)	환경 설정에서 대부분 Enter를 누르면 아래쪽으로 이동하게 설정되어 있습니다.
처음 셀 선택+Shift+ 클릭	Shift를 누르고 클릭한 셀까지 처음 셀부터 박스 형태로 선택	
개체 선택+Ctrl+Shift+드래그	선택한 개체를 수직 방향으로 복사	
개체 선택+Shift+드래그	선택한 개체를 수직 방향으로 이동	
개체 선택+Alt+드래그	개체 선택 후 Alt를 누르고 우측 하단 조절점을 드래그하면 셀 크기에 맞춰 개체 크기를 조절할 수 있다.	그림을 셀 크기에 맞춰 넣을 때 많이 사용됩니다.

■ 빠른 실행 도구 모음으로 효율성 높이기

01 이번에는 [행삽입] 시트로 이동해서 빠른 실행 도구 모음에 대해서 알아보겠습니다. 행을 삽입하는 일반적인 방법은 특정 행 번호를 마우스 오른쪽 버튼으로 클릭하고 [삽입]을 선택해서 행을 삽입합니다. 하지만 업무 중 행 삽입을 빈번하게 사용한다면 이 방법은 매우 비효율적이기 때문에 빠른 실행 도구 모음을 이용하는 게 좋습니다.

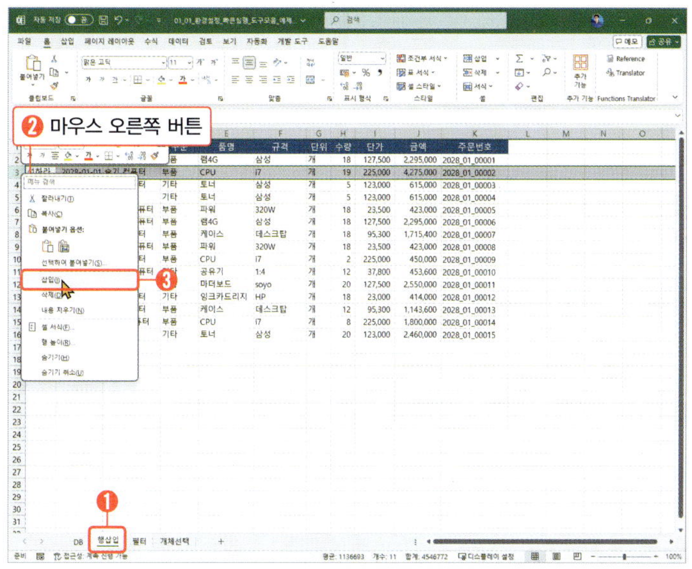

02 엑셀 창 상단을 보면 현재 파일의 이름이 나타나는 데, [빠른 실행 도구 모음 사용자 지정]을 클릭한 후 [기타 명령]을 클릭합니다.

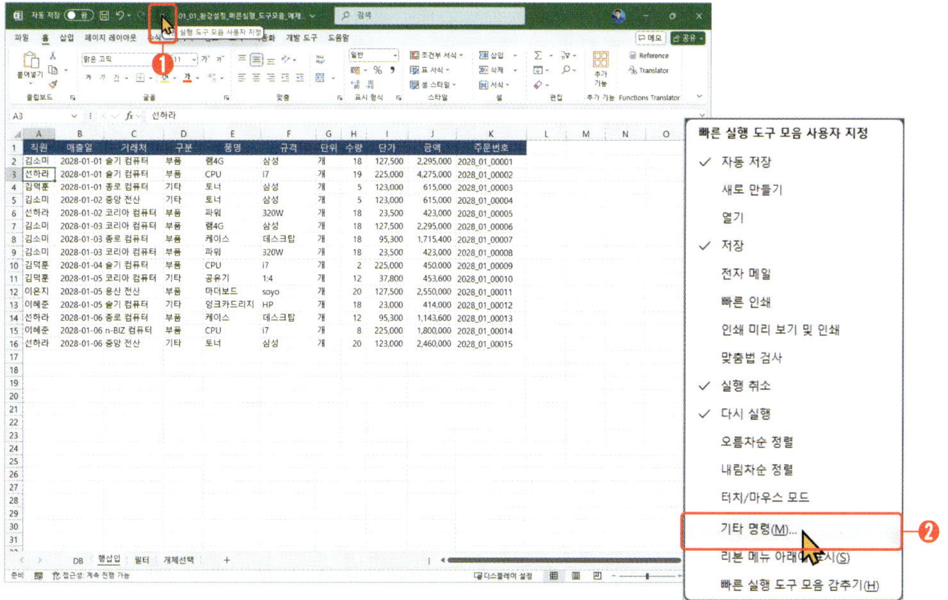

03 [Excel 옵션] 창이 나타나면 왼쪽 박스에서 삽입하려는 기능인 [시트 행 삽입]을 선택하고, [추가]를 클릭하면 오른쪽 박스 마지막에 선택한 기능이 나타나는 것을 확인할 수 있습니다. 마지막으로 [확인]을 클릭합니다.

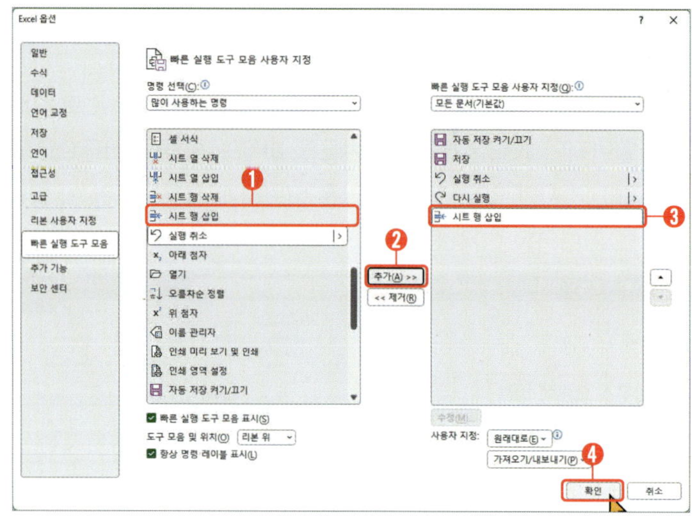

여기서 잠깐

좌측 박스 상단의 [명령 선택]은 기본 설정이 '많이 사용하는 명령'인데 이 부분에서 원하는 기능을 찾지 못한다면, '모든 명령'을 선택한 후 원하는 기능을 찾을 수 있습니다.

04 빠른 실행 도구 모음 마지막에 [시트 행 삽입] 아이콘이 추가된 것을 확인하고, 이제 삽입할 행을 선택하고 해당 아이콘을 클릭하면 행이 해당 기능을 수행할 수 있습니다. 예제에서는 [A3] 셀을 선택한 후 [시트 행 삽입]을 클릭하면 3행에 새로운 행이 삽입된 것을 확인할 수 있습니다.

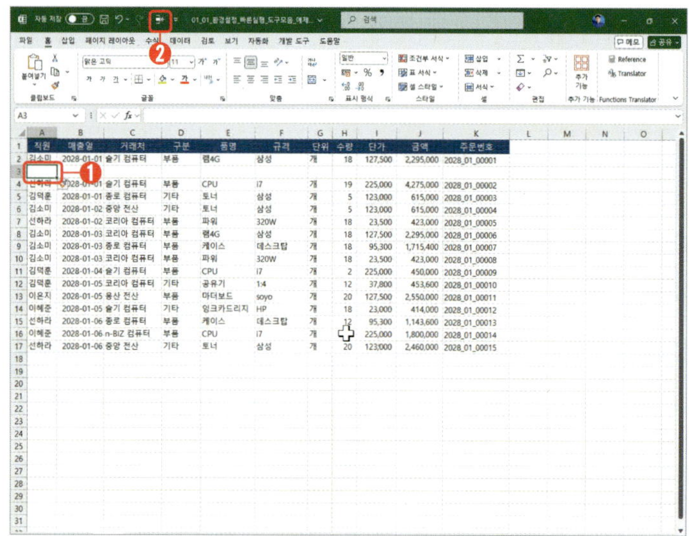

05 손쉽게 행 삽입을 할 수 있지만, 자주 행 삽입을 하는 경우에는 계속 클릭하는 것 보다는 단축키를 사용하는 게 더 효율적입니다. Alt를 한번 눌렀다 떼면, 방금 삽입한 [시트 행 삽입] 아래에 번호가 보이는데 기존 4개 아이콘이 있어서 5번으로 할당된 것을 확인할 수 있습니다.

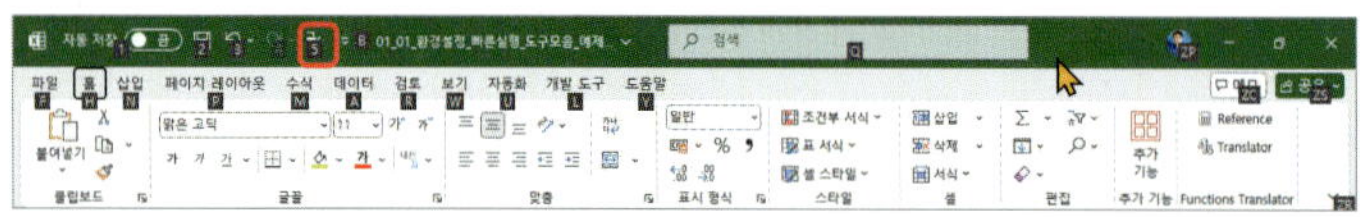

06 이제 [A5] 셀을 선택하고 Alt+5를 누르면 [시트 행 삽입]을 클릭한 것과 동일하게 행 삽입이 되는 것을 확인할 수 있습니다.

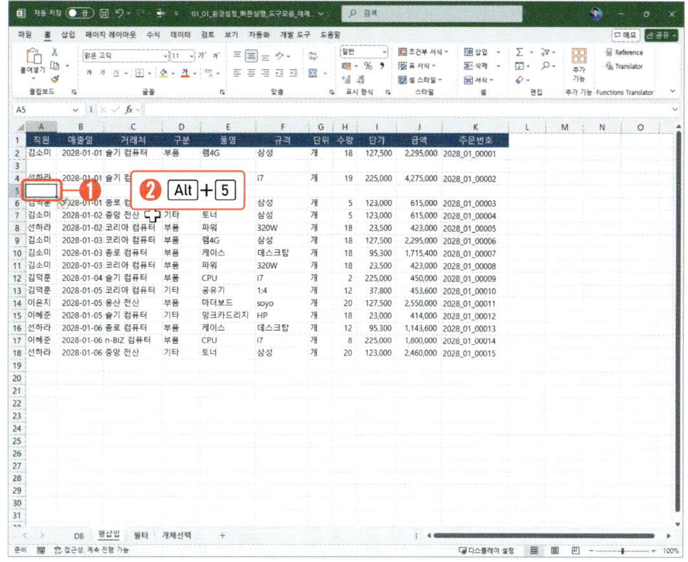

여기서 잠깐

이번에는 메뉴에 있는 기능을 빠른 실행 도구 모음에 추가해 보겠습니다.

- 먼저 [필터] 시트에서 [데이터] 탭 – [정렬 및 필터] 그룹 – [필터]를 마우스 오른쪽 버튼으로 클릭하고 [빠른 실행 도구 모음에 추가]를 선택하면 마지막에 해당 기능이 추가된 것을 확인할 수 있습니다.

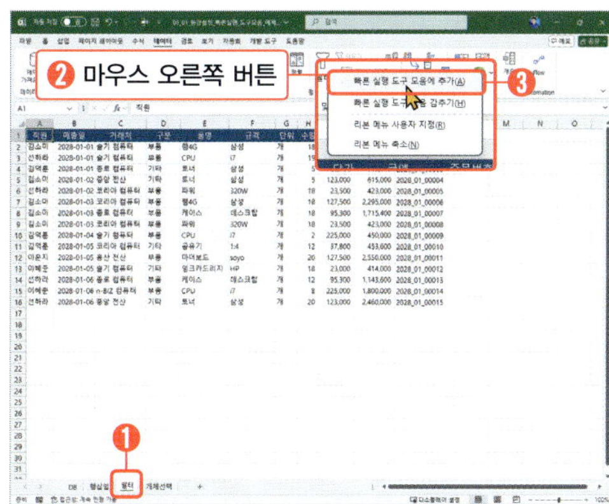

- 이제 데이터 중 임의의 셀을 하나 선택하고 [필터]를 클릭하거나, Alt+6을 누르면 해당 데이터에 필터가 적용된 것을 확인할 수 있습니다.

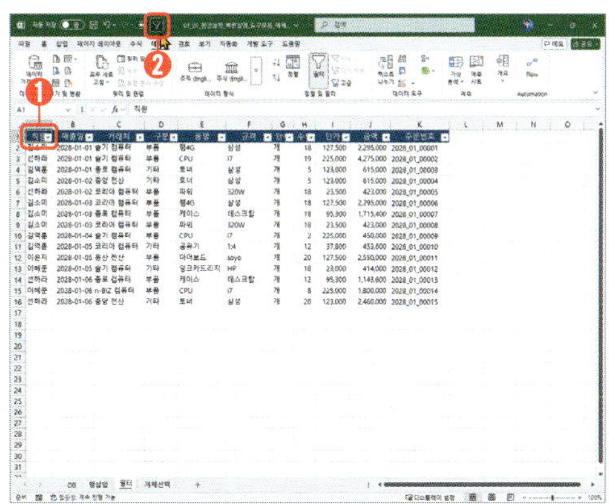

07 이번에는 필요 없는 아이콘을 삭제하는 방법을 알아보겠습니다. 빠른 실행 도구 모음에서 해당 아이콘을 마우스 오른쪽 버튼으로 클릭하고 [빠른 실행 도구 모음에서 제거]를 선택하면 됩니다.

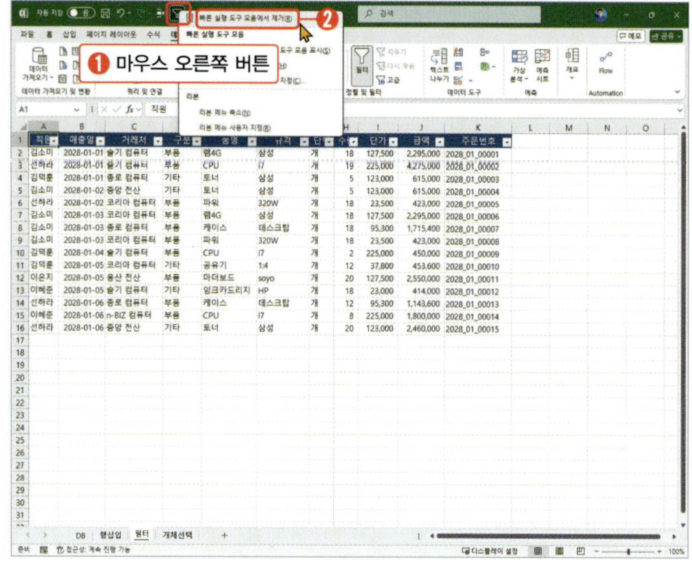

여기서 잠깐

업무 효율 향상을 위한 빠른 실행 도구 모음을 만들었는데 이를 다른 PC에서도 사용하거나, 오피스 버전 업을 했을 때도 적용하려면 빠른 실행 도구 모음 사용자 지정을 클릭해서 [기타 명령]을 선택한 후 우측 하단의 [사용자 지정]의 [가져오기/내보내기]를 확장하면 현재 저장된 빠른 실행 도구 모음을 파일로 내보내거나, 파일로 만들어진 빠른 실행 도구 모음을 가져와서 작업 환경을 똑같이 만들 수도 있습니다.

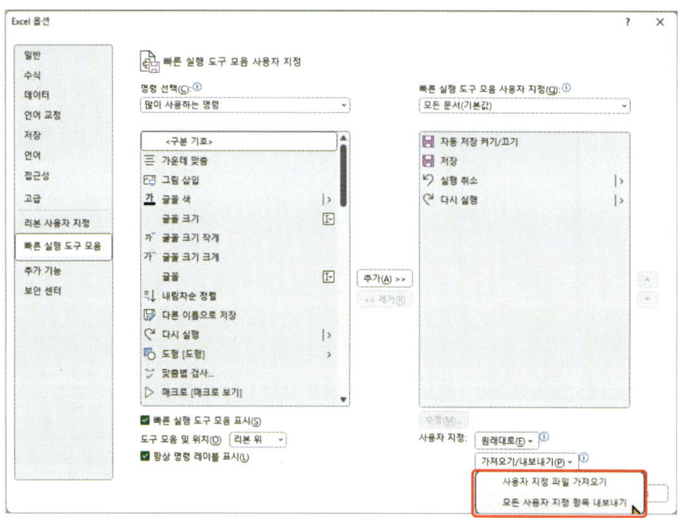

■ 각종 개체를 빠르게 선택하기

01 [개체 선택] 시트로 이동해서 각종 개체를 빠르게 선택하는 방법을 알아보겠습니다. 여러 직사각형을 선택하고자 할 때 먼저 '가'라고 적힌 직사각형을 선택하고 Ctrl을 누른 상태로 다른 직사각형을 선택했어야 했습니다.

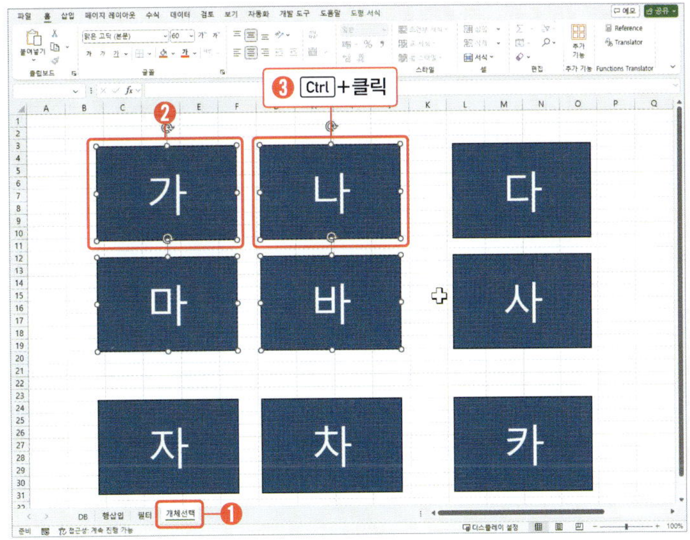

02 이제는 좀 더 손쉽게 개체를 선택하는 방법을 알아보겠습니다. [홈] 탭 – [편집] 그룹 – [찾기 및 선택] – [개체 선택]을 마우스 오른쪽 버튼으로 클릭해서 [빠른 실행 도구 모음에 추가]를 선택합니다.

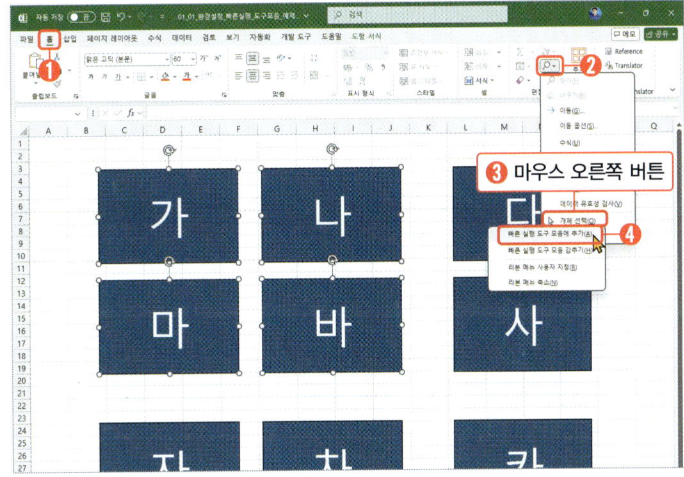

03 이제 '가', '나', '마', '바' 직사각형을 선택하려면 [빠른 실행 도구 모음]에 등록해 둔 [개체 선택]을 클릭하고 선택하려는 도형 개체 부분을 드래그합니다.

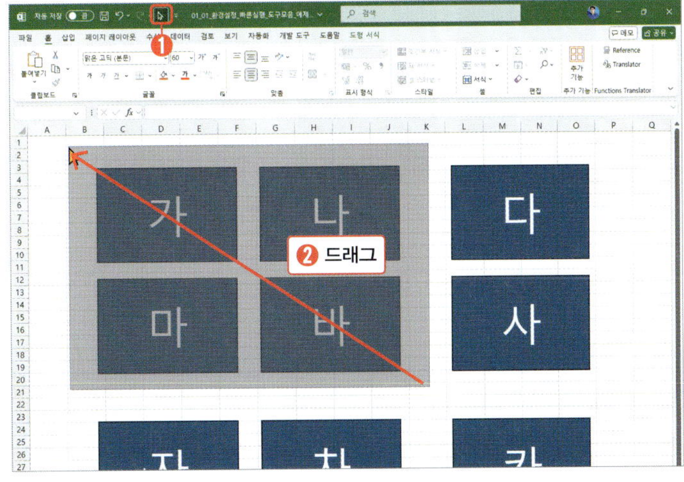

04 선택했던 셀 부분에 포함된 개체가 모두 손쉽게 선택된 것을 확인할 수 있습니다.

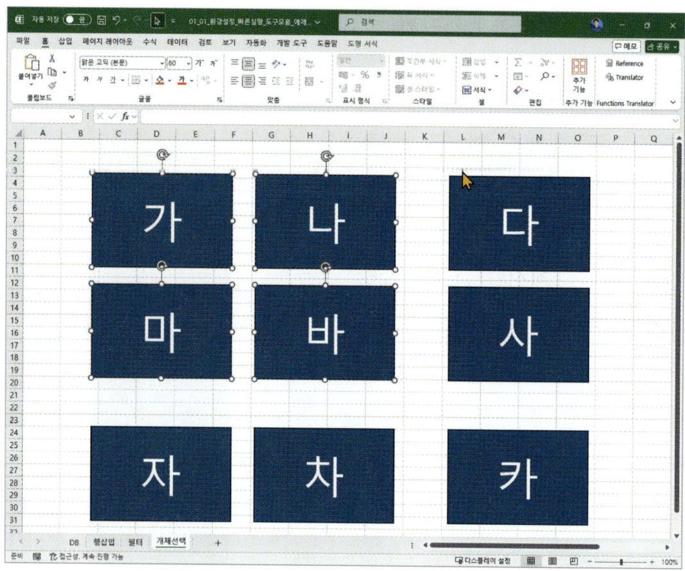

여기서 잠깐

도형 개체를 선택했더니 메뉴의 일부 기능들이 비활성화된 것을 확인할 수 있습니다. 도형 개체가 선택되었기에 해당 개체와 관련된 메뉴만 활성화된 것입니다. 다시 Esc를 누르거나 빠른 실행 도구 모음의 [개체 선택]을 다시 클릭하면 됩니다.

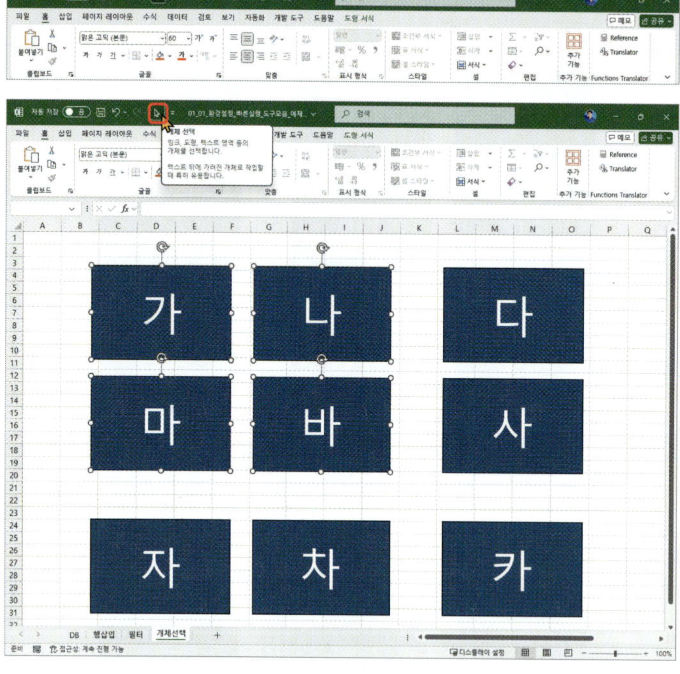

■ 수동 계산 옵션 활용하기

01 마지막으로 엑셀 환경 설정 중 가장 질문이 많은 자동 계산에 대해 알아보겠습니다. 다시 [DB] 시트를 선택하고 [수식] 탭 – [계산] 그룹 – [계산 옵션] – [수동]을 클릭합니다.

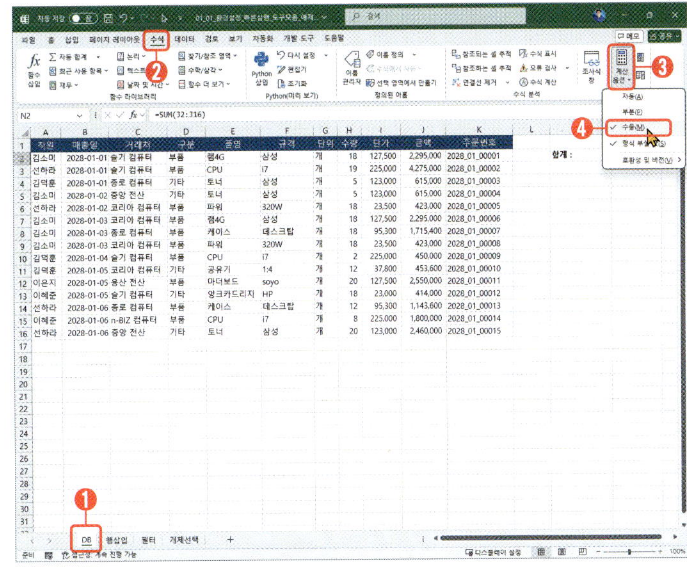

02 [H16] 셀을 선택하고 수량을 '10'으로 변경한 후 Enter를 누릅니다. 그런데 [N2] 셀 수식의 결과가 변경되지 않는 것을 확인할 수 있습니다. 이렇게 수동 계산 모드가 되면 데이터 변경이 있어도 수식의 결과가 바뀌지 않습니다.

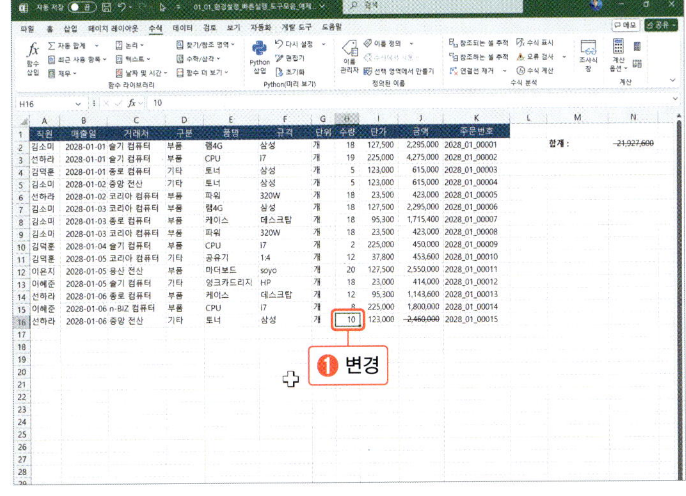

03 이를 쉽게 확인하는 방법은 수식 셀인 [N2] 셀을 선택하고 F2를 눌러 에디트 모드에서 Enter를 누르면 변경되는 것을 볼 수 있지만, 좀 더 쉬운 방법으로 F9를 누르면 [N2] 셀 수식의 결과가 변경되는 것을 확인할 수 있습니다.

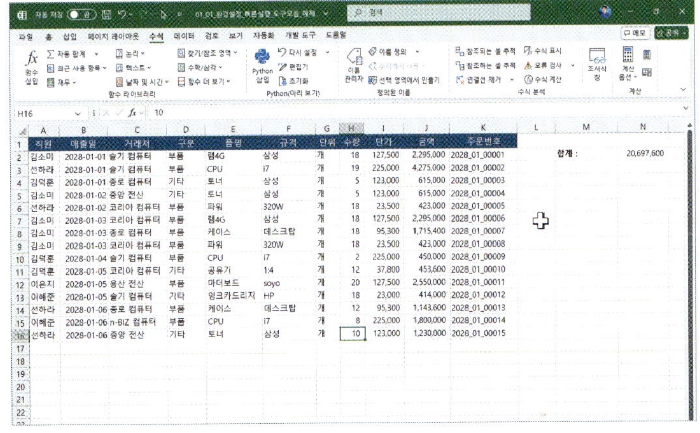

04 다시 자동 계산 모드로 변경하려면 [수식] 탭 – [계산] 그룹 – [계산 옵션] – [자동]을 클릭합니다.

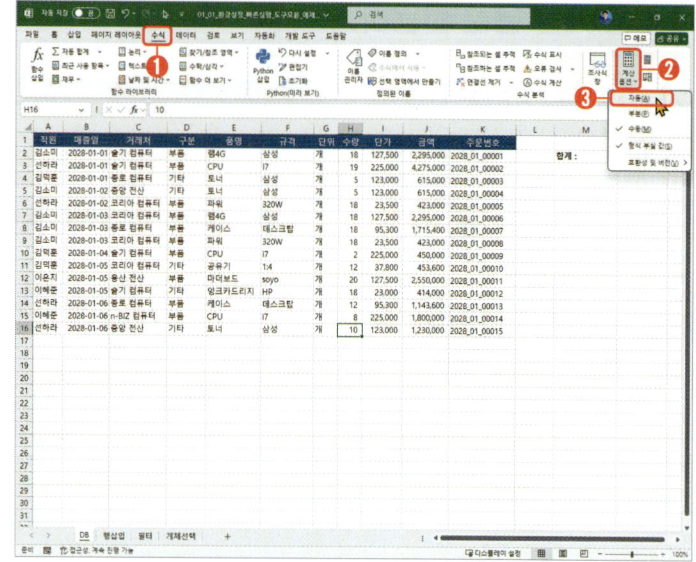

05 이제 [H16] 셀을 선택하고 수량을 '5'로 입력한 후 Enter 를 누르면 [N2] 셀의 합계 결과가 자동 변경되는 것을 확인할 수 있습니다.

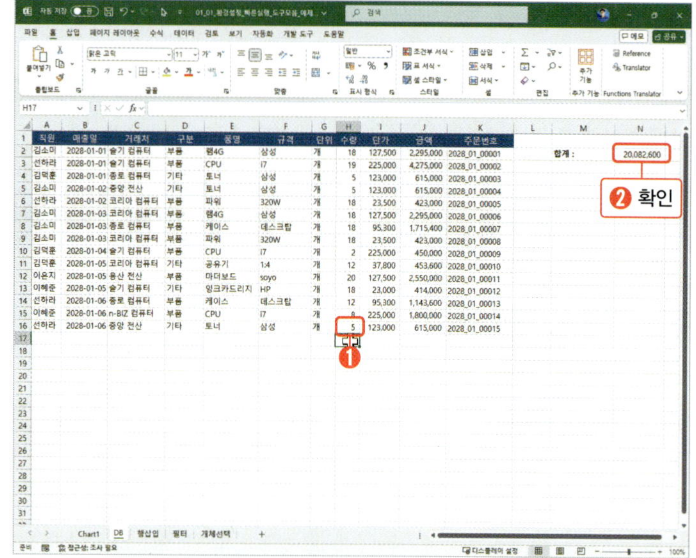

여기서 잠깐

업무 중 데이터 한 개만 변경해도 상태 표시줄에 '계산 중'이란 메시지가 나타나는 파일이고, 수정할 데이터가 많다면 해당 파일을 수동 계산 모드에서 수정한 뒤 F9 를 눌러 새로 계산하고, 저장하는 것도 업무 효율을 높이는 좋은 방법입니다.

003 데이터의 이해와 표

이번 Chapter에서는 엑셀 데이터의 특징과 동작 원리, 데이터베이스의 효율적 사용을 위한 기능과 조작 방법 등을 알아보겠습니다.

- **실습 파일 :** Part 01 > 예제 > 01_02_데이터_이해와_표_예제.xlsx
- **완성 파일 :** Part 01 > 완성 > 01_02_데이터_이해와_표_완성.xlsx

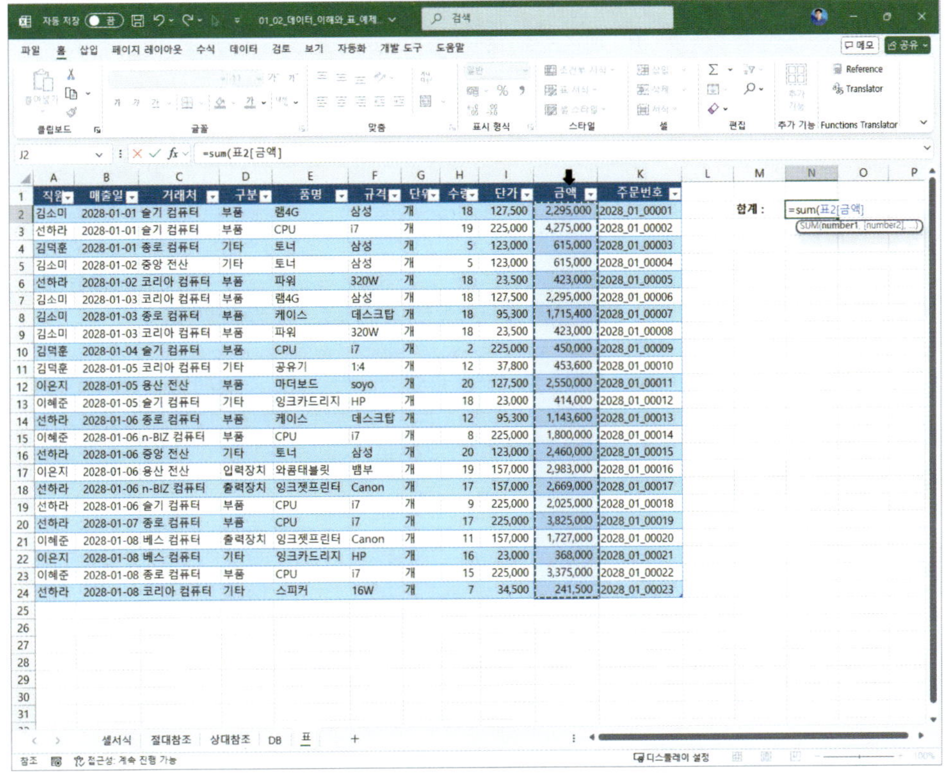

직원	매출일	거래처	구분	품명	규격	단위	수량	단가	금액	주문번호
김소미	2028-01-01	슬기 컴퓨터	부품	램4G	삼성	개	18	127,500	2,295,000	2028_01_00001
선하라	2028-01-01	슬기 컴퓨터	부품	CPU	i7	개	19	225,000	4,275,000	2028_01_00002
김덕훈	2028-01-01	종로 컴퓨터	기타	토너	삼성	개	5	123,000	615,000	2028_01_00003
김소미	2028-01-02	중앙 전산	기타	토너	삼성	개	5	123,000	615,000	2028_01_00004
선하라	2028-01-02	코리아 컴퓨터	부품	파워	320W	개	18	23,500	423,000	2028_01_00005
김소미	2028-01-03	코리아 컴퓨터	부품	램4G	삼성	개	18	127,500	2,295,000	2028_01_00006
김소미	2028-01-03	종로 컴퓨터	부품	케이스	데스크탑	개	18	95,300	1,715,400	2028_01_00007
김소미	2028-01-03	코리아 컴퓨터	부품	파워	320W	개	18	23,500	423,000	2028_01_00008
김덕훈	2028-01-04	슬기 컴퓨터	부품	CPU	i7	개	2	225,000	450,000	2028_01_00009
김덕훈	2028-01-05	코리아 컴퓨터	기타	공유기	1:4	개	12	37,800	453,600	2028_01_00010
이은지	2028-01-05	용산 전산	부품	마더보드	soyo	개	20	127,500	2,550,000	2028_01_00011
이혜준	2028-01-05	슬기 컴퓨터	기타	잉크카드리지	HP	개	18	23,000	414,000	2028_01_00012
선하라	2028-01-06	종로 컴퓨터	부품	케이스	데스크탑	개	12	95,300	1,143,600	2028_01_00013
이혜준	2028-01-06	n-BIZ 컴퓨터	부품	CPU	i7	개	8	225,000	1,800,000	2028_01_00014
선하라	2028-01-06	중앙 전산	기타	토너	삼성	개	20	123,000	2,460,000	2028_01_00015
이은지	2028-01-06	용산 전산	입력장치	와콤태블릿	뱀부	개	19	157,000	2,983,000	2028_01_00016
선하라	2028-01-06	n-BIZ 컴퓨터	출력장치	잉크젯프린터	Canon	개	17	157,000	2,669,000	2028_01_00017
선하라	2028-01-06	슬기 컴퓨터	부품	CPU	i7	개	9	225,000	2,025,000	2028_01_00018
선하라	2028-01-07	종로 컴퓨터	부품	CPU	i7	개	17	225,000	3,825,000	2028_01_00019
이혜준	2028-01-08	베스 컴퓨터	출력장치	잉크젯프린터	Canon	개	11	157,000	1,727,000	2028_01_00020
이은지	2028-01-08	베스 컴퓨터	기타	잉크카드리지	HP	개	16	23,000	368,000	2028_01_00021
이혜준	2028-01-08	종로 컴퓨터	부품	CPU	i7	개	15	225,000	3,375,000	2028_01_00022
선하라	2028-01-08	코리아 컴퓨터	기타	스피커	16W	개	7	34,500	241,500	2028_01_00023

주요 기능	현업 활용
셀 서식	• 정상 날짜의 데이터 속성을 이해
참조	• 참조에서 $ 표시의 의미 • 보고서에서 고정되는 열이나 행을 손쉽게 확인하는 방법 • 데이터 참조의 빠른 적용법
표	• 표 기능을 통한 자동화

■ 셀 서식 이해하기

01 예제 파일을 불러온 후 [셀서식] 시트의 F 열에 근무 일수를 구하기 위해, [F4] 셀을 선택하고 '=E4-D4'를 입력한 후 Enter 를 누릅니다.

=E4-D4 ❷ 입력

OO주식회사 인사발령 현황

사원번호	이름	근무지	부터	까지	기간	비고
210983	홍길동	영업팀	2021-04-01	2023-12-31	1004 ❶	
191102	이길동	기술팀	2020-10-01	2022-12-31		
210983	홍길동	관리팀	2024-01-01	2025-12-31		
200024	정길동	해외영업팀	2020-04-01	2023-12-31		
191102	이길동	관리팀	2023-01-01	2025-12-31		
210983	홍길동	회계팀	2026-01-01	2027-12-31		
191102	이길동	IT팀	2026-01-01	2027-12-31		
200024	정길동	기술팀	2024-01-01	2025-12-31		
210983	홍길동	IT팀	2028-01-01	2028-10-31		
200024	정길동	관리팀	2026-01-01	2027-12-31		
191102	이길동	교육훈련팀	2028-01-01			
210983	홍길동	경영기획팀	2028-11-01			
200024	정길동	IT팀	2028-01-01			

02 [F4] 셀을 선택하고 오른쪽 하단으로 마우스 커서를 이동시켜 채우기 핸들을 더블클릭해서 나머지 사람들의 근무 일수를 구합니다.

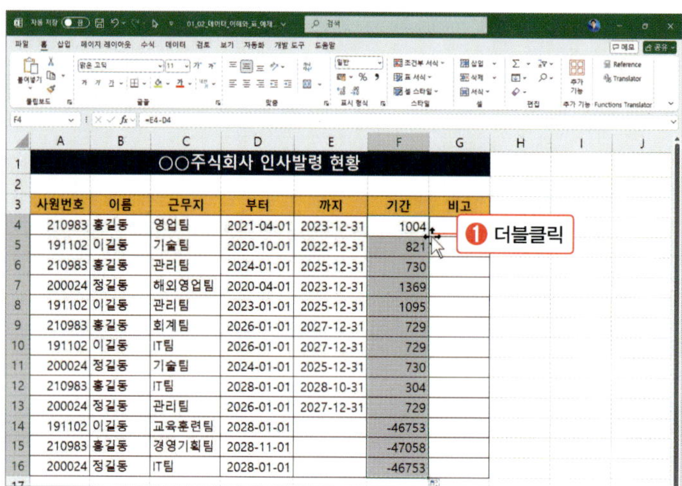

03 결과를 쉼표 스타일로 보기 쉽게 서식을 변경하겠습니다. [홈] 탭 – [표시 형식] 그룹 – [쉼표 스타일]을 클릭하면 결과를 확인할 수 있습니다. 이제 날짜가 어떻게 연산이 되는지 확인하겠습니다. [I4] 셀에 '2027-03-10'이라는 날짜를 입력하고 Enter 를 누른 후 [I4] 셀을 마우스 오른쪽 버튼으로 클릭하고 [셀 서식]을 선택합니다.

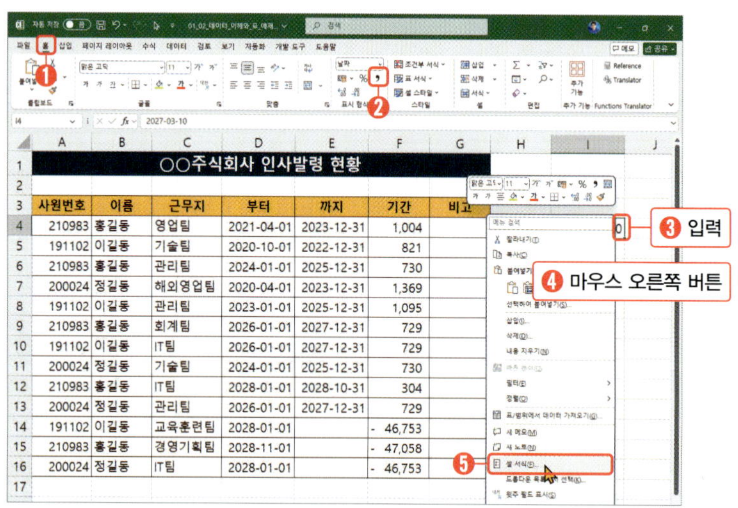

04 [셀 서식] 대화상자의 첫 번째 [표시 형식] 탭을 보면 [범주]가 '날짜'로 선택되어 있을텐데, '일반'을 선택하고 [확인]을 클릭합니다.

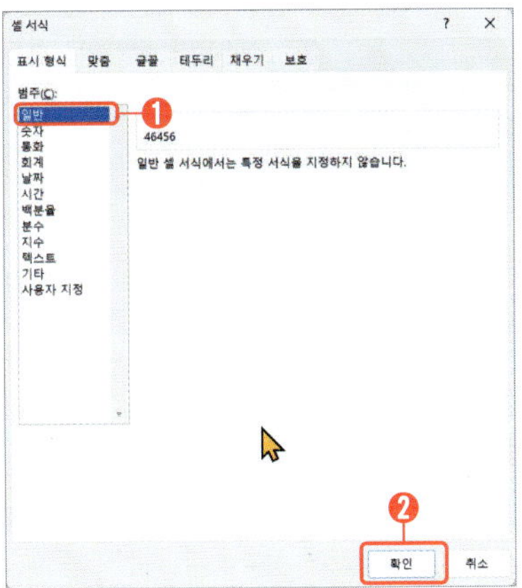

여기서 잠깐

엑셀 데이터는 '일반' 범주로 기본 설정되어 있습니다.

05 해당 셀의 값이 '46456'으로 변경된 것을 확인할 수 있습니다. '2027-03-10'과 '46456' 숫자와는 어떤 관련이 있을까요? 이번에는 [I5] 셀을 선택하고 '1'을 입력한 후 Enter를 누르고, [I5] 셀을 마우스 오른쪽 버튼으로 클릭하고 [셀 서식]을 선택합니다.

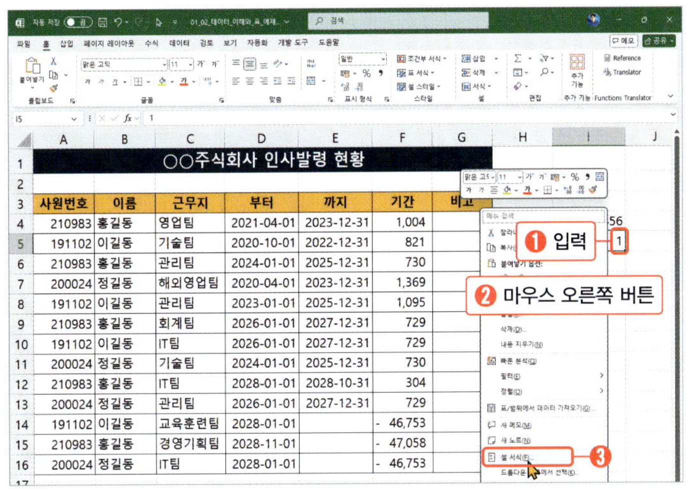

06 [셀 서식] 대화상자의 [범주]에서 이번에는 '날짜'를 선택하고 [확인]을 클릭합니다.

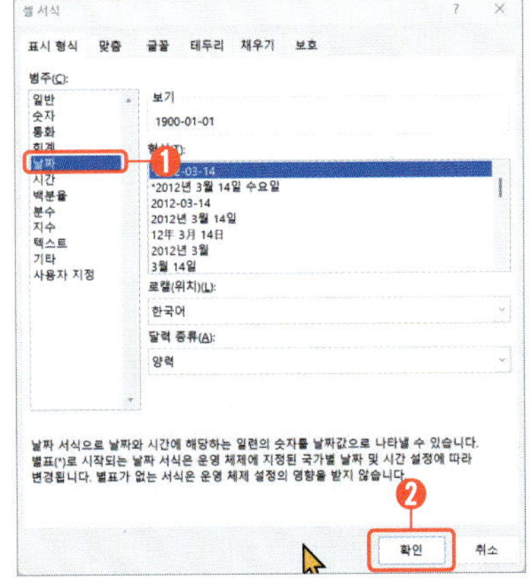

07 [I5] 셀 값이 '1900-01-01'로 변경된 것을 확인할 수 있습니다. 2027-03-10은 1900-01-01일 이후 46,455일이 지난 날짜인 것입니다. 엑셀의 날짜는 이렇게 1900년 1월 1일을 1로 시작해서 하루를 1씩 더한 값을 yyyy-mm-dd 서식으로 표현한 것입니다.

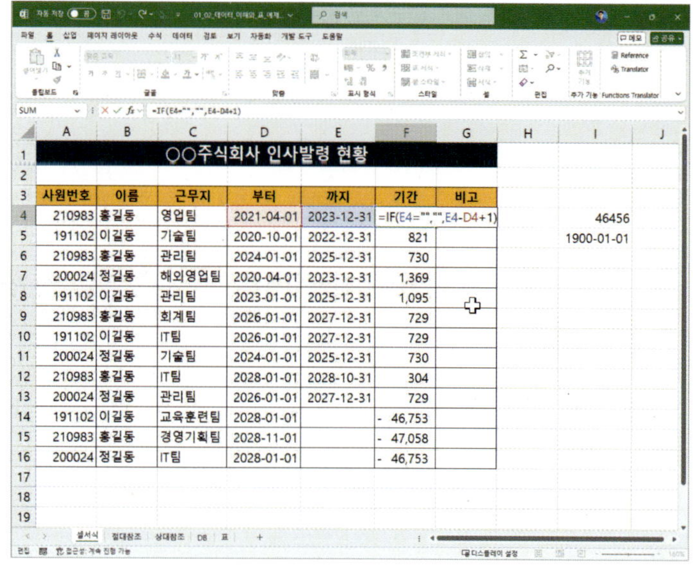

	A	B	C	D	E	F	G	H	I
1	○○주식회사 인사발령 현황								
2									
3	사원번호	이름	근무지	부터	까지	기간	비고		
4	210983	홍길동	영업팀	2021-04-01	2023-12-31	=IF(E4="","",E4-D4+1)			46456
5	191102	이길동	기술팀	2020-10-01	2022-12-31	821			1900-01-01
6	210983	홍길동	관리팀	2024-01-01	2025-12-31	730			
7	200024	정길동	해외영업팀	2020-04-01	2023-12-31	1,369			
8	191102	이길동	관리팀	2023-01-01	2025-12-31	1,095			
9	210983	홍길동	회계팀	2026-01-01	2027-12-31	729			
10	191102	이길동	IT팀	2026-01-01	2027-12-31	729			
11	200024	정길동	기술팀	2024-01-01	2025-12-31	730			
12	210983	홍길동	IT팀	2028-01-01	2028-10-31	304			
13	200024	정길동	관리팀	2026-01-01	2027-12-31	729			
14	191102	이길동	교육훈련팀	2028-01-01		- 46,753			
15	210983	홍길동	경영기획팀	2028-11-01		- 47,058			
16	200024	정길동	IT팀	2028-01-01		- 46,753			

여기서 잠깐

엑셀의 모든 데이터는 숫자, 문자 둘 중 하나의 데이터 속성을 가지고 시계열 데이터(날짜, 시간)는 숫자 속성 데이터입니다.

08 산출된 기간을 보면 현재 근무 중인 사람까지 표시가 되는데 이 부분은 나타나지 않도록 수식을 수정하겠습니다. [F4] 셀을 선택하고 '=IF(E4="","",E4-D4+1)'을 입력하고 Enter 를 누릅니다. 해당 셀의 오른쪽 하단으로 커서를 움직여 채우기 핸들을 더블클릭해서 수식을 마지막까지 채웁니다.

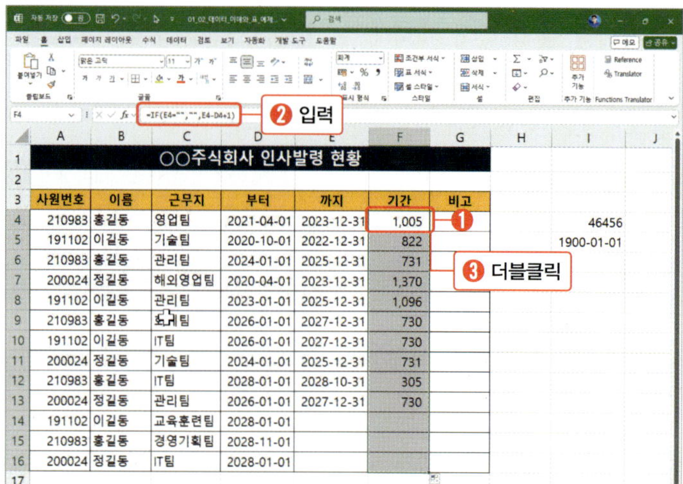

	A	B	C	D	E	F	G	H	I
1	○○주식회사 인사발령 현황								
2									
3	사원번호	이름	근무지	부터	까지	기간	비고		
4	210983	홍길동	영업팀	2021-04-01	2023-12-31	1,005			46456
5	191102	이길동	기술팀	2020-10-01	2022-12-31	822			1900-01-01
6	210983	홍길동	관리팀	2024-01-01	2025-12-31	731			
7	200024	정길동	해외영업팀	2020-04-01	2023-12-31	1,370			
8	191102	이길동	관리팀	2023-01-01	2025-12-31	1,096			
9	210983	홍길동	회계팀	2026-01-01	2027-12-31	730			
10	191102	이길동	IT팀	2026-01-01	2027-12-31	730			
11	200024	정길동	기술팀	2024-01-01	2025-12-31	731			
12	210983	홍길동	IT팀	2028-01-01	2028-10-31	305			
13	200024	정길동	관리팀	2026-01-01	2027-12-31	730			
14	191102	이길동	교육훈련팀	2028-01-01					
15	210983	홍길동	경영기획팀	2028-11-01					
16	200024	정길동	IT팀	2028-01-01					

수식 설명

=IF(E4="","",E4-D4+1)

❶ : IF 함수

❷ : IF 함수의 첫 번째 인수로 참 거짓을 판단합니다. [E4] 셀이 '비어 있다면'으로 해석합니다.

❸ : IF 함수의 두 번째 인수로 첫 번째 인수가 참이면 나타낼 내용으로 [E4] 셀이 비어 있다면 빈 셀(BLANK)로 표시하도록 해석합니다.

❹ : IF 함수의 세 번째 인수로 첫 번째 인수가 거짓일 때 나타낼 내용으로 [E4] 셀이 비어 있지 않다면 E4-D4+1로 연산한 결과를 나타내라는 의미입니다. 이때 +1을 한 이유는 근무일부터 1일로 계산하기에 1을 더해준 것입니다.

■ 참조 형식 이해하기

01 [절대참조] 시트로 이동합니다. 다른 셀의 데이터를 가져와 활용하는 것을 '참조'라고 하고 참조의 유형과 변경 방법을 살펴보겠습니다. 개인별 매출비율(개인매출/합계)을 C 열에 표시하고자 합니다. [C4] 셀을 선택하고 '=B4/B10'을 입력한 후 더블클릭해서 [E9] 셀까지 수식을 채웁니다. [E5:E9] 셀은 '#DIV/0'이라는 오류가 나타나는 것을 확인할 수 있습니다. 참조는 이동하는 거리만큼 참조하는 셀 주소가 변경되기 때문입니다. [C5] 셀의 경우 '=B5/B10'으로 수식을 수정하고 [B10] 셀은 빈 셀이므로 나눌 수 없다고 오류가 나타나는 것입니다.

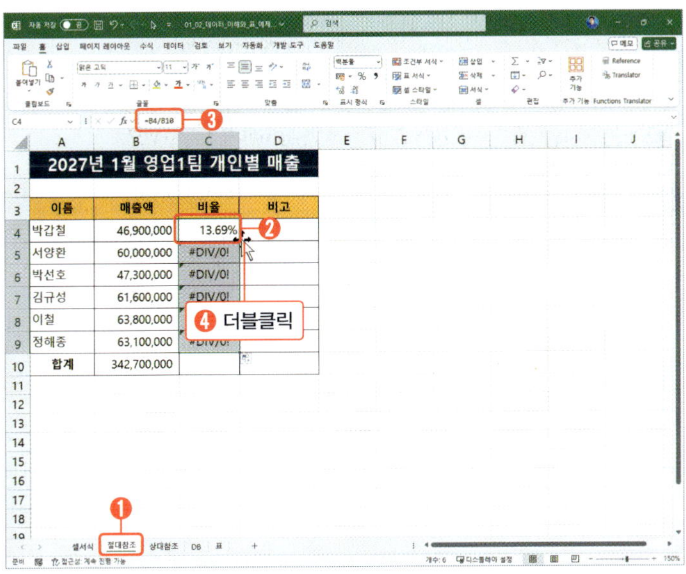

02 이제 합계액인 [B10] 셀 주소가 아래로 복사되도 변경되지 않도록 해야겠습니다. [C4] 셀을 선택하고 수식 입력줄에서 [B10] 셀 주소 부분을 선택한 후 F4를 한 번 누릅니다. 그럼 수식이 '=B4/$B$10'으로 변경되는 것을 확인할 수 있습니다.

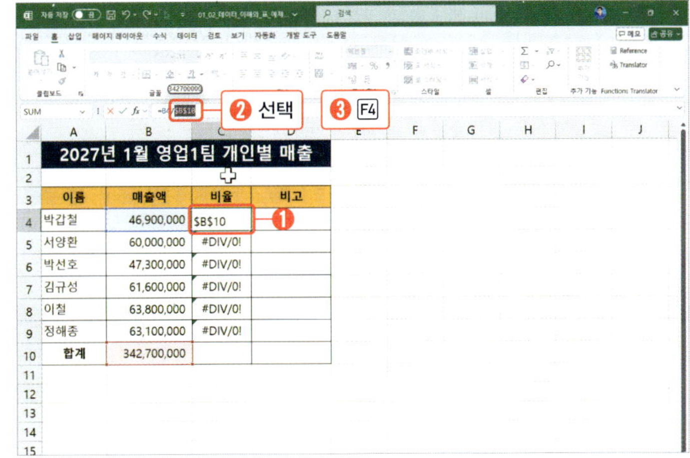

여기서 잠깐

셀 참조에서 $ 기호는 고정이란 의미로 해석되고, B문자 앞에 $가 있으므로 B문자는 변경되지 않고 10 앞에도 $ 표시가 있으므로 10 역시 변경되지 않습니다. 그래서 어느 곳으로 복사해도 절대 참조 범위가 변경되지 않고 이렇게 $가 행과 열 모두에 있는 참조를 절대 참조라고 합니다.

03 결과를 확인해 보면 [B10] 셀의 값을 변경되지 않고 분자만 바뀌어서 정상 결과를 확인할 수 있습니다.

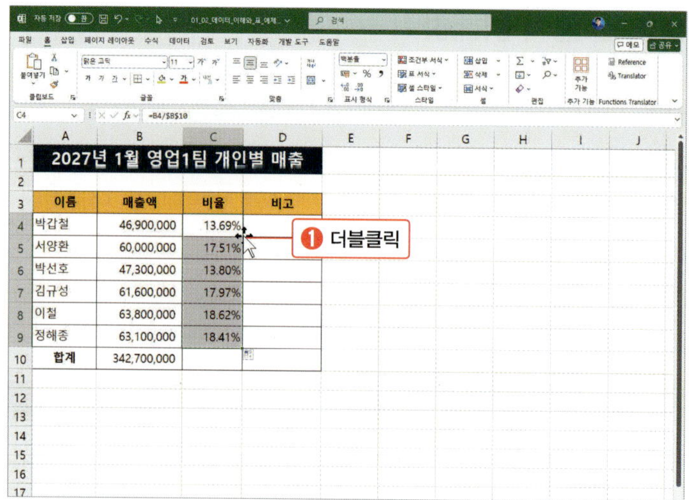

04 이번에는 행과 열 둘 중 하나만 고정되는 경우를 확인하겠습니다. [상대참조] 시트로 이동해서 [B4] 셀에 '=A4*B3'을 입력합니다.

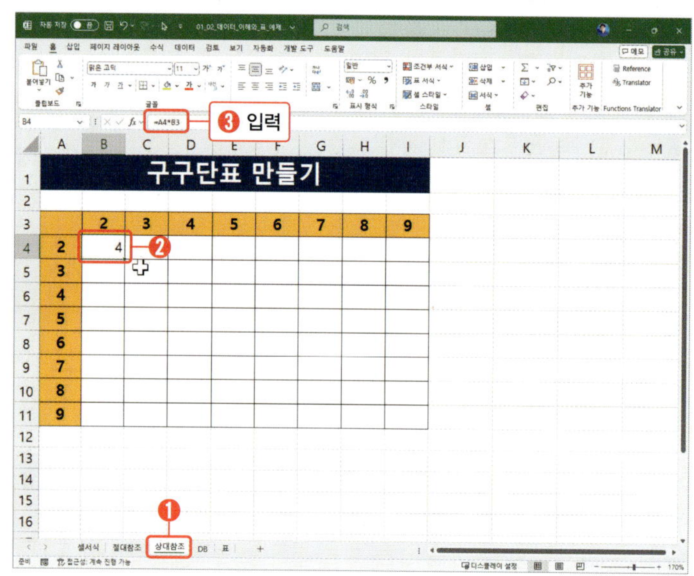

05 해당 수식을 오른쪽으로 드래그하면 그림과 같이 비정상적인 값이 나타나는 것을 확인할 수 있습니다. 이는 [B4] 셀 수식이 가진 속성(왼쪽 셀*위쪽 셀)을 그대로 복사했기 때문입니다.

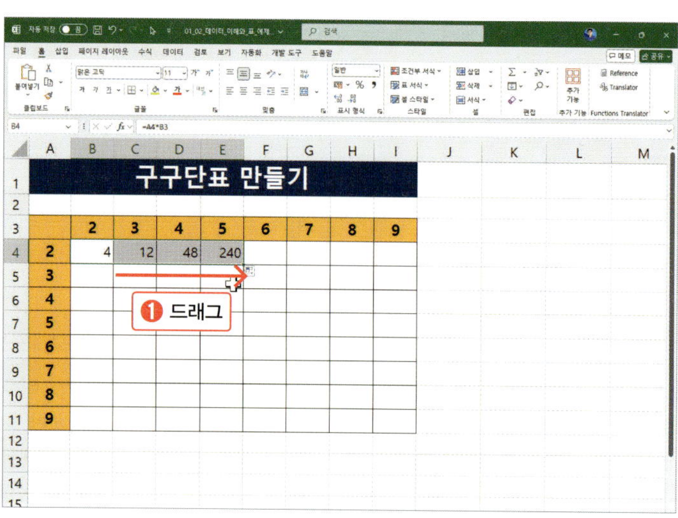

06 이제 행과 열 중 어느 부분을 고정해야 하는지 확인하겠습니다. 이해를 돕기 위해 [A4:A11] 셀에는 영업사원 이름이 있다고 가정하고 [B3:I3] 셀에는 지역명이 있다고 가정합니다. 그래서 아래 표는 누가 어디에서 매출이 얼마인지를 나타내는 보고서라고 이해하면 됩니다.
[A4] 셀은 영업사원 이름인데 해당 사원 이름과 관련 있는 나머지 사원들의 이름이 [A5:A11] 셀까지 세로로 나열된 것을 확인할 수 있습니다. 그래서 세로형 데이터는 방향 그대로 위로 올라가면 A열 이란 것을 확인할 수 있고, [A4] 셀은 A 앞에 $ 표시를 해주면 됩니다.
[B3] 셀은 지역명 중 하나이고 관련된 나머지 지역명들이 [C3:I3] 셀까지 가로로 배치된 것을 확인할 수 있습니다. 그래서 가로형 데이터는 방향 그대로 왼쪽으로 가면 3행이란 것을 확인할 수 있고 [B3] 셀은 3 앞에 $ 표시를 해주면 됩니다.

07 위에 설명한 바와 같이 참조 유형을 변경해 보겠습니다. [B4] 셀을 선택하고 수식 입력줄에서 'A4'를 선택하고 F4를 세 번 누르면 '$A4'가 된 것을 확인할 수 있습니다.

08 이번에는 [B3] 셀의 참조 유형을 변경하겠습니다. 수식 입력줄에서 'B3'을 선택하고 F4를 두 번 누르면 'B$3'이 되는 것을 확인할 수 있습니다.

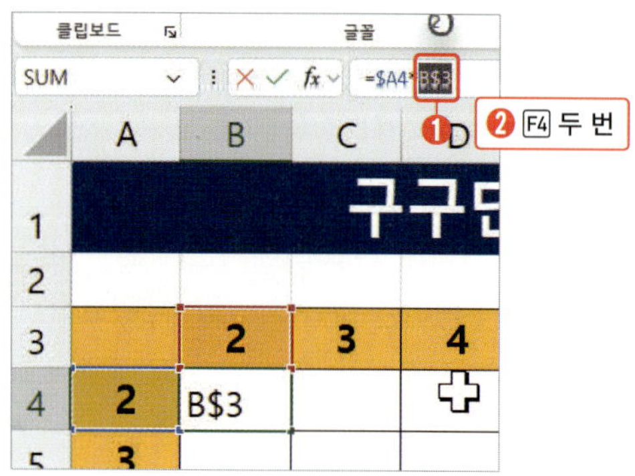

09 해당 수식의 입력을 마무리하고 나머지 영역을 채워 넣으면 구구단표가 완성된 것을 확인할 수 있습니다. 구구단표 작성법을 잘 기억하면 함수 없이 보고서 작성할 때 매우 빠르고 쉽게 정리할 수 있습니다.

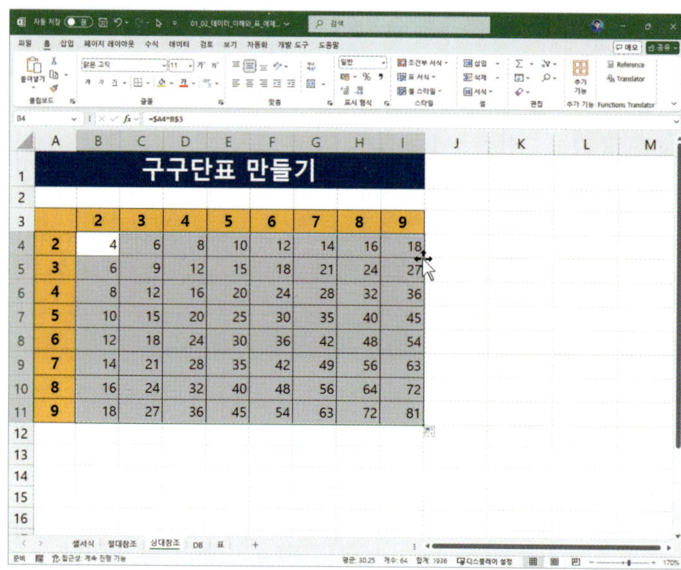

여기서 잠깐

엑셀 참조의 유형

입력	유형	동작
A1	상대 참조	해당 수식이 이동하는 거리만큼 참조 변경
$A$1	절대 참조	해당 수식이 이동해도 참조가 변경되지 않음
$A1	혼합 참조(열 고정)	열 고정이므로 열 방향으로 이동해도 A는 변경되지 않음 행 방향으로 이동하면 1은 2, 3, 4 등으로 변경됨
A$1	혼합 참조(행 고정)	행 고정이므로 행방으로는 이동해도 1은 변경되지 않음 열 방향으로 이동하면 A는 B, C, D로 변경됨

■ 표 활용하기

01 [DB] 시트로 이동해서 [N2] 셀을 선택하고 [J] 열의 매출 합계를 계산하겠습니다. [N2] 셀을 선택하고 '=SUM('까지 입력하고 [J2] 셀을 선택합니다. Ctrl+Shift+↓와 Enter를 순서대로 누르면 결과를 빠르게 산출할 수 있습니다.

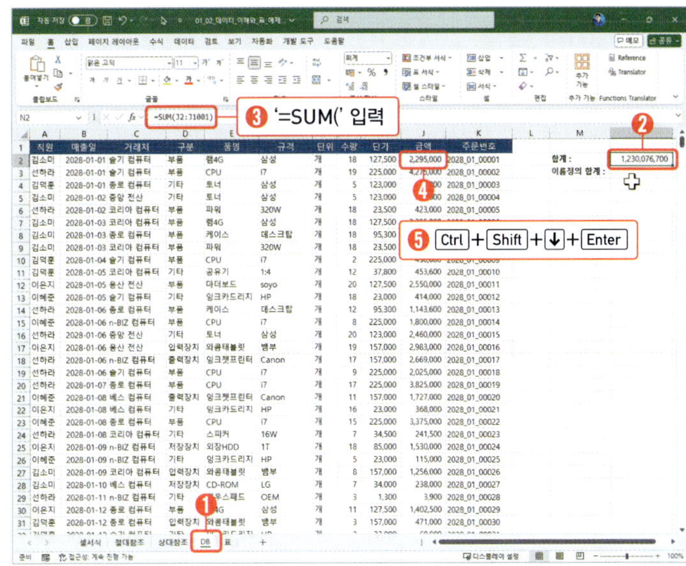

02 그런데 이 데이터는 데이터의 양이 커서 마우스로 범위를 빠르게 선택하기 불편합니다. 그래서 표 기능을 이용하면 데이터의 선택, 동적 범위까지 여러 가지 활용에 장점이 있습니다. [N2] 셀의 수식을 삭제하고, 데이터(A1:K1001) 중 임의의 셀을 선택한 후 [삽입] 탭 – [표] 그룹 – [표]를 클릭합니다.

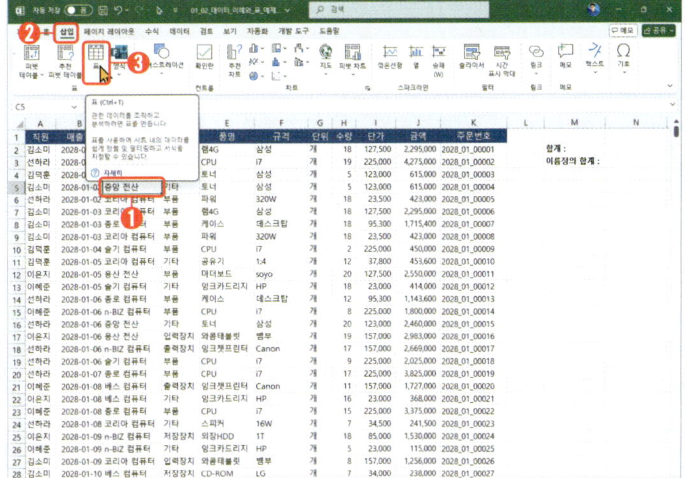

03 연속된 전체 범위를 표로 표 범위로 자동 지정해 줬고, 사용자는 이 범위에 [머리글 포함] 여부만 체크하면 됩니다. 현재 1행에 머리글이 있으므로 체크한 상태로 [확인]을 클릭합니다.

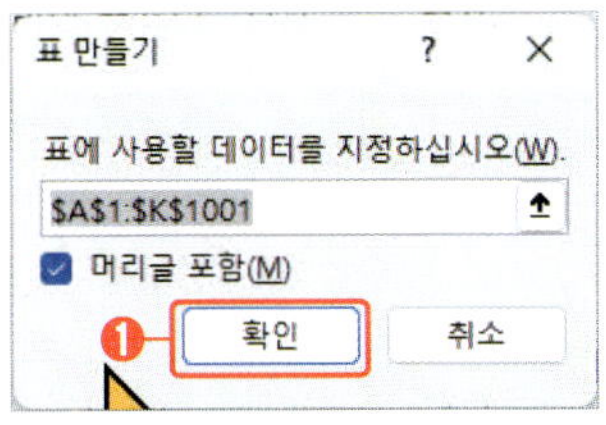

여기서 잠깐

표 만들기 단축키는 Ctrl+T입니다.

04 이제 [N2] 셀에서 다시 매출 합계를 계산해 보겠습니다. [N2] 셀을 선택하고 '=SUM('까지 입력하고 합계할 범위인 [J] 열의 머리글인 [금액] 부분의 위쪽으로 커서를 이동시키면 그림과 같이 아래쪽 검은색 화살표 형태로 커서가 변경될 때 클릭하면 표의 해당 열 데이터 전체를 빠르게 선택할 수 있습니다.

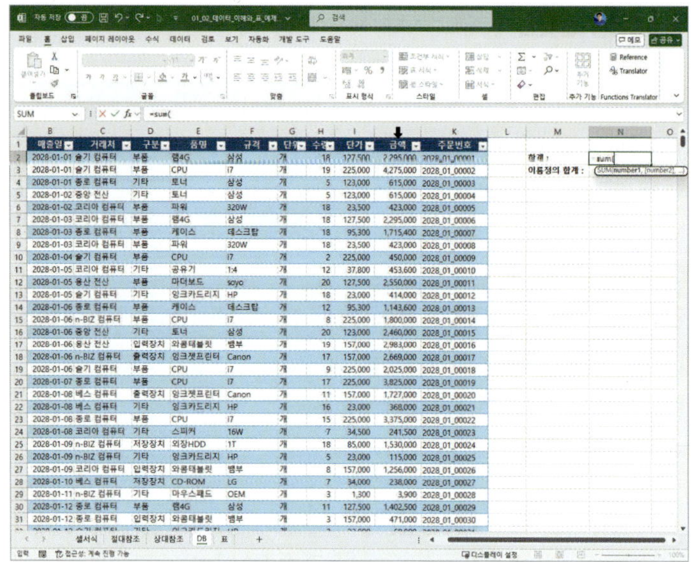

05 그림과 같이 나타난 것을 확인할 수 있습니다. 이 상태로 Enter를 누르면 결과를 확인할 수 있습니다.

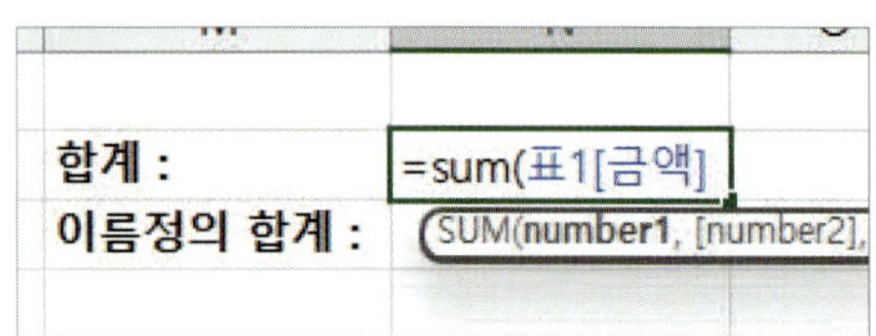

여기서 잠깐

'표1[금액]'과 같이 나타난 참조를 '구조적 참조'라고 합니다. 데이터를 표로 만들면 구조적 참조를 이용하게 되고 엑셀을 실행하고 처음 표를 만들면 표 이름이 '표1'이 됩니다. 두 번째는 '표2'로 자동 지정되고 나중에 이름을 변경할 수도 있습니다. 그래서 위 참조를 해석하면 '표1' 이라는 이름으로 만들어진 표의 [금액] 열이라는 것입니다.

06 엑셀에서 데이터를 표로 만들면, Ctrl+Shift+방향키를 누르지 않고 빠르게 결과를 만드는 방법을 확인했습니다.

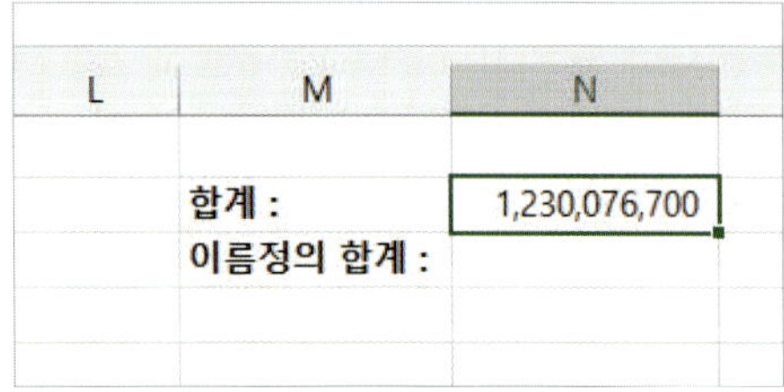

■ 이름 정의 활용하기

01 이번에는 수식을 좀 더 직관적이고 이해하기 쉽게 만드는 방법을 알아보겠습니다. 먼저 [J2] 셀을 선택하고 Ctrl+Shift+↓를 눌러 범위를 선택합니다. 물론 앞서 알아본 내용과 같이 [금액] 머리글 상단으로 커서를 이동시켜 검은색 화살표로 커서가 바뀔 때 클릭해도 됩니다.

범위를 선택한 후 이름 상자에 '판매금액'이라고 입력하고 Enter를 누릅니다. 이제 '표1[금액]' 범위는 '판매금액'이라는 별칭으로 부르겠다고 이름 정의를 한 것입니다.

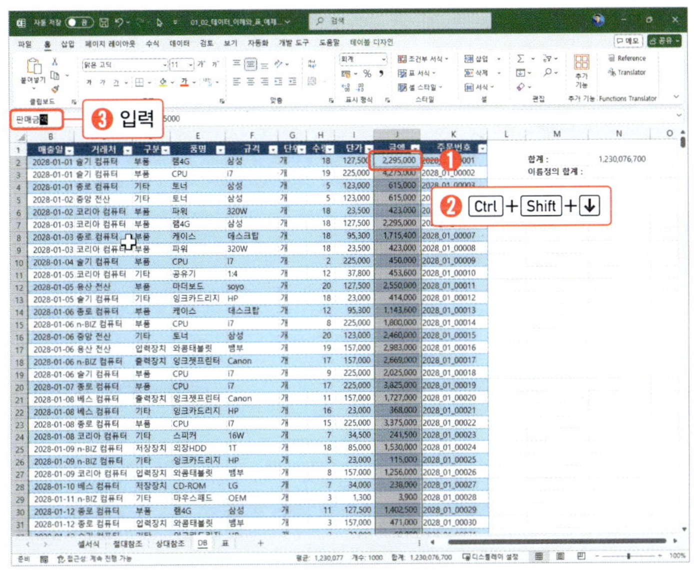

02 이름 정의를 활용하는 방법을 알아보겠습니다. [N3] 셀을 선택하고 '=SUM('까지 입력하고 위에서 설정한 '판매금액'을 입력하고 Enter를 눌러 결과를 확인합니다.

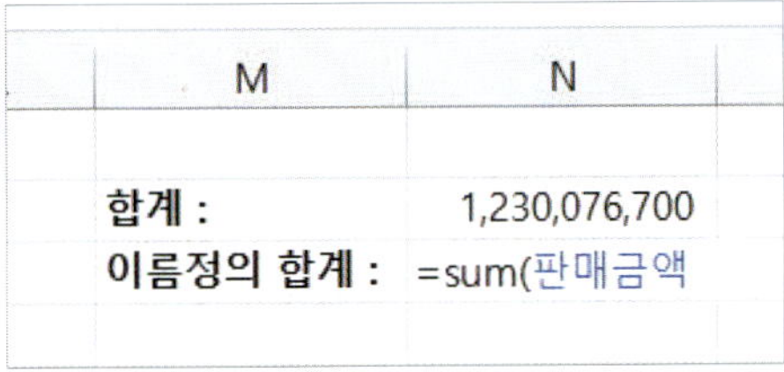

여기서 잠깐

이름 정의가 많아지면 기억 나지 않을 수도 있는데 이때는 '=SUM('까지만 입력하고 F3을 눌러 현재 파일의 이름 정의에서 선택할 수도 있습니다.

■ 표의 동적 범위 이해하기

01 이번에는 표의 동적 범위 지원에 대해서 알아보겠습니다. [표] 시트로 이동해서 임의의 셀을 선택하고 Ctrl+T를 눌러 [표 만들기] 대화상자를 불러옵니다. [머리글 포함]을 체크하고 [확인]을 클릭합니다.

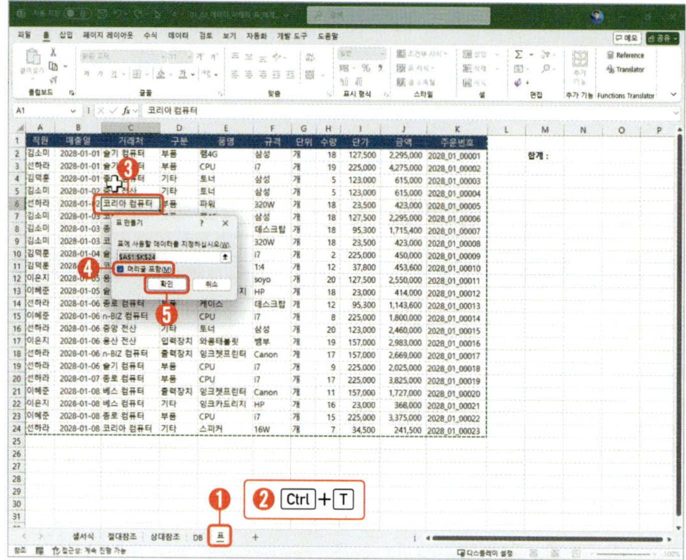

02 [N2] 셀을 선택하고 '=SUM('까지 입력하고 [금액] 머리글 상단으로 커서를 이동시켜 검은색 화살표가 나타날 때 클릭해서 범위를 빠르게 지정하고 Enter를 누릅니다.

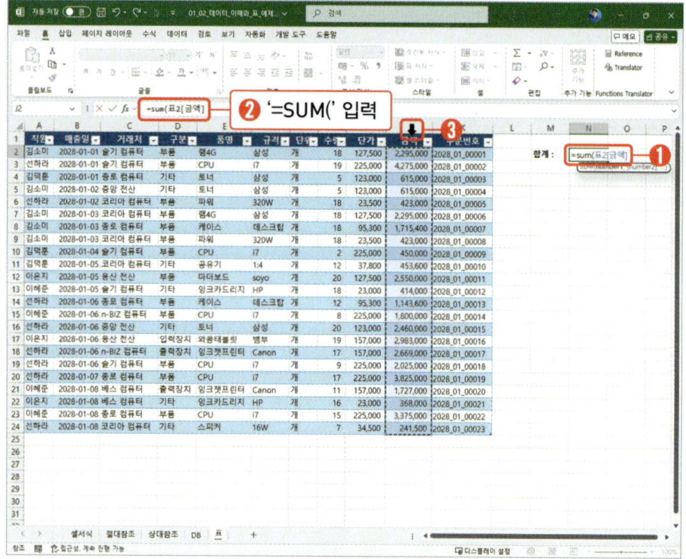

03 데이터를 추가해 보겠습니다. [A24:K24] 셀의 데이터를 선택하고 Ctrl+C를 눌러 복사합니다. [A25] 셀을 선택하고 Ctrl+V를 눌러 붙여 넣습니다. 그럼 [N2] 셀에 있는 합계 금액이 변경된 것을 확인할 수 있습니다. [J25] 셀의 값을 '5'로 변경하면 [N2] 셀 값이 변경되는 것을 확인할 수 있습니다. 이렇게 표는 동적 범위를 지원하기에 데이터를 관리, 활용하기 좋은 기능이라고 할 수 있습니다.

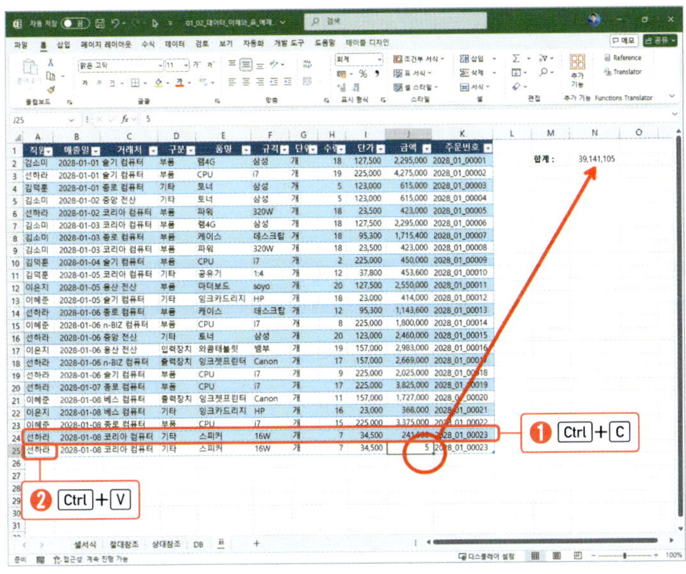

004 다양한 현업 활용 사례와 팁

이번 Chapter에서는 셀 서식과 키 조작 등 기본적인 엑셀 활용 지식을 바탕으로, 실무에서 자주 활용되는 다양한 사례를 실습을 통해 익히겠습니다.

- **실습 파일 :** Part 01 > 예제 > 01_03_다양한_활용사례_및_팁_예제.xlsx
- **완성 파일 :** Part 01 > 완성 > 01_03_다양한_활용사례_및_팁_완성.xlsx

	A	B	C	D	E	F
1	2028년 분기별 매출현황					
2						
3	분기 / 직원	1분기	2분기	3분기	4분기	합계
4	이혜준	55,100,000	62,300,000	43,600,000	54,500,000	215,500,000
5	이은지	62,000,000	63,300,000	52,700,000	55,600,000	233,600,000
6	김소미	60,200,000	40,400,000	58,800,000	45,000,000	204,400,000
7	선하라	42,900,000	49,900,000	38,800,000	38,400,000	170,000,000
8	합계	220,200,000	215,900,000	193,900,000	193,500,000	823,500,000

주요 기능	현업 활용
셀 서식	• 매출 금액 천 단위 표시하기 • 날짜 변경으로 요일이 변경되게 하는 서식 • 0 값을 나타내거나 나타내지 않게 하는 서식
표	• 데이터 입력만으로 자도 자동 작성되는 추가되는 차트
자동 합계	• 함수를 사용하지 않고 각종 통계량을 나타내는 방법 • 필터된 데이터만의 합계를 손쉽게 표시하는 방법

■ Shift 키의 활용 방법

01 예제 파일을 불러온 후 [Shift키의_활용] 시트를 선택하면 OO과 1학기 시험 평점을 확인할 수 있습니다. 그런데 자세히 보면 '학번 KOHI1303-004'가 누락된 것을 확인할 수 있습니다. 이때 행을 마우스 오른쪽 버튼으로 클릭하고 행 삽입을 실행하면 다른 열의 데이터에도 영향을 주는 것을 확인할 수 있습니다. 그래서 이러한 경우는 먼저 행을 삽입하기 전 자료인 [A6:E6] 셀을 선택하고 오른쪽 하단으로 커서를 움직여 채우기 핸들 형태로 만듭니다.

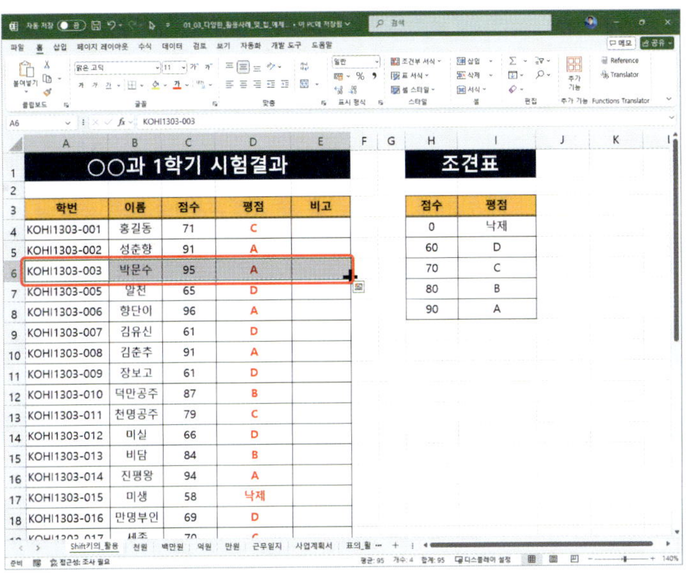

02 커서가 채우기 핸들로 변경되었을 때 Shift를 누르면 커서가 위아래 화살표 모양으로 변경되는데 이때 아래로 한 행 드래그하고 손을 떼면 다른 열에 영향을 주지 않고 선택한 데이터 아래로만 한 행이 추가된 것을 확인할 수 있습니다(H열이나 I열에 행 추가가 없습니다).

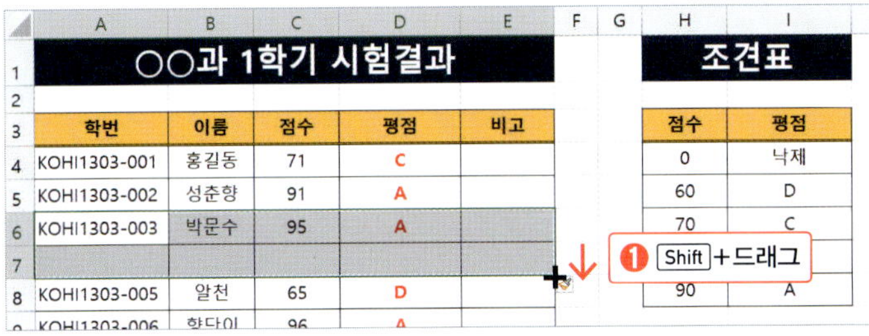

03 행을 삭제할 때도 전체 행을 선택하고 행 삭제를 실행하면 다른 열 데이터도 같이 삭제되는데, 이러한 경우는 먼저 삭제할 데이터인 [A8:E8] 셀을 선택합니다. 이번에도 마지막 셀 오른쪽 하단으로 마우스 커서를 움직여 채우기 핸들로 변경합니다.

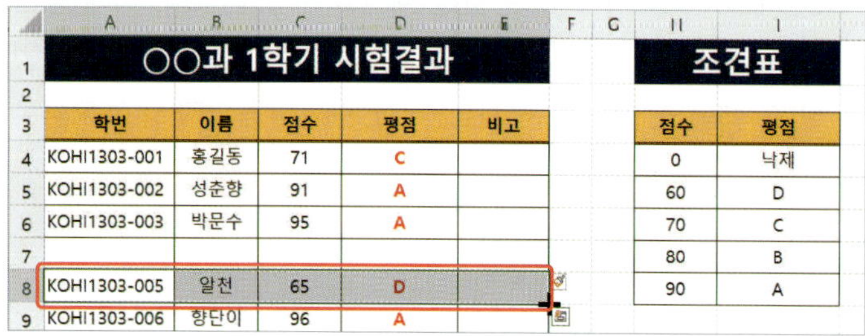

04 마우스 커서가 채우기 핸들 형태가 되면 Shift를 누르고 한 행 위쪽으로 드래그한 후 마우스에서 손을 떼면 다른 열에 영향 없이 선택한 데이터만 삭제된 것을 확인할 수 있습니다.([H8:I8] 셀의 데이터는 삭제되지 않습니다).

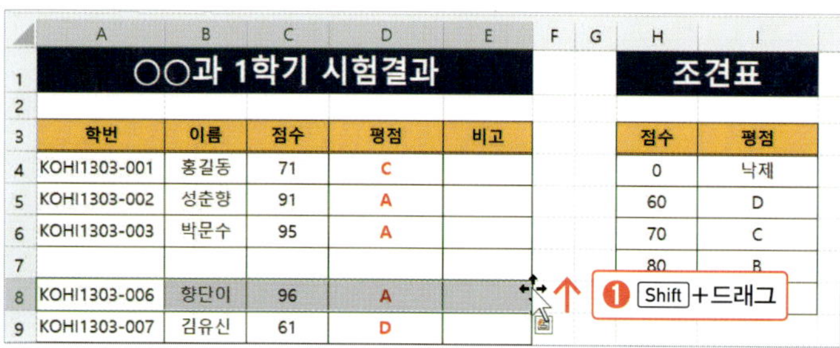

■ [셀 서식] 대화상자를 활용한 표시 형식 변경하기

01 이번에는 셀 서식을 이용해서 금액이 큰 데이터를 지정한 단위로 표시하는 방법을 확인하겠습니다. [천원] 시트에서 [B5] 셀을 선택하고 Ctrl+Shift를 누른 채로 →를 한 번 누르고, 그 상태 그대로 다시 ↓를 누르면 [B5] 셀부터 우측으로 연속된 셀, 다시 그 영역에서 아래로 연속된 셀 전체를 빠르게 선택할 수 있습니다. 그리고 Ctrl+1을 눌러 [셀 서식] 대화상자를 불러옵니다.

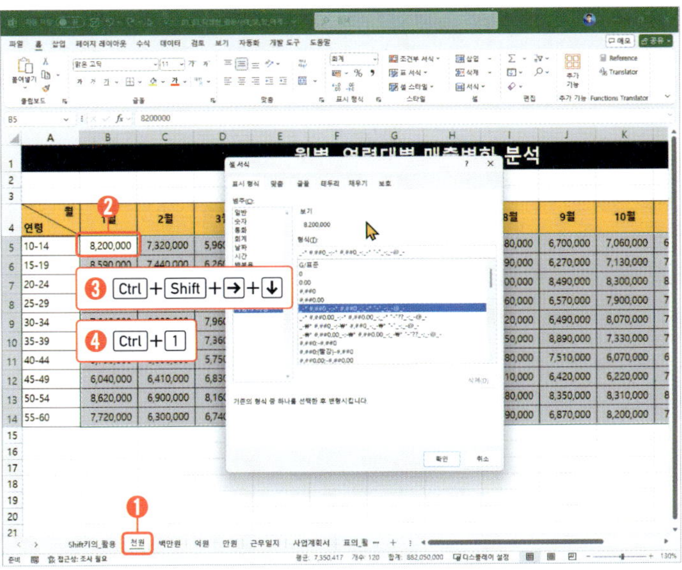

02 [범주]에서 '사용자 지정'을 선택하고, 오른쪽 [형식] 부분의 내용을 지우고 '#,##0,'을 입력한 후 [확인]을 클릭합니다. 마지막에 쉼표(,)까지를 잘 입력해야 합니다.

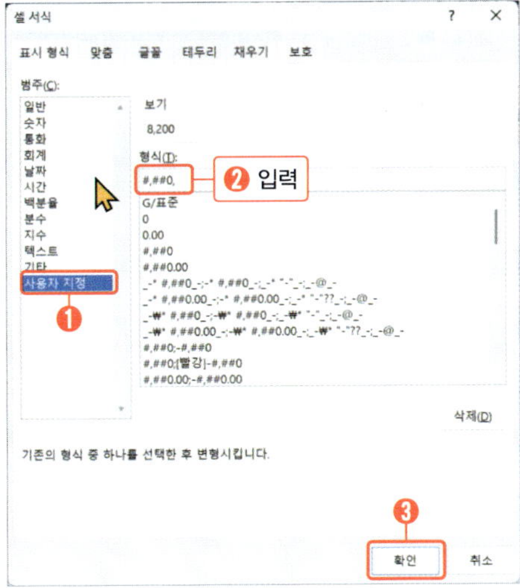

여기서 잠깐

셀 서식의 사용자 지정 예약 단어

예약어	예약어 설명	비고
y	연도	yyyy=c
m	월	y와 같이 사용
d	일	
bbbb	불기 연도	
aaa	요일(월, 화, 수, 목, 금, 토, 일)	영문 : ddd
aaaa	요일(월요일, 화요일…)	영문 : dddd
h	시간(24시간 초과 시 대괄호)	
m	분	h와 같이 사용
s	초	
#	숫자 표기(유효하지 않은 숫자 생략)	
0	숫자 표기(유효하지 않은 0으로 표기)	
@	입력한 문자를 그대로 표기	
,	천 단위 표기(쉼표 스타일)	

▶ **#,##0, 셀 서식의 설명**

#,##0을 입력하면 쉼표 스타일로 나타낼 수 있고, 이때 마지막에 천 단위 구분 기호인 쉼표(,)를 넣어주게 되므로 해당 값은 천 단위로 표시됩니다.

03 이번에는 더 큰 순자를 백만 단위로 표시해 보겠습니다. [백만원] 시트에서 이번에도 [B5] 셀을 선택하고 Ctrl+Shift+→, ↓를 눌러 데이터 전체를 선택한 후 Ctrl+1을 눌러 [셀 서식] 대화상자를 불러옵니다. 그리고, [범주]에서 '사용자 지정'을 선택합니다. 오른쪽 [형식] 부분의 내용을 지우고 '#,##0,,'을 입력하고 [확인]을 클릭합니다. 마지막에 쉼표(,)를 2개 입력했습니다.

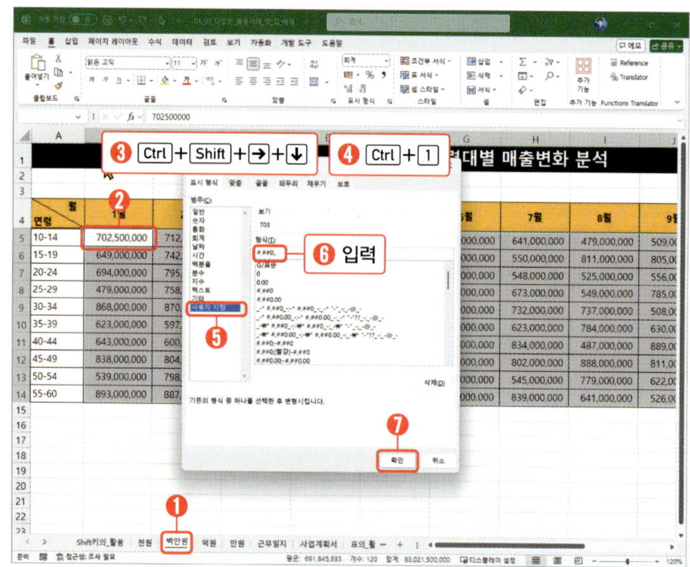

04 다음과 같은 결과를 확인할 수 있습니다.

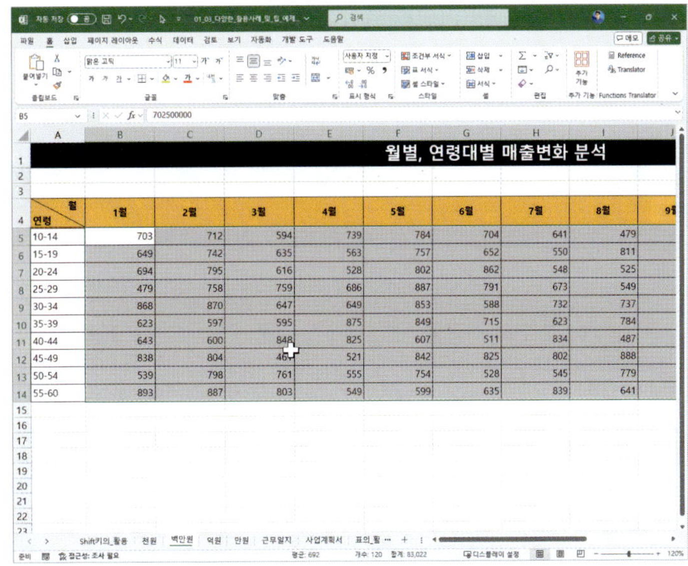

연령 \ 월	1월	2월	3월	4월	5월	6월	7월	8월
10-14	703	712	594	739	784	704	641	479
15-19	649	742	635	563	757	652	550	811
20-24	694	795	616	528	802	862	548	525
25-29	479	758	759	686	887	791	673	549
30-34	868	870	647	649	853	588	732	737
35-39	623	597	595	875	849	715	623	784
40-44	643	600	848	825	607	511	834	487
45-49	838	804	46[illegible]	521	842	825	802	888
50-54	539	798	761	555	754	528	545	779
55-60	893	887	803	549	599	635	839	641

여기서 잠깐

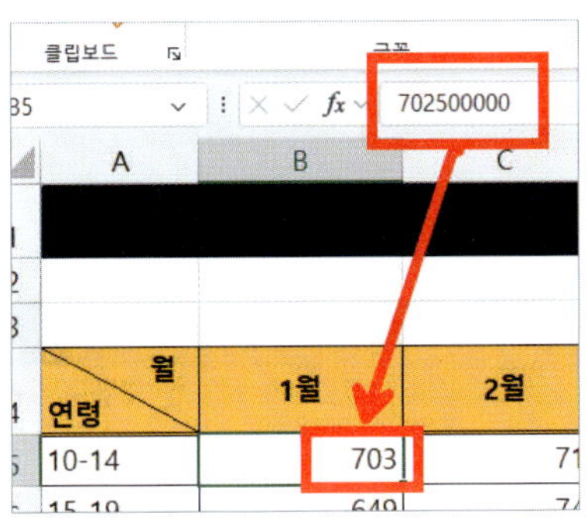

#,##0을 입력하면 쉼표 스타일로 나타나는데, 천 단위 구분 기호인 쉼표(,)를 한번 입력하면 천 단위이므로 3자리를 끊어서 천 단위로, 다시 한번 쉼표(,)를 입력하면 또 3자리를 끊어서 백만 단위로 표시되는 것입니다.
또 알아둬야 할 부분은 이렇게 표시하면 반올림돼서 화면상에는 나타난다는 것입니다. [B5] 셀 내용을 확인해 보면 원 데이터는 702500000지만 표시는 703으로 반올림되어 나타나는 것을 확인할 수 있습니다.

05 이와 같이 쉼표를 한 번씩 더할 때 마다 천 단위, 백만 단위, 십억 단위로 표시가 가능합니다. 그렇다면 8자리를 끊어야 하는 억 단위 표시를 해보겠습니다. [억원] 시트에서 [B5] 셀을 선택하고 Ctrl+Shift+→, ↓를 눌러 데이터 전체를 선택한 후 Ctrl+1을 눌러 [셀 서식] 대화상자를 불러옵니다. 그리고, [범주]에서 '사용자 지정'을 선택합니다. 오른쪽 [형식] 부분의 내용을 지우고 '#0"."##,,'을 입력한 후 [확인]을 클릭합니다.

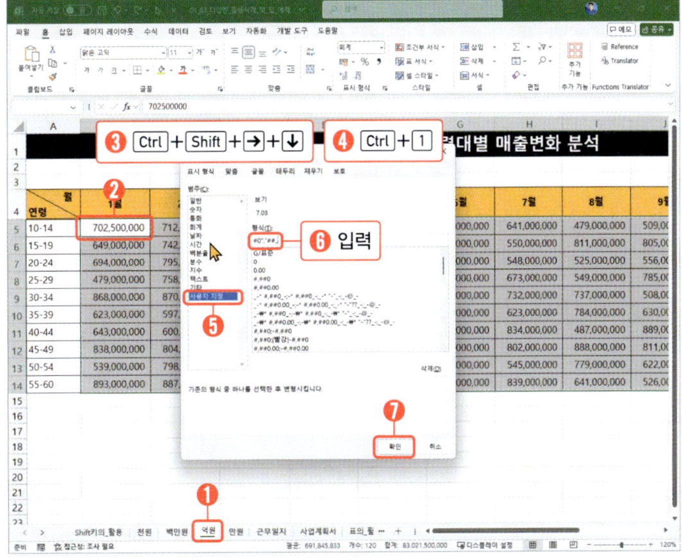

06 그림과 같이 억 단위로 금액이 표시되는 것을 확인할 수 있습니다.

B5 | 702500000

	A	B	C	D
1				
2				
3				
4	월 / 연령	1월	2월	3월
5	10-14	7.03	7.12	5.94
6	15-19	6.49	7.42	6.35
7	20-24	6.94	7.95	6.16
8	25-29	4.79	7.58	7.59
9	30-34	8.68	8.70	6.47

여기서 잠깐

#0"."##,, 셀 서식을 풀이하자면 마지막에 쉼표를 ,,로 했으니 6자리, 그 앞에 ##을 붙여서 강제로 8자리를 끊었고 "."으로 소수점 처리한 것입니다.
그래서 이 서식은 만약 천억이라고 한다면 1,000.00으로 표시되지 않습니다. 천억 미만 자료를 소수점 2자리까지 표시할 때 사용하면 됩니다.

07 이번에는 4자리를 끊어야 하는 만 원 단위 표시법을 알아보겠습니다. [만원] 시트로 이동해서 [B5] 셀을 선택하고 Ctrl+Shift+→, ↓를 눌러 데이터 전체를 선택한 후 Ctrl+1을 눌러 [셀 서식] 대화상자를 불러옵니다. 그리고, [범주]에서 '사용자 지정'을 선택합니다. 오른쪽 [형식] 부분의 내용을 지우고 '#0","#,'을 입력한 후 [확인]을 클릭합니다.

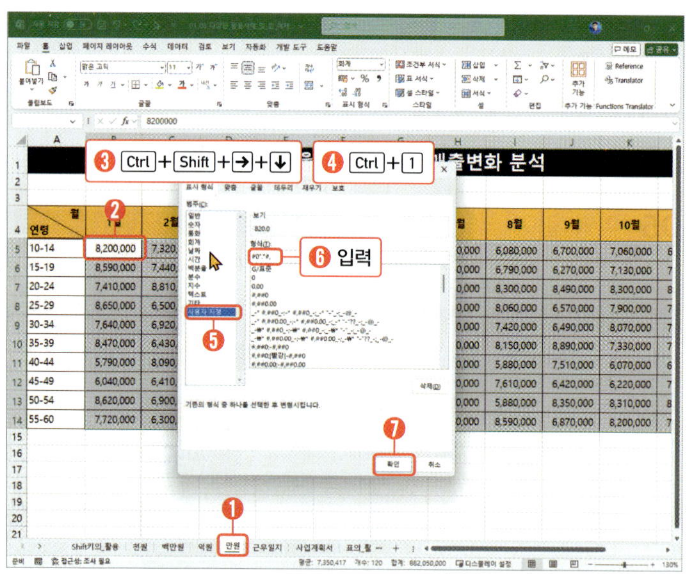

08 그림과 금액이 표시되는 것을 확인할 수 있습니다.

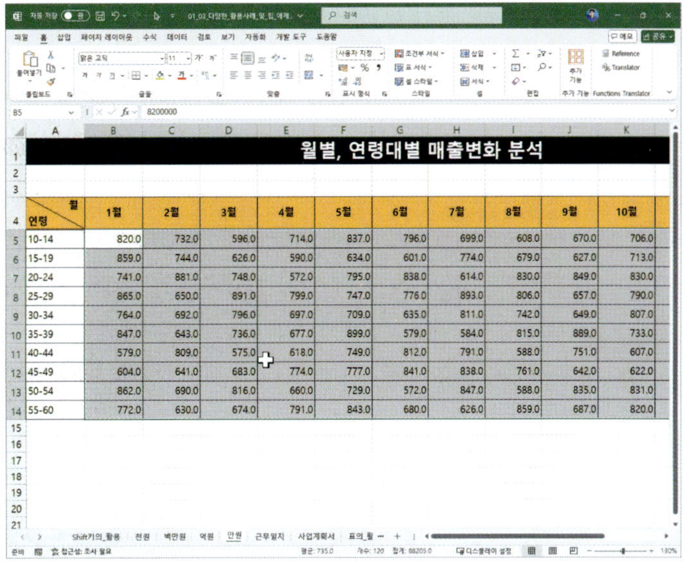

월별, 연령대별 매출변화 분석

연령 \ 월	1월	2월	3월	4월	5월	6월	7월	8월	9월	10월
10-14	820.0	732.0	596.0	714.0	837.0	796.0	699.0	608.0	670.0	706.0
15-19	859.0	744.0	626.0	590.0	634.0	601.0	774.0	679.0	627.0	713.0
20-24	741.0	881.0	748.0	572.0	795.0	838.0	614.0	830.0	849.0	830.0
25-29	865.0	650.0	891.0	799.0	747.0	776.0	893.0	806.0	657.0	790.0
30-34	764.0	692.0	796.0	697.0	709.0	635.0	811.0	742.0	649.0	807.0
35-39	847.0	643.0	736.0	677.0	899.0	579.0	584.0	815.0	889.0	733.0
40-44	579.0	809.0	575.0	618.0	749.0	812.0	791.0	588.0	751.0	607.0
45-49	604.0	641.0	683.0	774.0	777.0	841.0	838.0	761.0	642.0	622.0
50-54	862.0	690.0	816.0	660.0	729.0	572.0	847.0	588.0	835.0	831.0
55-60	772.0	630.0	674.0	791.0	843.0	680.0	626.0	859.0	687.0	820.0

09 근무일지 등 매일 작성하는 문서 작성 시 날짜와 요일을 같이 표기한다면 셀 서식으로 손쉽게 표시할 수 있습니다. [근무일지] 시트로 이동해서 [A9] 셀에 '2027-03-10'을 입력하고 해당 셀을 선택한 후 Ctrl+1을 눌러 [셀 서식] 대화상자를 불러옵니다.

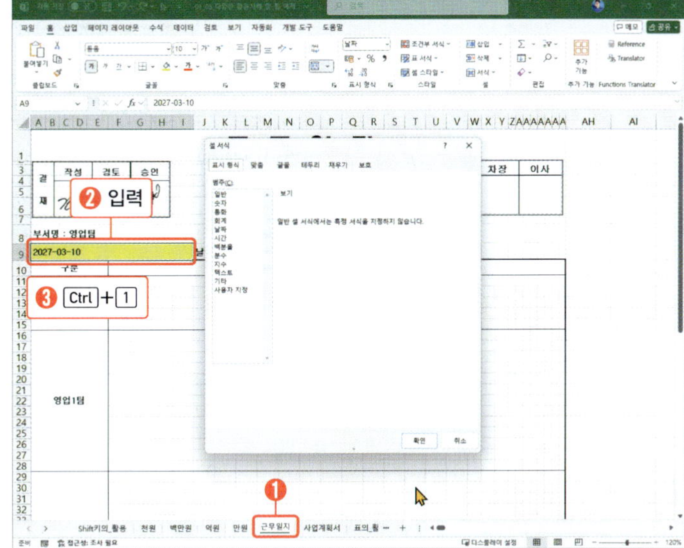

여기서 잠깐

만약 오늘 날짜를 빠르게 입력하려면 Ctrl+;(세미콜론)을 누르면 됩니다.

10 [셀 서식] 대화상자의 [범주]를 '사용자 지정'으로 선택하고, [형식]에 'yyyy년 mm월 dd일 aaaa'를 입력한 후 [확인]을 클릭합니다.

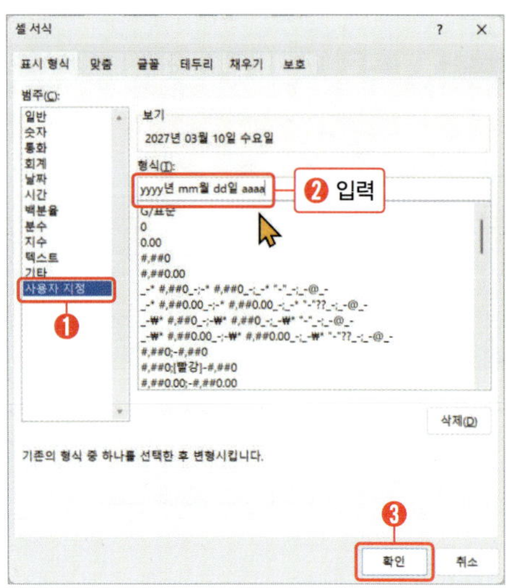

11 [A9] 셀에 수요일까지 표시된 것을 확인할 수 있습니다. 이때 만약 날짜를 '2027-03-11'로 입력하고 Enter를 누르면 수요일이 목요일로 자동 변경되는 것을 확인할 수 있습니다.

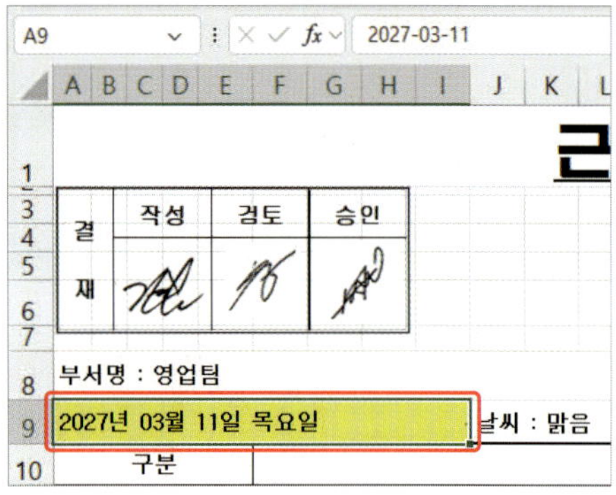

여기서 잠깐

날짜와 관련된 기타 표기법

셀 입력 데이터	셀 서식	표현되는 내용	비고
2027-03-09	yyyy년 m월 d일 aaa	2027년 3월 9일 화	
2027-03-09	yyyy년 m월 d일 aaaa	2027년 3월 9일 화요일	
2027-03-09	yyyy년 mm월 dd일 aaaa	2027년 03월 09일 화요일	
2027-03-09	mmm dd, yyyy	Mar 09, 2027	
2027-03-09	mmmm dd, yyyy	March 09, 2027	
2027-03-09	dd mmm, yyyy	09 Mar, 2027	
2027-03-09	dd mmmm, yyyy	09 March, 2027	
2027-03-09	ddd, dd mmm yyyy	Tue, 09 Mar 2027	
2027-03-09	dddd, dd mmm yyyy	Tuesday, 09 Mar 2027	

12 엑셀로 숫자가 많이 계산, 분석되는 사업 계획서 등을 작성하고 표지를 별도로 작성하지 않고 한 시트에 만드는 경우가 있는데 이때 내용과 페이지 넘버 사이에 '-'를 빠르게 채우는 방법을 알아보겠습니다. [사업계획서] 시트에서 [A5:A14] 셀을 선택하고 Ctrl+1을 눌러 [셀 서식] 대화상자를 불러옵니다.

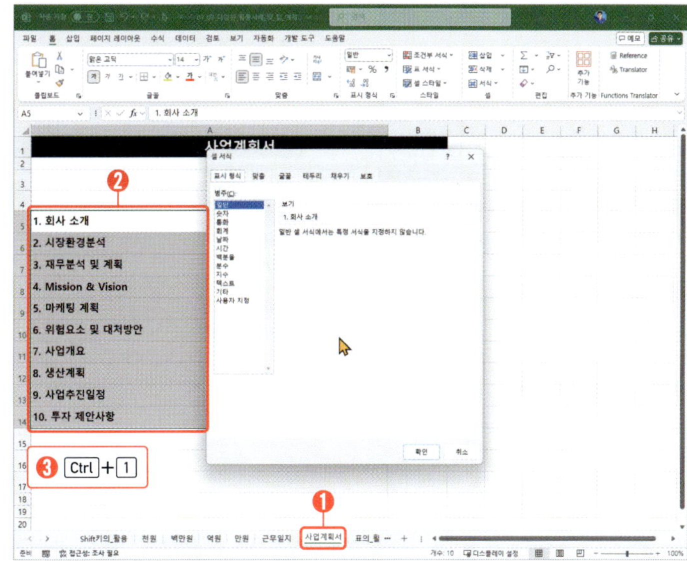

13 [셀 서식] 대화상자의 [범주]를 '사용자 지정'으로 선택하고, [형식]에 '@*-'를 입력한 후 [확인]을 클릭합니다.

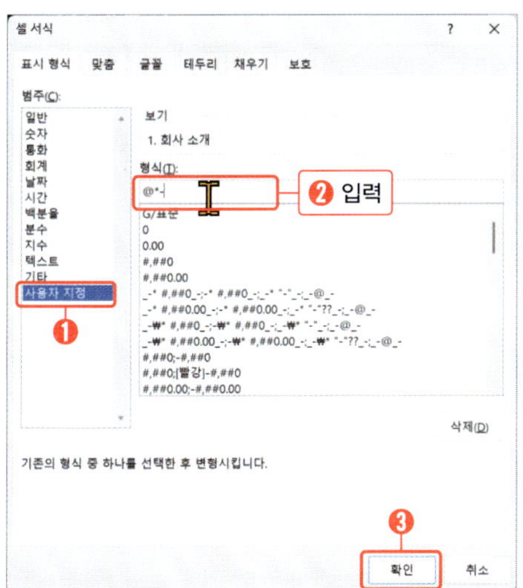

여기서 잠깐

@*- 셀 서식 설명

@ 사용자 지정 예약어는 입력한 텍스트를 표시하는 것입니다. *은 엑셀의 대표 문자로 모든(All) 의미를 갖습니다. -는 * 대표 문자가 나머지 여백을 채우겠다고 지정하는 문자입니다. 그러므로 위 서식은 입력한 텍스트를 나타내고, 그 이후 여백은 모두 -로 채우겠다는 표현이 되는 것입니다.

14 이렇게 셀 서식을 지정해 놓으면 나중에 내용이 바뀌어도 똑같이 적용됩니다. [A5] 셀에 '1. 회사 소개와 연혁'이라고 변경하고 확인해 보면 나머지 여백이 모두 -로 채워진 것을 확인할 수 있습니다.

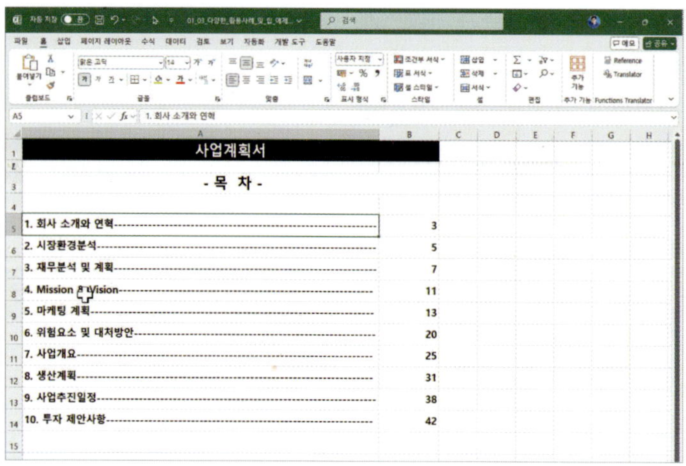

■ 표의 동적 범위 활용하기

01 표의 동적 범위에 대해서 알아보겠습니다. [표의_활용] 시트를 선택하고 2027년 월별 매출 데이터의 차트를 작성해 보겠습니다. 먼저 데이터를 표로 지정하기 위해 임의의 데이터를 선택하고 Ctrl+T를 누릅니다. [표 만들기] 대화상자가 나타나면 [머리글 포함]에 체크 확인한 상태로 [확인]을 클릭합니다.

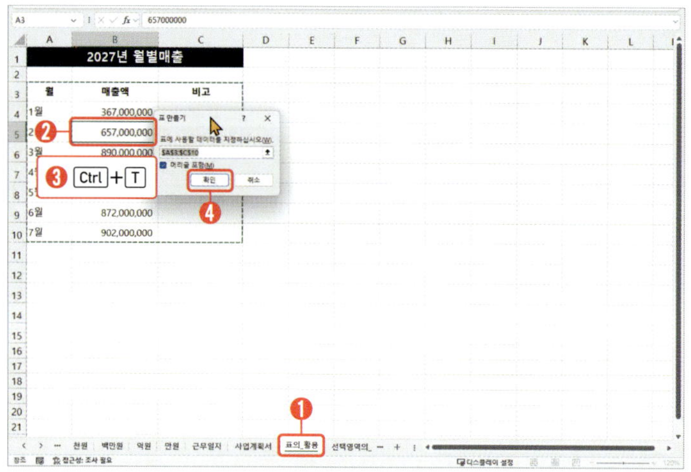

02 차트로 작성할 데이터 영역 [A3:B10] 셀을 선택하고 [삽입] 탭 – [차트] 그룹 – [세로 또는 가로 막대형 차트 삽입]을 확장해서 첫 번째 [묶은 세로 막대형]을 클릭합니다. 그러면 7월까지 나타나는 것을 확인할 수 있습니다.

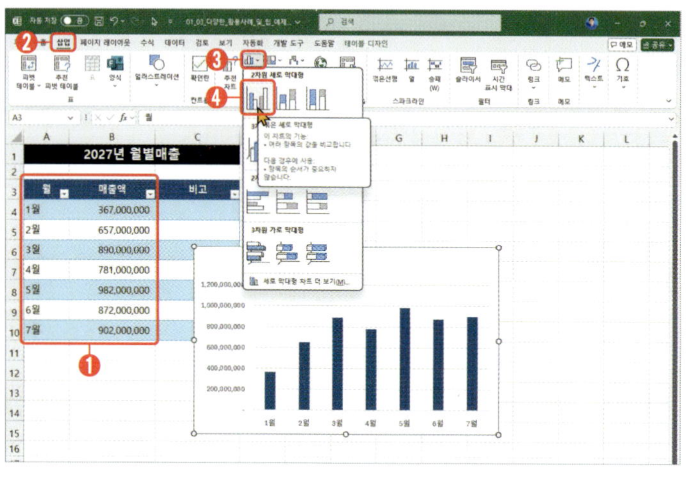

03 이제 8월 매출 자료가 정리되었다고 가정하고 데이터를 추가해 보겠습니다. [A11] 셀에는 '8월'로 입력하고 [B11] 셀에는 7억(700000000)을 입력합니다. 차트를 확인해 보면 8월 막대가 자동 생성된 것을 확인할 수 있습니다.

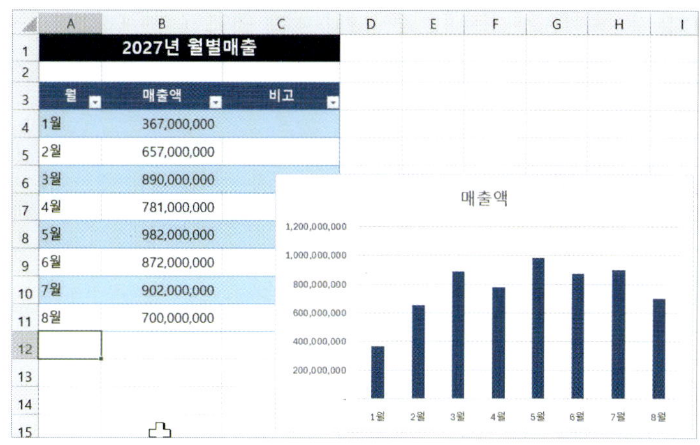

■ 셀 병합 문제 해결 방법

01 셀 병합의 문제를 해결 방법을 확인하기 위해 [선택영역의_가운데] 시트로 이동합니다.

데이터는 일반적인 내역서 형식입니다. 이제 재료비, 노무비, 경비의 각각의 단가, 금액으로 나눠져 있는 부분을 병합하기 위해 [E3:F3] 셀을 선택하고 Ctrl+1을 눌러 [셀 서식] 대화상자를 불러옵니다.

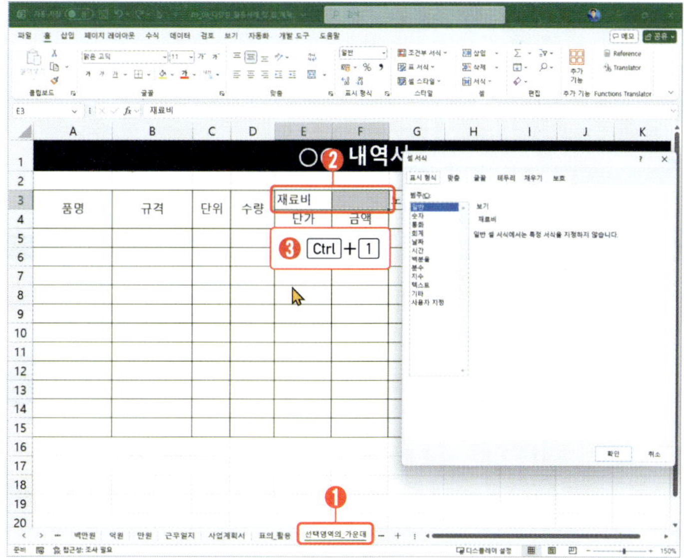

02 [맞춤] 탭의 [가로]를 확장해서 '선택 영역의 가운데로'를 선택하고 [확인]을 클릭합니다.

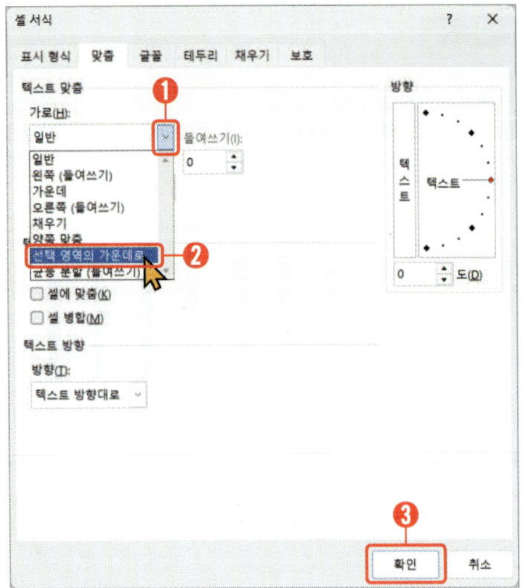

여기서 잠깐

'병합하고 가운데 맞춤'과의 다른 점

[병합하고 가운데 맞춤]은 범위를 선택할 때 가운데 병합된 셀이 있다면 해당 병합된 열이나 행이 같이 선택됩니다. 예를 들어, [G3:H3] 셀을 선택하고 [홈] 탭 – [맞춤] 그룹 – [병합하고 가운데 맞춤]을 클릭하면 [E3:F3] 셀과 보이는 건 같지만 [G3:G9] 셀을 선택하면 [G3:H9] 셀까지 가운데 병합된 셀 때문에 선택되게 됩니다.
하지만 '선택 영역의 가운데로'로 지정한 [E3:E9] 셀은 병합된 것처럼 보이지만 한 개의 열만 선택할 수 있습니다.

03 이제 선택 영역의 가운데로 처리된 서식을 서식 복사를 통해 노무비, 경비 부분에도 적용해 보겠습니다. 먼저 [E3:F3] 셀을 선택하고 [홈] 탭 – [클립보드] 그룹 – [서식 복사]를 더블클릭합니다.

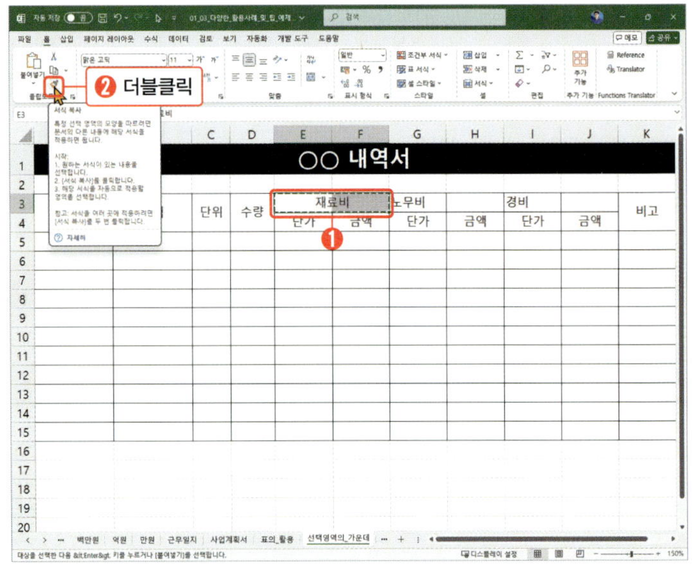

04 커서가 빗자루 모양이 포함된 모양으로 변경되었고 이제 [G3] 셀에 마우스 커서를 위치시키고 클릭하면 복사했던 서식이 적용된 것을 볼 수 있고 다시 [I3] 셀을 선택하고 클릭하면 또 복사해 둔 서식이 적용되는 것을 확인할 수 있습니다. 한 번만 서식 복사할 때는 [선택하여 붙여넣기]를 이용해도 나쁘지 않지만 여러 번 서식 복사할 때는 지금과 같은 방법이 훨씬 효과적입니다.

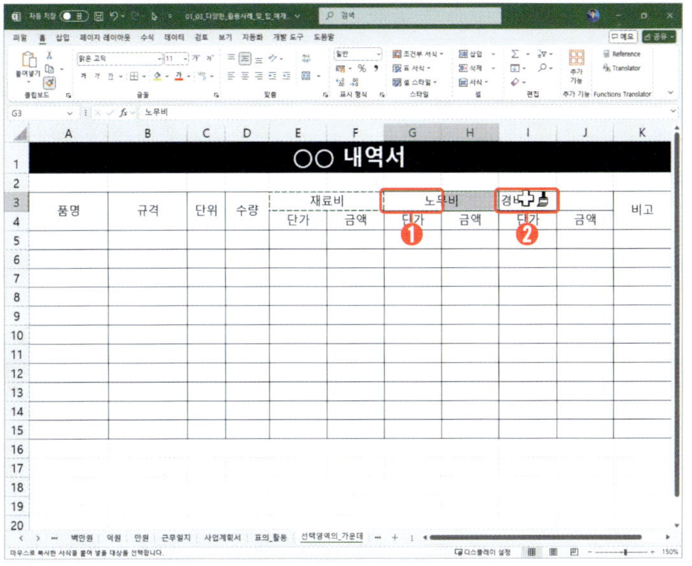

여기서 잠깐

더 이상 서식 복사할 곳이 없다면 Esc를 누르면 커서 모양도 원래대로 변경됩니다.

■ 자동 합계 활용하기

01 수식을 사용하지 않고도 빠르게 통계량을 나타내는 방법을 살펴보겠습니다. [자동합계_1] 시트에서 나타난 데이터의 매출액 합계를 구해보겠습니다. 먼저 결과가 나타날 셀인 [D19] 셀을 선택하고 [홈] 탭 – [편집] 그룹 – [자동 합계]를 확장해서 [합계]를 클릭합니다.

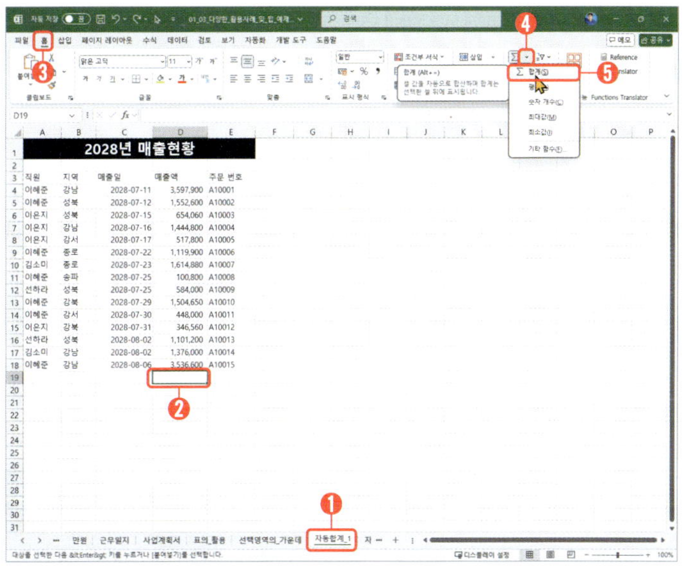

02 해당 셀에 SUM 함수가 자동 적용된 것을 확인할 수 있고 [Enter]를 누르면 결과를 확인할 수 있습니다.

	A	B	C	D	E
1	2028년 매출현황				
2					
3	직원	지역	매출일	매출액	주문 번호
4	이혜준	강남	2028-07-11	3,597,900	A10001
5	이혜준	성북	2028-07-12	1,552,600	A10002
6	이은지	성북	2028-07-15	654,060	A10003
7	이은지	강남	2028-07-16	1,444,800	A10004
8	이은지	강서	2028-07-17	517,800	A10005
9	이혜준	종로	2028-07-22	1,119,900	A10006
10	김소미	종로	2028-07-23	1,614,880	A10007
11	이혜준	송파	2028-07-25	100,800	A10008
12	선하라	성북	2028-07-25	584,000	A10009
13	이혜준	강북	2028-07-29	1,504,650	A10010
14	이혜준	강서	2028-07-30	448,000	A10011
15	이은지	강북	2028-07-31	346,560	A10012
16	선하라	성북	2028-08-02	1,101,200	A10013
17	김소미	강남	2028-08-02	1,376,000	A10014
18	이혜준	강남	2028-08-06	3,536,600	A10015
19				19,499,750	
20					

여기서 잠깐

자동 합계를 통해서 나타낼 수 있는 통계량은 합계, 평균, 숫자 개수, 최대값, 최소값을 클릭만으로 나타낼 수 있고, 다른 통계량을 나타내고 싶다면 [기타 함수]를 클릭하고 [함수 마법사] 대화상자의 [범주 선택]을 '모두'로 선택하면 더 많은 다양한 함수를 적용할 수도 있습니다.

03 그렇다면 2개 이상의 다중 열과 다중 행도 가능한지 확인해 보겠습니다. [자동합계_2] 시트를 선택하고 데이터 영역부터 결과가 나타날 [B4:F8] 셀을 선택하고 [홈] 탭 – [편집] 그룹 – [자동 합계]를 확장해서 [합계]를 클릭합니다.

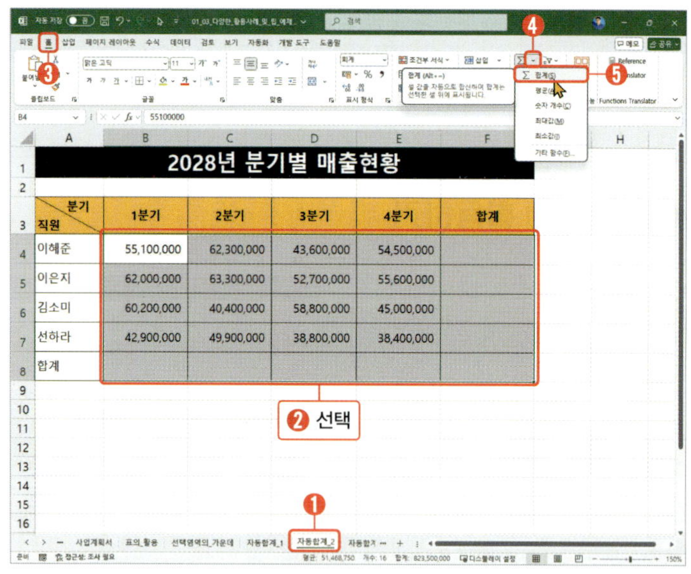

04 다음 그림처럼 행 방향, 열 방향 모두 합계가 나타난 것을 확인할 수 있습니다.

	A	B	C	D	E	F
1	2028년 분기별 매출현황					
2						
3	분기 / 직원	1분기	2분기	3분기	4분기	합계
4	이혜준	55,100,000	62,300,000	43,600,000	54,500,000	215,500,000
5	이은지	62,000,000	63,300,000	52,700,000	55,600,000	233,600,000
6	김소미	60,200,000	40,400,000	58,800,000	45,000,000	204,400,000
7	선하라	42,900,000	49,900,000	38,800,000	38,400,000	170,000,000
8	합계	220,200,000	215,900,000	193,900,000	193,500,000	823,500,000

05 이번에는 필터된 데이터의 통계량을 나타내도록 하겠습니다. 먼저 [자동합계_3] 시트에서 데이터 중 임의의 셀 하나를 선택하고 [데이터] 탭 – [정렬 및 필터] 그룹 – [필터]를 클릭합니다.

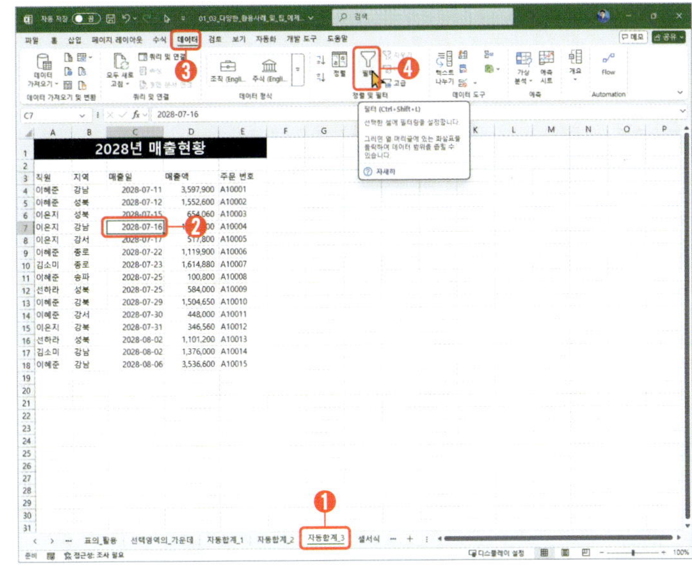

06 자동 필터가 적용된 것을 확인할 수 있고 [지역]을 확장해서 [성북]만 선택하고 [확인]을 클릭해서 필터합니다.

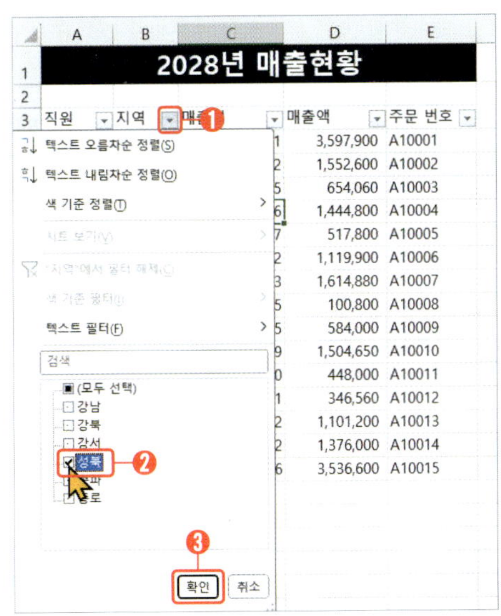

07 결과가 나타날 [D19] 셀을 선택하고 [홈] 탭 – [편집] 그룹 – [자동 합계]를 확장해서 [합계]를 클릭합니다.

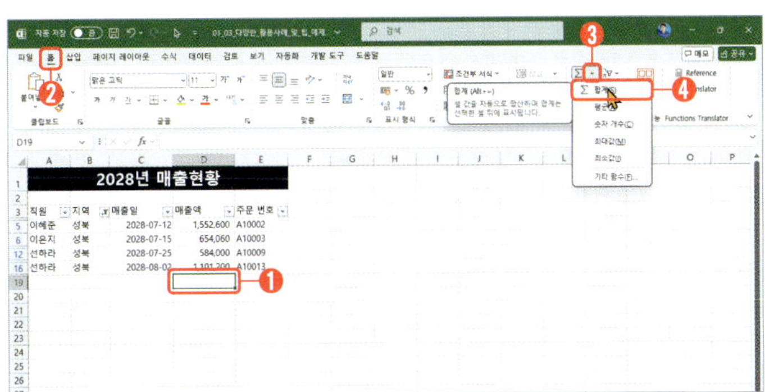

08 필터된 성북 데이터의 매출액만 합계된 것을 확인할 수 있습니다. 이제 지역을 다시 확장해서 [종로]만 선택하고 [확인]을 클릭합니다.

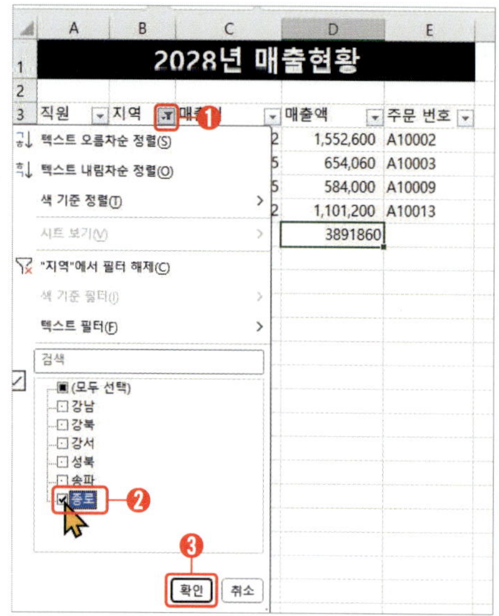

09 필터된 종로 데이터의 결과가 나타난 것을 확인할 수 있습니다. [D19] 셀을 선택하고 [홈] 탭 – [표시 형식] 그룹 – [쉼표 스타일]을 클릭해서 쉼표 스타일로 서식을 지정합니다. 이렇게 자동 합계를 이용하면 SUBTOTAL 함수를 이용하지 않고도 손쉽게 필터된 데이터의 통계량을 나타낼 수 있습니다.

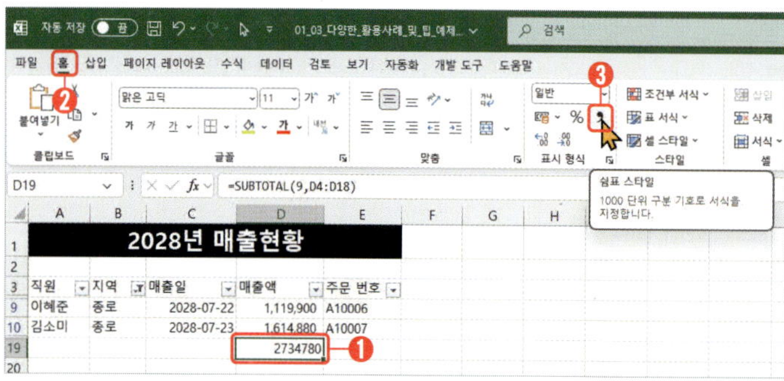

10 셀 서식 예약어 중 많이 헷갈리는 #과 0의 차이점을 확인해 보겠습니다. [셀 서식] 시트로 이동해서 [A4] 셀을 선택하고 Ctrl+1을 눌러 [셀 서식] 대화상자를 불러옵니다. [범주]는 '사용자 지정', [형식]에 [A3] 셀과 같이 '#.##'을 입력하고 [확인]을 클릭합니다.
원 데이터 0.1 중 무효한 수 '0'은 제외하고 실제 데이터 '.1'만 표시되는 것을 확인할 수 있습니다.

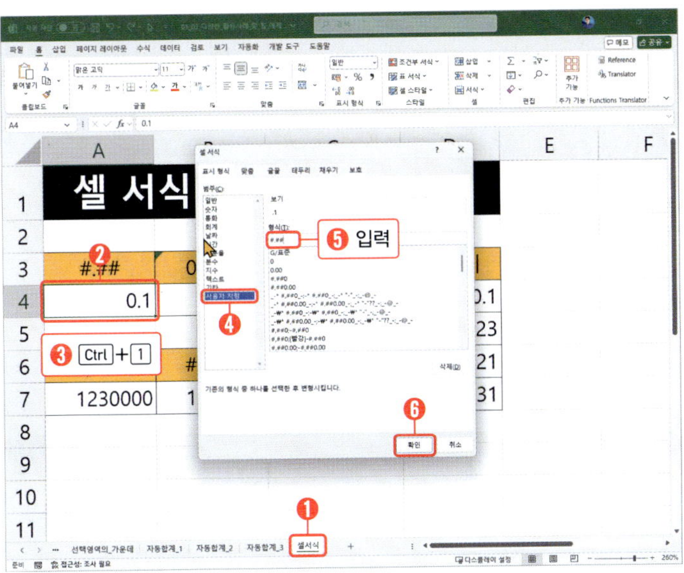

11 그렇다면 예약어 '0'은 어떤 차이가 있는지 확인해 보겠습니다. [B4] 셀을 선택하고 [셀 서식] 대화상자를 불러온 후 [범주]는 '사용자 지정', [형식]에 [B3] 셀과 같이 '0.000'을 입력하고 [확인]을 클릭합니다. 원 데이터 0.1 중 무효한 수 0을 포함해서 '0.100'으로 표시되는 것을 확인할 수 있습니다.

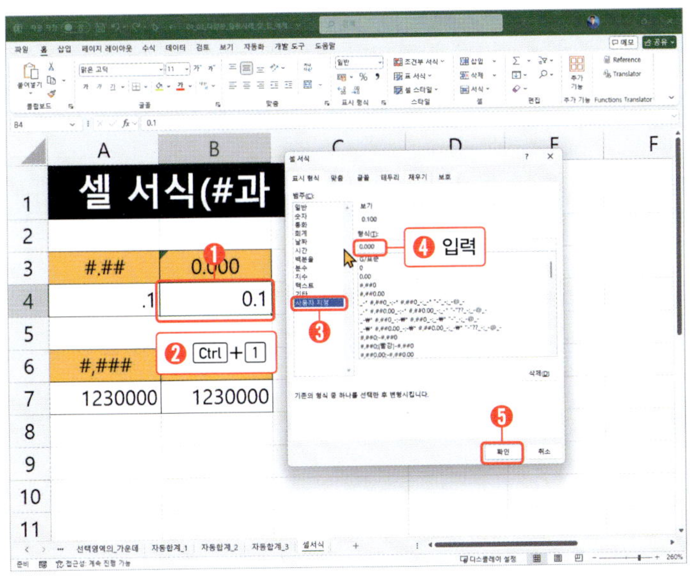

여기서 잠깐

사용자 지정 셀 서식 예약어 0과 #의 차이점은 무효한 수를 표시하느냐, 표시하지 않느냐의 차이가 있습니다.

12 그렇다면 현업에서 활용되는 사례를 확인해 보겠습니다. [A7] 셀의 값을 매출이라고 가정하고 선택한 후 Ctrl+1을 눌러 [셀 서식] 대화상자를 불러옵니다. [범주]는 '사용자 지정', [형식]에 [A6] 셀 내용과 같이 '#,###'을 입력하고 [확인]을 클릭합니다. 정상적인 쉼표 스타일로 나타나는 것을 확인할 수 있습니다.

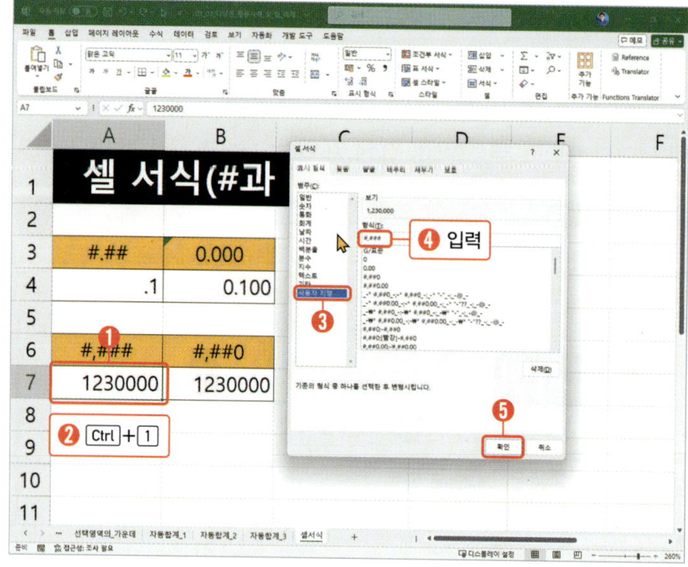

13 이번에는 [B7] 셀의 값을 매출이라고 가정하고 선택한 후 Ctrl+1을 눌러 [셀 서식] 대화상자를 불러옵니다. [범주]는 '사용자 지정', [형식]에 [B6] 셀 내용과 같이 '#,##0'을 입력하고 [확인]을 클릭합니다. 정상적인 쉼표 스타일로 나타나는 것을 확인할 수 있습니다.

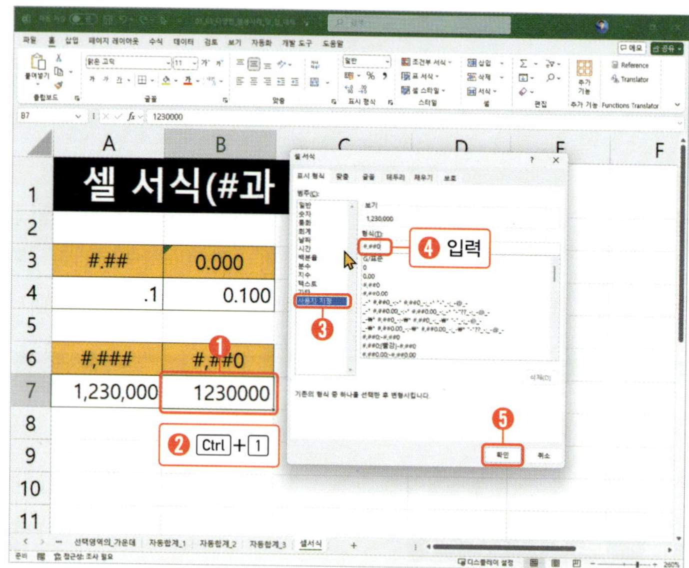

14 하지만 [A7] 셀과 [B7] 셀에 모두 '0'을 입력하면 결과는 달라집니다. [A7] 셀의 셀 서식의 마지막은 #이므로 0이 나타나지 않고, [B7] 셀의 셀 서식의 마지막은 0이므로 0이 나타나는 것입니다.

6	#,###	#,##0
7		0

15 이번에는 소수점 이하 자릿수를 보기 쉽게 맞추는 방법을 확인하겠습니다. [D4:D7] 셀을 선택하고 Ctrl+1을 눌러 [셀 서식] 대화상자를 불러옵니다. [범주]는 '사용자 지정'을 선택하고 [형식]에 '0.000'으로 입력한 후 [확인]을 클릭합니다. 그럼 모든 데이터가 소수점 3자리까지 나타나는 것을 확인할 수 있습니다. 아까보다는 시인성이 좋아진 것이 확인됩니다.

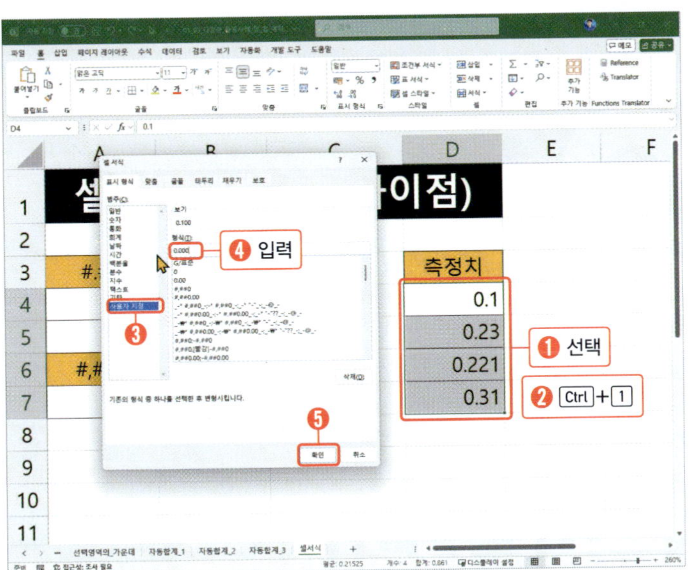

Part

02

마우스로만 처리하는 데이터 분석 및 시각화

이번 파트에서는 엑셀에서 함수를 사용하지 않고도 데이터를 빠르고 쉽게 분석 · 시각화할 수 있는 강력한 도구인 '피벗 테이블'의 다양한 활용법을 익히겠습니다. 또한 비정상 데이터(비정형 데이터)를 변환하여 분석하는 방법까지 함께 살펴보며, 실무 분석에 바로 적용할 수 있는 기법들을 배워봅니다.

피벗 테이블은 빅데이터 분석을 위해 파워 쿼리를 사용하는 사용자라면 반드시 숙지해야 할 핵심 기능이므로, 이 파트는 특히 꼼꼼하게 학습하는 것이 중요합니다.

001 피벗 테이블의 기본 활용법

002 특정 기간의 매출 분석 및 정렬, 비율 표시법

003 매출과 매출 비율, 전년 대비 매출과 비율, 전월 대비 매출과 비율 표시하기

004 시스템 다운로드 자료의 문제점 해결 및 분석

005 다양한 조합의 결과를 한눈에 확인 가능한 대시보드 작성

006 함수 없이 만드는 반응형 보고서(보고서 형식이 피벗과 다른 경우)

007 비정형 기간 반응형 보고서

008 문자로 입력된 시간을 포함한 날짜 시계열 데이터의 변환

009 데이터 형식을 변환해도 그룹이 되지 않거나, 통계가 되지 않는 데이터의 해결 방법

001 피벗 테이블의 기본 활용법

이번 Chapter에서는 피벗 테이블의 기본 사용법을 익히겠습니다. 이 기능은 데이터 분석과 시각화를 위해 반드시 숙지해야 하는 핵심 요소로, 엑셀을 BI 도구처럼 활용하여 각종 경영 통계 자료를 효율적으로 확인하는 방법을 제시합니다.

- **실습 파일 :** Part 02 > 예제 > 02_01_데이터 분석_예제.xlsx
- **완성 파일 :** Part 02 > 완성 > 02_01_데이터 분석_완성.xlsx

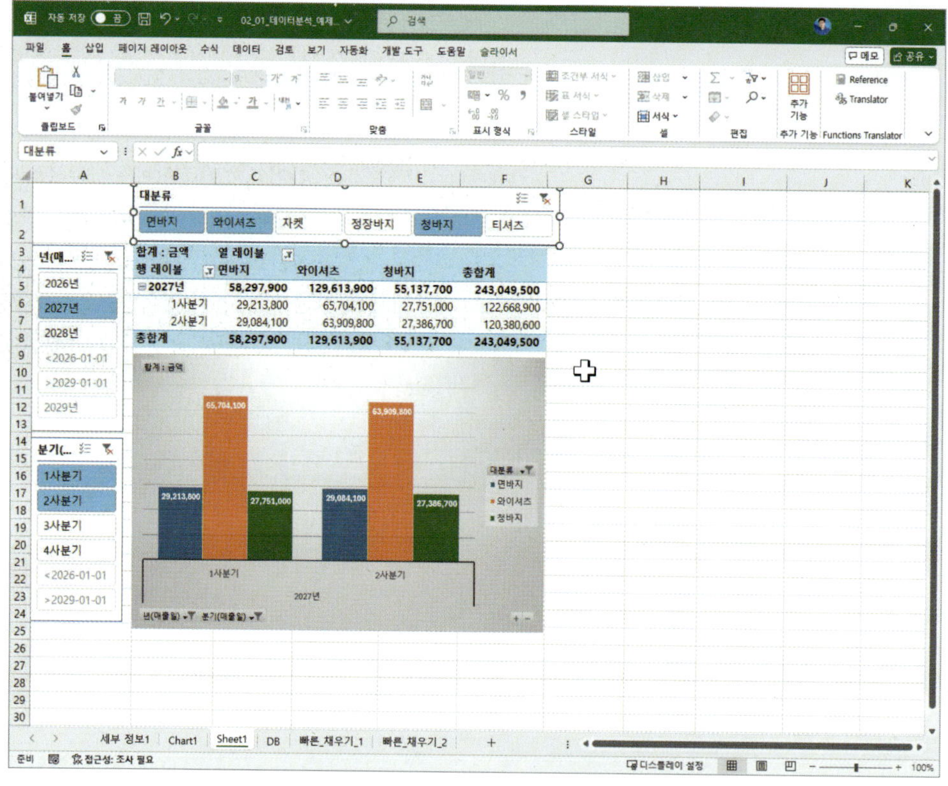

주요 기능	현업 활용
빠른 채우기	• 함수 없이 클릭 한 번만으로 파생열 만들기
그룹	• 손쉽게 분석하고자 하는 기간을 설정하기
슬라이서	• 다양한 분석 결과를 클릭만으로 표기하기

■ 기본적인 빠른 채우기

01 예제 파일을 불러온 후 [DB] 시트를 확인해 보면 매출 관련 데이터베이스인데 [D] 열의 데이터가 '대분류, 품명, 규격'이 한 셀에 표시되어 있는 것을 확인할 수 있습니다. 이를 함수 없이 3개의 열로 분리하겠습니다. 먼저 [E:G] 열까지를 선택하고 마우스 오른쪽 버튼을 클릭한 후 [삽입]을 선택합니다.

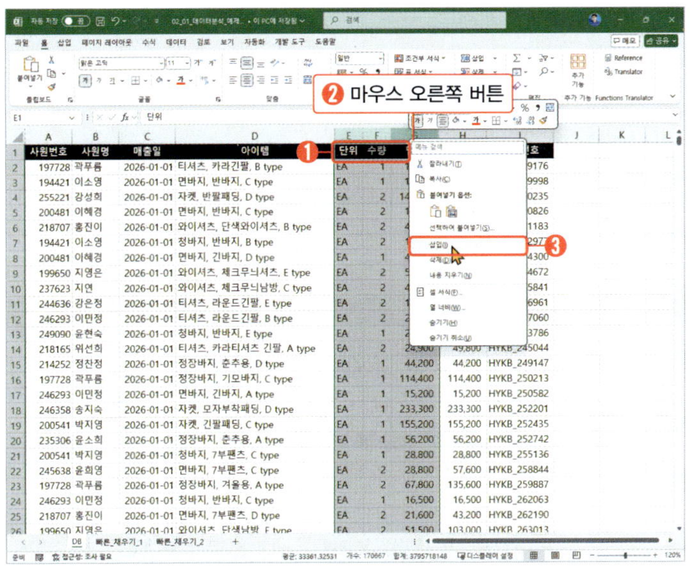

02 삽입된 열에 각각 '대분류', '품명', '규격'을 입력합니다.

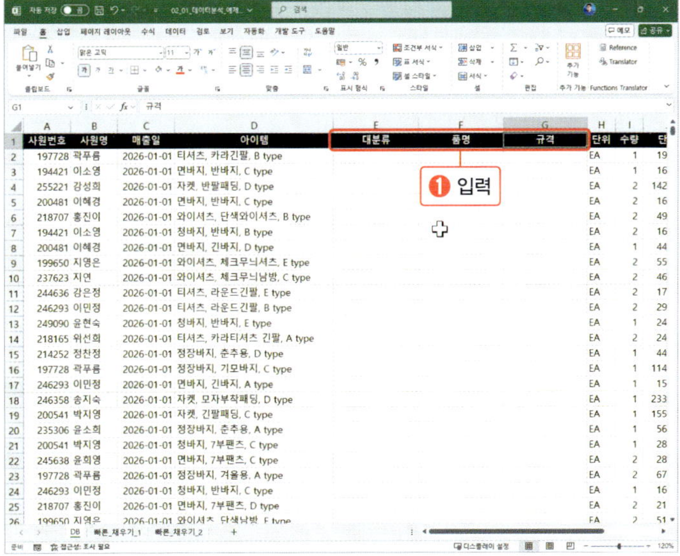

03 [E2] 셀을 선택하고 [D2] 셀 내용 중 나타낼 대분류인 '티셔츠'를 입력하고 Enter 를 누릅니다. [데이터] 탭 – [데이터 도구] 그룹 – [빠른 채우기]를 클릭합니다. 마지막까지 대분류가 채워진 것을 확인할 수 있습니다.

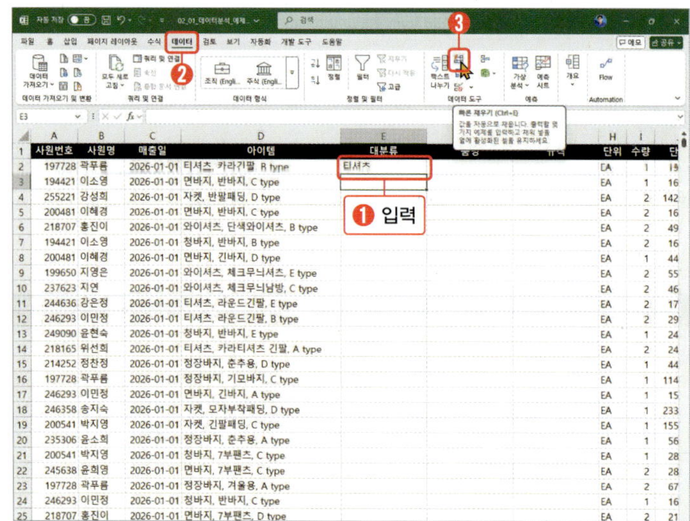

04 이번에는 품명을 입력하겠습니다 [F2] 셀에 '카라긴팔'을 입력하고 Enter 를 누릅니다. Ctrl+E 를 눌러 데이터를 채웁니다.

	사원번호	사원명	매출일	아이템	대분류	품명	규격	단위	수량	단
2	197728	곽푸름	2026-01-01	티셔츠, 카라긴팔, B type	티셔츠	카라긴팔			1	19
3	194421	이소영	2026-01-01	면바지, 반바지, C type	면바지	반바지			1	16
4	255221	강성희	2026-01-01	자켓, 반팔패딩, D type	자켓	반팔패딩				142
5	200481	이혜경	2026-01-01	면바지, 반바지, C type	면바지	반바지				16
6	218707	홍진이	2026-01-01	와이셔츠, 단색와이셔츠, B type	와이셔츠	단색와이셔츠				49
7	194421	이소영	2026-01-01	청바지, 반바지, B type	청바지	반바지		EA	2	16
8	200481	이혜경	2026-01-01	면바지, 긴바지, D type	면바지	긴바지		EA	1	44
9	199650	지영은	2026-01-01	와이셔츠, 체크무늬셔츠, E type	와이셔츠	체크무늬셔츠		EA	2	55
10	237623	지연	2026-01-01	와이셔츠, 체크무늬남방, C type	와이셔츠	체크무늬남방		EA	2	46
11	244636	강은정	2026-01-01	티셔츠, 라운드긴팔, E type	티셔츠	라운드긴팔		EA	2	17
12	246293	이민정	2026-01-01	티셔츠, 라운드긴팔, B type	티셔츠	라운드긴팔		EA	2	29
13	249090	윤현숙	2026-01-01	청바지, 반바지, E type	청바지	반바지		EA	1	24
14	218165	위선희	2026-01-01	티셔츠, 카라티셔츠 긴팔, A type	티셔츠	카라티셔츠 긴팔		EA	2	24
15	214252	정찬정	2026-01-01	정장바지, 춘추용, D type	정장바지	춘추용		EA	1	44
16	197728	곽푸름	2026-01-01	정장바지, 기모바지, C type	정장바지	기모바지		EA	1	114
17	246293	이민정	2026-01-01	면바지, 긴바지, A type	면바지	긴바지		EA	1	15
18	246358	송지숙	2026-01-01	자켓, 모자부착패딩, D type	자켓	모자부착패딩		EA	1	233
19	200541	박지영	2026-01-01	자켓, 긴팔패딩, C type	자켓	긴팔패딩		EA	1	155
20	235306	윤소희	2026-01-01	정장바지, 춘추용, A type	정장바지	춘추용		EA	1	56
21	200541	박지영	2026-01-01	청바지, 7부팬츠, C type	청바지	7부팬츠		EA	1	28
22	245638	윤희영	2026-01-01	면바지, 7부팬츠, C type	면바지	7부팬츠		EA	2	28
23	197728	곽푸름	2026-01-01	정장바지, 겨울용, A type	정장바지	겨울용		EA	2	67
24	246293	이민정	2026-01-01	청바지, 반바지, C type	청바지	반바지		EA	1	16
25	218707	홍진이	2026-01-01	면바지, 7부팬츠, D type	면바지	7부팬츠		EA	2	21

1 입력
2 Ctrl+E

여기서 잠깐

빠른 채우기의 단축키는 Ctrl+E 입니다.

05 마지막으로 규격도 나타내겠습니다. [G2] 셀을 선택하고 'B type'을 입력한 후 Enter 를 누르고 Ctrl+E 를 눌러 데이터를 채웁니다. 이처럼 빠른 채우기를 이용하면 함수 없이도 빠르게 파생열을 만들 수 있습니다.

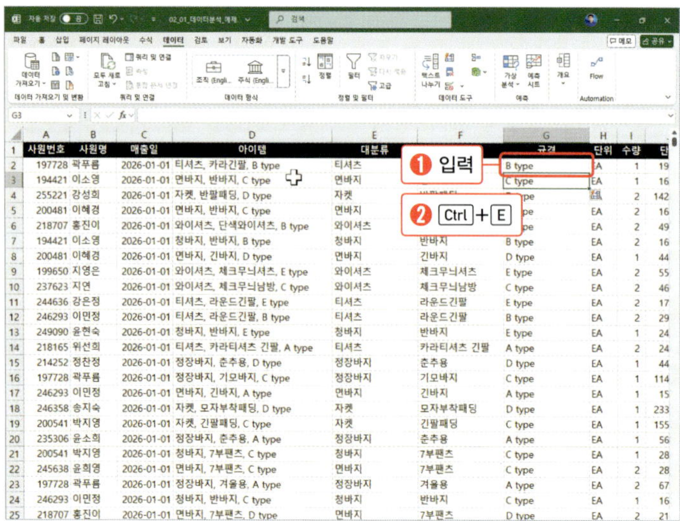

■ 빠른 채우기의 활용법

01 빠른 채우기를 좀 더 활용하는 사례를 알아보겠습니다. [빠른_채우기_1] 시트에서 [C] 열에 '시도'만 표시해 보겠습니다. [C4] 셀을 선택하고 '서울시'를 입력한 후 Enter를 누릅니다. Ctrl+E를 눌러 데이터를 채우면 결과를 확인할 수 있고, 이번에는 빠른 채우기가 [B] 열 데이터 중 왼쪽에서 공백 문자가 있기 전까지의 데이터를 가져오는 패턴으로 적용한 것을 확인할 수 있습니다.

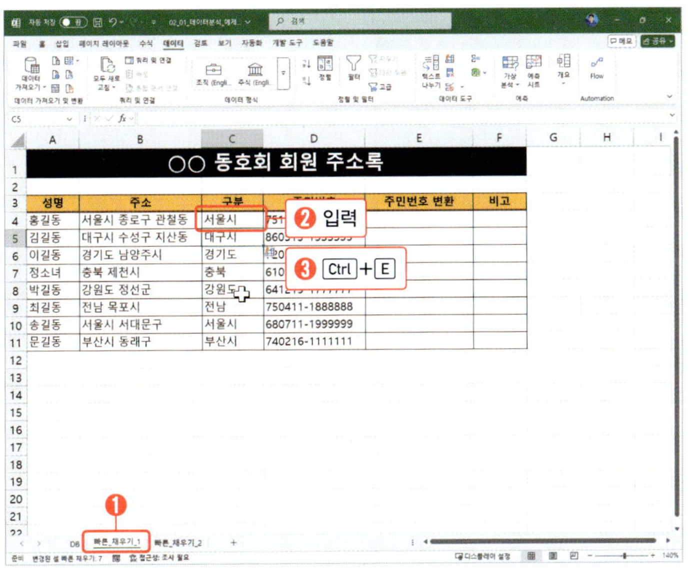

02 빠른 채우기는 데이터를 표시하는 것 이외에도 변환도 가능합니다. [E] 열에 주민번호의 뒷번호를 변경해 보겠습니다. [E2] 셀을 선택하고 '751221-1******'를 입력한 후 Enter를 누릅니다. Ctrl+E를 누르면 주민번호 뒷번호 6자리를 빠르게 변경, 데이터를 채운 것을 확인할 수 있습니다.

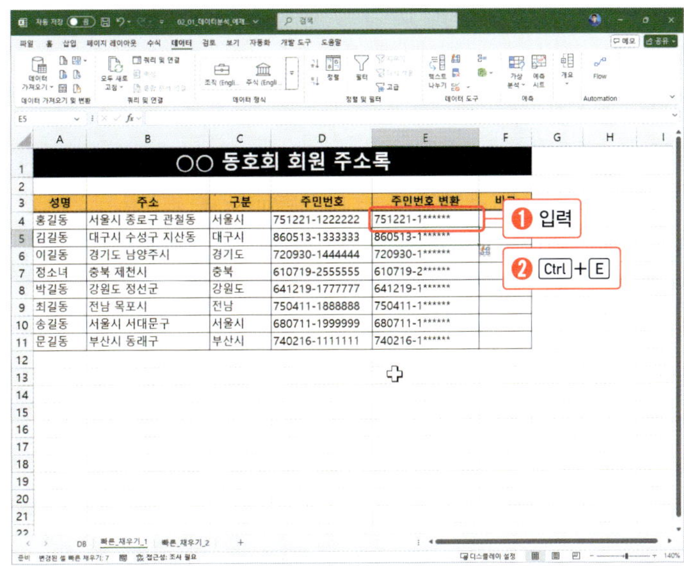

■ 빠른 채우기의 문제 해결법

01 마지막으로 빠른 채우기로 채워지지 않는 경우와 그 해결법을 알아보겠습니다. [빠른_채우기_2] 시트를 선택하고 [E] 열에 구 이름을 표시하기 위해 [D4] 셀을 선택하고 '종로'를 입력한 후 Enter 를 누릅니다. Ctrl+E 를 눌러 데이터를 채우고 확인하면 구 이름이 두 자리가 아닌 세 자리인 경우는 두 자리까지만 나타나는 것을 확인할 수 있습니다.

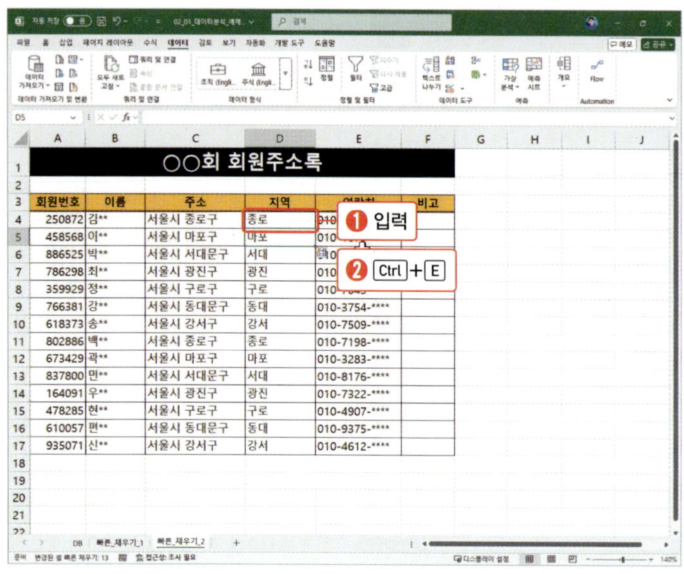

02 이를 수정하는 방법은 잘못 나타난 첫 번째 셀인 [D6] 셀을 선택하고 '서대문'이라고 입력하고 Enter 를 누르면 나머지 데이터 영역도 같이 적용되는 것을 확인할 수 있습니다. 현업에서 빠른 채우기를 적용해서 원하는 결과가 나타나지 않는 데이터가 있다면 다시 한 번 패턴 입력을 통해서 수정할 수 있습니다.

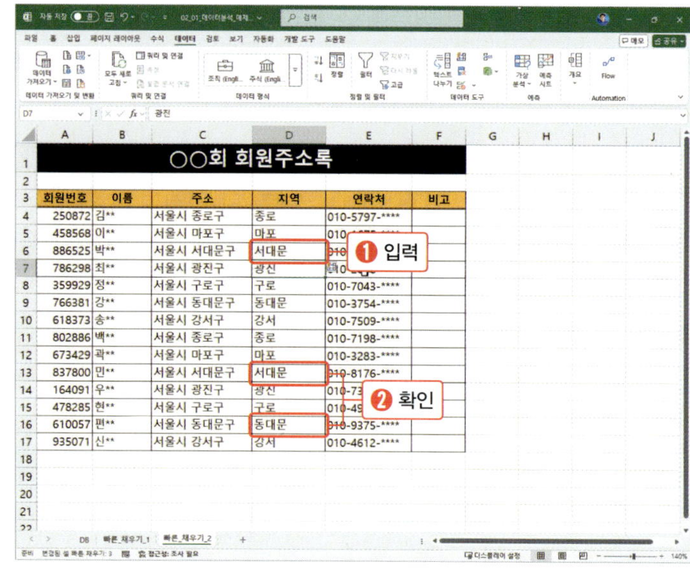

■ 기본적인 데이터 분석

01 이제 데이터 분석을 시작하겠습니다. [DB] 시트에서 효율적인 데이터 활용을 위해 Ctrl+T를 눌러 [머리글 포함]의 체크를 확인한 후 [확인]을 클릭합니다.

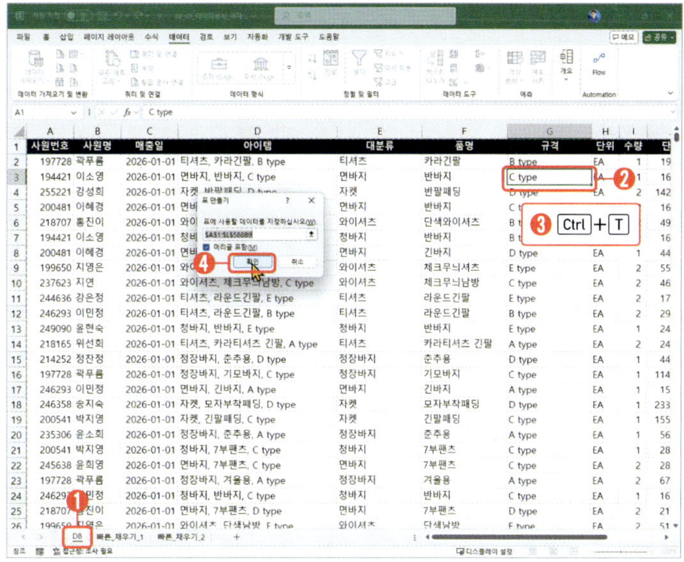

02 상단 마지막에 '테이블 디자인'이란 탭이 새롭게 나타나는 것을 확인할 수 있습니다. 이는 표로 만들었기에 나타나는 메뉴이고 표가 아닌 범위를 선택하면 사라집니다. 표가 많다면 혼동이 올 수 있으므로 표 이름을 변경하겠습니다. [테이블 디자인] 탭 – [속성] 그룹 – [표 이름]에 바꿀 이름인 'Sales'라고 입력한 후 Enter를 누릅니다.

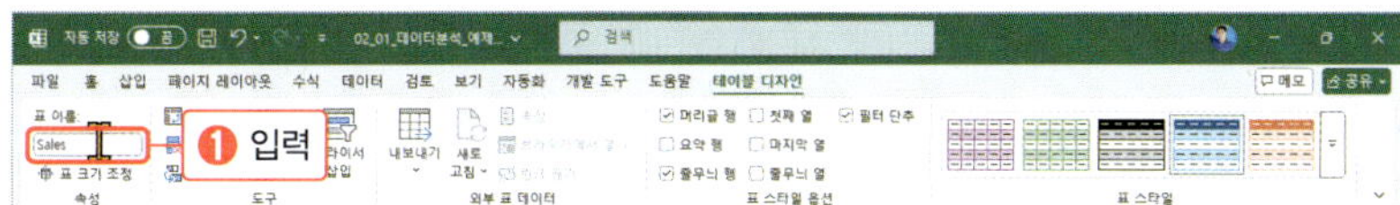

03 보고서 작성을 위해 [테이블 디자인] 탭 – [도구] 그룹 – [피벗 테이블로 요약]을 클릭합니다.

04 [표 또는 범위의 피벗 테이블] 대화상자를 보면 변경한 표 이름이 [표/범위]에 삽입되어 있습니다. [새 워크시트]를 선택한 상태로 [확인]을 클릭합니다.

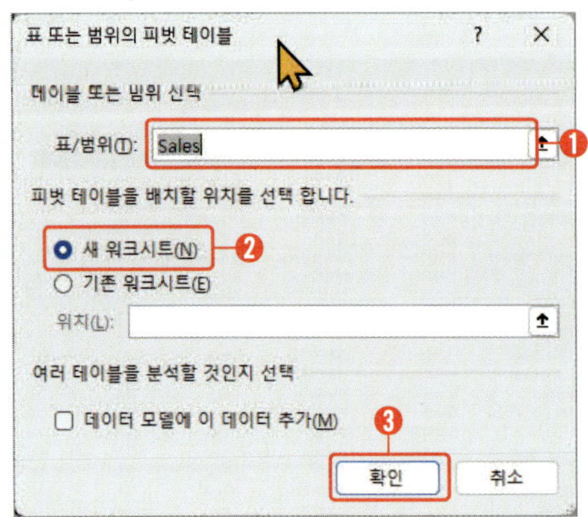

05 나타난 빈 피벗 테이블에서 우측의 필드 목록 중 [대분류] 필드를 드래그해서 [행] 영역으로 옮깁니다. 그림과 같이 고유 목록이 행 방향으로 레이아웃되어 나타납니다.

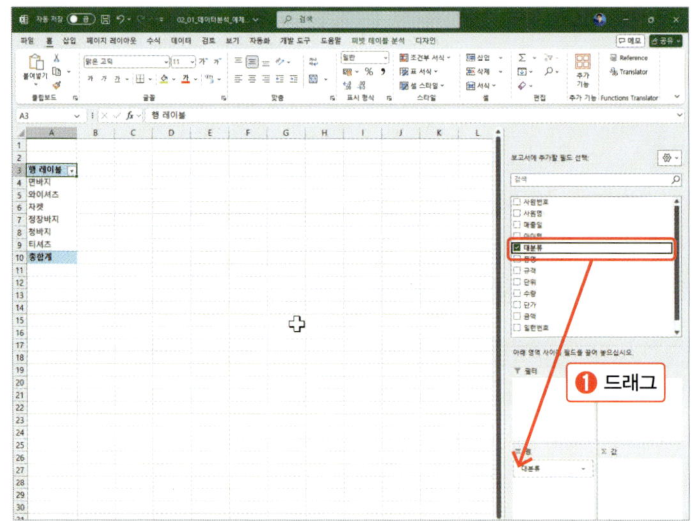

06 이번에는 [매출일] 필드를 드래그해서 [열] 영역으로 옮깁니다. 그럼 연도로 그룹화된 내용이 가로로 레이아웃되는 것을 확인할 수 있습니다. 엑셀 2016 버전부터는 정상적인 시계열 데이터가 행이나 열이 드롭되면 자동 그룹화되도록 기본 설정되어 있습니다.

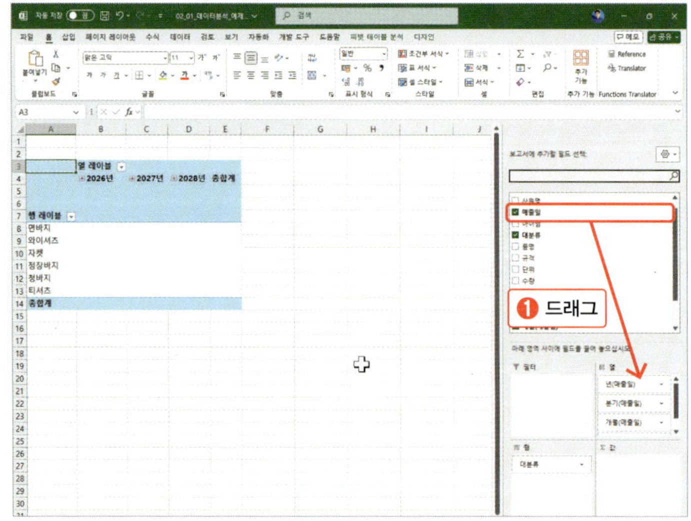

여기서 잠깐

만약 엑셀 2016 이상 버전을 사용하는데도 시계열 데이터가 자동화 그룹화되지 않는다면 두 가지 이유가 있습니다.

❶ 문자 속성의 시계열 데이터 : 이는 정상적인 숫자 속성으로 변경해야 그룹화 가능합니다(이후 예제에서 진행됨).

❷ 환경 설정 문제 : [파일] – [옵션] – [Excel 옵션] – [데이터] – [데이터 옵션] – [피벗 테이블에서 날짜/시간 열의 자동 그룹화 사용 안 함]에 체크를 해제하고 [확인]을 클릭하면 됩니다.

07 마지막으로 [금액] 필드를 [값] 영역에 드래그 & 드롭합니다. 이와 같이 필드 몇 개의 움직임으로 간략하게 보고서 기본 틀이 작성된 것을 확인할 수 있습니다.

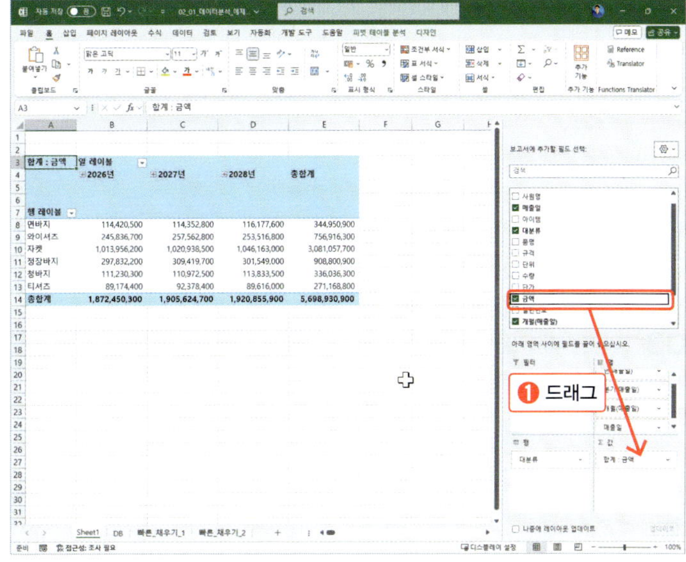

■ 데이터 분석 설정값 변경하기

01 이제 분석 기간을 사용자 요구에 따라 변경해 보겠습니다. 피벗 테이블에 작성된 연도 중 하나의 셀을 마우스 오른쪽 버튼으로 클릭한 후 [그룹]을 선택합니다.

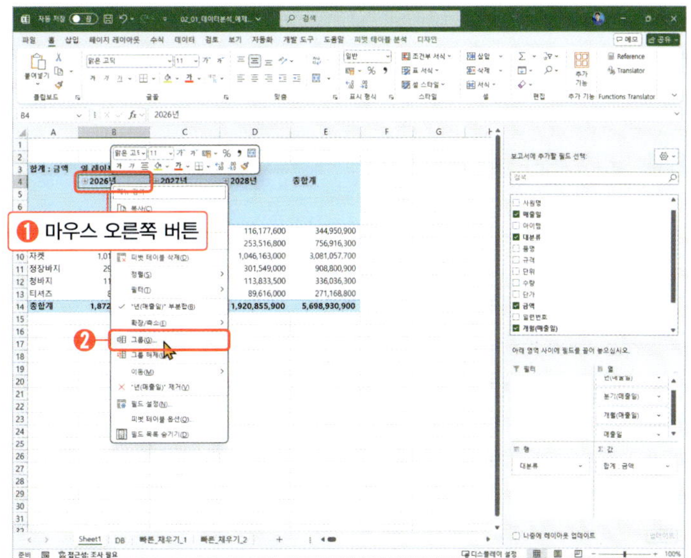

02 [그룹화] 대화상자에서 사용자가 그룹할 기간을 선택합니다. [연]과 [월]을 선택하고 [확인]을 클릭하면 연별, 월별 대분류에 대한 매출 결과를 확인할 수 있습니다.

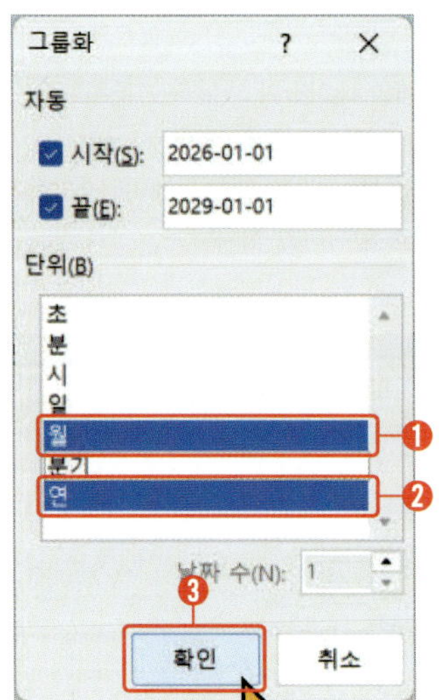

03 피벗 테이블은 레이아웃의 변경이 매우 쉬운데 [열] 영역에 있던 [년(매출일)]과 [개월(매출일)] 필드를 [행] 영역으로 옮기고, [대분류] 필드를 [열] 영역으로 옮기면 빠르게 그림과 같이 레이아웃이 변경되는 것을 확인할 수 있습니다.

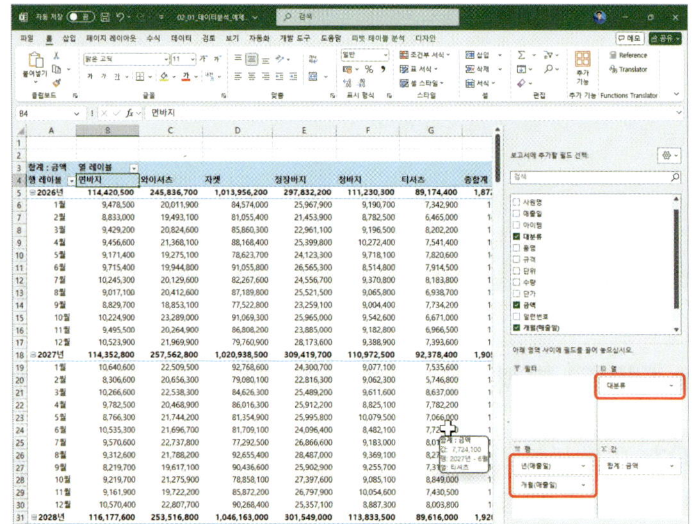

04 이번에는 1주일 단위로 매출 분석을 해보겠습니다. 연이나 월 데이터 중 하나를 마우스 오른쪽 버튼으로 클릭한 후 [그룹]을 선택합니다.

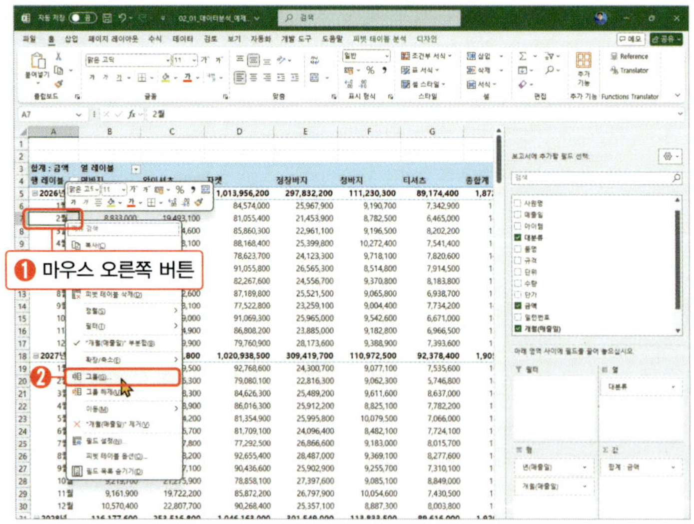

05 [그룹화] 대화상자가 나타나면 [연], [월]의 선택을 취소하고, [일]을 선택한 후 [날짜 수]를 '7'로 변경하고 [확인]을 클릭합니다.

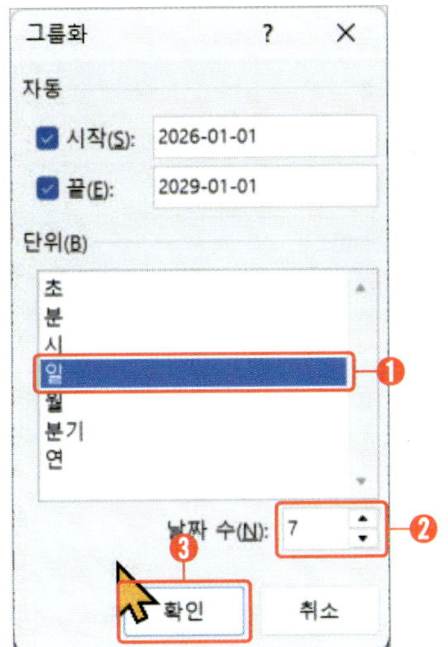

여기서 잠깐

엑셀은 데이터의 속성이 매우 중요한데 정상적인 시계열 데이터는 숫자 속성 데이터이고, 사용자가 임의 기간으로 그룹화할 수 있습니다. 예를 들어, 매출 금액 중 10만 원 단위로 몇 건이 매출이 있었는지 확인하려면, [매출금액] 필드를 [행]이나 [열] 영역에 두고 그룹을 실행한 후 [시작]을 '0', [단위]를 '100000'으로 설정하고 [값] 영역에 문자 필드 하나를 두면 작성할 수 있습니다.

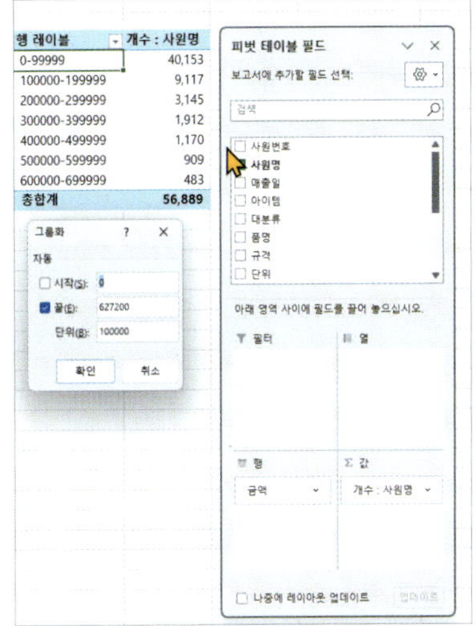

06 화면과 같이 1주일 단위 그룹화 보고서를 보실 수 있습니다. 이번에는 1주일 단위인데 월요일부터 시작하는 1주일 단위 보고서를 작성하겠습니다. 먼저 그룹화된 시계열 데이터를 마우스 오른쪽 버튼으로 클릭한 후 [그룹]을 선택합니다.

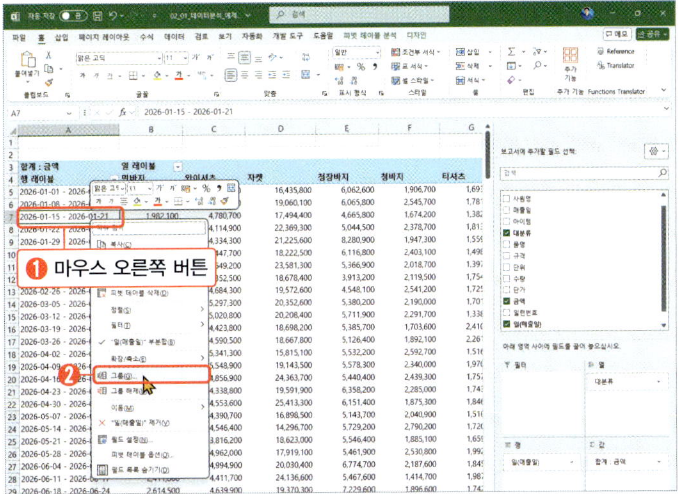

07 [그룹화] 대화상자의 [시작]에 체크가 되어 있는데 자동으로 해당 필드에서 가장 빠른 날짜를 표시했다는 뜻입니다. 그래서 [시작]을 2026년 01월 01일 이후 가장 빠른 월요일인 '2026-01-05'로 수정하고 [날짜 수]를 '7'로 설정한 후 [확인]을 클릭합니다.

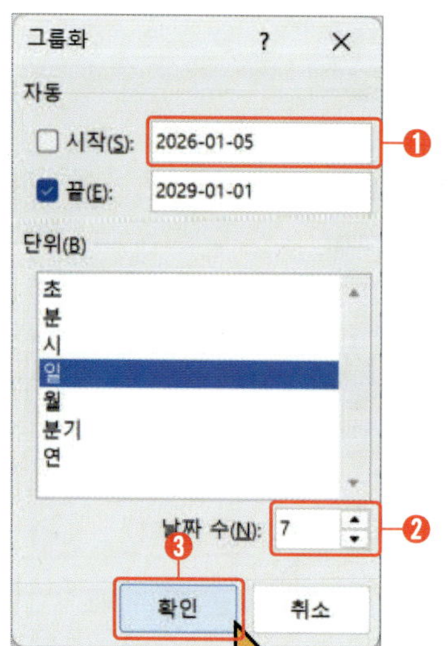

08 2026년 1월 5일 월요일부터 1주일로 그룹화된 결과를 확인할 수 있습니다. 이전 날짜는 화면과 같이 2026-01-05 부분으로 정리되어 나타나게 됩니다.

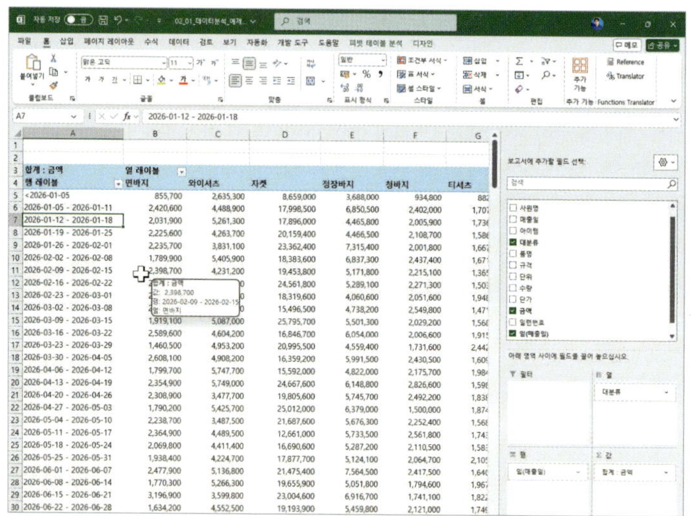

09 다시 연, 월로 그룹을 변경하겠습니다. 그룹화된 날짜를 마우스 오른쪽 버튼으로 클릭한 후 [그룹]을 선택합니다.

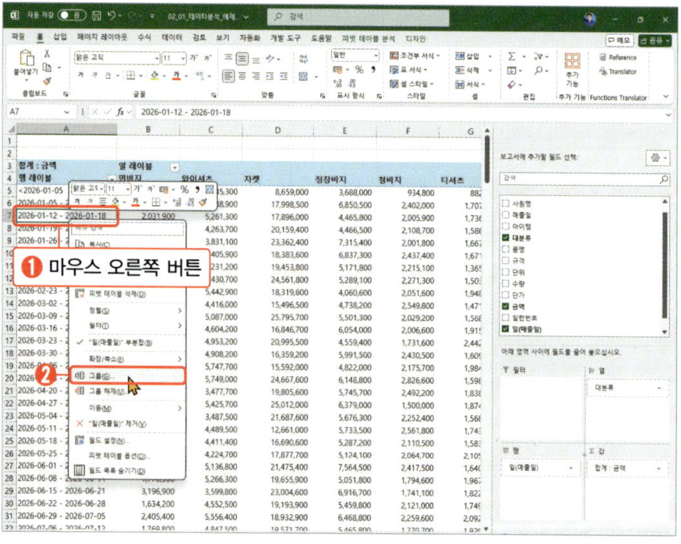

10 그림과 같이 [시작]과 [끝]에 체크를 확인한 후 [연], [월]을 선택하고 [확인]을 클릭합니다.

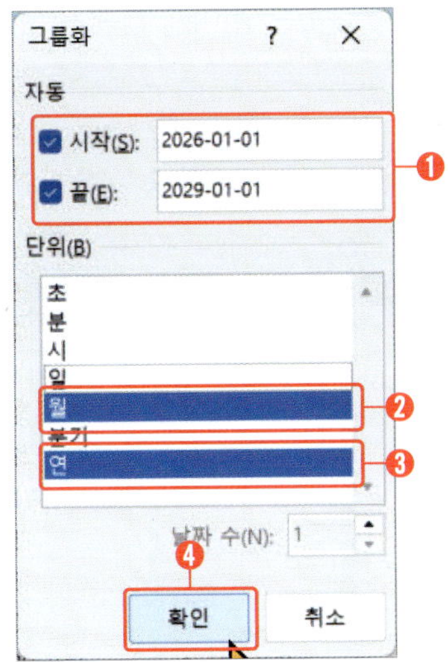

11 대분류별 연도별, 월별 매출 보고서를 확인할 수 있습니다. 그럼 매출 합계가 아닌 매출의 회수를 확인해 보겠습니다. 필드 목록 중 문자열 필드인 [아이템] 필드를 [값] 영역에 드래그 & 드롭해 보겠습니다.

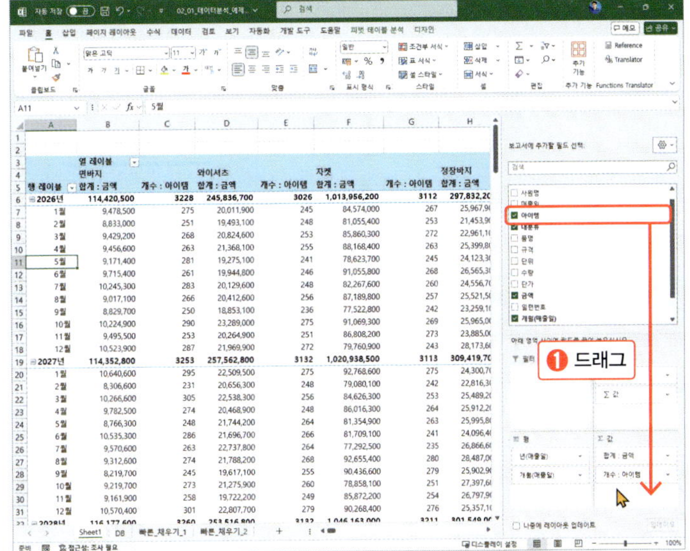

여기서 잠깐

피벗 테이블에서 숫자 속성 필드는 [값] 영역에 드롭하면 합계가 기본 통계량으로 나타나고, 문자 속성 필드를 [값] 영역에 드롭하면 개수가 기본 통계량으로 나타납니다.

12 피벗 테이블이 나타낼 수 있는 통계량을 확인해 보겠습니다. [값] 영역의 [개수 : 아이템] 필드를 클릭해서 [값 필드 설정]을 선택합니다.

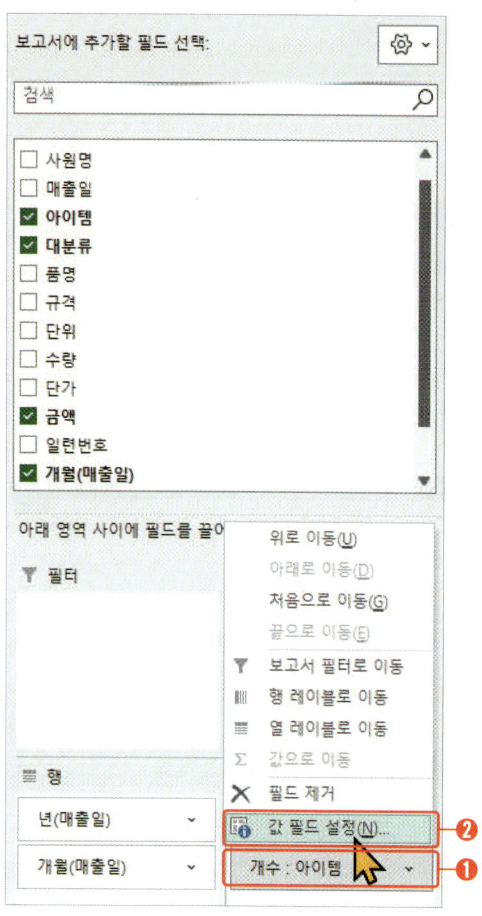

13 [값 필드 설정] 대화상자의 [값 요약 기준] 탭을 보면 다양한 통계량이 지원되는 것을 확인할 수 있습니다. 특히 표준 편차나 분산 같은 통계량도 지원되므로 이제 데이터베이스만 정상적이라면 이러한 함수는 익히지 않고 피벗 테이블로 원하는 통계량을 나타낼 수 있습니다.

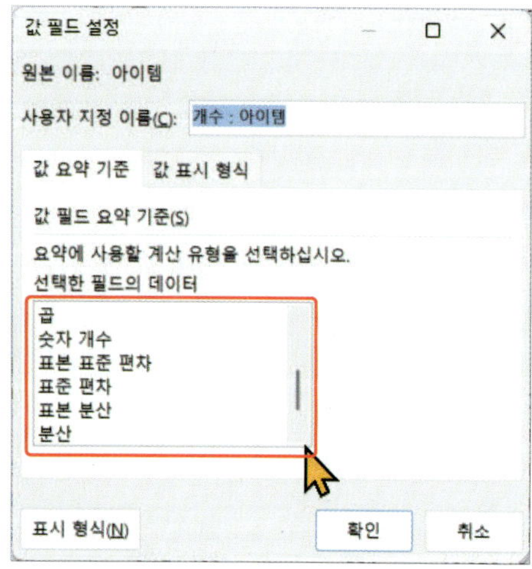

14 이미 말했듯이 피벗 테이블은 레이아웃 변경이 쉽다고 했는데 이제 개수 통계량이 필요없다면 [값] 영역에서 해당 통계량을 위쪽 필드 부분이나 시트 부분으로 드래그 & 드롭하면 제거할 수 있습니다.

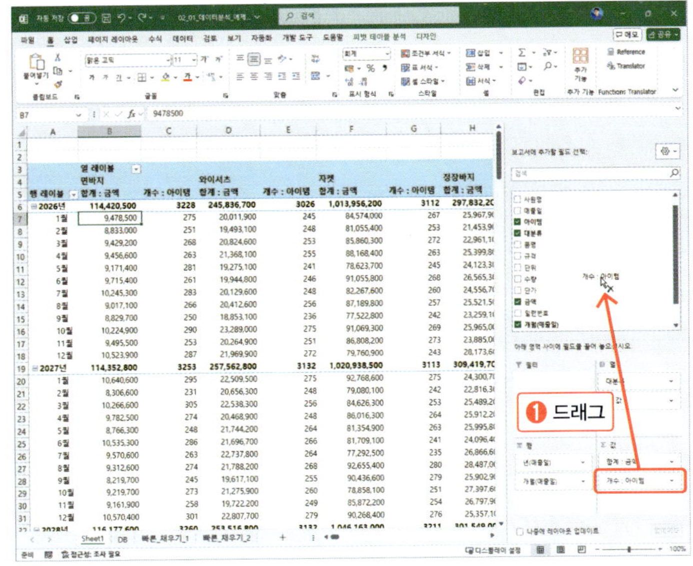

■ 피벗 테이블 보고서 요약하기

01 피벗 테이블 보고서를 간략히 정리해 보겠습니다. [A] 열의 연도나 월 데이터를 선택하고 [피벗 테이블 분석] 탭 – [활성 필드] 그룹 – [필드 축소]를 클릭합니다.

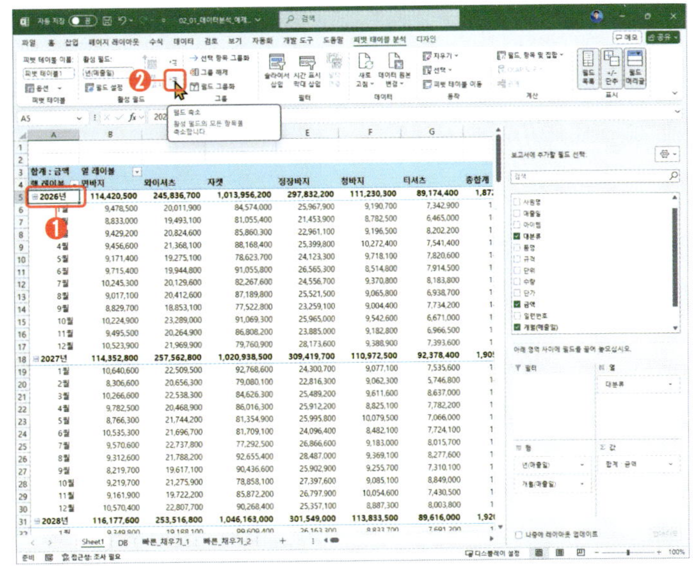

여기서 잠깐

만약 필드 축소나 필드 확장 기능이 비활성화되어 있다면 마우스 커서가 매출 금액인 통계량을 선택했기 때문입니다. [A] 열과 같이 계층 구조로 되어 있는 부분을 선택해야지만 필드 축소나 필드 확장이 활성화됩니다.

02 월이 축소된 것을 확인할 수 있습니다. 이제 통계량 중 특정 통계량의 세부 정보를 확인해 보겠습니다. 이는 현업에서 보고서 작성 후 데이터를 살펴보면 예상했던 것과 차이가 큰 데이터의 RAW DATA 확인을 위해 많이 사용됩니다. 확인하려는 통계량(2028년 면바지 매출 합계, [B7] 셀)을 더블클릭합니다.

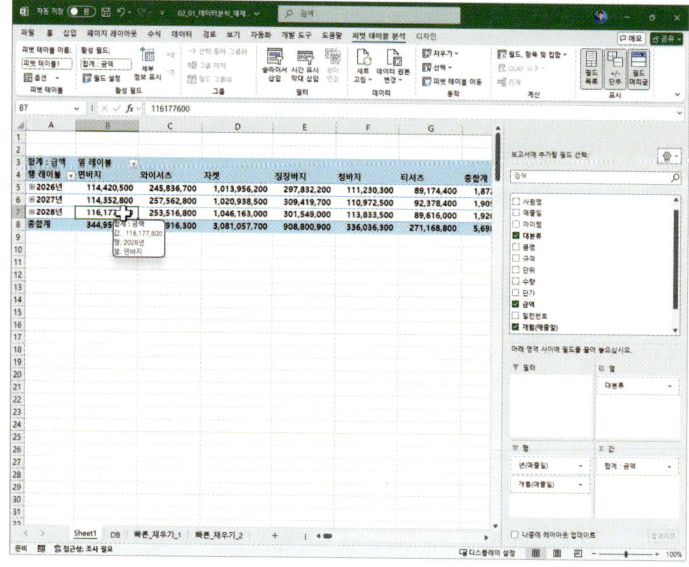

03 화면과 같이 더블클릭했던 통계량의 RAW DATA가 새로운 시트로 생성되며 필터된 것을 확인할 수 있습니다. 1행에는 아래 데이터가 어떠한 정보의 RAW DATA인지를 설명해 주는 내용이 자동 생성됩니다.

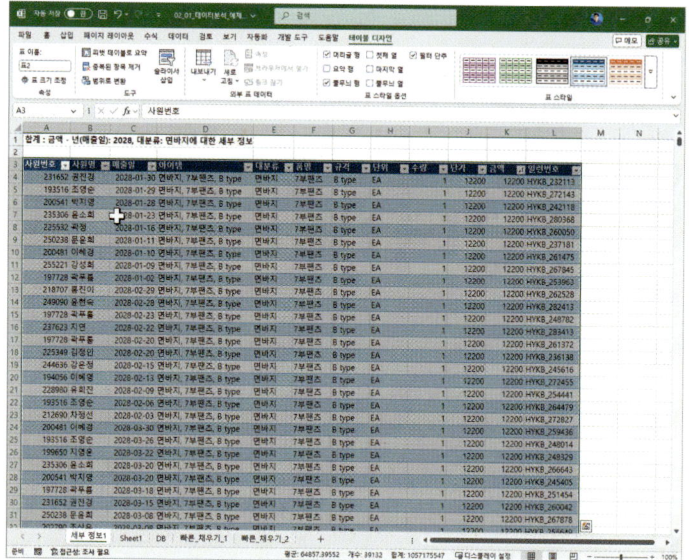

■ 피벗 테이블의 데이터 추가, 삭제, 변경

01 피벗 테이블의 데이터 추가, 삭제, 변경에 대해서 알아보겠습니다. [DB] 시트에서 마지막 데이터 셀로 이동한 후 마지막 행 데이터(A56889:L56889)를 선택 & 복사합니다. [A56890] 셀을 선택하고 붙여 넣은(Ctrl+V) 후 값의 변화를 쉽게 확인하기 위해 [K56890] 셀의 금액을 '5'로 변경합니다.

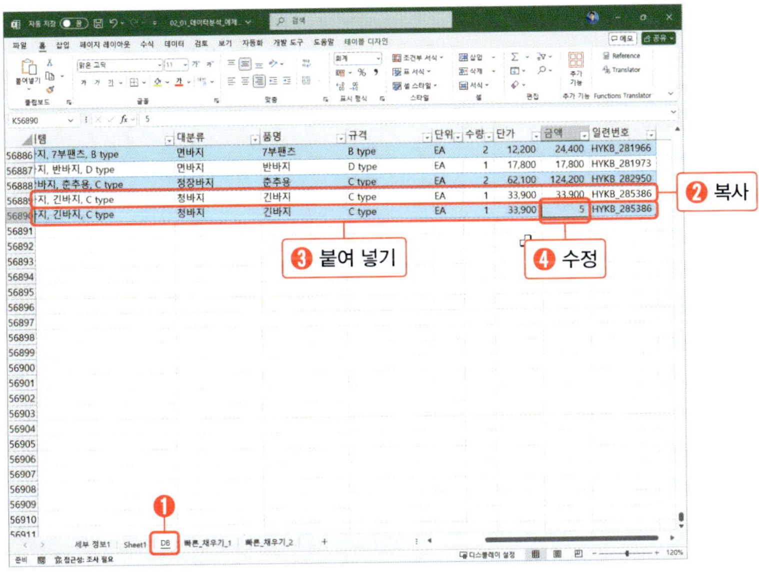

여기서 잠깐

위에서 [56889] 행 전체를 선택하고 복사하면 표의 범위가 자동 확장되지 않을 수 있습니다. 반드시 데이터 범위인 [A56889:L56889] 셀을 선택하고 붙여 넣습니다. 표의 마지막 범위는 표 마지막 셀에 파란색 꺾기 표식을 확인할 수 있는데, 이 꺾기 표식을 드래그해서 강제로 범위를 확장할 수도 있습니다.

02 데이터를 추가하고 [Sheet1] 피벗 테이블 시트로 돌아와 보면 2028년 청바지의 매출에 5원이 추가되지 않은 것을 확인할 수 있습니다.

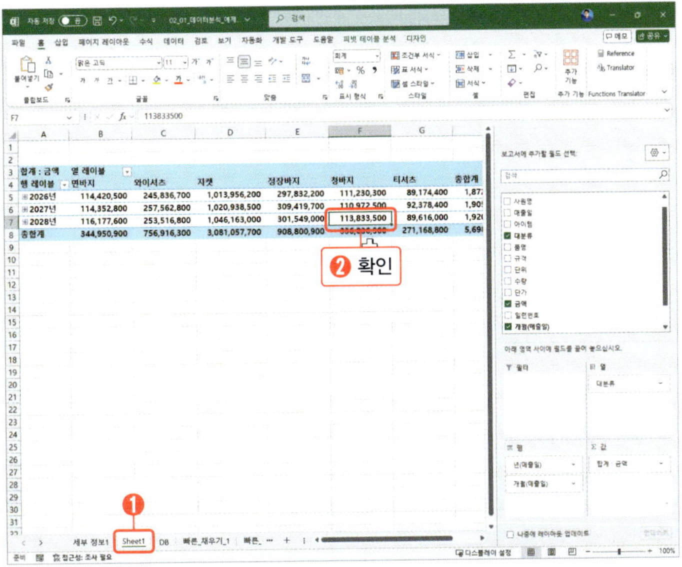

03 추가된 데이터를 반영하기 위해 [피벗 테이블 분석] 탭 – [데이터] 그룹 – [새로 고침]을 클릭하면, 2028년 청바지의 매출 합계에 5원이 추가된 것을 확인할 수 있습니다.

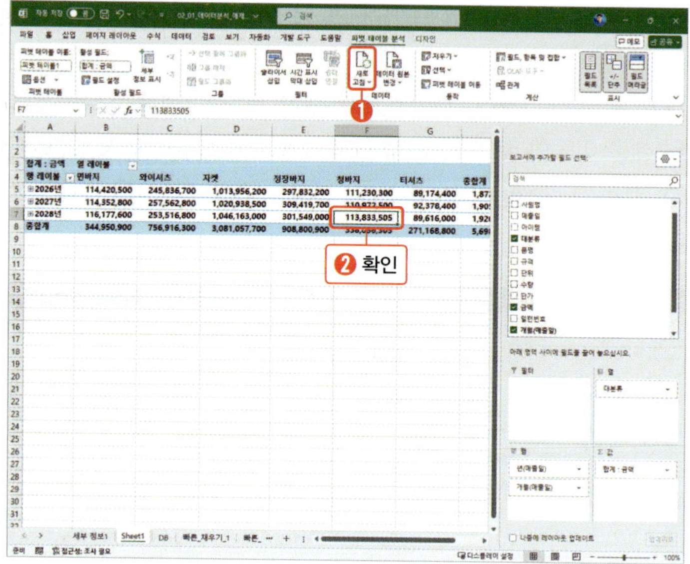

여기서 잠깐

피벗 테이블은 데이터의 추가, 삭제, 변경이 있으면 이를 반영하기 위해서 반드시 [새로 고침]을 클릭해야 합니다. 이는 피벗 테이블은 피벗 캐시를 사용하기에 캐시 Refresh를 반드시 해야 하기 때문입니다.
데이터를 표로 지정하지 않으면 [새로 고침]을 할 수 없고 [피벗 테이블 분석] 탭 – [데이터] 그룹 – [데이터 원본 변경]을 실행해서 새롭게 추가된 데이터까지의 범위를 다시 입력해야 합니다.

04 이번에는 수정한 데이터의 반영을 확인해 보겠습니다. 다시 [DB] 시트로 이동해서 [K56890] 셀의 값을 '3'으로 변경합니다.

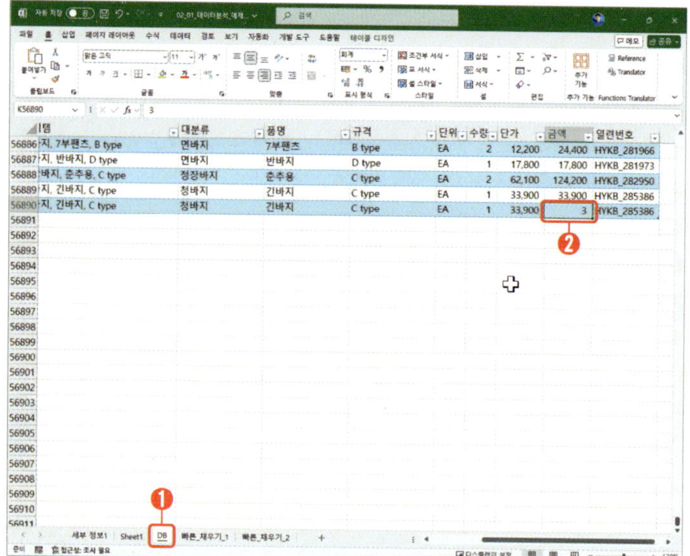

05 [Sheet1] 시트를 보면 변경된 데이터가 반영되지 않은 것을 확인할 수 있습니다. 피벗 테이블 데이터 중 임의의 셀을 마우스 오른쪽 버튼으로 클릭한 후 [새로 고침]을 선택하면 메뉴에서 [새로 고침]을 클릭한 것과 같은 효과를 확인할 수 있습니다.

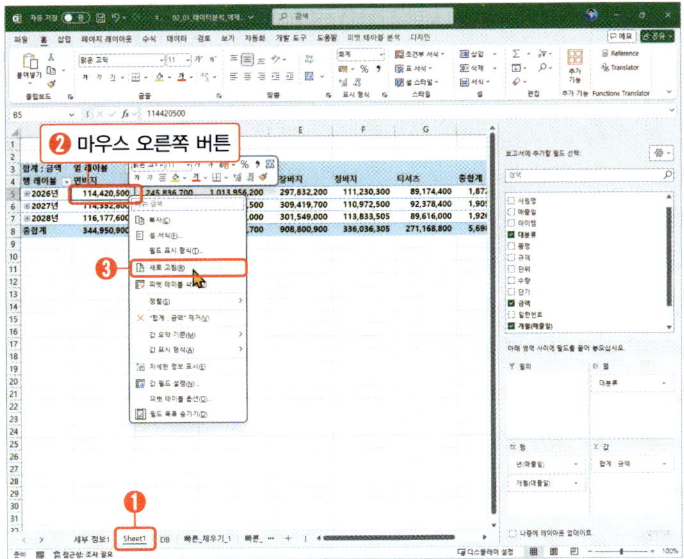

06 3원이 반영된 결과를 확인할 수 있습니다.

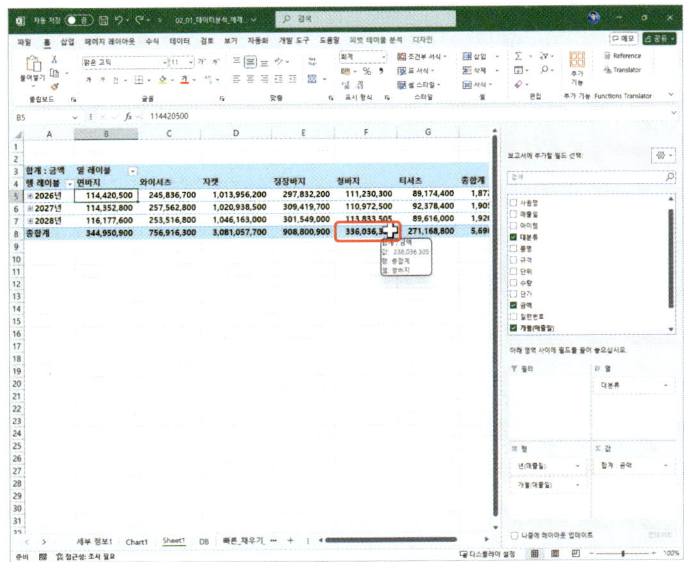

■ 완성된 보고서 시각화하기

01 이제 완성된 보고서를 시각화하겠습니다. 피벗 테이블 데이터 중 임의의 셀 하나를 선택한 상태에서 [삽입] 탭 – [차트] 그룹 – [피벗 차트]를 클릭합니다.

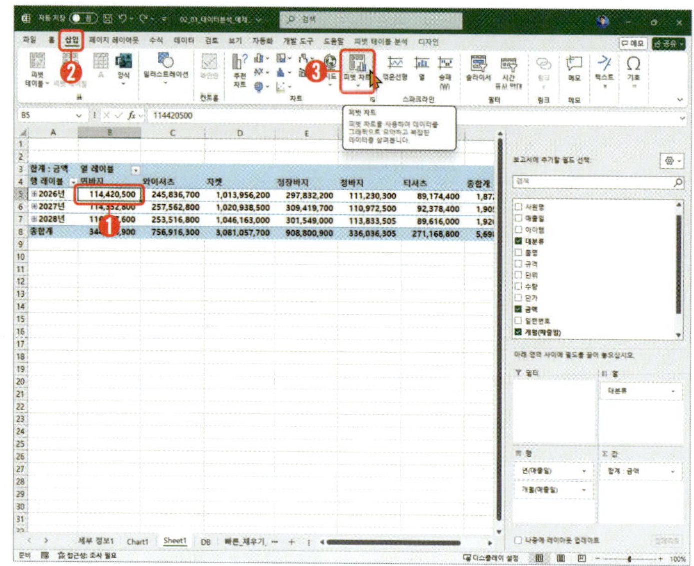

여기서 잠깐

이번 버전은 [피벗 차트] 메뉴가 [피벗 테이블 분석] 탭 – [도구] 그룹 – [추천 피벗 테이블]로 나타납니다. 하위 버전 중 탭 이름이 '피벗 테이블 분석'이 아니고, '분석'으로 나타나는 버전도 있습니다. 해당 탭은 반드시 피벗 테이블을 선택해야 확인할 수 있습니다.

02 [차트 삽입] 대화상자에서 [묶은 세로 막대형]을 선택하고 [확인]을 클릭합니다.

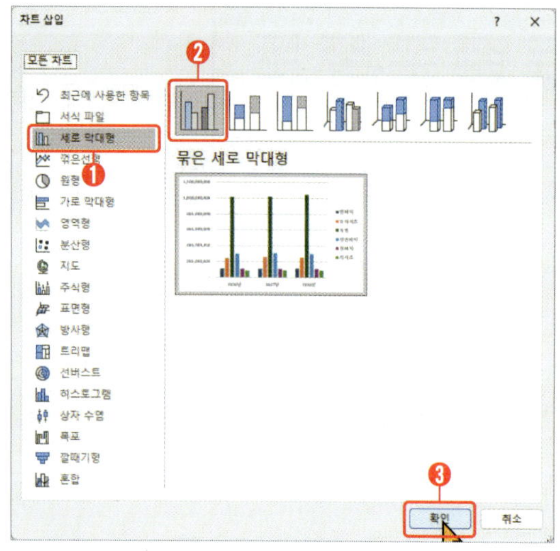

03 삽입된 차트를 적당한 크기로 조정하고 차트의 디자인을 빠르게 변경하겠습니다. 차트를 선택하고 [디자인] 탭 – [차트 스타일] 그룹 – [자세히] – [스타일 4]를 클릭하면, 빠르게 차트의 여러 서식이 지정한 스타일로 나타나는 것을 확인할 수 있습니다.

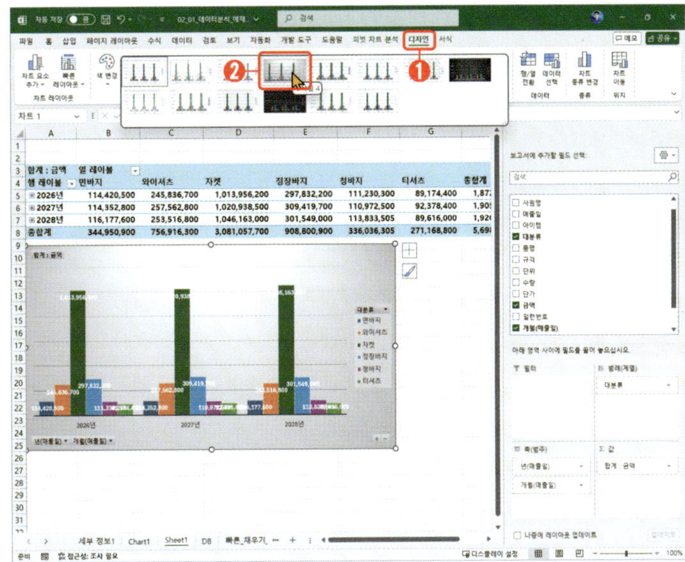

04 이제 다양한 통계 분석을 위한 슬라이서 기능을 알아보기 위해, [피벗 차트 분석] 탭 – [필터] 그룹 – [슬라이서 삽입]을 클릭합니다.

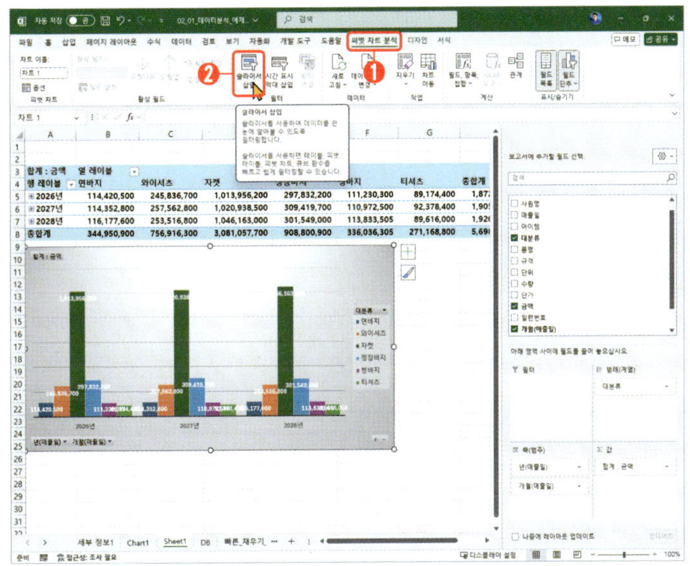

여기서 잠깐

현재 차트가 선택되어 있기 때문에 [피벗 차트 분석] 탭에서 찾을 수 있지만, 만약 피벗 테이블 데이터를 선택하고 있다면 [피벗 테이블 분석] 탭에서 슬라이서 기능을 찾을 수 있습니다.

05 [슬라이서 삽입] 대화상자가 나타나면 현재 자료의 필드명이 모두 나열된 것을 확인할 수 있는데 이중 사용자가 조합을 만들어 결과를 나타낼 필드를 선택합니다. 특정 기간 대분류의 매출 금액을 확인하기 위해 [대분류], [개월(매출일)], [년(매출일)]을 선택하고 [확인]을 클릭합니다.

06 3개의 슬라이서가 삽입된 것을 확인할 수 있습니다. 이때 2027년 5월에 와이셔츠, 자켓, 정장바지의 매출을 확인해 보겠습니다. 슬라이서 배치를 적당히 변경하고 먼저 [년(매출일)] 슬라이서에서 [2027년]을 클릭합니다. 뒤쪽의 피벗 테이블 자료와 차트가 변화하는 것을 확인할 수 있습니다. [개월(매출일)] 슬라이서에서는 [5월]을 클릭하고, [대분류] 슬라이서에서는 [와이셔츠]를 클릭, Ctrl을 누른 상태로 [자켓], [정장바지]를 클릭한 후 Ctrl을 떼면 아래와 같은 결과를 확인할 수 있습니다.

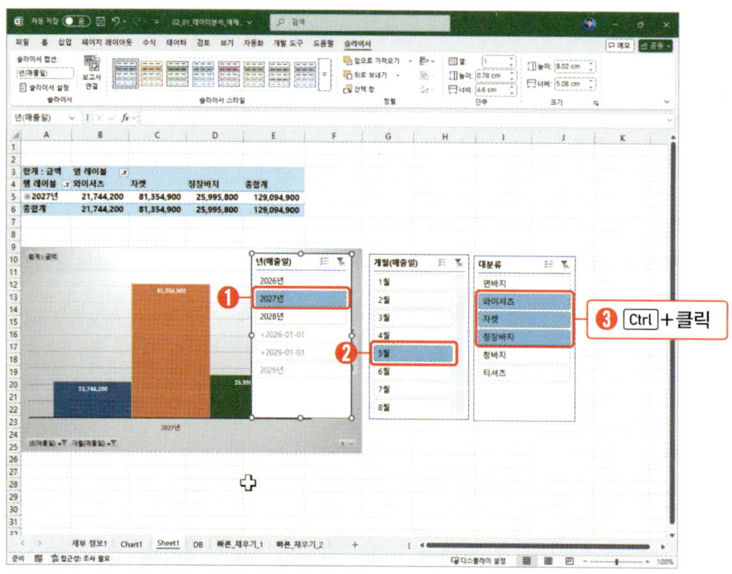

07 이 상태에서 연도별, 분기별 분석으로 변경해 보겠습니다. [A] 열에서 2027년으로 적힌 [A5] 셀을 선택하고 [피벗 테이블 분석] 탭 – [활성 필드] 그룹 – [필드 확장]을 클릭합니다. 확장된 데이터 중 5월인 [A6] 셀을 마우스 오른쪽 버튼으로 클릭한 후 [그룹]을 선택합니다.

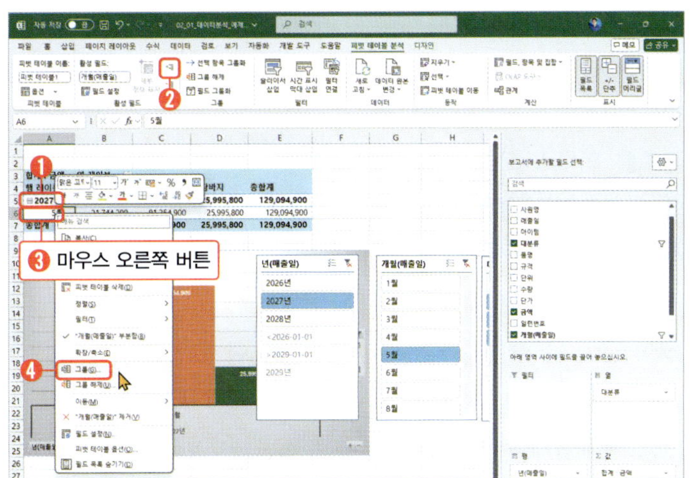

08 [그룹화] 대화상자에서 [연], [분기]를 선택하고 [확인]을 클릭합니다.

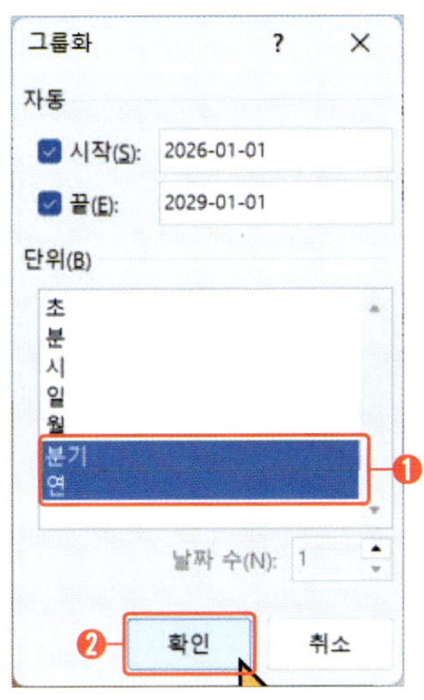

09 [개월(매출일)] 슬라이서가 사라진 것을 확인할 수 있습니다.

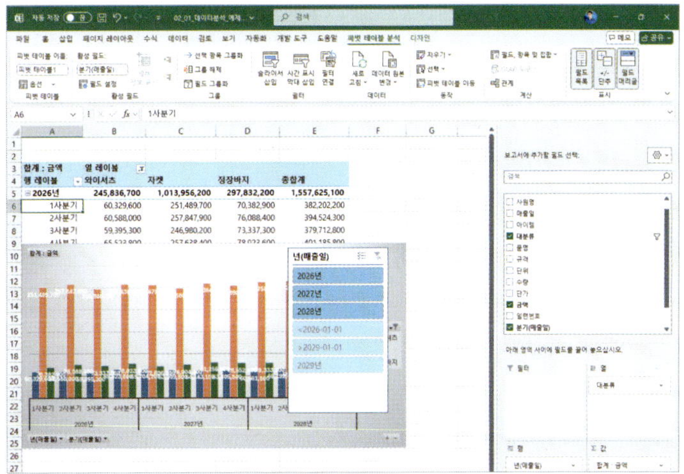

10 분기 분석을 위해 분기 슬라이서를 삽입하겠습니다. 필드 목록에서 [분기(매출일)] 필드를 마우스 오른쪽 버튼으로 클릭한 후 [슬라이서로 추가]를 선택합니다.

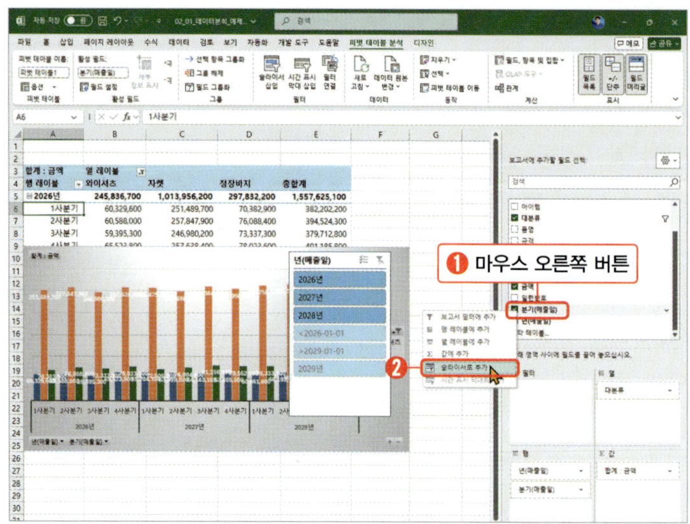

11 새롭게 [분기(매출일)] 슬라이서가 추가된 것을 확인할 수 있습니다.

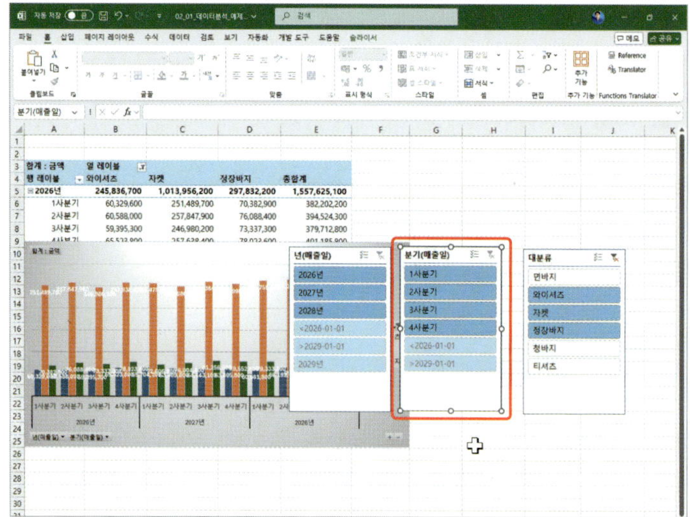

12 마지막으로 슬라이서의 배치를 옮겨서 사용자가 보기 편하게 쉽게 사용하도록 설정하겠습니다. [A] 열을 마우스 오른쪽 버튼으로 클릭한 후 [삽입]을 선택합니다.

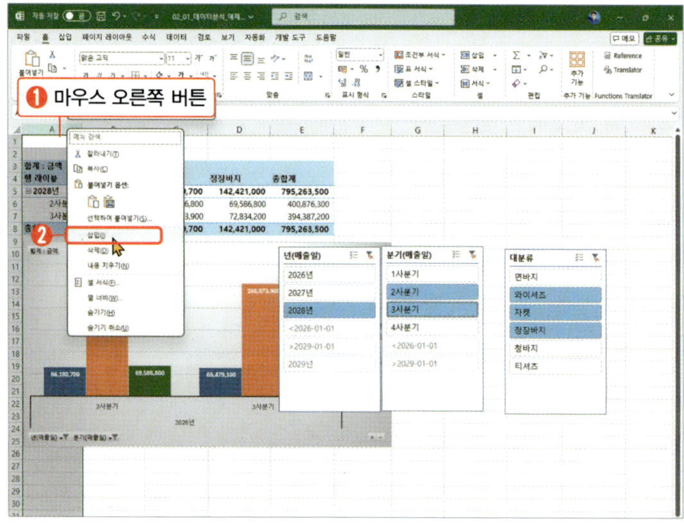

13 삽입된 열 너비를 적당히 조정하고 [년(매출일)], [분기(매출일)] 슬라이서를 그림과 같이 적당한 크기로 배치합니다. 이는 기간이 [B] 열에서 세로로 배치되기에 이와 같이 배치한 것입니다.

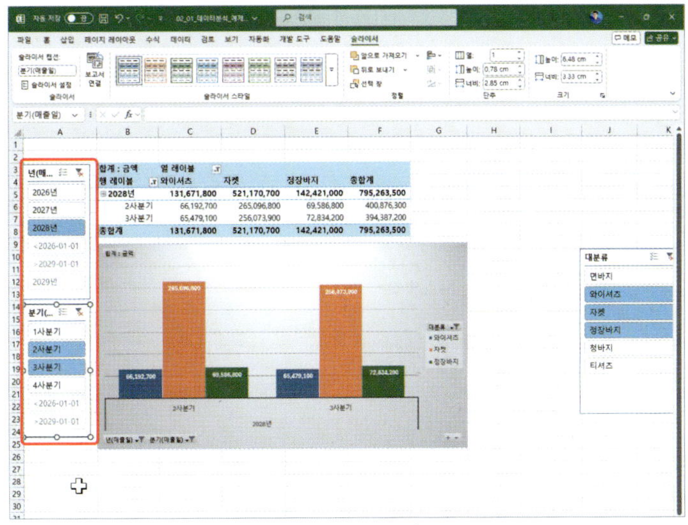

14 [대분류] 슬라이서를 배치하려고 하는데 [1, 2] 행의 높이가 작아서 행 높이를 먼저 조정하겠습니다. [1, 2] 행을 선택하고 마우스 오른쪽 버튼으로 클릭한 후 [행 높이]를 선택합니다.

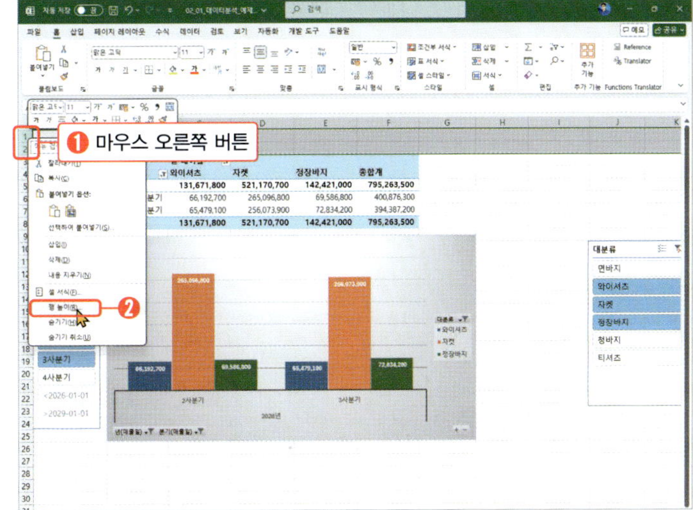

15 [행 높이] 대화상자가 나타나면 '30'을 입력하고 [확인]을 클릭합니다.

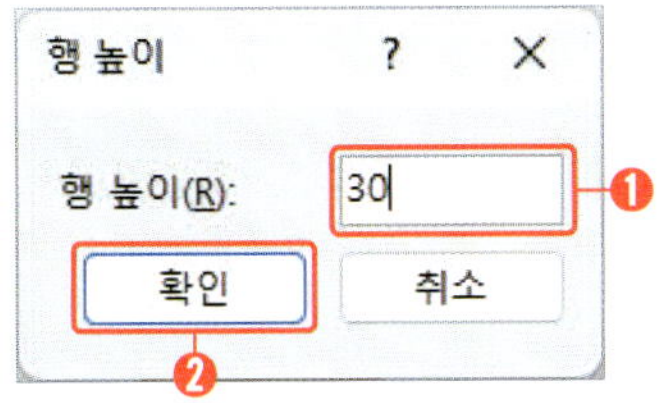

16 [대분류] 슬라이서를 [B1] 셀 부근으로 배치하고 적당한 크기로 그림과 같이 펼칩니다. 대분류 내용이 4행에서 배치되었기에 이와 같이 나타낸 것입니다.

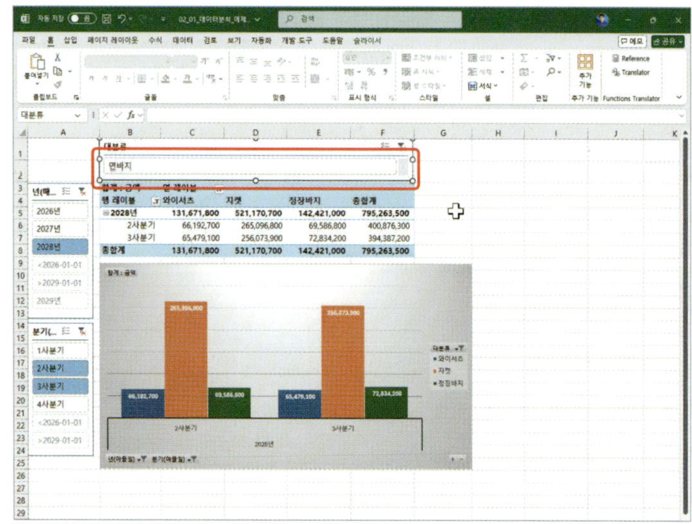

17 가로형 슬라이서는 다른 항목을 선택하기가 매우 불편하므로 열 크기를 조정하기 위해, [슬라이서] 탭 – [단추] 그룹 – [열]에 '6'을 입력하면, 그림과 같이 선택하기 쉬운 형태로 슬라이서가 변경되었습니다.

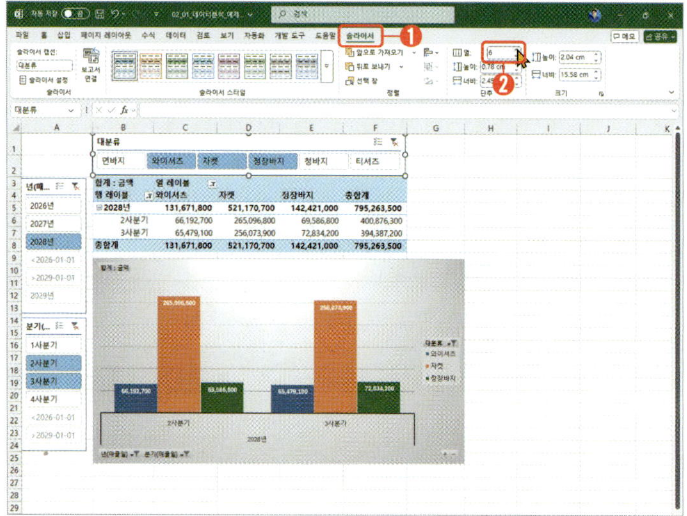

18 이제 2027년, 1분기와 2분기의 면바지, 와이셔츠, 청바지의 매출 변화를 확인하고자 한다면, 각 슬라이서에서 해당 항목을 선택하면 데이터와 차트의 변화를 확인할 수 있습니다.

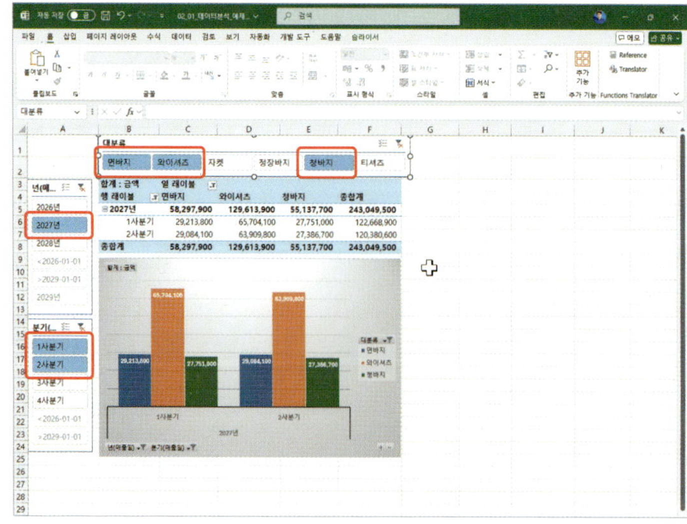

002 특정 기간의 매출 분석 및 정렬, 비율 표시법

특정 기간에 대한 매출 집계와 매출 비율, 그리고 정렬을 통해 매출 기여도가 큰 부분을 먼저 표시하고 개인별로 시트를 나눠 확인해 보겠습니다.

- **실습 파일 :** Part 02 > 예제 > 02_02_값_표시 형식_예제.xlsx
- **완성 파일 :** Part 02 > 완성 > 02_02_값_표시 형식_완성.xlsx

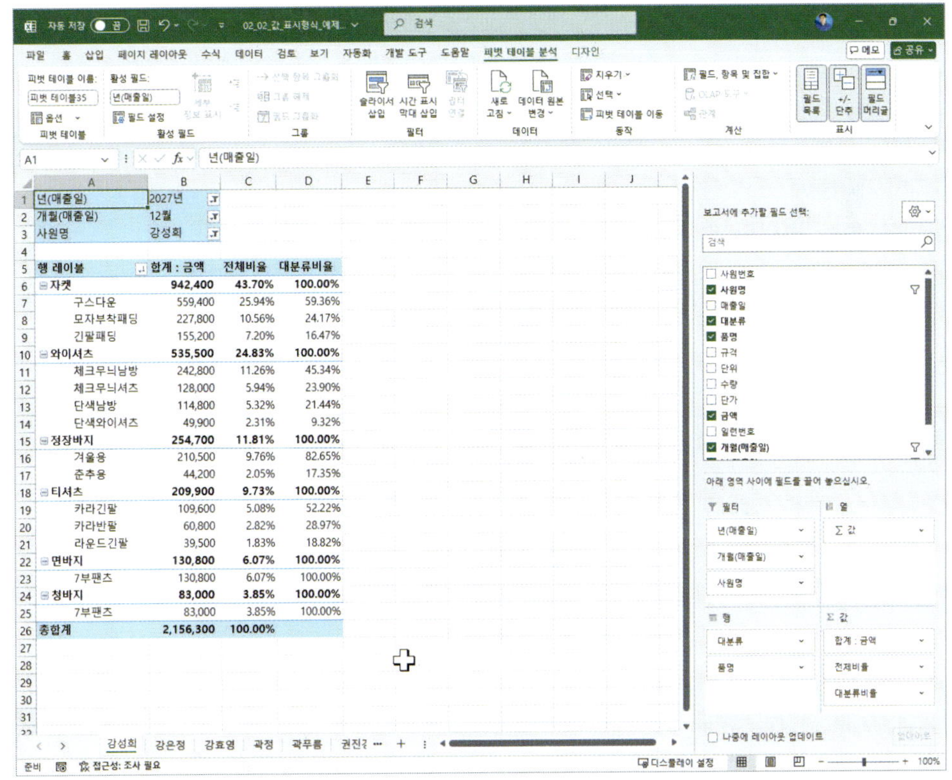

주요 기능	현업 활용
필터 영역의 그룹	• 필터 영역 그룹화된 시계열 데이터의 사용으로 특정 기간의 손쉬운 분석
값 표시 형식	• 마우스만으로 손쉽게 갖가지 매출 비율을 표시
보고서 필터 표시	• 작성된 분석 내용을 개인별로 자동화 분리

01 예제 파일을 불러온 후 Ctrl+T를 눌러 [머리글 포함]의 체크를 확인하고 [확인]을 클릭합니다.

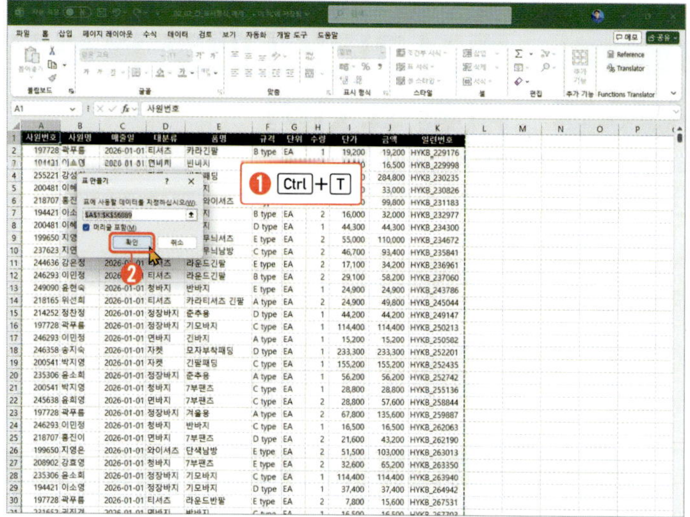

02 [테이블 디자인] – [도구] 그룹 – [피벗 테이블로 요약]을 클릭하고, [표 또는 범위의 피벗 테이블] 대화상자가 나타나면 기본 설정 그대로 [확인]을 클릭합니다.

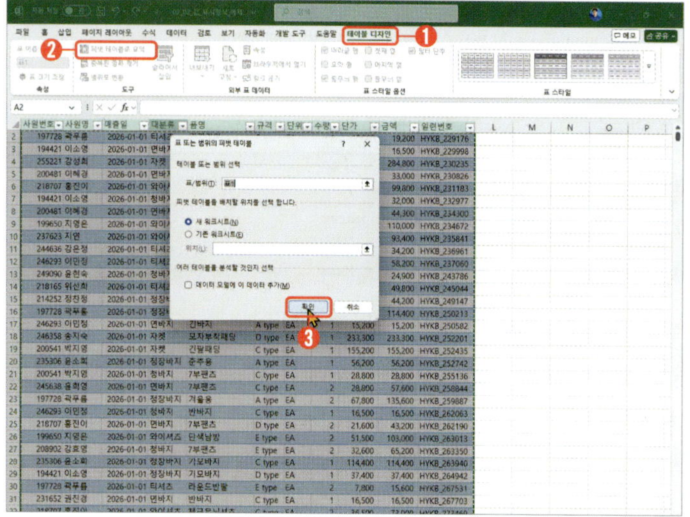

03 2027년 12월 기간만 분석하고자 하는데 [필터] 영역에서는 그룹이 되지 않으므로 [매출일] 필드를 [행] 영역에 드래그 & 드롭합니다. 자동으로 그룹화된 연도 중 임의의 데이터를 마우스 오른쪽 버튼으로 클릭한 후 [그룹]을 선택합니다.

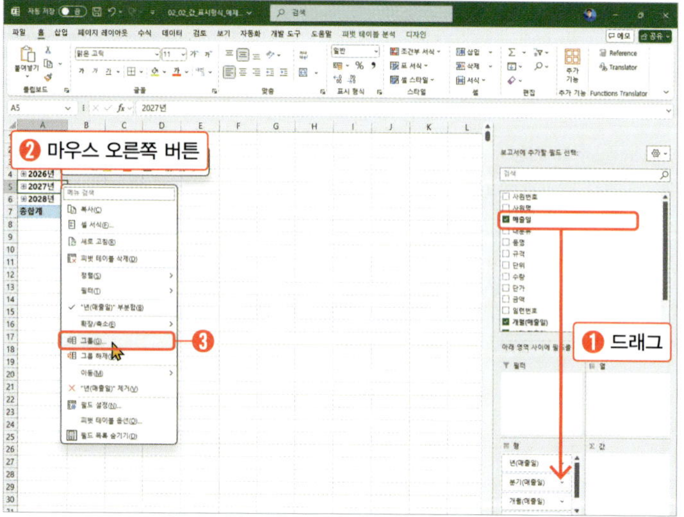

04 사용자가 필요로 하는 [연], [월]을 선택하고 [확인]을 클릭합니다.

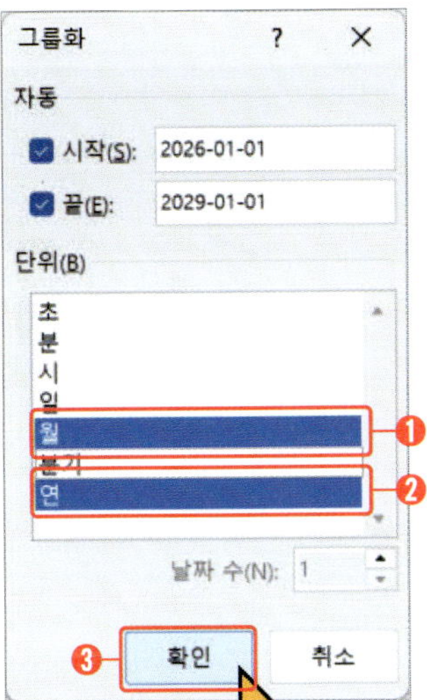

05 [행] 영역에 들어 있던 [년(매출일)]과 [개월(매출일)] 필드를 [필터] 영역으로 드래그 & 드롭합니다.

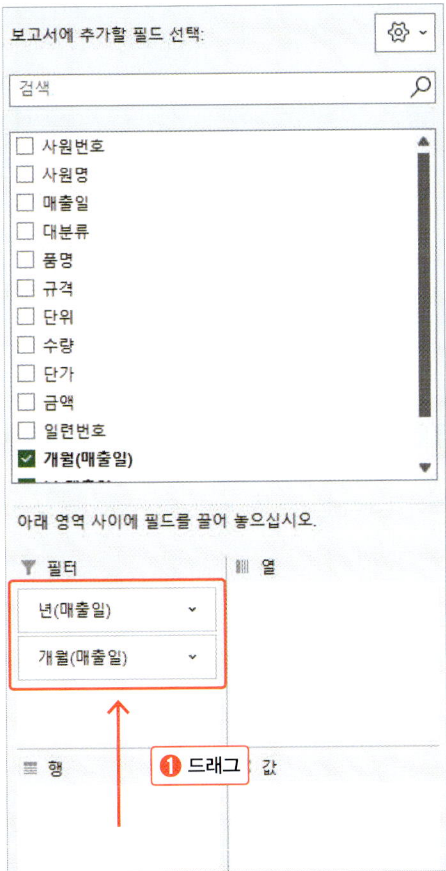

06 [B1:B2] 셀을 각각 확장해서 [2027년]과 [12월]을 선택합니다.

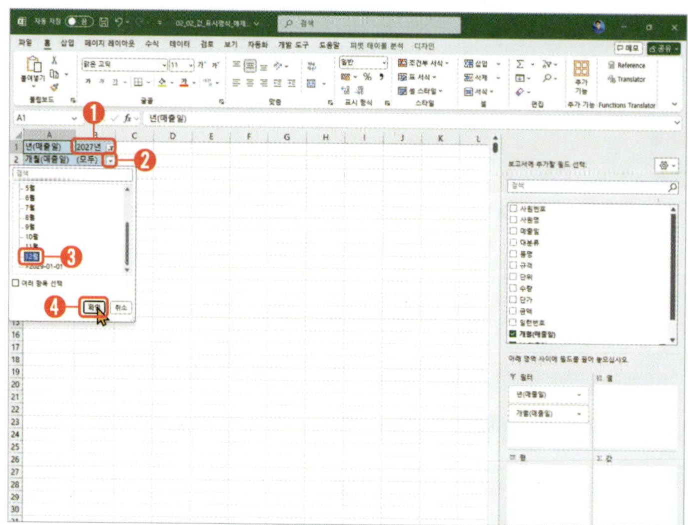

07 필드 목록에서 [대분류], [품명] 필드를 [행] 영역에 드래그 & 드롭하고, [값] 영역에 [금액] 필드를 드래그 & 드롭합니다. [필터] 영역에서 지정한 기간에 대한 대분류별 품명에 대한 매출이 나타납니다.

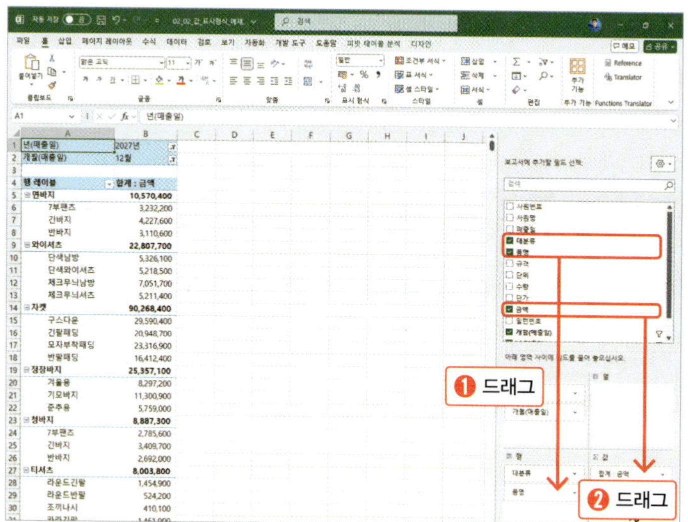

08 전체 매출 중 차지하는 비율을 표시하기 위해 필드 목록에서 [금액] 필드를 다시 한 번 [값] 영역에 드래그 & 드롭합니다. [C4] 셀을 선택하고 '전체 비율'이라고 입력합니다.

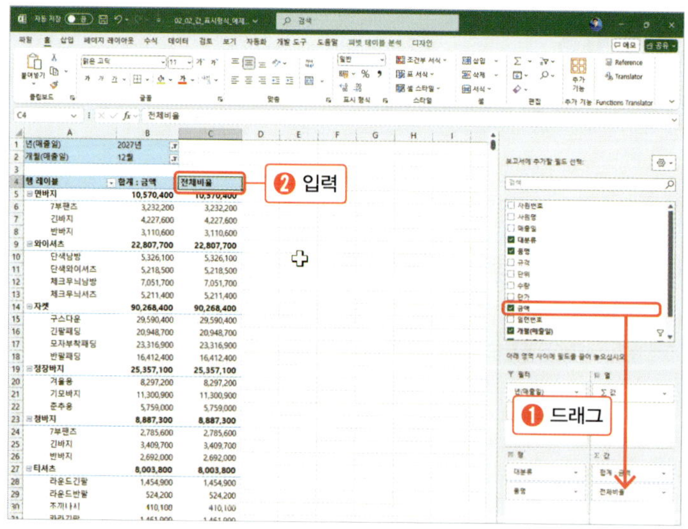

09 [C] 열 데이터 중 임의의 데이터를 마우스 오른쪽 버튼으로 클릭한 후 [값 표시 형식] – [열 합계 비율]을 선택합니다.

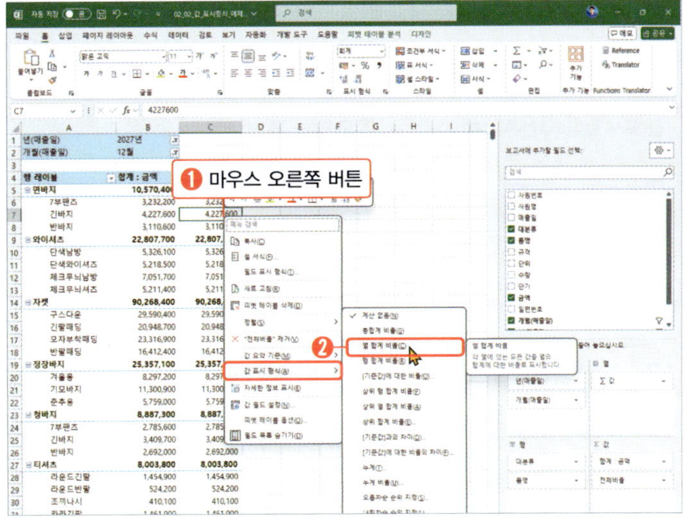

10 전체 비율을 완성했고, 이번에는 대분류 비율을 나타내겠습니다. 면바지 매출 금액을 100%로 환산했을 때 나머지 품명들이 그중 몇 %인지를 표시한다는 뜻입니다. 필드 목록에서 [금액] 필드를 다시 한번 [값] 영역에 드래그 & 드롭하고 [D4] 셀에 '대분류 비율'이라고 입력합니다.

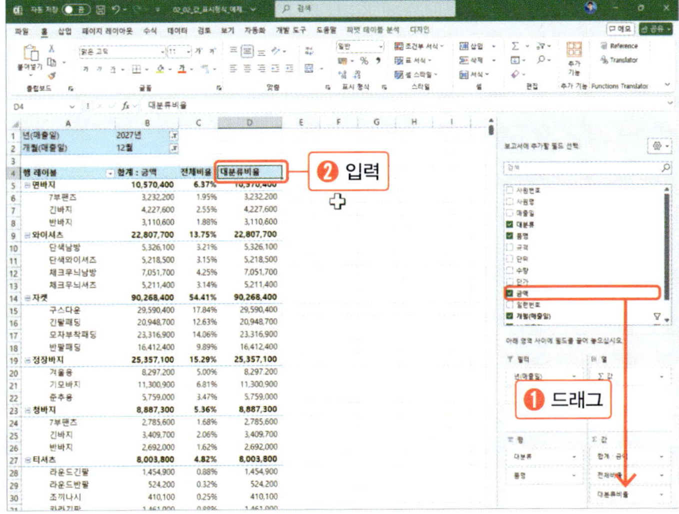

11 [D] 열 중 임의의 데이터를 마우스 오른쪽 버튼으로 클릭한 후 [값 표시 형식] – [상위 합계 비율]을 선택합니다.

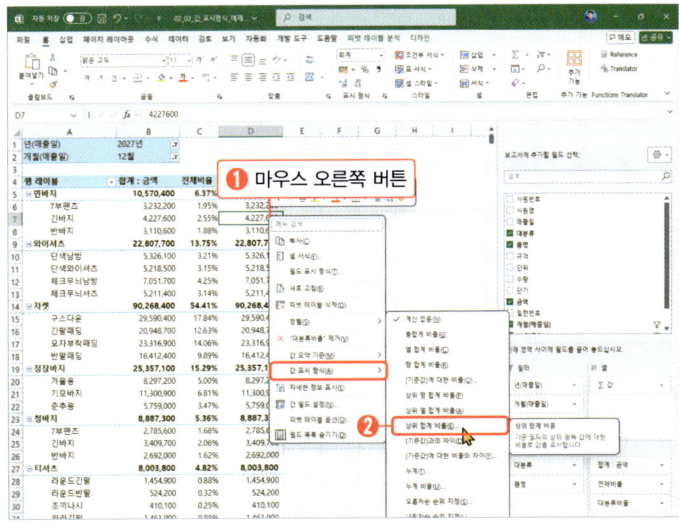

12 [값 표시 형식(대분류 비율)] 대화상자가 나타나면 '대분류'를 선택하고 [확인]을 클릭합니다. 100%로 표시되어야 하는 필드를 선택하면 됩니다.

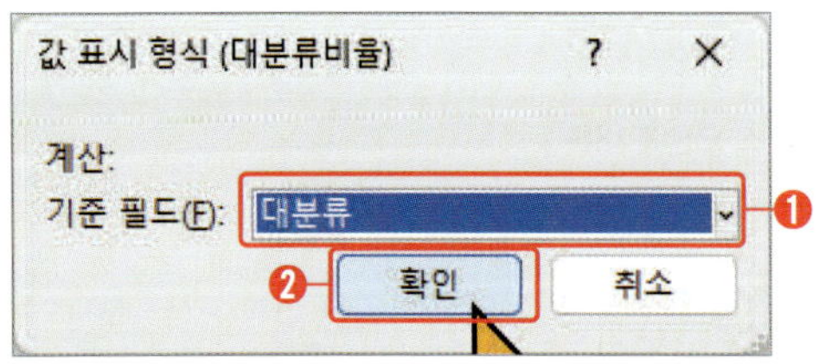

13 대분류 비율까지 표시가 끝났으면 매출 기여도가 큰 대분류, 품명을 위쪽에 배치하는 정렬을 하겠습니다. 큰 금액이 먼저 나타나는 것을 내림차순 정렬이라고 합니다. [합계 : 금액] 통계량의 품명 중 임의의 데이터를 마우스 오른쪽 버튼을 클릭한 후 [정렬] – [숫자 내림차순 정렬]을 선택합니다.

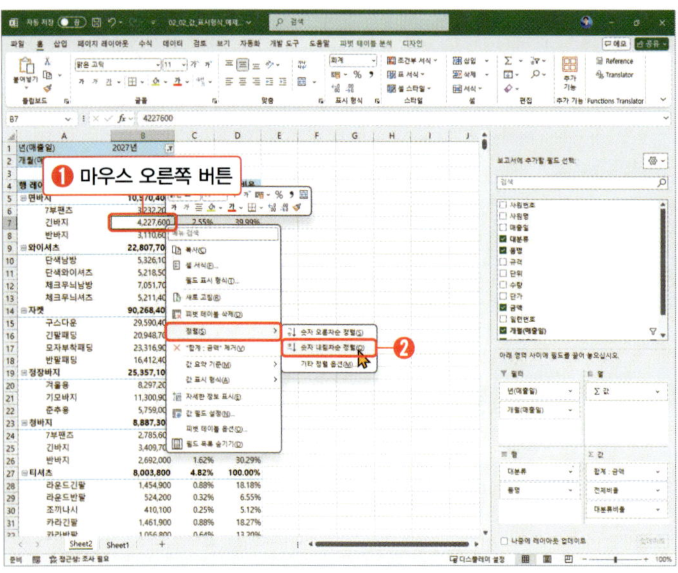

여기서 잠깐

피벗 테이블에서 데이터를 잘 선택하고 정렬해야 하는데 만약 [A] 열에 있는 대분류나 품명을 선택하고 정렬하게 된다면 텍스트인 ㄱ, ㄴ 기준의 정렬이 됩니다.

14 품명 중 임의의 통계량을 선택하고 정렬했기에 품명만 내림차순 정렬된 것을 확인할 수 있습니다. 대분류도 내림차순 정렬하기 위해 대분류 통계량 중 임의의 데이터를 마우스 오른쪽 버튼으로 클릭한 후 [정렬] – [숫자 내림차순 정렬]을 선택합니다. 이렇게 선택한 필드 데이터만 정렬되는 것을 확인할 수 있습니다.

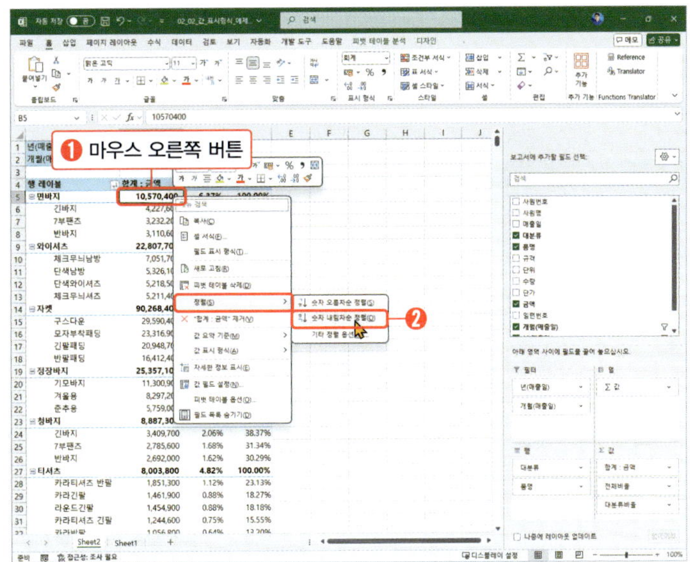

15 마지막으로 정리된 데이터를 개인별 시트로 개별 확인하려고 합니다. 먼저 필드 목록에서 [사원명] 필드를 [필터] 영역으로 드래그 & 드롭합니다.

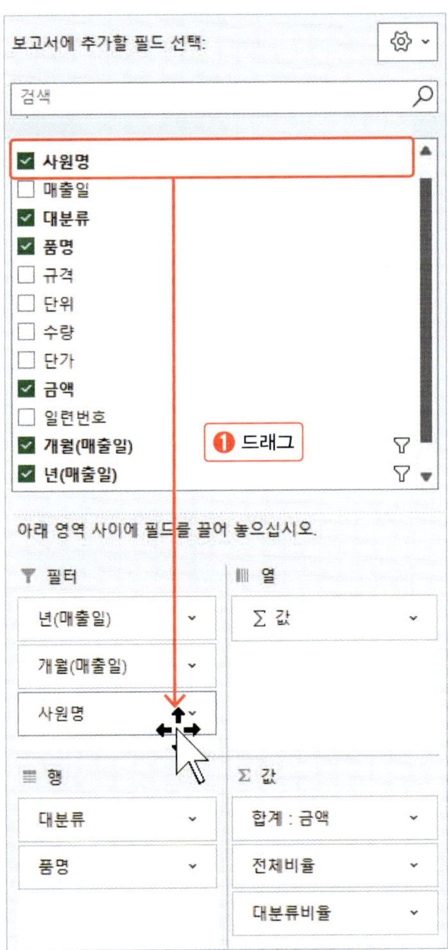

16 [피벗 테이블 분석] 탭 – [피벗 테이블] 그룹 – [옵션] – [보고서 필터 페이지 표시]를 클릭하고, [보고서 필터 페이지 표시] 대화상자에서 별도 시트로 분리할 [사원명] 필드를 선택하고 [확인]을 클릭합니다.

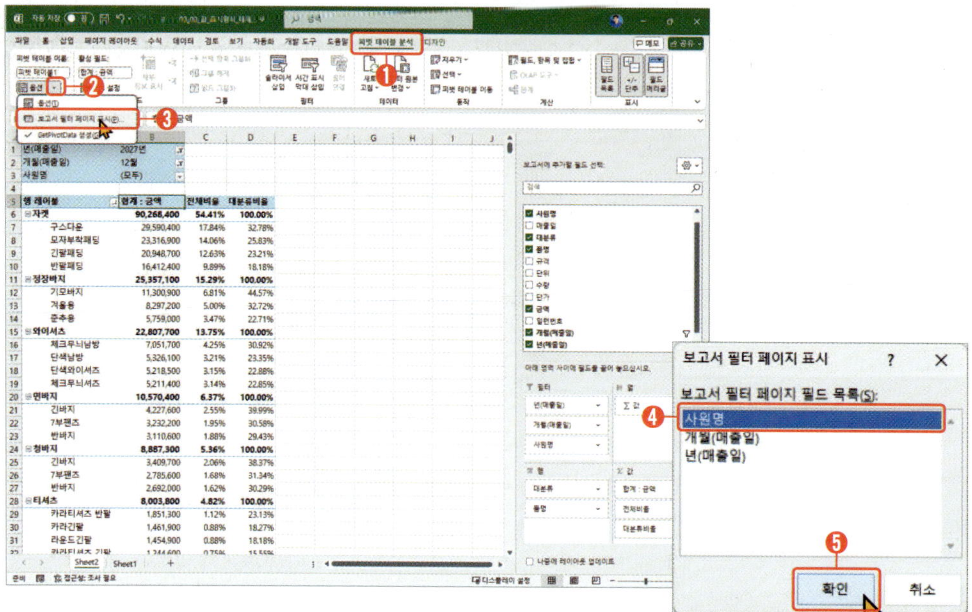

17 그림과 같이 각 개인별 2027년 12월의 대분류, 품명별 매출과 전체 비율, 대분류 비율이 시트명까지 변경된 상태로 만들어진 것을 확인할 수 있습니다.

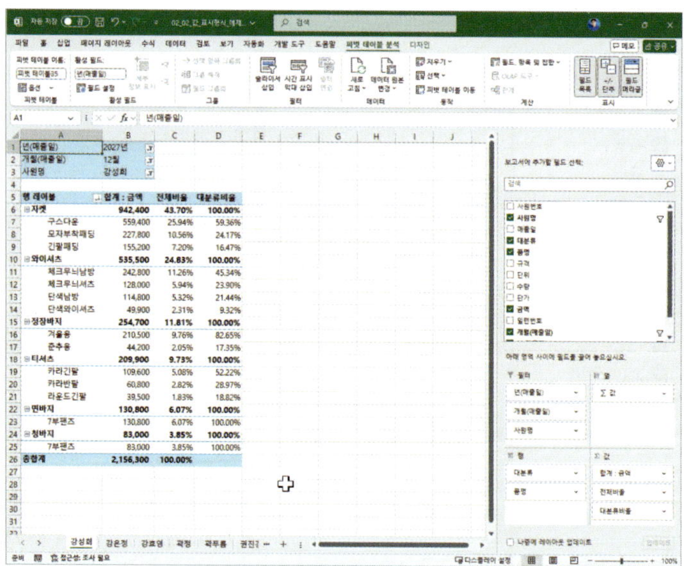

003 매출 및 매출 비율, 전년 · 전월 대비 매출과 비율 표시하기

이번 Chapter에서는 피벗 테이블의 '값 표시 형식' 기능을 활용하여 전월 대비 또는, 전년 대비 매출을 비롯한 다양한 통계 지표를 빠르고 손쉽게 산출하는 방법을 살펴보겠습니다.
또한 사용자가 선택한 특정 인원이나 조건에 따라 시트별로 개별 분석을 수행하는 방법도 함께 익히겠습니다.

- **실습 파일 :** Part 02 > 예제 > 02_03_다양한_값_표시 형식_예제.xlsx
- **완성 파일 :** Part 02 > 완성 > 02_03_다양한_값_표시 형식_완성.xlsx

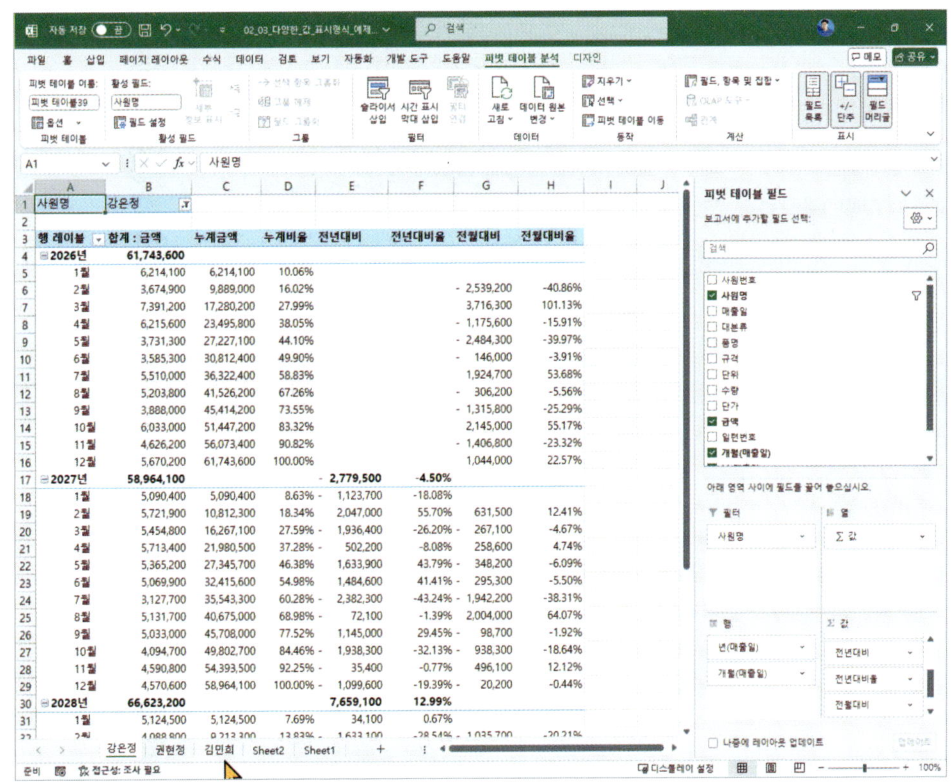

주요 기능	현업 활용
값 표시 형식	• 전월 대비 매출 증감, 비율이나 전년 동월 대비 매출 증감 등의 통계량을 마우스로 산출
그룹	• 마우스만으로 손쉽게 갖가지 매출 비율을 표시
보고서 필터 표시	• 영업사원별 분석 내용의 자동화 분리

■ 연, 월별 매출과 각종 통계량 나타내기

01 예제 파일을 불러온 후 Ctrl+T를 누르고 [머리글 포함]에 체크 여부를 확인한 후 [확인]을 클릭합니다.

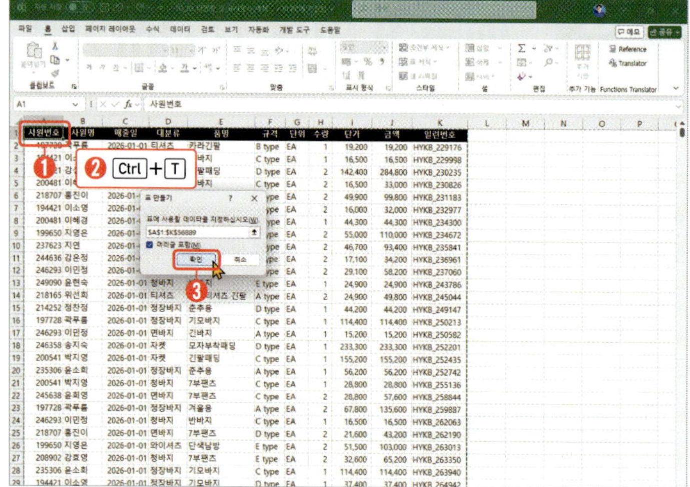

02 [테이블 디자인] 탭 – [도구] 그룹 – [피벗 테이블로 요약]을 클릭하고, [표 또는 범위의 피벗 테이블] 대화상자가 나타나면 기본 설정 그대로 [확인]을 클릭해서 새 워크시트에 피벗 테이블을 작성합니다.

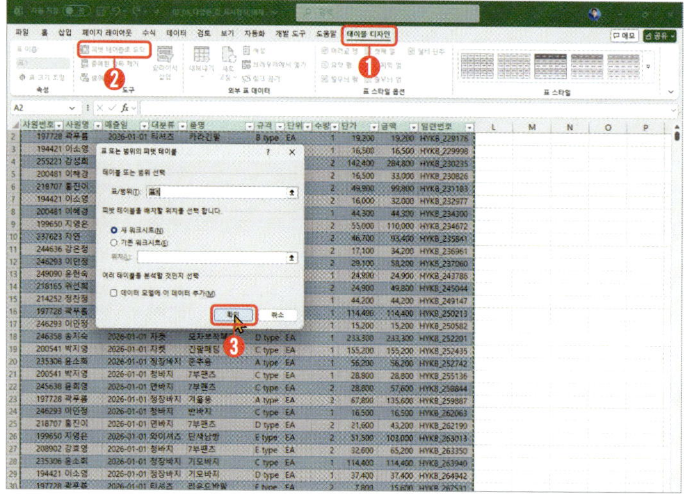

03 연, 월별 매출과 각종 통계량을 나타내기 위해 필드 목록에서 [매출일] 필드를 [행] 영역에 드래그 & 드롭하고, 연중 임의의 데이터를 마우스 오른쪽 버튼으로 클릭한 후 [그룹]을 선택합니다.

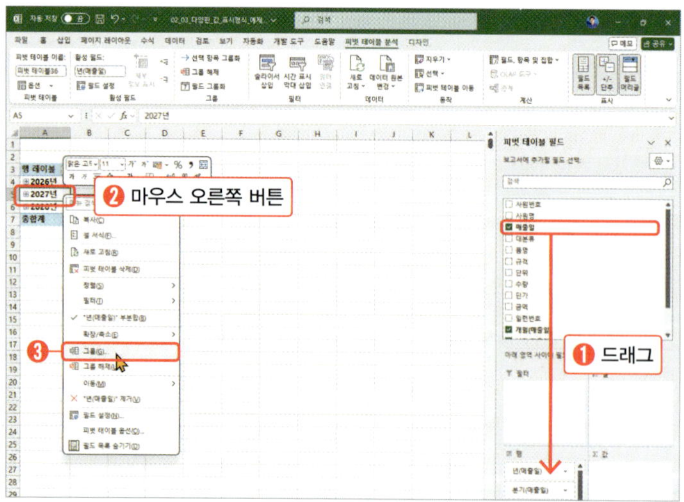

04 [그룹화] 대화상자가 나타나면 필요한 기간인 [연], [월]을 선택하고 [확인]을 클릭합니다.

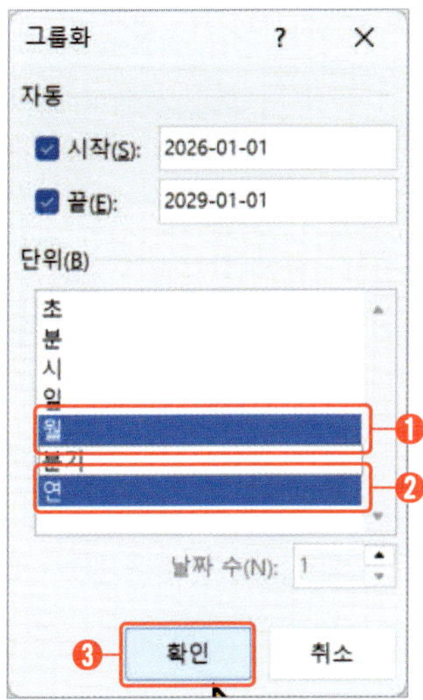

05 필드 목록에서 [금액] 필드를 [값] 영역에 드래그 & 드롭합니다.

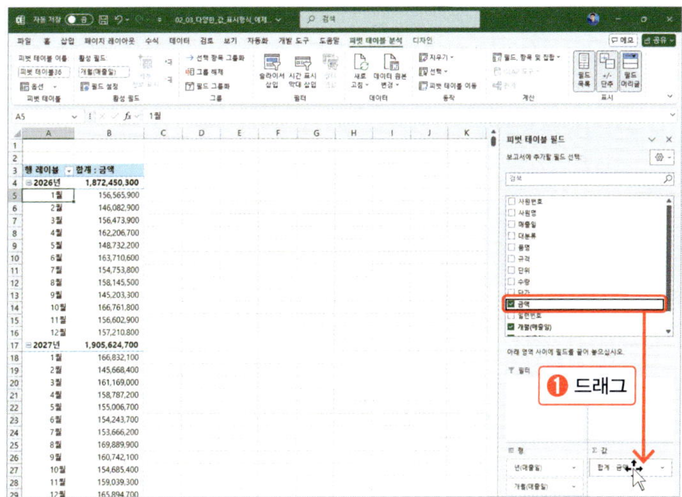

06 매출 금액의 누계를 작성하기 위해, 다시 한번 필드 목록에서 [금액] 필드를 [값] 영역에 드래그 & 드롭하고 [C4] 셀에 '누계금액'이라고 입력합니다.

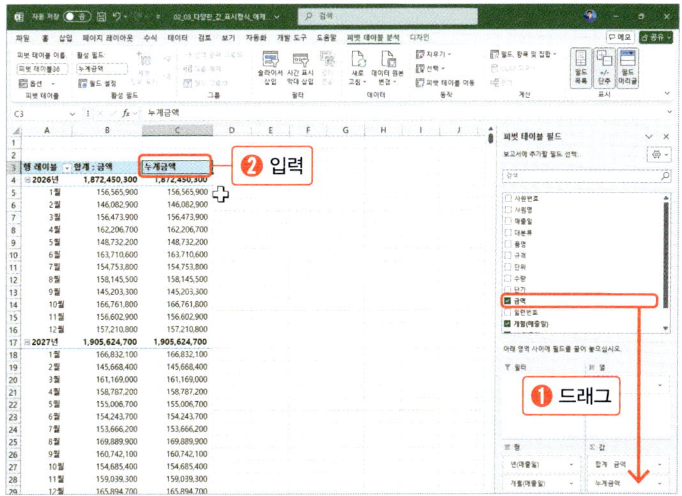

07 데이터 중 임의의 셀을 마우스 오른쪽 버튼으로 클릭한 후 [값 표시 형식] – [누계]를 선택합니다.

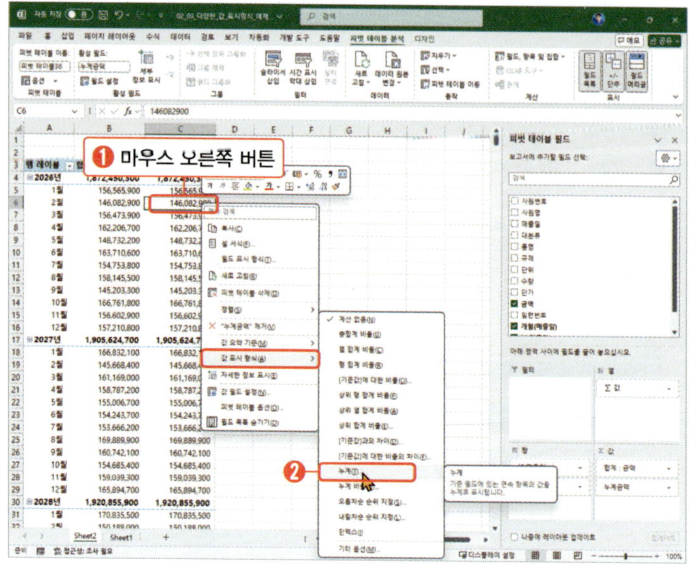

08 [값 표시 형식(누계금액)] 대화상자가 나타나면 월별 누계 금액을 표시하기 위해 [기준 필드]는 '개월(매출일)'을 선택한 상태로 [확인]을 클릭합니다.

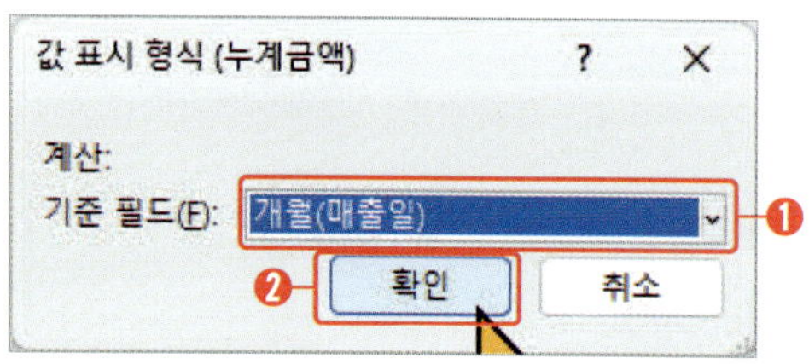

09 이번에는 누계비율을 표시하겠습니다. 필드 목록에서 [금액] 필드를 [값] 영역에 드래그 & 드롭하고 [D4] 셀에 '누계비율'이라고 입력합니다.

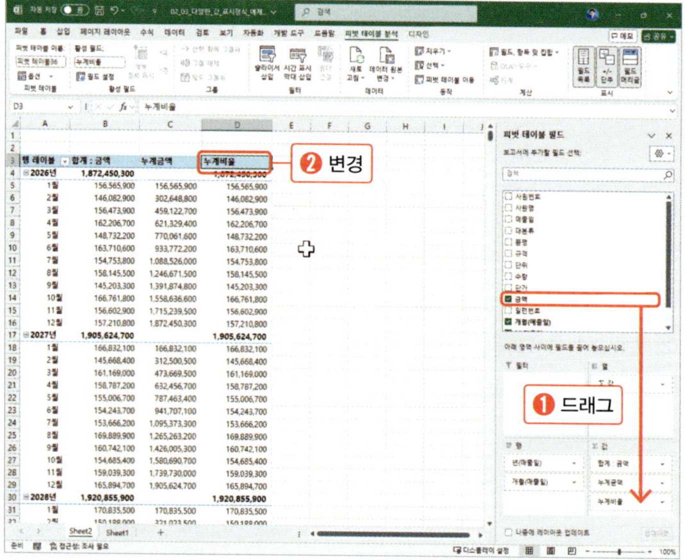

10 데이터 중 임의의 셀을 마우스 오른쪽 버튼으로 클릭한 후 [값 표시 형식] – [누계 비율]을 선택합니다.

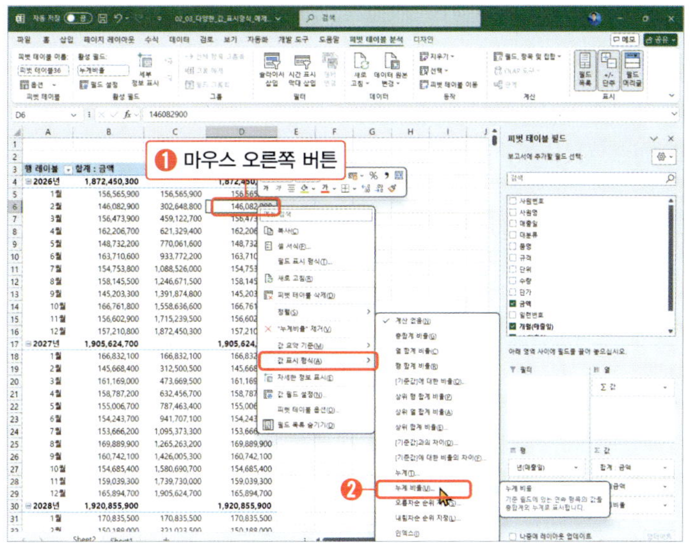

11 [값 표시 형식(누계비율)] 대화상자가 나타나면 [기준 필드]는 '개월(매출일)'을 선택하고 [확인]을 클릭합니다.

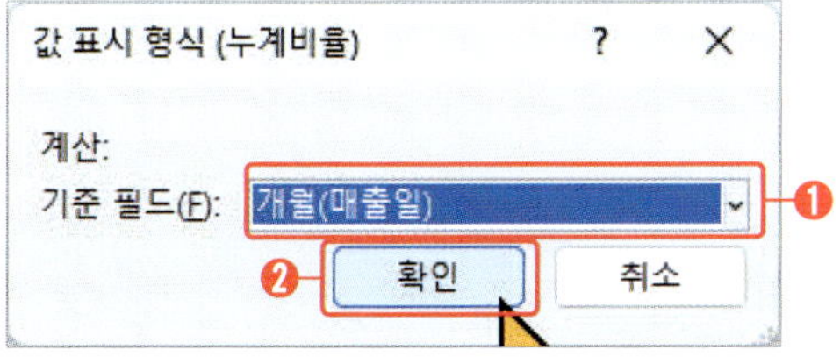

■ 전년 대비 매출의 증감 나타내기

01 이번에는 전년 대비 매출의 증감을 표시하기 위해, 필드 목록에서 [금액] 필드를 [값] 영역에 드래그 & 드롭하고 [E4] 셀에 '전년대비'라고 입력합니다.

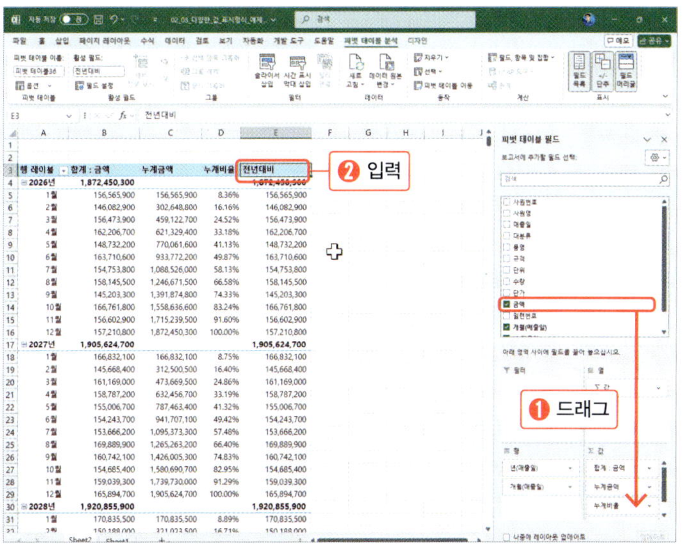

02 데이터 중 임의의 셀을 마우스 오른쪽 버튼으로 클릭한 후 [값 표시 형식] – [[기준값]과의 차이]를 선택합니다.

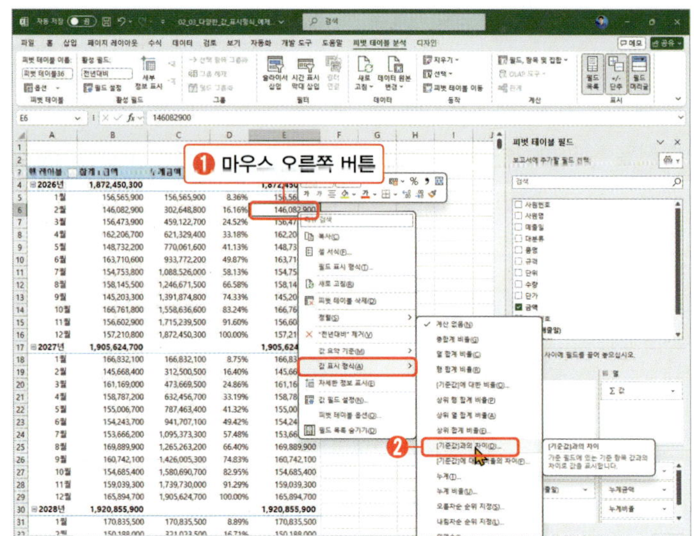

03 [값 표시 형식(전년 대비)] 대화상자가 나타나면 [기준 필드]를 '년(매출일)'로 선택하고, [기준 항목]은 '(이전)'을 선택한 후 [확인]을 클릭합니다.

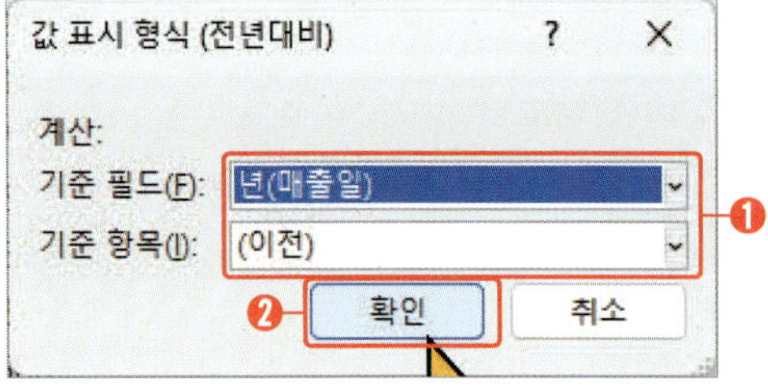

■ 전년 대비 매출의 증감 대비율 나타내기

01 이번에는 전년 대비 매출의 증감 대비율을 표시하겠습니다. 필드 목록에서 [금액] 필드를 다시 [값] 영역에 드래그 & 드롭하고 [F4] 셀에 '전년 대비율'이라고 입력합니다.

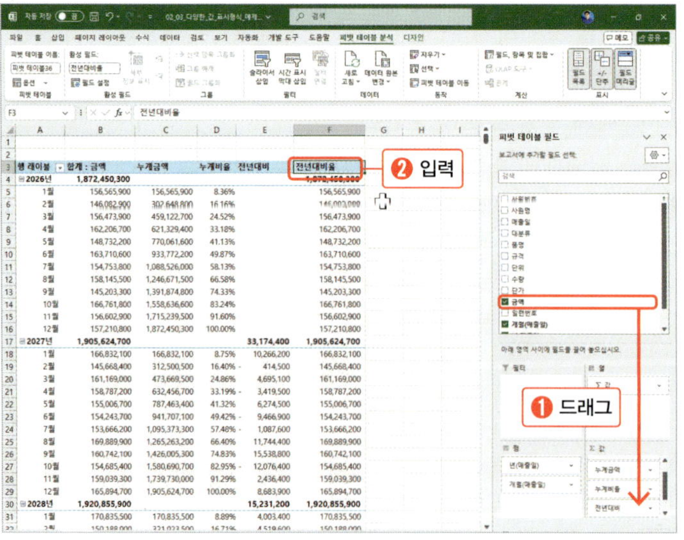

02 데이터 중 임의의 셀을 마우스 오른쪽 버튼으로 클릭한 후 [값 표시 형식] – [[기준값]과에 대한 비율의 차이]를 선택합니다.

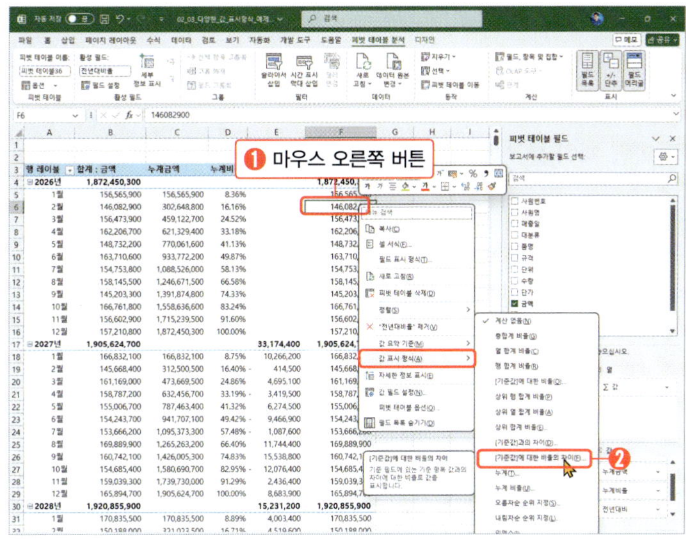

03 [값 표시 형식(전년 대비율)] 대화상자가 나타나면 [기준 필드]는 '년(매출일)'을 선택하고, [기준 항목]이 '(이전)'인 것을 확인한 후 [확인]을 클릭합니다.

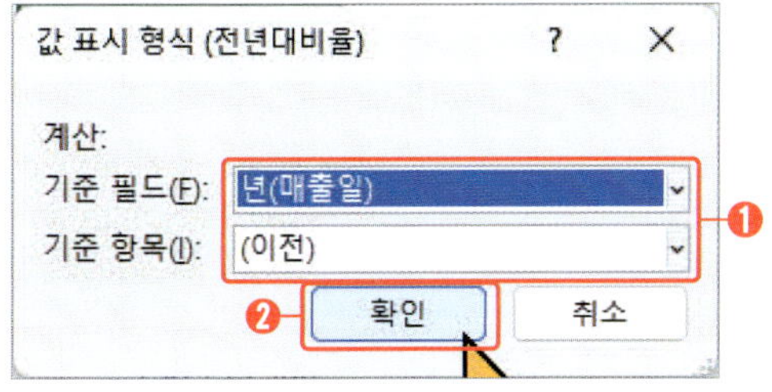

■ 전월 대비 매출의 증감 나타내기

01 이번에는 전월 대비 매출의 증감을 표시하기 위해, 필드 목록에서 [금액] 필드를 다시 [값] 영역에 드래그 & 드롭하고 [G4] 셀에 '전월 대비'라고 입력합니다.

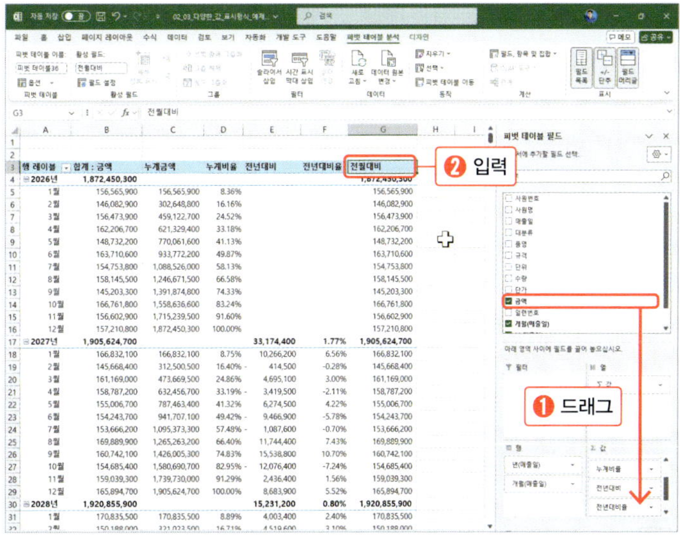

02 데이터 중 임의의 셀을 마우스 오른쪽 버튼으로 클릭한 후 [값 표시 형식] – [[기준값]과의 차이]를 선택합니다.

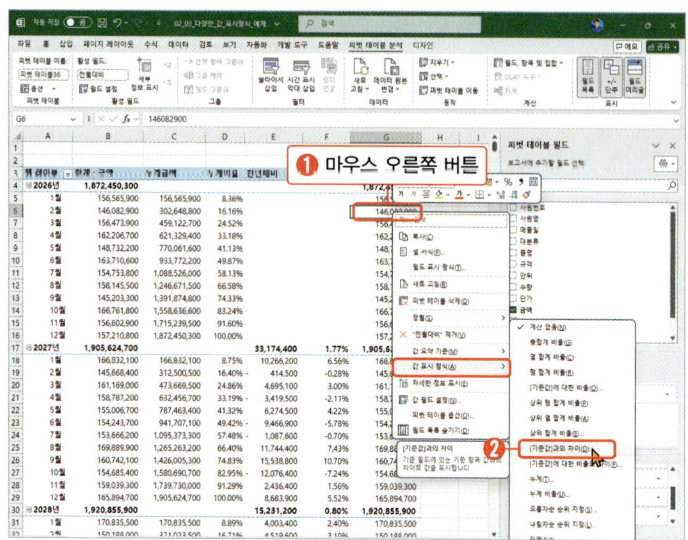

03 [값 표시 형식(전월 대비)] 대화상자가 나타나면 [기준 필드]는 '개월(매출일)'을 선택하고, [기준 항목]은 '(이전)'을 선택한 후 [확인]을 클릭합니다.

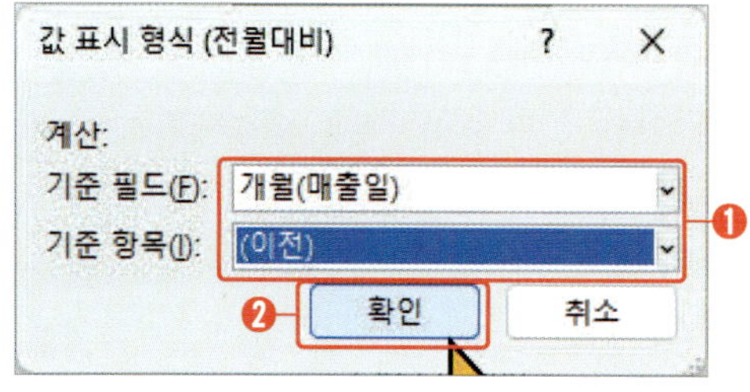

■ 전월 대비 매출의 증감 비율 나타내기

01 이번에는 전월 대비 매출 증감 비율을 표시하기 위해, 필드 목록에서 [금액] 필드를 다시 [값] 영역에 드래그 & 드롭하고 [H4] 셀에 '전월 대비율'이라고 입력합니다.

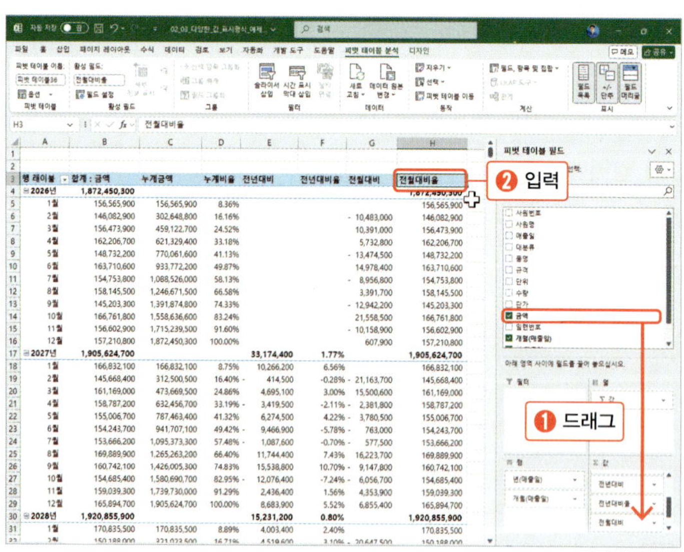

02 데이터 중 임의의 셀을 마우스 오른쪽 버튼으로 클릭한 후 [값 표시 형식] – [[기준값]에 대한 비율의 차이]를 선택합니다.

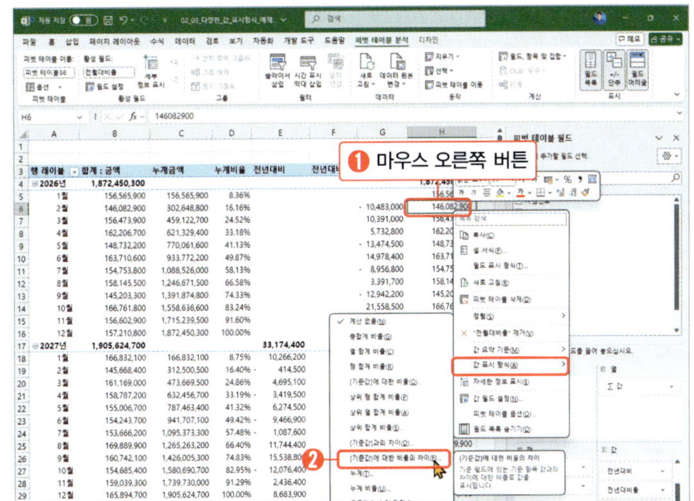

03 [값 표시 형식(전월 대비율)] 대화상자가 나타나면 [기준 필드]는 '개월(매출일)', [기준 항목]은 '(이전)'을 선택하고 [확인]을 클릭합니다.

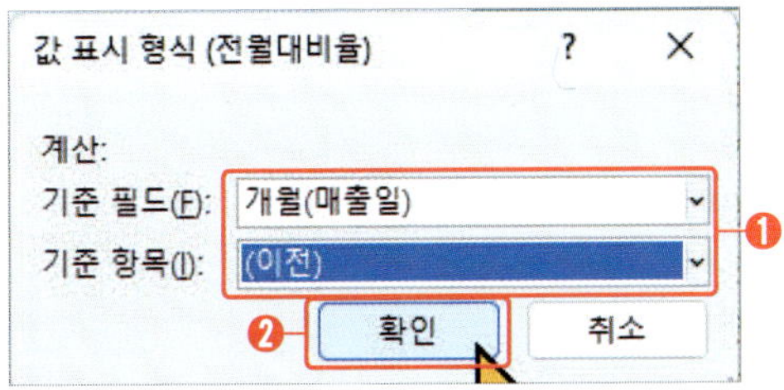

05 마지막으로 개인별로 분리하기 위해 필드 목록에서 [사원명] 필드를 [필터] 영역에 드래그 & 드롭합니다.

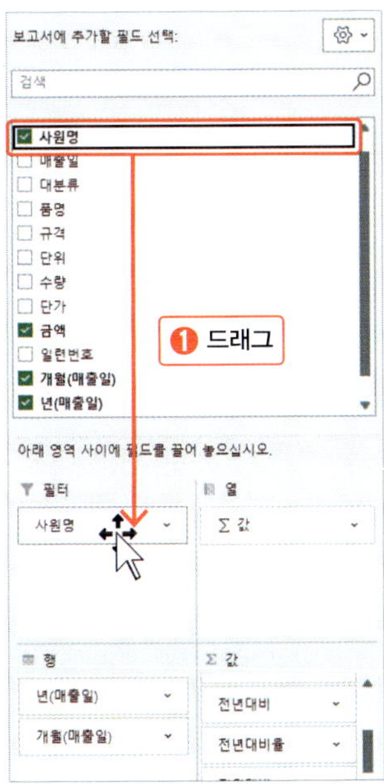

06 전체 사원이 아닌 임의의 사원만 필터하고자 합니다. 먼저 [B1] 셀의 드롭다운 버튼을 클릭한 후 [여러 항목 선택]을 체크하면 모든 항목에 체크가 되어 나타납니다. 이때 [모두]를 클릭해서 모두 체크를 해제하고 분리해 보고 싶은 [강은정], [권현정], [김민희]의 이름만 선택하고 [확인]을 클릭합니다.

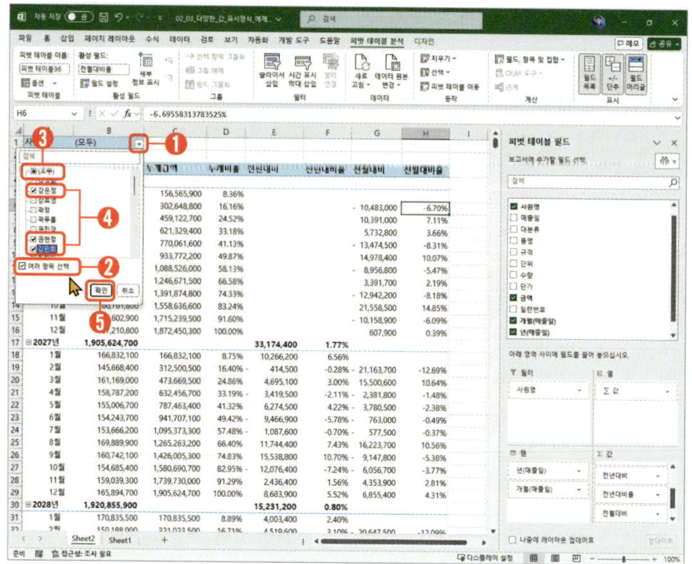

07 [피벗 테이블 분석] 탭 – [피벗 테이블] 그룹 – [옵션] – [보고서 필터 페이지 표시]를 클릭합니다.

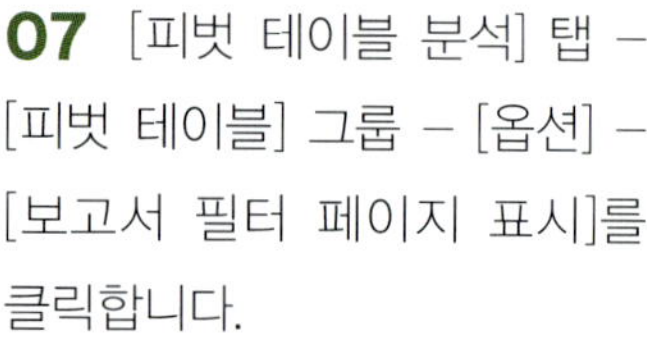

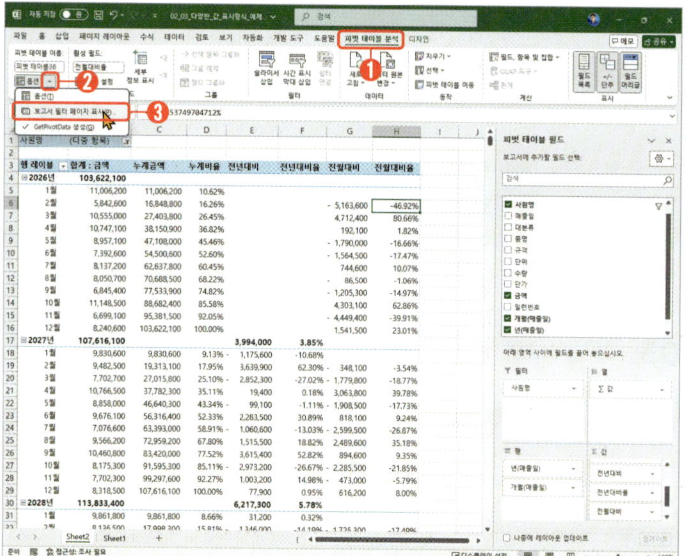

08 [보고서 필터 페이지 표시] 대화상자가 나타나면 [사원명]을 선택하고 [확인]을 클릭합니다.

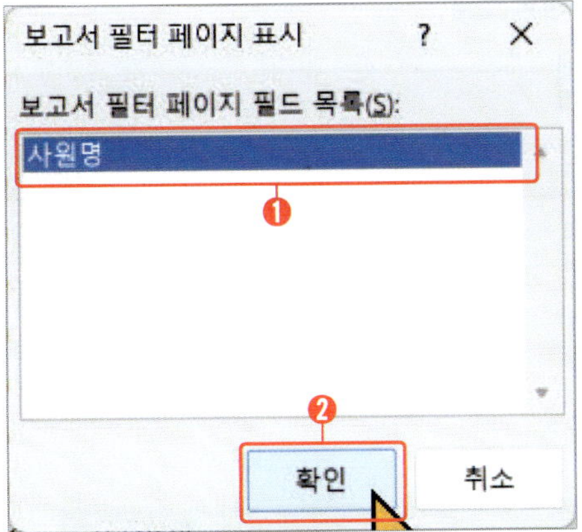

09 앞서 선택한 [강은정], [권현정], [김민희] 사원의 시트만 분리되어 나타난 것을 확인할 수 있습니다.

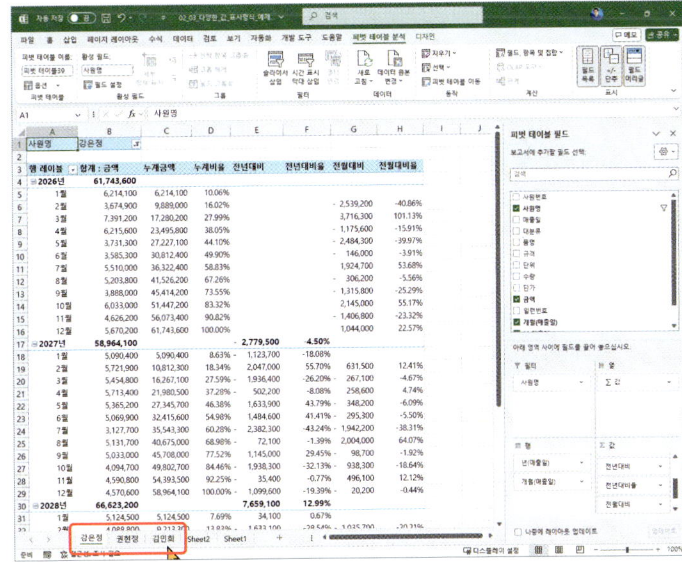

004

시스템 다운로드 자료의 문제점 해결 및 분석

이번에는 사내 시스템에서 자료를 받아 분석할 때 많이 생기는 문제로 날짜와 숫자가 문자 형식으로 되어 있어서 생기는 문제를 빠르게 해결할 수 있는 방법을 알아보겠습니다.

- **실습 파일 :** Part 02 > 예제 > 02_04_데이터_변환_예제.xlsx
- **완성 파일 :** Part 02 > 완성 > 02_04_데이터_변환_완성.xlsx

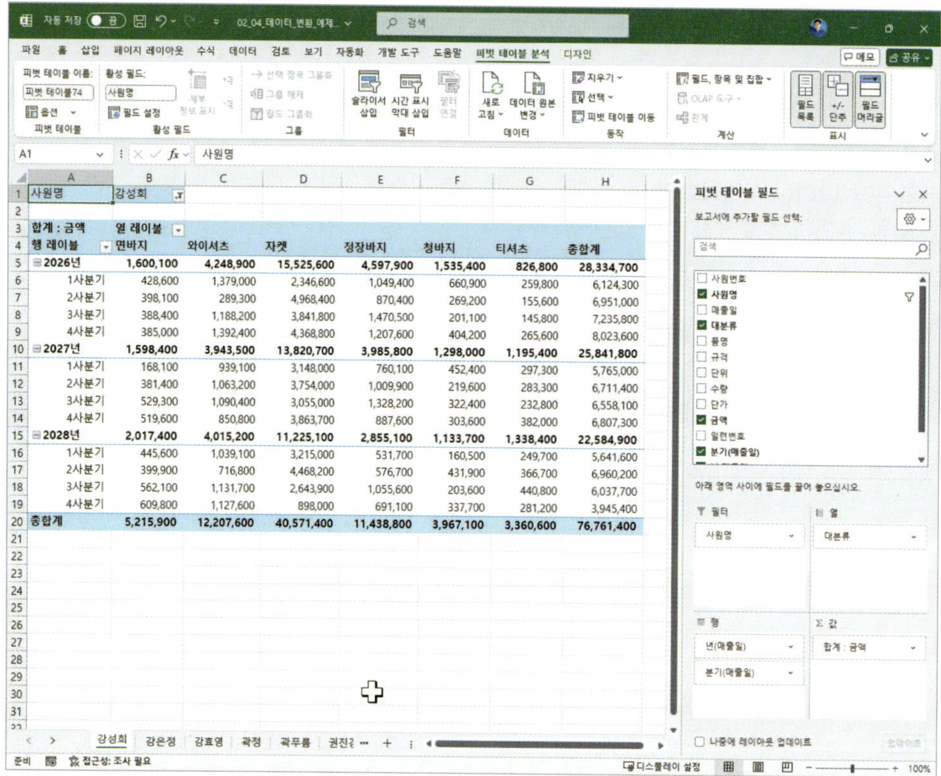

사원명	강성희						
합계 : 금액	열 레이블						
행 레이블	면바지	와이셔츠	자켓	정장바지	청바지	티셔츠	총합계
2026년	1,600,100	4,248,900	15,525,600	4,597,900	1,535,400	826,800	28,334,700
1사분기	428,600	1,379,000	2,346,600	1,049,400	660,900	259,800	6,124,300
2사분기	398,100	289,300	4,968,400	870,400	269,200	155,600	6,951,000
3사분기	388,400	1,188,200	3,841,800	1,470,500	201,100	145,800	7,235,800
4사분기	385,000	1,392,400	4,368,800	1,207,600	404,200	265,600	8,023,600
2027년	1,598,400	3,943,500	13,820,700	3,985,800	1,298,000	1,195,400	25,841,800
1사분기	168,100	939,100	3,148,000	760,100	452,400	297,300	5,765,000
2사분기	381,400	1,063,200	3,754,000	1,009,900	219,600	283,300	6,711,400
3사분기	529,300	1,090,400	3,055,000	1,328,200	322,400	232,800	6,558,100
4사분기	519,600	850,800	3,863,700	887,600	303,600	382,000	6,807,300
2028년	2,017,400	4,015,200	11,225,100	2,855,100	1,133,700	1,338,400	22,584,900
1사분기	445,600	1,039,100	3,215,000	531,700	160,500	249,700	5,641,600
2사분기	399,900	716,800	4,468,200	576,700	431,900	366,700	6,960,200
3사분기	562,100	1,131,700	2,643,900	1,055,600	203,600	440,800	6,037,700
4사분기	609,800	1,127,600	898,000	691,100	337,700	281,200	3,945,400
총합계	5,215,900	12,207,600	40,571,400	11,438,800	3,967,100	3,360,600	76,761,400

주요 기능	현업 활용
TYPE 함수	• 데이터의 속성(문자, 숫자 등)의 빠른 확인 • 문자로 입력된 날짜 확인
텍스트 나누기	• 문자로 입력된 비정상적인 날짜를 정상 날짜로 일괄 변경
선택하여 붙여넣기	• 문자로 입력된 숫자를 정상 숫자로 일괄 변경

■ 데이터 형식 파악하기

01 예제 파일을 불러온 후 [C] 열을 보면 날짜가 정상적으로 보이지 않습니다. 엑셀은 셀 서식 때문에 정상적인 날짜 형식도 예제처럼 표현될 수 있으므로, 데이터 속성을 확인해야 합니다. 먼저 [C] 열을 마우스 오른쪽 버튼으로 클릭한 후 [삽입]을 선택합니다.

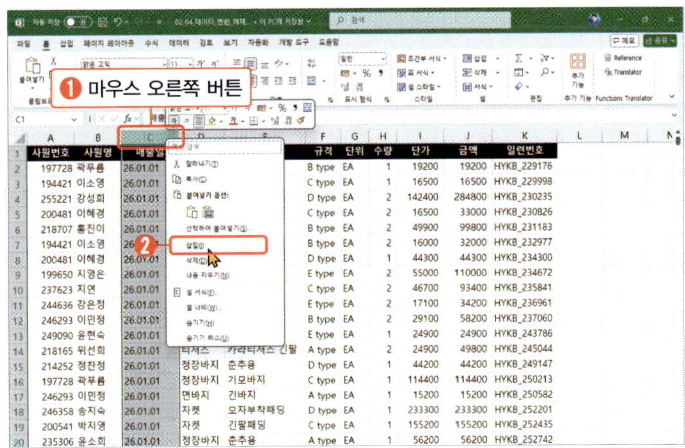

02 삽입된 [C2] 셀에 '=TYPE(D2)'를 입력하고 Enter를 누릅니다. TYPE 함수의 결과로 '2'가 나온 것을 확인할 수 있는데, '2'라는 것은 [C2] 셀 데이터는 문자 데이터란 뜻입니다. 이 데이터는 문자 형식이기에 피벗 테이블에서 그룹화할 수 없습니다.

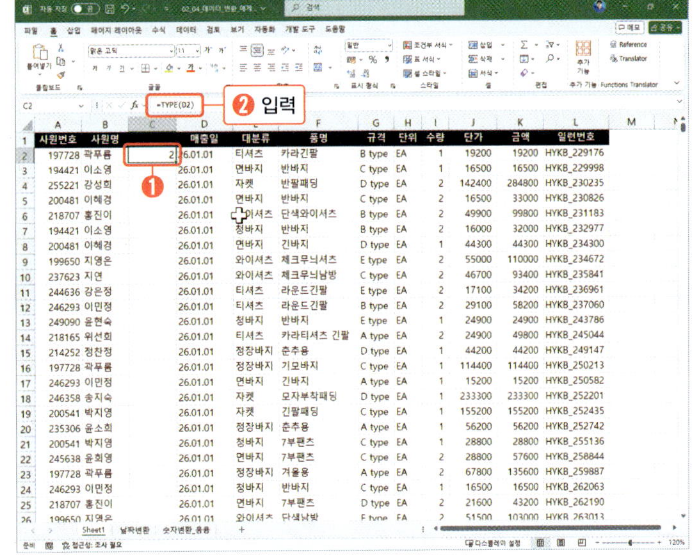

여기서 잠깐

'=TYPE(D2'까지만 입력하고 Enter를 눌러도 해당 수식의 인수를 모두 적었으므로 입력되고 결과를 확인할 수 있습니다.

⊕ 추가 정보

TYPE 함수 해석

결과	해석	비고
1	숫자	
2	텍스트	
4	논리값	
16	오류값	
64	배열	
128	복합 데이터	

03 그렇다면 [D2] 셀의 데이터를 강제로 정상 날짜 형태인 'yyyy-mm-dd'로 입력해 보겠습니다. 그럼 [C2] 셀의 TYPE 함수 결과가 '1'로 변경되는 것을 확인할 수 있습니다.

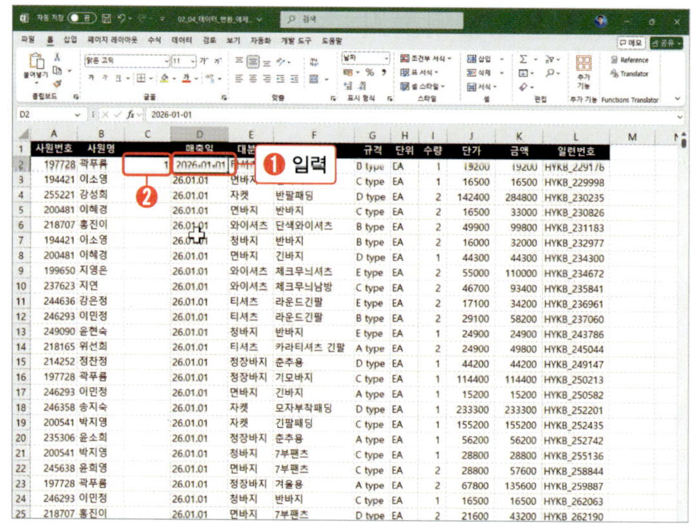

04 데이터 형식을 확인하려고 삽입했던 [C] 열은 마우스 오른쪽 버튼으로 클릭한 후 [삭제]를 선택하여 삭제합니다.

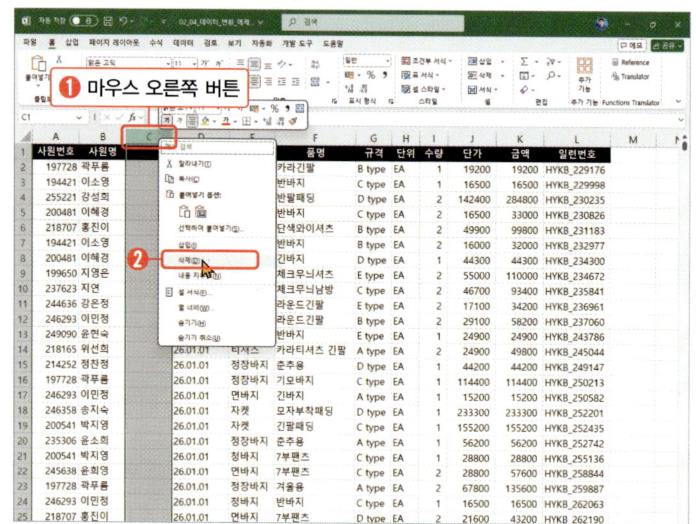

05 이제 문자 형식으로 입력된 날짜를 숫자 속성인 정상 날짜로 변경하겠습니다. 먼저 [C2] 셀을 선택하고 Ctrl + Shift + ↓를 눌러 변경하려는 데이터를 모두 선택합니다. [데이터] 탭 – [데이터 도구] 그룹 – [텍스트 나누기]를 클릭합니다.

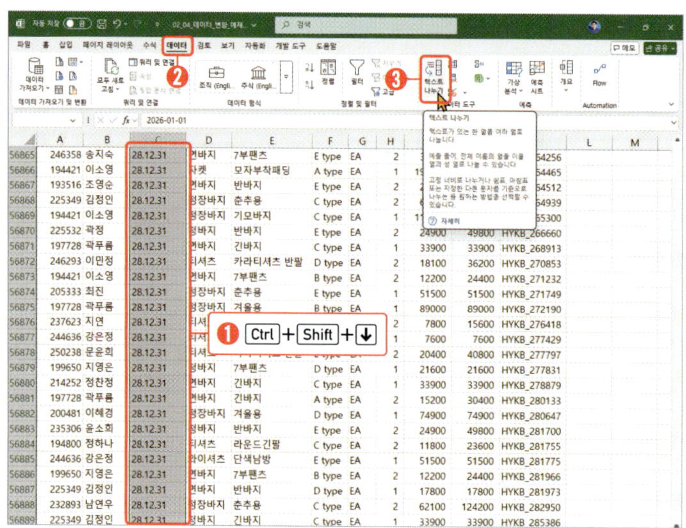

06 [텍스트 마법사] 대화상자가 나타나면 3단계 중 1단계는 [다음]을 클릭해서 2단계로 넘어갑니다.

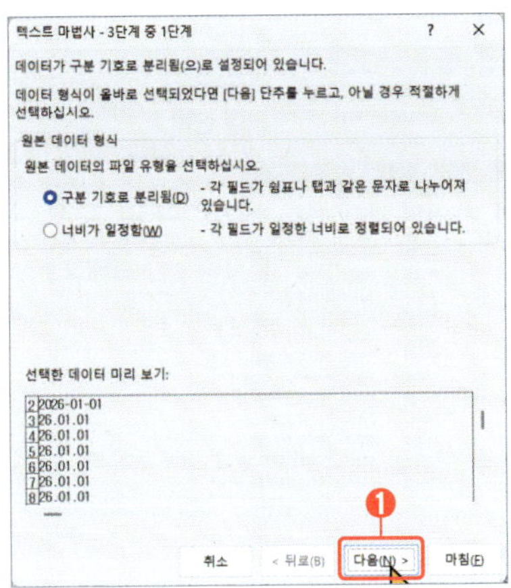

07 3단계 중 2단계도 [다음]을 클릭해서 3단계로 넘어갑니다.

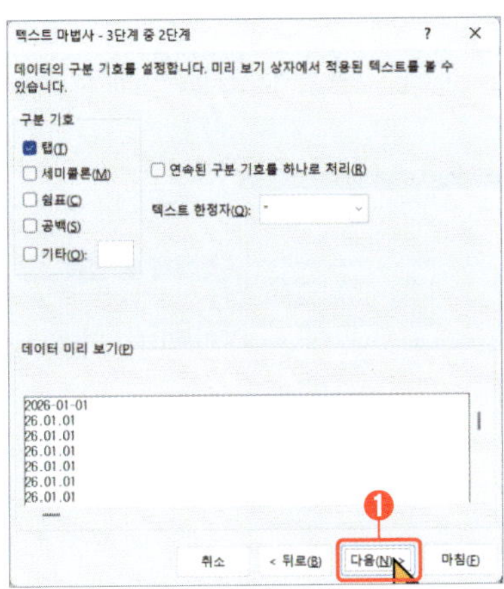

08 3단계 중 3단계가 나타나면 [열 데이터 서식] – [날짜]를 선택하고 [마침]을 클릭합니다. [C] 열의 모든 데이터가 정상 날짜로 변환된 것을 확인할 수 있습니다.

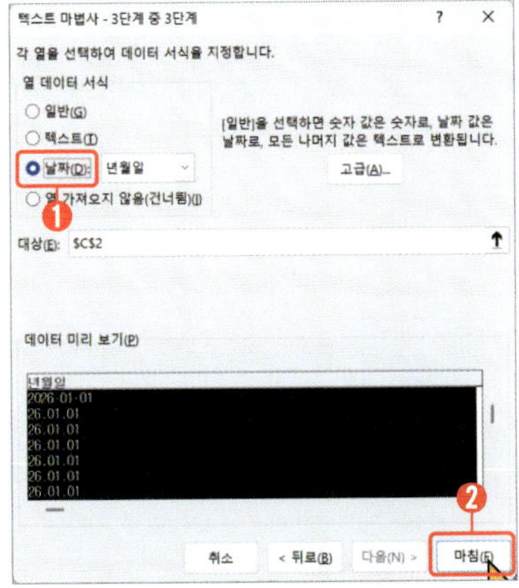

■ 정상적인 데이터 형식 확인하기

01 이제 매출 분석을 위해 수량, 단가, 금액이 정상 데이터 형식인지 확인해 보겠습니다. [L2] 셀에 '=TYPE(H2)'를 입력하고 수식을 [N2] 셀까지 드래그합니다. 모두 '2'로 나온 것을 확인할 수 있는데 이 데이터베이스는 수량, 단가, 금액이 모두 문자 형식으로 되어 있는 것을 확인했습니다.

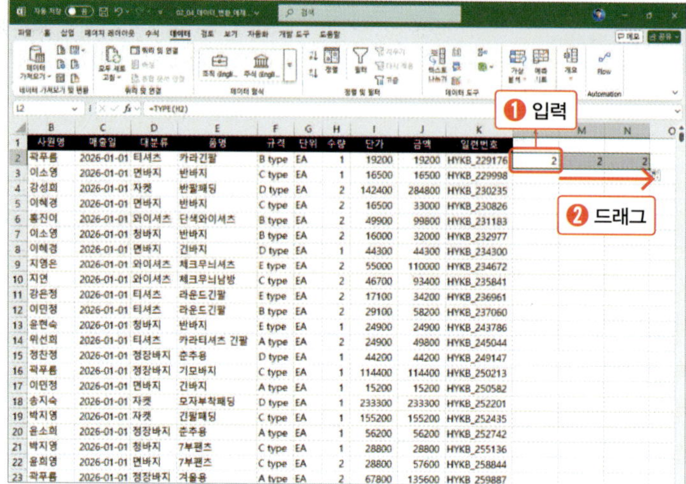

02 문자 데이터를 집계하기 위해 숫자 형식으로 변환하겠습니다. [L2:N2] 셀에서 TYPE 함수 결과는 삭제하고 [M2] 셀에 '1'을 입력하고 Enter를 누릅니다. 다시 [M2] 셀을 선택하고 Ctrl+C를 눌러 복사해 둡니다.

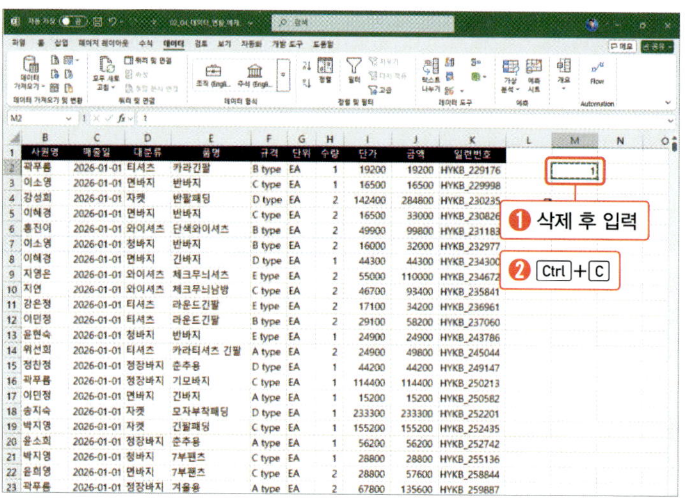

03 복사해 둔 '1'을 곱할 데이터를 선택합니다. [H2:J2] 셀을 선택하고 Ctrl+Shift+↓를 눌러 데이터를 선택합니다. 선택한 데이터 중 임의의 셀을 마우스 오른쪽 버튼으로 클릭한 후 [선택하여 붙여넣기]를 선택합니다. 이때 복사해 둔 데이터가 없다면 [선택하여 붙여넣기]는 비활성화됩니다.

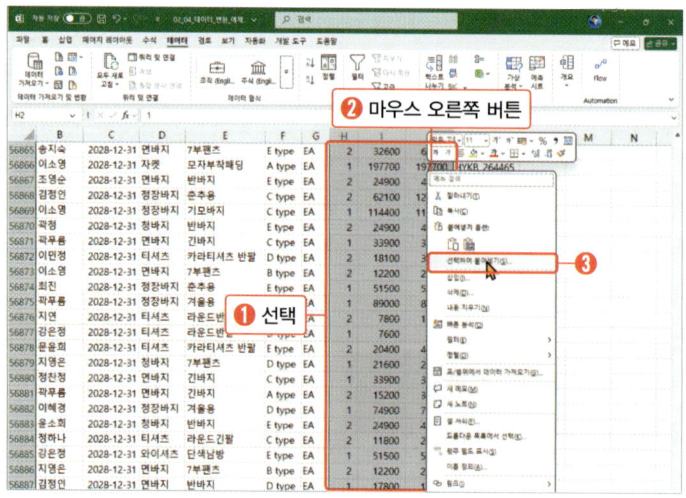

04 [선택하여 붙여넣기] 대화상자에서 복사해 둔 '1'을 곱하기 위해 [값], [곱하기]를 선택하고 [확인]을 클릭합니다. 선택했던 데이터가 모두 정상 숫자로 변환된 것을 확인할 수 있습니다.

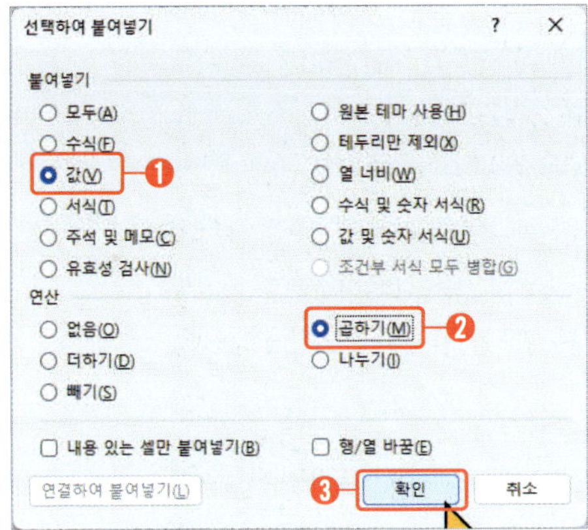

여기서 잠깐

엑셀에서 문자 형식으로 입력된 숫자를 정상 숫자로 변환하기 위해 연산 처리하면 빠르게 숫자 형식으로 변환할 수 있습니다. 이는 인터넷에서 데이터를 복사, 엑셀에 붙여 넣었을 때도 숫자가 문자 형식으로 입력되는 경우가 종종 있는데 이때 활용하면 빠르게 숫자로 변경할 수 있습니다.

■ 비정상적인 데이터 형식의 사례

01 비정상적인 데이터의 변환을 익혔는데 좀 더 활용되는 사례를 알아보겠습니다. [날짜변환] 시트를 보면 동일한 날짜가 모두 다른 형식의 문자로 입력되어 있습니다. 이 데이터 역시 변환하려면 [A2:A5] 셀을 선택하고 [데이터] 탭 – [데이터 도구] 그룹 – [텍스트 나누기]를 클릭합니다. 1단계는 [다음]을 클릭해서 2단계로 넘어갑니다.

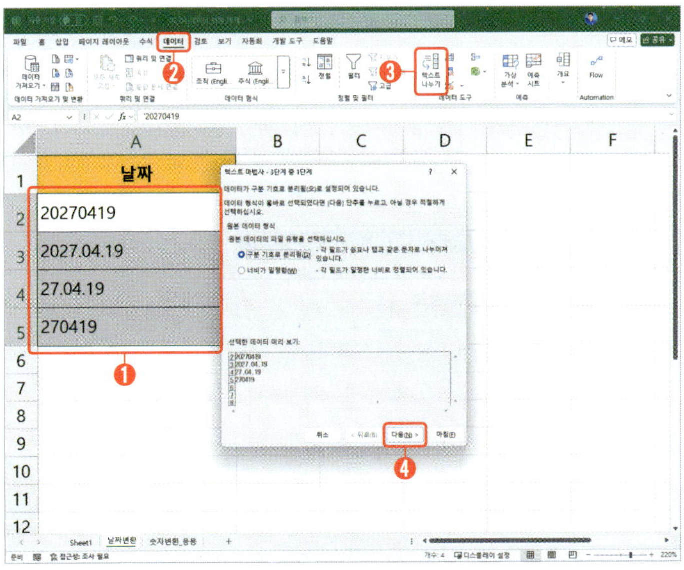

02 2단계 역시 [다음]을 클릭해서 넘기고 3단계에서 [열 데이터 서식] – [날짜]로 지정하고 [마침]을 클릭합니다.

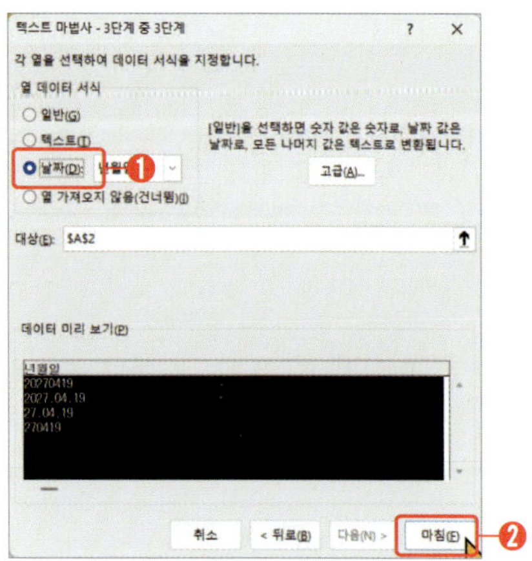

03 서식이 다른 데이터가 모두 정상 날짜로 변환된 것을 확인할 수 있습니다.

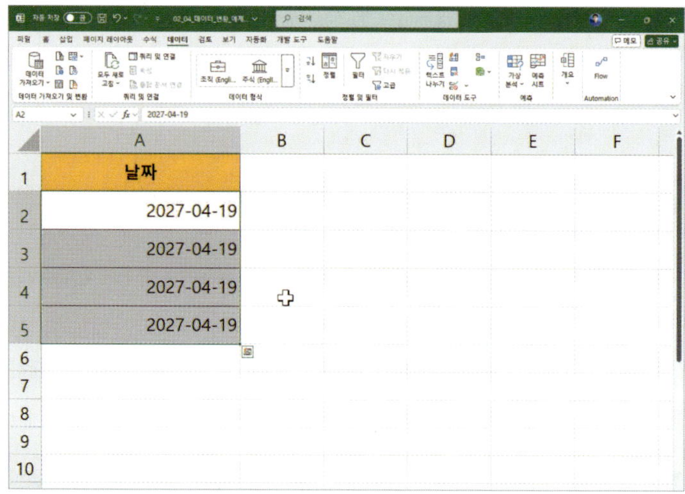

04 이번에는 숫자 변환과 관련된 팁을 알아보겠습니다. [숫자변환_응용] 시트에서 설정되어 있는 2027년도의 목표금액을 3%씩 증액하려고 합니다. 이때 사용하지 않는 셀(E4)에 '1.03'을 입력하고 복사해 둡니다. 그리고 곱할 데이터인 [B4:B7] 셀을 선택하고 마우스 오른쪽 버튼으로 클릭한 후 [선택하여 붙여넣기]를 선택합니다.

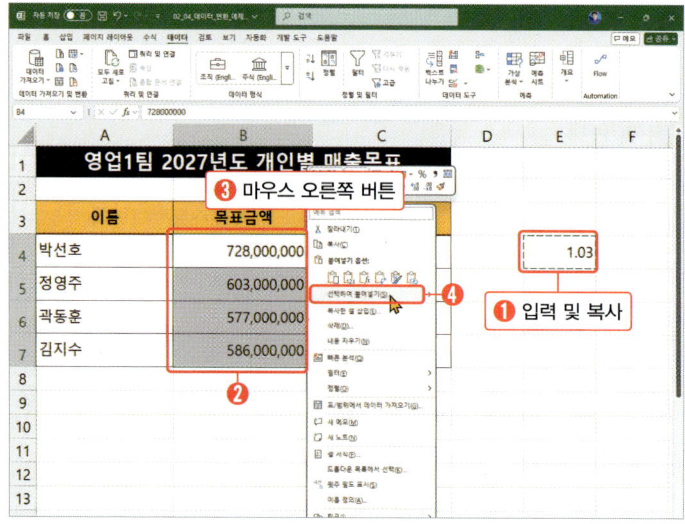

05 [선택하여 붙여넣기] 대화상자가 나타나면 [값], [곱하기]를 체크하고 [확인]을 클릭합니다. 그러면, 선택한 데이터가 모두 3%씩 증액된 것을 확인할 수 있습니다.

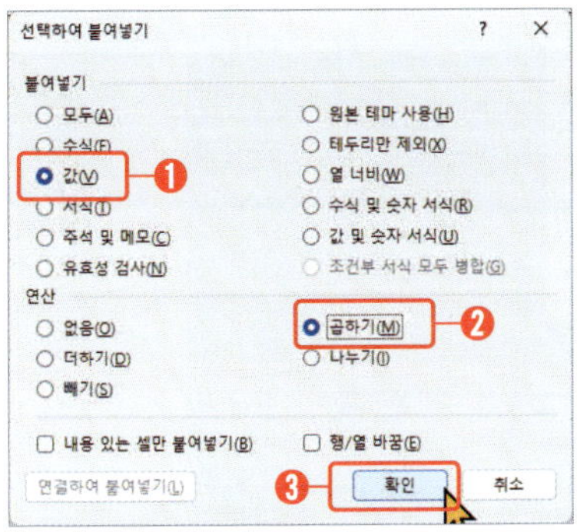

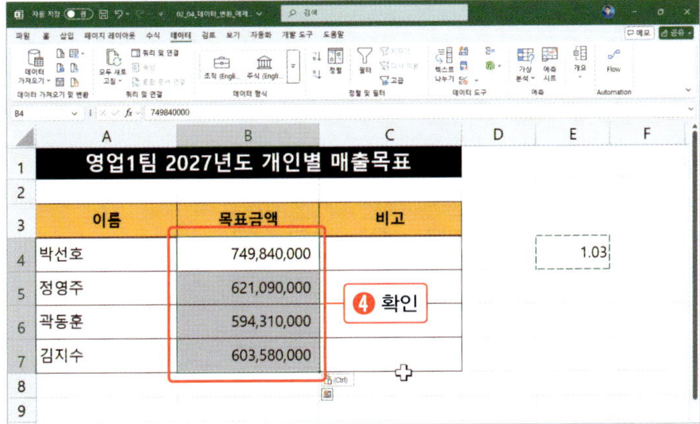

■ 데이터 분석하기

01 이제 정상 데이터베이스가 된 DB 내용을 분석하겠습니다. 먼저 [Sheet1] 시트에서 Ctrl+T를 눌러 [표 만들기] 대화상자가 나타나면, [머리글 포함]에 체크를 확인한 후 [확인]을 클릭합니다.

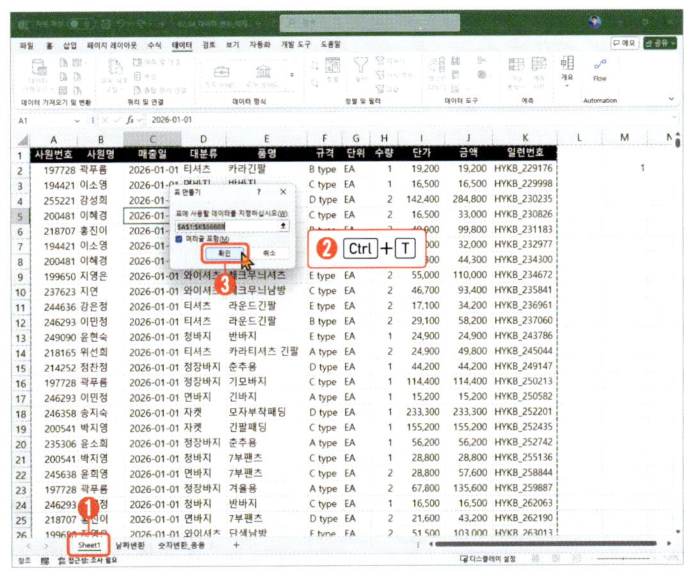

02 [테이블 디자인] 탭 – [도구] 그룹 – [피벗 테이블 요약]을 클릭하고, [표 또는 범위와 피벗 테이블] 대화상자가 나타나면 기본 설정 그대로 [확인]을 클릭합니다.

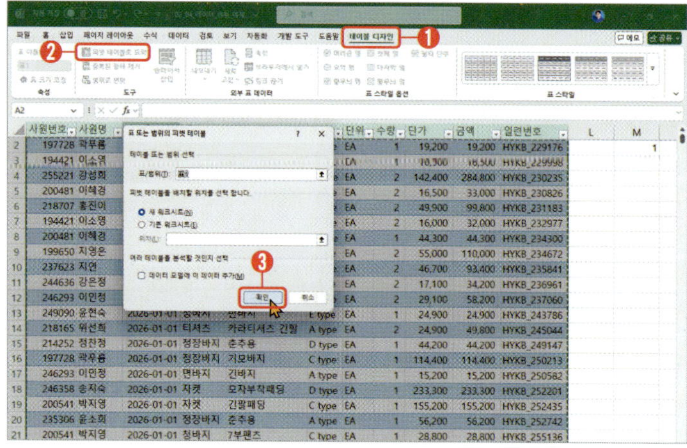

03 피벗 테이블 필드 목록에서 [사원명], [매출일] 필드를 [행] 영역, [대분류] 필드를 [열] 영역, [금액] 필드를 [값] 영역에 각각 드래그 & 드롭합니다.

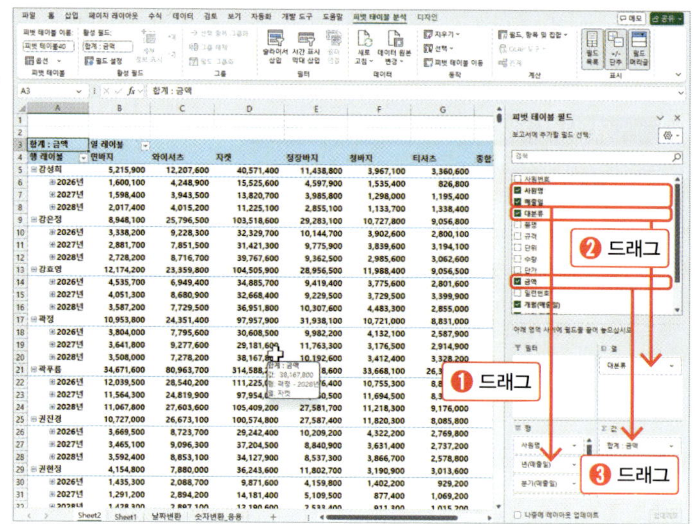

04 분석하려는 기간을 설정하기 위해 연도 중 임의의 날짜를 마우스 오른쪽 버튼으로 클릭한 후 [그룹]을 선택합니다. [그룹화] 대화상자가 나타나면 [연], [분기]를 선택하고 [확인]을 클릭합니다.

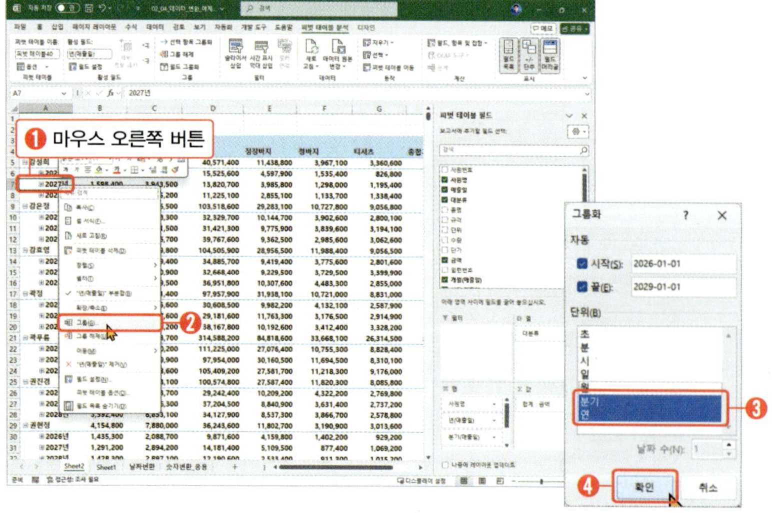

05 분석된 내용을 개인별로 확인하기 위해 [행] 영역에 있던 [사원명] 필드를 [필터] 영역으로 옮깁니다. 그리고 [피벗 테이블 분석] 탭 – [피벗 테이블] 그룹 – [옵션] – [보고서 필터 페이지 표시]를 클릭합니다. [보고서 필터 페이지 표시] 대화상자가 나타나면 [사원명]을 선택하고 [확인]을 클릭합니다.

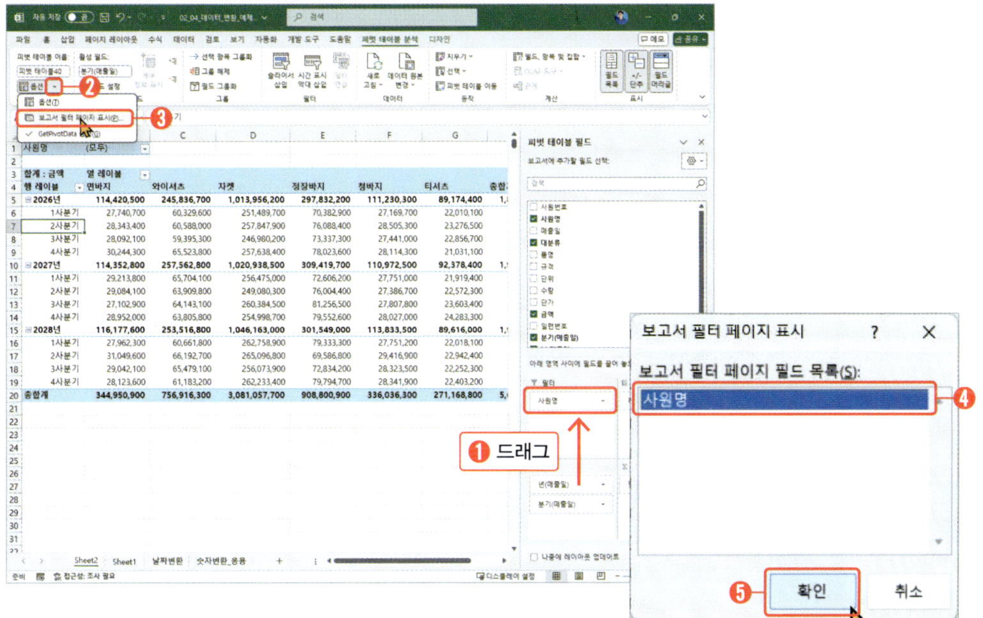

06 개인별 시트로 자동 분리된 자료를 확인할 수 있습니다.

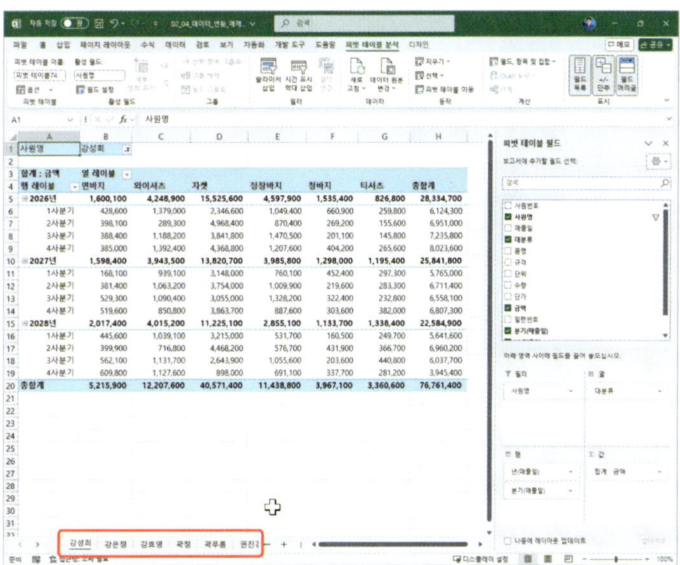

005

다양한 조합의 결과를 한눈에 확인 가능한 대시보드 작성

데이터를 변환하고 통계적으로 분석한 결과를 한눈에 파악할 수 있는 대시보드를 만들어 보겠습니다. 사용자 옵션에 따라 자동으로 변환되는 시각화 자료를 통해 다양한 분석 결과를 직관적으로 확인할 수 있습니다.

- **실습 파일 :** Part 02 > 예제 > 02_05_대시보드_예제.xlsx
- **완성 파일 :** Part 02 > 완성 > 02_05_대시보드_완성.xlsx

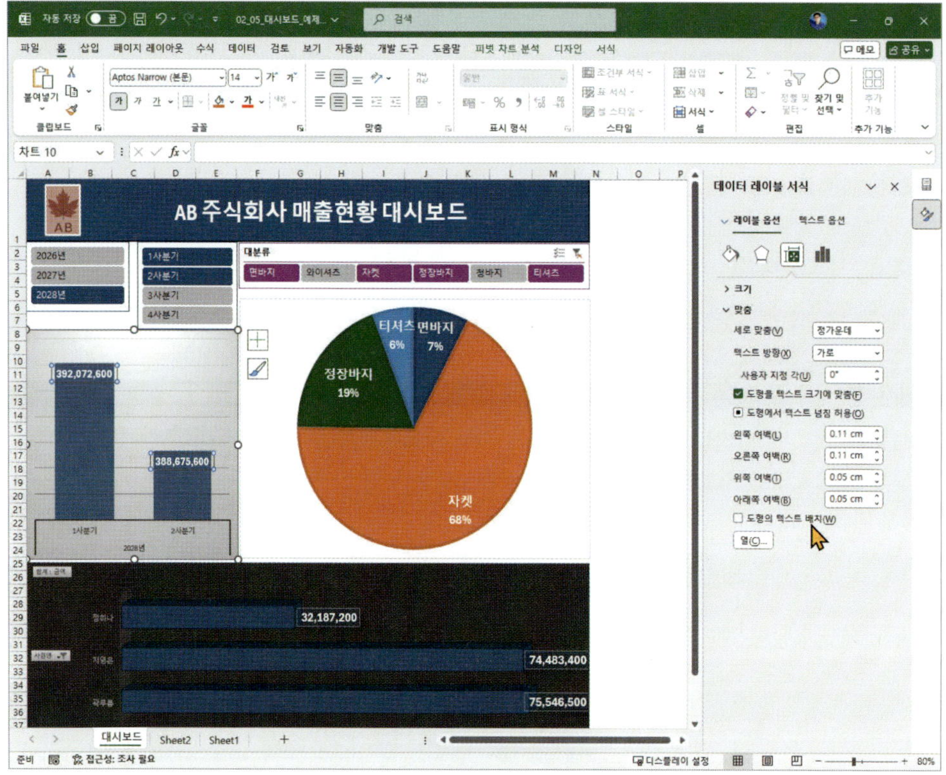

주요 기능	현업 활용
피벗 차트	• 피벗 테이블로 작성한 보고서의 차트 작성 및 빠른 스타일 적용 • 차트의 각종 요소 추가 • 각종 단추 숨기기
슬라이서	• 피벗 테이블 필드 목록에서 빠른 슬라이서 삽입
보고서 연결	• 보고서 간 슬라이서 연결로 다양한 조건의 결과물을 간편하게 생성

■ 다양한 데이터 형식 파악하기

01 예제 파일을 불러온 후 [C] 열의 데이터 속성을 확인하기 위해 마우스 오른쪽 버튼을 클릭한 후 [삽입]을 선택합니다.

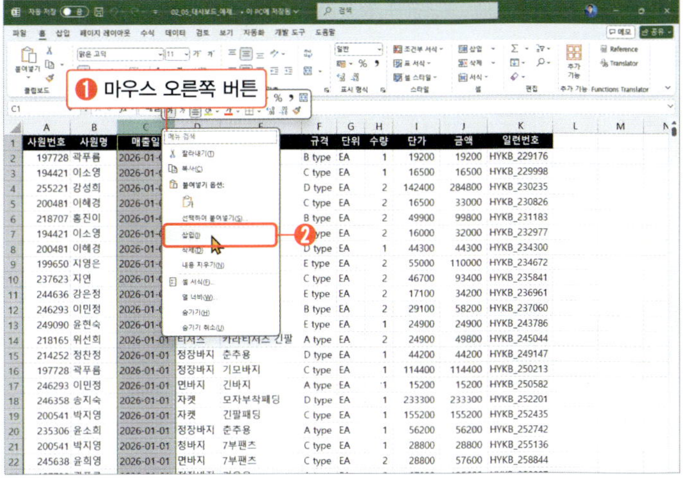

02 삽입된 [C2] 셀에 '=TYPE(D2)'를 입력하면 결과가 '2'인 것을 확인했고, 이는 문자 형식이라는 것을 알 수 있습니다. 엑셀은 이렇게 셀 서식 때문에 화면상 숫자로 보이는 정상 날짜라도 문자 속성 데이터일 수 있습니다. 그래서 시스템에서 다운로드한 자료의 날짜는 반드시 속성을 확인해 보는 습관을 기르는 것이 좋습니다.

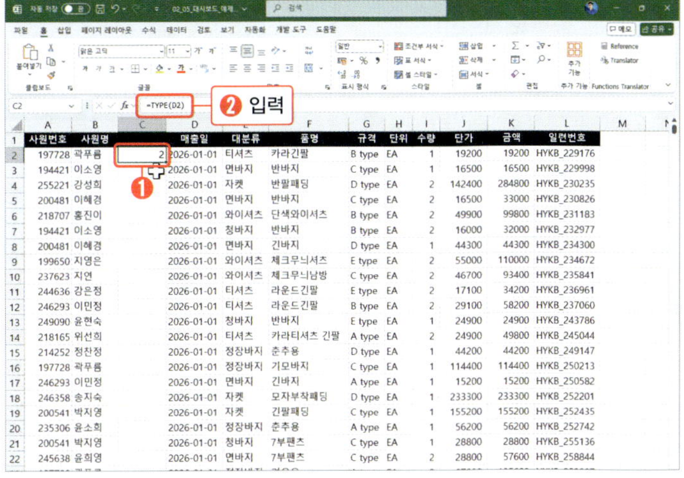

03 데이터 속성 확인을 위해 삽입했던 [C] 열을 삭제하고 문자 속성 날짜를 변환하기 위해, [C2] 셀을 선택하고 Ctrl + Shift + ↓를 눌러 데이터 선택한 후 [데이터] 탭 – [데이터 도구] 그룹 – [텍스트 나누기]를 클릭합니다.

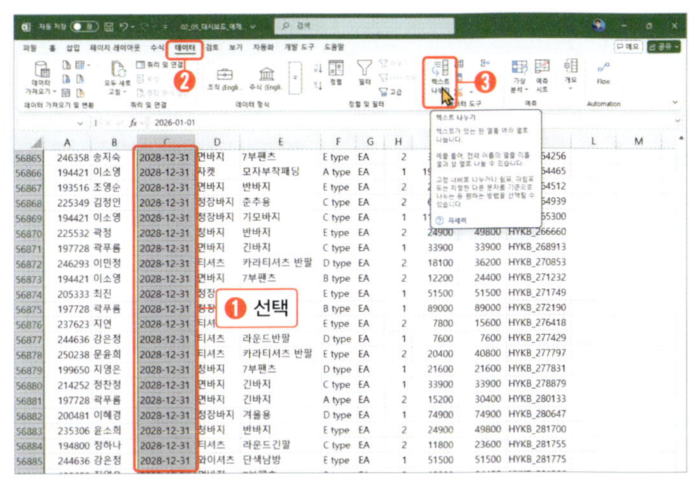

04 [텍스트 마법사] 대화상자가 나타나면 1, 2 단계는 [다음]을 클릭하여 넘어가고, 3단계에서 [열 데이터 서식] – [날짜]를 선택한 후 [마침]을 클릭합니다.

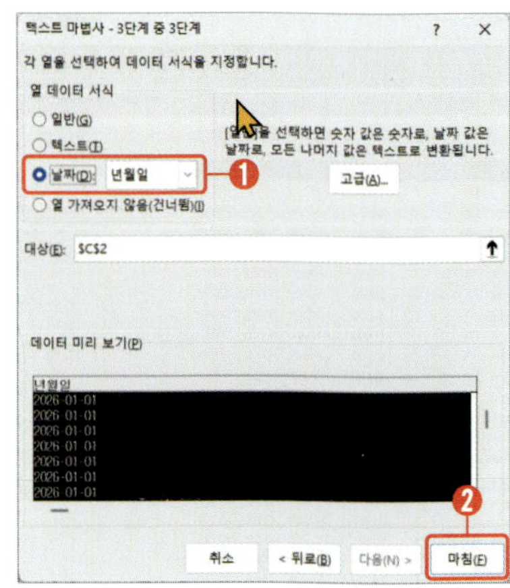

05 데이터 집계를 위해 수량, 단가, 금액의 데이터 속성도 확인해 보겠습니다. [L2] 셀에 '=TYPE(H2)'를 입력하고, 해당 수식을 [N2] 셀까지 드래그하면 모두 '2'라는 결과를 반환합니다. 모두 문자 형식이란 것을 확인했습니다.

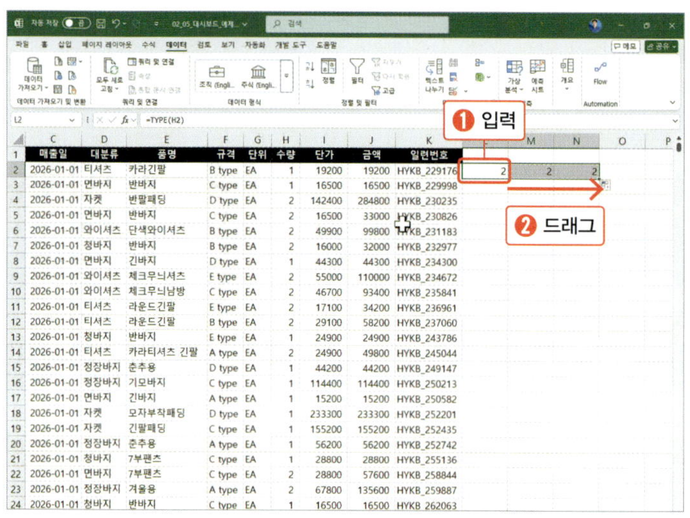

06 [L2:N2] 셀의 수식을 삭제하고 [M2] 셀에 '1'을 입력한 후 복사합니다. 문자 데이터를 숫자 형식으로 변환하기 위해 [H2:J2] 셀을 선택하고 Ctrl + Shift + ↓를 눌러 데이터를 선택합니다. 임의의 셀을 마우스 오른쪽 버튼으로 클릭한 후 [선택하여 붙여넣기]를 선택합니다.

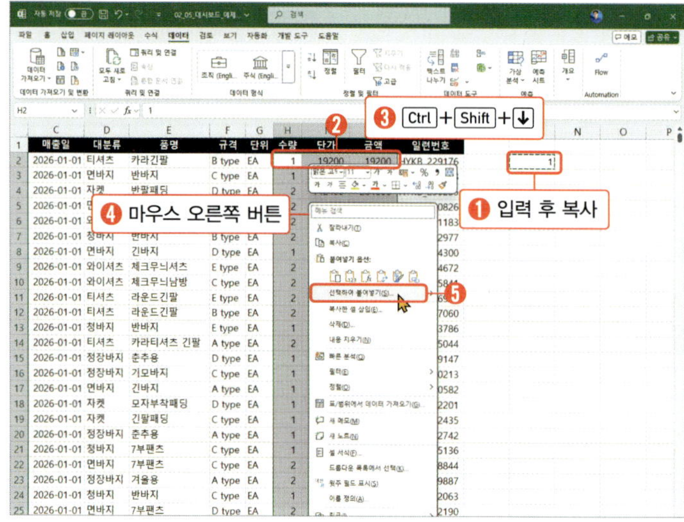

07 [값]과 [나누기]를 선택하고 [확인]을 클릭합니다. 모두 정상 숫자로 변환된 것을 확인할 수 있습니다. 이로써 곱하기, 나누기, 더하기, 빼기 등 연산 처리만 하면 모두 속성을 변환할 수 있단 것을 재확인했습니다.

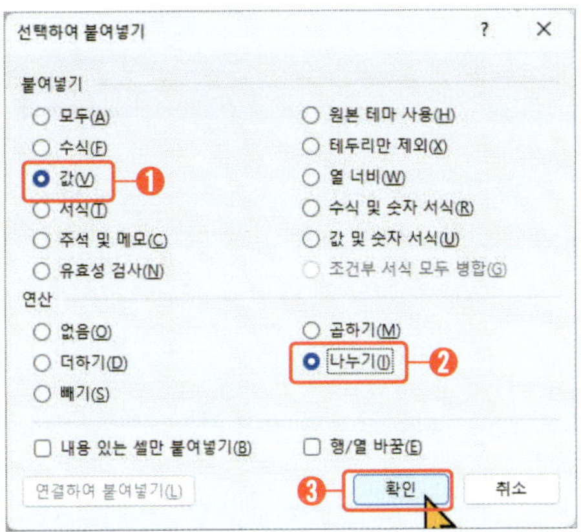

■ 데이터 분석하기

01 데이터 분석을 위해 임의의 셀을 선택하고 Ctrl+T를 눌러 [머리글 포함] 체크를 확인하고 [확인]을 클릭해서 표로 만듭니다.

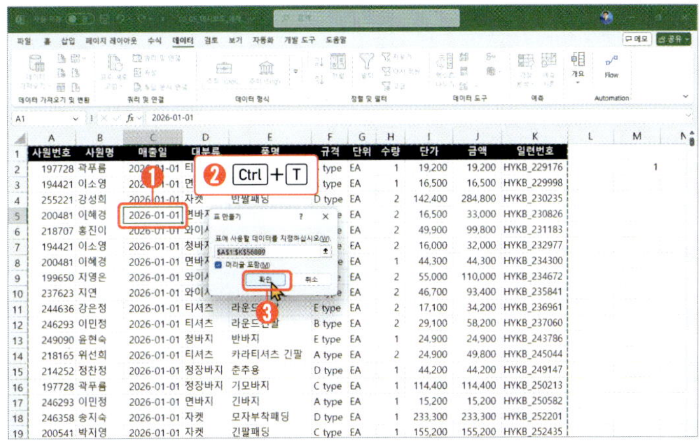

02 [테이블 디자인] 탭 – [도구] 그룹 – [피벗 테이블로 요약]을 클릭하고, [표 또는 범위와 피벗 테이블] 대화상자가 나타나면 기본 설정대로 [확인]을 클릭해서 새 워크시트에 피벗 테이블을 작성합니다.

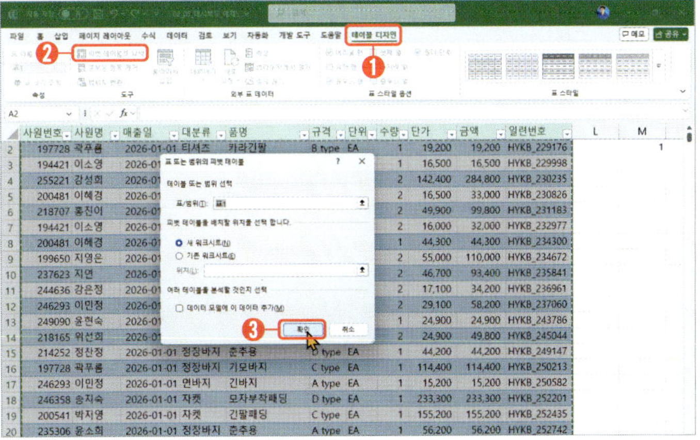

03 필드 목록에서 [매출일] 필드를 [행] 영역, [금액] 필드를 [열] 영역에 드래그 & 드롭합니다.

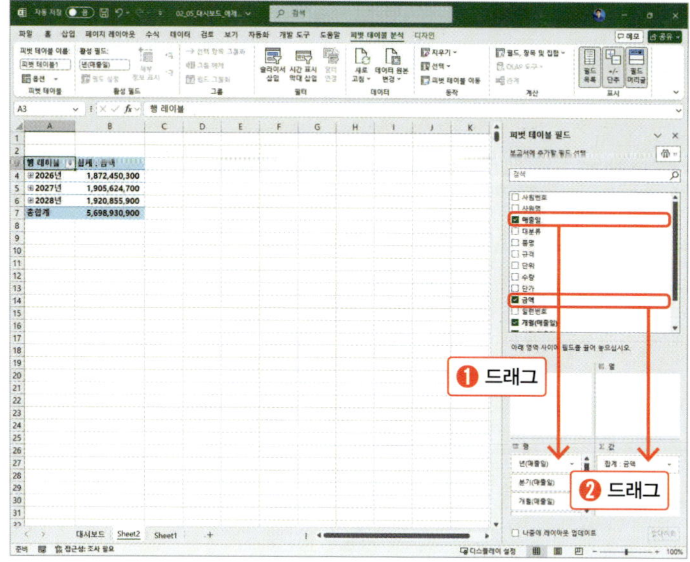

04 연, 분기별 데이터 분석을 위해 년도 데이터 중 하나를 마우스 오른쪽 버튼으로 클릭한 후 [그룹]을 선택합니다. [그룹화] 대화상자가 나타나면 [연], [분기]를 선택하고 [확인]을 클릭합니다.

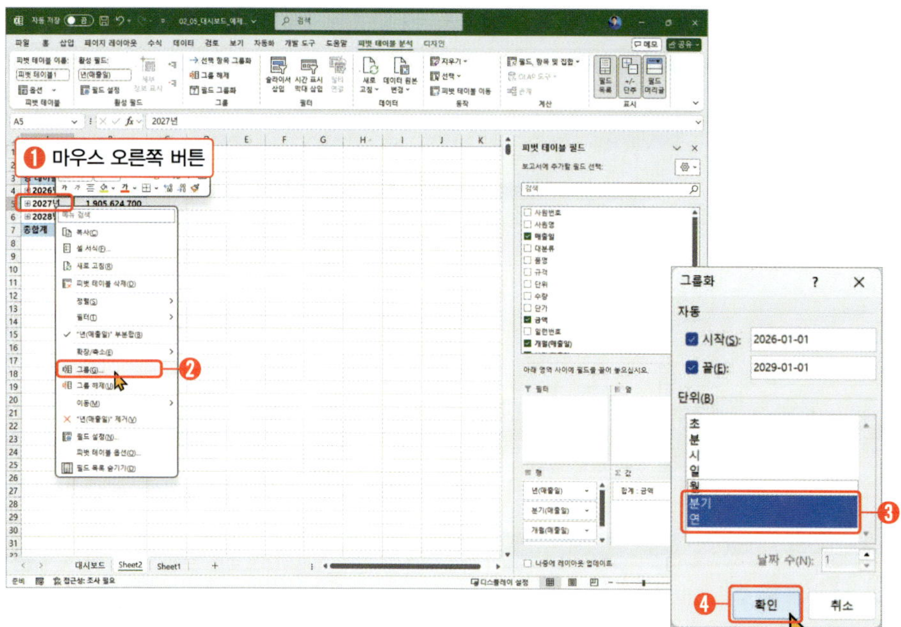

05 두 번째 피벗 테이블을 만들기 위해 다시 [Sheet1] 시트로 이동합니다. [테이블 디자인] 탭 – [도구] 그룹 – [피벗 테이블로 요약]을 클릭하고, 피벗 테이블을 배치할 위치를 [기존 워크시트]로 선택한 후 [위치]의 우측 마지막 [범위 선택]을 클릭합니다.

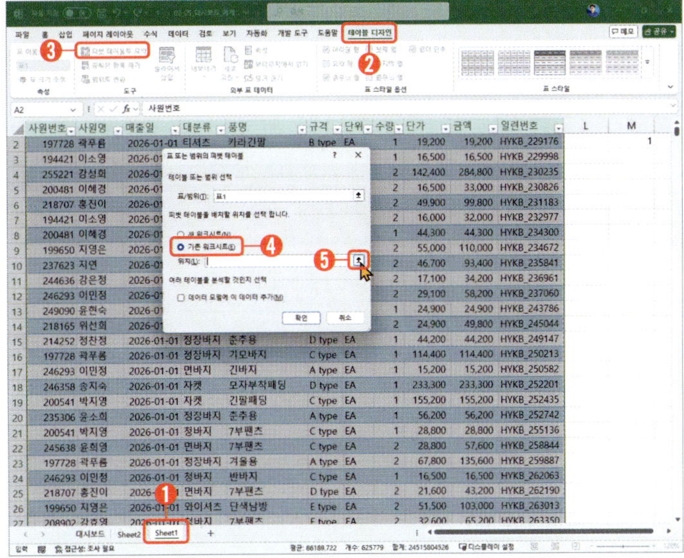

06 기존 피벗 테이블을 작성했던 [Sheet2] 시트에서 [D3] 셀을 선택하고 우측의 [범위 선택]을 다시 클릭하여 닫습니다.

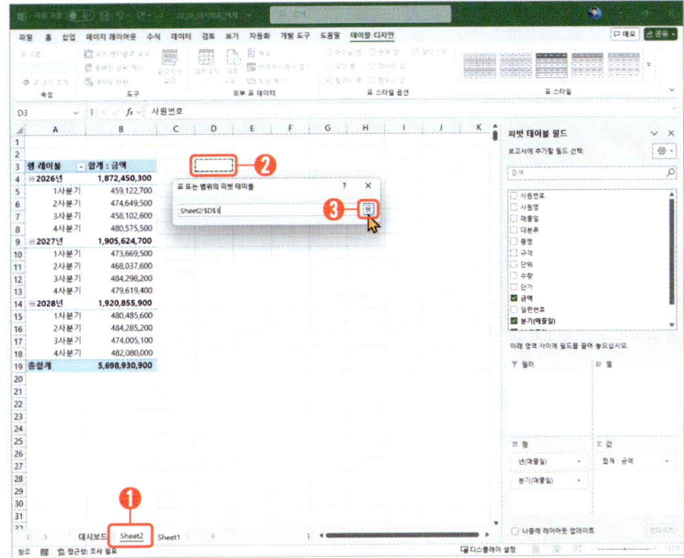

07 [표 또는 범위의 피벗 테이블] 대화상자가 그림과 같이 설정된 걸 확인한 후 [확인]을 클릭합니다.

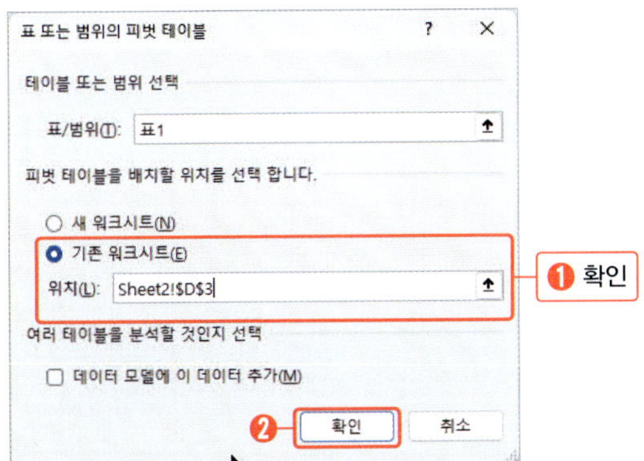

08 필드 목록에서 [대분류] 필드를 [행] 영역, [금액] 필드를 [값] 영역에 드래그 & 드롭합니다.

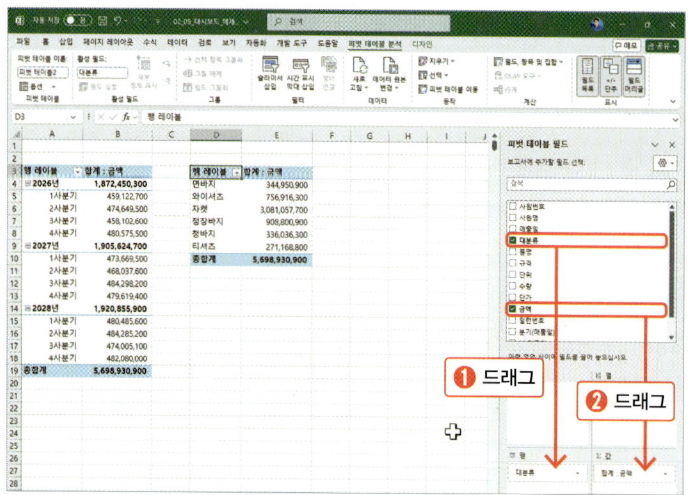

09 마지막으로 피벗 테이블을 하나 더 작성하기 위해 [Sheet1] 시트를 선택하고 [테이블 디자인] 탭 – [도구] 그룹 – [피벗 테이블로 요약]을 클릭합니다. 피벗 테이블을 배치할 위치를 [기존 워크시트]로 선택하고 [위치]의 [범위 선택]을 클릭합니다. 기존 피벗 테이블이 있는 [Sheet2] 시트의 [G2] 셀을 선택하고 [범위 선택]을 다시 클릭한 후 [확인]을 클릭합니다.

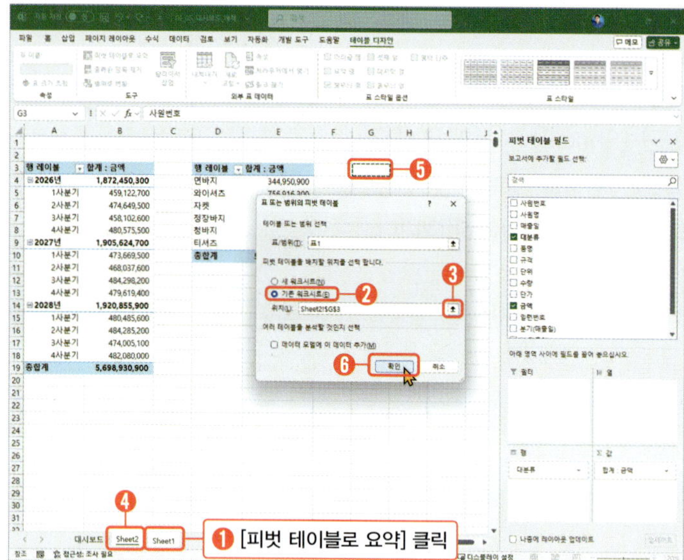

10 필드 목록에서 [사원명] 필드를 [행] 영역, [금액] 필드를 [값] 영역에 드래그 & 드롭합니다.

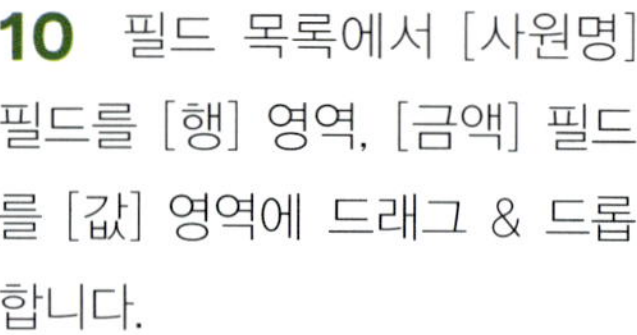

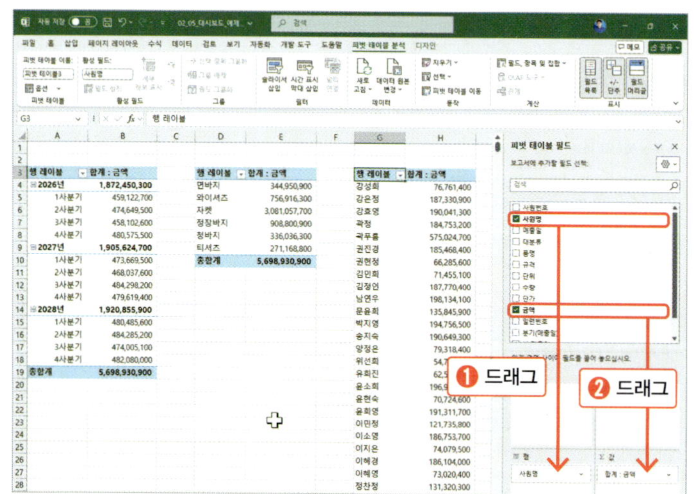

■ 피벗 테이블 시각화하기

01 이제 각각의 피벗 테이블 차트를 작성하기 위해, 첫 번째 만든 피벗 테이블(년, 분기별 매출)을 선택하고 [삽입] 탭 – [차트] 그룹 – [피벗 차트]를 클릭합니다.

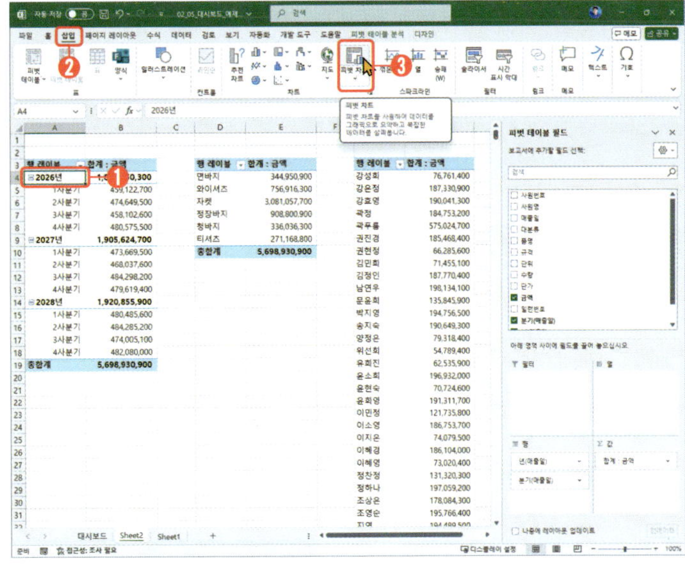

여기서 잠깐

이전 버전은 [피벗 차트] 메뉴가 [피벗 테이블 분석] 탭 – [도구] 그룹 – [추천 피벗 테이블]로 나타납니다. 하위 버전 중 탭 이름이 '피벗 테이블 분석'이 아니고 '분석'으로 나타나는 버전도 있습니다. 해당 탭은 반드시 피벗 테이블을 선택해야 확인할 수 있습니다.

02 [차트 삽입] 대화상자가 나타나면 [묶은 세로 막대형 차트]를 선택하고 [확인]을 클릭합니다.

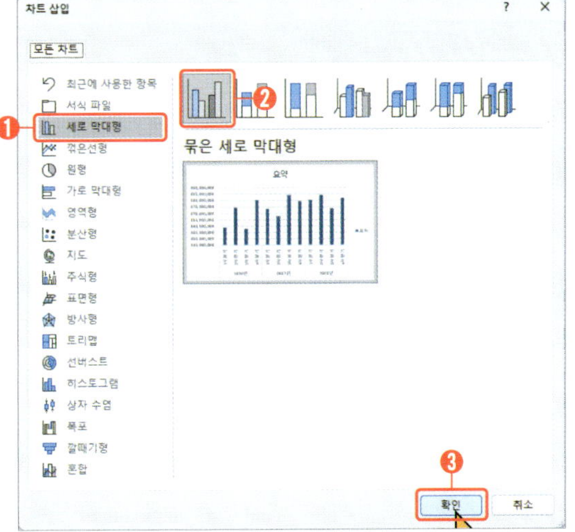

03 삽입된 차트의 크기를 적당히 조정하고, 차트의 빠른 스타일 적용을 위해 [디자인] 탭 – [차트 스타일] 그룹 – [스타일 5]를 클릭합니다.

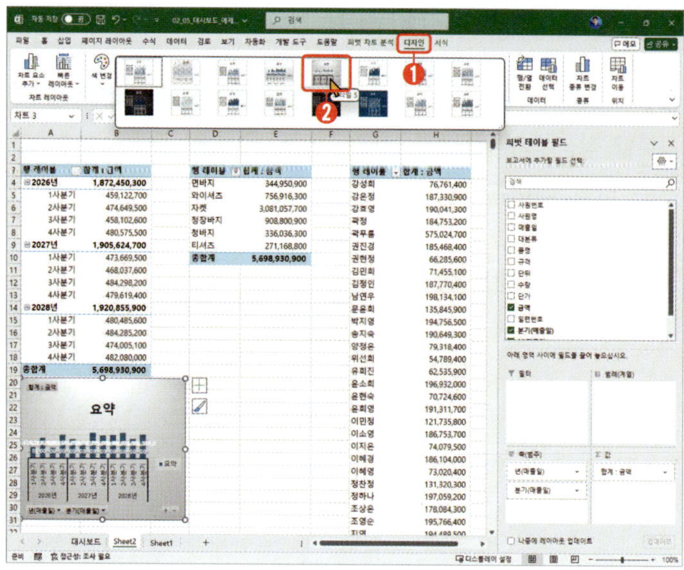

여기서 잠깐

마지막에 대시보드로 다 옮겨야 하기에 현재는 크기가 중요하지 않습니다.

04 다양한 조합의 결과를 나타내기 위해 [피벗 테이블 분석] 탭 – [필터] 그룹 – [슬라이서 삽입]을 클릭하여 슬라이서를 삽입합니다.

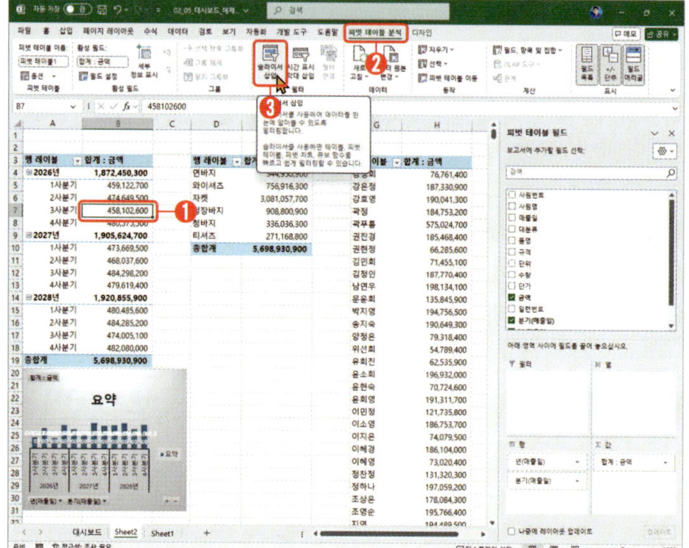

05 [슬라이서 삽입] 대화상자가 나타나면 [년(매출일)], [분기(매출일)]을 선택하고 [확인]을 클릭합니다. 슬라이서가 삽입되면 적당한 위치에서 크기를 조정하고 배치합니다.

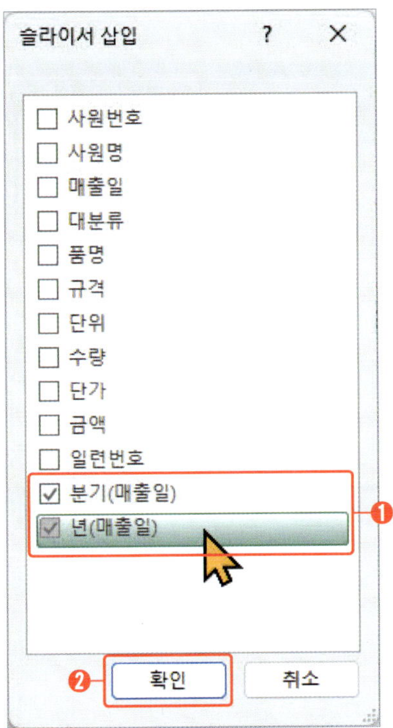

06 두 번째 삽입한 피벗 테이블의 차트를 작성하기 위해, 두 번째 삽입된 피벗 테이블을 선택하고 [삽입] 탭 – [차트] 그룹 – [피벗 차트]를 클릭합니다. [원형]을 선택한 후 [확인]을 클릭합니다.

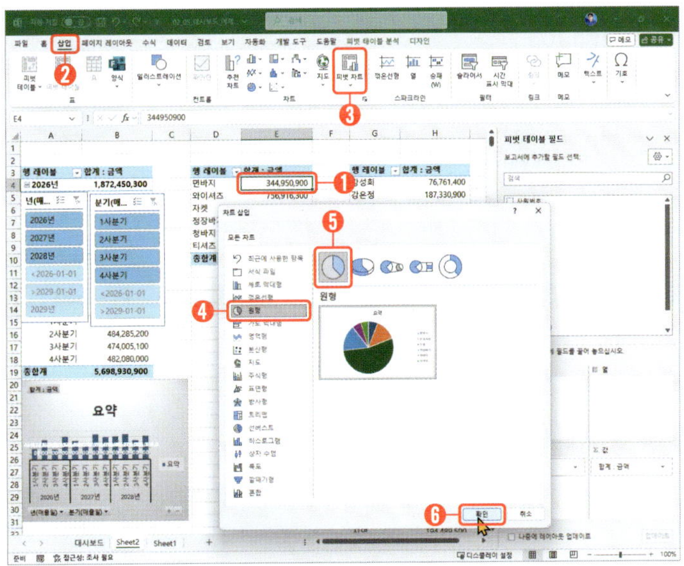

07 이번에는 [대분류] 슬라이서를 삽입할건데 필드 목록에서 삽입하는 방법을 알아보겠습니다. 필드 목록에서 [대분류] 필드를 마우스 오른쪽 버튼으로 클릭한 후 [슬라이서로 추가]를 선택합니다. 삽입된 슬라이서와 차트는 적당한 위치에 배치합니다.

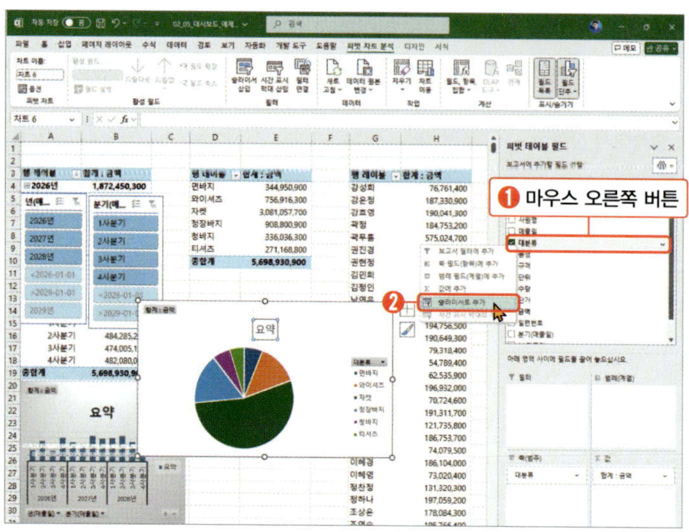

08 이번에는 매출 상위 3위까지만 표현하는 세 번째 피벗 테이블의 차트를 작성하겠습니다. 그래서 정렬을 하기 위해 매출 합계의 임의의 셀을 마우스 오른쪽 버튼으로 클릭한 후 [정렬] – [숫자 내림차순 정렬]을 선택합니다.

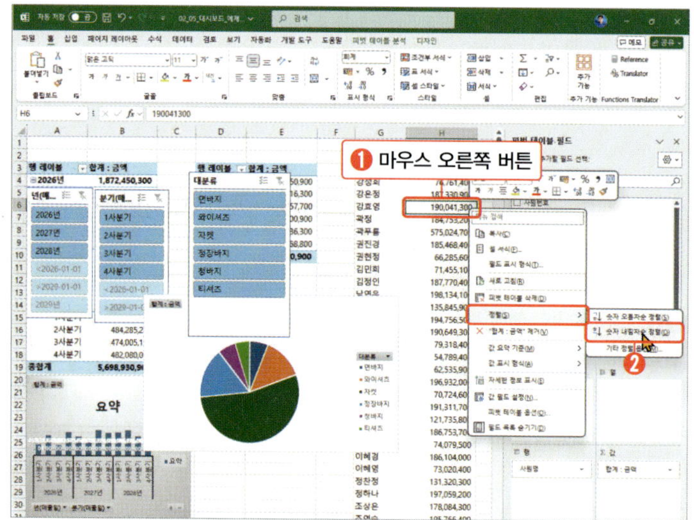

09 상위 3위까지만 나타내기 위해 [행 레이블] 드롭다운 버튼을 클릭, 확장해서 [값 필터] – [상위 10]을 선택합니다.

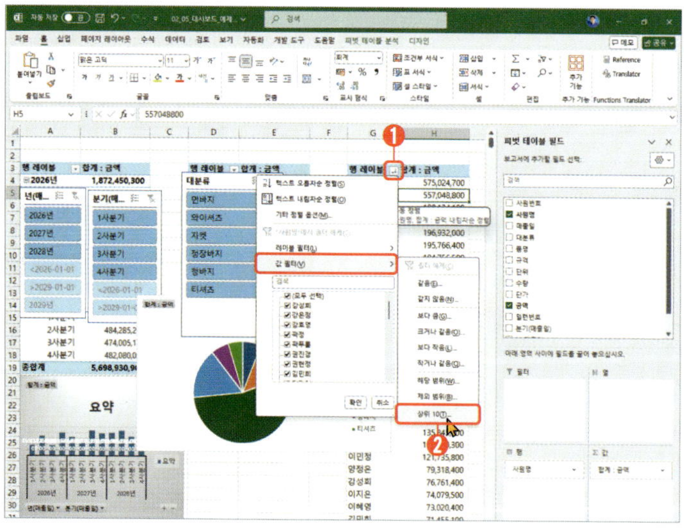

10 [상위 10 필터(사원명)] 대화상자가 나타나면 두 번째 박스가 '10'으로 되어 있을 텐데 이를 '3'으로 수정하고 [확인]을 클릭합니다.

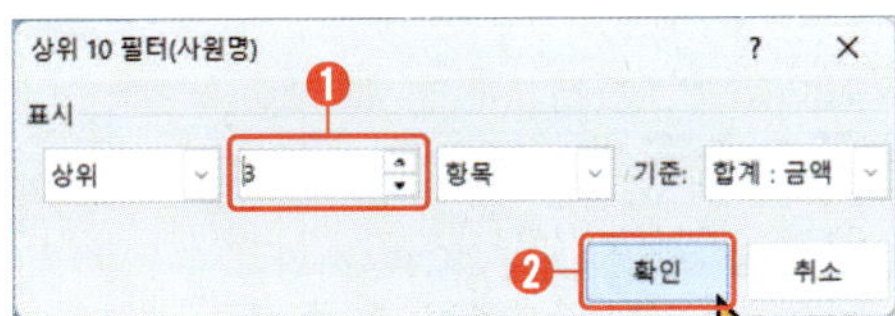

11 차트를 작성하기 위해 [삽입] 탭 – [차트] 그룹 – [피벗 차트]를 클릭해서, [3차원 묶은 가로 막대형 차트]를 선택하고 [확인]을 클릭합니다.

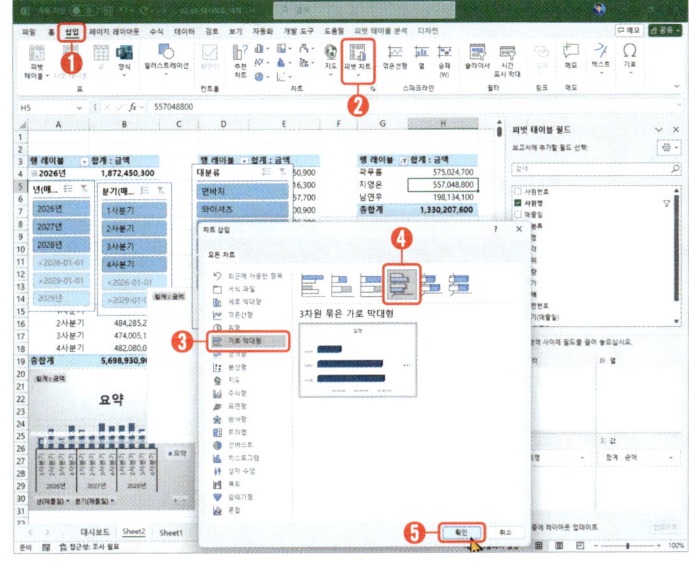

12 삽입된 차트에 빠르게 스타일을 적용하기 위해, [디자인] 탭 – [차트 스타일] 그룹 – [스타일 6]을 클릭합니다.

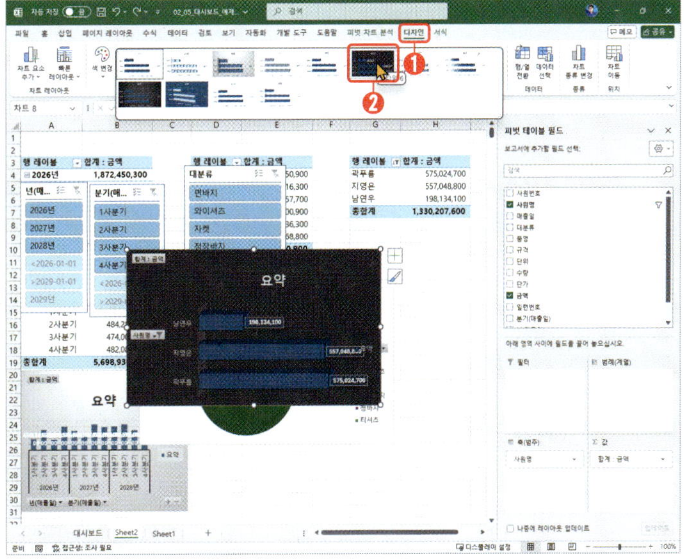

■ 대시보드 작성하기

01 작성한 모든 차트와 슬라이서를 대시보드로 옮기기 위해, 임의의 셀을 선택하고 [홈] 탭 – [편집] 그룹 – [찾기 및 선택] – [이동]을 클릭합니다.

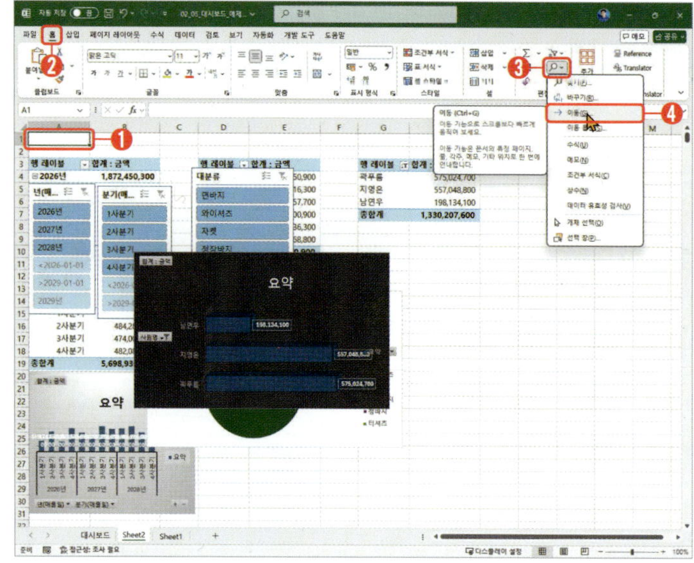

여기서 잠깐

차트가 선택된 상태에서는 해당 메뉴가 비활성됩니다. 반드시 셀을 선택해야 합니다.

이동 단축키는 F5입니다. 이동은 선택 범위 중 사용자가 지정한 임의의 셀을 빠르게 선택하거나, 개체 선택 등 다양한 기능이 있기 때문에 반드시 외워두길 권합니다.

02 [이동] 대화상자의 [옵션]을 클릭하고, [이동 옵션] 대화상자가 나타나면 [개체]를 선택하고 [확인]을 클릭합니다. 모든 차트와 슬라이서가 선택되면 Ctrl+X를 눌러 잘라냅니다.

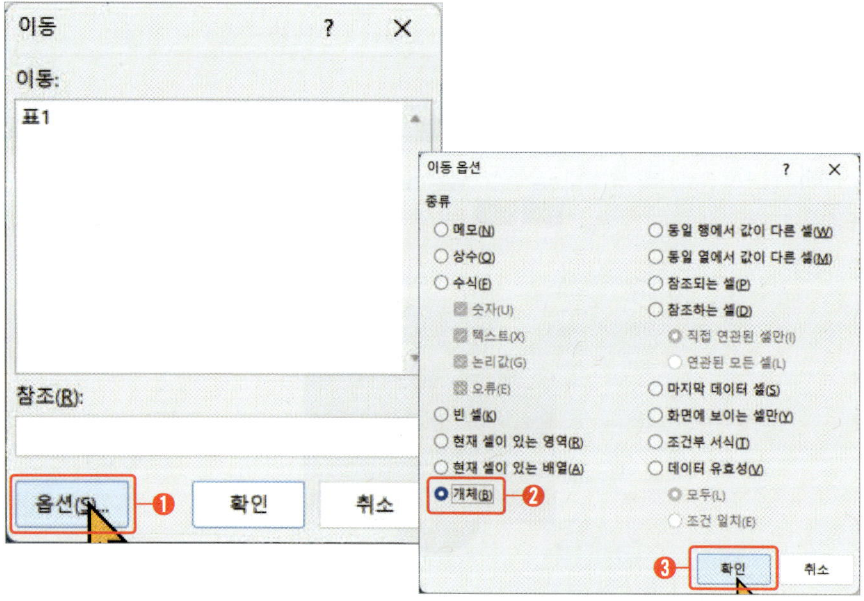

03 붙여 넣을 [대시보드] 시트를 선택하고 Ctrl+V를 눌러 붙여 넣습니다. 차트와 슬라이서를 그림과 같이 적당한 곳에 배치하고 [대분류] 슬라이서는 선택한 후 [슬라이서] 탭 – [단추] 그룹 – [열]을 '6'으로 설정하여 적당하게 가로로 배치합니다.

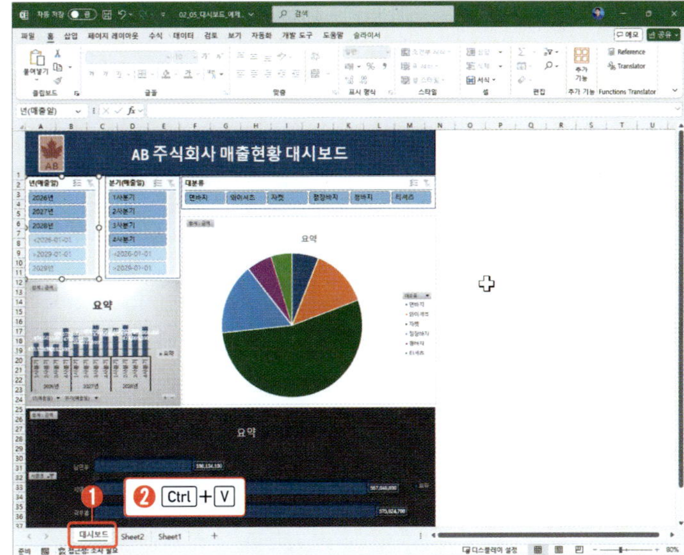

04 이제 3개의 피벗 테이블이 서로 연동되도록 설정하겠습니다. 먼저 [년(매출일)] 슬라이서를 마우스 오른쪽 버튼으로 클릭한 후 [보고서 연결]을 선택합니다.

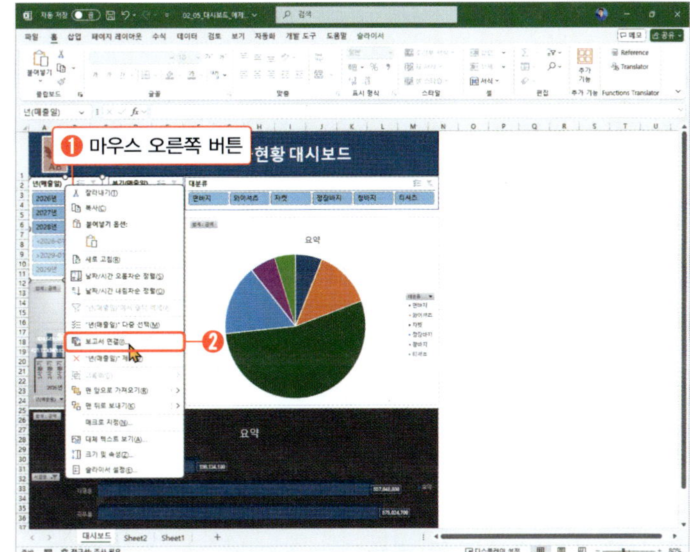

05 해당 슬라이서가 지정된 피벗 테이블 이외의 2개 피벗 테이블도 체크하고 [확인]을 클릭합니다.

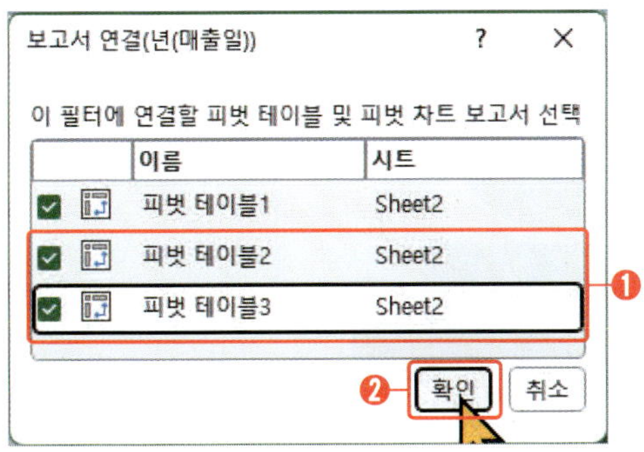

06 [분기(매출일)] 슬라이서도 마찬가지로 마우스 오른쪽 버튼으로 클릭한 후 [보고서 연결]을 선택합니다.

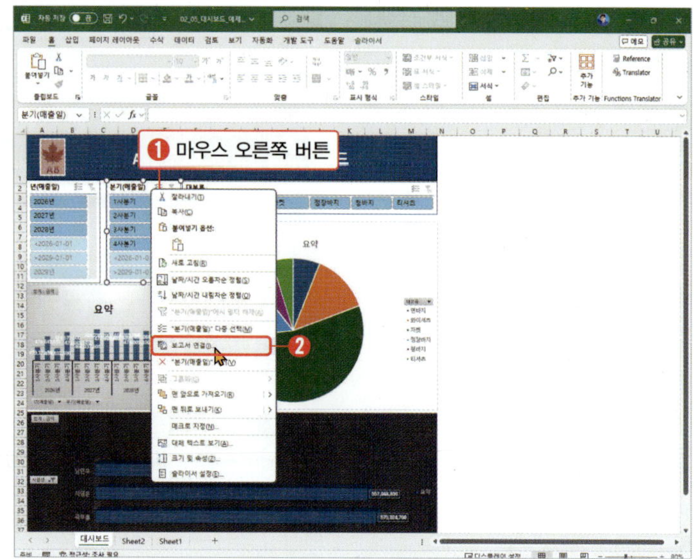

07 해당 슬라이서가 지정된 피벗 테이블 이외의 2개 피벗 테이블도 체크하고 [확인]을 클릭합니다.

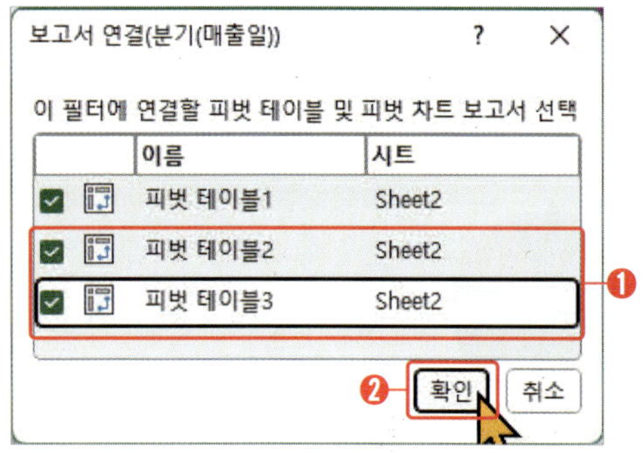

08 마지막으로 [대분류] 슬라이서를 마우스 오른쪽 버튼으로 클릭한 후 [보고서 연결]을 선택합니다.

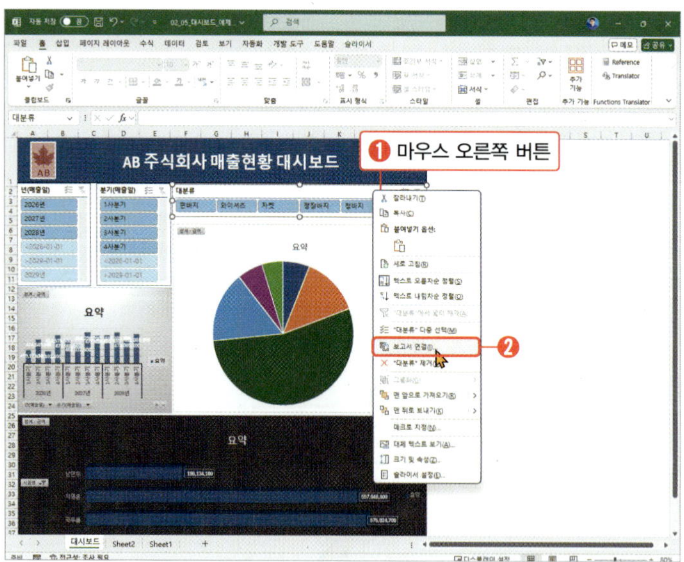

09 해당 슬라이서가 지정된 피벗 테이블 이외의 2개 피벗 테이블도 체크하고 [확인]을 클릭합니다.

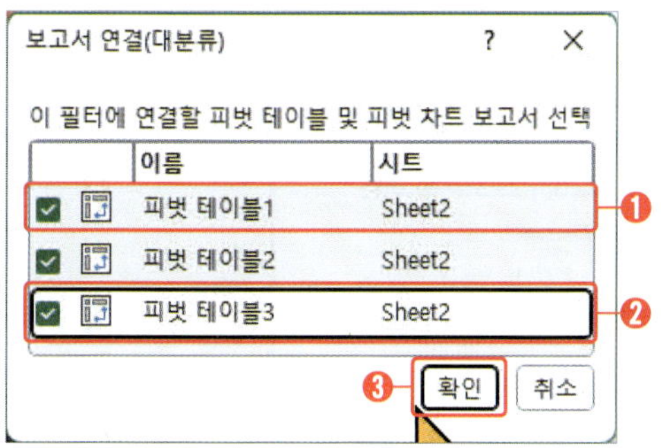

■ 데이터 연동 및 차트 옵션 변경하기

01 이제 데이터의 연동 여부를 확인해 보겠습니다. 연도는 [2027년], 분기는 [2사분기]와 [3사분기], 대분류는 [와이셔츠]를 선택한 후 Ctrl을 누른 상태로 [정장바지], [청바지]도 선택합니다. 선택한 옵션에 따라 모든 차트가 연동되는 것을 확인할 수 있습니다.

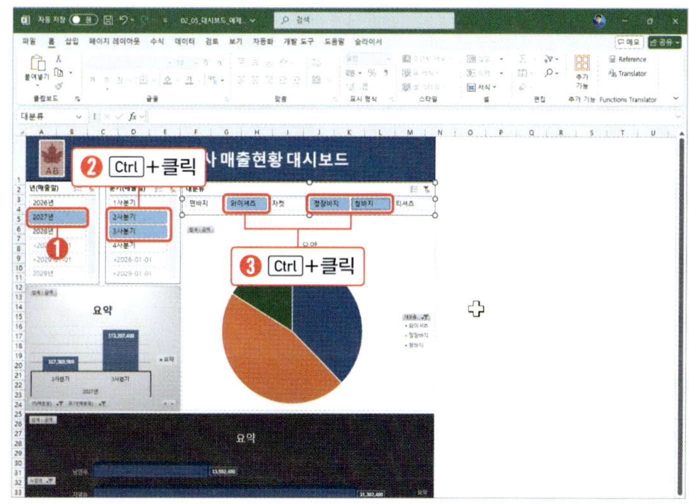

02 아직 지정하지 않은 원형 차트의 스타일을 변경하기 위해 원형 차트를 선택하고, [디자인] 탭 – [차트 스타일] 그룹 – [스타일 8]을 클릭합니다.

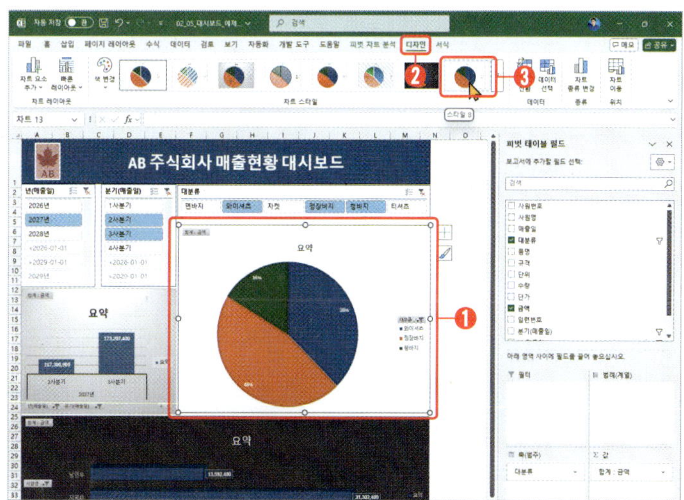

03 지금부턴 각종 차트 옵션을 이용해서 차트에 시인성을 높이는 방법을 알아보겠습니다. 먼저 원형 차트의 레이블에 품명을 같이 표시하겠습니다. 원형 차트의 레이블을 마우스 오른쪽 버튼으로 클릭한 후 [데이터 레이블 서식]을 선택합니다.

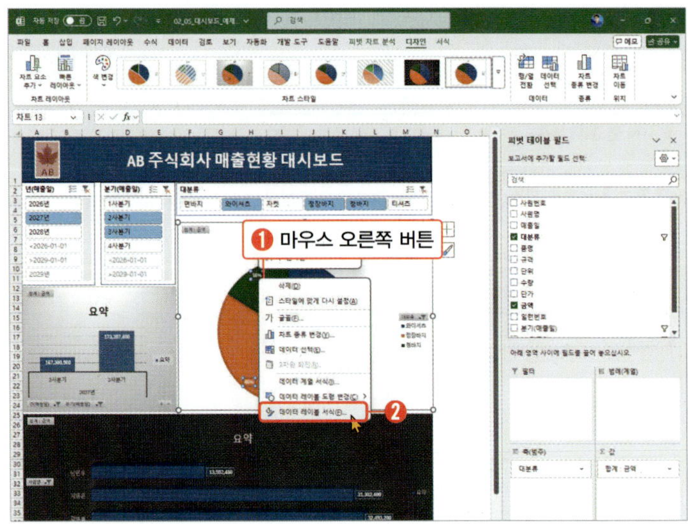

04 [데이터 레이블 서식] 작업 창에서 [레이블 옵션] 중 [항목 이름]을 체크합니다. 그럼 레이블에 대분류 이름과 같이 %가 표시되는 것을 확인할 수 있습니다.

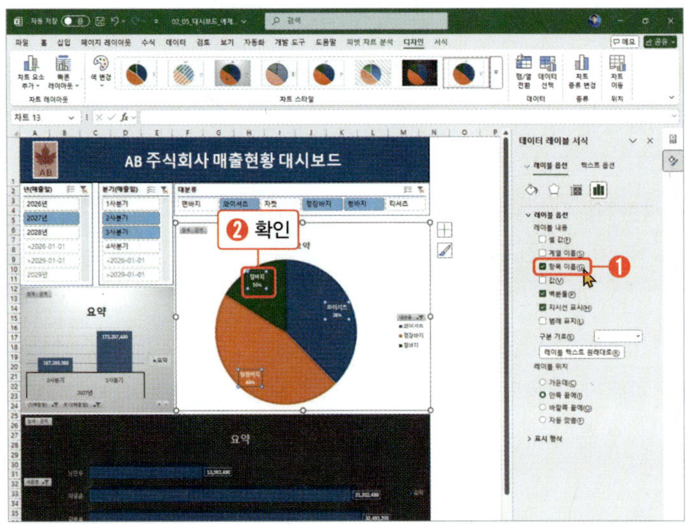

05 이번에는 막대 차트의 크기가 너무 작아서 슬라이서의 옵션 조정을 통해 공간을 확보하겠습니다. [년(매출일)] 슬라이서를 선택하고 Ctrl을 누른 상태로 [분기(매출일)] 슬라이서를 선택하고 마우스 오른쪽 버튼으로 클릭한 후 [슬라이서 설정]을 선택합니다.

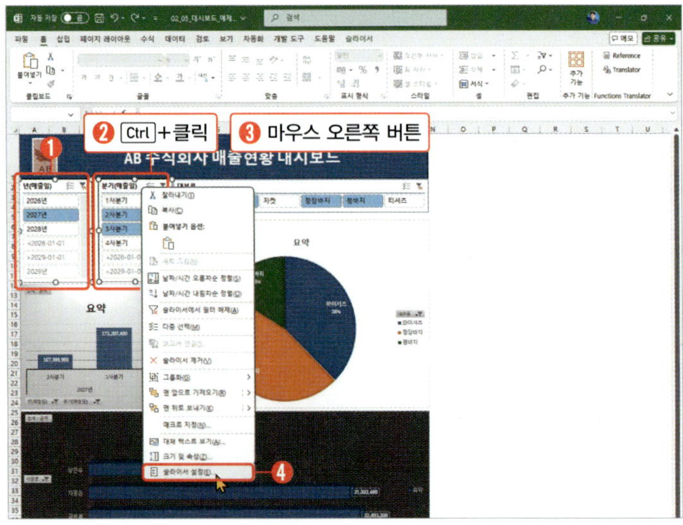

06 [슬라이서 설정] 대화상자에서 [머리글 표시]에 체크를 해제하고 [데이터가 없는 항목 숨기기]를 체크한 후 [확인]을 클릭합니다. 그러면 해당 슬라이서의 머리글도 사라지고 기간 중 미만, 이상 등의 표시 날짜도 같이 사라집니다.

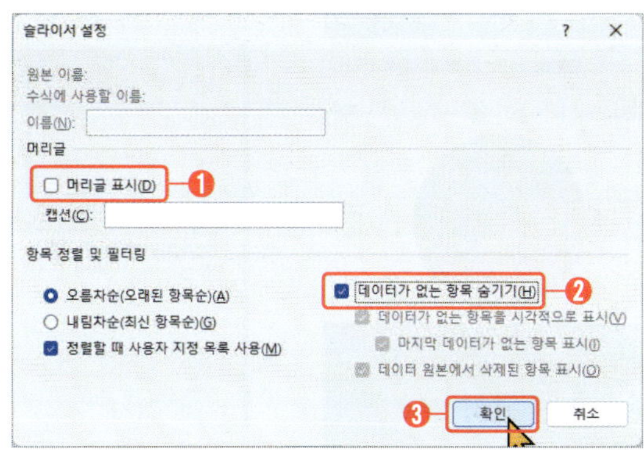

07 슬라이서와 막대 차트의 크기도 조정하기 위해 슬라이서의 스타일을 변경해 보겠습니다. [년(매출일)] 슬라이서 선택한 후 Ctrl을 누르고 [분기(매출일)] 슬라이서를 선택합니다. [슬라이서] 탭 – [슬라이서 스타일] 그룹 – [연한 옥색, 슬라이서 스타일 어둡게 1]을 클릭합니다.

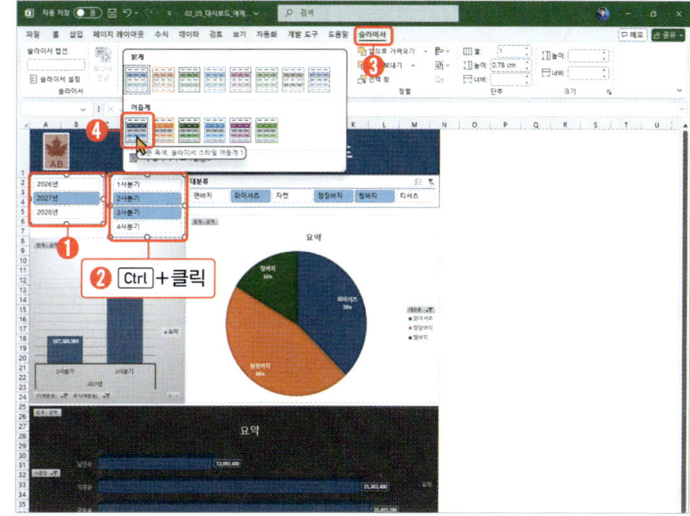

08 이번에는 [대분류] 슬라이서를 선택하고 [슬라이서] 탭 – [슬라이서 스타일] 그룹 – [분홍, 슬라이서 스타일 어둡게 5]를 클릭합니다.

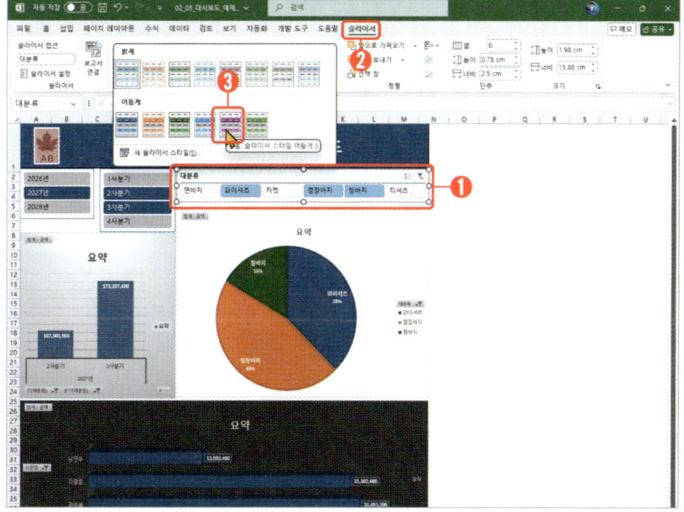

09 각 차트의 불필요한 요소를 없애고 좀 더 크게 보이도록 정리하겠습니다. 먼저 묶은 세로 막대형 차트를 선택하고 [피벗 차트 분석] – [표시/숨기기] 그룹 – [필드 단추] – [모두 숨기기]를 클릭합니다.

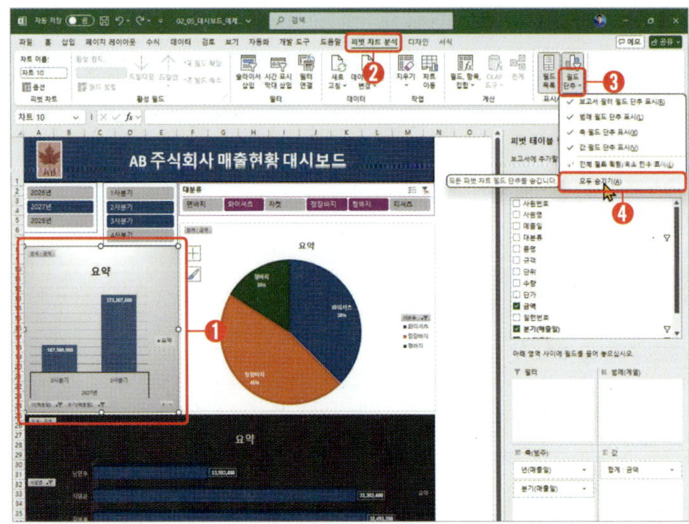

10 각종 단추가 사라진 것을 확인할 수 있습니다. 이번에는 제목과 범례도 삭제하겠습니다. 해당 차트의 우측에 [차트 요소]를 클릭한 후 [차트 제목], [범례]의 체크를 해제합니다.

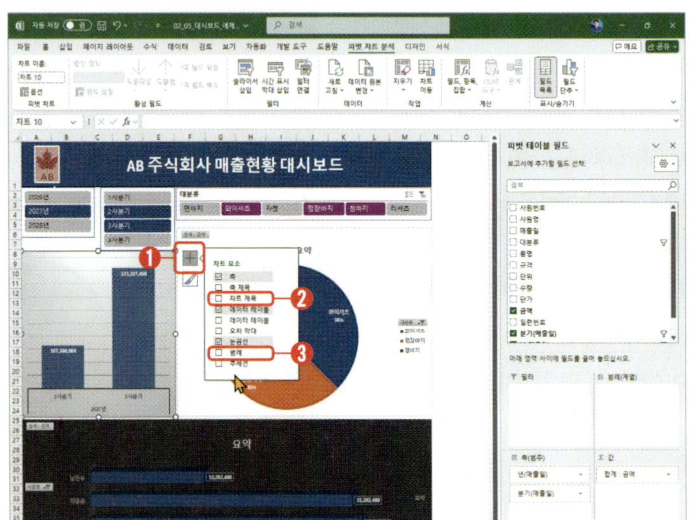

11 이번에는 원형 차트를 조정하기 위해 원형 차트를 선택하고 [피벗 차트 분석] 탭 – [표시/숨기기] 그룹 – [필드 단추] – [모두 숨기기]를 클릭합니다.

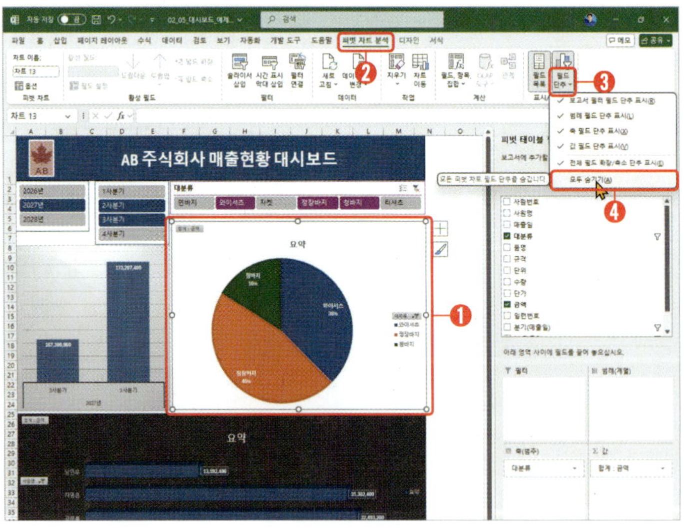

12 원형 차트 우측의 [차트 요소]를 클릭한 후 [차트 제목], [범례]의 체크를 해제합니다.

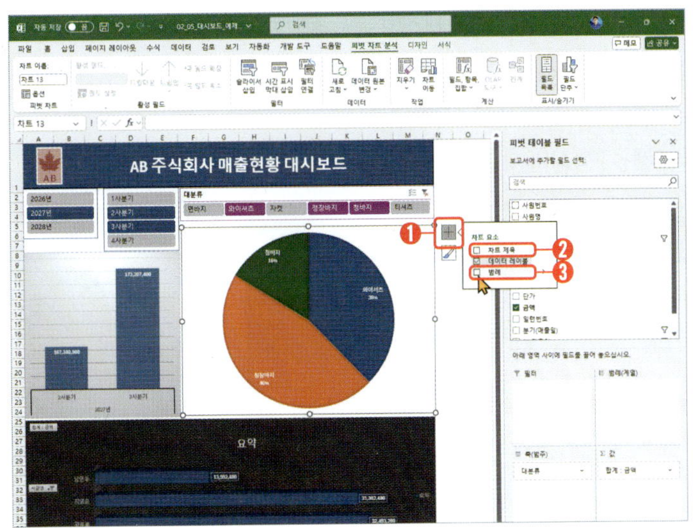

13 마지막으로 3차원 묶은 가로 막대형 차트를 선택하고 [피벗 차트 분석] – [표시/숨기기] 그룹 – [필드 단추] – [모두 숨기기]를 클릭합니다.

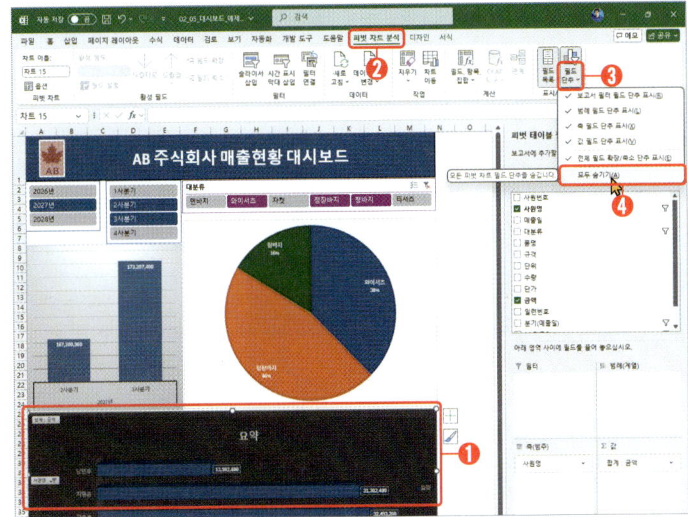

14 3차원 묶은 가로 막대형 차트 우측의 [차트 요소]를 클릭한 후 [차트 제목], [범례]의 체크를 해제합니다.

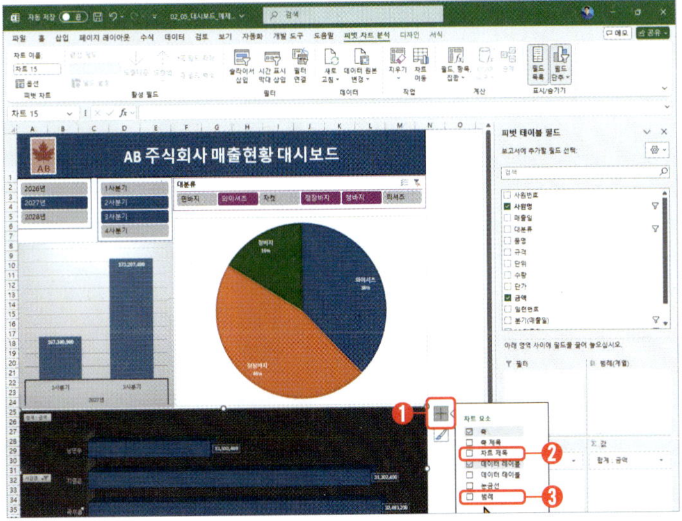

15 이제 슬라이서에서 연도는 [2028년], 분기는 [1사분기], [2사분기], 대분류는 [면바지], [자켓], [정장바지], [티셔츠]를 선택하면 연도, 분기의 매출 차트와 해당 대분류의 점유율, 그리고 해당 기간 품명의 매출을 가장 많이 발생시킨 3명의 직원, 매출액까지가 연동되어 나타나는 것을 확인할 수 있습니다.

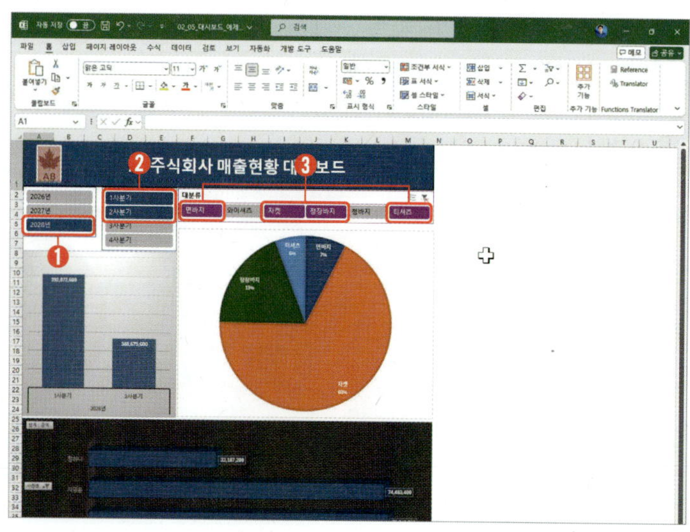

16 마무리된 듯하지만 차트의 레이블 폰트가 너무 작아서 키우도록 하겠습니다.
원형 차트의 레이블을 선택하고 [홈] 탭 – [글꼴] 그룹 – [글꼴 크기 크게]를 한 번씩 클릭하면 조금씩 커지는 것을 확인할 수 있고 '16'까지 키우겠습니다.

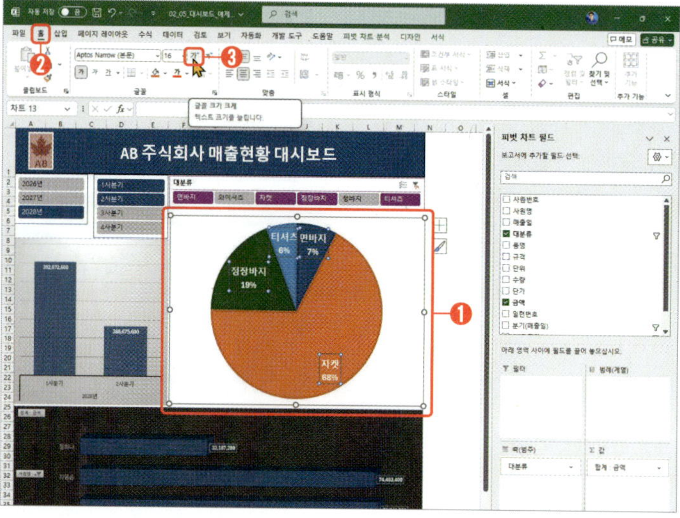

17 이번에는 3차원 묶은 가로 막대형 차트의 레이블을 선택하고 [홈] 탭 – [글꼴] 그룹 – [글꼴 크기]를 '16'으로 설정합니다.

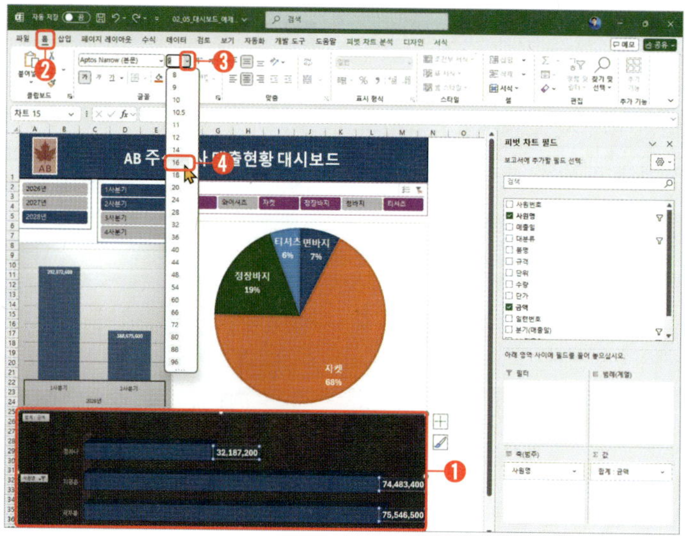

18 마지막으로 묶은 세로 막대형 차트의 레이블을 선택하고 [홈] 탭 – [글꼴] 그룹 – [글꼴 크기]를 '14'로 설정합니다.

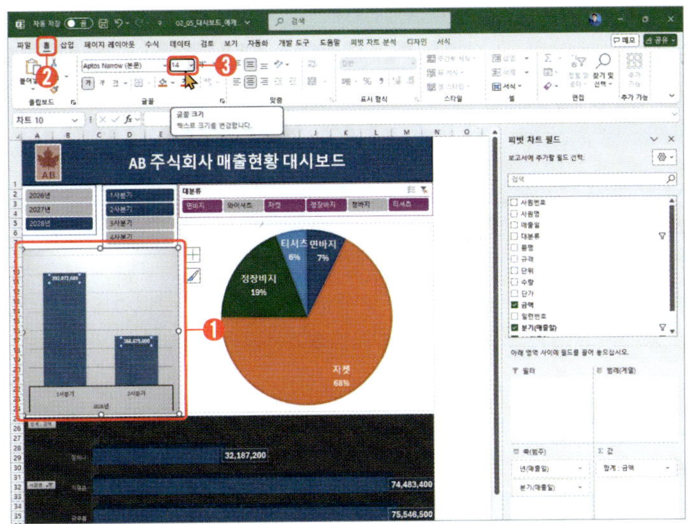

19 그런데 다른 레이블과는 다르게 묶은 세로 막대형 차트의 레이블은 글꼴 크기가 커지니 2줄로 나타나는 것을 확인할 수 있습니다. 해당 레이블을 마우스 오른쪽 버튼으로 클릭한 후 [데이터 레이블 서식]을 선택합니다.

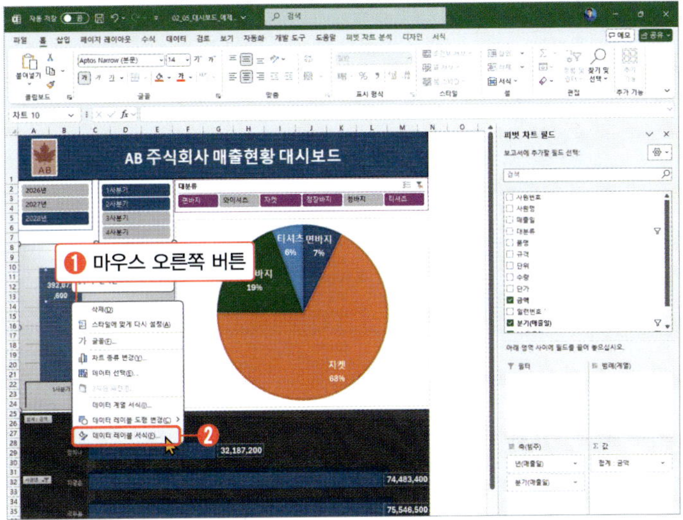

20 [데이터 레이블 서식] 작업 창의 [레이블 옵션] – [크기 및 속성]을 클릭하고 [도형의 텍스트 배치]의 체크를 해제합니다. 그럼 다른 레이블처럼 가로로 펼쳐지는 데이터 레이블을 확인할 수 있습니다.

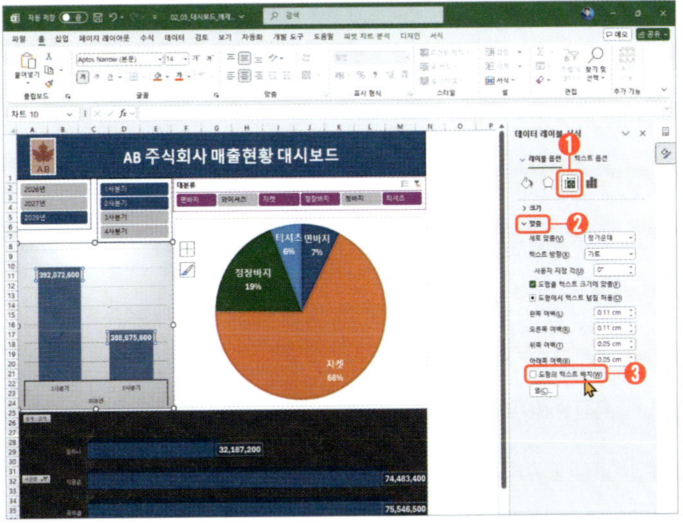

006 함수 없이 만드는 반응형 보고서 (보고서 형식이 피벗과 다른 경우)

피벗 테이블의 강력한 분석 기능을 익혔다면, 이제 이를 사내 지정 양식이나 원하는 보고서 형식에 맞게 활용하는 방법을 알아보겠습니다. 피벗 테이블 분석 자료를 기반으로, 별도의 함수를 사용하지 않고도 사용자 옵션에 따라 통계 수치가 자동으로 변동되는 반응형 보고서를 만드는 방법을 익혀보겠습니다.

- **실습 파일 :** Part 02 > 예제 > 02_06_반응형_보고서_예제.xlsx
- **완성 파일 :** Part 02 > 완성 > 02_06_반응형_보고서_완성.xlsx

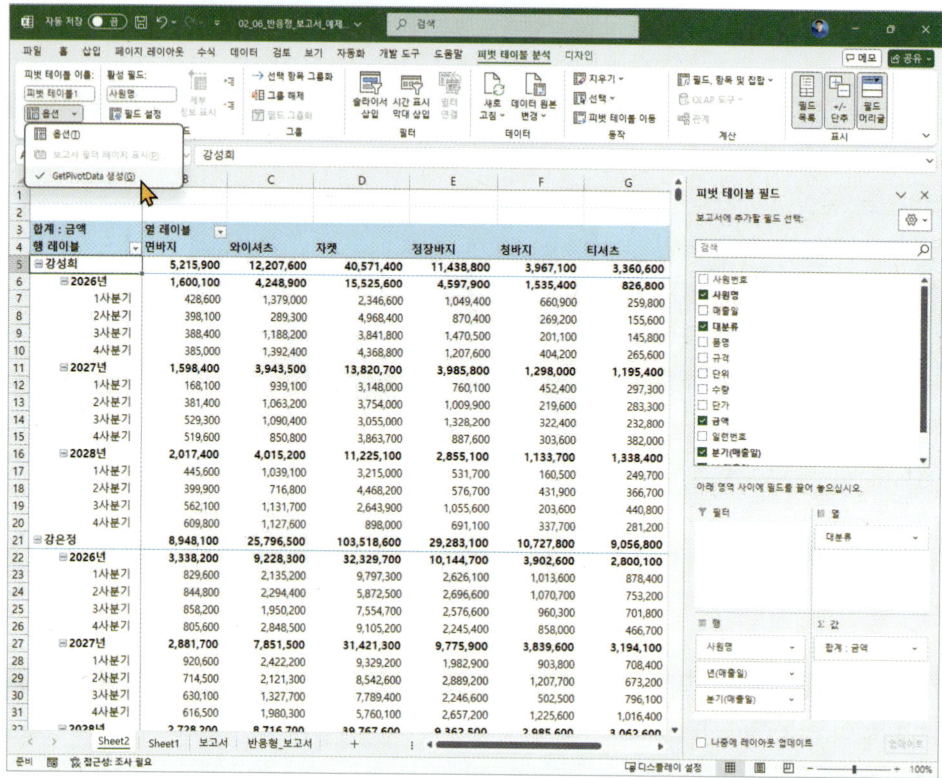

주요 기능	현업 활용
피벗 테이블	• 문자로 입력된 비정상적인 날짜를 정상 날짜로 변환 • 사용자의 통계량을 마우스만으로 빠르게 작성
데이터 유효성 검사	• 옵션을 나열, 마우스로 선택해서 입력하는 방법 • 시트에 목록을 나열하지 않고 깔끔하게 처리하는 방법
GETPIVOTDATA 수식	• 손쉽게 피벗 테이블로 작성된 내용을 특정 양식에서 활용 • 회사의 보고서가 피벗 테이블 양식과 다를 경우 매우 유용하게 사용

■ 데이터 형식 확인 및 변경하기

01 예제 파일을 불러온 후 데이터 속성을 확인해 보면, 매출일과 수량, 단가, 금액은 모두 문자 형식입니다. 먼저 [C] 열의 문자 형식 날짜를 변환하겠습니다. 변환할 데이터는 연월일 배열이 아닌 월일년 데이터인 것을 확인할 수 있습니다. [C2] 셀을 선택하고 Ctrl+Shift+↓를 눌러 변환할 데이터를 모두 선택하고 [데이터] 탭 – [데이터 도구] 그룹 – [텍스트 나누기]를 클릭합니다.

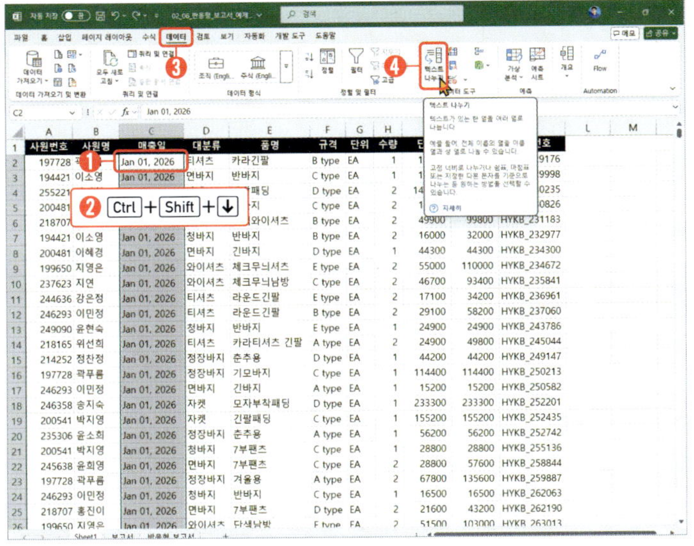

여기서 잠깐

데이터 형식을 확인하는 방법은 109p를 참고하세요.

02 텍스트 마법사 3단계 중 1단계는 [다음]을 클릭해서 2단계로 넘어갑니다. 2단계에서 그림과 같이 구분선 2개 나타나 있는데 이 상태로 진행하면 결과를 3개 열에 월, 일, 년으로 분리되어 나타납니다. 그래서 모든 구분선을 오른쪽으로 드래그한 후 [다음]을 클릭합니다.

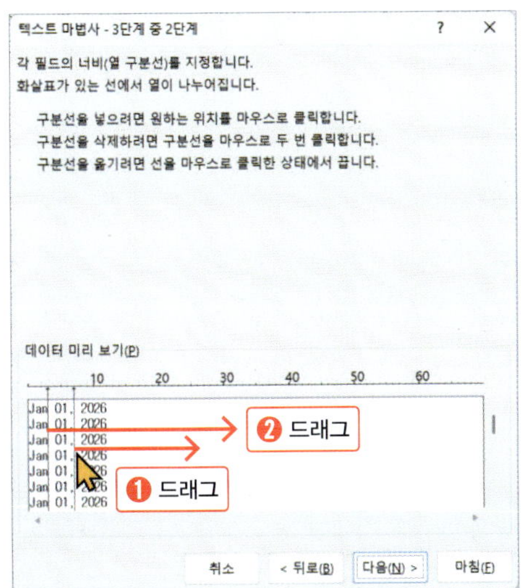

여기서 잠깐

구분선을 더블클릭해서 삭제해도 됩니다.
아래 그림은 구분선을 이동해 놓은 모습입니다.

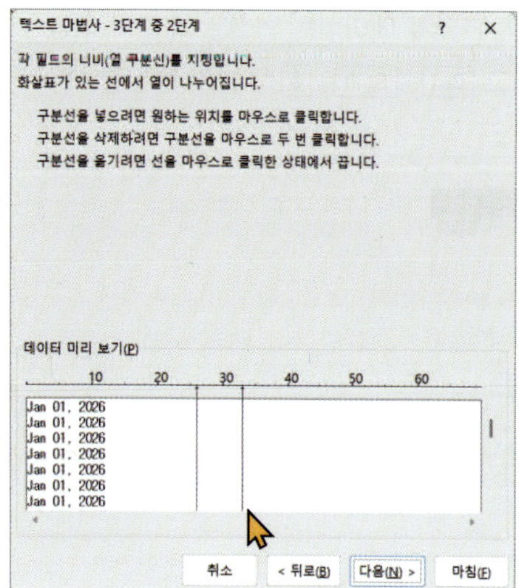

03 텍스트 마법사 3단계가 나타나면 [열 데이터 서식]에서 [날짜]를 선택하고 '월일년'을 선택한 후 [마침]을 클릭합니다. 해당 데이터가 정상 날짜로 변경된 것을 확인할 수 있습니다.

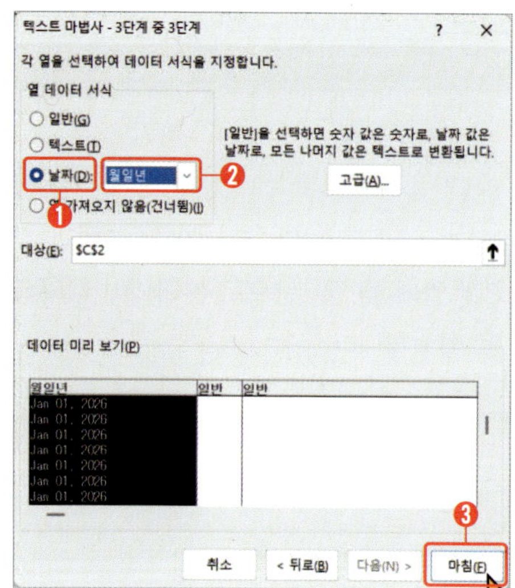

04 수량, 단가, 금액을 숫자 형식으로 변경하기 위해 [M2] 셀에 '0'을 입력하고 복사합니다. [H2:J2] 셀을 선택하고 Ctrl+Shift+↓를 눌러 범위를 선택하고 임의의 셀을 마우스 오른쪽 버튼으로 클릭한 후 [선택하여 붙여넣기]를 선택합니다.

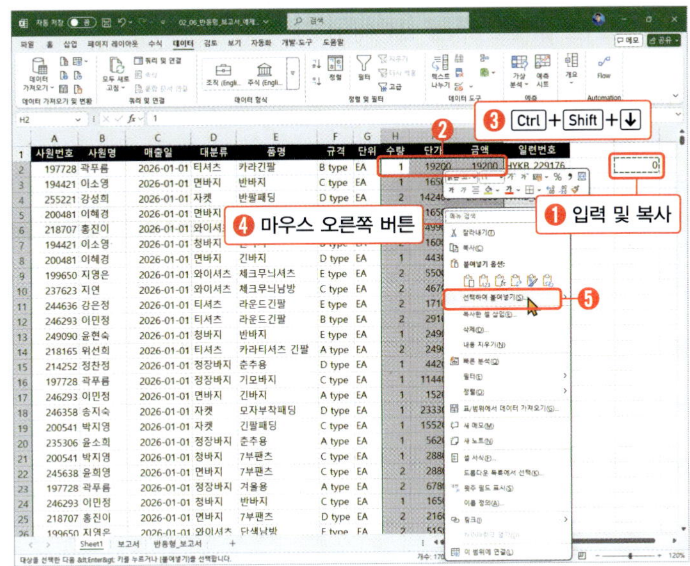

05 [선택하여 붙여넣기] 대화상자에서 [값], [더하기]를 체크하고 [확인]을 클릭합니다. 모두 숫자 형식으로 변경된 것을 확인할 수 있습니다. 1을 곱하거나 나누는 것도, 0을 더하거나 빼도 숫자로 변환할 수 있다는 것을 확인했습니다.

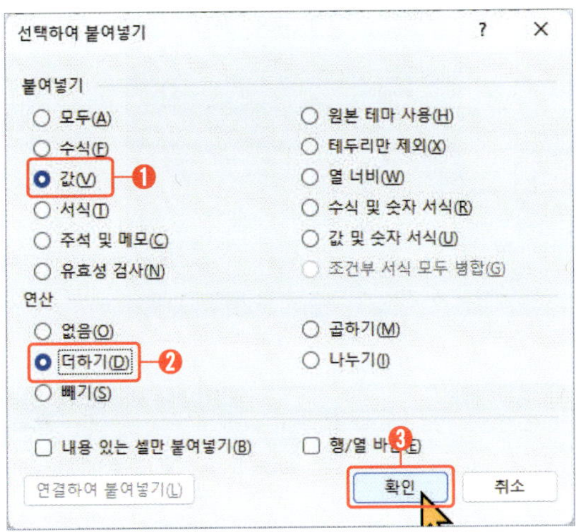

■ 개인별 매출 현황 파악하기

01 데이터 중 임의의 셀을 선택하고 Ctrl+T를 눌러 [머리글 포함] 체크를 확인하고 [확인]을 클릭해서 표로 만듭니다.

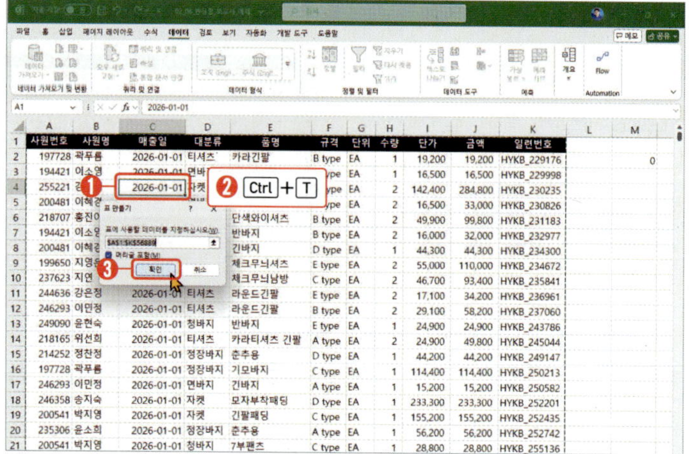

02 [테이블 디자인] 탭 – [도구] 그룹 – [피벗 테이블로 요약]을 클릭하고, 기본 설정 그대로 [확인]을 클릭합니다.

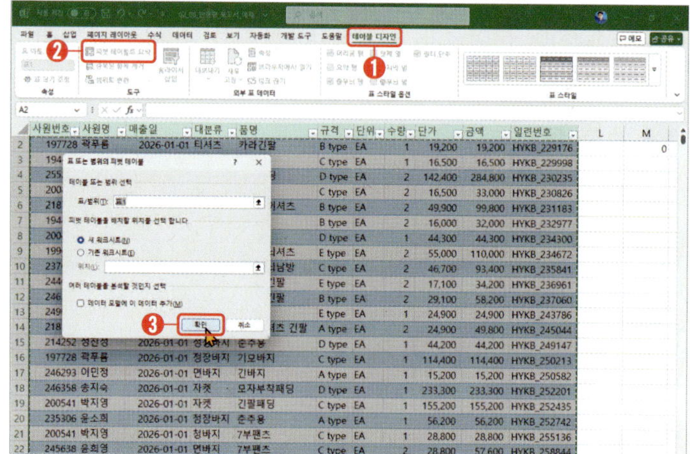

03 [보고서] 시트의 양식에 개인별, 대분류별 금액의 합계 결과를 나타내려면, 먼저 해당 보고서가 원하는 결과를 피벗 테이블로 작성해야 합니다. 필드 목록에서 [사원명] 필드를 [행] 영역, [대분류] 필드를 [열] 영역, [금액] 필드를 [값] 영역에 드래그 & 드롭합니다.

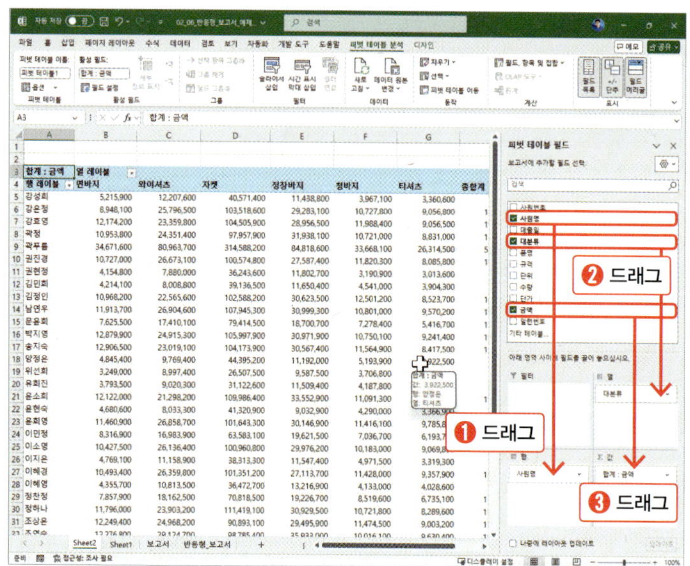

04 [보고서] 시트에서 수식을 만들어 보겠습니다. 현재 [B4] 셀에 강성희의 면바지 매출 합계를 나타내면 됩니다. 다른 시트의 값을 참조할 때도 마찬가지로 '='를 입력합니다.

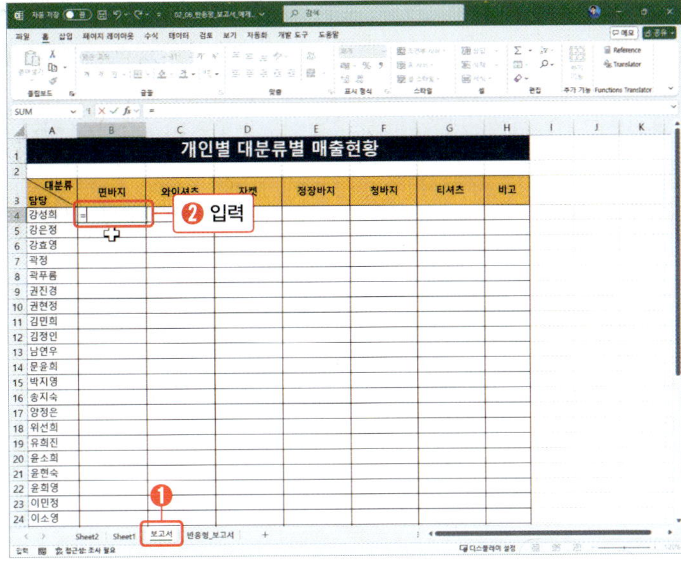

05 '='가 입력된 상태에서 피벗 테이블이 작성된 [Sheet2] 시트를 선택하고 강성희의 면바지 매출 합계인 [B5] 셀을 선택한 후 Enter를 누릅니다.

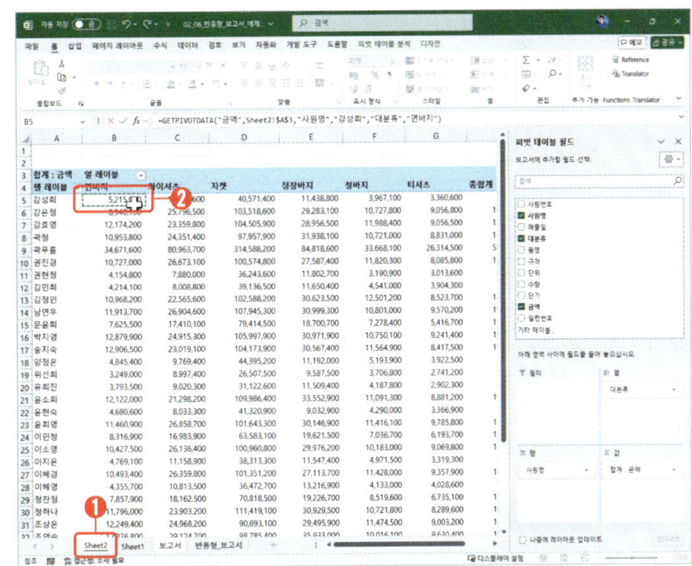

06 [B4] 셀을 다시 선택하고 수식 입력줄을 확인해 보면 사용자가 입력하지 않았지만 GETPIVOTDATA 수식이 자동 생성된 것을 확인할 수 있습니다.

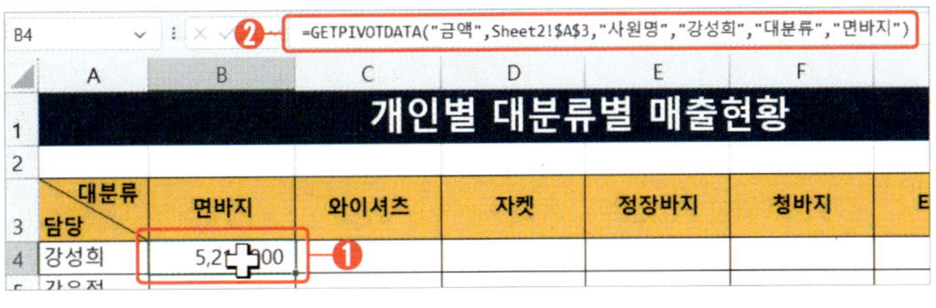

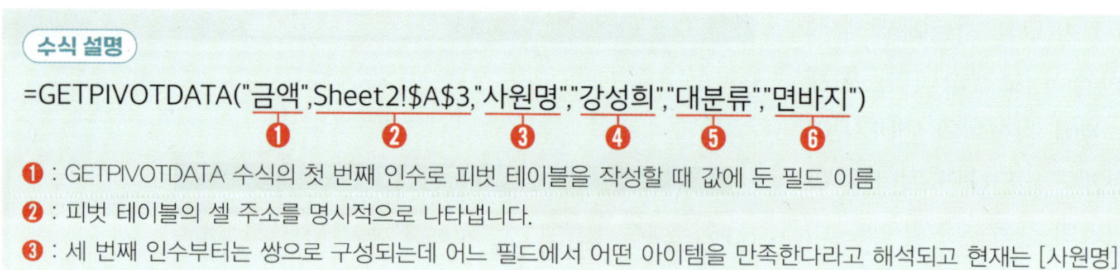

❶ : GETPIVOTDATA 수식의 첫 번째 인수로 피벗 테이블을 작성할 때 값에 둔 필드 이름

❷ : 피벗 테이블의 셀 주소를 명시적으로 나타냅니다.

❸ : 세 번째 인수부터는 쌍으로 구성되는데 어느 필드에서 어떤 아이템을 만족한다라고 해석되고 현재는 [사원명] 필드에서라고 해석합니다.

❹ : 네 번째 인수로 세 번째 인수인 [사원명] 필드에서 만족하는 값으로 [사원명] 필드에서 '강성희를 만족하고'라고 해석합니다.

❺ : 다섯 번째 인수로 [대분류] 필드에서라고 해석합니다.

❻ : 다섯 번째 인수인 [대분류] 필드에서 '면바지를 만족하고'라고 해석합니다.

GETPIVOTDATA는 3, 4번째 인수와 같이 쌍으로 구성되는 총 126쌍의 값을 나타낼 수 있습니다. 따라서 위 수식은 [Sheet2] 시트의 [A3] 셀에 있는 피벗 테이블에서 [사원명] 필드에서 '강성희'를 만족하고, [대분류] 필드에서 '면바지'를 만족하는 금액을 나타낸다는 의미입니다.

07 이제 해당 수식의 변수를 변경해 주면 됩니다. 먼저 첫 번째 변수인 '강성희'를 수식 입력줄에서 선택합니다. 하단에 GETPIVOTDATA 수식의 인수가 나타나고, 'item1'이 굵게 처리되어 있는 것을 확인할 수 있습니다. 'item1' 부분으로 마우스 커서를 움직이면 파란색으로 변경되는데 이때 클릭하면 해당 변수가 반전됩니다.

08 이 상태로 강성희라는 이름이 있는 [A4] 셀을 선택하고 [A4] 셀은 관련 데이터가 모두 세로로 나열되었기에 A앞에 $가 되도록 F4를 세 번 눌러 $A4가 되도록 만듭니다.

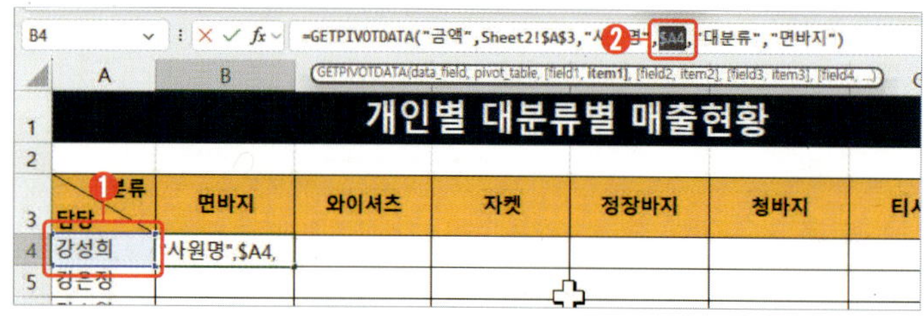

09 강성희와 관련된 내용이 모두 세로로 되어 있고, 세로형 데이터는 방향 그대로 위로 올라가 보면 'A'가 표시되어 있고, A앞에 $ 기호로 고정해 준다고 이해하면 쉽습니다.

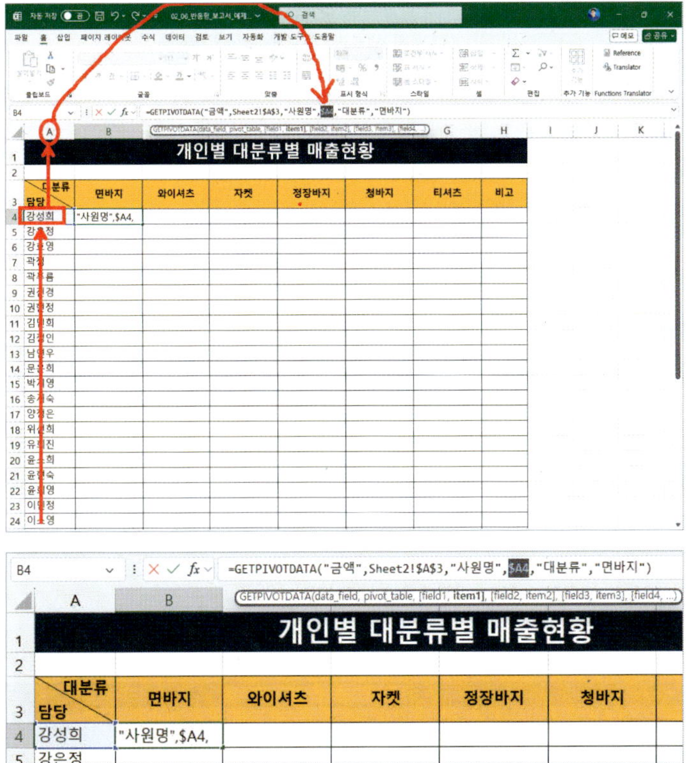

10 두 번째 변수인 '면바지'를 선택하고 아래의 'item2' 에 커서를 이동시켜 파란색 글씨로 변경될 때 클릭해서 반전시킵니다.

11 같은 요령으로 면바지가 데이터가 들어 있는 [B3] 셀은 관련 데이터가 가로로 되어 있으므로 F4를 두 번 눌러 B$3이 되도록 만들고 Enter를 눌러 수식 입력을 마무리합니다.

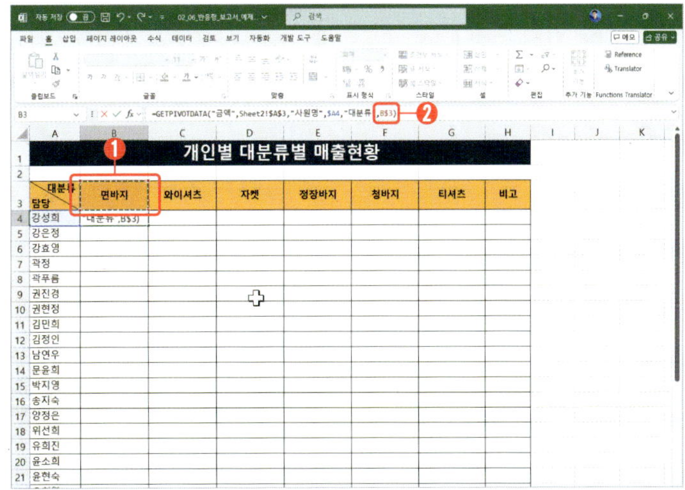

12 [B4] 셀의 오른쪽 아래로 마우스 커서를 이동시켜 채우기 핸들로 바뀌면, [G4] 셀까지 드래그하고 다시 [G4] 셀 오른쪽 아래로 마우스 커서를 이동시켜 더블클릭하여 모든 범위의 수식 결과를 채웁니다. 이렇게 작성하면 SUMIFS 함수와 같이 수식을 일부러 작성하지 않고도 클릭만으로 수식을 자동 생성하고 변수만 바꿔서 빠르게 결과를 만들어 낼 수 있습니다.

B4 =GETPIVOTDATA("금액",Sheet2!$A$3,"사원명",$A4,"대분류",B$3)

개인별 대분류별 매출현황

담당 \ 대분류	면바지	와이셔츠	자켓	정장바지	청바지	티셔츠	비고
강성희	5,215,900	12,207,600	40,571,400	11,438,800	3,967,100	3,360,600	
강은정	[illegible]	25,796,500	103,518,600	29,283,100	10,727,800	9,056,800	
강효영	12,174,200	23,359,800	[illegible]	[illegible]	11,988,400	9,056,500	
곽정	10,953,800	24,351,400	[illegible]	[illegible]	10,721,000	8,831,000	
곽푸름	34,671,600	80,963,700	314,588,200	84,818,600	33,668,100	26,314,500	
권진경	10,727,000	26,673,100	100,574,800	27,587,400	11,820,300	8,085,800	
권현정	4,154,800	7,880,000	36,243,600	11,802,700	3,190,900	3,013,600	
김민희	4,214,100	8,008,800	39,136,500	11,650,400	4,541,000	3,904,300	
김정인	10,968,200	22,565,600	102,588,200	30,623,500	12,501,200	8,523,700	
남연우	11,913,700	26,904,600	107,945,300	30,999,300	10,801,000	9,570,200	
문윤희	7,625,500	17,410,100	79,414,500	18,700,700	7,278,400	5,416,700	
박지영	12,879,900	24,915,300	105,997,900	30,971,900	10,750,100	9,241,400	
송지숙	12,906,500	23,019,100	104,173,900	30,567,400	11,564,900	8,417,500	
양정은	4,845,400	9,769,400	44,395,200	11,192,000	5,193,900	3,922,500	
위선희	3,249,000	8,997,400	26,507,500	9,587,500	3,706,800	2,741,200	
유희진	3,793,500	9,020,300	31,122,600	11,509,400	4,187,800	2,902,300	
윤소희	12,122,000	21,298,200	109,986,400	33,552,900	11,091,300	8,881,200	
윤현숙	4,680,600	8,033,300	41,320,900	9,032,900	4,290,000	3,366,900	
윤희영	11,460,900	26,858,700	101,643,300	30,146,900	11,416,100	9,785,800	
이민정	8,316,900	16,983,900	63,583,100	19,621,500	7,036,700	6,193,700	
이소영	10,427,500	26,136,400	100,960,800	29,976,200	10,183,000	9,069,800	

❶ 드래그 ❷ 더블클릭

Sheet2 Sheet1 보고서 반응형_보고서

평균: 27,935,936 개수: 204 합계: 5,698,930,900

■ 반응형 보고서 작성하기

01 이번에는 사용자 옵션에 따라 결과가 바뀌는 반응형 보고서를 작성하겠습니다.
[반응형_보고서] 시트를 선택하고 먼저 연도와 분기를 선택 입력할 수 있는 데이터 유효성 검사를 진행하기 위해 [H3] 셀을 선택하고 [데이터] 탭 – [데이터 도구] 그룹 – [데이터 유효성 검사]를 클릭합니다.

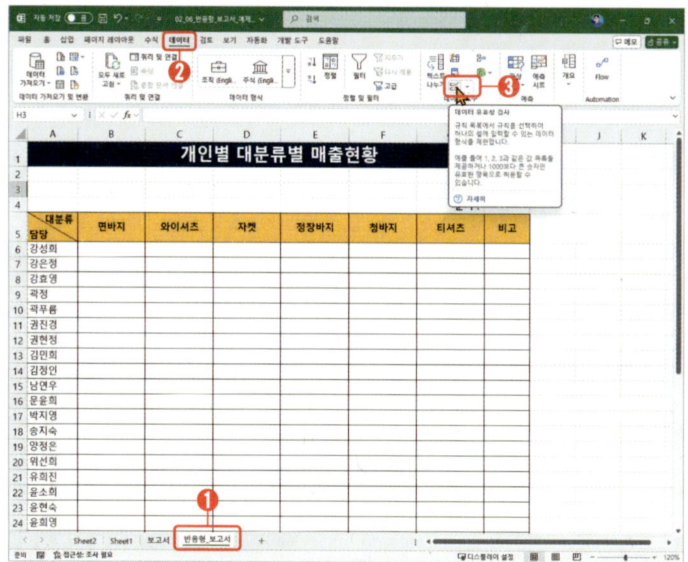

02 [데이터 유효성] 대화상자의 [제한 대상]은 '목록'을 선택하고, 원본에 나타낼 목록 2026부터 2028까지를 콤마(,)로 구분하여 입력한 후 [확인]을 클릭합니다.

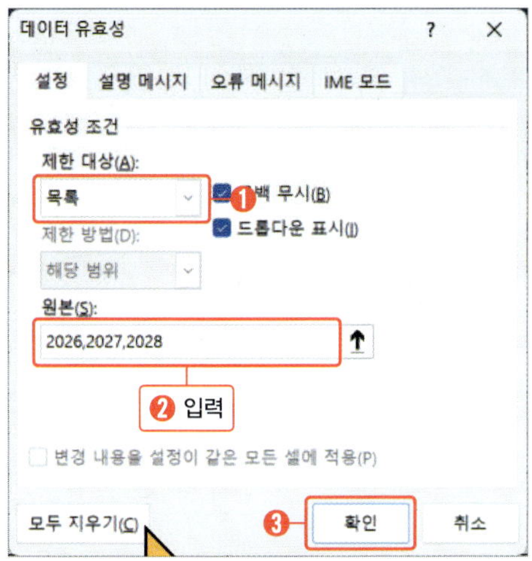

여기서 잠깐

이렇게 입력하면 셀에 목록을 열거하지 않고 데이터 유효성 검사를 만들 수 있어 조금은 더 깔끔하게 처리할 수 있습니다. 물론 나열할 목록이 많다면 시트에 열거하는 것이 더 편할 수 있습니다.

03 이번에는 분기를 선택 입력할 수 있도록 [H4] 셀을 선택하고 [데이터] 탭 – [데이터 도구] 그룹 – [데이터 유효성 검사]를 클릭합니다.

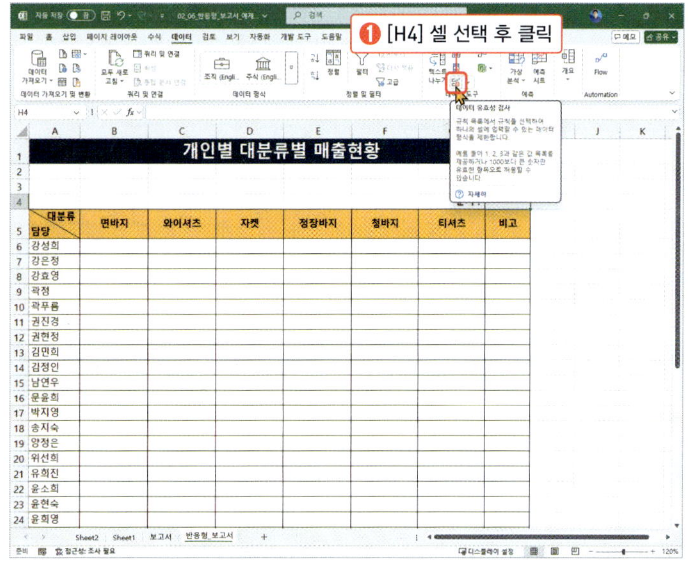

04 [데이터 유효성] 대화상자에서 [제한 대상]은 '목록'을 선택하고, [원본]에 '1,2,3,4'를 입력한 후 [확인]을 클릭합니다.

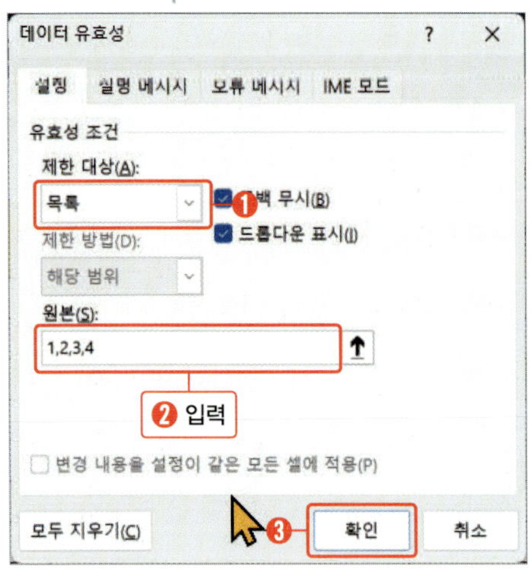

여기서 잠깐

여기서 '1분기,2분기,3분기,4분기'와 같이 입력하면 오류가 나타납니다. 이는 시계열 데이터는 숫자 속성 데이터인데 문자를 입력하면 데이터 속성이 맞지 않아 매치시킬 수 없기 때문입니다.

05 데이터 유효성 검사가 완료되면 연도는 '2027', 분기는 '2분기'를 선택합니다.

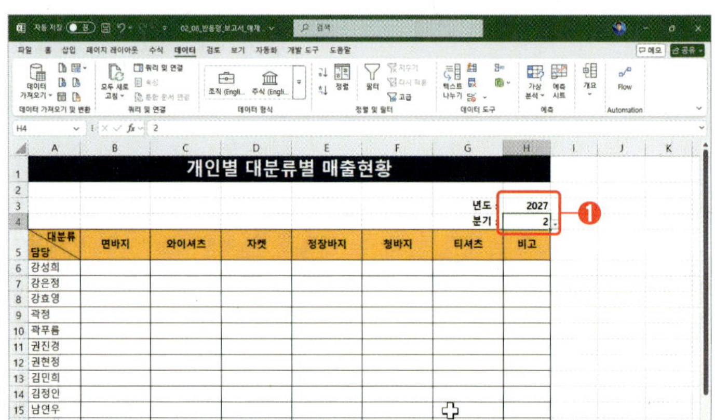

06 다시 피벗 테이블이 있는 [Sheet2] 시트로 이동해서 불러들일 수 있도록 통계량을 작성해 보겠습니다. 필드 목록에서 [매출일] 필드를 [행] 영역에 드래그 & 드롭하고 데이터 중 임의의 셀을 마우스 오른쪽 버튼 클릭한 후 [그룹]을 선택합니다.

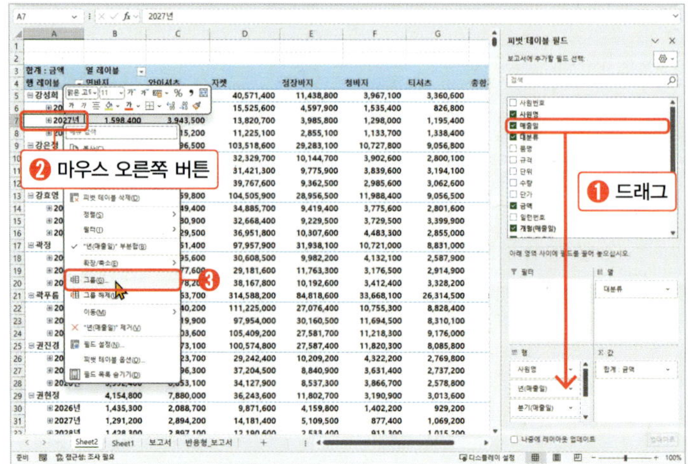

07 [그룹화] 대화상자에서 [연], [분기]를 선택하고 [확인]을 클릭합니다.

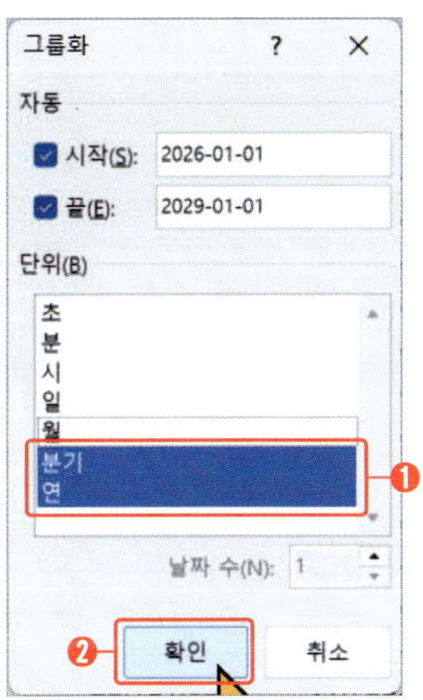

08 마지막으로 많은 데이터 중 머리글이나 [A] 열을 고정해서 쉽게 찾기 위해서 [B5] 셀을 선택하고 [보기] 탭 – [창] 그룹 – [틀 고정]을 클릭합니다. [B5] 셀 기준으로 위쪽과 왼쪽으로 검은색 선이 생긴 것을 확인할 수 있고, 이제 아래로 스크롤해도 대분류가 사라지지 않고 오른쪽으로 스크롤해도 기간이 사라지지 않게 됩니다.

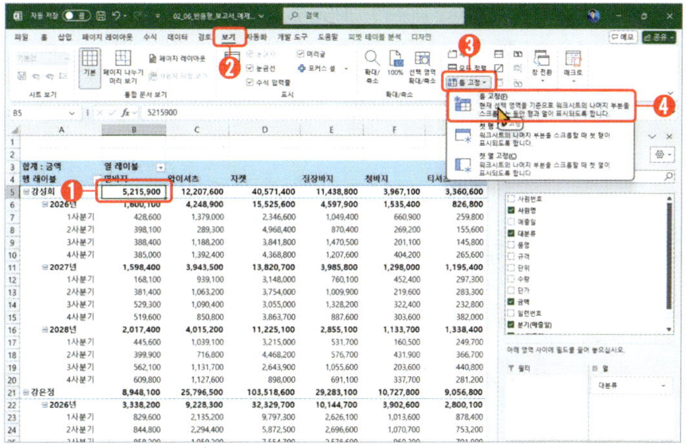

09 [반응형_보고서] 시트로 이동해서 결과를 불러들이겠습니다. [반응형_보고서] 시트의 [B6] 셀을 선택하고 '='를 입력한 후 피벗 테이블이 있는 [Sheet2] 시트로 이동합니다. 2027년 2분기의 강성희의 면바지 매출인 [B13] 셀을 선택하고 Enter를 누릅니다.

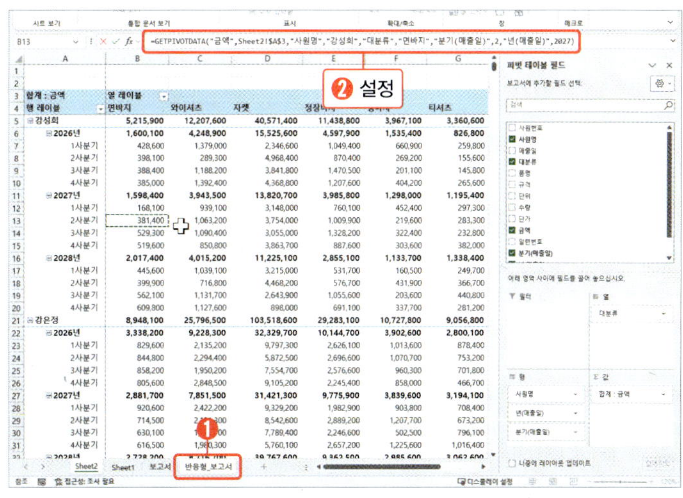

10 [B6] 셀을 다시 선택하면 자동 생성된 수식을 확인할 수 있습니다. 이제 4개의 변수를 셀로 변환해 주면 됩니다. 수식 입력줄에서 '강성희' 선택, 'item1' 선택, [A6] 셀 선택, F4를 세 번 눌러 '$A6'로 작성합니다. 나머지 3개의 변수도 이미 익힌 요령으로 수식을 아래와 같이 정리합니다.

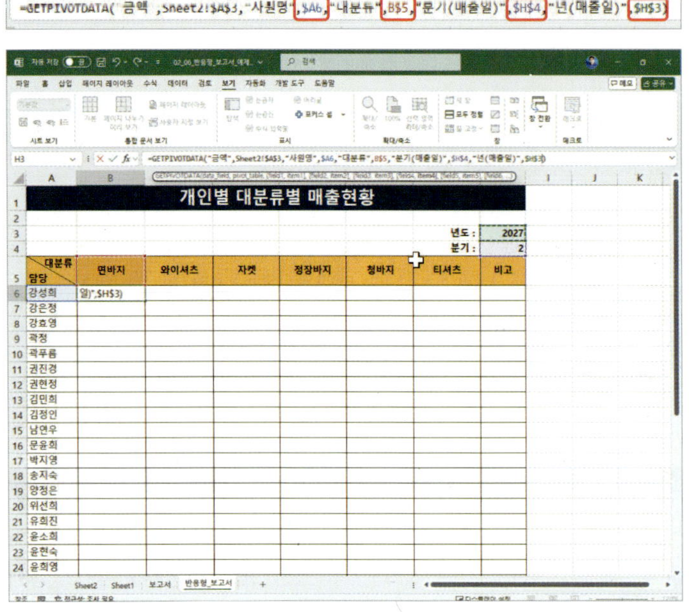

수식 설명

=GETPIVOTDATA
("금액",Sheet2!$A$3,"사원명",$A6,"대분류",B$5,"분기(매출일)",$H$4,"년(매출일)",$H$3)

[Sheet2] 시트의 [A3] 셀에 있는 피벗 테이블 중 [사원명] 필드에서 '강성희($A6)'를 만족하고, [대분류]에서 '면바지(B$5)'를 만족하고, [분기(매출일)] 필드에서 '2분기($H$4)'를 만족하고, [년도] 필드에서 '2027년($H$3)'를 만족하는 값을 나타낸다.

11 [B6] 셀의 수식을 드래그해서 나머지 영역도 수식을 모두 채웁니다.

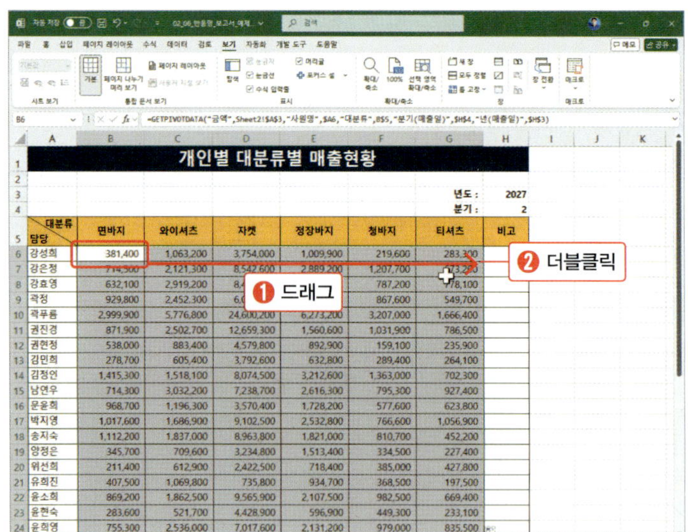

12 이제 [H4] 셀을 선택하고 '3분기'로 바꿔보면 통계량이 사용자 옵션에 따라서 자동 변경되는 것을 확인할 수 있습니다. 반응형 보고서가 작성된 것입니다. 수식을 이용해서이 자료를 만든다면 매우 복잡한 작업이 되겠지만, 피벗 테이블로 원하는 통계량을 만들고 이를 활용하는 방법을 이용하면 이렇게 손쉽게 반응형 보고서를 만들 수 있습니다.

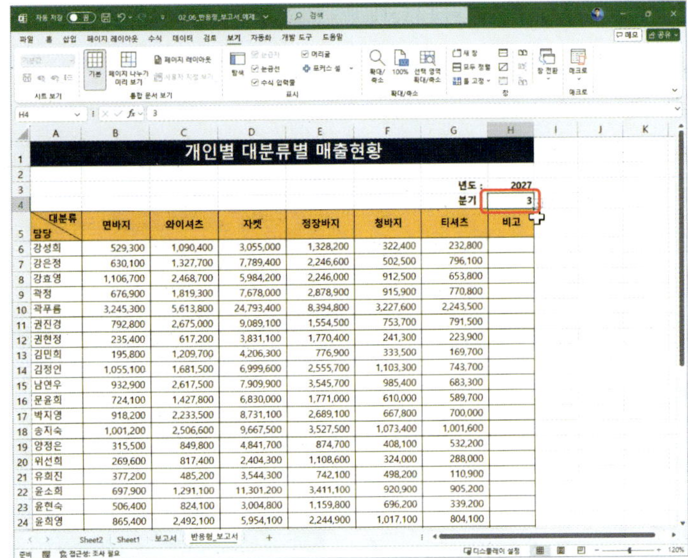

■ 반응형 보고서 작성 시 주의 사항

01 이제 반응형 보고서를 작성하며 주의해야 할 점을 알아보겠습니다. 먼저 피벗 테이블이 있는 [Sheet2] 시트로 이동한 후 [피벗 테이블 분석] 탭 – [활성 필드] 그룹 – [필드 축소]를 클릭해서 데이터를 간략히 만듭니다.

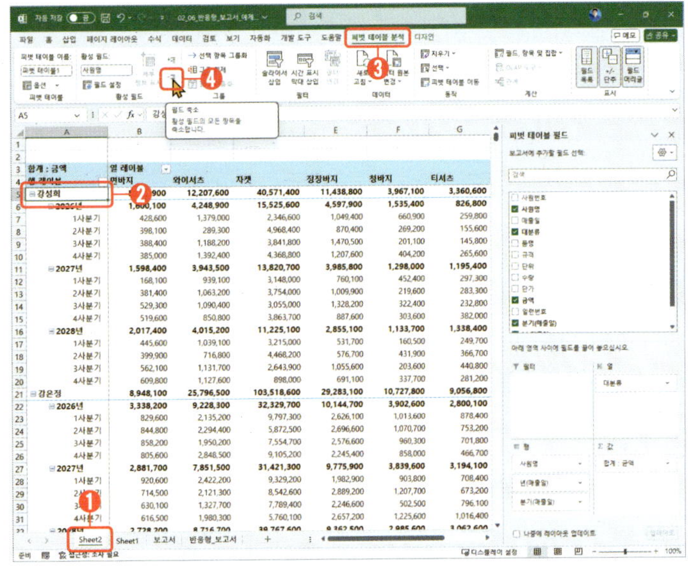

02 [반응형_보고서] 시트로 가서 결과를 확인해 보면 모두 #REF! 오류가 나타나는 것을 확인할 수 있습니다. GETPIVOTDATA 수식을 사용하는 경우에 필드 축소를 하면 이렇게 오류가 나타납니다.

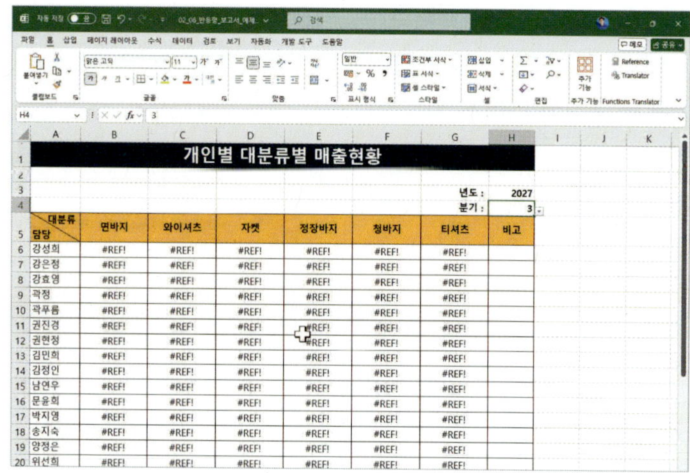

03 다시 피벗 테이블이 있는 [Sheet2] 시트로 이동해서 [피벗 테이블 분석] 탭 – [활성 필드] 그룹 – [필드 확장]을 클릭하고, [반응형_보고서] 시트로 이동하면 다시 통계량이 나타나는 것을 확인할 수 있습니다.

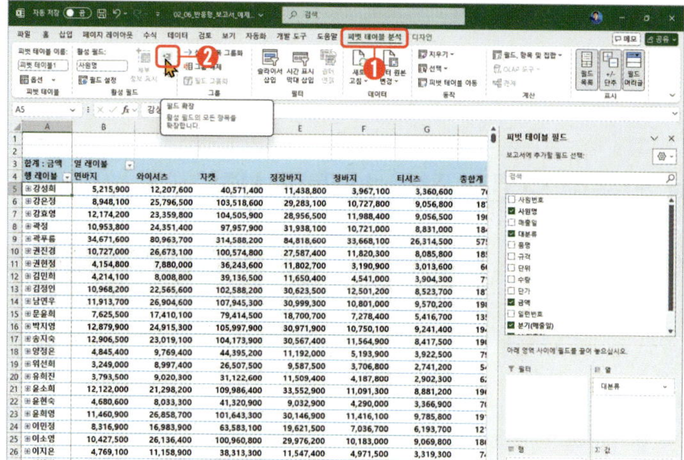

04 [반응형_보고서] 시트의 [H4] 셀을 선택하고 [데이터] 탭 – [데이터 도구] 그룹 – [데이터 유효성 검사]를 클릭하고, 그림과 같이 [제한 대상]은 '목록', [원본]에 '1분기,2분기,3분기,4분기'를 입력한 후 [확인]을 클릭합니다.

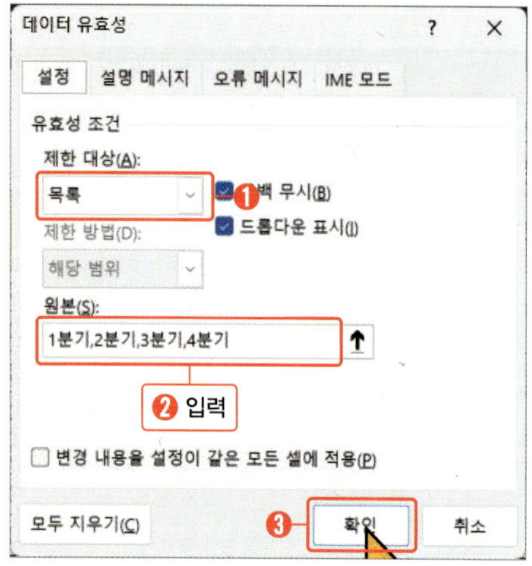

05 [H4] 셀에서 분기 중 하나를 선택하면 아래와 같이 모두 #REF! 오류가 나타나는 것을 확인할 수 있습니다. 이미 언급한 바와 같이 데이터 속성이 달라서 생기는 문제입니다.

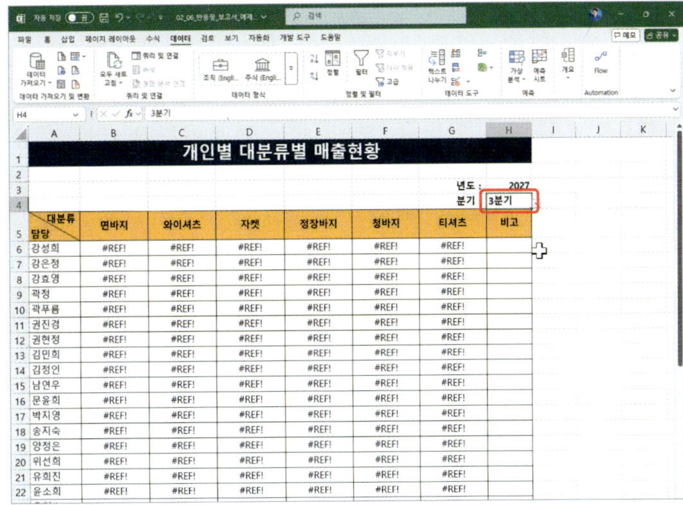

06 하지만 [H4] 셀을 선택하고 [데이터] 탭 – [데이터 도구] 그룹 – [데이터 유효성 검사]를 다시 클릭하고, [원본]에 '1사분기,2사분기,3사분기,4사분기'를 입력한 후 [확인]을 클릭합니다.
시트에서 특정 분기를 선택하면 그림과 같이 오류가 생기지 않는 것을 확인할 수 있습니다.

개인별 대분류별 매출현황

년도 : 2027
분기 3사분기

대분류/담당	면바지	와이셔츠	자켓	정장바지	청바지	티셔츠	비고
강성희	529,300	1,090,400	3,055,000	1,328,200	322,400	232,800	
강은정	630,100	1,327,700	7,789,400	2,246,600	502,500	796,100	
강효영	1,106,700	2,468,700	5,984,200	2,246,000	912,500	653,800	
곽정	676,900	1,819,300	7,678,000	2,878,900	915,900	770,800	
곽푸름	3,245,300	5,613,800	24,793,400	8,394,800	3,227,600	2,243,500	
권진경	792,800	2,675,000	9,089,100	1,554,500	753,700	791,500	
권현정	235,400	617,200	3,831,100	1,770,400	241,300	223,900	
김민희	195,800	1,209,700	4,206,300	776,900	333,500	169,700	
김정인	1,055,100	1,681,500	6,999,600	2,555,700	1,103,300	743,700	
남연우	932,900	2,617,500	7,909,900	3,545,700	985,400	683,300	
문윤희	724,100	1,427,800	6,830,000	1,771,000	610,000	589,700	
박지영	918,200	2,233,500	8,731,100	2,689,100	667,800	700,000	
송지숙	1,001,200	2,506,600	9,667,500	3,527,500	1,073,400	1,001,600	
양정은	315,500	849,800	4,841,700	874,700	408,100	532,200	
위선희	269,600	817,400	2,404,300	1,108,600	324,000	288,000	
유희진	377,200	485,200	3,544,300	742,100	498,200	110,900	
윤소희	697,900	1,291,100	11,301,200	3,411,100	920,900	905,200	

07 피벗 테이블로 돌아가 확인해 보면 '1분기'는 '1사분기'로 표기되어 있습니다. 이렇게 피벗 테이블 내용과 똑같이 입력하면 문자 형식으로 입력해도 문제가 생기지 않습니다.

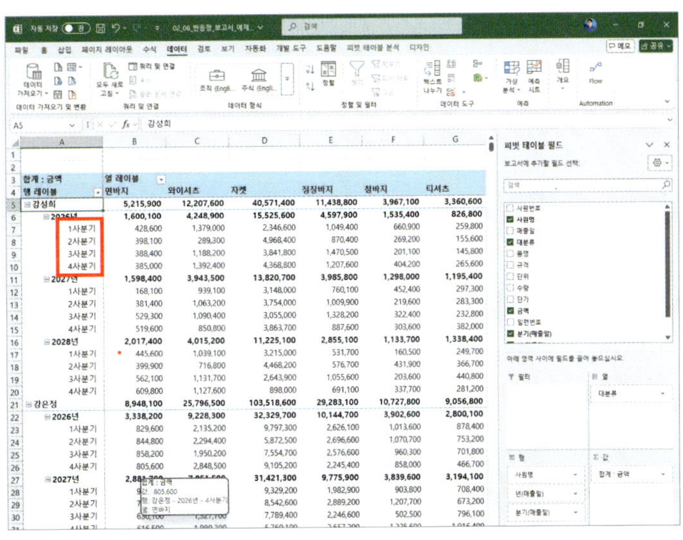

08 만약 분기를 'Q1, Q2'와 같이 표기하고 싶다면 [반응형_보고서] 시트의 [H4] 셀을 선택하고 [데이터] 탭 – [데이터 도구] 그룹 – [데이터 유효성 검사]를 클릭하고, [데이터 유효성] 대화상자에서 [제한 대상]은 '목록', [원본]에 '1,2,3,4'를 입력한 후 [확인]을 클릭합니다.

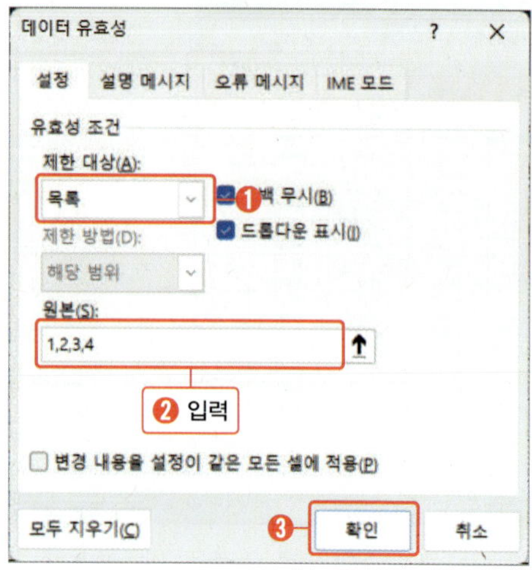

09 [H4] 셀에서 임의의 분기를 선택한 후 Ctrl+1을 눌러 [셀 서식] 대화상자를 불러옵니다. [범주]는 '사용자 지정'을 선택하고 [형식]에 'Q0'을 입력한 후 [확인]을 클릭합니다. 그러면 Q1, Q2와 같이 나타나게 됩니다.

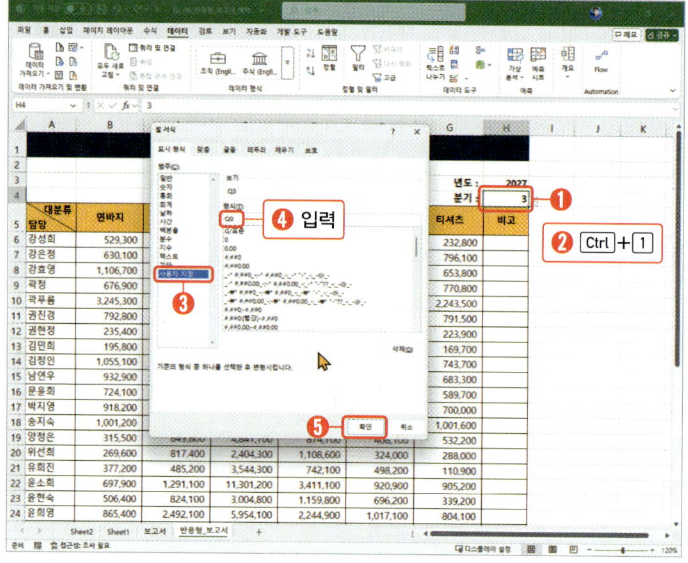

10 마지막으로 가장 중요한 오류가 될 수 있는데 피벗 테이블 자료를 가져왔는데 GETPIVOTDATA 수식이 자동 생성되지 않을 수 있습니다. 이는 옵션 설정 때문에 생기는 문제입니다. [파일] 탭 – [옵션]을 클릭합니다.

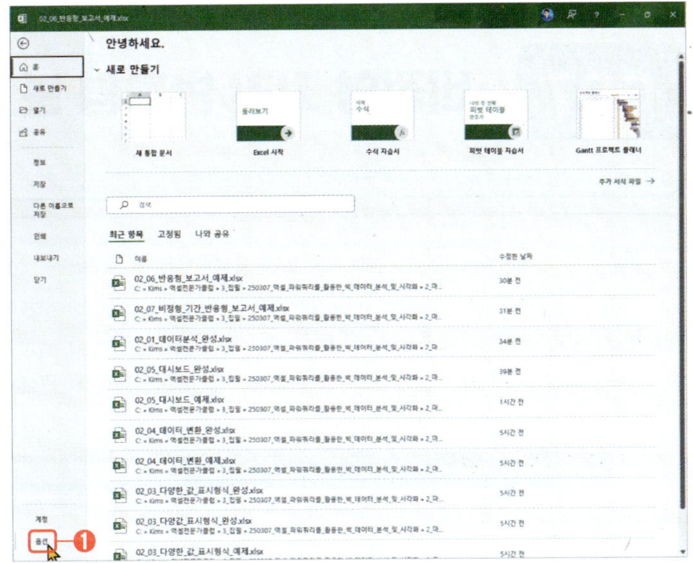

11 [Excel 옵션] 대화상자의 [수식]에서 [수식 작업]을 확인해 보면 [피벗 테이블 참조에 GetPivotData 함수 사용]에 체크가 되어 있어야 합니다.

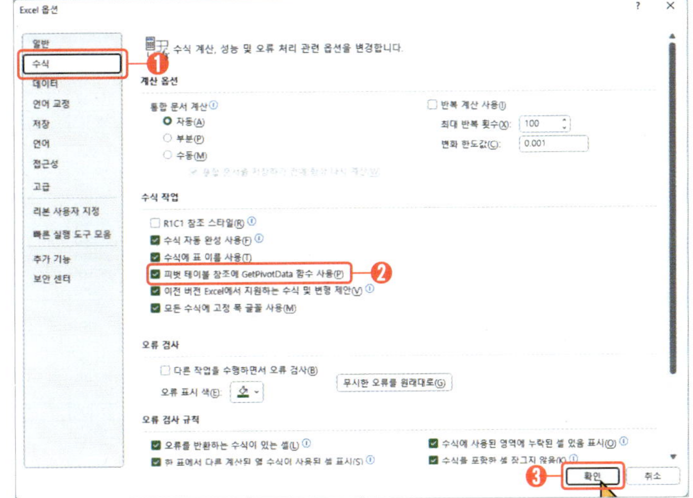

여기서 잠깐

GetPivotData 수식 사용은 피벗 테이블로 이동해서 [피벗 테이블 분석] 탭 – [피벗 테이블] 그룹 – [옵션]을 확장해서 GetPivotData 생성에 체크를 해도 같은 효과를 확인할 수 있습니다.

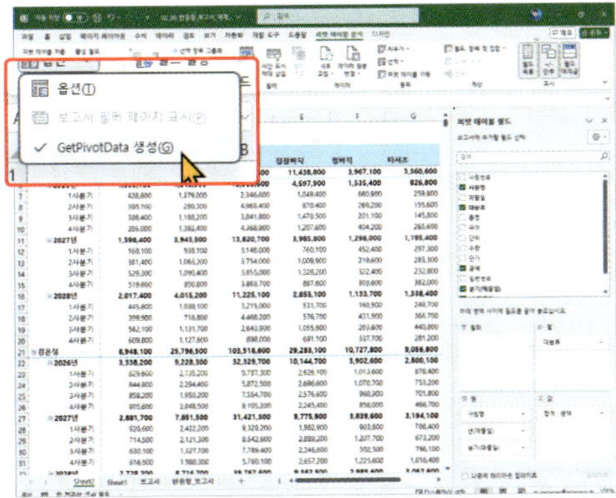

007 비정형 기간 반응형 보고서

앞에서 피벗 테이블을 활용해 함수 없이도 보고서를 작성할 수 있다는 점을 확인했습니다. 이번에는 정해진 기간이 아닌, 특정 연도나 월 등 사용자가 임의로 지정한 비정형 기간에 대한 보고서를 작성하는 방법을 알아보겠습니다.

- **실습 파일 :** Part 02 > 예제 > 02_07_비정형_기간_반응형_보고서_예제.xlsx
- **완성 파일 :** Part 02 > 완성 > 02_07_비정형_기간_반응형_보고서_완성.xlsx

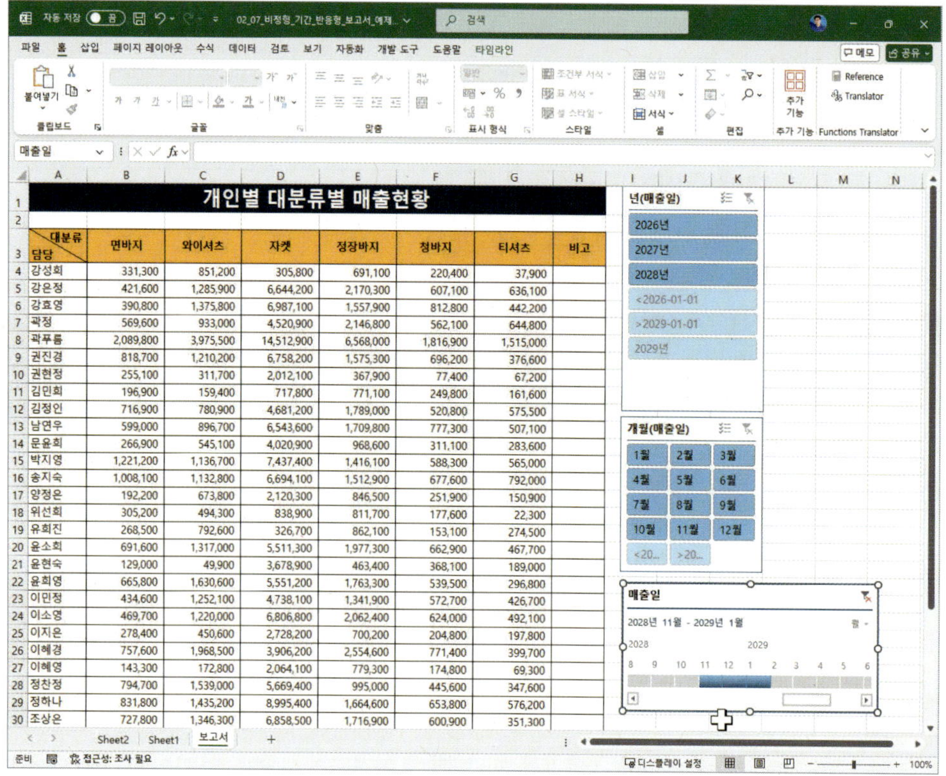

담당 \ 대분류	면바지	와이셔츠	자켓	정장바지	청바지	티셔츠	비고
강성희	331,300	851,200	305,800	691,100	220,400	37,900	
강은정	421,600	1,285,900	6,644,200	2,170,300	607,100	636,100	
강효영	390,800	1,375,800	6,987,100	1,557,900	812,800	442,200	
곽정	569,600	933,000	4,520,900	2,146,800	562,100	644,800	
곽푸름	2,089,800	3,975,500	14,512,900	6,568,000	1,816,900	1,515,000	
권진경	818,700	1,210,200	6,758,200	1,575,300	696,200	376,600	
권현정	255,100	311,700	2,012,100	367,900	77,400	67,200	
김민희	196,900	159,400	717,800	771,100	249,800	161,600	
김정인	716,900	780,900	4,681,200	1,789,000	520,800	575,500	
남연우	599,000	896,700	6,543,600	1,709,800	777,300	507,100	
문윤희	266,900	545,100	4,020,900	968,600	311,100	283,600	
박지영	1,221,200	1,136,700	7,437,400	1,416,100	588,300	565,000	
송지숙	1,008,100	1,132,800	6,694,100	1,512,900	677,600	792,000	
양정은	192,200	673,800	2,120,300	846,500	251,900	150,900	
위선희	305,200	494,300	838,900	811,700	177,600	22,300	
유희진	268,500	792,600	326,700	862,100	153,100	274,500	
윤소희	691,600	1,317,000	5,511,300	1,977,300	662,900	467,700	
윤현숙	129,000	49,900	3,678,900	463,400	368,100	189,000	
윤희영	665,800	1,630,600	5,551,200	1,763,300	539,500	296,800	
이민정	434,600	1,252,100	4,738,100	1,341,900	572,700	426,700	
이소영	469,700	1,220,000	6,806,800	2,062,400	624,000	492,100	
이지은	278,400	450,600	2,728,200	700,200	204,800	197,800	
이혜경	757,600	1,968,500	3,906,200	2,554,600	771,400	399,700	
이혜영	143,300	172,800	2,064,100	779,300	174,800	69,300	
정찬정	794,700	1,539,000	5,669,400	995,000	445,600	347,600	
정하나	831,800	1,435,200	8,995,400	1,664,600	653,800	576,200	
조상은	727,800	1,346,300	6,858,500	1,716,900	600,900	351,300	

주요 기능	현업 활용
피벗 테이블	• 문자로 입력된 비정상적인 날짜를 정상 날짜로 변환 • 사용자의 통계량을 마우스만으로 빠르게 작성
슬라이서	• 보고서 양식이 피벗 테이블과 다를 경우 다른 보고서 시트에서 해당 기능을 사용하는 방법 • 비정형 기간의 보고서 작성법
시간 표시 막대	• 2년에 걸친 비정형 기간의 데이터 분석 • 이전 3개월 매출의 평균과 금월 매출을 비교할 때 2년에 걸친 자료의 집계도 손쉽게 처리

■ 데이터 형식 확인 및 변경하기

01 불러온 예제 파일을 확인해 보면, 날짜와 숫자가 문자 형식으로 되어 있고 월일년 데이터인 것을 확인할 수 있습니다. 먼저 날짜를 변환하기 위해 [C2] 셀을 선택하고 Ctrl+Shift+↓를 눌러 데이터를 선택합니다. 그리고 [데이터] 탭 – [데이터 도구] 그룹 – [텍스트 나누기]를 클릭합니다.

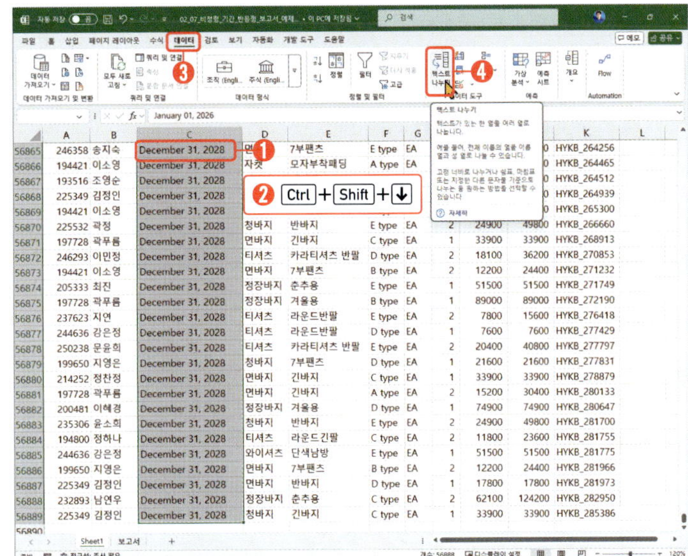

02 텍스트 마법사 1단계는 [다음]을 클릭해서 넘깁니다.

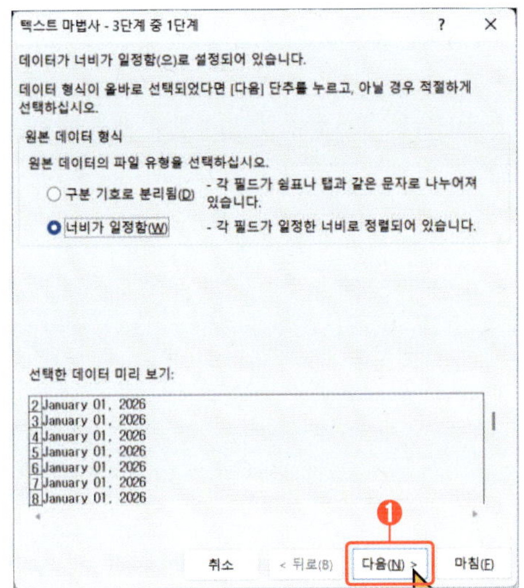

03 텍스트 마법사 2단계는 그림과 같이 구분선을 우측으로 드래그해서 데이터 영역 외부로 이동시킵니다. 물론 구분선을 더블클릭해서 삭제해도 됩니다.

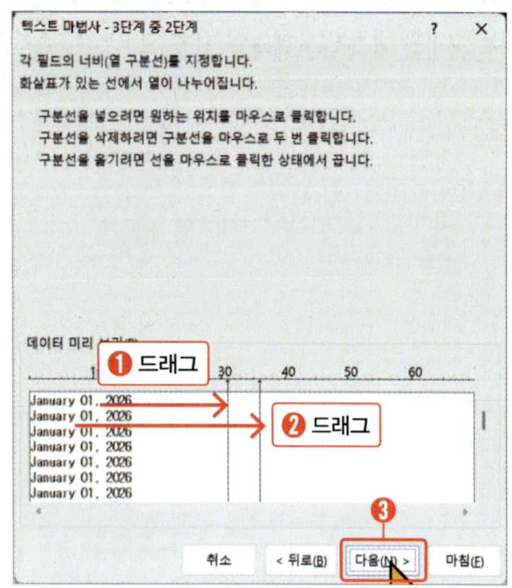

04 텍스트 마법사 3단계에서 [열 데이터 서식]을 [날짜]를 체크하고 드롭다운 버튼을 클릭 후 '월일년'을 선택한 후 [마침]을 클릭합니다.

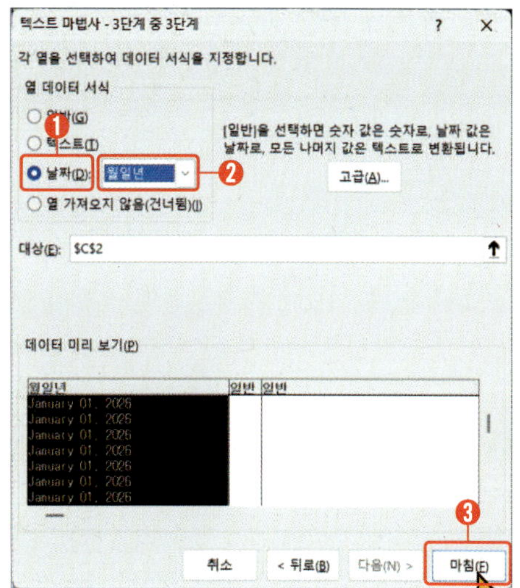

05 이번에는 숫자를 변환하겠습니다. [M2] 셀에 '1'을 입력한 후 복사합니다. [H2:J2] 셀을 선택하고 Ctrl+Shift+↓를 눌러 변환할 데이터를 선택하고 선택된 데이터 중 임의의 셀을 마우스 오른쪽 버튼으로 클릭한 후 [선택하여 붙여넣기]를 선택합니다. [선택하여 붙여넣기] 대화상자가 나타나면 [값], [곱하기]를 체크하고 [확인]을 클릭합니다.

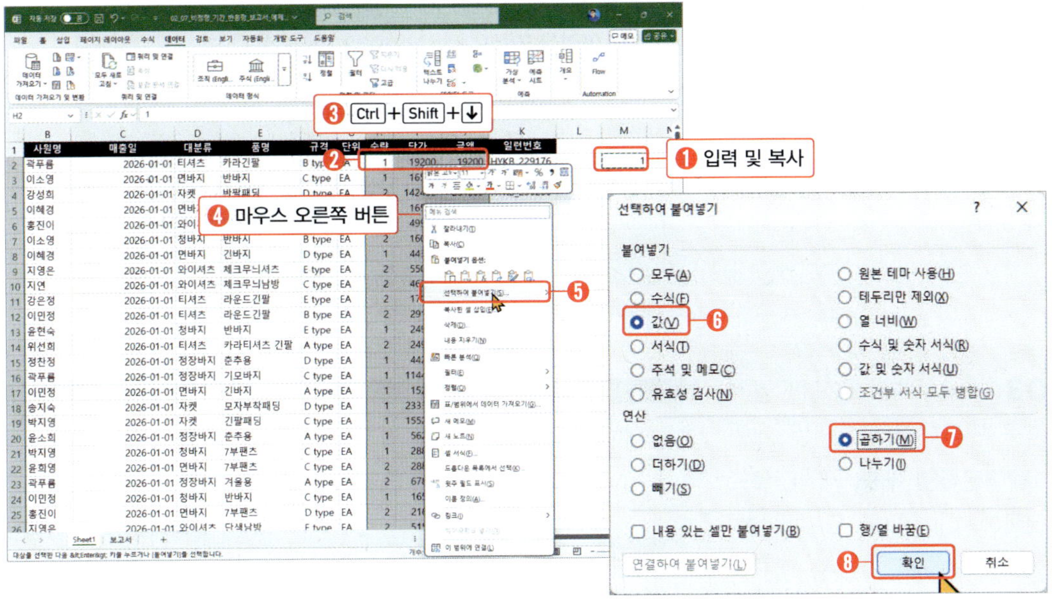

■ 비정형 기간 반응형 보고서 만들기

01 임의의 데이터를 하나 선택하고 Ctrl+T를 누르고, [머리글 포함] 체크를 확인한 후 [확인]을 클릭해서 표로 만듭니다.

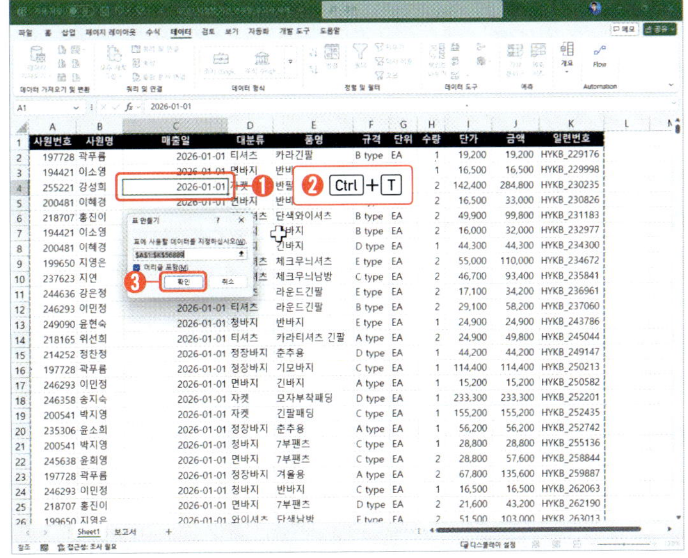

02 [테이블 디자인] 탭 – [도구] 그룹 – [피벗 테이블로 요약]을 클릭하고 기본 설정 그대로 [확인]을 클릭해서 새 워크시트에 피벗 테이블을 작성합니다.

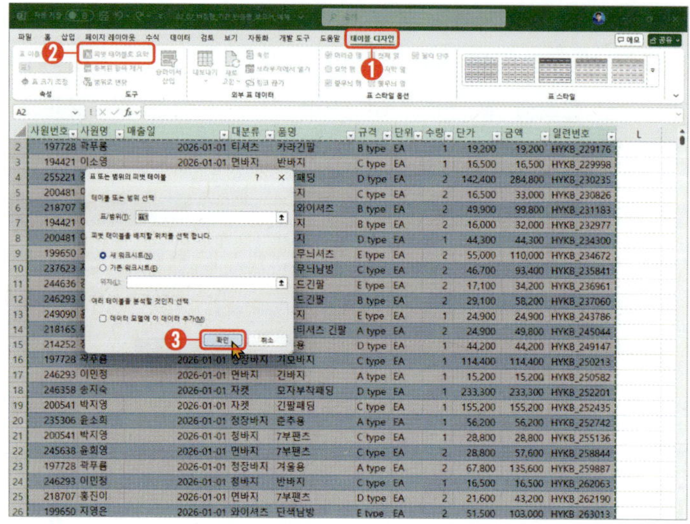

03 보고서에서 필요한 통계량을 만듭니다(보고서는 개인별, 대분류별 매출 금액). 필드 목록에서 [사원명] 필드를 [행] 영역, [대분류] 필드를 [열] 영역, [금액] 필드를 [값] 영역에 드래그 & 드롭합니다.

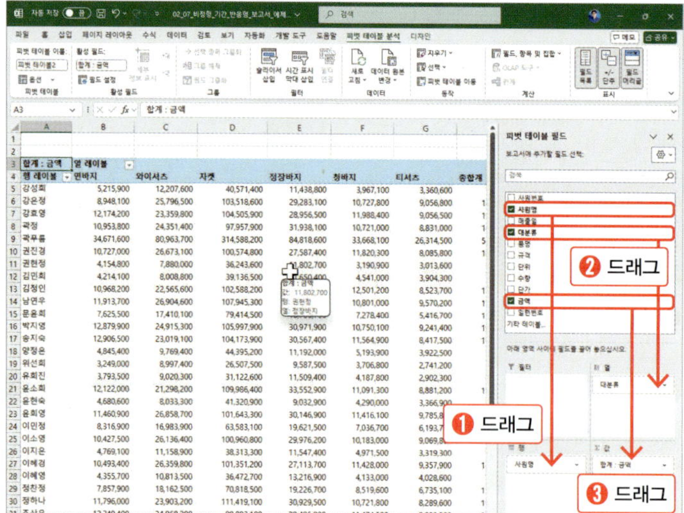

04 [보고서] 시트로 이동해서 [B4] 셀을 선택하고 '='를 입력합니다. 그리고 피벗 테이블이 있는 [Sheet2] 시트에서 강성희의 면바지 매출자료가 있는 [B5] 셀을 선택한 후 Enter 를 누릅니다.

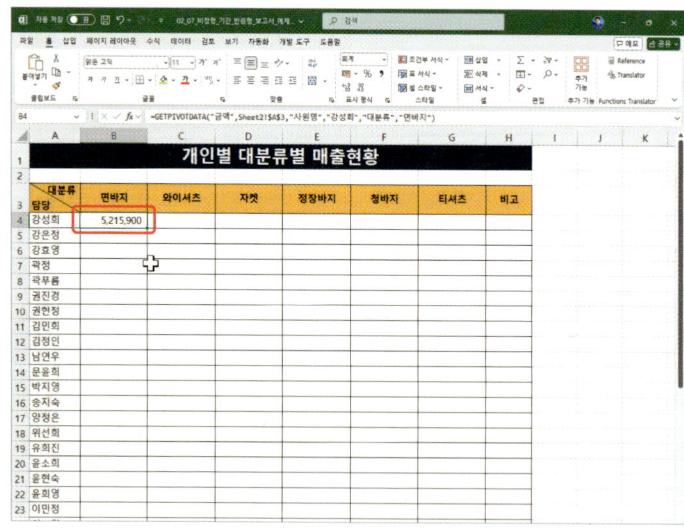

05 [B5] 셀의 수식을 '=GETPIVOTDATA("금액", Sheet2!$A$3,"사원명",$A4,"대분류",B$3)'으로 변경하고 나머지 영역은 수식을 채워서 전체 매출자료를 먼저 만들어 둡니다.

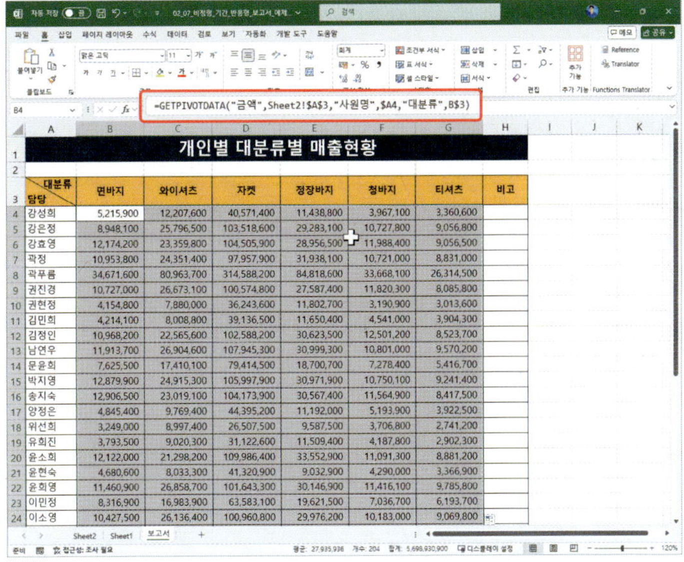

06 이제 기간 내용을 작성하기 위해 다시 피벗 테이블이 있는 [Sheet2] 시트에서 필드 목록에서 [매출일] 필드를 [행] 영역에 드래그 & 드롭합니다. 그리고 년도 데이터 중 하나를 마우스 오른쪽 버튼으로 클릭한 후 [그룹]을 선택합니다.

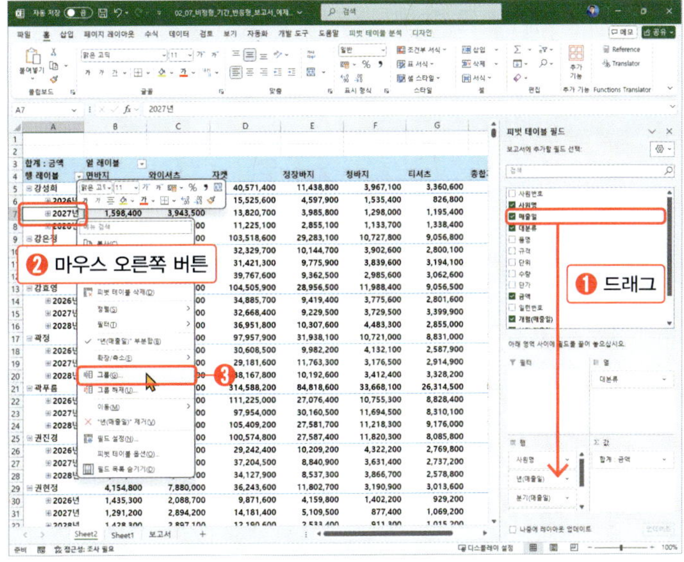

07 [그룹화] 대화상자에서 사용자가 필요로 하는 [연], [월]을 선택하고 [확인]을 클릭합니다.

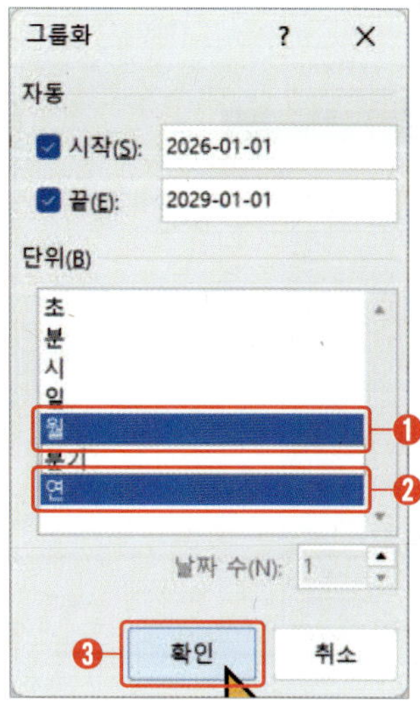

08 [피벗 테이블 분석] 탭 – [필터] 그룹 – [슬라이서 삽입]을 클릭하고, [슬라이서 삽입] 대화상자가 나타나면 방금 그룹을 만든 [년(매출일)]과 [개월(매출일)]을 체크하고 [확인]을 클릭합니다.

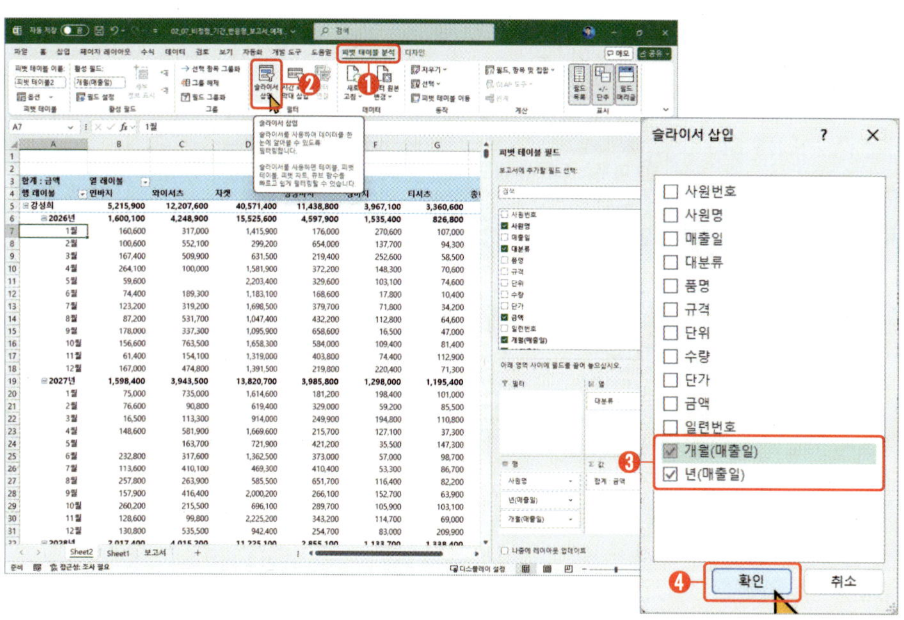

여기서 잠깐

오피스 365 버전에서 시계열 데이터를 그룹화하면 [기간(필드명)]과 같이 작성되지만, 하위 버전은 마지막 그룹은 필드명으로 남습니다. 그래서 매출일이 월이 되는 것입니다. 그래서 연과, 매출일을 선택해야 합니다.

09 삽입된 슬라이서를 가로로 배치하고 모두 선택한 후 [Ctrl]+[X]를 눌러 잘라냅니다.

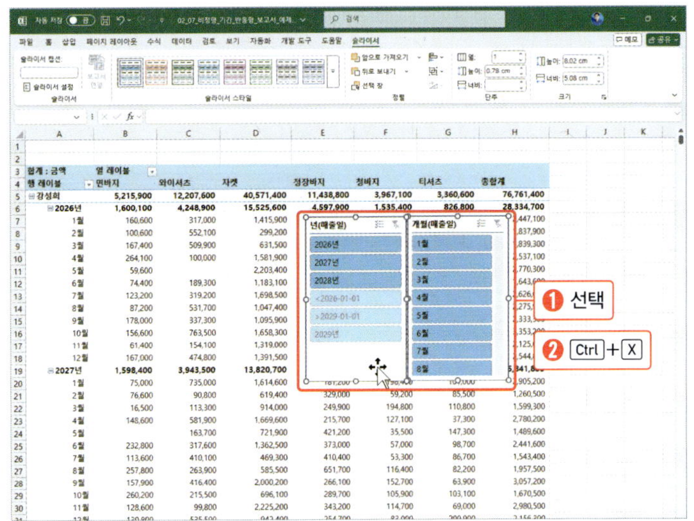

10 [보고서] 시트로 이동해서 붙여넣을 적당한 위치를 선택하고 [Ctrl]+[V]로 붙여 넣습니다. 슬라이서까지 한 화면에 나타내기 위해 오른쪽 아래의 배율을 조정합니다.

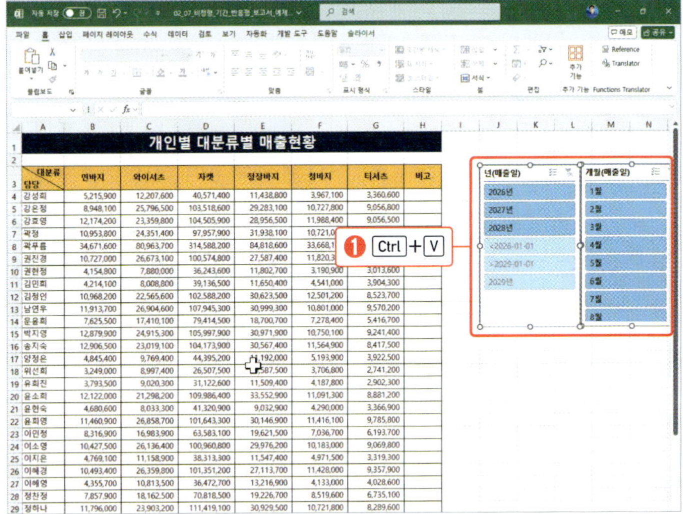

11 두 개의 슬라이서를 활용하기 좋게 화면과 같이 세로로 배치합니다. 그리고 [개월(매출일)] 슬라이서는 항목이 많아 선택이 불편하므로 [슬라이서] 탭 – [단추] 그룹 – [열]을 '3'으로 설정합니다.

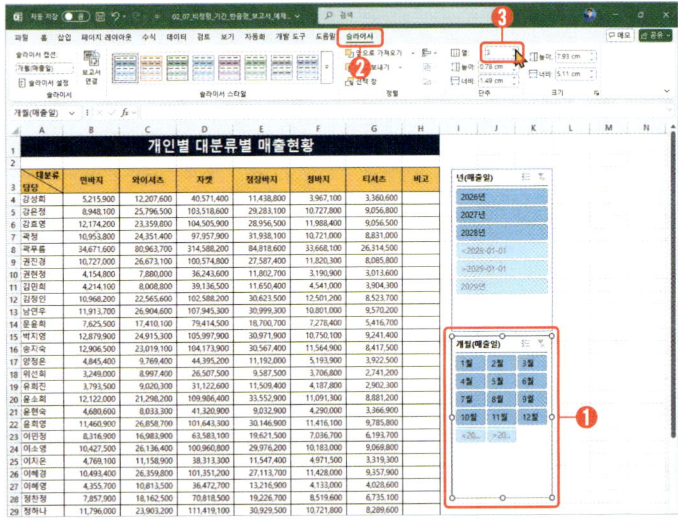

12 그림과 같이 슬라이서 크기도 조절점을 이용해서 조정합니다.

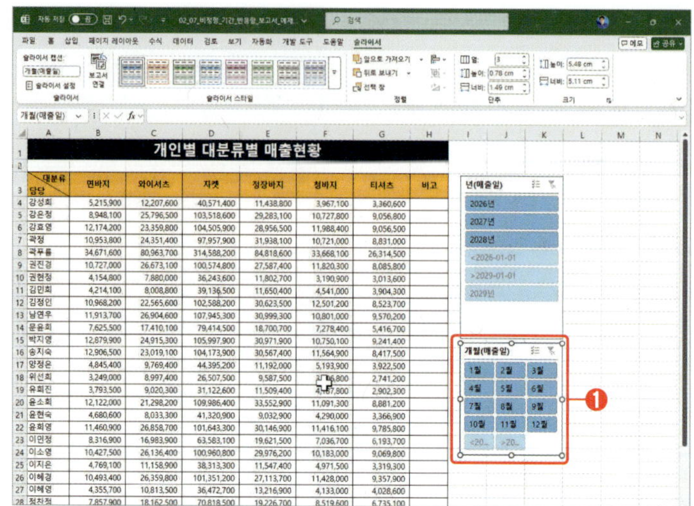

13 2027년 1월, 4월, 5월 3개월의 매출 합계를 산출해 보겠습니다. [년(매출일)] 슬라이서에서 [2027년]을 선택하고, [개월(매출일)] 슬라이서에서 [1월]을 선택한 후 Ctrl을 누르고 [4월], [5월]을 선택합니다. 보고서의 통계량이 사용자가 선택한 비정형 기간의 결과로 실시간 변화되는 것을 확인할 수 있습니다.

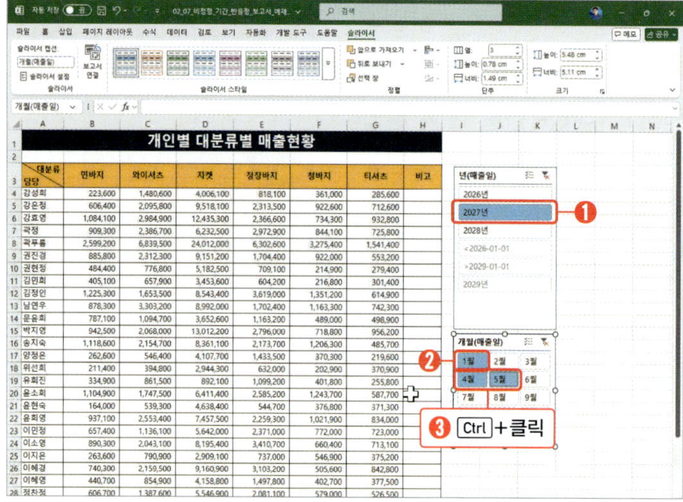

14 이는 슬라이서의 위치는 다른 시트에 있지만, 보고서 연결은 [Sheet2] 시트의 피벗 테이블하고 연결되어 있기 때문에 이렇게 동작하는 것입니다. [Sheet2] 시트를 선택해서 확인해 보면 방금 선택한 기간으로 필터되어 있는 것을 확인할 수 있습니다.

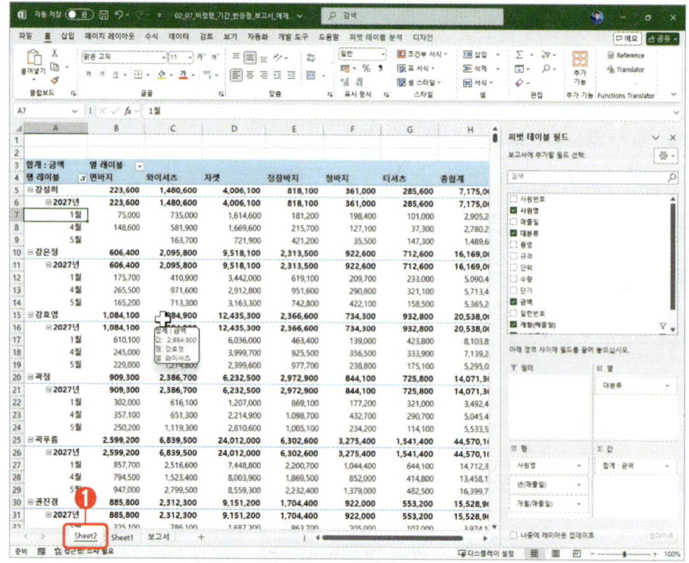

15 이제 비정형 기간의 반응형 보고서 중 2년에 걸친 자료를 분석해 보겠습니다. 예를 들어, 2028년 11월부터 2029년 1월까지의 통계를 나타내고 싶은 경우입니다. 먼저 [보고서] 시트에 삽입된 2개의 슬라이서 오른쪽 위의 [필터 해제]를 클릭하여 필터를 해제합니다.

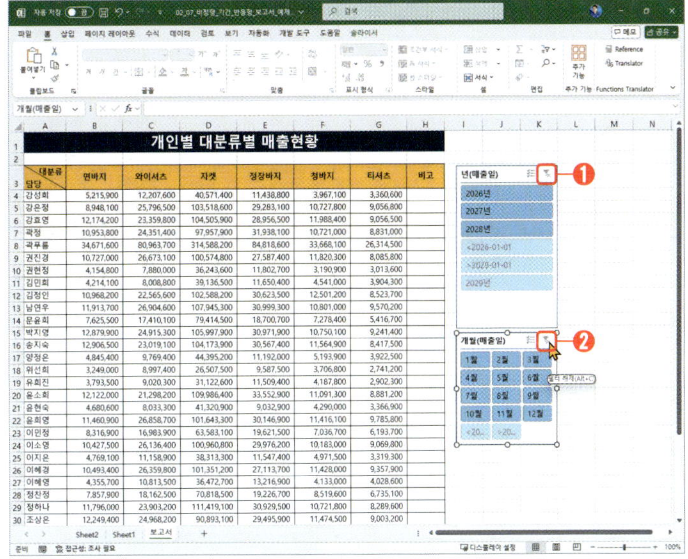

16 피벗 테이블이 있는 [Sheet2] 시트에서 [피벗 테이블 분석] 탭 – [필터] 그룹 – [시간 표시 막대 삽입]을 클릭합니다. 필드 목록 중 시계열 필드 목록이 나열되면 [매출일]을 체크하고 [확인]을 클릭합니다.

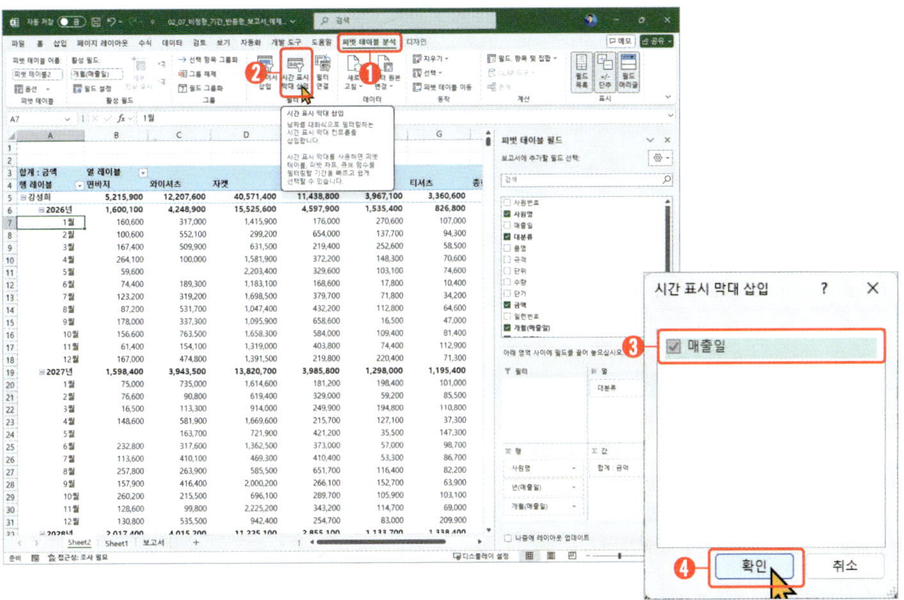

17 시간 표시 막대가 삽입된 것을 확인한 후 Ctrl+X를 눌러 잘라냅니다.

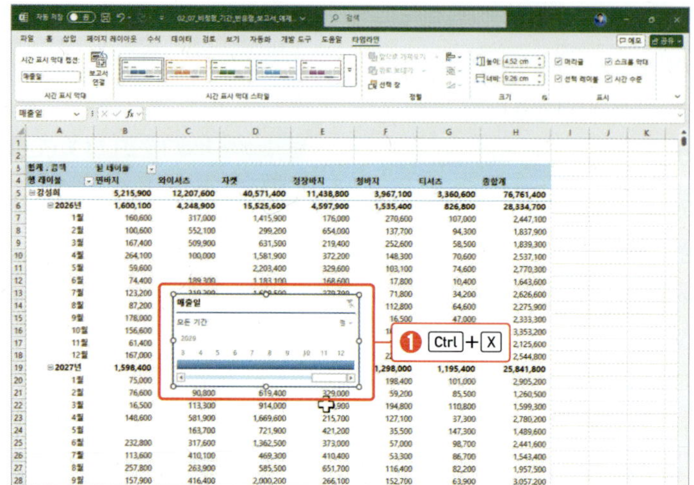

18 [보고서] 시트로 이동해서 삽입할 적당한 위치를 선택한 후 Ctrl+V를 눌러 붙여넣습니다.

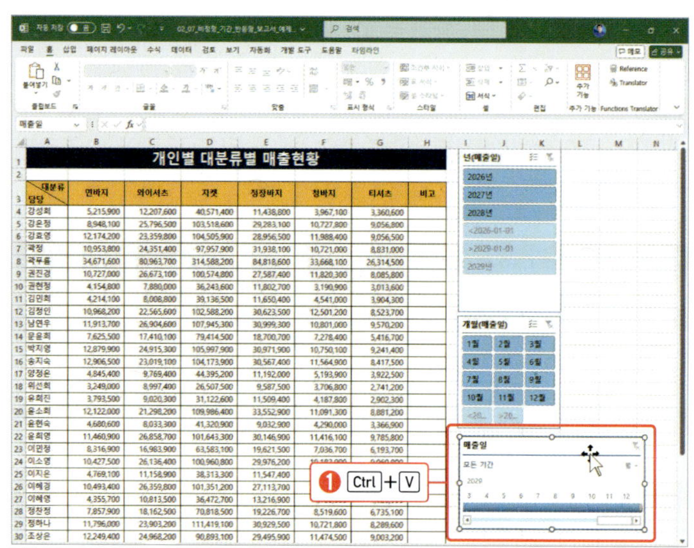

19 이제 왼쪽으로 이동해서 2028년 11월을 선택하고 선택된 기간의 우측으로 이동시키면 마우스 커서가 좌우 화살표 형태로 변경되는데 이때 드래그해서 2029년 1월까지 드래그합니다. 보고서의 통계가 시간 표시 막대에서 선택한 기간의 통계로 변경되는 것을 확인할 수 있습니다.

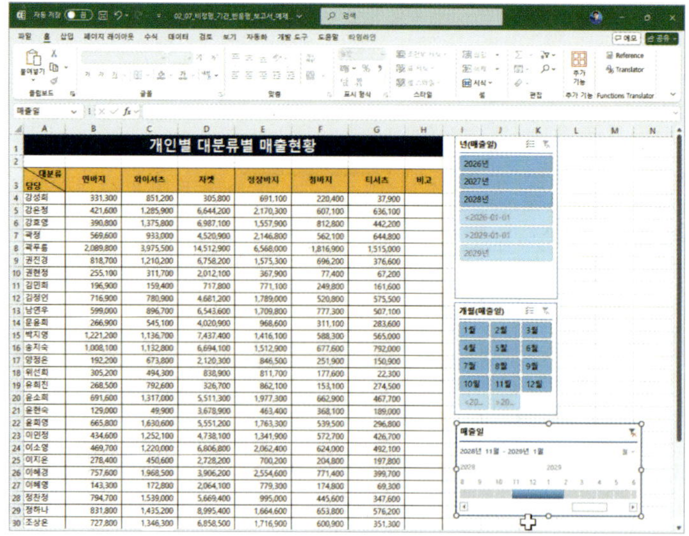

008 문자로 입력된 시간을 포함한 날짜 시계열 데이터의 변환

피벗 테이블을 올바르게 활용하기 위해서는 데이터의 속성을 정확히 정리하는 것이 매우 중요합니다.
이번에는 날짜와 시간이 함께 포함된 문자형 데이터를 올바른 날짜 시계열 데이터로 변환하는 방법을 익혀보겠습니다.

- **실습 파일 :** Part 02 > 예제 > 02_08_날짜 시간_포함_문자 데이터_변환_예제.xlsx
- **완성 파일 :** Part 02 > 완성 > 02_08_날짜 시간_포함_문자 데이터_변환_완성.xlsx

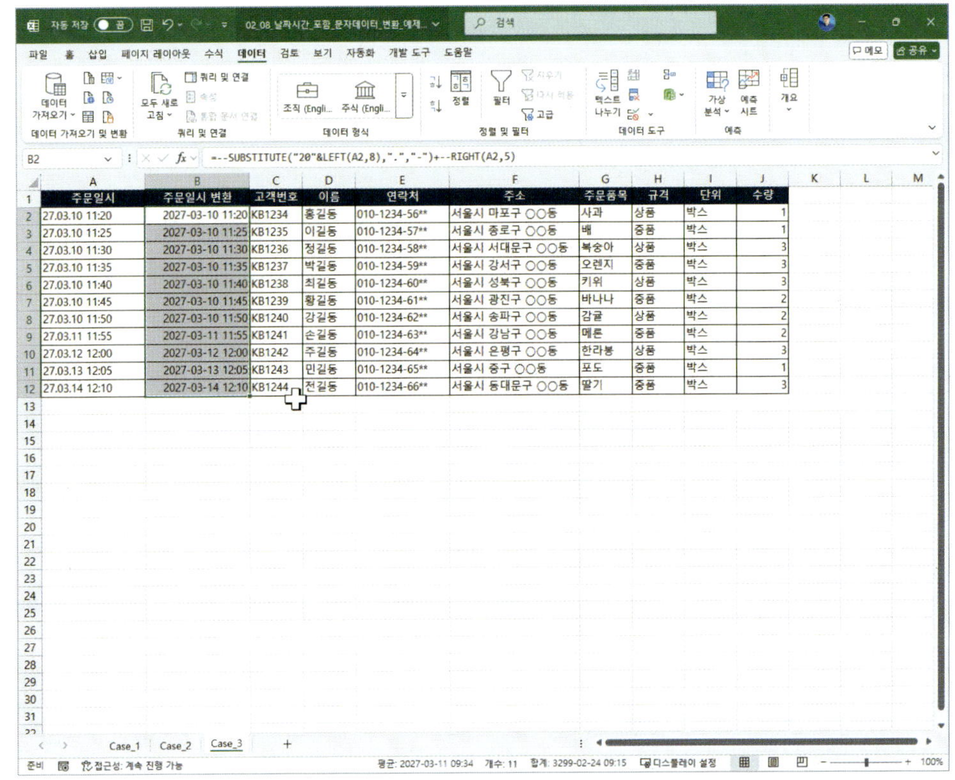

주요 기능	현업 활용
LEFT, RIGHT 함수	• 날짜와 시간이 포함된 문자로 입력된 비정상적인 데이터를 변환하는 방법 • 날짜와 시간을 별도로 분리 후 계산하고 처리하는 방법
텍스트 나누기	• YYYY-MM-DD HH:MM 형식의 문자로 입력된 비정상적인 데이터의 변환
--(마이너스 연산 2회)의 의미와 응용	• 숫자로 변환 가능한 문자의 연산처리 시 숫자로 변환되는 방법을 응용하는 방법 • 날짜와 시간을 별도 처리하지 않고 한번에 정상 데이터로 변환하는 방법

01 예제 파일을 불러온 후 [A] 열의 주문일시를 확인해 보면 문자 속성인 것을 알 수 있습니다. [A2] 셀의 데이터 중 날짜 부분을 변경하겠습니다. [B2] 셀에 '=LEFT(A2,10)'을 입력하면 그림과 같이 '2027-03-10'이라는 데이터가 나타나는데 이 데이터는 현재 문자 형식입니다.

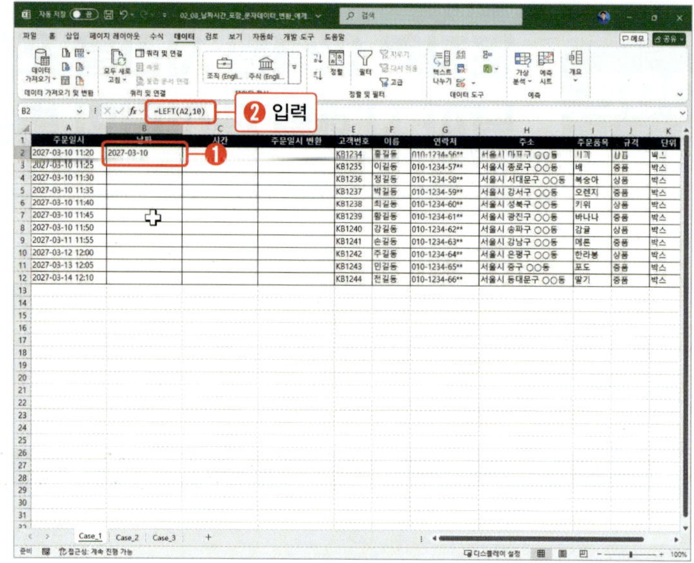

수식 설명

=LEFT(A2,10)

❶ : LEFT 함수의 첫 번째 인수로 데이터나 데이터가 있는 셀

❷ : 첫 번째 인수로 지정한 데이터 중 왼쪽에서 몇 글자를 가져올지 정하는 값

[A2] 셀 데이터 중 왼쪽에서 10글자를 나타내라는 의미입니다.

02 추출된 문자를 숫자 속성으로 변환하는 방법은 기존에 해당 데이터를 연산 처리하면 된다는 것을 익혔는데 지금과 같은 경우는 −1을 2번 곱해주면 결국은 1을 곱하는 꼴이 됩니다. 그래서 해당 수식을 '=−−LEFT(A2,10)'으로 변경하고 Enter를 누릅니다. 해당 데이터가 숫자 형식으로 변환된 것을 확인할 수 있습니다.

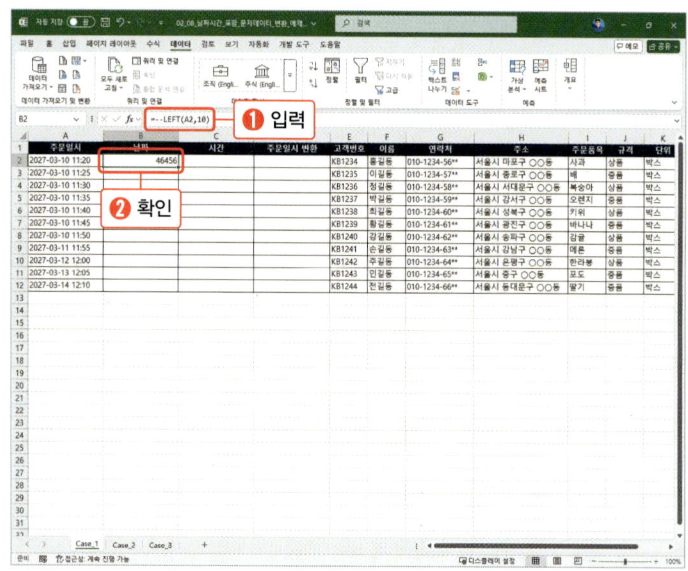

03 이번에는 [A2] 셀의 데이터 중 시간 부분을 변환하겠습니다. [C2] 셀에 '=--RIGHT(A2,5)'를 입력하고 Enter를 누르면, 그림과 같이 숫자로 변환된 데이터를 확인할 수 있습니다.

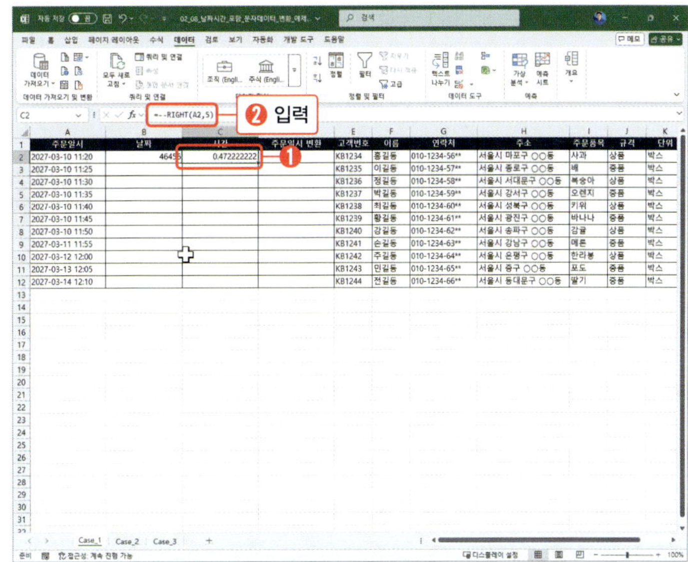

수식 설명

=--RIGHT(A2,5)
❶ ❷

❶ : RIGHT 수식의 첫 번째 인수로 데이터나 데이터가 들어 있는 셀

❷ : 첫 번째 인수로 지정한 데이터에서 나타낼 텍스트 길이

따라서, [A2] 셀의 데이터를 오른쪽에서 5글자를 가져와서 -1을 곱하고, 또 -1을 곱해서 숫자로 변환하라는 의미입니다.

04 이제 두 개의 데이터를 합산하기 위해 [D2] 셀에 '=B2+C2'를 입력하고 Enter를 누릅니다.

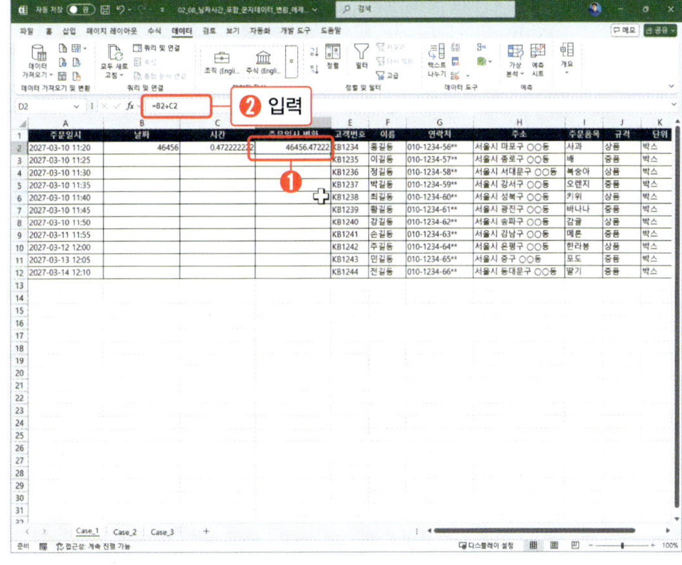

05 모두 숫자로 변환했으면, 셀 서식을 이용하여 날짜 시간으로 표시하겠습니다. [D2] 셀을 선택하고 Ctrl+1을 눌러 [셀 서식] 대화상자를 불러옵니다. [범주]는 '사용자 지정', [형식]에 'yyyy-mm-dd hh:mm'을 입력한 후 [확인]을 클릭합니다.

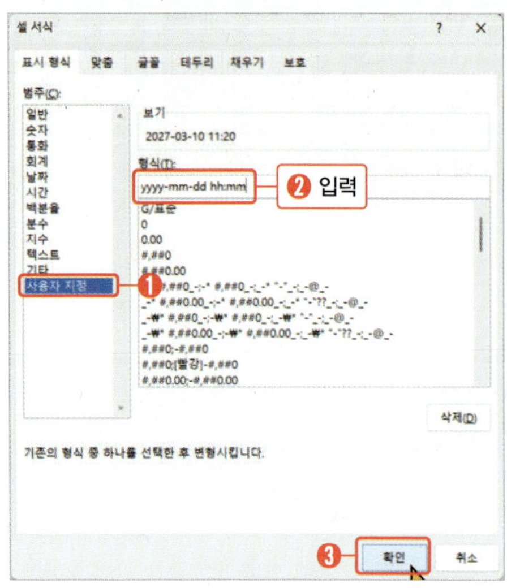

06 [D2] 셀 데이터의 서식이 지정된 것을 확인할 수 있습니다.

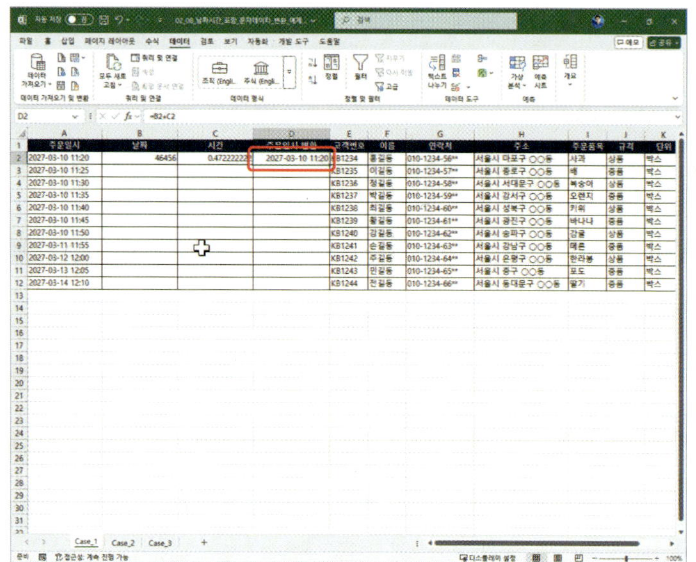

07 [B2:D2] 셀을 선택하고 [D2] 셀의 오른쪽 하단에 마우스 커서를 위치시키고 채우기 핸들을 더블클릭해서 [B12:D12] 셀까지 수식을 복사합니다. [D] 열에 정상 데이터로 변환된 것을 확인할 수 있습니다.

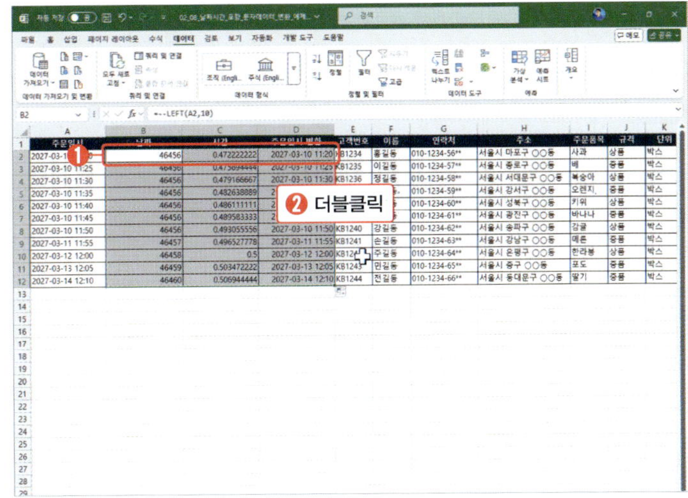

08 이번에는 좀 더 쉽게 변환하는 방법을 확인하겠습니다. [Case_2] 시트로 이동해서 변환할 데이터인 [A2:A12] 셀을 선택하고 [데이터] 탭 – [데이터 도구] 그룹 – [텍스트 나누기]를 클릭합니다.

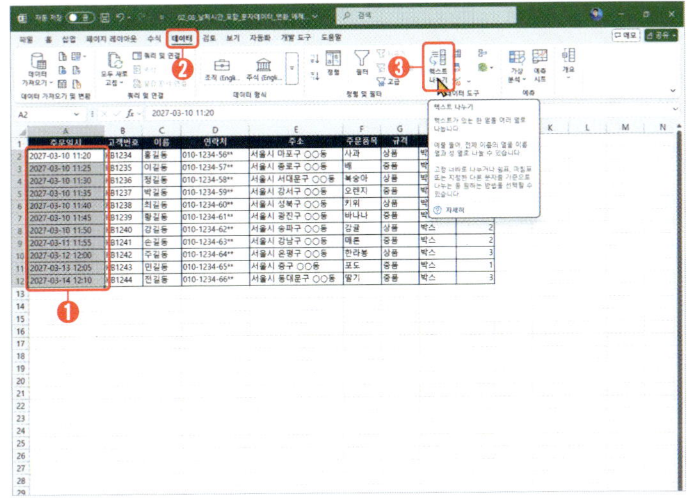

09 텍스트 마법사 1단계에서 [다음]을 클릭해서 넘깁니다.

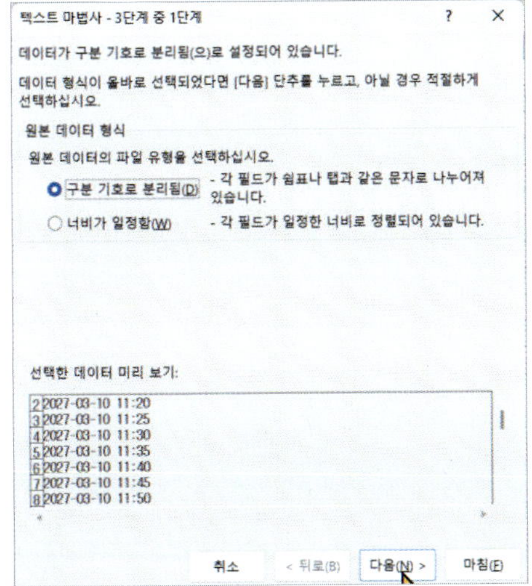

10 텍스트 마법사 2단계도 [다음]을 클릭해서 넘깁니다.

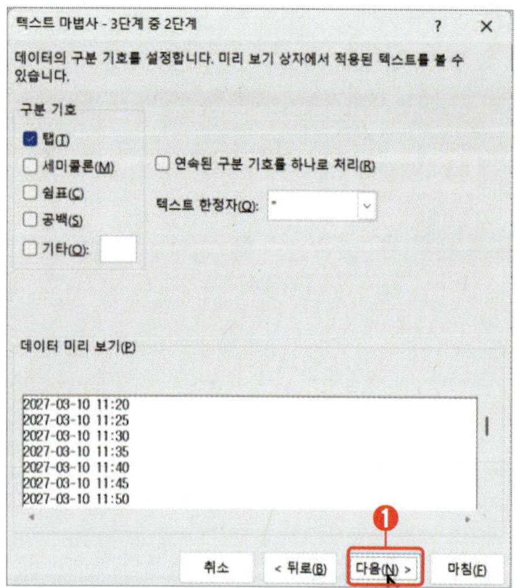

11 텍스트 마법사 3단계가 나타나면 [열 데이터 서식]을 [날짜]로 지정하고 '년월일'인 것을 확인한 후 [마침]을 클릭합니다.

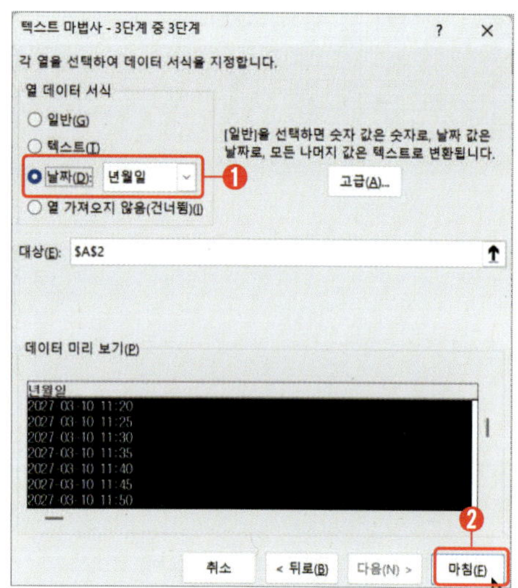

12 [A] 열 데이터가 정상 데이터로 변환된 것을 확인할 수 있습니다.

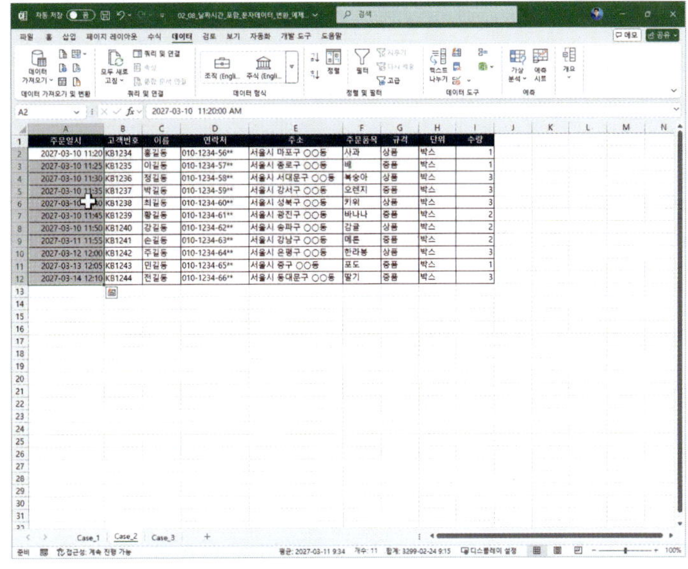

여기서 잠깐

한글 엑셀은 날짜를 나타내는 기본 서식이 'yyyy-mm-dd'입니다.
지금 진행한 방법은 [A] 열 데이터가 텍스트이지만, 'yyyy-mm-dd hh:mm' 형태로 되어 있으므로 가능한 것입니다. 만약 일반적이지 않은 'yy.mm.dd hh:mm'나 'yymmdd hh:mm'과 같은 텍스트라면 이 방법으로 변경되지 않습니다.

13 이번에는 한글 엑셀의 기본 서식 형태가 아닌 데이터의 변환을 알아보겠습니다. [Case_3] 시트를 선택하고 [B2] 셀에 '="20"&LEFT(A2,8)'을 입력한 후 Enter를 누릅니다.

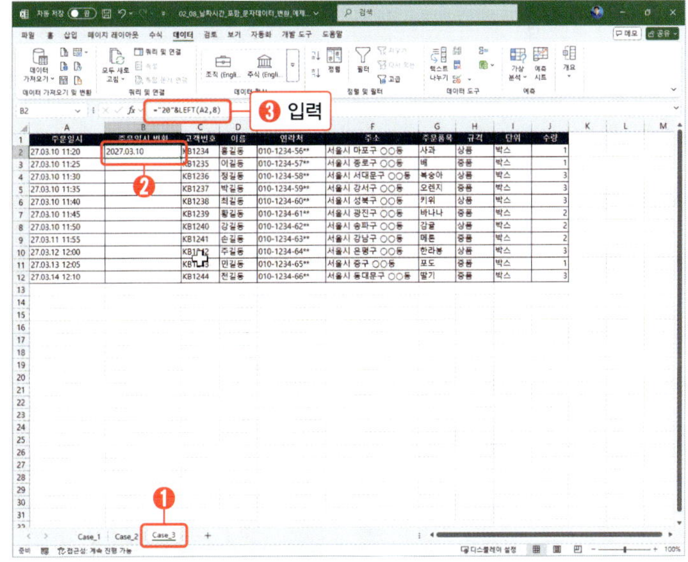

수식 설명

="20"&LEFT(A2,8)

❶ : LEFT 수식을 통해 나타난 텍스트 앞에 '20'이라는 텍스트를 붙여 넣을 데이터
❷ : LEFT 수식의 첫 번째 인수로 데이터나 데이터가 있는 셀
❸ : LEFT 수식의 첫 번째 인수로 지정한 데이터에서 나타낼 텍스트 길이

따라서 LEFT(A2,8)은 [A2] 셀에서 왼쪽에서 8글자를 나타내므로 '27.03.10'이 되고, 그 결과에 앞에 '20'을 붙여서 '2027.03.10.'이라는 결과가 나타나게 됩니다.

14 해당 수식의 결과(2027.03.10.)에서 '.'을 '-'로 변경하면 한글 엑셀에서 일반적으로 표현하는 날짜 서식이 됩니다. 해당 수식을 '=SUBSTITUTE("20"&LEFT(A2,8),".","-")'로 입력하고 Enter를 누릅니다. 그럼 그림과 같이 텍스트이지만 '2027-03-10'으로 나타납니다.

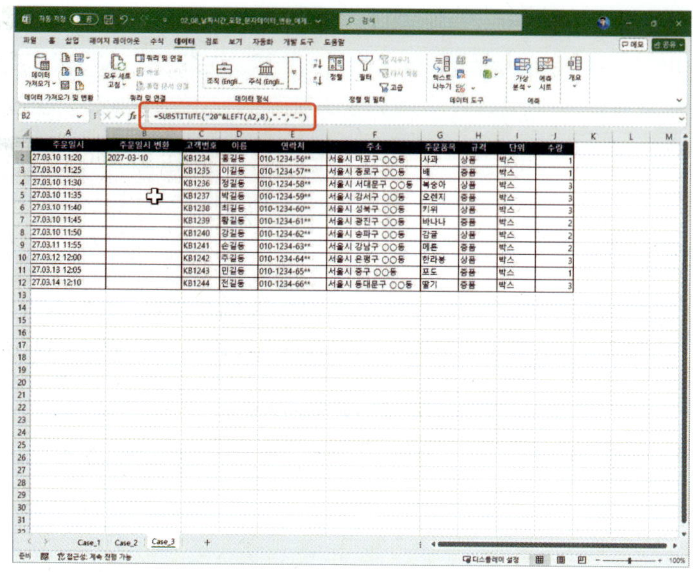

수식 설명

=SUBSTITUTE("20"&LEFT(A2,8),".","-")

❶ : SUBSTITUTE 수식의 첫 번째 인수로 데이터나 데이터가 있는 셀

❷ : 첫 번째 인수로 지정한 데이터 중 변환 대상이 되는 값

❸ : 세 번째 인수로 변환 대상을 변경할 값

따라서 '2027.03.10.'이라는 텍스트에서 '.'을 '-'로 변환하라는 의미입니다.

15 변환된 데이터는 아직 문자 형식이므로 숫자 형식으로 변환하기 위해 수식 앞에 '-'를 2개 붙여서 '=--SUBSTITUTE("20"&LEFT(A2,8),".","-")'로 변경한 후 Enter를 누르면 숫자 형식으로 변환된 데이터를 확인할 수 있습니다.

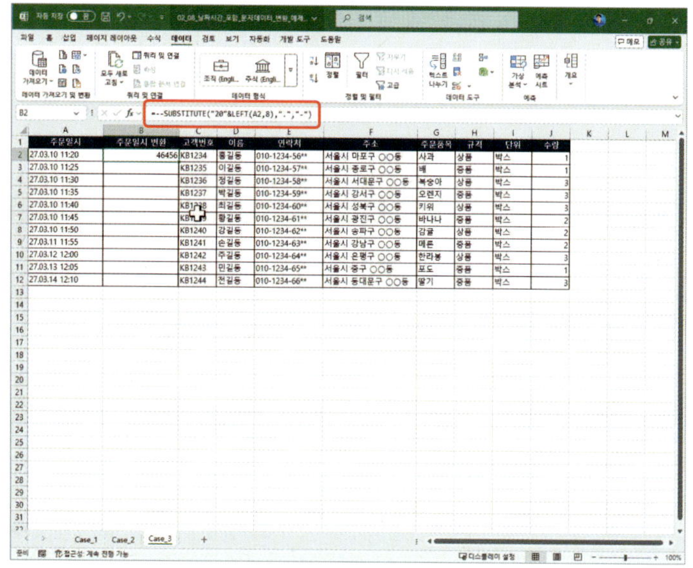

16 날짜 부분은 변환되었고 이제 시간 부분을 변환하겠습니다. 기존 수식에 뒷부분에 '+−−RIGHT(A2,5)' 수식을 이어 붙여서 기존 숫자에 시간을 더해주면 됩니다. [B2] 셀 수식을 '=−−SUBSTITUTE("20"&LEFT(A2,8),".","−")+−−RIGHT(A2,5)'로 입력하고 Enter를 누릅니다.

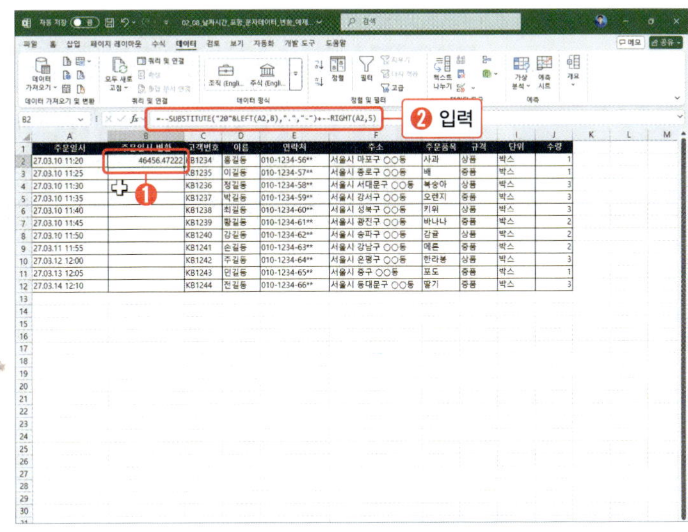

17 [B2] 셀 데이터의 우측 하단으로 커서를 이동시켜 채우기 핸들을 더블클릭해서 수식을 [B12] 셀까지 채우고 Ctrl+1을 눌러 [셀 서식] 대화상자를 불러옵니다. [범주]는 '사용자 지정', [형식]에 'yyyy−mm−dd hh:mm'을 입력한 후 [확인]을 클릭합니다.

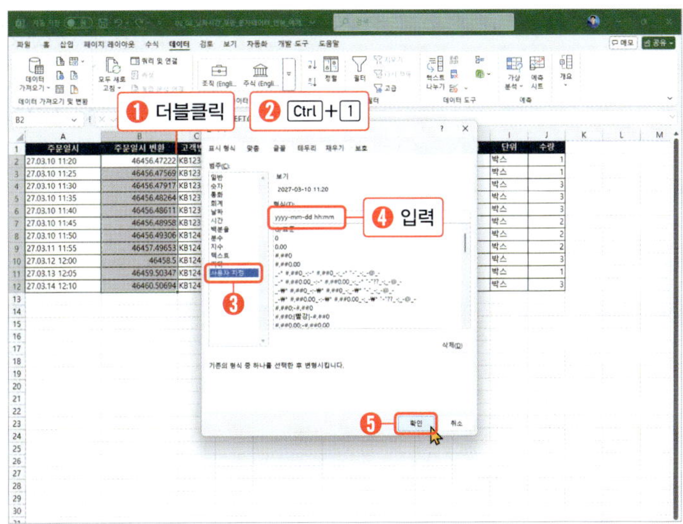

18 최종 주문일시를 숫자 속성의 정상 데이터로 변환한 것을 확인할 수 있습니다.

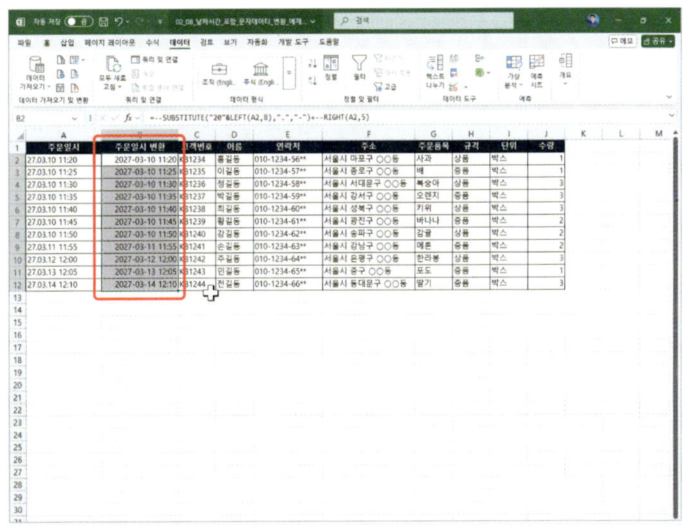

009 데이터 형식을 변환해도 그룹이 되지 않거나, 통계가 되지 않는 데이터의 해결 방법

앞에서 날짜 데이터를 정상적으로 변환하는 방법을 익혔습니다. 하지만 기존 자료를 날짜 형식으로 변환했음에도 그룹화가 되지 않거나 통계 계산이 되지 않는 문제가 발생할 수 있습니다. 이번에는 그 원인을 살펴보고, 이를 올바르게 해결하는 방법을 알아보겠습니다.

- **실습 파일 :** Part 02 > 예제 > 02_09_데이터_후 변환_예제.xlsx
- **완성 파일 :** Part 02 > 완성 > 02_09_데이터_후 변환_완성.xlsx

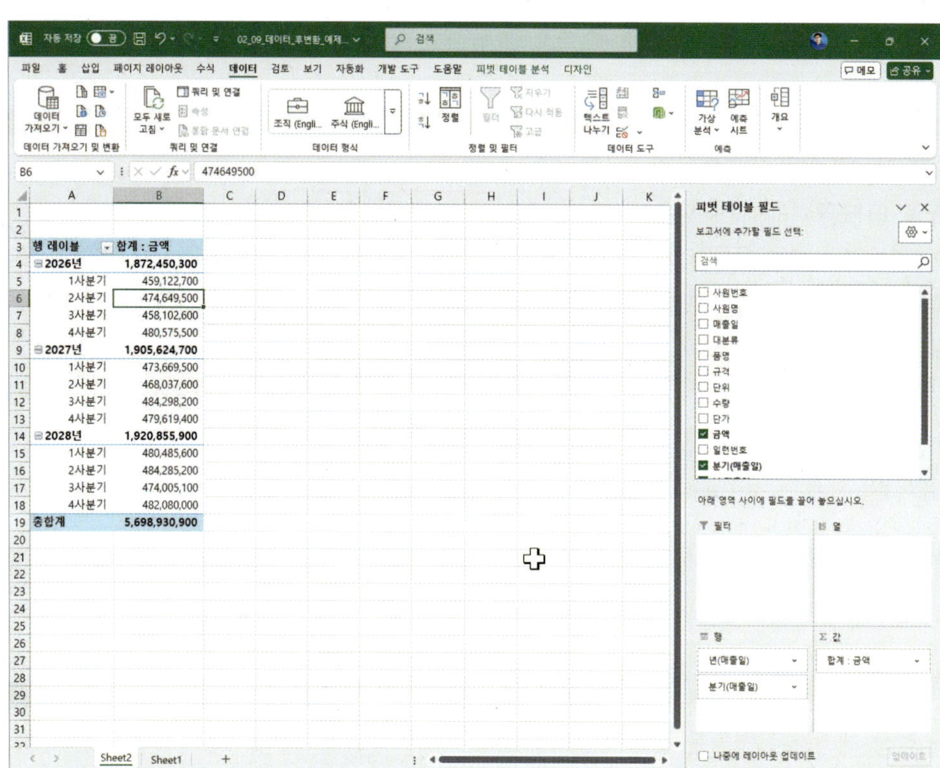

주요 기능	현업 활용
텍스트 나누기	• 문자로 입력된 날짜의 일괄 변환
선택하여 붙여넣기	• 문자로 입력된 숫자의 일괄 변환
새로 고침	• 정상 날짜, 숫자로 변환했는데도 날짜가 그룹이 되지 않을 때의 처리법

01 참고로 예제 파일은 현재 매출일이나 수량, 단가, 금액이 모두 문자 형식입니다. 날짜나 숫자를 변경하지 않고 피벗 테이블을 먼저 작성하면 생기는 문제를 확인하겠습니다. 예제 파일을 불러온 후 Ctrl+T를 누릅니다. [표 만들기] 대화상자에서 [머리글 포함]의 체크를 확인한 후 [확인]을 클릭해서 표로 만듭니다.

02 [테이블 디자인] 탭 – [도구] 그룹 – [피벗 테이블로 요약]을 클릭하고, [표 또는 범위의 피벗 테이블] 대화상자가 나타나면 기본 설정 그대로 [확인]을 클릭해서 새 워크시트에 피벗 테이블을 작성합니다.

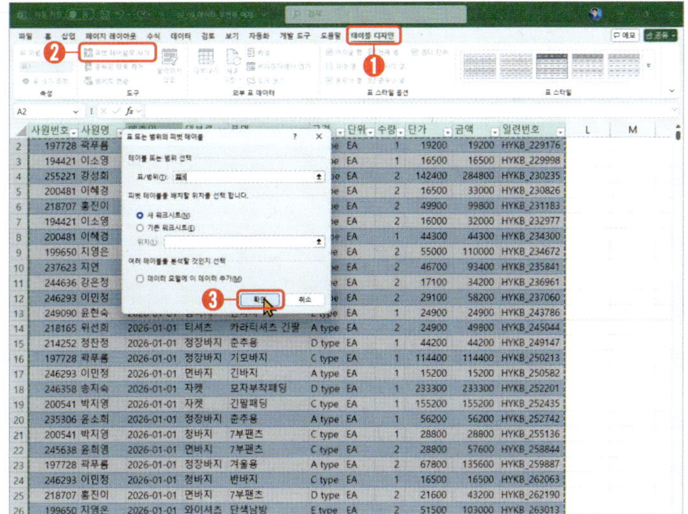

03 필드 목록에서 [매출일] 필드를 [행] 영역에 드래그 & 드롭하고, 데이터 중 임의의 셀을 마우스 오른쪽 버튼으로 클릭한 후 [그룹]을 선택합니다.

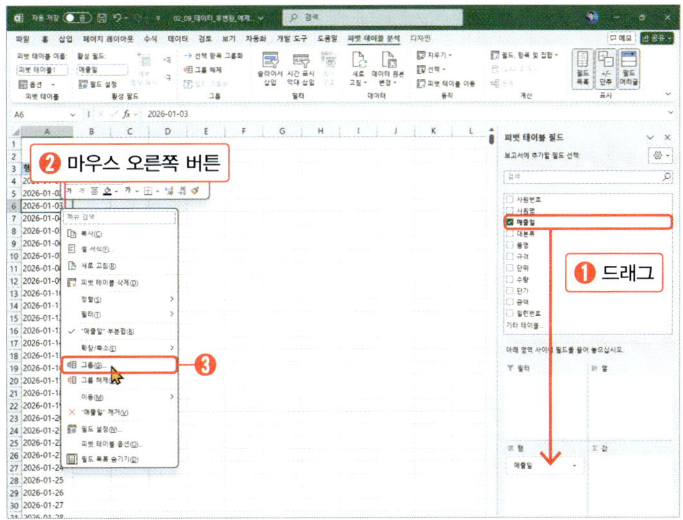

04 아직 숫자 속성 데이터가 아니기에 당연히 그룹으로 묶지 못한다는 오류가 나타납니다. 메시지 박스의 내용을 확인하고 [확인]을 클릭하여 닫습니다.

05 다시 [Sheet1] 시트에서 날짜를 변환하겠습니다. 옆의 그림은 TYPE 함수로 [C2] 셀의 데이터 속성을 확인한 것입니다. 문자 형식이기에 '2'를 반환하게 됩니다.

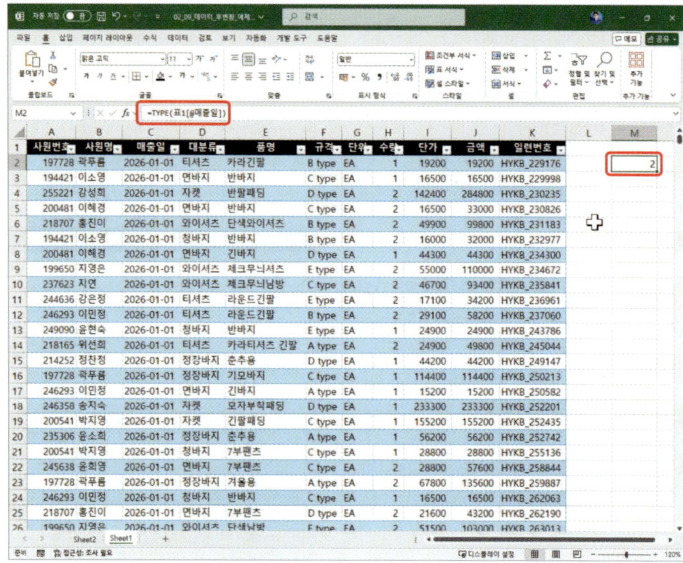

06 데이터 변환을 위해 [C2] 셀을 선택하고 Ctrl+Shift+↓를 눌러 변환할 데이터를 선택하고 [데이터] 탭 – [데이터 도구] 그룹 – [텍스트 나누기]를 클릭합니다.

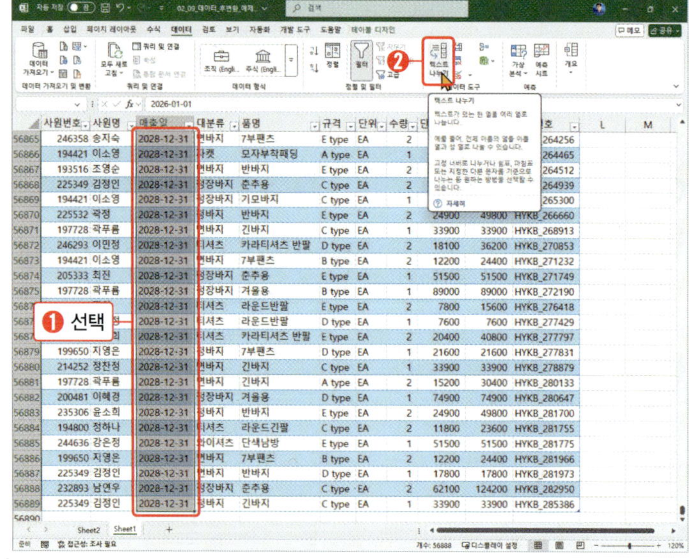

07 텍스트 마법사에서 1, 2단계는 [다음]으로 넘기고 3단계에서 [열 데이터 서식]을 [날짜], '년월일'인 것을 확인하고 [마침]을 클릭합니다.

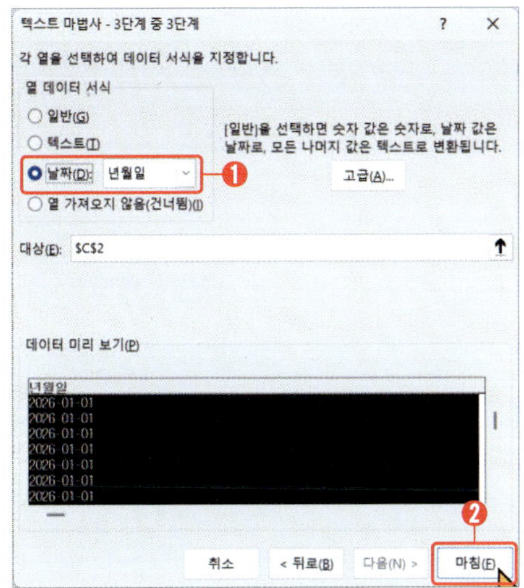

08 모두 정상 날짜로 변환되었고 [M2] 셀의 TYPE 함수 결과가 '1'로 바뀐 것을 확인할 수 있습니다.

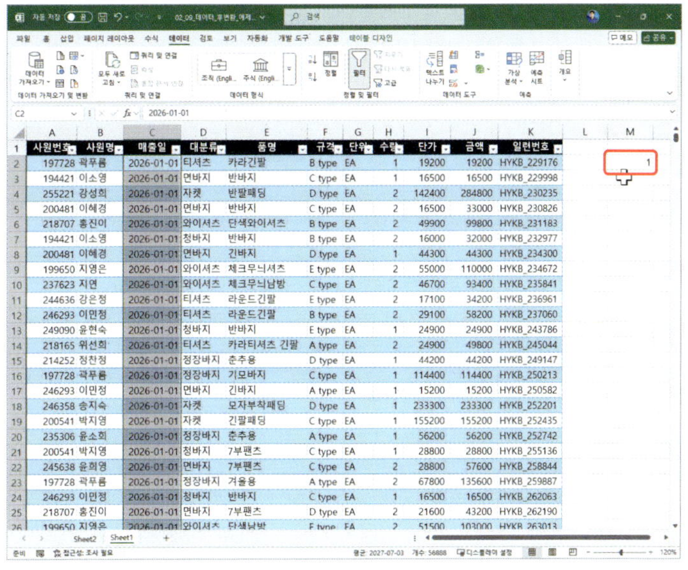

09 다시 피벗 테이블이 있는 [Sheet2] 시트로 이동해서 데이터 속성이 바뀌었으므로 피벗 캐시를 새로 고침하겠습니다. 데이터 중 임의의 셀을 마우스 오른쪽 버튼으로 클릭한 후 [새로 고침]을 선택합니다.

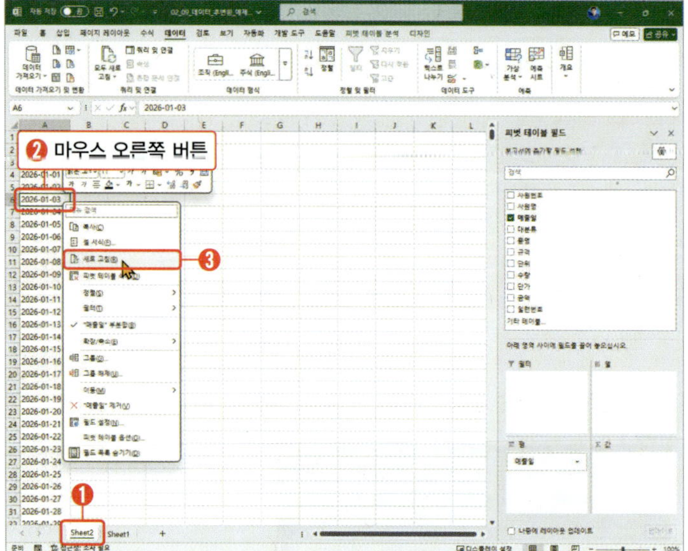

10 다시 데이터 중 임의의 셀을 마우스 오른쪽 버튼으로 클릭한 후 [그룹]을 선택합니다.

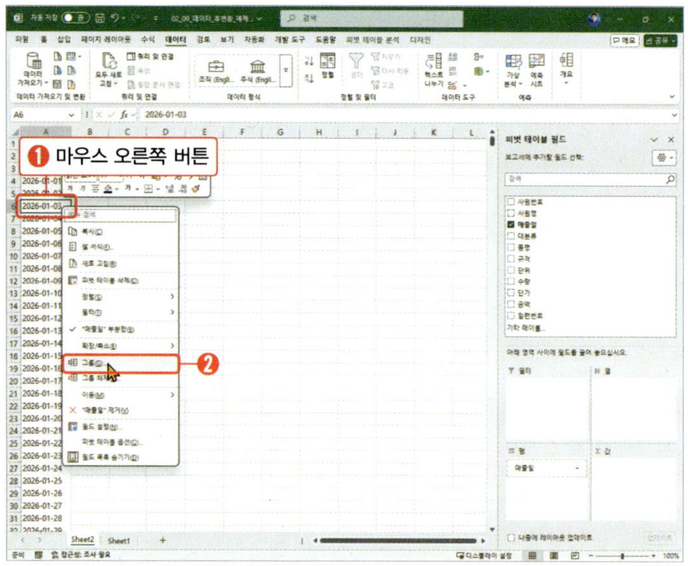

11 분명 정상 날짜로 변경했고 새로 고침도 했는데 또 그룹으로 묶지 못한다는 오류 메시지가 나타납니다. 이는 날짜는 한번 새로 고침하게 되면 서식만 변하고 데이터 속성은 변하지 않기 때문입니다. 일단 메시지 박스는 [확인]을 클릭해서 닫습니다.

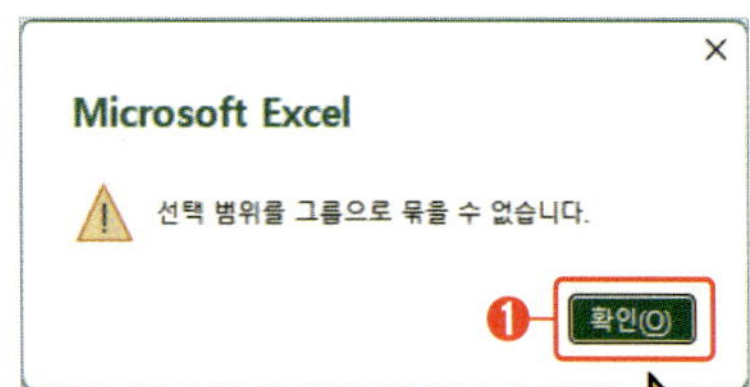

12 이제 피벗 테이블을 삭제하고 다시 작성하면 되겠지만 이보다 더 쉬운 방법으로, 한번 새로 고침하면 서식이 변경되고 이 상태에서 다시 한번 새로 고침하면 이제는 데이터 속성이 변경 됩니다. 데이터 중 임의의 셀을 마우스 오른쪽 버튼으로 클릭한 후 [새로 고침]을 선택합니다.

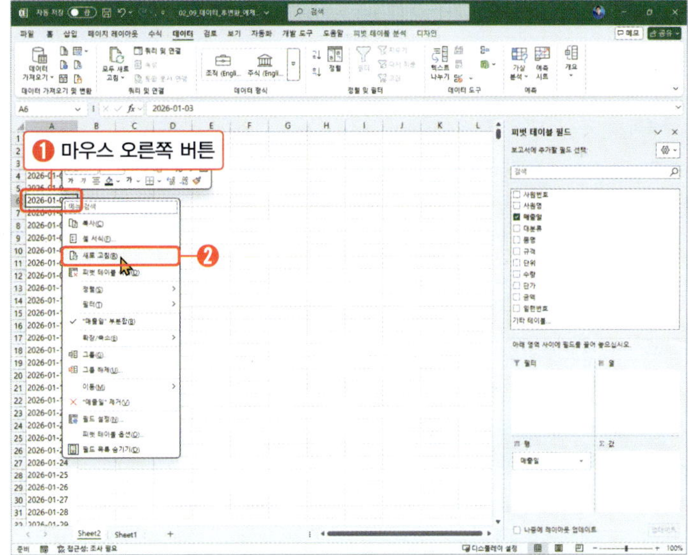

13 데이터 중 임의의 셀을 마우스 오른쪽 버튼으로 클릭한 후 [그룹]을 선택합니다.

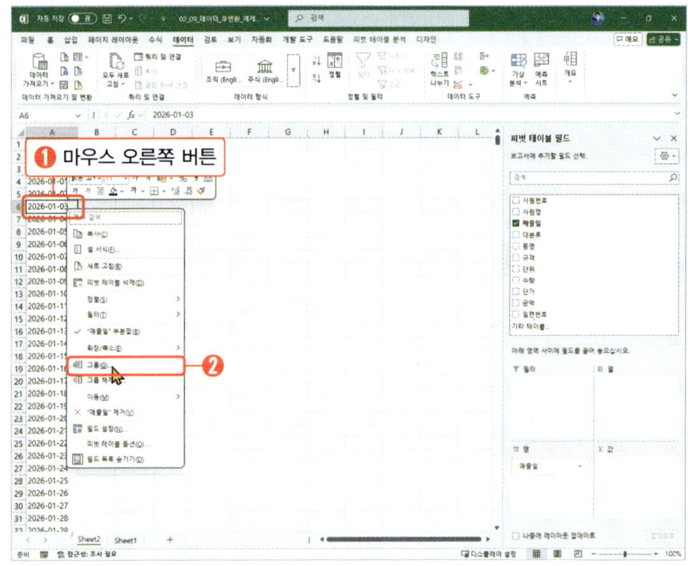

14 이제는 그룹이 가능해지는 것을 확인할 수 있습니다. [연], [분기]를 선택하고 [확인]을 클릭합니다.

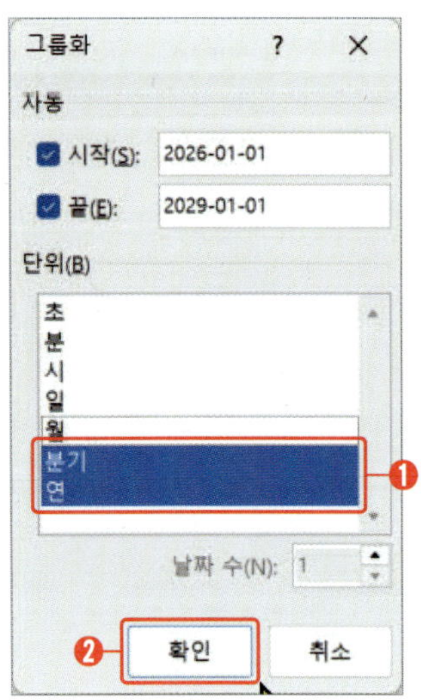

15 이제 연, 분기별 매출 금액의 합계를 나타내기 위해 필드 목록에서 [금액] 필드를 [값] 영역에 드래그 & 드롭합니다. 그림과 같이 합계가 아닌 개수로 통계량이 표시되는 것을 확인할 수 있습니다. 이는 아직까지 문자 금액을 숫자 형식으로 변환하지 않았기 때문입니다.

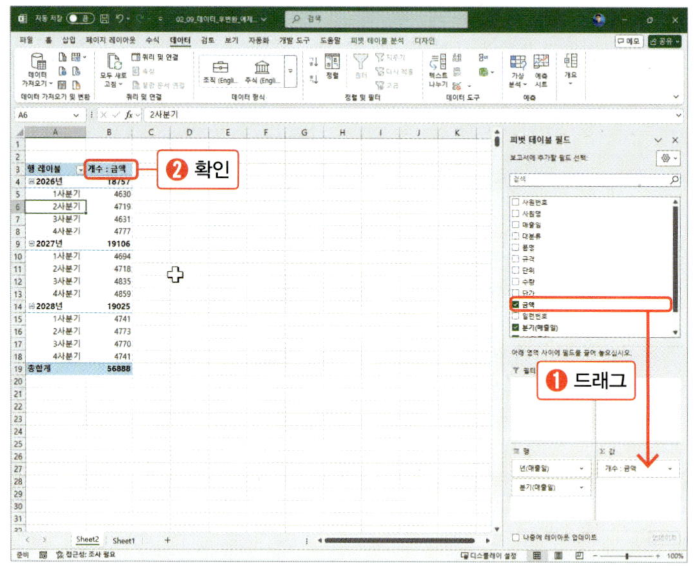

16 다시 데이터가 있는 [Sheet1] 시트로 이동해서 데이터를 변환하겠습니다. [M2] 셀에 '1'을 입력하고 복사한 뒤 [H2:J2] 셀을 선택한 후 Ctrl+Shift+↓를 눌러 범위를 선택합니다. 임의의 셀을 마우스 오른쪽 버튼으로 클릭한 후 [선택하여 붙여넣기]를 선택합니다. [선택하여 붙여넣기] 대화상자가 나타나면 [값], [곱하기]를 체크하고 [확인]을 클릭합니다.

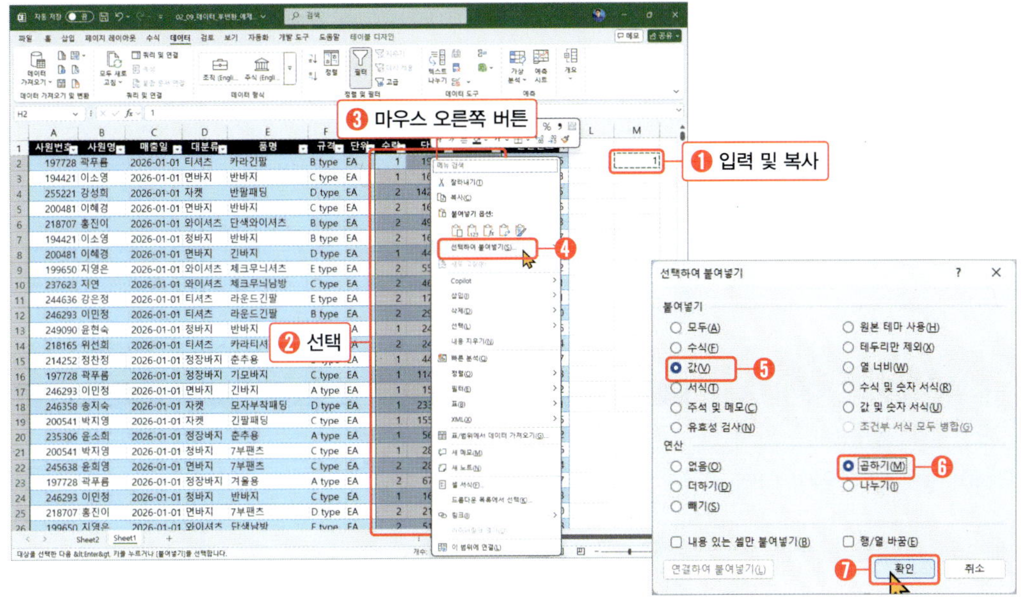

17 다시 피벗 테이블이 있는 [Sheet2] 시트로 이동해서 데이터 중 임의의 셀을 마우스 오른쪽 버튼으로 클릭한 후 [새로 고침]을 선택합니다.

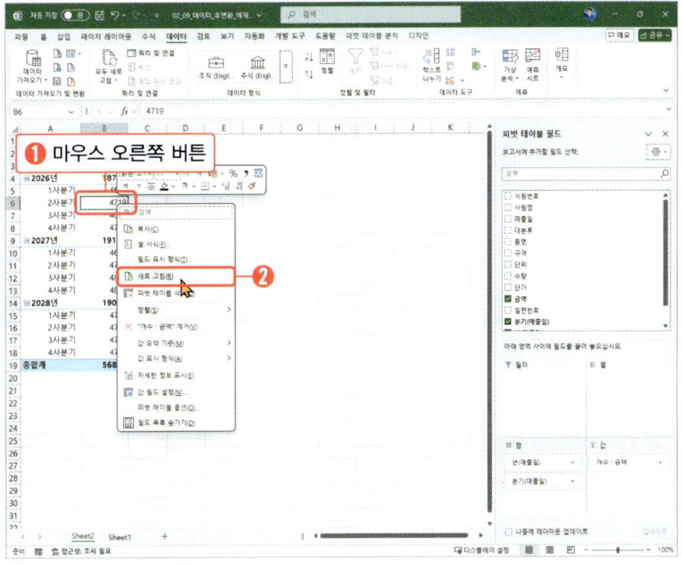

18 아직 통계량이 변하지 않았는데 값 요약 기준을 변경해 주겠습니다. 임의의 셀을 마우스 오른쪽 버튼으로 클릭한 후 [값 요약 기준] – [합계]를 선택합니다.

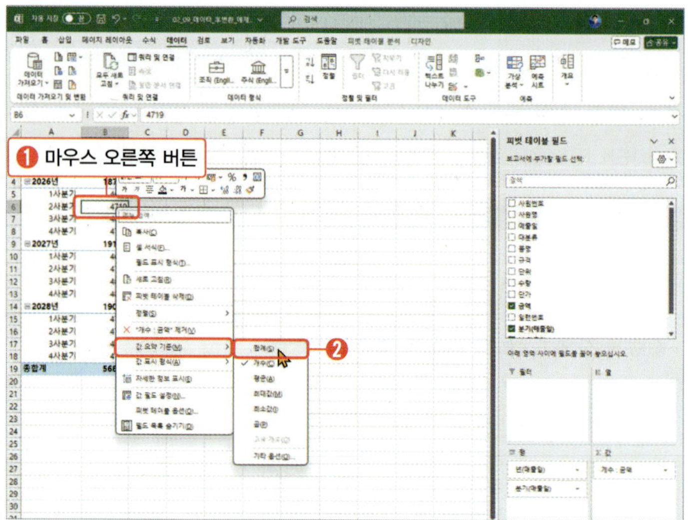

19 금액의 합계가 나타나는 것을 확인할 수 있습니다. 하지만 서식이 쉼표 스타일이 아닙니다.

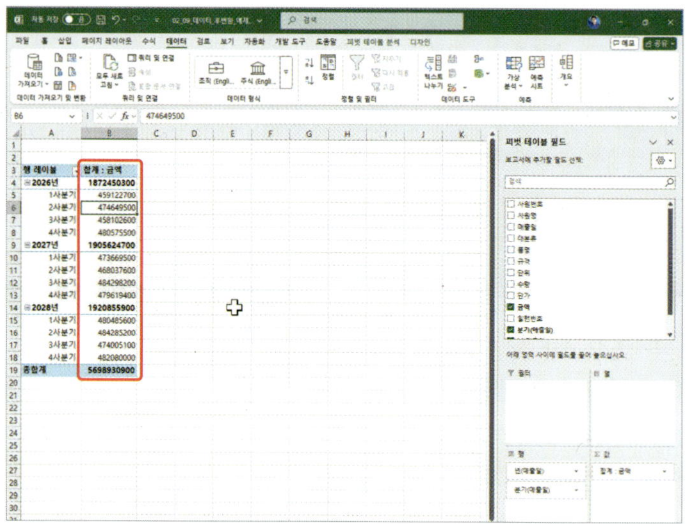

20 임의의 셀을 마우스 오른쪽 버튼으로 클릭한 후 [필드 표시 형식]을 선택합니다. 셀 서식을 실행하면 선택한 데이터만 서식이 변경되지만 [필드 표시 형식]을 이용하면 해당 통계량 전체를 한 번에 변경할 수 있습니다.

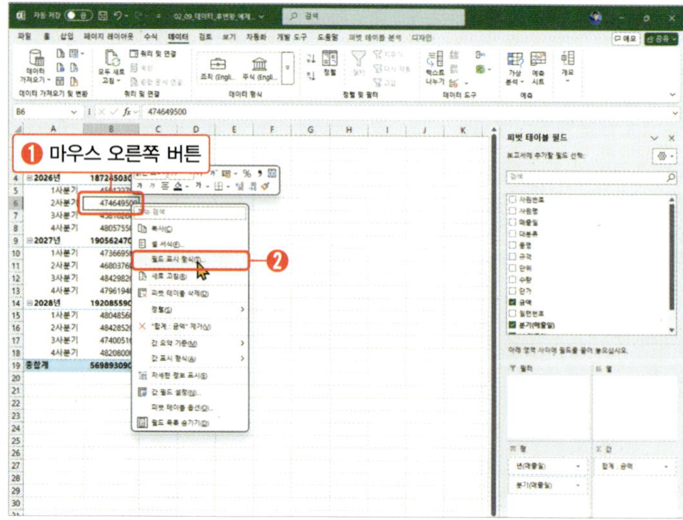

21 [셀 서식] 대화상자의 [범주]에서 '숫자'를 선택하고, [1000단위 구분기호 사용]에 체크한 후 [확인]을 클릭합니다.

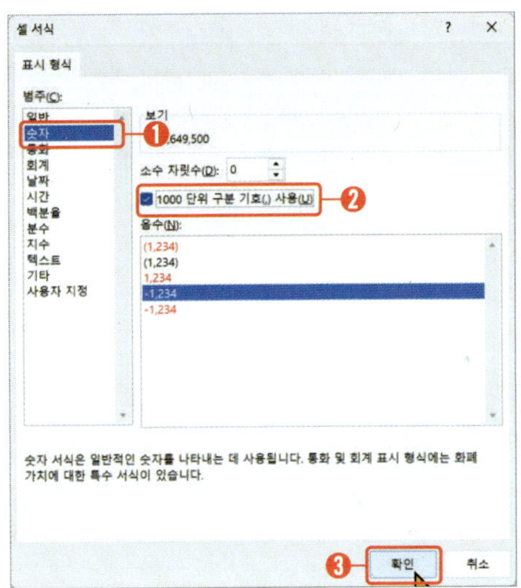

22 쉼표 스타일로 모든 데이터가 적용된 것을 확인할 수 있습니다.

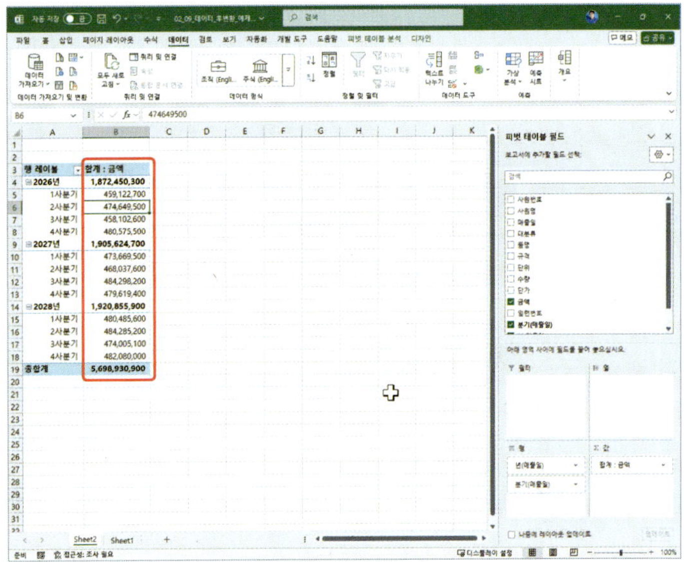

Part 03

엑셀 내장 함수의 다양한 활용법

이번 파트에서는 오피스 365의 강력해진 내장 함수에 대해서 알아보겠습니다. 기존 사용자들이 배열 수식을 사용하거나 매번 조금씩 리스트를 수정했던 일들을 동적 배열을 지원하는 수식들을 이용해서 자동화하고 효과적으로 처리하는 결과를 다양한 현업 자료를 활용하여 학습하겠습니다. 해당 함수가 지원되지 않는 이전 버전의 사용자도 호환되거나 사용할 수 있는 이전 버전 수식이 있다면 같이 안내하겠습니다.

001 Hash Sign(#)과 트리밍 참조

002 좀 더 자동화된 반응형 보고서

003 행과 열의 데이터 정리를 한번에 처리하는 BYROW, BYCOL 함수

004 FILTER 함수의 다양한 활용 사례와 자동화

005 VLOOKUP, HLOOKUP, INDEX-MATCH, IFERROR 수식은 XLOOKUP 함수 하나로 해결

006 여러 시트 데이터도 처리 가능한 VSTACK, HSTACK 함수

007 여러 가지 통계량을 손쉽게 처리하는 GROUPBY 함수

008 피벗 테이블이 하는 일을 함수로도 처리 가능한 PIVOTBY 함수

009 문자열의 분리, 결합 분석하는 TEXTSPLIT, TEXTJOIN 함수

010 TEXTSPLIT 함수를 활용한 비정상 데이터의 통계

011 검색 가능한 FILTER 함수

012 검색 가능한 데이터 유효성 검사와 자동 통계량

013 변동하는 단가의 최근 단가 적용 및 자동화 거래 명세서

014 면접관 상하위 점수 2개씩 제외한 신규 입사자의 면접점수 처리 결과

001 Hash Sign(#)과 트리밍 참조

오피스 365에서 수식을 사용하고 참조하며 가장 눈에 띄게 추가된 부분이 동적 배열인데 동적 배열 데이터를 손쉽게 활용하기 위한 참조의 2가지 형태도 새롭게 추가되었습니다. Hash Sing(#)과 트리밍 참조에 대해 알아보고 문제점과 해결 방법도 알아보겠습니다.

- **실습 파일 :** Part 03 > 예제 > 03_01_HASH_SIGN_과_트리밍 참조_예제.xlsx
- **완성 파일 :** Part 03 > 완성 > 03_01_HASH_SIGN_과_트리밍 참조_완성.xlsx

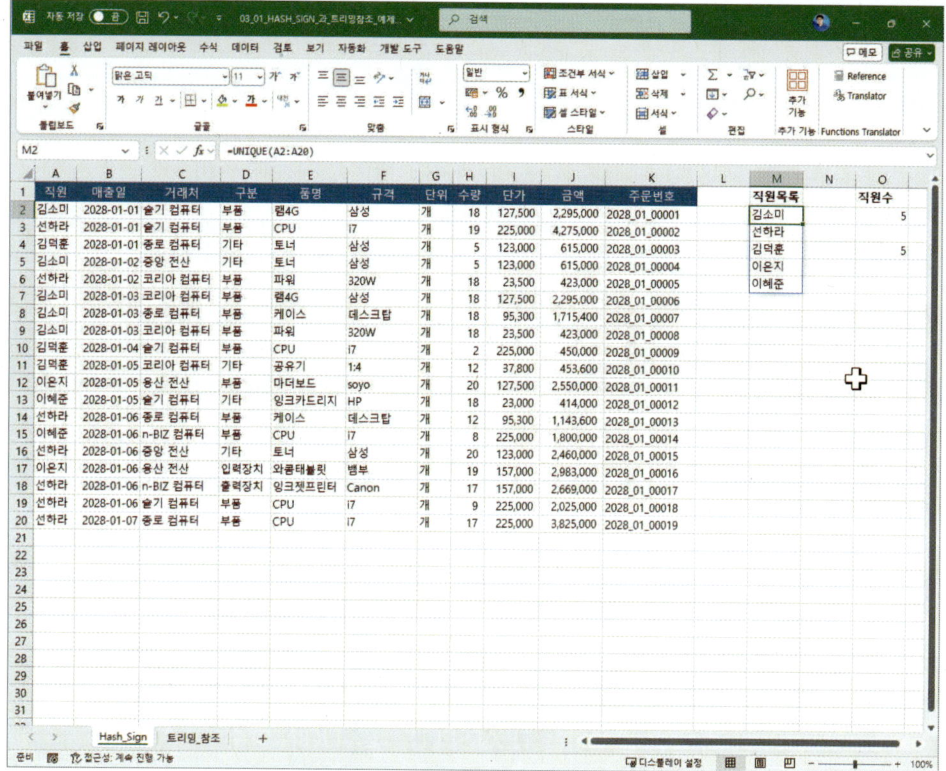

주요 기능	현업 활용
Hash Sign(#)	• 수식 사용 시 참조 범위를 변경할 필요가 없다.
트리밍 참조	• 참조 범위와 관련 #REF 오류를 미연에 방지할 수 있다.
IF 함수	• 엑셀 수식의 기본 수식으로 가장 널리 사용되는 수식으로 참과 거짓의 결과에 따라 지정한 값을 표시한다.

01 간단히 고유 목록을 반환하는 수식으로, [Hash_Sign] 시트의 [M2] 셀에 '=UNIQUE(A2:A20)'을 입력합니다.

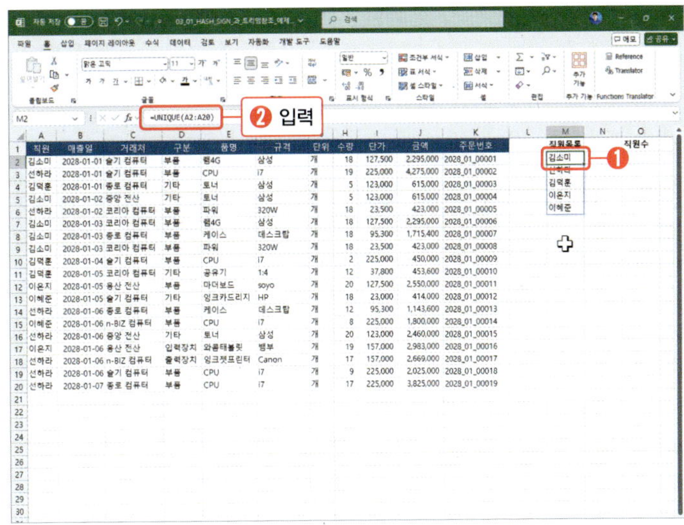

수식 설명

=UNIQUE(A2:A20)

❶ : UNIQUE 함수의 인수로 고유 목록을 만들 범위입니다.

02 전체 직원의 고유 목록을 나타냈는데 이제 총 직원수를 산출하기 위해 [O2] 셀에서 '=COUNTA(M2#)'을 입력합니다.

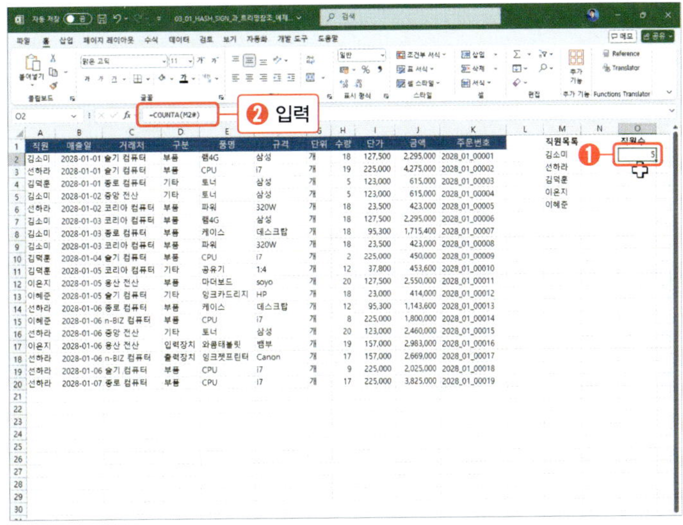

수식 설명

=COUNTA(M2#)

COUNTA 함수는 비어 있지 않은 셀의 개수를 세는 수식입니다.

❶ : COUNTA 함수의 첫 번째 인수로 개수를 세는 데이터가 있는 범위입니다.

❷ : 트리밍 참조 기호로 ①로 지정한 셀의 동적 배열 전체를 나타냅니다.

따라서 위 수식은 [M2] 셀에서 시작하는 동적 배열의 전체를 참조하므로, [M2] 셀에 있는 동적 배열의 모든 텍스트 데이터의 개수를 나타내라는 의미입니다.

03 동적 배열의 특징에 대해 알아보겠습니다. UNIQUE 함수가 적힌 첫 번째 셀인 [M2] 셀을 선택하고 수식 입력줄을 확인하면 폰트가 검은색 글씨로 보입니다.

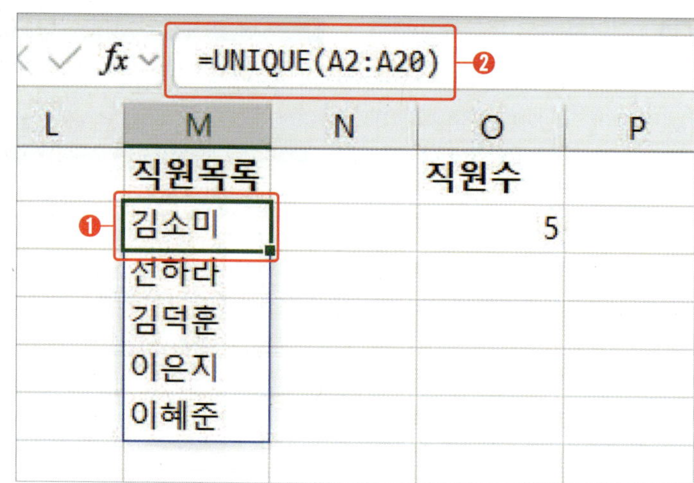

04 하지만 [M2] 셀 수식의 결과로 나타난 나머지 동적 배열, 현재는 [M3] 셀을 선택하고 수식 입력줄을 확인하면 폰트 색상이 회색으로 변한 것을 확인할 수 있습니다.

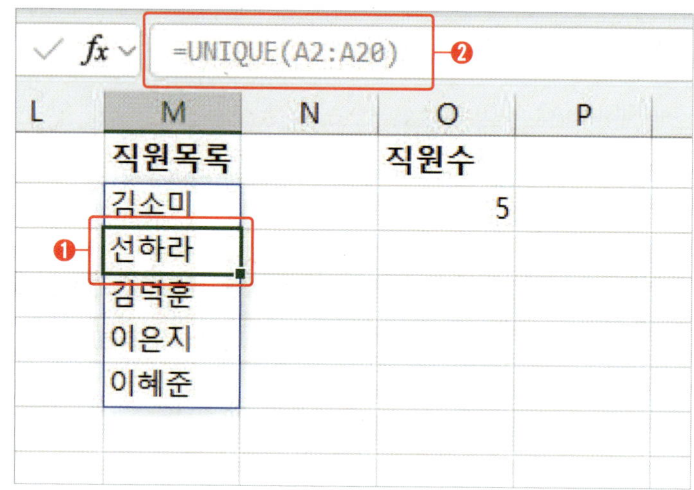

05 [M2] 셀을 선택하고 Delete 를 누르면 간단히 수식이 삭제되지만, 수식으로 나타났던 동적 배열 [M3:M6] 셀의 데이터를 선택하고 Delete 를 누르면 삭제되지 않습니다. 그런데 [O2] 셀에 데이터를 지웠음에도 '1'로 나타나는 것을 확인할 수 있습니다. 이는 현재 'M2#' 동적 배열의 확장된 범위를 참조하는 데 수식이 삭제되어도 비어 있지 않은 셀로 이해하기 때문입니다.

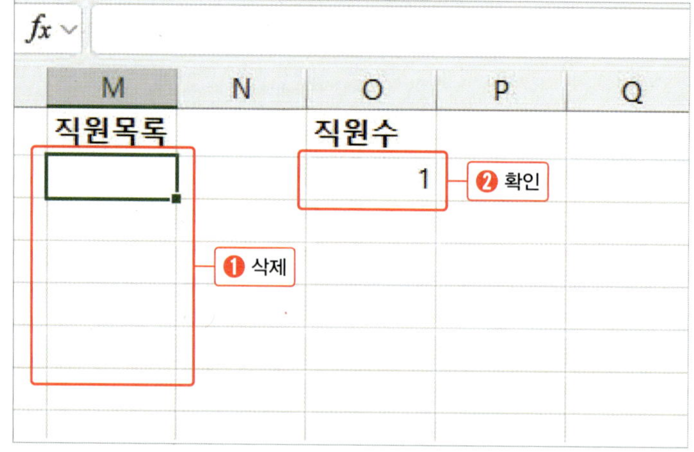

06 동적 배열이 나타나야 할 공간에 데이터가 있을 때를 가정해 보겠습니다. [M4] 셀에 'abc' 데이터를 입력하고 [M2] 셀에 '=UNIQUE(A2:A20)'을 입력합니다.

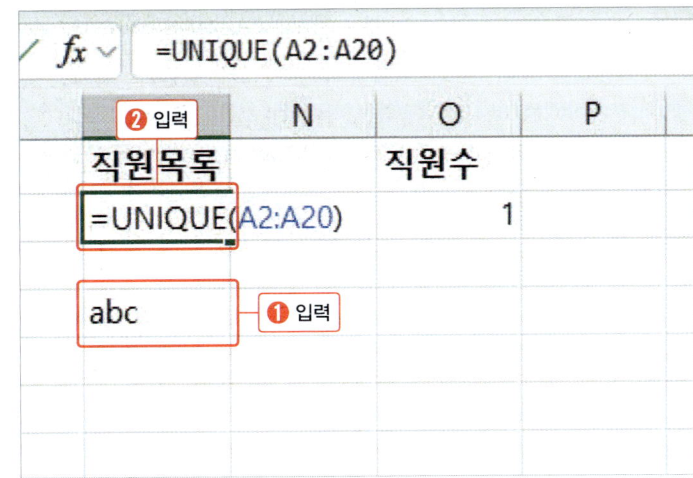

07 그림과 같이 #분산! 오류가 나타나는 것을 확인할 수 있습니다.

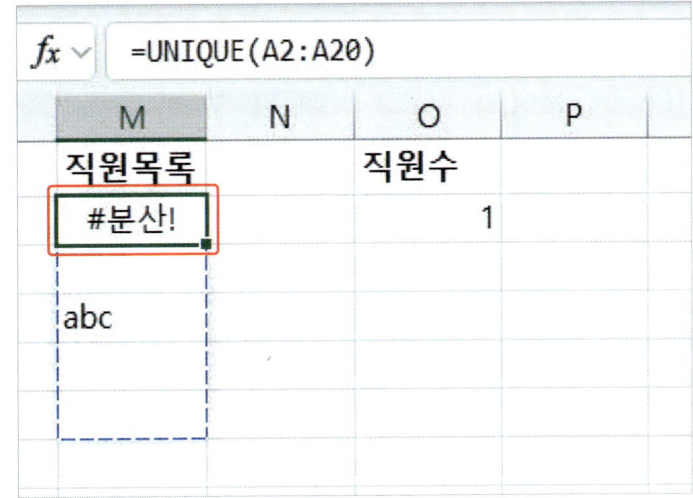

08 [M4] 셀을 선택하고 Delete 를 눌러 데이터를 삭제하면 다시 해당 수식 결과가 정상 표시되는 것을 확인할 수 있습니다.

fx =UNIQUE(A2:A20)

M	N	O	P
직원목록		직원수	
김소미		5	
선하라			
김덕훈			
이은지			
이혜준			

09 수식을 삭제했는데도 카운트 결과가 '1'로 나타나는 문제를 수정하겠습니다. [M2] 셀의 수식을 삭제해도 아직 결과가 '1'로 나타납니다.

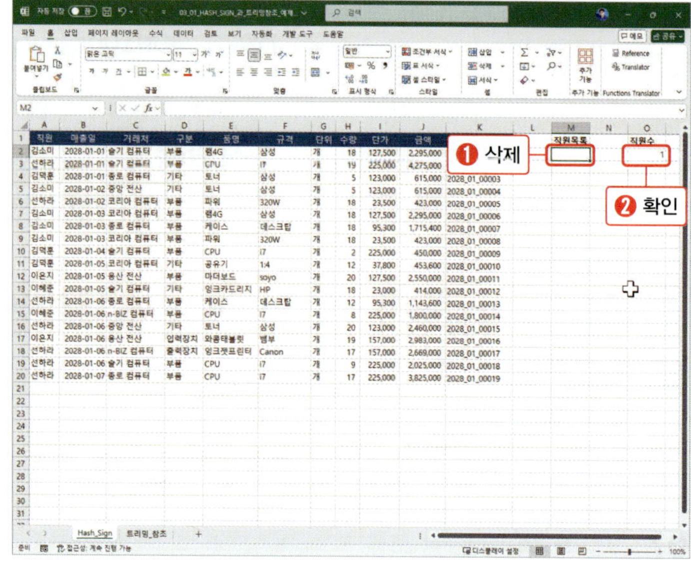

10 [O4] 셀에 '=IF(ISREF(M2#), COUNTA(M2#),0)'을 입력하고, 동적 배열 수식을 지우면 'M2#'은 유효한 참조가 아니므로 '0'이란 결과가 나타납니다.

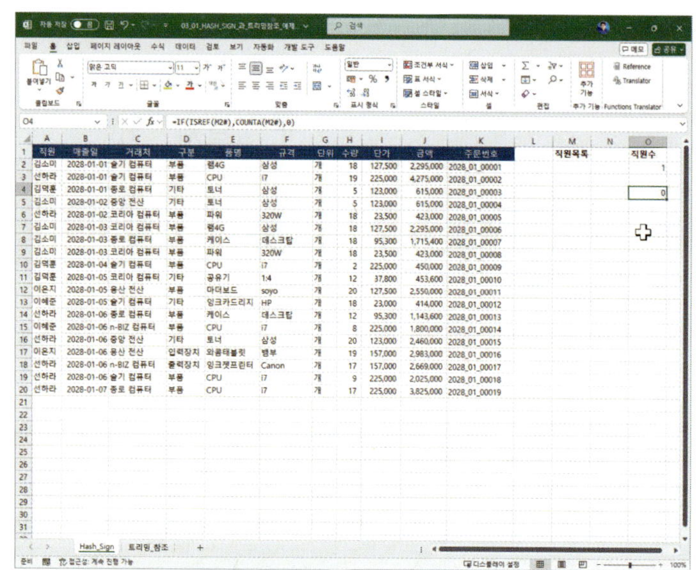

수식 설명

=IF(ISREF(M2#),COUNTA(M2#),0)

❶ : IF 수식의 첫 번째 인수로 조건입니다. [M2] 셀의 동적 배열 범위가 '유효한 참조라면'이라고 해석합니다.

❷ : IF 수식의 두 번째 인수로 ①의 조건이 참이라면 동작합니다.

❸ : IF 수식의 세 번째 인수로 ①의 조건이 거짓이라면 동작합니다.

만약 'M2#' 동적 배열 범위가 유효하다면 개수를 반환하고, 그렇지 않다면 '0'으로 나타내라는 의미입니다.

11 다시 수식을 입력하고 확인해 보겠습니다. [M2] 셀에 '=UNIQUE(A2:A20)'을 입력하고 결과를 확인해 봅니다.

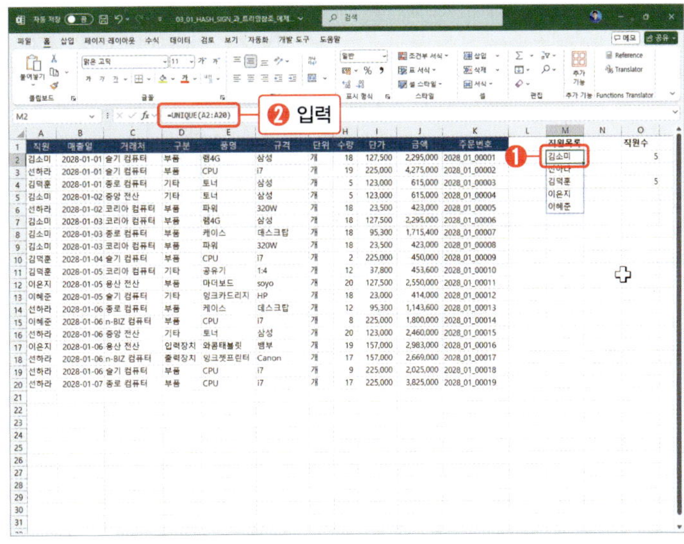

12 트리밍_참조에 대해 알아보겠습니다. [트리밍_참조] 시트에서 [M1] 셀에 '=UNIQUE(A1:A30)'을 입력하면, [M1] 셀에 '0'이 나타나는 것을 확인할 수 있습니다. 이는 [A1] 셀부터 고유 목록을 반환하라고 했기에 [A1:A2] 셀이 빈 셀이라 '0'으로 표시된 것입니다.

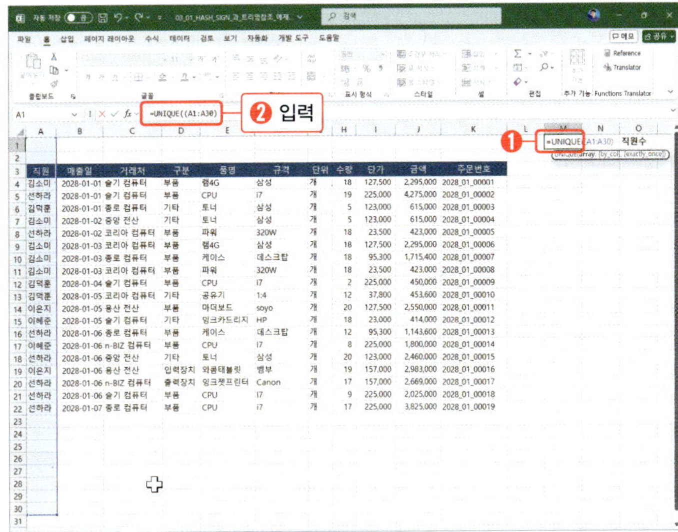

13 이 수식을 공백이 표시되는 [A1] 셀의 참조 뒷부분에 '.'을 붙여 '=UNIQUE(A1.:A30)'로 수정 입력하면, [M7] 셀에 '0'이 표시됩니다. 이는 [A23:A30] 셀이 공백인데 그 범위까지의 고유 목록을 나타내려 했기에 표시되는 것입니다.

fx =UNIQUE(A1.:A30)

❶ 입력

M UNIQUE(...y_col], [exactly_once]) Q

(A1.:A30) 직원수

직원

김소미

선하라

김덕훈

이은지

이혜준

14 이번에는 [A30] 셀 참조 범위 앞에 '.'을 입력해서 '=UNIQUE(A1.:.A30)'으로 수식을 입력합니다.

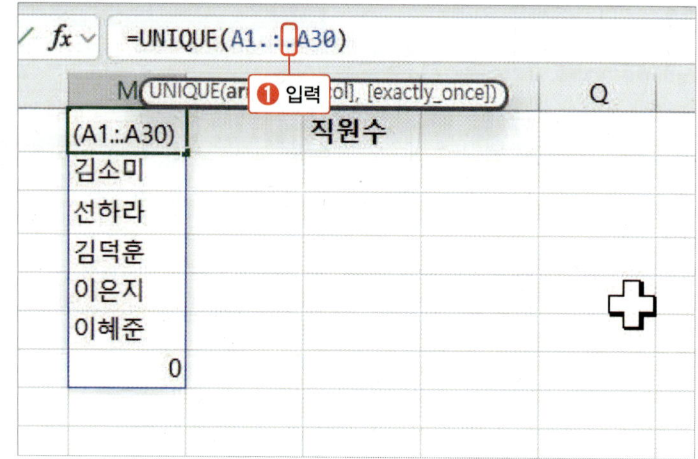

15 원하는 결과를 확인할 수 있습니다. 트리밍 참조는 '.'을 입력하여, 공백 셀을 참조에서 제외하는 역할을 합니다.

=UNIQUE(A1.:.A30)

M	N	O	P	Q
직원		직원수		
김소미				
선하라				
김덕훈				
이은지				
이혜준				

16 직원수를 산출하기 위해 [O2] 셀에 '=COUNTA(M1#)-1'을 입력합니다.

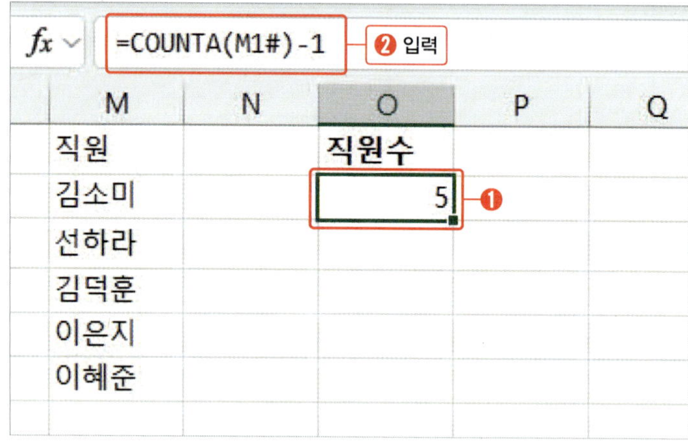

002 좀 더 자동화된 반응형 보고서

기존의 반응형 보고서 작성법을 기초로 동적 배열과 더불어 Hash Sign(#)으로 참조하는 방법을 이용해서 데이터가 추가되면 새로운 열이나 행이 추가되는 좀 더 자동화된 반응형 보고서 작성법을 익히겠습니다.

- **실습 파일 :** Part 03 > 예제 > 03_02_반응형_보고서_예제.xlsx
- **완성 파일 :** Part 03 > 완성 > 03_02_반응형_보고서_완성.xlsx

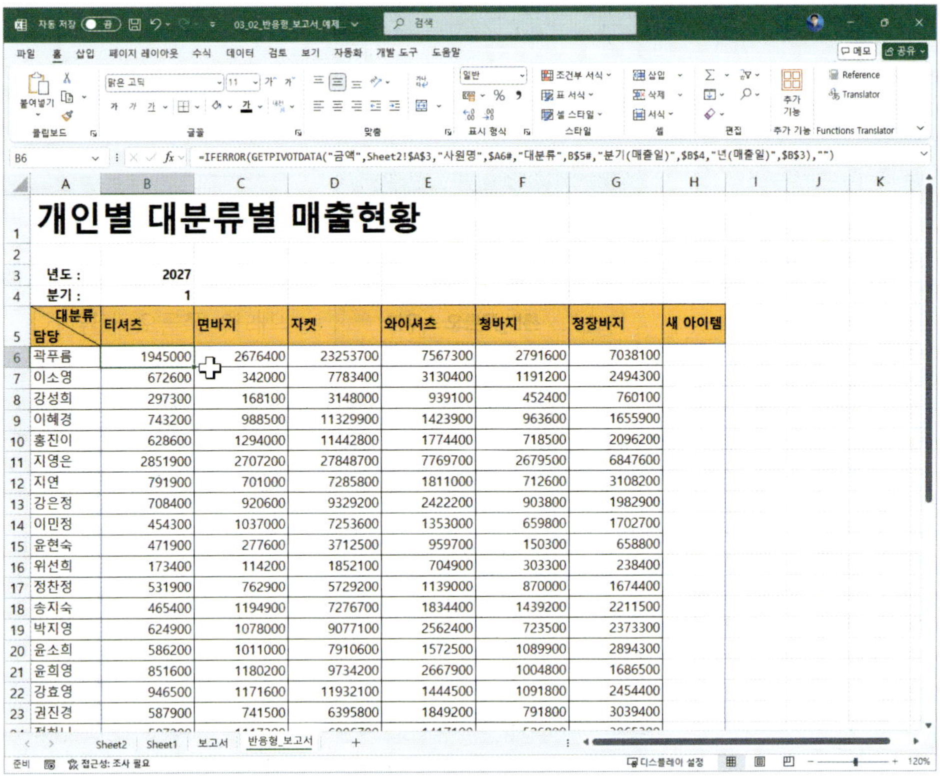

B6 =IFERROR(GETPIVOTDATA("금액",Sheet2!$A$3,"사원명",$A6#,"대분류",B$5#,"분기(매출일)",$B$4,"년(매출일)",$B$3),"")

개인별 대분류별 매출현황

년도 : 2027
분기 : 1

대분류 / 담당	티셔츠	면바지	자켓	와이셔츠	청바지	정장바지	새 아이템
곽푸름	1945000	2676400	23253700	7567300	2791600	7038100	
이소영	672600	342000	7783400	3130400	1191200	2494300	
강성희	297300	168100	3148000	939100	452400	760100	
이혜경	743200	988500	11329900	1423900	963600	1655900	
홍진이	628600	1294000	11442800	1774400	718500	2096200	
지영은	2851900	2707200	27848700	7769700	2679500	6847600	
지연	791900	701000	7285800	1811000	712600	3108200	
강은정	708400	920600	9329200	2422200	903800	1982900	
이민정	454300	1037000	7253600	1353000	659800	1702700	
윤현숙	471900	277600	3712500	959700	150300	658800	
위선희	173400	114200	1852100	704900	303300	238400	
정찬정	531900	762900	5729200	1139000	870000	1674400	
송지숙	465400	1194900	7276700	1834400	1439200	2211500	
박지영	624900	1078000	9077100	2562400	723500	2373300	
윤소희	586200	1011000	7910600	1572500	1089900	2894300	
윤희영	851600	1180200	9734200	2667900	1004800	1686500	
강효영	946500	1171600	11932100	1444500	1091800	2454400	
권진경	587900	741500	6395800	1849200	791800	3039400	

주요 기능	현업 활용
GETPIVOTDATGA 함수	• 보고서 작성 시 함수 사용 없이 피벗 테이블로 나타난 다양한 통계량을 빠르고 쉽게 표시한다.
IFERROR 함수	• 보고서의 예기치 않은 오류를 다른 값으로 표시한다.
데이터 유효성 검사	• 보고서 작성 시 옵션을 일관성 있는 데이터로 입력, 반응형 보고서를 작성할 수 있다.

01 예제 파일을 불러온 후 [보고서] 시트에서 [A4] 셀에 '=UNIQUE(표1[사원명])'을 입력합니다.

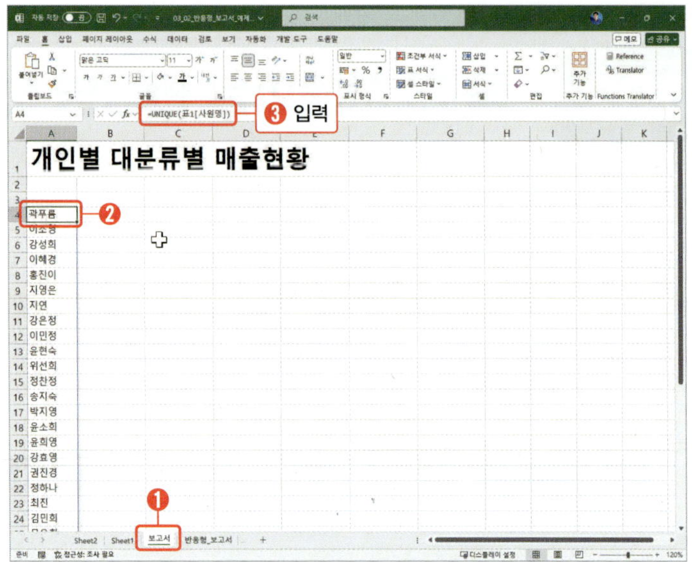

02 대분류의 고유 목록도 표시하기 위해 [보고서] 시트의 [B3] 셀에 '=UNIQUE(표1[대분류])'를 입력합니다.

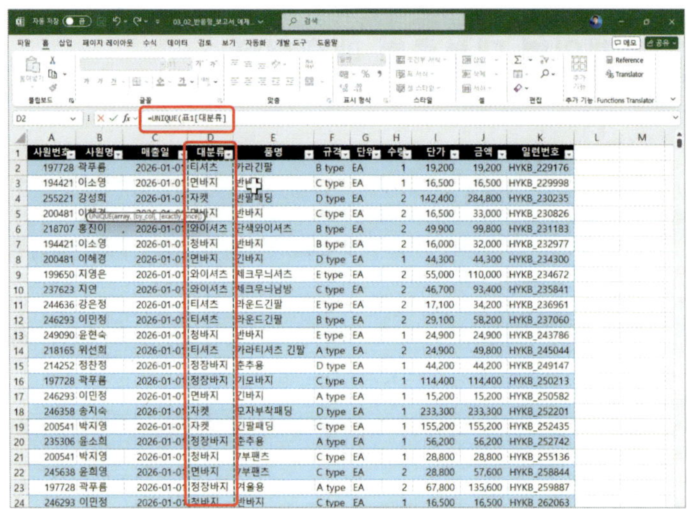

03 동적 배열이 나타났지만 세로로 나타나게 됩니다. 이를 가로 배치로 변경하기 위해 '=TRANSPOSE(UNIQUE(표1[대분류]))'로 수식을 변경합니다.

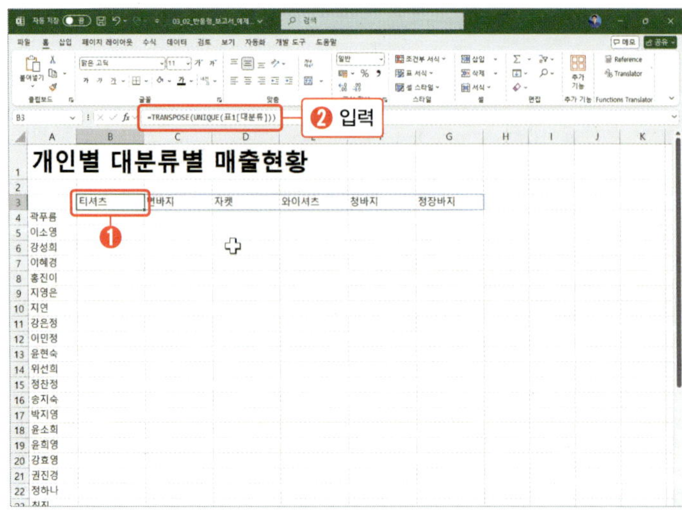

수식 설명

=TRANSPOSE(UNIQUE(표1[대분류]))

❶ : 행과 열을 바꿀 대상 배열이나 범위입니다.

따라서 '표1'에서 [대분류] 필드의 고유 목록이 세로로 나타나는 데 이를 가로 배치하라는 의미입니다.

04 [A3] 셀을 선택하고 Space Bar를 적당히 누르고 '대분류'를 입력한 후 Alt+Enter를 누르고 '담당'이라고 입력한 후 Enter를 누릅니다. 입력된 셀을 선택, Ctrl+1을 눌러 [셀 서식] 대화상자를 불러오고 [테두리] 탭에서 [사선 테두리]를 선택하고 [확인]을 클릭합니다.

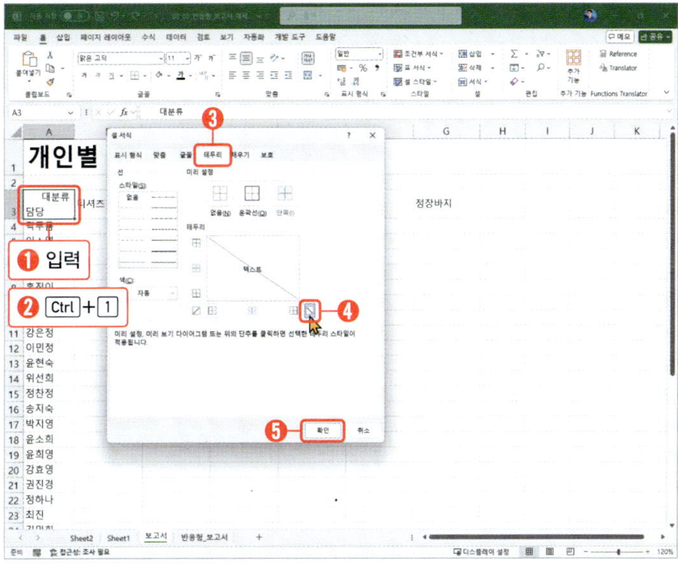

여기서 잠깐

엑셀에서 한 셀에서 데이터를 다중행으로 입력할 때 Alt+Enter를 이용합니다.

05 피벗 테이블 자료를 나타내기 위해 [B4] 셀에 '='을 입력합니다. 그리고 피벗 테이블 자료가 있는 [Sheet2] 시트에서 [B5] 셀을 선택하고 Enter를 누릅니다.

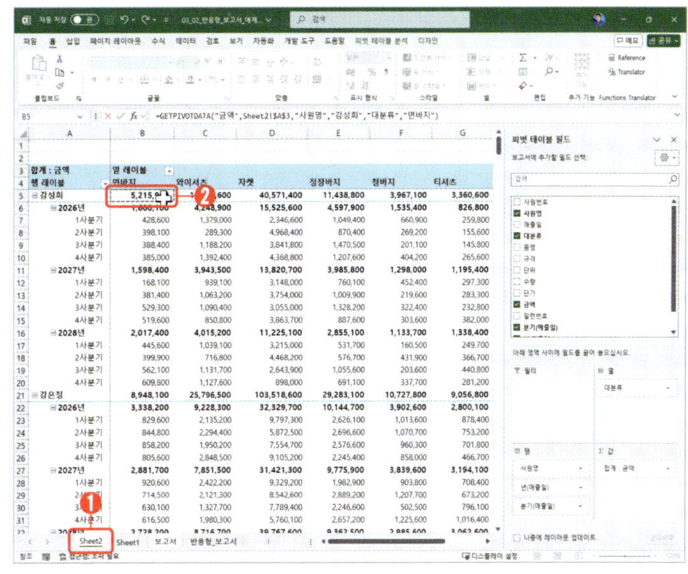

06 조건에 맞지 않는 데이터지만 조건의 개수에 맞는 자료를 불러와 변수만 변환해 주면 됩니다. 해당 수식을 '=GETPIVOTDATA("금액",Sheet2!$A$3,"사원명",$A4#,"대분류",B$3#)'으로 수정합니다. 여기서 보면 [A4], [B3] 셀 참조에 '#'으로 동적 배열을 참조했습니다.

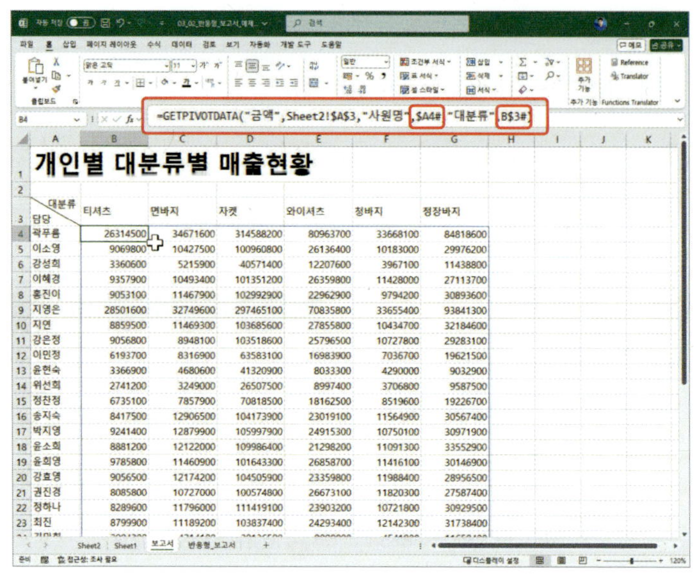

여기서 잠깐

이곳의 수식 작성 방법은 본문 144~149p의 내용을 참고해 주세요.

07 조건부 서식을 이용해서 보고서를 마무리하겠습니다. [3] 행 전체를 선택하고 [홈] 탭 – [스타일] 그룹 – [조건부 서식] – [새 규칙]을 클릭합니다.

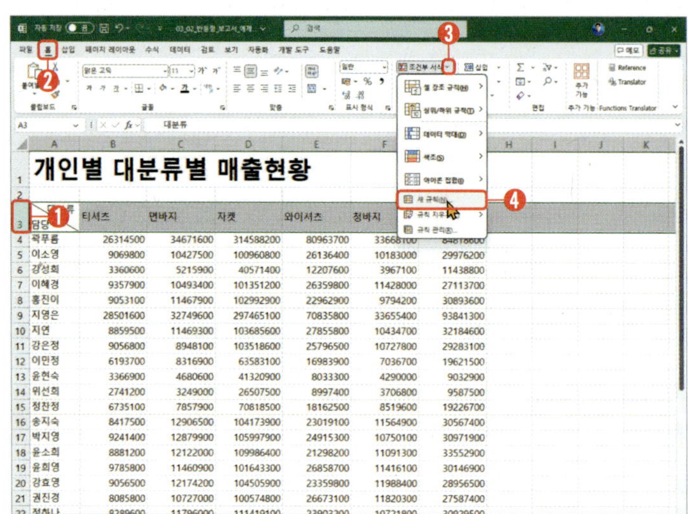

08 [규칙 유형 선택]은 [다음을 포함하는 셀만 서식 지정]을 선택하고 [다음을 포함하는 셀만 서식 지정]을 확장해서 '내용 있는 셀'을 선택한 후 [서식]을 클릭합니다.

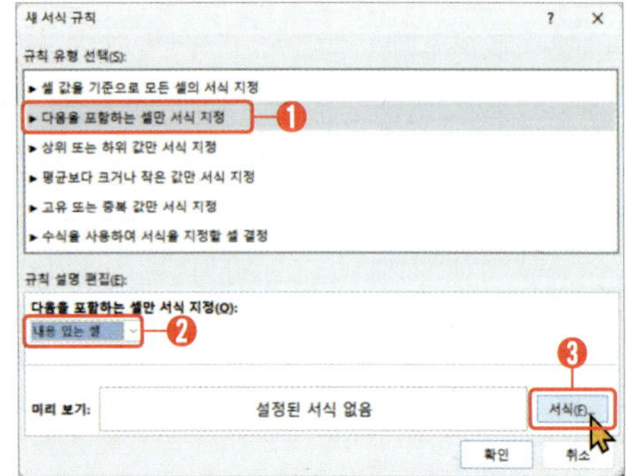

09 [셀 서식] 대화상자의 [글꼴] 탭에서 [글꼴 스타일]은 '굵게'를 선택합니다.

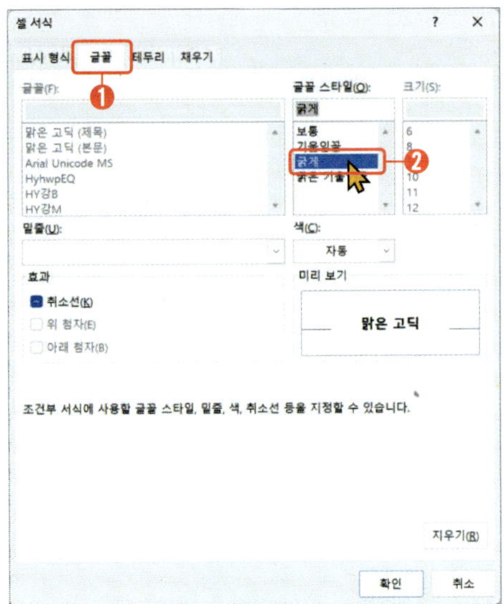

10 [테두리] 탭에서 [윤곽선]을 클릭합니다.

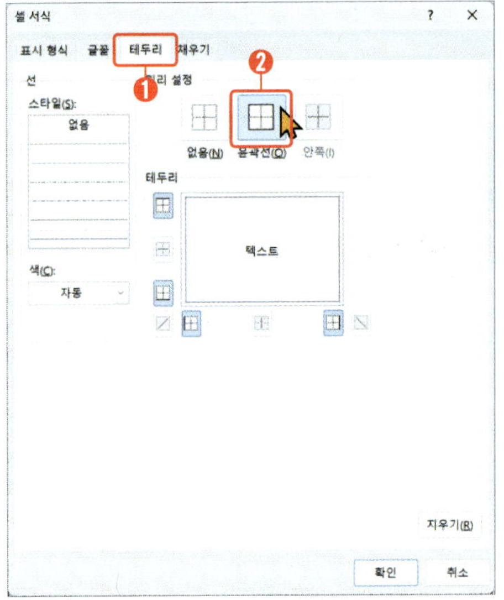

11 [채우기] 탭에서 좌측 하단 세 번째에 있는 주황색을 선택하고 [확인]을 클릭합니다. 그리고 다시 [확인]을 클릭합니다.

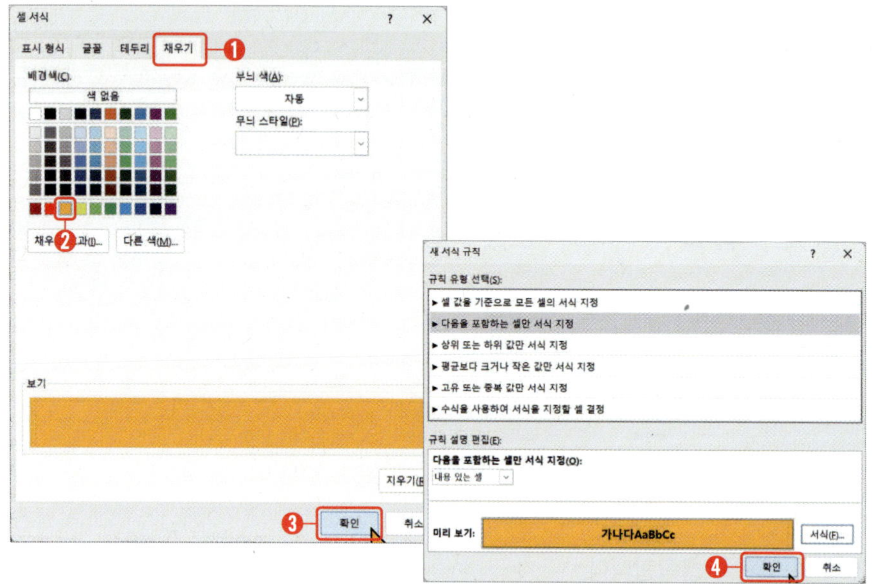

12 [3] 행에 데이터가 있는 셀만 글꼴은 굵게, 셀 윤곽선이 나타난 것을 확인할 수 있습니다.

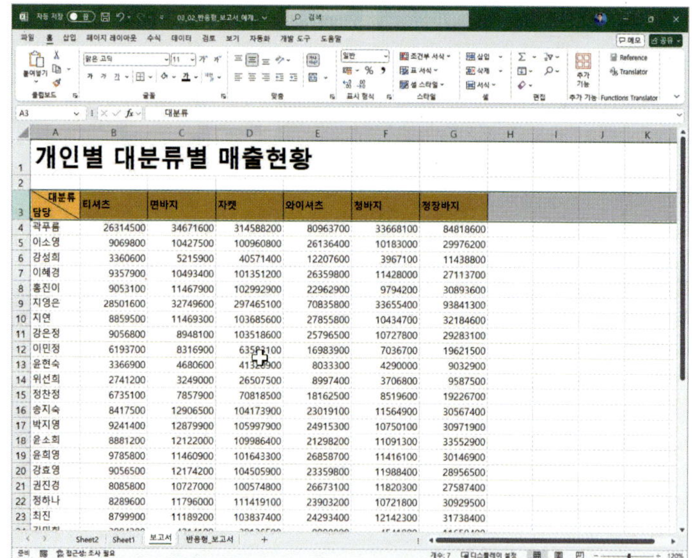

13 보고서 범위도 조건부 서식을 지정하겠습니다. 먼저 [A4] 셀을 선택하고 [이름 상자]에 마지막 셀 주소로 'K1000'을 입력합니다. 그리고 Shift + Enter 를 누릅니다.

이는 나중에 담당이 추가되거나 대분류가 추가되어도 추가된 범위까지 조건부 서식을 지정하기 위해서 여유 있게 넓은 범위를 선택한 것입니다.

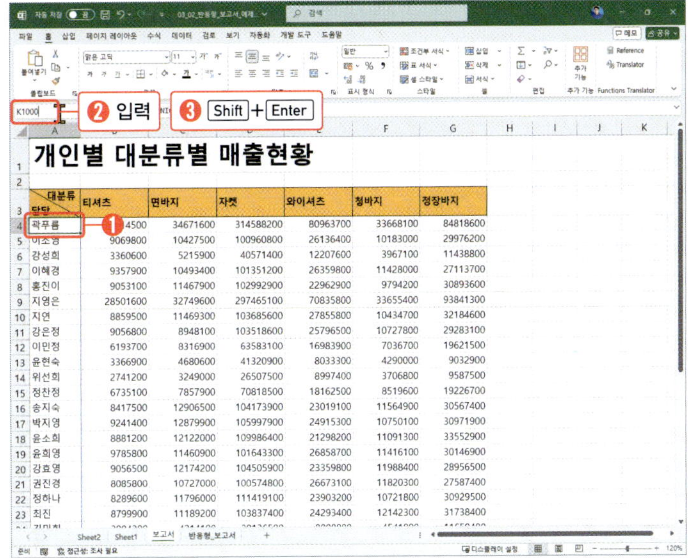

14 [홈] 탭 – [스타일] 그룹 – [조건부 서식] – [새 규칙]을 클릭합니다. [새 규칙] 대화상자에서 [규칙 유형]은 [다음을 포함하는 셀만 서식 지정]을 선택한 후 [다음을 포함하는 셀만 서식 지정]을 확장해서 '내용 있는 셀'을 선택한 후 [서식]을 클릭합니다.

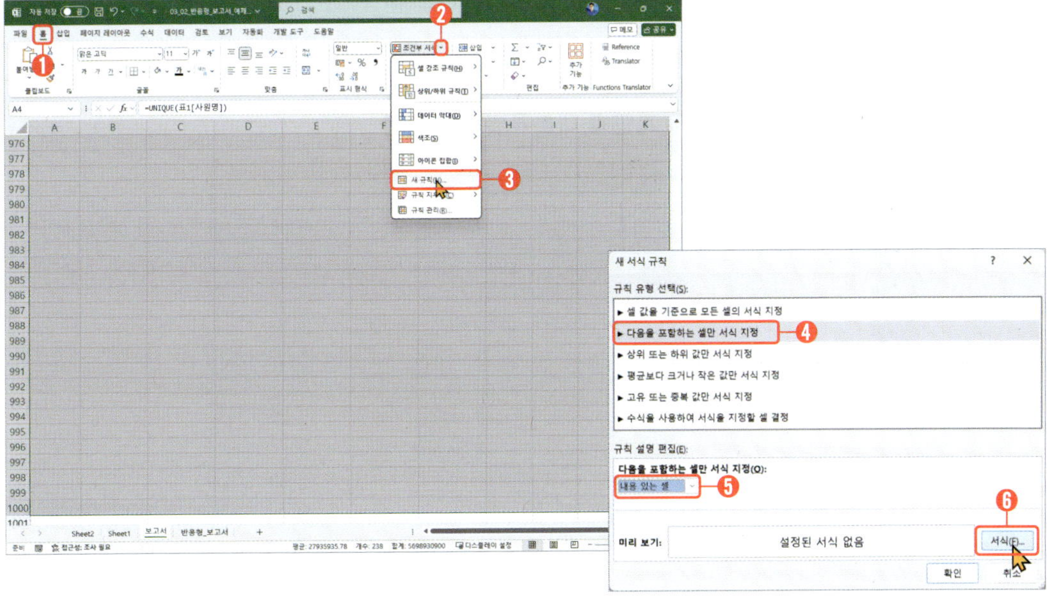

15 [테두리] 탭에서 [윤곽선]을 선택한 후 [확인]을 클릭하고, [새 서식 규칙] 대화상자도 [확인]을 클릭하여 마무리합니다.

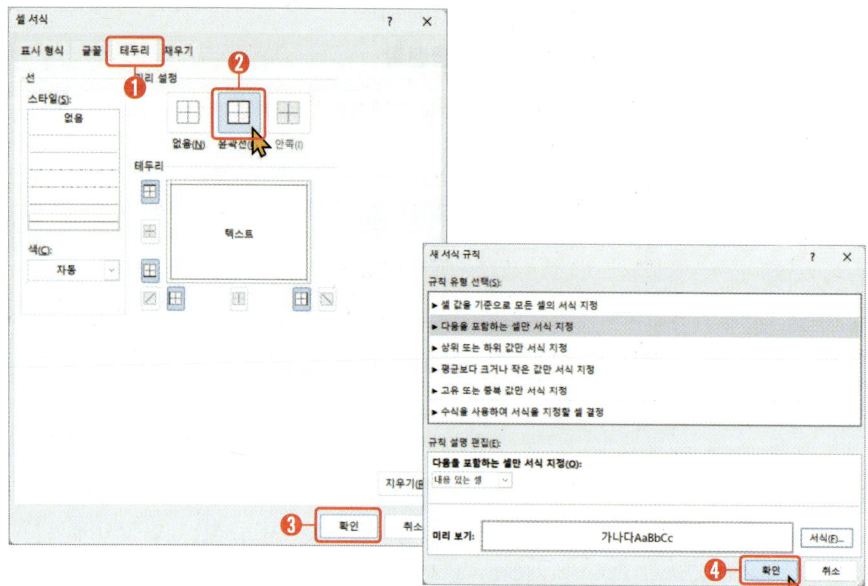

16 최종 결과물을 확인할 수 있습니다.

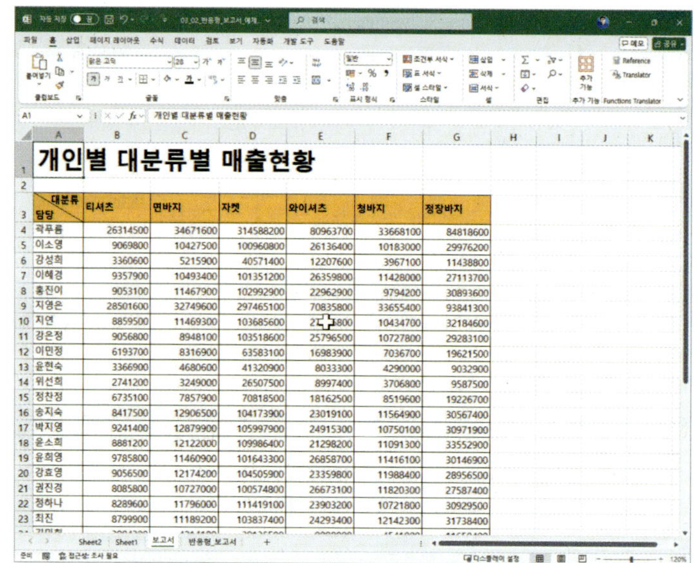

17 이번에는 좀 더 자동화된 반응형 보고서를 작성하기 위해, [반응형_보고서] 시트에서 [B3] 셀의 데이터 유효성 검사로 연도를 선택 입력하도록 만들겠습니다.

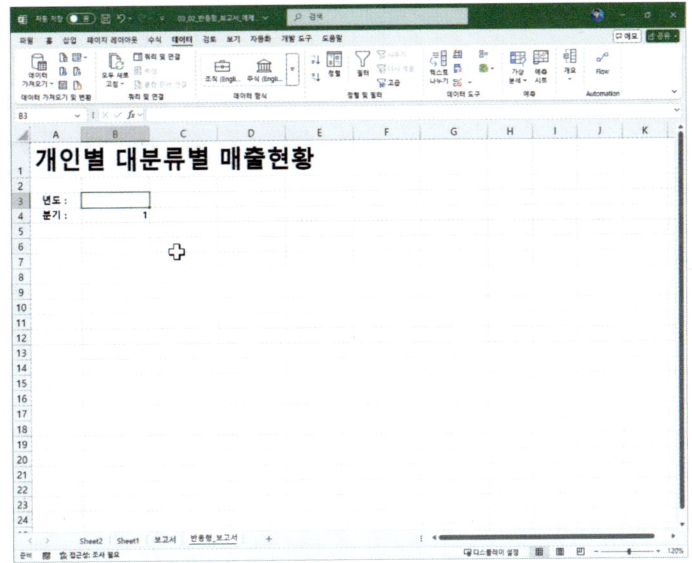

18 선택할 연도의 목록을 만들기 위해 데이터베이스가 있는 [Sheet1] 시트에서 [M1] 셀에 '=UNIQUE(YEAR(표1[매출일]))'을 입력합니다.

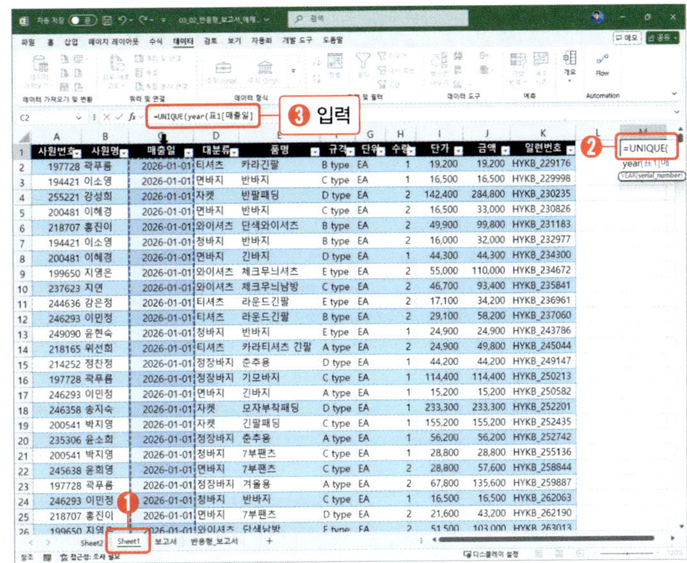

수식 설명

=UNIQUE(YEAR(표1[매출일]))

❶ : 표1의 [매출일] 필드 중 연도만을 나타냅니다.

표1의 [매출일] 필드에서 연도만을 나타내고 고유한 목록으로 표시하라는 의미입니다.

19 그림과 같은 결과를 확인할 수 있습니다.

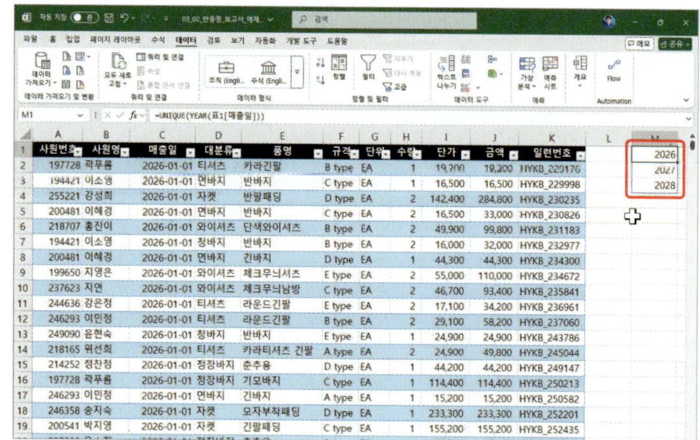

20 [반응형_보고서] 시트에서 [B3] 셀을 선택하고 [데이터] 탭 – [데이터 도구] 그룹 – [데이터 유효성 검사]를 클릭합니다.

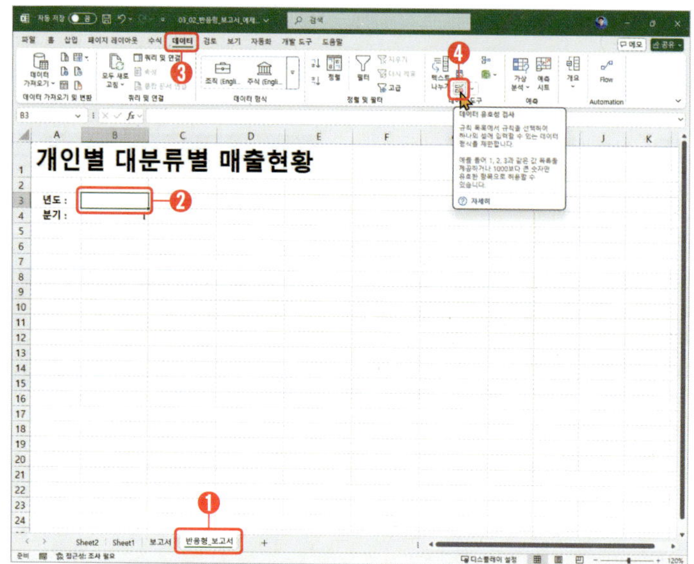

21 [제한 대상]은 '목록'을 선택하고 [원본]은 [Sheet1] 시트의 [M1] 셀에 # 기호를 붙여 트리밍 참조하고 [확인]을 클릭합니다.

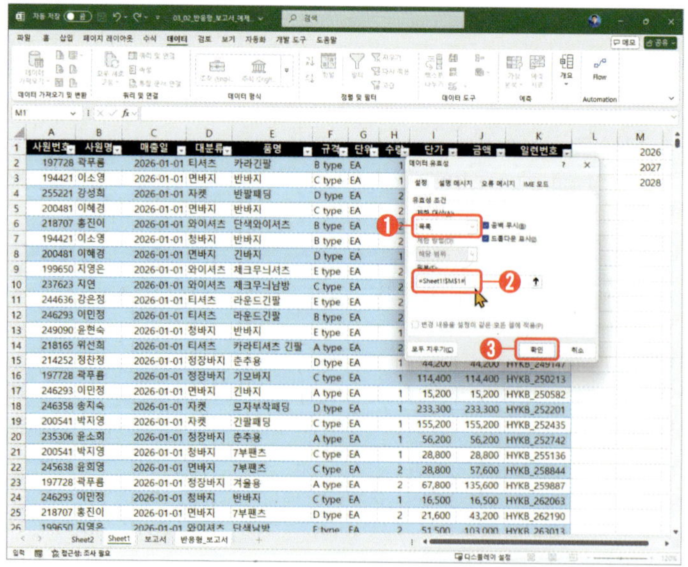

22 이전 보고서와 같이 [A5] 셀에 구분 셀을 작성하기 위해 적당히 Space Bar 를 누르고 '대분류' 입력한 후 Alt + Enter 를 누르고 다시 '담당'을 입력한 후 Enter 를 누릅니다. 해당 셀을 선택하고 Ctrl + 1 을 눌러 [셀 서식] 대화상자를 실행하고 [테두리] 탭에서 [사선 테두리]를 선택한 후 [확인]을 클릭합니다.

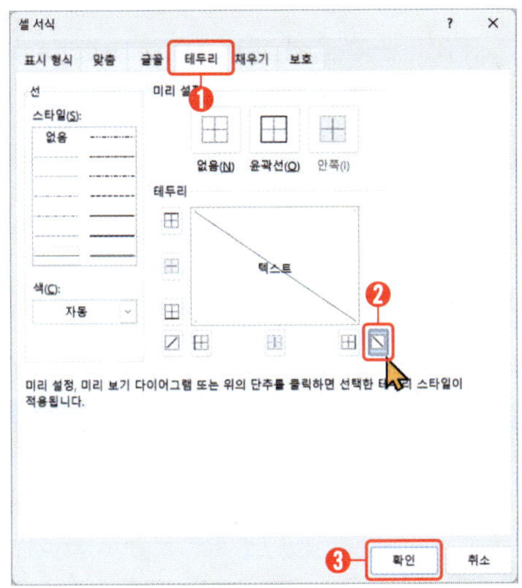

23 직원 이름을 나열하기 위해 [A6] 셀에 '=UNIQUE(표1[사원명])'을 입력합니다.

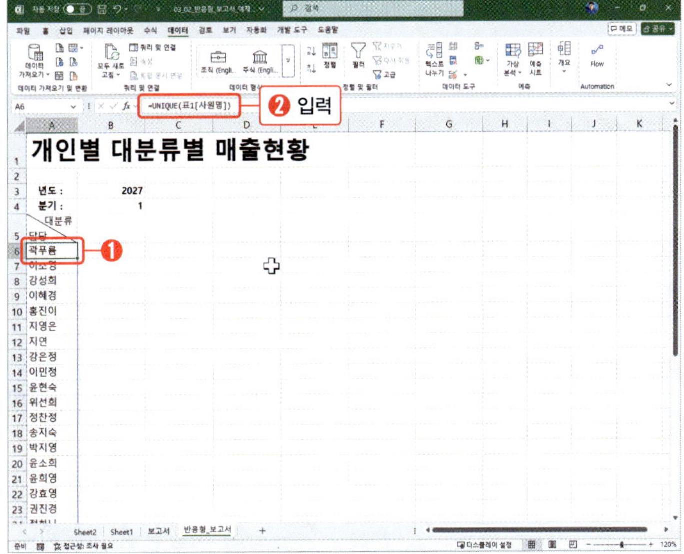

24 대분류 목록을 가로로 나열하기 위해 [B5] 셀에 '=TRANSPOSE(UNIQUE(표1[대분류]))'를 입력합니다.

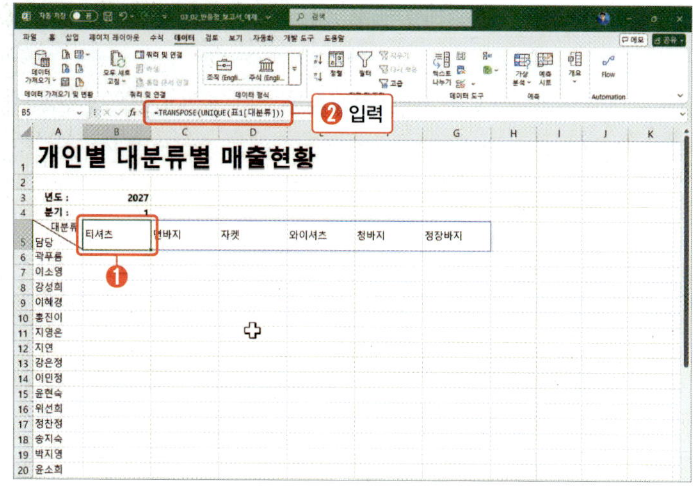

25 피벗 테이블 자료를 나타내기 위해 [B6] 셀에 '='을 입력한 후 피벗 테이블이 있는 [Sheet2] 시트에서 조건 개수 맞는 자료 중 하나를 불러옵니다. 옆의 그림은 [Sheet2] 시트의 [B7] 셀을 선택한 모습입니다.

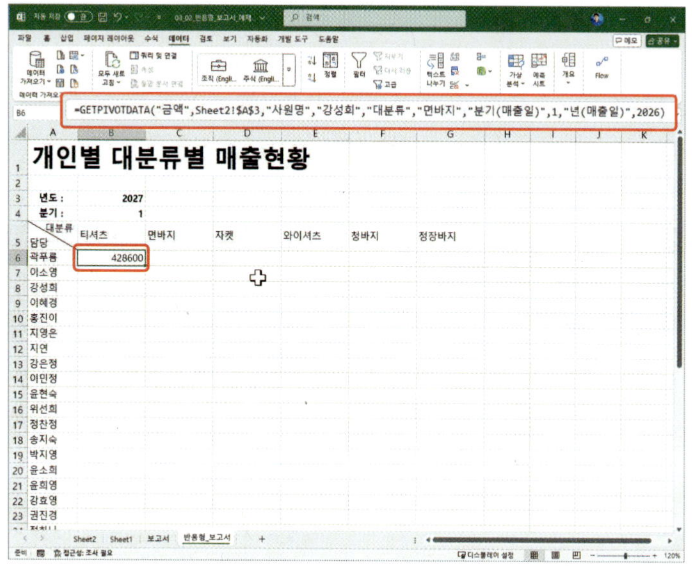

26 입력된 수식에서 4개 변수를 수정해서 '=GETPIVOTDATA("금액",Sheet2!$A$3,"사원명",$A6#,"대분류",B$5#,"분기(매출일)",$B$4,"년(매출일)",$B$3)'으로 변경, 입력합니다.

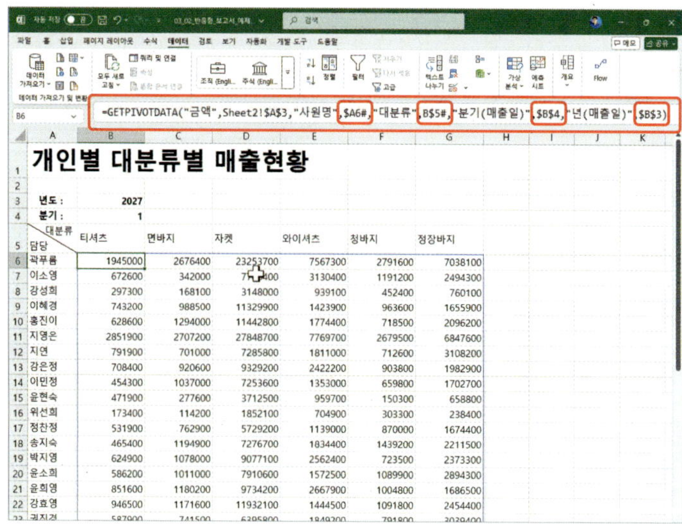

27 조건부 서식을 지정하기 위해 [5] 행 전체를 선택하고 [홈] 탭 – [스타일] 그룹 – [조건부 서식]을 클릭합니다.

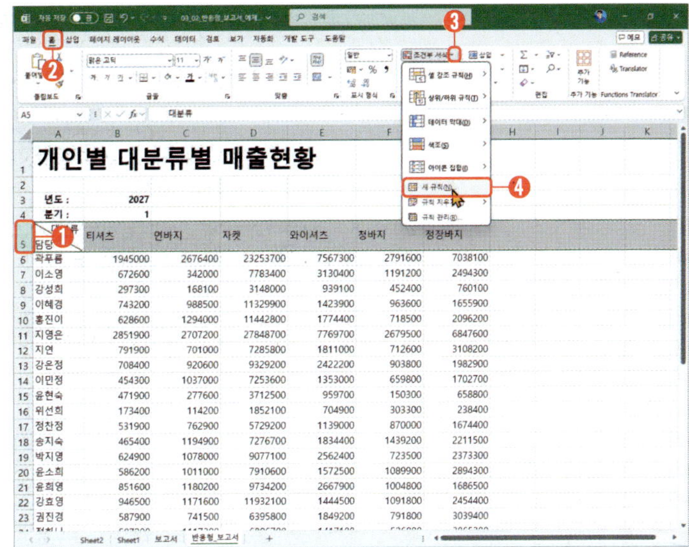

28 [새 서식 규칙] 대화상자가 나타나면 이전 따라하기와 같이 글꼴은 굵게, 테두리는 윤곽선, 채우기는 주황색으로 설정하고 [확인]을 클릭합니다.

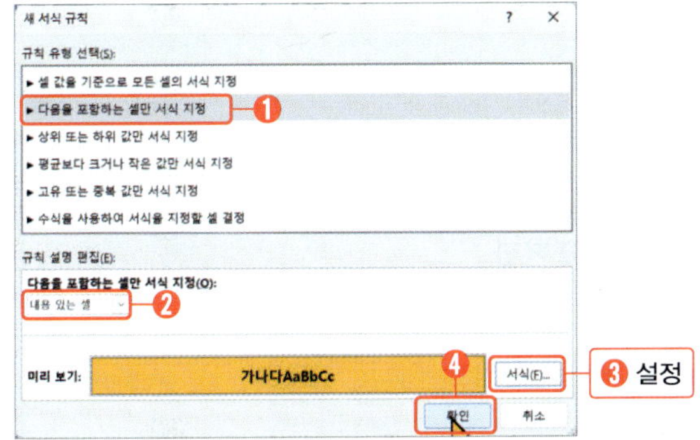

29 데이터 영역도 괘선을 표시하기 위해 [A6] 셀을 선택하고 [이름 상자]에 'K1000'을 입력하고 Shift+Enter를 눌러 [A6:K1000] 셀을 선택합니다.

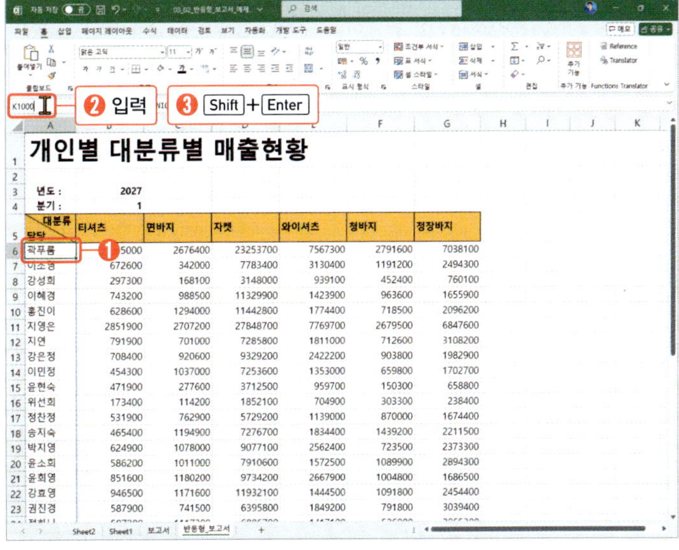

30 [홈] 탭 – [스타일] 그룹 – [조건부 서식] – [새 규칙]을 클릭하고, 이전과 마찬가지로 테두리는 윤곽선으로 선택하고 [확인]을 클릭하여 조건부 서식을 지정합니다.

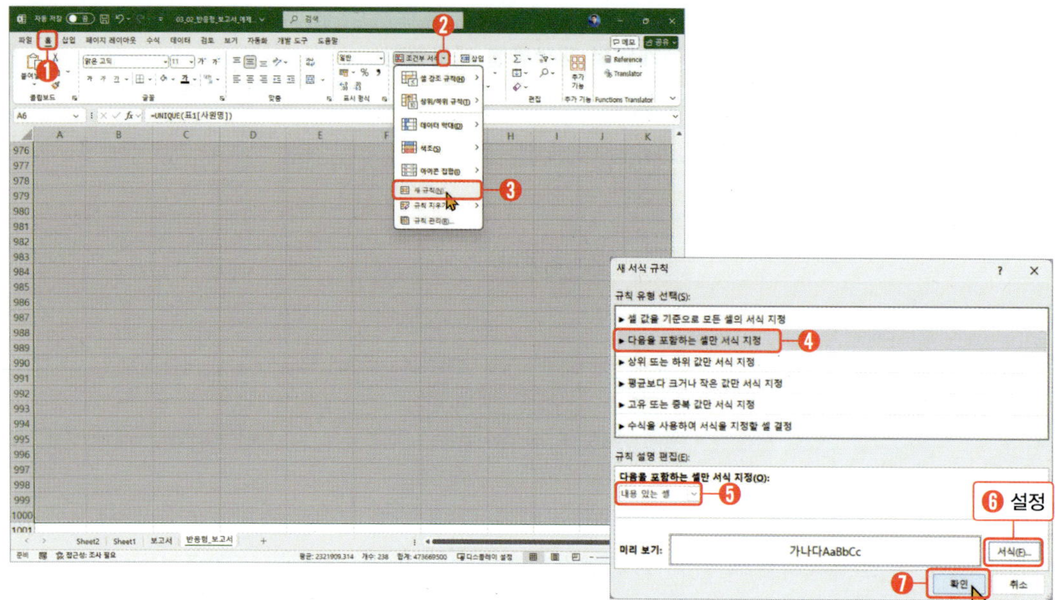

31 그림과 같은 결과를 확인할 수 있습니다.

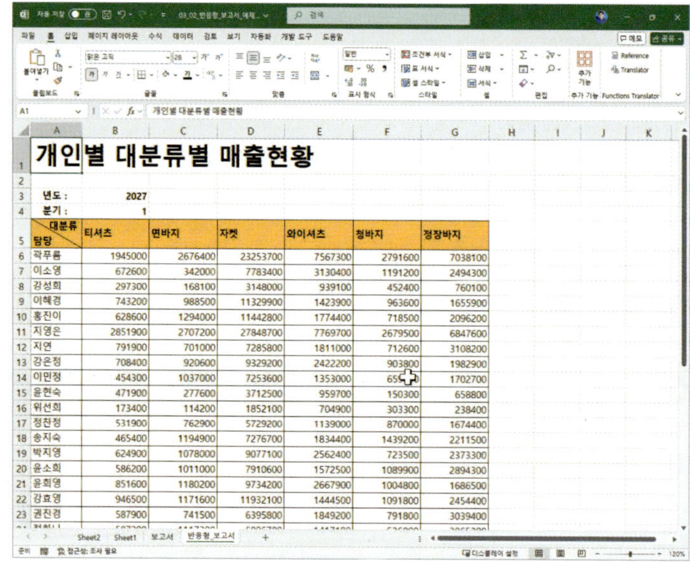

32 이제 매출 데이터가 추가되었을 때 보고서의 변화를 확인하겠습니다. 데이터가 있는 [Sheet1] 시트에서 마지막 데이터인 [A56889:K56889] 셀을 선택, 복사하고 [A56890] 셀에 붙여 넣습니다.

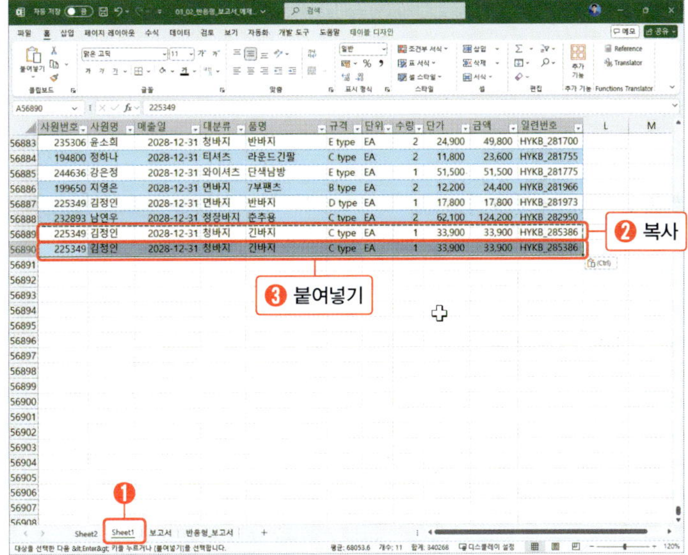

33 [C56890] 셀의 날짜를 '2029년'으로 수정하고 [D56890] 셀의 대분류는 '새 아이템'을 입력합니다.

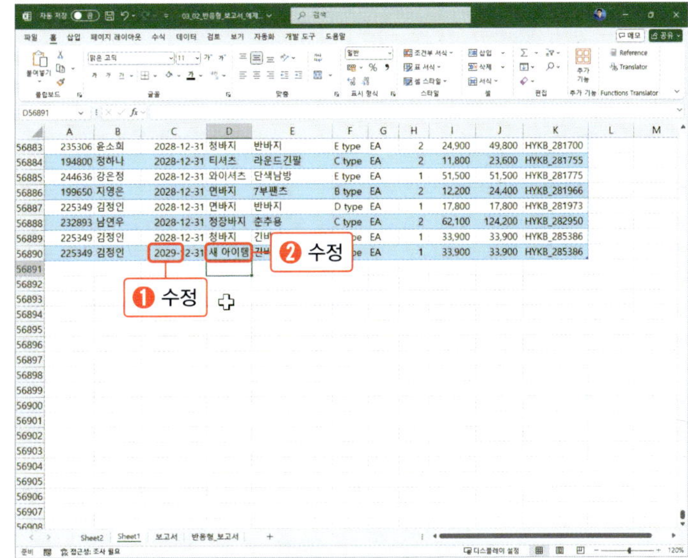

34 [반응형_보고서] 시트에서 [B3] 셀의 유효성 검사를 확장해 보면 자동으로 새롭게 입력된 2029년이 추가된 것을 확인할 수 있습니다. 그리고 마지막 [H] 열에는 기존에 없던 '새 아이템'이라는 대분류명이 추가된 것을 확인할 수 있습니다. 하지만 아직 조건에 맞는 통계량이 없어서 #REF! 오류로 표시됩니다.

개인별 대분류별 매출현황

년도 : 2027 (2026 / 2027 / 2028 / 2029) ❷ ❸ 확인

분기 :

대분류 / 담당		면바		와이셔츠	청바지	정장바지	새 아이템
곽푸름	[illegible]		253700	7567300	2791600	7038100	#REF!
이소영	672600	342000	7783400	3130400	1191200	2494300	#REF!
강성희	297300	168100	3148000	939100	452400	760100	#REF!
이혜경	743200	988500	11329900	1423900	963600	1655900	#REF!
홍진이	628600	1294000	11442800	1774400	718500	2096200	#REF!
지영은	2851900	2707200	27848700	7769700	2679500	6847600	#REF!
지연	791900	701000	7285800	1811000	712600	3108200	#REF!
강은정	708400	920600	9329200	2422200	903800	1982900	#REF!
이민정	454300	1037000	7253600	1353000	659800	1702700	#REF!
윤현숙	471900	277600	3712500	959700	150300	658800	#REF!
위선희	173400	114200	1852100	704900	303300	238400	#REF!
정찬정	531900	762900	5729200	1139000	870000	1674400	#REF!
송지숙	465400	1194900	7276700	1834400	1439200	2211500	#REF!
박지영	624900	1078000	9077100	2562400	723500	2373300	#REF!
윤소희	586200	1011000	7910600	1572500	1089900	2894300	#REF!
윤희영	851600	1180200	9734200	2667900	1004800	1686500	#REF!
강효영	946500	[illegible]	11932100	1444500	1091800	2454400	#REF!
권진경	587900	741500	6395800	1849200	791800	3039400	#REF!

Sheet2 | Sheet1 | 보고서 | 반응형_보고서 ❶

여기서 잠깐

데이터를 추가했을 때 피벗 테이블에 반영해 주기 위해 피벗 테이블이 있는 [Sheet2] 시트에서 데이터 중 임의의 셀을 마우스 오른쪽 버튼으로 클릭한 후 [새로 고침]을 선택해야 합니다.

35 오류 부분을 공백 처리하기 위해, [B6] 셀 수식을 '=IFERROR(GETPIVOTDATA("금액",Sheet2!$A$3,"사원명",$A6#,"대분류",B$5#,"분기(매출일)",$B$4,"년(매출일)",$B$3),"")'로 수정합니다.

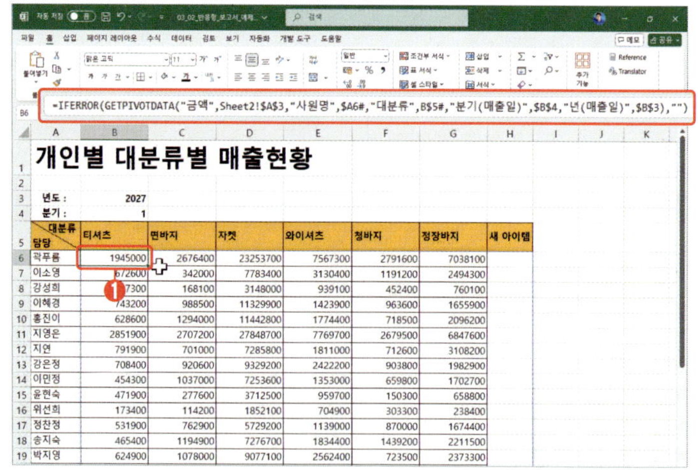

수식 설명

=IFERROR(GETPIVOTDATA("금액",Sheet2!$A$3,"사원명",$A6#,"대분류",B$5#,"분기(매출일)",$B$4,"년(매출일)",$B$3),"")

❶ ("" 부분)

GETPIVOTDATA 수식이 오류라면 ①로 지정한 공백으로 표시하라는 의미입니다. 물론 GETPIVOTDATA 수식이 오류가 아니라면 GETPIVOTDATA 수식의 결과를 나타냅니다.

003 행과 열의 데이터 정리를 한번에 처리하는 BYROW, BYCOL 함수

합계나 평균을 산출하며 기존 수식을 이용하면 수식 입력한 후 복사해 붙여넣던 것을 동적 배열 수식 한 번으로 정리할 수 있습니다. 행이나 열을 자동 참조하는 수식에 대해서 알아보겠습니다.

- **실습 파일 :** Part 03 > 예제 > 03_03_BYROW_BYCOL_함수_예제.xlsx
- **완성 파일 :** Part 03 > 완성 > 03_03_BYROW_BYCOL_함수_완성.xlsx

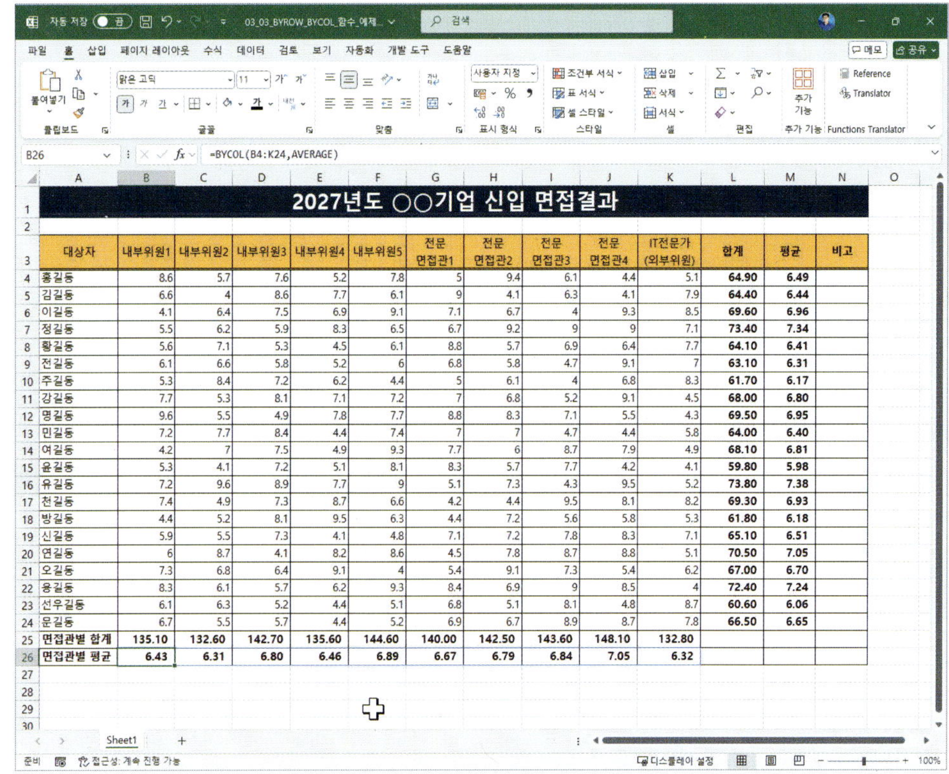

대상자	내부위원1	내부위원2	내부위원3	내부위원4	내부위원5	전문 면접관1	전문 면접관2	전문 면접관3	전문 면접관4	IT전문가 (외부위원)	합계	평균	비고
홍길동	8.6	5.7	7.6	5.2	7.8	5	9.4	6.1	4.4	5.1	64.90	6.49	
김길동	6.6	4	8.6	7.7	6.1	9	4.1	6.3	4.1	7.9	64.40	6.44	
이길동	4.1	6.4	7.5	6.9	9.1	7.1	6.7	4	9.3	8.5	69.60	6.96	
정길동	5.5	6.2	5.9	8.3	6.5	6.7	9.2	9	9	7.1	73.40	7.34	
황길동	5.6	7.1	5.3	4.5	6.1	8.8	5.7	6.9	6.4	7.7	64.10	6.41	
전길동	6.1	6.6	5.8	5.2	6	6.8	5.8	4.7	9.1	7	63.10	6.31	
주길동	5.3	8.4	7.2	6.2	4.4	5	6.1	4	6.8	8.3	61.70	6.17	
강길동	7.7	5.3	8.1	7.1	7.2	7	6.8	5.2	9.1	4.5	68.00	6.80	
명길동	9.6	5.5	4.9	7.8	7.7	8.8	8.3	7.1	5.5	4.3	69.50	6.95	
민길동	7.2	7.7	8.4	4.4	7.4	7	7	4.7	4.4	5.8	64.00	6.40	
여길동	4.2	7	7.5	4.9	9.3	7.7	6	8.7	7.9	4.9	68.10	6.81	
윤길동	5.3	4.1	7.2	5.1	8.1	8.3	5.7	7.7	4.2	4.1	59.80	5.98	
유길동	7.2	9.6	8.9	7.7	9	5.1	7.3	4.3	9.5	5.2	73.80	7.38	
천길동	7.4	4.9	7.3	8.7	6.6	4.2	4.4	9.5	8.1	8.2	69.30	6.93	
방길동	4.4	5.2	8.1	9.5	6.3	4.4	7.2	5.6	5.8	5.3	61.80	6.18	
신길동	5.9	5.5	7.3	4.1	4.8	7.1	7.2	7.8	8.3	7.1	65.10	6.51	
연길동	6	8.7	4.1	8.2	8.6	4.5	7.8	8.7	8.8	5.1	70.50	7.05	
오길동	7.3	6.8	6.4	9.1	4	5.4	9.1	7.3	5.4	6.2	67.00	6.70	
용길동	8.3	6.1	5.7	6.2	9.3	8.4	6.9	9	8.5	4	72.40	7.24	
선우길동	6.1	6.3	5.2	4.4	5.1	6.8	5.1	8.1	4.8	8.7	60.60	6.06	
문길동	6.7	5.5	5.7	4.4	5.2	6.9	6.7	8.9	8.7	7.8	66.50	6.65	
면접관별 합계	135.10	132.60	142.70	135.60	144.60	140.00	142.50	143.60	148.10	132.80			
면접관별 평균	6.43	6.31	6.80	6.46	6.89	6.67	6.79	6.84	7.05	6.32			

주요 기능	현업 활용
BYROW 함수	• 행 방향의 수식을 빠르게 입력할 수 있다.
BYCOL 함수	• 열 방향의 수식을 빠르게 입력할 수 있다.
각종 통계량	• 기초 통계량 포함, 다양한 함수를 적용할 수 있다.

01 불러온 예제 파일을 확인해 보면, 십입사원 면접결과 자료인데 대상자별 면접결과 점수의 합계를 산출하기 위해 [L4] 셀에 '=BYROW(B4:K24,SUM)'을 입력합니다. 그림과 같이 [L24] 셀까지 수식이 자동 채워진 것을 확인할 수 있습니다.

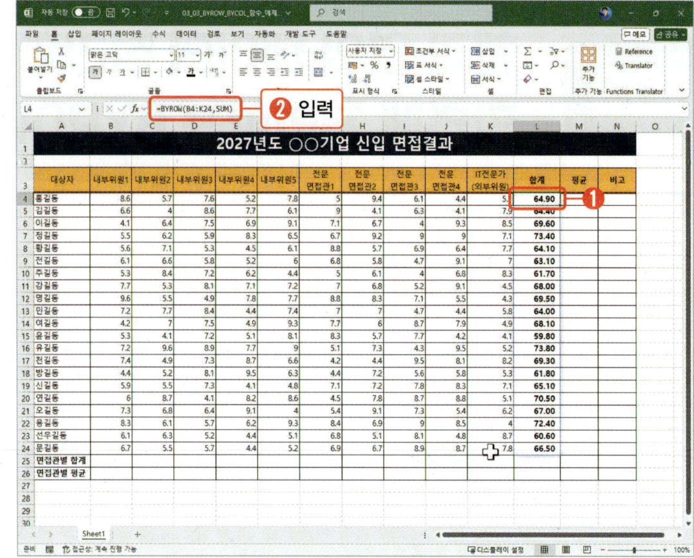

=BYROW(B4:K24,SUM)

❶ : BYROW 함수의 첫 번째 인수로 특정 통계량을 행별로 나타낼 범위

❷ : 첫 번째 인수 각 행의 나타낼 통계량

[B4:K24] 셀 범위의 행별로 합계를 나타내라는 의미입니다.

02 이번에는 대상자별 평균을 나타내기 위해, [M4] 셀에 '=BYROW(B4:K24,AVERAGE)'를 입력합니다.

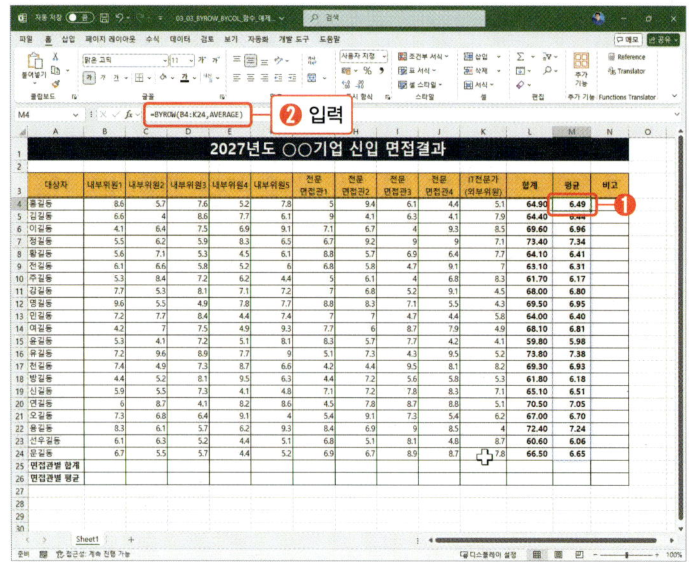

03 이번에는 면접관별 제시한 점수의 합계를 나타내기 위해, [B25] 셀에 '=BYCOL(B4:K24,SUM)'을 입력합니다.

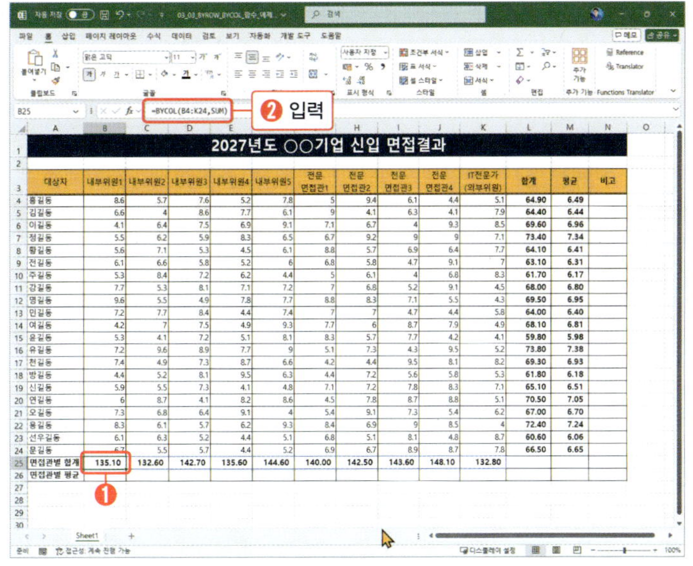

수식 설명

=BYCOL(B4:K24,SUM)

❶ : BYCOL 함수의 첫 번째 인수로 특정 통계량을 열별로 나타낼 범위

❷ : 첫 번째 인수 각 열의 나타낼 통계량

[B4:K24] 셀 범위의 열별로 합계를 나타내라는 의미입니다.

04 면접관별 평균을 나타내기 위해, [B26] 셀에 '=BYCOL(B4:K24,AVERAGE)'를 입력합니다.

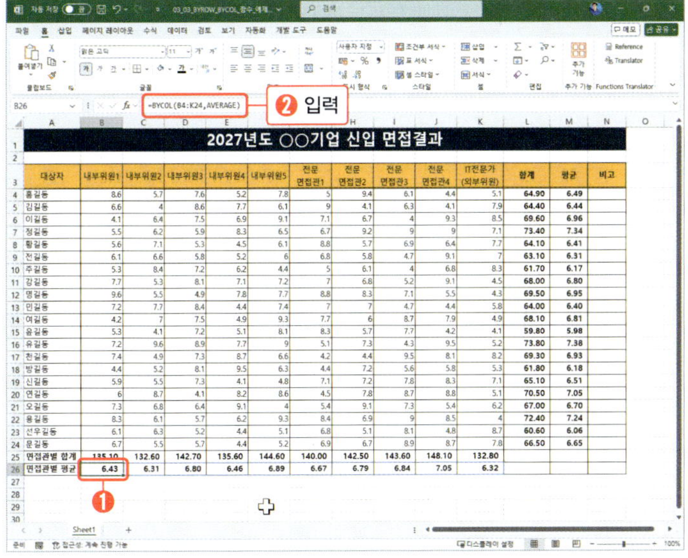

여기서 잠깐

BYROW, BYCOL 함수가 지원하는 통계량

입력	통계량	비고
SUM	합계	
AVERAGE	평균	
MEDIAN	중간값	
COUNT	숫자 셀 개수	
COUNTA	비어있지 않은 셀 개수	
MAX	최대값	
MIN	최소값	
PRODUCT	인수의 곱	
ARRAYTOTEXT	배열의 텍스트 표현	
CONCAT	문자열의 목록이나 범위 연결	
STDEV.S	표본 표준 편차(텍스트, 논리값 제외)	
STDEV.P	모집단 표준 편차(텍스트, 논리값 제외)	
VAR.S	표본 분산(텍스트, 논리값 제외)	
VAR.P	모집단 분산(텍스트, 논리값 제외)	
MODE.SNGL	최빈수	
LAMBDA	호출할 수 있는 함수값	

004 FILTER 함수의 다양한 활용 사례와 자동화

기존 엑셀 자동 필터를 수식으로 적용할 수 있게 되었습니다. 이 역시 동적 배열을 지원하는 수식이므로 처리하기에 좀 더 유연하게 다양한 조건의 내용을 필터할 수 있습니다. 필터된 동적 배열 데이터를 활용, 각종 통계량을 손쉽게 처리하는 방법을 알아보겠습니다.

- **실습 파일 :** Part 03 > 예제 > 03_04_FILTER_함수_예제.xlsx
- **완성 파일 :** Part 03 > 완성 > 03_04_FILTER_함수_완성.xlsx

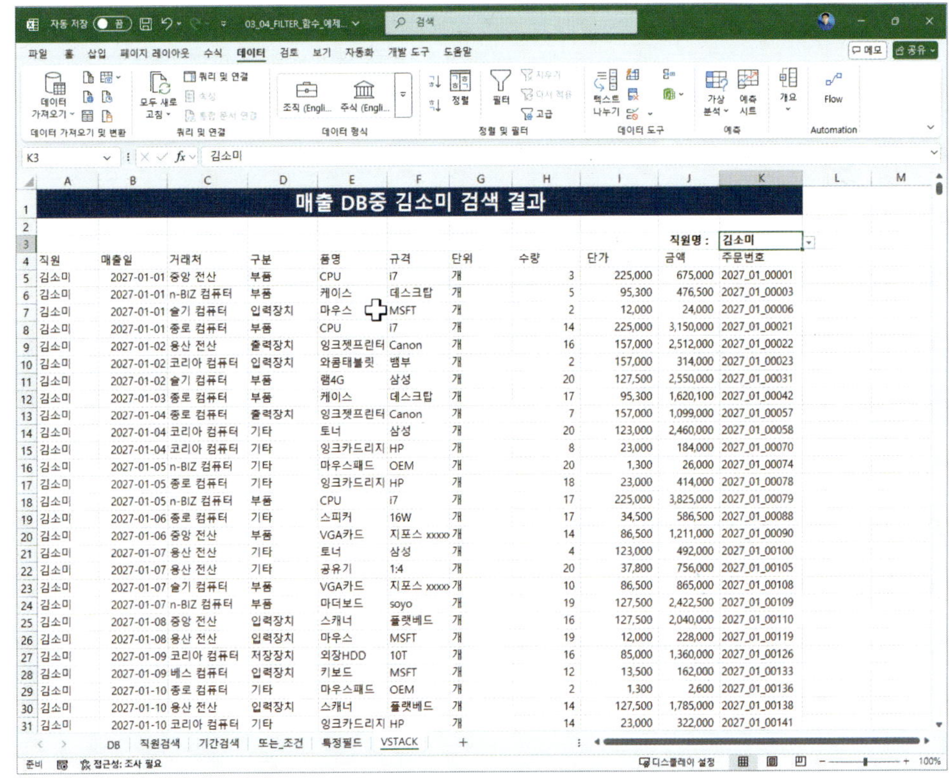

매출 DB중 김소미 검색 결과

직원명 : 김소미

직원	매출일	거래처	구분	품명	규격	단위	수량	단가	금액	주문번호
김소미	2027-01-01	중앙 전산	부품	CPU	i7	개	3	225,000	675,000	2027_01_00001
김소미	2027-01-01	n-BIZ 컴퓨터	부품	케이스	데스크탑	개	5	95,300	476,500	2027_01_00003
김소미	2027-01-01	슬기 컴퓨터	입력장치	마우스	MSFT	개	2	12,000	24,000	2027_01_00006
김소미	2027-01-01	종로 컴퓨터	부품	CPU	i7	개	14	225,000	3,150,000	2027_01_00021
김소미	2027-01-02	용산 전산	출력장치	잉크젯프린터	Canon	개	16	157,000	2,512,000	2027_01_00022
김소미	2027-01-02	코리아 컴퓨터	입력장치	와콤태블릿	뱀부	개	2	157,000	314,000	2027_01_00023
김소미	2027-01-02	슬기 컴퓨터	부품	램4G	삼성	개	20	127,500	2,550,000	2027_01_00031
김소미	2027-01-03	종로 컴퓨터	부품	케이스	데스크탑	개	17	95,300	1,620,100	2027_01_00042
김소미	2027-01-04	종로 컴퓨터	출력장치	잉크젯프린터	Canon	개	7	157,000	1,099,000	2027_01_00057
김소미	2027-01-04	코리아 컴퓨터	기타	토너	삼성	개	20	123,000	2,460,000	2027_01_00058
김소미	2027-01-04	코리아 컴퓨터	기타	잉크카드리지	HP	개	8	23,000	184,000	2027_01_00070
김소미	2027-01-05	n-BIZ 컴퓨터	기타	마우스패드	OEM	개	20	1,300	26,000	2027_01_00074
김소미	2027-01-05	종로 컴퓨터	기타	잉크카드리지	HP	개	18	23,000	414,000	2027_01_00078
김소미	2027-01-05	n-BIZ 컴퓨터	부품	CPU	i7	개	17	225,000	3,825,000	2027_01_00079
김소미	2027-01-06	종로 컴퓨터	기타	스피커	16W	개	17	34,500	586,500	2027_01_00088
김소미	2027-01-06	중앙 전산	부품	VGA카드	지포스 xxxx	개	14	86,500	1,211,000	2027_01_00090
김소미	2027-01-07	용산 전산	기타	토너	삼성	개	4	123,000	492,000	2027_01_00100
김소미	2027-01-07	용산 전산	기타	공유기	1:4	개	20	37,800	756,000	2027_01_00105
김소미	2027-01-07	슬기 컴퓨터	부품	VGA카드	지포스 xxxx	개	10	86,500	865,000	2027_01_00108
김소미	2027-01-07	n-BIZ 컴퓨터	부품	마더보드	soyo	개	19	127,500	2,422,500	2027_01_00109
김소미	2027-01-08	중앙 전산	입력장치	스캐너	플랫베드	개	16	127,500	2,040,000	2027_01_00110
김소미	2027-01-08	용산 전산	입력장치	마우스	MSFT	개	19	12,000	228,000	2027_01_00119
김소미	2027-01-09	코리아 컴퓨터	저장장치	외장HDD	10T	개	16	85,000	1,360,000	2027_01_00126
김소미	2027-01-09	베스 컴퓨터	입력장치	키보드	MSFT	개	12	13,500	162,000	2027_01_00133
김소미	2027-01-10	종로 컴퓨터	기타	마우스패드	OEM	개	2	1,300	2,600	2027_01_00136
김소미	2027-01-10	용산 전산	입력장치	스캐너	플랫베드	개	14	127,500	1,785,000	2027_01_00138
김소미	2027-01-10	코리아 컴퓨터	기타	잉크카드리지	HP	개	14	23,000	322,000	2027_01_00141

주요 기능	현업 활용
FILTER 함수	• 기존 자동 필터를 함수로 표시할 수 있고 그래서 특정 조건 데이터를 빠르게 표시할 수 있다.
CHOOSECOLS 함수	• FILTER 함수를 통해 나타난 데이터 중 사용자가 표시하고자 하는 임의의 열 데이터만 나타낼 수 있다.
VSTACK 함수	• 다양하게 활용되며 여러 시트의 데이터를 한 시트로 모을 수도 있고, FILTER 함수를 통해 나타난 데이터의 머리글을 표시할 수도 있다.

01 예제 파일을 불러온 후 [DB] 시트의 데이터를 표로 지정하기 위해, 임의의 셀을 선택하고 Ctrl+T를 눌러 [머리글 포함]의 체크를 확인한 후 [확인]을 클릭합니다.

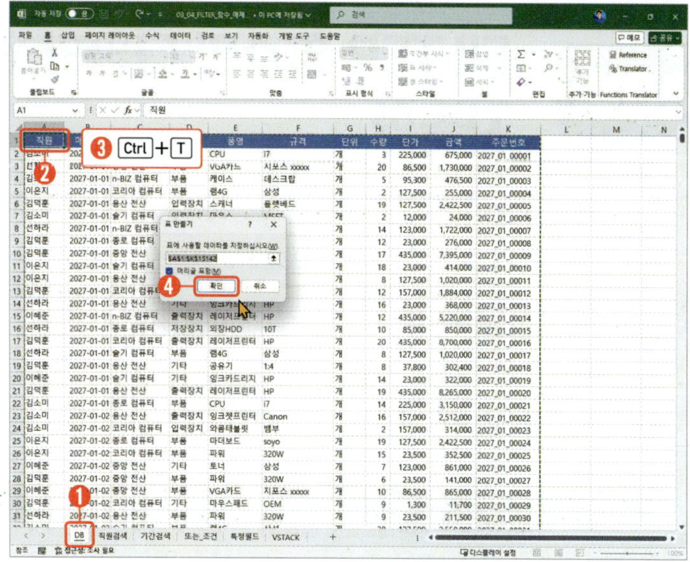

02 특정 직원의 데이터를 검색하기 위해 [직원검색] 시트에서 [K3] 셀을 선택하고 [데이터] 탭 – [데이터 도구] 그룹 – [데이터 유효성 검사]를 클릭합니다.

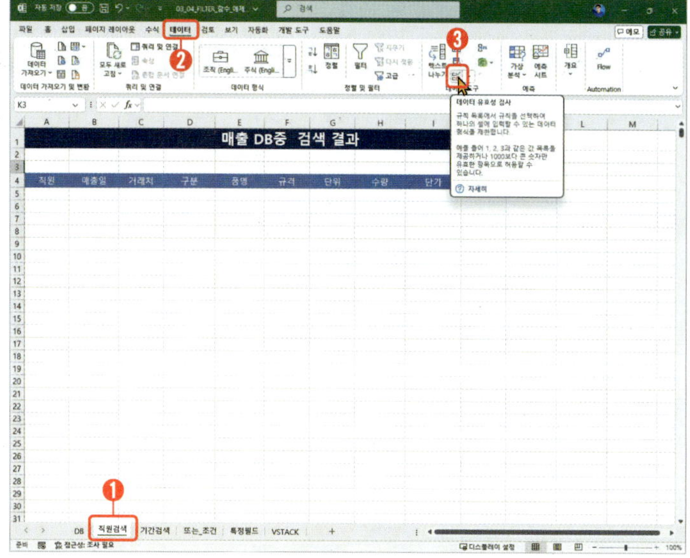

03 [제한 대상]은 '목록'을 선택하고, [원본]은 [DB] 시트의 [직원] 필드를 선택한 후 [확인]을 클릭합니다.

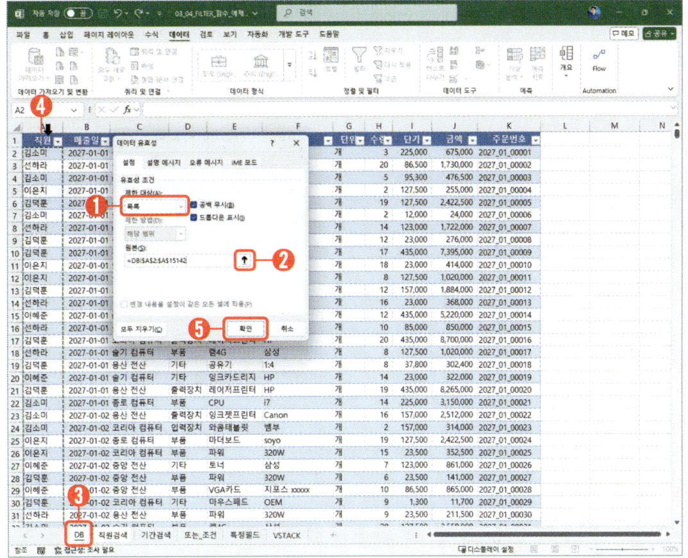

04 [K3] 셀의 유효성 검사를 확장하면 지정한 필드의 고유한 목록이 나타나는 것을 확인할 수 있습니다. 이렇게 오피스 365는 지정한 범위의 고유한 목록을 자동 처리해 줍니다. 검색할 대상인 '김덕훈'을 선택합니다.

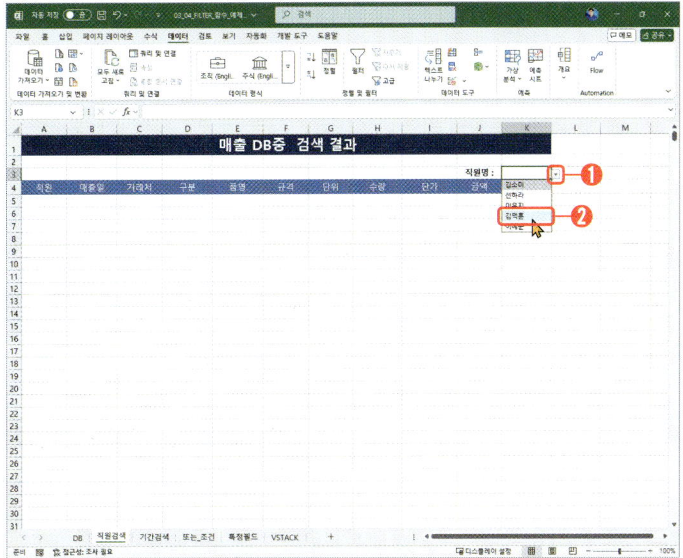

05 [A5] 셀에 '=FILTER(표1, 표1[직원]=K3)'을 입력합니다.

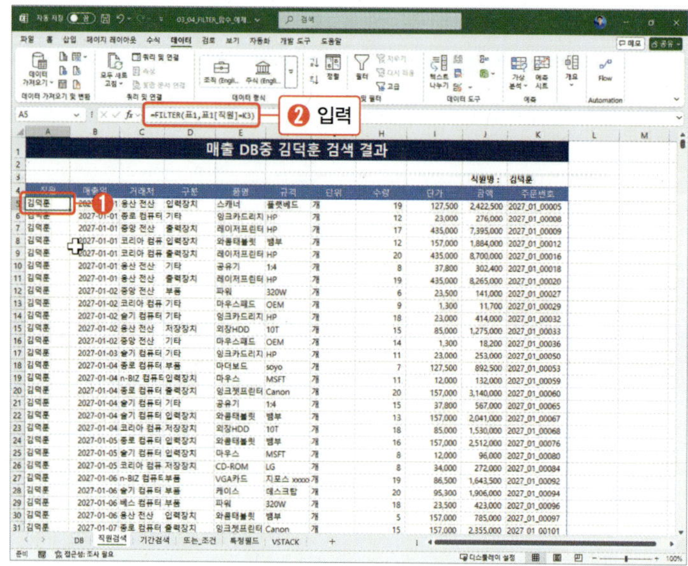

수식 설명

=FILTER(표1,표1[직원]=K3)

❶ : FILTER 함수의 첫 번째 인수로 지정한 조건에서 만족하는 값을 나타낼 범위나 배열

❷ : FILTER 함수의 두 번째 인수로 검색할 조건

표1의 [직원] 필드에서 [K3] 셀 값인 '김덕훈'을 검색해서 표1 전체 내용을 나타내라는 의미입니다.

06 [K3] 셀에서 '선하라'를 선택하면 결과가 변경되는 것을 확인할 수 있습니다.

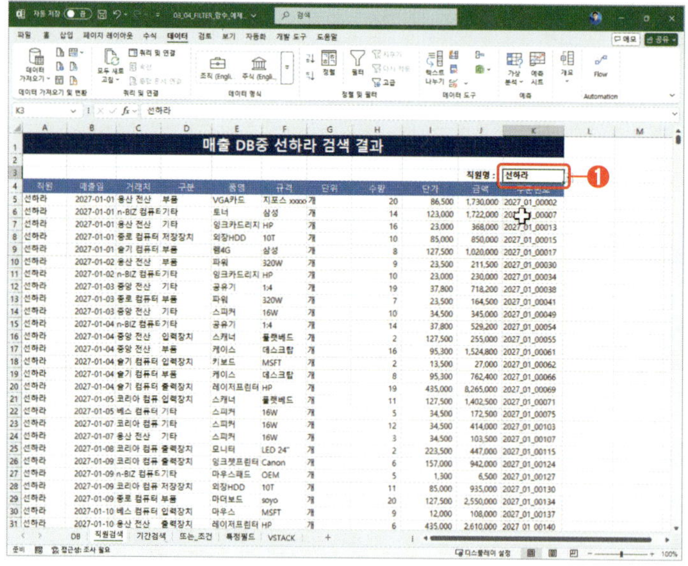

07 이번에는 특정 기간, 특정 직원 데이터를 필터해 보겠습니다. [기간검색] 시트의 [K3] 셀에 연도를 선택하도록 유효성 검사를 지정하겠습니다. 먼저 [DB] 시트에서 [L1] 셀에 '년도'를 입력하고 [L2] 셀에는 '=YEAR(B2)'를 입력합니다.

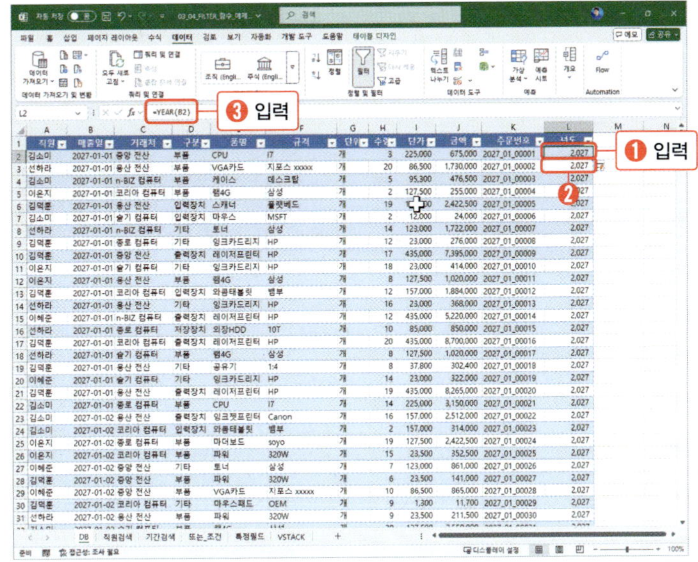

08 [년도] 필드를 선택하고 [홈] 탭 – [표시 형식] 그룹 – [일반]을 클릭해서 쉼표 스타일을 변경합니다.

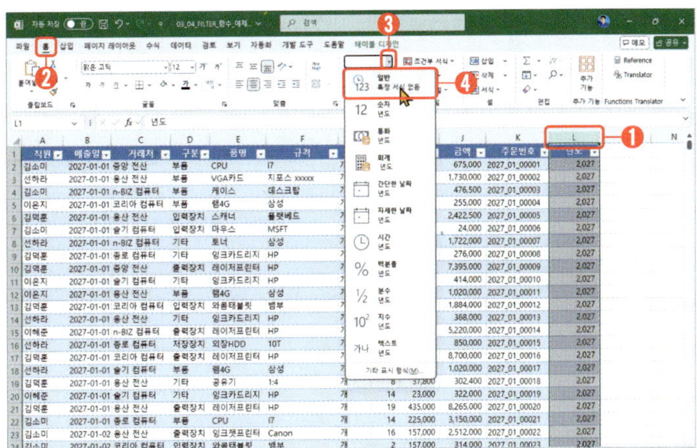

09 [기간검색] 시트에서 [K3] 셀을 선택하고 [데이터] 탭 – [데이터 도구] 그룹 – [데이터 유효성 검사]를 클릭합니다.

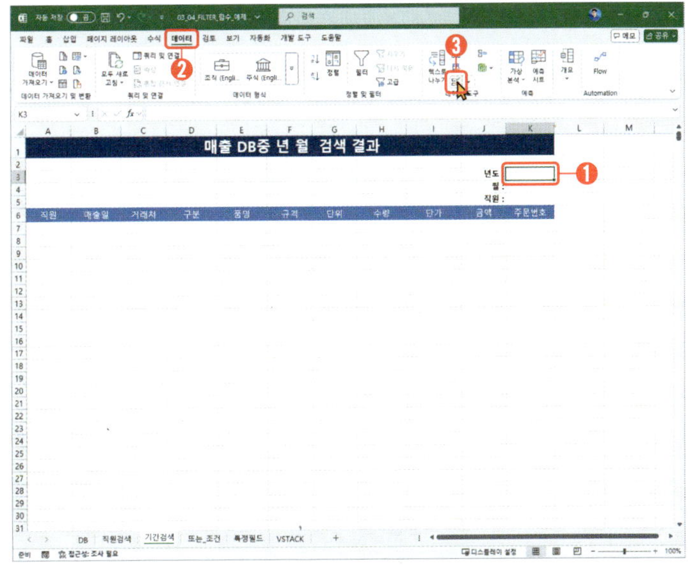

10 [제한 대상]은 '목록'을 선택하고 [원본]은 [DB] 시트의 [년도] 필드를 선택한 후 [확인]을 클릭합니다.

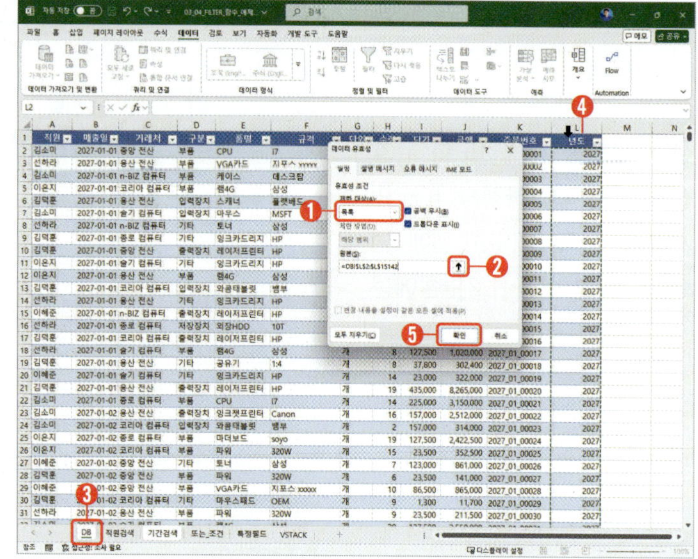

11 [K3] 셀에서 '2028'을 선택한 후 [K4] 셀을 선택하고 [데이터] 탭 – [데이터 도구] 그룹 – [데이터 유효성 검사]를 클릭합니다.

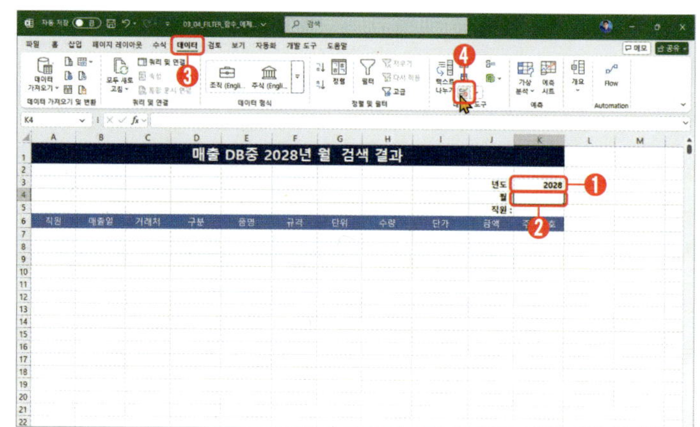

12 [제한 대상]은 '목록'을 선택하고 [원본]은 '1,2,3,4,5,6,7,8,9,10,11,12'를 입력한 후 [확인]을 클릭합니다.

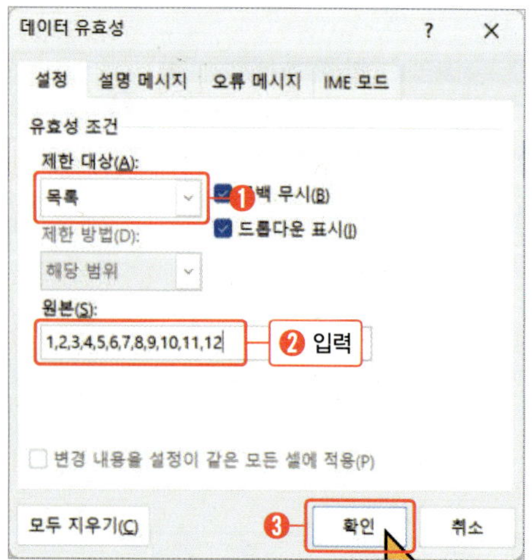

13 [K4] 셀에서 5월을 선택해 둡니다. 월은 고정 목록이므로 동적 배열이 필요 없어서 수동 입력하겠습니다. [K5] 셀을 선택하고 [데이터] 탭 – [데이터 도구] 그룹 – [데이터 유효성 검사]를 클릭합니다. [제한 대상]은 '목록'을 선택하고 [원본]은 [DB] 시트의 [직원] 필드를 선택한 후 [확인]을 클릭합니다.

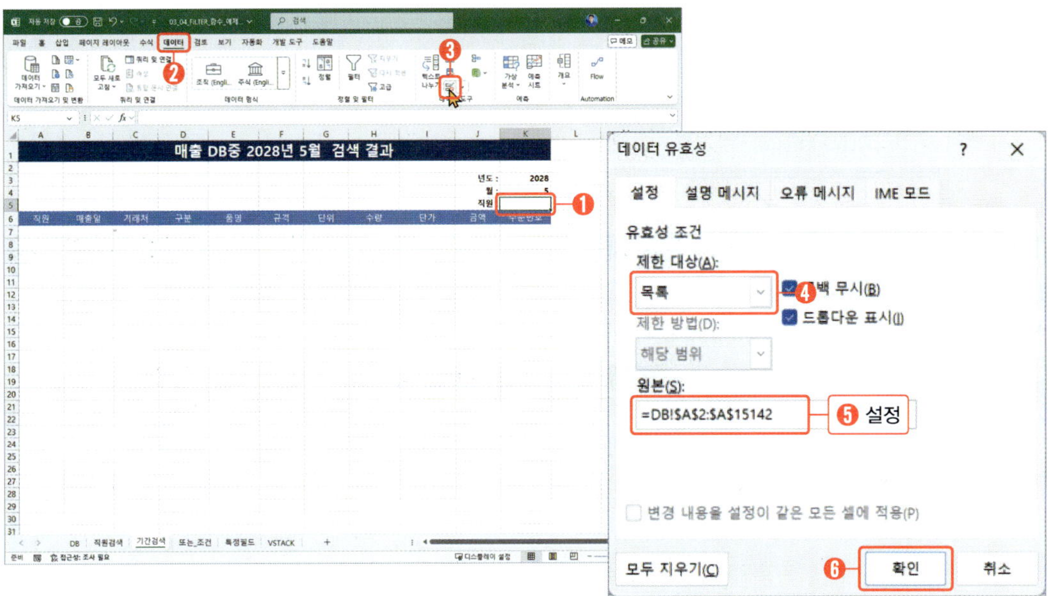

14 [K5] 셀에서 '이은지'를 선택하고 [A7] 셀에 '=FILTER(표1[[직원]:[주문번호]],(표1[년도]=K3)*(MONTH(표1[매출일])=K4)*(표1[직원]=K5))'를 입력합니다.

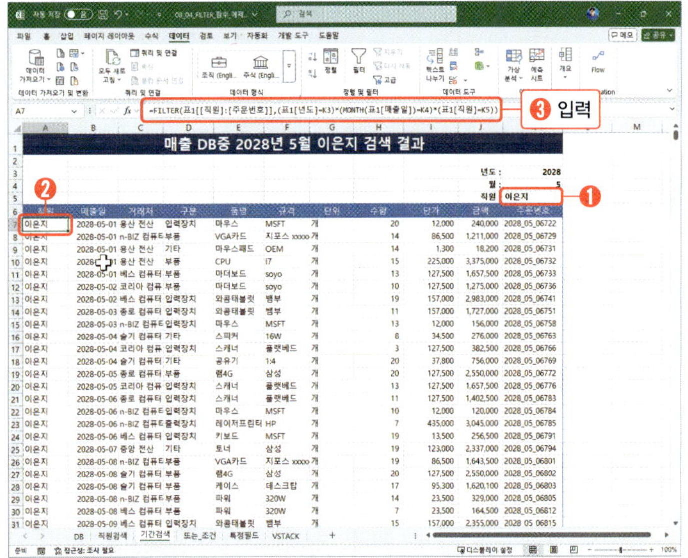

수식 설명

=FILTER(표1[[직원]:[주문번호]],(표1[년도]=K3)*(MONTH(표1[매출일])=K4)*(표1[직원]=K5))

❶ : FILTER 함수의 첫 번째 인수로 지정한 조건에서 만족하는 값을 나타낼 범위나 배열
❷ : FILTER 함수의 두 번째 인수로 검색할 조건

표1의 [년도] 필드에서 [K3] 셀 값 '2028'을 만족하고, 표1의 [매출일] 필드에서 월이 [K4] 셀 값 '5월'을 만족하고, 표1의 [직원] 필드에서 [K5] 셀 값 '이은지'를 만족하는 표1 [직원] 필드부터 [주문번호] 필드까지의 내용을 나타내라는 의미입니다.
조건 입력 시 그리고(AND)의 조건은 '*'를 이용해서 논리곱으로 표현합니다.

15 [K4] 셀을 '7월'로 변경하면 결과도 변경되는 것을 확인할 수 있습니다.

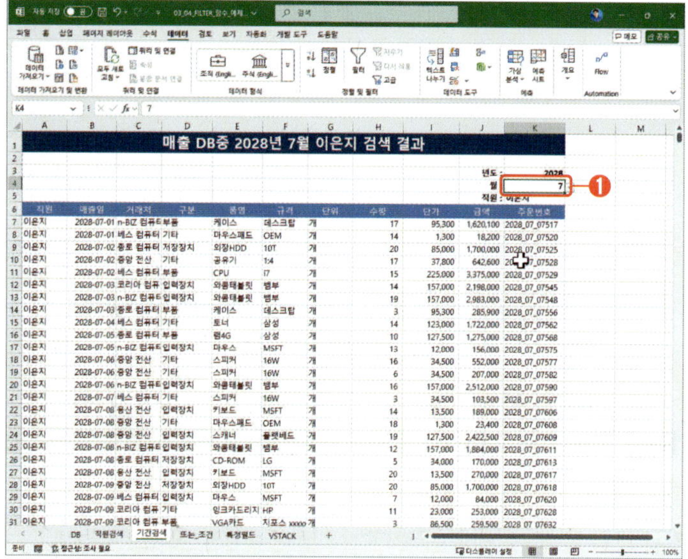

16 이전 [직원검색] 시트에서 결과를 확인하면 이전에 나타나지 않았던 [년도] 필드가 나타난 것을 확인할 수 있습니다.

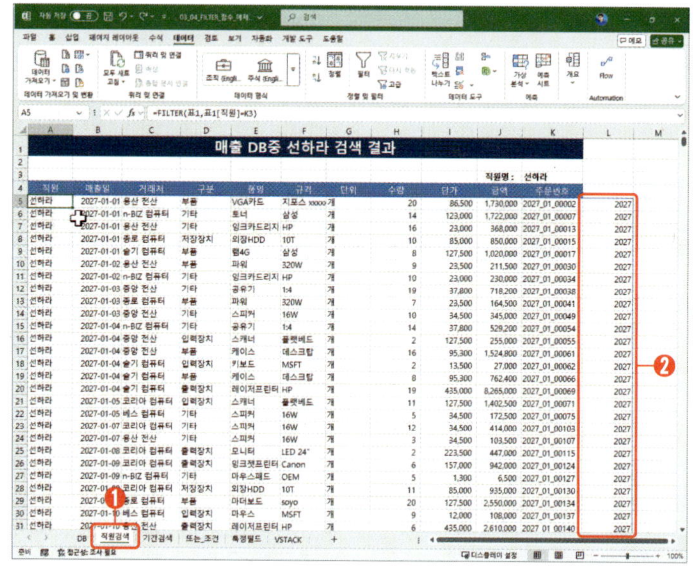

17 [A4] 셀의 수식을 변경해서 결과가 나타날 범위를 '=FILTER(표1[[직원]:[주문번호]],표1[직원]=K3)'으로 수정합니다.

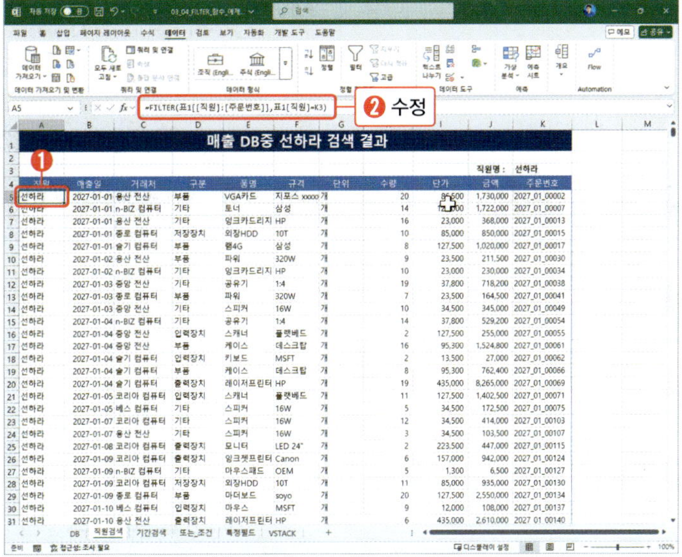

18 논리합의 조건 검색을 알아보기 위해 [또는_조건] 시트에서 [K3] 셀에 유효성 검사를 지정하겠습니다. [K3] 셀을 선택하고 [데이터] 탭 – [데이터 도구] 그룹 – [데이터 유효성 검사]를 클릭합니다. [제한 대상]은 '목록'으로, [원본]은 [DB] 시트의 [직원] 필드를 선택하고 [확인]을 클릭합니다.

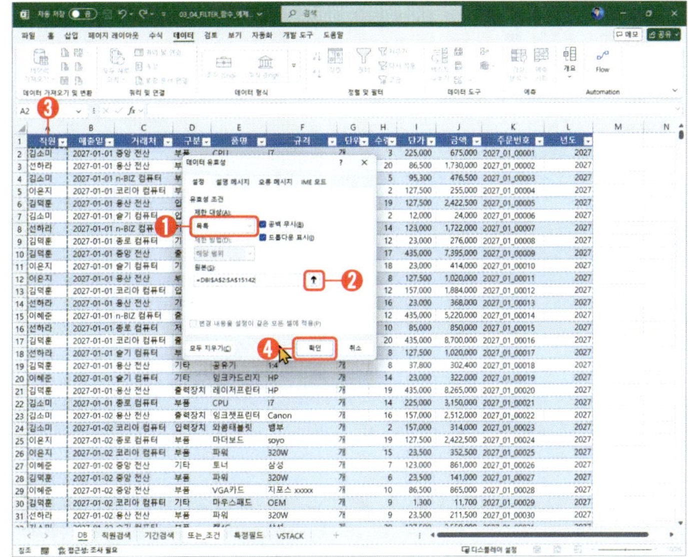

19 [K3] 셀에서 '이은지'를 선택하고 [K4] 셀에는 기준금액 '500000'을 입력합니다.

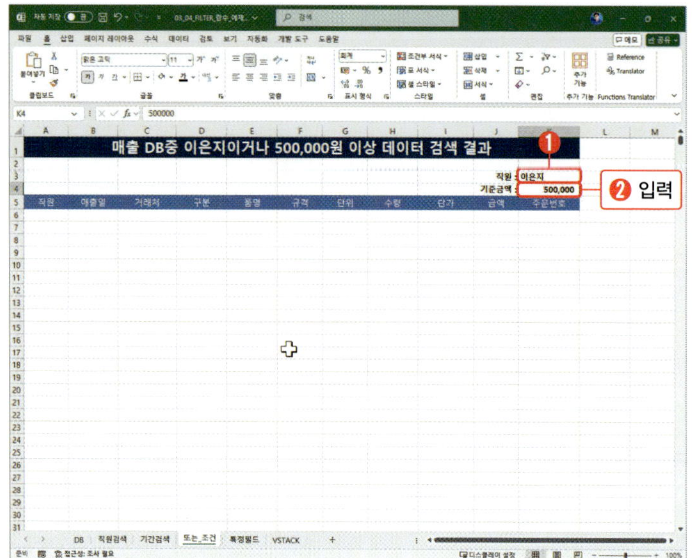

20 이제 '이은지'이거나 금액이 '50만 원' 이상인 데이터를 필터하겠습니다. [A6] 셀에 '=FILTER(표1[[직원]:[주문번호]],(표1[직원]=K3)+(표1[금액]>=K4))'를 입력합니다.

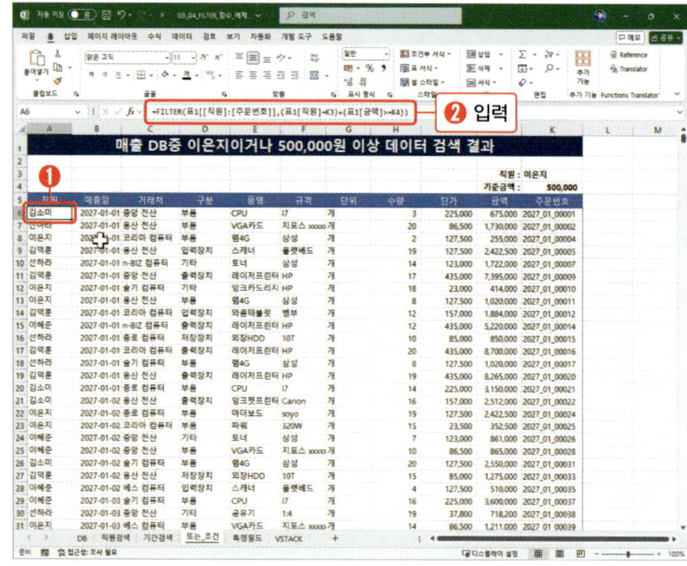

수식 설명

=FILTER(표1[[직원]:[주문번호]],(표1[직원]=K3)+(표1[금액]>=K4))

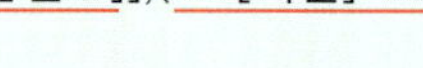

❶ : FILTER 함수의 첫 번째 인수로 지정한 조건에서 만족하는 값을 나타낼 범위나 배열

❷ : FILTER 함수의 두 번째 인수로 검색할 조건

표1 [직원] 필드에서 [K3] 셀 값 '이은지'를 만족하거나 표1 [금액] 필드에서 '50만 원' 이상인 조건을 만족하는 표1 [직원] 필드부터 [주문번호] 필드까지의 내용을 나타내라는 의미입니다.
조건 입력 시 또는(OR)의 조건은 '+'를 이용해서 논리곱으로 표현합니다.

21 [K4] 셀의 기준금액을 '100만 원'으로 변경해 보면 필터 결과 데이터의 변경을 확인할 수 있습니다.

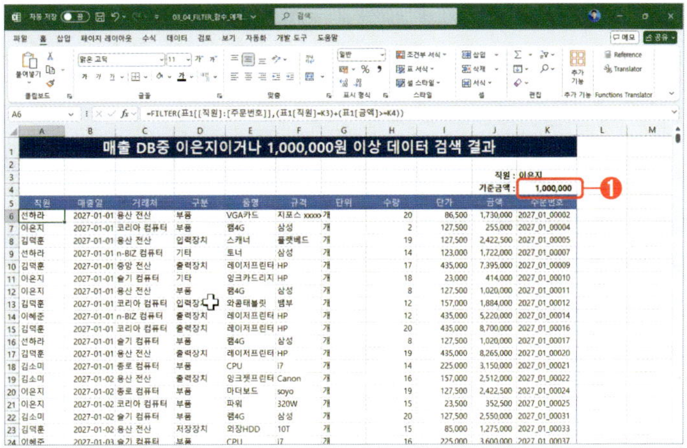

22 이번에는 전체 데이터가 아닌 특정 필드만 나타내는 방법을 알아보기 위해 [특정필드] 시트를 선택합니다.

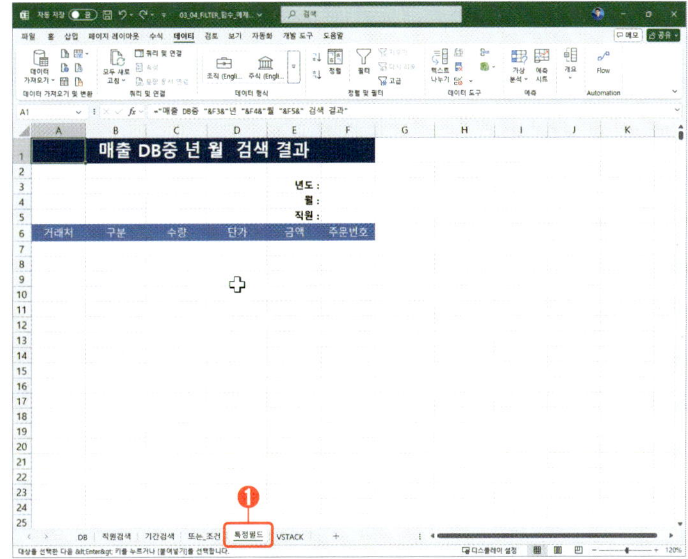

23 [F3:F5] 셀에 유효성 검사를 지정하겠습니다. 그런데 이미 작성해 둔 결과가 있으므로 복사해 사용하기 위해 [기간검색] 시트의 [K3:K5] 셀을 복사합니다.

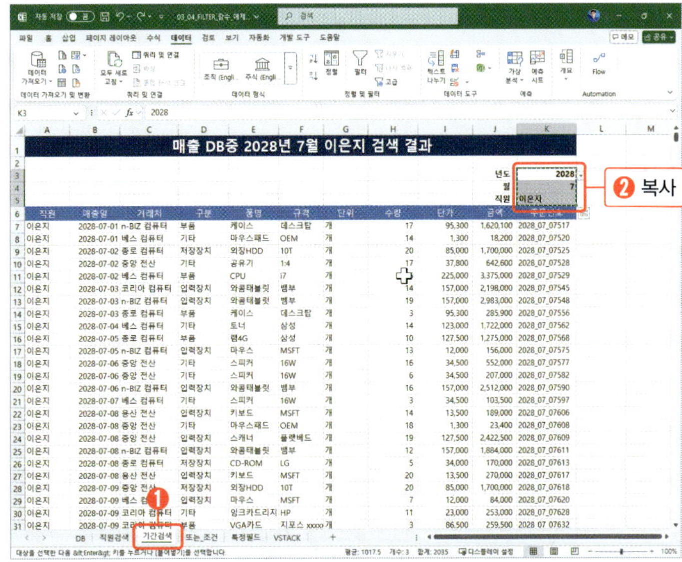

24 [특정필드] 시트의 [F3:F5] 셀에 붙여 넣습니다. 이렇게 반복적으로 사용하는 유효성 검사는 복사해서 사용할 수도 있습니다.

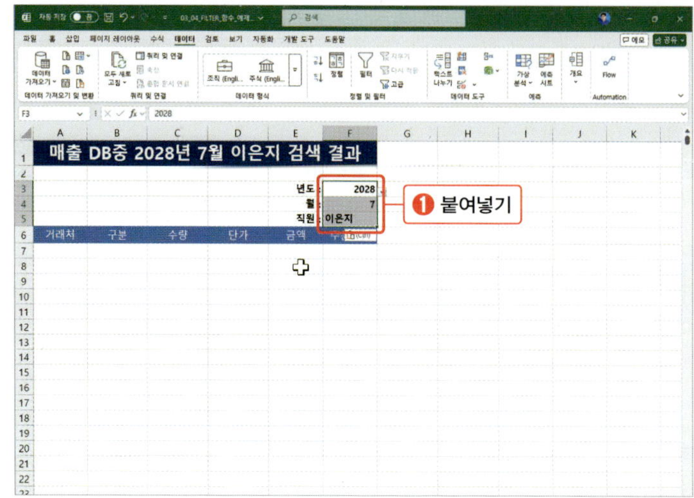

25 [A7] 셀에 '=FILTER(HSTACK(표1[[거래처]:[구분]],표1[[수량]:[주문번호]]),(표1[년도]=F3)*(MONTH(표1[매출일])=F4)*(표1[직원]=F5))'를 입력합니다.

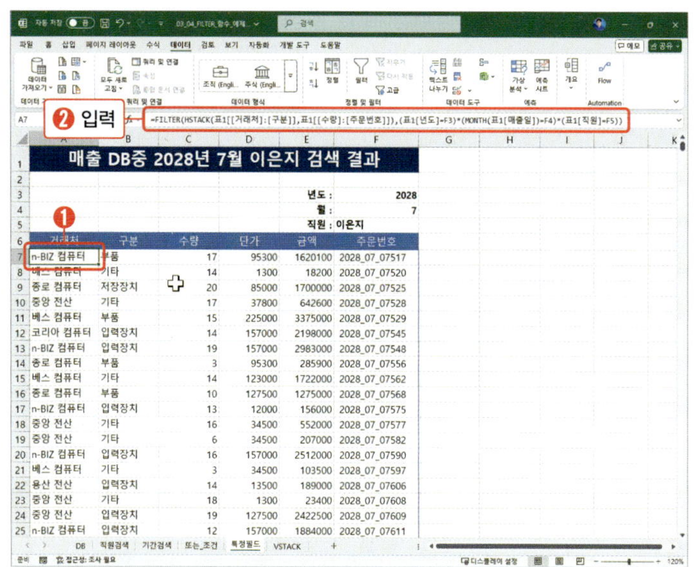

수식 설명

=FILTER(HSTACK(표1[[거래처]:[구분]],표1[[수량]:[주문번호]]),(표1[년도]=F3)*(MONTH(표1[매출일])=F4)*(표1[직원]=F5))

❶ : FILTER 함수의 첫 번째 인수로 지정한 조건에서 만족하는 값을 나타낼 범위나 배열로 연속된 범위가 아니므로 표1의 [거래처] 필드부터 [구분] 필드까지 그리고, 표1의 [수량] 필드부터 [주문번호] 필드까지를 하나의 배열에 HSTACK 함수를 통해 만듭니다.

❷ : FILTER 함수의 두 번째 인수로 검색할 조건

표1의 [거래처]부터 [구분] 필드까지 또, 표1의 [수량]부터 [주문번호] 필드까지의 데이터를 필터하는 데, 조건은 '2028년 7월', '이은지'의 데이터를 필터하라는 의미입니다.
참고로 빈 셀에서 첫 번째 인수 수식을 '=HSTACK(표1[[거래처]:[구분]],표1[[수량]:[주문번호]])'로 입력해 보면 해당 수식의 이해가 빠를 것입니다.

26 앞선 수식을 다른 수식으로 표현해 보겠습니다. [A7] 셀의 수식을 '=CHOOSECOLS(FILTER(표1[[직원]:[주문번호]],(표1[년도]=F3)*(MONTH(표1[매출일])=F4)*(표1[직원]=F5)),3,4,7,8,9,10)'으로 변경합니다.

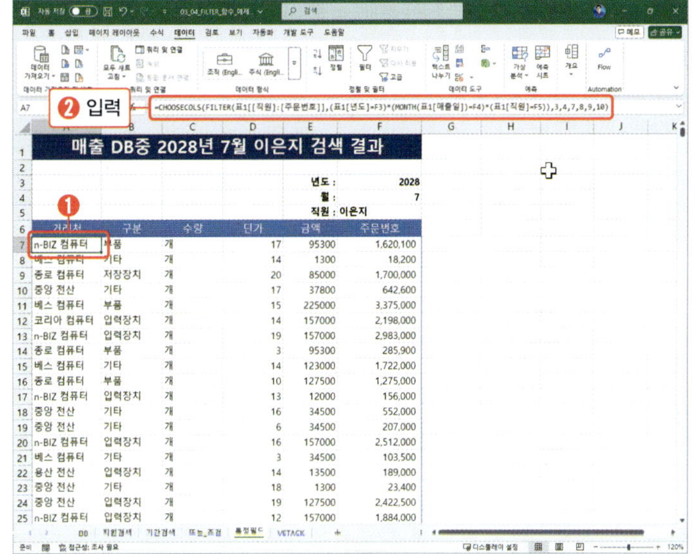

수식 설명

=CHOOSECOLS(FILTER(표1[[직원]:[주문번호]],(표1[년도]=F3)*(MONTH(표1[매출일])=F4)*(표1[직원]=F5)),3,4,7,8,9,10)

❶ : FILTER 수식의 결과(표1의 [직원]부터 [주문번호]까지 모든 필드 반환)

❷ : FILTER 수식의 결과 중 나타낼 필드 순번을 CHOOSECOLS 함수로 지정

FILTER 수식의 결과 중 3,4,7,8,9,10번째 필드만 나타내라는 의미입니다.

27 머리글을 없는 경우의 필터를 확인해 보겠습니다. [특정필드] 시트의 [F5] 셀을 복사하여 [VSTACK] 시트의 [K3] 셀에 붙여 넣습니다.

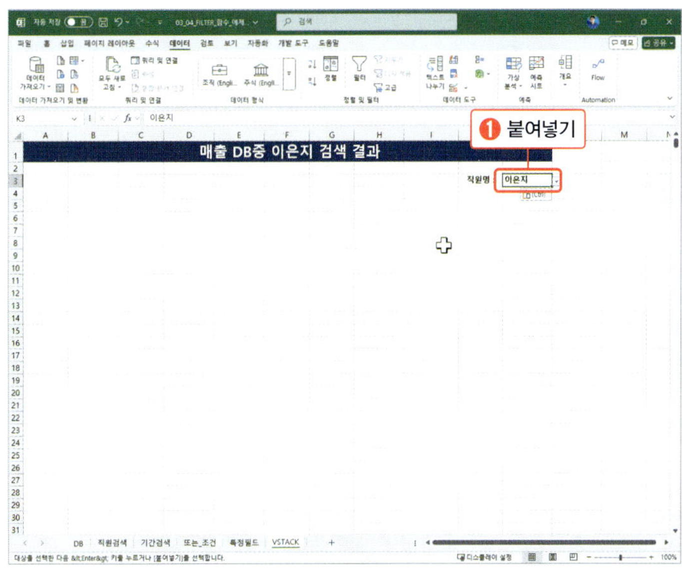

28 [A4] 셀에 '=FILTER(표1[[직원]:[주문번호]],표1[직원]=K3)'을 입력하면, 머리글이 나타나지 않는 것을 확인할 수 있습니다.

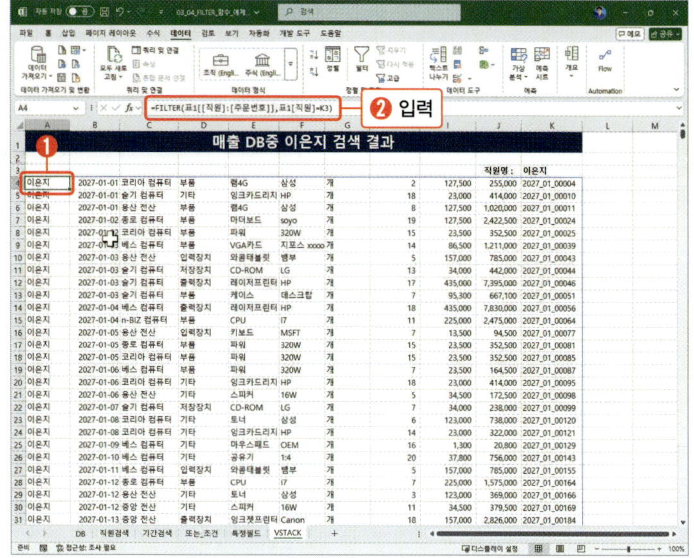

29 머리글까지 표시하기 위해 [A4] 셀의 수식을 '=VSTACK(표1[[#머리글],[직원]:[주문번호]],FILTER(표1[[직원]:[주문번호]],표1[직원]=K3))'으로 변경합니다.

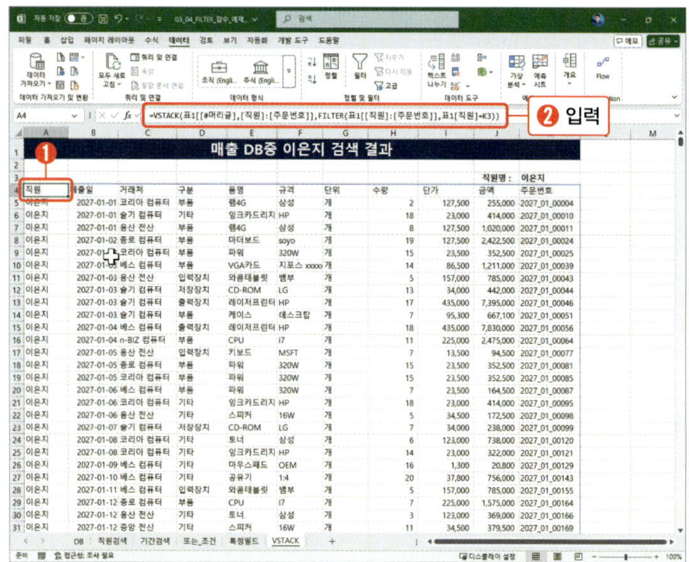

수식 설명

=VSTACK(표1[[#머리글],[직원]:[주문번호]],FILTER(표1[[직원]:[주문번호]],표1[직원]=K3))

❶ : 기존 FILTER 함수와 같이 세로 방향으로 나열할 범위나 배열

❷ : FILTER 기존 함수

따라서 표1의 머리글 부분과 FILTER 함수의 결과를 세로 방향으로 같이 표현하라는 의미입니다.
여기서 VSTACK은 'Vertical Stack'을 의미하며 세로 방향으로 데이터를 누적하는 것이고, HSTACK은 'Horizontal Stack'을 의미하며 가로 방향으로 데이터를 누적하는 것입니다.

30 [K3] 셀의 값을 '김소미'로 변경하면 데이터의 변화를 확인할 수 있습니다.

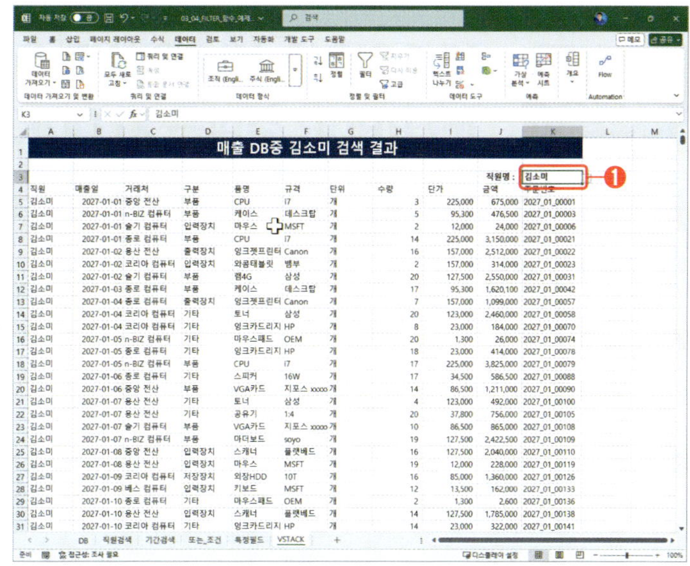

005 VLOOKUP, HLOOKUP, INDEX-MATCH, IFERROR 수식은 XLOOKUP 함수 하나로 해결

오피스 365 함수 중 가장 활용도가 높은 XLOOKUP 함수에 대해서 알아보겠습니다. 이 함수는 VLOOKUP, HLOOKUP, INDEX-MATCH, IFERROR 함수를 하나로 대체할 수 있습니다. 다양한 현업 사례와 더불어 오류 처리까지 알아보겠습니다.

- **실습 파일 :** Part 03 > 예제 > 03_05_XLOOKUP_함수_예제.xlsx
- **완성 파일 :** Part 03 > 완성 > 03_05_XLOOKUP_함수_완성.xlsx

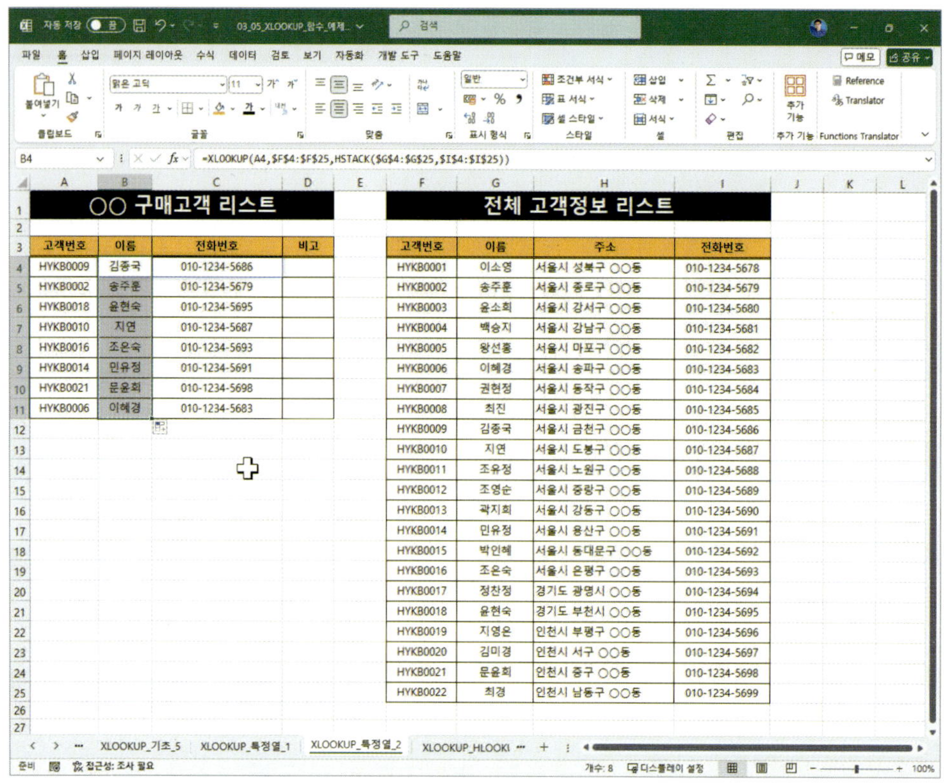

주요 기능	현업 활용
XLOOKUP 함수	• 기존 VLOOKUP, HLOOKUP, INDEX-MATCH 함수가 할 수 있는 일을 이 한 개의 함수로 처리할 수 있다.
TRANSPOSE 함수	• 가로, 세로 방향을 전환할 수 있다.
INDIRECT 함수	• 텍스트를 참조 범위로 바꾸는 역할을 하며 공백 문자와 이름 정의를 통해 공통 범위의 값을 표시할 수 있다.

■ XLOOKUP 함수 이해하기

01 예제 파일을 불러온 후 [XLOOKUP_기초_1] 시트의 고객번호의 이름, 주소, 전화번호를 고객정보 리스트에서 가져와 나타내겠습니다. [B4] 셀에 '=XLOOKUP(A4,$G$4:$G$25,$H$4:$J$25)'를 입력합니다. 기존의 VLOOKUP 함수와는 달리 반환 받을 범위의 모든 데이터가 한번에 표시되는 것을 확인할 수 있습니다.

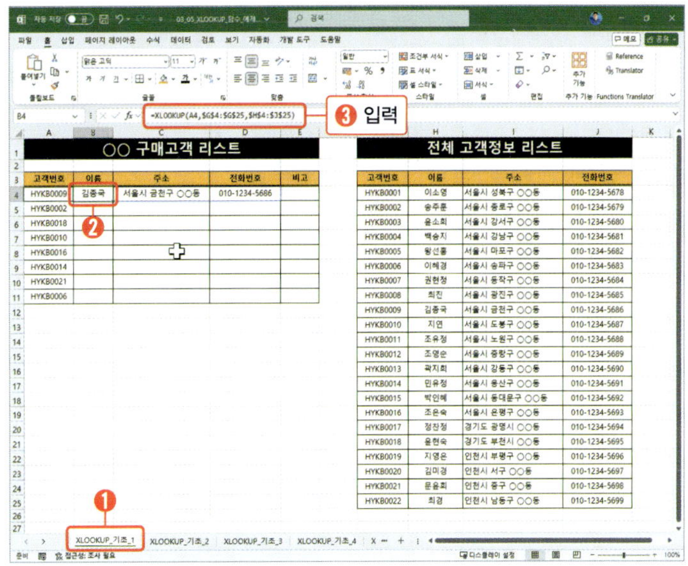

수식 설명

=XLOOKUP(A4,$G$4:$G$25,$H$4:$J$25)

❶ : XLOOKUP 함수의 첫 번째 인수로 찾을 값
❷ : XLOOKUP 함수의 두 번째 인수로 찾을 값이 있는 기준열
❸ : XLOOKUP 함수의 세 번째 인수로 반환 받을 데이터 범위나 배열

[G4:G25] 셀에서 [A4] 셀 값을 찾아서, [H4:J25] 셀 값을 나타내라는 의미입니다.

02 [B4] 셀의 채우기 핸들을 더블클릭해서 채웁니다.

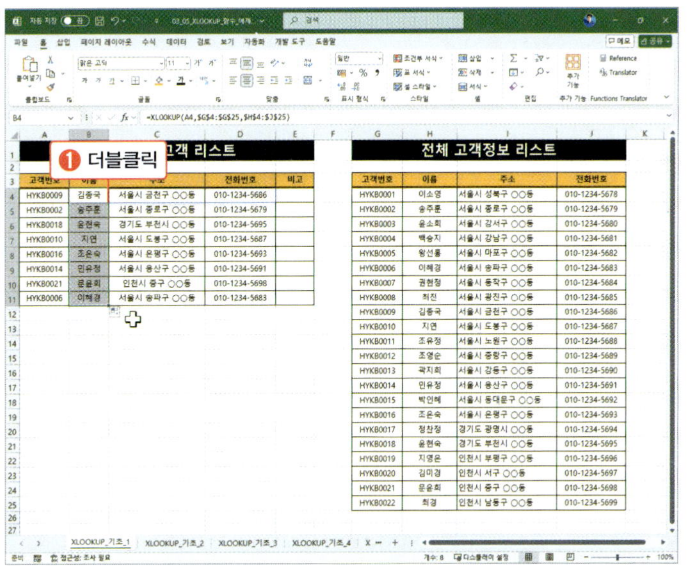

03 XLOOKUP 수식은 인수가 많으므로 좀 더 이해 쉽게 보기 위해 이름 정의를 이용하겠습니다. [XLOOKUP_기초_2] 시트에서 [G4] 셀을 선택하고 Ctrl+Shift+↓를 눌러 범위를 선택하고 [이름 상자]에 '고객번호'라고 입력합니다.

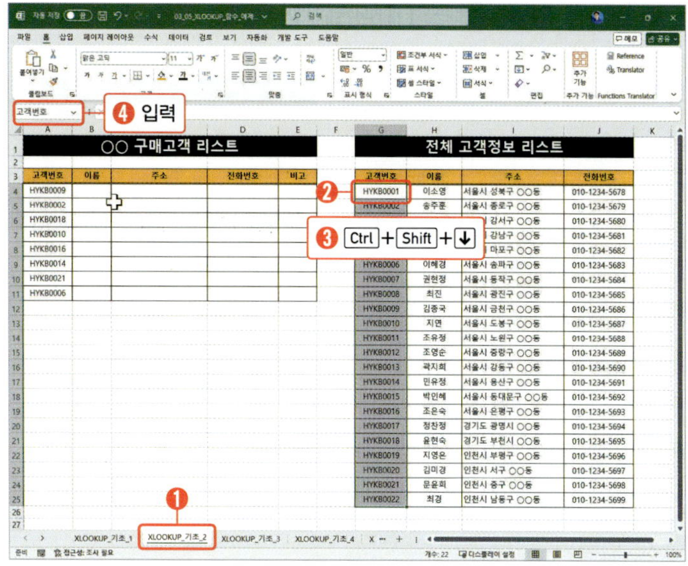

04 [H4] 셀을 선택하고 Ctrl+Shift+→+↓를 눌러 범위를 선택하고 [이름 상자]에 '고객정보'라고 입력합니다.

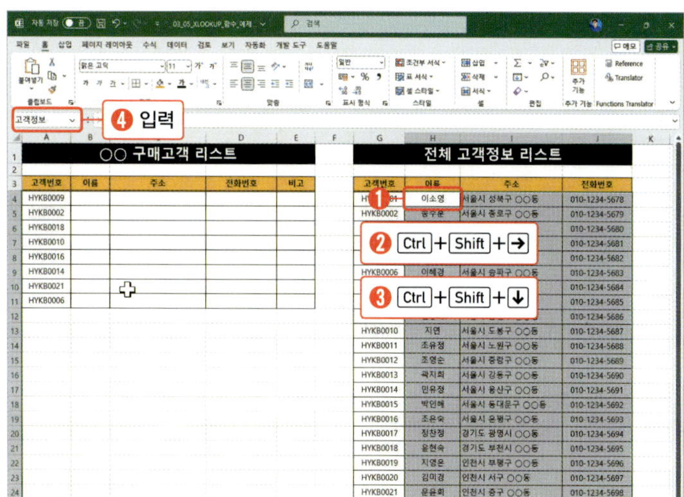

05 [B4] 셀에 '=XLOOKUP(A4,고객번호,고객정보)'를 입력하고 복사해 채웁니다. 이전보다 좀 더 직관적으로 이해하기 쉬운 수식이 만들어졌습니다.

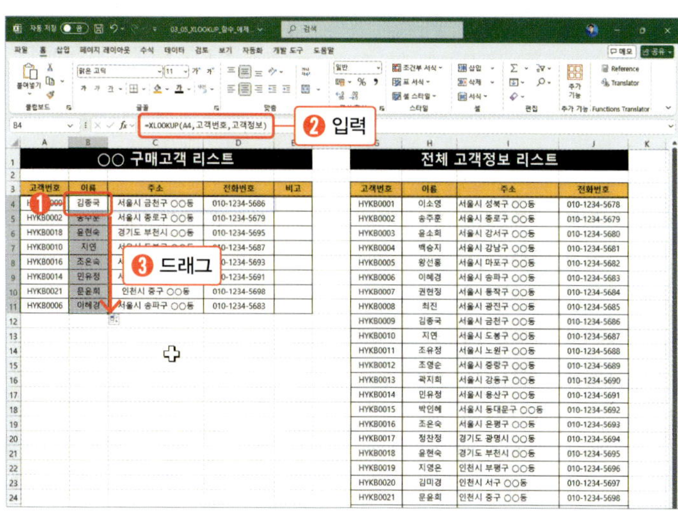

■ 찾을 값이 없을 때 오류 처리

01 찾을 값이 없을 때 오류 처리를 알아보겠습니다. [XLOOKUP_기초_3] 시트에서 [B4] 셀에 '=XLOOKUP(A4,$G$4:$G$25,$H$4:$J$25)'를 입력하고 채우면, [B7] 셀에 오류를 확인할 수 있습니다. XLOOKUP 수식은 VLOOKUP 수식과 마찬가지로 기준열에서 찾을 값(HYKB0025)이 검색되지 않는다면 #N/A 오류를 반환합니다.

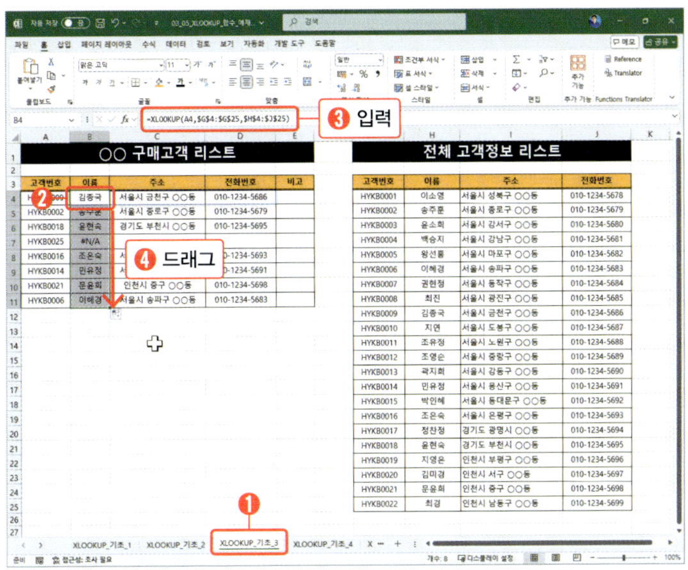

02 [B4] 셀의 수식을 '=XLOOKUP(A4,$G$4:$G$25,$H$4:$J$25,"검색안됨")'으로 수정하고 채웁니다. 이처럼 XLOOKUP 수식은 기존 IFERROR + VLOOKUP의 조합 수식을 동작을 보다 쉽게 할 수 있습니다. XLOOKUP 수식의 네 번째 인수는 생략 가능한 인수로 오류가 나타날 때 표현될 값을 입력합니다.

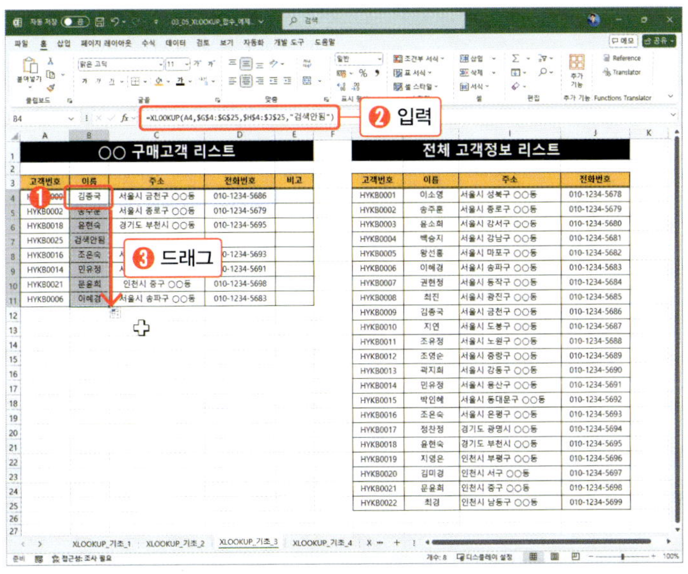

03 [XLOOUP_기초_4] 시트에서 성적 평점을 산출하기 위해 [I4] 셀에 '=XLOOKUP(H4,$L$4:$L$8,$M$4:$M$8,,−1)'을 입력하고 채웁니다.

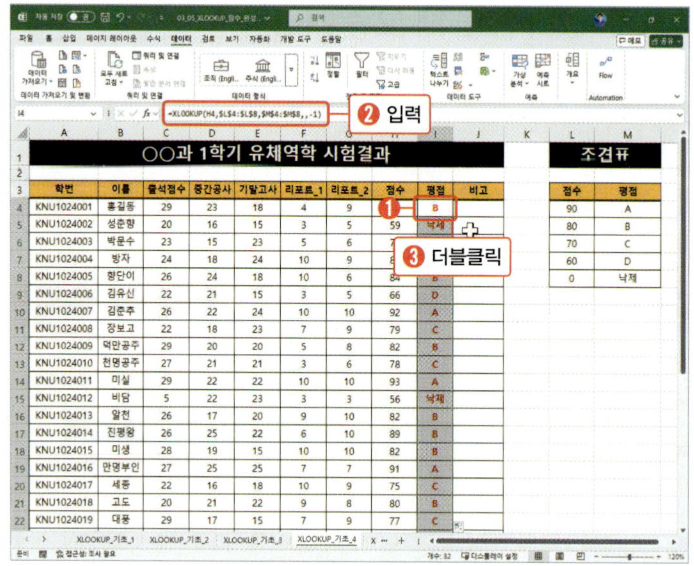

수식 설명

=XLOOKUP(H4,$L$4:$L$8,$M$4:$M$8,,-1)

❶ : XLOOKUP의 첫 번째 인수로 찾을 값

❷ : XLOOKUP의 두 번째 인수로 찾을 값이 있는 기준열

❸ : XLOOKUP의 세 번째 인수로 반환 받을 데이터 범위나 배열

❹ : XLOOKUP 수식이 오류일 때 표시할 내용

❺ : XLOOKUP 수식의 표시 방법으로 −1은 기준열에서 작거나 같은 값 중 최대값을 나타냄

[L4:L8] 셀에서 [H4] 셀 값 중 작거나 같은 값 중 최대값을 찾아서 [M4:M8] 셀에서 결과를 나타내라는 의미입니다.

여기서 기존 VLOOKUP과 다른 점이 있는데 기존 VLOOKUP 수식은 네 번째 인수를 '1'로 적으면 작거나 같은 값 중 최대값을 표시했는데, XLOOKUP은 −1을 써야 하고 XLOOKUP 함수는 1로 입력하면 크거나 같은 값 중 최소값을 표시합니다. 따라서 1로 쓸 때는 기준열 값이 반드시 오름차순 정렬되어야 하고 −1로 쓸 때는 기준열 값이 반드시 내림차순 정렬되어 있어야 합니다. 가끔 정렬되지 않아도 문제없이 나타나는 경우도 있지만 이는 근접한 값을 찾기 때문입니다. 하지만 값이 없거나 경계에 있다면 잘못된 값을 나타낼 수 있습니다.

입력 값	해석	정렬	비고
0	정확하게 일치하는 값	상관 없음	
1	크거나 같은 값 중 최소값	오름차순	
−1	작거나 같은 값 중 최대값	내림차순	

■ XLOOKUP 함수로 최신단가 알아보기

01 XLOOKUP 함수로 최신 단가를 나타내는 방법을 알아보기 위해 [XLOOKUP_기초_5] 시트에서 [C4] 셀에 '=XLOOKUP(A4,$G$4:$G$22,$H$4:$H$22)'를 입력하고 채웁니다. [C5] 셀의 오류도 확인되고 단가가 변경되었는 데 이전 단가가 나타나는 것을 확인할 수 있습니다.

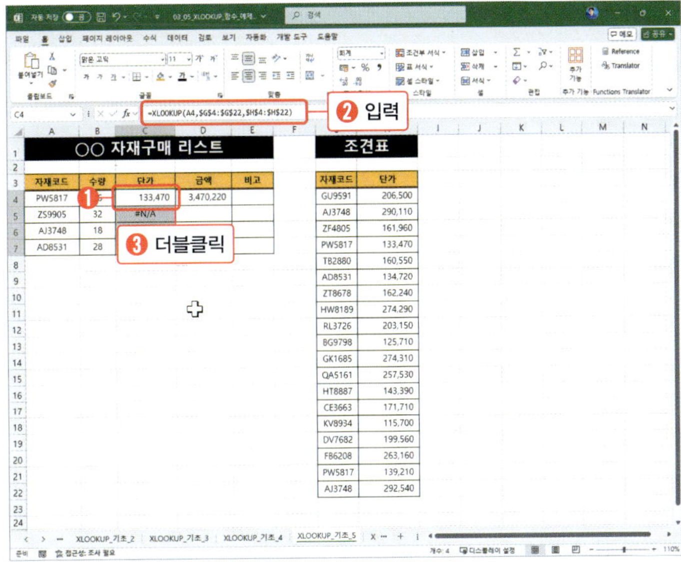

02 [C4] 셀에 '=XLOOKUP(A4,$G$4:$G$22,$H$4:$H$22,"검색안됨")'을 입력하고 채우면 오류가 사라집니다.

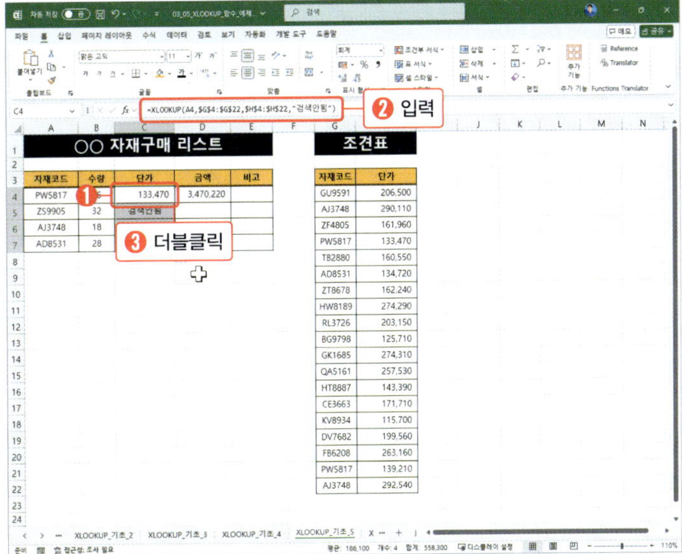

03 이번에는 최근 단가를 나타내기 위해 [C4] 셀에 '=XLOOKUP(A4,$G$4:$G$22,$H$4:$H$22,"검색안됨",0,-1)'로 수정하고 채웁니다.

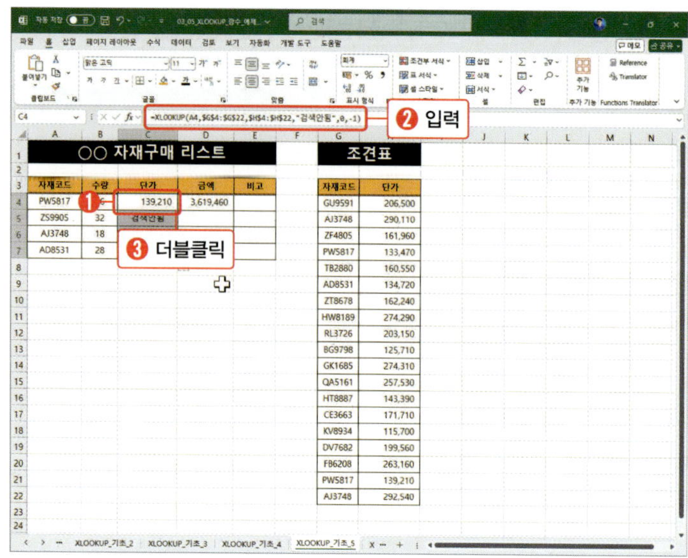

⊕ 추가 정보

XLOOKUP 함수의 여섯 번째 인수는 SEARCH MODE입니다.
위 수식은 -1로 적었으므로 두 번째 인수 기준열에서 마지막부터 검색값(PW5817)을 찾았기에 마지막 최근 단가를 표시할 수 있습니다.

입력	해석	비고
1	처음부터 검색	기본값
-1	마지막부터 역방향 검색	

■ 필요한 데이터만 표시하기

01 전체 데이터 중 임의의 열만 표시하는 다양한 방법을 알아보겠습니다.
먼저 [XLOOKUP_특정열_1] 시트에서 [B4] 셀에 '=XLOOKUP(A4,$F$4:$F$25,$G$4:$I$25)'를 입력합니다. 비고란에 전화번호까지 표시된 것을 확인할 수 있습니다.

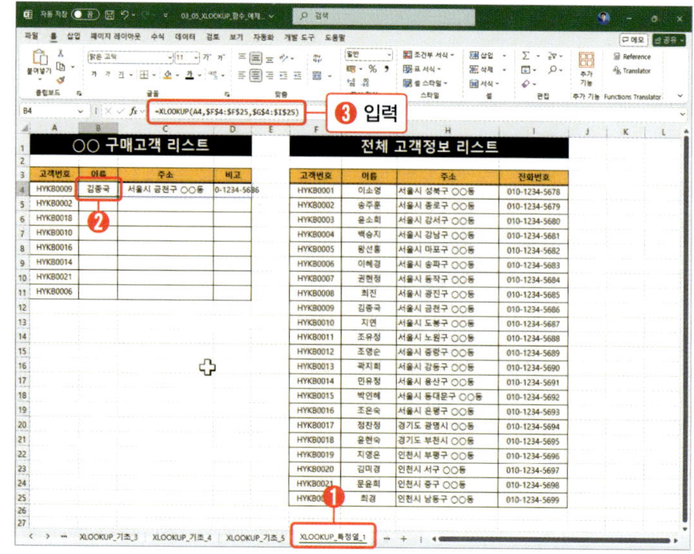

02 [B4] 셀 수식을 '=XLOOKUP(A4,$F$4:$F$25,$G$4:$H$25)'로 수정하고 채웁니다.

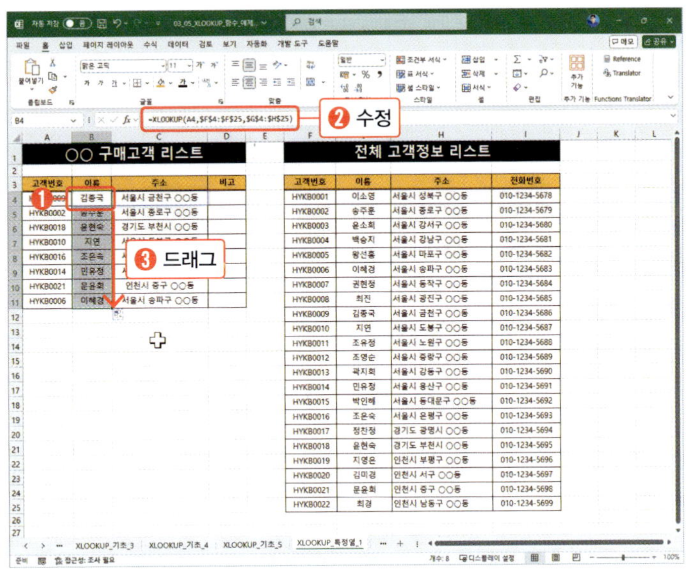

■ 연속되지 않는 범위의 결과 확인하기

01 이번에는 연속되지 않은 범위의 결과를 나타내는 방법을 확인하겠습니다. [XLOOKUP_특정열_2] 시트에서 [B4] 셀에 '=XLOOKUP(A4,$F$4:$F$25,$G$4:$I$25)'를 입력합니다. 이번에는 불필요한 전화번호가 나타났고 연속된 범위가 아닌 것을 확인할 수 있습니다.

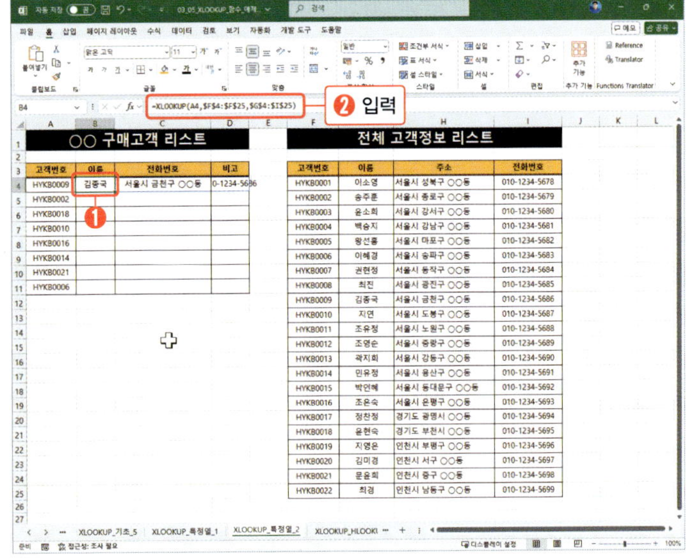

02 [B4] 셀에 HSTACK 함수로 가로로 누적한 데이터 범위에서 가져오면 되겠습니다. [B4] 셀 수식을 '=XLOOKUP(A4,$F$4:$F$25,HSTACK($G$4:$G$25,$I$4:$I$25))'로 수정하고 채웁니다.

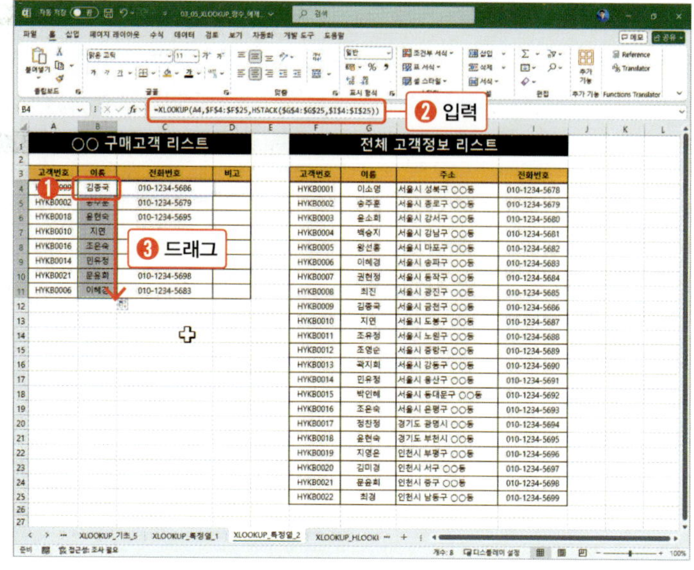

■ 이름 정의 활용하기

01 이번에는 좀 더 보기 편하게 이름 정의를 이용해서 수정해 보겠습니다. 전체 고객정보 리스트 중 임의의 셀을 선택하고 Ctrl+A를 눌러 전체 범위를 선택합니다. [수식] 탭 – [정의된 이름] 그룹 – [선택 영역에서 만들기]를 클릭합니다.

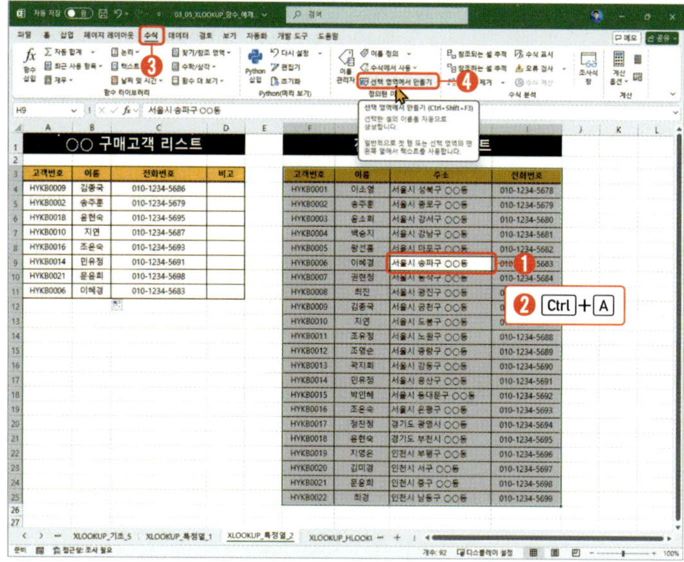

02 [첫 행]에 체크한 상태로 [확인]을 클릭합니다. 선택 범위의 각각 첫 행에 있는 이름으로 이름 정의한다는 의미입니다.

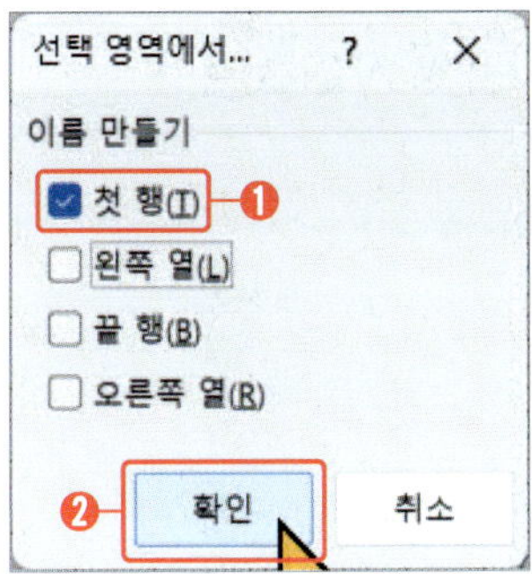

03 확인해 보기 위해 [수식] 탭 – [정의된 이름] 그룹 – [이름 관리자]를 클릭합니다. [이름 정의] 대화상자에서 각각의 첫 행을 기준으로 일괄 이름 정의된 것을 확인할 수 있습니다.

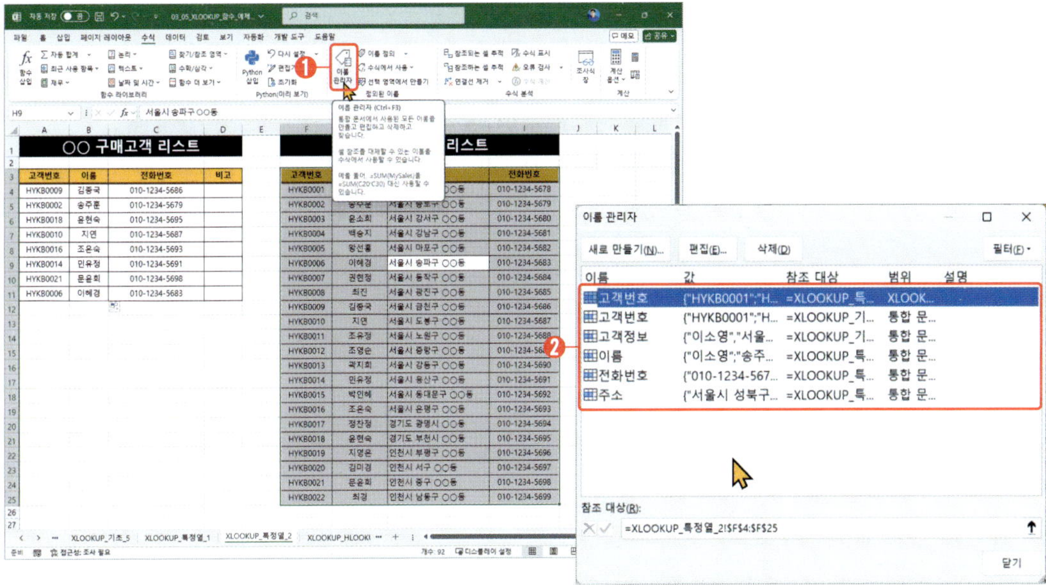

04 여기서 눈여겨 볼 부분은 이전에 고객번호라는 이름이 이미 있었는데 이번에도 고객번호라는 이름 정의가 생겼다는 것입니다. 범위 부분을 확장해서 살펴보면 이번 고객번호 이름 정의는 현재 시트에서 동작하는 것을 확인할 수 있습니다.

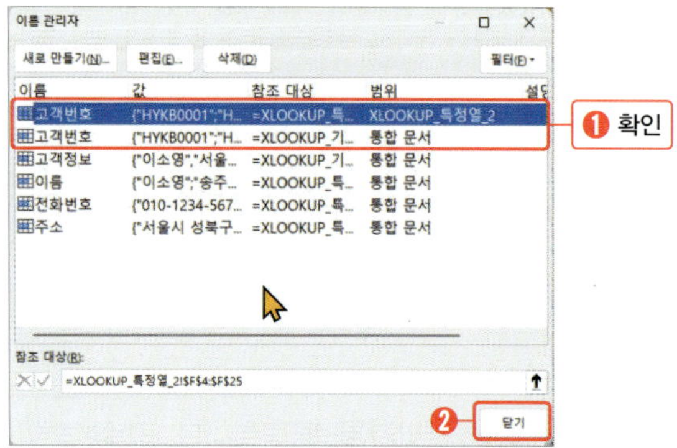

05 [B4:B11] 셀의 수식을 삭제하고 [B4] 셀에 '=XLOOKUP(A4, 고객번호,G$4:$I$25)'를 입력합니다.

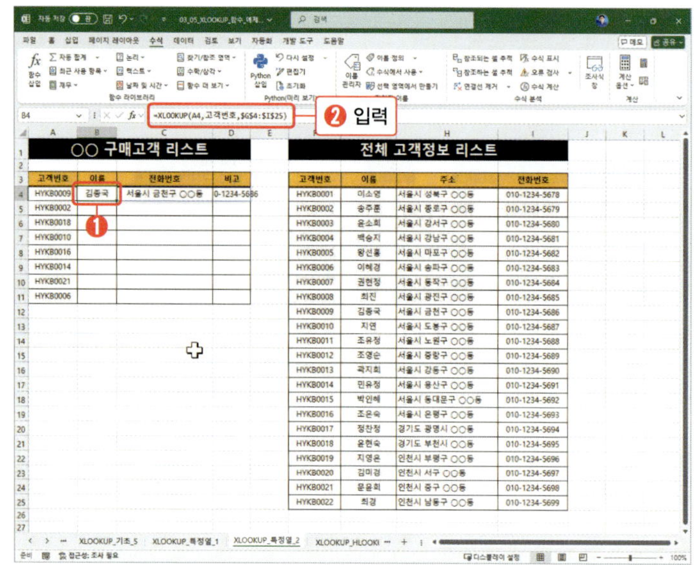

06 이 수식을 HSTACK 함수와 앞에서 설정한 이름 정의를 이용해서 수정하겠습니다. [B4] 셀 수식을 '=XLOOKUP(A4,고객번호,HSTACK(이름,전화번호))'로 수정하고 채웁니다.

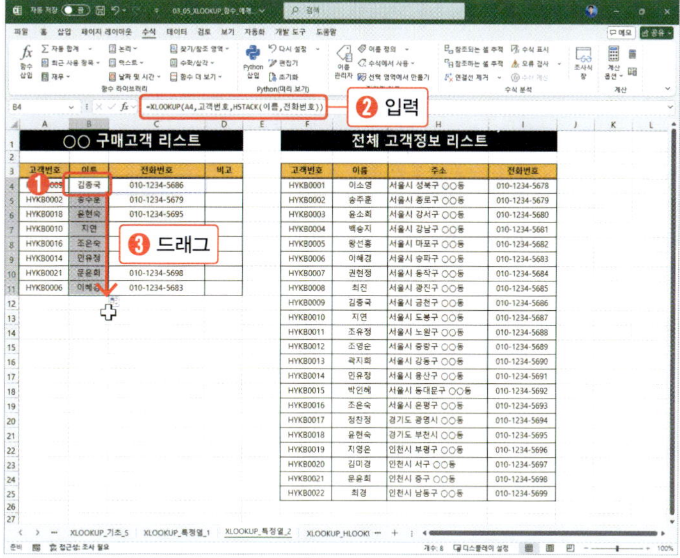

07 이 수식도 CHOOSECOLS 함수를 이용해서 '=CHOOSECOLS(XLOOKUP(A4,고객번호,$G$4:$I$25),1,3)'으로 입력하고 채워도 같은 결과를 확인할 수 있습니다.

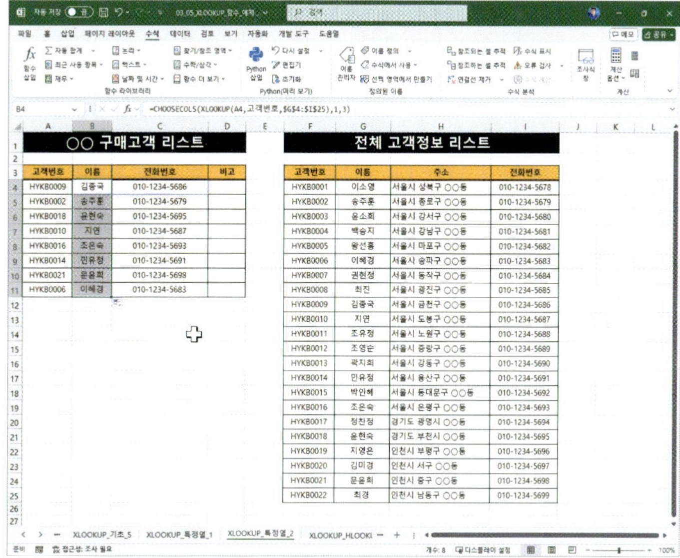

■ HLOOKUP 수식 효과 활용하기

01 이번에는 XLOOKUP 함수로 HLOOKUP 수식 효과를 나타내 보겠습니다. [XLOOKUP_HLOOKUP] 시트에서 [B4] 셀에 '=XLOOKUP(A4,$G$3:$AB$3,$G$4:$AB$6)'을 입력하면, 결과가 세로로 나열되었고 불필요한 주소까지 표시된 걸 확인할 수 있습니다.

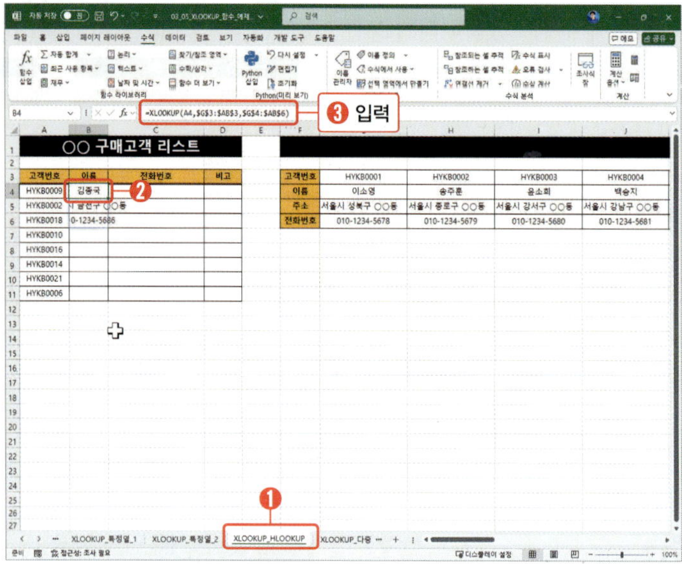

02 이번에는 세로로 나열된 데이터 중 필요한 행 데이터만 취하겠습니다. [B4] 셀 수식을 '=CHOOSEROWS(XLOOKUP(A4,$G$3:$AB$3,$G$4:$AB$6),1,3)'으로 수정합니다.

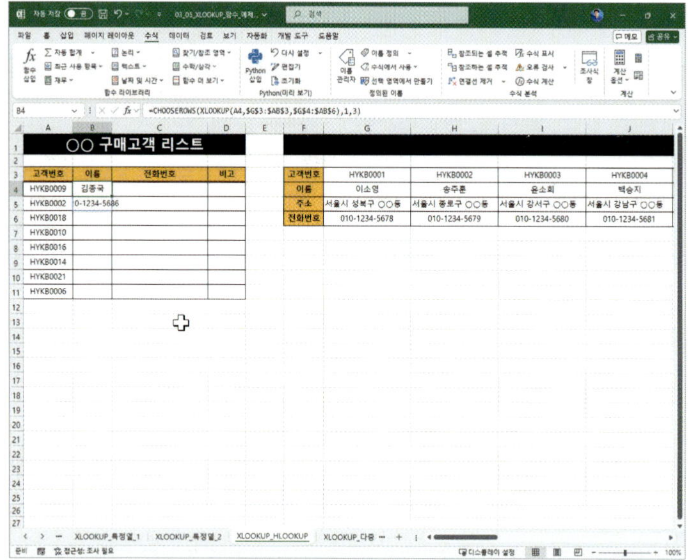

수식 설명

=CHOOSEROWS(XLOOKUP(A4,$G$3:$AB$3,$G$4:$AB$6),1,3)

❶ : XLOOKUP 수식의 결과(세로로 나열된 데이터)

❷ : XLOOKUP 수식의 결과 중 가져올 행 번호

XLOOKUP 수식의 결과 중 1, 3번째 행 데이터만 나타내라는 의미입니다.

03 필요한 데이터만 나타났지만 세로 방향이므로 가로로 변경하기 위해 [B4] 셀 수식을 '=TRANSPOSE(CHOOSEROWS(XLOOKUP(A4,$G$3:$AB$3,$G$4:$AB$6),1,3))'으로 수정하고 채웁니다.

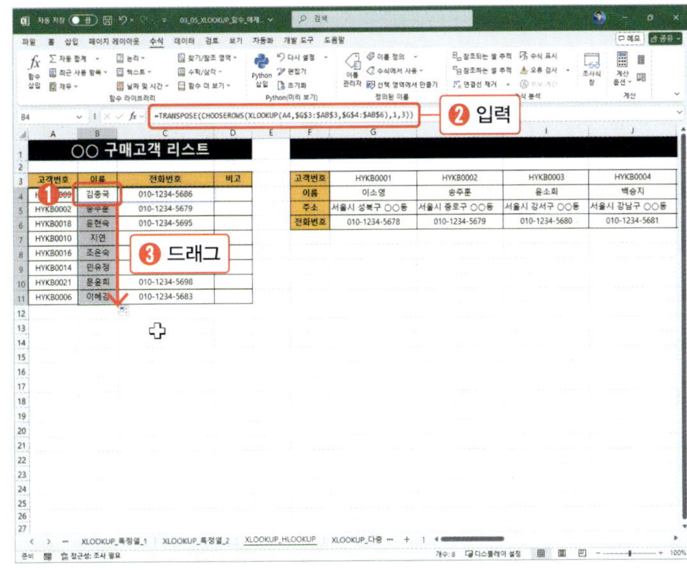

■ 다중 조건 적용하기

01 두 가지 이상의 다중 조건에 대한 값의 검색에 대해 알아보겠습니다.
[XLOOKUP_다중조건] 시트에서 [C4] 셀에 '=XLOOKUP($A$4:$A$7&$B$4:$B$7,$H$4:$H$10&$I$4:$I$10,$J$4:$J$10)'을 입력하고 채웁니다.

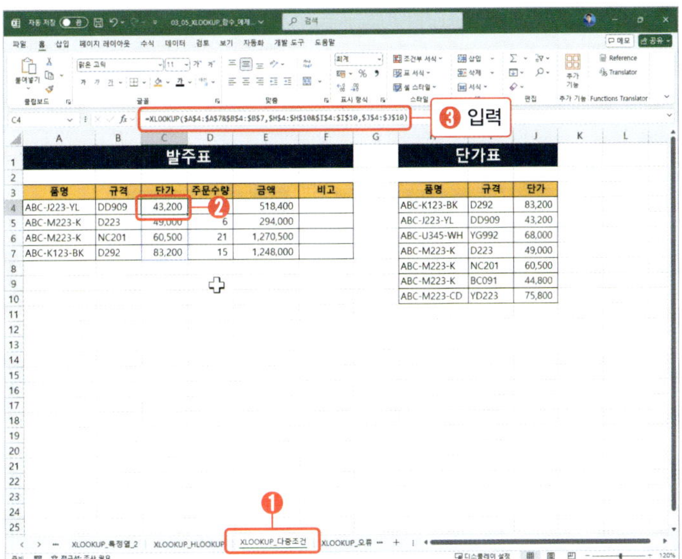

02 두 개의 조건을 만족하는 단가를 나타냈습니다. 그런데 수식이 너무 복잡해 보여 인수를 띄워 놓겠습니다. [C4] 셀 수식을 '=XLOOKUP($A$4:$A$7&$B$4:$B$7, $H$4:$H$10&$I$4:$I$10, $J$4:$J$10)'으로 수정하고 채웁니다. 이렇게 수식이 길 때는 인수를 구분하는 ',' 다음에 Space Bar 를 눌러 띄워 놓아도 문제가 되지 않습니다.

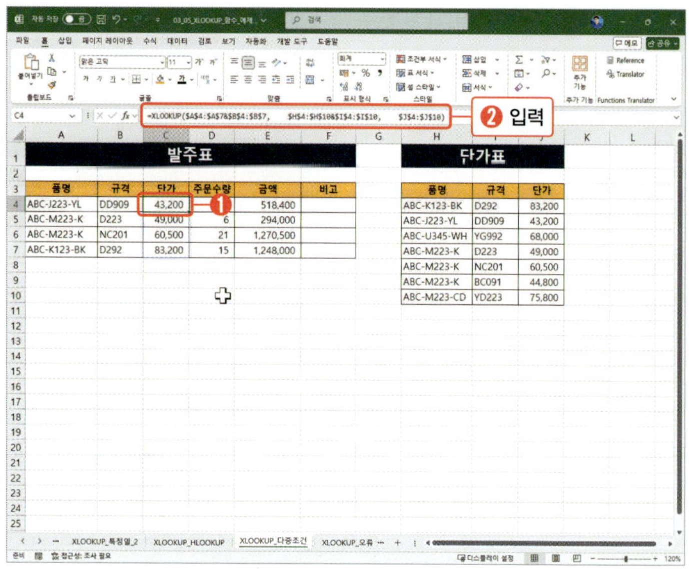

03 이번에는 다중 조건의 값을 가져올 때 조심해야 하는 내용을 알아보겠습니다. [XLOOKUP_오류처리_1] 시트에서 [C4] 셀에 '=XLOOKUP($A$4:$A$5&$B$4:$B$5, $H$4:$H$10&$I$4:$I$10, $J$4:$J$10)'을 입력하고 채웁니다. 자세히 보면 ABC-M223-C의 규격 YD223의 단가는 75,800원인 것을 확인할 수 있습니다. 그런데 49,000원으로 표시되었습니다.

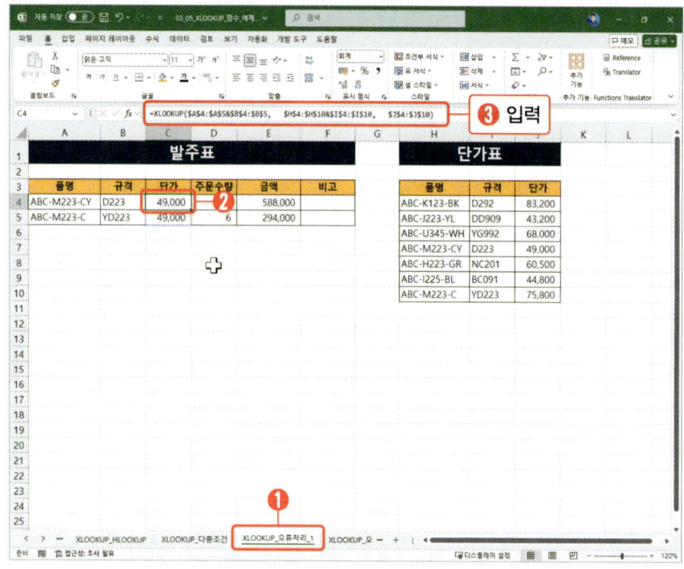

⊕ 추가 정보

이는 두 개의 열을 '&'로 결합했기에 [C4] 셀의 검색 값은 'ABC-M223-CYD223'이 된 것이고, [C5] 셀의 검색 값도 역시 'ABC-M223-CYD223'이 되었기 때문에 같은 단가가 나타난 것입니다. 그래서 이럴 때는 결합할 때 다른 문자를 넣어주면 해결할 수 있습니다.

04 [B4] 셀 수식을 '=XLOOKUP($A$4:$A$5&"_"&$B$4:$B$5,$H$4:$H$10&"_"&$I$4:$I$10,$J$4:$J$10)'으로 수정하고 채웁니다. 그럼 제대로 된 단가가 나타난 것을 확인할 수 있습니다.

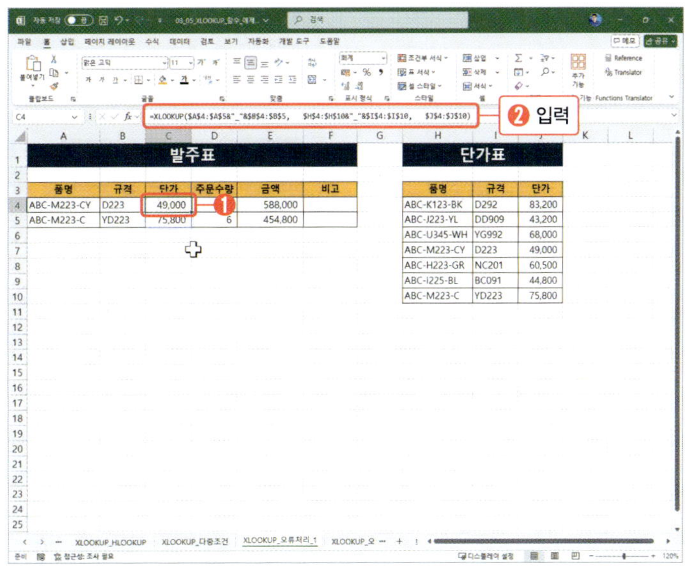

■ 데이터 형식 오류 해결하기

01 이번에는 데이터 형식 관련 오류를 알아보겠습니다. [XLOOKUP_오류처리_2] 시트에서 [C4] 셀에 '=XLOOKUP(A4,$G$4:$G$8,$H$4:$H$8)'을 입력하면 그림과 같이 오류가 나타나는 것을 확인할 수 있습니다.

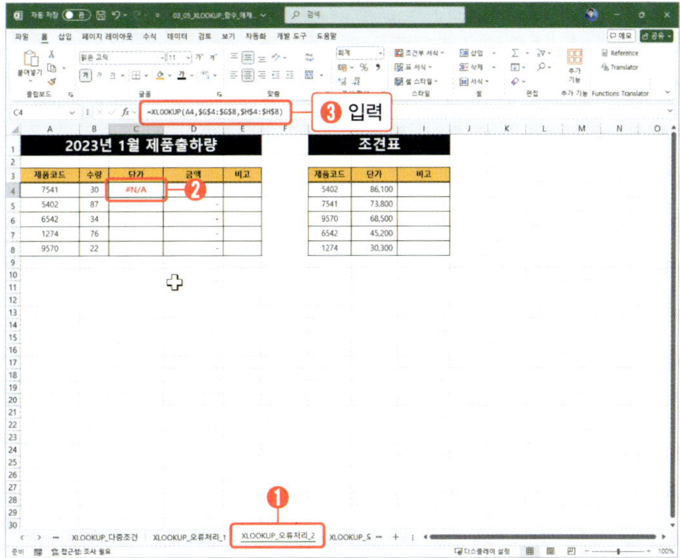

02 검색값과 기준열 값의 데이터 형식을 확인해 보겠습니다. [A10] 셀에 '=TYPE(A4)'를 입력하고, [G10] 셀에 '=TYPE(G5)'를 입력하면 2개의 데이터는, 검색값은 문자 '7541'이고 기준열 값은 숫자 '7541'인 것을 알 수 있습니다.

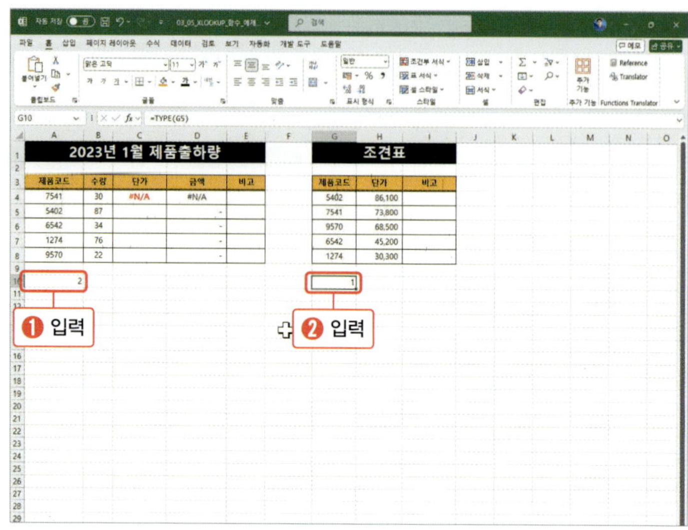

03 그래서 이러한 경우 데이터 형식을 맞춰줘야 합니다. 문자로 입력된 숫자를 정상 숫자로 변환할 때 연산 처리하면 가능하다고 했으니 [C4] 셀의 수식을 '=XLOOKUP(A4*1,$G$4:$G$8,$H$4:$H$8)'로 수정하고 채우면 단가를 나타낼 수 있습니다.

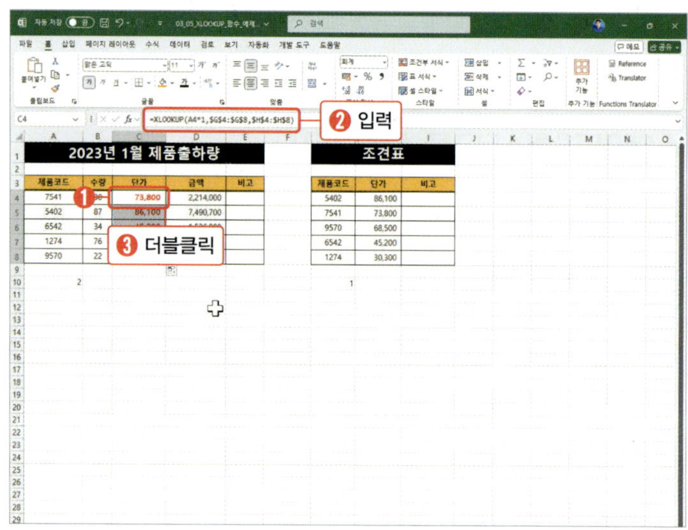

04 물론 [C4] 셀의 수식을 '=XLOOKUP(VALUE(A4),$G$4:$G$8,$H$4:$H$8)'로 수정하고 채워도 같은 결과를 확인할 수 있습니다.

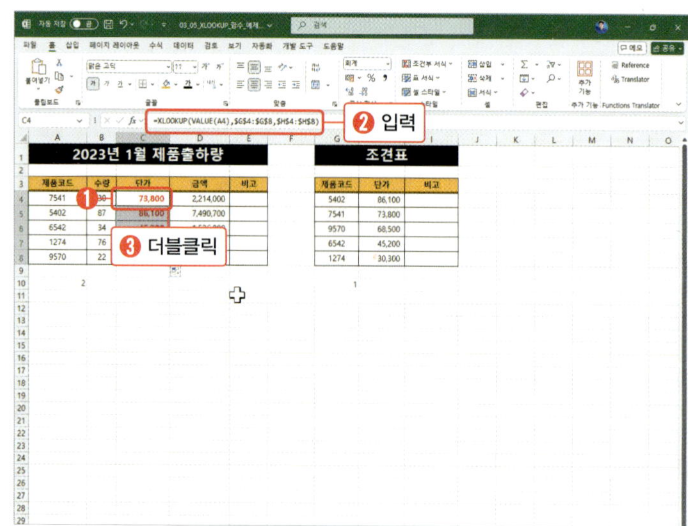

05 이번에는 [XLOOUP_오류처리_3] 시트에서 반대 경우를 살펴보겠습니다. [C4] 셀에 '=XLOOKUP(A4,$G$4:$G$8,$H$4:$H$8)'을 입력하면, 그림과 같이 오류가 나타난 것을 알 수 있습니다.

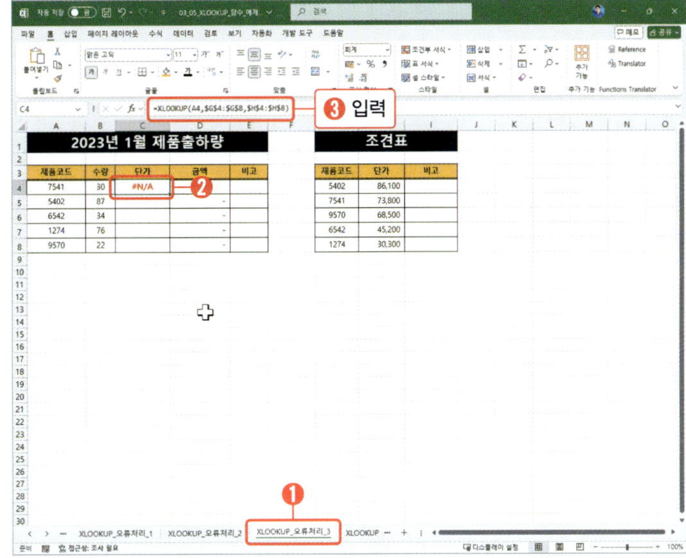

06 이번에도 검색값과 기준열 값의 데이터 형식을 확인해 보기 위해 [A10] 셀에 '=TYPE(A4)'를 입력하고, [G10] 셀에 '=TYPE(G5)'를 입력하면 2개의 데이터는, 검색값은 숫자 '7541'이고 기준열 값은 문자 '7541'인 것을 알 수 있습니다.

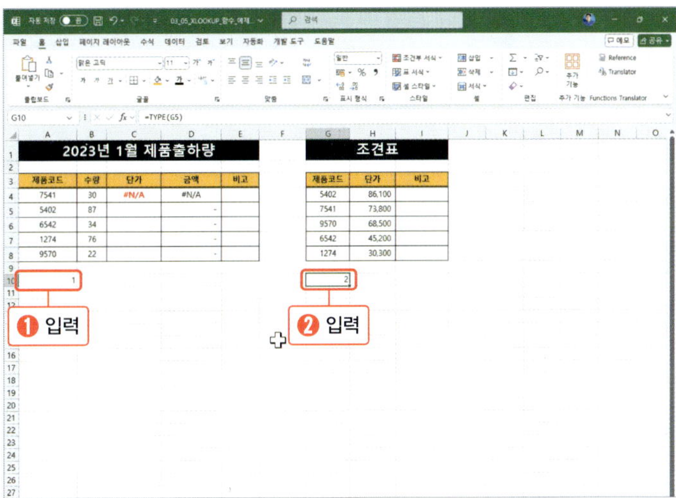

07 데이터 속성을 맞춰야 하므로 [C4] 셀 수식을 '=XLOOKUP(TEXT(A4,"@"),$G$4:$G$8,$H$4:$H$8)'로 수정하고 채워줍니다. TEXT 수식은 [A4] 셀 값을 문자 형식으로 처리하기 위해 사용한 수식입니다.

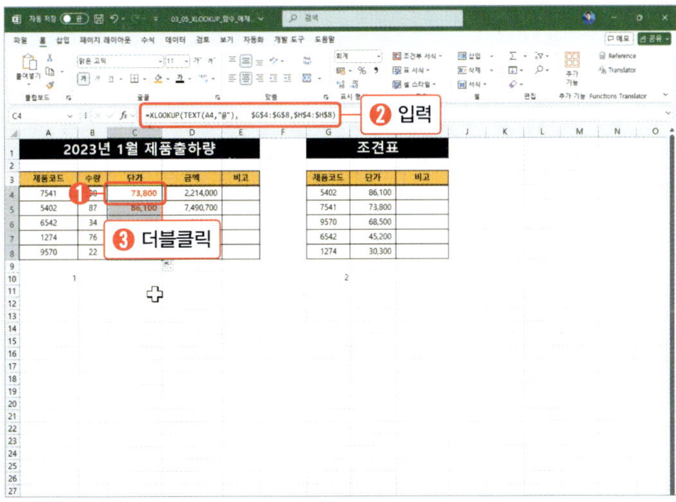

08 [XLOOKUP_VLOOKUP_차이점] 시트로 이동합니다. [D4] 셀에서 구간별 출장경비를 산출하기 위해 '=XLOOKUP(C4,$G$4:$G$13,$H$4:$H$13)'을 입력하고 수식을 채웁니다. 아무런 문제없이 결과가 나타납니다. 이것이 이전 VLOOKUP 수식하고의 차이인데 이전 VLOOKUP 대표 문자 접두어인 '~'가 검색값에 포함되면 오류가 나타났습니다.

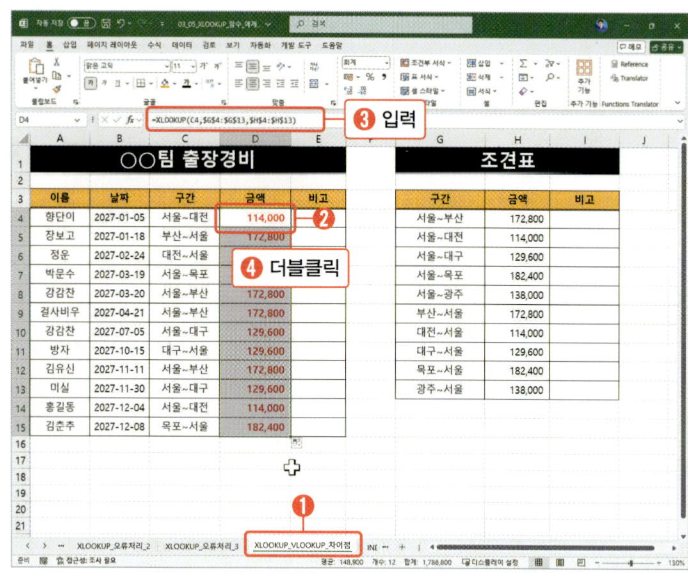

09 [D4] 셀에 '=VLOOKUP(C4,$G$4:$H$13,2,0)'을 입력하면 오류가 나타난 것을 확인할 수 있습니다. 이는 검색값에 대표 문자 접두어인 '~'가 포함되어 있기 때문입니다.

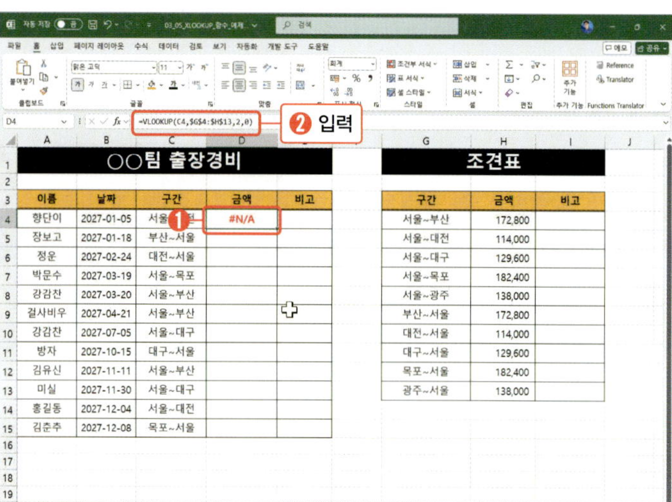

10 그래서 VLOOKUP 함수로 이 부분을 해결하기 위해서는 '~' 문자를 2개로 나타내야 합니다. [D4] 셀에 '=VLOOKUP(SUBSTITUTE(C4,"~","~~"),$G$4:$H$13,2,0)'을 입력하고 수식을 채우면 정상 금액이 나타납니다.

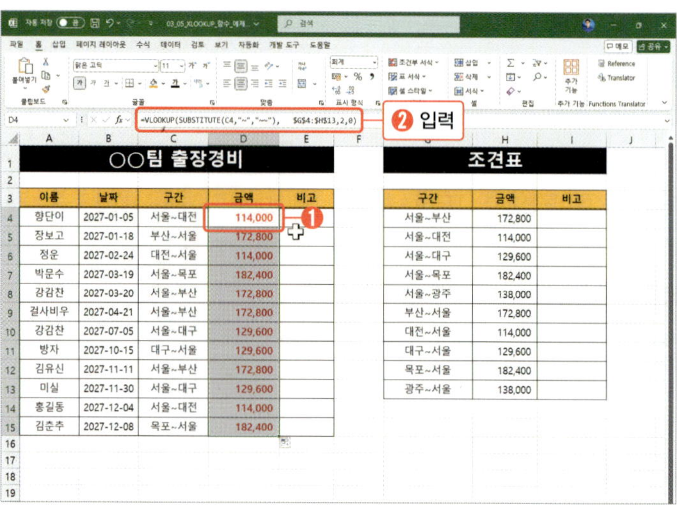

⊕ 추가 정보

대표 문자 접두어 '~'는 대표 문자를 변환할 때 사용하는 데 예를 들어, [A1] 셀에 '10*10'이라는 데이터가 있을 때 '*'을 'x'로 변경하기 위해 [찾기 및 바꾸기](Ctrl+H)로 [찾을 내용]에는 '*', [바꿀 내용]에는 'x'를 입력하고 [모두 바꾸기]를 클릭하면 모두 'x'로 변경되는 것을 확인할 수 있습니다. 이는 대표 문자이기에 생기는 문제로 이런 경우 [찾을 내용]에 '~*'을 입력하고 변경하면 됩니다.

이는 '~'의 변경에도 문제가 생기는데 [A1] 셀에 '서울~부산'이라는 데이터가 있는데 '~'를 '-'로 바꾸고 싶다면 [찾기 및 바꾸기]의 [찾을 내용]에는 '~', [바꿀 내용]에는 '-'를 입력하고 [모두 바꾸기]를 클릭하면 바꿀 대상을 찾지 못한다는 오류를 확인할 수 있습니다. 그래서 이러한 경우 찾을 내용을 '~~'로 입력하면 처리할 수 있습니다.

이처럼 '~'는 대표 문자 변환 접두어로 활용되는 데 해당 접두어를 변경할 때는 대표 문자처럼 '~'를 덧붙여서 '~~'로 입력해야 하는데 이것이 VLOOKUP 수식 검색값에 포함될 때도 문제가 되는 것입니다.

■ INDEX-MATCH 조합 수식의 대체 방법

01 이번에는 INDEX-MATCH 조합 수식의 대체 방법을 알아보기 위해, [INDEX-MATCH_1] 시트의 [B4] 셀에 '=XLOOKUP(A4,$I$4:$I$25,$F$4:$H$25)'를 입력합니다.

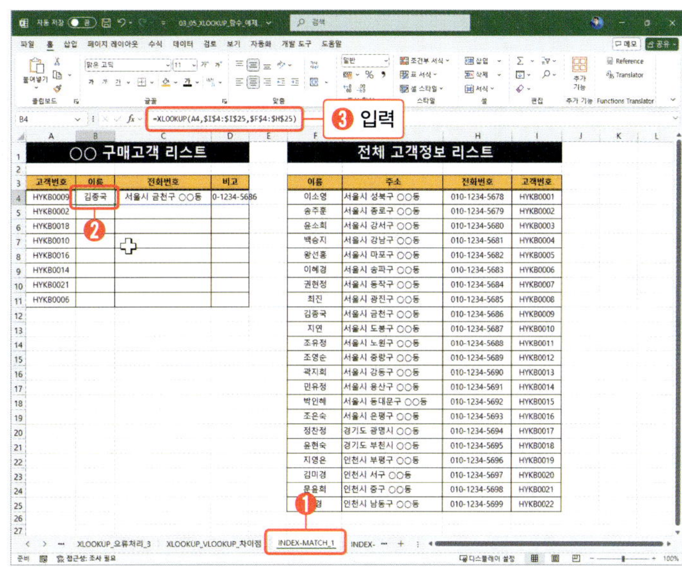

02 불필요한 주소는 나타내지 않게 하기 위해 HSTACK 수식을 이용해서 [B4] 셀 수식을 '=XLOOKUP(A4,$I$4:$I$25,HSTACK($F$4:$F$25,$H$4:$H$25))'로 수정한 후 채우면 됩니다.

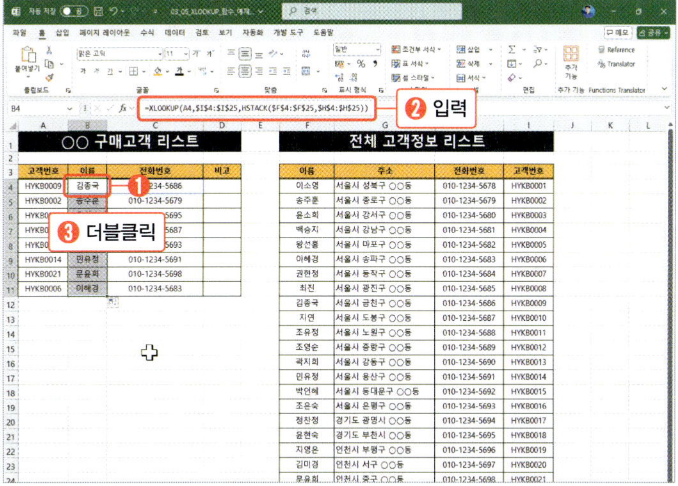

03 물론 CHOOSECOLS 함수를 이용해서 [B4] 셀 수식을 '=CHOOSECOLS(XLOOKUP(A4,$I$4:$I$25,$F$4:$H$25),1,3)'으로 수정하고 채워도 같은 결과를 확인할 수 있습니다. 이와 같이 XLOOKUP 수식은 기존 INDEX-MATCH 조합 함수의 역할도 가능합니다.

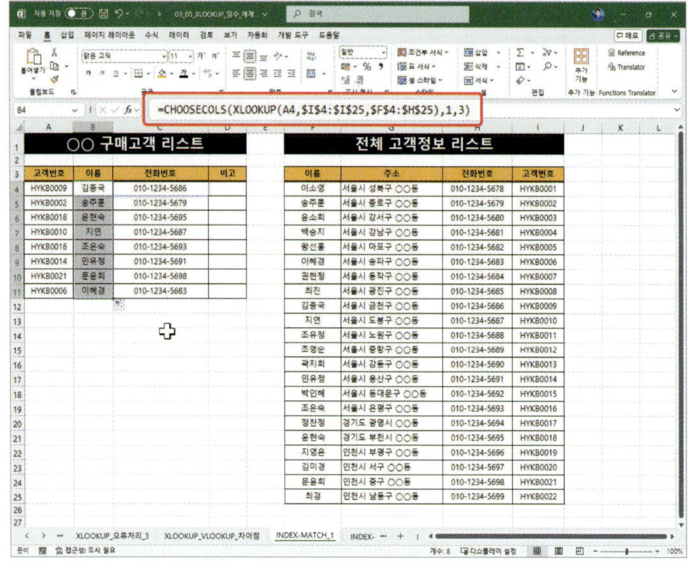

■ 표 형태의 데이터 활용하기

01 이번에는 표 형태의 자료를 가져오는 방법을 확인하겠습니다. 앞에서 INDEX-MATCH 조합 수식을 이용했었습니다. [INDEX-MATCH_2] 시트에서 먼저 [F4] 셀에 '=XLOOKUP(D4,$I$4:$I$12,$J$4:$O$12)'를 입력합니다. 표 형태의 자료 중 검색값인 [D4] 셀의 '울산'을 검색해서 반환했으므로 [J8:O8] 셀을 반환하게 됩니다.

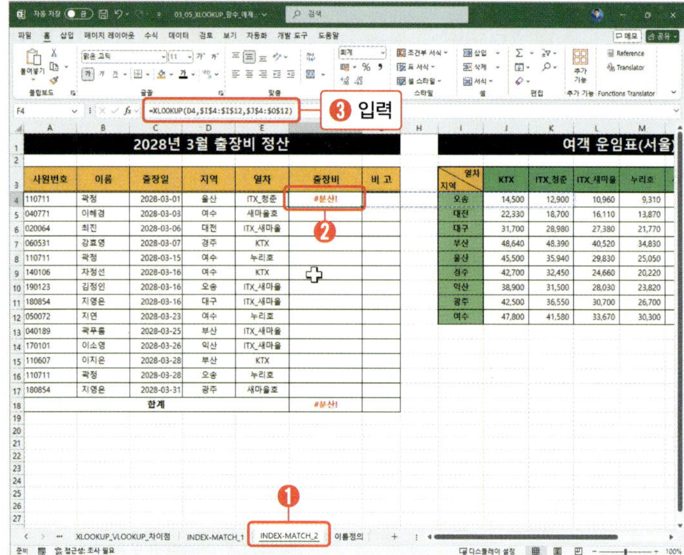

02 이제 다시 [F4] 셀의 수식을 '=XLOOKUP(E4,$J$3:$O$3,XLOOKUP(D4,$I$4:$I$12,$J$4:$O$12))'로 수정하고 채우면 결과를 나타낼 수 있습니다. 처음 나타낸 범위에서 다시 [E3] 셀 값을 검색하므로 [K8] 셀 값을 나타내는 것입니다.

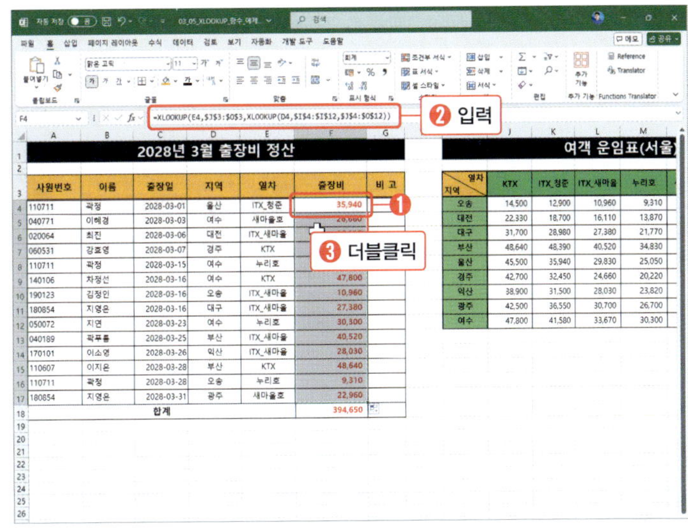

03 해당 수식 인수가 많으므로 [F4] 셀 수식을 '=XLOOKUP(E4, $J$3:$O$3, XLOOKUP(D4,$I$4:$I$12,$J$4:$O$12))'로 수정하고 채웁니다.

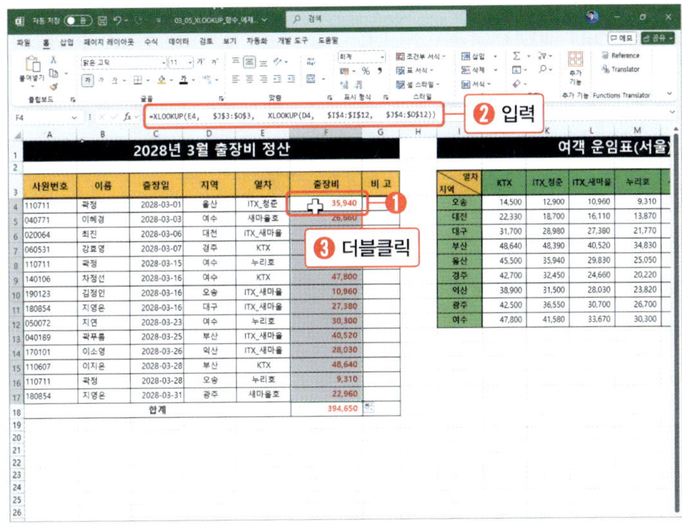

04 마지막으로 표 형태의 내용을 가져오는 다른 방법을 알아보겠습니다. [J3:O12] 셀을 선택하고 [수식] 탭 – [정의된 이름] 그룹 – [선택 영역에서 만들기]를 클릭합니다. 그리고 [첫 행]에 체크하고 [확인]을 클릭합니다.

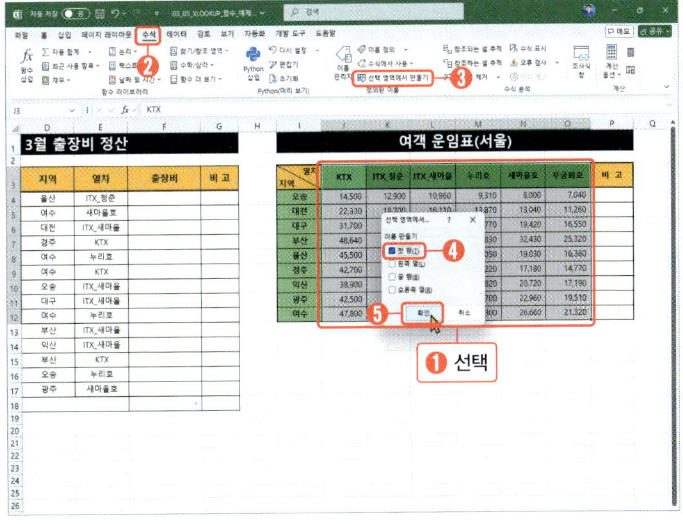

05 이번에는 [I4:O12] 셀을 선택하고 [수식] 탭 – [정의된 이름] 그룹 – [선택 영역에서 만들기]를 클릭합니다. 그리고 [왼쪽 열]에 체크하고 [확인]을 클릭합니다.

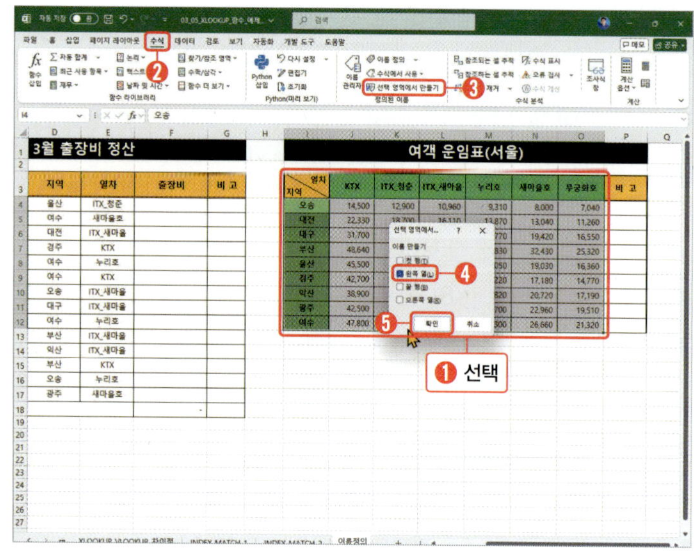

06 Ctrl+F3을 눌러 나타나는 [이름 관리자] 대화상자를 보면 각각 첫 행과 왼쪽 열로 이름 정의가 된 것을 확인할 수 있습니다.

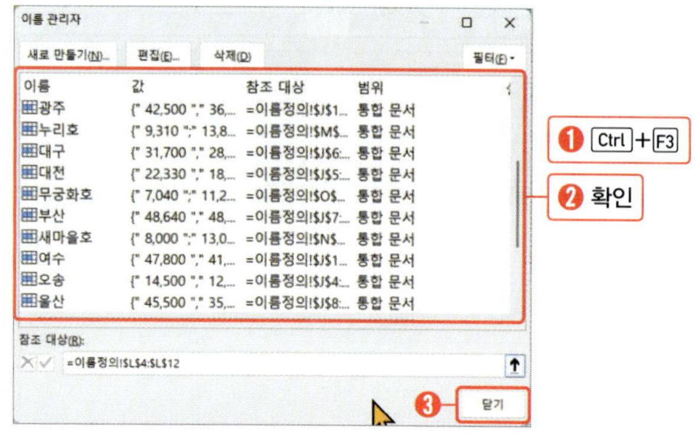

07 [F4] 셀에 '=INDIRECT(D4) INDIRECT(E4)'를 입력하고 채우면, 정상 결과가 나타난 것을 확인할 수 있습니다.

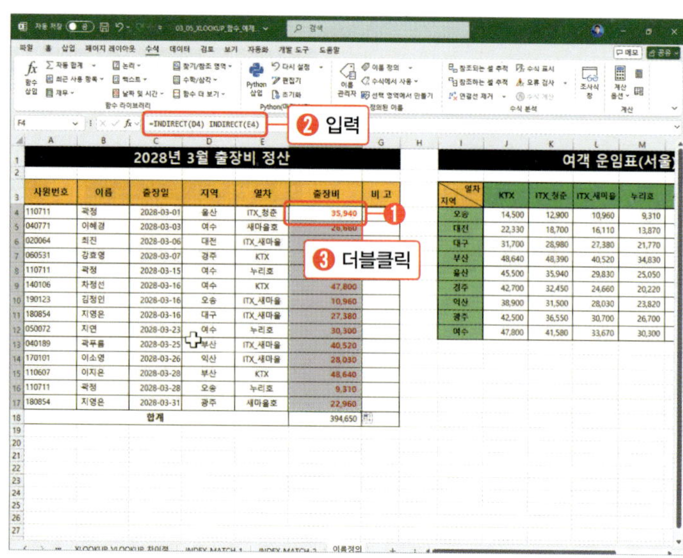

=INDIRECT(D4) INDIRECT(E4)

❶ : INDIRECT 수식은 텍스트를 사용할 수 있는 참조 범위로 변환합니다. 그러므로 [D4] 셀 값인 '울산'이란 텍스트를 '울산'이라는 이름 정의 범위를 반환합니다.

❷ : 마찬가지로 [E4] 셀 값인 'ITX_청춘'이라는 텍스트를 'ITX_청춘'이라는 이름 정의 범위로 변환합니다.

'울산'이란 이름 정의 범위 [J8:O8] 셀 범위와 'ITX_청춘'이란 이름 정의 범위 [K4:K12] 셀 범위 중 공통 범위인 [K8] 셀 값을 나타내라는 의미입니다.

⊕ 추가 정보

공통 범위를 참조할 때는 반드시 가운데 공백 문자가 있어야 합니다. INDIRECT 수식 사이에 공백 문자를 확인할 수 있습니다.

08 [I14] 셀에 '=울산 ITX_청춘'이라고 입력합니다.

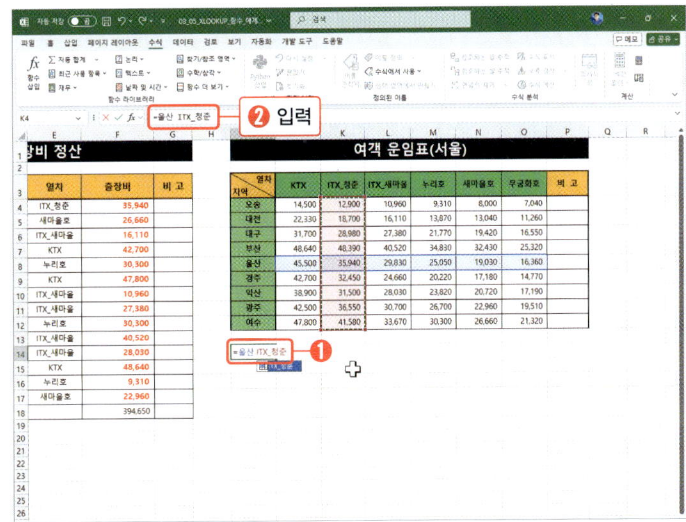

09 2개의 이름 정의 중 공통 셀 범위인 [K8] 셀 값이 나타나는 것을 확인할 수 있습니다.

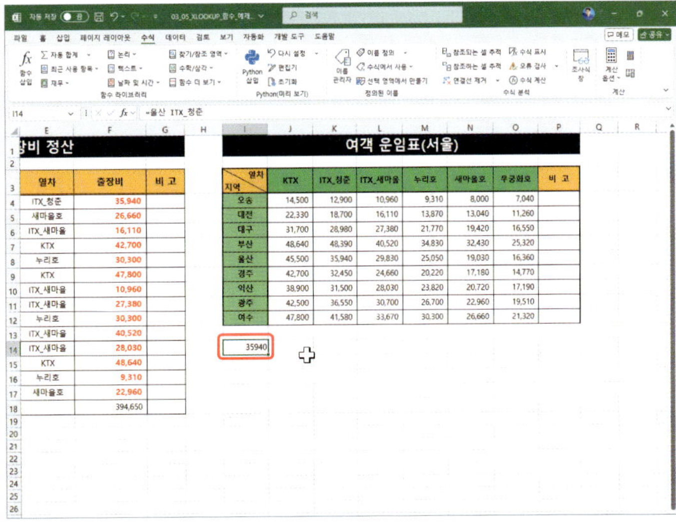

006

여러 시트 데이터도 처리 가능한 VSTACK, HSTACK 함수

데이터가 여러 시트로 나뉘어 있을 때도 하나의 데이터베이스처럼 통합하여 활용할 수 있습니다. 이번에는 이러한 통합을 가능하게 하는 VSTACK 함수와 HSTACK 함수를 알아보겠습니다. 두 함수의 차이는 데이터를 누적하는 방향(세로 또는, 가로)에 있다는 점만 이해하면 됩니다.

- **실습 파일 :** Part 03 > 예제 > 03_06_VSTACK_HSTACK_함수_예제.xlsx
- **완성 파일 :** Part 03 > 완성 > 03_06_VSTACK_HSTACK_함수_완성.xlsx

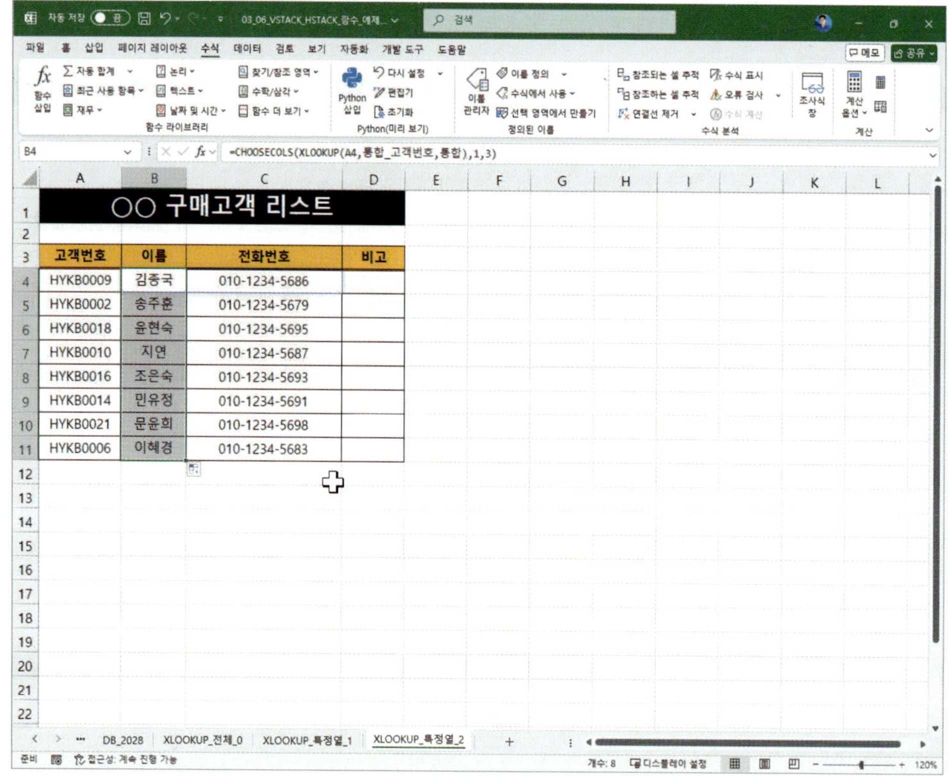

주요 기능	현업 활용
이름 정의	• 이름 정의를 통해 참조를 직관적으로 수식에서 이해하도록 작성할 수 있다(수식을 쉽게 이해하도록 작성할 수 있다).
VSTACK 함수	• 여러 시트로 분산된 데이터를 한 개의 데이터로 만들어 사용할 수 있다.
CHOOSECOLS 함수	• 동적 배열로 나타난 수식의 결과 중 나타내고자 하는 임의의 열만 표시할 수 있다.

■ 이름 상자 이용하기

01 예제 파일을 불러온 후 2027년과 2028년 자료를 모두 활용해야 하므로 1개의 데이터베이스를 만들겠습니다. 먼저 [DB_2027] 시트에서 [B4] 셀을 선택하고 Ctrl+Shift+→+↓를 눌러 데이터를 선택하고 [이름 상자]에 'DB_2027'을 입력합니다.

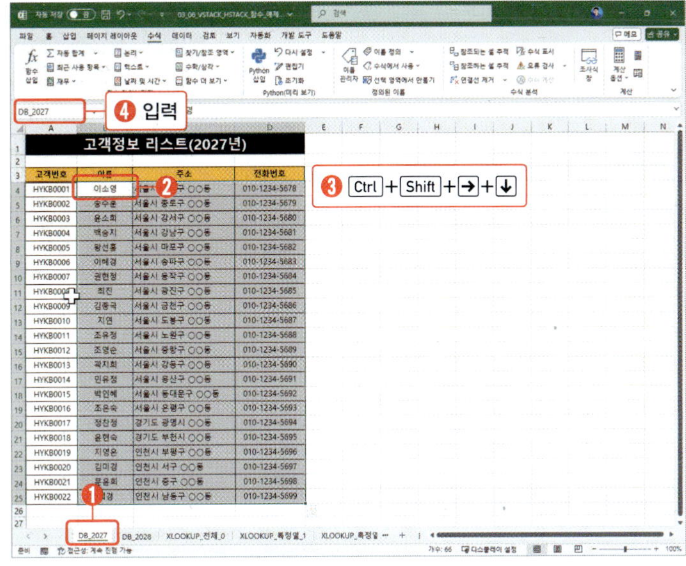

02 [DB_2028] 시트에서 [B4] 셀을 선택하고 Ctrl+Shift+→+↓를 눌러 데이터를 선택하고 [이름 상자]에 'DB_2028'을 입력합니다.

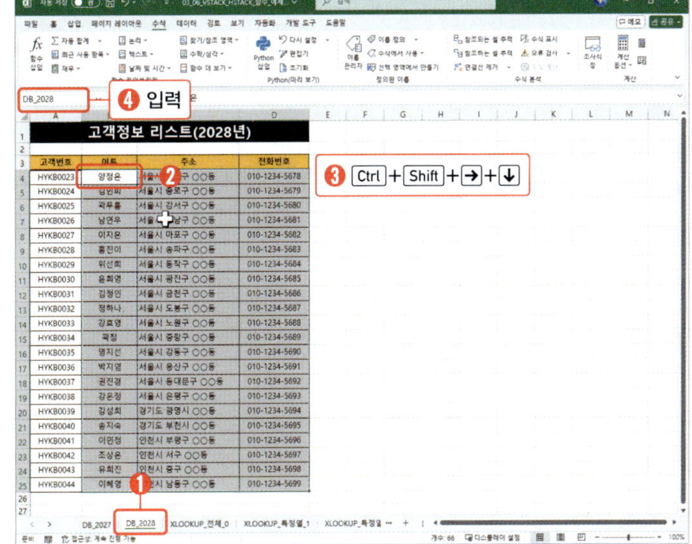

03 [수식] 탭 – [정의된 이름] 그룹 – [이름 관리자]를 클릭합니다. [이름 관리자] 대화상자가 나타나면 [새로 만들기]를 클릭합니다.

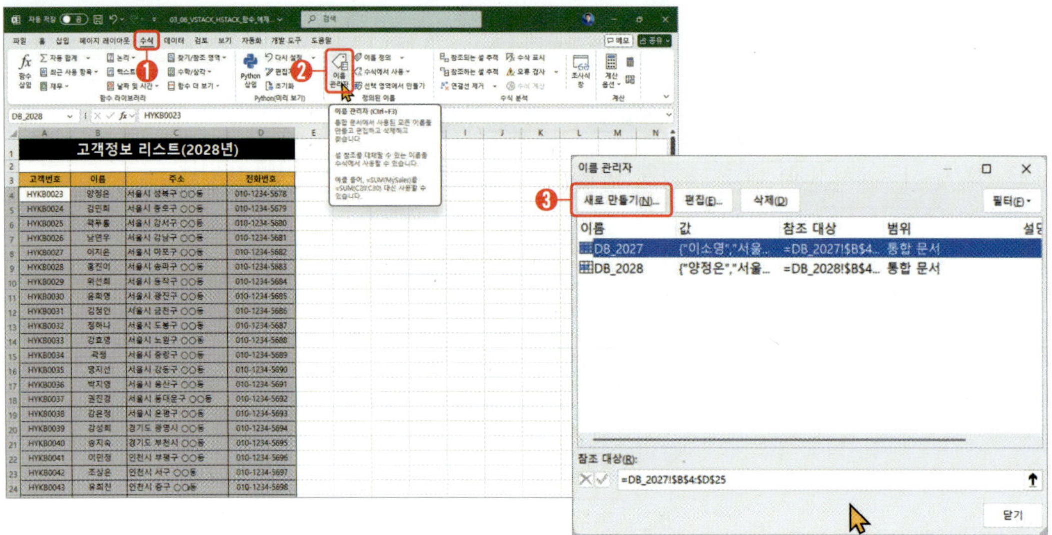

여기서 잠깐

이름 관리자 단축키는 Ctrl+F3입니다.

04 [새 이름] 대화상자가 나타나면 [이름]에 '통합'을 입력하고, [참조 대상]은 '=VSTACK(DB_2027,DB_2028)'을 입력한 후 [확인]을 클릭합니다.

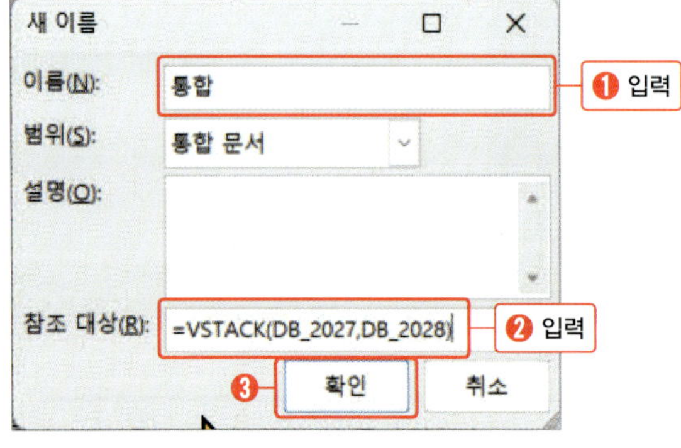

여기서 잠깐

정의된 이름을 입력할 때 기억나지 않는다면 F3을 누르면 [이름 붙여넣기] 대화상자를 불러올 수 있습니다. '=VSTACK('를 입력한 후 F3을 눌러 'DB_2027'을 더블클릭하고 다시 ','를 입력하고, F3을 눌러 'DB_2028'을 더블클릭한 후 ')'를 입력하면 손쉽게 입력할 수 있습니다.

05 검색 기준열도 이름 정의하기 위해, [DB_2027] 시트에서 [A4] 셀을 선택하고 Ctrl + Shift + ↓를 눌러 범위를 선택합니다. [이름 상자]에 'DB_2027_고객번호'로 입력합니다.

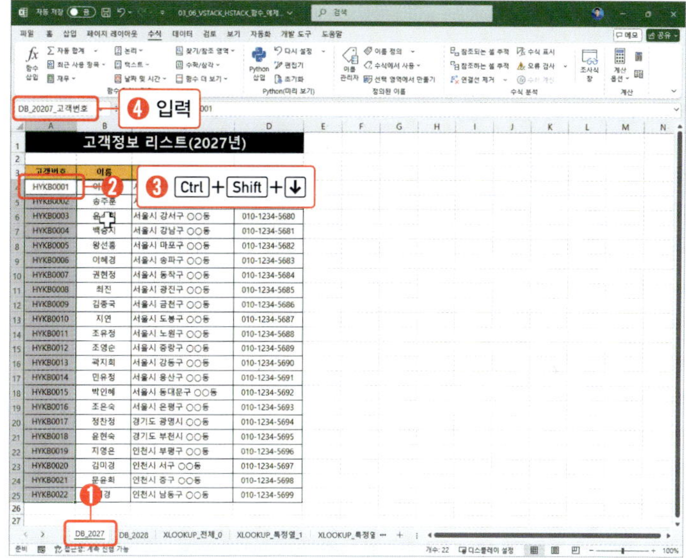

06 [DB_2028] 시트에서 [A4] 셀을 선택하고 Ctrl + Shift + ↓를 눌러 데이터를 선택하고 [이름 상자]에 'DB_2028_고객번호'를 입력합니다.

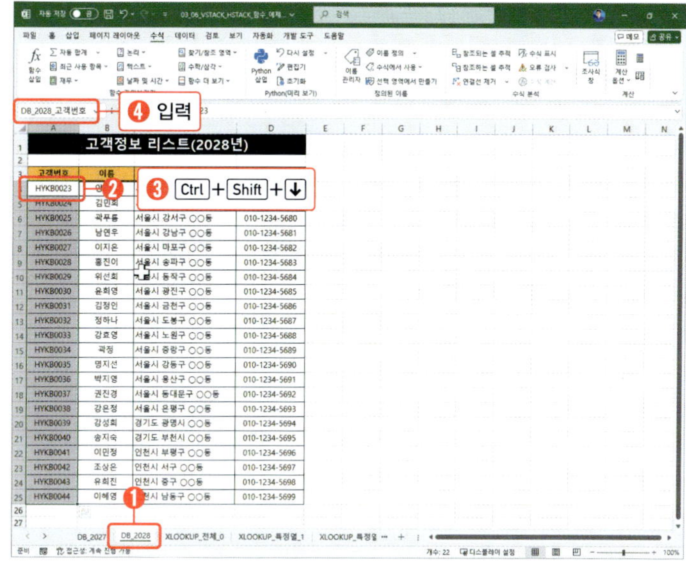

07 Ctrl + F3을 눌러 [이름 관리자] 대화상자가 나타나면 [새로 만들기]를 클릭합니다.

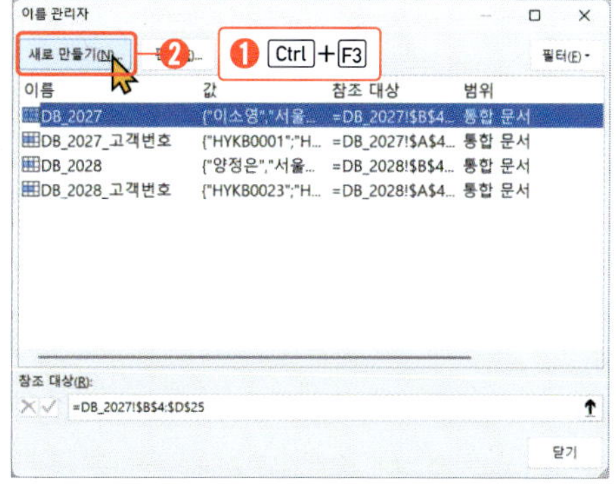

08 [이름]은 '통합_고객번호', [참조 대상]은 '=VSTACK('까지 입력하고 F3을 눌러 'DB_2027_고객번호'를 더블클릭합니다.

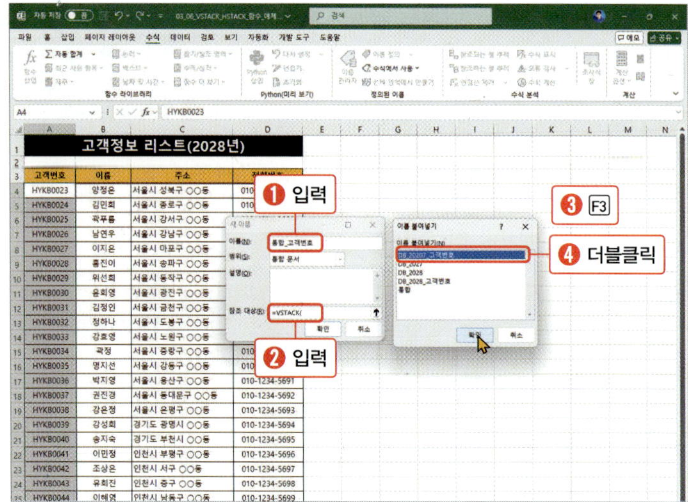

09 쉼표(,)를 한 번 입력하고, 다시 F3을 눌러 'DB_2028_고객번호'를 더블클릭한 후 ')'를 입력하고 [확인]을 클릭합니다.

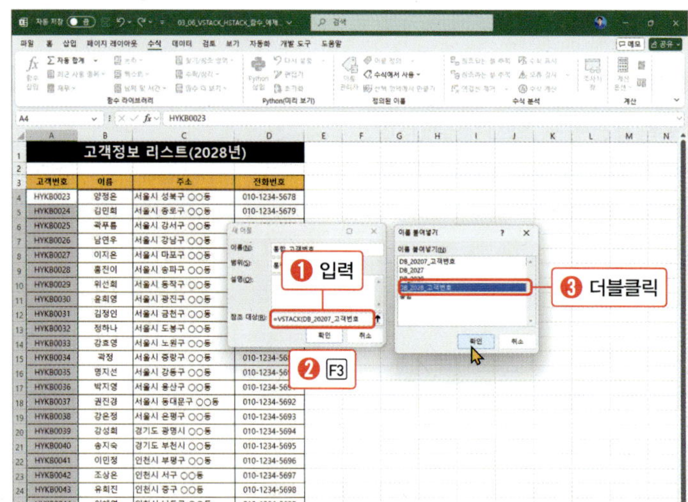

10 최종 입력을 확인합니다.

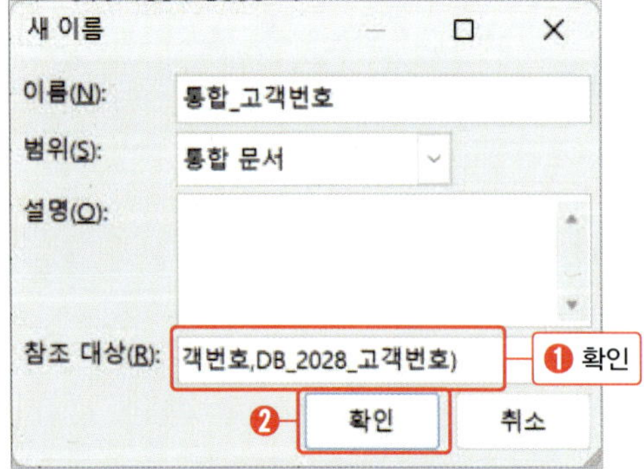

■ 수식 입력하기

01 [XLOOKUP_전체_0] 시트를 선택하고 [B4] 셀에 '=XLOOKUP(A4,' 까지 입력하고 F3을 눌러 '통합_고객번호'를 더블클릭합니다.

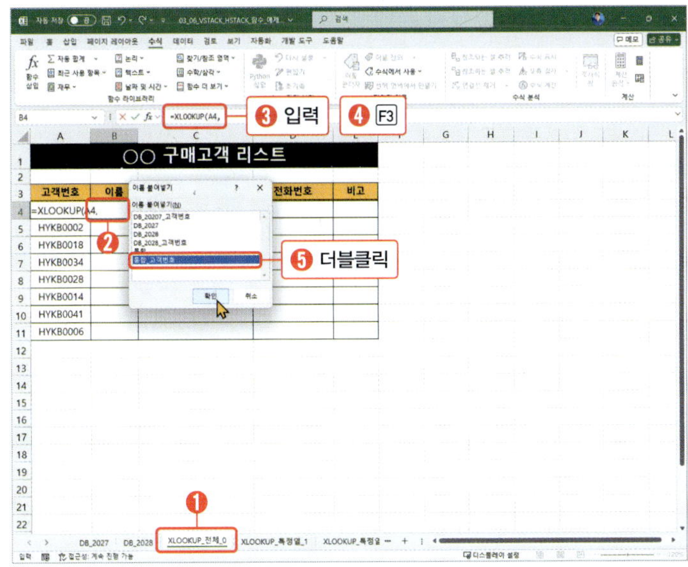

02 다시 ','를 입력하고 F3을 또 눌러 '통합'을 더블클릭하고, ')'를 입력한 후 수식 입력을 마무리합니다.

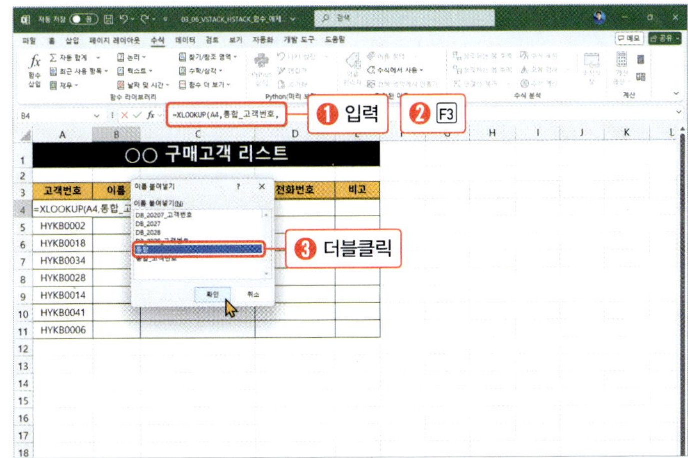

03 좀 더 편하고 쉽게 수식이 입력된 것을 확인할 수 있습니다.

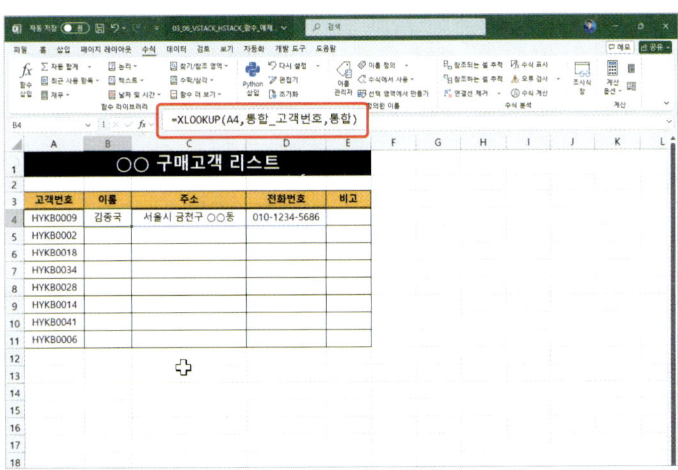

04 나머지 영역도 수식을 채웁니다. 고객번호가 'HYKB0028'인 경우 [DB_2028] 시트에 있는 값이지만, 두 개의 범위를 하나로 만들어 사용했기에 2027년 자료와 같이 나타난 것을 확인할 수 있습니다.

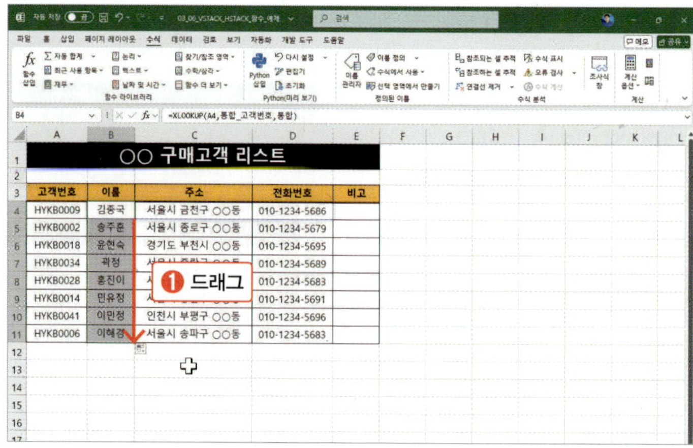

05 이번에는 특정 열만 표시하기 위해 [XLOOKUP_특정열_1] 시트의 [B4] 셀에 '=XLOOKUP(A4,통합_고객번호,통합)'을 입력합니다.

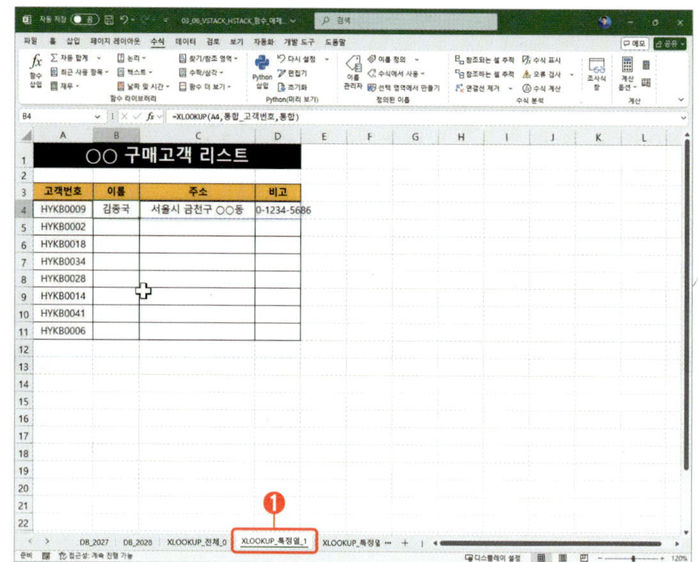

06 [B4] 셀 수식을 '=CHOOSECOLS(XLOOKUP(A4,통합_고객번호,통합),1,2'로 수정하고 채웁니다.

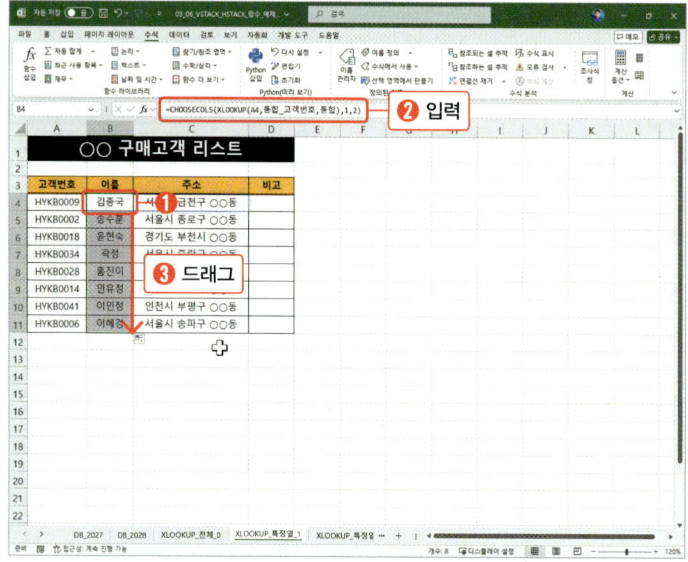

07 [XLOOKUP_특정열_2] 시트에서 '=XLOOKUP(A4,통합_고객번호,통합)'를 입력합니다.

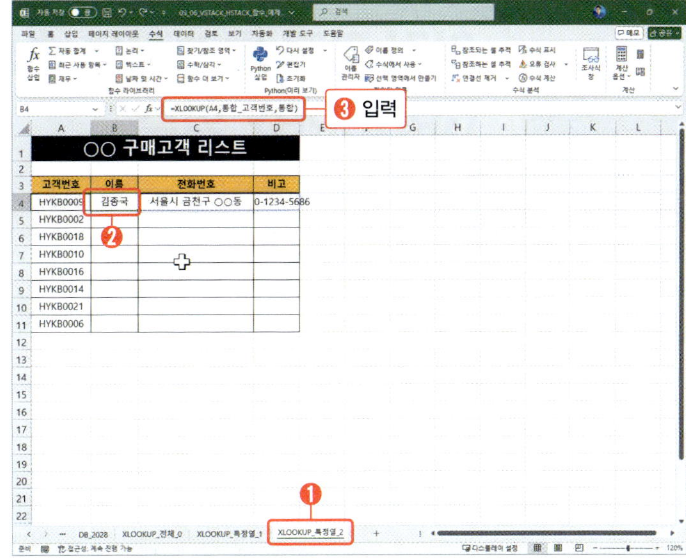

08 [B4] 셀 수식을 '=CHOOSECOLS(XLOOKUP(A4,통합_고객번호,통합),1,3)'으로 수정하고 채웁니다.

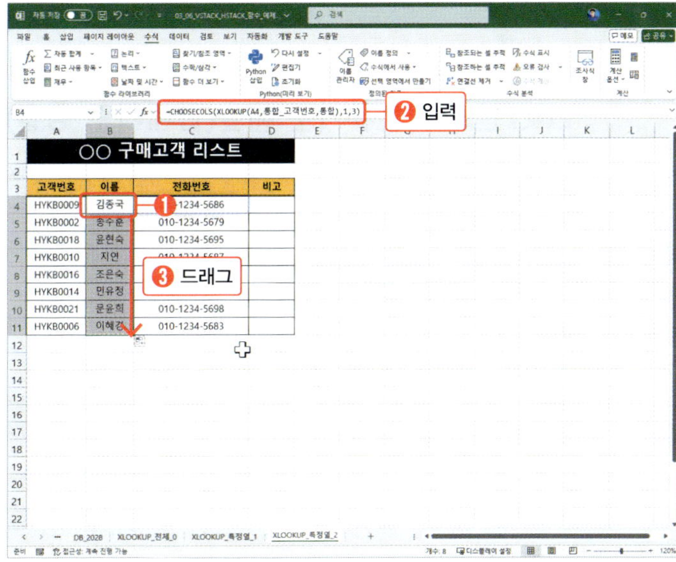

007 여러 가지 통계량을 손쉽게 처리하는 GROUPBY 함수

이전까지는 여러 수식을 이용해 다양한 통계량을 계산했습니다. 이제는 이러한 과정을 훨씬 간단하게 처리할 수 있는 GROUPBY 함수를 활용해 보겠습니다. GROUPBY 함수를 이용하면 복잡한 수식 없이도 손쉽게 자동화 보고서를 작성할 수 있습니다.

- **실습 파일 :** Part 03 > 예제 > 03_07_GROUPBY_함수_예제.xlsx
- **완성 파일 :** Part 03 > 완성 > 03_07_GROUPBY_함수_완성.xlsx

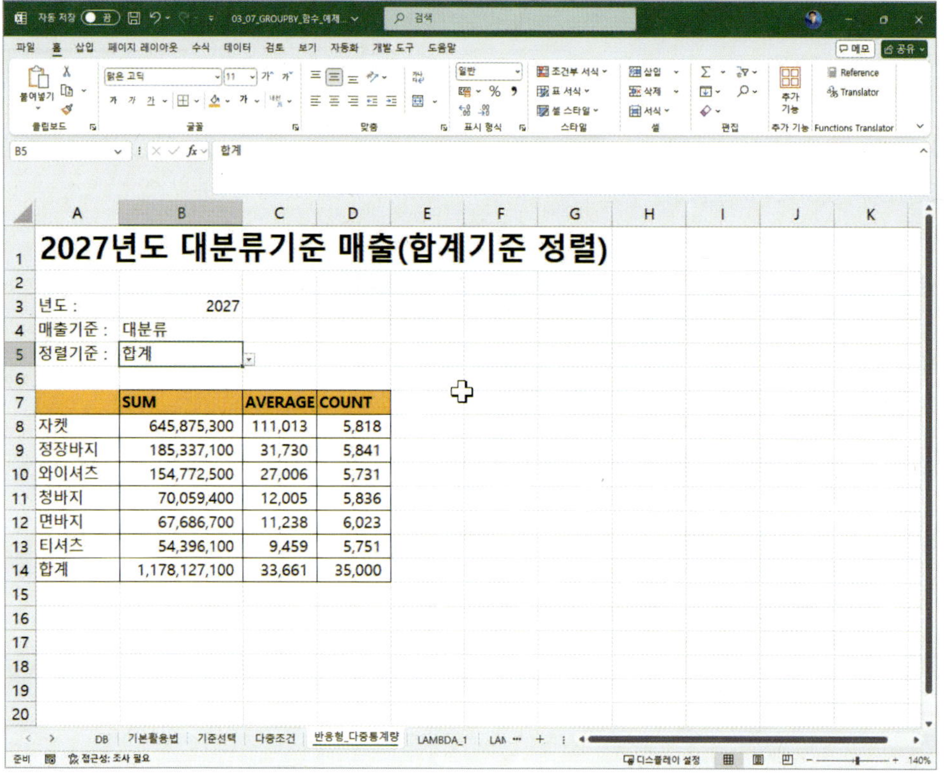

주요 기능	현업 활용
GROUPBY 함수	• 보고서를 이 수식 하나로 나타낼 수 있다.
HSTCK 함수	• 데이터를 가로 방향으로 누적하는 함수로 보고서 작성 시 다양한 통계량을 표시할 수 있다.
LAMBDA 함수	• 사용자 정의 함수로 이야기할 수 있고 복잡한 수식을 깔끔하게 정리할 수 있다.

■ 데이터 형식 변경하기

01 예제 파일을 불러온 후 [DB] 시트에서 문자 형식의 날짜를 변환하겠습니다. [E2] 셀을 선택하고 Ctrl+Shift+↓를 눌러 범위를 선택하고 [데이터] 탭 – [데이터 도구] 그룹 – [텍스트 나누기]를 클릭합니다.

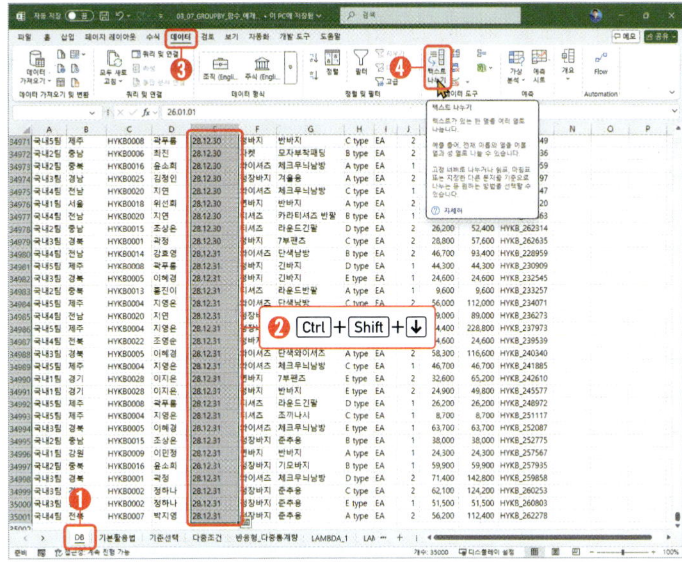

02 텍스트 마법사 1, 2단계는 [다음]을 클릭하여 넘어가고, 3단계에서 [열 데이터 서식]을 [날짜]로 지정하고 [마침]을 클릭합니다.

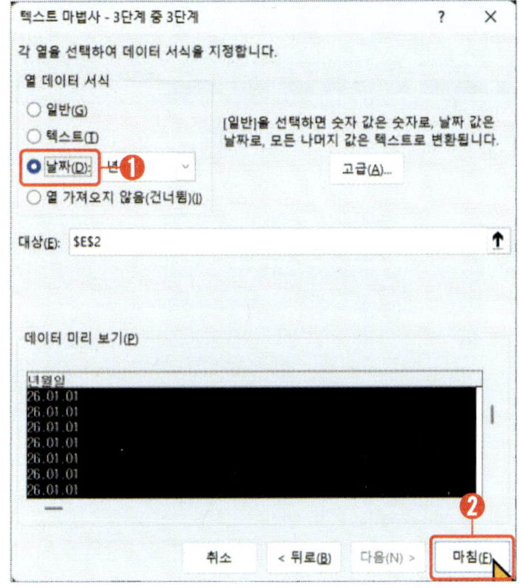

03 임의의 셀 하나를 선택하고 Ctrl+T를 누릅니다. [머리글 포함] 체크를 확인하고 [확인]을 클릭해서 표로 만듭니다.

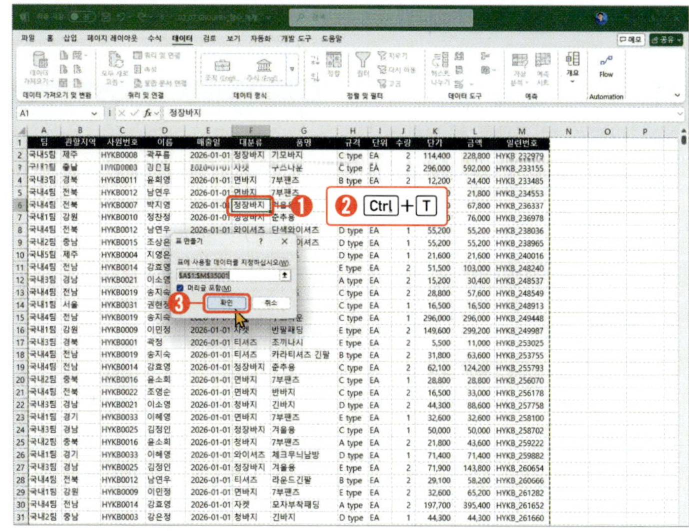

■ GROUPBY 함수 사용하기

01 [기본활용법] 시트의 [A3] 셀에 '=GROUPBY(표1[팀],표1[금액],SUM)'을 입력합니다.

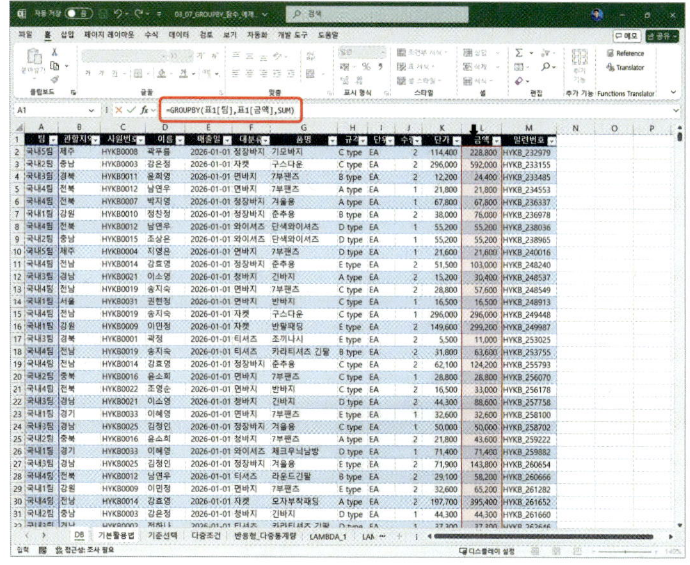

수식 설명

=GROUPBY(표1[팀],표1[금액],SUM)

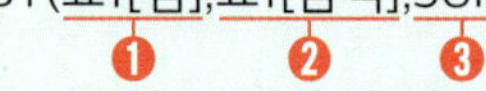

❶ : GROUPBY 수식의 첫 번째 인수로 그룹화할 필드

❷ : GROUPBY 수식의 두 번째 인수로 집계할 필드

❸ : GROUPBY 수식의 세 번째 인수로 집계 기준

표1의 [팀] 필드를 그룹화해서 표1의 [금액] 필드를 집계하는 데, 집계하는 방법은 합계로 나타내라는 의미입니다.

02 수식 입력 결과를 확인합니다.

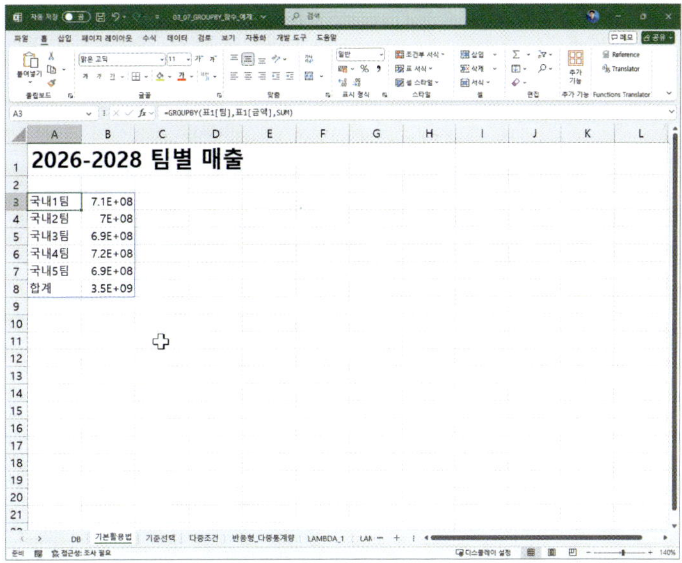

03 머리글을 추가하기 위해 [A3] 셀의 수식을 '=VSTACK({"팀","매출합계"},GROUPBY(표1[팀],표1[금액],SUM))'으로 수정 입력합니다. 이렇게 배열 상수로 입력된 부분을 머리글로 추가할 수도 있습니다.

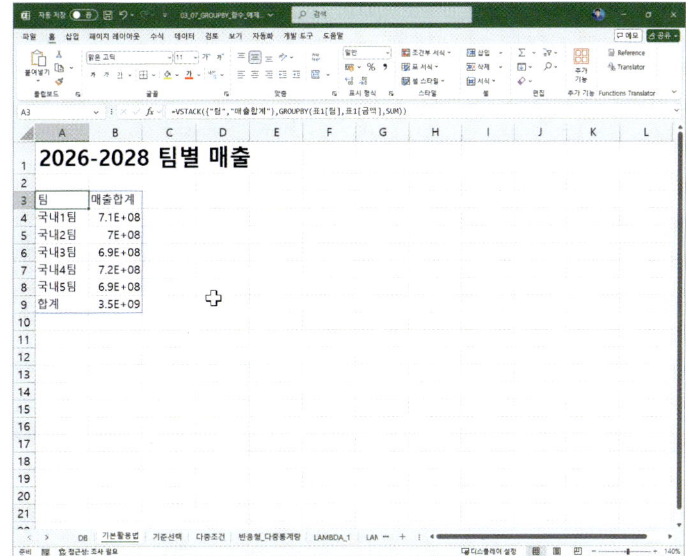

수식 설명

=VSTACK({"팀","매출합계"},GROUPBY(표1[팀],표1[금액],SUM))

❶ : 기존 머리글 없이 표시된 GROUPBY 수식에 적용할 머리글(배열 상수)

❷ : 표1의 [팀] 필드를 그룹화해서 표1의 [금액] 필드를 합계한 결과

GROUPBY 수식을 통해 나온 통계량에 머리글로 '팀, 매출합계'를 표시하라는 의미입니다.

04 [B4:B9] 셀을 선택하고 [홈] 탭 – [표시 형식] 그룹 – [쉼표 스타일]을 클릭해서 서식을 지정합니다.

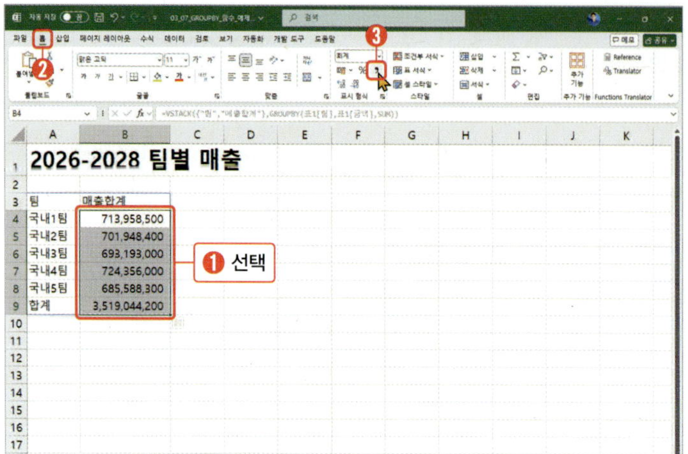

05 두 가지 이상의 필드를 그룹화해서 집계해 보기 위해, [D3] 셀을 선택하고 '=GROUPBY(HSTACK(표1[팀],표1[대분류]),표1[금액],SUM)'을 입력합니다. 표1의 [팀]과 [대분류] 필드를 그룹화해서 금액의 합계를 산출한 것을 확인할 수 있습니다.

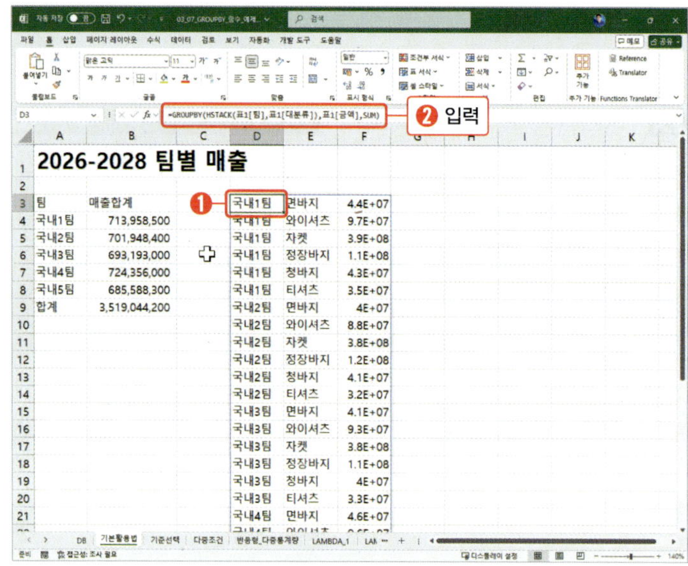

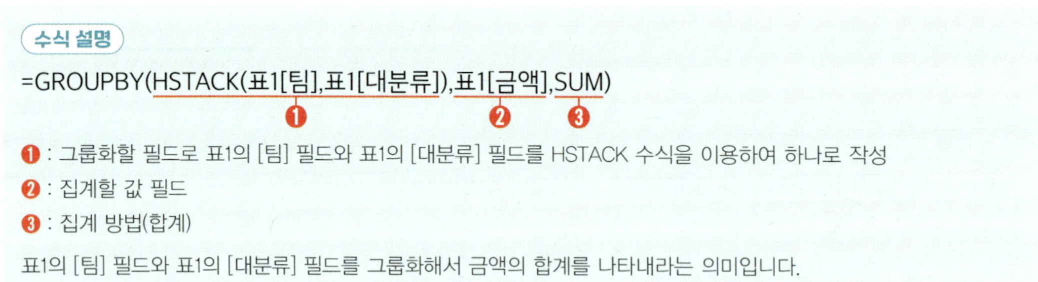

수식 설명

=GROUPBY(HSTACK(표1[팀],표1[대분류]),표1[금액],SUM)

❶ : 그룹화할 필드로 표1의 [팀] 필드와 표1의 [대분류] 필드를 HSTACK 수식을 이용하여 하나로 작성

❷ : 집계할 값 필드

❸ : 집계 방법(합계)

표1의 [팀] 필드와 표1의 [대분류] 필드를 그룹화해서 금액의 합계를 나타내라는 의미입니다.

06 머리글을 넣기 위해 [D3] 셀의 수식을 '=VSTACK({"팀", "대분류","매출합계"},GROUPBY (HSTACK(표1[팀],표1[대분류]), 표1[금액],SUM))'으로 수정 입력합니다.

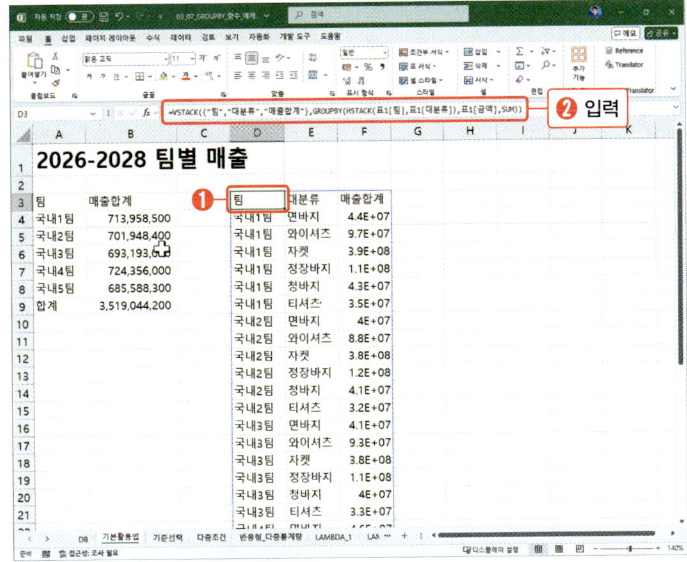

수식 설명

=VSTACK({"팀","대분류","매출합계"},GROUPBY(HSTACK(표1[팀],표1[대분류]),표1[금액],SUM))

❶ : GROUPBY 수식을 통해 나온 머리글로 나타낼 값(배열 상수)

❷ : 팀, 대분류를 그룹화해서 금액을 합계한 내용

표1의 [팀] 필드와 표1의 [대분류] 필드를 그룹화해서 표1의 금액을 합계하고, 머리글로 '팀, 대분류, 매출합계'를 표시하라는 의미입니다.

07 [F4] 셀을 선택하고 Ctrl + Shift + ↓를 눌러 범위를 선택합니다. [홈] 탭 – [표시 형식] 그룹 – [쉼표 스타일]을 클릭해서 서식을 지정합니다. 이와 같이 HSTACK 함수를 이용해서 2개 이상의 필드를 그룹화하는 방법을 확인했습니다.

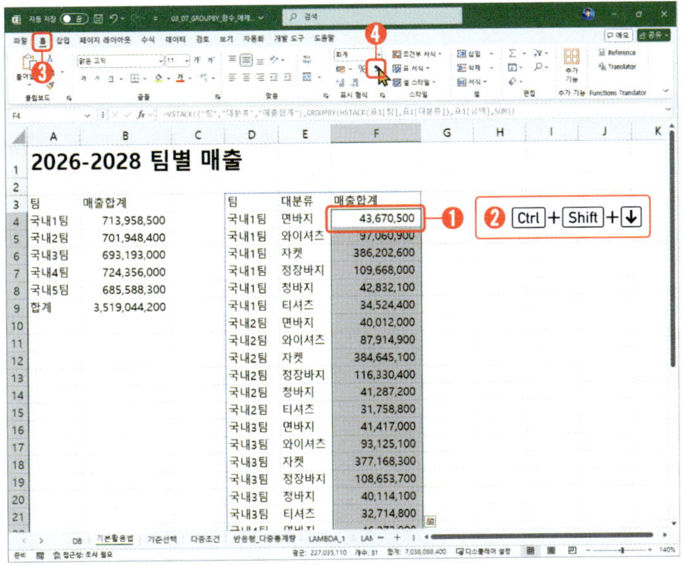

08 이번에는 그룹화하는 필드를 사용자가 지정하는 방법을 확인하겠습니다. [기준선택] 시트에서 [B3] 셀을 선택하고 [데이터] 탭 – [데이터 도구] 그룹 – [데이터 유효성 검사]를 클릭합니다.

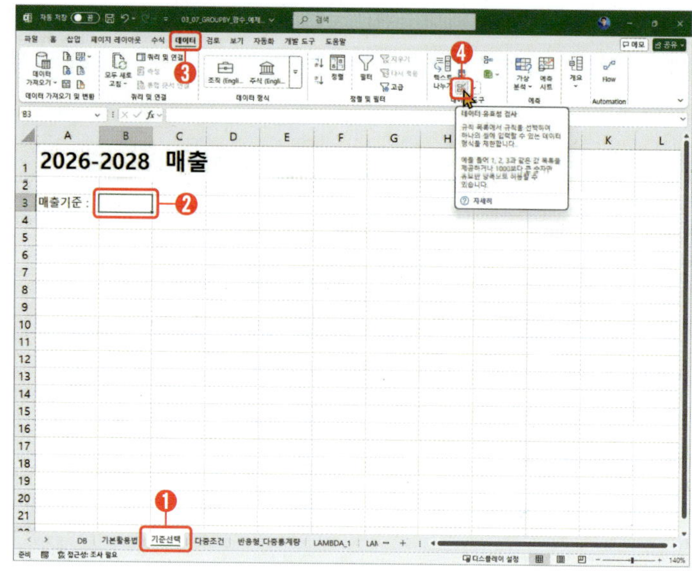

09 [데이터 유효성] 대화상자에서 [제한 대상]은 '목록', [원본]에 '팀,관할지역,대분류'를 입력한 후 [확인]을 클릭하고 '팀'을 선택해 둡니다.

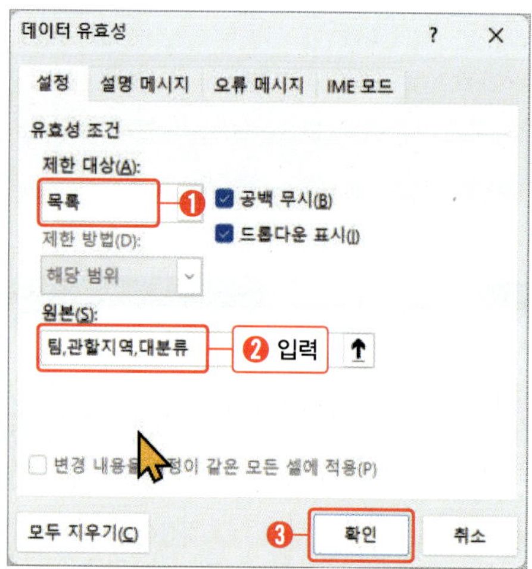

10 [A5] 셀에 '=GROUPBY(표1[팀],표1[금액],SUM)'을 입력합니다.

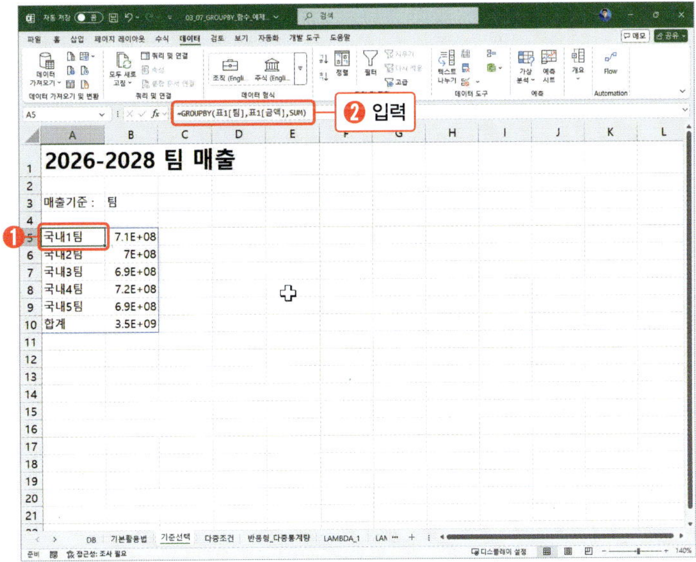

11 매출의 기준을 [B3] 셀에 지정한 팀으로 변경하기 위해 수식을 변경하겠습니다. [A5] 셀의 수식을 '=GROUPBY(INDIRECT("표1["&B3&"]"),표1[금액],SUM)'으로 수정 입력합니다.

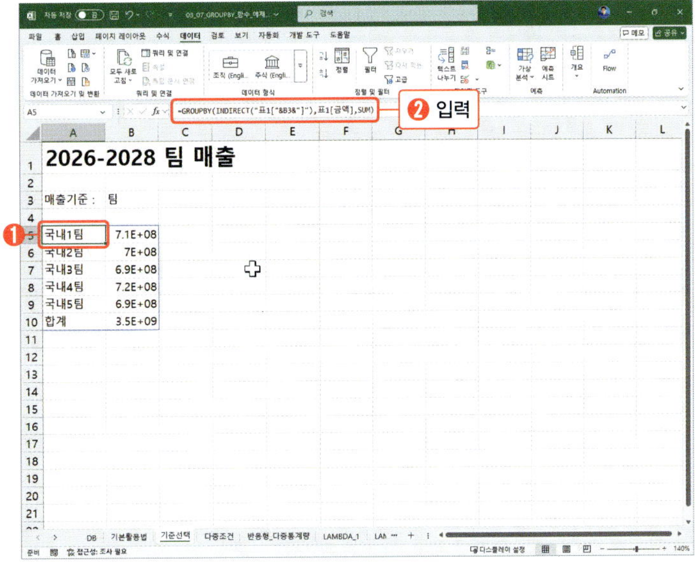

수식 설명

=GROUPBY(INDIRECT("표1["&B3&"]"),표1[금액],SUM)

❶ : 그룹화할 필드로 동적으로 만들기 위해 [B3] 셀에 필드명을 두고 INDIRECT 수식을 통해 사용할 수 있는 참조 범위로 변환

❷ : 집계할 값 필드

❸ : 집계 방법

표1의 [팀] 필드를 그룹화하고, 표1의 [금액] 필드를 합치라는 의미입니다.

12 이제 [B3] 셀을 '관할 지역'으로 변경하면 관할 지역별 매출로 변경된 것을 확인할 수 있습니다.

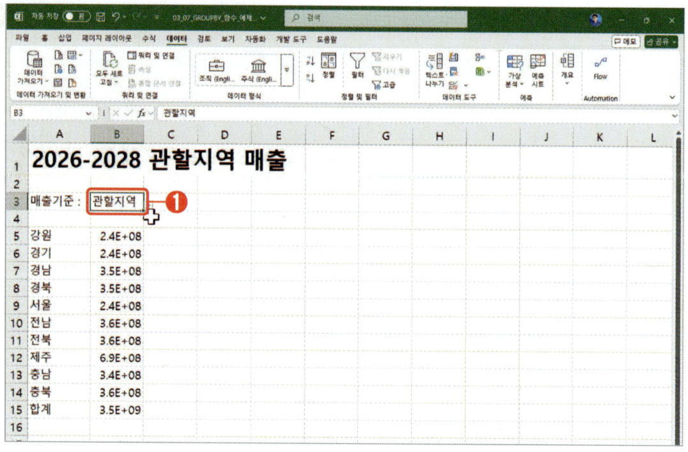

13 머리글을 추가하기 위해 [A5] 셀 수식을 '=VSTACK(HSTACK(B3,{"매출합계"}),GROUPBY(INDIRECT("표1["&B3&"]"),표1[금액],SUM))'으로 수정 입력합니다. 여기서 [B3] 셀 값도 나타내고 매출합계라는 배열 상수도 표시하기 위해 HSTACK으로 만들고 이를 다시 VSTACK 함수로 적용한 것입니다.

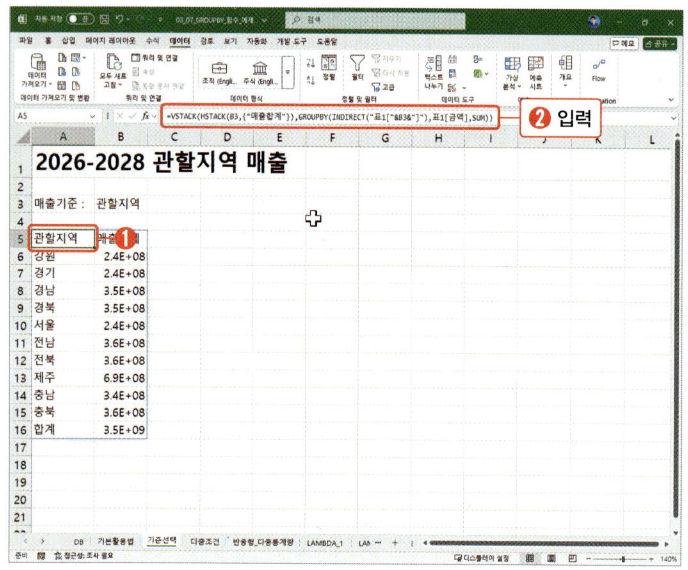

여기서 잠깐

앞에서 익혔지만 아직 수식이 조금 어렵다면 빈 셀에 '=HSTACK(B3,{"매출합계"})'를 입력해 보고 다시 VSTACK 수식을 적용해 보면 좀 더 쉽게 이해할 수 있습니다.

14 [B6:B16] 셀을 선택하고 [홈] 탭 – [표시 형식] 그룹 – [쉼표 스타일]을 클릭해서 서식을 지정합니다.

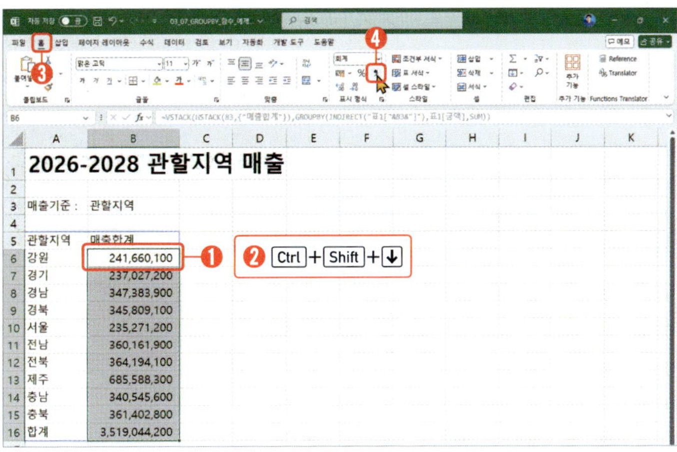

■ GROUPBY 함수의 다양한 옵션

01 이번에는 GROUPBY 수식의 좀 더 많은 옵션을 확인해 보겠습니다. [A5] 셀 수식을 복사하여, [D5] 셀에 붙여 넣습니다.

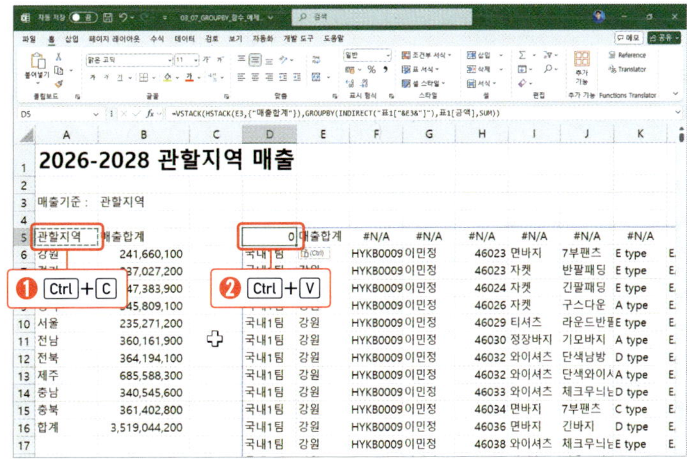

02 [D5] 셀의 수식을 '=VSTACK(HSTACK(B3,{"매출합계"}),GROUPBY(INDIRECT("표1["&B3&"]"),표1[금액],SUM))'으로 수정합니다.

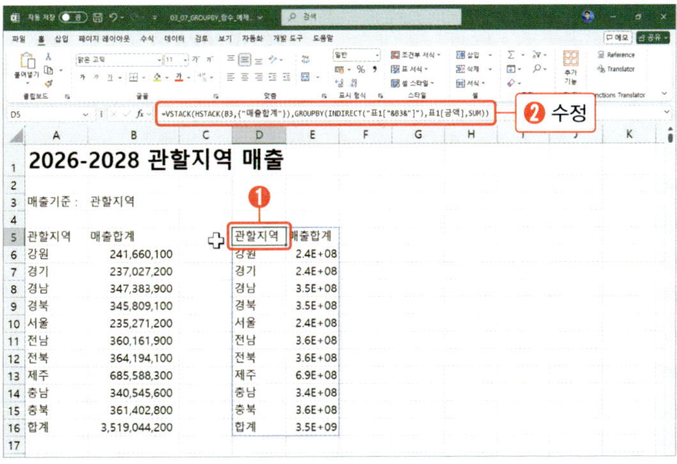

03 내림차순 정렬을 하기 위해 해당 수식을 '=SORT(VSTACK(HSTACK(B3,{"매출합계"}),GROUPBY(INDIRECT("표1["&B3&"]"),표1[금액],SUM)),2,-1)'로 수정 입력합니다. SORT 수식으로 지정한 두 번째 열을 기준으로 내림차순(-1)한 것을 확인할 수 있습니다.

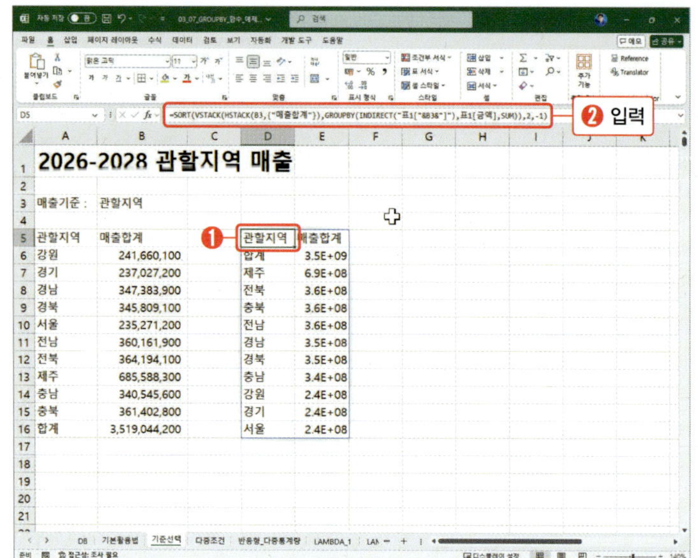

수식 설명

=SORT(VSTACK(HSTACK(B3,{"매출합계"}),GROUPBY(INDIRECT("표1["&B3&"]"),표1[금액],SUM)),2,-1)

❶ : GROUPBY 수식을 통해 나온 결과의 머리글이고 [B3] 셀과 배열 상수를 같이 표시하기 위해 HSTACK으로 만들고 다시 VSTACK으로 가로 배치

❷ : [B3] 셀 값을 필드명으로 나타내기 위해 INDIRECT 수식을 통해 범위로 변환

❸ : SORT 수식의 정렬 기준으로 GROUPBY 수식 결과의 두 번째 열

❹ : 내림차순 정렬

표1의 [B3] 셀(관할 지역)로 그룹화하고 표1의 [금액]을 합계한 다음 머리글로 [B3] 셀 값(관할 지역)과 '매출합계'를 표시하고 정리된 데이터의 두 번째 열을 기준으로 내림차순 정렬로 표시하라는 의미입니다.

04 [E6:E16] 셀을 선택하고 [홈] 탭 – [표시 형식] 그룹 – [쉼표 스타일]을 클릭해서 서식을 지정합니다. 그런데 합계까지 정렬된 것을 확인할 수 있습니다.

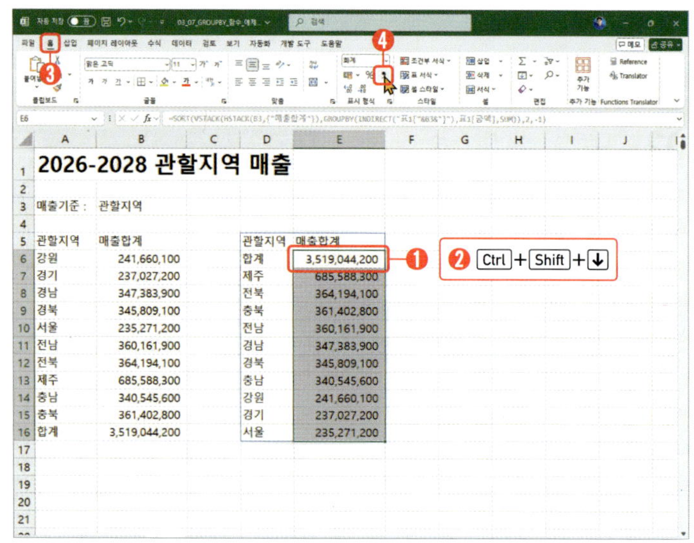

05 합계는 제외하고 정렬하기 위해 [D5] 셀 수식을 '=SORT(VSTACK(HSTACK(B3,{"매출합계"}),GROUPBY(INDIRECT("표1["&B3&"]"),표1[금액],SUM,0,0)),2,-1)'로 수정 입력합니다. 이전과 달라진 부분은 GROUPBY 수식의 인수에 마지막으로 '0,0'을 추가한 것입니다. 네 번째 인수는 필드 헤더를 표시하는 옵션, 5번째 인수는 합계를 포함할지 옵션으로 모두 '0'으로 처리한 것입니다.

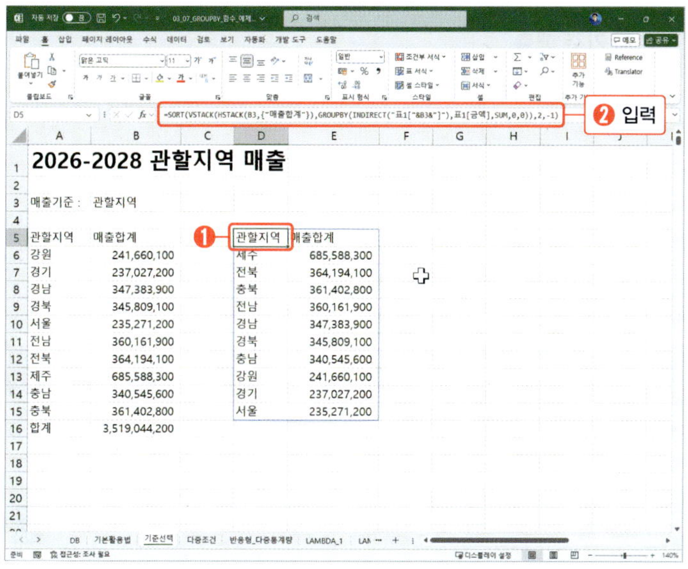

06 [B3] 셀의 기준을 '대분류'로 변경해 보면 변경된 해당 기준의 변경된 내용을 확인할 수 있습니다.

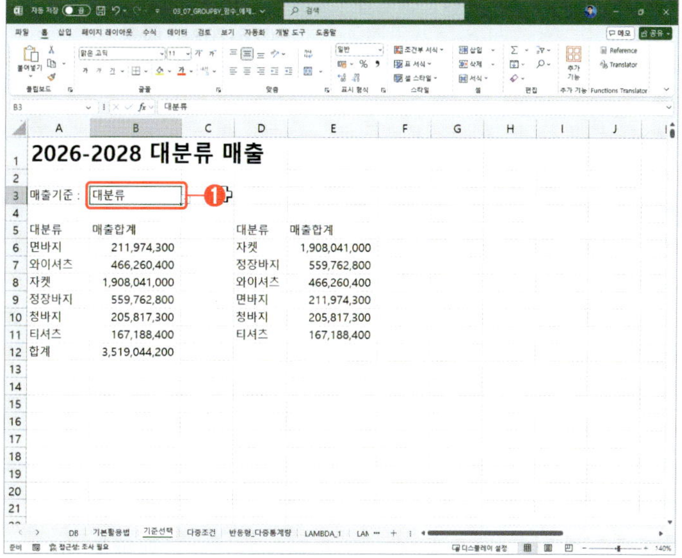

■ 특정 기간 기준별 통계 확인하기

01 이번에는 특정 기간의 기준별 통계를 확인하겠습니다. [다중조건] 시트의 [I2] 셀에 '=UNIQUE(YEAR(표1[매출일]))'을 입력해서 연도를 표시합니다.

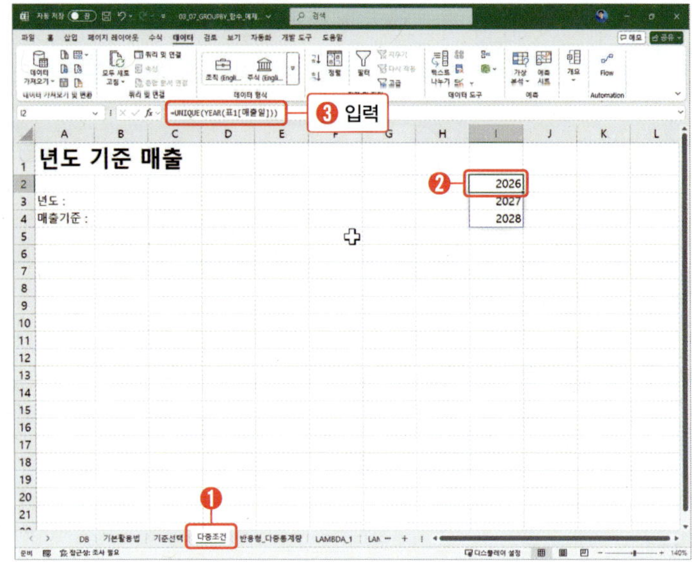

02 [B3] 셀을 선택하고 [데이터] 탭 – [데이터 도구] 그룹 – [데이터 유효성 검사]를 클릭합니다. [제한 대상]은 '목록, [원본]은 [I2] 셀을 선택하고 '#'을 덧붙여 동적 배열을 참조하도록 입력한 후 [확인]을 클릭합니다.

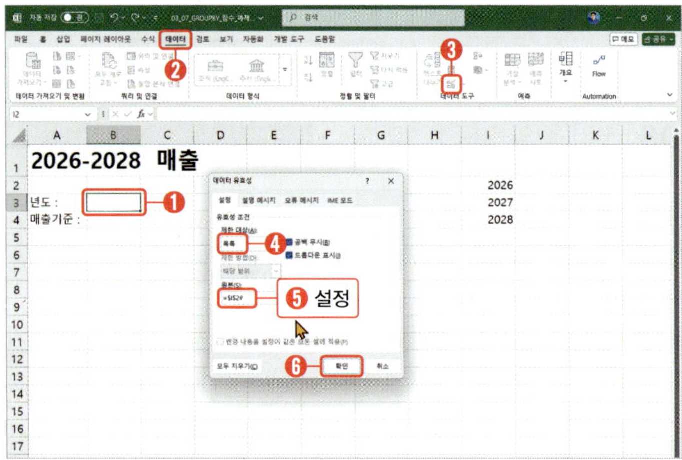

03 '2027'을 선택해 두고 [A1] 셀의 수식을 연도와 연동되도록 '=B3&"년도 "&B4&"기준 매출"'로 입력합니다.

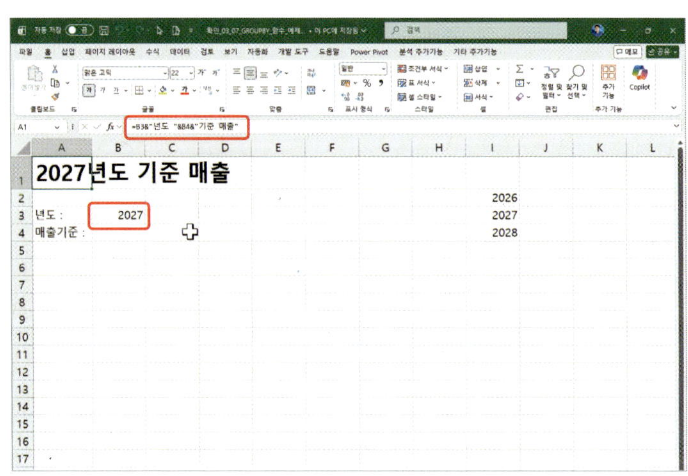

04 매출 기준은 이전 시트의 [B3] 셀을 복사해서 [B4] 셀에 붙여넣기 합니다.

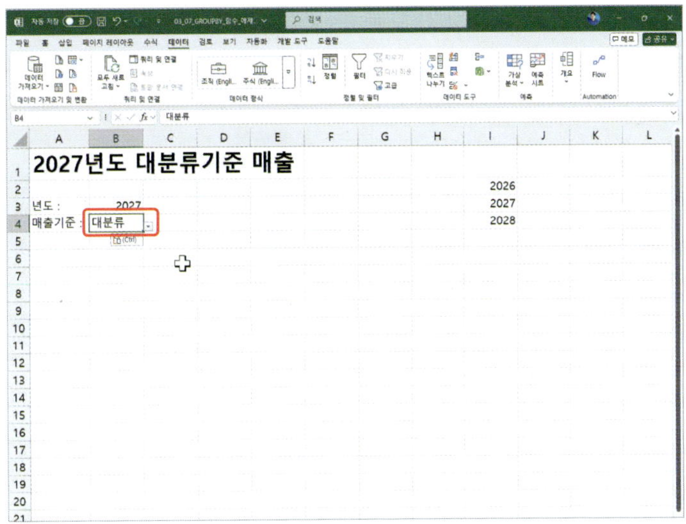

05 [I] 열 전체를 선택하고 폰트 색상을 흰색으로 보이지 않게 처리하기 위해 [홈] 탭 – [글꼴] 그룹 – [글꼴 색] – [흰색]을 클릭합니다.

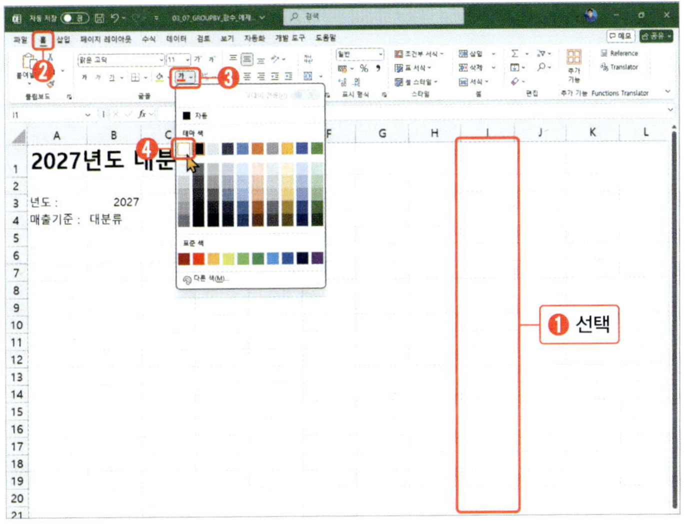

06 [A6] 셀에 '=GROUPBY(표1[대분류],표1[금액],SUM)'을 입력합니다.

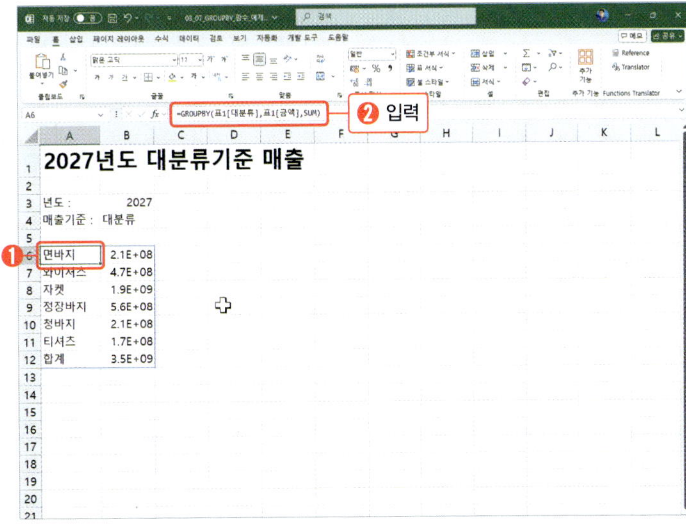

07 논리곱으로 2027년도를 만족하고 대분류를 만족한 통계량을 나타내기 위해 수식을 '=GROUPBY(표1[대분류],(YEAR(표1[매출일])=B3)*(표1[금액]),SUM)'으로 수정 입력합니다.

FILTER 함수와 마찬가지로 논리곱이므로 '*'를 이용합니다.

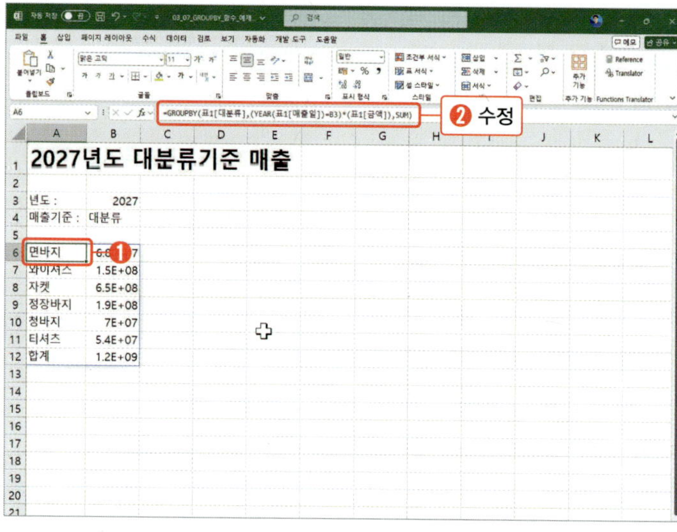

08 매출 기준을 동적으로 변하게 하기 위해 [A6] 셀의 수식을 '=GROUPBY(INDIRECT("표1["&B4&"]"),(YEAR(표1[매출일])=B3)*(표1[금액]),SUM)'으로 수정 입력합니다.

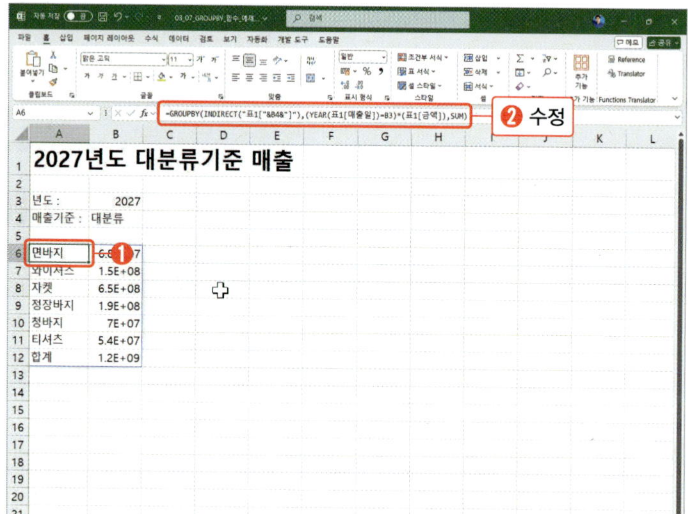

09 [B4] 셀의 기준을 '관할지역'으로 바꿔보면 통계량의 변화를 확인할 수 있습니다.

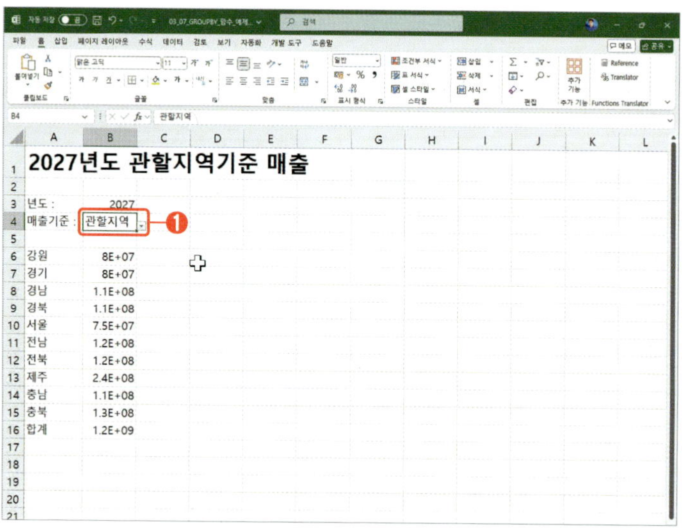

10 머리글을 표시하기 위해 [A6] 셀의 수식을 '=VSTACK(HSTACK(B4,{"매출합계"}),GROUPBY(INDIRECT("표1["&B4&"]"),(YEAR(표1[매출일])=B3)*(표1[금액]),SUM))'으로 수정 입력합니다.

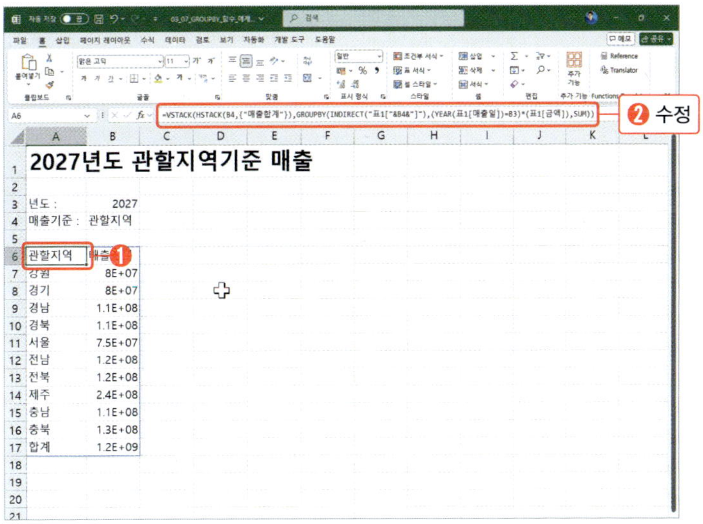

11 [B7:B17] 셀을 선택하고 [홈] 탭 – [표시 형식] 그룹 – [쉼표 스타일]을 클릭해서 서식을 지정합니다.

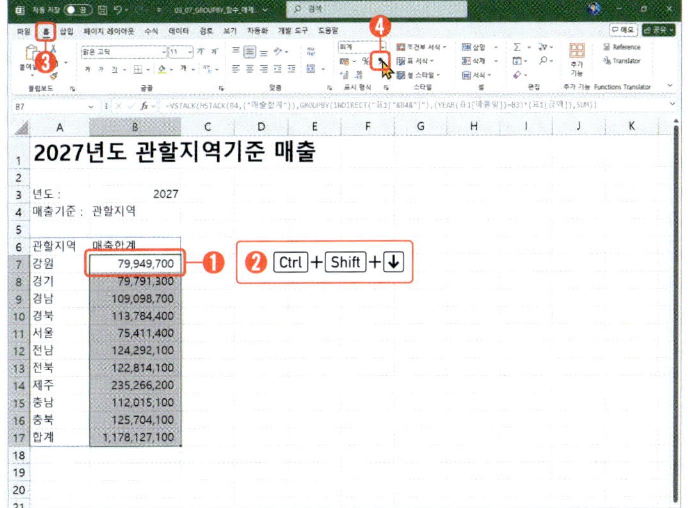

12 [B3] 셀에서 '2028'로 연도를 변경하면 변경된 통계량을 확인할 수 있습니다.

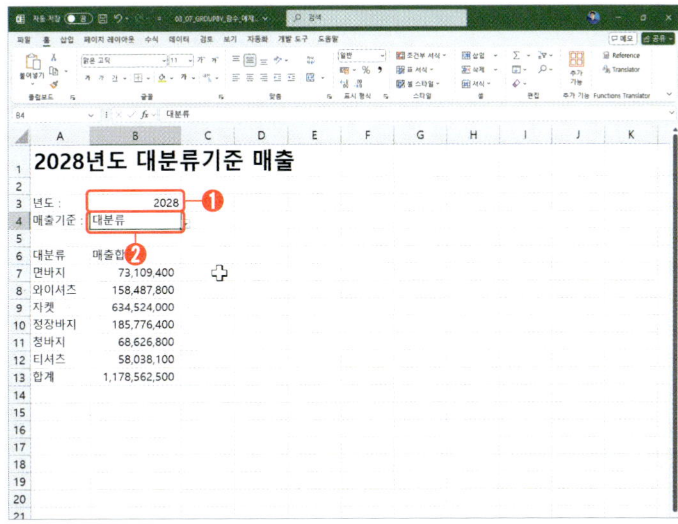

13 이전처럼 정렬을 포함한 수식을 작성해 보겠습니다. [A6] 셀을 복사하여, [D6] 셀에 붙여 넣습니다.

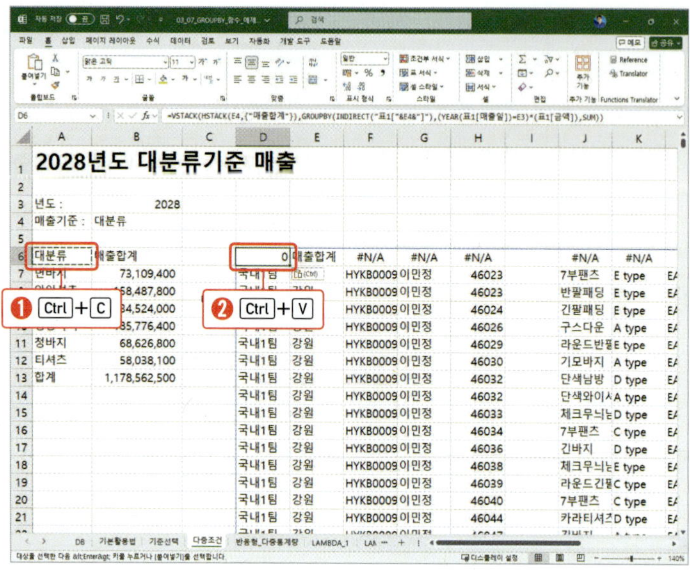

14 수식의 참조 범위를 '=VSTACK(HSTACK(B4,{"매출합계"}),GROUPBY(INDIRECT("표1["&B4&"]"),(YEAR(표1[매출일])=B3)*(표1[금액]),SUM,0,0))'으로 수정합니다.

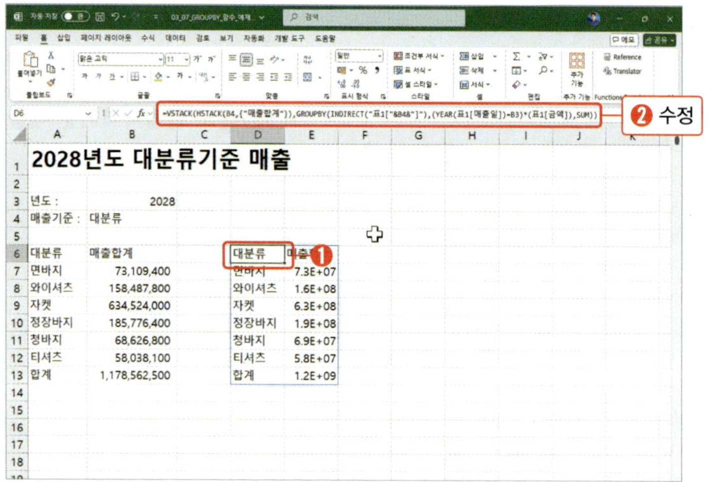

15 아래와 같이 SORT 수식을 추가합니다.

```
=SORT(VSTACK(HSTACK(B4,{"매출합계"}),GROUPBY(INDIRECT("표1["&B4&"]"),(YEAR(표1[매출일])=B3)*(표1[금액]),SUM)),2,-1)
```

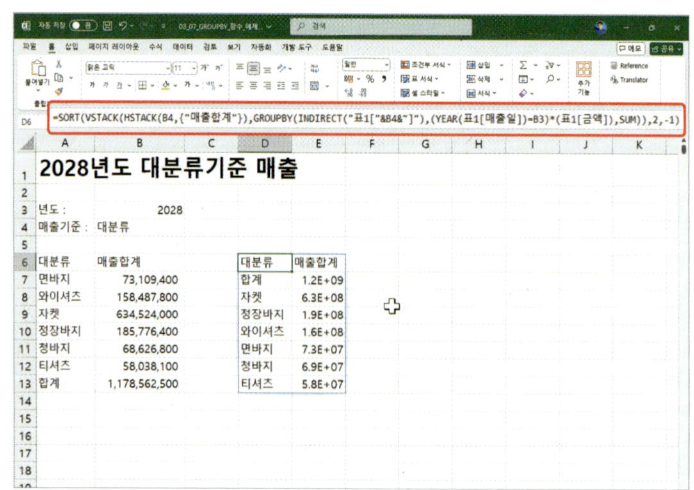

16 마지막으로 헤더와 합계가 나타나지 않도록 수식을 '=SORT(VSTACK(HSTACK(B4,{"매출합계"}),GROUPBY(INDIRECT("표1["&B4&"]"),(YEAR(표1[매출일])=B3)*(표1[금액]),SUM,0,0)),2,-1)'로 수정합니다.

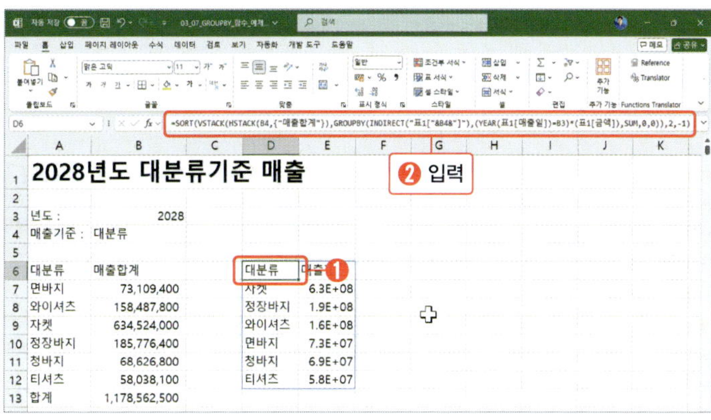

17 [E7:E17] 셀까지 선택하고 [홈] 탭 – [표시 형식] 그룹 – [쉼표 스타일]을 클릭해서 서식을 지정합니다. 항목이 좀 더 추가될 수도 있어서 범위는 조금 더 여유 있게 선택했습니다.

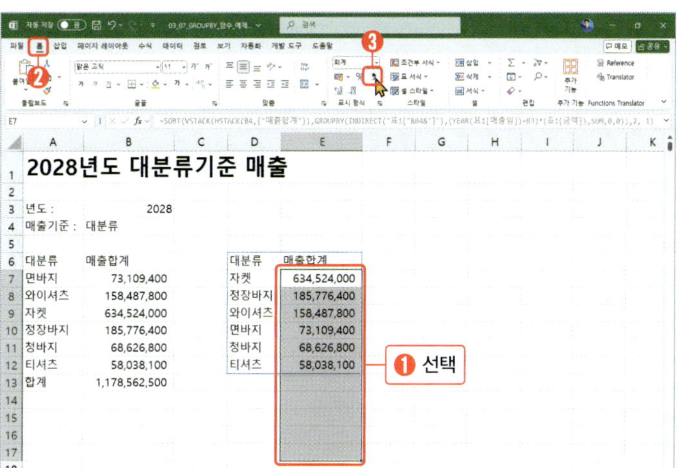

■ 여러 가지 다중 통계량 나타내기

01 이번에는 여러 가지 다중 통계량을 나타내는 방법을 확인하겠습니다. 앞 시트의 [I] 열을 복사해서 [반응형_다중통계량] 시트의 [I] 열에 붙여 넣습니다.

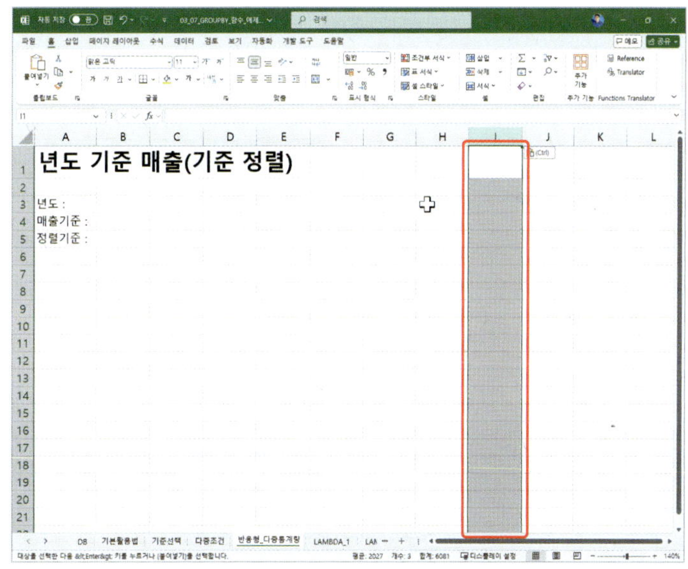

02 이전 시트의 [B3:B4] 셀을 복사해서 [B3:B4] 셀에 유효성 검사를 복사합니다.

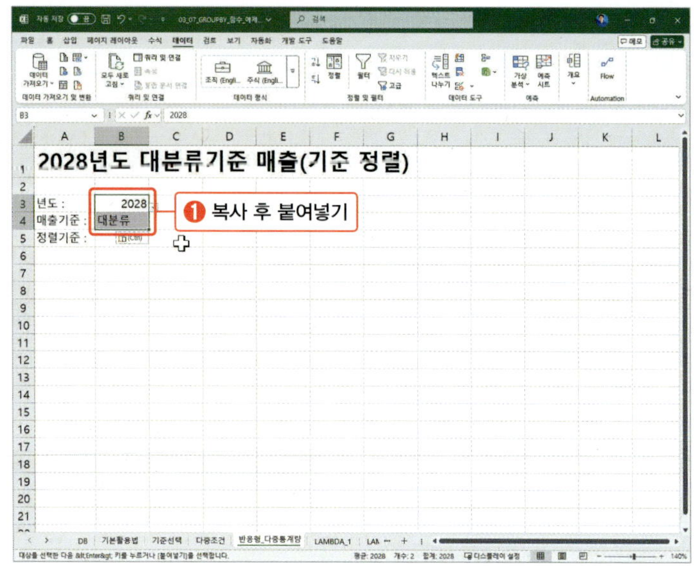

03 [B5] 셀을 선택하고 [데이터] 탭 – [데이터 도구] 그룹 – [데이터 유효성 검사]를 클릭합니다. [제한 대상]은 '목록', [원본]은 '카테고리,합계'를 입력하고 [확인]을 클릭합니다.

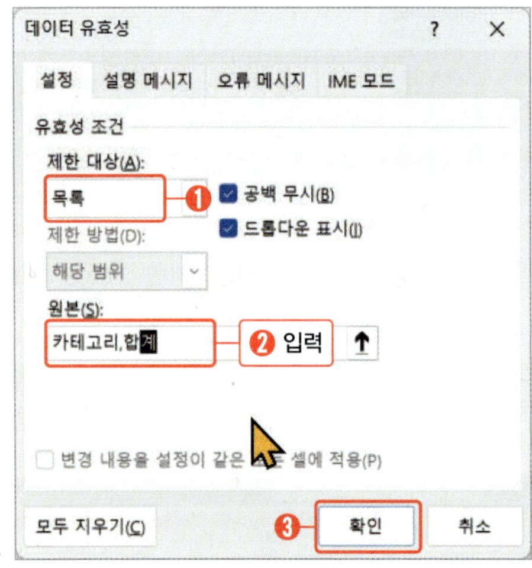

04 [B5] 셀에서 '합계'를 선택하고 [A7] 셀에 '=GROUPBY(INDIRECT("표1["&B4&"]"),(YEAR(표1[매출일])=B3)*(표1[금액]),SUM)'을 입력합니다.

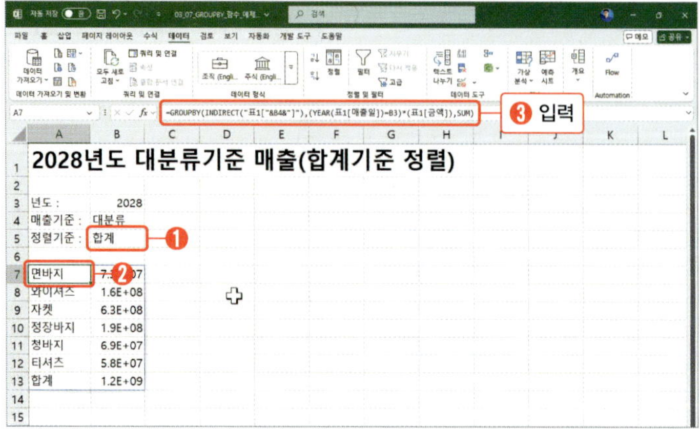

05 다중 통계량을 나타내기 위해 수식을 '=GROUPBY(INDIRECT("표1["&B4&"]"),(YEAR(표1[매출일])=B3)*(표1[금액]),HSTACK(SUM,AVERAGE,COUNT))'로 수정 입력합니다. 합계, 평균, 회수 통계량까지 나타나는 것을 확인할 수 있습니다.

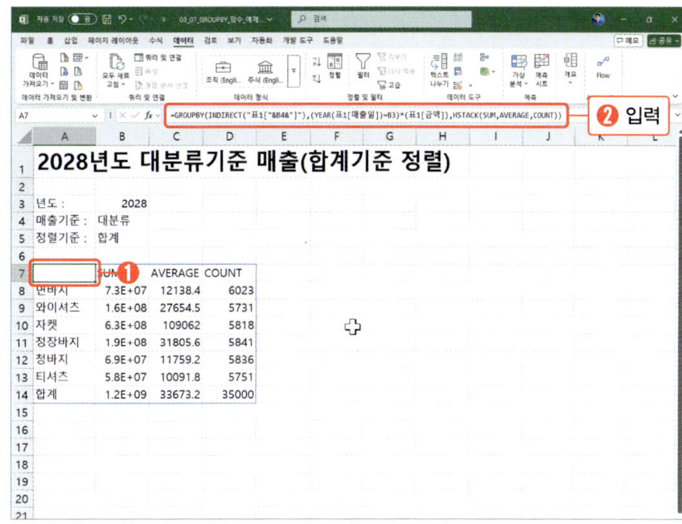

06 [B4] 셀의 매출 기준을 '관할지역'으로 변경하면 해당 기준으로 통계량이 변경되는 것을 확인할 수 있습니다.

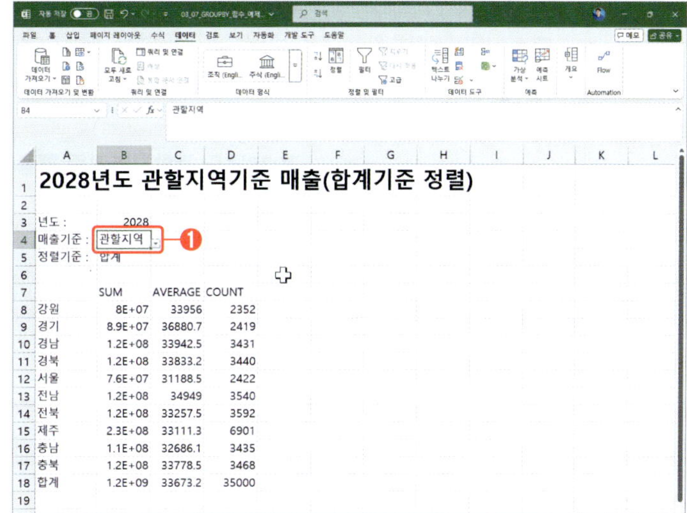

07 마지막으로 정렬 방법을 추가하기 위해 수식을 '=GROUPBY(INDIRECT("표1["&B4&"]"),(YEAR(표1[매출일])=B3)*(표1[금액]),HSTACK(SUM,AVERAGE,COUNT),0,1,IF(B5="합계",-2,1))'로 수정 입력합니다.

현재 [B5] 셀에 합계가 선택되었으므로 합계 금액기준으로 내림차순되어 있습니다.

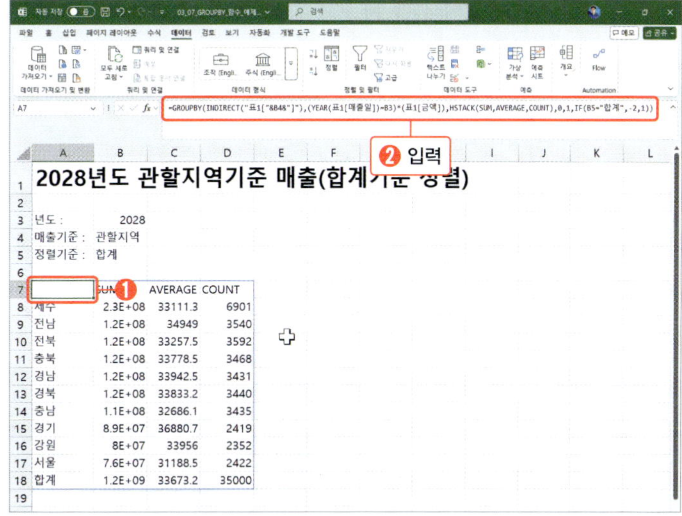

08 [B8:D18] 셀을 선택하고 [홈] 탭 – [표시 형식] 그룹 – [쉼표 스타일]을 클릭해서 서식을 지정합니다.

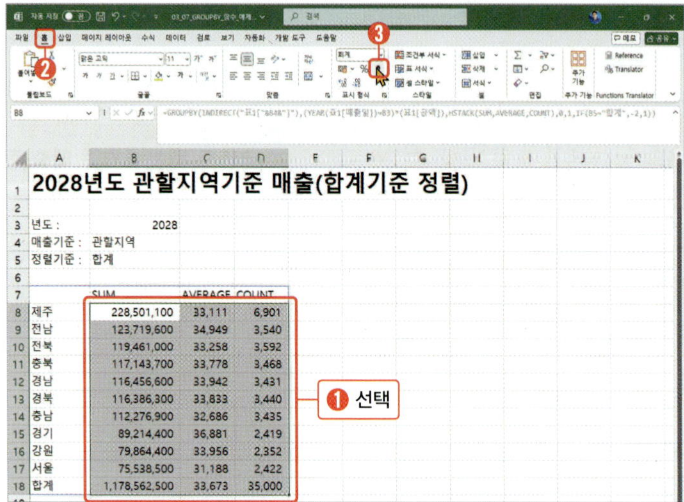

09 [B5] 셀의 정렬 기준을 '카테고리'로 변경하면 [A] 열의 관할 지역 기준으로 데이터가 변경되는 것을 확인할 수 있습니다.

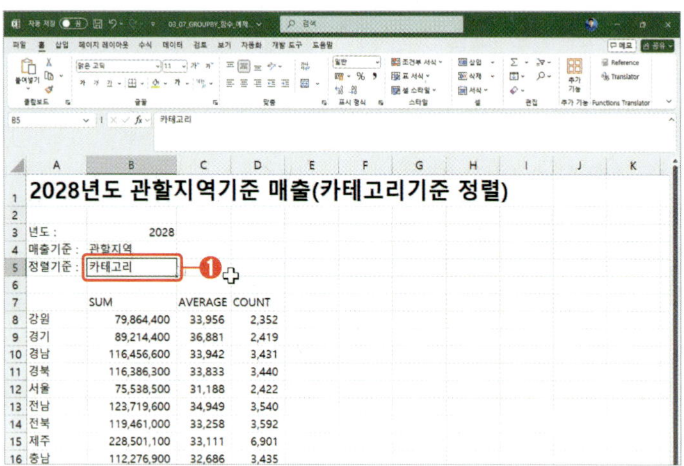

■ 조건부 서식 활용하기

01 마무리를 위해 [A7:D7] 셀을 선택하고 [홈] 탭 – [글꼴] 그룹 – [채우기 색] – [주황]을 클릭합니다.

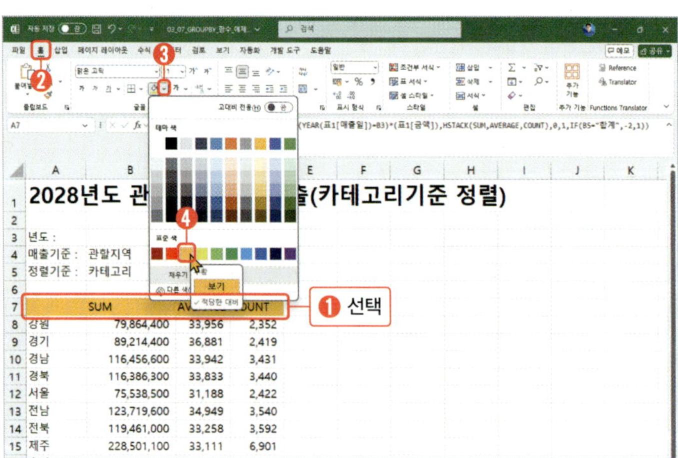

02 [홈] 탭 – [글꼴] 그룹 – [굵게]를 클릭해서 글꼴을 굵게 처리합니다.

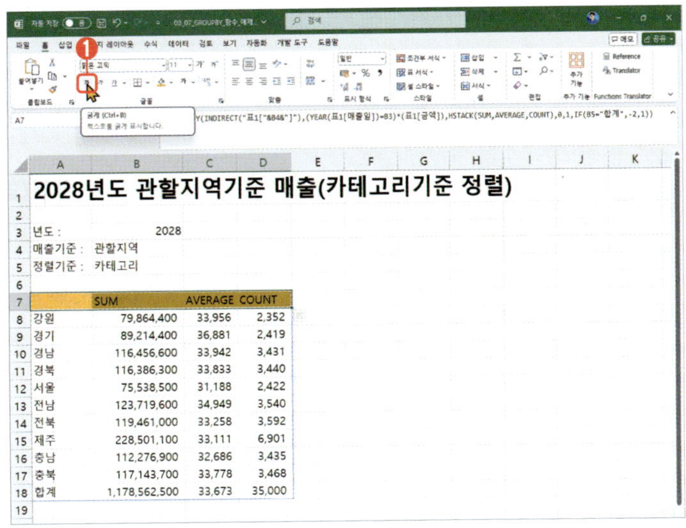

03 데이터가 있는 영역만 괘선을 넣기 위해 조건부 서식을 지정하겠습니다. [A7:D18] 셀을 선택하고 [홈] 탭 – [스타일] 그룹 – [조건부 서식] – [새 규칙]을 클릭합니다.

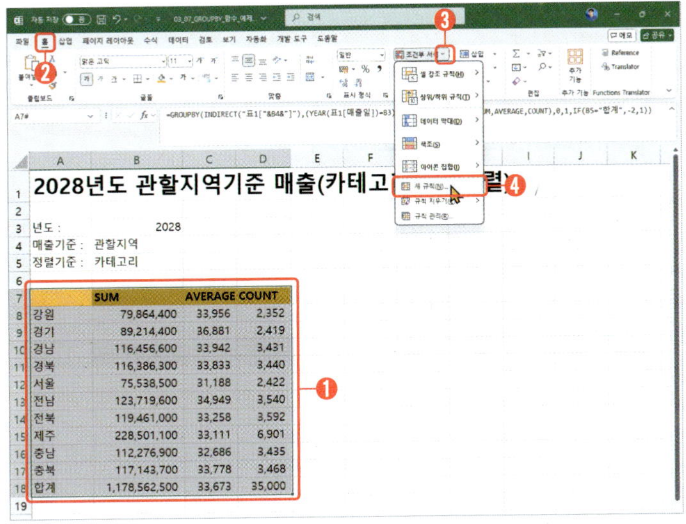

04 [규칙 유형 선택]은 [다음을 포함하는 셀만 서식 지정]을 선택하고, [다음을 포함하는 셀만 서식 지정]은 '내용 있는 셀'을 선택합니다. [서식]을 클릭하고 [테두리] 탭에서 [윤곽선]을 선택한 후 [확인]을 클릭해서 마무리합니다.

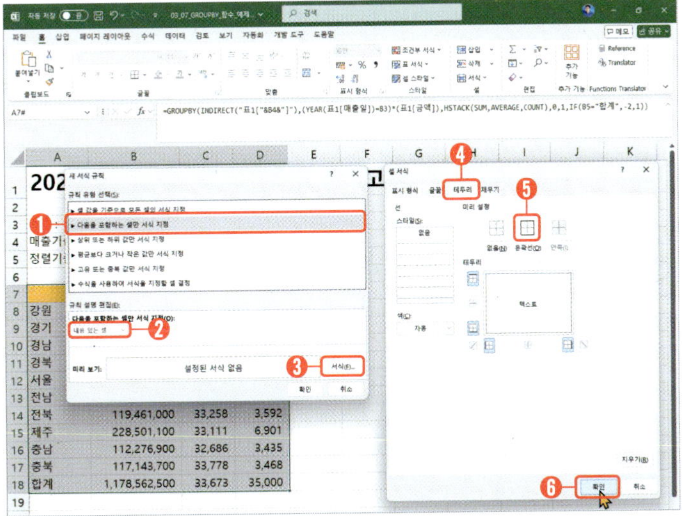

05 '년도'와 '매출 기준', '정렬 기준'을 변경해 보면 사용자가 지정한 조건에 맞는 통계량으로 변경되는 것을 확인할 수 있습니다.

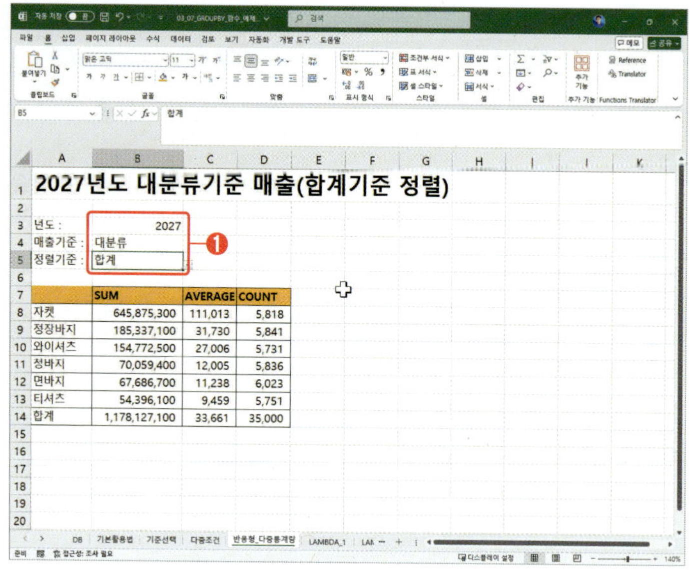

■ LAMBDA 함수 사용하기

01 이번에는 사용자 지정 함수를 만들 수 있는 LAMBDA 함수에 대해서 알아보겠습니다. [LAMBDA_1] 시트에서 [F4] 셀에 '=BYROW(B4:E7,SUM)'으로 수식을 입력합니다.

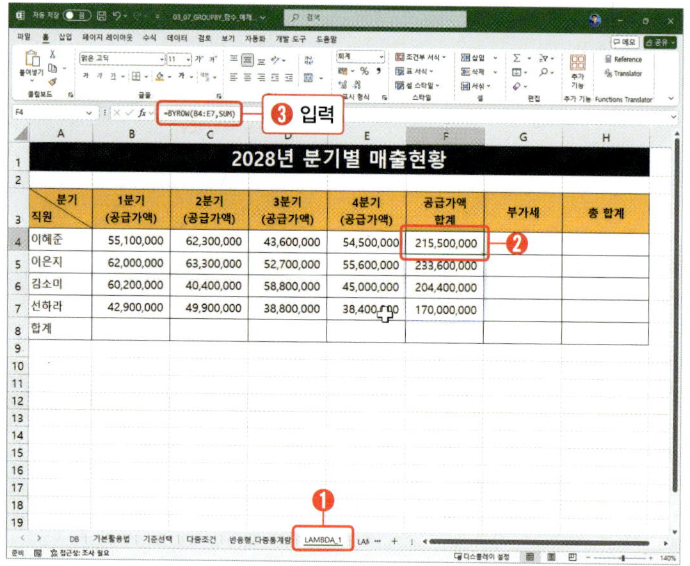

02 사용자 정의 함수를 만들기 위해 Ctrl+F3을 누르고, [이름 관리자] 대화상자가 나타나면 [새로 만들기]를 클릭합니다.

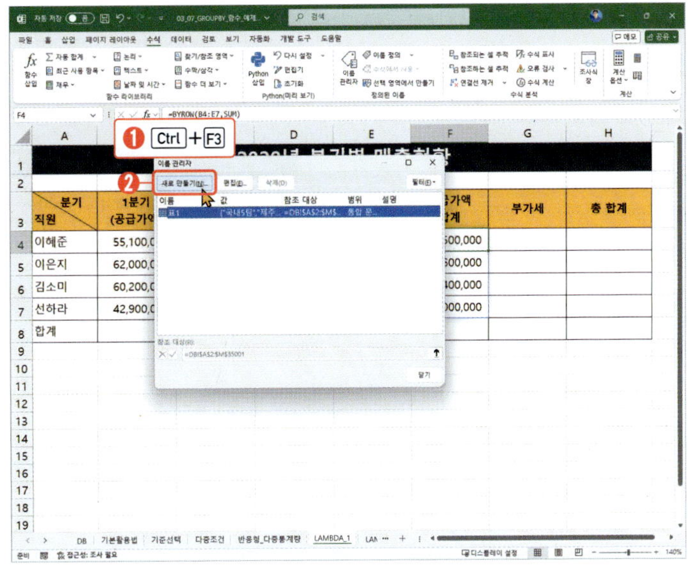

03 [이름]은 '부가세', [참조 대상]은 '=LAMBDA(공급가액,공급가액*10%)'를 입력하고 [확인]을 클릭합니다.

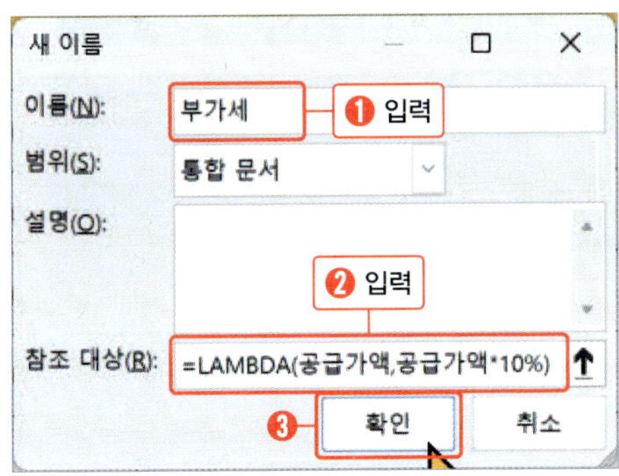

수식 설명

❶ : LAMBDA 함수의 인수로 변수로 사용

❷ : 계산 로직

LAMBDA 함수는 사용자 정의 함수(UDF)를 만들 수 있는 함수로 맨 마지막 인수로 정의된 내용이 계산 로직(반환값)이고, 그 앞에 기재된 인수들은 모두 해당 계산 로직의 변수라고 이해하면 쉽습니다.
그래서 위 수식은 '공급가액*10%'라고 계산될 거고 사용자는 첫 번째 변수로 입력한 공급가액을 입력하거나, 범위를 지정하면 되며, 사용법은 수식을 사용하듯이 '=부가세(A1)'로 입력하면 됩니다.

04 [G4] 셀에 '=부가세(F4)'를 입력하고 채웁니다.

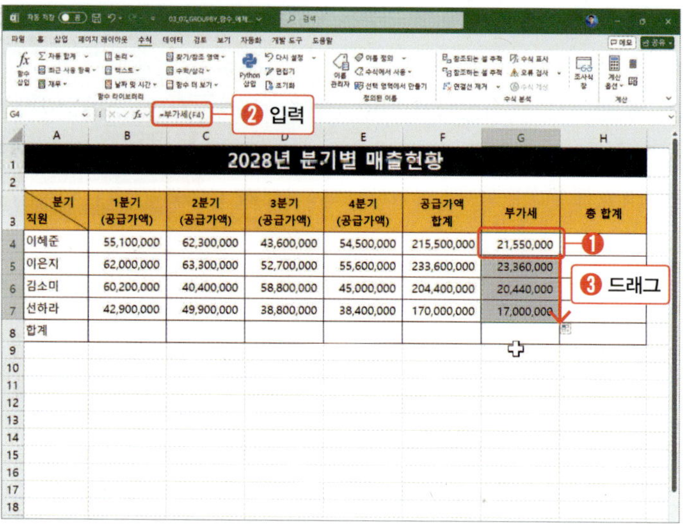

05 [B4:H8] 셀을 선택하고 [홈] 탭 – [편집] 그룹 – [자동 합계] – [합계]를 클릭합니다.

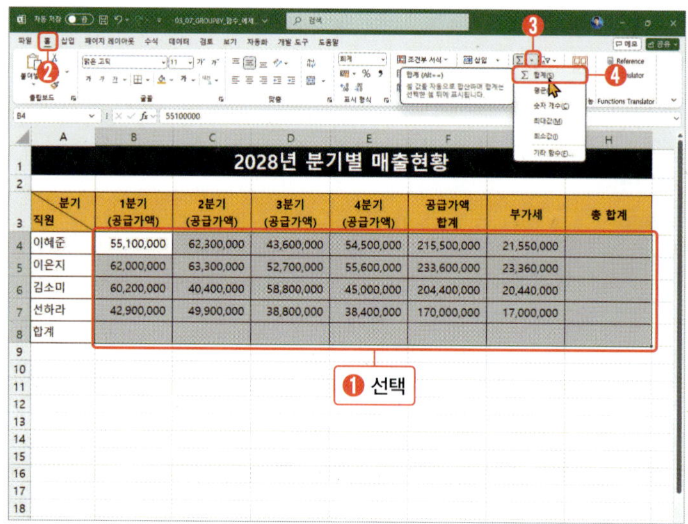

06 결과를 확인할 수 있습니다.

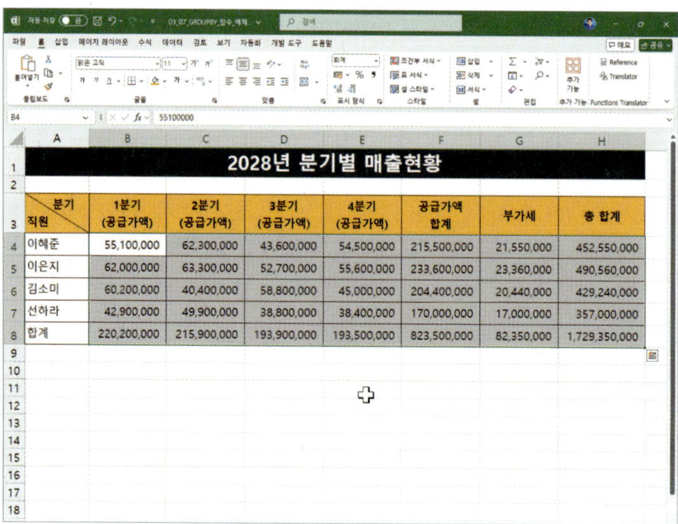

07 이번에는 LAMBDA 수식을 이용해서 필터된 데이터의 합계를 나타내는 사용자 정의 함수를 만들겠습니다. [LAMBDA_2] 시트에서 Ctrl+F3을 눌러 [이름 관리자] 대화상자가 나타나면 [새로 만들기]를 클릭합니다.

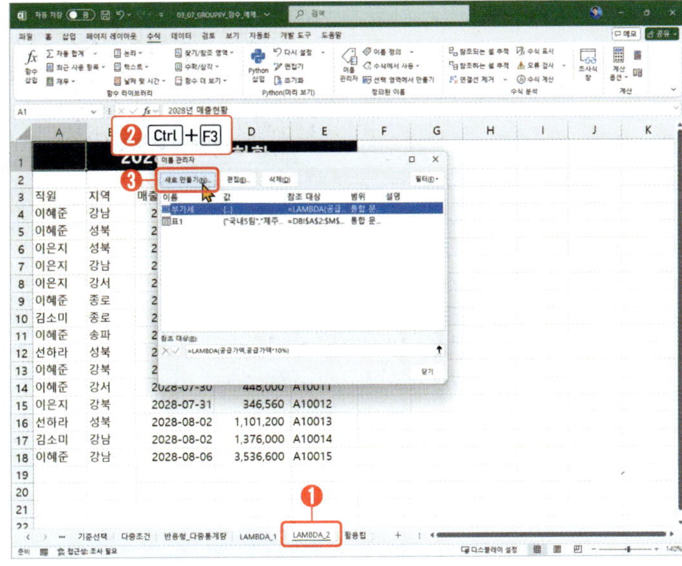

08 [이름]은 '필터합계', [참조 대상]은 '=LAMBDA(범위,SUBTOTAL(9,범위))'로 입력하고 [확인]을 클릭합니다.

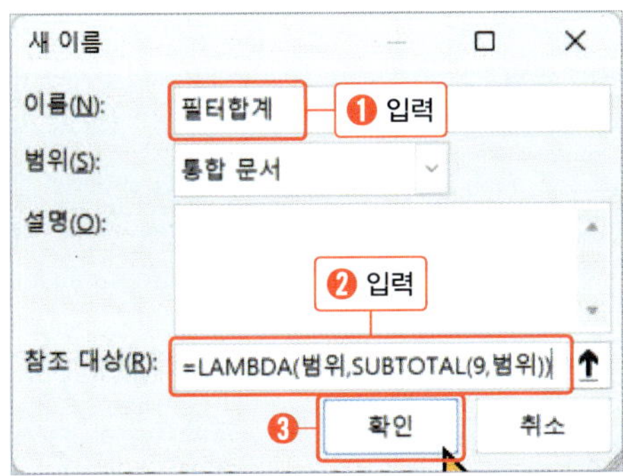

09 [G3] 셀에 '=필터합계(D4:D18)'을 입력합니다.

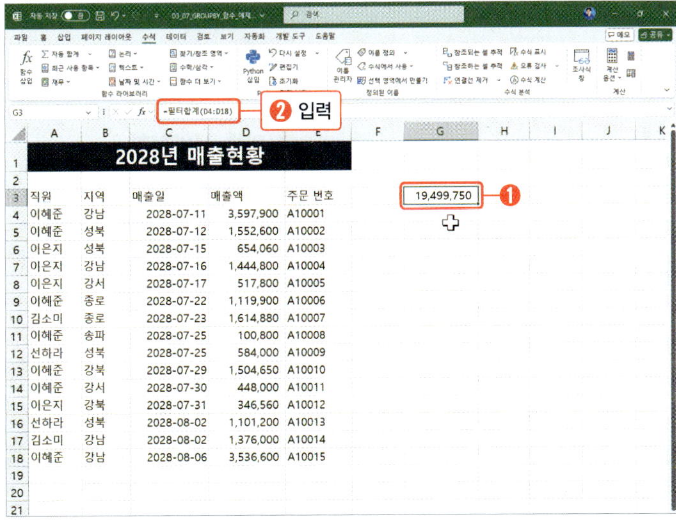

10 데이터 중 임의의 셀을 선택하고 [데이터] 탭 – [정렬 및 필터] 그룹 – [필터]를 클릭해서 자동 필터를 실행합니다. 그리고 [A3] 셀을 확장해서 [성북]을 선택합니다.

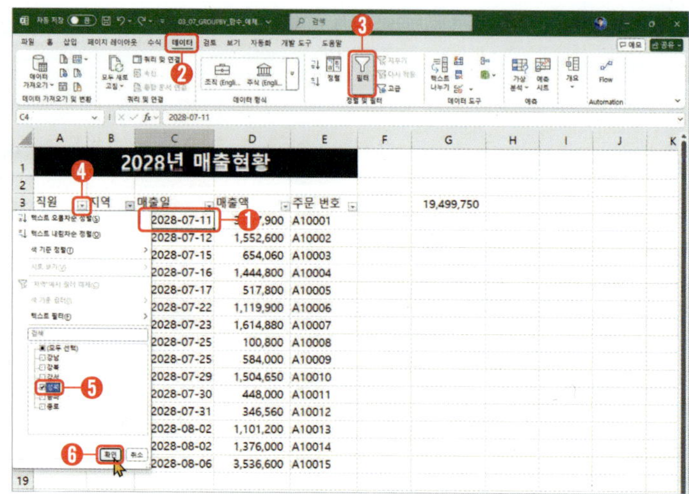

11 [G3] 셀의 통계량이 필터된 데이터의 값으로 변화된 것을 확인할 수 있습니다.

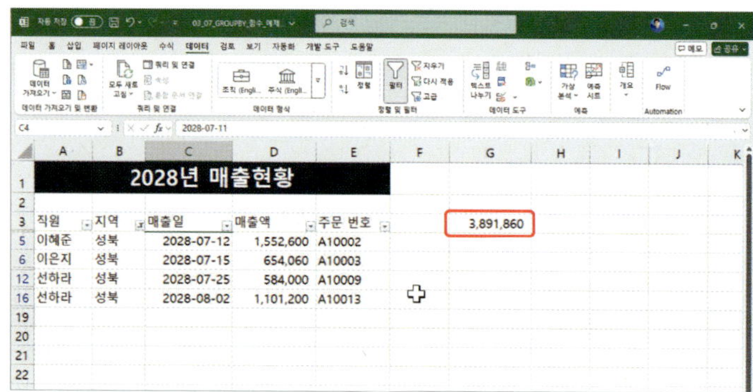

■ GROUPBY와 LAMBDA 함수 함께 사용하기

01 마지막으로 GROUPBY 함수와 LAMBDA 함수를 활용해서 지역별 직원명단을 나타내는 방법을 알아보겠습니다. [활용팁] 시트에서 [A3] 셀에 '=GROUPBY(표1[관할지역],표1[이름],LAMBDA(c,ARRAYTOTEXT(UNIQUE(c))))'를 입력합니다.

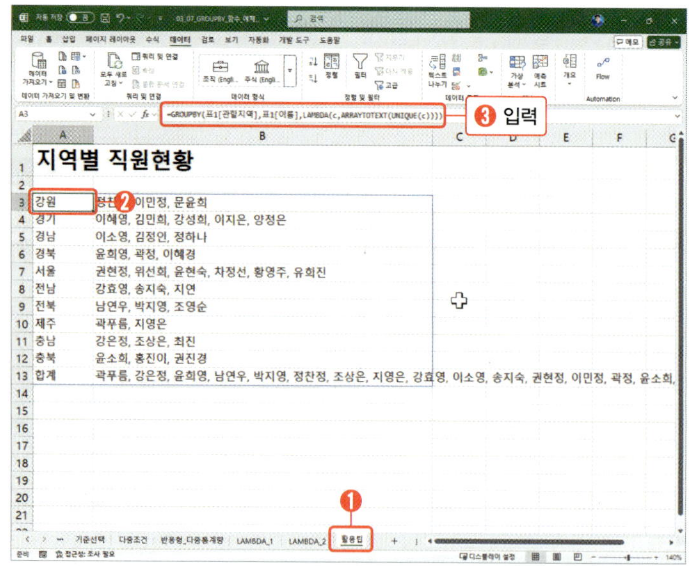

수식 설명

=GROUPBY(표1[관할지역],표1[이름],LAMBDA(c,ARRAYTOTEXT(UNIQUE(c))))

❶ : GROUPBY 함수의 첫 번째 인수로 그룹화할 필드
❷ : GROUPBY 함수의 두 번째 인수로 집계될 필드
❸ : LAMBDA 함수의 인수로 변수
❹ : 배열의 텍스트를 반환하는 수식
❺ : LAMBDA 함수의 변수로 지정한 범위의 고유 목록을 나타냄

표1의 [관할지역] 필드를 그룹화하고, 표1의 [이름] 필드를 값으로 LAMBDA 함수를 통해 관할 지역별 고유한 이름을 한 명씩 배열에 담아서 나타내라는 의미입니다.

02 마지막에 합계는 나타날 필요가 없으므로 [A3] 셀의 수식을 '=GROUPBY(표1[관할지역],표1[이름],LAMBDA(c,ARRAYTOTEXT(UNIQUE(c))),0,0)'으로 수정 입력합니다.

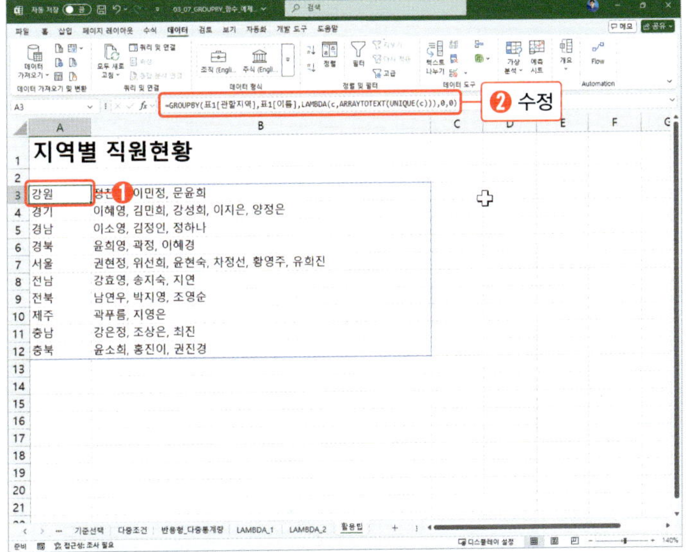

03 머리글을 추가로 나타내기 위해 [A3] 셀의 수식을 '=VSTACK({"지역","근무자"},GROUPBY(표1[관할지역],표1[이름],LAMBDA(c,ARRAYTOTEXT(UNIQUE(c))),0,0))'으로 최종 수정 입력합니다.

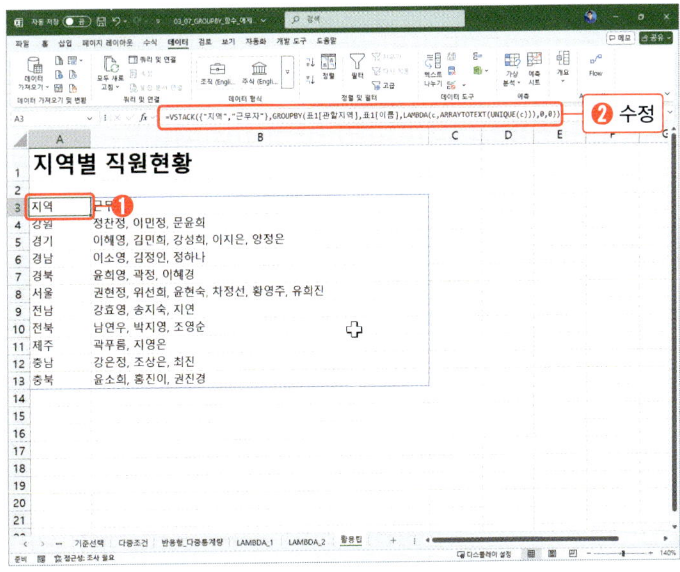

008 피벗 테이블이 하는 일을 함수로도 처리 가능한 PIVOTBY 함수

앞에서 살펴본 GROUPBY 함수에 이어, 이번에는 피벗 테이블이 수행하던 작업을 함수로 직접 구현하는 방법을 알아보겠습니다. PIVOTBY 함수는 GROUPBY 함수보다 인수가 다소 많지만, 이를 활용하면 보다 손쉽게 원하는 형태의 맞춤형 보고서를 작성할 수 있습니다.

- **실습 파일 :** Part 03 > 예제 > 03_08_PIVOTBY_함수_예제.xlsx
- **완성 파일 :** Part 03 > 완성 > 03_08_PIVOTBY_함수_완성.xlsx

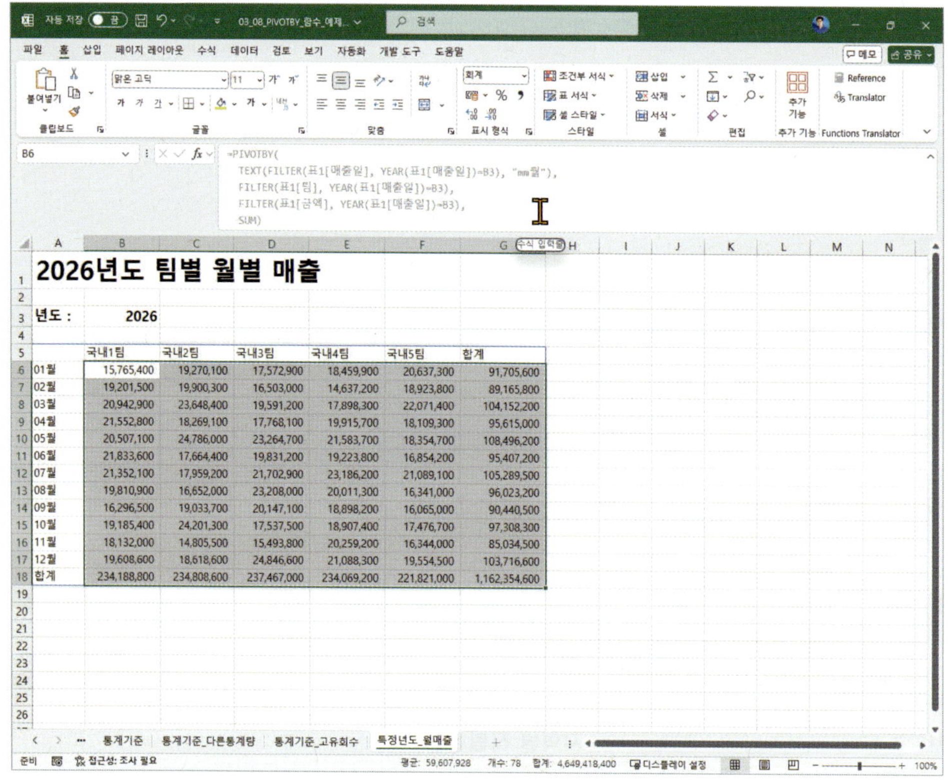

주요 기능	현업 활용
PIVOTBY 함수	• 피벗 테이블 기능을 수식 형태로 구현할 수 있다.
INDIRECT 함수	• 텍스트를 참조 범위로 바꾸는 역할을 하며 함수 내에서 다양한 변수를 적용할 수 있다.
LAMBDA 함수	• 사용자 정의 함수를 생성할 수 있으며, 복잡한 수식을 깔끔하게 정리할 수 있다.

01 예제 파일을 불러온 후 문자 입력 날짜를 변환하겠습니다. [DB] 시트의 [E2] 셀을 선택하고 Ctrl+Shift+↓를 눌러 범위를 선택합니다. [데이터] 탭 – [데이터 도구] 그룹 – [텍스트 나누기]를 실행하고 1, 2단계는 [다음]을 클릭, 3단계에서 [열 데이터 서식]은 [날짜]를 선택하고 [마침]을 클릭합니다.

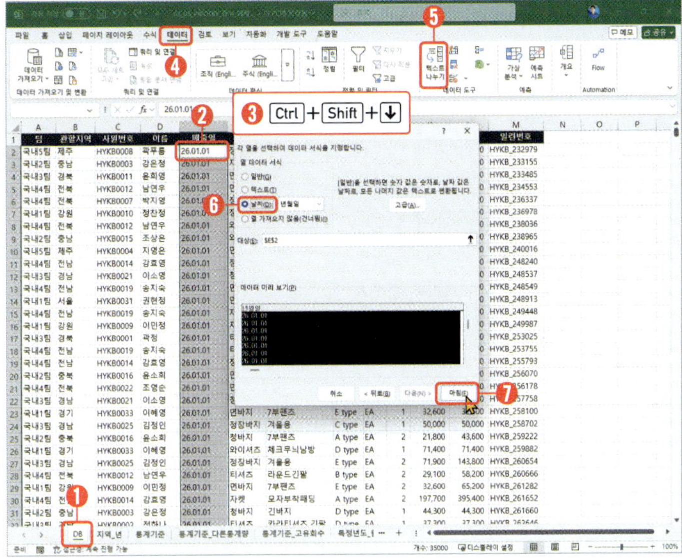

02 임의의 셀 하나를 선택하고 Ctrl+T를 눌러 [머리글 포함]의 체크를 확인한 후 [확인]을 클릭해서 표로 만듭니다.

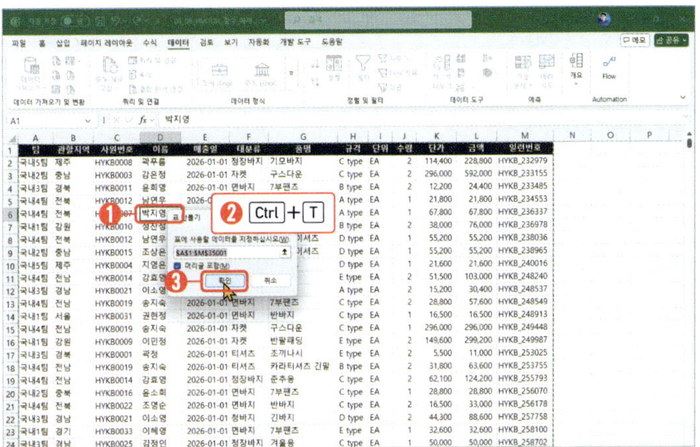

03 지역별, 연도별 매출 합계를 나타내기 위해 [지역_년] 시트의 [A3] 셀에 '=PIVOTBY(표1[관할지역],TEXT(표1[매출일],"yyyy년"),표1[금액],SUM)'을 입력합니다.

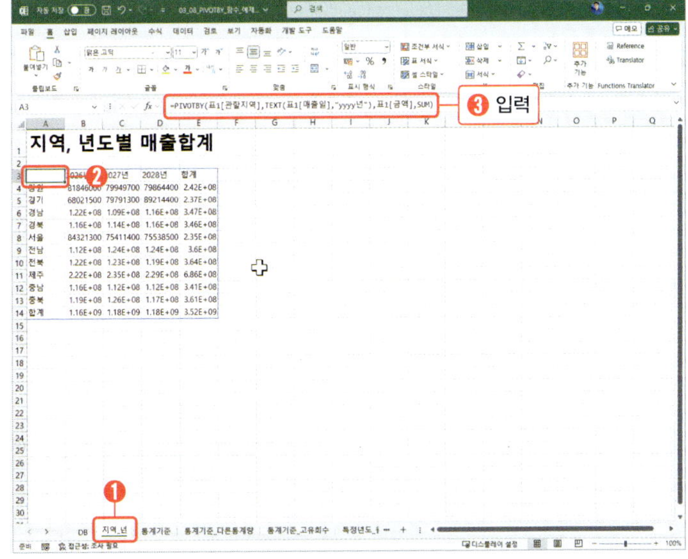

수식 설명

=PIVOTBY(표1[관할지역],TEXT(표1[매출일],"yyyy년"),표1[금액],SUM)

❶ : PIVOTBY 수식의 첫 번째 인수로 그룹화해서 세로로 나열할 필드
(피벗 테이블 작성 시 행 부분)

❷ : PIVOTBY 수식의 두 번째 인수로 그룹화해서 가로로 나열할 필드
(피벗 테이블 작성 시 열 부분)

❸ : PIVOTBY 수식의 세 번째 인수로 통계할 값
(피벗 테이블 작성 시 값)

❹ : PIVOTBY 수식의 네 번째 인수로 통계 기준
(피벗 테이블 작성 시 값 요약 기준)

표1의 [관할지역] 필드를 그룹화해서 세로로 표시하고, 표1의 [매출일] 필드를 2026년과 같은 형태로 그룹화해서 가로로 표시하고, 표1의 [금액] 필드를 합계해서 나타내라는 의미입니다.

04 [B4:E14] 셀을 선택하고 [홈] 탭 – [표시 형식] 그룹 – [쉼표 스타일]을 클릭해서 서식을 지정합니다.

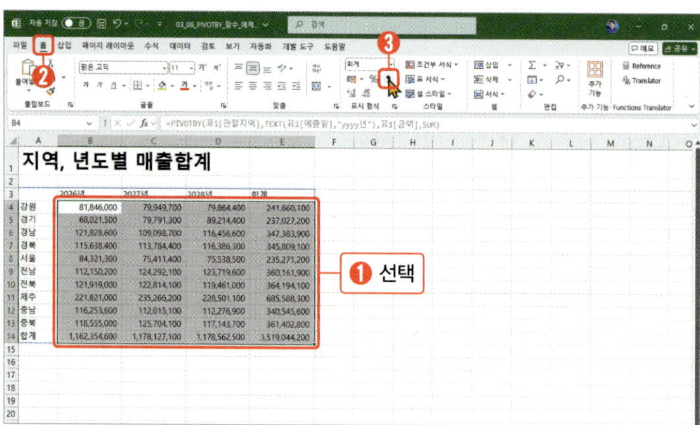

05 세로로 나열될 통계의 기준을 변경할 수 있는 보고서를 작성하기 위해 [통계기준] 시트의 [B3] 셀을 선택하고 [데이터] 탭 – [데이터 도구] 그룹 – [데이터 유효성 검사]를 클릭합니다. [제한 대상]은 '목록', [원본]은 '팀,지역,대분류'를 입력한 후 [확인]을 클릭하고 '대분류'를 선택합니다.

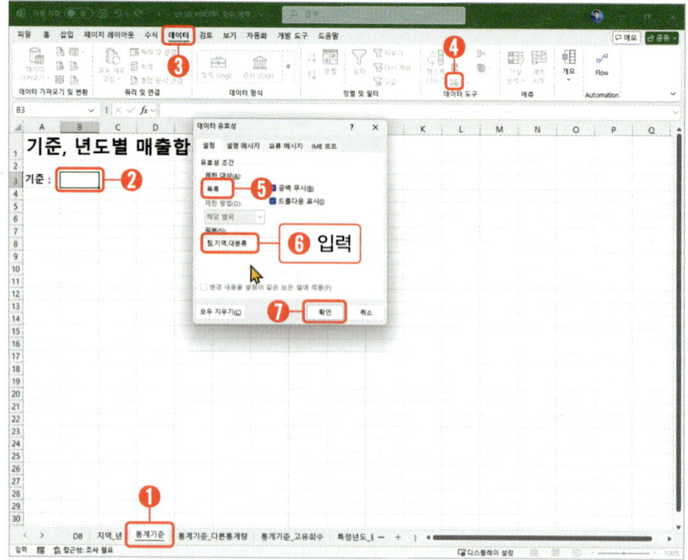

06 [A5] 셀에 '=PIVOTBY(표1[대분류],TEXT(표1[매출일],"yyyy년"),표1[금액],SUM)'을 입력합니다.

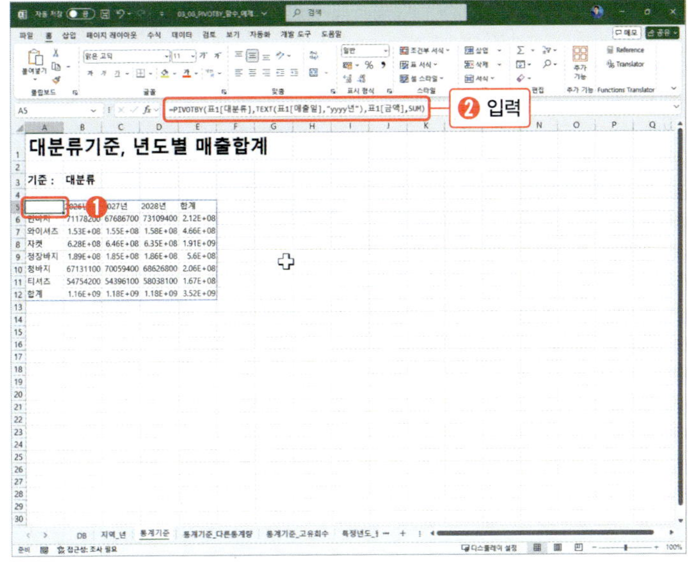

07 통계량이 옵션에 따라 변경되게 하기 위해서 수식을 '=PIVOTBY(INDIRECT("표1["&B3&"]"),TEXT(표1[매출일],"yyyy년"),표1[금액],SUM)'으로 수정 입력합니다.

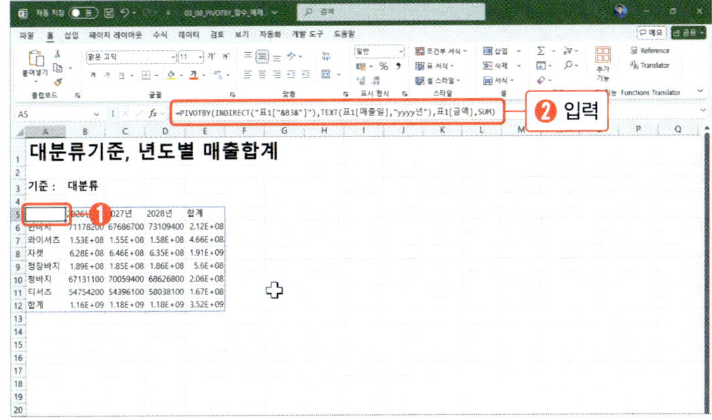

08 [B6:E12] 셀을 선택하고 [홈] 탭 – [표시 형식] 그룹 – [쉼표 스타일]을 클릭해서 서식을 지정합니다.

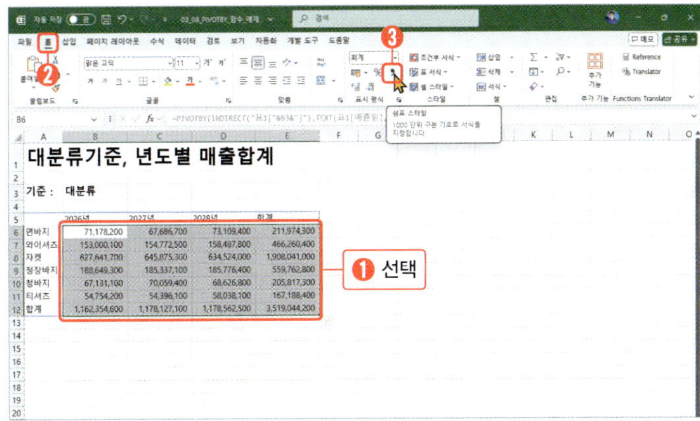

09 [B3] 셀의 기준을 '지역'으로 변경합니다. 그런데 [A5] 셀에 수식이 오류가 생겼습니다. 이는 [DB] 시트에서 확인해 보면 '지역'이라는 필드는 없고 '관할지역'이란 이름으로 되어 있기 때문에 필드명이 다르기에 생기는 오류입니다. 그래서 유효성 검사를 만들 때 필드명을 정확히 입력할 필요가 있습니다.

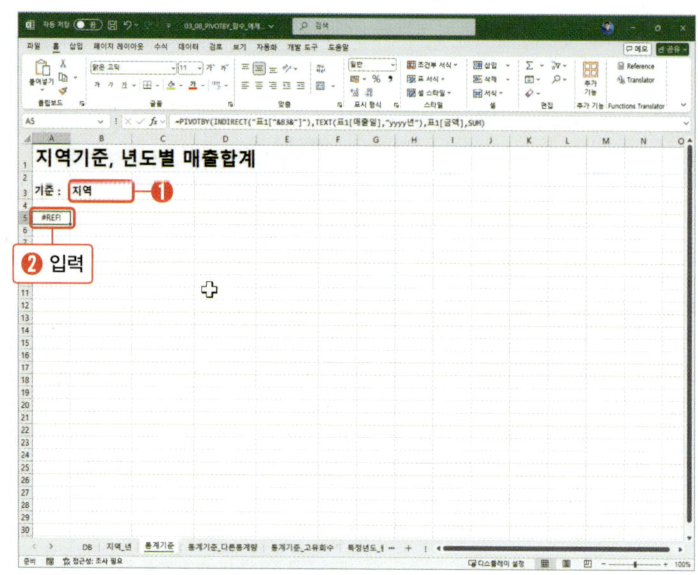

10 [B3] 셀을 선택하고 [데이터] 탭 – [데이터 도구] 그룹 – [데이터 유효성 검사]를 클릭합니다. [원본]의 '지역'을 '관할지역'으로 수정하고 [확인]을 클릭합니다.

11 이제 [B3] 셀에서 기준을 '관할지역'을 선택했더니 정상 결과가 나오는 것을 확인할 수 있습니다.

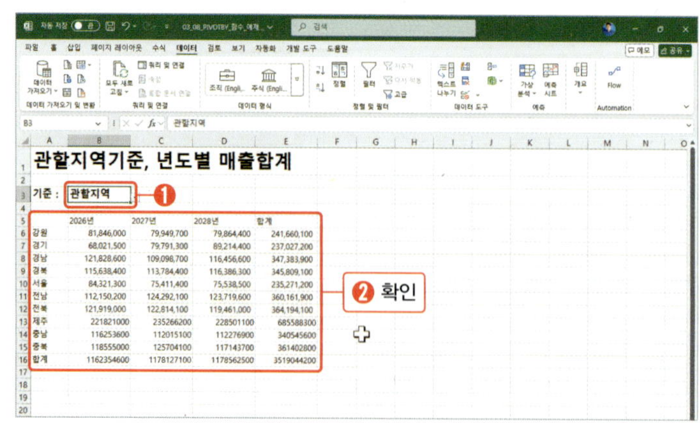

12 이번에는 매출회수를 나타내기 위해 이전 시트(통계기준)의 [B3] 셀을 복사, [통계기준_다른통계량] 시트의 [B3] 셀에 붙여 넣습니다.

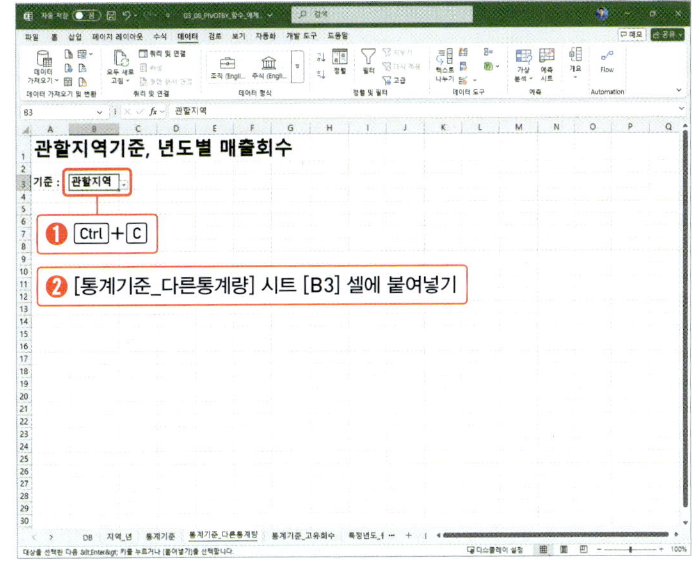

13 마찬가지로 [통계기준] 시트의 [A5] 셀을 복사, [통계기준_다른통계량] 시트의 [A5] 셀에 붙여넣기 합니다. 그리고 통계량을 매출회수를 나타내기 위해 마지막의 'SUM'을 'COUNTA'로 변경합니다.

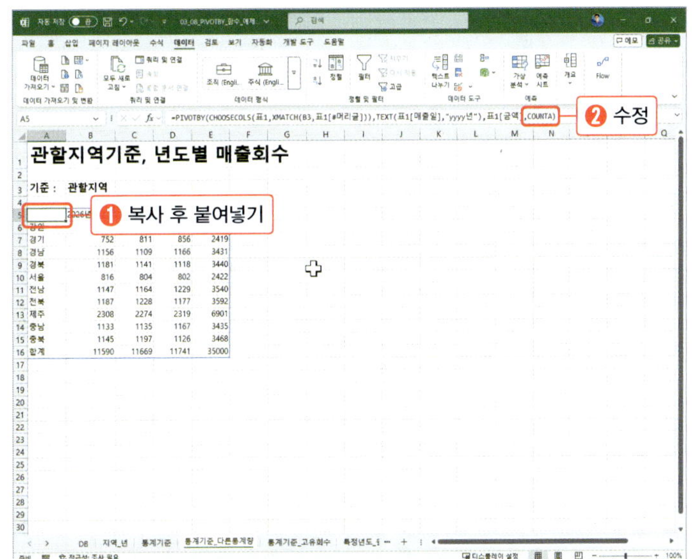

⊕ 추가 정보

위 수식은 '=PIVOTBY(CHOOSECOLS(표1,XMATCH(B3,표1[#머리글])),TEXT(표1[매출일],"yyyy년"),표1[금액],COUNTA)'로 입력해도 가능합니다.

CHOOSECOLS 함수를 이용해서 표1의 머리글에서 [B3] 셀 값이 몇 번째 있는지 확인하고, 그 값을 표1의 몇 번째 열인지를 가져오게 하는 것입니다.

14 [B6:E16] 셀을 선택하고 [홈] 탭 – [표시 형식] 그룹 – [쉼표 스타일]을 클릭해서 서식을 변경합니다.

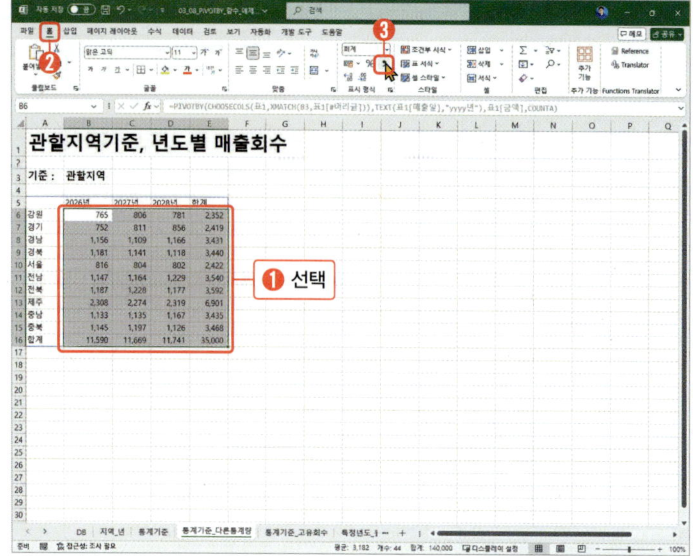

15 이번에는 관할 지역별 기준의 고유회수를 나타내 보겠습니다. 예를 들어, 관할 지역별로 몇 년도에 고유한 인원 몇 명이 근무했는지 등을 확인한다는 뜻입니다. 먼저 [통계기준_다른통계량] 시트의 [B3] 셀을 복사해서 [통계기준_고유회수] 시트의 [B3] 셀에 붙여넣기 합니다.

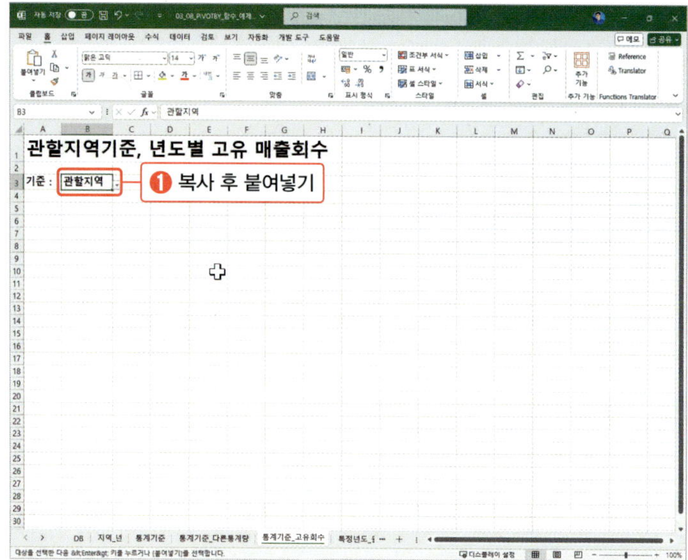

16 [A5] 셀에 '=PIVOTBY(CHOOSECOLS(표1,XMATCH(B3,표1[#머리글])),TEXT(표1[매출일],"yyyy년"),표1[사원번호],LAMBDA(rng,COUNTA(UNIQUE(rng))))'를 입력합니다.

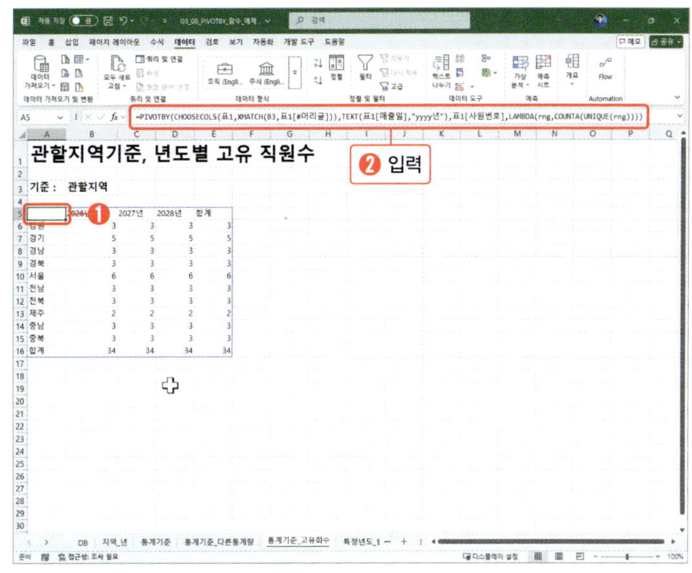

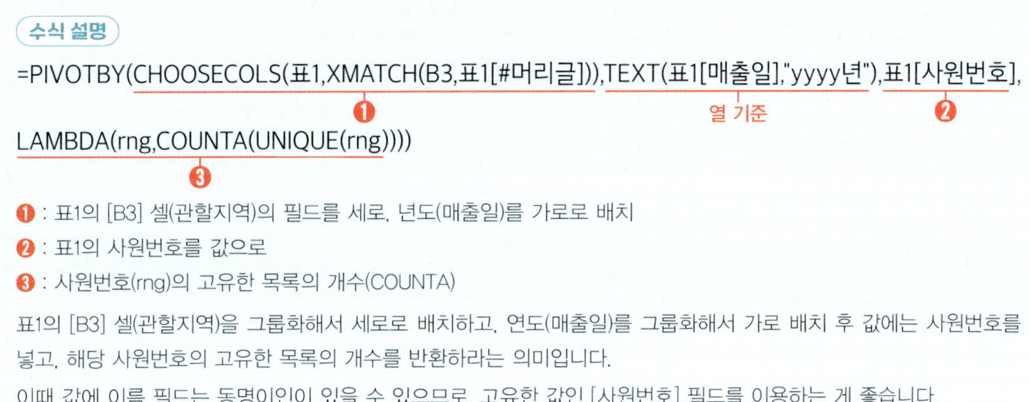

수식 설명

=PIVOTBY(CHOOSECOLS(표1,XMATCH(B3,표1[#머리글])),TEXT(표1[매출일],"yyyy년"),표1[사원번호],LAMBDA(rng,COUNTA(UNIQUE(rng))))

❶ 열 기준 ❷ ❸

❶ : 표1의 [B3] 셀(관할지역)의 필드를 세로, 년도(매출일)를 가로로 배치

❷ : 표1의 사원번호를 값으로

❸ : 사원번호(rng)의 고유한 목록의 개수(COUNTA)

표1의 [B3] 셀(관할지역)을 그룹화해서 세로로 배치하고, 연도(매출일)를 그룹화해서 가로 배치 후 값에는 사원번호를 넣고, 해당 사원번호의 고유한 목록의 개수를 반환하라는 의미입니다.

이때 값에 이름 필드는 동명이인이 있을 수 있으므로, 고유한 값인 [사원번호] 필드를 이용하는 게 좋습니다.

17 [B3] 셀의 기준을 '팀'으로 변경해 보면 바뀐 통계량을 확인할 수 있습니다. 연도별로 팀별로 고유인원 몇 명이 근무했는지 확인됩니다.

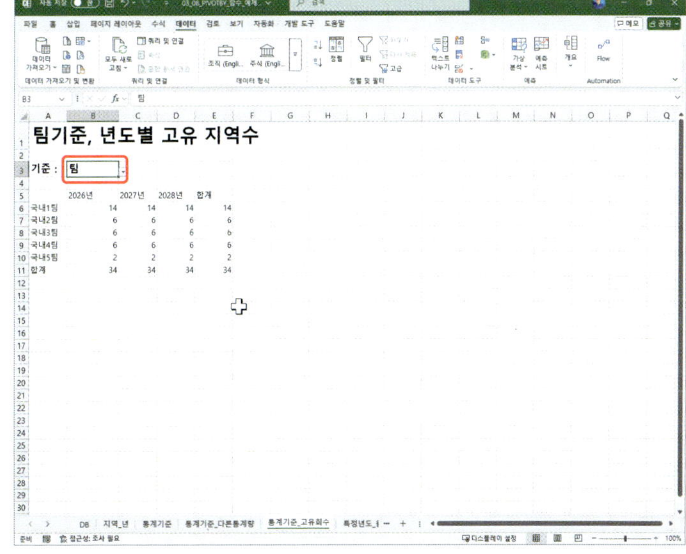

18 기준을 '대분류'로 변경해 보면 통계량이 바뀝니다. 현재는 대분류별로 연도별 판매실적이 있는 고유한 직원수가 산출된 것입니다.

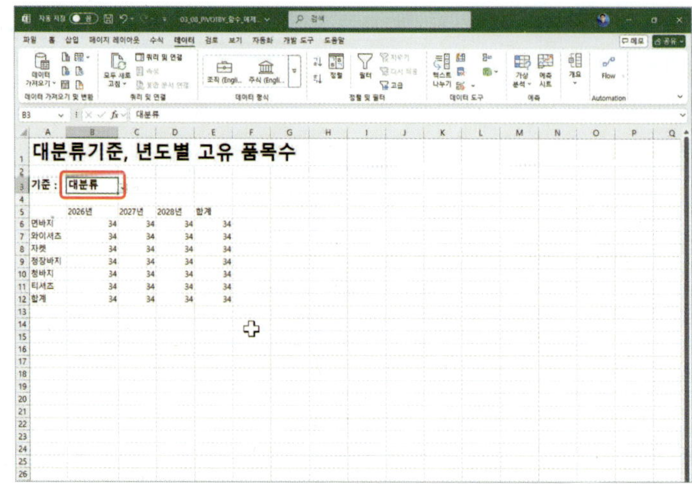

19 마지막으로 지정한 연도별 월별 매출을 확인하기 위해, [특정년도_월매출] 시트의 [J2] 셀에 '=UNIQUE(YEAR(표1[매출일]))'을 입력해서 연도 고유 목록을 만듭니다.

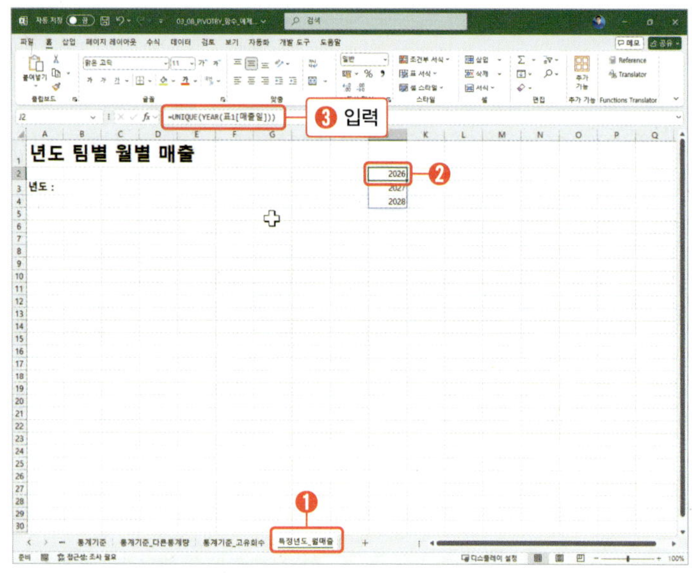

20 이번에는 [B3] 셀에 유효성 검사를 지정하기 위해, [B3] 셀을 선택하고 [데이터] 탭 – [데이터 도구] 그룹 – [데이터 유효성 검사]를 클릭합니다. [제한 대상]은 '목록', [원본]은 [J2] 셀을 선택하고 '#'을 덧붙여 동적 배열로 입력한 후 [확인]을 클릭합니다. 그리고 '2026년'을 선택해 둡니다.

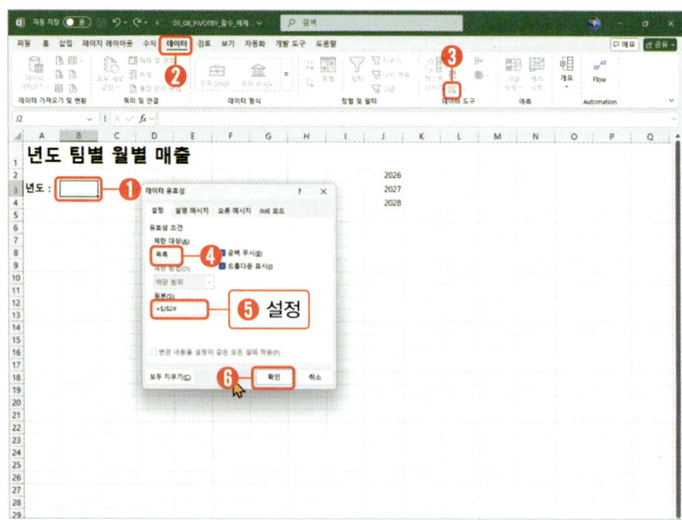

21 [J] 열 선택하고 [홈] 탭 – [글꼴] 그룹 – [글꼴 색] – [흰색]을 클릭합니다.

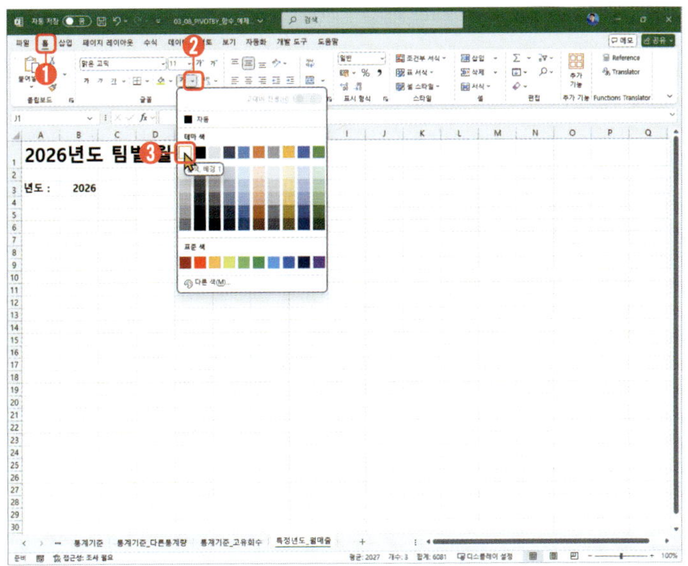

22 [A6] 셀에 '=PIVOTBY(TEXT(FILTER(표1[매출일], YEAR(표1[매출일])=B3), "mm월"),FILTER(표1[팀], YEAR(표1[매출일])=B3),FILTER(표1[금액],YEAR(표1[매출일])=B3),SUM)'을 입력하는데, 수식이 너무 길어서 다중 행으로 아래와 같이 입력합니다.

```
=PIVOTBY(
  TEXT(FILTER(표1[매출일], YEAR(표1[매출일])=B3), "mm월"),
  FILTER(표1[팀], YEAR(표1[매출일])=B3),
  FILTER(표1[금액], YEAR(표1[매출일])=B3),
  SUM)
```

줄 바꿈을 할 부분을 선택하고 Alt+Enter를 누르면 줄 바꿈을 할 수 있습니다. 그러면 2026년 월별 팀별 매출을 확인할 수 있습니다.

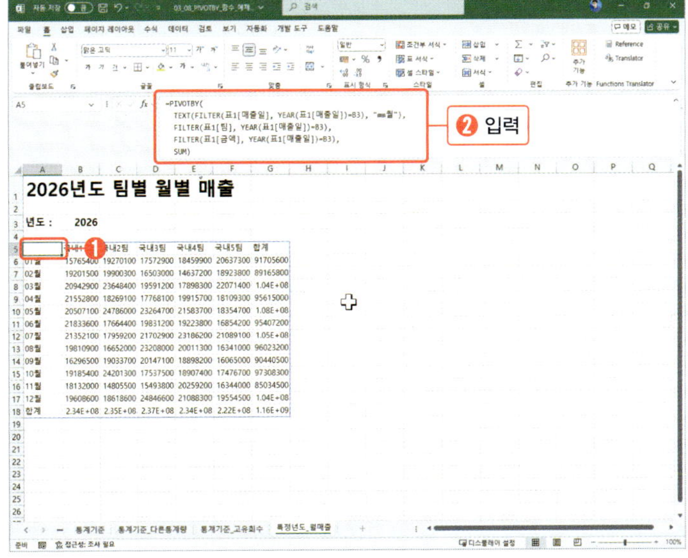

23 [B6:G18] 셀을 선택하고 [홈] 탭 – [표시 형식] 그룹 – [쉼표 스타일]을 클릭해서 서식을 지정합니다.

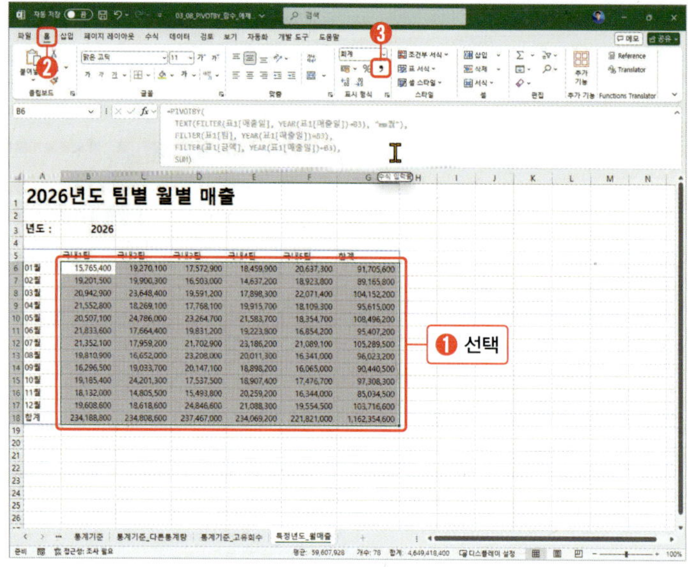

24 행과 열을 변환하기 위해 [A5] 셀 수식을 아래와 같이 수정 입력합니다.

```
=PIVOTBY(
  FILTER(표1[팀], YEAR(표1[매출일])=B3),
  TEXT(FILTER(표1[매출일], YEAR(표1[매출일])=B3), "mm월"),
  FILTER(표1[금액], YEAR(표1[매출일])=B3),
  SUM)
```

행과 열이 변환된 것을 확인할 수 있습니다. 그런데 9월이 표시되지 않는데, 앞서 [J] 열의 글꼴 색을 흰색으로 설정했기 때문입니다.

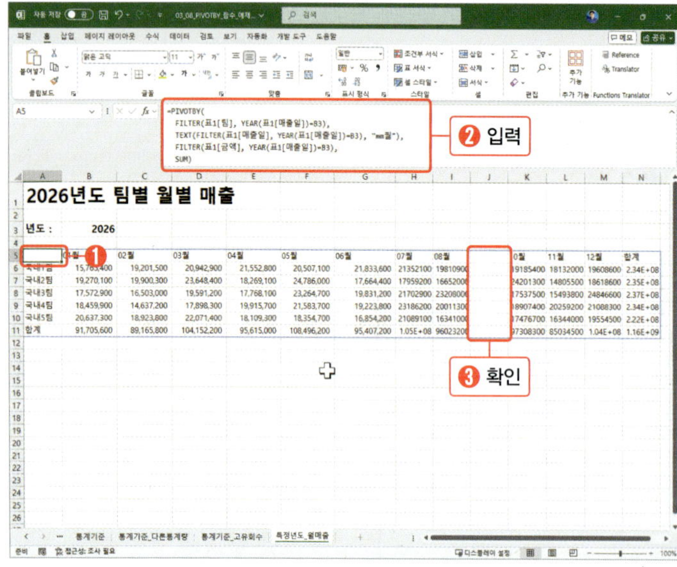

25 [J] 열을 선택하고 [홈] 탭 – [글꼴] 그룹 – [글꼴 색] – [검정]을 클릭합니다. 년도가 추가될 가능성이 있으므로 [J2] 셀의 수식을 '=TRANSPOSE(UNIQUE(YEAR(표1[매출일])))'로 수정해서 가로로 배치합니다.

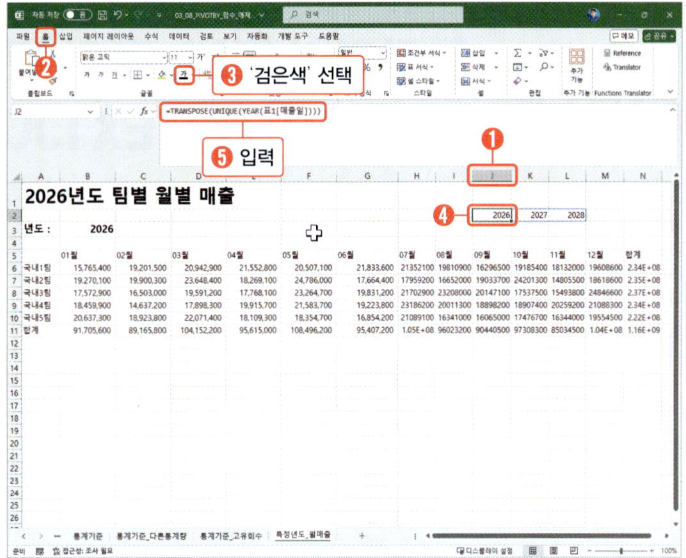

26 [B6:N11] 셀을 선택하고 [홈] 탭 – [표시 형식] 그룹 – [쉼표 스타일]을 클릭해서 서식을 지정합니다.

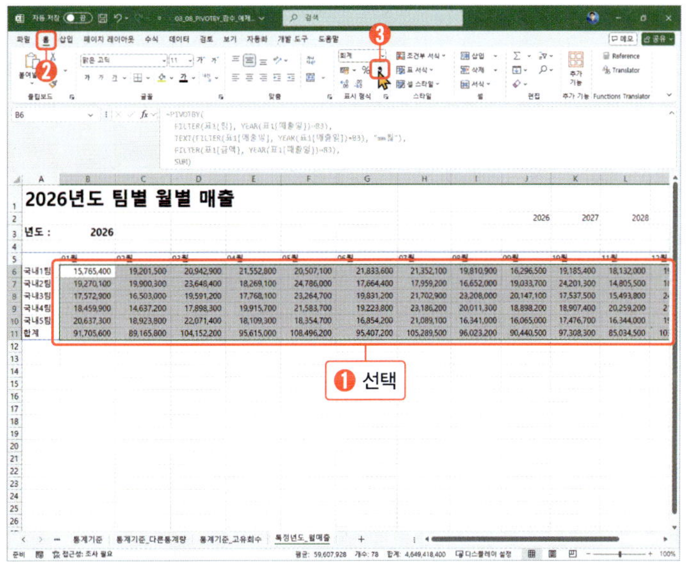

009 문자열의 분리, 결합 분석하는 TEXTSPLIT, TEXTJOIN 함수

이번에는 문자열 데이터를 자유롭게 분리하거나 결합하는 방법을 알아보겠습니다. 이 수식을 익히면 특정 구분자를 기준으로 데이터를 나누거나 하나로 합치는 것은 물론, 메모 형식의 비정형 데이터를 통계 분석용으로 가공하거나 숫자 · 문자만 추출하는 일도 가능합니다.

- **실습 파일 :** Part 03 > 예제 > 03_09_TEXTSPLIT_TEXTJOIN_함수_예제.xlsx
- **완성 파일 :** Part 03 > 완성 > 03_09_TEXTSPLIT_TEXTJOIN_함수_완성.xlsx

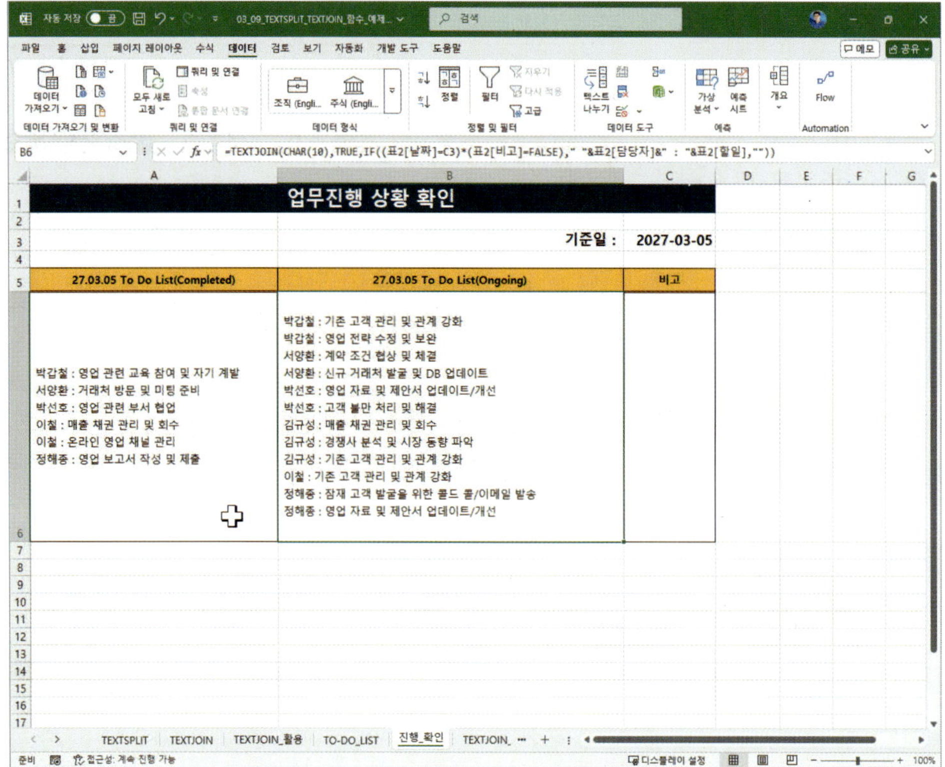

주요 기능	현업 활용
TEXTSPLIT 함수	• 지정한 값으로 데이터를 열 나누기 할 수 있다.
TEXTJOIN 함수	• 지정한 값으로 여러 데이터를 한 개의 데이터로 합칠 수 있다.
UNIQUE 함수	• 중복 없는 고유한 값을 나열할 수 있다.

01 예제 파일을 불러온 후 [TEXTSPLIT] 시트에서 [D] 열에 입력된 아이템을 '대분류, 품명, 규격'으로 분리하기 위해, [E2] 셀에 '=TEXTSPLIT(D2,", ")'를 입력합니다.

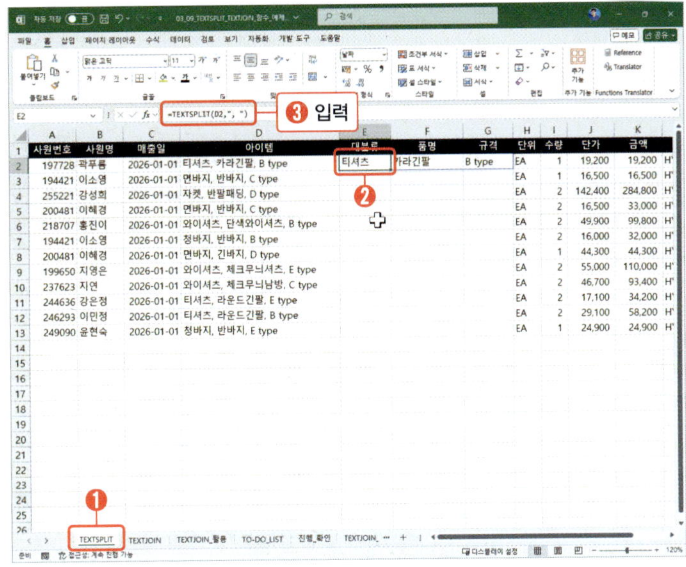

수식 설명

=TEXTSPLIT(D2,", ")

❶ : TEXTSPLIT 수식의 첫 번째 인수로 데이터나 셀

❷ : TEXTSPLIT 수식의 두 번째 인수로 첫 번째 인수로 입력된 데이터를 열 방향으로 분리할 구분 기호

','를 기준으로 [D2] 셀의 데이터를 열 방향 분리하라는 의미입니다.

02 [E2] 셀 수식을 나머지 영역도 채우고, 이번에는 나눠진 데이터를 합치는 방법을 알아보겠습니다. [TEXTJOIN] 시트의 [D2] 셀에 '=TEXTJOIN(", ",TRUE,E2:G2)'를 입력합니다.

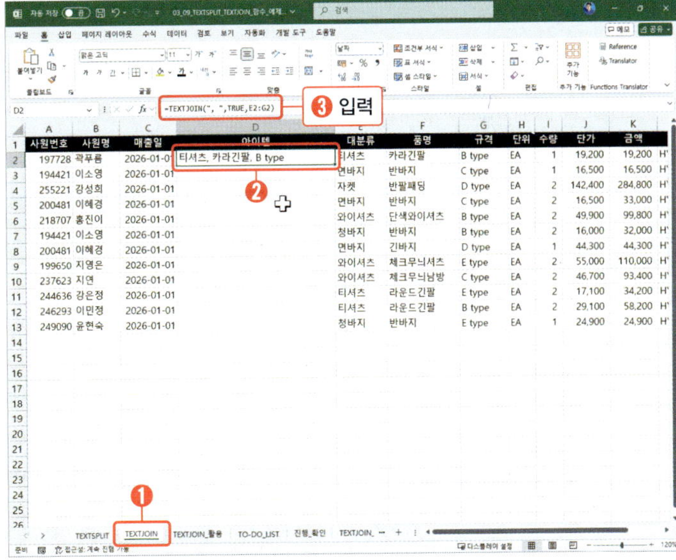

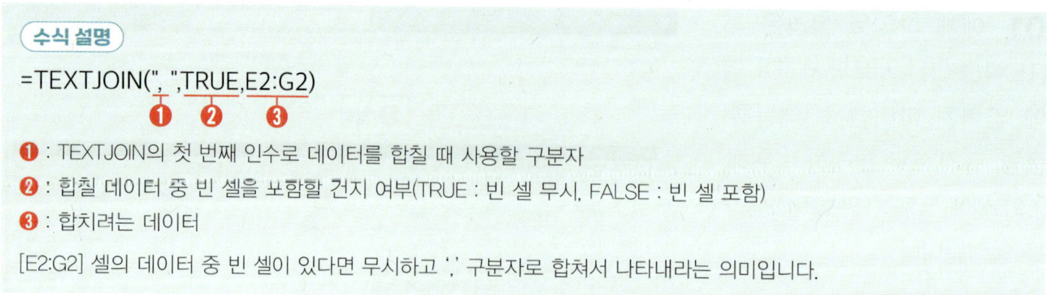

수식 설명

=TEXTJOIN(", ",TRUE,E2:G2)

❶ : TEXTJOIN의 첫 번째 인수로 데이터를 합칠 때 사용할 구분자
❷ : 합칠 데이터 중 빈 셀을 포함할 건지 여부(TRUE : 빈 셀 무시, FALSE : 빈 셀 포함)
❸ : 합치려는 데이터

[E2:G2] 셀의 데이터 중 빈 셀이 있다면 무시하고 ',' 구분자로 합쳐서 나타내라는 의미입니다.

03 나머지 영역도 드래그해서 채우고, 이번에는 TEXTJOIN 함수를 이용하여 여러 목록을 나타내는 방법을 확인하겠습니다. [TEXTJOIN_활용] 시트에서 이 시트에서 개인별로 어떠한 교육을 신청했는지 신청 현황을 만들겠습니다. 먼저 고유한 사번, 이름을 나열하기 위해 [G4] 셀에 '=UNIQUE(A4:B28)'을 입력합니다.

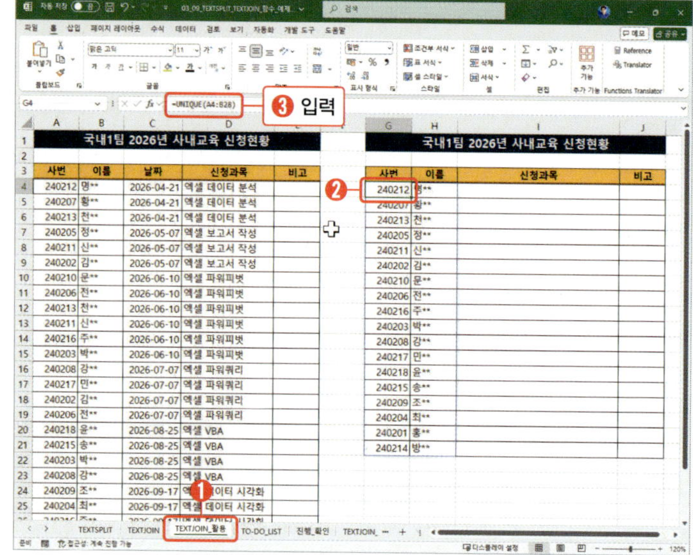

04 [I4] 셀에는 '=TEXTJOIN(", ",TRUE,IF($A$4:$A$28=G4,$D$4:$D$28,""))'을 입력합니다.

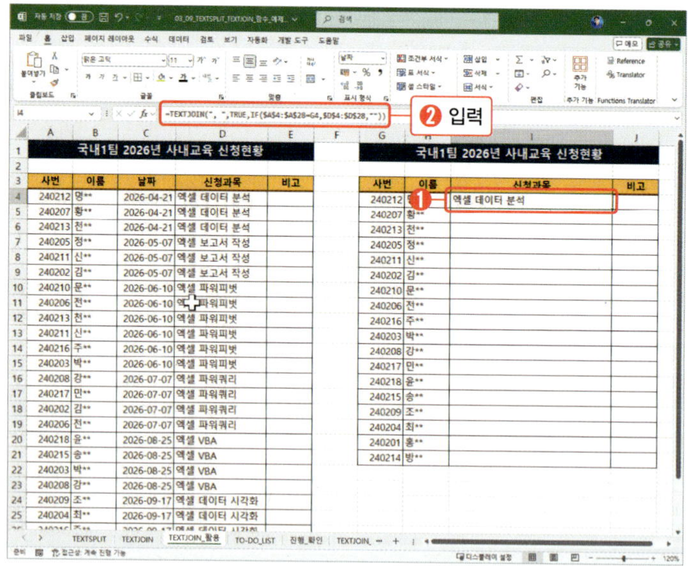

수식 설명

=TEXTJOIN(", ",TRUE,IF($A$4:$A$28=G4,$D$4:$D$28,""))

❶ : TEXTJOIN 함수의 첫 번째 인수로 결합할 구분자
❷ : 결합할 데이터의 빈 셀은 무시
❸ : IF 함수의 조건문으로 [A4:A28] 셀의 값이 [G4] 셀과 같다면,
❹ : IF 함수의 조건이 참이면 [D4:D28] 셀을 반환하고,
❺ : IF 함수의 조건이 거짓이면 공백 처리

[A4:A28] 셀 값이 [G4] 셀과 같다면 [D4:D28] 셀을 반환받고 그중 빈 셀이 있다면 무시하고 ','로 연결해서 표현하라는 의미입니다.

05 나머지 영역도 수식을 채우면, 개인별로 여러 개 신청한 사람은 신청과목이 모두 정리되어 나타나는 것을 확인할 수 있습니다.

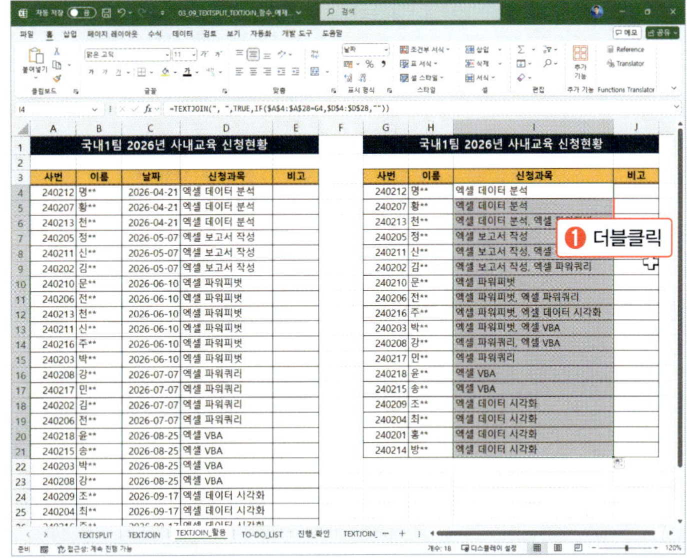

06 TEXTJOIN 함수를 이용해서 TO DO LIST를 관리하는 방법을 알아보기 위해, 먼저 [TO_DO_LIST] 시트에서 [D4:D129] 셀을 선택하고 [삽입] 탭 – [컨트롤] 그룹 – [확인란]을 클릭해서 확인란을 셀 별로 삽입합니다.

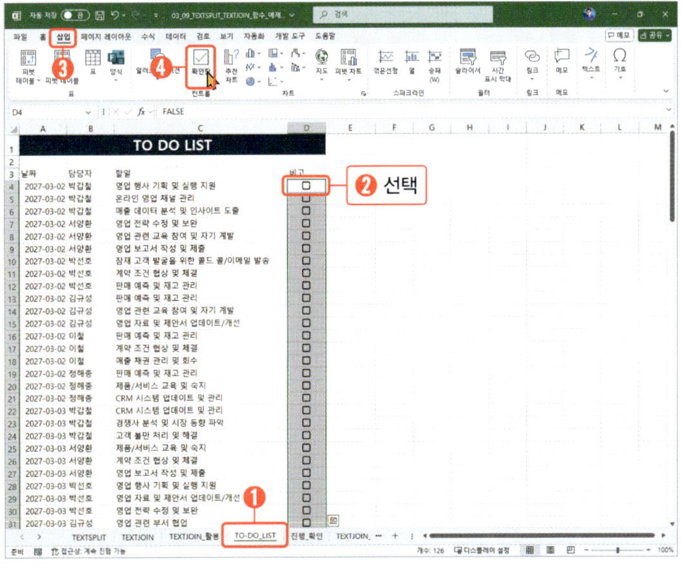

⊕ 추가 정보

확인란도 일반 데이터처럼 글꼴 색을 변경하면 색상을 변경할 수 있습니다.

07 특정 셀 하나를 선택하고 [Ctrl]+[T]를 눌러 [머리글 포함]을 확인한 후 [확인]을 클릭해서 표로 만듭니다. 이는 계속 TO DO LIST가 생성될 것이기에 표로 만드는 것입니다.

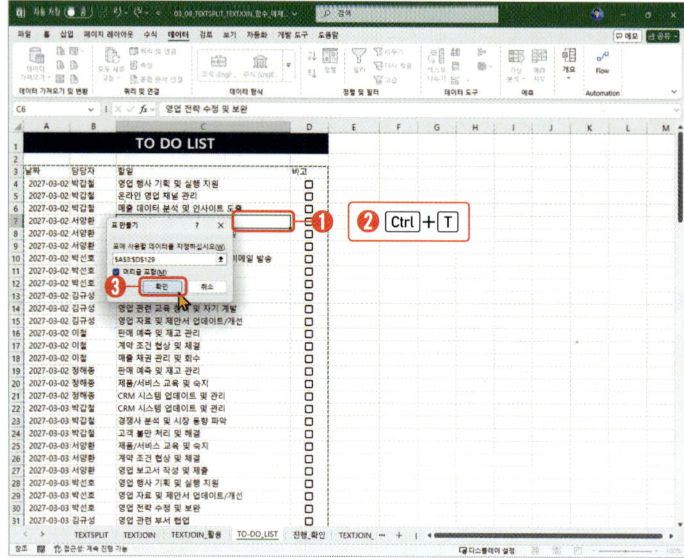

08 날짜를 선택하면 해당 날짜의 TO DO LIST를 확인하기 위해 유효성 검사를 지정하겠습니다. [진행_확인] 시트에서 [C3] 셀을 선택하고 [데이터] 탭 – [데이터 도구] 그룹 – [데이터 유효성 검사]를 클릭합니다. [제한 대상]은 '목록', [원본]은 [TO-DO_LIST] 시트의 [날짜] 범위를 선택하고 [확인]을 클릭합니다. 일단 '2027-03-05'를 선택해 두겠습니다.

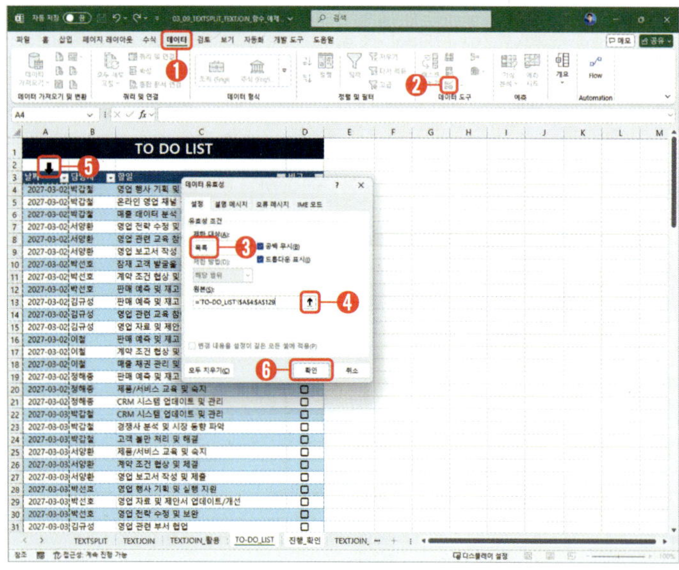

09 [A6] 셀에는 해당 날짜에 완료한 리스트를 나타내기 위해, [A6] 셀에 '=TEXTJOIN(CHAR(10),TRUE,IF((표1[날짜]=C3)*(표1[비고]=TRUE)," "&표1[담당자]&" : "&표1[할일],""))'을 입력합니다.

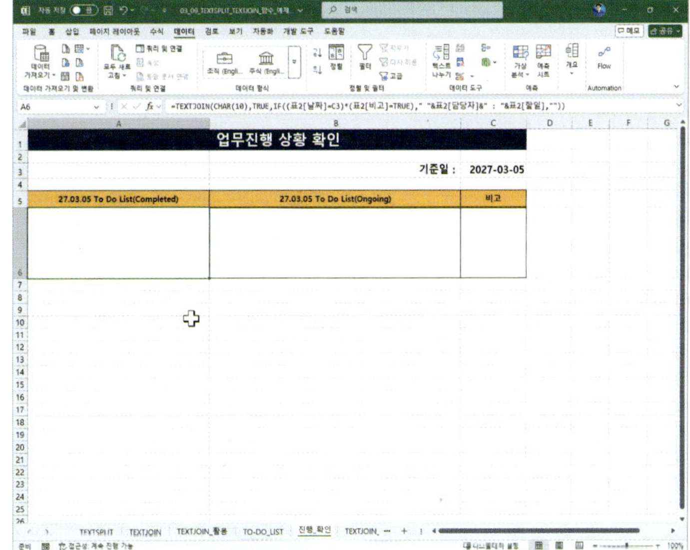

수식 설명

=TEXTJOIN(CHAR(10),TRUE,IF((표1[날짜]=C3)*(표1[비고]=TRUE)," "&표1[담당자]&" : "&표1[할일],""))

❶ : 텍스트를 연결할 연결자(CHAR(10)은 개행 문자(Line Feed)입니다)

❷ : 연결할 범위 중 공백은 무시

❸ : IF 함수의 조건문으로 표1의 [날짜] 필드가 [C3] 셀 값(2027-03-05)과 같고, 표1의 [비고] 필드가 참이라면,

❹ : 표1의 [담당자] 필드와 표1의 [할일] 필드를 ':'로 연결 표시하고

❺ : 그렇지 않다면 공백 처리

표1의 [날짜] 필드가 '2027-03-05'이고 표1의 [비고] 필드 값이 TRUE라면 표1의 [담당자] 필드와 표1의 [할일] 필드를 ':' 로 연결하고 그중 빈 셀이 있다면 무시하고 개행 문자로 연결해서 표시하라는 의미입니다.

⊕ 추가 정보

확인란은 체크하면 TRUE, 체크가 사라지면 FALSE를 해당 셀에 반환합니다.

10 [TO-DO_LIST] 시트에서 2027-03-05 날짜 중 임의의 데이터를 체크해 봅니다.

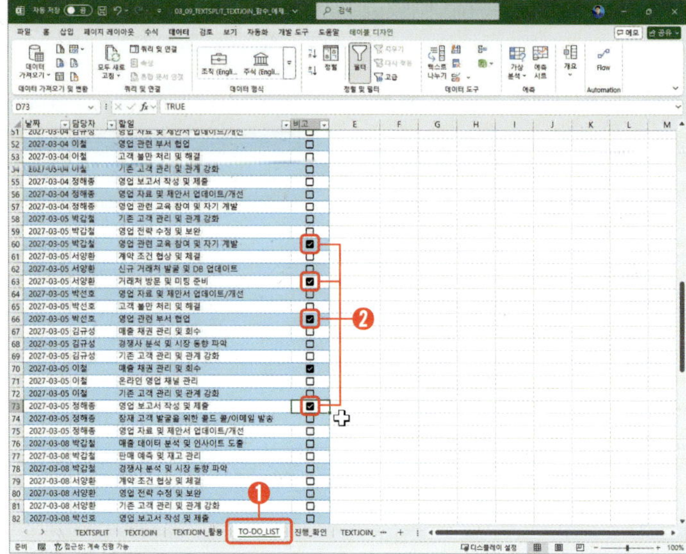

11 [진행확인] 시트로 돌아와 확인하면 방금 전 체크했던 내용이 표시되는 것을 확인할 수 있습니다.

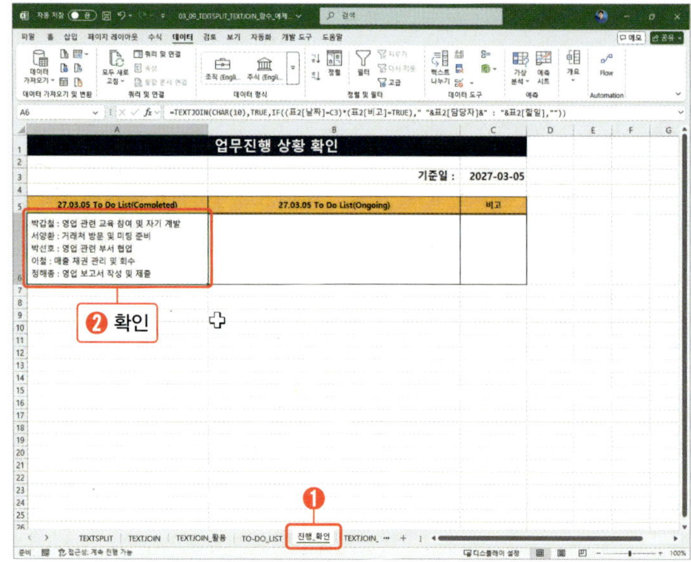

⊕ 추가 정보

현재 [A6:B6] 셀은 [자동 줄 바꿈]에 설정되어 있어서 행 단위로 표시되지만, [자동 줄바꿈]이 표시되지 않는 다면 가로로 나열됩니다. 그래서 [홈] 탭 – [맞춤] 그룹 – [자동 줄 바꿈]을 반드시 클릭해야 합니다.

12 [A6] 셀 수식을 복사해서 [B6] 셀에 붙여넣기 합니다.

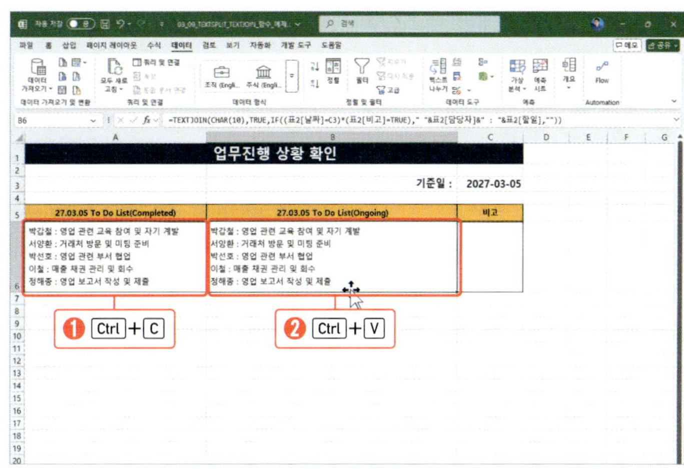

13 [B6] 셀은 진행 중인 내용을 표시하는 곳이라 수식을 '=TEXTJOIN(CHAR(10), TRUE,IF((표1[날짜]=C3)*(표1[비고]=FALSE)," "&표1[담당자]&" : "&표1[할일],""))'로 수정 입력합니다.

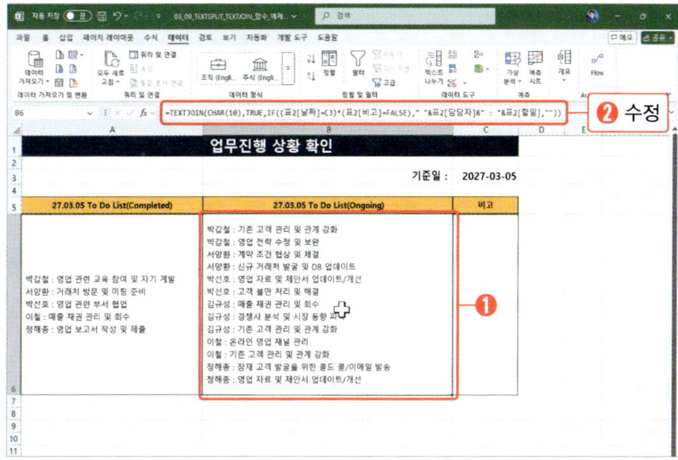

14 [TO-DO_LIST] 시트에서 특정 데이터를 체크하거나 지웁니다.

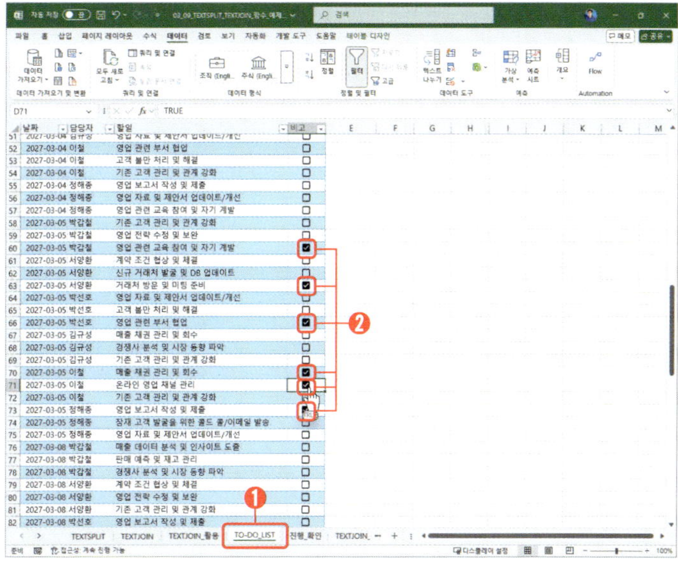

15 [진행_확인] 시트로 와서 체크하거나 지운 내용이 제대로 잘 반영되었는지 확인합니다.

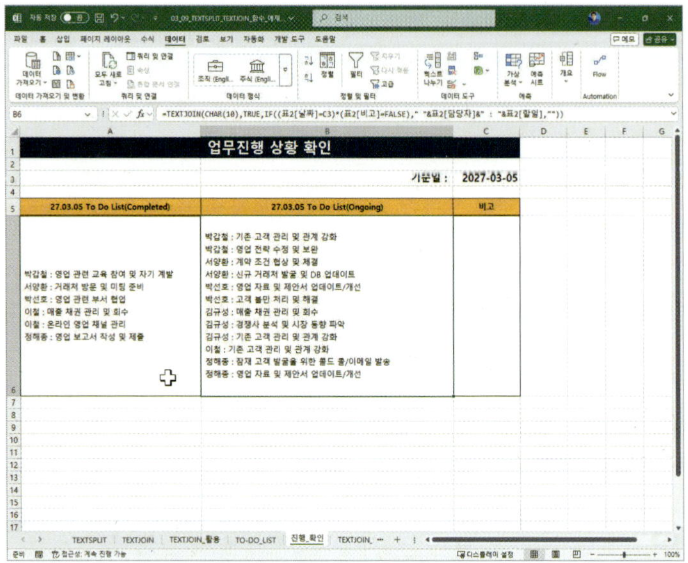

16 비정상적인 메모 형태의 데이터이고 구분자도 여러 개인 데이터의 통계를 알아보겠습니다. [TEXTJOIN_다중구분자] 시트의 [D4] 셀에 '=TEXTSPLIT(B4,{", "," ","–"})'를 입력합니다.

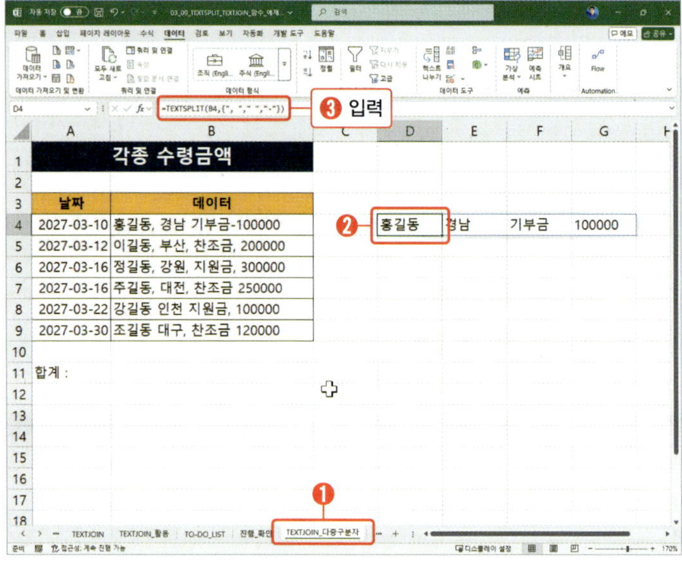

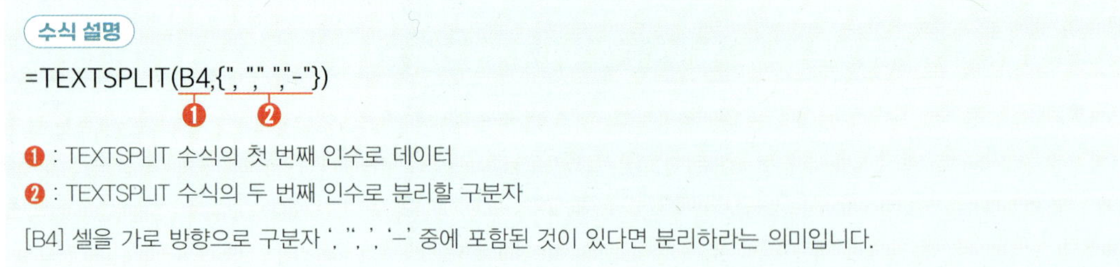

수식 설명

=TEXTSPLIT(B4,{", "," ","-"})

① : TEXTSPLIT 수식의 첫 번째 인수로 데이터

② : TEXTSPLIT 수식의 두 번째 인수로 분리할 구분자

[B4] 셀을 가로 방향으로 구분자 ', ', ' ', '–' 중에 포함된 것이 있다면 분리하라는 의미입니다.

17 [D9] 셀까지 수식을 드래그하여 채우고, [G] 열 값의 합계를 산출하기 위해 [B11] 셀에 '=SUM(VALUE(G4:G9))'를 입력합니다.

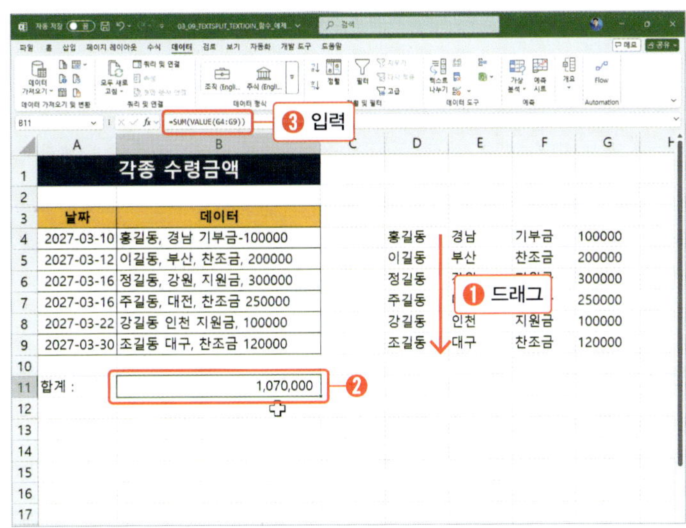

수식 설명

=SUM(VALUE(G4:G9))

❶ : [G4:G9] 텍스트 속성의 숫자를 숫자 속성으로 변환.

[G4:G9] 셀을 숫자 속성으로 변환해서 합치라는 의미입니다.

18 이번에는 다중행으로 입력된 데이터의 고유 목록을 나타내는 방법을 알아보겠습니다. [TEXTSPLIT_다중행] 시트의 [E3] 셀에 '=TEXTSPLIT(TEXTJOIN(", ",,C4:C6),,", ")'를 입력합니다.

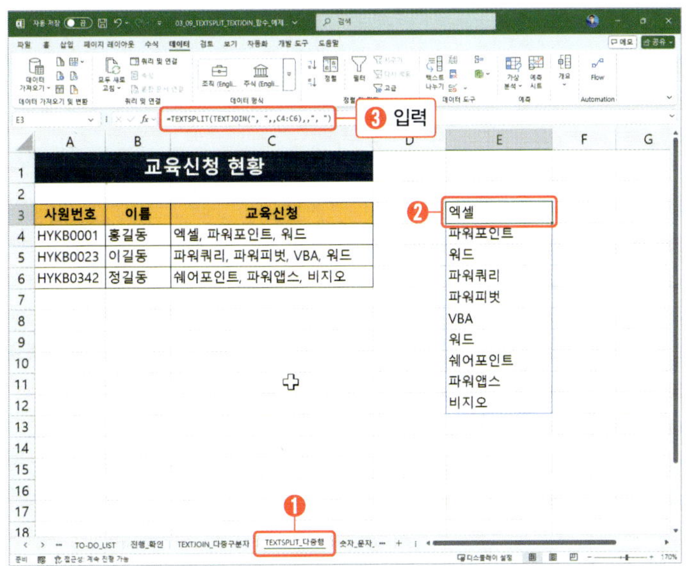

수식 설명

=TEXTSPLIT(TEXTJOIN(", ",,C4:C6),,", ")

❶ : [C4:C6] 셀 데이터를 구분자 ,로 연결하는 데 빈 셀은 무시

❷ : ❶에서 연결된 결과를 행 방향과 구분자 ,로 분리 나열

[C4:C6] 셀에 빈 셀이 있다면 무시하고, 구분자 ,로 텍스트를 연결합니다. 그 텍스트를 행 id으로 구분자 ,로 표시하라는 의미입니다.

19 워드가 2회 나와있으므로 고유 목록을 나타내기 위해 [E3] 셀 수식을 =UNIQUE(TEXTSPLIT(TEXTJOIN(", ",,C4:C6),,", "))로 수정 입력합니다.

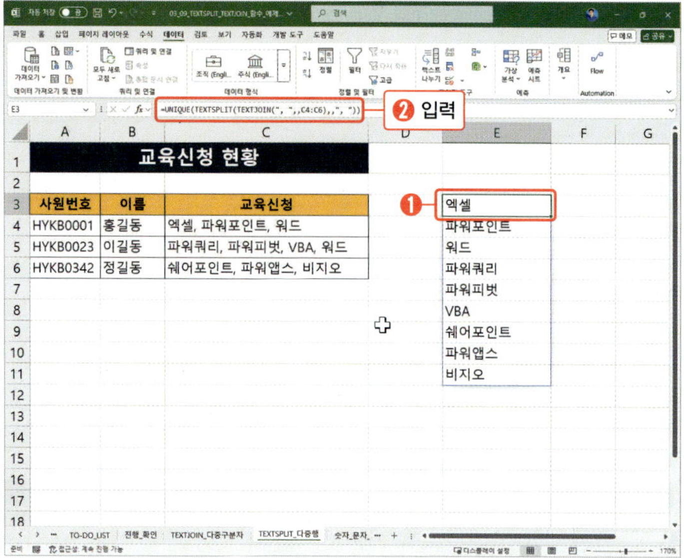

20 숫자, 문자가 포함된 데이터 중 숫자나 문자만 추출하는 수식을 알아보기 위해, [숫자_문자_추출] 시트의 [D4] 셀에 '=TEXTJOIN("",TRUE,IFERROR(MID(B4,SEQUENCE(LEN(B4)),1)*1,""))'을 입력합니다.

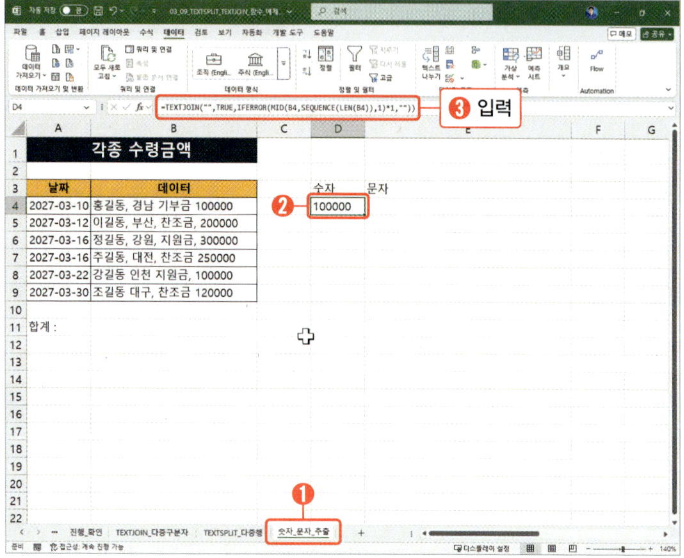

수식 설명

=TEXTJOIN("",TRUE,IFERROR(MID(B4,SEQUENCE(LEN(B4)),1)*1,""))

❶ : TEXTJOIN 함수의 첫 번째 인수로 텍스트를 연결할 구분자
❷ : 빈 셀 무시
❸ : MID 함수의 첫 번째 인수
❹ : MID 함수의 두 번째 인수로 1부터 [B4] 셀 텍스트 길이 만큼을 순환
❺ : MID 함수의 세 번째 인수로 [B4] 셀 내용 중 한 글자씩
❻ : MID 함수를 통해 나온 값에 1을 곱해서 그 결과가 만약 오류라면
(그 결과가 텍스트라면 당연히 오류가 발생)

[B4] 셀 내용을 한 글자씩 발췌해서 '*1'을 했을 때 오류가 아니라면 빈 셀은 무시하고 "" 공백 문자로 텍스트를 연결해라는 의미입니다.

21 숫자만 발췌한 것을 확인할 수 있습니다. 이를 숫자로 변환하기 위해 수식 뒤에 '*1'을 입력해서 수식을 '=TEXTJOIN("",TRUE,IFERROR(MID(B4,SEQUENCE(LEN(B4)),1)*1,""))*1'로 수정 입력합니다.

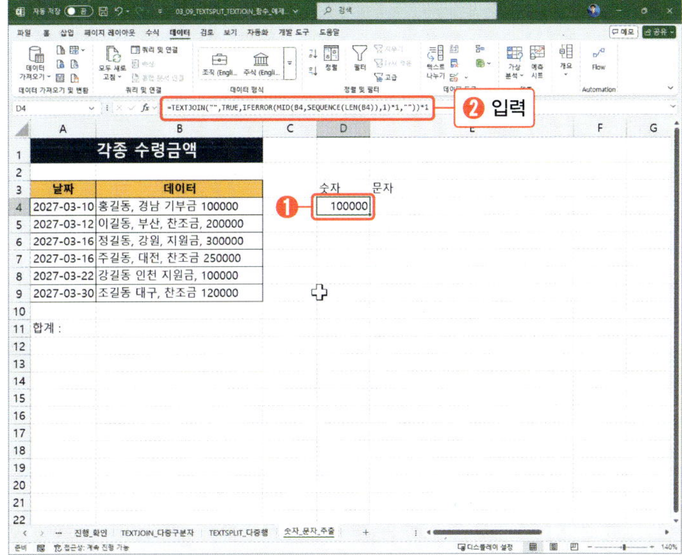

22 [E4] 셀에는 문자를 추출하는 수식으로 '=TEXTJOIN("",TRUE,IF(ISERR(MID(B4,SEQUENCE(LEN(B4)),1)*1),MID(B4,SEQUENCE(LEN(B4)),1),""))'을 입력합니다.

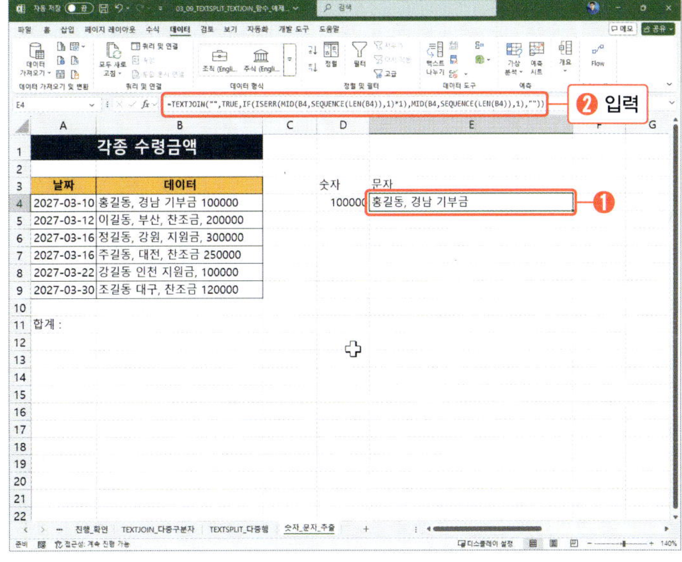

=TEXTJOIN("",TRUE,IF(ISERR(MID(B4,SEQUENCE(LEN(B4)),1)*1),MID(B4,SEQUENCE(LEN(B4)),1),""))

❶ : 텍스트를 연결할 구분자
❷ : 빈 셀 무시
❸ : [B4] 셀의 내용을 한 글자씩 발췌하여 숫자로 변환(*1)했을 때, 오류가 발생하는 값(문자)은 그대로 나타내고 그렇지 않은 값(숫자)은 공백으로 처리

23 나머지 범위인 [D4:E4] 셀에 수식을 드래그해서 채웁니다.

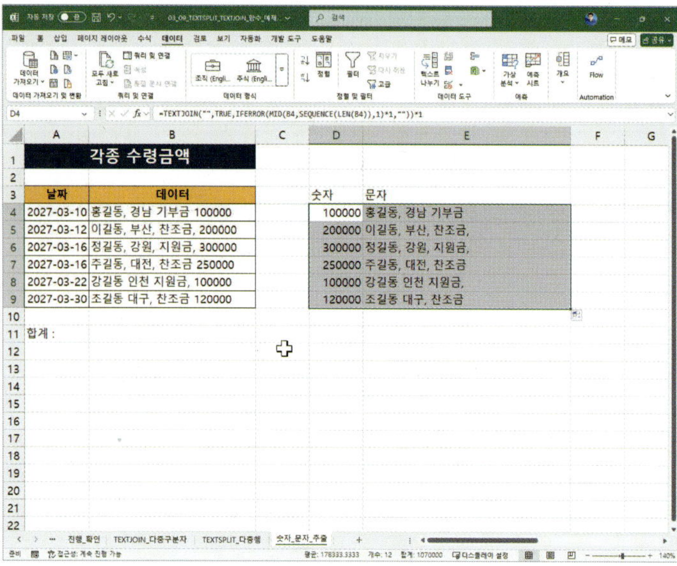

24 [B11] 셀에 합계를 산출하기 위해 '=SUM(D4:D9)'를 입력합니다.

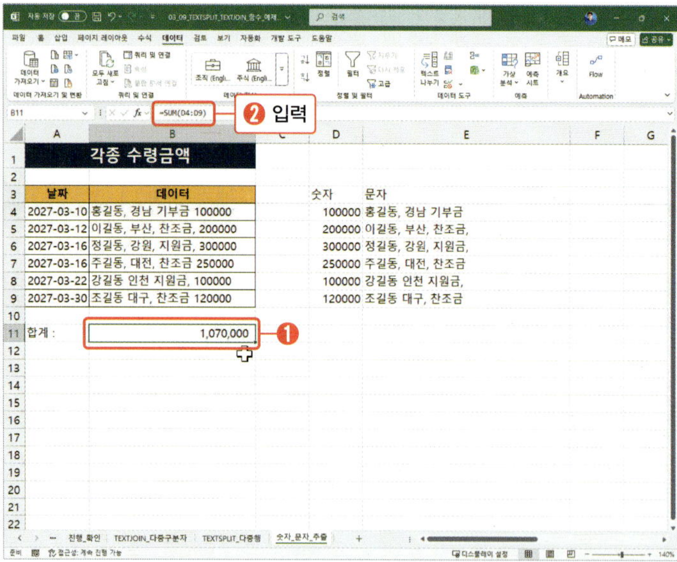

010 TEXTSPLIT 함수를 활용한 비정상 데이터의 통계

이번에는 비정상적인 데이터를 특정 문자열을 기준으로 분리하여 정상적인 데이터베이스 형태로 변환하고, 이를 이용해 통계를 수행하는 방법을 알아보겠습니다.
이 방법은 메모 형식으로 작성된 비정형 · 비정상 데이터를 효율적으로 정리하고 분석할 때 매우 유용합니다.

- **실습 파일 :** Part 03 > 예제 > 03_10_TEXTSPLIT_함수_활용_통계_예제.xlsx
- **완성 파일 :** Part 03 > 완성 > 03_10_TEXTSPLIT_함수_활용_통계_완성.xlsx

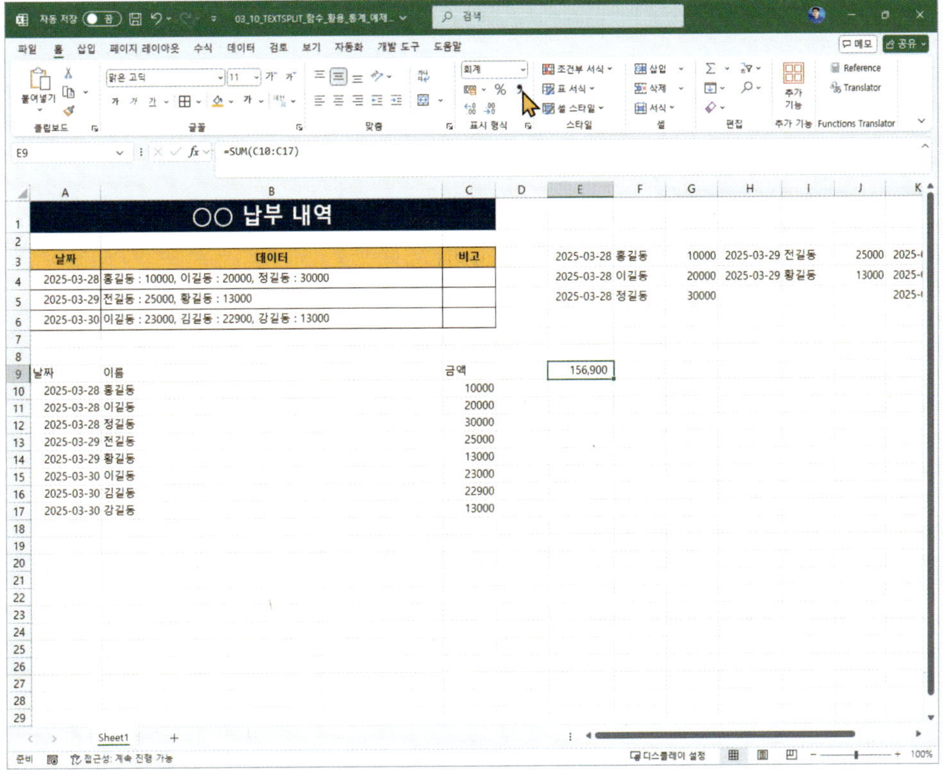

주요 기능	현업 활용
VSTACK 함수	• 여러 시트, 여러 군데 나눠진 데이터를 한 개 데이터베이스로 만들 수 있다.
MAKEARRAY 함수	• 배열을 생성하는 함수로 지정한 행, 열 개수만큼 배열을 만든다.
LAMBDA 함수	• 사용자 정의 함수로 복잡한 수식을 단순화할 수 있다.

01 비정상적 데이터를 데이터베이스를 만드는 수식을 알아보기 위해, 예제 파일을 불러온 후 [E3] 셀에 '=TEXTSPLIT(B4, " : ", ", ")'을 입력합니다.

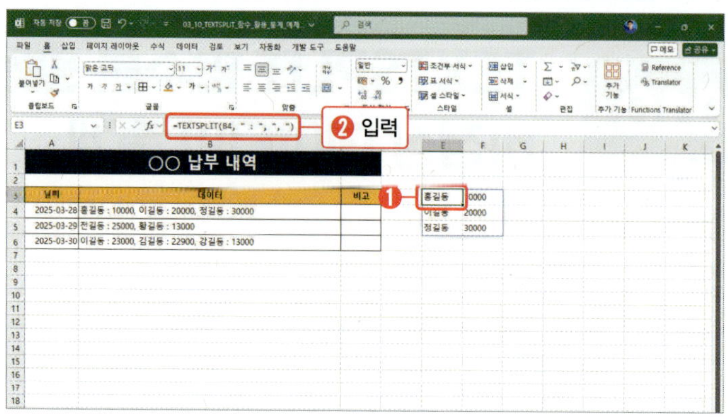

02 나타낸 내용 중 숫자 부분을 정상 숫자로 변환하겠습니다.
수식을 '=IFERROR(VALUE(TEXTSPLIT(B4," : ",", ")),TEXTSPLIT(B4," : ",", "))'로 수정 입력합니다.

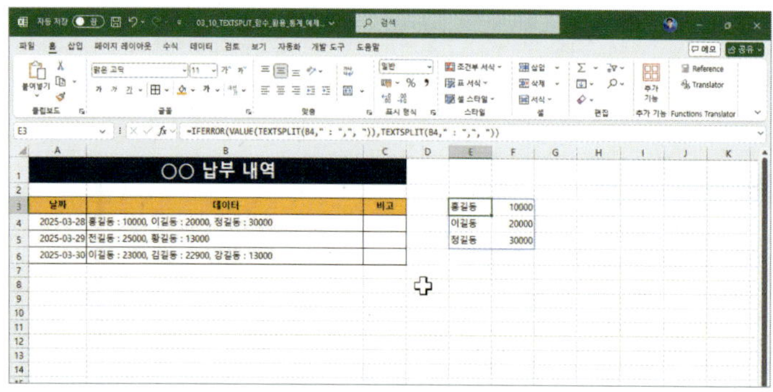

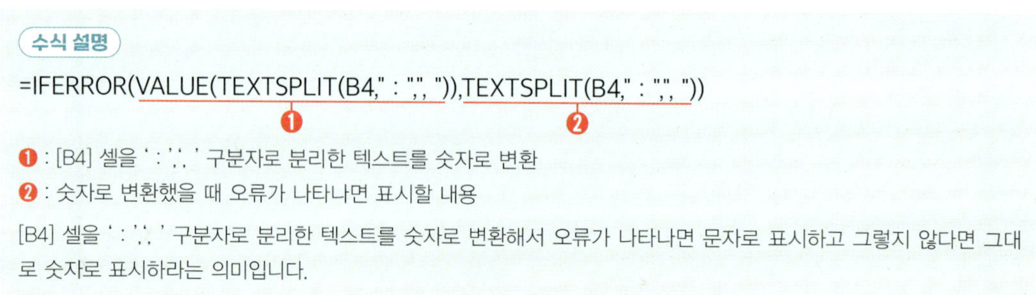

수식 설명

=IFERROR(VALUE(TEXTSPLIT(B4," : ",", ")),TEXTSPLIT(B4," : ",", "))

❶ : [B4] 셀을 ' : ',', ' 구분자로 분리한 텍스트를 숫자로 변환

❷ : 숫자로 변환했을 때 오류가 나타나면 표시할 내용

[B4] 셀을 ' : ',', ' 구분자로 분리한 텍스트를 숫자로 변환해서 오류가 나타나면 문자로 표시하고 그렇지 않다면 그대로 숫자로 표시하라는 의미입니다.

03 제대로 변환되었는지 데이터 형식을 확인해 보겠습니다.
[F8] 셀에 '=TYPE(F3)'을 입력합니다. 결과가 1로 나온 것을 확인했으니 숫자 형식으로 변환되었습니다. 해당 수식은 삭제하겠습니다.

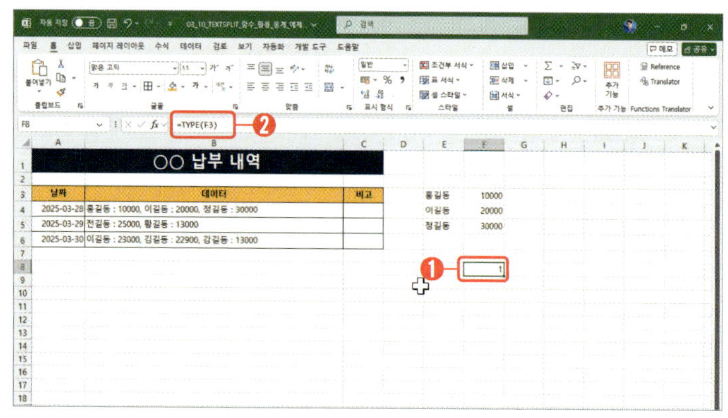

04 [A4] 셀에 있는 날짜를 열 방향으로 데이터가 나열된 만큼으로 만들어 보겠습니다. [F7] 셀에 수식을 '=MAKEARRAY(ROWS(TEXTSPLIT(B4," : ",", ")),1,LAMBDA(r,c,A4))'로 입력합니다.

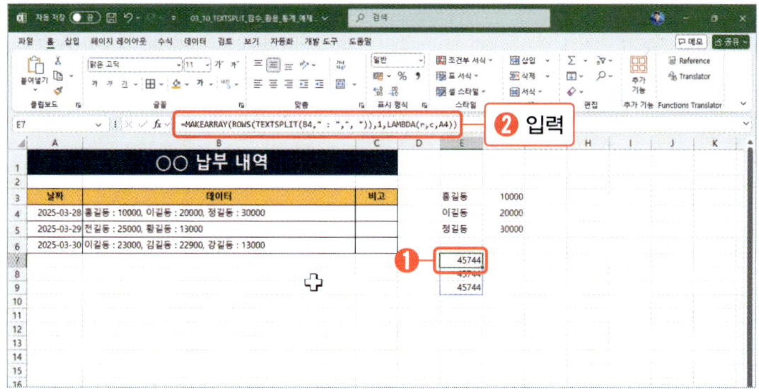

수식 설명

=MAKEARRAY(ROWS(TEXTSPLIT(B4," : ",", ")),1,LAMBDA(r,c,A4))

❶ : [B4] 셀을 지정된 구분자로 분리하고 분리된 배열의 행수를 확인

❷ : MAKEARRAY 함수가 배열을 만드는데 ①만큼의 행에 1개의 열로 작성

❸ : 각 셀에서 실행될 함수로 현재는 계산 로직이 없으므로 [A4] 셀 값을 그대로 배열에 나타낸다.

1개 열에 [B4] 셀의 분리된 배열의 크기 만큼 행 크기의 부분에 [A4] 셀 값을 그대로 나타내라는 의미입니다.

05 이제 2개의 수식을 하나로 합쳐서 사용하겠습니다. [E3] 셀의 수식을 '=HSTACK(MAKEARRAY(ROWS(TEXTSPLIT(B4," : ",", ")),1,LAMBDA(r,c,A4)),IFERROR(VALUE(TEXTSPLIT(B4," : ",", ")),TEXTSPLIT(B4," : ",", ")))'로 수정 입력합니다.

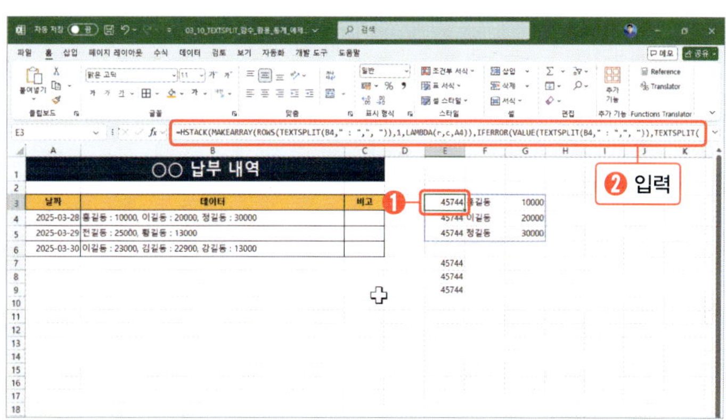

06 [E3:E5] 셀을 선택하고 [홈] 탭 – [표시 형식] 그룹 – [표시 형식] – [간단한 날짜]를 클릭합니다.

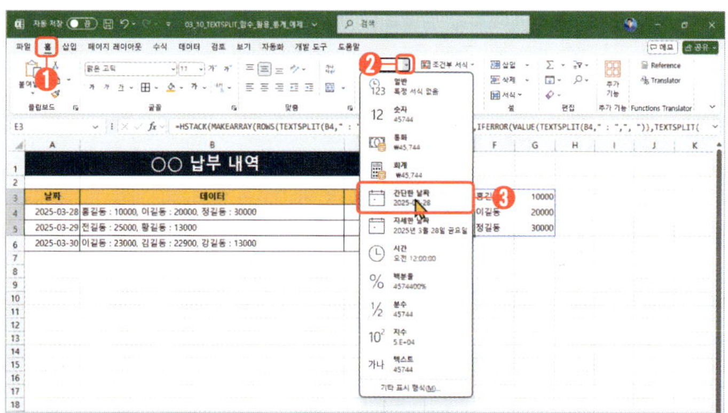

07 [E3] 셀 수식을 복사, [H3] 셀에 붙여넣기 합니다.

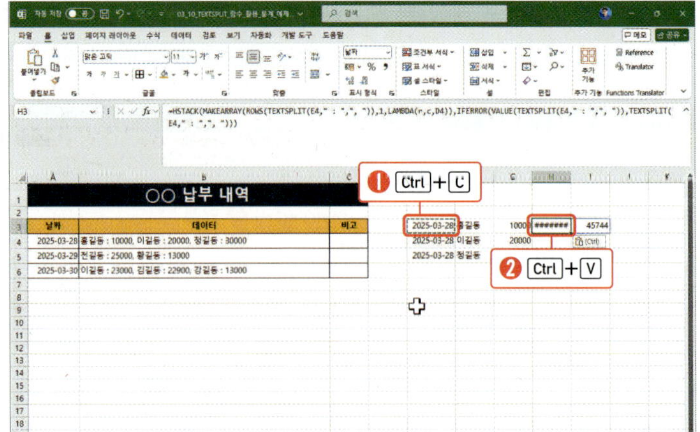

08 [H3] 셀의 참조 범위를 변경하기 위해 [홈] 탭 – [편집] 그룹 – [바꾸기]를 클릭합니다.

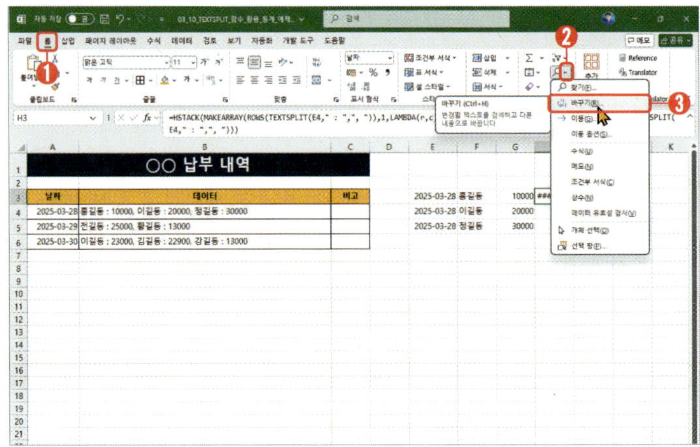

09 [찾기 및 바꾸기] 대화상자가 나타나면 [찾을 내용]은 'D4', [바꿀 내용]은 'A5'로 입력하고 [모두 바꾸기]를 클릭합니다.

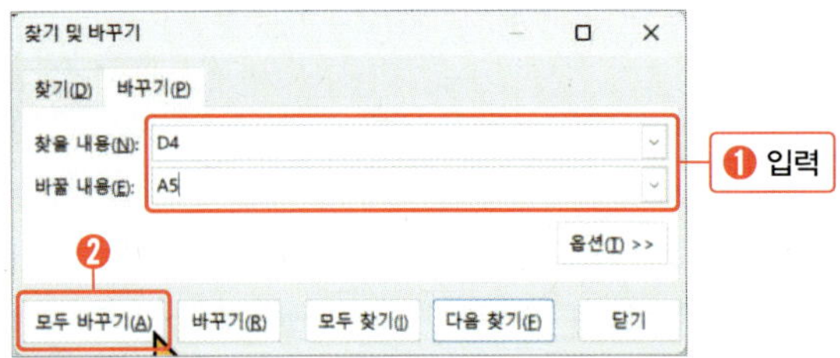

10 다시 [찾을 내용]은 'E4', [바꿀 내용]은 'B5'로 입력하고 [모두 바꾸기]를 클릭합니다.

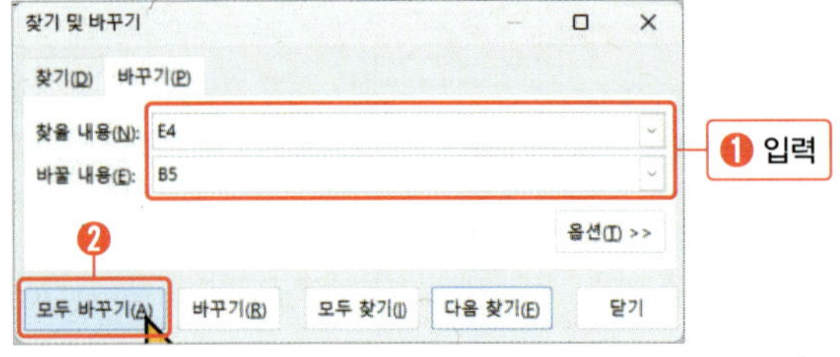

11 [H3:H4] 셀을 선택하고 [홈] 탭 – [표시 형식] 그룹 – [표시 형식] – [간단한 날짜]를 클릭합니다.

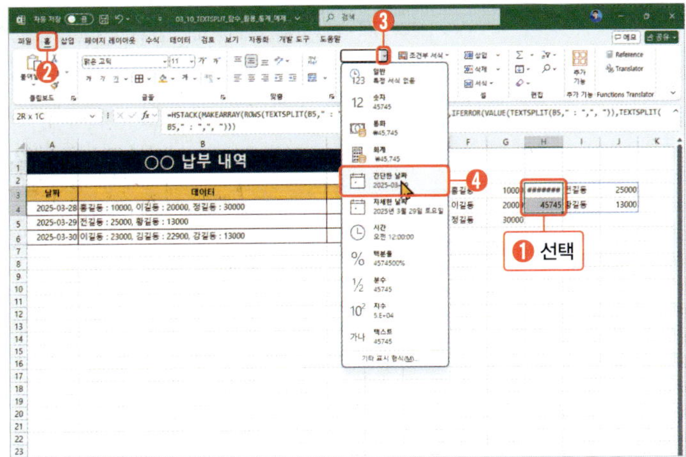

12 이번에는 [H3] 셀 수식을 복사, [K3] 셀에 붙여넣기 합니다. 그리고 앞선 따라하기와 같이 [찾기 및 바꾸기] 대화상자를 불러옵니다.

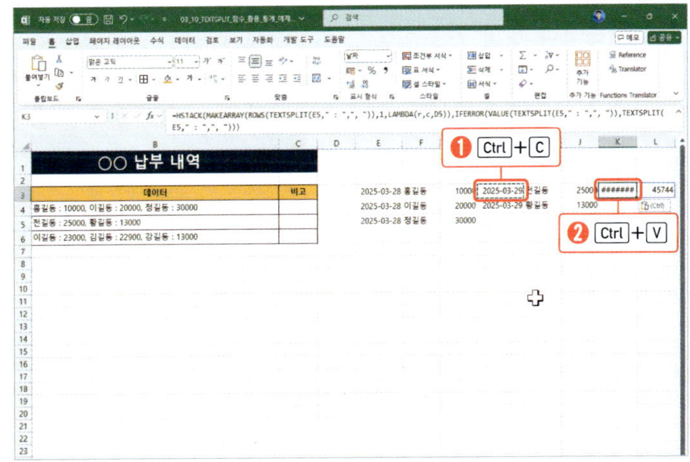

13 [찾을 내용]에는 'D5', [바꿀 내용]에는 'A6'을 입력하고 [모두 바꾸기]를 클릭합니다.

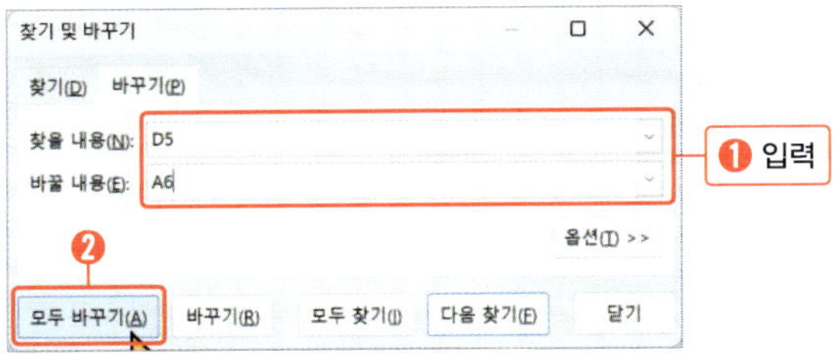

14 다시 [찾을 내용]에는 'E5', [바꿀 내용]에는 'B6'을 입력하고 [모두 바꾸기]를 클릭합니다.

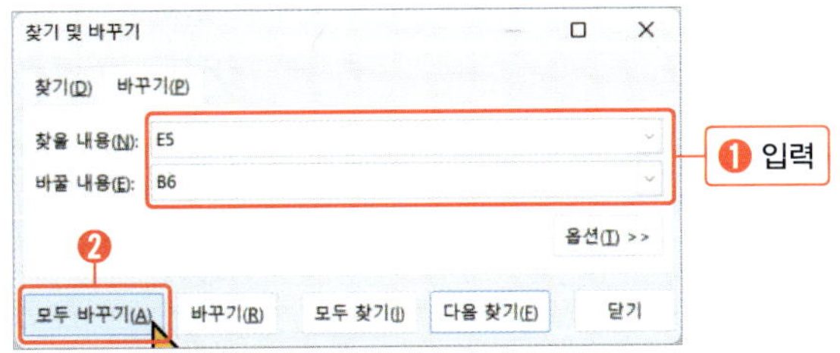

15 [K3:K5] 셀을 선택하고 [홈] 탭 – [표시 형식] 그룹 – [표시 형식] – [간단한 날짜]를 클릭합니다.

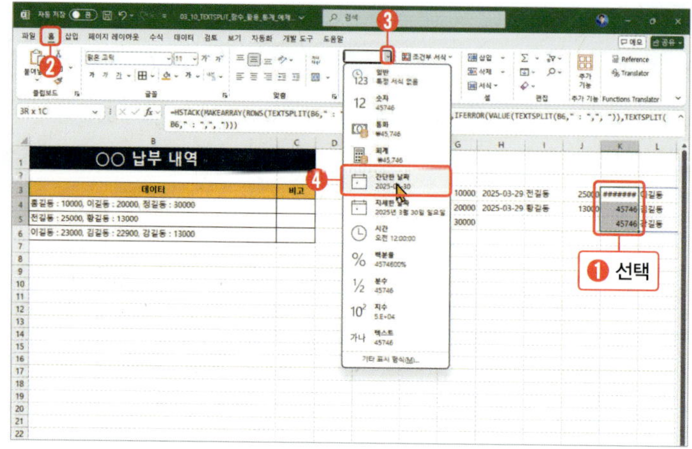

16 이제 한 개의 데이터베이스로 작성하기 위해, [A9] 셀에 '=VSTACK(E3#,H3#,K3#)'을 입력합니다.

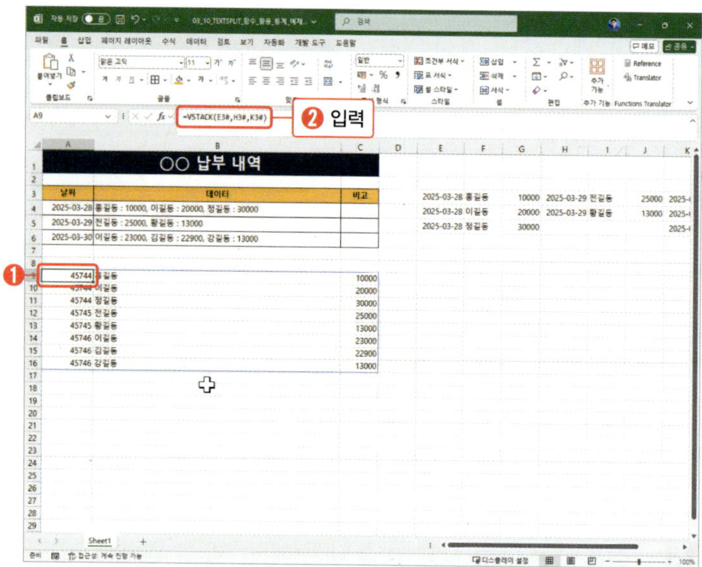

17 머리글을 표시하기 위해 다시 한번 VSTACK 함수를 사용하겠습니다. [A9] 셀의 수식을 '=VSTACK({"날짜","이름","금액"},VSTACK(E3#,H3#,K3#))'로 수정 입력합니다.

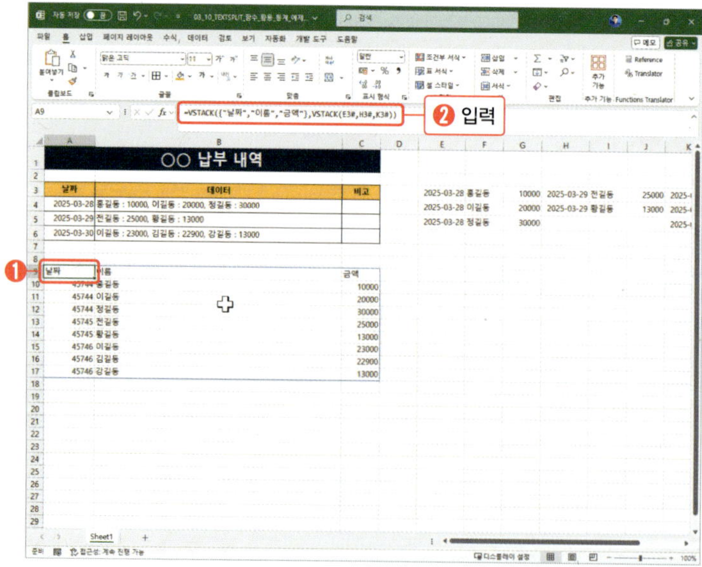

18 [A10:A17] 셀을 선택하고 [홈] 탭 – [표시 형식] 그룹 – [표시 형식] – [간단한 날짜]를 클릭합니다.

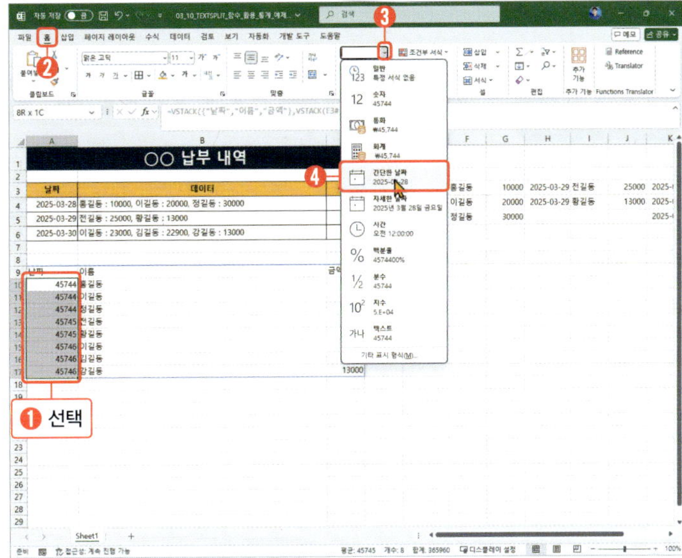

19 이제 정상 데이터베이스가 만들어졌습니다. [E9] 셀에 합계를 구하기 위해 '=SUM(C10:C17)'을 입력합니다.

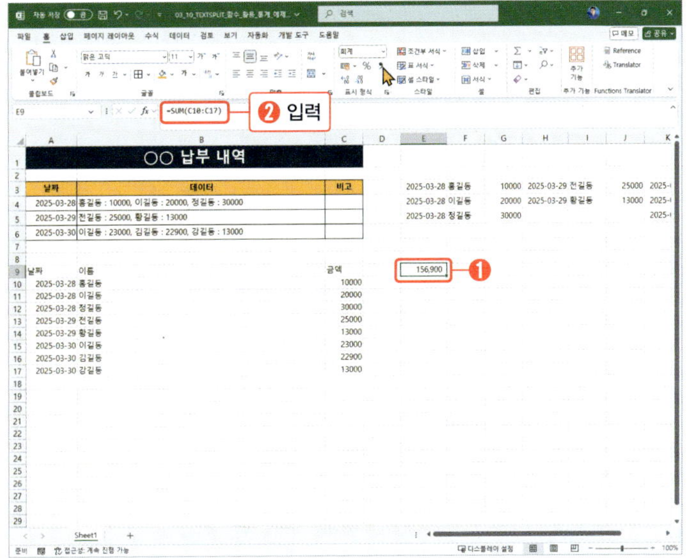

011 검색 가능한 FILTER 함수

이번에는 여러 시트에 나뉜 데이터를 하나의 이름 정의로 통합하여, 하나의 데이터베이스처럼 활용하는 방법을 알아보겠습니다. 이때 FILTER 함수를 이용하면 사용자가 지정한 검색 조건에 따라 원하는 데이터만 자동으로 필터링할 수 있습니다.

- **실습 파일 :** Part 03 > 예제 > 03_11_실시간_검색_Filter_함수 활용_예제.xlsx
- **완성 파일 :** Part 03 > 완성 > 03_11_실시간_검색_Filter_함수 활용_완성.xlsx

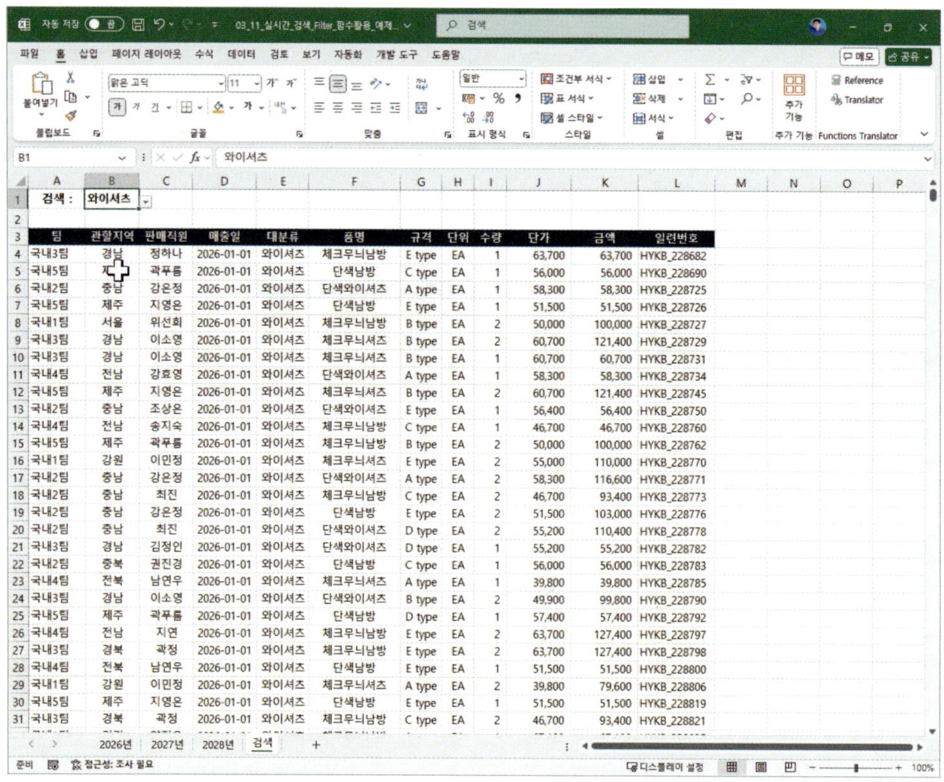

주요 기능	현업 활용
VSTACK 함수	• 여러 시트, 여러 군데 나눠진 데이터를 한 개 데이터베이스로 만들 수 있다.
ISNUMBER 함수	• 결과값이 숫자인지를 확인해서 숫자면 참을 반환한다.
SEARCH 함수	• 특정 값을 찾아 시작 위치를 나타낸다. FIND 함수와의 차이는 SEARCH 함수는 대소문자를 구분하지 않고 와일드카드를 사용할 수 있다.

01 3년간의 데이터를 하나로 만들어 FILTER 함수를 적용해 보겠습니다. 예제 파일을 불러온 후 [2026년] 시트에서 임의의 셀을 선택하고 Ctrl+T를 누릅니다. [머리글 포함] 체크를 확인 [확인]을 클릭해서 표로 만듭니다.

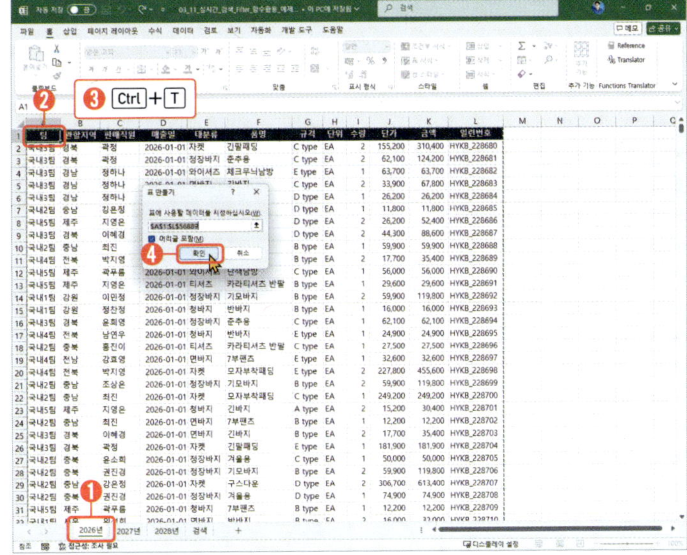

02 [2027년] 시트도 임의의 셀을 선택한 후 Ctrl+T를 누르고, 마찬가지로 [머리글 포함] 체크를 확인한 후 [확인]을 클릭해서 표로 만듭니다.

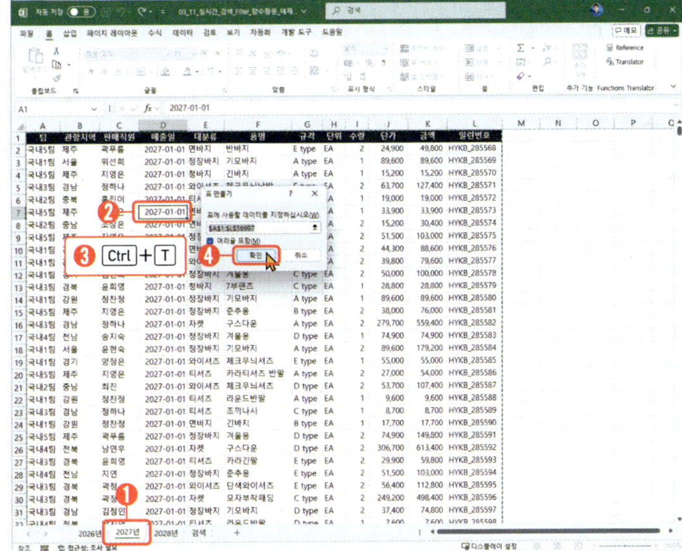

03 [2028년] 시트도 임의의 셀을 선택한 후 Ctrl+T를 누르고, 마찬가지로 [머리글 포함] 체크를 확인한 후 [확인]을 클릭해서 표로 만듭니다.

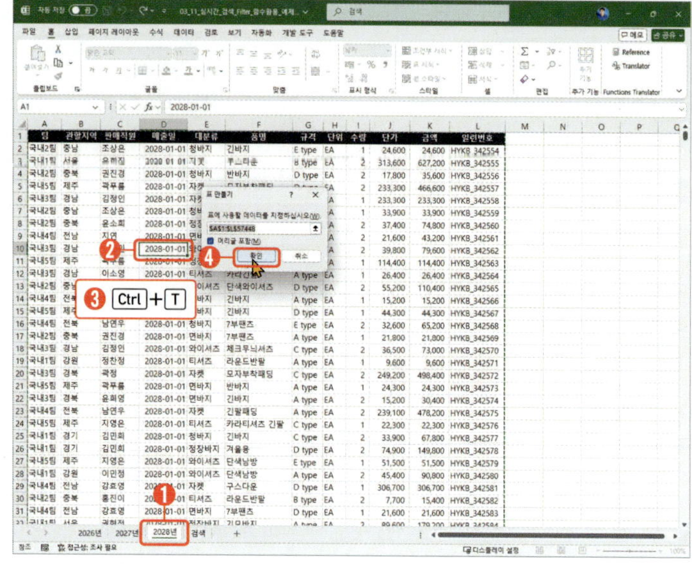

04 Ctrl+F3을 눌러 [이름 관리자] 대화상자가 나타나면 [새로 만들기]를 클릭합니다.

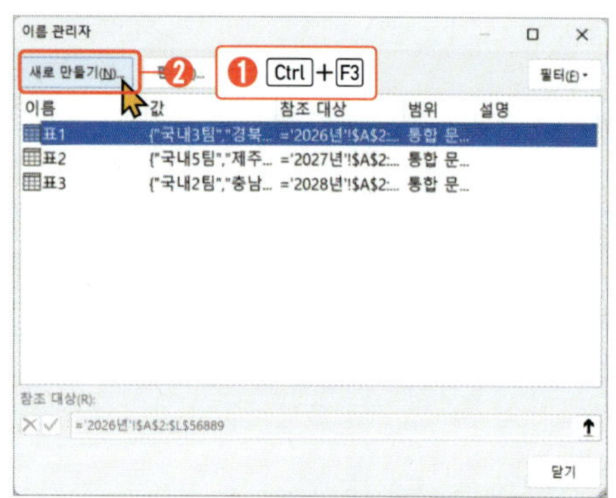

05 [이름]은 '통합', [참조 대상]은 '=VSTACK(표1,표2,표3)'을 입력한 후 [확인]을 클릭합니다.

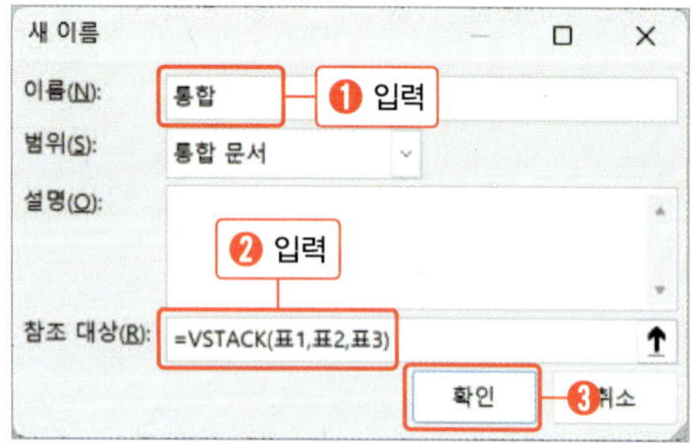

06 다시 [이름 관리자] 대화상자에서 [새로 만들기]를 클릭하고 [이름]은 '대분류', [참조 대상]은 '=VSTACK(표1[대분류],표2[대분류],표3[대분류])'를 입력하고 [확인]을 클릭합니다.

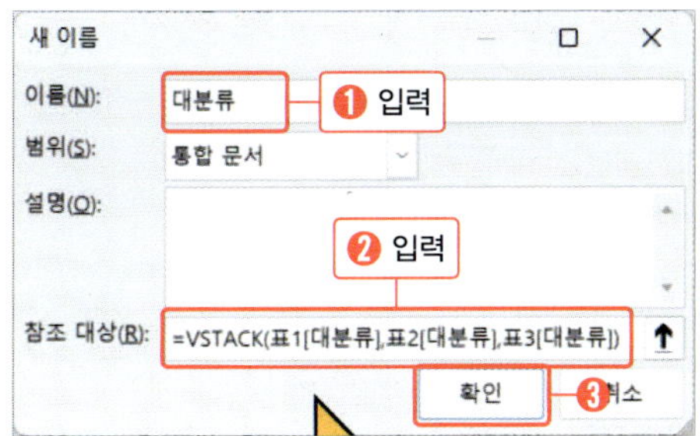

07 [검색] 시트의 [B1] 셀을 선택하고 [데이터] 탭 – [데이터 도구] 그룹 – [데이터 유효성 검사]를 클릭합니다. [제한 대상]은 '목록', [원본]은 [2028년] 시트의 [대분류] 범위를 지정하고 [확인]을 클릭합니다.

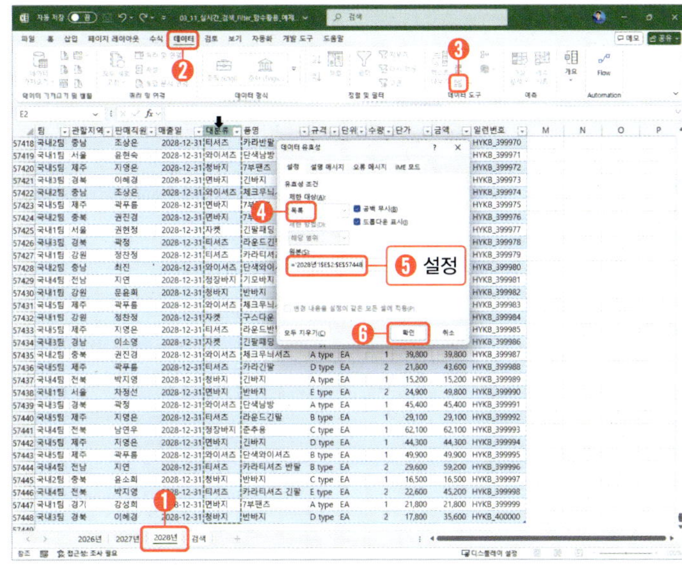

08 [B1] 셀에서 '정장바지'를 선택하고 [A4] 셀에 '=FILTER(통합,ISNUMBER(SEARCH(B1,CHOOSECOLS(통합,5))),"없음")'을 입력합니다.

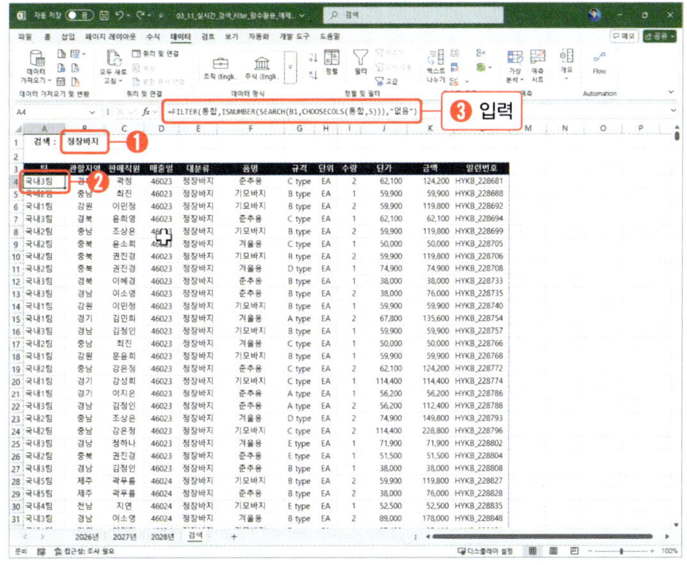

09 [D] 열의 매출일 범위를 선택하고 [홈] 탭 – [표시 형식] 그룹 – [표시 형식] – [간단한 날짜]를 클릭합니다.

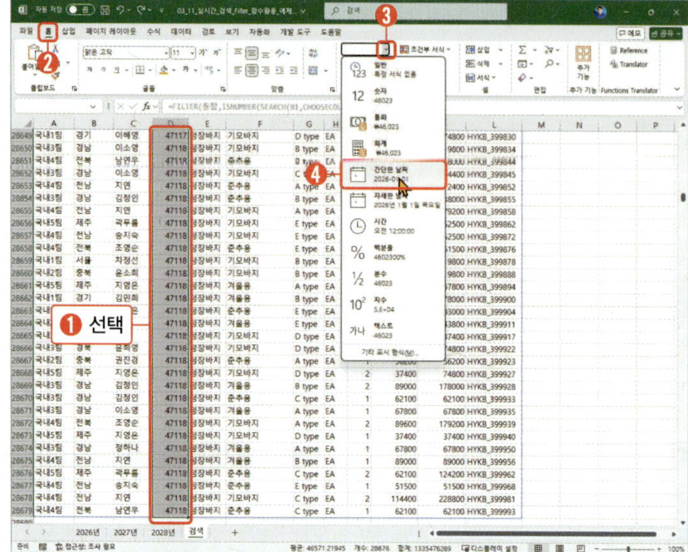

10 [B1] 셀의 조건을 변경해 보면, 이제 3년간의 데이터가 조건에 따라 필터되어 나타나는 것을 확인할 수 있습니다.

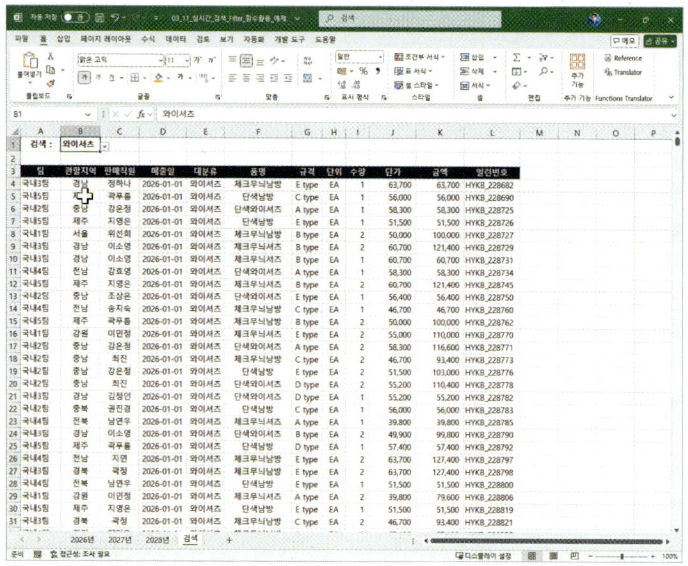

012 검색 가능한 데이터 유효성 검사와 자동 통계량

목록이 너무 길어 데이터를 찾기 힘들 때, 검색 기능을 더한 유효성 검사가 해결책이 됩니다. 입력한 키워드에 따라 실시간으로 변화하는 필터 결과와 함께, FILTER 함수로 계약건수와 금액까지 자동으로 계산되는 자동화 양식을 구축해 보겠습니다.

- **실습 파일 :** Part 03 > 예제 > 03_12_검색 가능한_유효성_검사와_특정 기간_Filter_함수_활용_통계_예제.xlsx
- **완성 파일 :** Part 03 > 완성 > 03_12_검색 가능한_유효성_검사와_특정 기간_Filter_함수_활용_통계_완성.xlsx

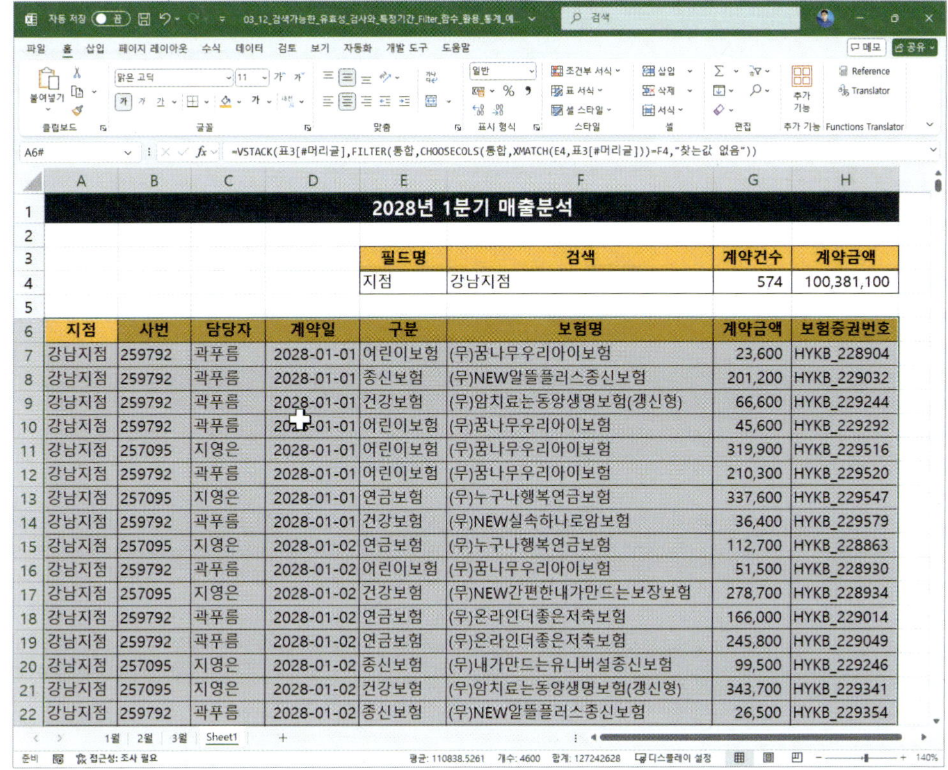

지점	사번	담당자	계약일	구분	보험명	계약금액	보험증권번호
강남지점	259792	곽푸름	2028-01-01	어린이보험	(무)꿈나무우리아이보험	23,600	HYKB_228904
강남지점	259792	곽푸름	2028-01-01	종신보험	(무)NEW알뜰플러스종신보험	201,200	HYKB_229032
강남지점	259792	곽푸름	2028-01-01	건강보험	(무)암치료는동양생명보험(갱신형)	66,600	HYKB_229244
강남지점	259792	곽푸름	2028-01-01	어린이보험	(무)꿈나무우리아이보험	45,600	HYKB_229292
강남지점	257095	지영은	2028-01-01	어린이보험	(무)꿈나무우리아이보험	319,900	HYKB_229516
강남지점	259792	곽푸름	2028-01-01	어린이보험	(무)꿈나무우리아이보험	210,300	HYKB_229520
강남지점	257095	지영은	2028-01-01	연금보험	(무)누구나행복연금보험	337,600	HYKB_229547
강남지점	259792	곽푸름	2028-01-01	건강보험	(무)NEW실속하나로암보험	36,400	HYKB_229579
강남지점	257095	지영은	2028-01-02	연금보험	(무)누구나행복연금보험	112,700	HYKB_228863
강남지점	259792	곽푸름	2028-01-02	어린이보험	(무)꿈나무우리아이보험	51,500	HYKB_228930
강남지점	257095	지영은	2028-01-02	건강보험	(무)NEW간편한내가만드는보장보험	278,700	HYKB_228934
강남지점	259792	곽푸름	2028-01-02	연금보험	(무)온라인더좋은저축보험	166,000	HYKB_229014
강남지점	259792	곽푸름	2028-01-02	연금보험	(무)온라인더좋은저축보험	245,800	HYKB_229049
강남지점	257095	지영은	2028-01-02	종신보험	(무)내가만드는유니버설종신보험	99,500	HYKB_229246
강남지점	257095	지영은	2028-01-02	건강보험	(무)암치료는동양생명보험(갱신형)	343,700	HYKB_229341
강남지점	259792	곽푸름	2028-01-02	종신보험	(무)NEW알뜰플러스종신보험	26,500	HYKB_229354

주요 기능	현업 활용
데이터 유효성 검사	• 다양한 수식과 이용, 특정 값을 입력, 입력된 값 기준으로 나열된 값만 유효성 검사로 사용할 있다(보험명처럼 텍스트가 긴 경우 유효성 검사로 지정할 때 매우 유용하다).
XMATCH 함수	• 찾고자 하는 값이 어느 범위에 몇번 째 있는지를 나타낸다. • 기존 MATCH 함수와의 차이는 검색 방향의 차이이다.
SEARCH 함수	• 특정 값을 찾아 시작 위치를 나타낸다. FIND 함수와의 차이는, SEARCH 함수는 대소문자를 구분하지 않고 와일드카드를 사용할 수 있다.

01 한번에 다중 시트의 내용을 통계 분석하고 조건을 손쉽게 만드는 유효성 검사를 알아보기 위해, 예제 파일을 불러온 후 [1월] 시트에서 임의의 셀을 선택하고 Ctrl+T를 누릅니다. [머리글 포함]의 체크를 확인한 후 [확인]을 클릭합니다.

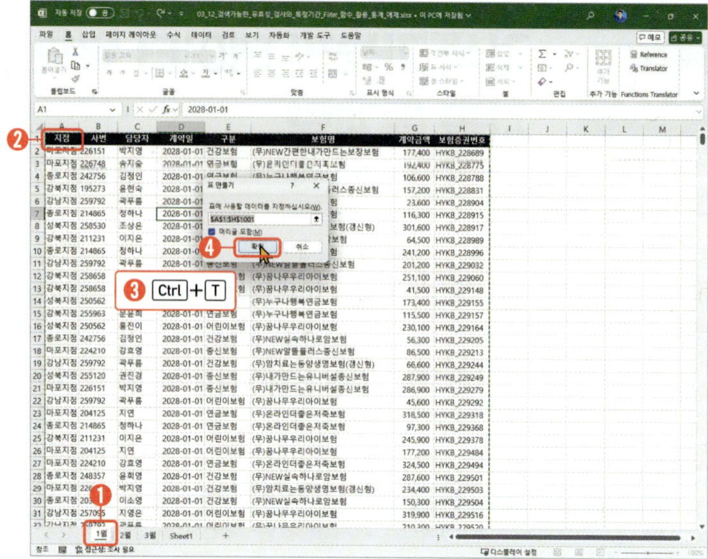

02 [2월] 시트에서도 임의의 셀을 선택하고 Ctrl+T를 누릅니다. 마찬가지로 [머리글 포함]의 체크를 확인한 후 [확인]을 클릭합니다.

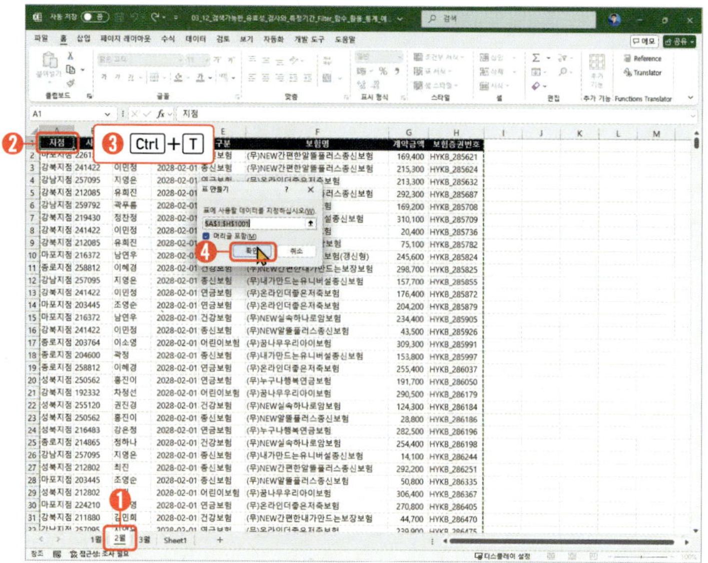

03 [3월] 시트에서도 임의의 셀을 선택하고 Ctrl+T를 누릅니다. 마찬가지로 [머리글 포함] 체크를 확인한 후 [확인]을 클릭합니다.

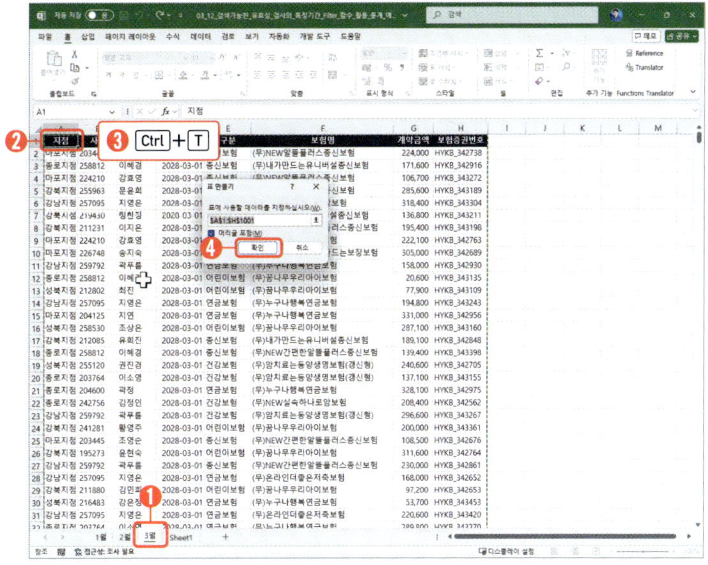

04 Ctrl+F3을 눌러 [이름 관리자] 대화상자가 나타나면 [새로 만들기]를 클릭합니다.

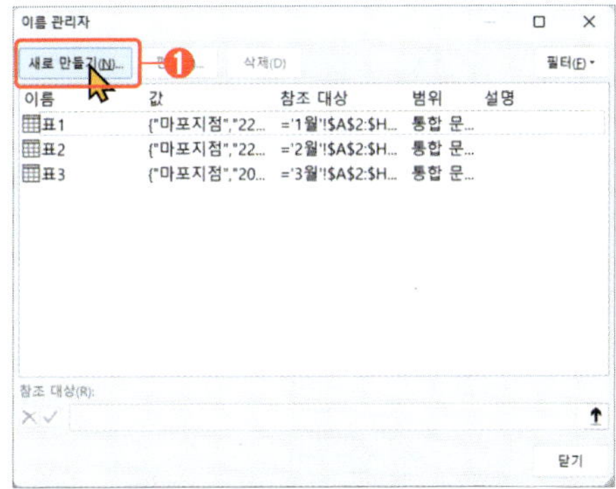

05 [이름]은 '통합', [참조 대상]은 '=VSTACK(표1,표2,표3)'을 입력하고 [확인]을 클릭합니다.

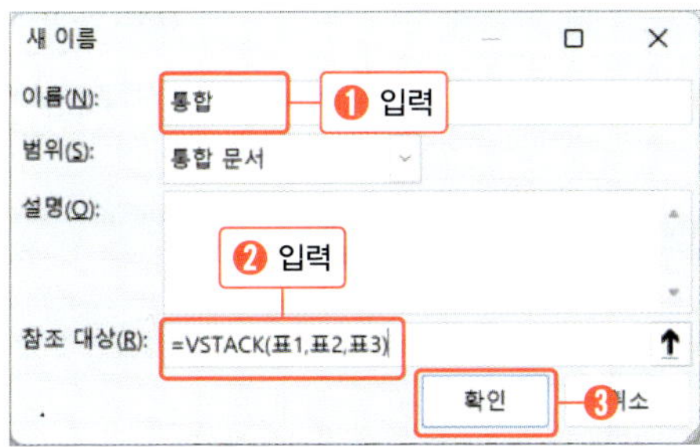

06 [Sheet1] 시트에서 [A6] 셀을 선택하고 '=통합'을 입력해 보면, 모든 시트 데이터가 통합된 것을 확인할 수 있습니다.

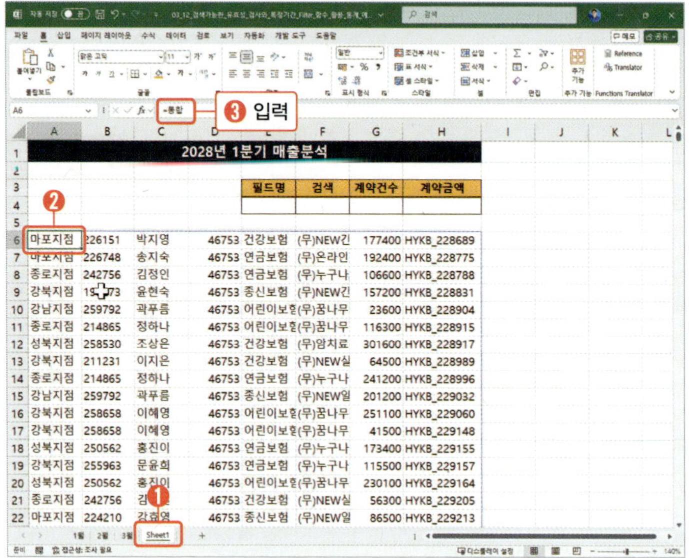

07 [D] 열의 날짜 부분을 선택하고 [홈] 탭 – [표시 형식] 그룹 – [표시 형식] – [간단한 날짜]를 클릭합니다.

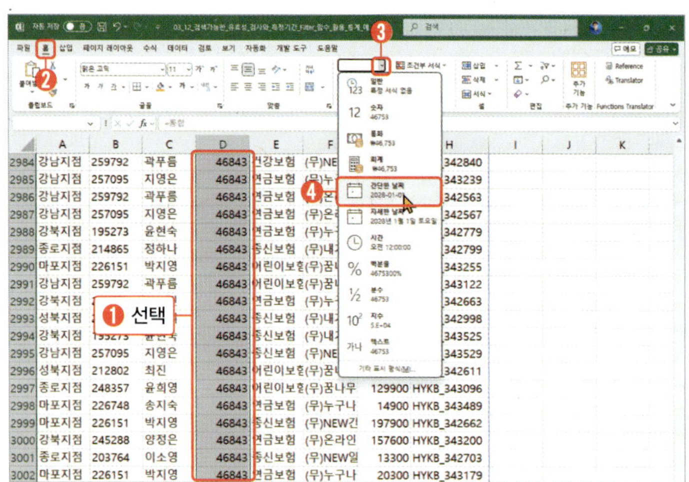

08 [G] 열의 금액 부분을 선택하고 [홈] 탭 – [표시 형식] 그룹 – [쉼표 스타일]을 클릭해서 서식을 변경합니다.

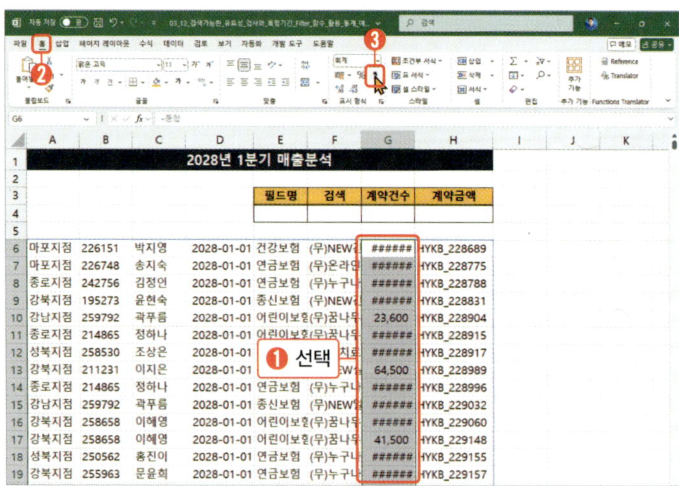

09 [E:G] 열을 선택하고 열과 열 사이로 마우스 커서를 움직여 좌우 화살표 모양으로 변경될때 더블클릭해서 열 너비를 자동으로 맞춥니다.

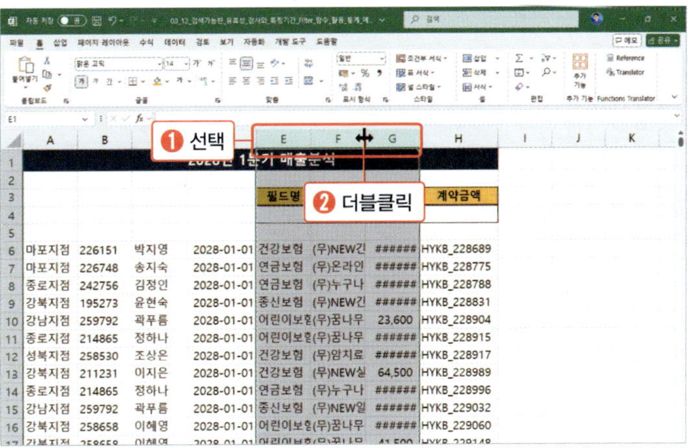

10 [E4] 셀에 유효성 검사를 지정하기 위해, [E4] 셀을 선택하고 [데이터] 탭 – [데이터 도구] 그룹 – [데이터 유효성 검사]를 클릭합니다. [제한 대상]은 '목록', [원본]은 [3월] 시트의 머리글([A1:H1])을 선택한 후 [확인]을 클릭합니다.

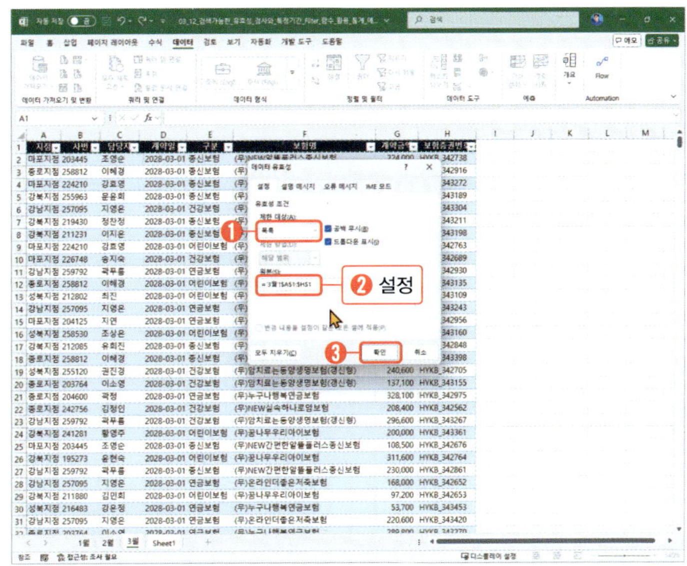

11 [E4] 셀에서 필드명은 '보험명'을 선택하고, [F4] 셀에 '꿈나루'라고 입력한 뒤 유효성 검사로 꿈나무라는 글씨가 있는 보험명만 나타나도록 하려 합니다.

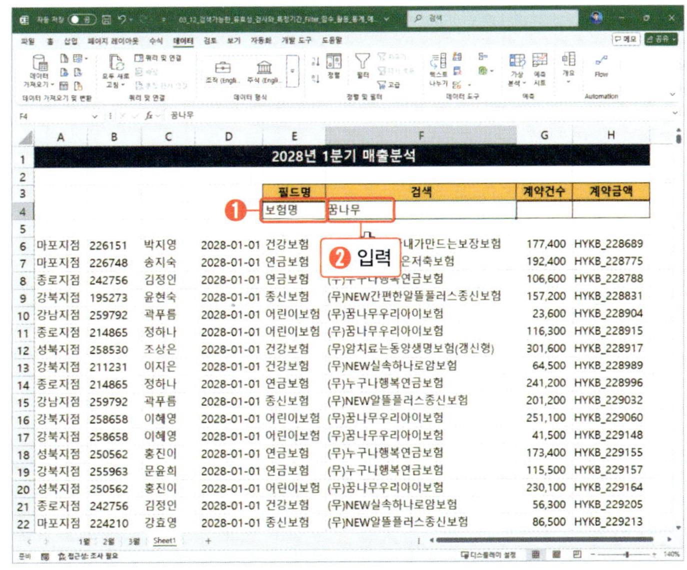

12 [3월] 시트의 [J2] 셀을 선택하고 '=SEARCH(Sheet1!F4,CHOOSECOLS(통합,XMATCH(Sheet1!E4,표3[#머리글])))'을 입력합니다.

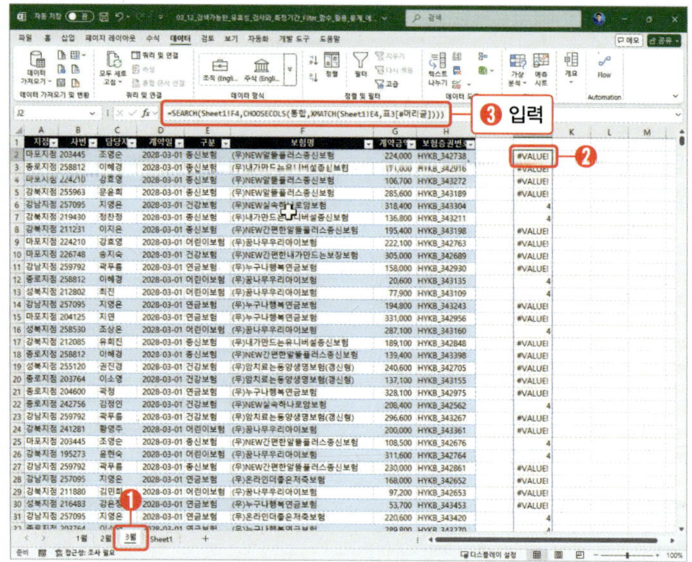

수식 설명

=SEARCH(Sheet1!F4,CHOOSECOLS(통합,XMATCH(Sheet1!E4,표3[#머리글])))

❶ : SEARCH 함수로 검색할 값

❷ : CHOOSE 함수의 첫 번째 인수로 전체 통합 범위 중 몇 번째 열인지를 XMATCH 수식으로 [Sheet1] 시트의 [E4] 셀 값을 머리글에서 찾아서 지정

[Sheet1] 시트의 [F4] 셀 값을 찾는데 [Sheet1] 시트의 [E4] 셀 값을 표3의 머리글에서 몇 번째 열인지 해당 열에서 찾으라는 의미입니다.

13 오류가 나타나는 셀이 있는데 FILTER 수식은 TRUE를 나타내는 수식이므로, 해당 수식을 TRUE/FALSE가 되도록 수정하기 위해 [J2] 셀 수식을 '=ISNUMBER(SEARCH(Sheet1!F4,CHOOSECOLS(통합,XMATCH(Sheet1!E4,표3[#머리글]))))'로 수정 입력합니다.

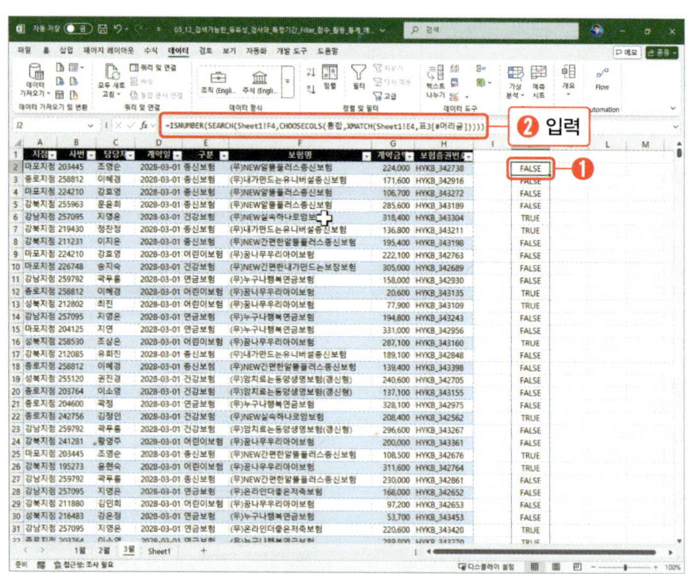

14 TRUE/FALSE로 표현된 내용을 데이터가 나타도록 FILTER 수식을 적용하기 위해, [J2] 셀의 수식을 '=FILTER(CHOOSECOLS(통합,XMATCH(Sheet1!E4,표3[#머리글])),ISNUMBER(SEARCH(Sheet1!F4,CHOOSECOLS(통합,XMATCH(Sheet1!E4,표3[#머리글]))))'로 수정 입력합니다.

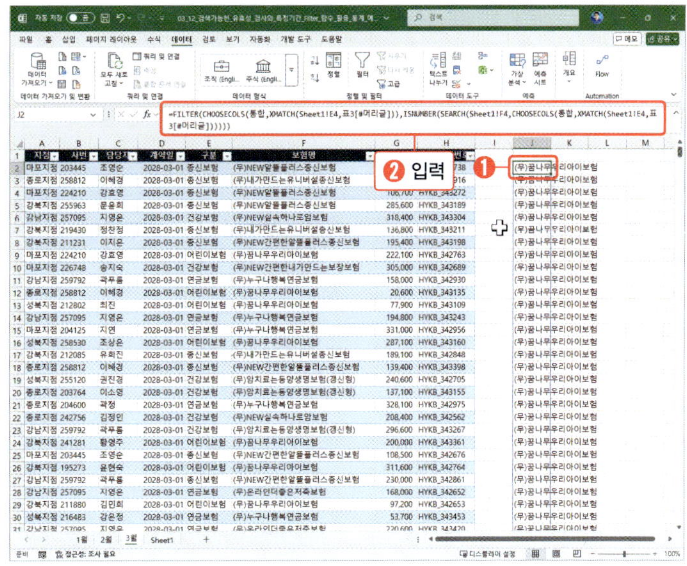

15 고유한 값만 나타내게 하기 위해서 [J2] 셀 수식을 '=UNIQUE(FILTER(CHOOSECOLS(통합,XMATCH(Sheet1!E4,표3[#머리글])),ISNUMBER(SEARCH(Sheet1!F4,CHOOSECOLS(통합,XMATCH(Sheet1!E4,표3[#머리글])))))'로 수정 입력합니다.

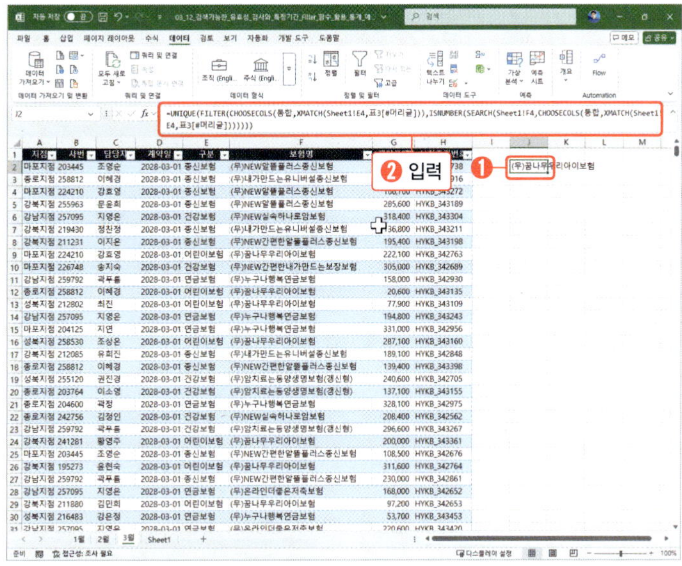

16 [Sheet1] 시트의 [F4] 셀에 유효성 검사를 지정하기 위해, [F4] 셀을 선택하고 [데이터] 탭 – [데이터 도구] 그룹 – [데이터 유효성 검사]를 클릭합니다. [제한 대상]은 '목록', [원본]은 [3월] 시트의 [J2] 셀을 선택하고 '#'를 덧붙여 동적 범위로 입력한 후 [확인]을 클릭합니다.

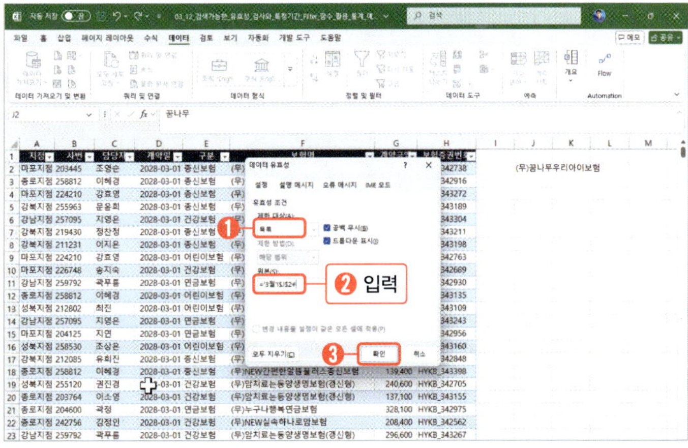

17 [A6] 셀에 머리글을 표현하기 위해서 해당 수식을 '=VSTACK(표3[#머리글], FILTER(통합,CHOOSECOLS(통합,XMATCH(E4,표3[#머리글]))=F4,"찾는값 없음"))'으로 수정 입력합니다.

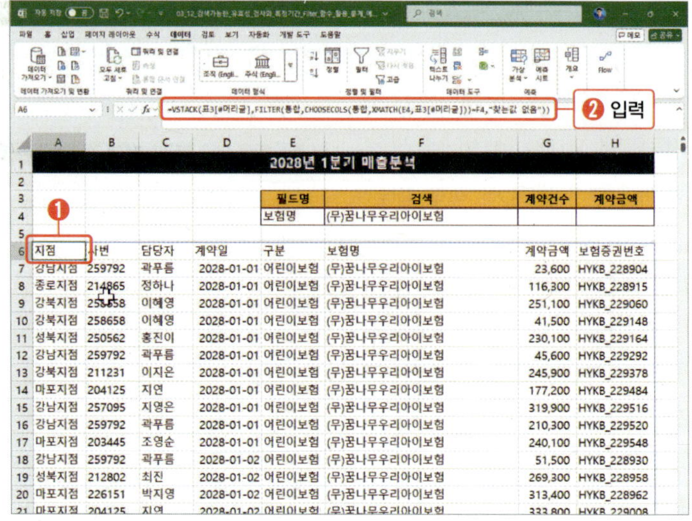

18 [F4] 셀에서 검색 가능한 유효성 검사를 사용하기 위해, [F4] 셀에 'NEW'를 입력하고 드롭다운 버튼을 클릭했더니 오류가 나타납니다.

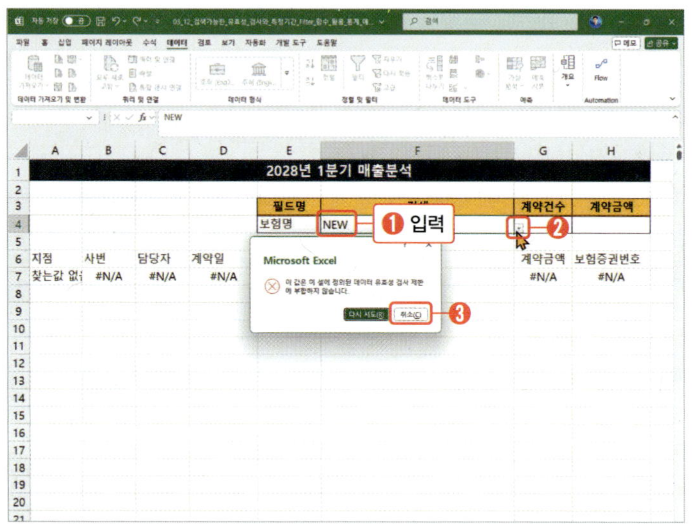

19 [F4] 셀을 선택하고 [데이터] 탭 – [데이터 도구] 그룹 – [데이터 유효성 검사]를 클릭합니다. [오류 메시지] 탭에서 [유효하지 않은 데이터를 입력하면 오류 메시지 표시]의 체크를 삭제하고 [확인]을 클릭합니다.

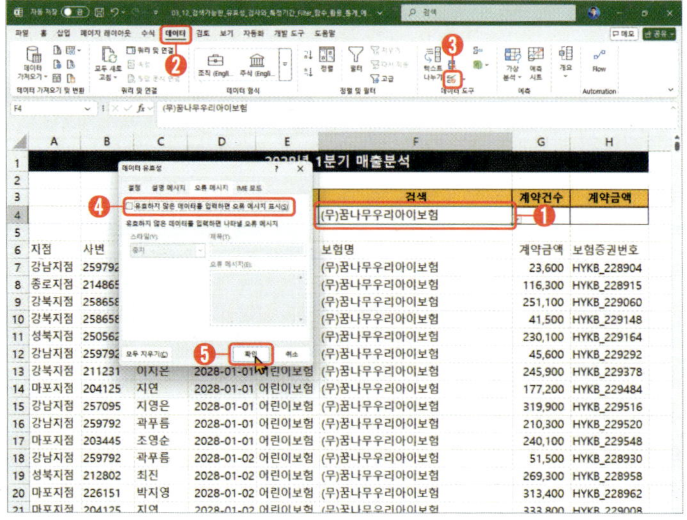

20 다시 [F4] 셀에 'NEW'를 입력한 후 드롭다운 버튼을 클릭해 보면 'NEW'라는 글씨가 포함된 모든 데이터가 나열되는 것을 확인할 수 있습니다.

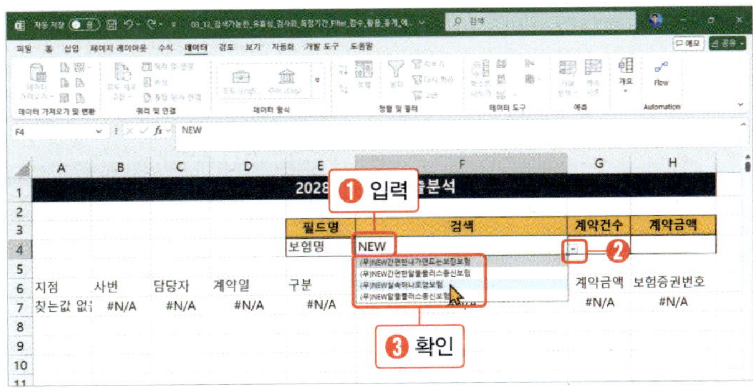

21 이제 계약 건수와 계약 금액의 합계를 필터한 데이터 기준으로 산출하는 수식을 입력하기 위해 [G4] 셀에 '=COUNT(CHOOSECOLS(A6#,7))'을 입력합니다.

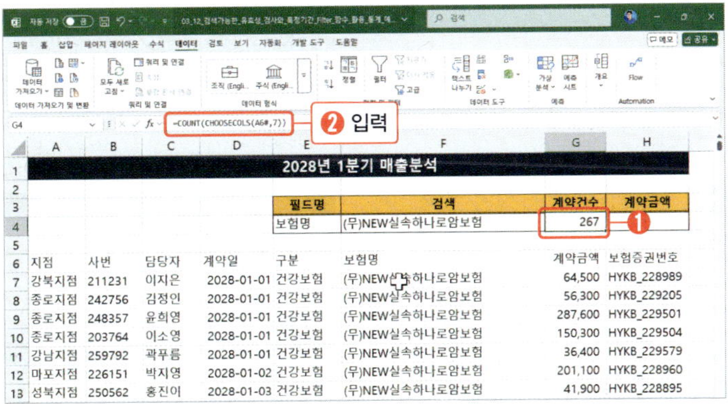

22 [H4] 셀에는 '=SUM(CHOOSECOLS(A6#,7))'을 입력합니다.

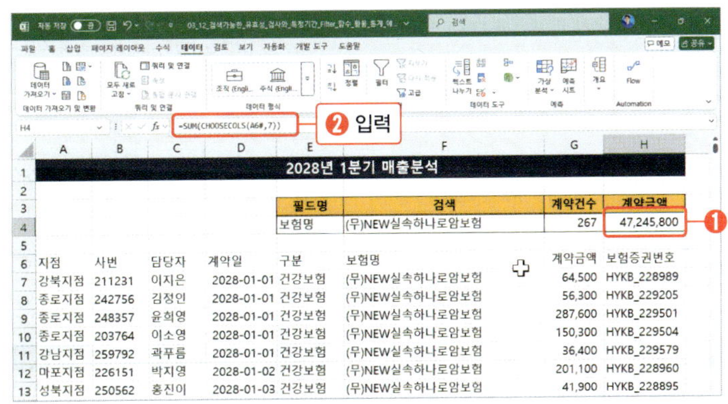

23 [E3] 셀에서 필드명을 '지점'으로 변경하고, [F4] 셀에서 '강'을 입력한 후 드롭다운 버튼을 클릭합니다.

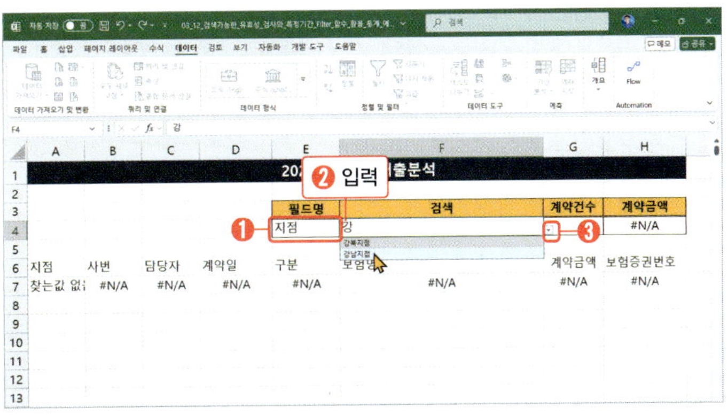

24 지점중 '강'자가 포함된 모든 지점이 검색되는 것을 확인할 수 있는데 확인하기 위해, '강남지점'을 선택합니다.

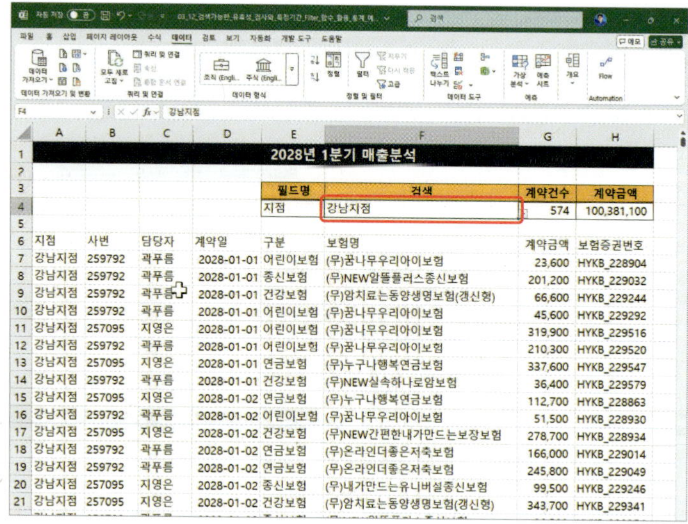

25 머리글의 서식을 지정하기 위해 [A6:H6] 셀을 선택하고 [홈] 탭 – [글꼴] 그룹 – [채우기 색] – [주황]을 클릭하고, [굵게]를 클릭해서 폰트를 굵게 처리합니다. 그리고 [가운데 맞춤]을 클릭합니다.

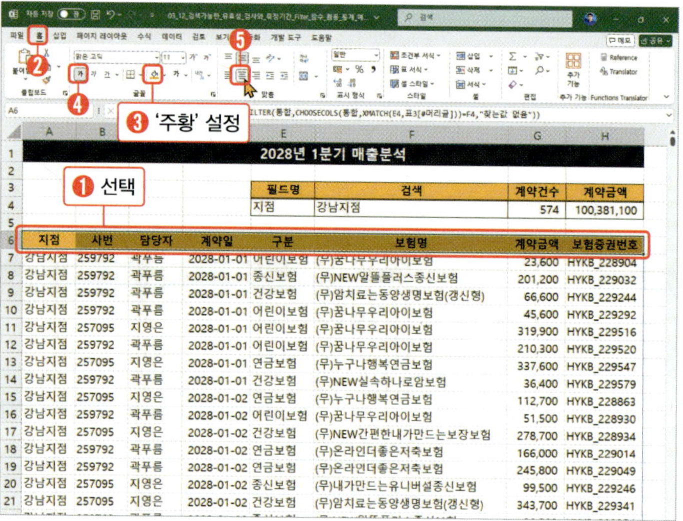

26 마지막으로 조건부 서식을 지정하기 하기 위해, 데이터 중 임의의 셀을 선택하고 Ctrl+A를 눌러 전체 범위를 선택하고 [홈] 탭 – [스타일] 그룹 – [조건부 서식] – [새 규칙]을 클릭합니다.

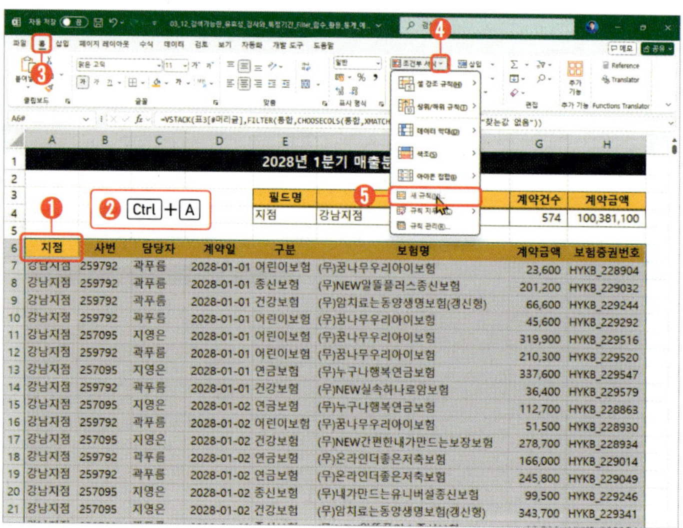

27 [새 서식 규칙] 대화상자에서 [규칙 유형 선택]은 [다음을 포함하는 셀만 서식 지정]을 선택하고 [다음을 포함하는 셀만 서식 지정]은 '내용 있는 셀'을 선택한 후 [서식]을 클릭합니다. [테두리] 탭에서 [윤곽선]을 클릭한 후 [확인]을 클릭합니다.

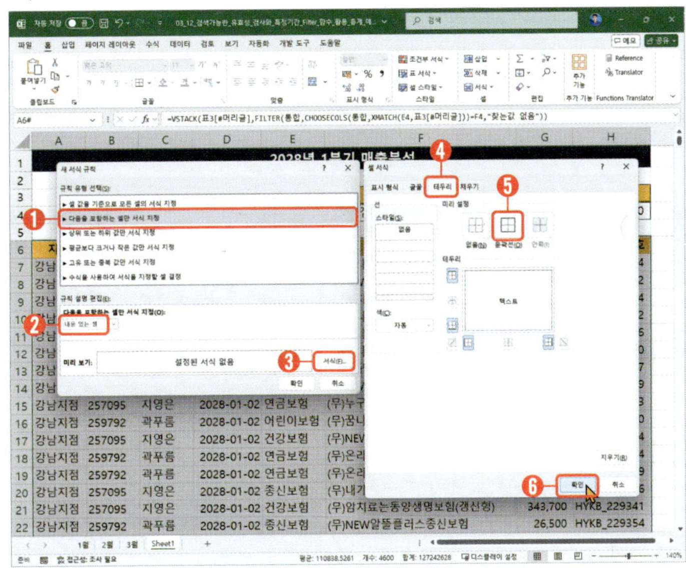

28 최종 결과물을 확인할 수 있는데, 만약 '암'이라는 단어가 포함된 내용을 나타내려면, 먼저 [E4] 셀에서 '보험명'을 선택하고 [F4] 셀에는 검색할 단어인 '암'을 입력하고 유효성 검사 드롭다운 버튼을 클릭하면 보험명 중 '암'이 포함된 보험명이 모두 나타납니다.

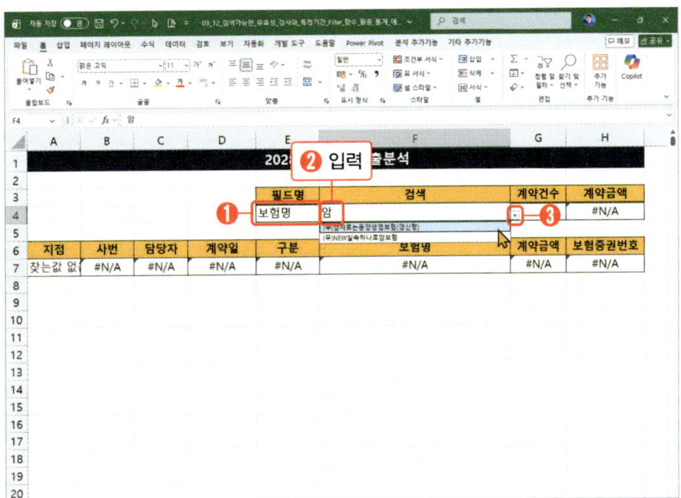

29 이때 검색하려는 보험명을 선택하면 검색된 결과를 확인할 수 있습니다.

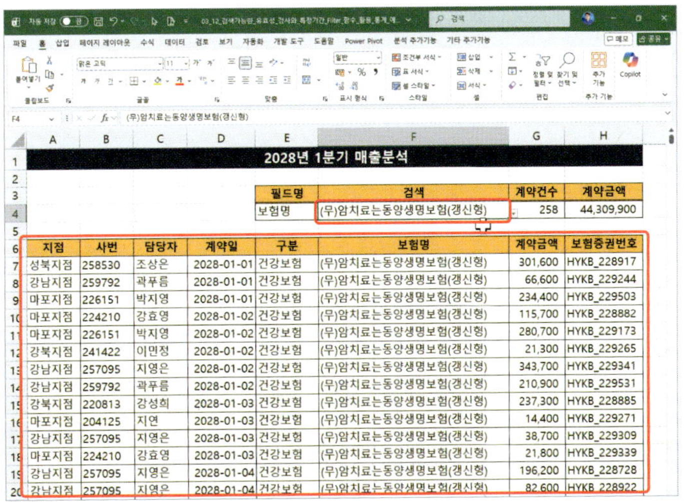

30 만약 담당자 중에 이름은 모르지만, '이'라는 단어가 포함된 사람 중의 데이터를 검색하려면 먼저 [E4] 셀에서 필드는 '담당자'를 선택하고 [F4] 셀에는 검색할 단어인 '이'를 입력하고 유효성 검사 드롭다운 버튼을 클릭하면 '이'라는 단어가 포함된 보험명이 모두 검색될 겁니다. 이때 '이소영'을 선택하면 그림과 같은 결과를 확인할 수 있습니다.

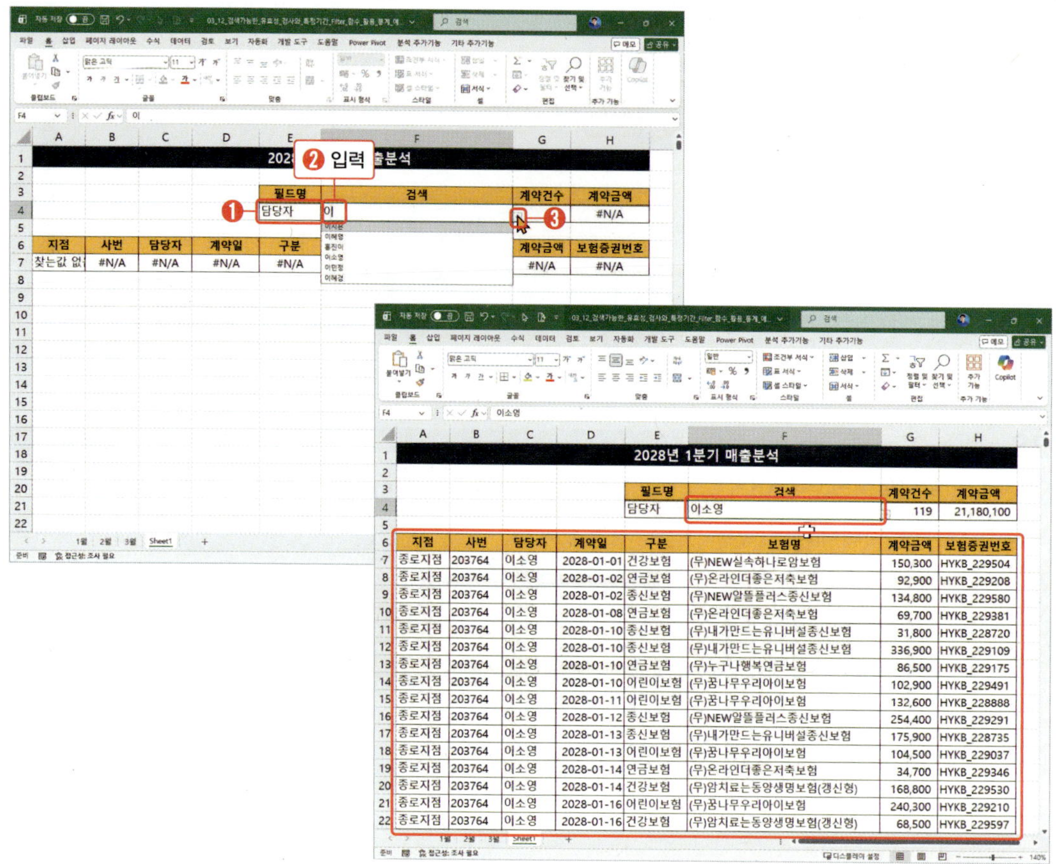

013

변동하는 단가의 최근 단가 적용 및 자동화 거래 명세서

단순히 최근 단가를 적용할 때는 XLOOKUP 함수로도 충분합니다. 하지만 유류비처럼 시기에 따라 단가가 자주 변동되는 경우, 거래 명세서를 정리할 때 주유 날짜별 해당 유종의 단가를 자동으로 반영하기는 쉽지 않습니다. 이번에는 오피스 365의 최신 수식을 활용해 이러한 문제를 간단히 해결하고, 자동화된 거래 명세서를 작성하는 방법을 알아보겠습니다.

- **실습 파일 :** Part 03 > 예제 > 03_13_최근 단가_나타내기_TAKE_함수_예제.xlsx
- **완성 파일 :** Part 03 > 완성 > 03_13_최근 단가_나타내기_TAKE_함수_완성.xlsx

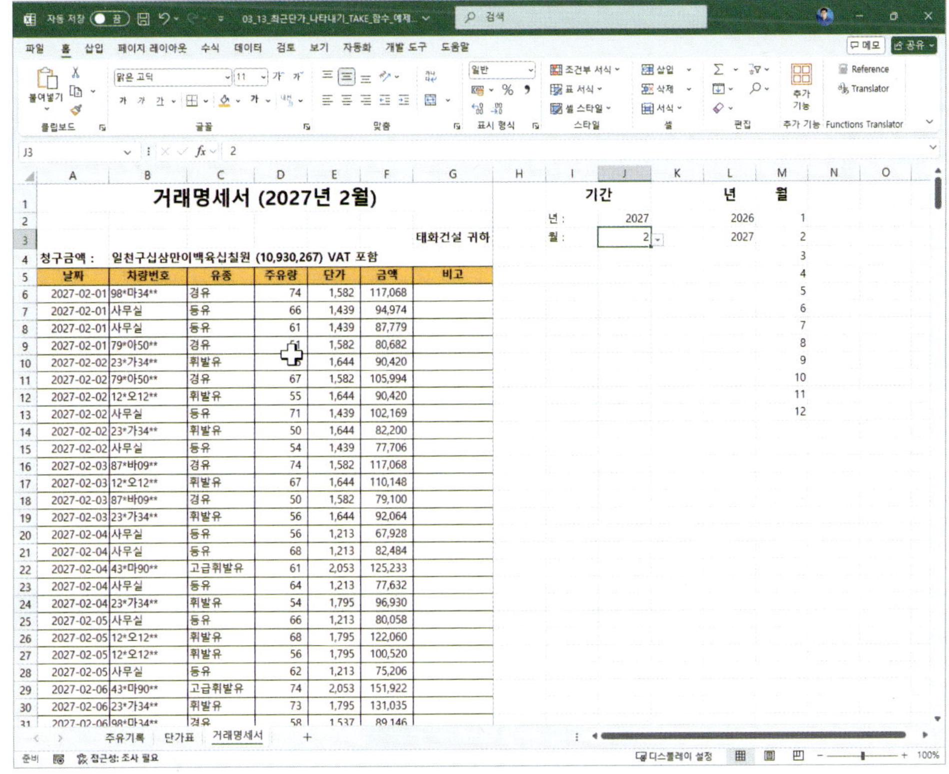

주요 기능	현업 활용
FILTER 함수	• 기존 자동 필터를 함수로 처리할 수 있다. • 조건에 모든 데이터를 나열하므로 거래 명세서를 작성할 때 유용하다.
TAKE 함수	• 데이터의 앞, 뒤, 위, 아랫부분을 잘라내는 함수이다.
인쇄	• 인쇄 설정을 이용하여 거래 명세서에 워터마크를 삽입할 수 있다.

01 예제 파일을 불러온 후 [주유기록] 시트에서 임의의 셀을 선택하고 Ctrl+T를 누릅니다. [머리글 포함]에 체크를 확인한 후 [확인]을 클릭해서 표로 만듭니다.

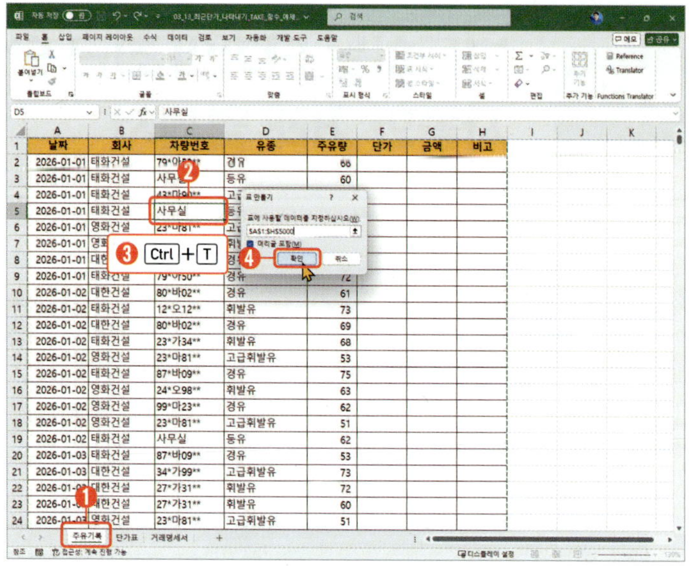

02 표 이름을 수정하기 위해, [테이블 디자인] 탭 – [속성] – [표 이름]에 '주유기록'을 입력합니다.

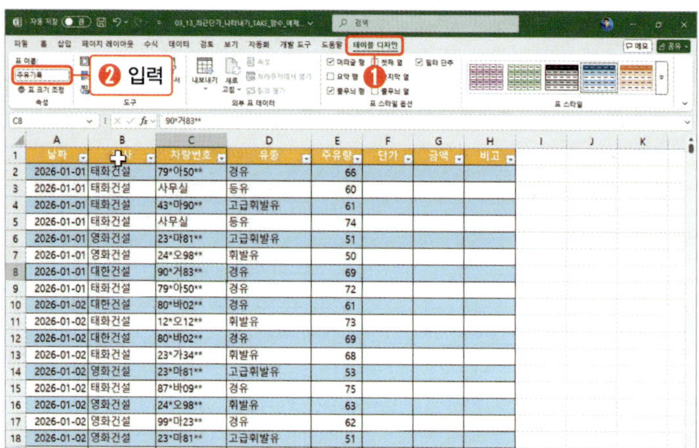

03 [단가표] 시트에서도 임의의 셀을 선택하고 Ctrl+T를 눌러 [머리글 포함] 체크를 확인한 후 [확인]을 클릭하여 표로 만듭니다. [테이블 디자인] 탭 – [속성] – [표 이름]에 '단가표'를 입력합니다.

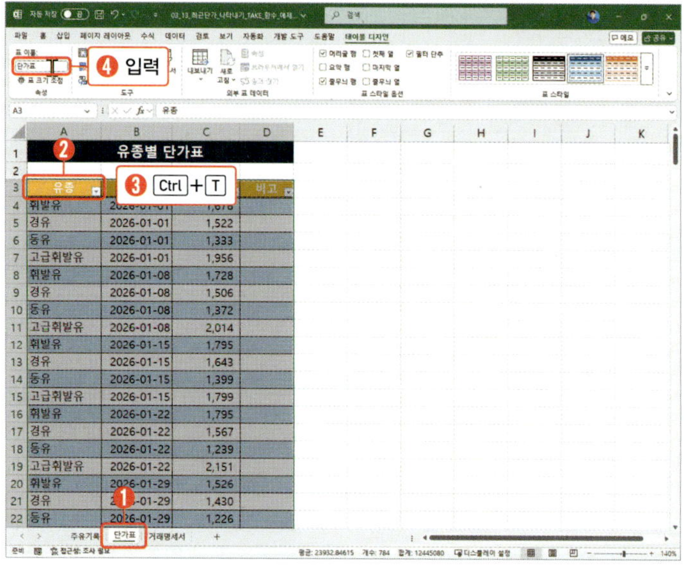

04 [거래 명세서] 시트의 [G3] 셀을 선택하고 유효성 검사를 지정하기 위해, [데이터] 탭 – [데이터 도구] 그룹 – [데이터 유효성 검사]를 클릭합니다. [제한 대상]은 '목록', [원본]은 [주유기록] 시트의 [회사] 열을 선택합니다.

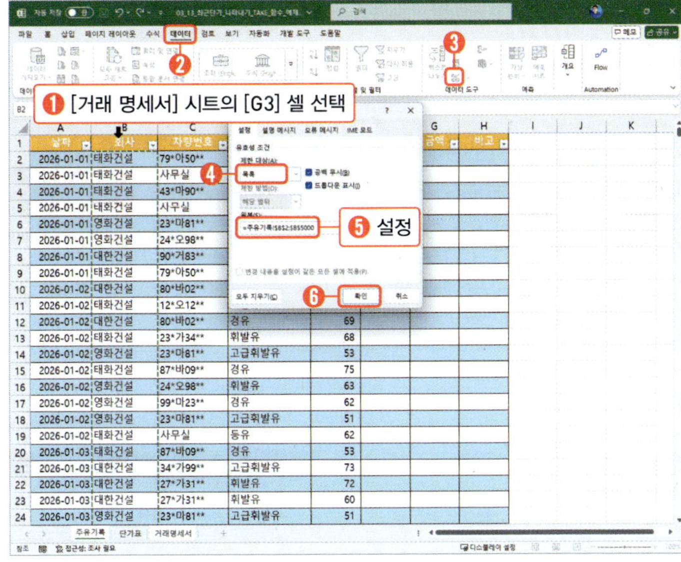

05 [G3] 셀에 나타나는 값이 '회사명 귀하'와 같은 형식으로 표시하기 위해 셀 서식을 변경하겠습니다. [G3] 셀을 선택하고 Ctrl+1을 눌러 [셀 서식] 대화상자가 나타나면 [범주] – [사용자 지정], [형식]에 '@ 귀하'를 입력하고 [확인]을 클릭합니다.

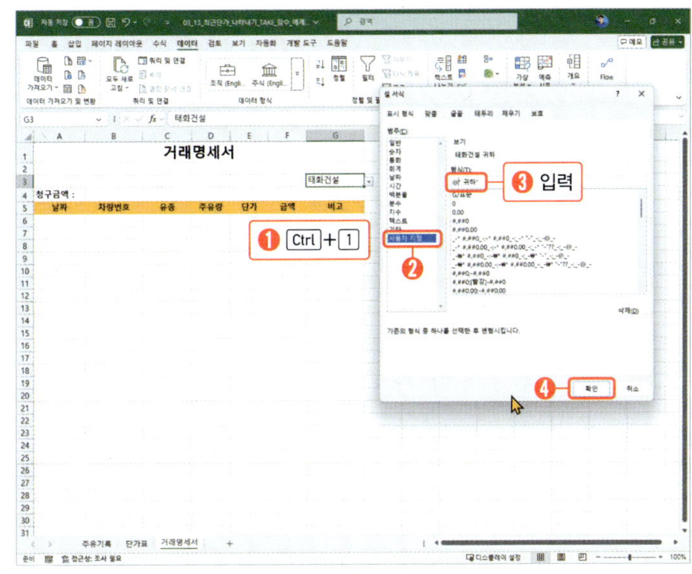

06 [L2] 셀에 연도를 나열하기 위해 '=UNIQUE(YEAR(주유기록[날짜]))'를 입력합니다.

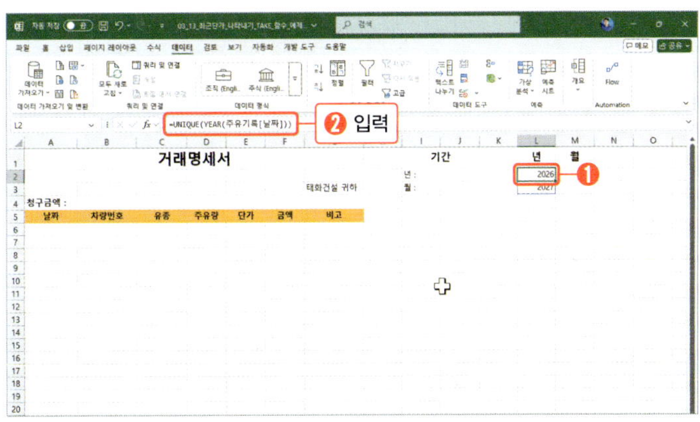

07 월도 나열하는 데 월은 12월까지 고정이라 그냥 값으로 입력하겠습니다. [M2] 셀에는 '1'을 입력하고 Ctrl을 누른 채로 해당 셀의 채우기 핸들을 드래그하면 1씩 증가되는 번호를 만들 수 있고 12까지 드래그합니다.

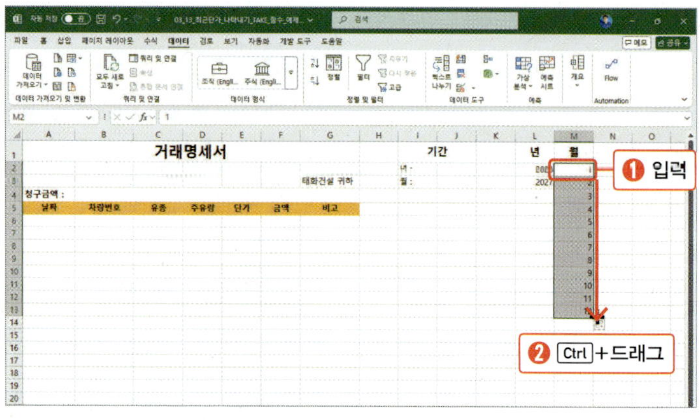

08 [J2] 셀을 선택하고 [데이터] 탭 – [데이터 도구] 그룹 – [데이터 유효성 검사]를 클릭합니다. [제한 대상]은 '목록', [원본]은 [L2] 셀을 선택하고 '#'을 덧붙인 후 [확인]을 클릭합니다.

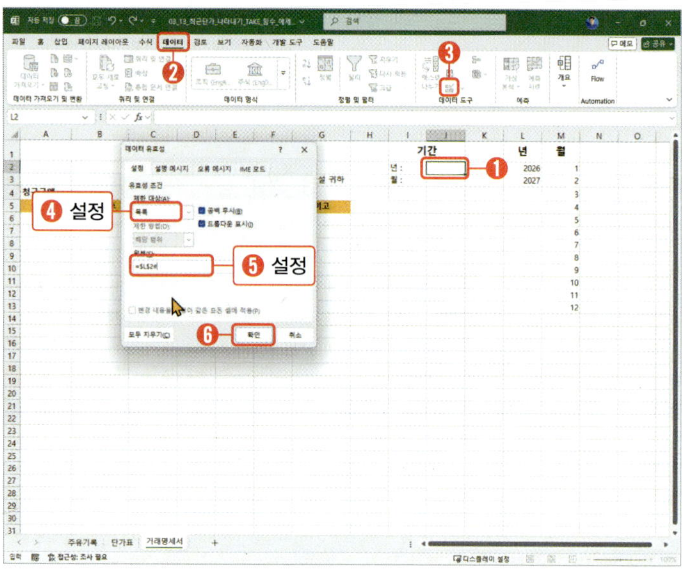

09 같은 방법으로 [J3] 셀에는 [M2:M13] 셀까지를 데이터 유효성 검사로 만듭니다.

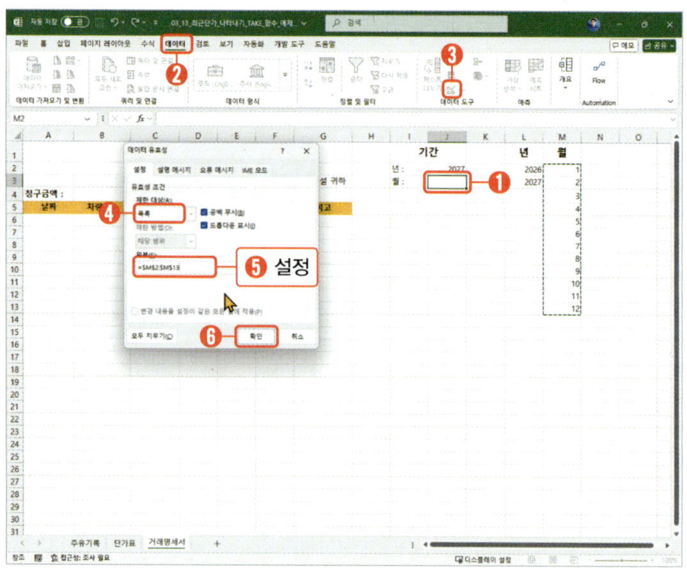

10 이제 유종별 최근 단가를 산출하기 위해, [주유기록] 시트에서 [J2] 셀에 '=FILTER(단가표[단가],단가표[유종]=D2)'를 입력합니다.

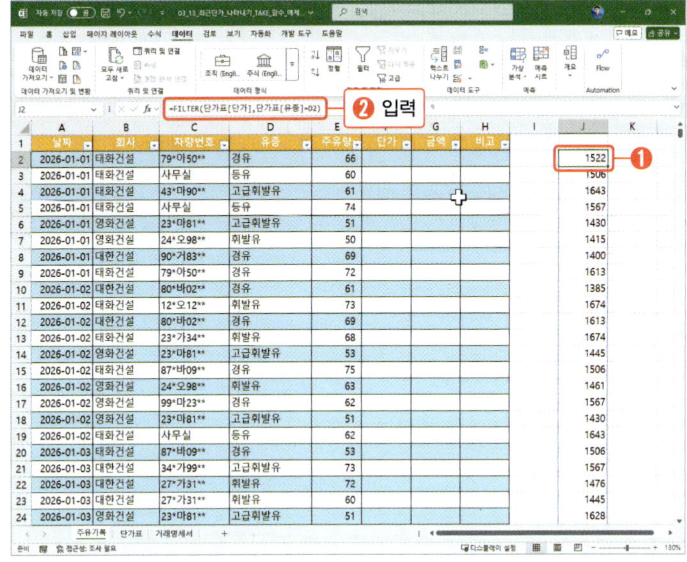

11 단가는 주유한 날짜보다 작거나 같은 날의 단가를 적용해야 합니다. 그래서 수식을 '=FILTER(단가표[단가],(단가표[유종]=D2)*(단가표[날짜]<=A2))'로 수정 입력합니다.

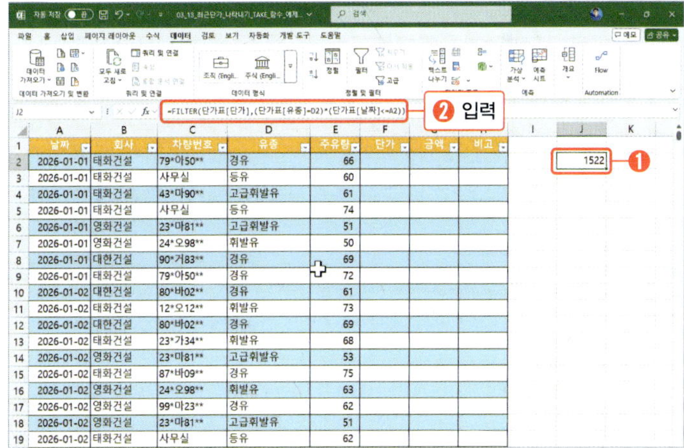

12 현재는 처음 시작이라 단가가 1개 밖에 나오지 않지만 수시로 단가가 변하는 유류 같은 경우는 모든 단가가 나타날 수 있습니다. [J135] 셀에 '=FILTER(단가표[단가],(단가표[유종]=D135)*(단가표[날짜]<=A135))'를 입력하면 그림과 같이 조건에 맞는 단가는 2개가 나타납니다.

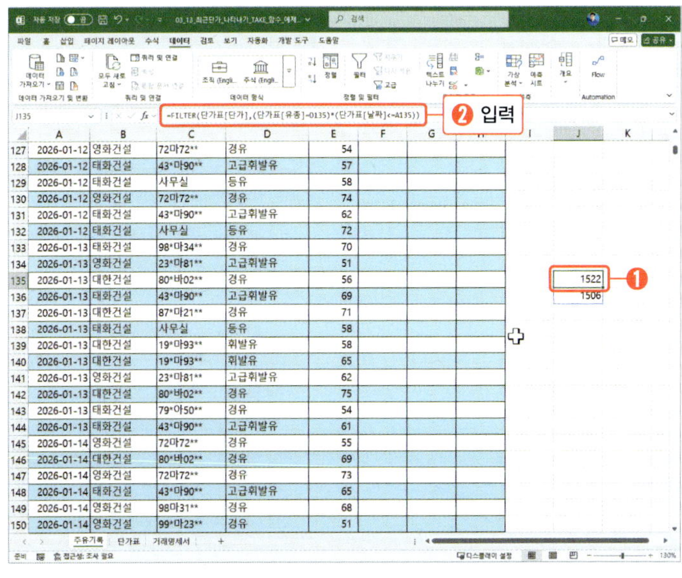

13 이제 나타난 단가들 중에 가장 마지막 값만 가져오면 됩니다. [J135] 셀의 수식을 '=TAKE(FILTER(단가표[단가],(단가표[유종]=D135)*(단가표[날짜]<=A135)),-1)'로 수정 입력합니다.

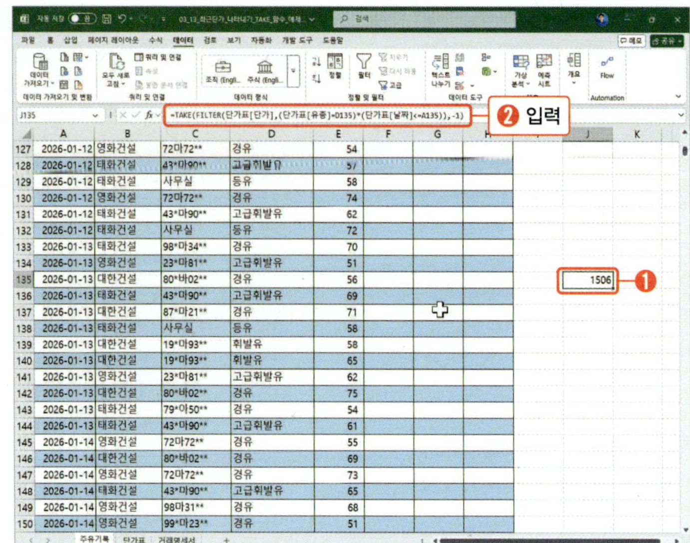

수식 설명

=TAKE(FILTER(단가표[단가],(단가표[유종]=D135)*(단가표[날짜]<=A135)),-1)

❶ : 유종이 [D135] 셀 값(경유)고 날짜가 [A135] 셀(2026-01-13)보다 작거나 같은 날짜의 단가를 필터

❷ : TAKE 함수의 두 번째 인수로 첫 번째 인수의 배열 중 행 방향 몇 번째 값을 표현할지 정하는 숫자

FILTER 함수를 통해 나타난 배열 중 맨 마지막 값을 나타내라는 의미입니다.

⊕ 추가 정보

TAKE 함수의 두 번째 인수는 행 방향, 세 번째 인수는 생략 가능한 인수로 열 방향에서 가져올 값을 정하는데 위쪽에서부터 진행합니다.

배열이 행 방향(세로)이라고 가정했을 때 두 번째 인수를 '1'로 지정하면, 맨 위에서 첫 번째 배열값을, '-2'로 하면 마지막에서 두 번째 배열값을 나타내게 하는 것입니다.

14 해당 수식을 참고로 이제 단가를 적용하기 위해 [F2] 셀에 '=TAKE(FILTER(단가표[단가],(단가표[유종]=D2)*(단가표[날짜]<=A2)),-1)'을 입력합니다.

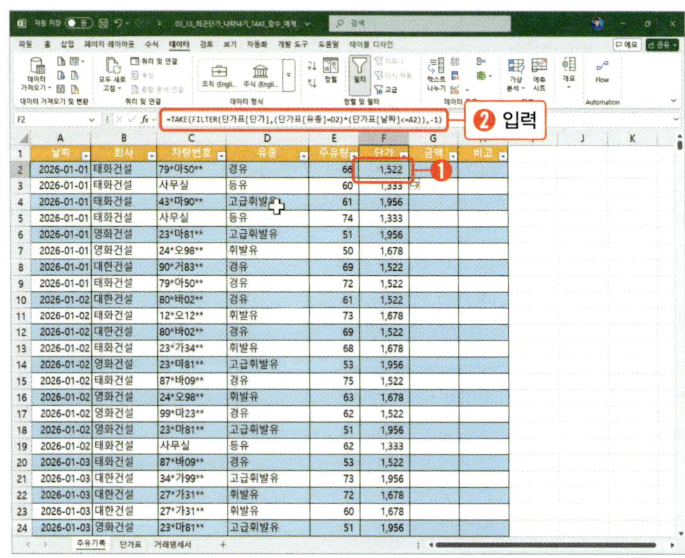

15 [G2] 셀에는 '=E2*F2'를 입력합니다. 이때 해당 셀을 선택하면 표로 지정된 범위이므로 '=[@주유량]*[@단가]'로 변경 입력됩니다.

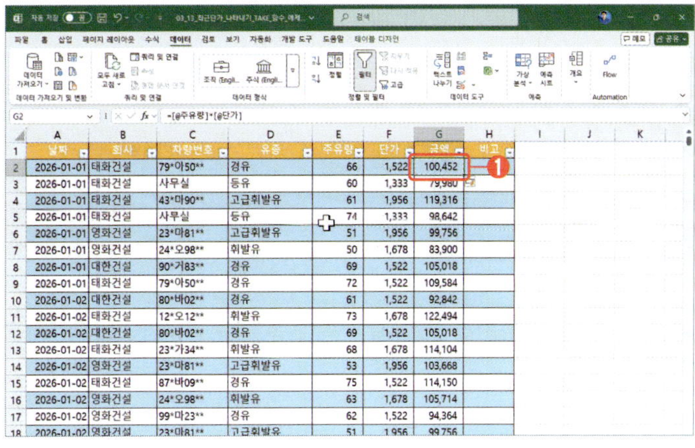

16 거래 명세서를 작성해 보겠습니다. 먼저 필터된 데이터의 서식 중 날짜 부분을 지정하기 위해 [거래명세서] 시트에서 [A6] 셀을 선택하고 [이름 상자]에 'A500'을 입력한 후 Shift+Enter를 누릅니다. 그리고 [홈] 탭 – [표시 형식] 그룹 – [표시 형식] – [간단한 날짜]를 클릭합니다.

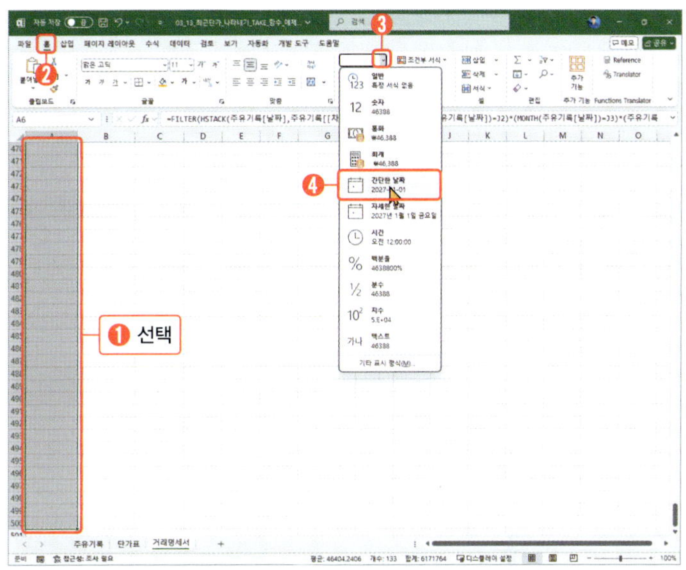

17 [A6] 셀에 '=FILTER(HSTACK(주유기록[날짜],주유기록[[차량번호]:[비고]]),(YEAR(주유기록[날짜])=J2)*(MONTH(주유기록[날짜])=J3)*(주유기록[회사]=G3))'을 입력합니다. 더불어 주유량, 단가, 금액의 서식을 지정하기 위해, [D6:F6] 셀을 선택하고 Ctrl+Shift+↓를 눌러 범위를 선택한 후 [홈] 탭 – [표시 형식] 그룹 – [쉼표 스타일]을 클릭합니다.

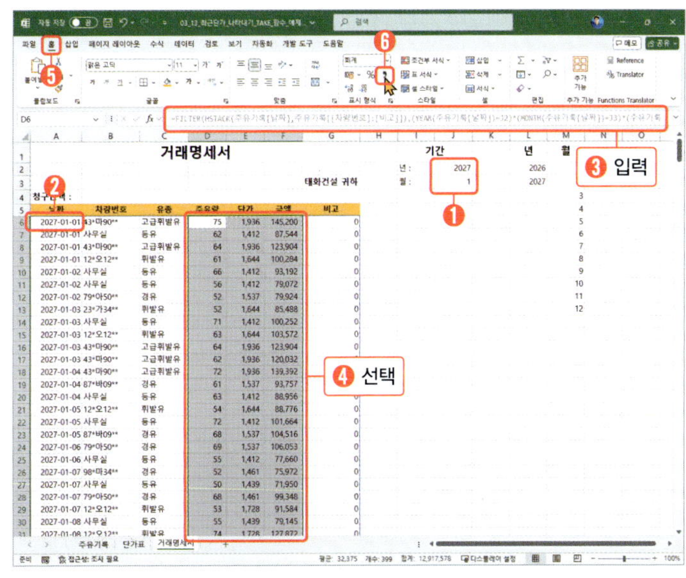

18 [G] 열에 비고가 값이 없어서 '0'으로 표시되는 부분을 수정하겠습니다. [G6] 셀을 선택하고 Ctrl+Shift+↓를 눌러 범위를 선택한 후 Ctrl+1을 누릅니다. [범주] – [사용자 지정]을 선택하고, [형식]에 ';;;'를 입력한 후 [확인]을 클릭합니다.

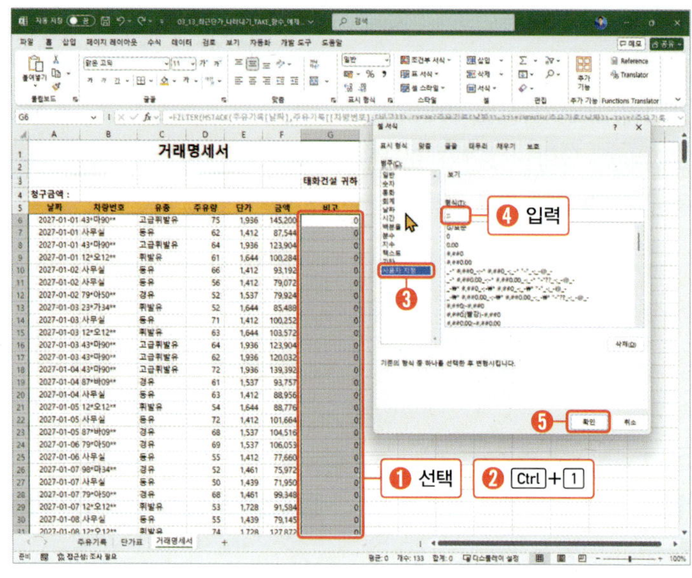

여기서 잠깐

사용자 지정 셀 서식 입력 순서는 '양수;음수;0;문자열' 순서인데 ';;;'를 입력하면 어떠한 데이터도 모두 표시하지 않게 됩니다.

19 청구금액을 표시하기 위해 [B4] 셀 '=NUMBERSTRING(SUM(F6:.F10000),1)&"원 ("&TEXT(SUM(F6:.F10000),"#,##0")&") VAT 포함"'을 입력합니다.

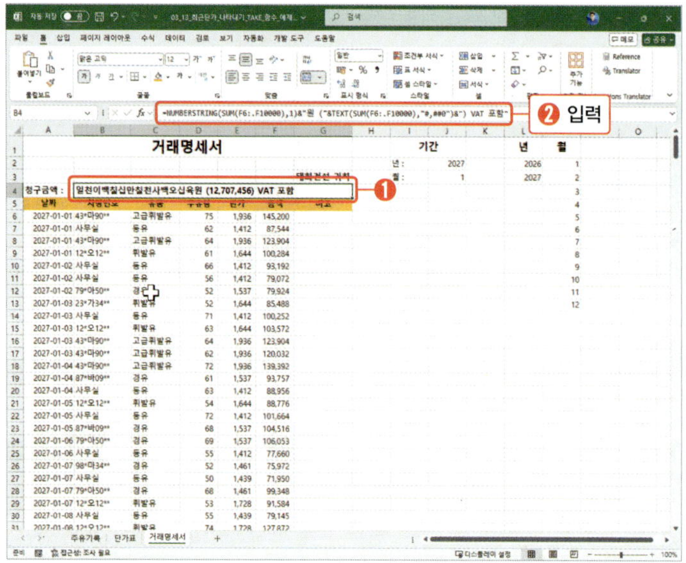

여기서 잠깐

참조 범위를 'F6:.F10000'으로 트리밍 참조를 이용해서 입력했으므로, [F10000] 셀에서 위쪽으로 이동하면 빈 셀을 제외한 셀까지의 범위를 선택한 것과 같은 참조 범위가 됩니다.

수식 설명

=NUMBERSTRING(SUM(F6:.F10000),1)&"원 ("&TEXT(SUM(F6:.F10000),"#,##0")&") VAT 포함"

❶ : F6:.F10000까지의 합계를 만들고 한글로 표시(NUMBERSTRING 인수 1)

❷ : F6:.F10000까지의 합계를 양쪽 괄호가 있는 쉼표 스타일 텍스트로 표시

❸ : 맨 뒤에 VAT 포함이라는 텍스트를 표시

F6:.F10000까지의 합계를 한글로 표시하고 붙여서 괄호가 있는 쉼표 스타일로 값을 표시하고 맨 뒤에 'VAT 포함'이라는 텍스트를 붙여 표현하라는 의미입니다.

20 출력할 자료이므로 페이지 설정을 하겠습니다. [페이지 레이아웃] 탭 – [페이지 설정] 그룹 오른쪽 하단 [자세히] 버튼을 클릭하면 해당 그룹의 모든 설정을 할 수 있습니다.

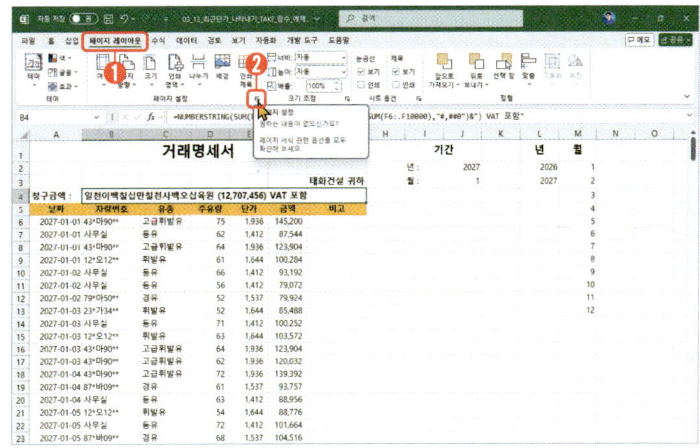

21 [페이지 설정] 대화상자의 [시트] 탭에서 [인쇄 영역]은 [A:G] 열까지 선택하고, [반복할 행]은 [1:5] 행까지 선택합니다.

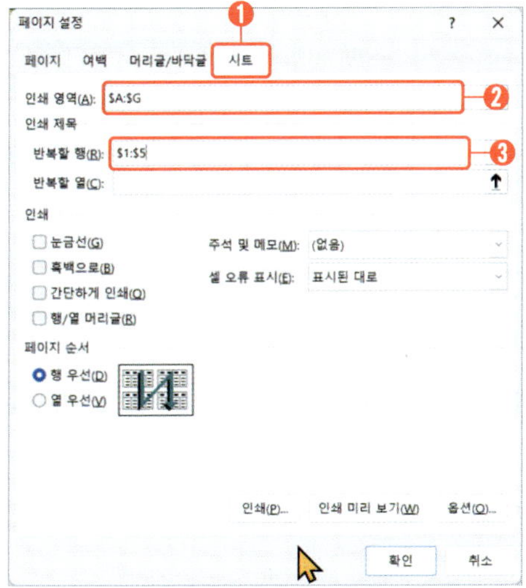

22 출력물에 주유소 회사 CI를 워터마크로 삽입하는 방법을 알아보겠습니다. [머리글/바닥글] 탭의 [머리글 편집]을 클릭하고, [머리글] 대화상자가 나타나면 [가운데 구역]에 마우스 커서를 위치한 상태에서 [그림 삽입]을 클릭합니다.

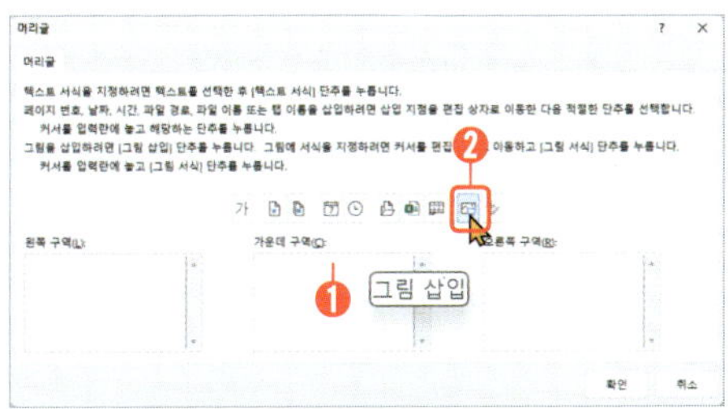

23 예제 폴더로 이동해서 제공하는 그림 파일(한국주유소.jpg)을 선택하고 [확인]을 클릭합니다.

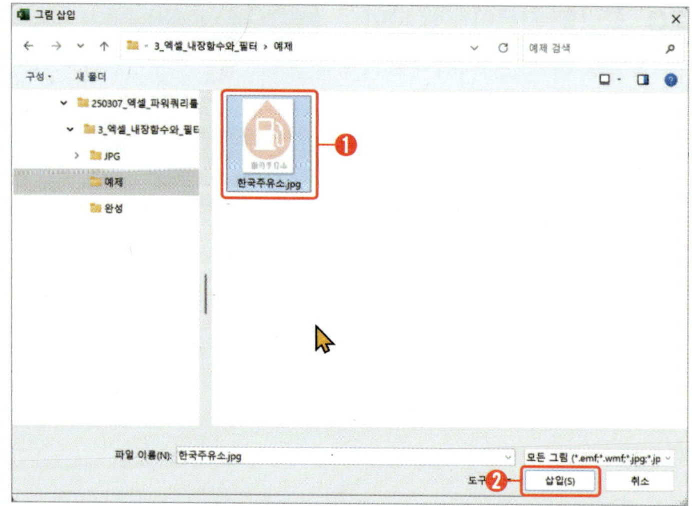

24 가운데 구역에 그림이 삽입된 걸 확인하고 [확인]을 클릭합니다.

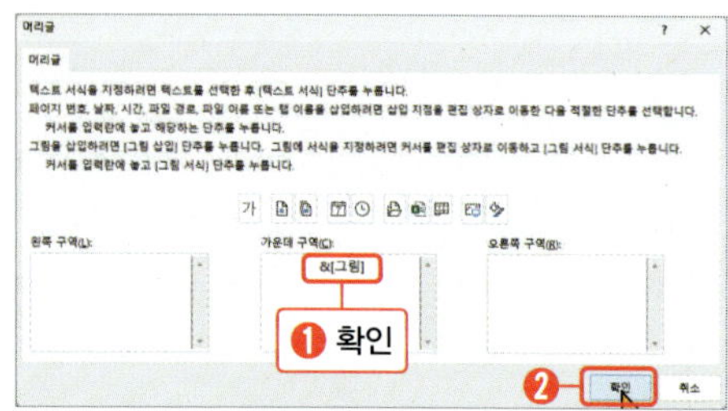

25 미리 보기로 확인하기 위해, [파일] 탭 – [인쇄]를 클릭하고 우측의 [인쇄 미리 보기] 표시를 클릭합니다.

여기서 잠깐

인쇄 단축키는 Ctrl+P입니다.

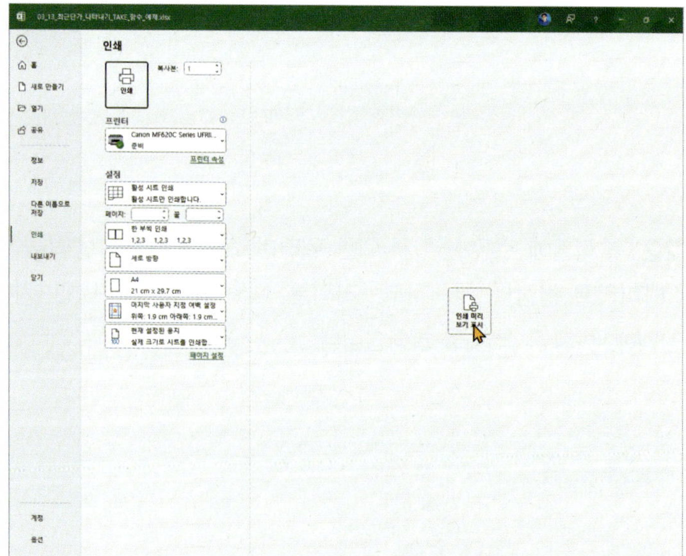

26 우측 하단의 두 번째 [여백 표시]를 클릭하면 화면에 여백선이 보여집니다.

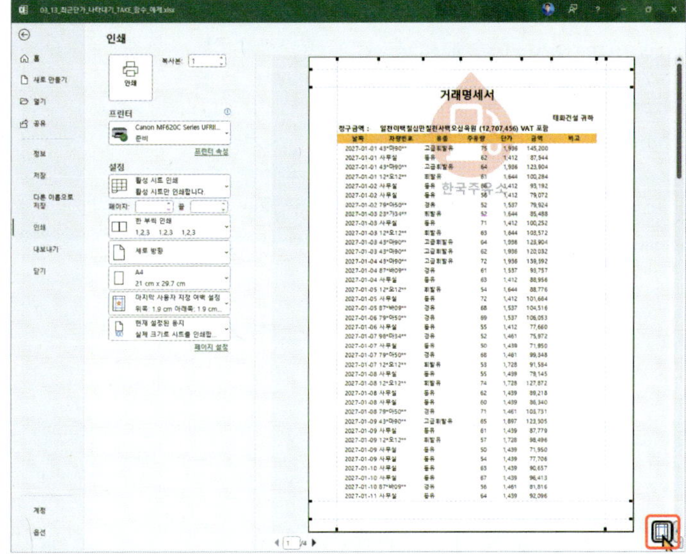

27 맨 위쪽에 있는 여백선을 드래그해서 아래로 내리면 삽입된 그림이 이동합니다. 보기 좋게 가운데로 배치합니다.

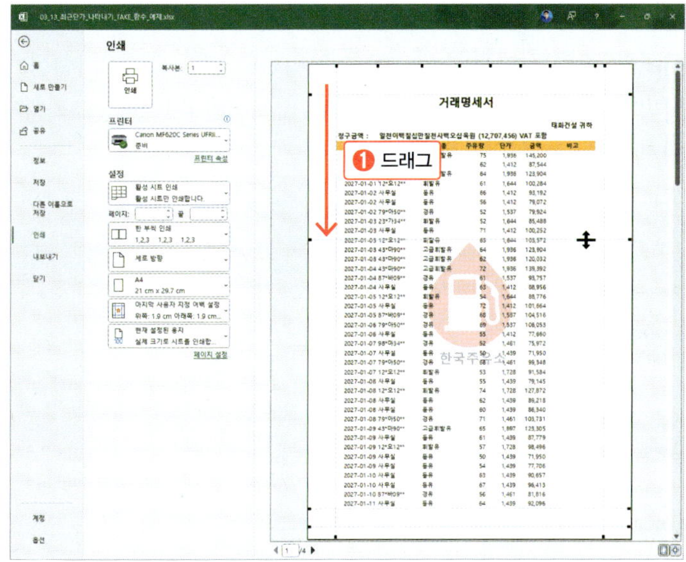

28 아래쪽에 페이지를 넘겨 보면 다른 페이지도 계속 표시되는 것을 확인할 수 있습니다.

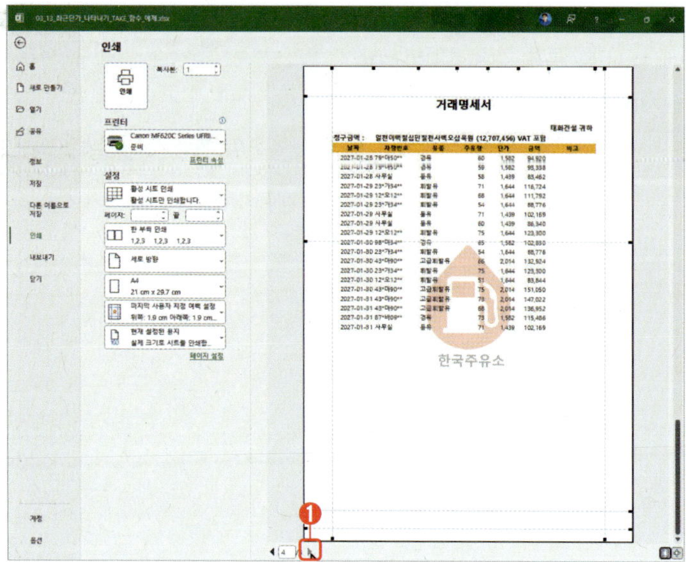

29 이제 우측 하단에 거래 명세서가 총 몇 페이 중 몇 번째 페이지라는 내용을 표시하기 위해 이전처럼 [페이지 설정] 대화상자를 불러와도 되고, 좌측의 [설정] 마지막에 '페이지 설정'이라는 녹색 글씨가 보이는데 그 글씨를 클릭하면 다시 [페이지 설정] 대화상자가 나타납니다. [머리글/바닥글] 탭에서 [바닥글 편집]을 클릭합니다.

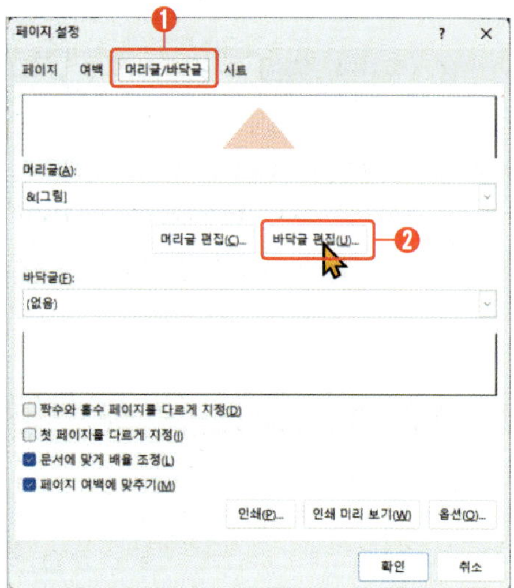

30 오른쪽 구역을 클릭해서 마우스 커서를 두고 상단 아이콘 중 왼쪽 세 번째 아이콘을 클릭하면 '&[전체 페이지 수]'라고 나오는데 그 뒤에 '페이지중'을 입력합니다. 다시 상단 아이콘 중 왼쪽 두 번째 아이콘을 클릭하고 맨 뒤쪽을 클릭해서 '페이지'를 입력한 후 [확인]을 클릭합니다.

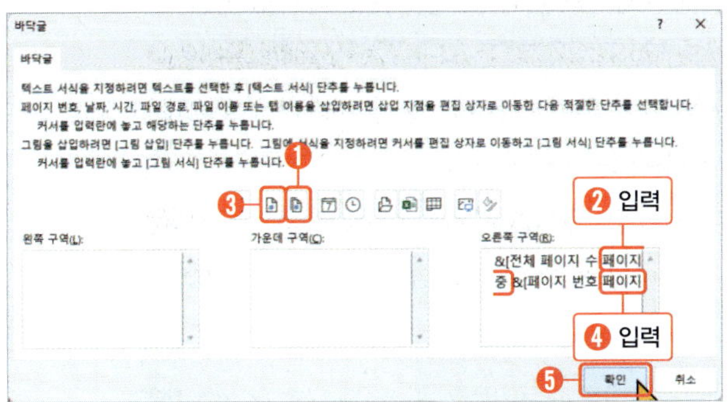

31 미리 보기를 보면 우측 하단에 페이지가 나타나는 것을 확인할 수 있습니다.

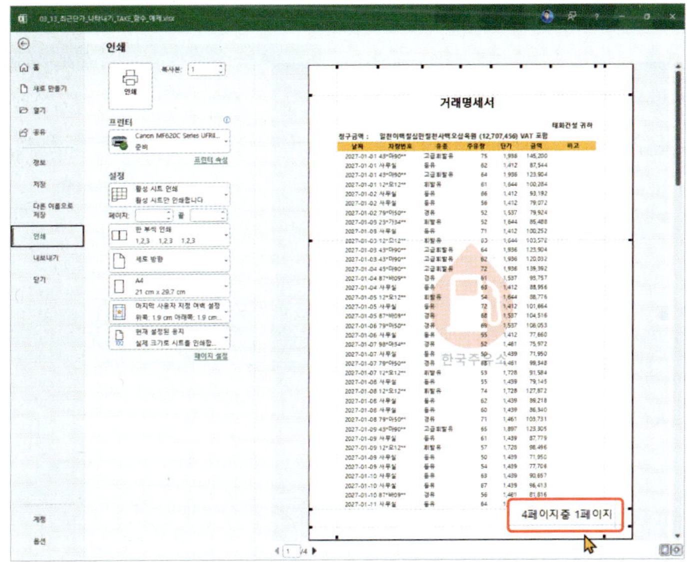

32 결과물에 조건부 서식으로 괘선을 넣기 위해 [A5] 셀을 선택하고 [이름 상자]에 'G500'을 입력한 후 Shift+Enter를 누릅니다. 조건부 서식이 지정될 범위를 여유 있게 선택하고, [홈] 탭 – [스타일] 그룹 – [조건부 서식] – [새 규칙]을 클릭합니다.

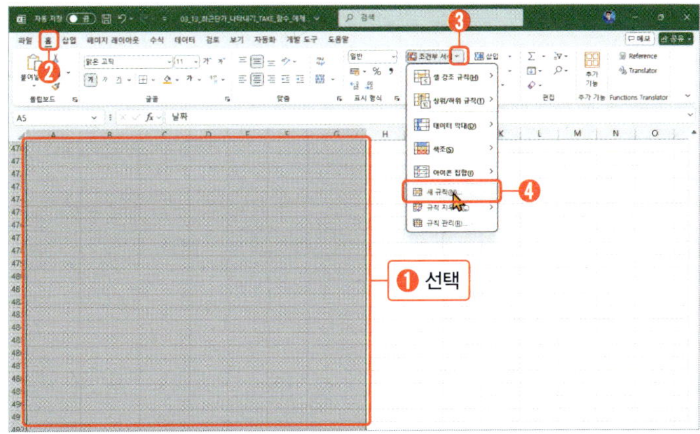

33 [규칙 유형 선택]은 [다음을 포함하는 셀만 서식 지정]을 선택하고 [다음을 포함하는 셀만 서식 지정]은 '내용 있는 셀'을 선택한 후 [서식]을 클릭합니다. [테두리] 탭의 [윤곽선]을 클릭하고 [확인]을 클릭하여 작업을 마무리합니다.

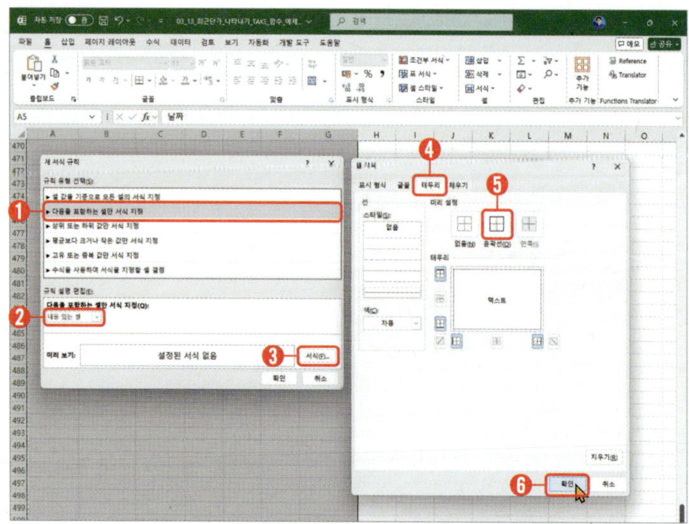

34 [A1] 셀에 기간을 같이 명시하기 위해 '="거래 명세서("&J2&"년 "&J3&"월)"'을 입력합니다.

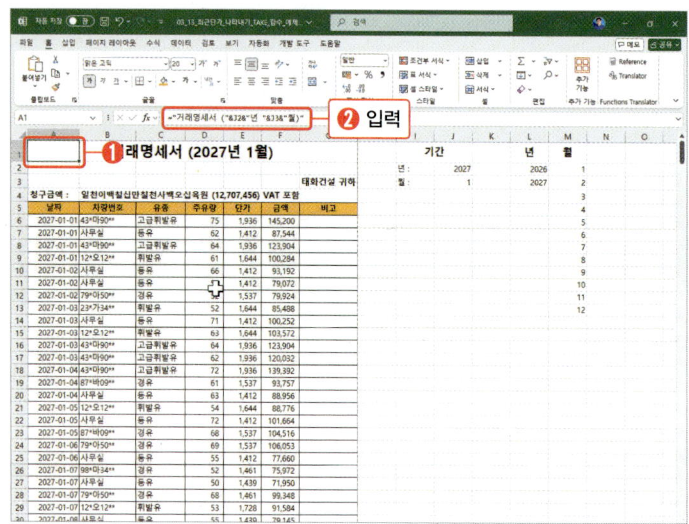

35 [J3] 셀에서 2월로 변경해 보면 거래 명세서가 바뀌는 것을 확인할 수 있습니다.

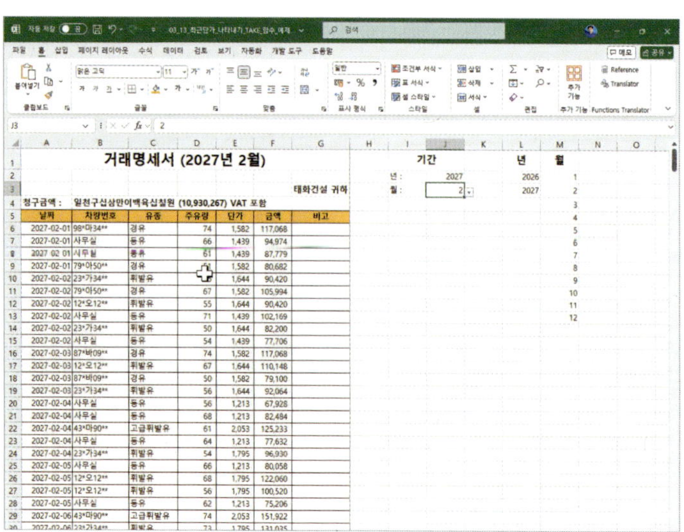

014 면접관 상하위 점수 2개씩 제외한 신규 입사자의 면접점수 처리 결과

이번에는 면접 평가에서 상 · 하위 n개의 점수를 제외한 통계량을 계산하는 방법을 알아보겠습니다. 또한 부동 소수점 처리와 동일 순위에 대한 가중치 부여 방식을 함께 활용하여, 함수만으로 면접 점수를 정확하게 분석하고 순위를 산출하는 방법을 익혀보겠습니다.

- **실습 파일 :** Part 03 > 예제 > 03_14_신규_입사자_면접결과_DROP_함수_예제.xlsx
- **완성 파일 :** Part 03 > 완성 > 03_14_신규_입사자_면접결과_DROP_함수_완성.xlsx

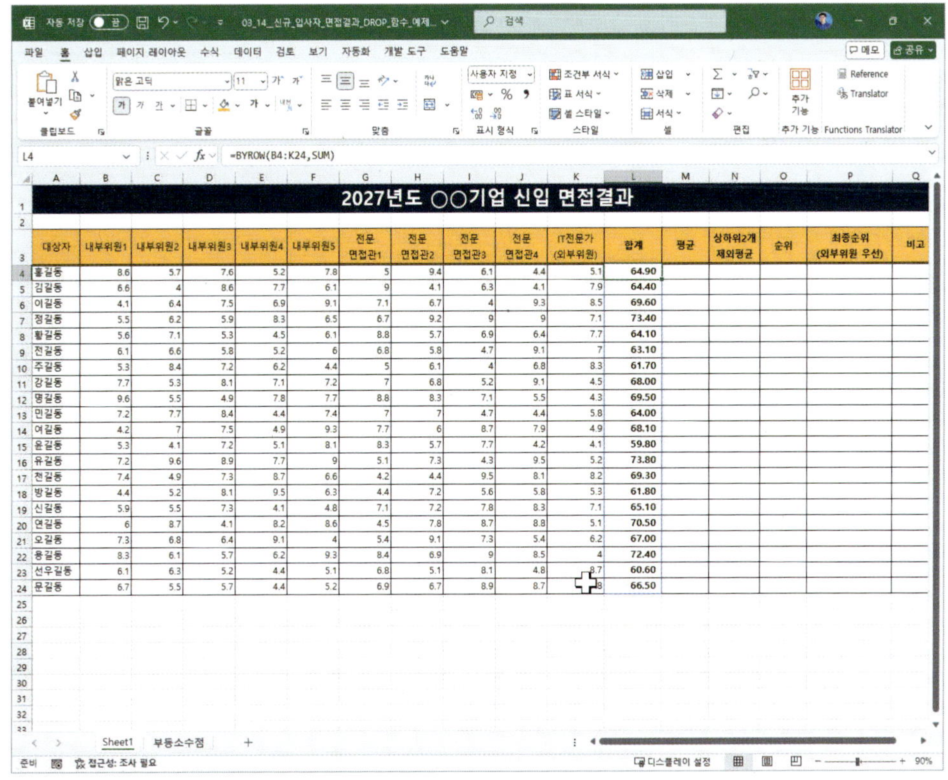

주요 기능	현업 활용
DROP 함수	• TAKE 함수의 반대 함수로 행, 열을 잘라내고 나머지를 반환하는 함수이다.
RANK 함수	• 순위를 나타내는 함수이다.
조건부 서식	• 사용자가 지정한 조건에 부합되는 셀에 지정한 서식을 표시한다.

01 예제 파일을 불러온 후 신입 면접 결과의 개인별 합계를 산출하기 위해, [Sheet1] 시트의 [L4] 셀에 '=BYROW(B4:K24,SUM)'을 입력합니다.

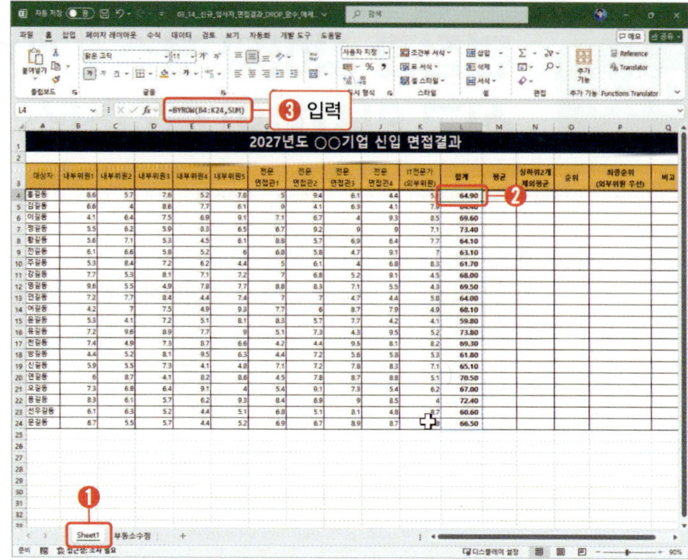

02 이번에는 개인별 평균을 산출하기 위해, [M4] 셀에 '=BYROW(B4:K24,AVERAGE)'를 입력합니다.

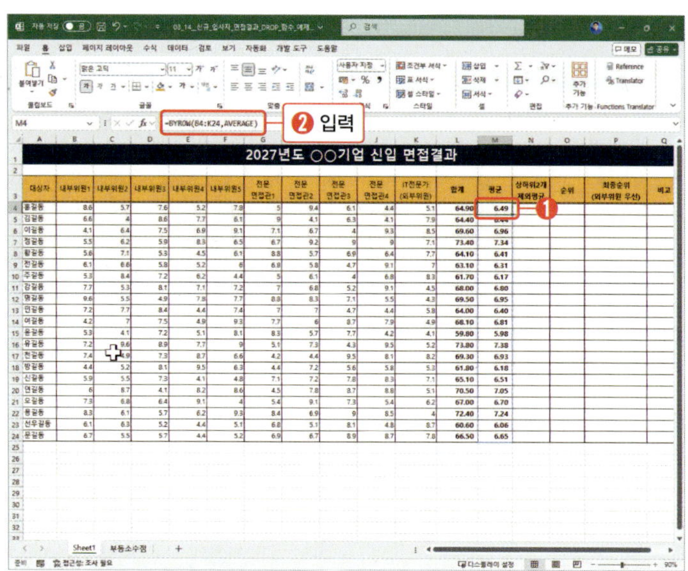

03 이번에는 상하위 2개 점수를 제외한 점수의 평균을 산출하기 위해, 먼저 [N4] 셀에 '=DROP(SORT(B4:K4,,1,TRUE),,2)'를 입력합니다.

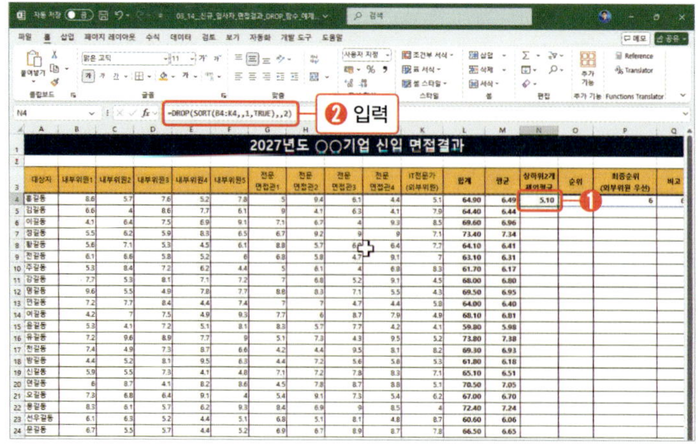

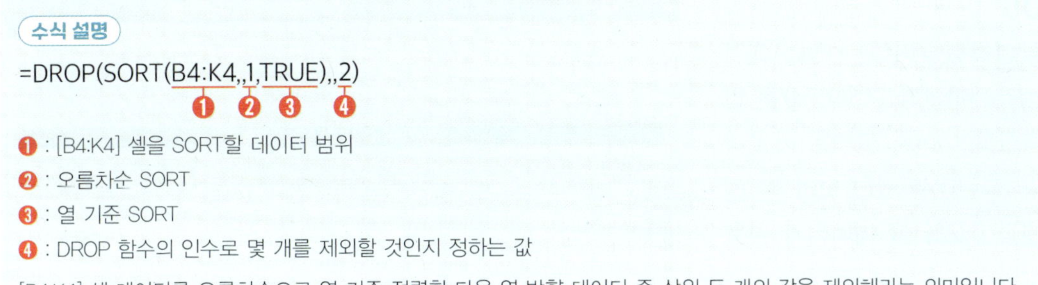

수식 설명

=DROP(SORT(B4:K4,,1,TRUE),,2)

❶ : [B4:K4] 셀을 SORT할 데이터 범위

❷ : 오름차순 SORT

❸ : 열 기준 SORT

❹ : DROP 함수의 인수로 몇 개를 제외할 것인지 정하는 값

[B4:K4] 셀 데이터를 오름차순으로 열 기준 정렬한 다음 열 방향 데이터 중 상위 두 개의 값을 제외해라는 의미입니다.

04 이제는 하위 2개 값을 제외해야 하므로 해당 수식을 '=DROP(DROP(SORT(B4:K4,,1,TRUE),,2),,-2)'로 수정 입력합니다.

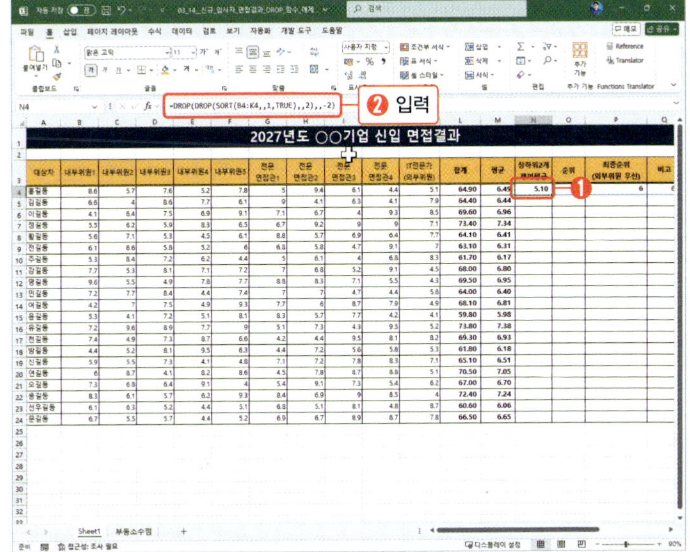

05 이제 상하위 2개씩 제외한 값의 평균을 산출하기 위해, [N4] 셀에 '=AVERAGE(DROP(DROP(SORT(B4:K4,,1,TRUE),,2),,-2))'를 입력하고 나머지 영역을 수식을 채웁니다.

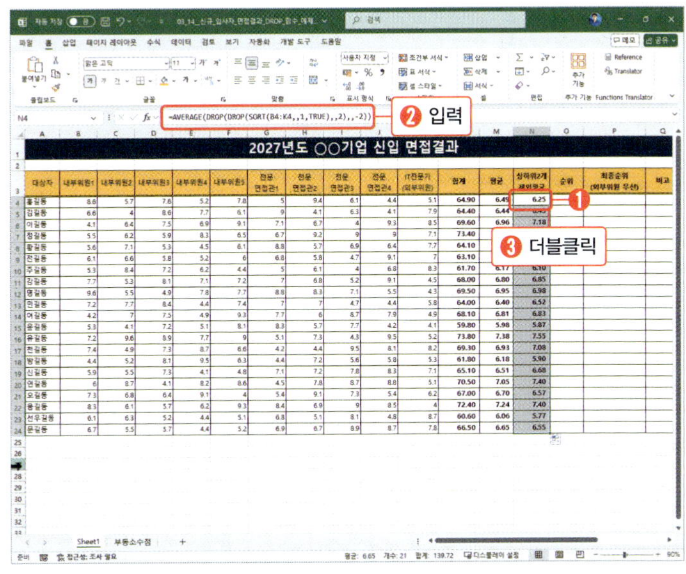

06 이제 면접결과 순위를 작성하겠습니다. [O4] 셀에 '=RANK(N4,$N$4:$N$24)'를 입력하고 나머지 영역은 채웁니다. 그런데 자세히 보면 [N20] 셀과 [N22] 셀 데이터가 같은 값인데 순위가 다르게 표시됩니다. 이는 부동 소수점 오류입니다.

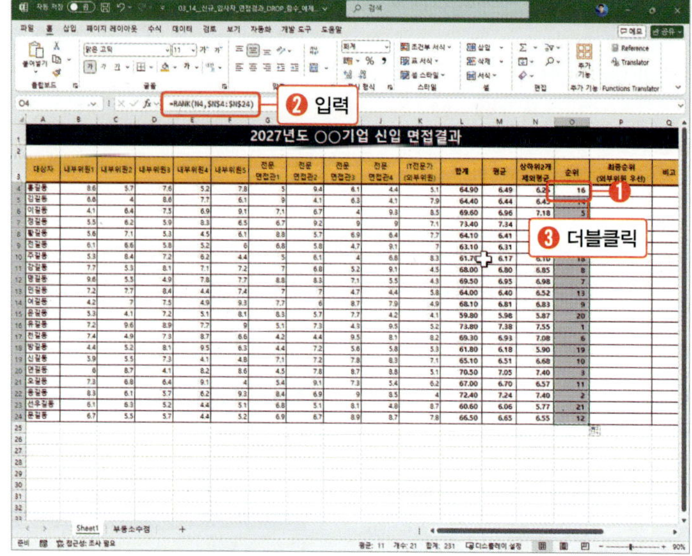

> **⊕ 추가 정보**
>
> 컴퓨터는 이진수(0과1)만 다루기 때문에 소수점이 많은 실수를 정확히 표현하기 어렵습니다. 그래서 부동 소수점 형식으로 저장합니다. 다른 대부분의 컴퓨터 시스템과 마찬가지로 엑셀도 IEEE 754 부동 소수점 표기법을 사용하여 숫자를 저장합니다. 그래서 이러한 경우는 소수점을 명확히 고정하는 게 가장 좋은 해결 방법이고 엑셀에서는 함수 중 TRUNC, ROUND, INT, ABS 등으로 고정 소수점으로 처리해 주는 해결 방법이 있습니다.

07 위의 추가 정보와 더불어 [부동소수점] 시트를 이동해 보면 광화문 지점의 증감 부분을 보면 이해할 수 있습니다.

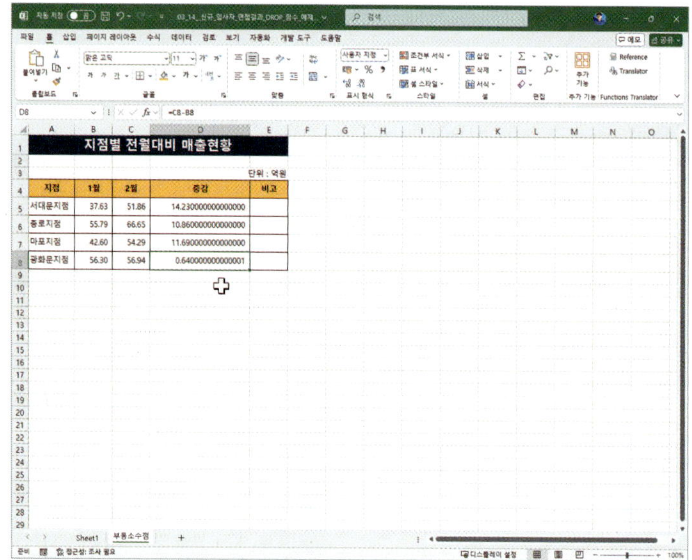

08 상하위 2개 제외 평균을 소수점 2자리 이하 절사하기 위해, [Sheet1] 시트의 [N4] 셀 수식을 '=ROUNDDOWN(AVERAGE(DROP(DROP(SORT(B4:K4,,1,TRUE),,2),,−2)),2)'로 수정 입력합니다.

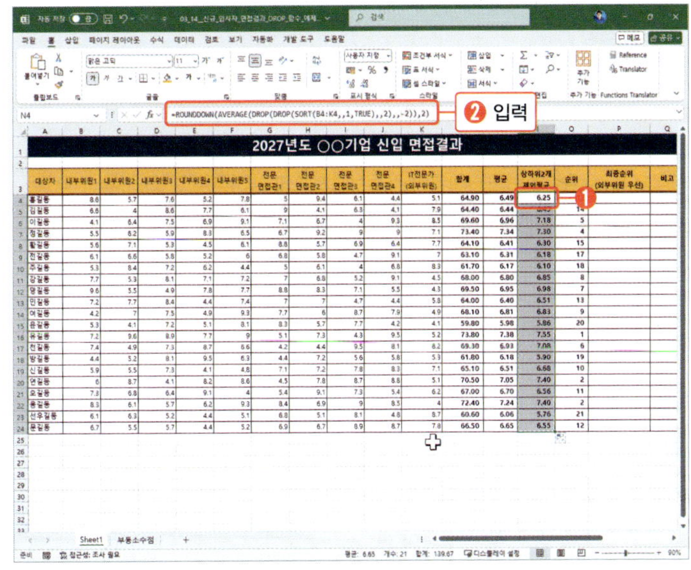

수식 설명

=ROUNDDOWN(AVERAGE(DROP(DROP(SORT(B4:K4,,1,TRUE),,2),,−2)),2)

❶ : 상하위 2개를 제외한 데이터 평균

❷ : ROUNDDOWN의 인수로 몇 번째 자리로 절사할 건지를 결정하는 값

상하위 2개를 제외한 데이터 평균을 소수점 2자리(2)로 절사하라는 의미입니다.

09 이제 2등이 2명이 되었습니다. 그래서 최종순위는 같은 순위라면 외부위원의 평가가 높은 사람을 우선순위로 두는 방법을 살펴보겠습니다. [P4] 셀에 '=O4+COUNTIFS($N$4:$N$24,N4,$K$4:$K$24,">"&K4)'를 입력하고 나머지 영역을 채웁니다.

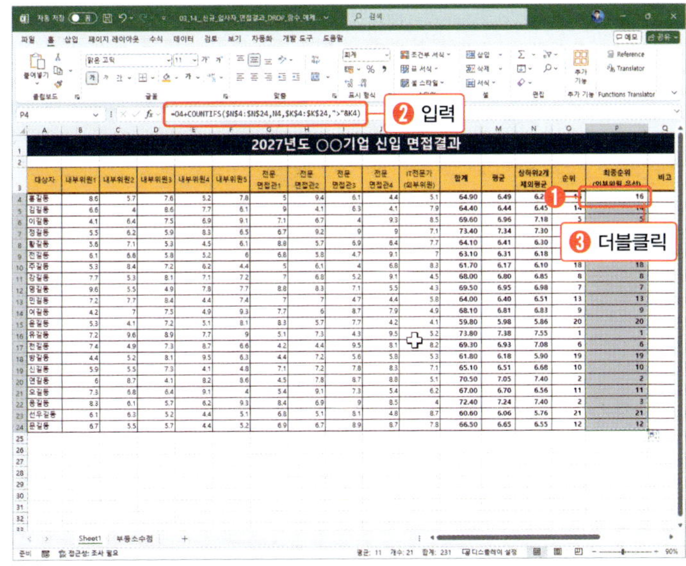

수식 설명

❶ : 기존 순위

❷ : [N4:N24] 셀의 상하위 2개 제외 평균 전체 데이터에서 [N4] 셀과 같고,

❸ : [K4:K24] 셀의 외부위원 평가 전체 데이터에서 [K4] 셀 값보다 크다.

기존 순위(O4)에 내 상하위 2개 제외 평균 점수와 같으면서 내 외부위원 평가 점수보다 큰 사람이 몇 명인지를 더해라는 의미입니다.

10 마지막으로 5등까지만 조건부 서식으로 표시하기 위해, [A4:A24] 셀과 [N4:P24] 셀을 선택하고 [홈] 탭 – [스타일] 그룹 – [조건부 서식] – [새 규칙]을 클릭합니다.

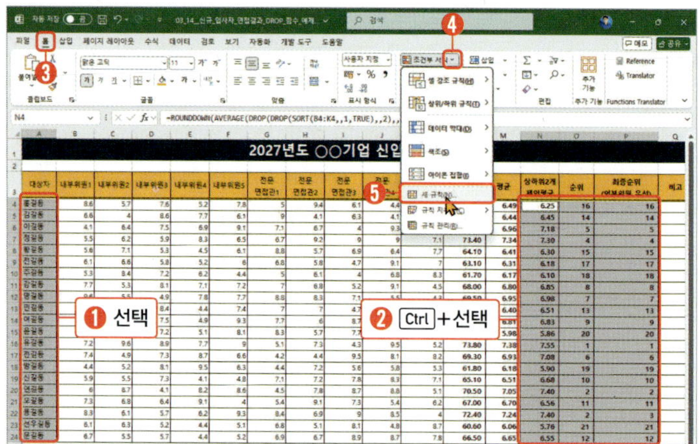

11 [규칙 유형 선택]은 [수식을 사용하여 서식을 지정할 셀 결정]을 선택하고 [다음 수식이 참인 값의 서식 지정] 부분에 '=$P4<=5'를 입력한 후 [서식]을 클릭합니다. [채우기] 탭에서 [녹색]을 선택하고 [확인]을 클릭해서 마무리합니다.

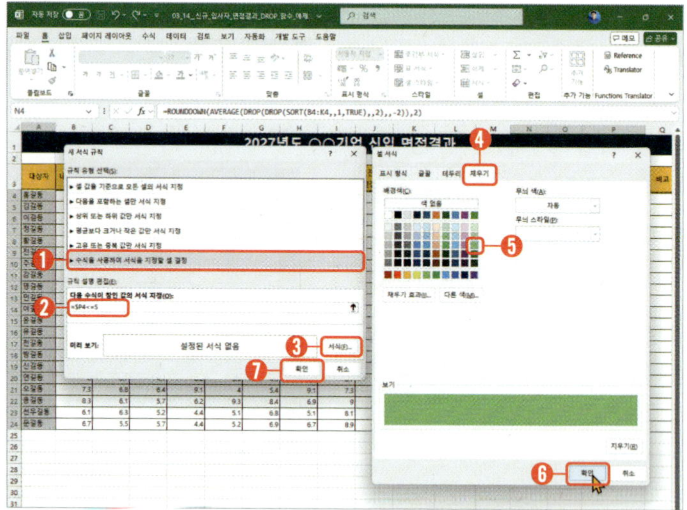

12 최종 결과를 확인할 수 있습니다.

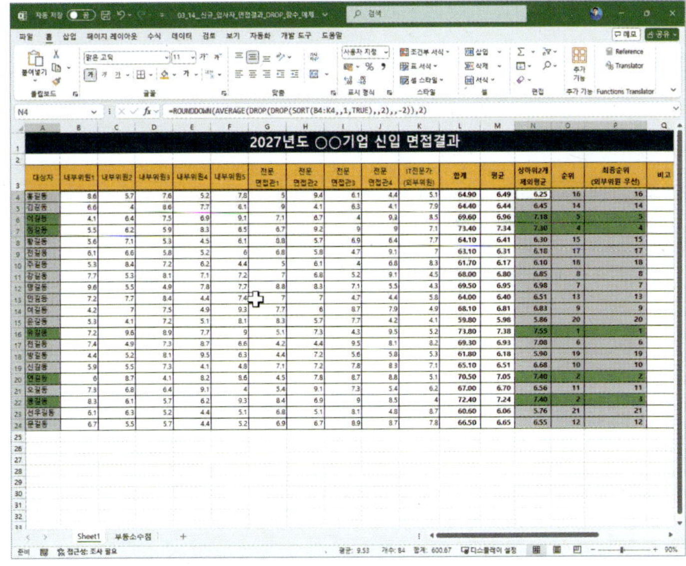

Part

04

파워 쿼리를 활용한 빅데이터 분석

지금까지 익힌 내용을 바탕으로, 이번 파트에서는 더 크고 다양한 데이터를 효율적으로 다룰 수 있는 파워 쿼리(Power Query)를 학습하겠습니다. 파워 쿼리는 엑셀에서 빅데이터를 손쉽게 분석하고 자동화할 수 있는 핵심 기능으로, Power BI에서도 동일한 기술이 사용됩니다. 따라서 대용량 데이터를 처리하거나, 기존 보고서와 자료를 자동화하려는 사용자에게 반드시 익혀야 할 필수 기술입니다.

001 파워 쿼리 데이터 형식과 날짜의 변환

002 비정상 데이터베이스의 손쉬운 변환 및 통계

003 머리글이 병합된 보고서의 데이터베이스 변환 및 통계

004 다중 시트(2개 이상)의 일괄 통계 분석 및 자동화

005 다중 시트의 다른 필드명 자료 일괄 통계 분석

006 다중 시트의 이름을 일괄 변경 및 통계 분석하기

007 병합을 활용한 효율적인 데이터 관리 및 분석

008 다중 시트의 반응형 보고서

009 다중 시트의 자동 변환 전월 대비 보고서

010 네이버 주식 자료의 크롤링 및 손쉬운 시각화

011 사용자 정의 함수를 이용한 네이버 주식 자료의 자동 크롤링

012 특정 기간의 통계 및 세부 내역

013 폴더 내 파일(36개) 일괄 통계 분석

014 폴더 내 다른 필드명 파일 일괄 통계 분석

001 파워 쿼리 데이터 형식과 날짜의 변환

이번에는 파워 쿼리를 활용하기 위한 기본 개념으로, 데이터 형식의 종류와 로딩된 날짜 데이터를 변환하는 방법을 알아보겠습니다. 또한 변환 과정에서 자주 발생하는 오류를 예방하기 위해, 파워 쿼리 사용 시 주의해야 할 사항도 함께 살펴보겠습니다.

- **실습 파일 :** Part 04 > 예제 > 04_01_데이터 형식_날짜 변환_예제.xlsx
- **완성 파일 :** Part 04 > 완성 > 04_01_데이터 형식_날짜 변환_완성.xlsx

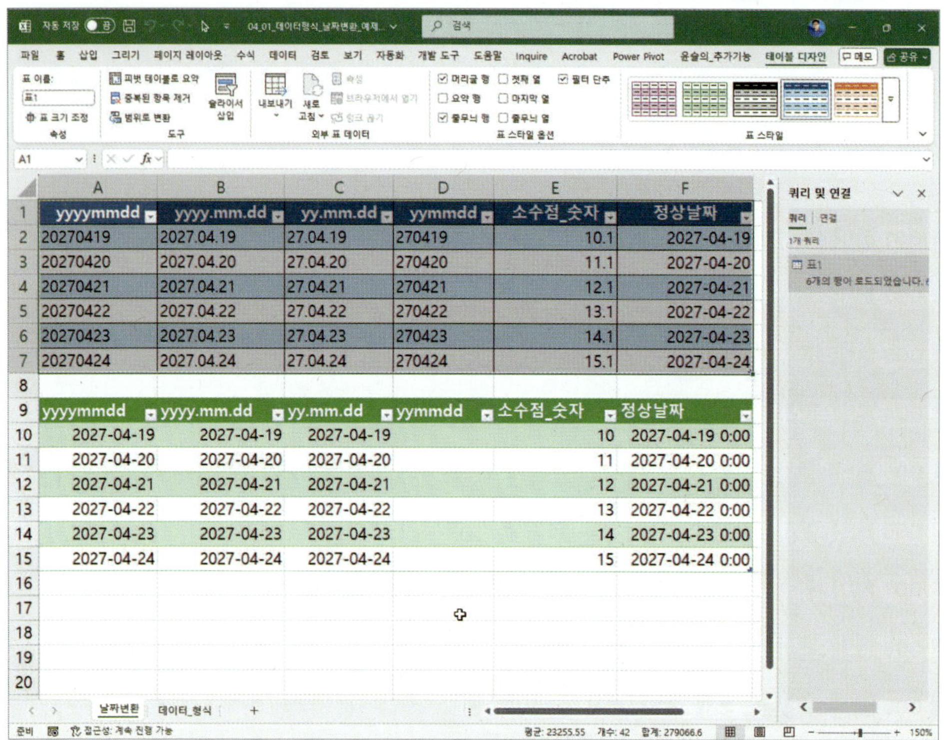

주요 기능	현업 활용
데이터 로드	• 데이터를 표로 만들어 파워 쿼리로 로드한다.
데이터 형식	• 파워 쿼리로 로드했을 때 자동 변환되는 데이터와 데이터 형식을 변경한다.
엑셀과의 차이점	• 셀 서식은 데이터의 변경이 없고 보이는 부분이 바뀌지만 파워 쿼리는 데이터 형식을 변경하면 데이터가 해당 형식으로 변경된다.

■ 파워 쿼리로 데이터 불러오기

01 파워 쿼리로 데이터를 불러오는 방법부터 알아보기 위해, 예제 파일을 불러온 후 임의의 셀을 선택합니다. Ctrl+T를 눌러 [표 만들기] 대화상자에서 [머리글 포함]의 체크를 확인한 후 [확인]을 클릭해서 표로 만듭니다.

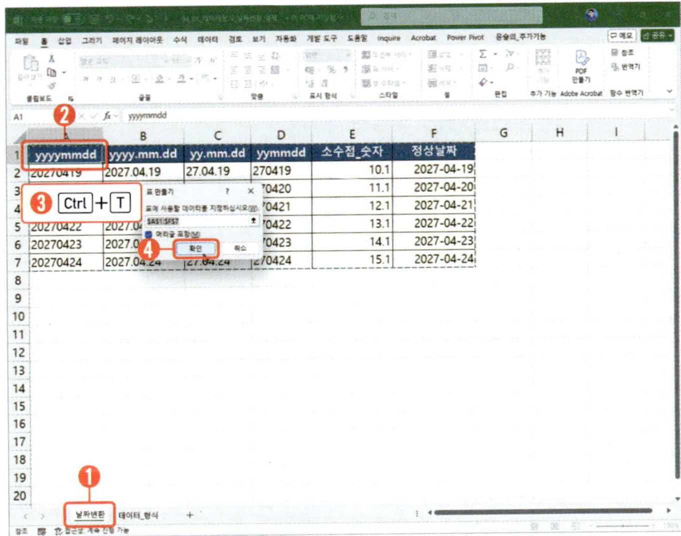

02 [데이터] 탭 – [데이터 가져오기 및 변환] 그룹 – [테이블/범위에서]를 클릭합니다.

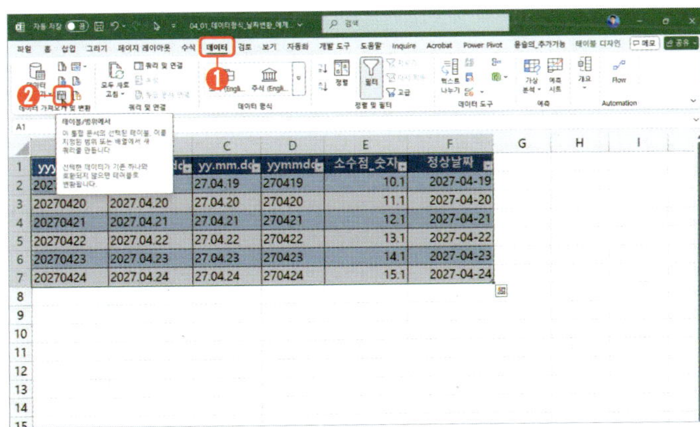

03 [Power Query 편집기] 창이 나타나고 표로 만들었던 데이터가 로딩된 것을 확인할 수 있습니다. 그런데 유심히 보면 일부 데이터는 날짜로 변경된 것도 있고, 그렇지 않은 데이터도 있습니다. 먼저 [yyyymmdd] 열의 데이터 형식 아이콘을 클릭해서 [날짜]를 선택합니다.

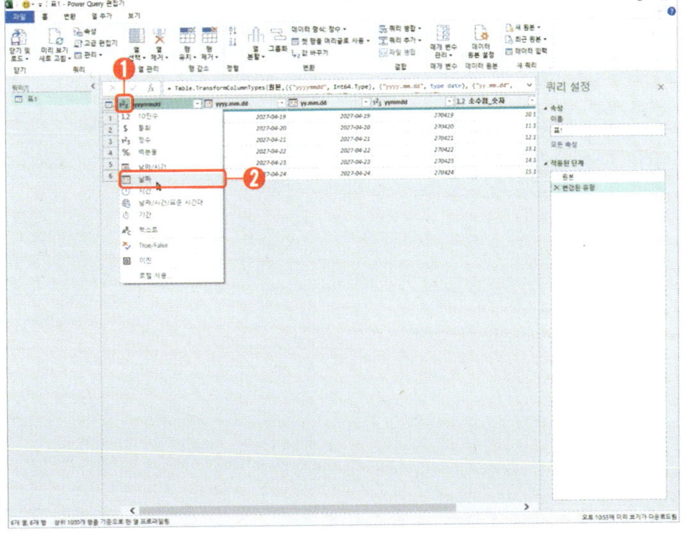

04 [열 형식 변경]은 [현재 전환 바꾸기]를 클릭해서 닫습니다.

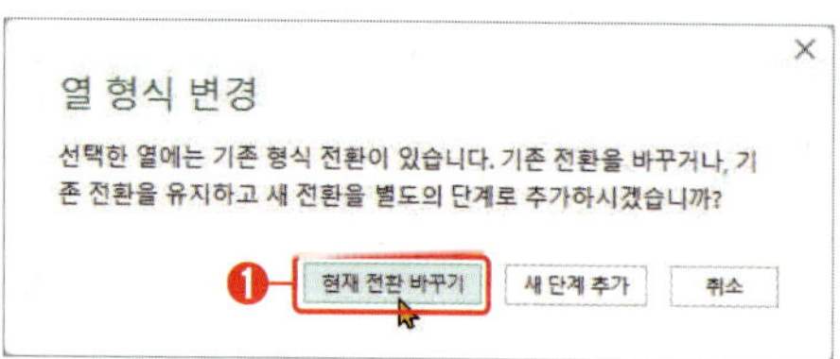

05 [yyyymmdd] 열 데이터가 정상 날짜로 변환된 것을 확인할 수 있습니다. 이번에는 [yymmdd] 열의 데이터 형식 아이콘을 클릭해서 [날짜]를 선택합니다.

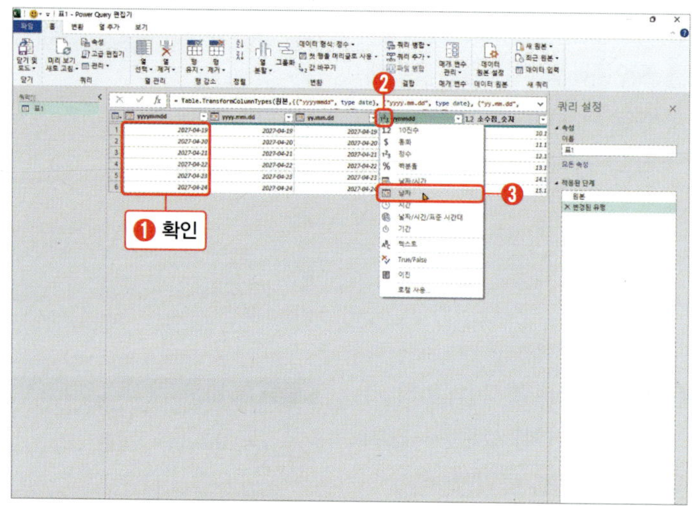

06 마찬가지로 [열 형식 변경]은 [현재 전환 바꾸기]를 클릭해서 닫습니다.

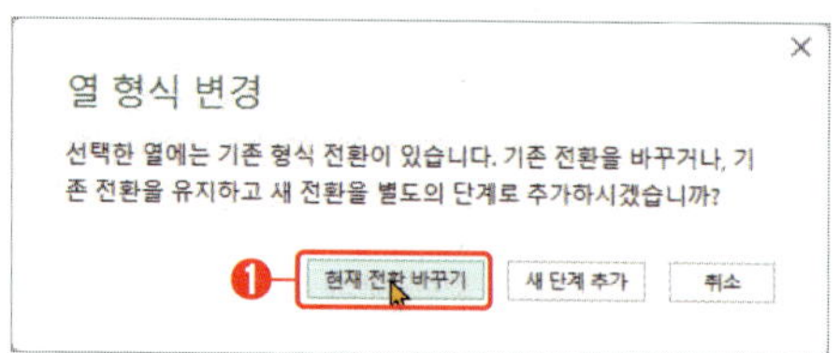

07 마지막으로 숫자 데이터의 형식을 변환하기 위해, [소수점_숫자] 열의 데이터 형식 아이콘을 클릭하고 [정수]를 선택합니다.

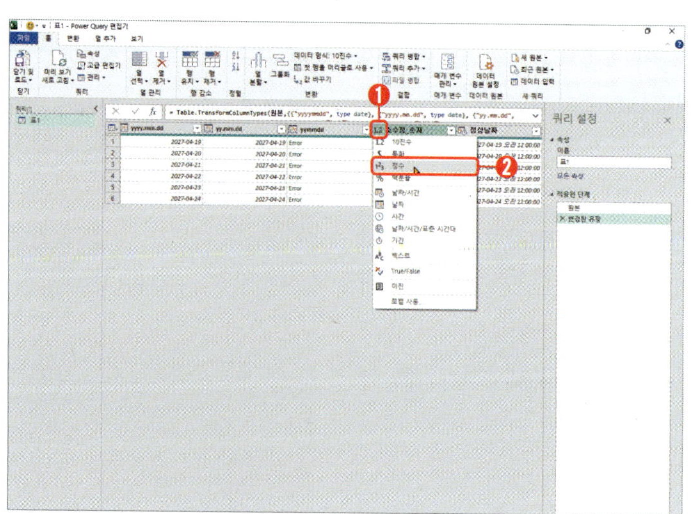

08 마찬가지로 [열 형식 변경]은 [현재 전환 바꾸기]를 클릭해서 닫습니다.

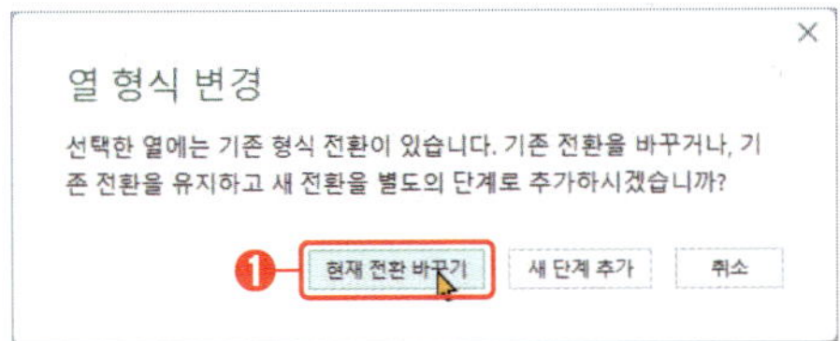

09 이제 변환된 데이터를 기존 엑셀 데이터와 비교해 보기 위해 엑셀로 변환된 내용을 보내겠습니다. [홈] 탭 – [닫기] 그룹 – [닫기 및 로드] – [닫기 및 다음으로 로드]를 클릭합니다.

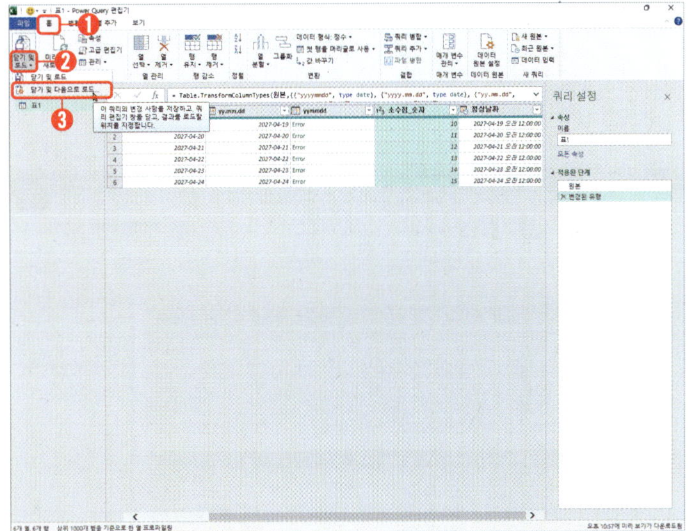

10 [데이터 가져오기] 대화 상자에서 [표], [기존 워크시트]를 선택하고, [날짜변환] 시트의 [A9] 셀을 선택한 후 [확인]을 클릭합니다.

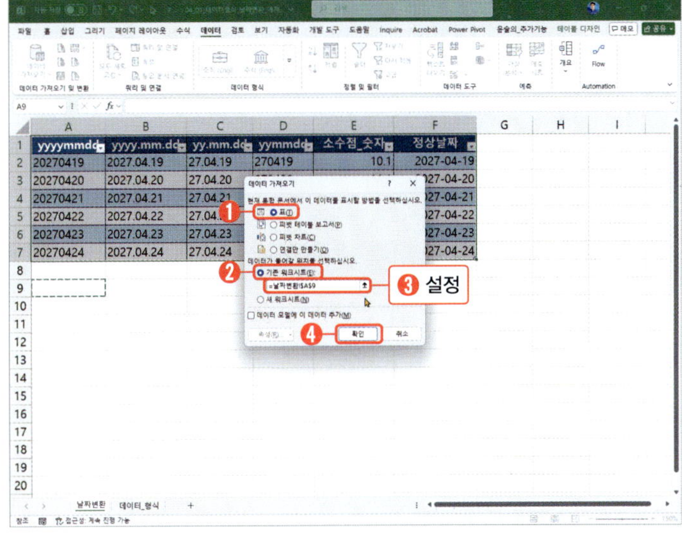

■ 기존 데이터와 비교하기

01 이제 기존 데이터와 파워 쿼리에서 데이터 형식을 변환한 데이터를 비교해 보겠습니다. [A] 열의 데이터는 날짜로 변환해서 정상 날짜가 되었고 [B], [C] 열은 변환하지 않았는데 정상 날짜가 되었으며, [D] 열은 변환되지 않았습니다. 가장 눈에 띄는 부분은 [E] 열로 정수로 변환했더니, 소수점 이하 자리수가 모두 절사된 것을 확인할 수 있습니다. 또 [F] 열은 정상 날짜였는데 파워 쿼리로 로딩했다가 가져왔더니 날짜와 시간까지 나타났습니다.

엑셀과 파워 쿼리의 주요 차이점 중 하나는, 엑셀에서 셀 서식을 이용해 데이터의 표시 형식을 변경하면 보이는 내용만 달라지고 실제 데이터는 변하지 않지만, 파워 쿼리에서는 데이터 자체가 변한다는 점입니다.

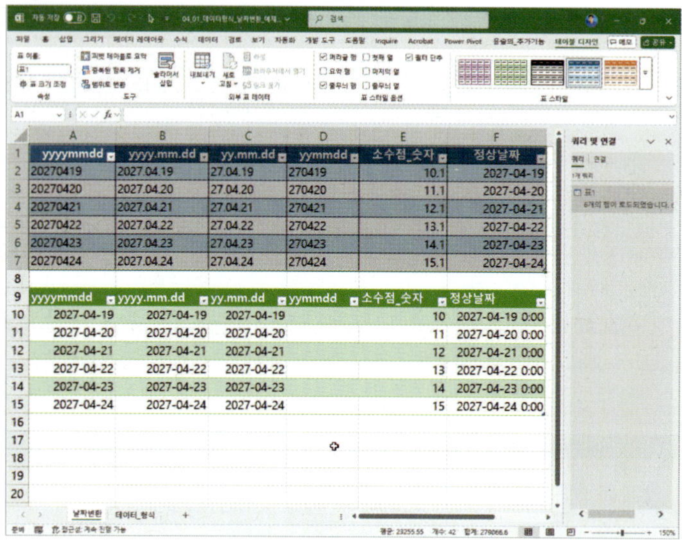

여기서 잠깐

파워 쿼리 데이터 형식

데이터 형식	설명	예시	비고
10진수	부동소수점 숫자. 계산 정확도가 높음. 소수점 포함 가능	123.456, -0.5, 3.14	
통화	소수점 이하 2자리 고정 소수점 숫자. 금액 계산에 적합	1000=>1,000.00	
정수	소수점 없는 숫자	10 -5 2027	
백분율	숫자 값에 100을 곱해 백분율로 표시. 내부적으로는 0~1 사이의 값	10%(저장 값: 0.1)	
날짜/시간	날짜와 시간 모두 포함	2027-03-10 오전10:20:00	

날짜	날짜만 포함	2027-03-10	
시간	시간만 포함	오전 10:20:00	
날짜/시간/표준 시간대	날짜와 시간 + UTC 기준 시간대 포함.	2027-03-10 오전10:20:00+09:00	
기간	날짜/시간 간의 간격. 일, 시, 분, 초 단위로 표시됨	3.5=>3.12:00:00	
텍스트	문자열 데이터	엑셀	
True/False	논리형 데이터, 조건에 따라 사용됨		
이진	파일, 이미지 등 바이너리 데이터		

⊕ 추가 정보

날짜 데이터의 변환

데이터	처리	결과	비고
yyyymmdd (20270310)	데이터 형식 변경	2027-03-10	정상 날짜 변환
yyyy.mm.dd (2027.03.10)	로딩 시 자동 변경	2027-03-10	정상 날짜 변환
yy.mm.dd (27.03.10)	로딩 시 자동 변경	2027-03-10	정상 날짜 변환
yymmdd (270310)	로딩 시 숫자 인식	Error	
Yyyy-mm-dd (2027-03-10)	로딩 시 시간 포함으로 자동 변경	2027-03-10 오전 12:00:00	정상 날짜/시간 변환

002 비정상 데이터베이스의 손쉬운 변환 및 통계

파워 쿼리의 강력한 기능 중 하나는 보고서 형태의 데이터를 표준 데이터베이스 형식으로 변환하는 것입니다. 시스템에서 다운로드한 자료가 간혹 표 형태나 보고서 형식으로 제공되어 분석에 불편을 주는 경우가 있지만, 파워 쿼리를 활용하면 몇 번의 간단한 클릭만으로 이러한 비정상 데이터를 손쉽게 정규화하고, 통계 분석이 가능한 형태로 변환할 수 있습니다.

- **실습 파일 :** Part 04 > 예제 > 04_02_데이터베이스_변환_예제.xlsx
- **완성 파일 :** Part 04 > 완성 > 04_02_데이터베이스_변환_완성.xlsx

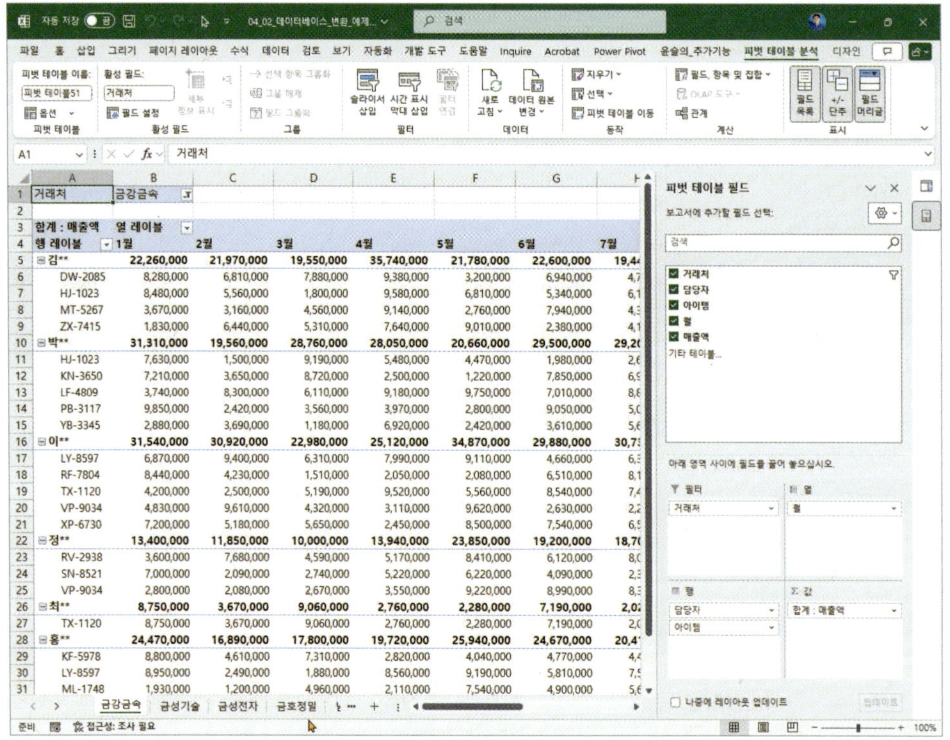

주요 기능	현업 활용
데이터 로드	• 데이터를 표로 만들어 파워 쿼리로 로드한다.
피벗 해제	• 보고서 형태의 데이터를 정상적인 Raw Data로 변경한다.
보고서 필터 페이지 표시	• 분석된 매출 보고서를 거래처별로 별도 시트로 작성한다.

■ 파워 쿼리로 데이터 불러오기

01 예제 파일을 불러온 후 먼저 파워 쿼리로 로딩하기 위해, Ctrl+T를 눌러 [머리글 포함]의 체크를 확인하고 [확인]을 클릭해 표로 지정합니다.

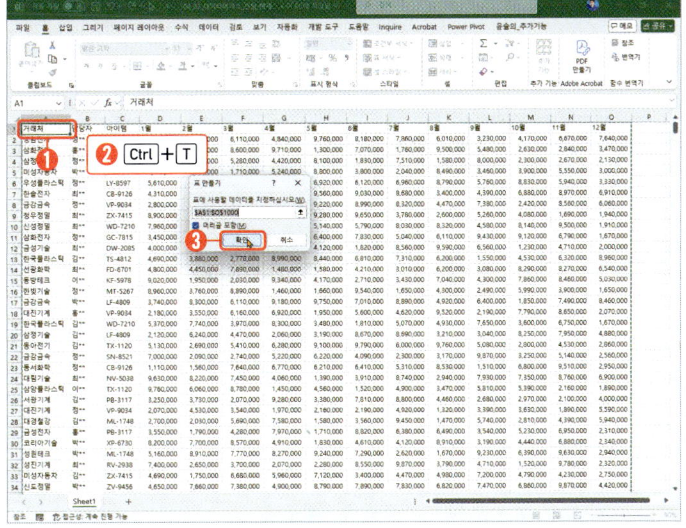

02 이번에는 좀 더 쉬운 방법으로 파워 쿼리에 로딩하겠습니다. 표 데이터 중 임의의 셀을 마우스 오른쪽 버튼으로 클릭한 후 [표/범위에서 데이터 가져오기]를 선택합니다.

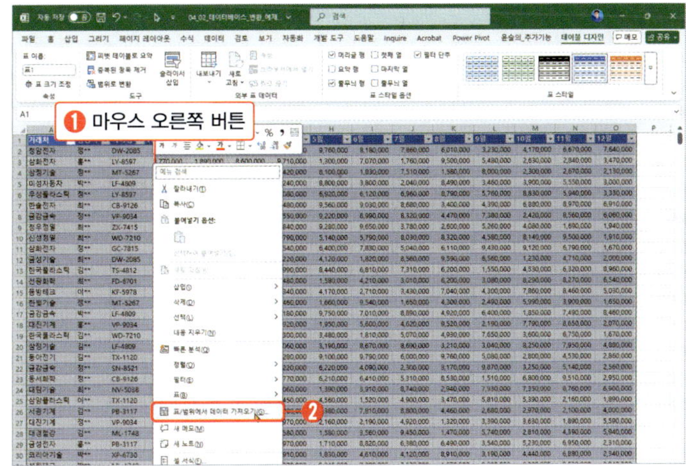

03 [개래처] 열을 선택한 상태에서 Shift를 누른 채로 [아이템] 열을 클릭합니다. 이제 선택한 3개의 열 이외의 열을 피벗 해제하겠습니다. 선택한 열의 이름을 마우스 오른쪽 버튼으로 클릭한 후 [다른 열 피벗 해제]를 선택합니다.

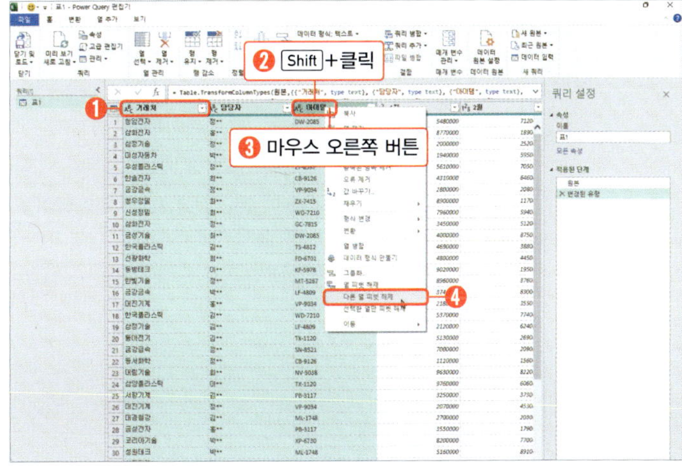

04 정상 데이터베이스로 변경된 것을 확인할 수 있습니다. 마지막으로 [특성] 열의 이름을 더블클릭하고 '월'을 입력한 후 Enter 를 누릅니다. 다음에는 [값] 열의 이름을 더블클릭하고 '매출액'을 입력한 후 Enter 를 누릅니다.

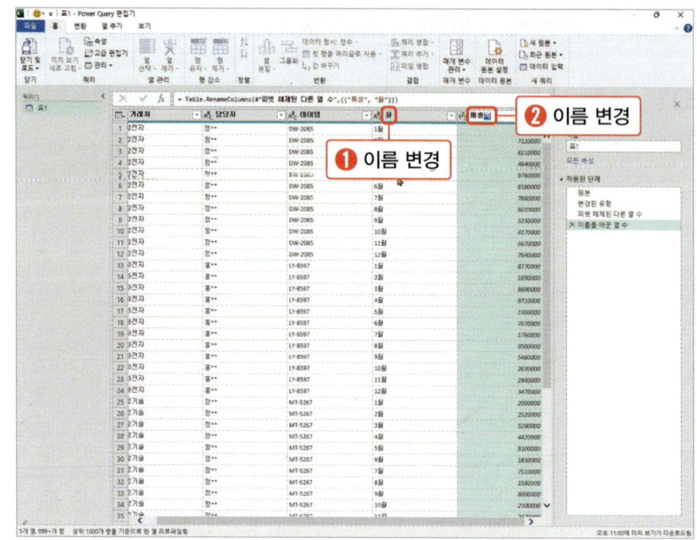

05 엑셀로 데이터를 가져가기 위해, [홈] 탭 – [닫기] 그룹 – [닫기 및 로드] – [닫기 및 로드]를 클릭합니다.

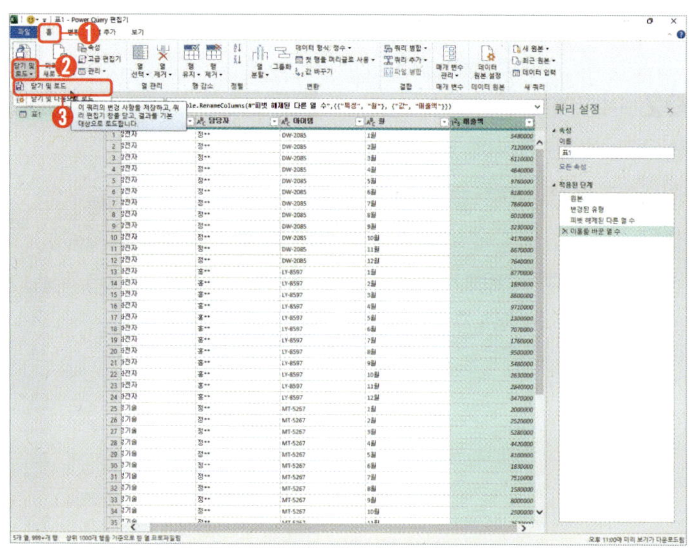

여기서 잠깐

[닫기 및 로드]와 [닫기 및 다음으로 로드]의 차이점

구분	해당 사항	비고
닫기 및 로드	엑셀 시트를 만들고 표로 데이터를 가져가는 데 엑셀의 행이 1,048,576개이므로 이보다 큰 데이터를 가져갈 수 없습니다.	
닫기 및 다음으로 로드	표로 데이터를 가져갈 수도 있고 표나 피벗 테이블 보고서, 피벗 차트, 연결만 만들기를 할 수 있고, 연결만 만들기를 하면 외부 데이터 원본 선택을 통해 해당 쿼리를 불러 사용할 수 있습니다.	

06 엑셀에서 새로운 시트를 만들고 표로 변환한 데이터를 가져온 것을 확인할 수 있습니다.

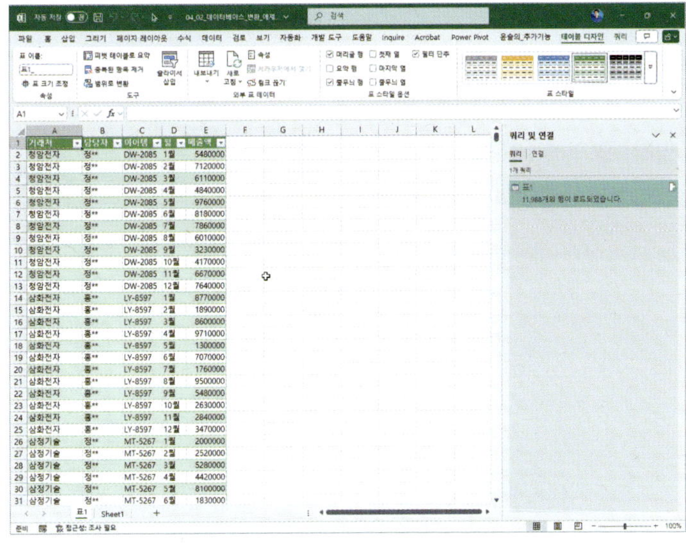

■ 피벗 테이블 작성하기

01 정상 데이터베이스로 변환했으므로 간단히 피벗 테이블을 작성할 수 있습니다. [테이블 디자인] 탭 – [도구] 그룹 – [피벗 테이블로 요약]을 클릭하고 기본 설정 그대로 [확인]을 클릭합니다.

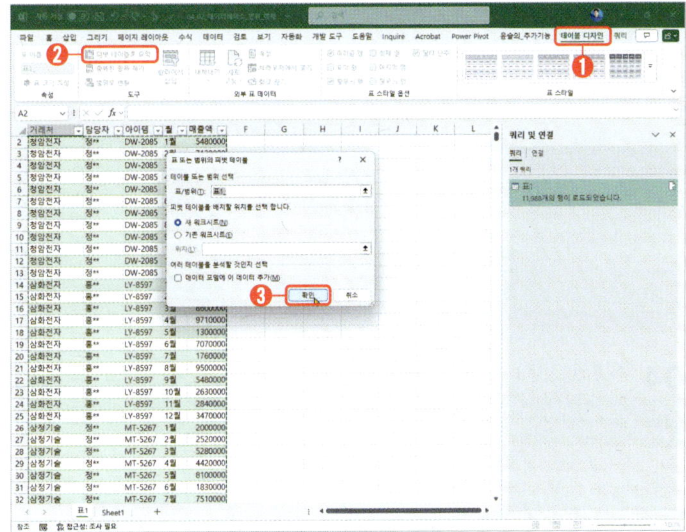

02 [행] 영역에 [담당자], [아이템] 필드, [열] 영역에 [월] 필드, [값] 영역에 [매출액] 필드, [필터] 영역에 [거래처] 필드를 드래그 & 드롭합니다.

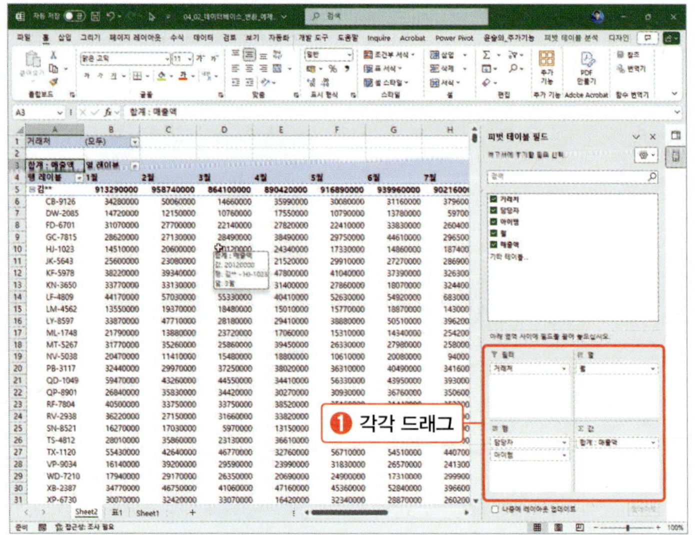

03 데이터 중 임의의 셀을 마우스 오른쪽 버튼으로 클릭한 후 [필드 표시 형식]을 선택합니다.

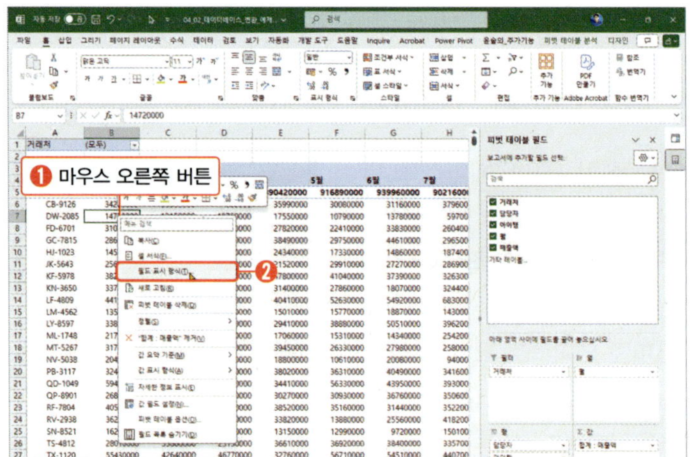

04 [셀 서식] 대화상자에서 [범주]는 '숫자', [1000단위 구분 기호 사용]을 체크한 후 [확인]을 클릭합니다.

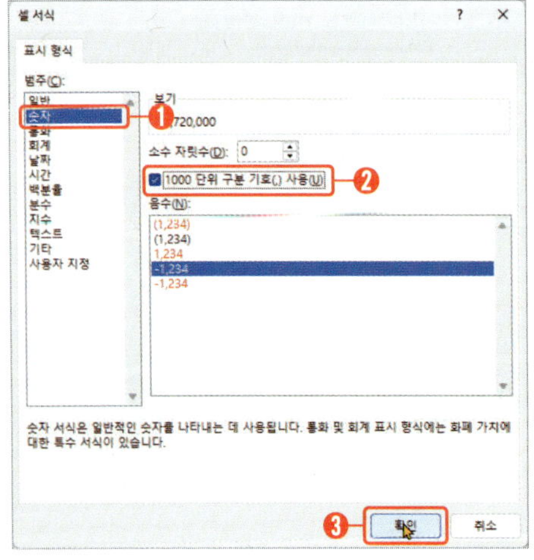

■ 거래처별로 시트 정리하기

01 이제 작성된 매출 보고서를 거래처별로 개별 시트에 정리하기 위해, [피벗 테이블 분석] 탭 – [피벗 테이블] 그룹 – [옵션] – [보고서 필터 페이지 표시]를 클릭합니다. [거래처] 필드를 선택하고 [확인]을 클릭합니다.

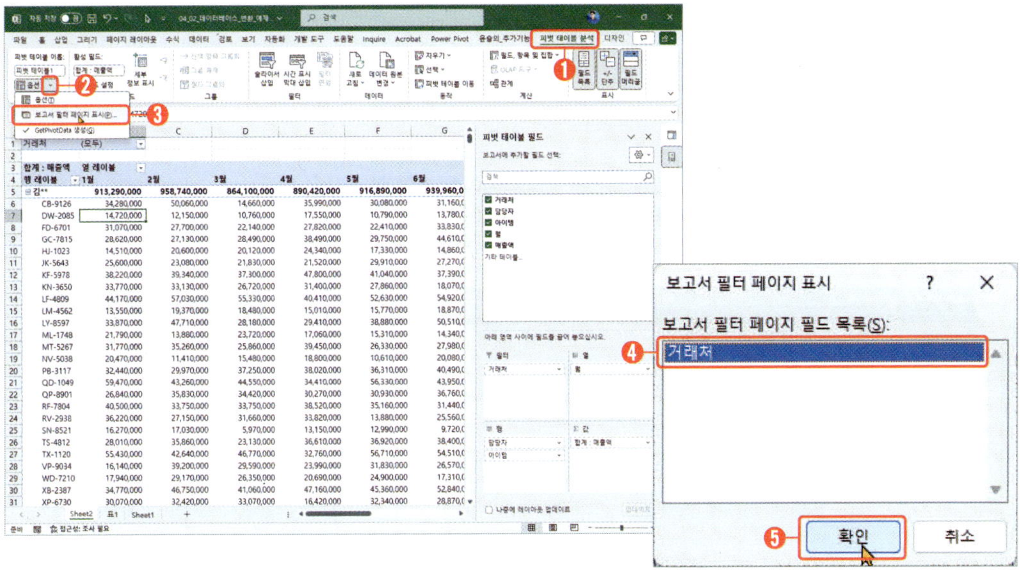

02 거래처별 별도 시트의 최종 매출 보고서를 확인할 수 있습니다.

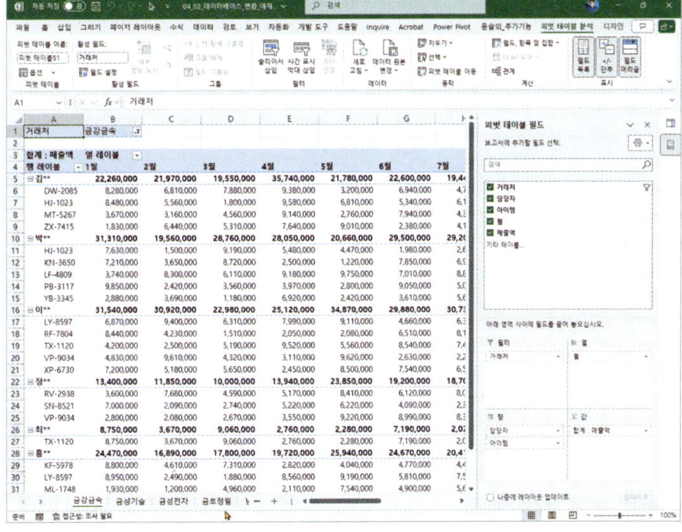

003

머리글이 병합된 보고서의 데이터베이스 변환 및 통계

시스템에서 다운로드한 자료 중에는 이미 집계된 보고서 형태의 데이터가 있으며, 이때 머리글이 병합된 경우가 자주 있습니다. 이러한 데이터는 단순히 피벗을 해제하는 것만으로는 정규화가 어렵지만, 파워 쿼리를 이용하면 손쉽게 변환할 수 있습니다. 이번에는 병합된 머리글을 데이터베이스 형식으로 변환하여 통계 분석이 가능하도록 처리하는 방법을 알아보겠습니다.

- **실습 파일 :** Part 04 > 예제 > 04_03_병합 머리글_데이터베이스_변환_예제.xlsx
- **완성 파일 :** Part 04 > 완성 > 04_03_병합 머리글_데이터베이스_변환_완성.xlsx

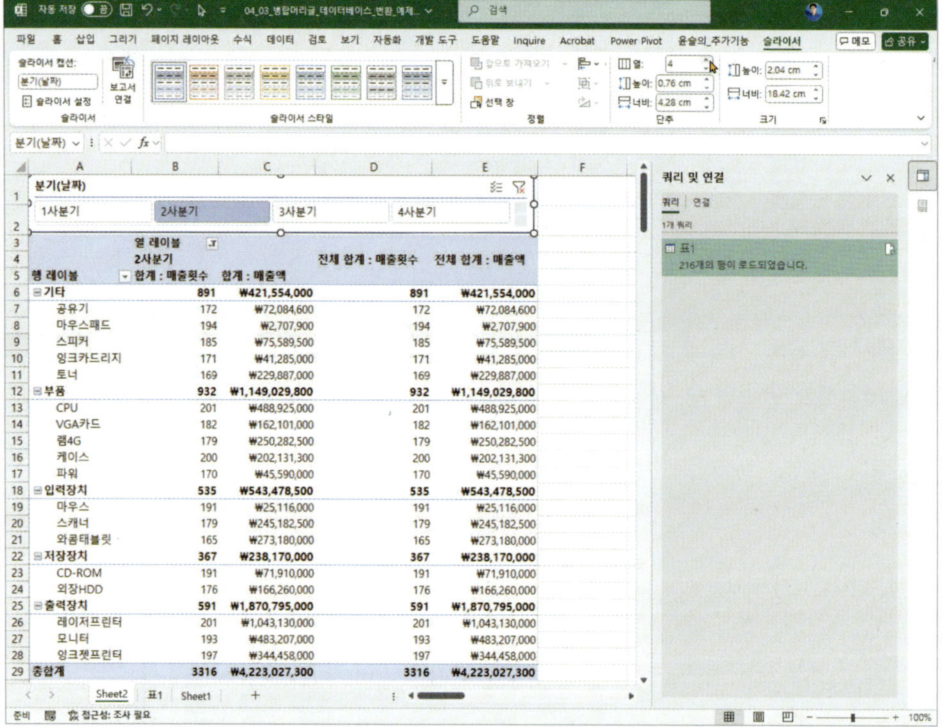

주요 기능	현업 활용
행/열 바꿈	• 파워 쿼리로 로딩된 데이터의 행과 열을 교치 변경시킵니다.
피벗 열	• 특정 열을 세로에서 가로 형태로 변경하는 기능으로 보고서 작성 후 가로로 배치할 내용 열을 피벗 열로 크로스 탭 보고서를 만들 때 유용하다.
값 바꾸기	• 특정 값을 일괄 변경하는 기능으로 응용하면 자동 변경된 날짜의 연도 등을 변경할 수 있다.

■ 머리글이 병합된 데이터 변환하기

01 머리글이 병합된 데이터를 정상 데이터로 변환하겠습니다. 예제 파일을 불러온 후 먼저 파워 쿼리로 로딩하기 위해 Ctrl+T를 누릅니다. [머리글 포함]의 체크 해제를 확인한 후 [확인]을 클릭해 표로 지정합니다.

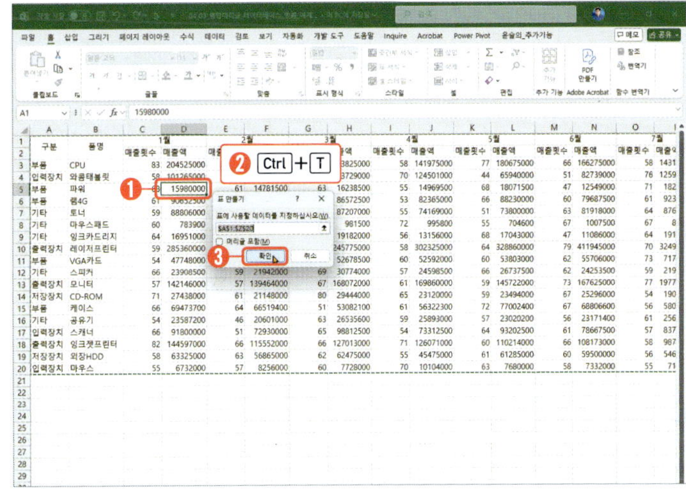

02 표 데이터 중 임의의 셀을 마우스 오른쪽 버튼으로 클릭한 후 [표/범위에서 데이터 가져오기]를 선택합니다.

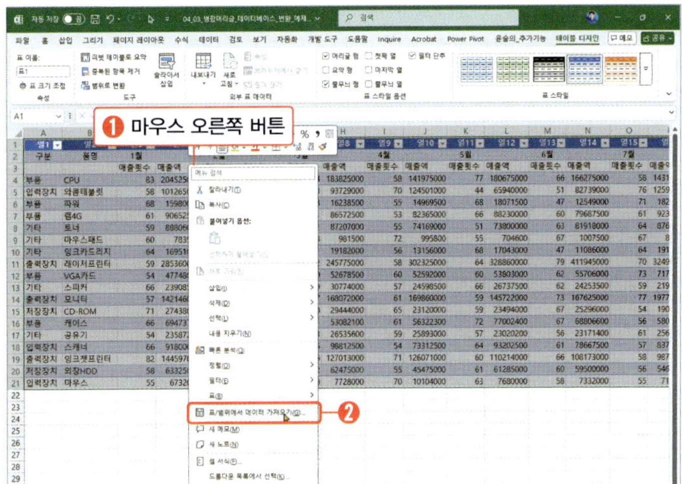

03 [Power Query 편집기] 창이 열리면 [변환] 탭 – [열] 그룹 – [행/열 바꿈]을 클릭합니다.

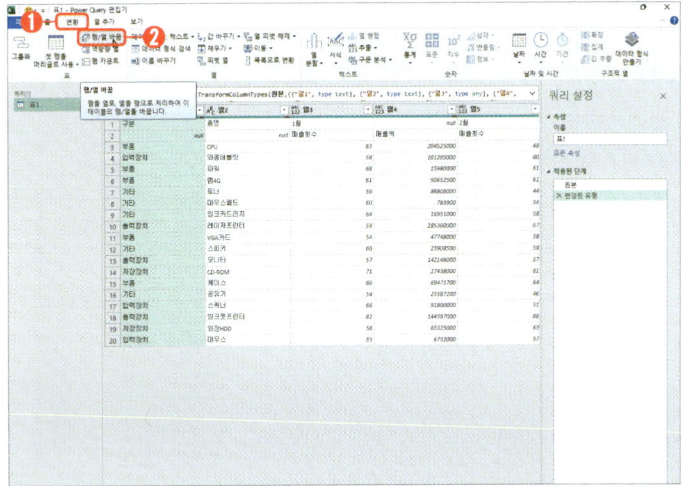

04 첫 번째 열을 선택하고 채우기 [변환] 탭 – [표] 그룹 – [채우기] – [아래로]를 클릭해서 데이터를 채웁니다.

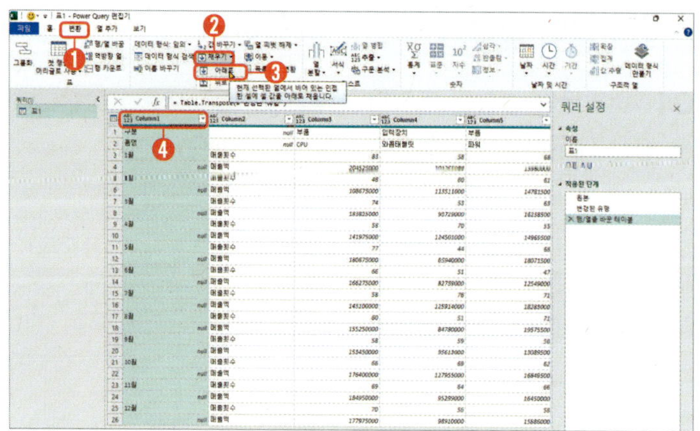

여기서 잠깐

첫 번째 열 이름은 'Column1'로 나타날 수도 있고 '열1'로 나타날 수도 있습니다.

05 첫 번째 열 이름을 선택하고, Shift를 누른 상태로 두 번째 열 이름을 선택합니다. 그리고 마우스 오른쪽 버튼을 클릭한 후 [열 병합]을 선택합니다. [구분 기호]는 '공백'으로 두고 [확인]을 클릭합니다.

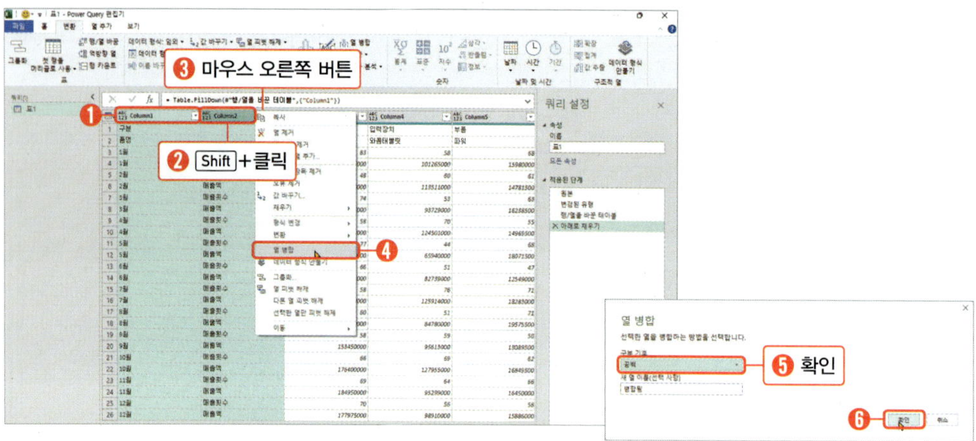

여기서 잠깐

나중에는 다시 특정 기호를 기준으로 열을 다시 나눌 겁니다. 기억하기 좋은 구분 기호를 선택하면 됩니다.

06 [변환] 탭 – [표] 그룹 – [행/열 바꿈]을 클릭합니다. 지금까지 병합된 머리글의 데이터 채우는 일을 한 것입니다.

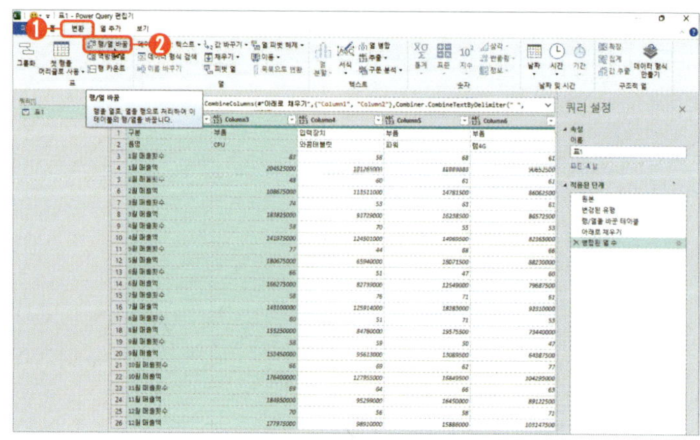

07 [홈] 탭 – [변환] 그룹 – [첫 행을 머리글로 사용]을 클릭합니다.

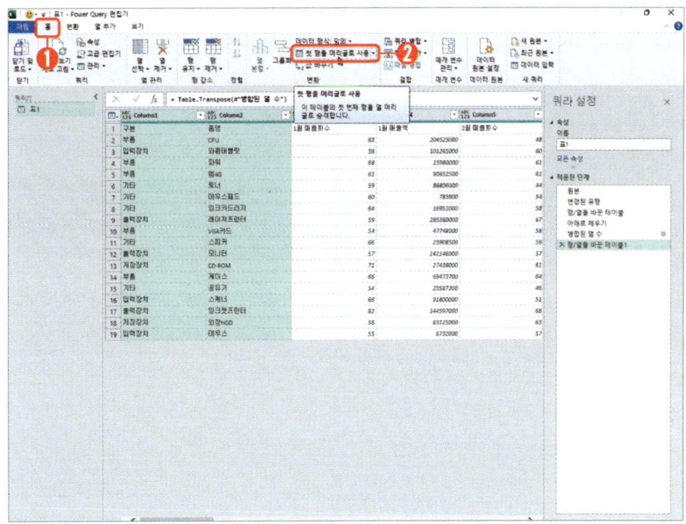

08 [구분]과 [품명] 열을 선택한 후 마우스 오른쪽 버튼을 클릭하고 [다른 열 피벗 해제]를 선택합니다.

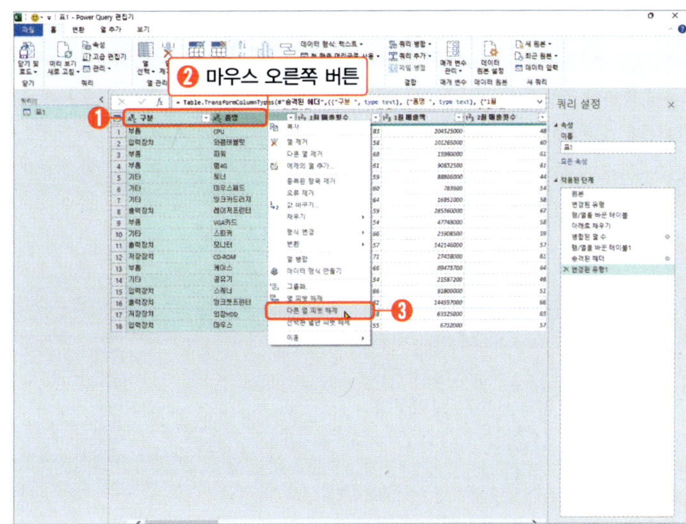

09 [특성] 열 이름을 마우스 오른쪽 버튼으로 클릭한 후 [열 분할] – [구분 기호 기준]을 선택합니다.

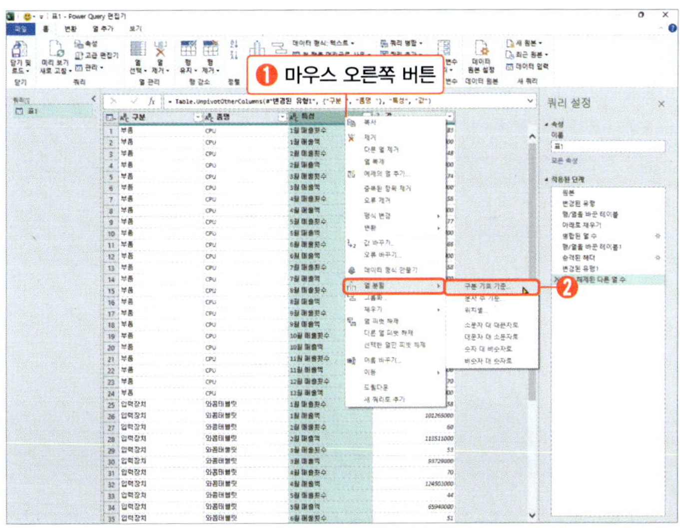

10 열 병합을 할 때 기준과 같이 '공백'을 선택한 상태 그대로 [확인]을 클릭합니다.

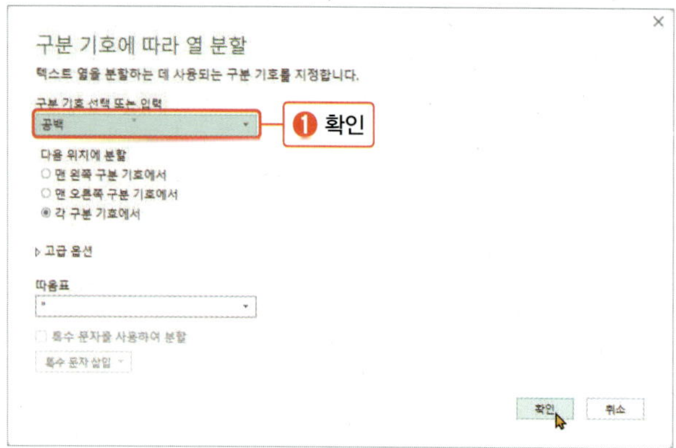

11 [특성.1] 열에 날짜가 만들어진 것을 볼 수 있습니다. 이제 [특정.2] 열을 정상 데이터로 만들기 위해 선택한 후 [변환] 탭 – [열] 그룹 – [피벗 열]을 클릭합니다.

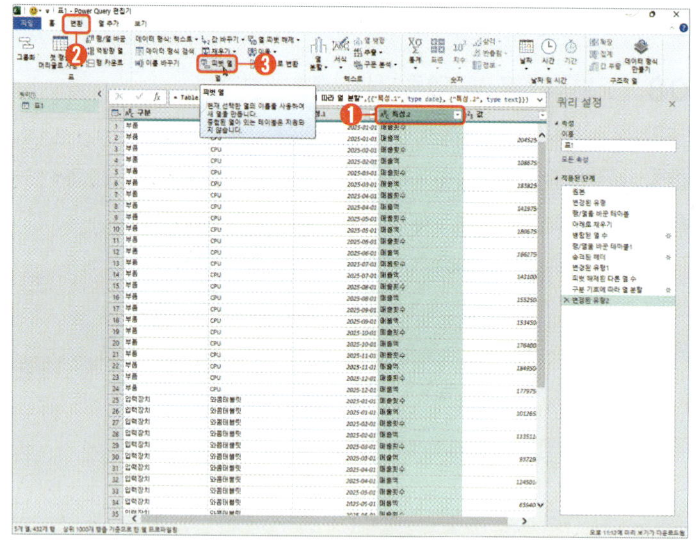

여기서 잠깐

파워 쿼리에서 날짜가 변환되면 지역/로컬 날짜 형식으로 변환됩니다.
따라서 대한민국은 yyy-mm-dd 형태가 되고 날짜의 연도는 현재 날짜 기준이 됩니다.

12 [값 열]은 '값'을 선택하고 [고급 옵션]은 확장해서 '집계 안 함'을 선택한 상태로 [확인]을 클릭합니다.

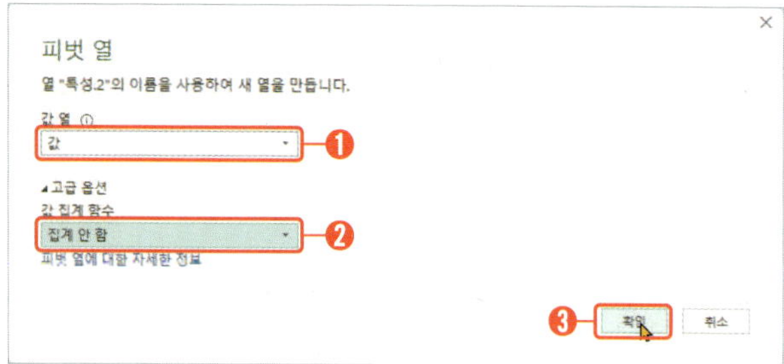

13 [특성1.] 열 이름을 더블 클릭해서 '날짜'로 이름을 변경합니다. 현재 날짜 기준의 연도로 만들어진 날짜가 혹시 다른 연도라면 이를 수정해야 하기 때문에 먼저 [날짜] 열의 데이터 형식 아이콘을 클릭해서 [텍스트]를 선택합니다.

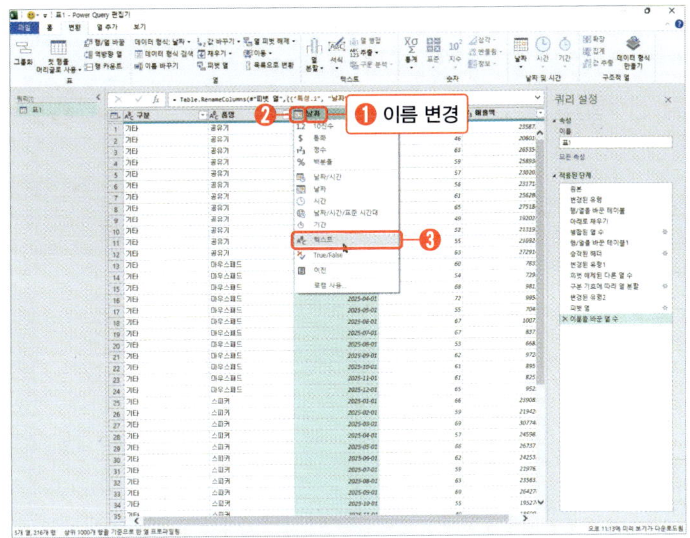

14 [날짜] 열을 마우스 오른쪽 버튼으로 클릭한 후 [값 바꾸기]를 선택합니다.

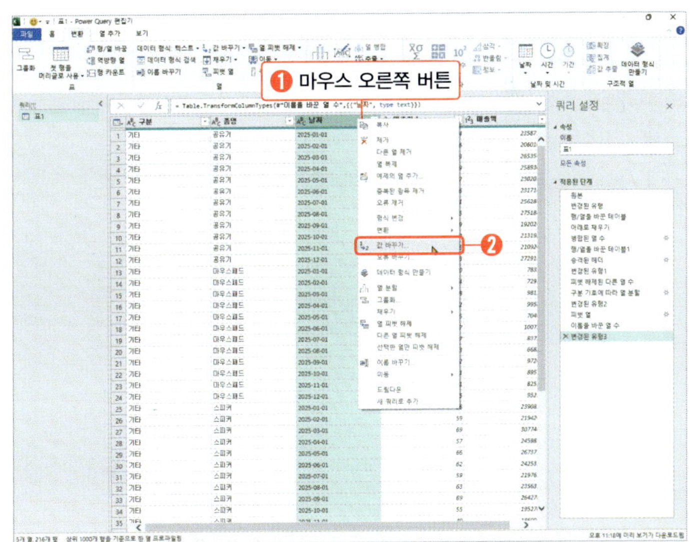

15 2026년도로 가정하고 변환하겠습니다. [찾을 값]은 '2025-', [바꿀 항목]은 '2026-'로 변경하고 [확인]을 클릭합니다.

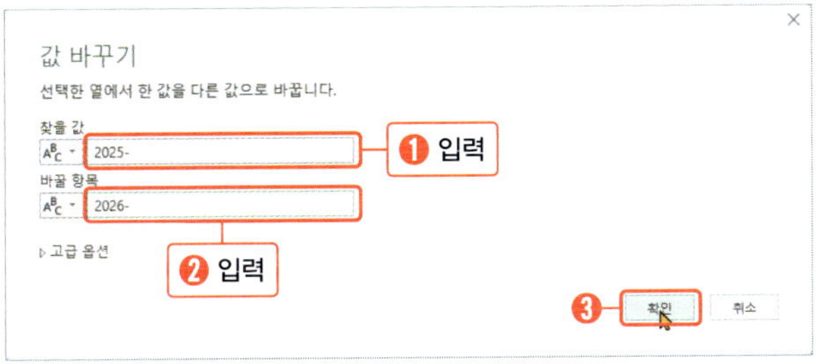

16 다시 [날짜] 열의 데이터 형식 아이콘을 클릭해서 [날짜]를 선택합니다.

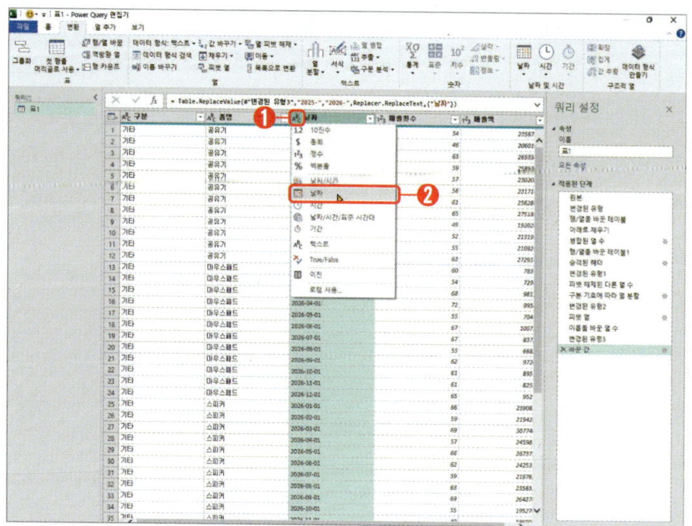

17 데이터를 한 시트로 모두 가져갈 수 있으므로 닫기 및 로드하겠습니다. [홈] 탭 – [닫기] 그룹 – [닫기 및 로드] – [닫기 및 로드]를 클릭합니다.

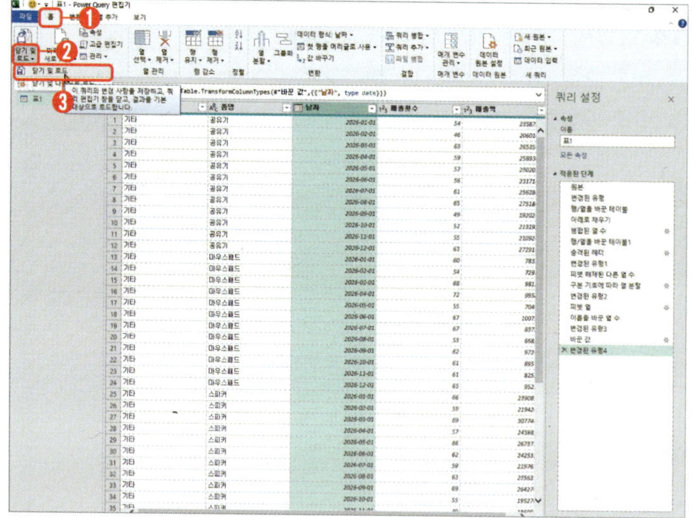

18 [테이블 디자인] 탭 – [도구] 그룹 – [피벗 테이블로 요약]을 클릭, 실행하고 기본 설정 그대로 [확인]을 클릭합니다.

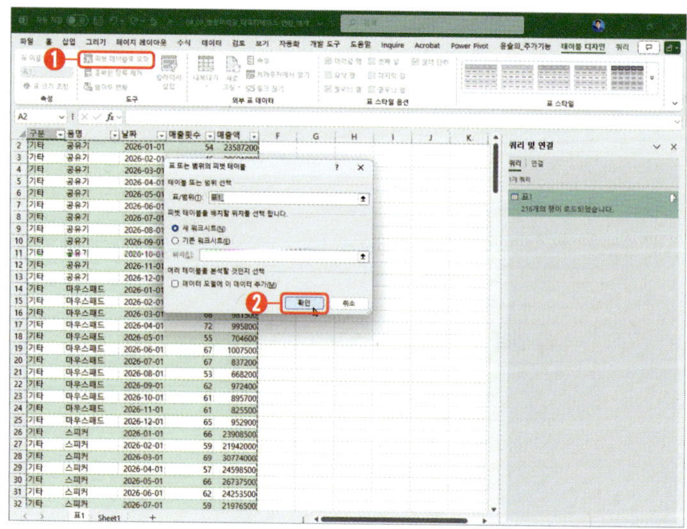

19 [행] 영역에 [구분], [품명], [날짜] 필드, [값] 영역에 [매출액], [매출횟수] 필드를 드래그 & 드롭합니다. 매출액 통계량 중 임의의 셀을 마우스 오른쪽 버튼으로 클릭한 후 [필드 표시 형식]을 선택합니다.

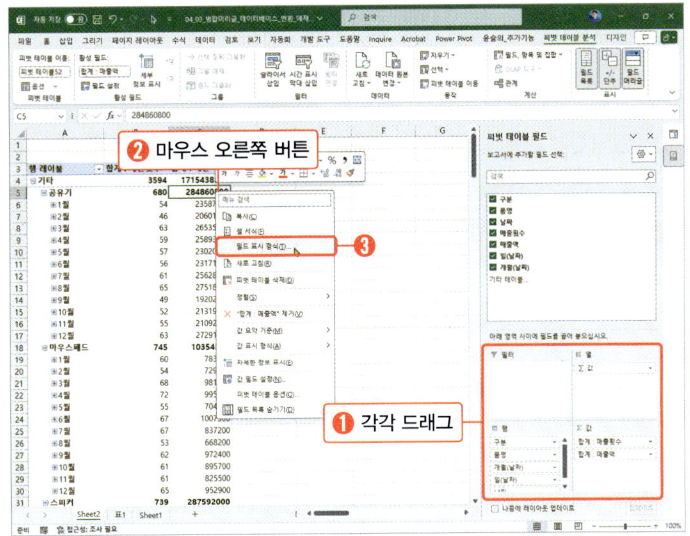

20 [셀 서식] 대화상자의 [범주]는 '통화'를 선택하고 [확인]을 클릭합니다.

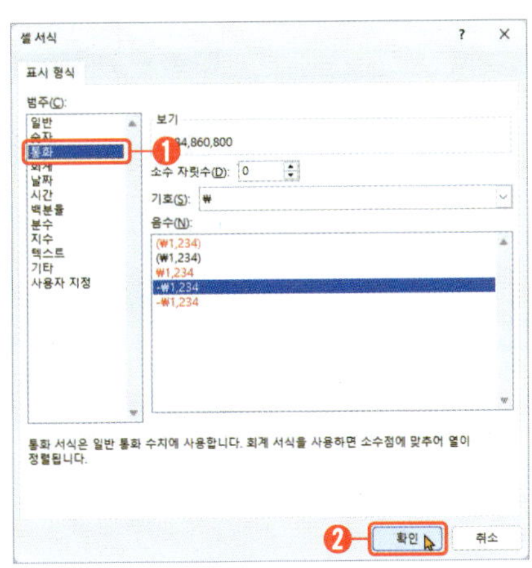

21 날짜를 분기로 그룹하기 위해, 날짜 데이터를 마우스 오른쪽 버튼으로 클릭하고 [그룹]을 선택합니다. [그룹화] 대화상자가 나타나면 [분기]를 선택하고 [확인]을 클릭합니다.

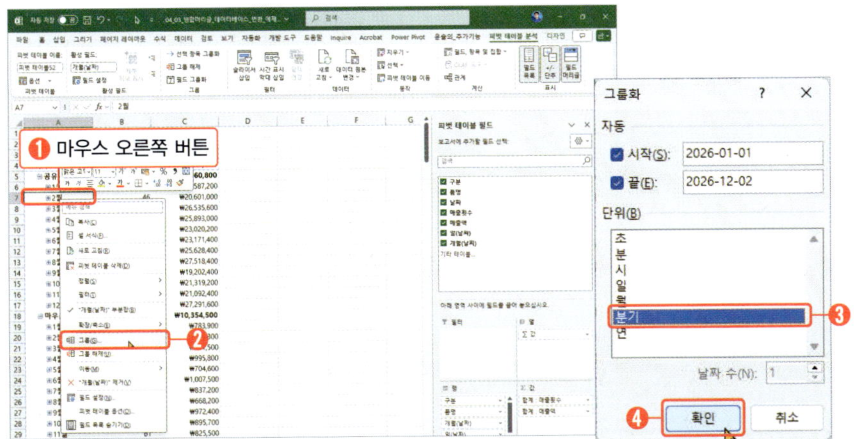

■ 슬라이서로 분기별 결과값 확인하기

01 필드 목록에서 [분기(날짜)] 필드를 마우스 오른쪽 버튼으로 클릭한 후 [슬라이서 추가]를 선택합니다.

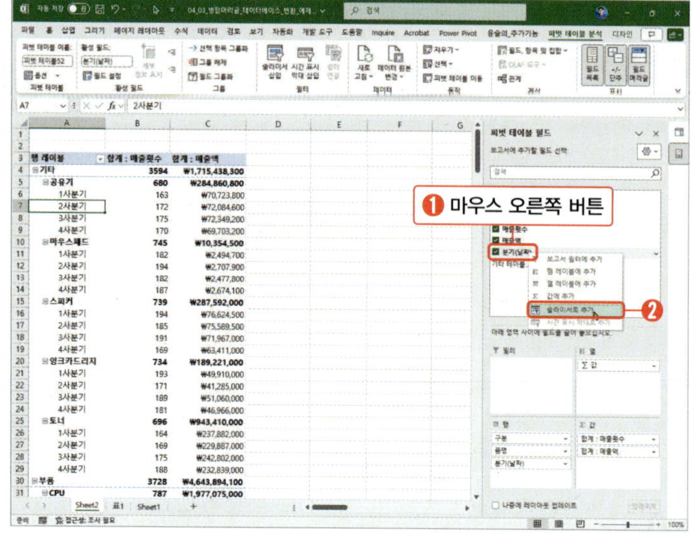

02 이제 원하는 분기를 선택하면 변화하는 결과를 확인할 수 있습니다.

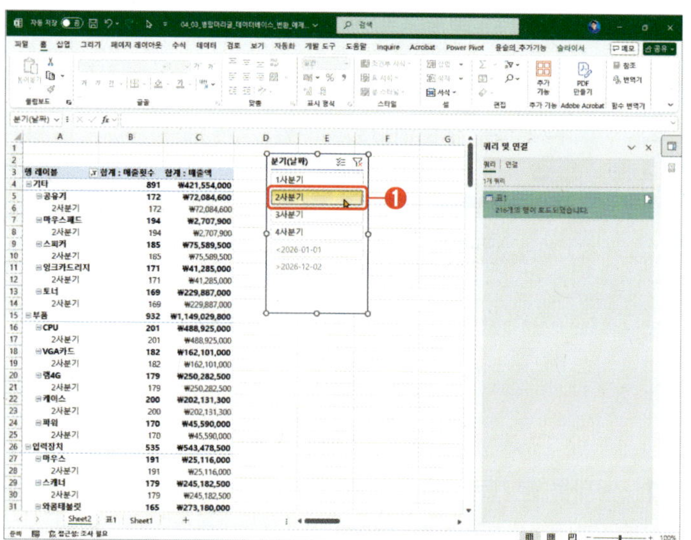

03 마지막으로 슬라이서를 위쪽으로 배치하기 위해, [1, 2] 행을 마우스 오른쪽 버튼으로 클릭한 후 [행 높이]를 선택합니다. [행 높이]를 '30'으로 설정하고 [확인]을 클릭합니다.

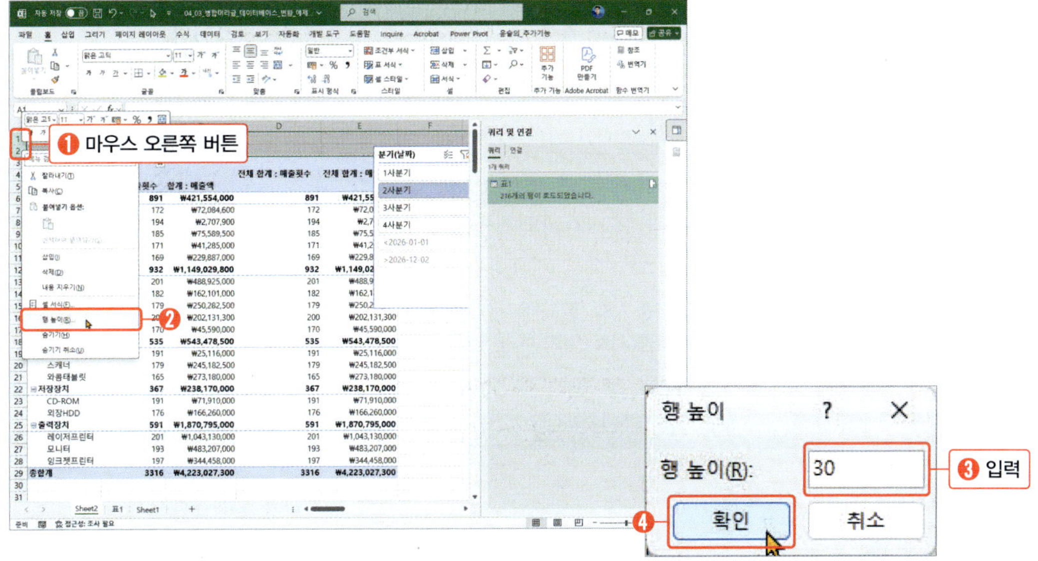

04 슬라이서를 적당한 크기로 배치하고, [슬라이서] 탭 – [단추] 그룹 – [열]을 '4'로 설정합니다.

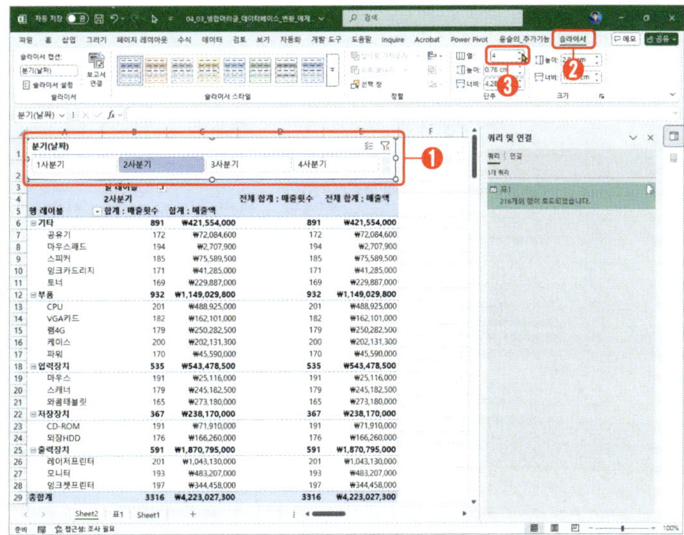

004 다중 시트(2개 이상)의 일괄 통계 분석 및 자동화

이번에는 하나의 엑셀 파일 안에 여러 시트로 분리된 데이터를 한 번에 통합 분석하는 방법을 알아보겠습니다. 이 방법은 특히 회사 내부 보안 정책으로 인해 암호화된 엑셀 파일을 처리해야 하는 경우에도 적용할 수 있어 실무적으로 매우 유용합니다. 또한 새로운 시트가 추가되더라도 클릭 한 번으로 자동 반영되어, 반복적인 작업을 효율적으로 자동화할 수 있는 방법입니다.

- **실습 파일 :** Part 04 > 예제 > 04_04_다중 시트_필드 추가_자동반영_예제.xlsx
- **완성 파일 :** Part 04 > 완성 > 04_04_다중 시트_필드 추가_자동반영_완성.xlsx

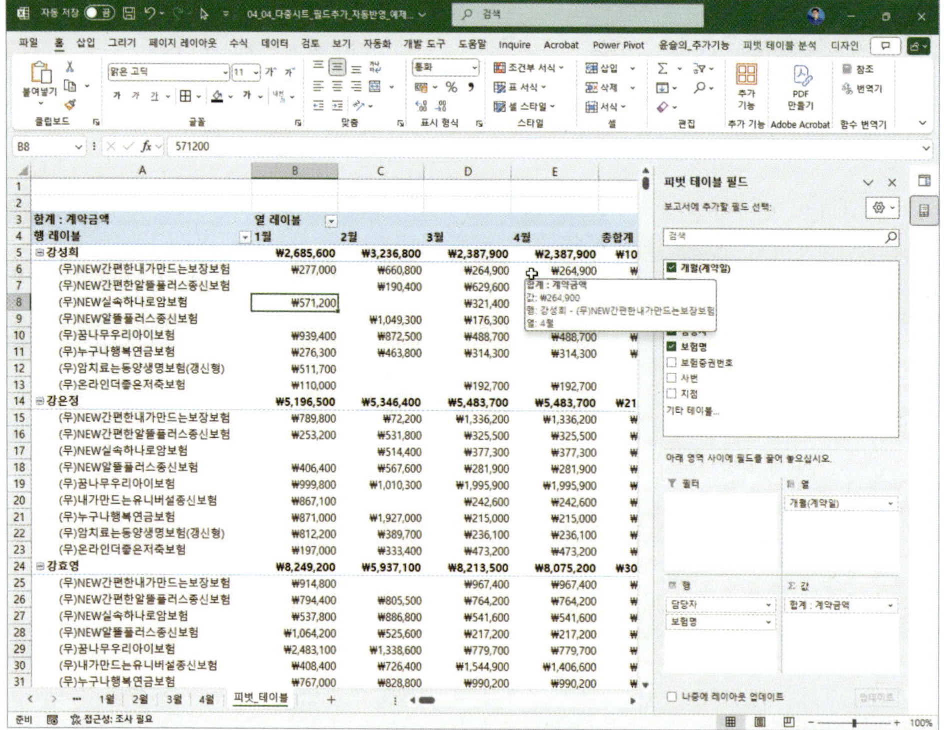

주요 기능	현업 활용
M Function	• 파워 쿼리에서 사용되는 함수로 대소문자를 구분하고 =Excel.CurrentWorkbook()을 이용하면 현재 파일의 모든 표를 한 번에 불러들일 수 있다.
텍스트 필터	• 현재 파일의 불필요한 표를 제외하고 분석할 때 유용하다. 이때 표 이름을 일관성있게 적는다면 좀 더 손쉽게 자동화할 수 있다.
연결만 만들기	• 엑셀에서 한 시트에 데이터를 모두 넣을 수 없는 경우 닫기 및 다음으로 로드의 연결만 만들기를 이용, 빅데이터를 분석할 수 있다.

■ 데이터 정리하고, 파워 쿼리로 불러오기

01 예제 파일을 불러온 후 [1월] 시트를 선택하고 Ctrl+T를 누릅니다. [머리글 포함]에 체크를 확인한 후 [확인]을 클릭하여 표로 만듭니다.

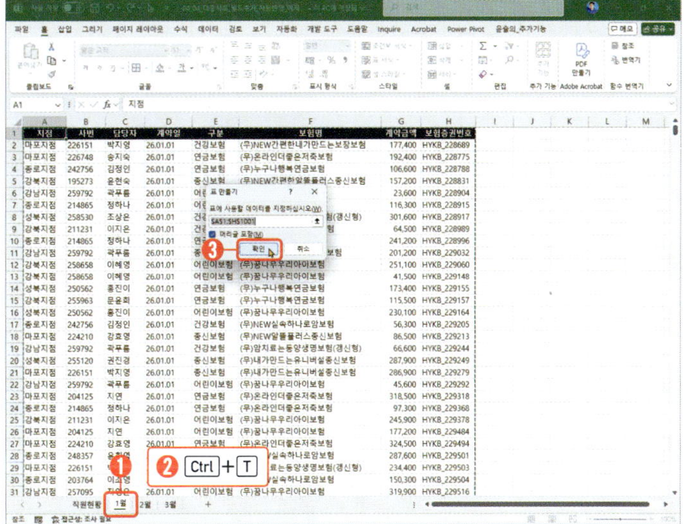

02 [테이블 디자인] 탭 – [속성] 그룹 – [표 이름]에 'DB_1월'로 입력하고 Enter를 누릅니다.

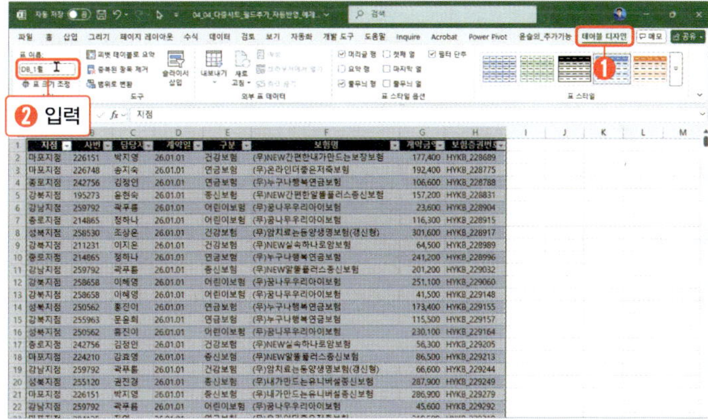

03 같은 방법으로 [2월] 시트를 선택하고, 표로 만든 다음 이름은 'DB_2월'로 변경합니다.

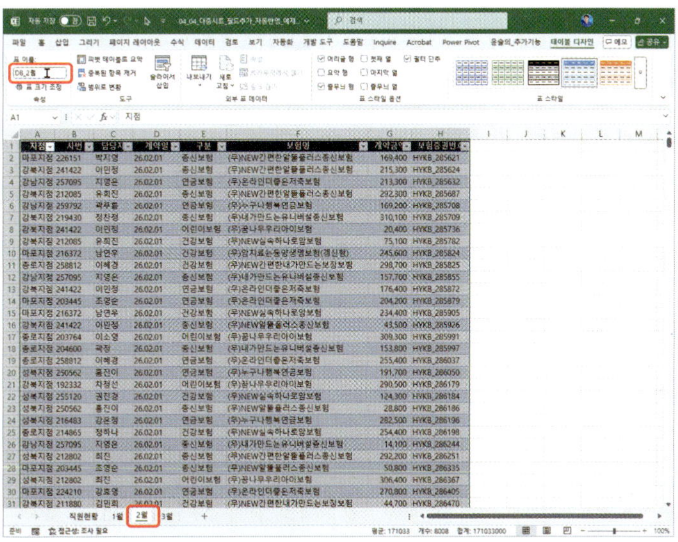

04 마지막으로 [3월] 시트를 선택하고, 표로 만든 다음 이름은 'DB_3월'로 변경합니다.

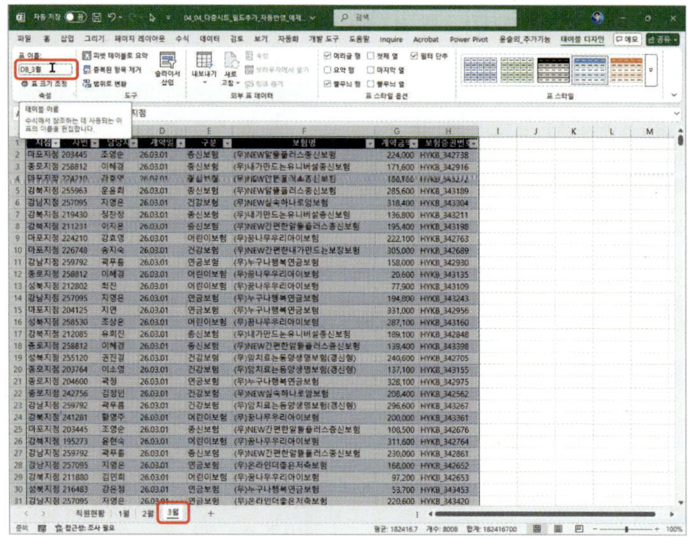

05 임의의 셀을 마우스 오른쪽 버튼으로 클릭한 후 [표/범위에서 데이터 가져오기]를 선택해서 파워 쿼리로 데이터를 로딩합니다.

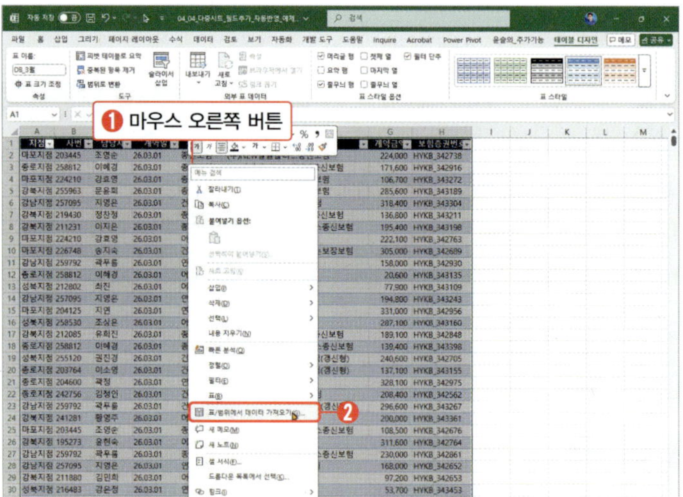

06 [DB_3월] 쿼리의 [적용된 단계] 중 [변경된 유형]의 왼쪽에 [x]를 클릭하여 해당 단계를 삭제합니다.

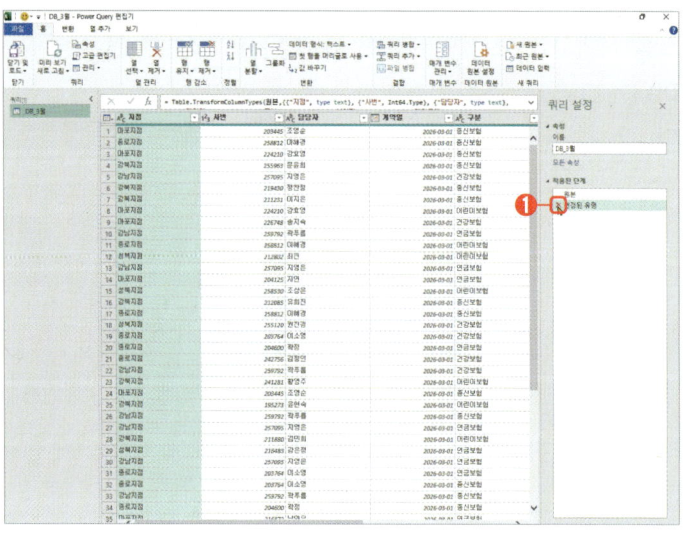

07 수식 입력줄에서 '=Excel.CurrentWorkbook()' 부분만 남기고 나머지는 삭제한 후 Enter를 누르면, 현재 워크북의 모든 표가 나타납니다.

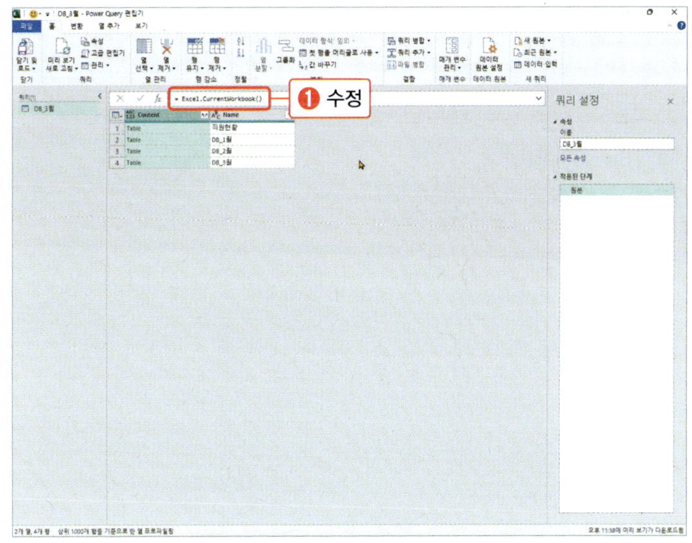

08 불필요한 데이터는 삭제하기 위해 우선 [Name] 열을 확장해서 [텍스트 필터] – [시작 문자]를 선택합니다.

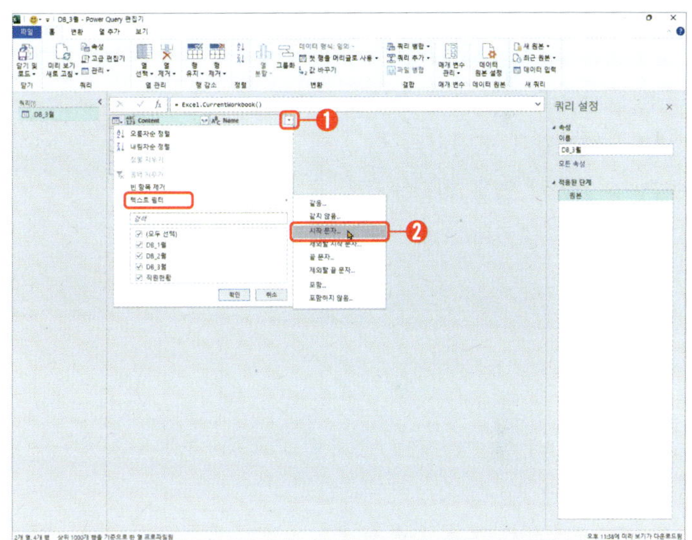

09 ['Name'인 경우 행 유지]의 '시작 문자'에 'DB'를 입력하고 [확인]을 클릭합니다.

10 불필요한 열을 제거하기 위해, [Name] 열 이름을 마우스 오른쪽 버튼으로 클릭한 후 [제거]를 선택합니다.

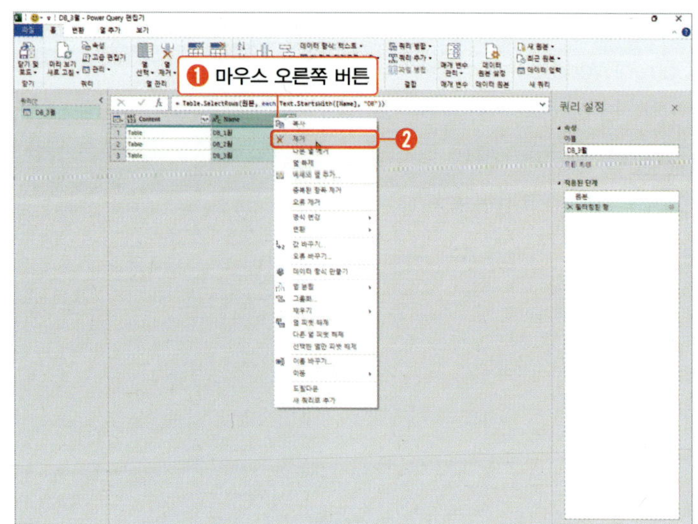

11 모든 데이터를 하나로 통합하려면, 2개 이상의 표를 하나로 합쳐야 하므로 다른 표도 [새로 고침]해서 로딩하는 의미로 [Content] 열을 확장해서 [추가 로드]를 클릭합니다.

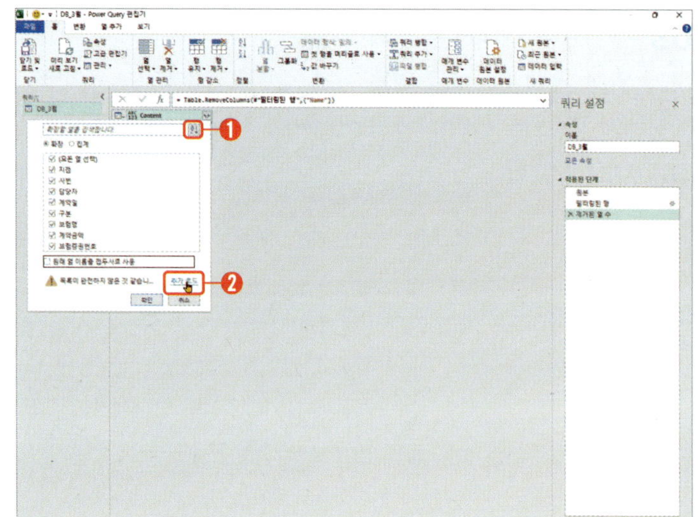

12 [원래 열 이름을 접두어로 사용]의 체크를 해제하고 [확인]을 클릭합니다.

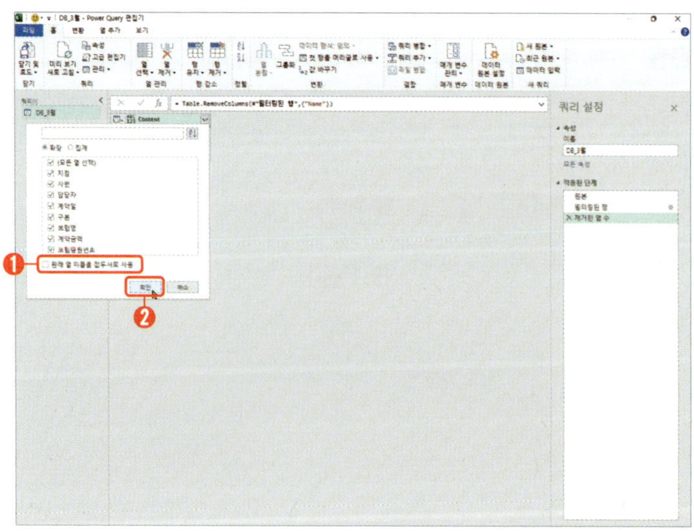

여기서 잠깐

[원래 열 이름을 접두어로 사용]이 체크된 상태로 [확인]을 클릭하면, 모든 열 이름이 'Content.지점'과 같이 나타나게 됩니다. 'Content'라는 부분은 나타낼 필요가 없으므로 체크 해제한 것입니다.

13 [계약일] 열의 데이터 형식 아이콘을 클릭해서 [날짜]를 선택하여, 해당 열을 문자열 날짜에서 정상 날짜로 변환합니다.

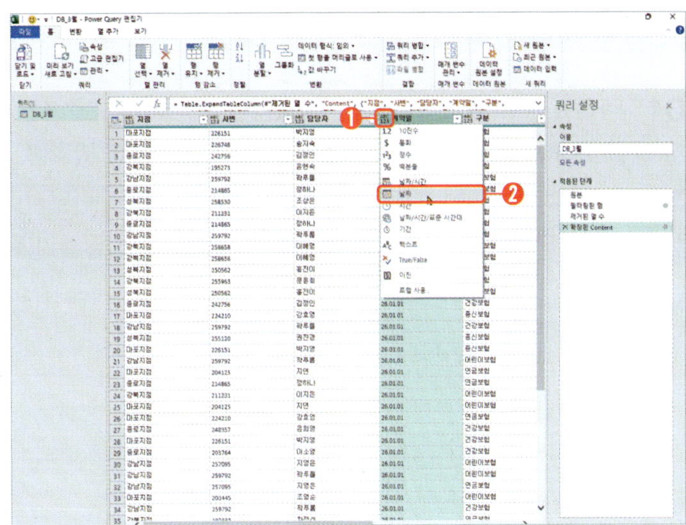

14 [계약금액] 열의 데이터 형식 아이콘을 클릭해서 [정수]를 선택합니다.

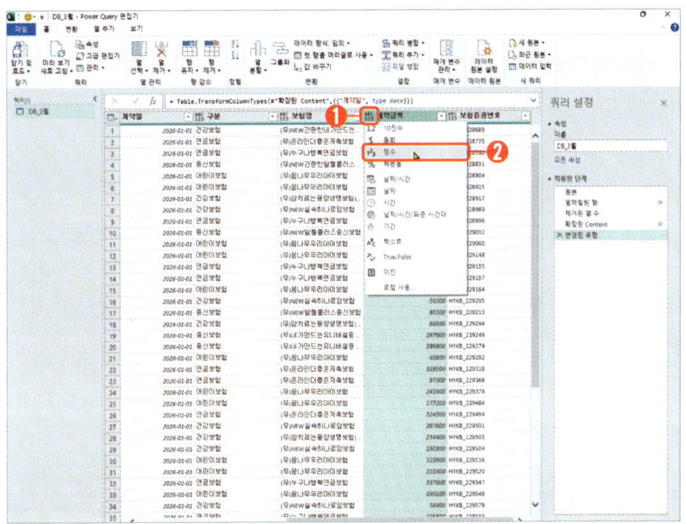

15 현재 쿼리의 이름을 변경하기 위해, 'DB_3월'로 되어 있던 쿼리명을 선택하고 F2를 눌러 '통합_DB'로 입력하고 Enter를 누릅니다.

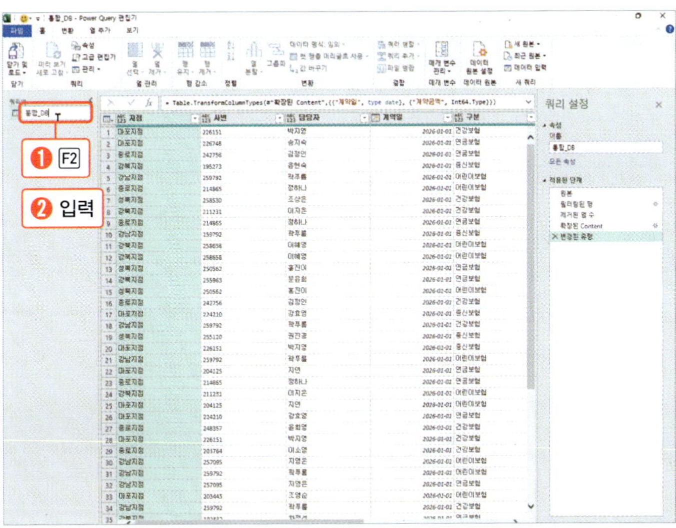

■ 데이터 분석하기

01 엑셀로 데이터를 가져가 분석하겠습니다. 여기서 향후 4월, 5월 데이터가 계속 추가될 것 이므로 엑셀로 데이터를 가져간다면 데이터가 1,048,576개를 넘으면서 오류가 생기므로 연결만 만들기로 작성하겠습니다. [홈] 탭 – [닫기] 그룹 – [닫기 및 로드] – [닫기 및 다음으로 로드]를 클릭합니다. 엑셀에서 [데이터 가져오기] 대화상자가 나타나면 [연결만 만들기]를 선택하고 [확인]을 클릭합니다.

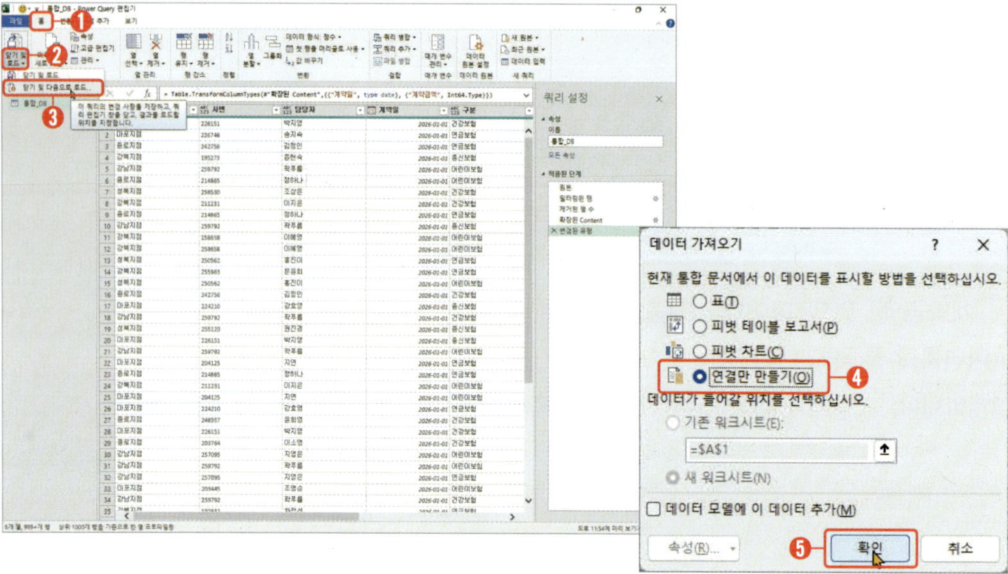

02 통합된 데이터의 피벗 테이블 보고서를 작성기 위해, [삽입] 탭 – [표] 그룹 – [피벗 테이블] – [외부 데이터 원본에서]를 클릭하고, [외부 데이터 원본 사용] 대화상자가 나타나면 [연결 선택]을 클릭합니다.

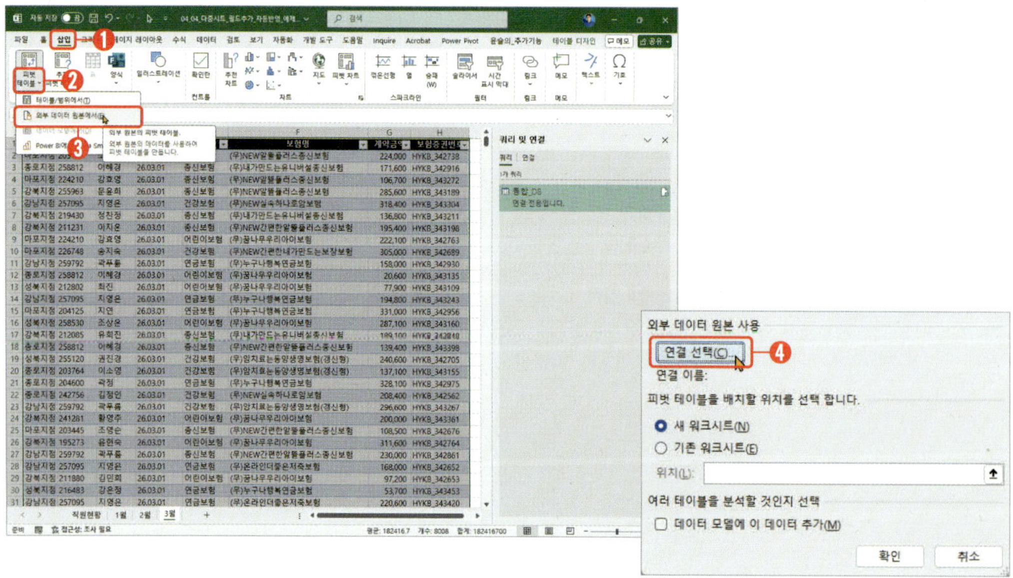

03 앞서 이름을 변경했던 '통합_DB'를 선택하고 [열기]를 클릭한 후 다시 [확인]을 클릭해서 새 워크시트에 피벗 테이블을 작성합니다.

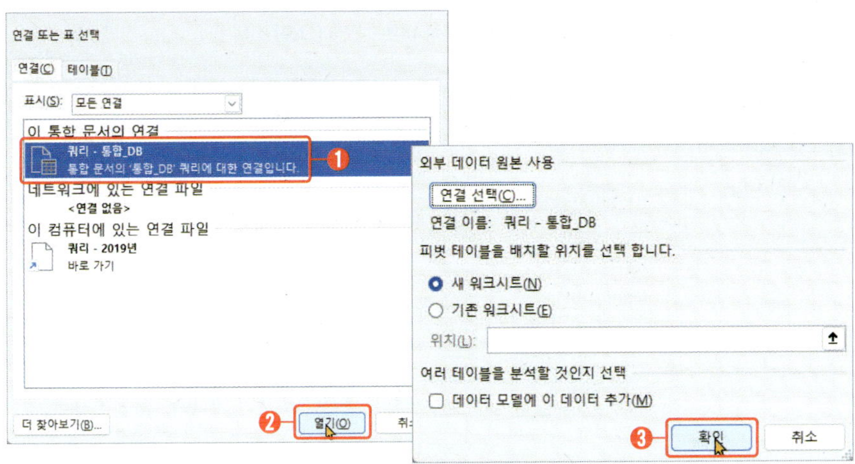

04 [열] 영역에 [담당자], [보험명] 필드, [열] 영역에 [계약일] 필드, [값] 영역에 [계약금액] 필드를 드래그 & 드롭하면, 1, 2, 3월 데이터의 통계량을 확인할 수 있습니다. 시트를 맨 마지막으로 이동시키고 시트 이름을 '피벗_테이블'로 변경합니다.

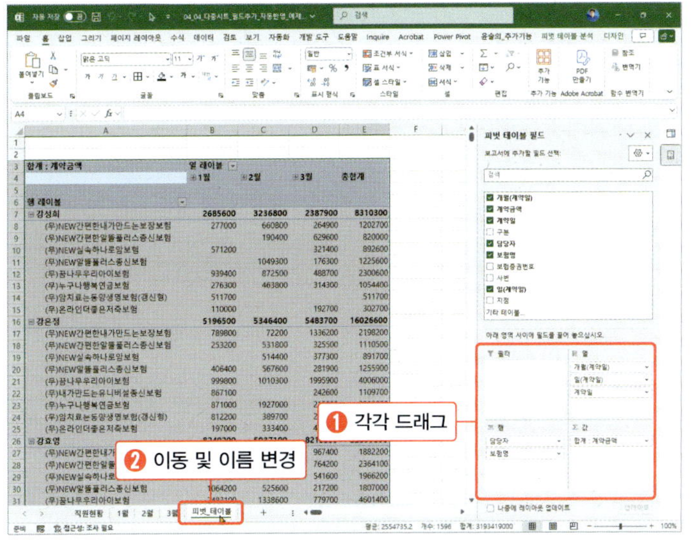

05 통계량 데이터 중 임의의 셀을 마우스 오른쪽 버튼으로 클릭한 후 [필드 표시 형식]을 선택합니다. [셀 서식] 대화상자의 [범주]에서 '통화'를 선택한 후 [확인]을 클릭합니다.

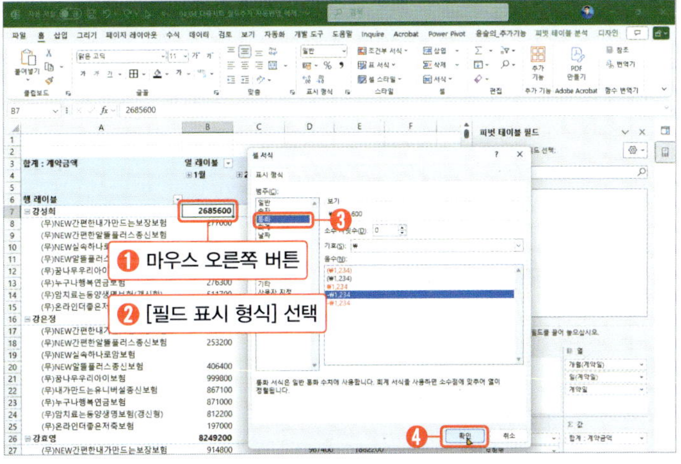

06 월에 아직 [+] 버튼이 있는 것은 하위가 있다는 표시입니다. 월로만 그룹화하기 위해 월 중 임의의 셀을 마우스 오른쪽 버튼으로 클릭한 후 [그룹]을 선택합니다. [그룹화] 대화상자에서 [월]을 선택한 후 [확인]을 클릭합니다.

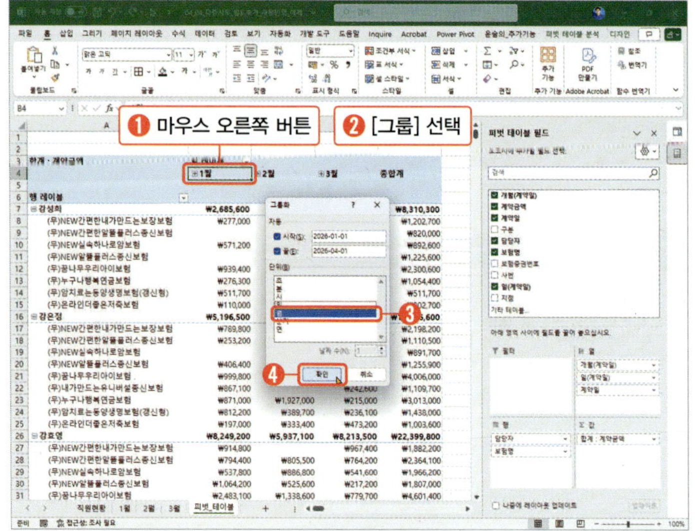

07 지금까지 여러 개 시트에서 표 이름을 'DB'로 시작하는 표만 통합, 분석했습니다. 그럼 4월 데이터가 추가된다고 가정하고 예제 폴더에서 '04_04_4월_추가자료.xlsx' 파일을 엑셀을 불러온 후 시트명을 마우스 오른쪽 버튼으로 클릭하고 [이동/복사]를 선택합니다.

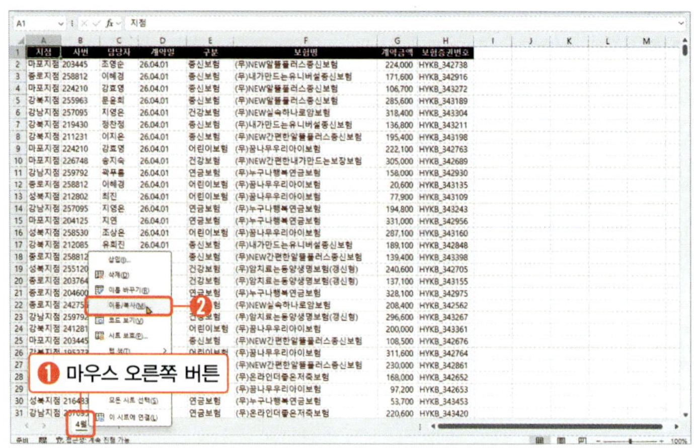

08 [이동/복사] 대화상자가 나타나면 [대상 통합 문서]는 3월까지 분석했던 '04_04_다중 시트_필드추가_자동반영_예제.xlsx' 파일을 선택하고 [다음 시트의 앞에]는 '피벗_테이블'을 선택, [복사본 만들기]를 체크한 상태로 [확인]을 클릭합니다.

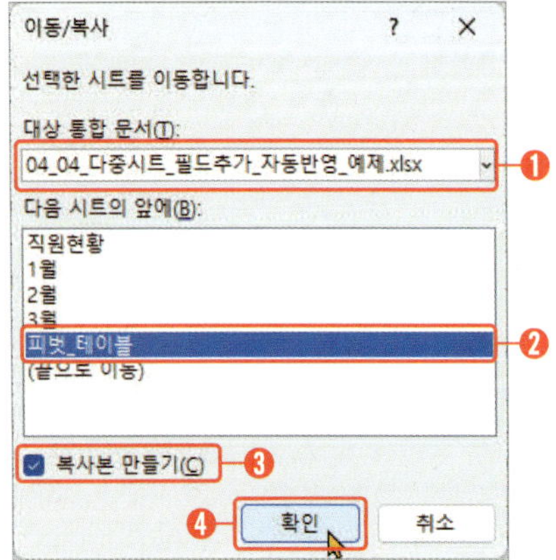

09 복사된 4월 시트를 표로 작성합니다.

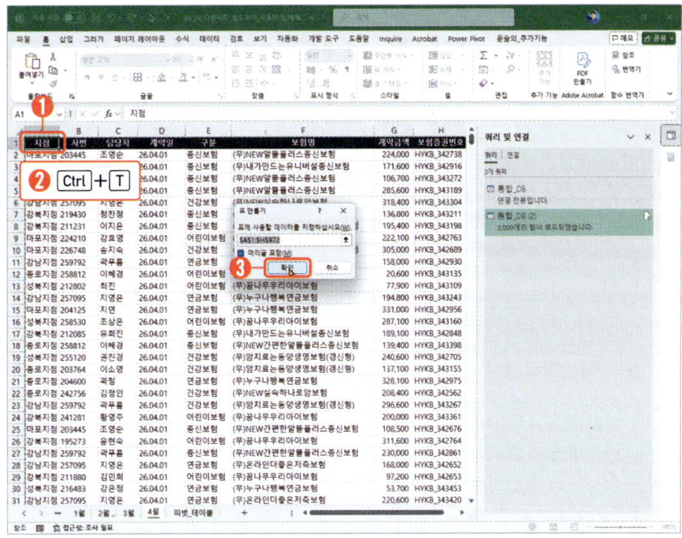

10 표 이름을 'DB_4월'로 변경합니다.

여기서 잠깐

쿼리에서 [Name] 열을 확장해서 시작 문자가 'DB'로 된 표를 필터했으므로, 반드시 반영하기 위해서 표 이름을 'DB'로 시작하게끔 변경해야 합니다.

11 [피벗 테이블] 시트에서 임의의 데이터를 마우스 오른쪽 버튼으로 클릭하고 [새로 고침]을 선택하면, 새롭게 추가한 4월 시트의 데이터까지 일괄 분석된 자료를 확인할 수 있습니다.

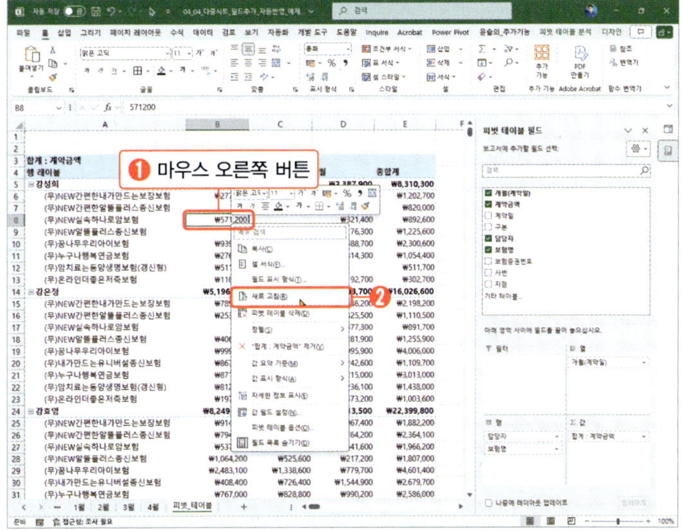

005 다중 시트의 다른 필드명 자료 일괄 통계 분석

여러 시트에 분리된 데이터의 필드명이 서로 다른 경우, 이를 통일된 형식으로 변환하여 일괄 분석 및 자동화하는 방법을 알아보겠습니다. 이러한 상황은 시스템에서 추출한 자료가 아닌, 여러 지사나 부서에서 개별적으로 취합된 데이터를 처리할 때 자주 발생합니다. 따라서 데이터 필드명을 일관성 있게 정리한 뒤 효율적으로 분석하는 과정은 매우 중요합니다.

- **실습 파일 :** Part 04 > 예제 > 04_05_2026년도-2028년도_다른_필드명_일괄 집계_예제.xlsx
- **완성 파일 :** Part 04 > 완성 > 04_05_2026년도-2028년도_다른_필드명_일괄 집계_완성.xlsx

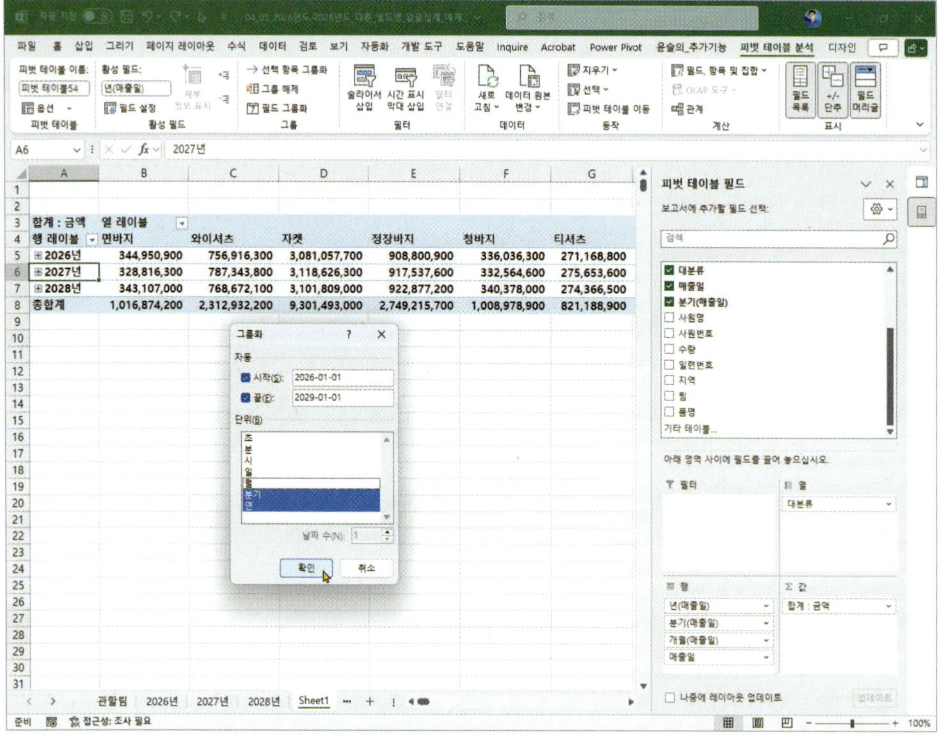

주요 기능	현업 활용
M Function	• =Table.ColumnNames 함수를 이용해서 쿼리의 모든 필드명을 나열할 수 있다.
M Function	• = Table.ToRows 함수를 이용해서 변경할 필드명 List를 만들 수 있다.
M Function	• = Table.RenameColumns 함수를 이용해서 통일된 필드명을 테이블로 작성할 수 있다.

■ 데이터 정리하고, 파워 쿼리로 불러오기

01 예제 파일을 불러온 후 [2026년] 시트를 선택하고, 표로 만들고 표 이름은 'DB_2026'으로 지정합니다.

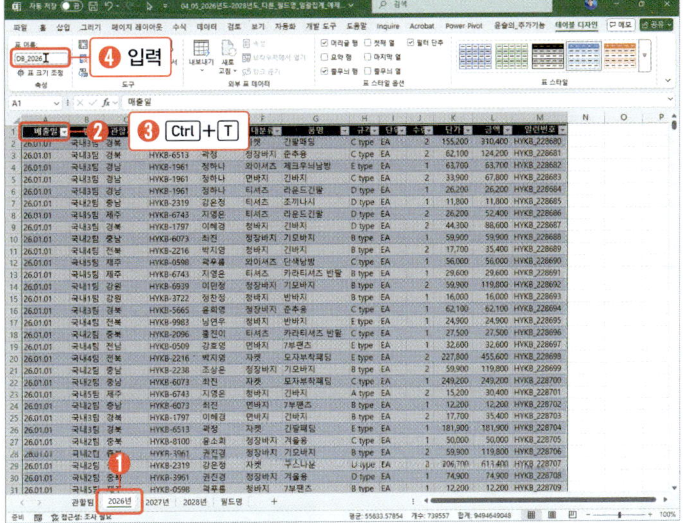

02 같은 방법으로 [2027년] 시트를 선택하고, 표로 만들고 표 이름은 'DB_2027'로 지정합니다.

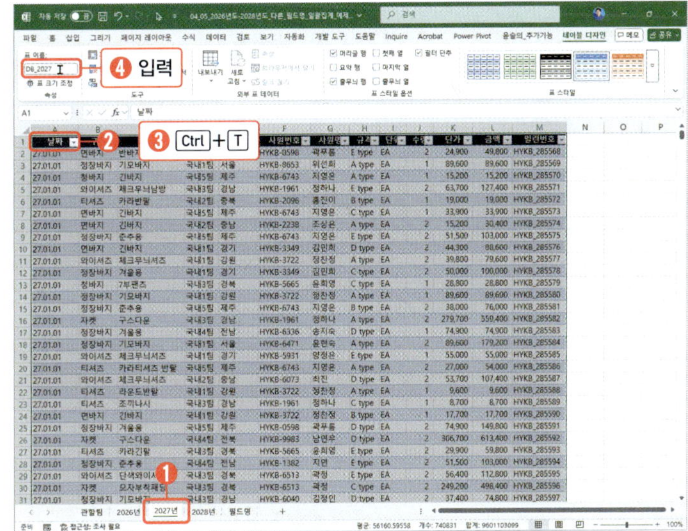

03 같은 방법으로 [2028년] 시트를 선택하고, 표로 만들고 표 이름은 'DB_2028'로 지정합니다.

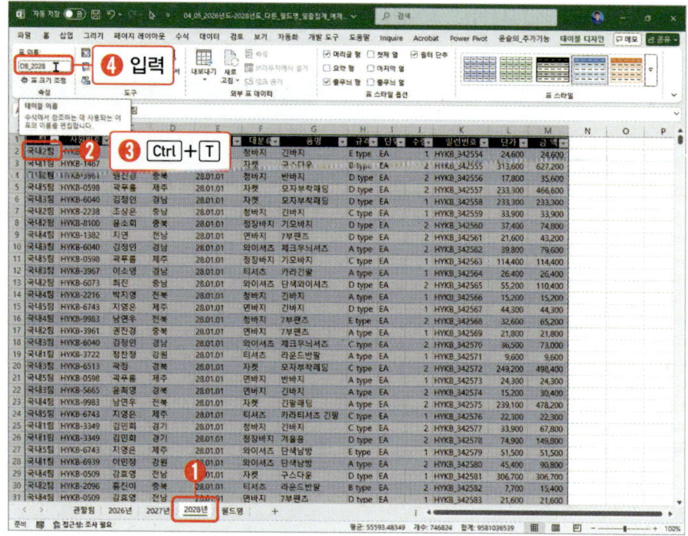

04 이번에는 빈 쿼리에서 M 함수를 직접 입력하는 방법으로 진행하기 위해, [데이터] 탭 – [데이터 가져오기 및 변환] 그룹 – [데이터 가져오기] – [Power Query 편집기 시작]을 클릭합니다.

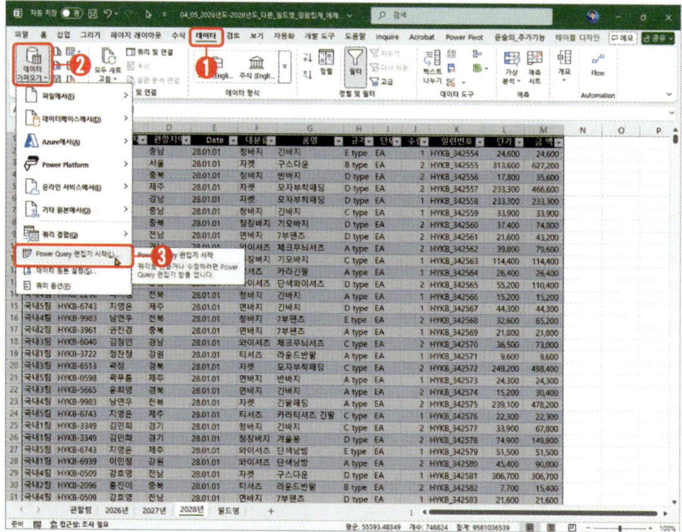

05 [Power Query 편집기] 창의 빈 화면이 나타나면, 이때 왼쪽의 쿼리 부분을 마우스 오른쪽 버튼으로 클릭한 후 [새 쿼리] – [기타 원본] – [빈 쿼리]를 선택합니다.

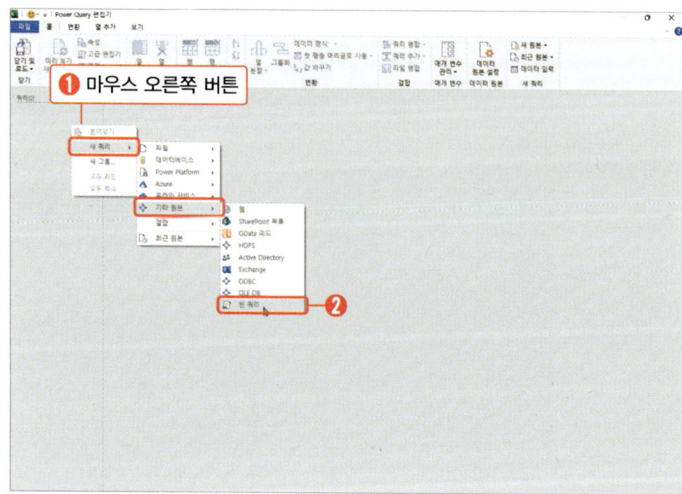

06 '쿼리1'이라는 빈 쿼리가 작성되면 이제 수식 입력줄에서 '=Excel.CurrentWorkbook()'를 입력하고 Enter 를 누릅니다.

여기서 잠깐

파워 쿼리는 대소문자의 구분이 명확합니다.
현재 입력한 M 함수를 보면 대소문자가 섞여 있는데 대소문자를 잘못 입력하면 오류가 발생합니다. 반드시 대소문자를 구분해서 정확히 입력해야 합니다.

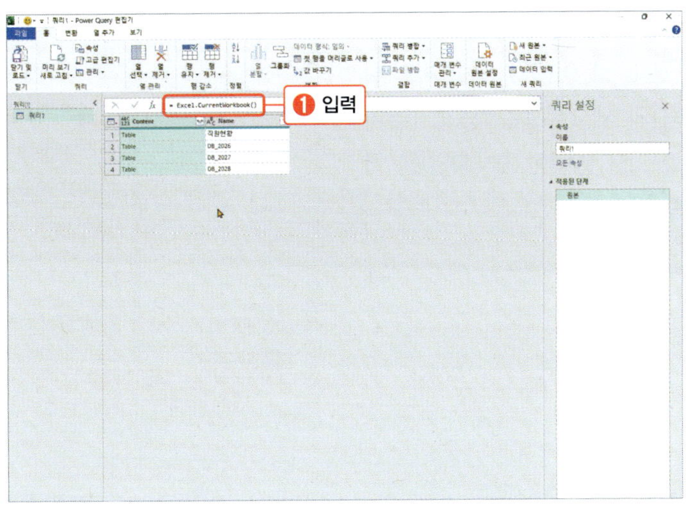

07 현재 워크북에 분석할 데이터가 아닌 직원현황표로 있으므로 데이터만 추출하겠습니다. [Name] 열을 확장해서 [텍스트 필터] – [시작 문자]를 선택하고, [시작 문자]를 'DB'로 입력한 후 [확인]을 클릭합니다.

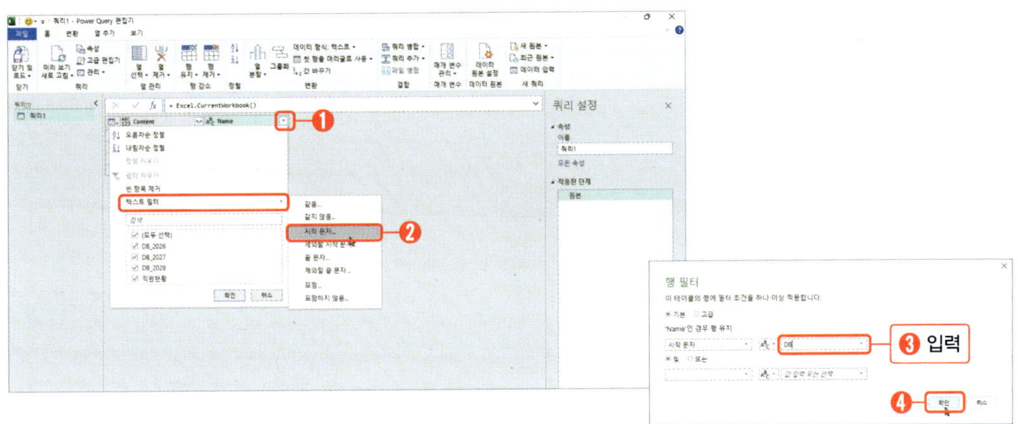

08 [Name] 열은 마우스 오른쪽 버튼으로 클릭한 후 [제거]를 선택해서 삭제합니다.

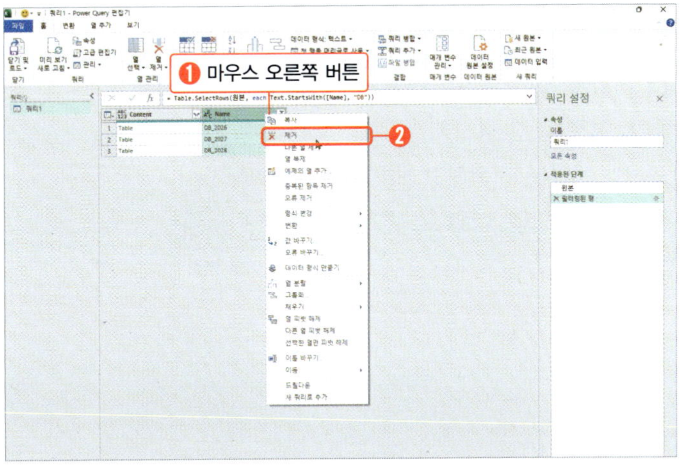

09 [Content] 열을 확장해서 [원래 열 이름을 접두어로 사용]의 체크를 해제하고, [추가 로드]를 클릭한 후 [확인]을 클릭합니다.

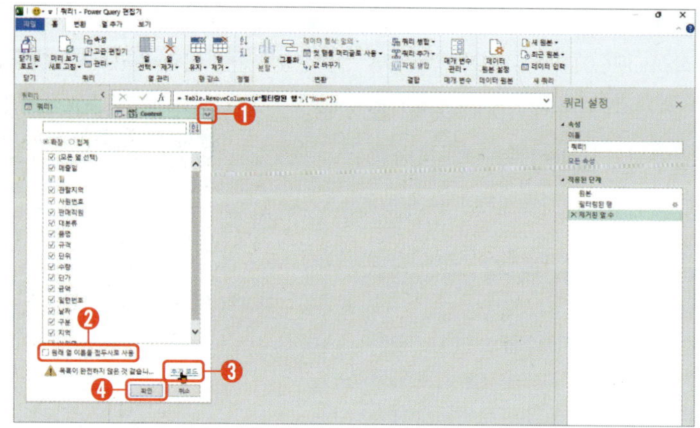

10 현재 2026년부터 2028년의 데이터는 머리글이 서로 달라서 통일시키기 위해, 수식 입력줄 왼쪽의 [단계 추가]를 클릭합니다. 수식 입력줄에 '=Table.ColumnNames(#"확장된 Content")'를 입력한 후 Enter를 누릅니다.

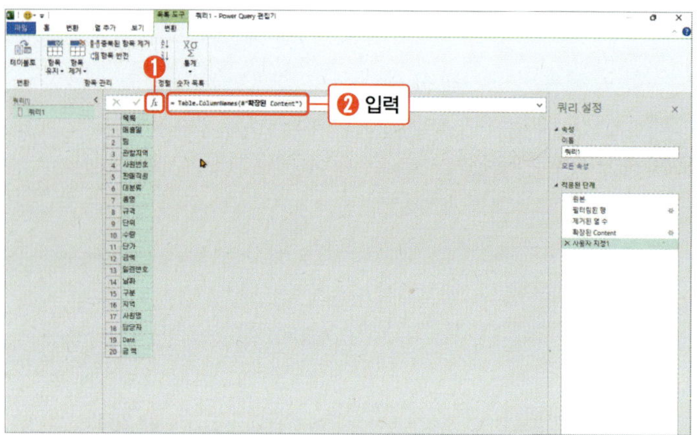

여기서 잠깐

#"확장된 Content"는 [단계 추가]를 클릭했을 때 자동 작성되므로 '='부터 'Table.ColumnNames' 부분을 대소문자 구분해서 잘 입력하면 됩니다.

11 지금까지 작성한 내용의 쿼리 이름을 변경하기 위해, [쿼리1] 쿼리를 선택하고 F2를 누른 후 '필드명_나열'로 변경합니다.

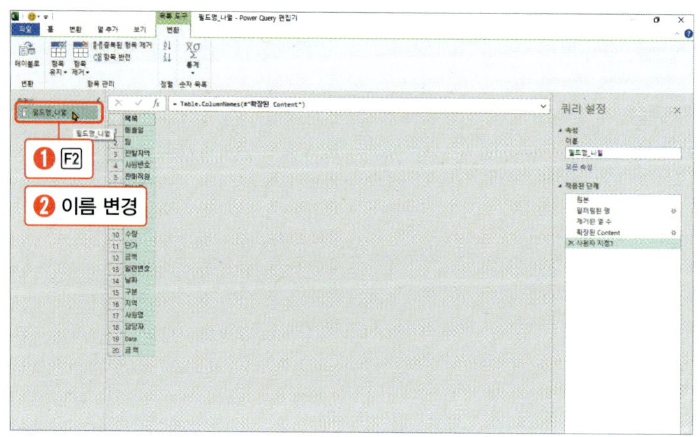

12 엑셀 시트로 [필드명_나열] 쿼리 데이터를 나타내기 위해, [홈] 탭 – [닫기] 그룹 – [닫기 및 로드] – [닫기 및 다음으로 로드]를 클릭합니다.

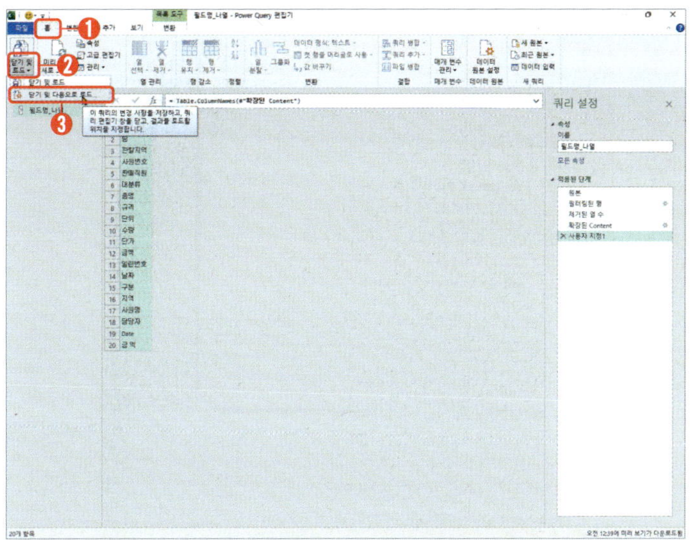

여기서 잠깐

필드명이 1,048,576개 이상이 될 수 없으므로 [닫기 및 로드]를 클릭해도 되지만, [닫기 및 로드]는 엑셀로 새로운 시트를 자동 생성하고 해당 쿼리의 값을 가져오게 됩니다. [닫기 및 다음으로 로드]를 클릭하면 엑셀에서 언제든 다시 해당 쿼리 데이터를 표로 나타낼 수도 있고, [연결만 만들기]도 할 수 있으므로 더 활용도가 높습니다.

13 [데이터 가져오기] 대화상자가 나타나면 [표]를 선택하고 [기존 워크시트]를 선택한 후 데이터가 들어갈 위치는 [필드명] 시트의 [A1] 셀을 선택하고 [확인]을 클릭합니다.

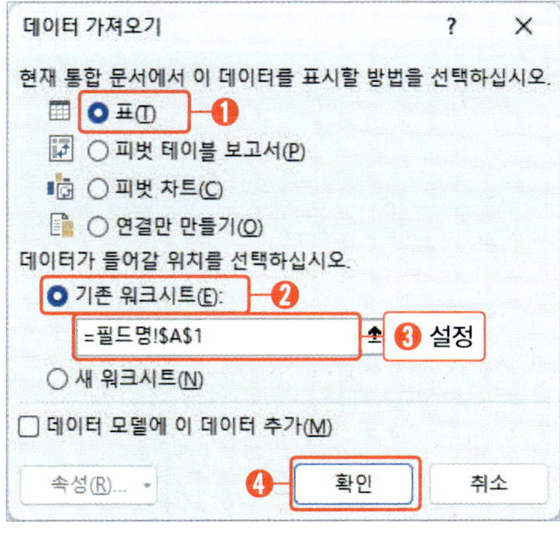

14 [필드명] 시트의 [A1] 셀을 기준으로 기존 필드명들이 나열되었습니다. 변경할 필드명을 입력하기 위해 [B1] 셀에는 '변경필드명'이라고 입력하고, [B2:B21] 셀에는 해당 필드명을 어떻게 변경할 건지를 입력합니다.

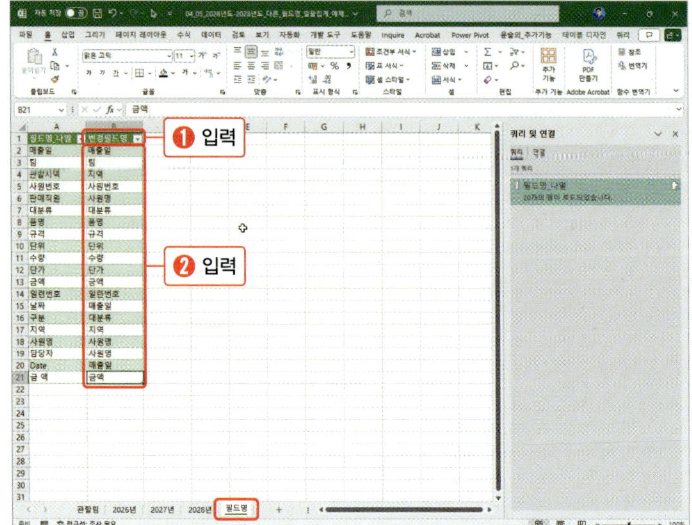

여기서 잠깐

필드명_나열	변경필드명
매출일	매출일
팀	팀
관할지역	지역
사원번호	사원번호
판매직원	사원명
대분류	대분류
품명	품명
규격	규격
단위	단위
수량	수량
단가	단가
금액	금액
일련번호	일련번호
날짜	매출일
구분	대분류
지역	지역
사원명	사원명
담당자	사원명
Date	매출일
금 액	금액

15 데이터 중 임의의 셀을 마우스 오른쪽 버튼으로 클릭한 후 [표/범위에서 데이터 가져오기]를 선택합니다.

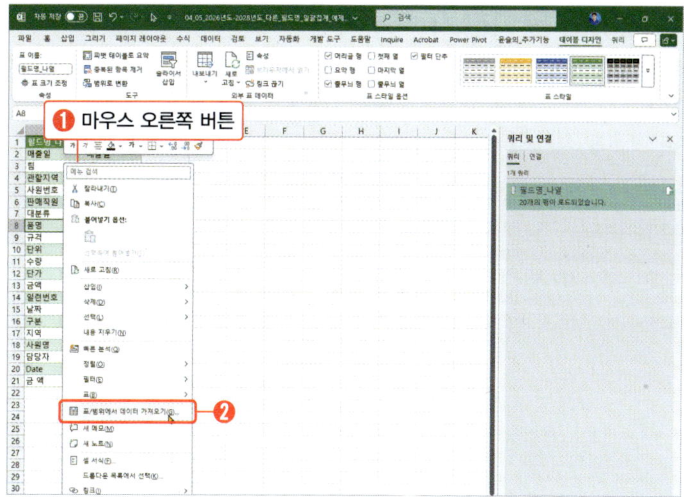

16 방금 삽입된 쿼리가 선택된 상태로 F2를 누르고 '필드명_변경'으로 쿼리 이름을 변경합니다.

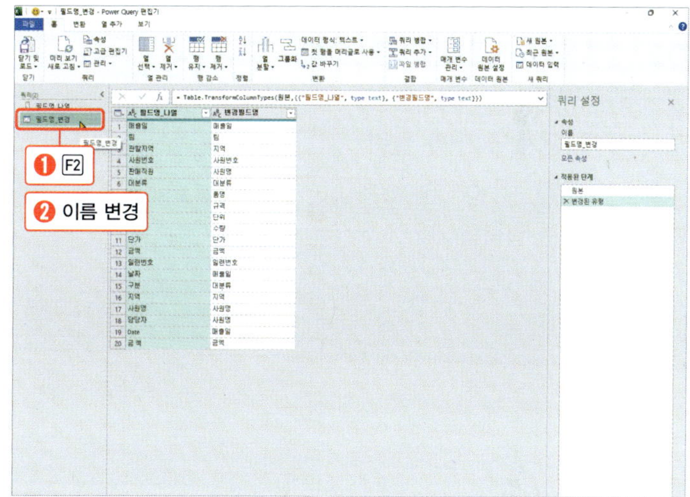

17 수식 입력줄 왼쪽의 [단계 추가]를 클릭하고, 수식 입력줄에 '=Table.ToRows(#"변경된 유형")'을 입력한 후 Enter를 누르면 List로 변경되는 것을 확인할 수 있습니다.

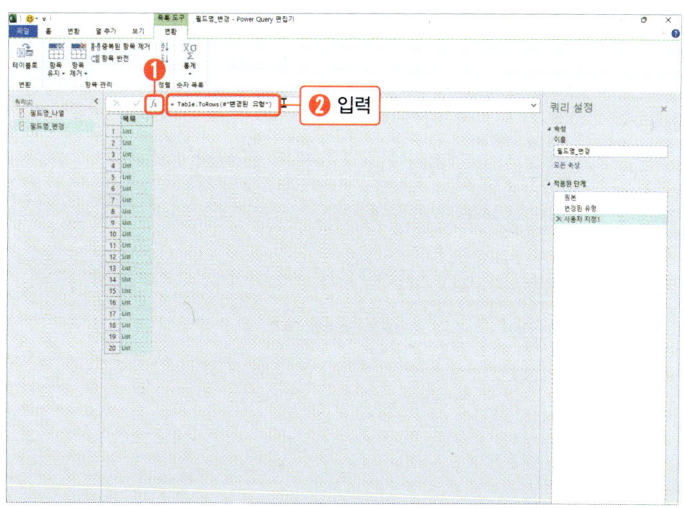

■ 데이터 분석하기

01 이제 변경된 필드명으로 데이터에 적용하기 위해, 먼저 쿼리가 2개 나열된 하난의 빈 곳을 마우스 오른쪽 버튼을 클릭한 후 [새 쿼리] – [기타 원본] – [빈 쿼리]를 선택합니다.

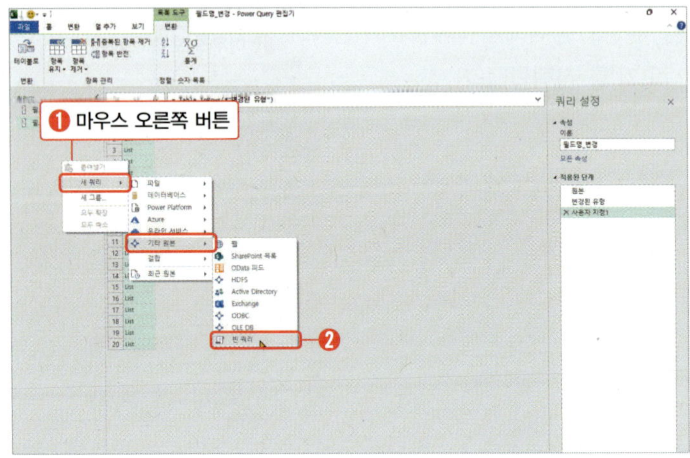

02 삽입된 쿼리 이름을 '통합_DB'로 변경하고, 수식 입력 줄 왼쪽에 [단계 추가]를 클릭하고 M 함수인 '=Excel.CurrentWorkbook()'를 입력합니다.

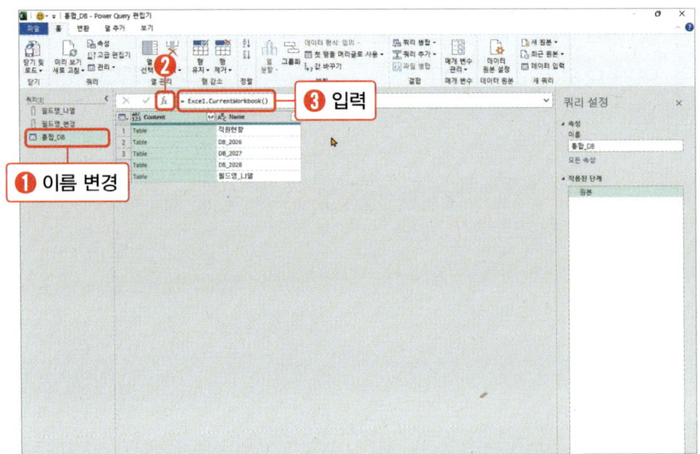

03 불필요한 데이터는 필터하기 위해, [Name] 열을 확장해서 [텍스트 필터] – [시작 문자]를 선택합니다. [시작 문자]는 'DB'로 입력한 후 [확인]을 클릭합니다.

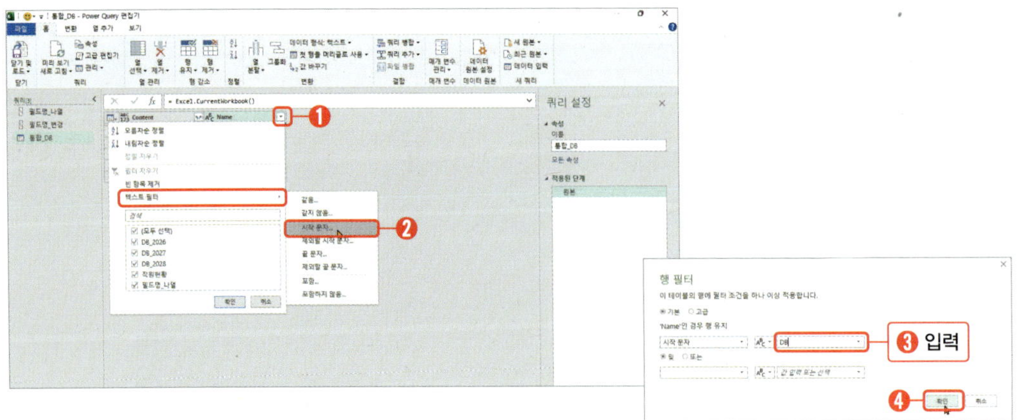

04 [열 추가] 탭 – [일반] 그룹 – [사용자 지정 열]을 클릭합니다. 사용자 지정 열 수식에 '=Table.RenameColumns([Content], 필드명_변경, MissingField.Ignore)'를 입력한 후 하단에 '구문 오류가 검색되지 않았습니다.'라는 메시지를 확인하고 [확인]을 클릭합니다.

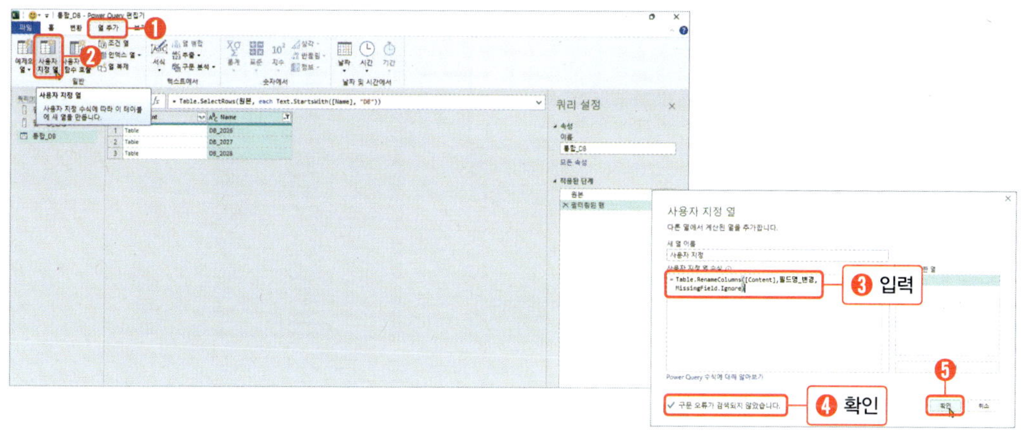

여기서 잠깐

[Content] 부분은 우측의 [사용 가능한 열]에서 더블클릭해서 삽입하거나, 선택한 후 [삽입]을 클릭하면 삽입할 수 있습니다.

05 추가된 [사용자 지정] 열이 나타났습니다. 이 [사용자 지정] 열에는 이미 통일된 필드명으로 작성된 테이블들이 준비되어 있습니다. 이제 [사용자 지정] 열 이름을 마우스 오른쪽 버튼으로 클릭한 후 [다른 열 제거]를 선택합니다.

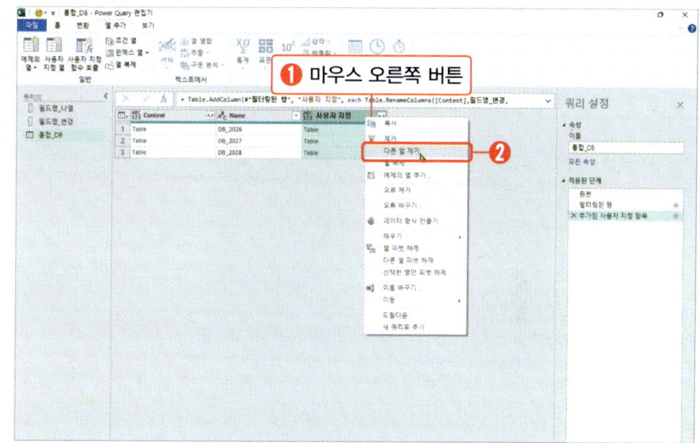

06 [사용자 지정] 열을 확장해서 [원래 열 이름을 접두사로 사용]의 체크를 해제하고, [추가 로드]를 클릭한 후 [확인]을 클릭합니다.

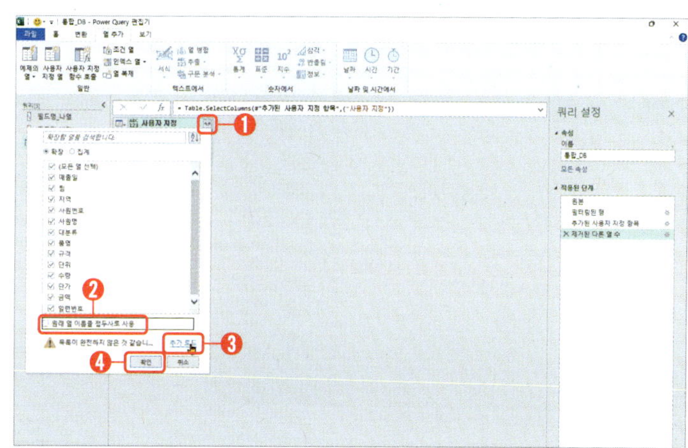

07 [매출일] 열의 데이터 형식 아이콘을 확장해서 [날짜]를 선택합니다.

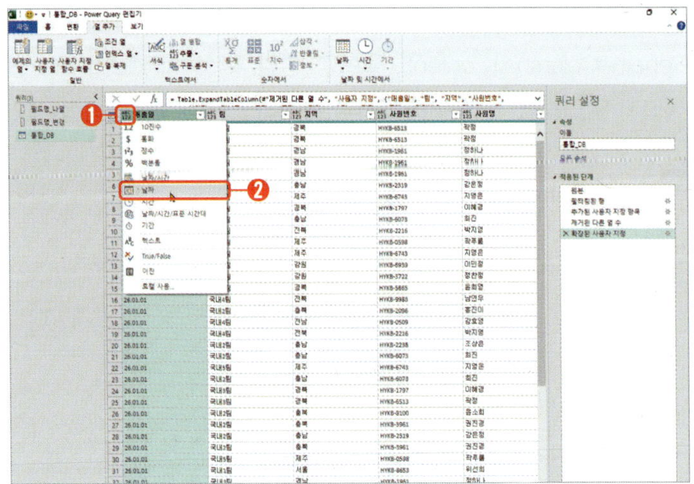

08 [금액] 열의 데이터 형식 아이콘을 확장해서 [정수]를 선택합니다.

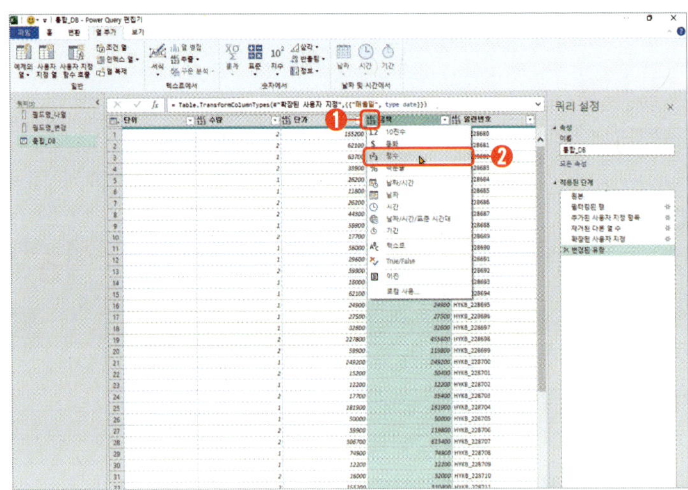

09 [홈] 탭 – [닫기] 그룹 – [닫기 및 로드] – [닫기 및 다음으로 로드]를 클릭합니다. [데이터 가져오기] 대화상자에서 [연결만 만들기]를 체크하고 [확인]을 클릭합니다.

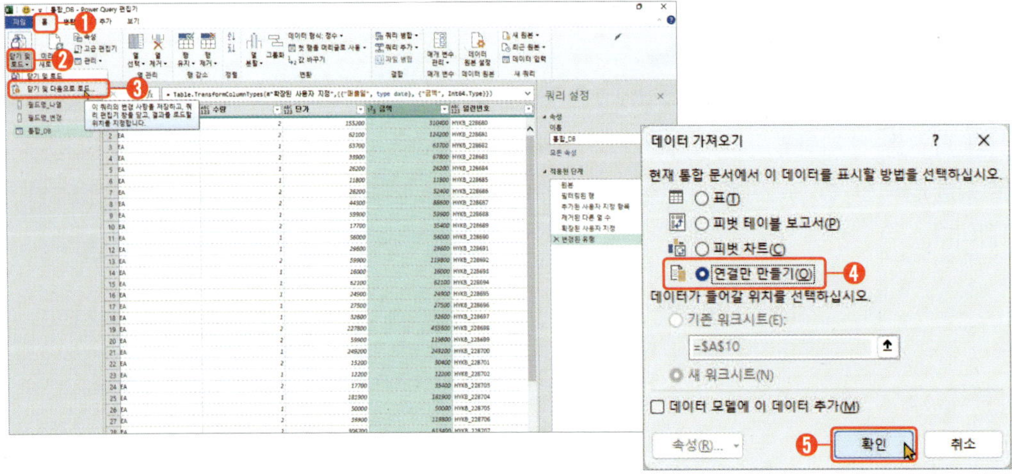

10 이제 통합된 데이터의 피벗 테이블을 작성하기 위해, [삽입] 탭 – [표] 그룹 – [피벗 테이블] – [외부 데이터 원본에서]를 클릭합니다.

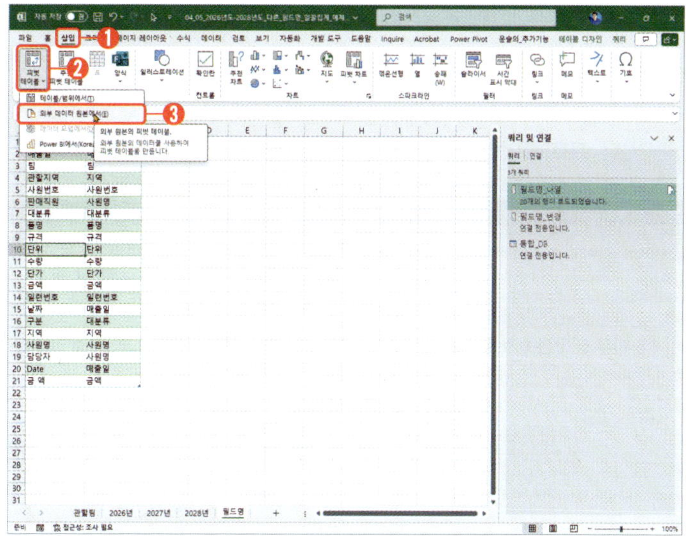

11 [외부 원본의 피벗 테이블] 대화상자가 나타나면 [연결 선택]을 클릭해서 [통합_DB] 쿼리를 선택하고 [확인]을 클릭합니다. [외부 원본의 피벗 테이블] 대화상자에서도 [확인]을 클릭합니다.

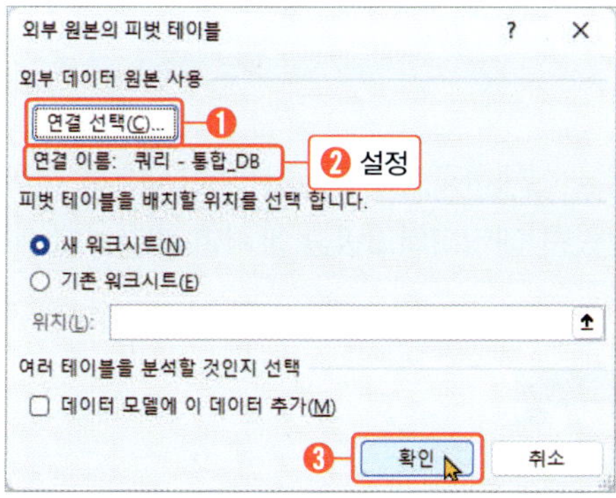

12 [행] 영역에 [매출일] 필드를 배치하고 [열] 영역에 [대분류] 필드, [값] 영역에 [금액] 필드를 배치합니다. 데이터 중 임의의 셀을 마우스 오른쪽 버튼으로 클릭한 후 [필드 표시 형식]을 선택합니다. [셀 서식] 대화상자가 나타나면 [범주]에서 '숫자'를 선택하고 [1000단위 구분 기호 사용]에 체크한 후 [확인]을 클릭합니다.

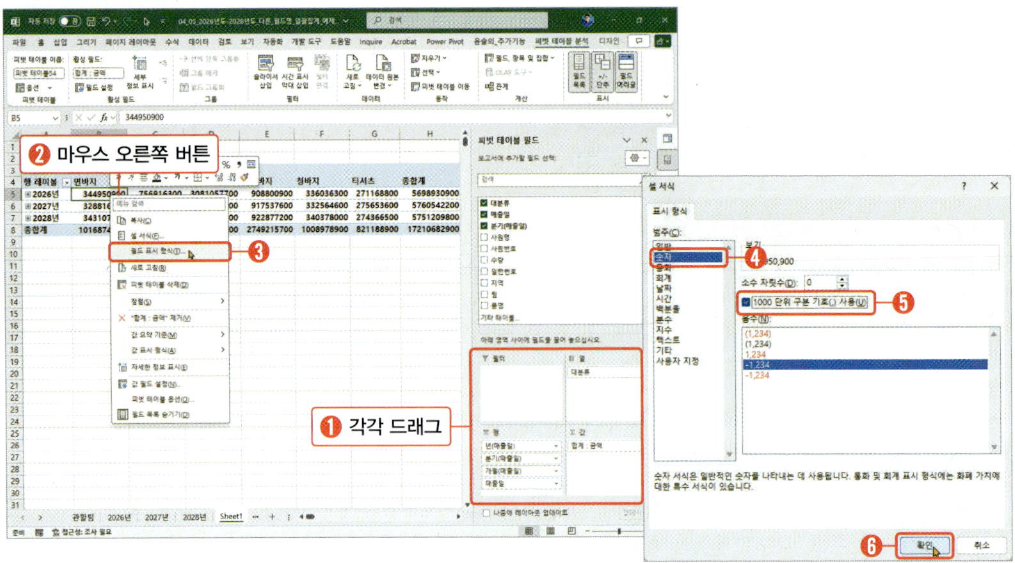

13 매출일을 마우스 오른쪽 버튼으로 클릭한 후 [그룹]을 선택하고, [그룹화] 대화상자에서 [연], [분기]를 선택한 후 [확인]을 클릭합니다. 필드명이 서로 달랐던 데이터의 3년간 분기별 대분류별 매출 데이터가 정리된 것을 확인할 수 있습니다.

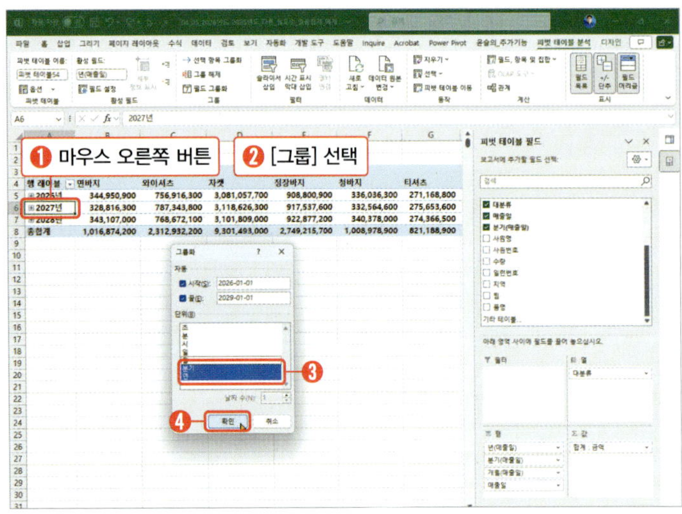

여기서 잠깐

이 파일을 저장해 두었다가, 이후 2029년 데이터가 새롭게 시트로 추가되면, 해당 데이터를 표로 만들고 표 이름을 'DB'로 시작하도록 설정하면 됩니다. 그렇게 하면 피벗 테이블에서 [새로 고침] 기능을 실행할 때, 새로운 데이터가 자동으로 반영되는 것을 확인할 수 있습니다. 다만, 2029년 데이터 중 기존 필드명과 다른 항목이 있다면, [필드명] 시트에서 변경할 이름을 다시 지정해야 합니다.

006 다중 시트의 이름을 일괄 변경하고 통계 분석하기

여러 시스템에서 수집한 자료를 분석할 때, 동일한 항목임에도 시스템별로 이름이 달라 서로 다른 항목으로 집계되는 문제를 해결하는 방법을 알아보겠습니다. 이를 위해 여러 시트에 존재하는 서로 다른 대분류 이름을 하나의 통일된 명칭으로 변경한 뒤, 다중 시트 데이터를 효율적으로 분석하는 절차를 살펴보겠습니다.

- **실습 파일 :** Part 04 > 예제 > 04_06_시스템별_아이템명_일괄 변경_매출집계_예제.xlsx
- **완성 파일 :** Part 04 > 완성 > 04_06_시스템별_아이템명_일괄 변경_매출집계_완성.xlsx

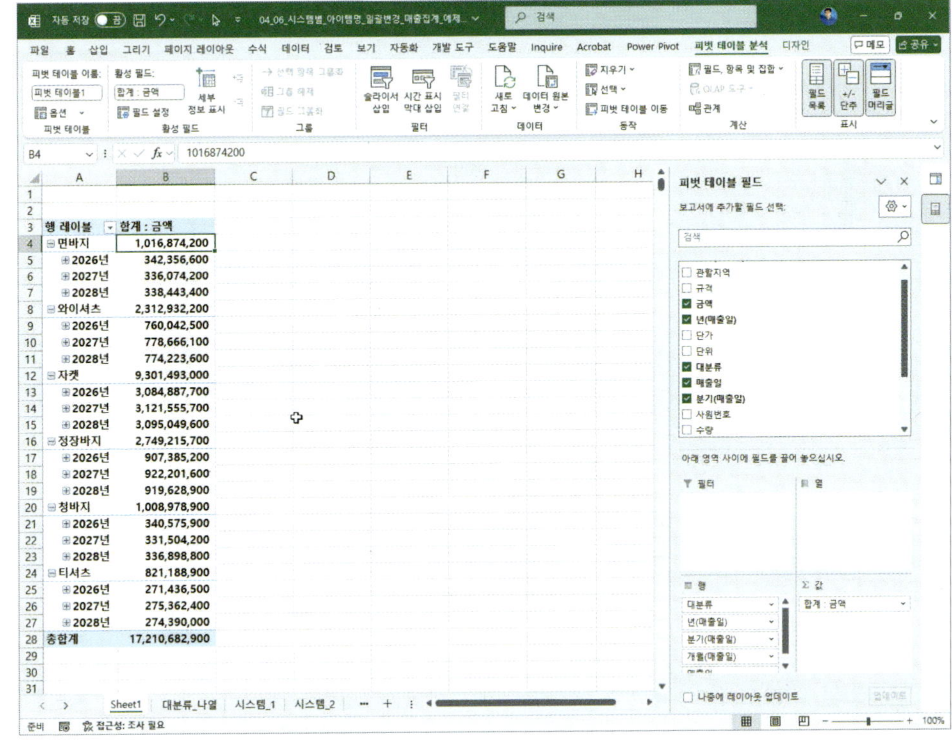

주요 기능	현업 활용
M Function	• =Table.Distinct 함수를 이용해서 고유 목록을 열거할 수 있다.
M Function	• =Table.TransformColumnTypes 함수를 이용해서 테이블의 특정 열의 데이터 형식을 변경할 수 있다.
M Function	• =List.Accumulate 함수를 사용해서 같은 항목이지만 달리 표시된 항목을 통일시켜 손쉽게 분석할 수 있다.

01 이번 예제 파일은 미리 [시스템_1], [시스템_2], [시스템_3] 시트를 표로 만들고 이름을 'SYS_1, SYS_2, SYS_3'으로 직싱해서 '통합'이라는 쿼리까지 만들어 두었습니다. 예제 파일을 열면 이미 쿼리가 있어서 상단에 [보안 경고]가 나타나는데 [콘텐츠 사용]을 클릭합니다.

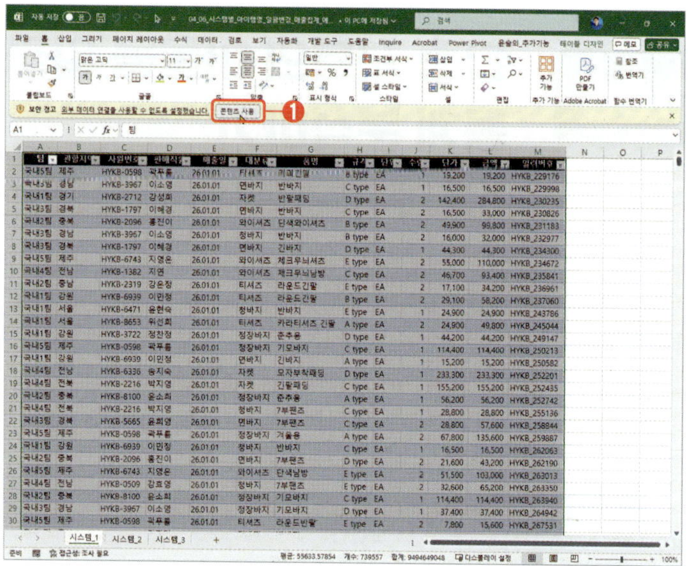

02 먼저 현재 파일의 쿼리를 표시하기 위해, [데이터] 탭 – [쿼리 및 연결] 그룹 – [쿼리 및 연결]을 클릭합니다.

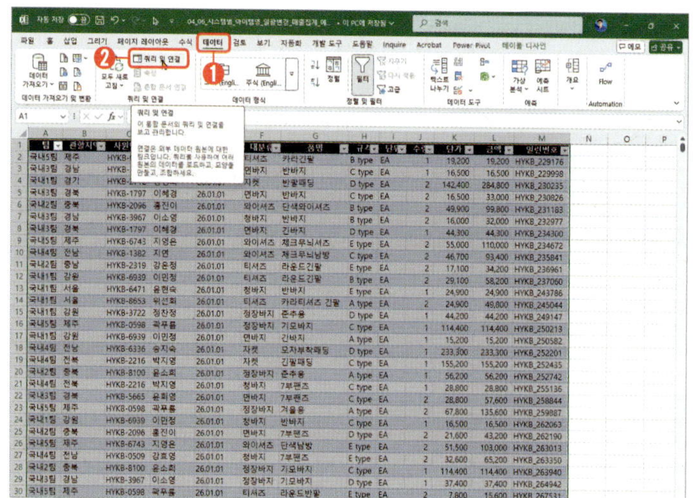

03 [통합] 쿼리를 마우스 오른쪽 버튼으로 클릭한 후 [편집]을 선택합니다.

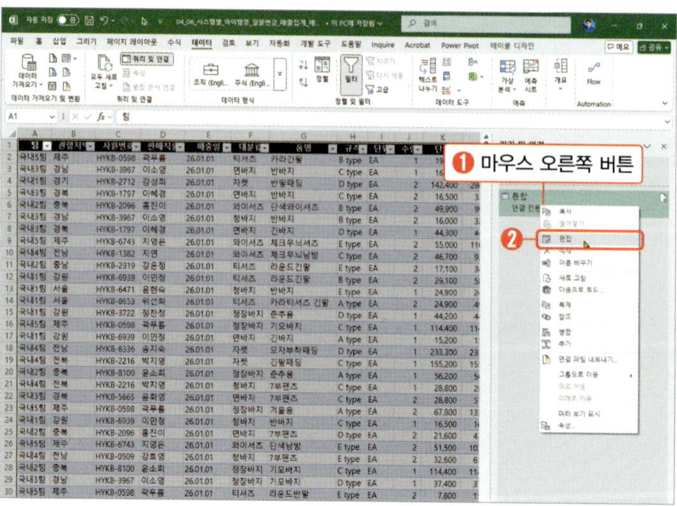

04 현재 통합된 데이터 중 대분류가 서로 다른 이름으로 표시되어 있어 이 부분을 먼저 정리하기 위해, [Power Query 편집기] 창에서 [통합] 쿼리를 마우스 오른쪽 버튼으로 클릭한 후 [복제]를 선택합니다.

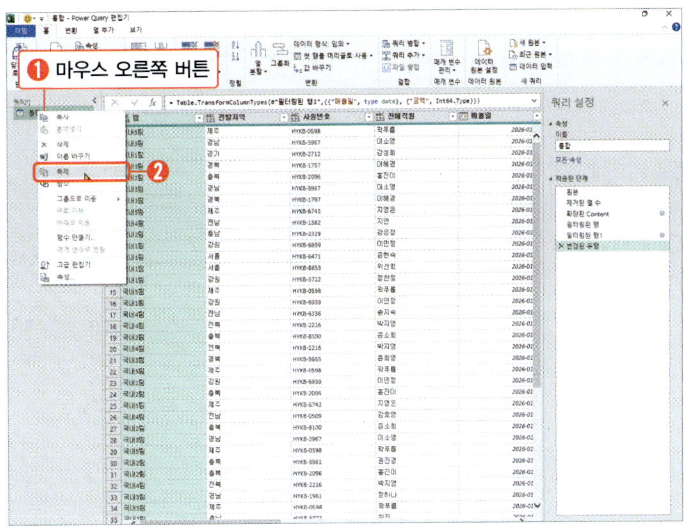

05 [대분류] 열 이름을 마우스 오른쪽 버튼으로 클릭한 후 [다른 열 제거]를 선택합니다.

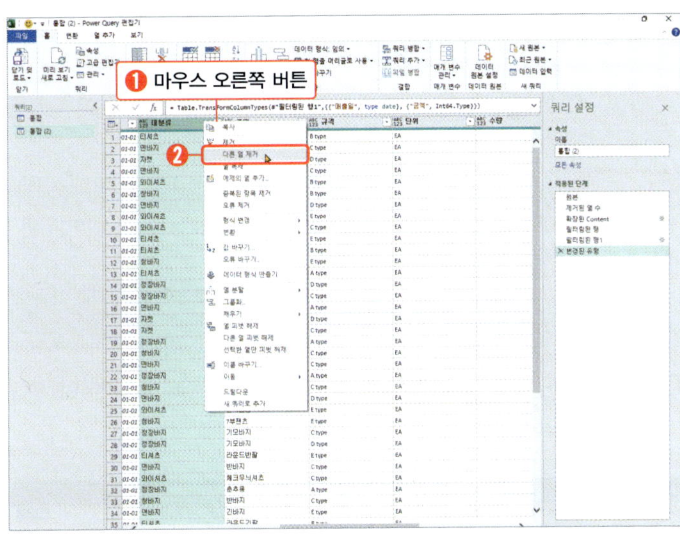

06 [대분류] 열을 마우스 오른쪽 버튼으로 클릭한 후 [중복된 항목 제거]를 선택합니다.

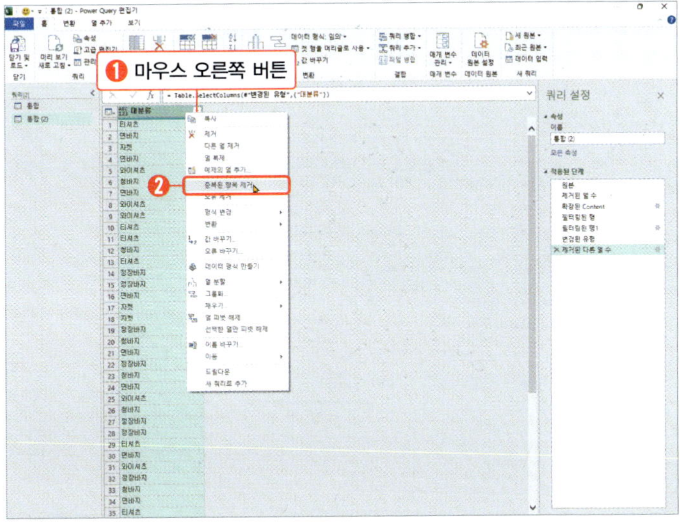

07 [통합(2)] 쿼리명을 '대분류_나열'로 변경하고, 엑셀로 데이터를 가져가서 변경할 대분류명을 수정 입력하겠습니다. [홈] 탭 – [닫기] 그룹 – [닫기 및 로드] – [닫기 및 다음으로 로드]를 클릭합니다. 그리고 [연결만 만들기]를 체크하고 [확인]을 클릭합니다.

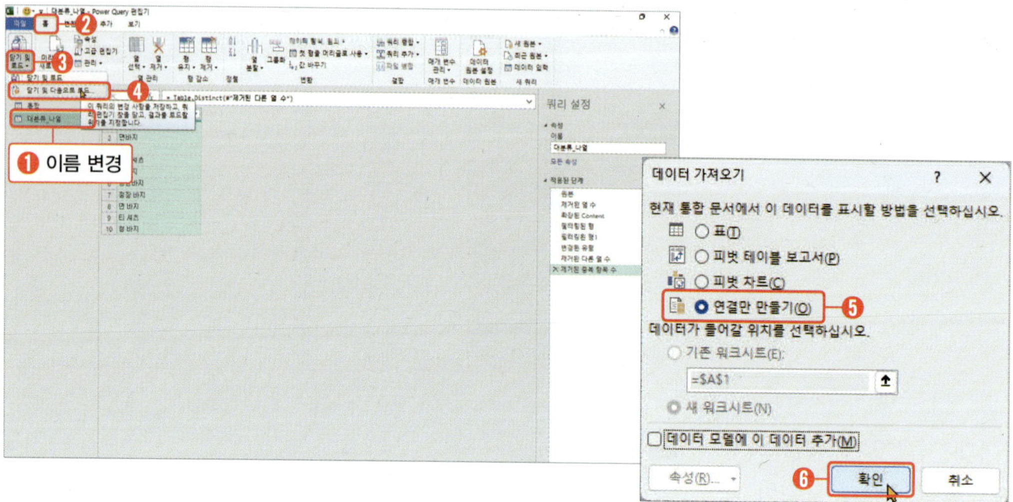

여기서 잠깐

[닫기 및 다음으로 로드]를 사용해 엑셀로 데이터를 가져오는 이유는, [닫기 및 로드]를 클릭할 경우 현재 존재하는 두 개의 쿼리가 모두 표 형태로 시트에 표시되기 때문입니다.
따라서 [대분류_나열] 쿼리만 엑셀 시트에 데이터를 표시하려면 [닫기 및 다음으로 로드]를 클릭해야 합니다.

08 [대분류_나열] 쿼리를 마우스 오른쪽 버튼으로 클릭한 후 [다음으로 로드]를 클릭합니다. 그리고 [표], [새 워크시트]를 선택하고 [확인]을 클릭합니다.

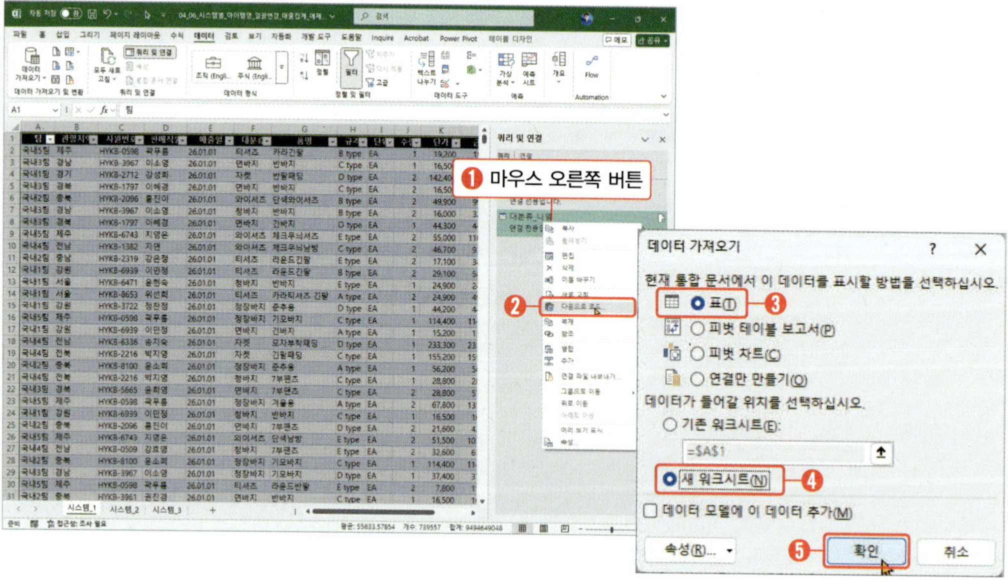

09 [B1] 셀에 '변경'이라고 입력하고 변경할 대분류명을 입력합니다. 입력을 모두 마쳤으면 데이터를 마우스 오른쪽 버튼으로 클릭한 후 [표/범위에서 데이터 가져오기]를 선택합니다.

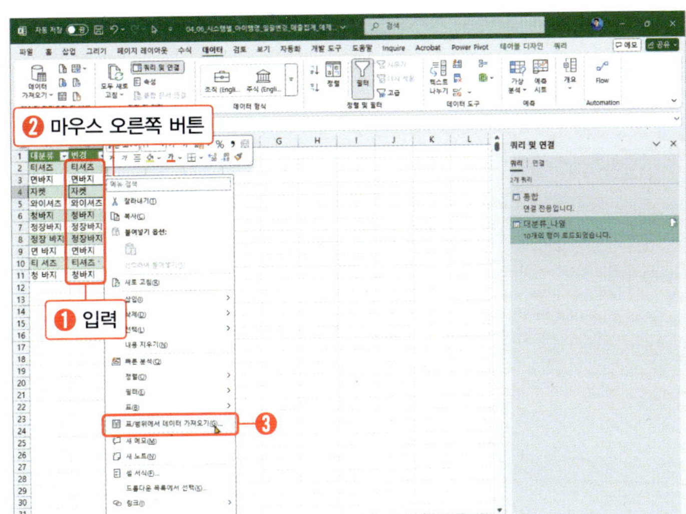

여기서 잠깐

대분류	변경
티셔츠	티셔츠
면바지	면바지
자켓	자켓
와이셔츠	와이셔츠
청바지	청바지
정장바지	정장바지
정장 바지	정장바지
면 바지	면바지
티 셔츠	티셔츠
청 바지	청바지

10 쿼리 이름을 '변경_테이블'로 변경하고 통일된 대분류명으로 만든 쿼리를 작성하기 위해, [통합] 쿼리를 선택하고 쿼리 단계는 [원본]을 선택합니다. 그러면 데이터가 아닌 다른 열도 나타나는 것을 확인할 수 있습니다.

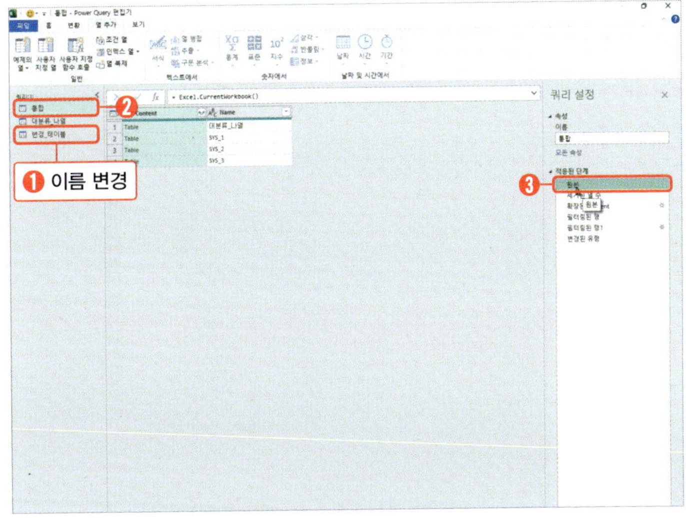

11 데이터만 필터하기 위해 [Name] 열을 확장해서 [텍스트 필터] – [시작 문자]를 클릭합니다. 새롭게 단계가 추가되므로 메시지 박스가 나타나는데 [삽입]을 클릭합니다.

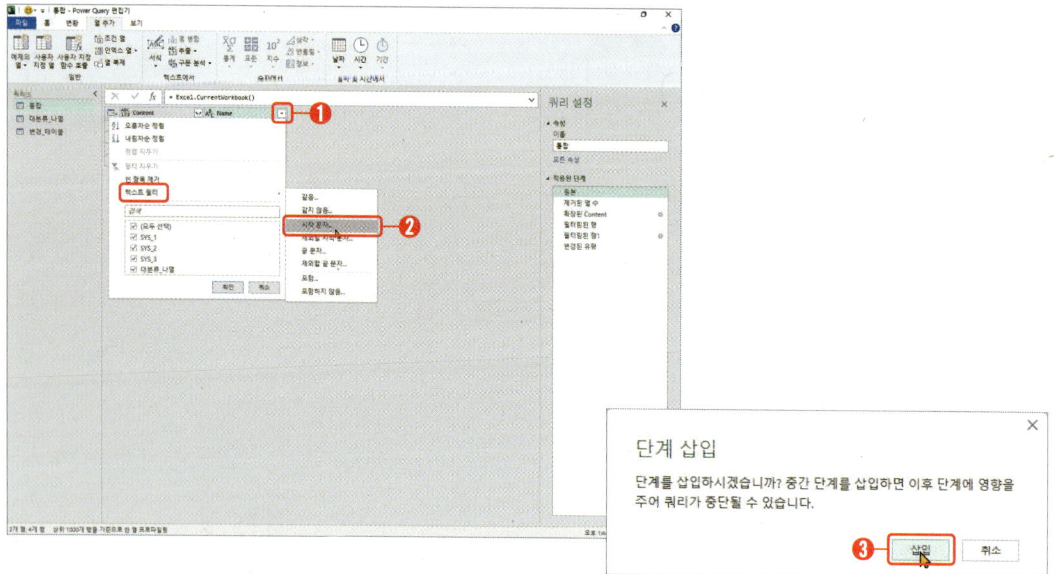

12 [시작 문자]는 'SYS'로 입력하고 [확인]을 클릭합니다.

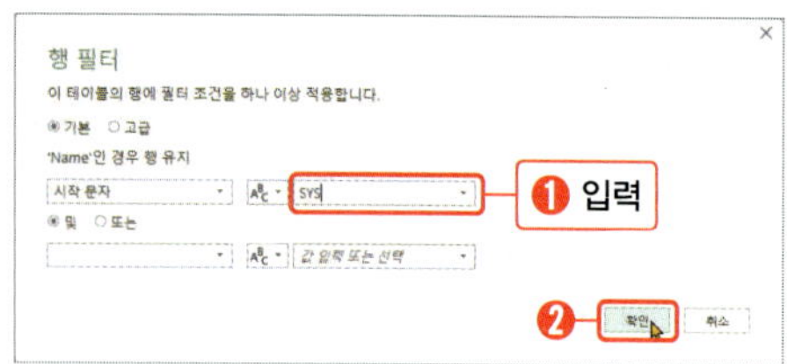

13 [통합] 쿼리의 마지막 단계 [변경된 유형]을 선택하면 SYS로 시작하는 표만 확장되어 나타나는 것을 확인할 수 있습니다.

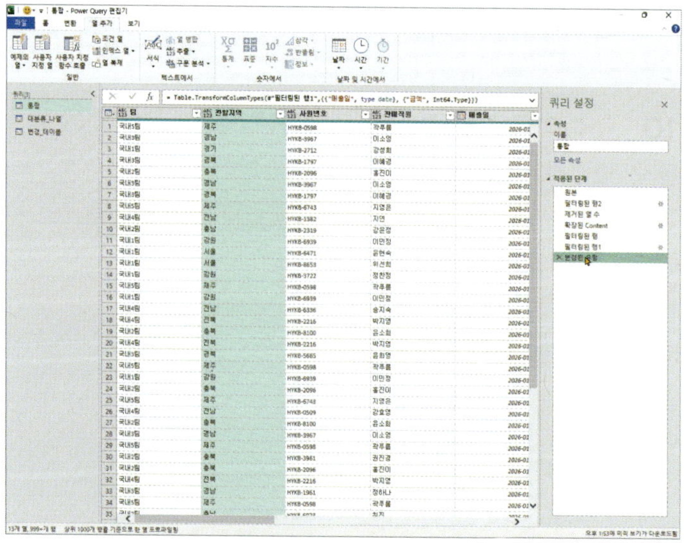

14 통일된 대분류명을 적용하기 위해 수식 입력줄 왼쪽의 [단계 추가]를 클릭하고, 수식 입력줄을 확장해서 M 함수를 아래와 같이 입력합니다.

```
= List.Accumulate(
  {0..List.Count(변경_테이블[대분류])-1},
  #"변경된 유형",
  (s,c) => Table.ReplaceValue(s,변경_테이블[대분류]{c},변경_테이블[변경]{c},Replacer.ReplaceText,{"대분류"}))
```

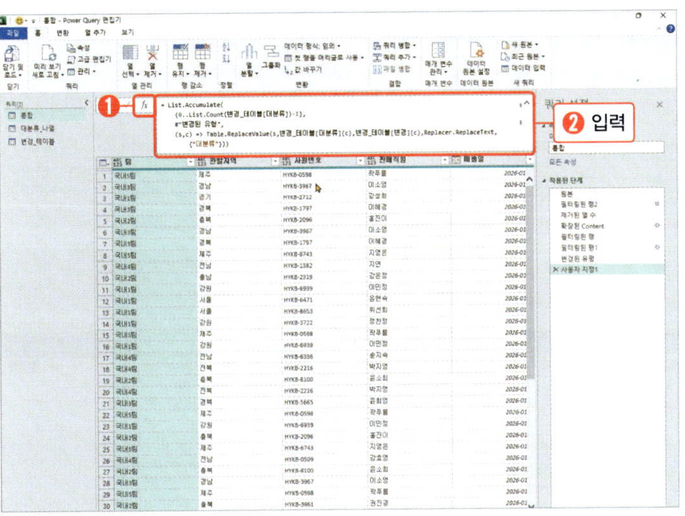

수식 설명

```
= List.Accumulate(  ❶
  {0..List.Count(변경_테이블[대분류])-1},  ❷
  #"변경된 유형",
  (s,c) => Table.ReplaceValue(s,변경_테이블[대분류]{c},변경_테이블[변경]{c},Replacer.  ❸
  ReplaceText,{"대분류"}))
              ❹
```

❶ List.Accumulate : 리스트를 순환하며 누적 계산을 하는 M 함수

❷ {0..List.Count(변경_테이블[대분류])−1} : 리스트의 순환을 0부터 [변경_테이블] 쿼리 – [대분류] 필드의 리스트 수보다 −1까지 순환(파워 쿼리는 기본 인덱스가 0부터 이기 때문에 −1을 함)

#"변경된 유형" : 적용할 내용으로 이전 마지막 단계

❸ (s,c) => Table.ReplaceValue(s,변경_테이블[대분류]{c},변경_테이블[변경]{c},Replacer.ReplaceText,{" 대분류"}) : 현재 테이블 상태 s에 대해 c번째 항목을 기준으로 값을 바꿉니다. 이때 변경_테이블[대분류]{c}는 원래 값이고, 변경_테이블[변경]{c}는 바꿀 값입니다.

❹ {"대분류"} : 바꿀 대상 열입니다.

15 순환 M 함수를 사용했기 때문에, 좀 더 확대해서 다시 확인하겠습니다.

```
= List.Accumulate(
    {0..List.Count(변경_테이블[대분류])-1},
    #"변경된 유형",
    (s,c) => Table.ReplaceValue(s,변경_테이블[대분류]{c},변경_테이블[변경]{c},Replacer.ReplaceText,
        {"대분류"}))
```

16 이제 엑셀에서 데이터 분석을 하기 위해, [홈] 탭 – [닫기] 그룹 – [닫기 및 로드] – [닫기 및 다음으로 로드]를 클릭합니다. [데이터 가져오기] 대화상자에서 [연결만 만들기]를 선택하고 [확인]을 클릭합니다.

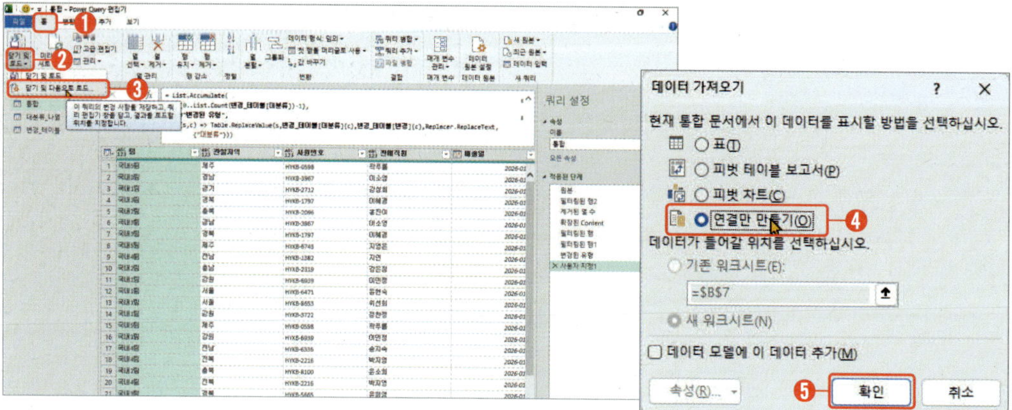

17 [삽입] 탭 – [표] 그룹 – [피벗 테이블] – [외부 데이터 원본에서]를 클릭합니다.

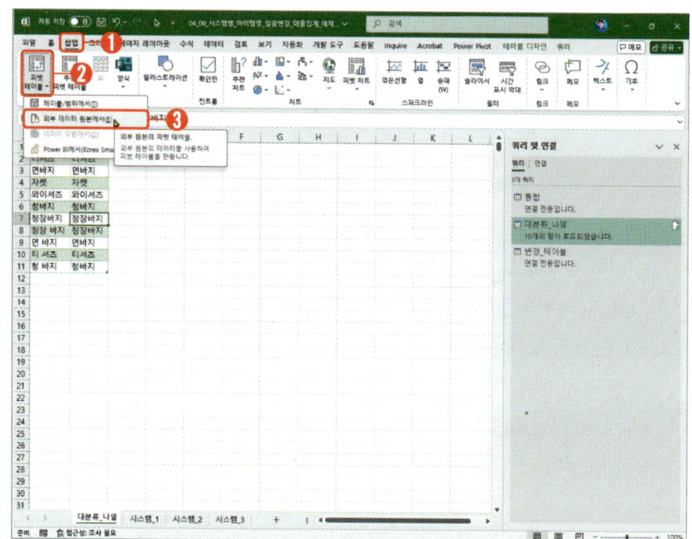

18 [외부 원본의 피벗 테이블] 대화상자가 나타나면 [연결 선택]을 클릭해서 [통합] 쿼리를 선택하고 [확인]을 클릭한 후, [외부 원본의 피벗 테이블] 대화상자도 [확인]을 클릭합니다.

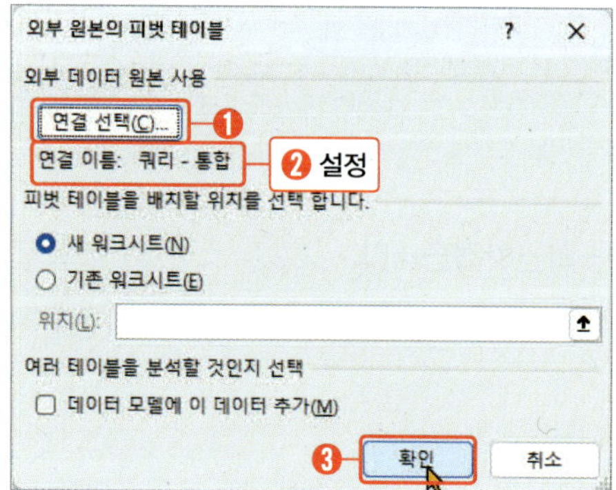

19 [행] 영역에 [대분류], [매출일] 필드를 배치하고 [값] 영역에 [금액] 필드를 드래그 & 드롭합니다.

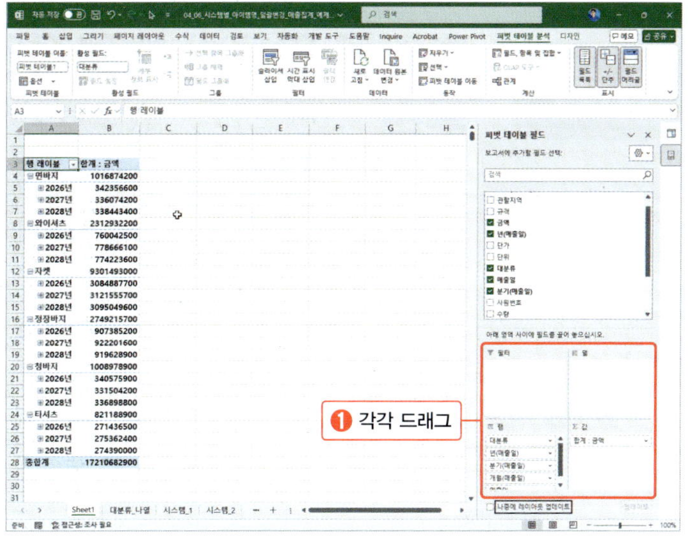

20 데이터 중 임의의 셀을 마우스 오른쪽 버튼으로 클릭한 후 [필드 표시 형식]을 선택합니다. [셀 서식] 대화상자에서 [범주]는 '숫자'를 선택하고 [1000단위 구분 기호 사용]에 체크한 후 [확인]을 클릭합니다.

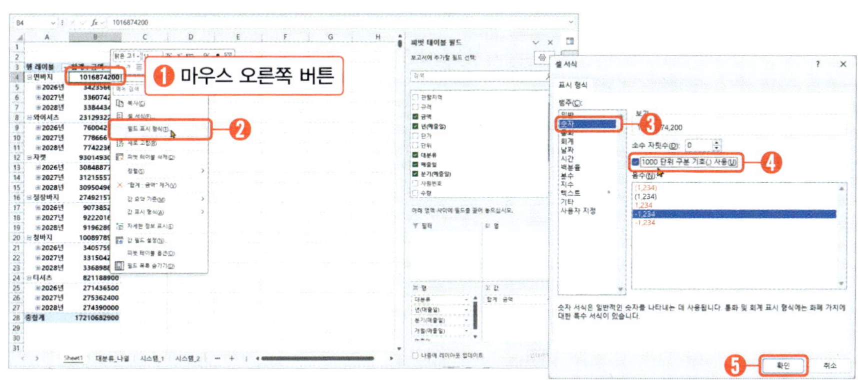

21 3개 시스템에서 서로 다른 대분류 이름이 통일된 이름으로 정리, 분석된 결과를 확인할 수 있습니다.

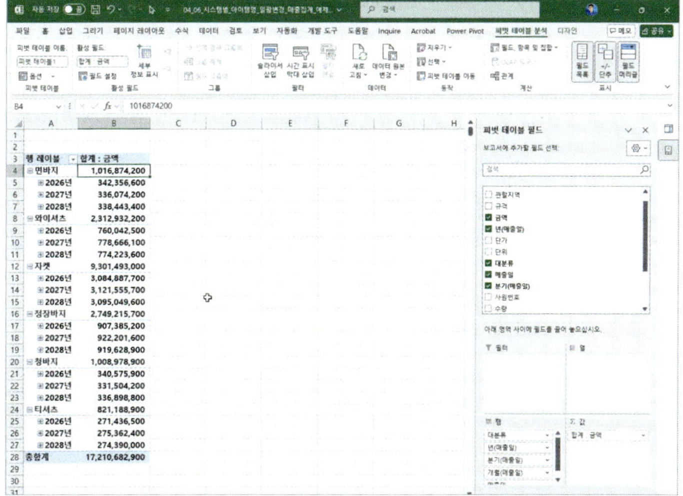

007 병합을 활용한 효율적인 데이터 관리 및 분석

파워 쿼리의 '병합(Merge)' 기능을 활용하여 데이터를 효율적으로 관리하고 분석하는 방법을 알아보겠습니다. 이 기능은 기존에 VLOOKUP 함수 등을 이용해 다른 테이블의 관련 데이터를 연결하고 하나의 데이터베이스로 분석하던 과정을 보다 빠르고 간편하게 수행할 수 있도록 지원합니다. 즉, 데이터 통합과 관리 효율성을 동시에 높여주는 핵심 기능이라고 이해하면 좋습니다.

- **실습 파일 :** Part 04 > 예제 > 04_07_파워 쿼리_병합_예제.xlsx
- **완성 파일 :** Part 04 > 완성 > 04_07_파워 쿼리_병합_완성.xlsx

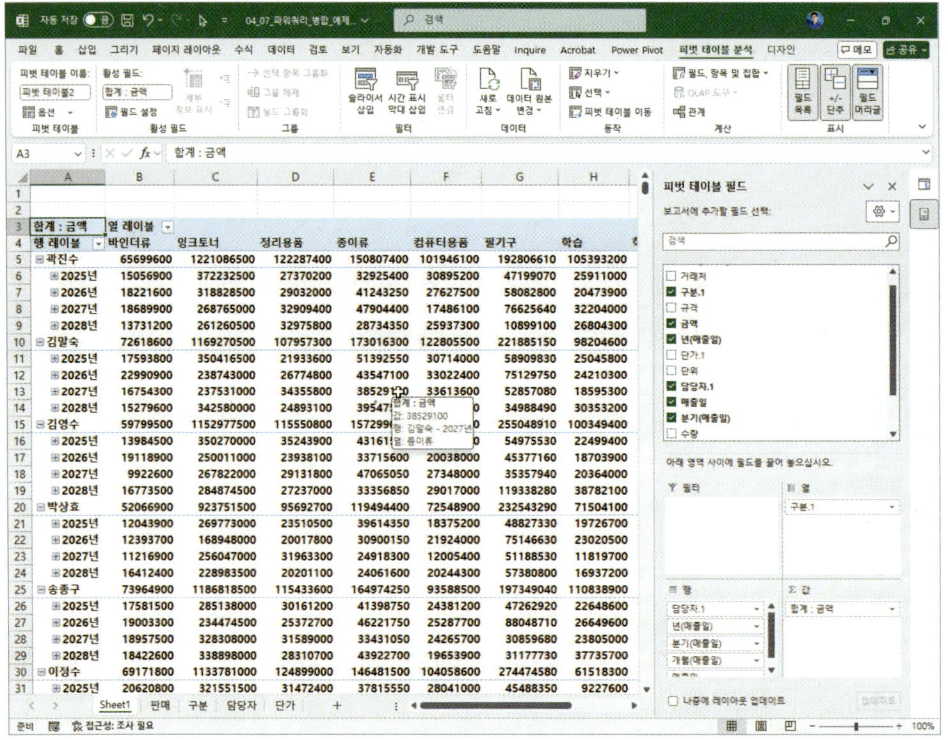

주요 기능	현업 활용
쿼리 병합	• 테이블을 공통 열을 기준으로 조합(JOIN)해서 하나의 테이블로 만드는 기능이다.
쿼리 병합의 이유	• 데이터가 분산되어 있고 다른 테이블의 정보가 필요할 때 병합을 통해 손쉽게 분석, 나타낼 수 있다.
쿼리 병합의 장점	• 데이터의 관리, 유지 보수가 용이하고 데이터 품질, 분석 효율을 향상시킬 수 있다.

01 예제 파일을 보면 각 시트를 표로 만들고 이름도 변경해 두었습니다. 파워 쿼리로 데이터 로딩을 위해 [판매] 시트에서 임의의 셀을 마우스 오른쪽 버튼으로 클릭한 후 [표/범위에서 데이터 가져오기]를 선택합니다.

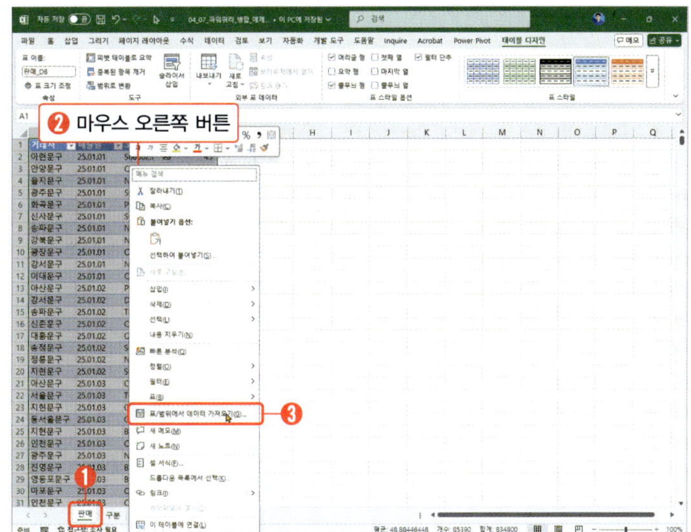

02 이번에는 엑셀에서 여러 개 표를 다른 방법으로 가져와 보겠습니다. [판매_DB] 쿼리를 마우스 오른쪽 버튼으로 클릭한 후 [복제]를 선택합니다.

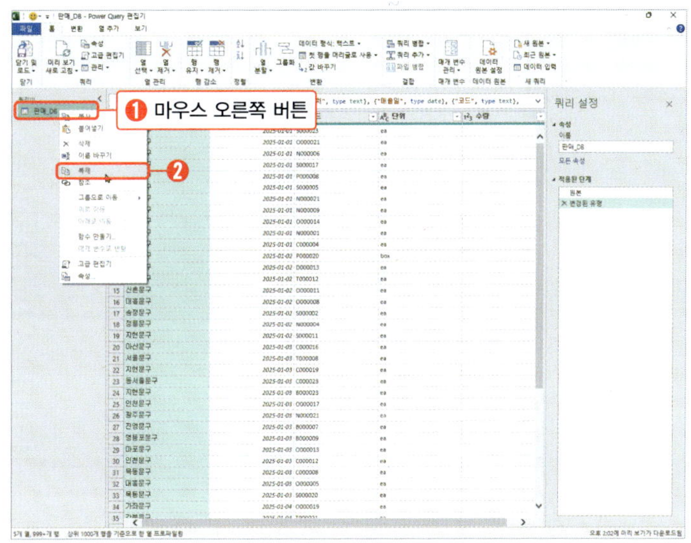

03 [판매_DB(2)] 쿼리가 만들어 지고 [판매_DB] 쿼리 내용이 그대로 나타나는 것을 볼 수 있습니다. [적용된 단계] 중 [원본]을 선택하고 아래와 같이 'Name' 부분을 '구분'으로 변경합니다. 그리고 [변경된 유형]은 삭제합니다.

```
=Excel.CurrentWorkbook()
{[Name="구분"]}[Content]
```

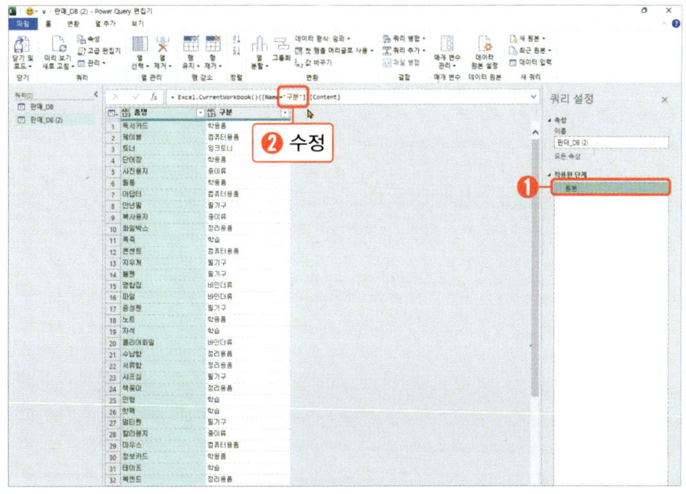

04 [구분] 쿼리의 내용이 나타나게 됩니다. 해당 쿼리를 마우스 오른쪽 버튼으로 클릭한 후 이름을 '구분'으로 변경합니다.

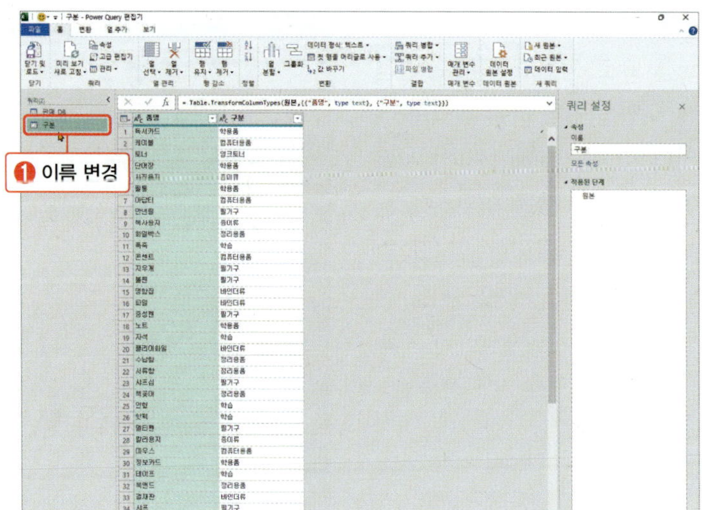

05 같은 방법으로 이번에는 [판매_DB] 쿼리를 복제해서 [담당자], [단가] 쿼리를 만듭니다.

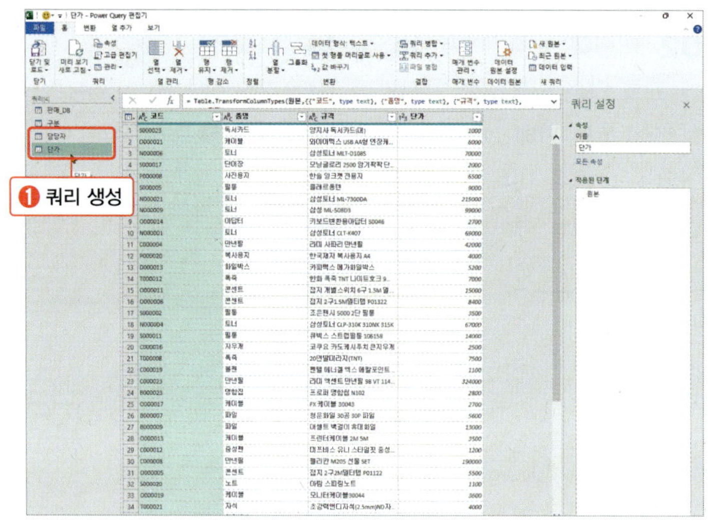

06 이제 4개의 쿼리를 병합해서 담당자별, 구분별, 매출을 나타내기 위해, [홈] 탭 – [결합] 그룹 – [쿼리 병합] – [쿼리를 새 항목으로 병합]을 클릭해서 새로운 쿼리를 하나 만듭니다.

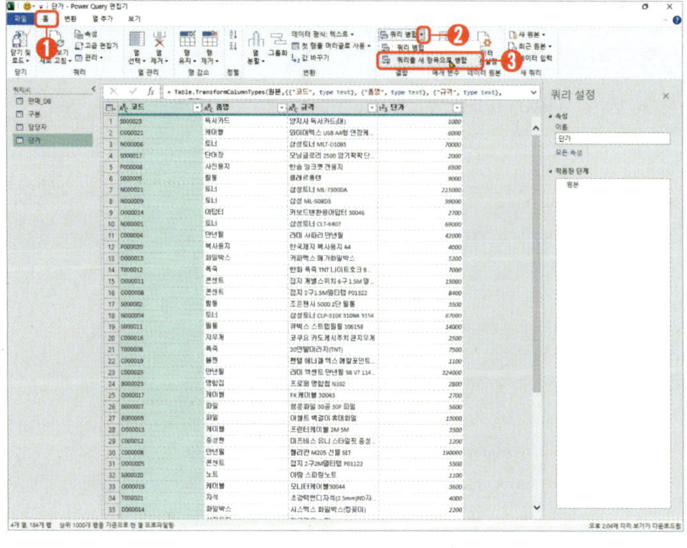

07 [병합] 대화상자가 나타나면 위에서 '판매_DB'를 선택하고 아래는 '단가'를 선택합니다. 그리고 [판매_DB] 쿼리의 [코드] 열을 선택하고 [단가] 쿼리의 [코드] 열을 선택한 후 [확인]을 클릭합니다.

여기서 잠깐

병합의 종류

병합 종류	동작	비고
왼쪽 외부	왼쪽 테이블의 모든 행을 유지하고, 오른쪽에서 일치하는 값만 가져옵니다.	
오른쪽 외부	오른쪽 테이블의 모든 행을 유지하고, 왼쪽에서 일치하는 값만 가져옵니다.	
완전 외부	양쪽 테이블 모두의 모든 행을 유지하고, 일치하지 않는 값은 null로 표시됩니다.	
내부	양쪽 테이블 모두에서 일치하는 값만 유지합니다.	
왼쪽 앤티	왼쪽 테이블에는 있지만 오른쪽 테이블에는 없는 행만 유지합니다.	
오른쪽 앤티	오른쪽 테이블에는 있지만 왼쪽 테이블에는 없는 행만 유지합니다.	

왼쪽, 오른쪽으로 표현하지만 [병합] 대화상자에서 위쪽을 왼쪽, 아래쪽을 오른쪽으로 이해하면 됩니다. 참고로 가장 많이 사용되는 병합은 [왼쪽 외부]입니다. 기존 엑셀 데이터를 처리하며, 관련 자료를 VLOOKUP 함수로 불러와 분석하는 것과 같은 개념으로 이해하면 쉽습니다.

⊕ 추가 정보

JOIN과 병합의 차이점

구분	SQL JOIN	파워 쿼리 병합	비고
의미	논리적으로 두 테이블을 관계에 따라 연결	두 쿼리를 결합하여 새로운 쿼리를 생성	
처리 위치	데이터베이스 내부에서 실행(서버단)	클라이언트(엑셀, 파워 쿼리)에서 처리됨	
결과	일시적인 가상 테이블	병합된 쿼리로 새로운 결과 테이블 생성	
형태	단일 SELECT 문 안에서 실행	단계별 Query Editor에서 조작	
물리적 저장	대부분 물리적으로 저장되지 않음	병합된 쿼리로 새 테이블처럼 사용	

그래서 JOIN은 참조, 병합은 복사 + 확장에 가까운 개념입니다.

08 추가된 [단가] 열을 확장해서 [코드]는 제외하고 [품명], [규격], [단가]를 체크하고 [원래 열 이름을 접두사로 사용]의 체크를 해제한 후 [확인]을 클릭합니다.

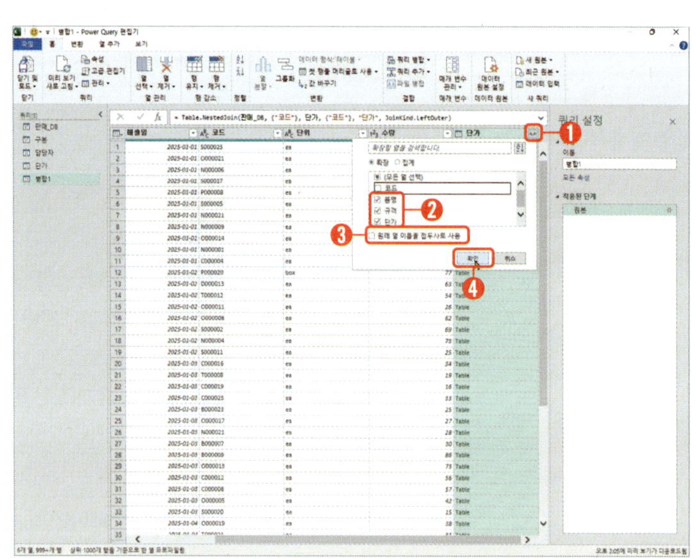

09 이번에는 이미 [병합1] 쿼리가 있으므로 [병합1] 쿼리에 [구분] 쿼리를 병합하겠습니다. [홈] 탭 – [결합] 그룹 – [쿼리 병합]을 확장해서 [쿼리 병합]을 클릭합니다.

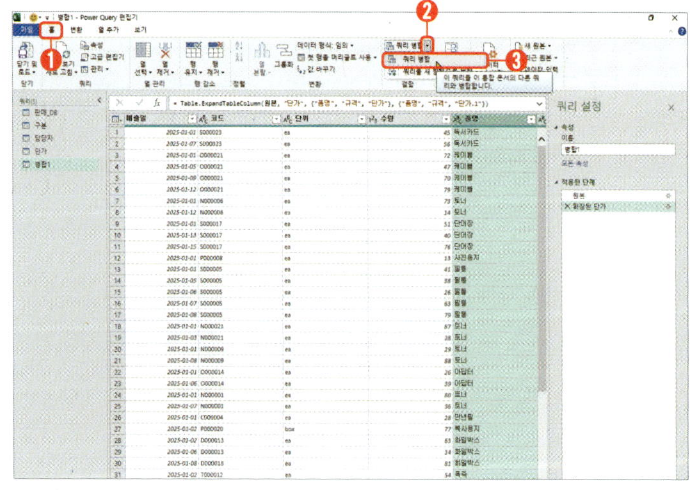

10 위에서 '병합1'을 선택하고 아래는 '구분'을 선택합니다. 위쪽 테이블에서 [품명] 열을 선택하고 아래 테이블에서도 [품명] 열을 선택한 후 [확인]을 클릭합니다.

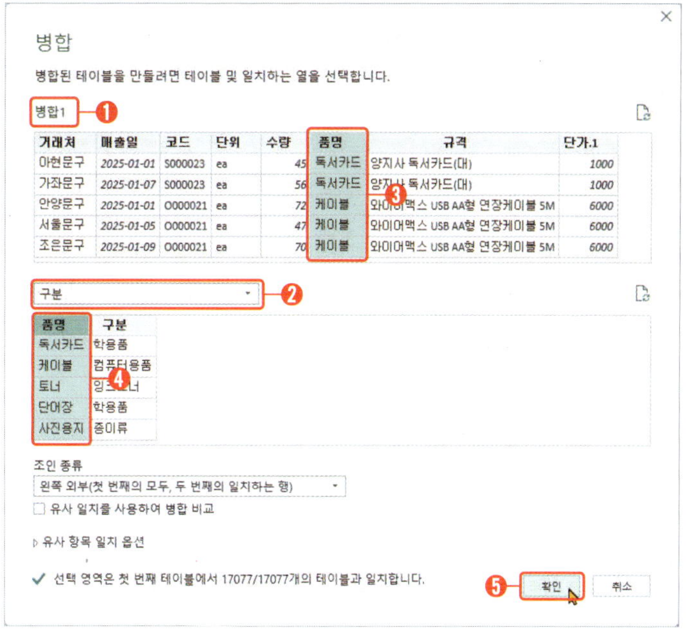

11 추가된 [구분] 열을 확장해서 [구분]만 체크하고, [원래 열 이름을 접두사로 사용]은 체크 해제한 후 [확인]을 클릭합니다.

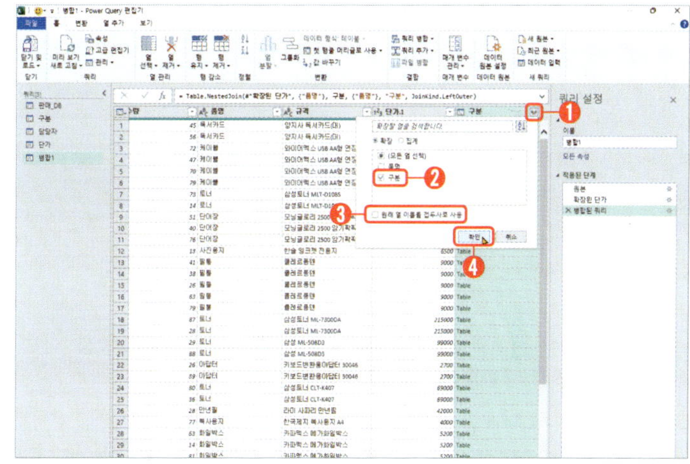

12 이번에는 [담당자] 쿼리와 병합하기 위해, [홈] 탭 – [결합] 그룹 – [쿼리 병합] – [쿼리 병합]을 클릭합니다.

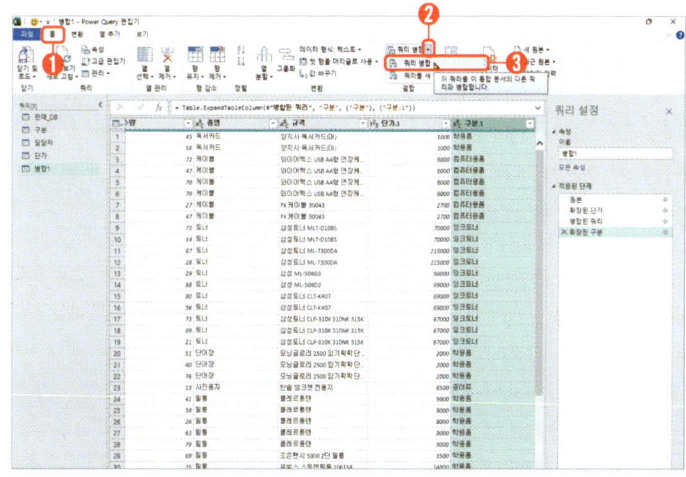

13 위쪽은 '병합1', 아래는 '담당자'를 선택하고 위쪽 테이블에서 [거래처] 열, 아래쪽 테이블도 [거래처] 열을 선택한 후 [확인]을 클릭합니다.

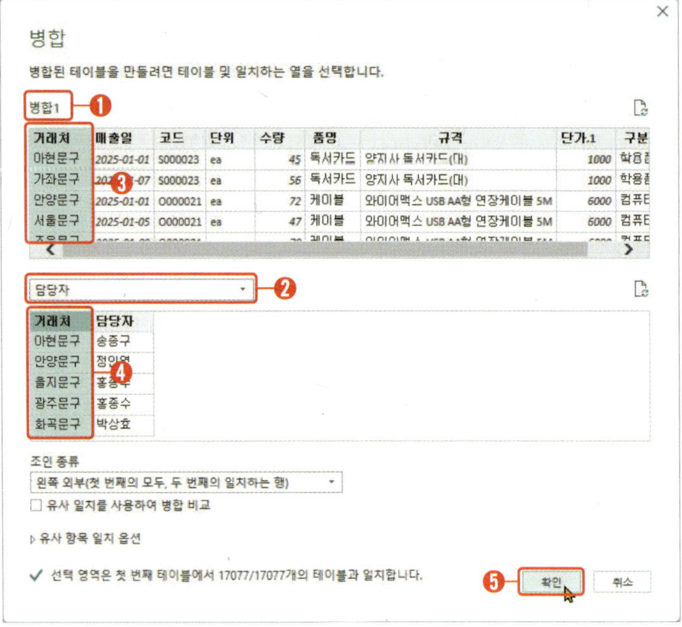

14 추가된 [담당자] 열을 확장해서 [담당자]만 체크하고 [원래 열 이름을 접두사로 사용]의 체크를 해제한 후 [확인]을 클릭합니다.

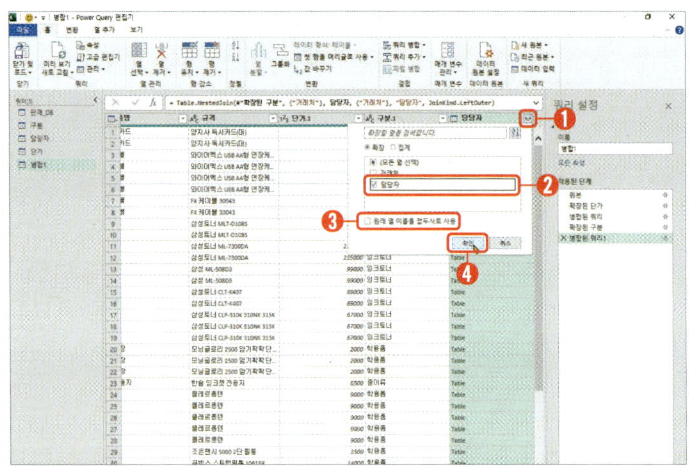

15 이번에는 [금액] 열을 만들기 위해, [열 추가] 탭 – [일반] 그룹 – [사용자 지정 열]을 클릭합니다.

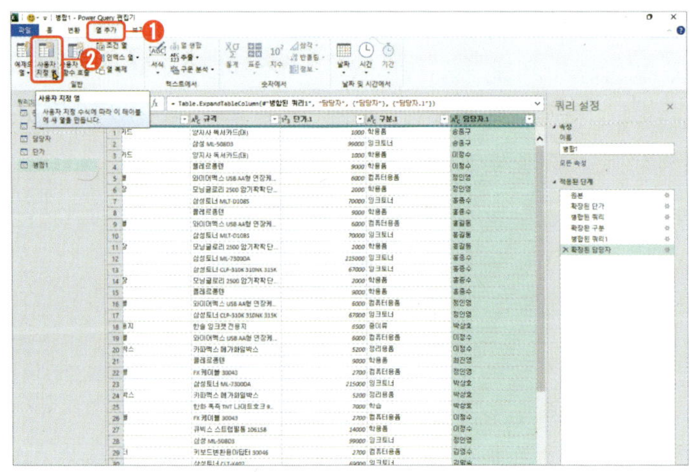

16 [새 열 이름]에 '금액'을 입력하고 [사용자 지정 열 수식]은 '=[수량]*[단가.1]'을 입력한 후 [확인]을 클릭합니다.

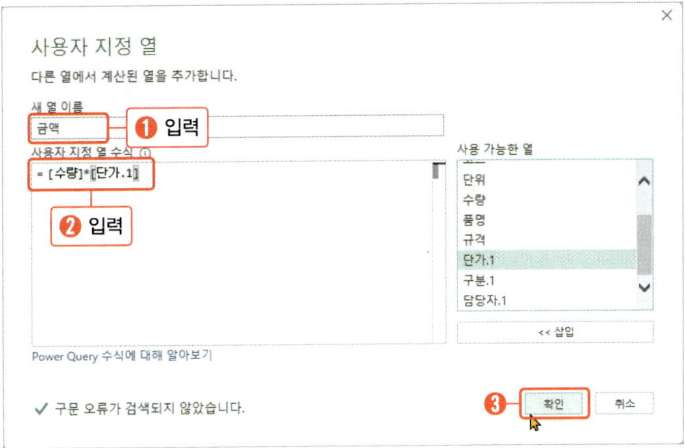

17 [금액] 열의 데이터 형식 아이콘을 확장해서 [정수]를 선택합니다.

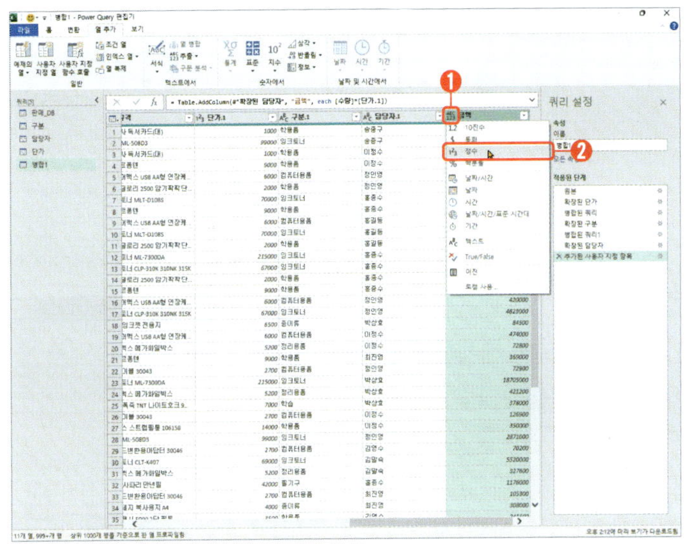

18 엑셀로 데이터를 가져가 분석하기 위해, [홈] 탭 – [닫기] 그룹 – [닫기 및 로드] – [닫기 및 다음으로 로드]를 클릭합니다. 그리고, [연결만 만들기]를 체크하고 [확인]을 클릭합니다.

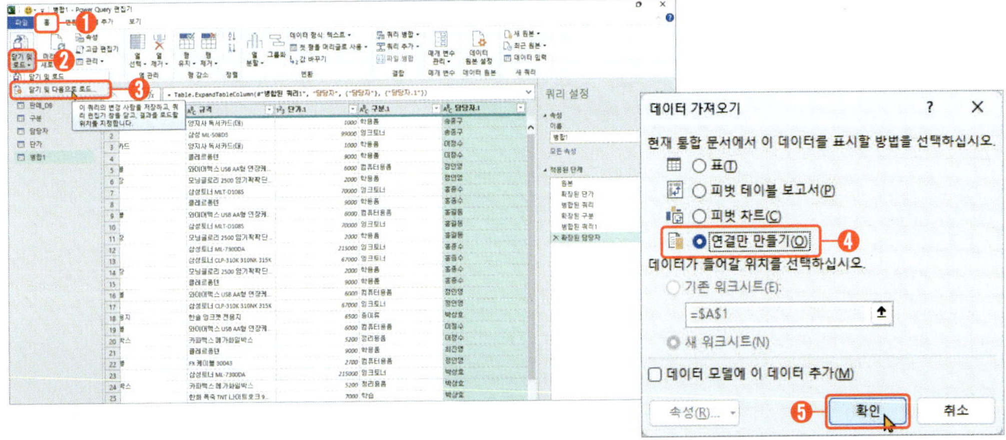

19 [삽입] 탭 – [표] 그룹 – [피벗 테이블] – [외부 데이터 원본에서]를 클릭합니다. [외부 원본의 피벗 테이블] 대화상자가 나타나면 [연결 선택]을 클릭해서 [병합1] 쿼리를 선택하고 [열기]를 클릭한 후 [외부 원본의 피벗 테이블] 대화상자도 역시 [확인]을 클릭합니다.

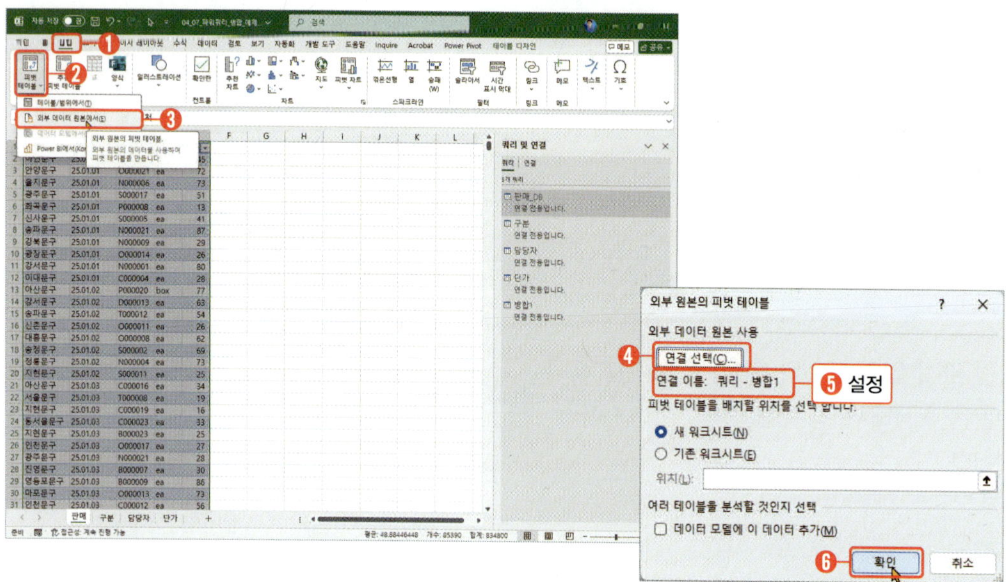

20 [행] 영역에 [담당자.1], [매출일] 필드를 배치하고 [열] 영역에는 [구분.1] 필드, [값] 영역에 [금액] 필드를 드래그 & 드롭하면 여러 쿼리로 만들어진 데이터를 병합해서 결과가 만들어진 것을 확인할 수 있습니다. 이와 같이 병합을 활용하면 데이터의 크기도 줄일 수 있고 표나 구분, 단가 등의 관리도 용이합니다.

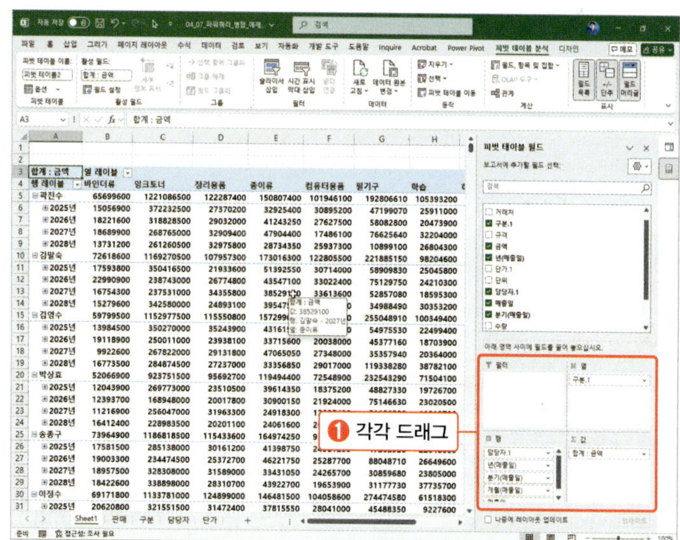

008 다중 시트의 반응형 보고서

다중 시트의 데이터를 매개변수(Parameter)를 활용해, 사용자의 선택 옵션에 따라 자동으로 반응하는 '반응형 보고서(Interactive Report)'를 작성해 보겠습니다. 매개변수는 파워 쿼리에서도 생성할 수 있지만, 결과를 엑셀 시트에서 직접 확인할 예정이므로 시트 내 표를 활용해 보다 유연하게 제어하는 방법을 사용하겠습니다.

- **실습 파일 :** Part 04 > 예제 > 04_08_2026년도-2028년도_보고서_예제.xlsx
- **완성 파일 :** Part 04 > 완성 > 04_08_2026년도-2028년도_보고서_완성.xlsx

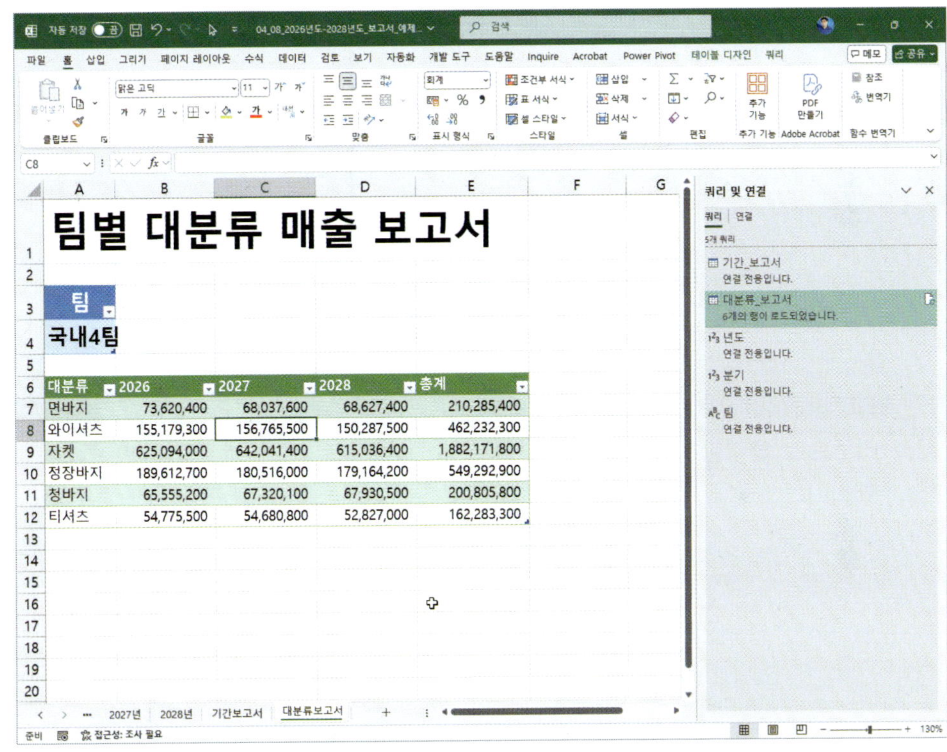

주요 기능	현업 활용
드릴다운	• 열, 행 중 특정 데이터만을 추출하여 변수처럼 사용할 수 있다.
그룹화	• 특정 열을 기준으로 데이터를 묶고 집계할 수 있다. SQL의 GROUP BY로 이해하면 된다.
사용자 지정 열	• 사용자가 쿼리에 열을 추가할 수 있다. • 크로스 탭 보고서에서 총계를 나타낼 때 유용하게 사용할 수 있다.

■ 파워 쿼리로 데이터 불러오기

01 이번 예제 파일은 미리 2026~2028년 까지의 시트의 데이터를 표로 만들고 이름을 변경, 하나의 통합된 데이터로 만드는 쿼리까지 작성해 뒀습니다. 그러므로 시작 시 [보안 경고]가 나타나면 [콘텐츠 사용]을 클릭하면 됩니다. 먼저 해당 쿼리를 표시하기 위해 [데이터] 탭 – [쿼리 및 연결] – [쿼리 및 연결]을 클릭합니다.

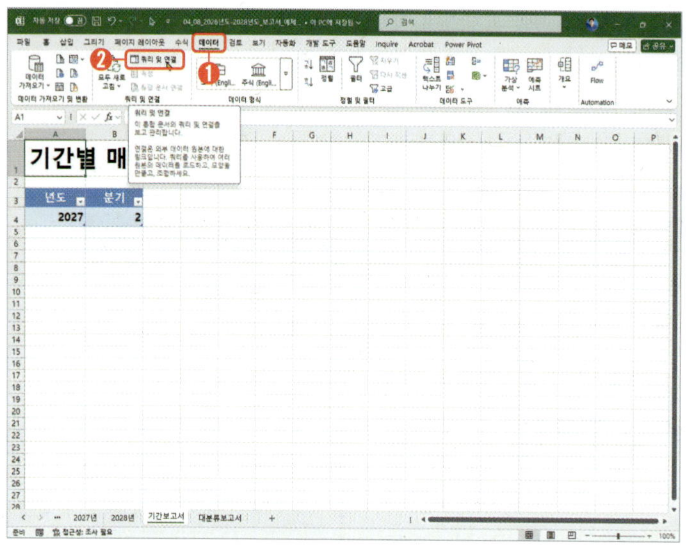

02 [기간_보고서] 쿼리를 마우스 오른쪽 버튼으로 클릭한 후 [편집]을 선택합니다.

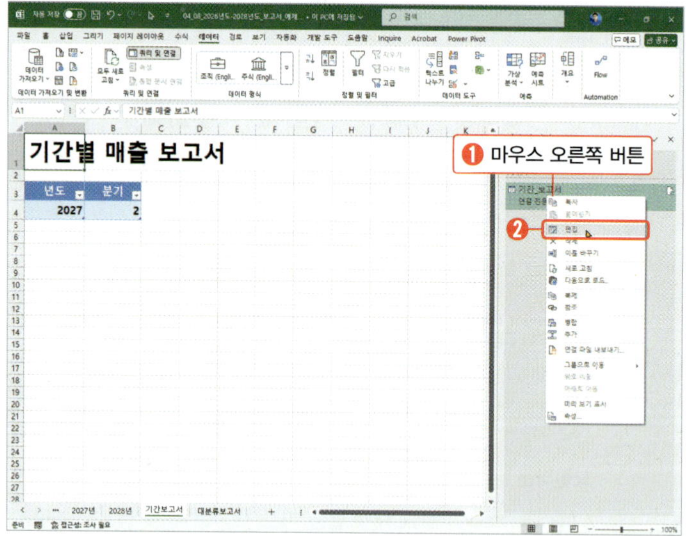

03 특정 연도의 특정 분기의 대분류, 팀별 매출 보고서를 작성하기 위해, 먼저 연도 열을 추가하겠습니다. [매출일] 열을 선택하고 [열 추가] 탭 – [날짜 및 시간에서] 그룹 – [날짜] – [년] – [년]을 클릭합니다.

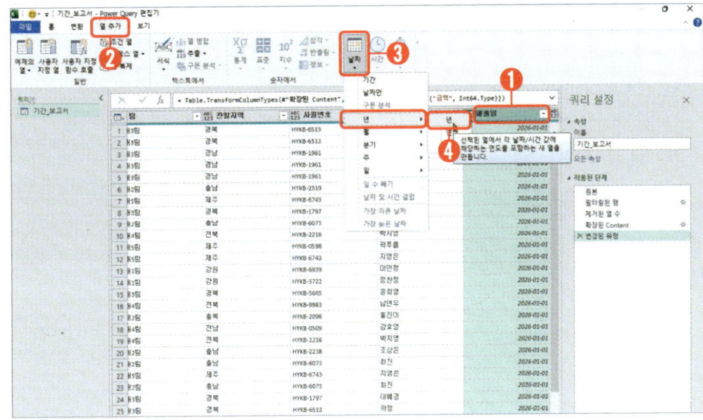

04 같은 방법으로 [매출일] 열을 선택하고 [열 추가] 탭 – [날짜 및 시간에서] 그룹 – [날짜] – [분기] – [연간 사분기]를 클릭하여 분기 열도 추가합니다.

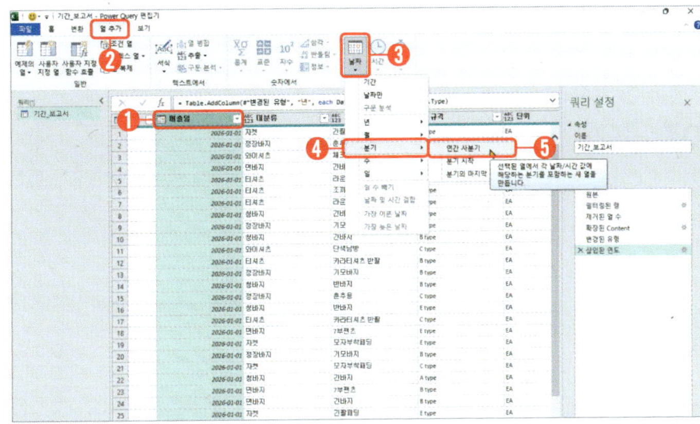

05 이번 예제는 두 가지 보고서를 작성할 계획이므로 [기간_보고서] 쿼리를 마우스 오른쪽 버튼으로 클릭한 후 [복제]를 선택합니다. 복제된 쿼리의 이름은 '대분류_보고서'로 변경합니다.

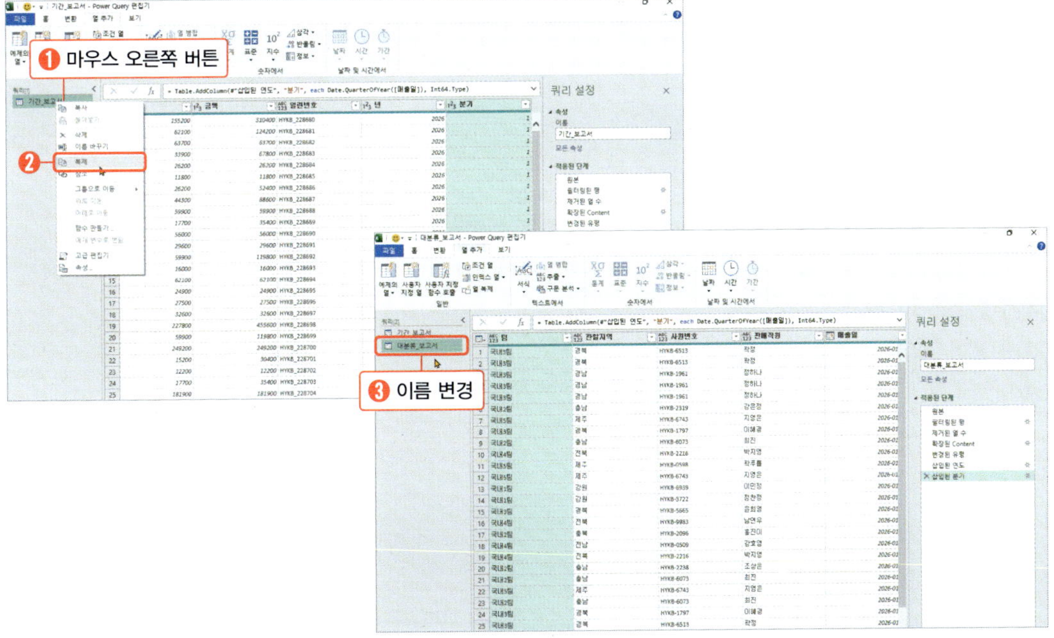

06 특정 연도, 분기의 대분류별 팀별 보고서부터 작성하기 위해, [기간_보고서] 쿼리를 선택하고 [년] 열을 확장해서 [추가 코드]를 클릭한 후 [2027]만 체크하고 [확인]을 클릭합니다.

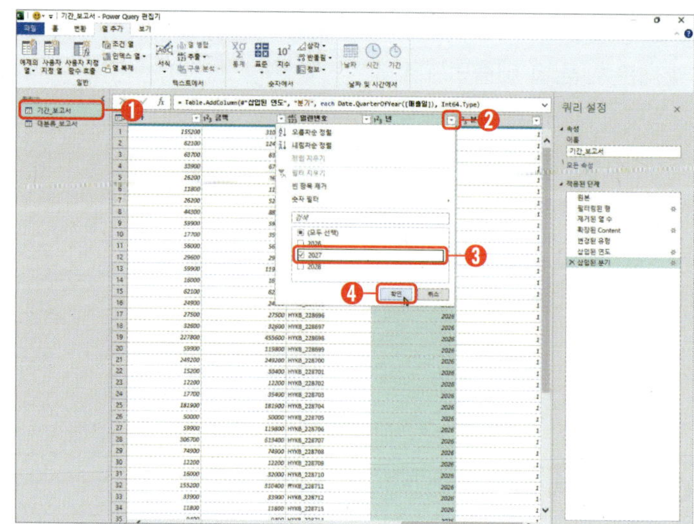

07 [분기] 열을 확장해서 [추가 코드]를 클릭한 후 [2]만 체크하고 [확인]을 클릭합니다.

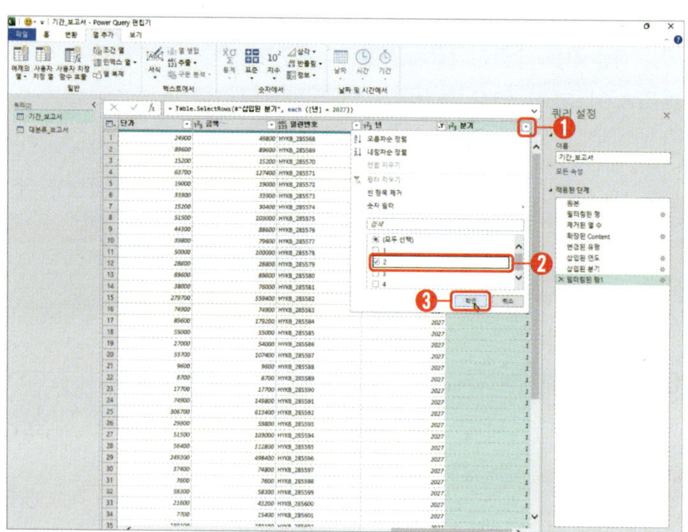

08 [대분류] 열을 오른쪽으로 드래그해서 [팀] 열 옆으로 이동시켜야 하는데, 이는 잠시 후 팀, 대분류를 기준으로 그룹화를 진행하기 위해 한 화면에 나타내기 위해서 이동시키는 것입니다.

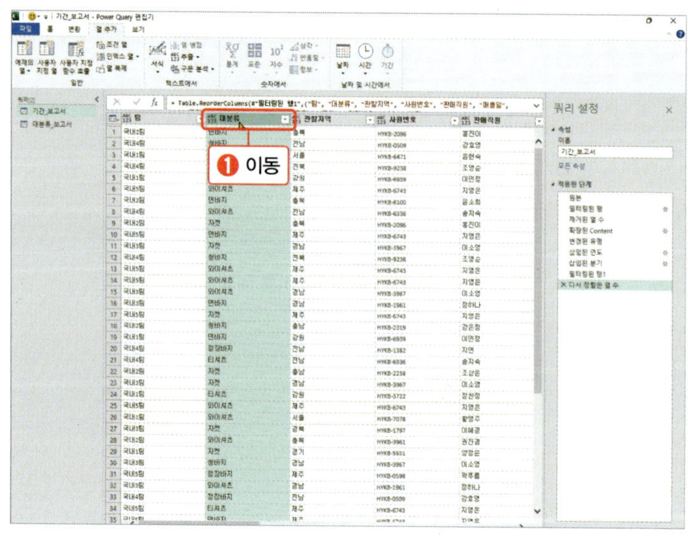

09 [팀], [대분류] 열을 선택하고 마우스 오른쪽 버튼으로 클릭한 후 [그룹화]를 선택합니다. [새 열 이름]은 '매출합계'를 입력하고 [연산]은 '합계', [열]은 '금액'을 선택하고 [확인]을 클릭합니다. 팀, 대분류를 기준으로 [매출합계] 열을 만드는데 [금액] 열을 합계하겠다는 뜻입니다.

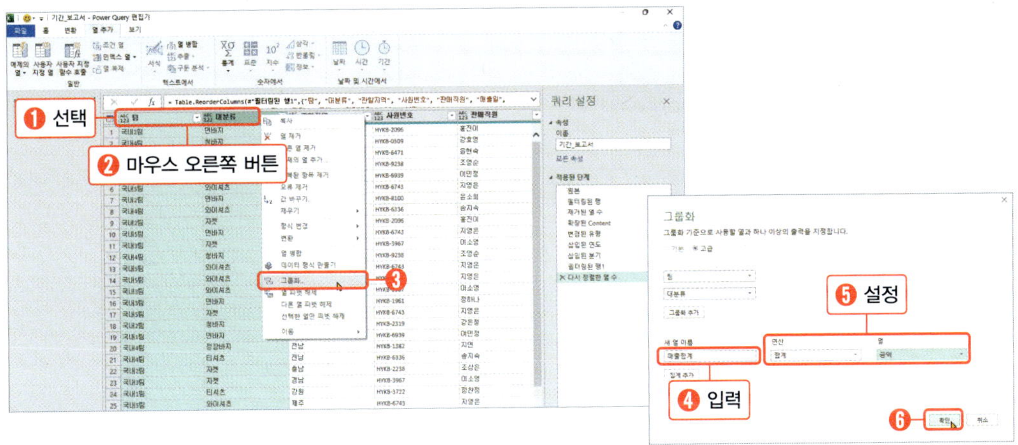

10 [팀] 열을 선택하고 [변환] 탭 – [열] 그룹 – [피벗 열]을 클릭합니다. [값 열]에서 '매출합계'를 선택하고 [확인]을 클릭합니다.

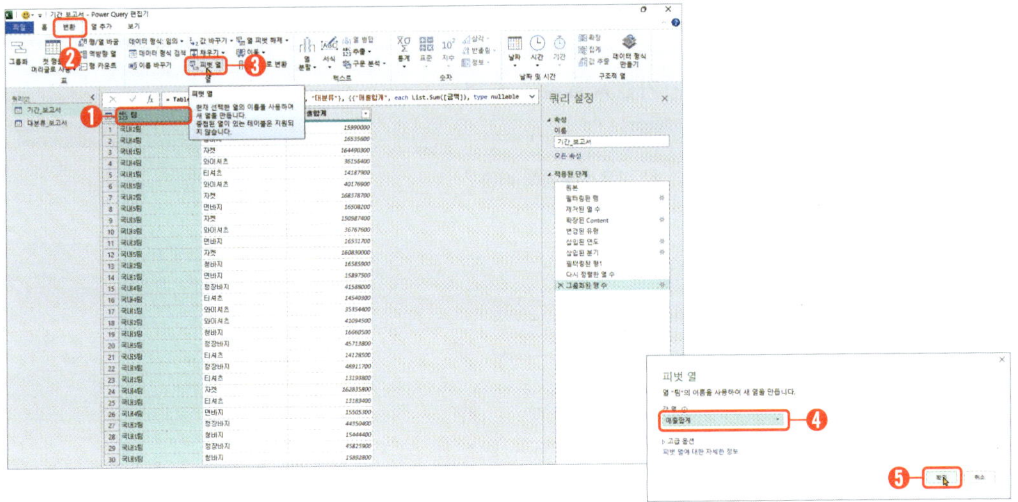

11 크로스 탭 보고서를 확인할 수 있습니다. 이제 이 내용을 엑셀로 가져가기 위해, [홈] 탭 – [닫기] 그룹 – [닫기 및 로드] – [닫기 및 다음으로 로드]를 클릭합니다.

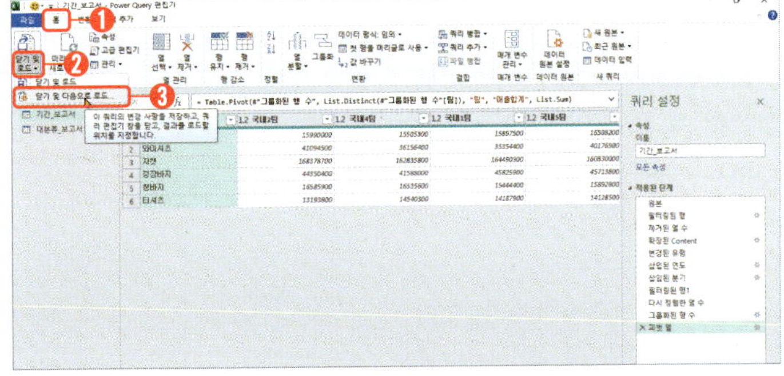

12 [데이터 가져오기] 대화상자에서 [연결만 만들기]를 체크하고 [확인]을 클릭합니다.

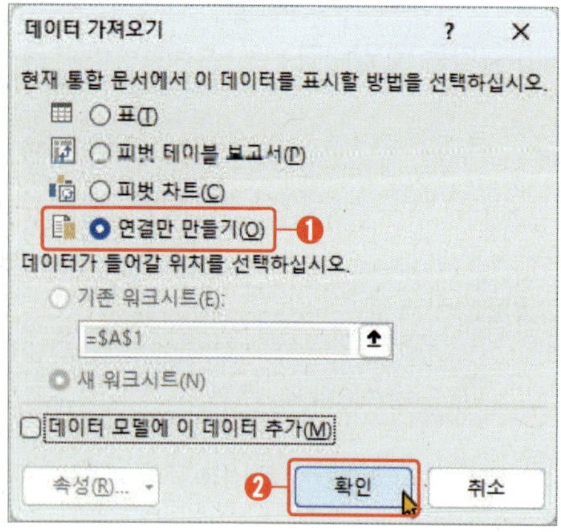

■ 선택한 기간의 보고서 작성하기

01 이제 [기간보고서] 시트의 [A4] 셀 값과 [B4] 셀 값을 변수로 선택한 기간의 보고서를 작성하는 방법을 알아보겠습니다. [년도] 표를 마우스 오른쪽 버튼으로 클릭한 후 [표/범위에서 데이터 가져오기]를 선택합니다.

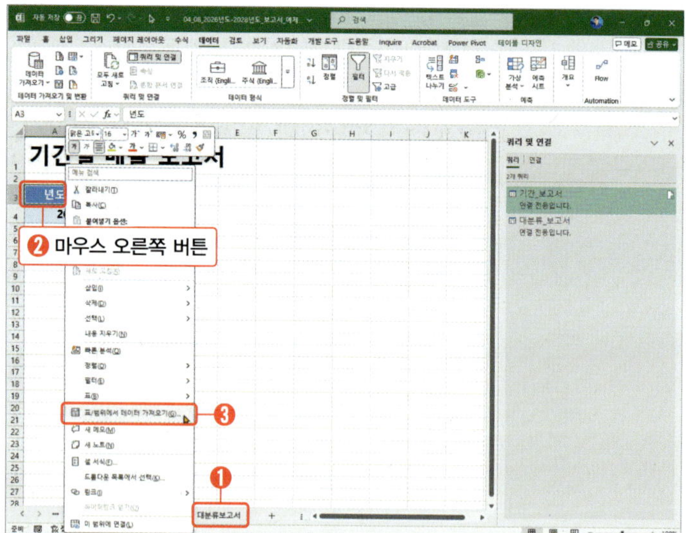

02 [년도] 쿼리가 로드되었고 '2027'이라고 적힌 내용 부분을 마우스 오른쪽 버튼으로 클릭한 후 [드릴다운]을 선택합니다.

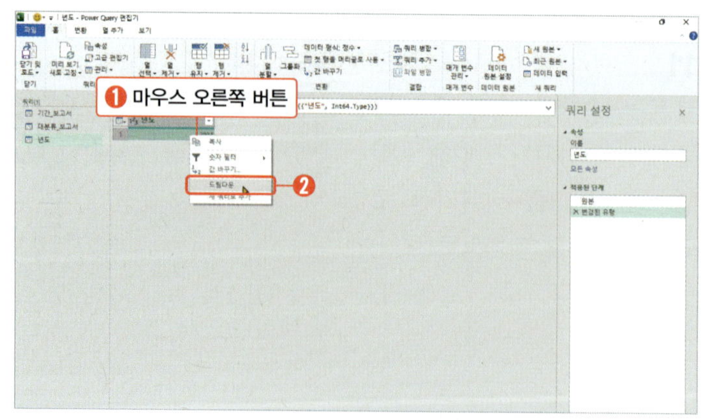

여기서 잠깐

[년도] 열의 머리글을 선택하는 것이 아니고 '2027' 데이터를 선택하고 드릴다운합니다.

03 [홈] 탭 – [닫기] 그룹 – [닫기 및 로드] – [닫기 및 다음으로 로드]를 클릭합니다.

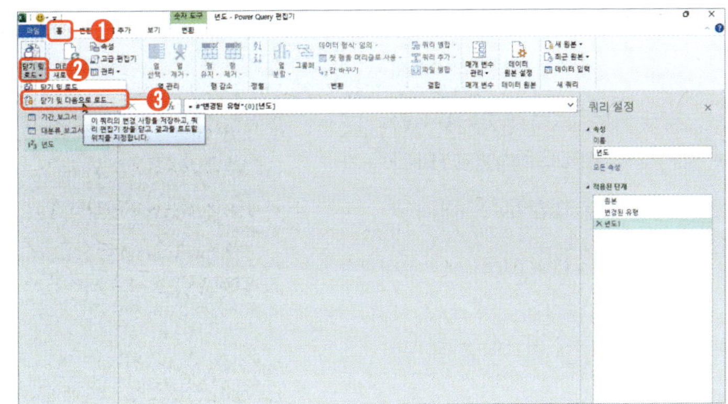

04 같은 요령으로 [기간보고서] 시트의 '분기', [대분류보고서] 시트의 '팀'도 모두 불러들여 드릴다운해 둡니다.

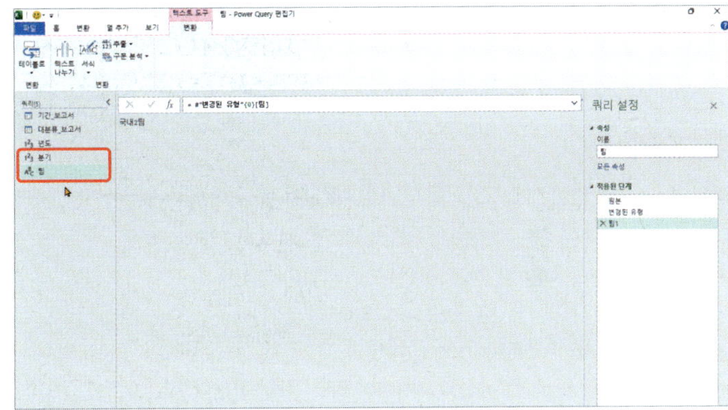

■ 반응형 보고서 만들기

01 이제 드릴다운으로 만들어 둔 내용을 변수로 적용한 반응형 보고서를 만들기 위해, [기간_보고서] 쿼리를 선택하고 [홈] 탭 – [쿼리] 그룹 – [고급 편집기]를 클릭합니다.

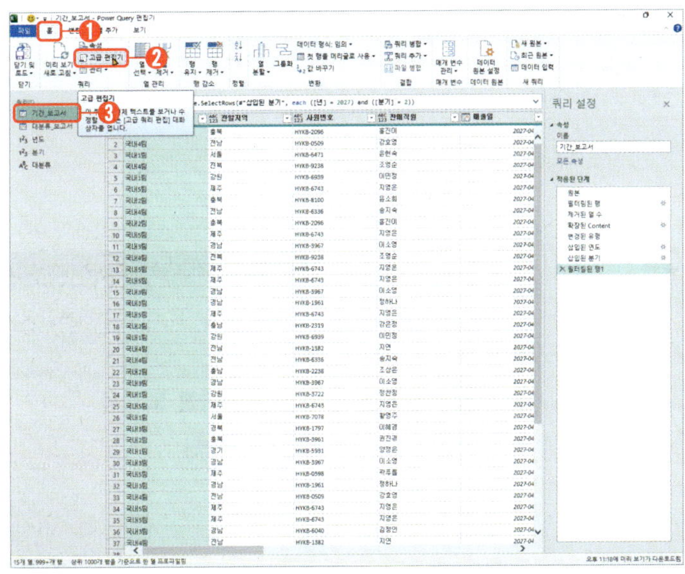

02 이전에 필터를 통해 년은 '2027', 분기는 '2'를 선택해 둔 것이 적용된 단계 중 마지막 #"필터링된 행1" 부분에 나타나 있습니다. 이 부분을 드릴다운 한 변수로 바꿔줍니다. '2027'을 지우고 '년도', '2'를 지우고 '분기'로 변경한 후 [완료]를 클릭합니다.

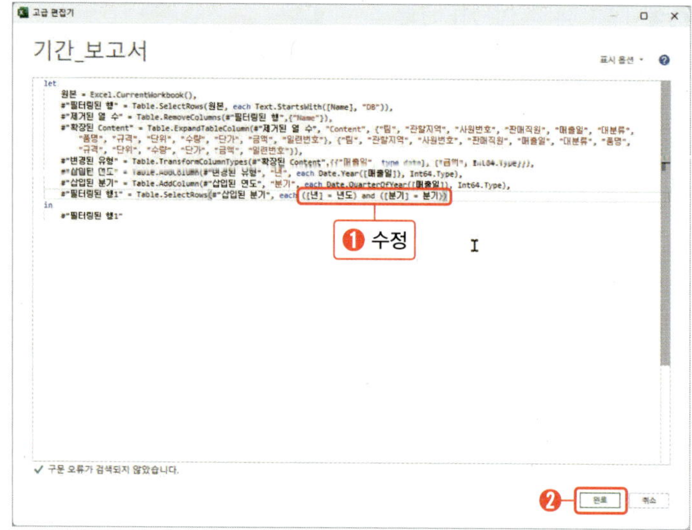

여기서 잠깐

파워 쿼리 고급 편집기에서 한글을 입력할 때 글자가 겹치거나, 사라지거나, 제대로 입력되지 않는 현상을 해결하기 위해 '이전 버전의 Microsoft IME' 사용을 추천합니다.

- 윈도우 설정 → 시간 및 언어 → 언어 및 지역으로 이동
- 한국어 옆의 점 세 개(...)를 클릭하여 [언어 옵션] 선택
- 맨 아래 [키보드] -> [Microsoft 입력기]의 점 세 개(...) → [키보드 옵션] 클릭
- 호환성 항목에서 [이전 버전의 Microsoft IME 사용] 활성화

03 [홈] 탭 – [닫기] 그룹 – [닫기 및 로드] – [닫기 및 로드]를 클릭하고 시트에서 [기간_보고서] 쿼리를 마우스 오른쪽 버튼으로 클릭한 후 [다음으로 로드]를 클릭합니다.

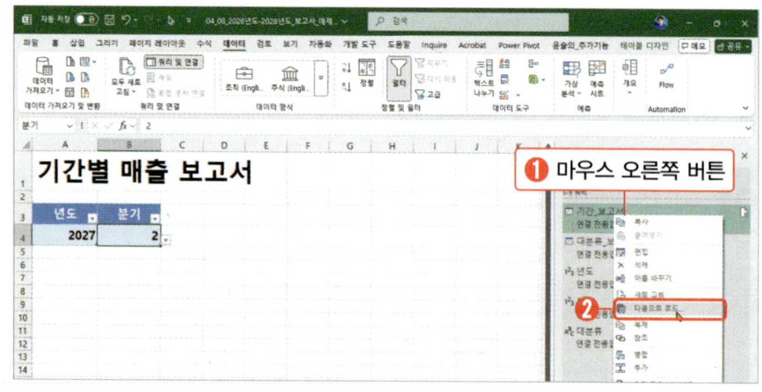

04 [데이터 가져오기] 대화상자에서 [표], [기존 워크시트]를 선택하고 위치는 [기간보고서] 시트의 [A6] 셀을 선택한 후 [확인]을 클릭합니다.

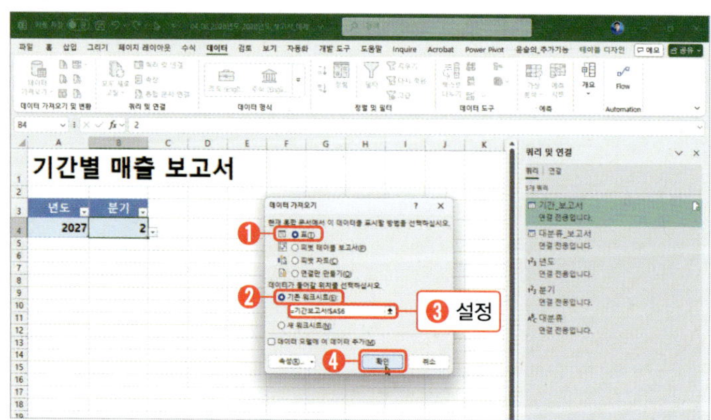

05 매출 보고서를 확인할 수 있습니다. 셀 서식을 변경하기 위해 [B7:F12] 셀을 선택하고 [홈] 탭 – [표시 형식] 그룹 – [쉼표 스타일]을 클릭해서 서식을 지정합니다.

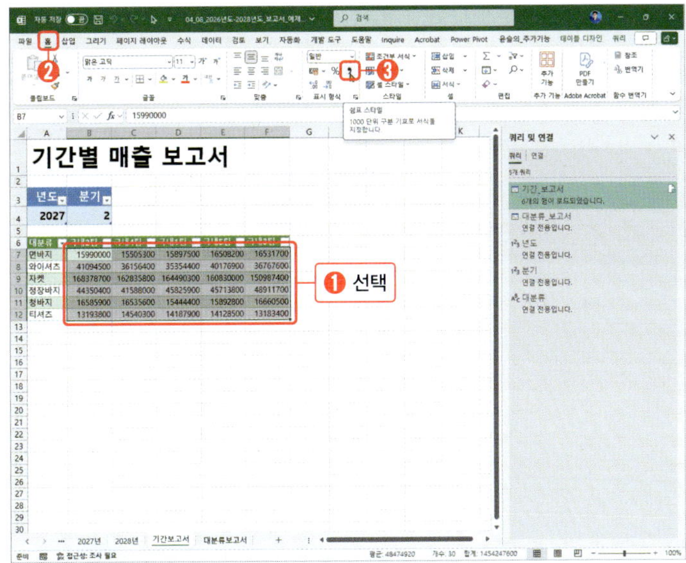

06 이제 옵션을 바꿔보겠습니다. [B4] 셀의 분기를 '3'으로 변경하고 데이터 중 임의의 셀을 마우스 오른쪽 버튼으로 클릭한 후 [새로 고침]을 선택하면, 팀별 매출이 변화되는 것을 확인할 수 있습니다.

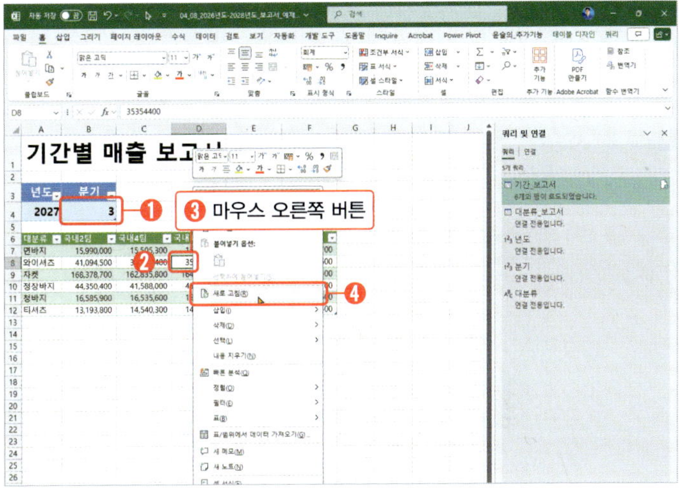

07 이제 팀별 대분류 보고서를 작성하기 위해 [대분류_보고서] 쿼리를 마우스 오른쪽 버튼으로 클릭한 후 [편집]을 선택합니다.

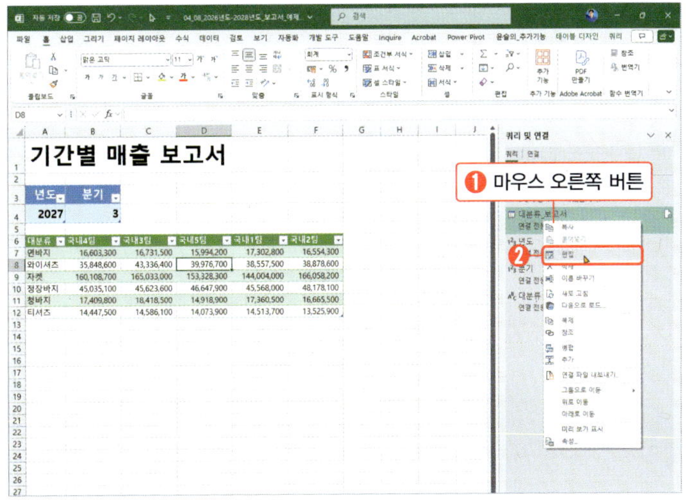

08 [팀] 열을 확장하고 [국내3팀]만 체크한 후 [확인]을 클릭합니다.

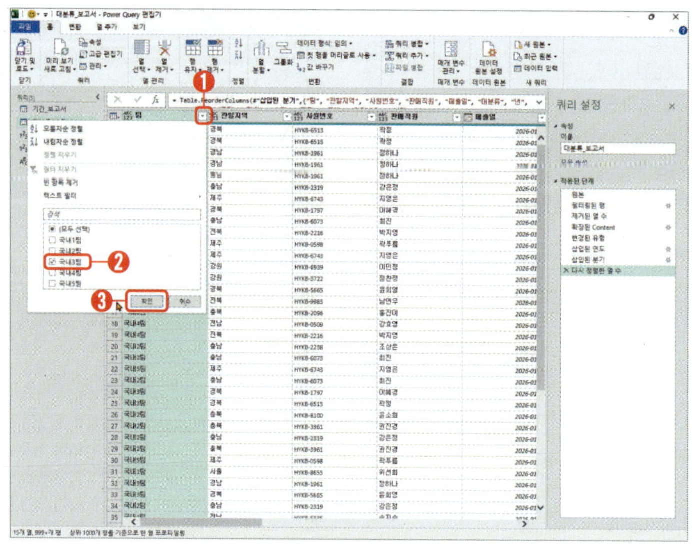

09 [년] 열을 [대분류] 열 옆으로 이동시키고 두 개의 열을 선택, 마우스 오른쪽 버튼으로 클릭한 후 [그룹화]를 선택합니다. [새 열 이름]은 '매출합계', [연산]은 '합계', [열]은 '금액'을 선택한 후 [확인]을 클릭합니다.

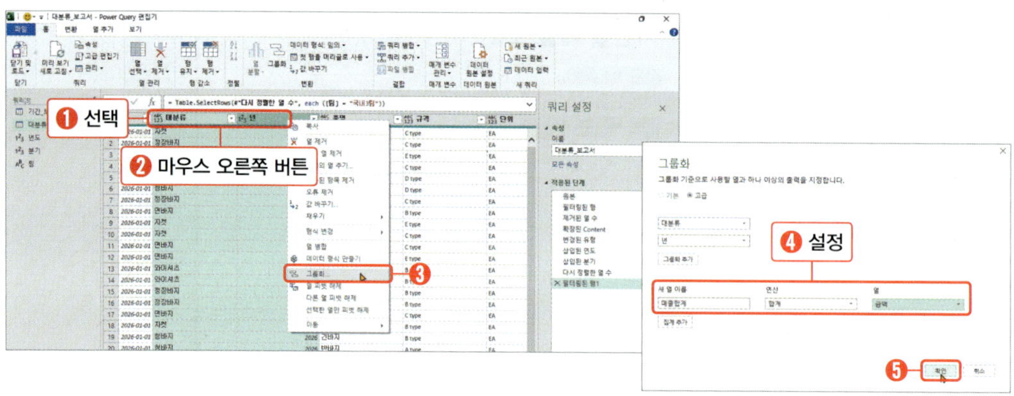

10 [년] 열을 선택하고 [변환] 탭 – [열] 그룹 – [피벗 열]을 클릭합니다. [값 열]은 '매출합계'를 선택하고 [확인]을 클릭합니다.

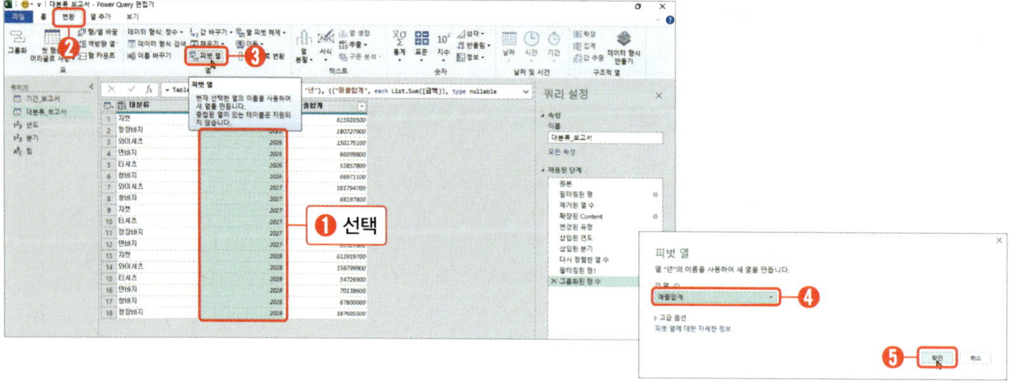

11 이번 보고서는 2026~2028년까지의 [합계] 열도 추가하기 위해, [열 추가] 탭 – [일반] 그룹 – [사용자 지정 열]을 클릭합니다. [새 열 이름]은 '총계'로 쓰고 [사용자 지정 열 수식]은 '_'를 입력한 후 [확인]을 클릭합니다.

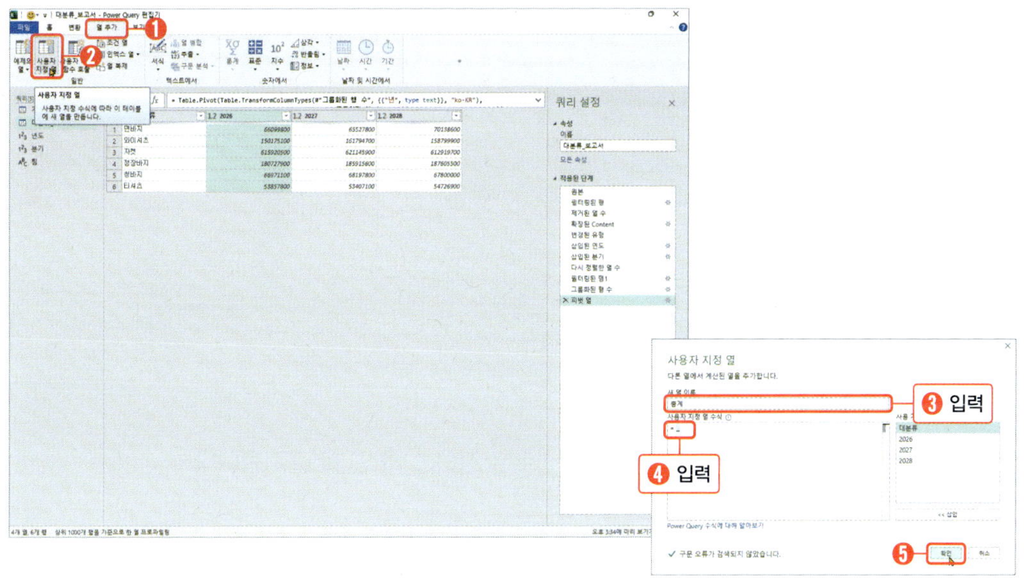

12 [총계] 열이 생겼고 그중 'Record'를 선택해 보면 하단에 해당 레코드의 내용을 확인할 수 있습니다. 방금 전 _ 문자가 각행의 데이터를 레코드로 만들었습니다.

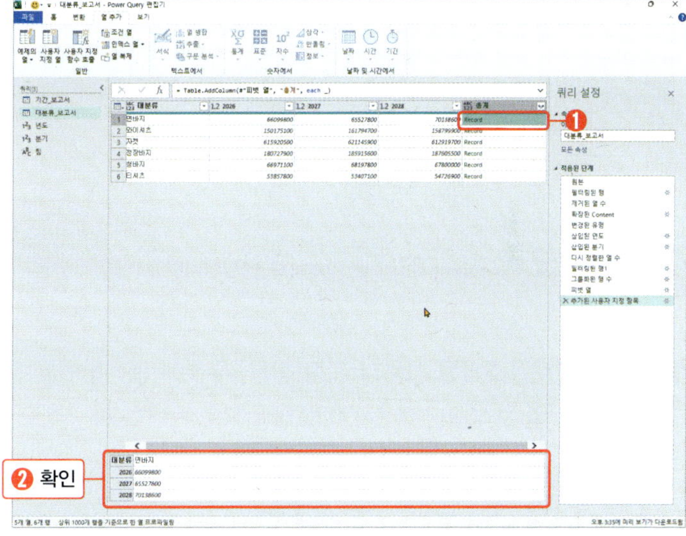

13 [적용된 단계]의 방금 전 적용한 [추가된 사용자 지정 항목] 우측에 톱니바퀴를 클릭하면 해당 적용 단계를 수정할 수 있습니다.

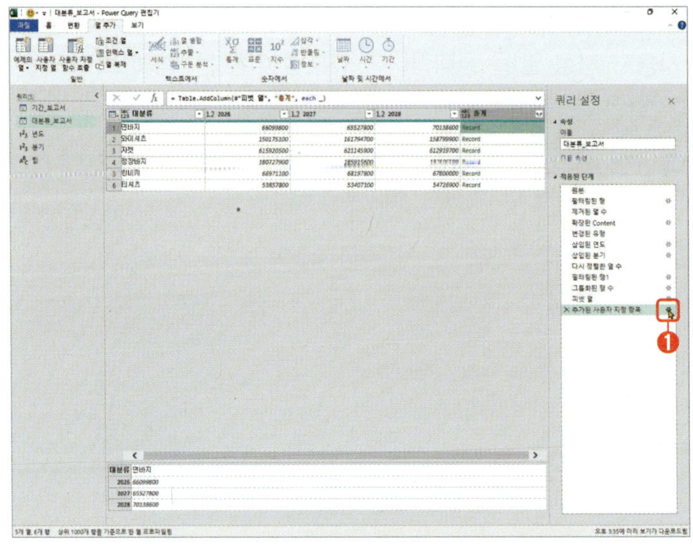

14 [사용자 지정 열 수식]을 '=Record.ToList(_)'로 수정하고 [확인]을 클릭합니다.

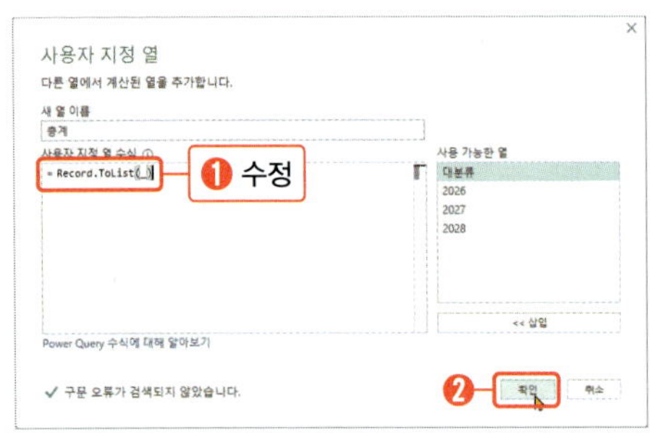

수식 설명

=Record.ToList(_) : 각 행의 레코드를 리스트로 변환합니다.

15 다시 한번 [추가된 사용자 지정 항목] 우측에 톱니바퀴를 클릭해서 M 함수를 수정하겠습니다. [사용자 지정 열 수식]의 수식을 '=List.Skip(Record.ToList(_),1)'로 수정하고 [확인]을 클릭합니다.

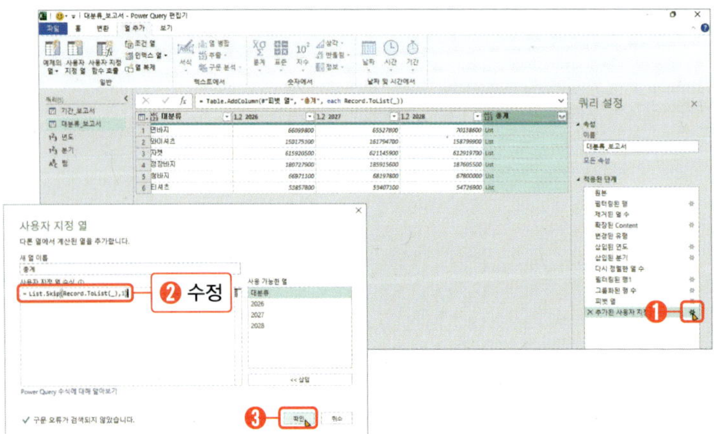

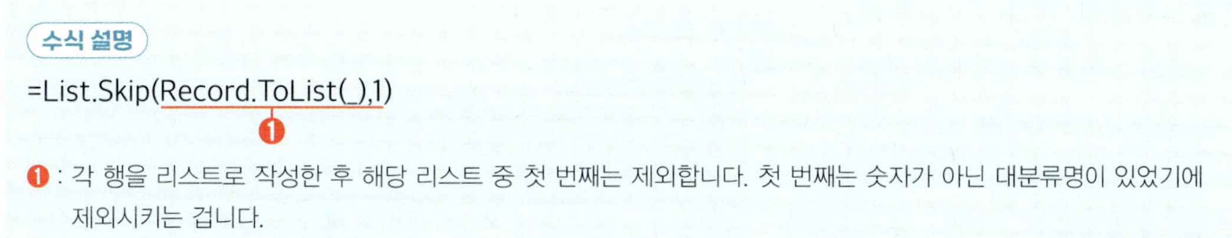

수식 설명

=List.Skip(Record.ToList(_),1)

❶ : 각 행을 리스트로 작성한 후 해당 리스트 중 첫 번째는 제외합니다. 첫 번째는 숫자가 아닌 대분류명이 있었기에 제외시키는 겁니다.

16 이제 List에는 오로지 숫자만 남은 걸 확인할 수 있습니다. 마지막으로 합산을 위해 다시 한번 [추가된 사용자 지정 항목] 우측에 톱니바퀴를 클릭해서 M 함수를 수정하겠습니다. [사용자 지정 열 수식]을 '=List.Sum(List.Skip(Record.ToList(_),1))'로 수정하고 [확인]을 클릭합니다.

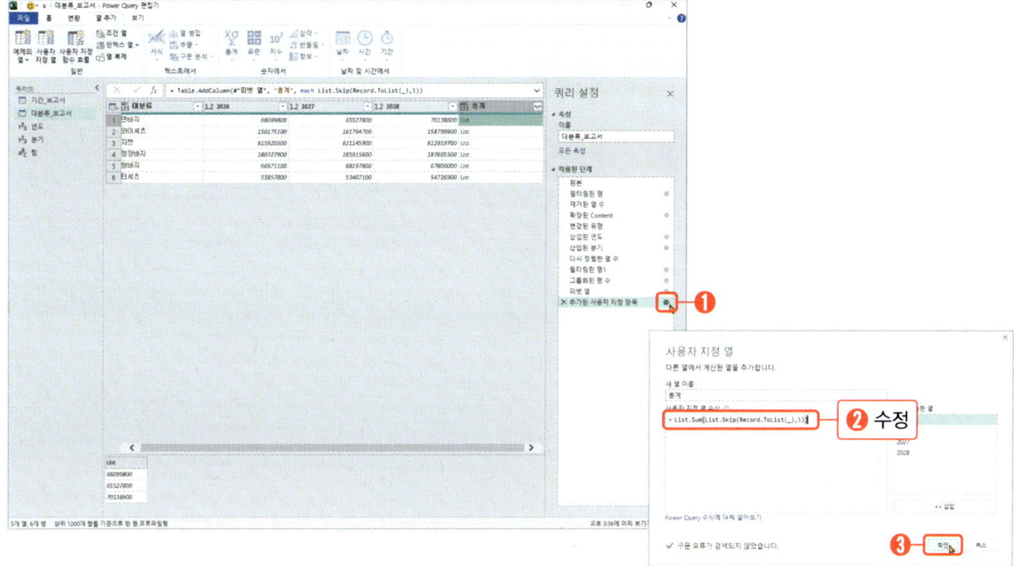

17 [총계] 열에 2026~2028까지의 합산 결과를 확인할 수 있습니다. 이제 마지막으로 M 코드를 편집하기 위해, [홈] 탭 – [쿼리] 그룹 – [고급 편집기]를 클릭합니다.

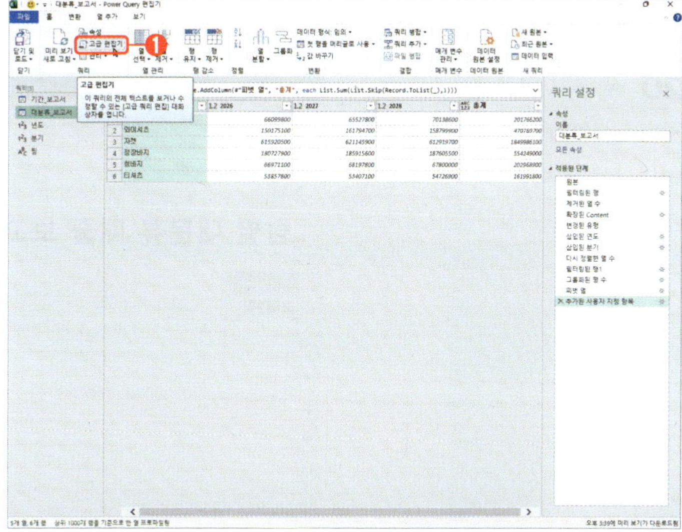

18 적용된 단계 중 #"필터링된 행1" 부분을 보면 이전에 [팀] 명이 이전에 필터했던 '국내3팀'으로 되어 있는 것을 확인할 수 있습니다. 이를 드릴다운으로 만들어 뒀던 '팀'으로 변경하고 [완료]를 클릭합니다.

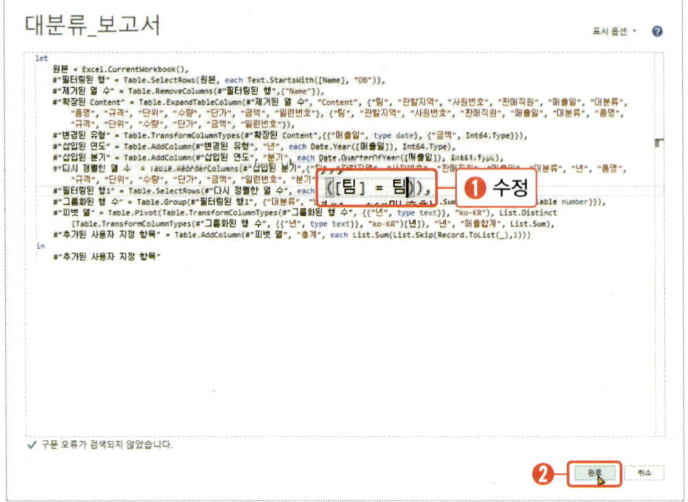

19 이제 엑셀로 보고서 내용을 가져오기 위해 [홈] 탭 – [닫기] 그룹 – [닫기 및 로드] – [닫기 및 로드]를 클릭합니다.

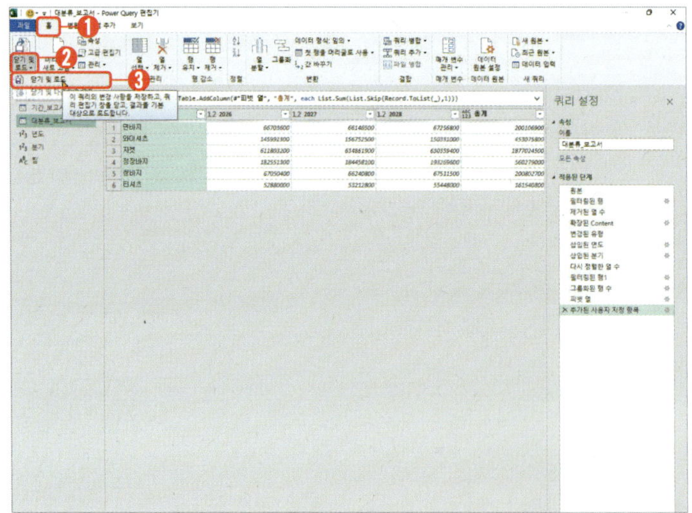

20 우측의 쿼리 중 [대분류_보고서] 쿼리를 마우스 오른쪽 버튼으로 클릭한 후 [다음으로 로드]를 선택합니다.

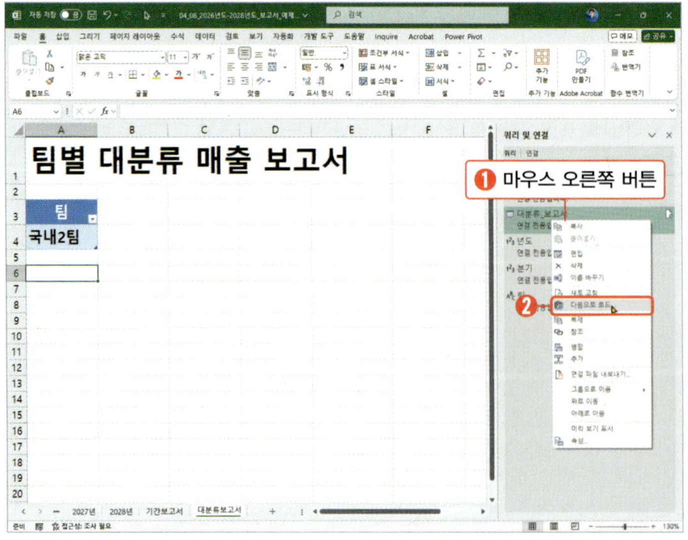

21 [데이터 가져오기] 대화 상자가 나타나면 [표]과 [기존 워크시트]를 선택하고 위치는 [대분류보고서] 시트의 [A6] 셀을 선택한 후 [확인]을 클릭합니다.

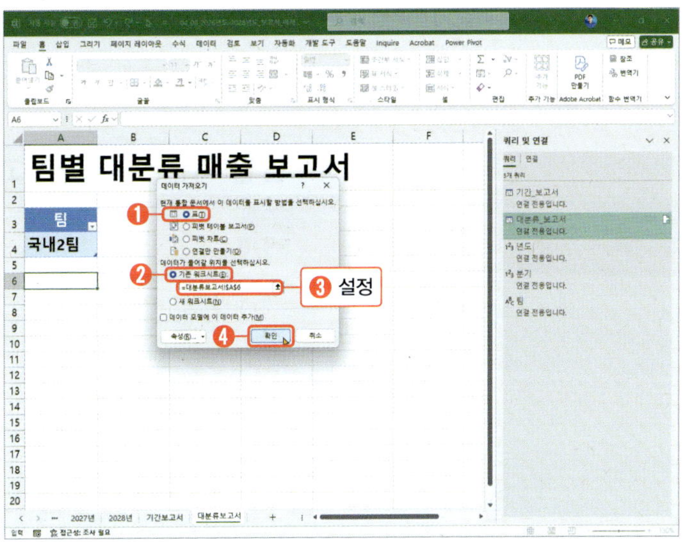

22 [B7:E12] 셀을 선택하고 [홈] 탭 – [표시 형식] 그룹 – [쉼표 스타일]을 클릭해서 서식을 지정합니다.

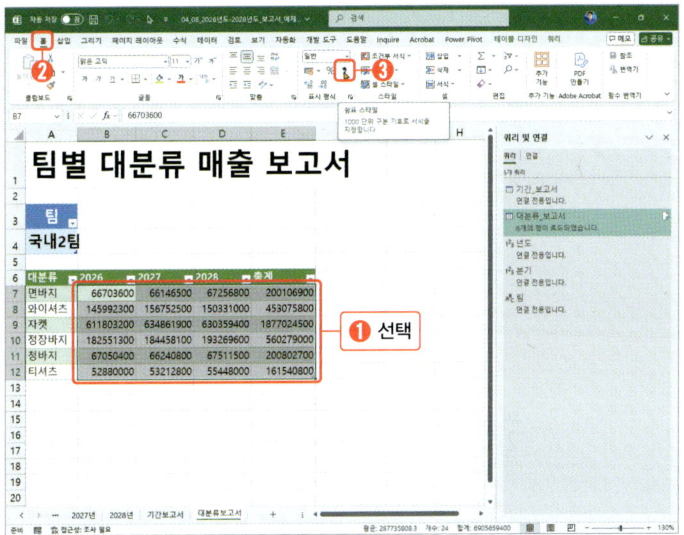

23 이제 [A4] 셀의 팀을 '국내4팀'으로 선택하고 보고서 중 임의의 셀을 마우스 오른쪽 버튼으로 클릭한 후 [새로 고침]을 선택합니다.

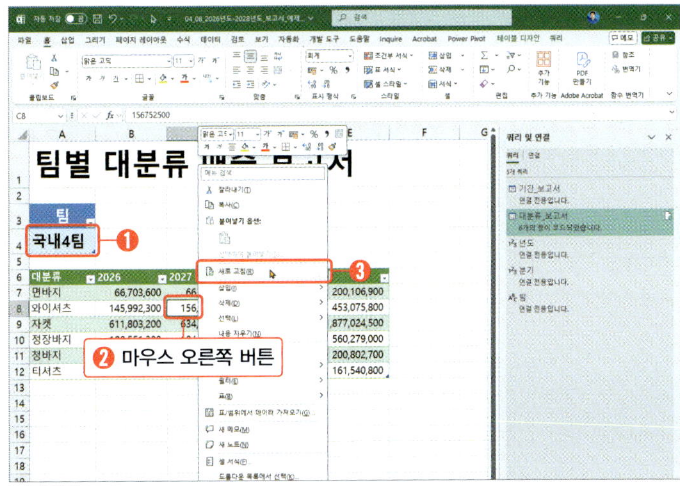

24 사용자 옵션에 따라 국내4팀의 매출 보고서로 변경된 것을 확인할 수 있습니다.

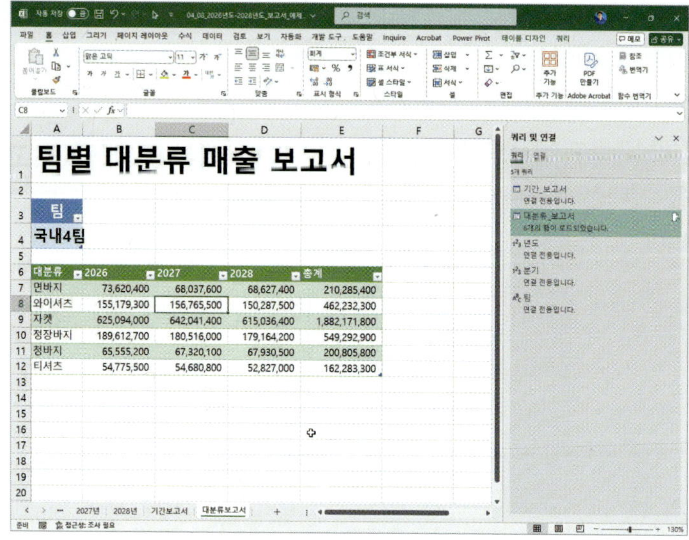

009 다중 시트의 자동 변환 전월 대비 보고서

여러 개의 표를 옵션으로 구성했던 반응형 보고서에 이어, 하나의 표 내 항목을 활용해 반응형 보고서를 작성해 보겠습니다. 또한 파워 쿼리를 보다 깊이 있게 활용하기 위해, 고급 편집기(Advanced Editor)에서 직접 M 코드(M code)를 작성하고 편집하는 방법도 함께 알아보겠습니다.

- **실습 파일 :** Part 04 > 예제 > 04_09_2026년도-2028년도_다중보고서_예제.xlsx
- **완성 파일 :** Part 04 > 완성 > 04_09_2026년도-2028년도_다중보고서_완성.xlsx

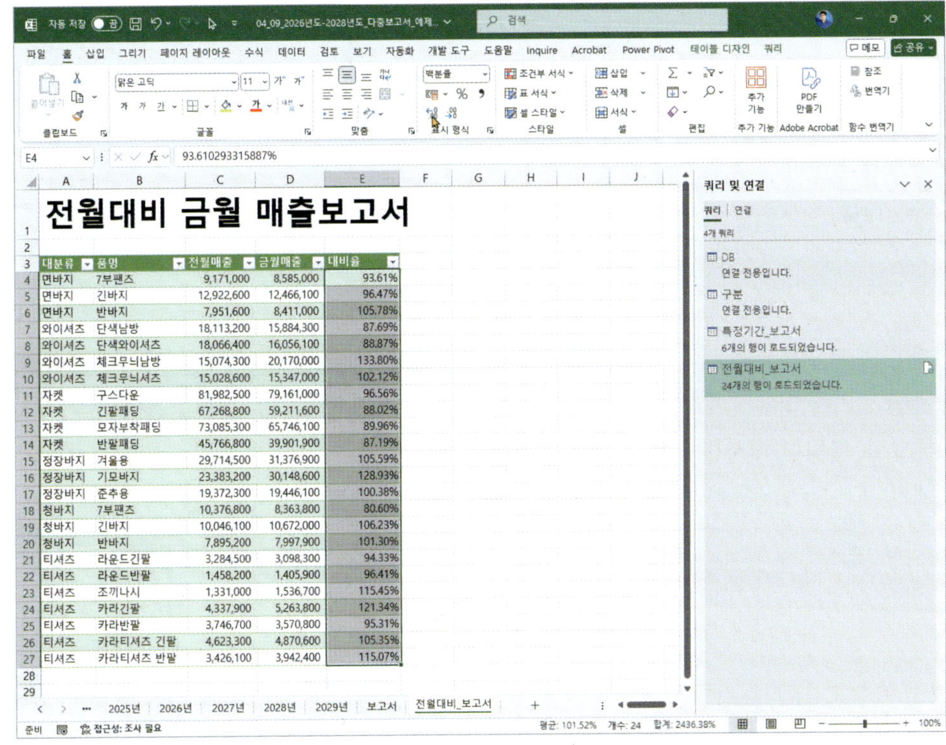

주요 기능	현업 활용
쿼리 참조	• 공통된 부분까지 한 개의 쿼리로 작성하고 이후 단계를 나눠쓰기 위해서 사용한다. • 불필요한 쿼리를 만들지 않아도 된다.
구문 요소	• 테이블 이름[열 이름]{인덱스 번호} 형식으로 입력하면 한 개한 표에서 여러 개 변수를 적용할 수 있다.
고급 편집기	• 고급 편집기에서 m code를 사용자가 직접 작성, 수정이 가능하다.

01 이번 예제 파일은 미리 2025~2029년까지의 데이터를 표로 만들고 이름을 변경, 하나의 통합된 데이터로 만드는 쿼리(DB)까지 작성해 뒀고, [보고서] 시트의 [A3:B6] 셀까지의 범위도 표로 만들고 쿼리(구분)로 만들어 뒀습니다. 그러므로 시작 시 [보안 경고]가 나타나고 [콘텐츠 사용]을 클릭하면 됩니다. 먼저 해당 쿼리를 표시하기 위해 [데이터] 탭 – [쿼리 및 연결] – [쿼리 및 연결]을 클릭합니다.

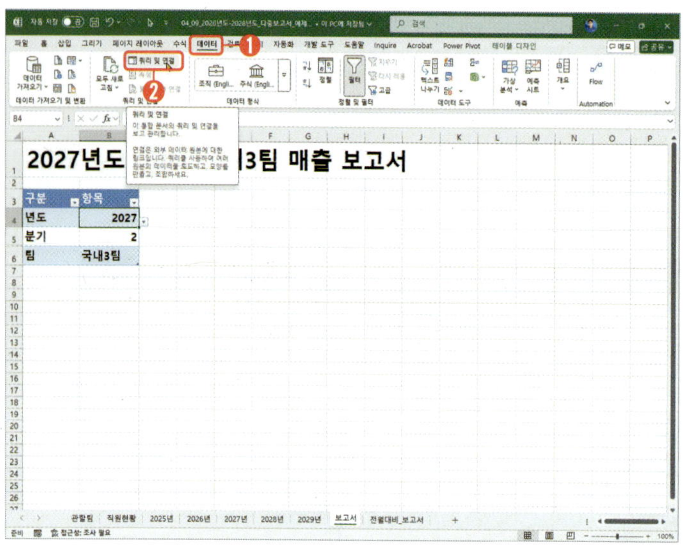

02 먼저 [DB] 쿼리를 편집하기 위해 해당 쿼리를 마우스 오른쪽 버튼으로 클릭한 후 [편집]을 선택합니다.

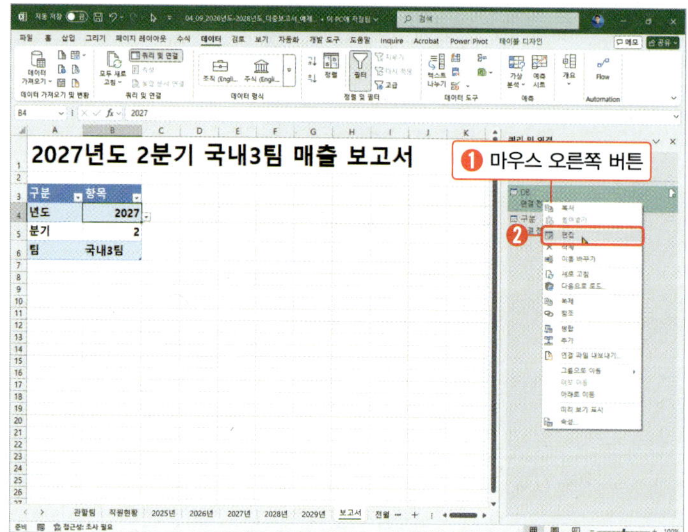

03 이번 예제는 두 가지 보고서를 작성하는 데 한 개의 표에서 연도, 분기, 팀의 개인별, 대분류의 매출과, 대분류, 품명의 전월대비 금월의 매출과 대비율을 나타냅니다. 따라서 현재 작성된 [DB] 쿼리의 내용은 두 개의 결과가 공통으로 사용해야 하므로 이러한 경우 쿼리를 참조해서 사용할 수 있습니다. [DB] 쿼리를 마우스 오른쪽 버튼으로 클릭한 후 [참조]를 2번 실행해서 두 개의 쿼리를 참조해 둡니다.

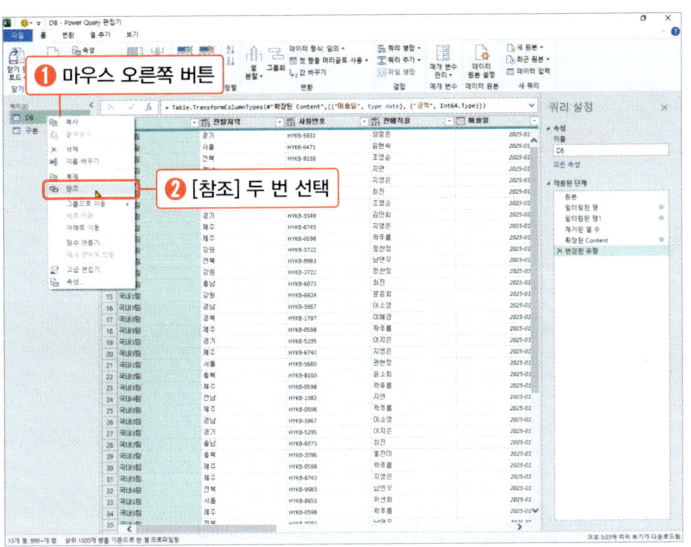

04 하나는 쿼리 이름을 '특정기간_보고서'로 하나는 '전월대비_보고서'로 변경합니다. [특정기간_보고서] 쿼리의 연도와 분기부터 작성하겠습니다. 지금부터는 [DB] 쿼리가 만들어 놓은 그 이후부터 이어서 진행하게 되는 것입니다. [특정기간_보고서] 쿼리의 [매출일] 열을 선택하고 [열 추가] 탭 – [날짜 및 시간에서] 그룹 – [날짜] – [년] – [년]을 클릭합니다.

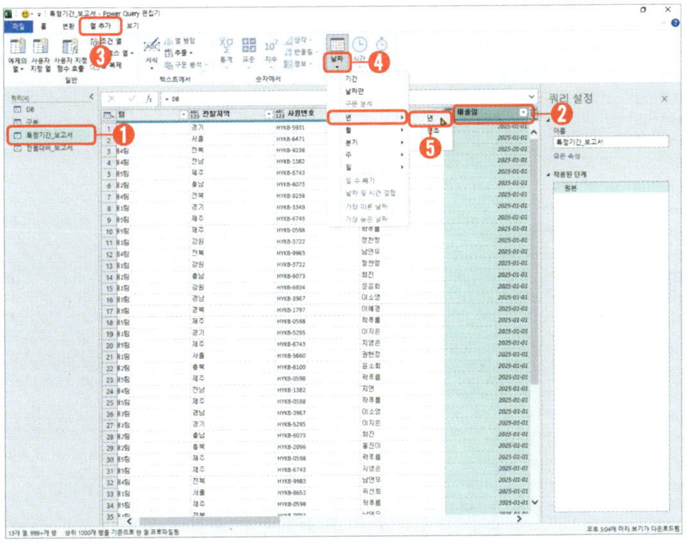

05 [매출일] 열을 다시 선택하고 [열 추가] 탭 – [날짜 및 시간에서] 그룹 – [날짜] – [분기] – [연간 사분기]를 클릭합니다.

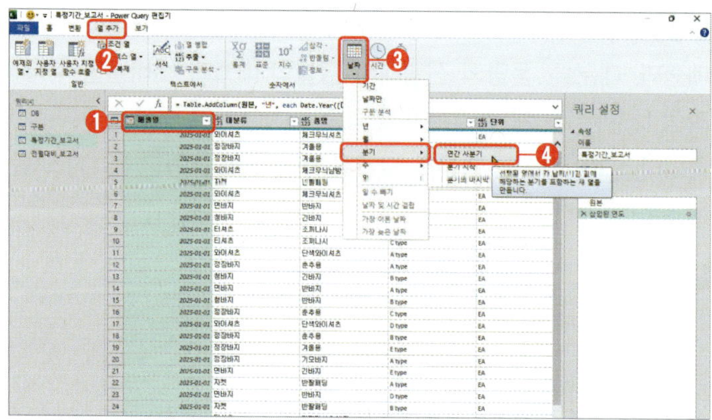

06 지금부터는 나중에 손쉽게 매개변수를 적용하기 위해 보고서의 각종 옵션을 미리 필터해서 단계를 만들어 두겠습니다. [팀] 열을 확장해서 [국내1팀]만 선택하고 [확인]을 클릭합니다.

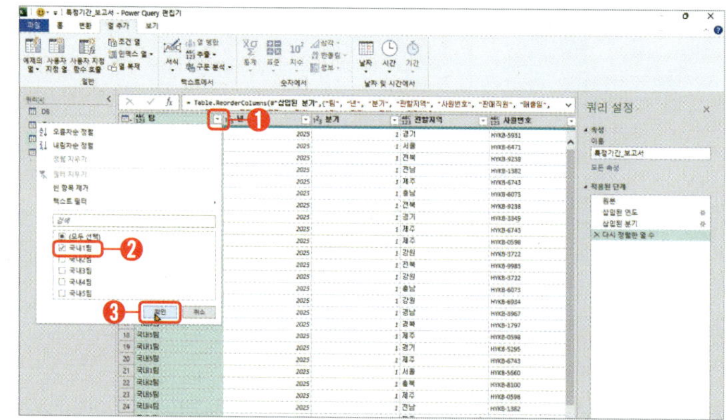

07 [년] 열을 확장해서 [2027]만 선택하고 [확인]을 클릭하고, [분기] 열을 확장해서 [2]만 선택하고 [확인]을 클릭합니다.

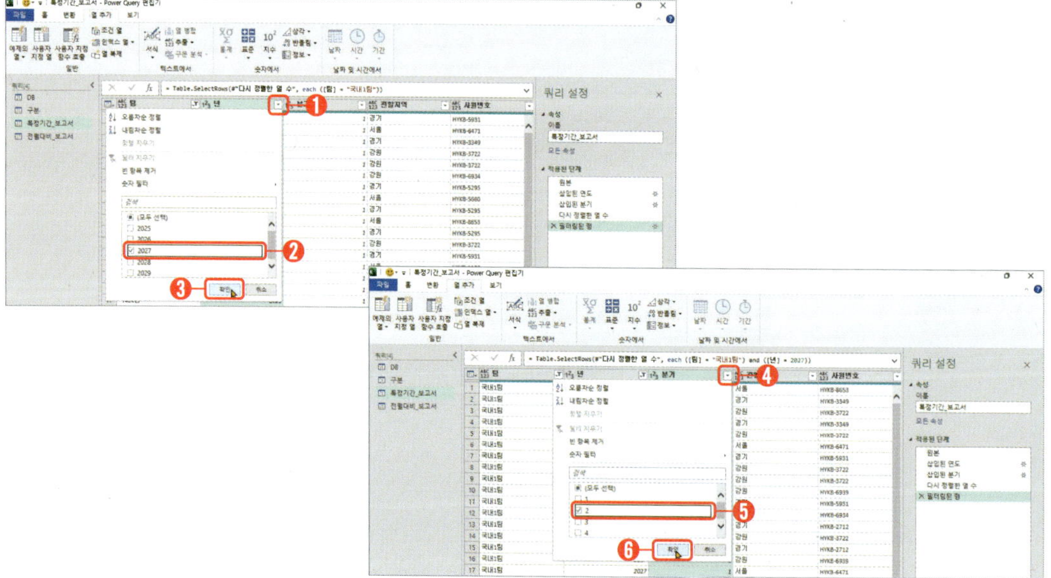

08 매개변수로 사용될 [구분] 쿼리를 선택하고 데이터를 확인하면 [항목] 열에 변수들이 나열되어 있는 것을 확인할 수 있습니다.

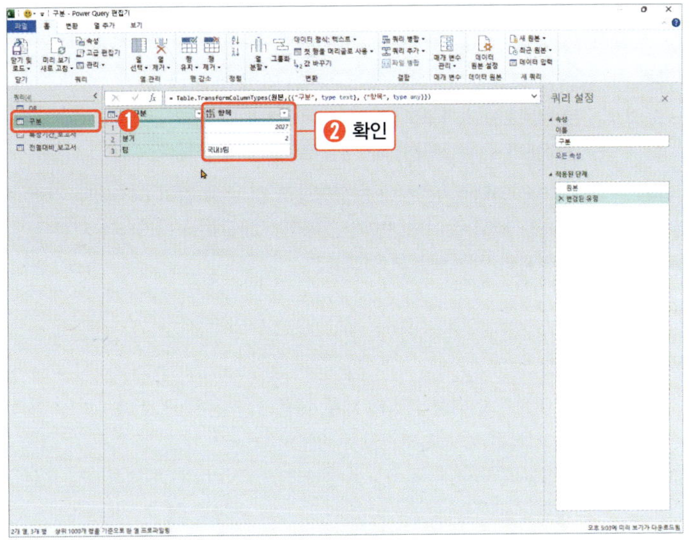

09 이전 예제는 각각의 매개변수를 표로 만들고 드릴다운해서 적용했었는 데 이번에는 한 개의 표에서 각 매개변수를 한번에 적용하는 방법을 확인하겠습니다. [홈] 탭 – [쿼리] 그룹 – [고급 편집기]를 클릭합니다.

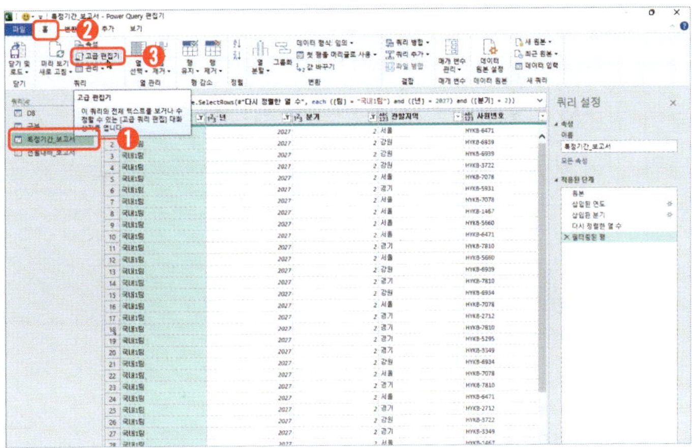

10 let 문 다음에 아래와 같이 코드를 추가합니다.

```
년도 = 구분[항목]{0},
분기 = 구분[항목]{1},
팀 = 구분[항목]{2},
```

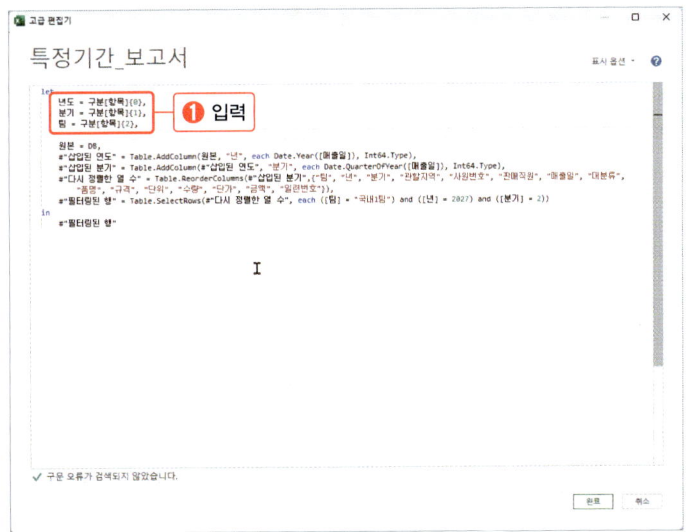

코드 설명

년도 = 구분[항목]{0}, : [구분] 쿼리 [항목] 열의 첫 번째 값
분기 = 구분[항목]{1}, : [구분] 쿼리 [항목] 열의 두 번째 값
팀 = 구분[항목]{2}, : [구분] 쿼리 [항목] 열의 세 번째 값

파워 쿼리는 기본 인덱스가 0부터 시작이므로 첫 번째 값이 0이 되는 것입니다.
위 코드에서 보는 바와 같이 첫 번째는 쿼리명, 대괄호로 나타나는 부분은 열, 마지막 중괄호로 나타나는 부분은 해당 열의 몇 번째인지의 인덱스로 해석합니다.

추가 정보

파워 쿼리는 이렇게 어떠한 행위에 대한 내용이 [적용된 단계]에 하나씩 누적, 적용되고 그 내용을 나중에 [코드 편집기]를 통해서 기록된 코드로 확인할 수 있습니다.
그러므로 처음부터 어렵게 M 코드를 작성하는 것보다는 진행하고자 하는 내용을 단계별로 진행하고 나중에 [코드 편집기]에서 해당 부분을 수정하면 손쉽게 코드 수정을 할 수 있습니다.

11 이번에는 적용된 단계 중 맨 마자기의 #"필터링된 행" 부분의 코드에서 매개변수를 아래와 같이 변경, 적용하고 [완료]를 클릭합니다.

"국내1팀" => 팀
2027 => 년도
2 => 분기

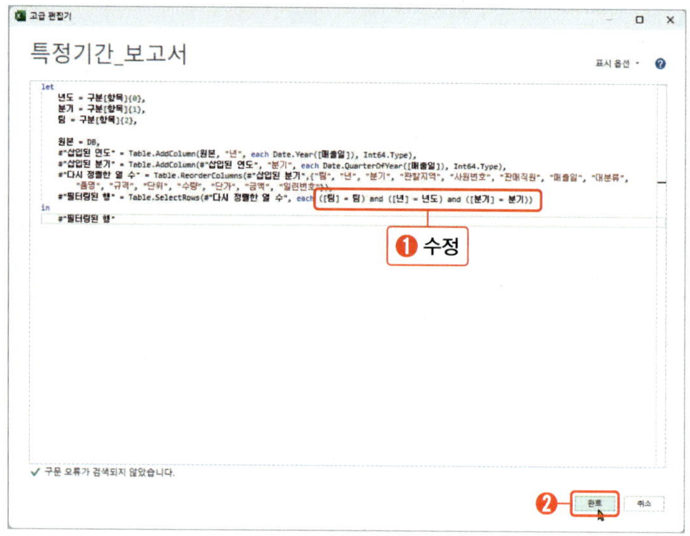

12 매개변수까지 적용된 데이터의 보고서를 작성하기 위해, [판매직원] 열을 선택하고 Ctrl을 누른 상태로 [대분류] 열을 선택합니다. 마우스 오른쪽 버튼으로 클릭한 후 [그룹화]를 선택합니다.

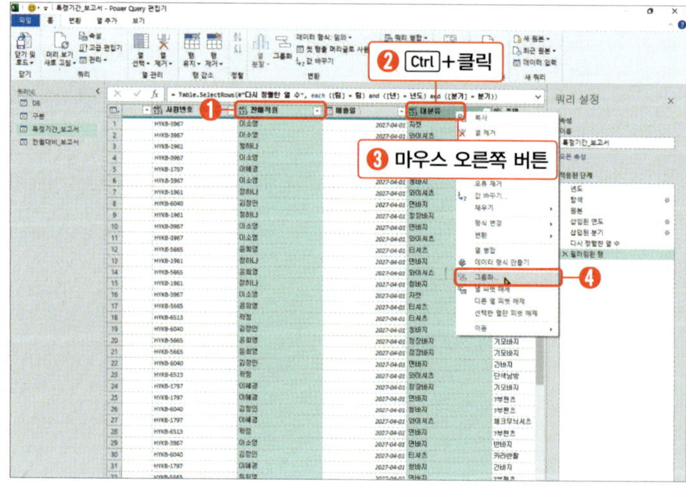

13 [그룹화] 대화상자가 나타나면 [새 열 이름]은 '합계', [연산]은 '합계', [열]은 '금액'을 선택한 후 [확인]을 클릭합니다.

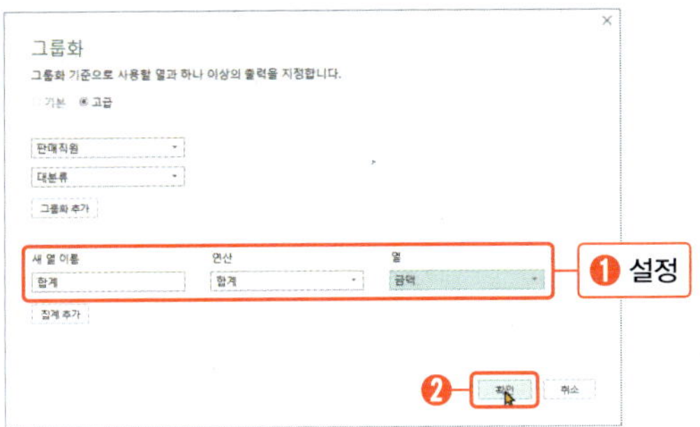

14 크로스 탭 보고서를 작성하기 위해 [대분류] 열을 선택하고, [변환] 탭 – [열] 그룹 – [피벗 열]을 클릭합니다. [값 열]은 '합계'를 선택하고 [확인]을 클릭합니다.

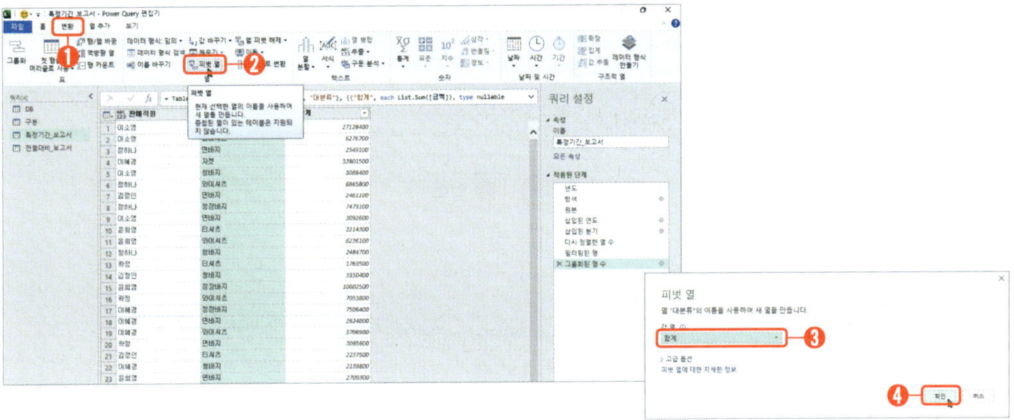

15 개인별 대분류의 매출합계를 만들기 위해, [열 추가] 탭 – [일반] 그룹 – [사용자 지정 열]을 클릭합니다. [새 열 이름]에 '총계'를 입력하고 [사용자 지정 열]에는 '_'를 입력한 후 [확인]을 클릭합니다.

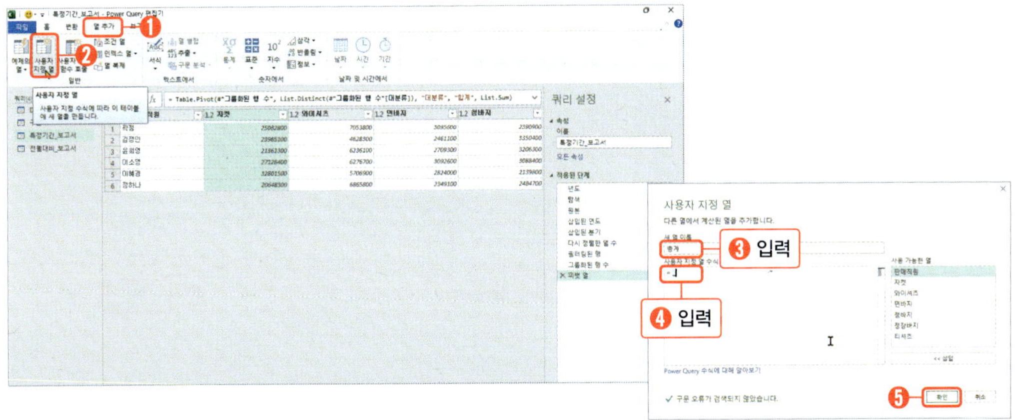

16 생성된 [총계] 열의 임의의 'Recode'를 선택하면 하단에 내용을 확인할 수 있습니다. M 함수를 수정하기 위해 마지막 난계인 [추가된 사용자 지정 항목]의 우측 톱니바퀴 아이콘을 클릭합니다.

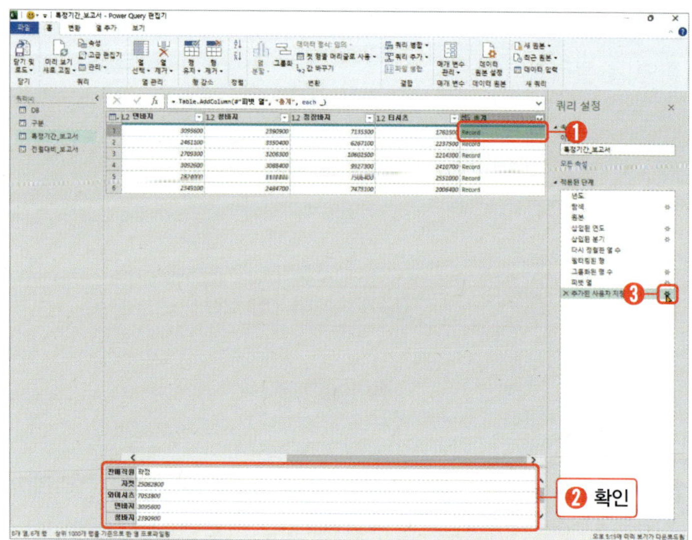

17 [사용자 지정 열 수식]을 그림과 같이 변경해서 리스트로 변환합니다.

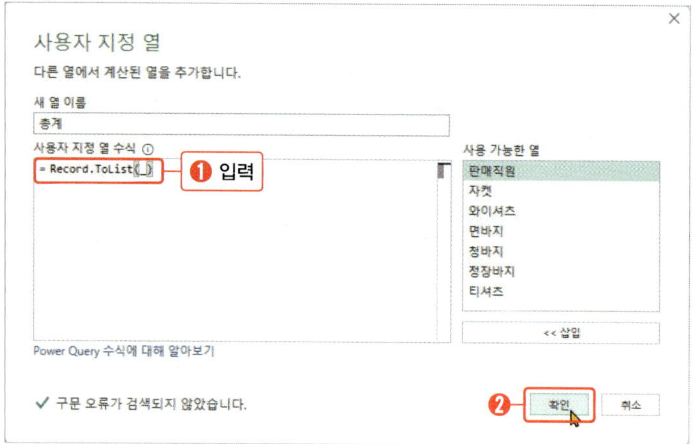

18 리스트로 변환된 내용을 집계를 위해 그림과 같은 방법으로 다시 M 함수를 수정합니다.

```
= List.Sum( List.Skip( Record.ToList(_), 1) )
```

수식 설명

= List.Sum(List.Skip(Record.ToList(_), 1))

❶ : 리스트로 변경된 내용 중 왼쪽 첫 번째를 제외하고, 나머지를 합산하라는 의미입니다.

여기서 잠깐

M 함수가 길어지면 엑셀 내장 함수와 마찬가지, 다음에 Space Bar 를 눌러 조금 띄워 놓아도 영향이 없습니다.

19 열 기준으로 큰 금액부터 나타나도록 내림차순 정렬하기 위해, [총계] 열을 확장해서 [내림차순 정렬]을 클릭합니다.

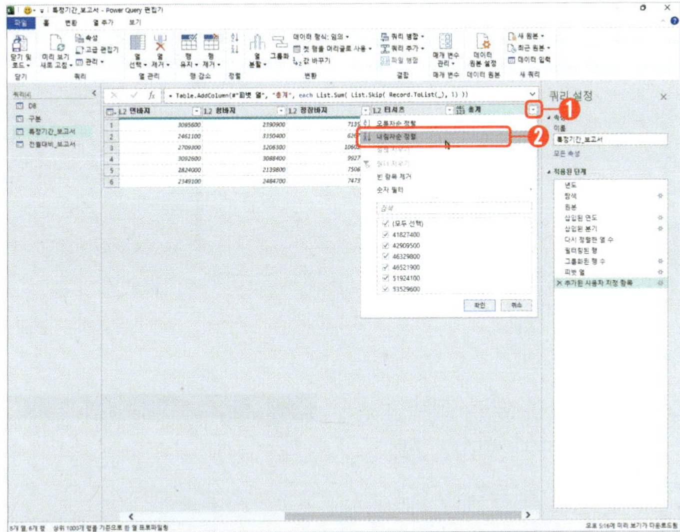

20 엑셀에서 최종 보고서를 표시하기 위해, [홈] 탭 – [닫기] 그룹 – [닫기 및 로드] – [닫기 및 로드]를 클릭합니다.

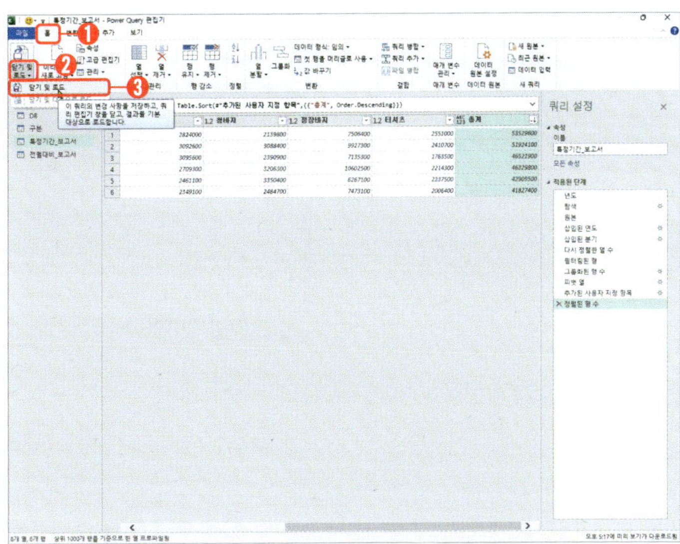

21 [특정기간_보고서] 쿼리를 마우스 오른쪽 버튼으로 클릭한 후 [다음으로 로드]를 클릭합니다. [표], [기존 워크시트]를 선택하고 위치는 [보고서] 시트의 [A8] 셀을 선택한 후 [확인]을 클릭합니다.

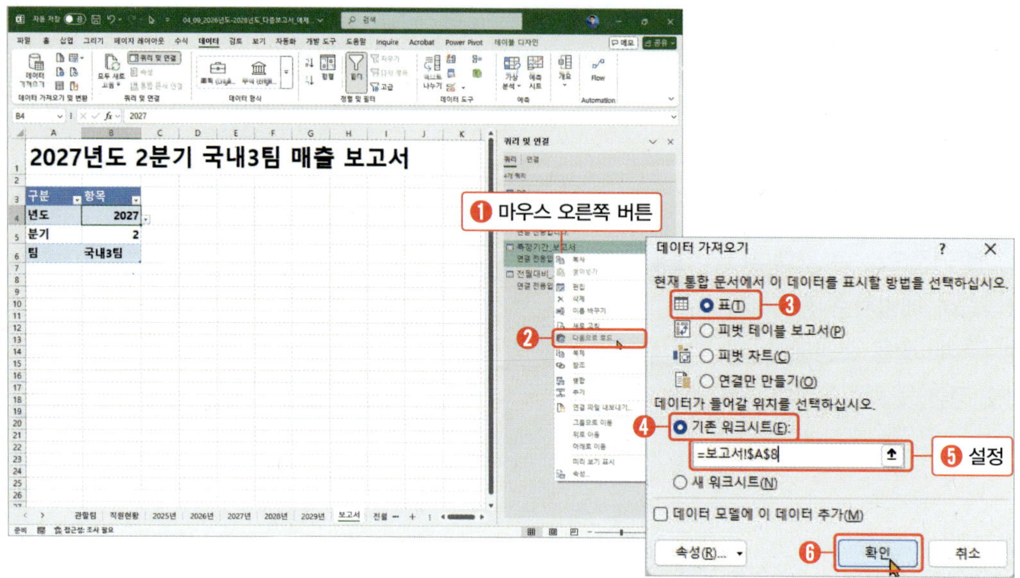

22 [B9:H14] 셀을 선택하고 [홈] 탭 – [표시 형식] 그룹 – [쉼표 스타일]을 클릭합니다.

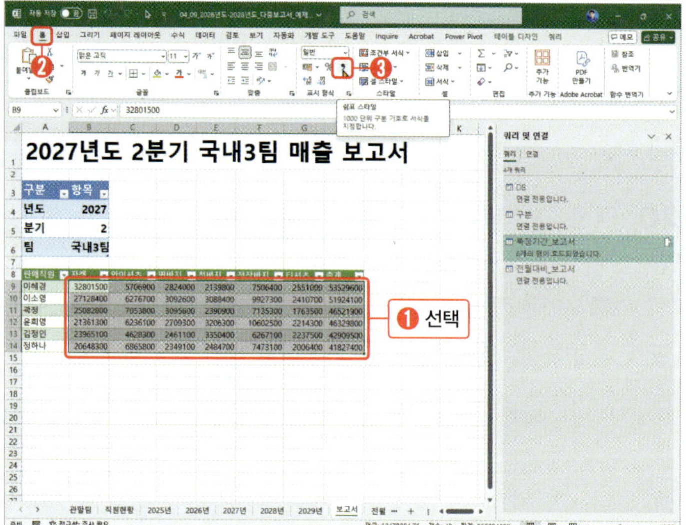

23 이제 연도를 '2028'로 분기를 '3'으로 팀을 '국내2팀'으로 변경하고, 데이터 중 임의의 셀을 마우스 오른쪽 버튼으로 클릭한 후 [새로 고침]을 선택합니다. 사용자가 지정한 옵션에 따른 결과를 확인할 수 있습니다.

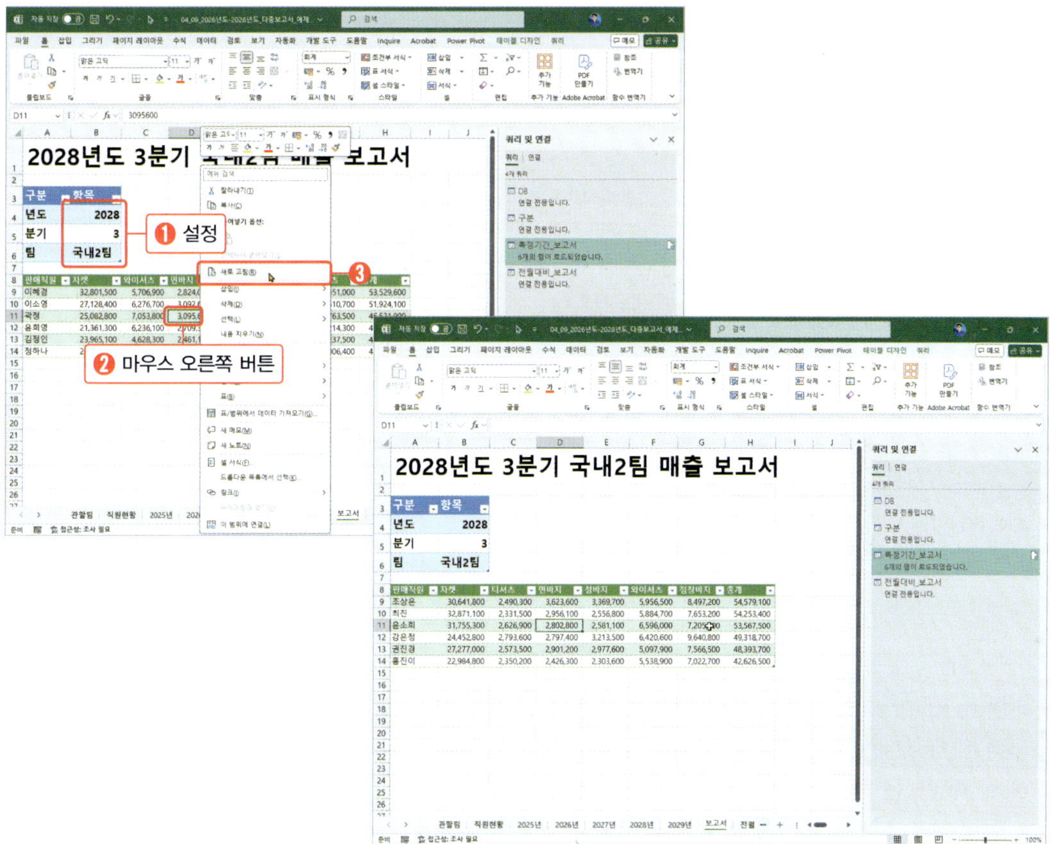

24 이번에는 전월대비 전월대비 대분류, 품명의 매출 보고서를 작성하겠습니다. M 함수를 이용해서 작성하고 이는 다음 달에 해당 보고서를 [새로 고침]하면 자동으로 그 다음 달의 집계와 이전 달의 집계가 자동으로 나타내게 됩니다. 먼저 [전월대비_보고서] 쿼리를 마우스 오른쪽 버튼으로 클릭한 후 [편집]을 선택합니다.

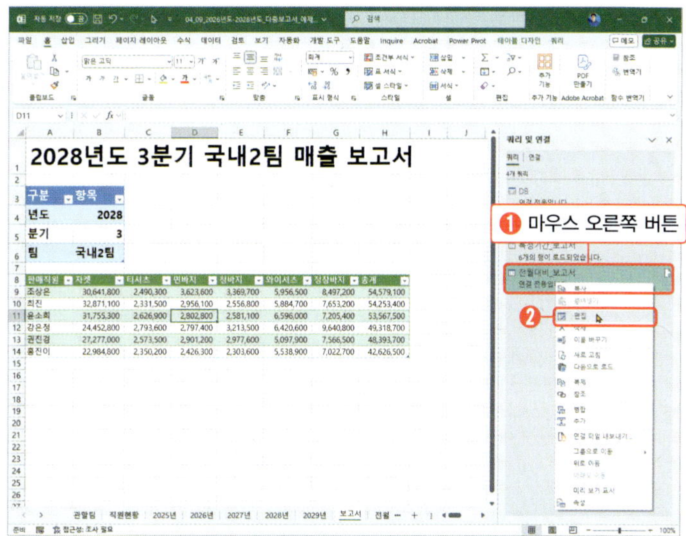

25 M 함수를 적용하기 위한 [사용자 지정 열]을 추가하기 위해, [열 추가] 탭 – [일반] 그룹 – [사용자 지정 열]을 클릭합니다.

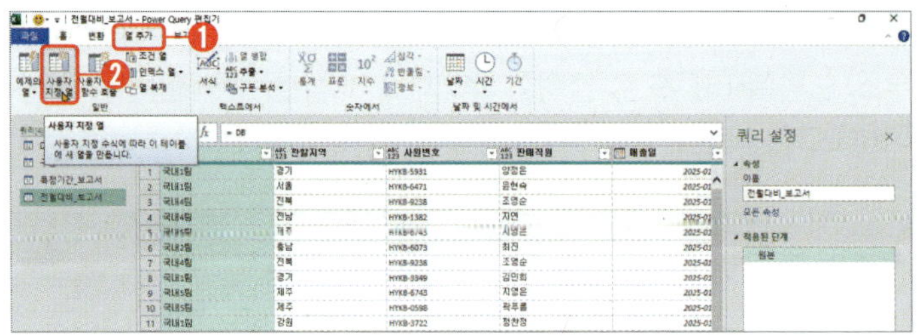

26 [새 열 이름]은 '구분'을 입력하고, [사용자 지정 열 수식]에 아래와 같은 수식을 입력합니다.

```
if Date.IsInPreviousNMonths([매출일], 1) then "전월매출"
else if Date.IsInCurrentMonth([매출일]) then "금월매출"
else "해당없음"
```

수식 설명

if Date.IsInPreviousNMonths([매출일], 1) then "전월매출" ❶
else if Date.IsInCurrentMonth([매출일]) then "금월매출" ❷
else "해당없음" ❸

❶ : if Date.IsInPreviousNMonths([매출일], 1) then "전월매출" : 매출일이 지난 달(1개월 전)에 해당한다면 '전월매출'이라고 표시

❷ : else if Date.IsInCurrentMonth([매출일]) then "금월매출" : 매출일이 이번 달에 해당한다면 '금월매출'이라고 표시

❸ : else "해당없음" : 매출일이 지난 달도 아니고, 이번 달도 아니라면 '해당없음'이라고 표시

엑셀 VBA의 IF 구문과 매우 유사하고 다만 마지막에 End IF 문만 없다는 것을 알 수 있습니다.

27 [구분] 열을 확장해서 [해당없음]의 체크만 해제하고 [확인]을 클릭합니다.

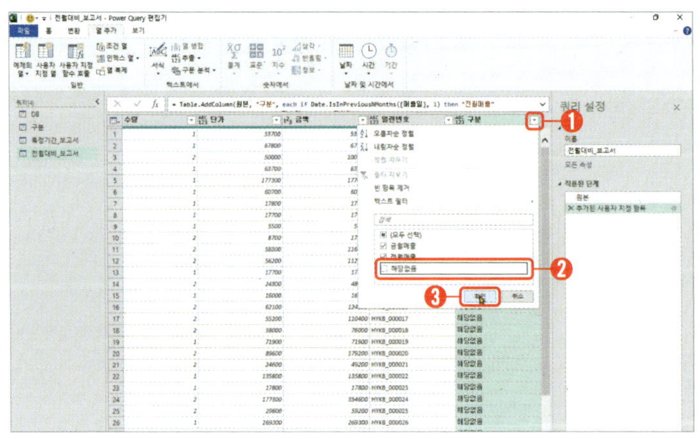

28 [대분류], [품명], [구분] 열을 선택하고 마우스 오른쪽 버튼으로 클릭한 후 [그룹화]를 선택합니다. 각 열이 너무 떨어져 있다면 해당 열을 이동시켜서 진행해도 됩니다.

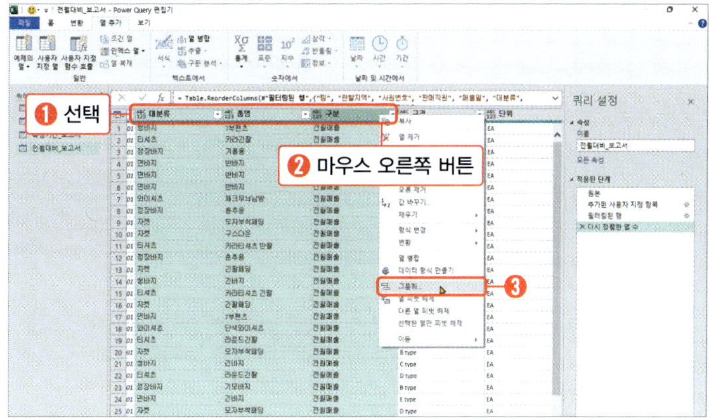

29 [새 열 이름]은 '합계'로 [연산]은 '합계', [열]은 '금액'을 선택한 후 [확인]을 클릭합니다.

30 크로스 탭 보고서로 작성하기 위해 [구분] 열을 선택하고 [변환] 탭 – [열] 그룹 – [피벗 열]을 클릭합니다.

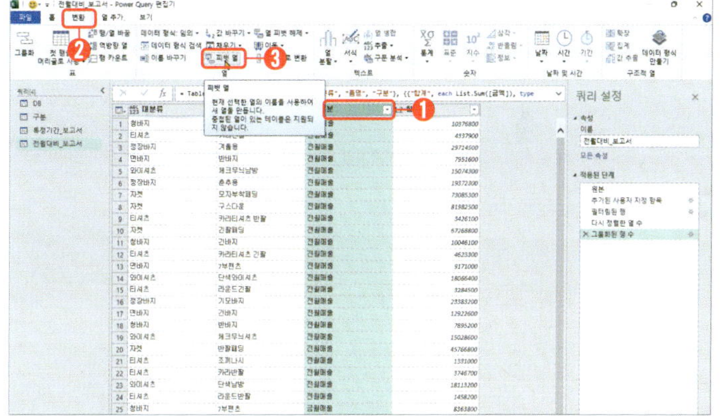

31 [값 열]은 '합계'를 선택하고 [확인]을 클릭합니다.

32 대비율을 표시하기 위한 [사용자 지정 열]을 추가하기 위해, [열 추가] 탭 – [일반] 그룹 – [사용자 지정 열]을 클릭합니다.

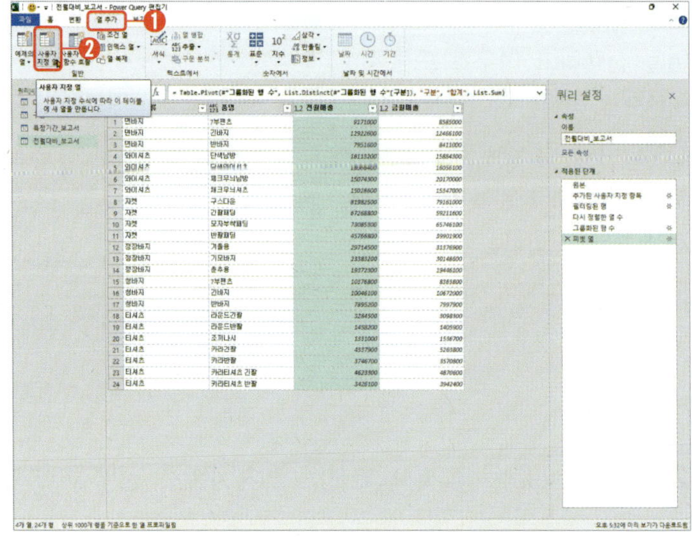

33 [새 열 이름]에 '대비율'을 입력하고, [사용자 지정 열 수식]은 '= [금월매출]/[전월매출]'을 입력한 후 [확인]을 클릭합니다.

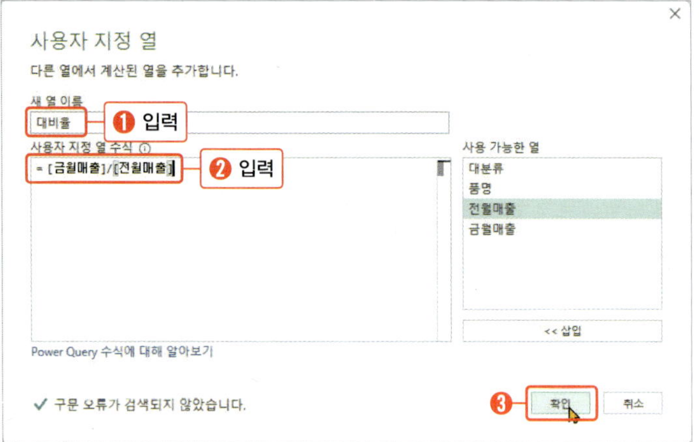

34 엑셀 시트로 보고서를 가져가기 위해, [홈] 탭 – [닫기] 그룹 – [닫기 및 로드] – [닫기 및 로드]를 클릭합니다.

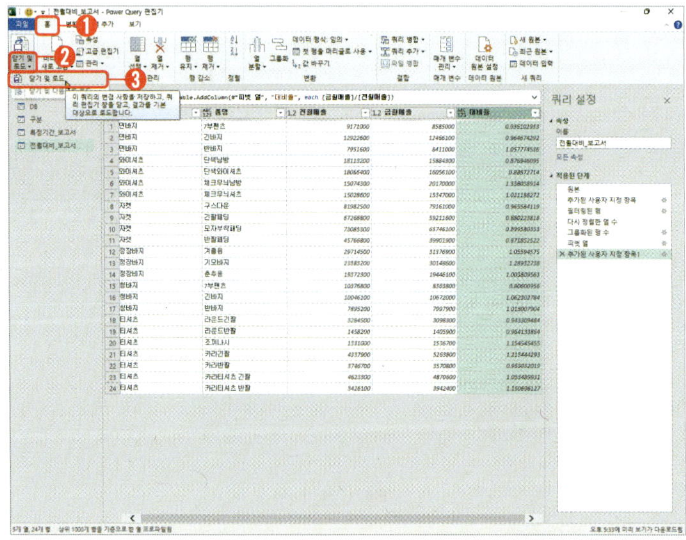

35 [전월대비_보고서] 쿼리를 마우스 오른쪽 버튼으로 클릭한 후 [다음으로 로드]를 클릭합니다. [표], [기존 워크시트]를 선택하고 위치는 [전월대비_보고서] 시트의 [A3] 셀을 선택하고 [확인]을 클릭합니다.

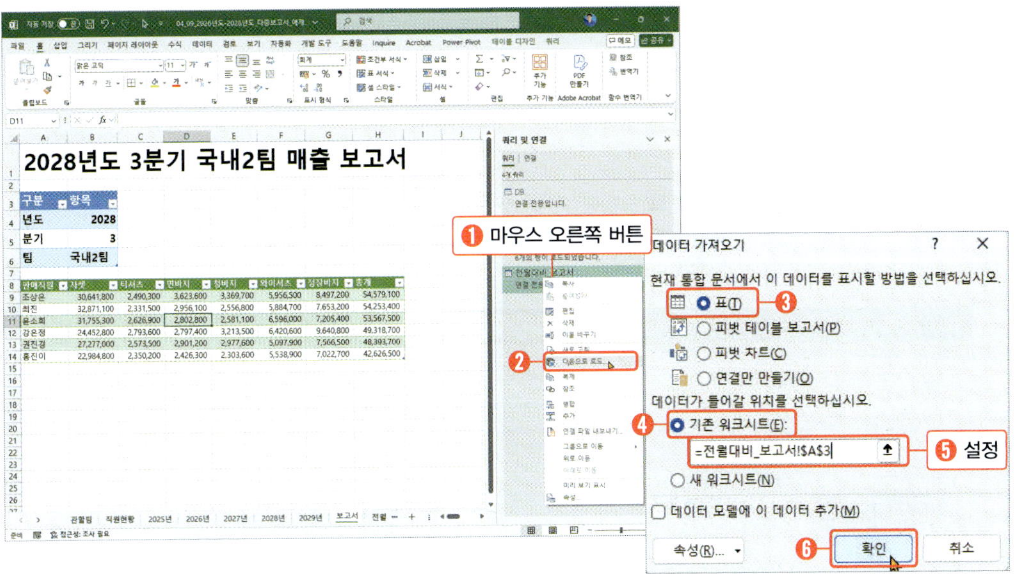

36 완성된 보고서를 확인할 수 있습니다. 마지막으로 서식을 지정하기 위해 [C4:D27] 셀을 선택하고 [홈] 탭 – [표시 형식] 그룹 – [쉼표 스타일]을 클릭합니다. [E4:E27] 셀을 선택하고 [백분율 스타일] 클릭, [자릿수 늘림]을 두 번 클릭해서 소수점 2자리까지 표시하도록 서식을 지정합니다. 향후 [전월대비_보고서] 시트의 내용을 마우스 오른쪽 버튼으로 클릭한 후 [새로 고침]을 선택하면 항상 해당 월의 집계와 이전 월 집계, 대비율까지 표시됩니다. 참고로 지금 결과와 실습을 진행하는 시기가 다를 수 있으므로 결과는 다르게 나타날 수 있습니다.

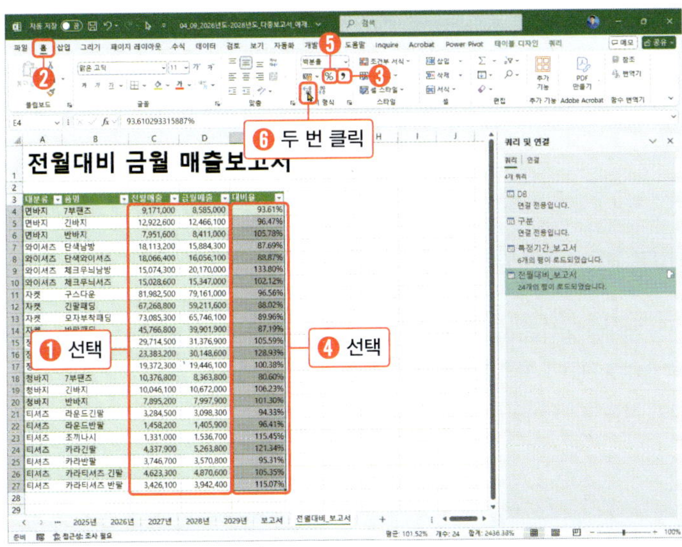

010 네이버 주식 자료의 크롤링 및 손쉬운 시각화

파워 쿼리를 활용해 웹 데이터를 크롤링(Crawling)하는 방법을 알아보겠습니다. 특히 네이버 증권에서 특정 종목의 주식 정보를 가져와 엑셀에서 차트를 작성하고 시각화하는 과정을 단계별로 실습해 보겠습니다.

- **실습 파일 :** Part 04 > 예제 > 04_10_웹_크롤링_예제.xlsx
- **완성 파일 :** Part 04 > 완성 > 04_10_웹_크롤링_완성.xlsx

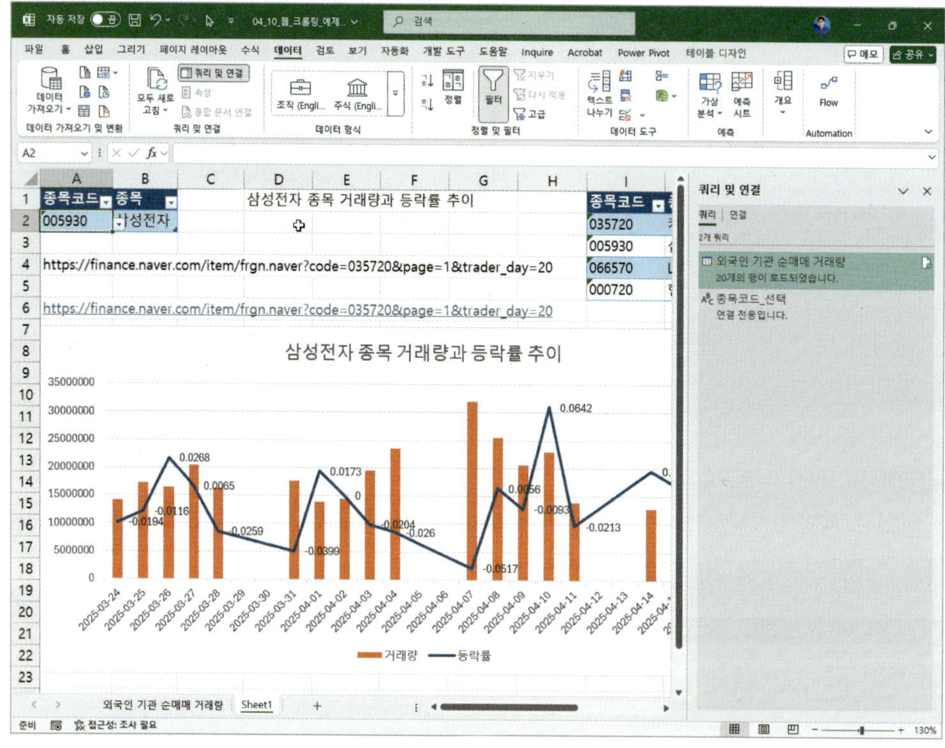

주요 기능	현업 활용
드릴다운	• 드릴다운을 통해 종목을 변수로 만들면 손쉽게 여러 종목을 선택, 결과 확인을 할 수 있다.
추천 차트	• 사용자가 선택한 범위로 어떠한 차트로 표현하는 것이 효과적인지를 추천해 주는 부분으로 손쉽게 빠르게 차트를 작성하는 데 큰 도움이 된다.
고급 편집기	• 사용자가 직접 M code를 작성, 수정할 수 있다.

■ 웹에서 주식 자료 가져오기

01 먼저 네이버 홈페이지(www.naver.com)로 이동한 후 상단 아이콘 중에서 [증권]을 클릭합니다.

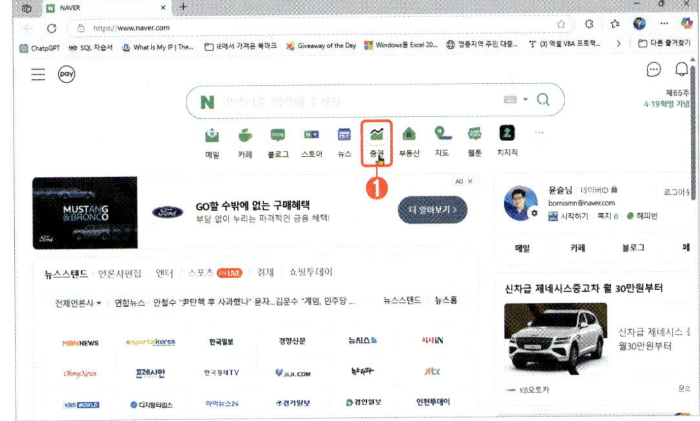

02 검색란에 '카카오'를 입력하고 첫 번째 항목을 선택합니다(035720 카카오).

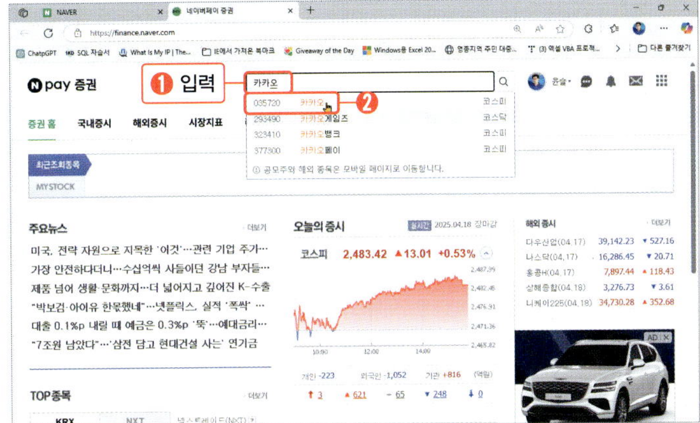

03 [투자자별 매매동향]을 클릭하고 [일자별누적]은 20일을 선택합니다. 이제 상단의 URL을 유심히 보면 'code=' 다음에 나타나는 6자리수(035720)이 해당 종목 코드이고, 마지막에 나타난 20이란 숫자는 [일자별누적]이라는 것을 알 수 있습니다. 해당 URL을 복사해 둡니다.

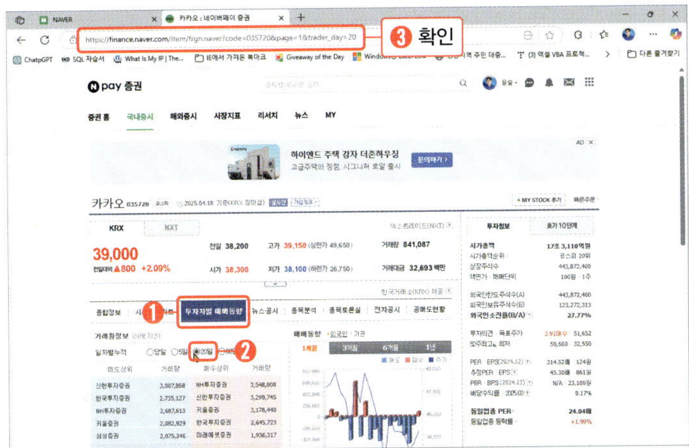

⊕ 추가 정보

예제 파일에는 해당 URL을 미리 입력해 뒀습니다. 일자별 누적은 여러 페이지를 통해 추가로 정보를 더 가져올 수 있습니다.

■ 웹 데이터 불러오기

01 엑셀로 돌아와서 [데이터] 탭 – [데이터 가져오기 및 변환] 그룹 – [데이터 가져오기] – [기타 원본에서] – [웹]을 클릭합니다. URL 부분에 복사해둔 URL을 붙여 넣은 후 [확인]을 클릭합니다.

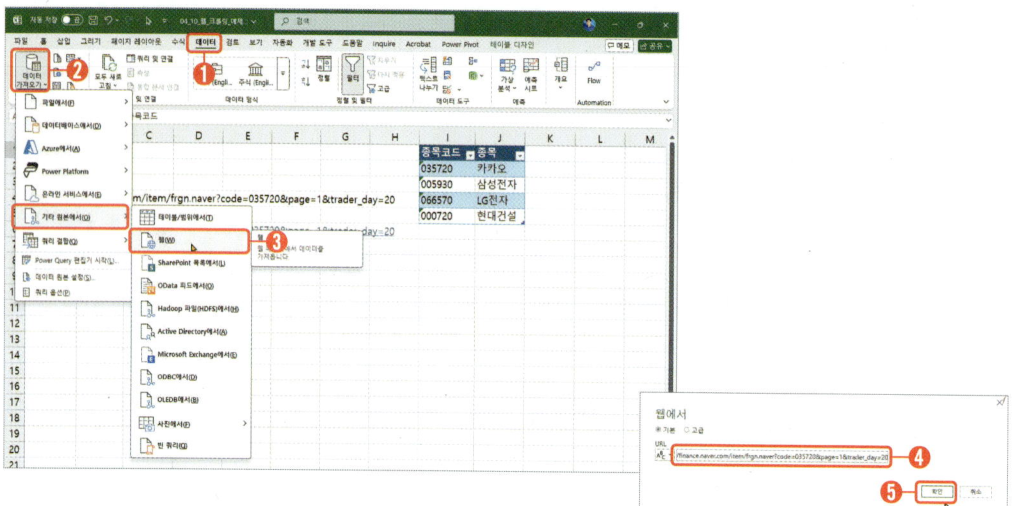

02 탐색 창에 해당 URL을 통해 가져올 수 있는 각종 정보들이 표시되는데 이중 [외국인 기관 순매매 거래량]을 가져오겠습니다. 해당 테이블을 선택하고 [데이터 변환]을 클릭합니다.

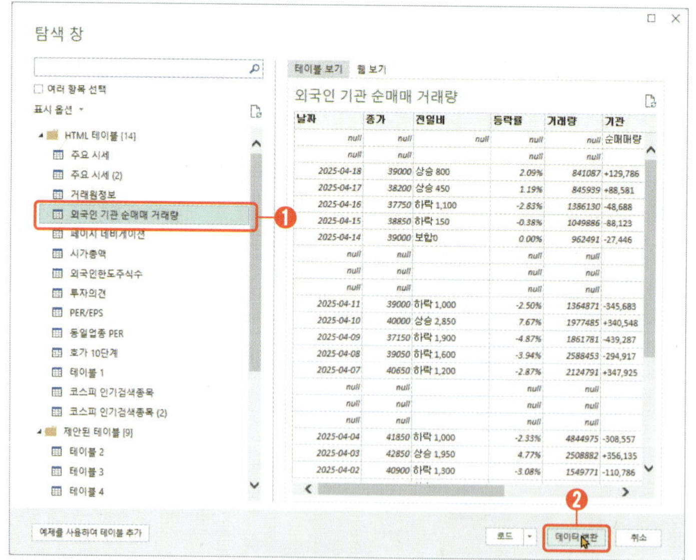

03 [날짜] 열을 확장해서 [빈 항목 제거]를 클릭합니다.

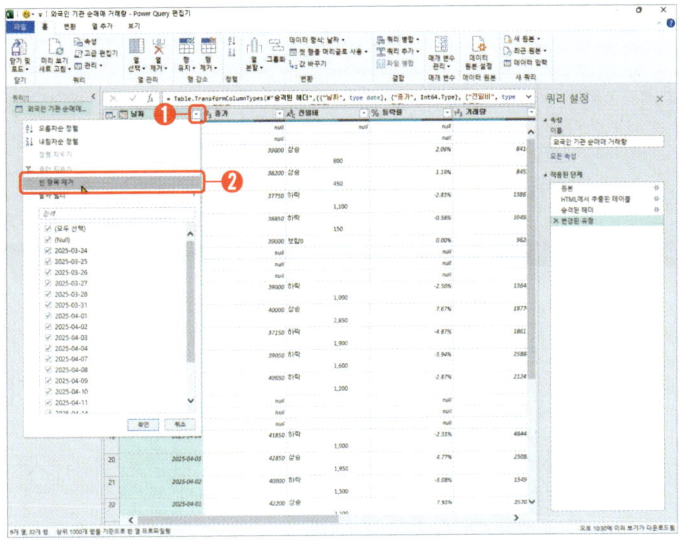

04 이제 내용을 엑셀 시트로 가져가겠습니다. [홈] 탭 – [닫기] 그룹 – [닫기 및 로드] – [닫기 및 로드]를 클릭해서 새 시트를 생성하고 그곳에 데이터를 나타내겠습니다.

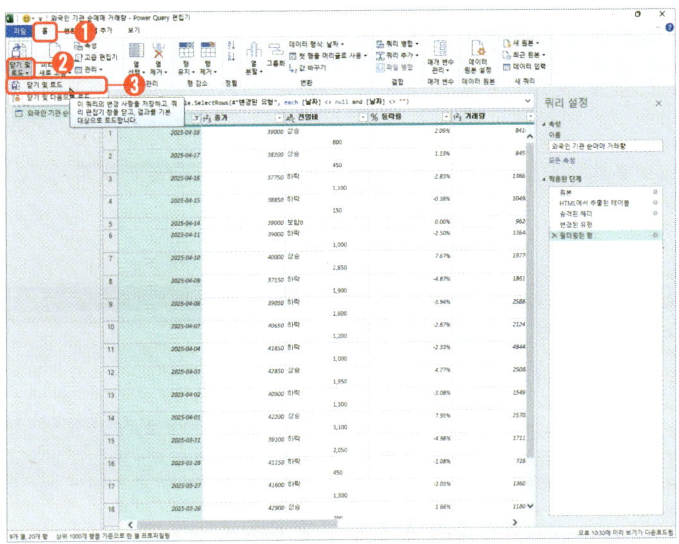

■ 외국인 기관 매매량 차트 작성하기

01 새롭게 [외국인 기관 순매매 거래량] 시트의 주요 내용을 차트로 작성하기 위해, [A1:A21] 셀을 선택하고 Ctrl을 누른 상태로 [D1:E21] 셀을 선택한 후 [삽입] 탭 – [차트] 그룹 – [추천 차트]를 클릭합니다. 두 번째 [꺾은선형]을 선택하고 [확인]을 클릭합니다.

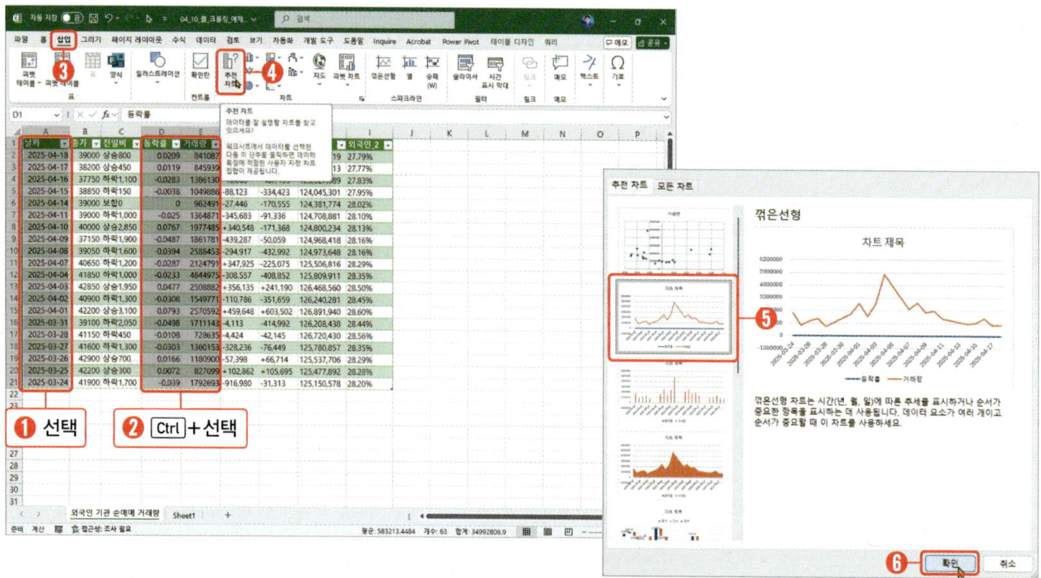

02 거래량은 묶은 세로 막대형으로 나타내고, 등락률은 꺾은선으로 표시하기 위해, 꺾은선을 선택하고 마우스 오른쪽 버튼으로 클릭한 후 [계열 차트 종류 변경]을 선택합니다.

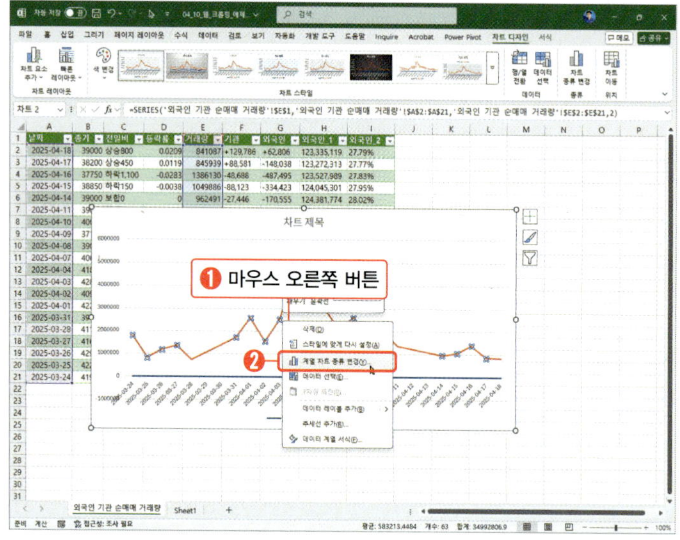

03 [거래량]은 '묶은 세로 막대형'을 선택하고, [등락률]은 [보조 축]으로 설정한 후 [확인]을 클릭합니다.

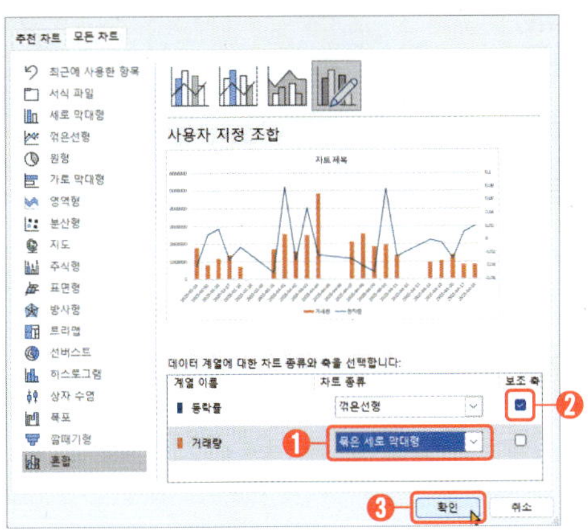

04 등락률의 레이블을 표시하고 이동시키기 위해, 꺾은 선 차트의 꼭지점 부분을 마우스 오른쪽 버튼으로 클릭한 후 [데이터 레이블 추가]를 선택합니다. Ctrl+X를 눌러 해당 차트를 잘라냅니다.

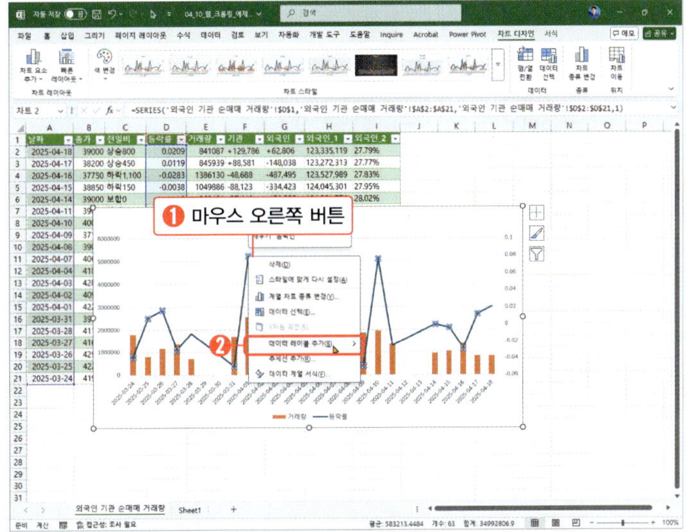

05 [Sheet1] 시트에서 붙여 넣을 적당한 셀을 선택한 후 붙여 넣습니다. 차트의 크기를 적당히 조정하고 차트의 제목을 작성하겠습니다. [D1] 셀을 선택하고 수식을 '=B2&" 종목 거래량과 등락률 추이"'라고 입력한 후 Enter를 누릅니다.

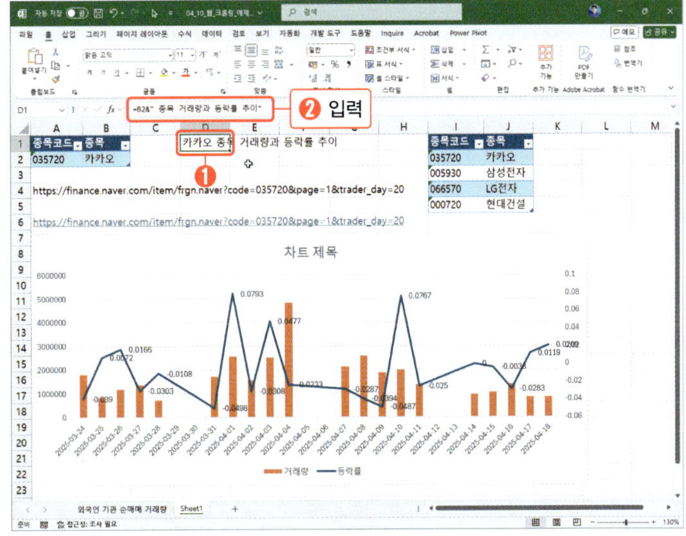

06 차트의 제목과 연동시키기 위해 차트 제목을 선택하고 수식 입력줄에 '='을 입력하고, [D1] 셀을 선택한 후 Enter 를 누릅니다.

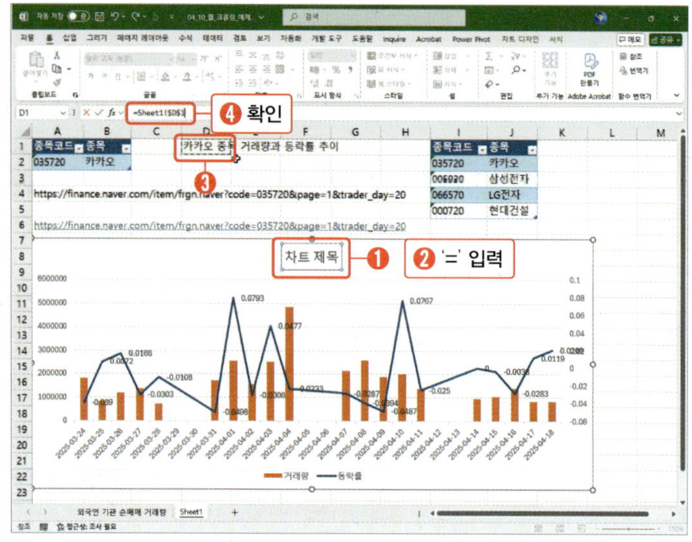

■ 변동된 데이터 자동 적용하기

01 이제 종목코드가 변경되면 데이터가 자동 변경되도록 쿼리를 수정하기 위해, [종목코드_선택]이라는 표 범위(A1:B2) 중 임의의 셀을 마우스 오른쪽 버튼으로 클릭한 후 [표/범위에서 데이터 가져오기]를 선택합니다.

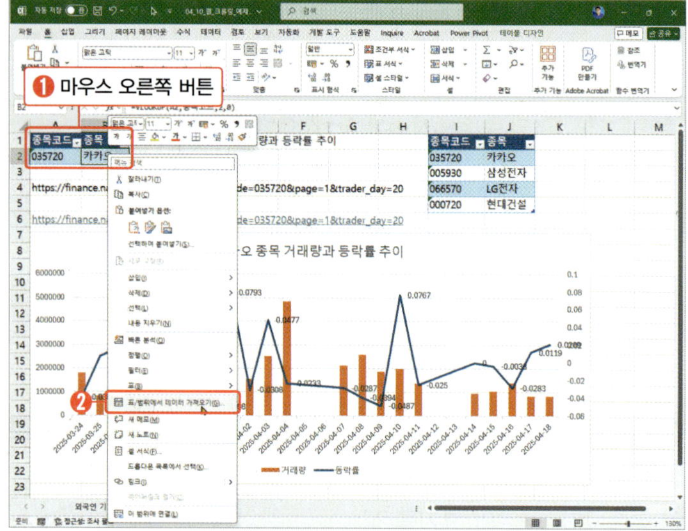

03 URL은 문자로 입력되는 정보라 현재의 데이터를 문자 형식을 변경해야 합니다. [종목코드] 열의 데이터 형식 아이콘을 클릭하고 [텍스트]를 선택합니다. [열 형식 변경]은 [현재 전환 바꾸기]를 클릭해서 닫습니다.

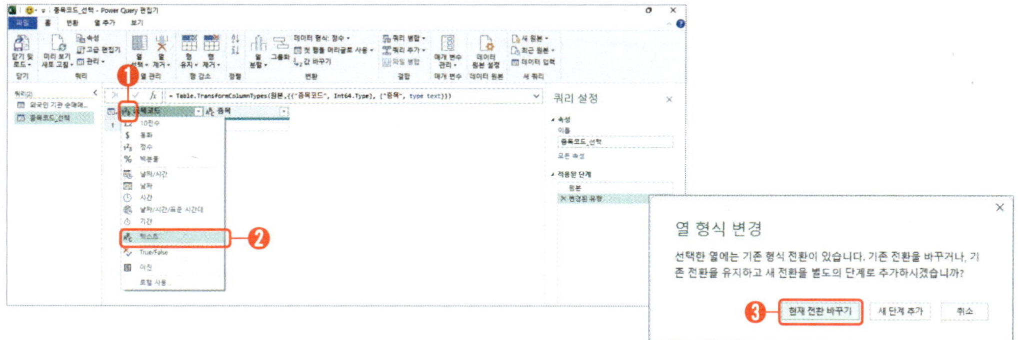

03 [종목] 열은 불필요하므로 마우스 오른쪽 버튼으로 클릭한 후 [제거]를 선택합니다.

04 종목번호를 마우스 오른쪽 버튼으로 클릭한 후 [드릴다운]을 선택합니다.

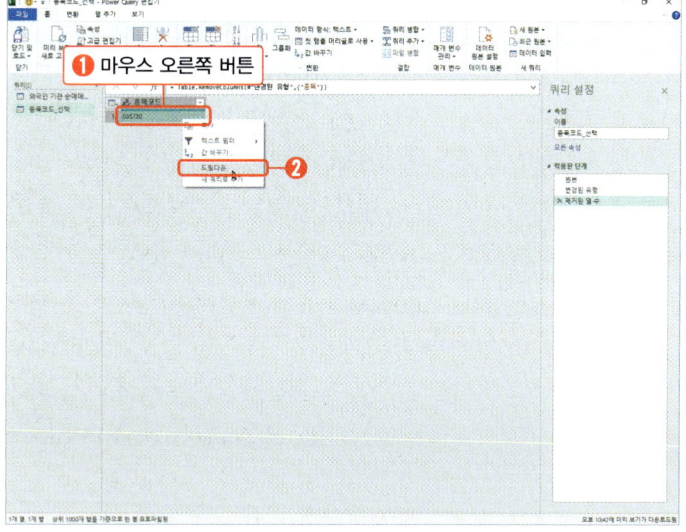

05 이제 고급 편집기에서 드릴다운된 데이터 정보를 적용하기 위해, [홈] 탭 – [쿼리] 그룹 – [고급 편집기]를 클릭합니다.

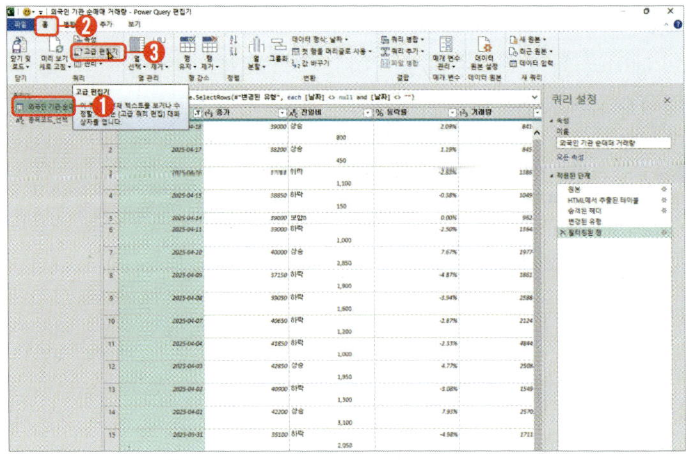

06 첫 번째 줄의 원본 부분에서 종목코드 부분을 삭제하고 '종목코드_선택'으로 변경합니다.

이때 텍스트 문자열을 매개변수와 결합, 연결하기 위해 'code='의 다음을 클릭하고 종목코드 번호(6자리수)를 삭제한 후 "&&"를 입력하고, '&&' 사이를 클릭해서 '종목코드_선택'을 입력하면 됩니다.

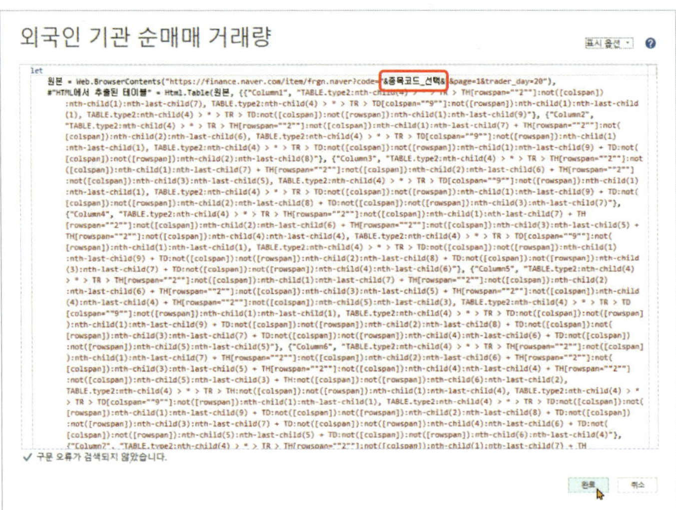

07 이제 제대로 동작하는지 확인하기 위해, [홈] 탭 – [닫기] 그룹 –[닫기 및 로드] – [닫기 및 로드]를 클릭합니다.

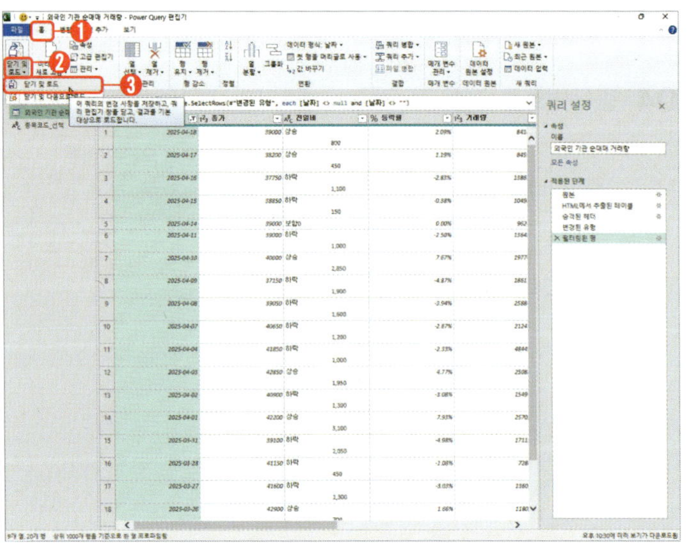

08 [A2] 셀의 종목코드를 '005930'을 선택하고 [데이터] 탭 – [쿼리 및 연결] 그룹 – [모두 새로 고침]을 클릭합니다.

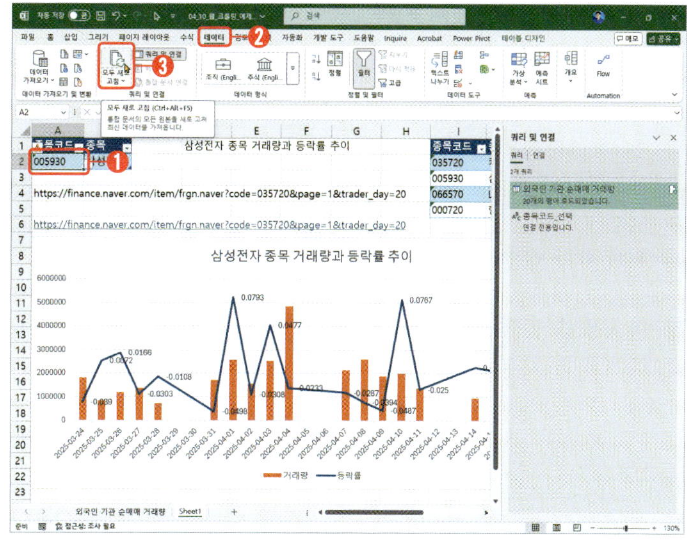

여기서 잠깐

[외국인 기관 순매매 거래량] 시트로 이동해서 데이터 중 임의의 셀을 마우스 오른쪽 버튼으로 클릭한 후 [새로 고침]을 해도 되지만 시트 이동이 번거로울 수 있으므로 [모두 새로 고침]을 실행한 것입니다.

09 변경된 결과를 확인할 수 있습니다.

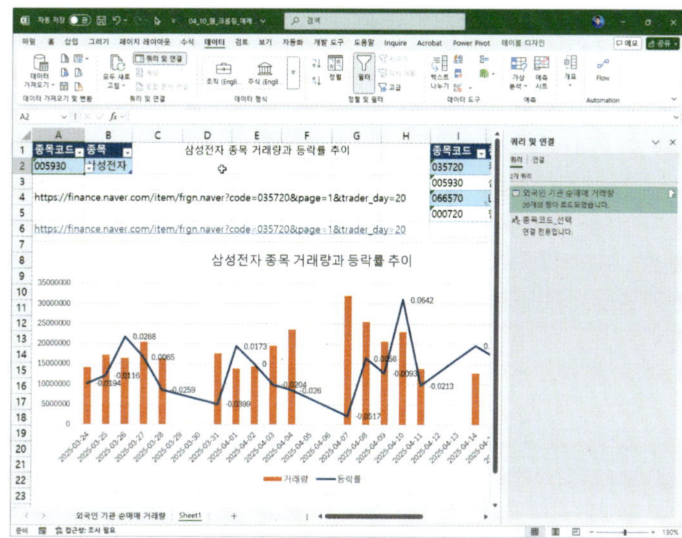

여기서 잠깐

파워 쿼리의 보안 이슈와 해결법

파워 쿼리의 [파일] 탭 – [옵션 및 설정] – [쿼리 옵션] – [전역] – [개인 정보]를 클릭하면 [개인 정보 수준]이 총 3가지가 나타납니다.

옵션	설명	비고
항상 각 원본의 개인 정보 수준 설정에 따라 데이터를 결합	각 데이터 원본이 가진 개인 정보 수준 설정을 존중해서 개별 처리합니다.	기본 설정
각 파일의 개인 정보 수준 설정에 따라 데이터 결합	서로 다른 수준이 섞이면 느려지거나, 오류 발생 가능	
항상 개인 정보 수준 설정을 무시	개인 정보 수준을 무시하고 병합합니다.	처리 속도는 빠르지만 보안상 취약

개인 정보 수준의 영향을 받는 경우

구분	영향 여부	설명	비고
다른 데이터 원본 간 병합	직접 영향	원본 간 정보 누출을 방지하기 위해 격리 실행, 성능 저하 또는 병합 실패할 수 있음	
웹 크롤링	보안 우려	정보 유출 위험 판단으로 차단될 수 있음	
매개변수 사용	경우에 따라	웹 주소 등 외부 원본이 포함된 매개변수를 사용할 때 경고 발생 가능성	

개인이 사용하고 안전한 데이터라고 생각된다면 [항상 개인 정보 수준 설정을 무시]로 지정하면 보안 이슈 관련 다양한 문제는 발생되지 않지만 보안상 취약하다는 점을 알고 사용해야 합니다.

011

사용자 정의 함수를 이용한 네이버 주식 자료의 자동 크롤링

사용자가 지정한 종목의 네이버 주식 정보를 불러왔지만, 한 번에 하나의 페이지 데이터만 가져올 수 있었습니다. 이번에는 사용자 정의 함수를 활용하여 여러 페이지의 종목별 주식 정보를 자동으로 크롤링하고, 효율적으로 갱신하는 방법을 알아보겠습니다.

- **실습 파일 :** Part 04 > 예제 > 04_11_표_활용_다중_페이지_웹 크롤링_예제.xlsx
- **완성 파일 :** Part 04 > 완성 > 04_11_표_활용_다중_페이지_웹 크롤링_완성.xlsx

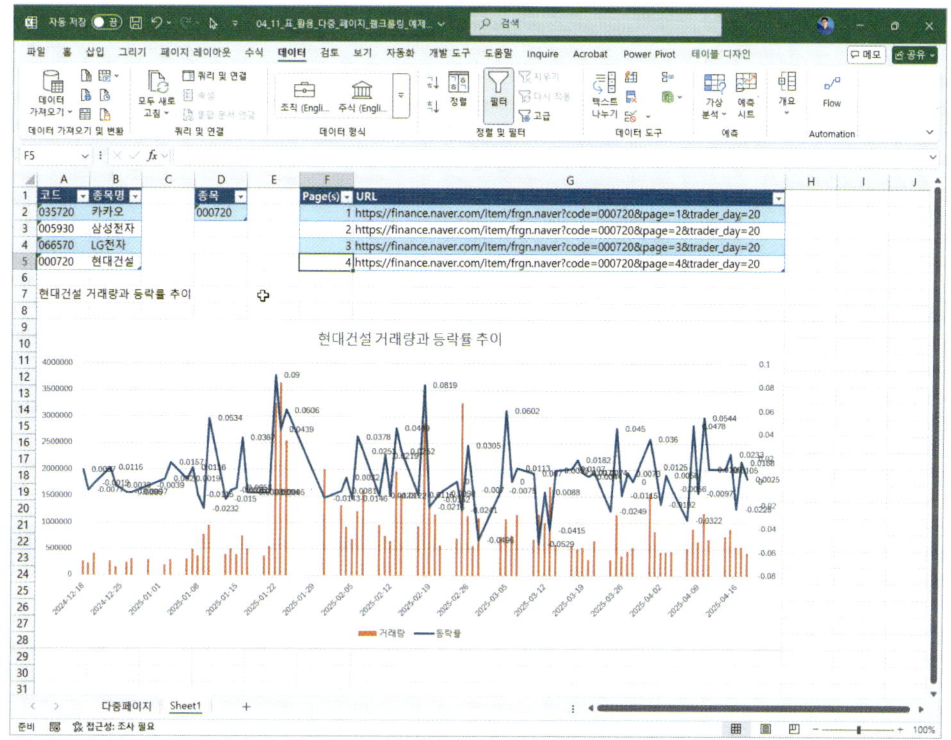

주요 기능	현업 활용
드릴다운	• 종목을 변수로 만들면 손쉽게 여러 종목을 선택, 결과 확인을 할 수 있다.
고급 편집기	• 직접 M code를 편집할 수 있으며 사용자 정의 함수를 정의할 수 있다.
사용자 정의 함수	• 사용자 정의 함수를 작성, 적용하면 여러 페이지의 자료를 쉽게 가져와 분석할 수 있다.

■ 웹 자료 크롤링하기

01 예제 파일을 다중 페이지 웹 자료를 크롤링하기 위해 URL을 먼저 작성하겠습니다. [G2] 셀에 '="https://finance.naver.com/item/frgn.naver?code="&$D$2&"&page="&F2&"&trader_day=20"'으로 수식을 입력합니다.

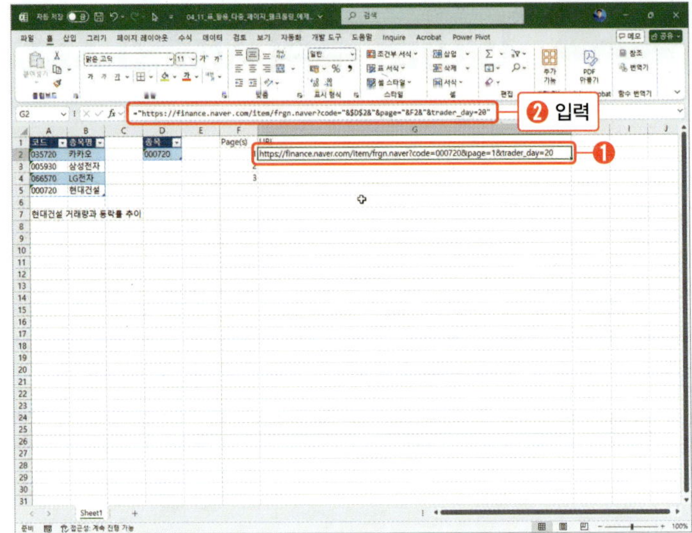

02 [G4] 셀까지 해당 수식을 드래그해서 복사한 후 데이터 중 임의의 셀을 선택하고 Ctrl+T를 눌러 표로 만들고 표 이름은 '다중페이지'로 설정합니다.

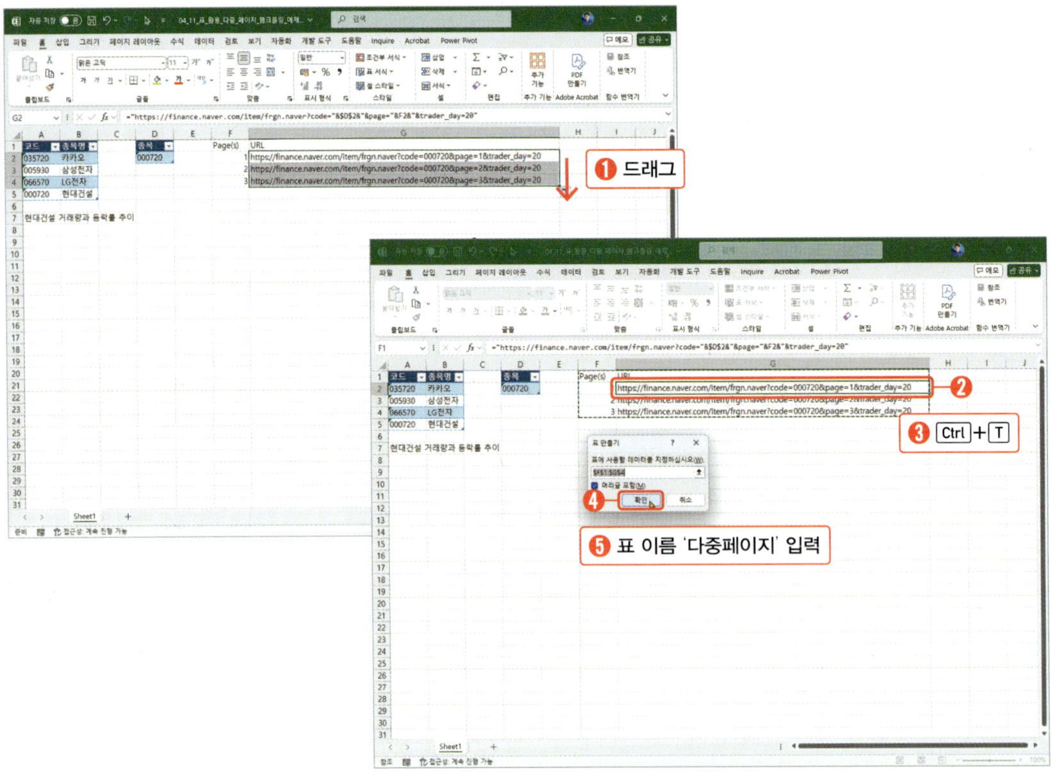

03 [G2] 셀을 복사한 후 [데이터] 탭 – [데이터 가져오기 및 변환] 그룹 – [데이터 가져오기] – [기타 원본에서] – [웹]을 클릭합니다. URL 부분에 복사해둔 내용을 붙여 넣기하고 [확인]을 클릭합니다.

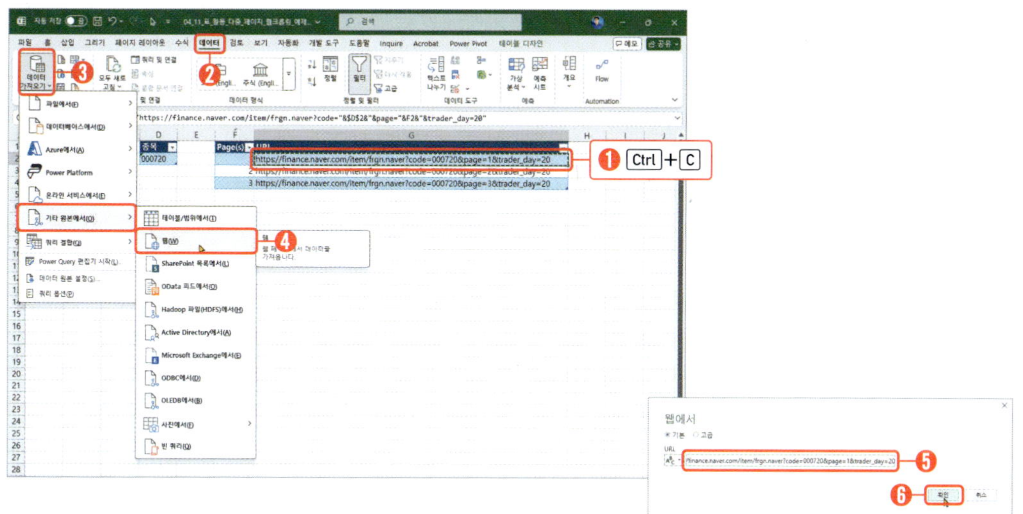

04 탐색 창 테이블에서 [외국인 기관 순매매 거래량]을 선택하고 [데이터 변환]을 클릭합니다.

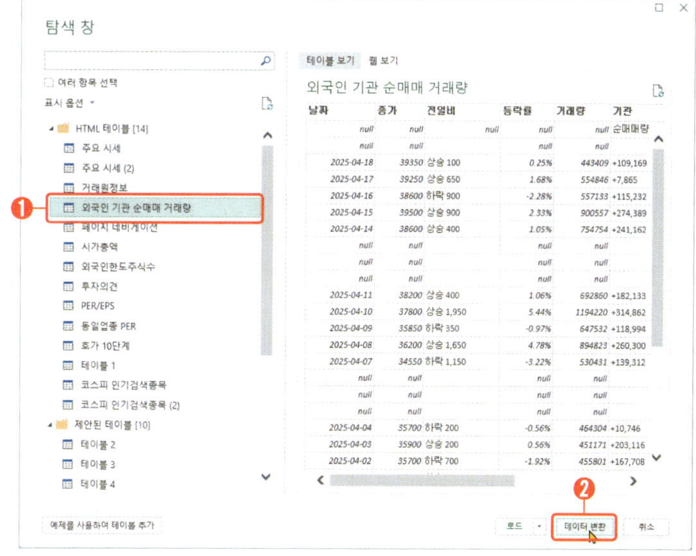

05 [날짜] 열을 확장해서 [빈 항목 제거]를 선택하고, [홈] 탭 – [쿼리] 그룹 – [고급 편집기]를 클릭합니다.

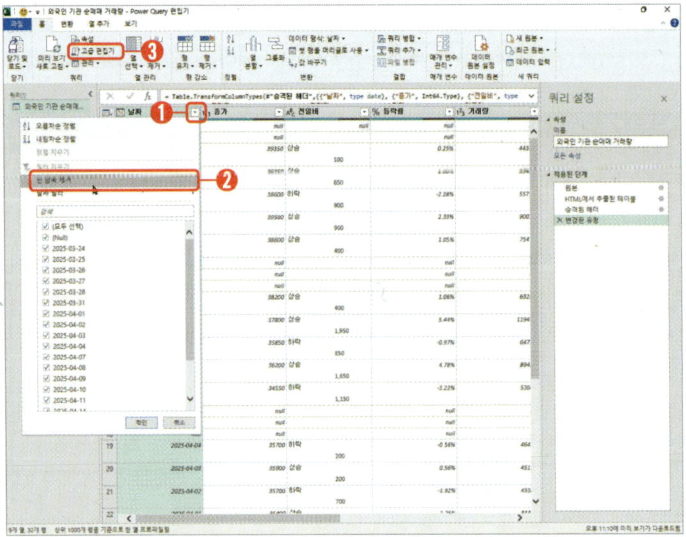

06 맨 위에 '(페이지 as text) =>'라는 코드를 추가합니다. 이 코드는 함수를 정의하는 구문입니다.

07 첫 번째 단계인 원본 부분의 코드를 아래와 같이 수정하고 [확인]을 클릭합니다.

```
원본 = Web.BrowserContents(페이지),
```

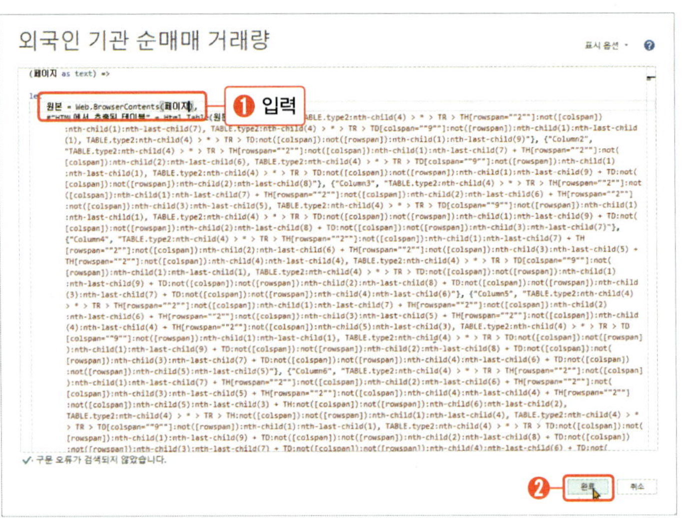

08 사용자 함수가 만들어 졌습니다. [홈] 탭 – [닫기] 그룹 – [닫기 및 로드] – [닫기 및 로드]를 클릭합니다.

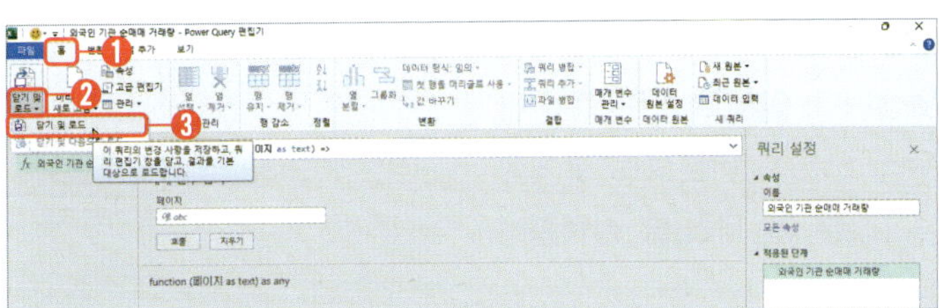

09 작성해 둔 URL 중 임의의 셀을 마우스 오른쪽 버튼으로 클릭한 후 [표/범위에서 데이터 가져오기]를 클릭합니다.

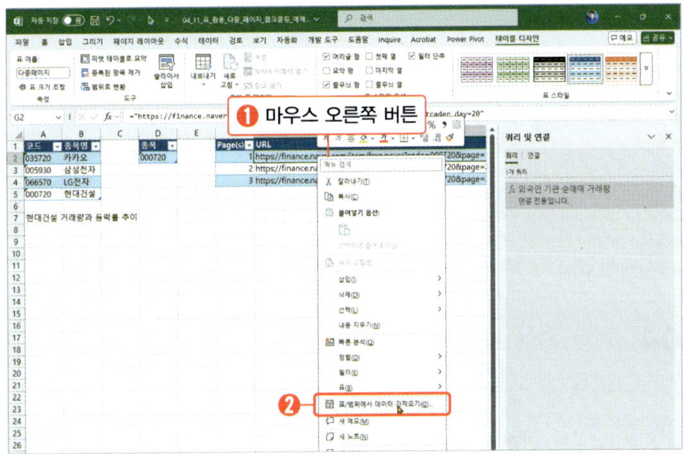

■ 사용자 함수 적용하기

01 작성해 둔 사용자 함수를 적용하기 위해, [열 추가] 탭 – [일반] 그룹 – [사용자 지정 함수 호출]을 클릭합니다.

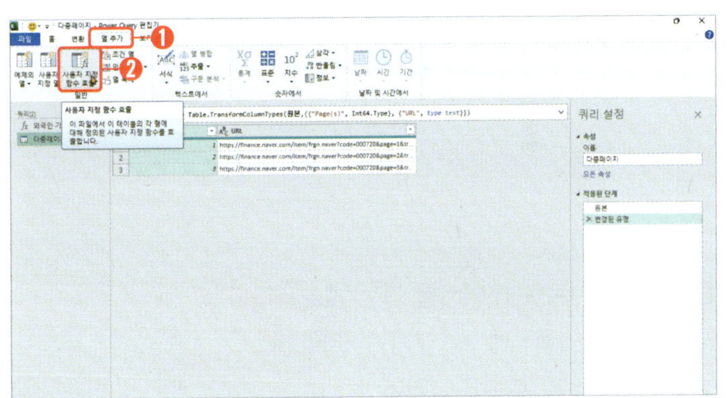

02 [함수 쿼리]는 방금 작성해 둔 '외국인 기관 순매매 거래량'을 선택합니다. [페이지]를 확장해서 [열 이름]을 선택하고, 우측의 드롭다운 버튼을 클릭해서 'URL'을 선택한 후 [확인]을 클릭합니다.

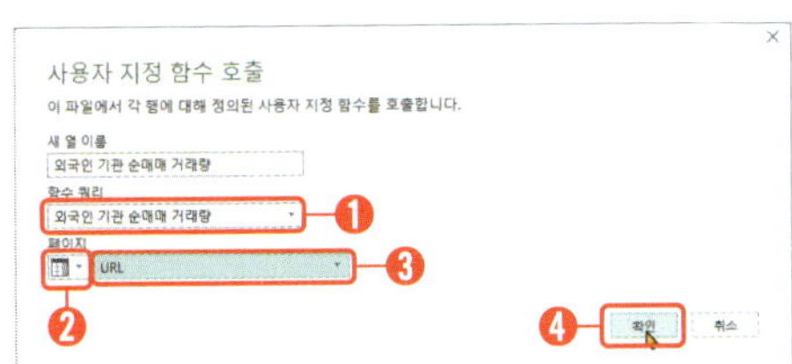

03 새롭게 열이 하나 추가되었습니다. 이제 추가된 열을 마우스 오른쪽 버튼으로 클릭한 후 [다른 열 제거]를 선택합니다.

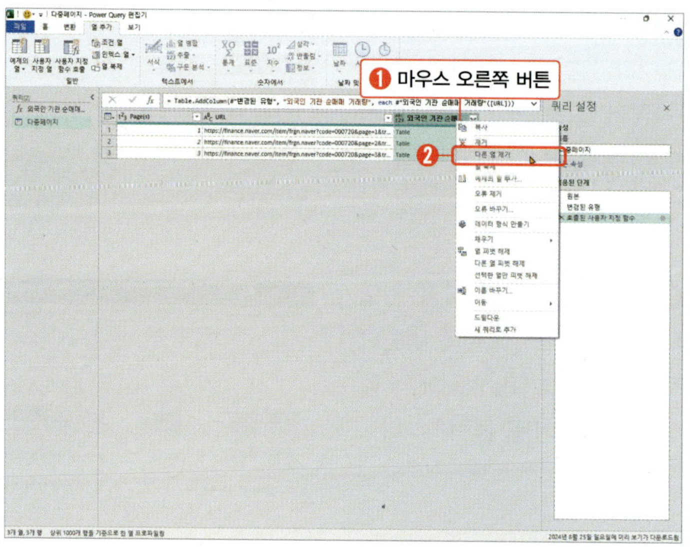

04 해당 열을 확장해서 [추가 로드]를 클릭하고 [원래 열 이름을 접두사로 사용]을 체크 해제한 후 [확인]을 클릭합니다.

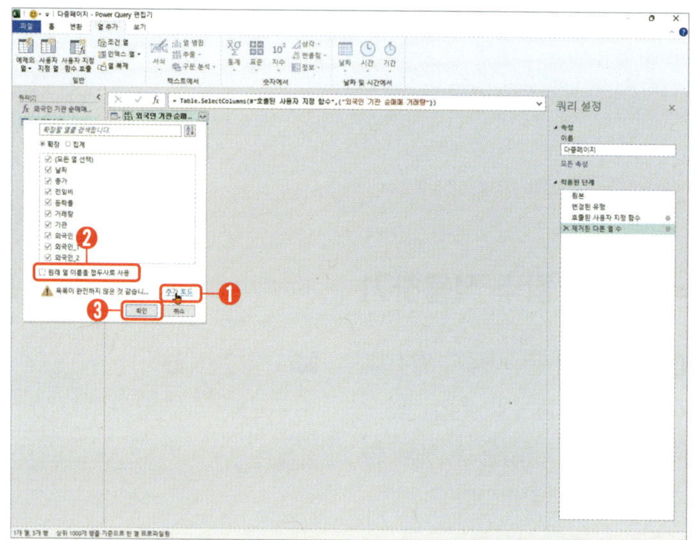

05 엑셀 시트로 데이터를 가져가기 위해, [홈] 탭 – [닫기] 그룹 – [닫기 및 로드] – [닫기 및 로드]를 클릭합니다.

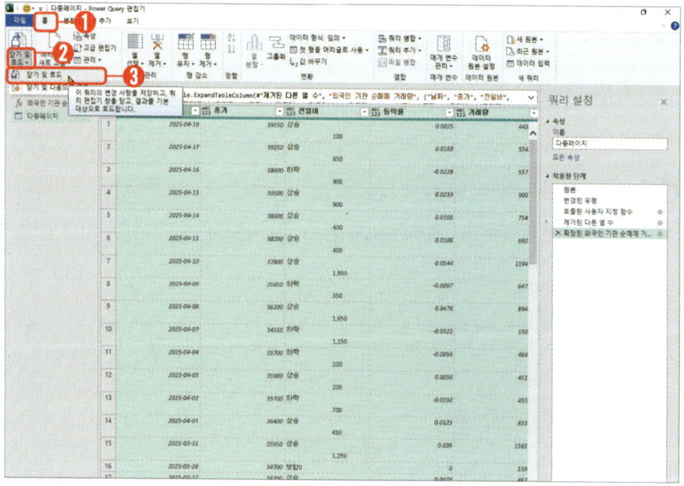

06 [다중페이지] 시트의 [A2:A61] 셀을 선택하고 [홈] 탭 – [표시 형식] 그룹 – [표시 형식] – [간단한 날짜]를 선택합니다.

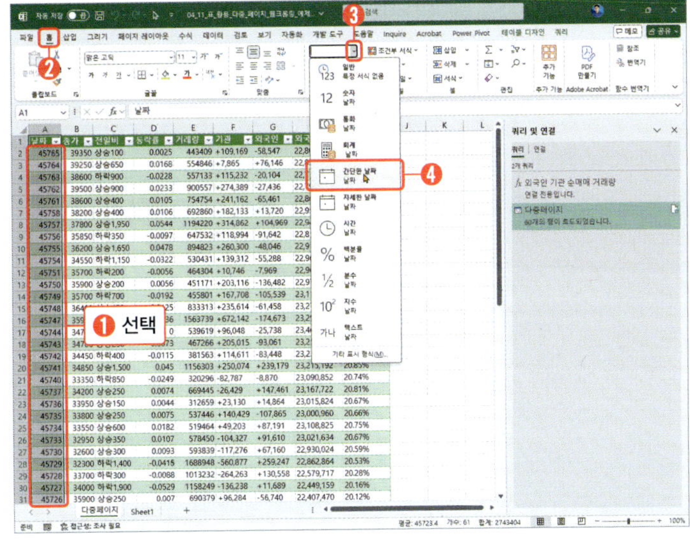

■ 차트로 시각화하기

01 가져온 정보로 차트를 작성하기 위해, [A1:A61] 셀을 선택하고 Ctrl을 누른 상태로 [D1:E61] 셀을 선택한 후 [삽입] 탭 – [차트] 그룹 – [추천 차트]를 클릭합니다. 두 번째 [꺾은선형]을 선택하고 [확인]을 클릭합니다.

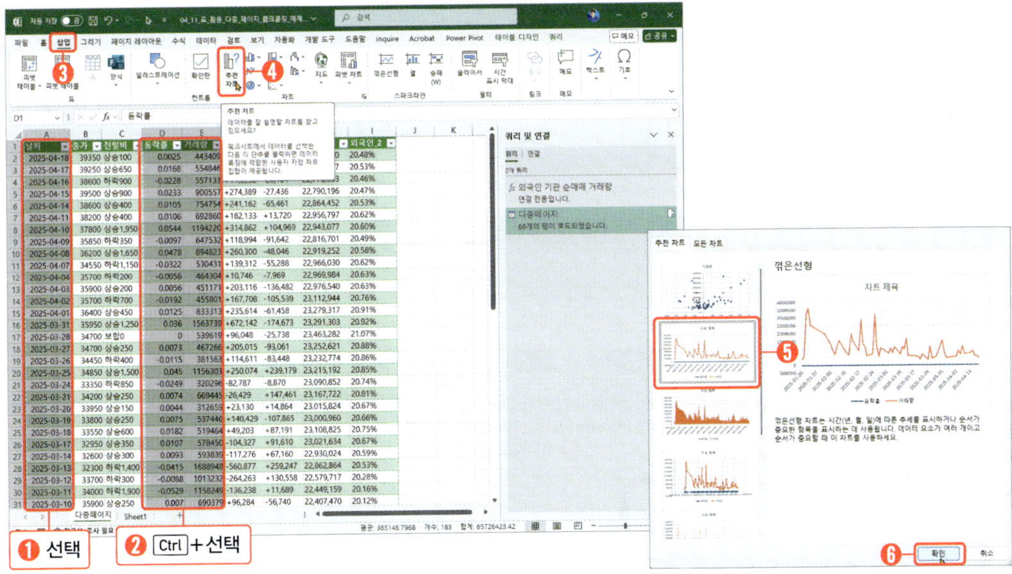

02 꺾은선형 차트를 마우스 오른쪽 버튼으로 클릭한 후 [계열 차트 종류 변경]을 선택합니다.

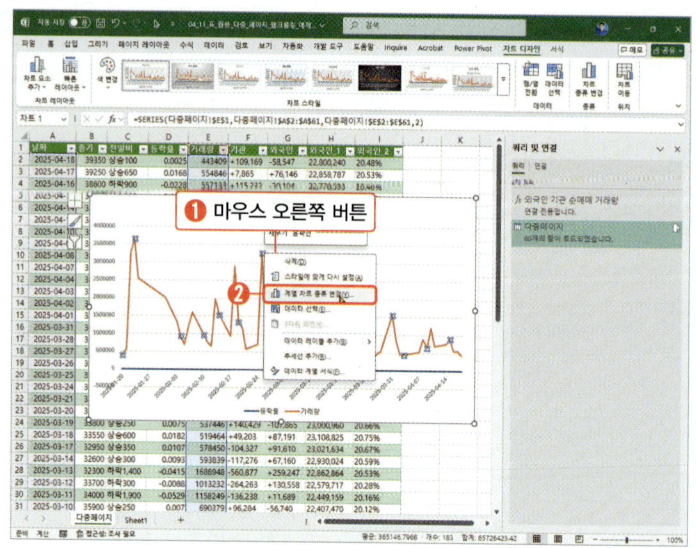

03 [거래량]은 '묶은 세로 막대형'을 선택하고 [등락률]은 [보조 축]에 체크한 후 [확인]을 클릭합니다.

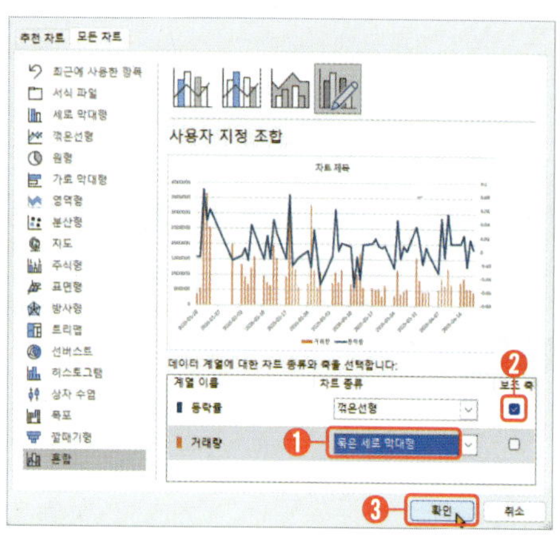

04 꺾은선형 차트에 레이블을 표시하고 이동하겠습니다. 꺾은선형 차트를 마우스 오른쪽 버튼으로 클릭한 후 [데이터 레이블 추가]를 선택합니다. 차트를 선택하고 Ctrl+X를 눌러 잘라내기 합니다.

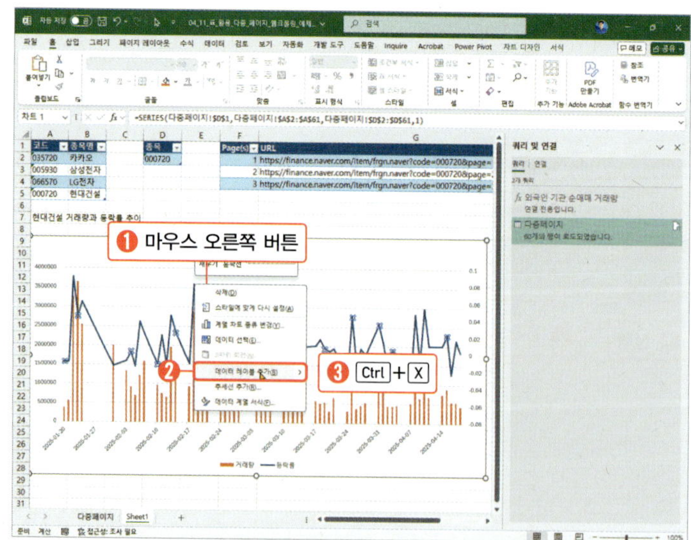

05 [Sheet1] 시트로 이동해서 적당한 곳에 붙여넣기 하고 크기를 조정합니다. 차트의 제목을 연동시키기 위해 차트 제목을 선택하고 수식 입력줄에 '='를 입력합니다. 미리 작성해 둔 차트 제목 셀인 [A7] 셀을 선택하고 Enter를 누릅니다.

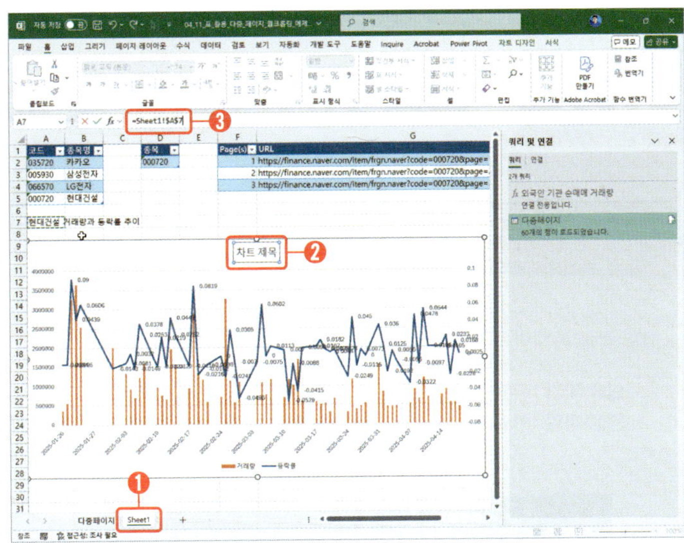

06 현재 해당 URL의 3페이지까지 데이터가 나타나 있는데 4페이지까지 데이터를 크롤링 차트에 반영하겠습니다. [F5] 셀을 선택하고 '4'를 입력한 후 Enter를 누르면, [G5] 셀에 URL이 자동 생성됩니다.

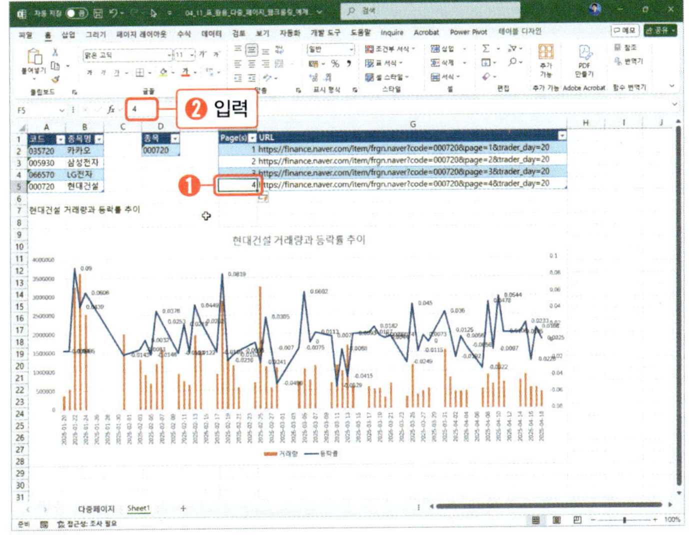

07 [데이터] 탭 – [쿼리 및 연결] 그룹 – [모두 새로 고침]을 클릭하면, 기존 데이터보다 더 많은 4페이지까지의 데이터가 [다중페이지] 시트에 나타나고 차트의 결과는 자동 변경되는 것을 확인할 수 있습니다.

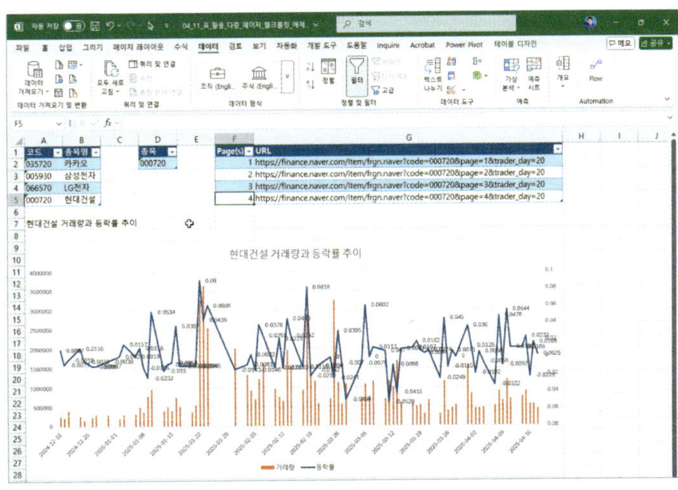

012 특정 기간의 통계 및 세부 내역

파워 쿼리의 '그룹화(Group By)' 기능을 활용하여 다양한 통계량을 산출하고, 세부 내역까지 표시하는 방법을 알아보겠습니다. 특히 그룹화와 쿼리 단계를 적절히 응용하면 복잡한 M 함수(M Function)를 보다 쉽게 활용할 수 있으며, 각종 통계의 근거 데이터를 함께 제시할 때 매우 유용한 기법입니다.

- **실습 파일 :** Part 04 > 예제 > 04_12_특정 기간_세부 내역_파워 쿼리_예제.xlsx
- **완성 파일 :** Part 04 > 완성 > 04_12_특정 기간_세부 내역_파워 쿼리_완성.xlsx

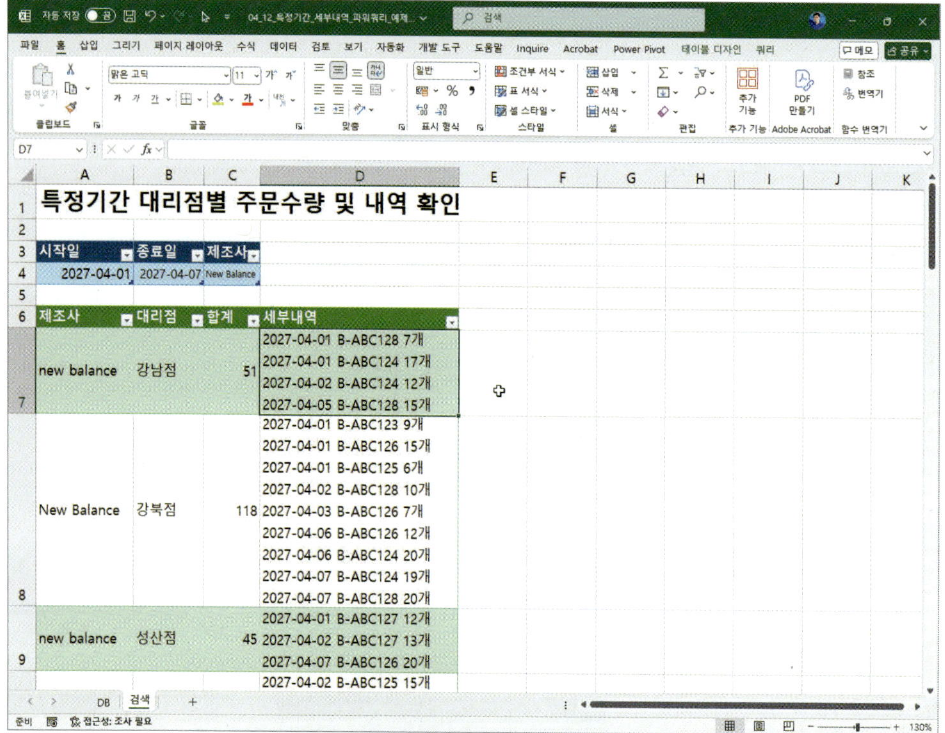

주요 기능	현업 활용
날짜 필터	• 변수로 가져온 기간만큼만 필터할 수 있다.
M Function	• =Text.Combine 함수를 이용해서 지정한 값으로 텍스트를 연결해서 표시할 수 있다.
데이터 형식	• 엑셀과 달리 데이터 형식이 엄격해서 텍스트와 날자, 혹은 숫자를 연결해 사용할 수 없으므로 Date.ToText, Number.ToText 함수 등으로 데이터 형식을 통일시켜 사용한다.

01 예제 파일을 불러온 후 [보안 경고]의 [콘텐츠 사용]을 클릭합니다. 이는 미리 [주문내역], [시작일], [종료일], [제조사] 쿼리를 만들어 두었기 때문입니다.

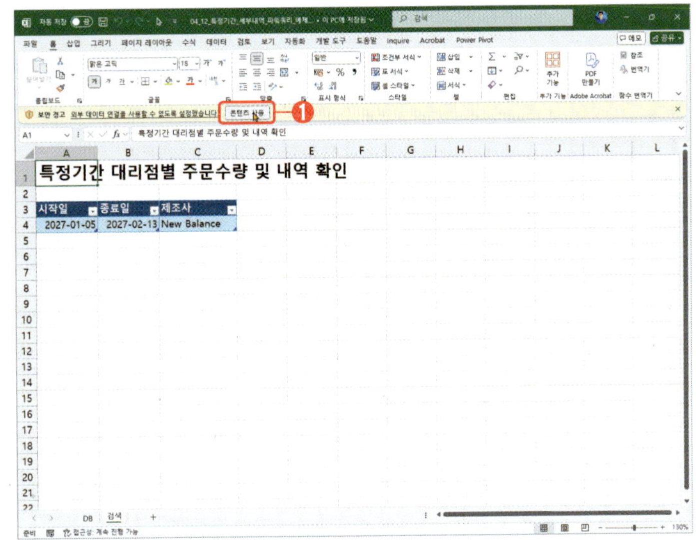

02 작성해 둔 쿼리를 표시하기 위해 [데이터] 탭 – [쿼리 및 연결] 그룹 – [쿼리 및 연결]을 클릭합니다. [주문내역] 쿼리를 마우스 오른쪽 버튼으로 클릭한 후 [편집]을 선택합니다.

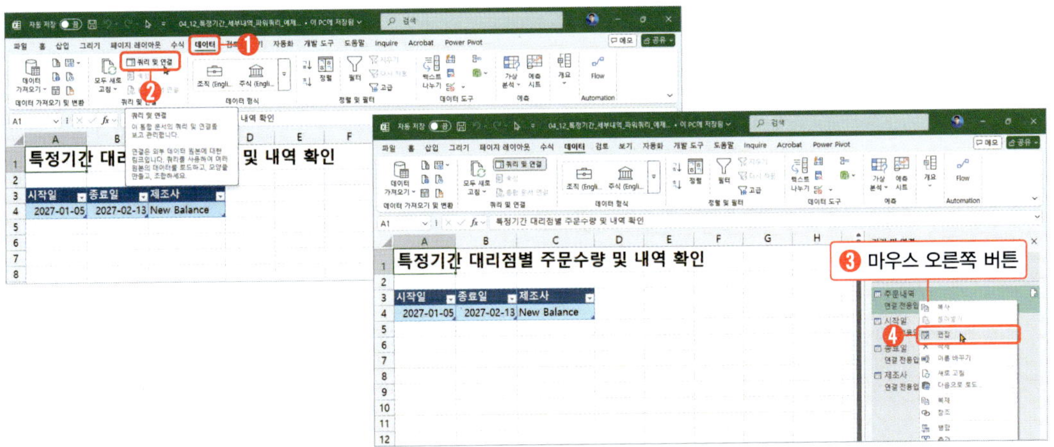

03 [날짜] 열을 선택하고 데이터 형식 아이콘을 클릭한 후 [날짜]를 선택해서 변환합니다. [열 형식 변경]은 [현재 전환 바꾸기]를 클릭해서 닫습니다.

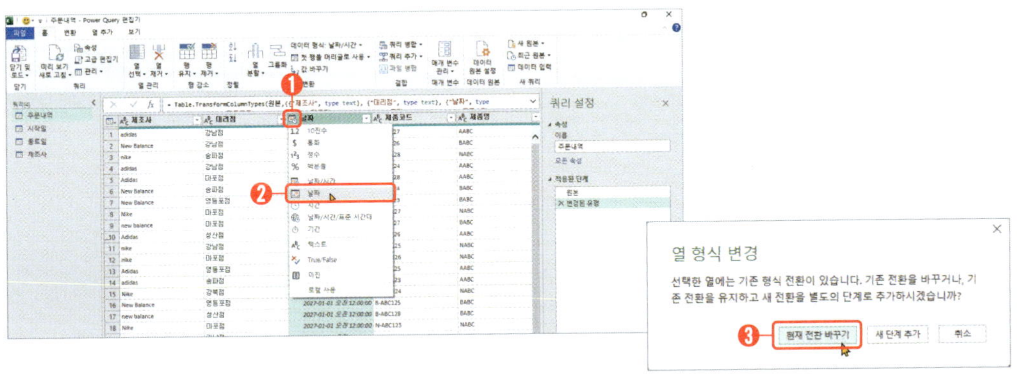

04 시작일, 종료일, 제조사의 쿼리를 매개변수로 사용하기 위해 드릴다운하겠습니다. [시작일] 쿼리를 선택하고 날짜 부분을 마우스 오른쪽 버튼으로 클릭한 후 [드릴다운]을 선택합니다. [종료일] 쿼리를 선택하고 날짜 부분을 마우스 오른쪽 버튼으로 클릭한 후 [드릴다운]을 선택합니다.

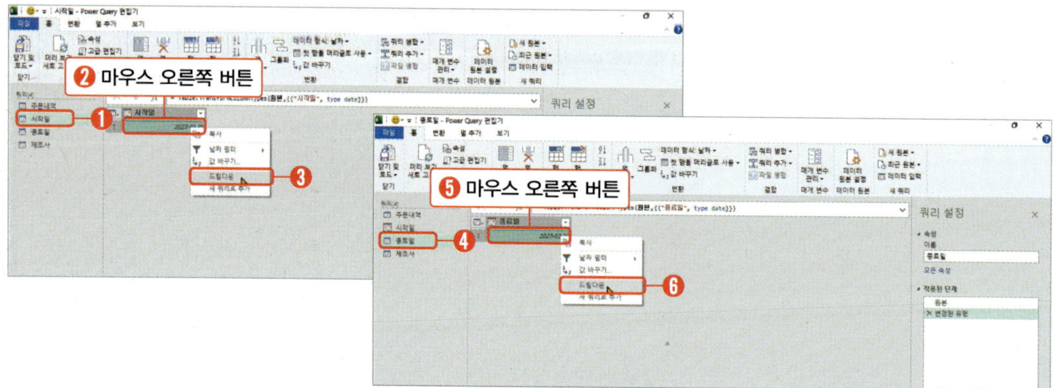

05 [제조사] 쿼리를 선택하고 제조사명 부분을 마우스 오른쪽 버튼으로 클릭한 후 [드릴다운]을 선택합니다.

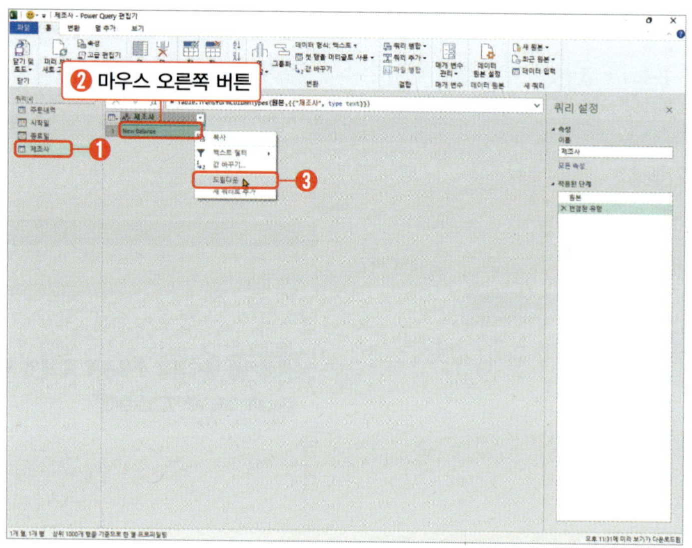

06 매개변수를 적용하기 전 적용된 단계로 코드를 작성하고 편집을 쉽게 하기 위해 필터하겠습니다. [주문내역] 쿼리에서 [제조사] 열을 확장해서 [추가 로드]를 클릭하고 [New Balance]만 선택한 후 [확인]을 클릭합니다. 확장해 보면 'New Balance'도 있지만 'new balance'도 있다는 것을 확인할 수 있습니다.

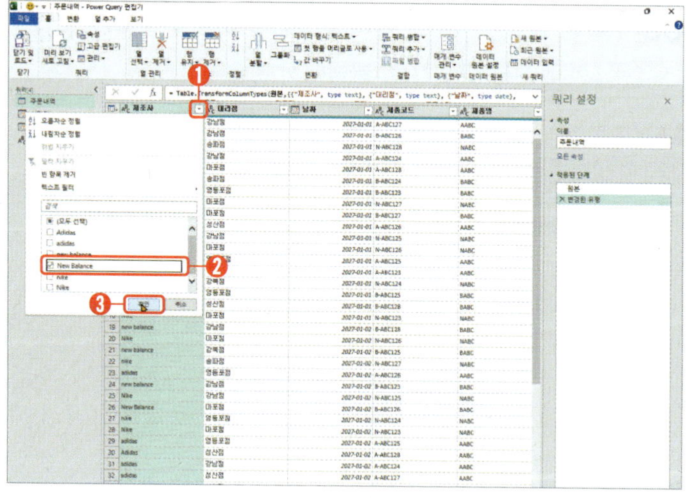

07 [날짜] 열을 확장해서 [추가 로드]를 클릭하고 [날짜 필터] – [사이]를 클릭합니다. [이후 또는 같음]은 '2027-01-01', [이전 또는 같음]은 '2027-01-05'를 선택한 후 [확인]을 클릭합니다.

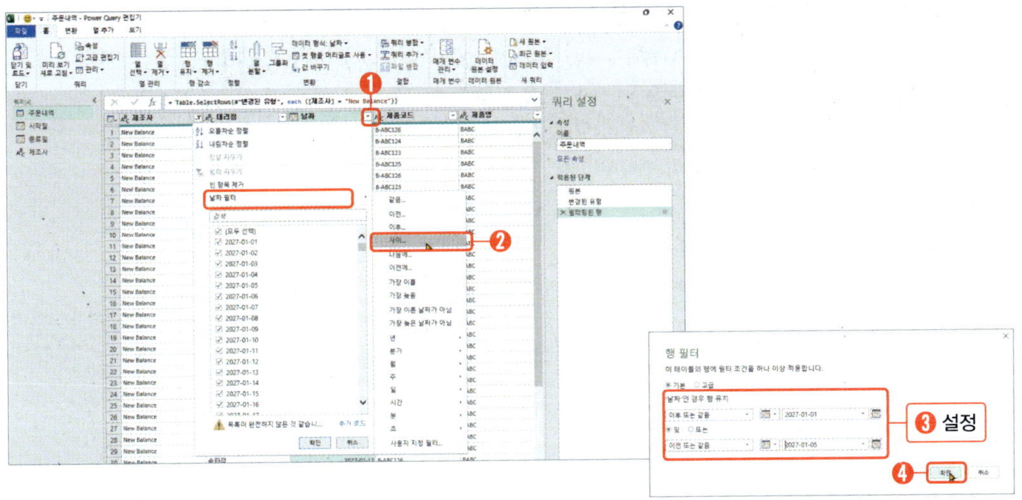

08 M 코드를 수정하기 위해, [홈] 탭 – [쿼리] 그룹 – [고급 편집기]를 클릭합니다.

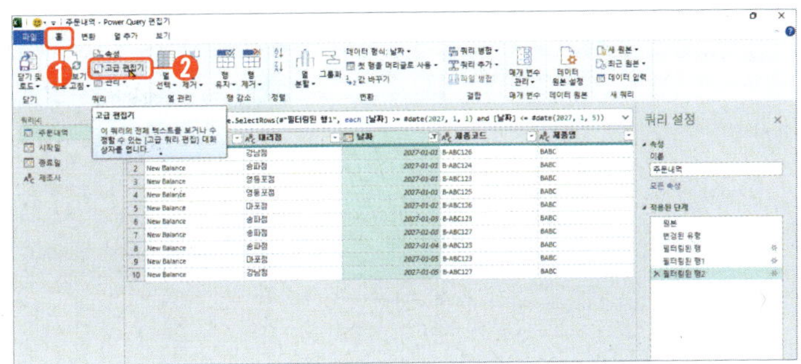

09 파워 쿼리는 대소문자 구분이 엄격하기에 'New Balance'와 'new balance' 아이템을 같이 처리하기 위해 #"필터링된 행" 단계의 코드를 아래와 같이 수정합니다. 그리고 마지막 #"필터링된 행2" 단계의 날짜를 시작일과 종료일로 아래와 같이 수정하고 [확인]을 클릭합니다.

```
#"필터링된 행" = Table.SelectRows(#"변경된 유형", each Text.StartsWith([제조사], 제조사, Comparer.OrdinalIgnoreCase)),
#"필터링된 행2" = Table.SelectRows(#"필터링된 행1", each [날짜] >= 시작일 and [날짜] <= 종료일),
```

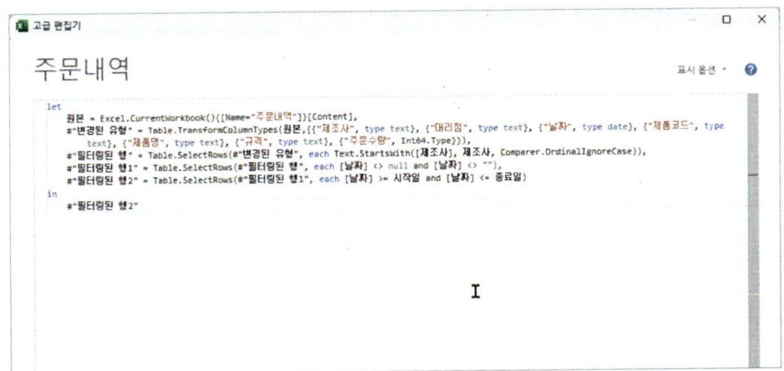

코드 설명

= Table.SelectRows(#"변경된 유형", each Text.StartsWith([제조사], 제조사, Comparer.OrdinalIgnoreCase))

#"변경된 유형" 단계의 각 행을 반복 처리하는 데 [제조사] 값이 지정된 대소문자 구분 없이 비교해서 만족하는 행만 선택하라는 의미입니다.

= Table.SelectRows(#"필터링된 행1", each [날짜] >= 시작일 and [날짜] <= 종료일),

#"필터링된 행1" 단계의 각 행을 반복 처리하는 데 [날짜] 값이 시작일보다는 크거나 같고, 종료일보다는 작거나 같은 행만 선택하라는 의미입니다.

10 이제 해당 기간의 주문수량 디테일을 표시하는 열을 추가하기 위해, [열 추가] 탭 – [일반] 그룹 – [사용자 지정 열]을 클릭합니다. [새 열 이름]은 '문자열'로 입력하고 [사용자 지정 수식]은 아래와 같이 입력한 후 [확인]을 클릭합니다.

```
= Date.ToText([날짜]) & " " & [제품코드] & " " & Number.ToText([주문수량]) & "개"
```

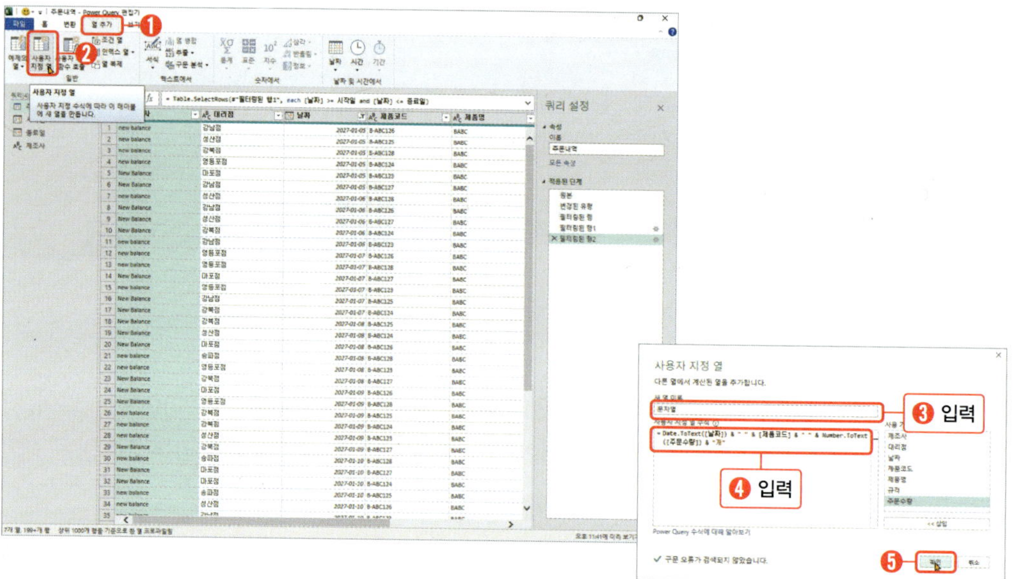

수식 설명

= Date.ToText([날짜]) & " " & [제품코드] & " " & Number.ToText([주문수량]) & "개"

[날짜]를 텍스트로 변환하고 [제품코드]와 공백 문자를 사이에 두고 연결하고 다시 [주문수량]을 공백 문자를 사이에 두고 연결한 다음 마지막에 '개'라는 텍스트를 표시하라는 의미입니다.

⊕ 추가 정보

파워 쿼리는 데이터 형식을 매우 엄격하게 구분합니다. 엑셀과 달리 텍스트와 숫자를 바로 연결하면 오류가 발생하기 때문입니다. 따라서 날짜는 Date.ToText로, 주문 수량은 Number.ToText로 각각 변환하여, 모든 데이터를 '텍스트' 상태로 통일한 뒤에야 & 연산자로 연결할 수 있습니다.

11 [제조사] 열과 [대리점] 열을 선택하고 마우스 오른쪽 버튼으로 클릭한 후 [그룹화]를 선택합니다. [새 열 이름]은 '합계'로 [연산]은 [합계], [열]은 '주문 수량'을 선택하고 좌측 하단의 [집계 추가]를 클릭합니다. 다시 [새 열 이름]은 '세부내역'로 [연산]은 '합계', [열]은 '문자열'을 선택하고 [확인]을 클릭합니다.

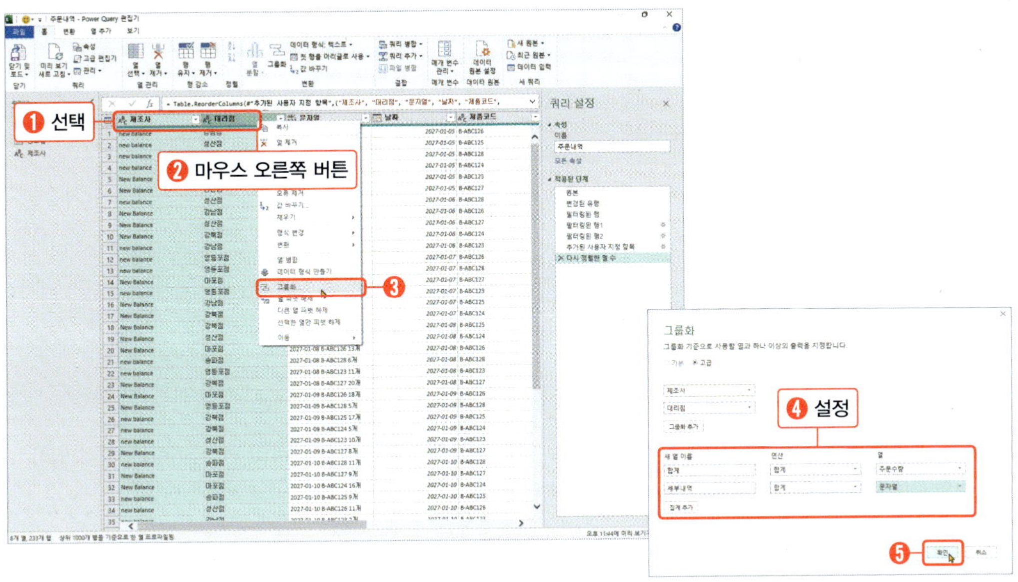

12 당연히 문자열을 합계한다고 했기에 [세부내역] 열은 Error로 표시됩니다.

이는 코드를 작성해 두고 손쉽게 수정하기 위해 작성한 것입니다. 이제 고급 편집기로 코드를 수정하기 위해, [홈] 탭 – [쿼리] 그룹 – [고급 편집기]를 클릭합니다.

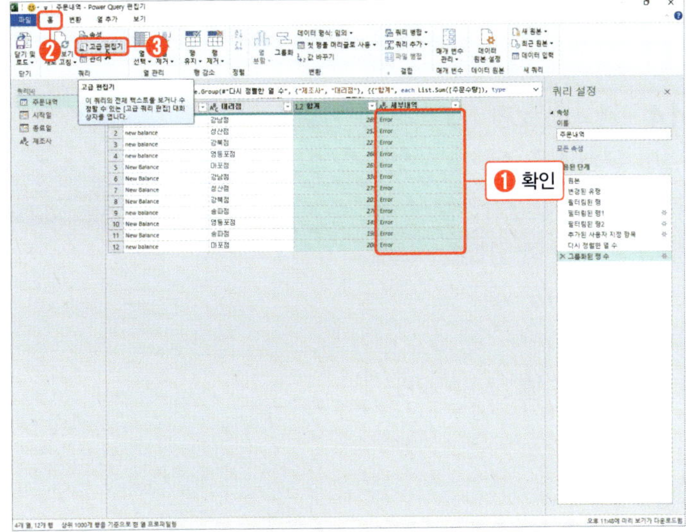

13 맨 마지막 단계인 #"그룹화된 행 수" 부분의 코드를 아래와 같이 수정하고 [확인]을 클릭합니다.

= Table.Group(#"다시 정렬한 열 수", {"제조사", "대리점"}, {{"합계", each List.Sum([주문수량]), type nullable number}, {"세부내역", each Text.Combine([문자열], "#(lf)"), type text}})

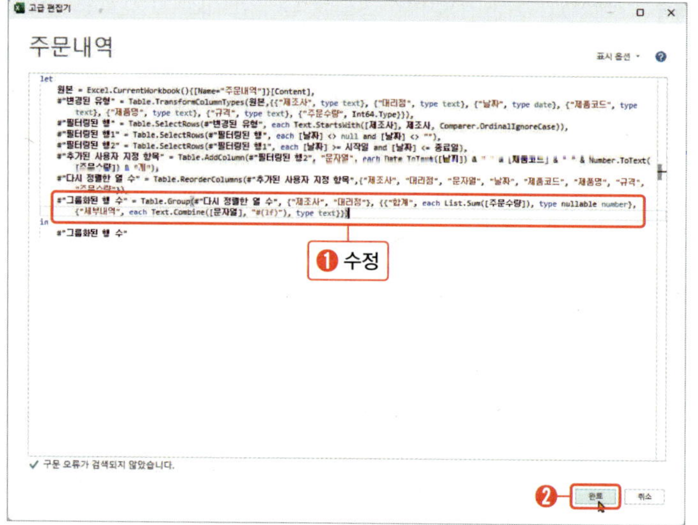

코드 설명

= Table.Group(#"다시 정렬한 열 수", {"제조사", "대리점"}, {{"합계", each List.Sum([주문수량]), type nullable number}, {"세부내역", each Text.Combine([문자열], "#(lf)"), type text}})

의 내용 중 수정된 부분만을 다시 표시하면,

Text.Combine([문자열], "#(lf)"), type text

입니다.

[문자열]을 "#(lf)" 줄바꿈 구분자로 연결하라는 의미입니다.

14 결과를 보면 [세부내역] 열이 문자열을 줄바꿈 구분자로 나타난 것을 확인할 수 있습니다. 이제 이 결과를 엑셀로 가져가기 위해, [홈] 탭 – [닫기] 그룹 – [닫기 및 로드] – [닫기 및 로드]를 클릭합니다.

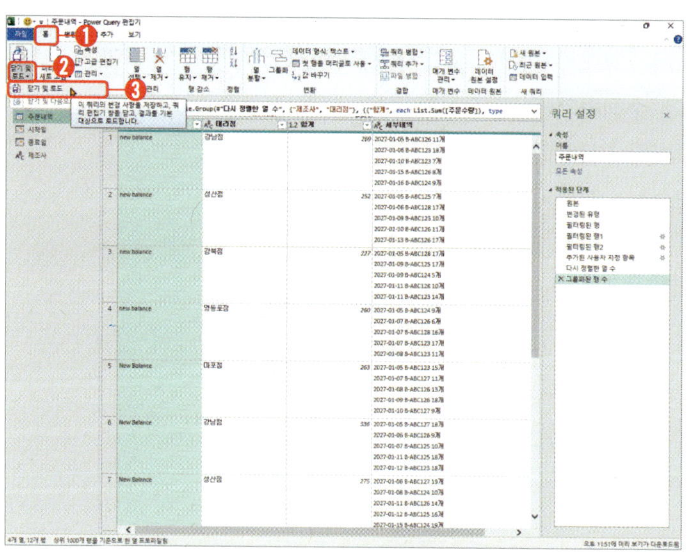

15 [주문내역] 쿼리를 마우스 오른쪽 버튼으로 클릭한 후 [다음으로 로드]를 클릭합니다. [표], [기존 워크시트]를 선택하고 표시될 셀은 [검색] 시트의 [A6] 셀을 선택한 후 [확인]을 클릭합니다.

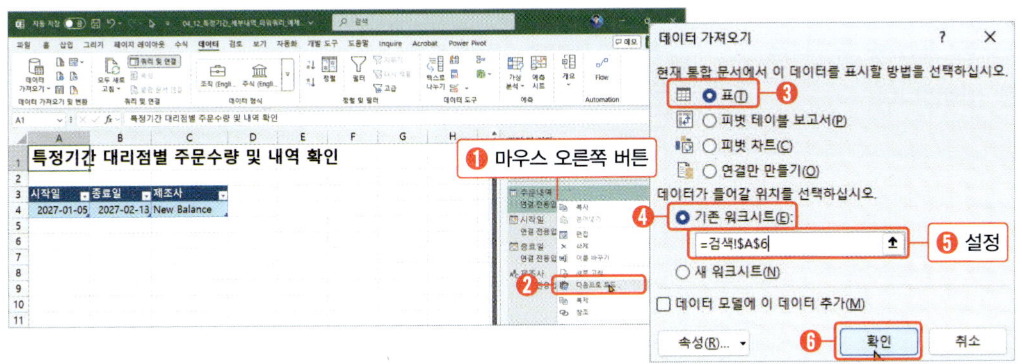

16 결과를 확인할 수 있지만, 줄바꿈으로 나타나지 않았습니다.

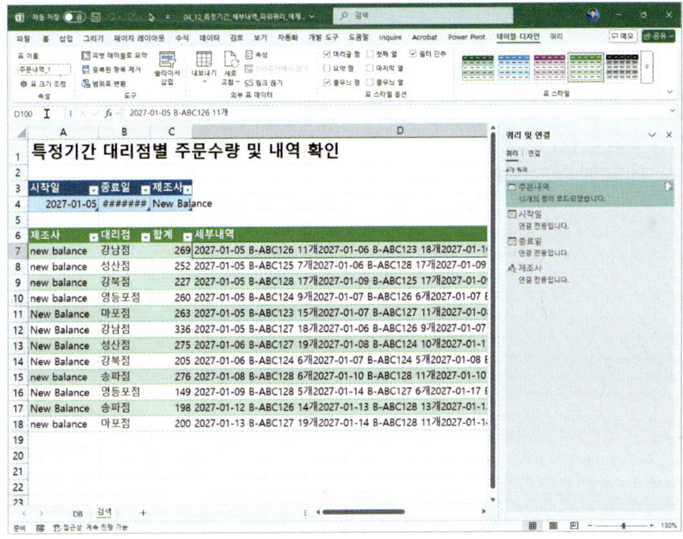

17 더 큰 기간을 검색하면 데이터가 많아질 수 있으므로 좀 여유 있는 범위를 자동 줄바꿈하기 위해, [D7] 셀을 선택하고 [이름 상자]에 'D100'을 입력하고 Shift+Enter를 누릅니다. 그리고 [홈] 탭 – [맞춤] 그룹 – [자동 줄 바꿈]을 클릭합니다.

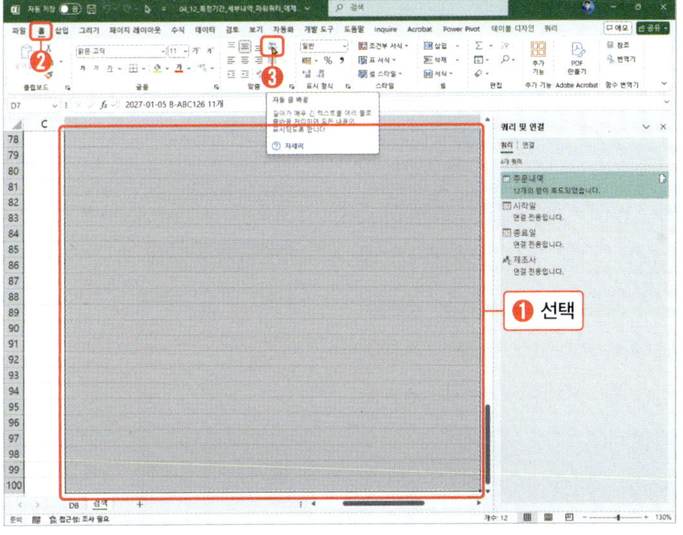

18 이제 시작일과 종료일, 제조사 등을 변경하고 데이터 중 임의의 셀을 마우스 오른쪽 버튼으로 클릭한 후 [새로 고침]을 선택합니다.

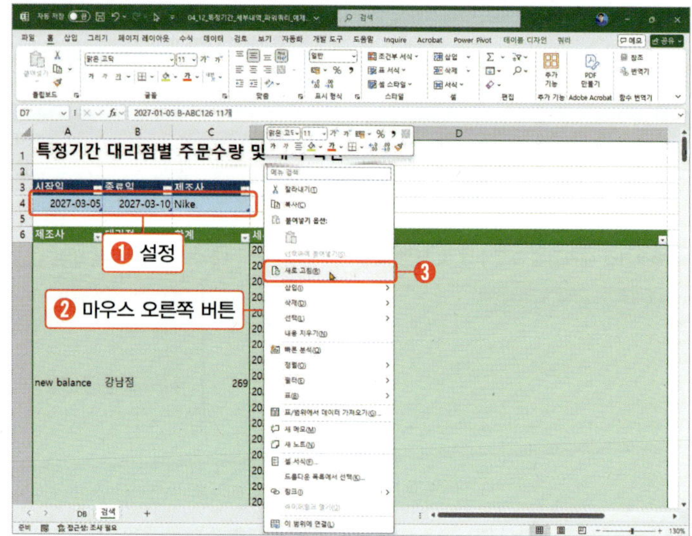

19 해당 옵션의 자료가 대소문자 구분없이 잘 정리되고 세부 내용까지 나타나는 것을 확인할 수 있습니다.

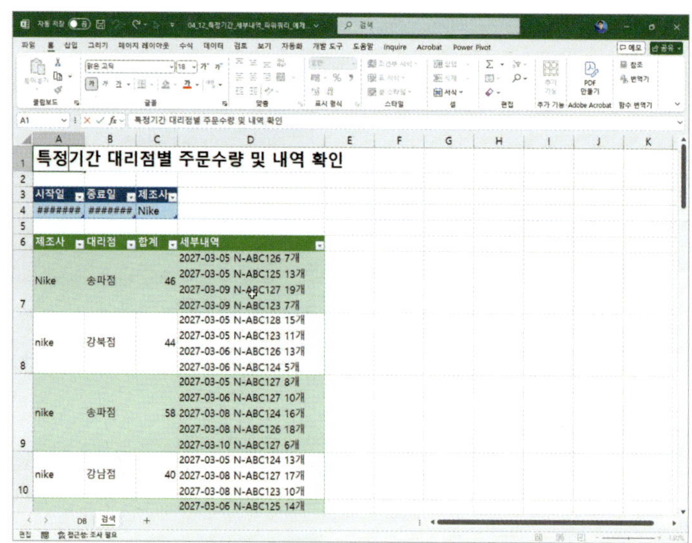

20 마지막으로 [A4:C4] 셀 내용이 열 너비 때문에 #으로 표시되는 부분을 수정하기 위해, [A4:C4] 셀을 선택하고 Ctrl+1을 눌러 [셀 서식] 대화상자를 불러옵니다. [맞춤] 탭에서 [텍스트 조정] – [셀에 맞춤]을 선택한 후 [확인]을 클릭합니다.

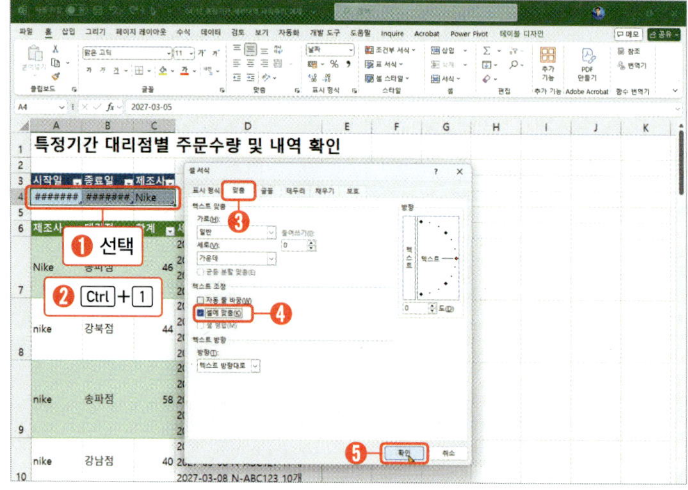

21 이제 열 너비에 맞춰 폰트 크기가 자동 조정됩니다. 다시 한번 시작일, 종료일, 제조사를 변경하고 [새로 고침]을 클릭합니다.

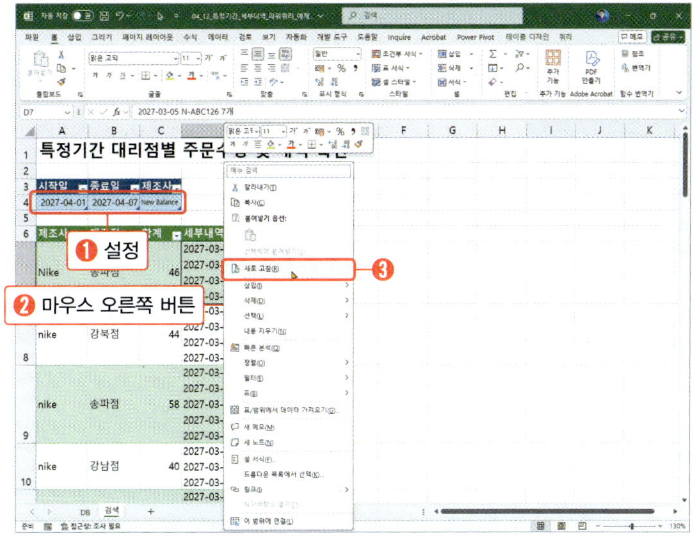

22 최종 해당 기간 제조사의 합계와 세부 내역을 확인할 수 있습니다.

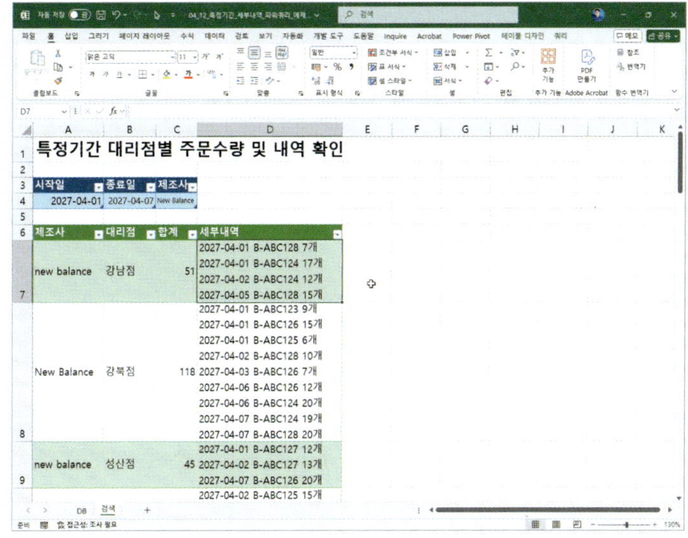

013 폴더 내 파일(36개) 일괄 통계 분석

특정 폴더에 저장된 여러 개의 엑셀 파일을 한 번에 불러와 일괄 분석하는 파워 쿼리 기능을 알아보겠습니다. 예제로는 한 폴더에 월별로 집계된 3년치(총 36개) 데이터 파일을 불러와, 특정 연도의 분기별 분석 자료를 자동으로 생성하는 과정을 실습해 보겠습니다.

- **실습 파일 :** Part 04 > 예제 > 04_13_폴더 단위_분석_예제.xlsx
- **완성 파일 :** Part 04 > 완성 > 04_13_폴더 단위_분석_완성.xlsx

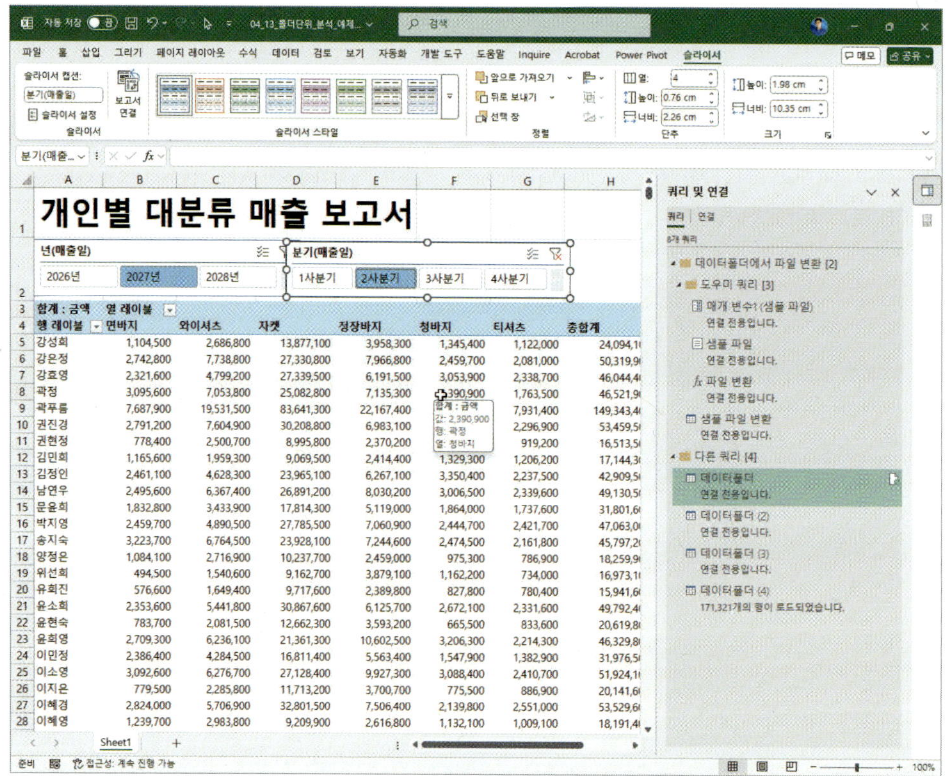

주요 기능	현업 활용
데이터 가져오기	• [폴더에서]를 이용하여 폴더 내 모든 파일을 일괄 분석할 수 있다.
다른 열 제거	• 제거할 열이 많고 남겨야 할 열이 적다면 남길 열을 선택하고 다른 열 제거를 통해 나머지 열을 일괄 제거할 수 있다.
슬라이서	• 다양한 옵션의 분석을 위해서 사용하는 기능으로 다중 선택 시는 Ctrl을 누르고 선택한다.

■ 데이터 가져오기

01 예제 파일을 불러온 후 폴더 단위 데이터 분석을 위해 [데이터] 탭 – [데이터 가져오기 및 변환] 그룹 – [데이터 가져오기] – [파일에서] – [폴더에서]를 클릭합니다.

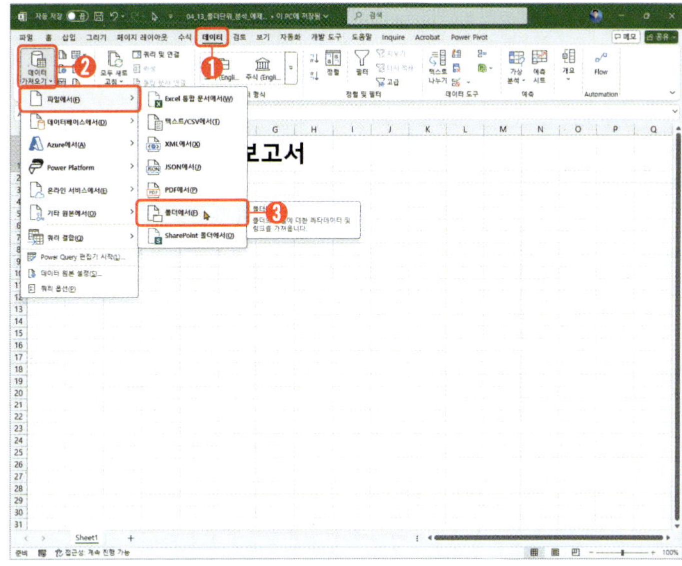

02 현재 예제 파일의 하위 폴더 중 데이터 폴더를 선택하고 [확인]을 클릭한 후 [데이터 변환]을 클릭해서 파워 쿼리로 로딩합니다.

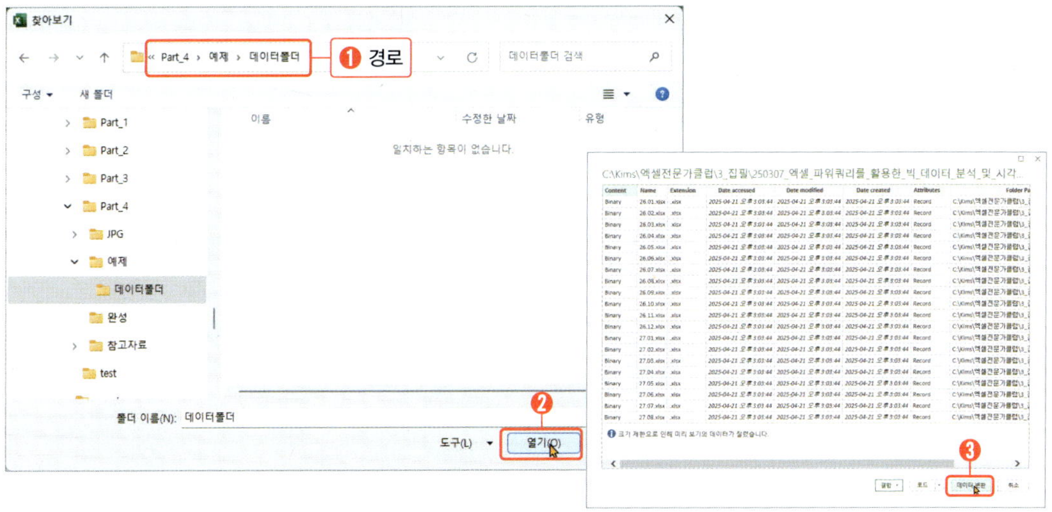

■ 데이터 정리 및 병합하기

01 불필요한 정보를 지우기 위해, [Content] 열을 마우스 오른쪽 버튼으로 클릭한 후 [다른 열 제거]를 선택합니다. [파일 병합]을 클릭하여 [파일 병합] 창이 나타나면 [표시 옵션]에서 [매개변수1[2]]를 선택하고 [확인]을 클릭합니다.

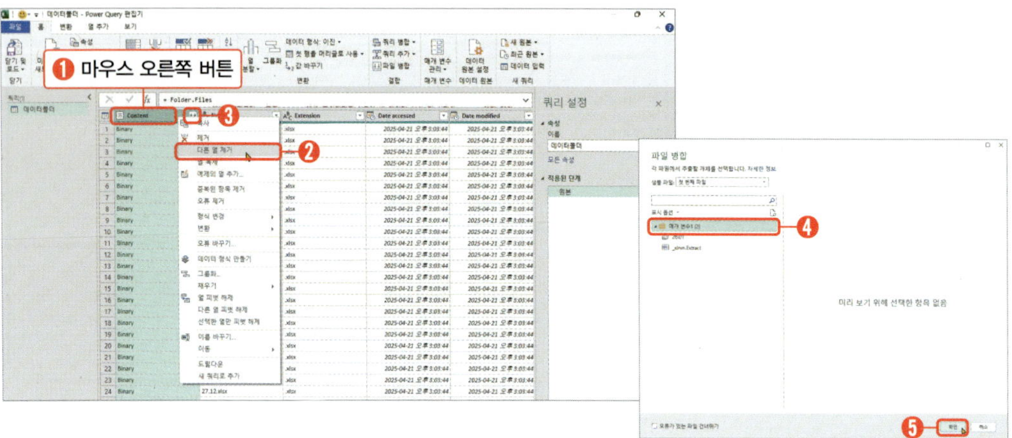

⊕ 추가 정보

이 부분에서 오류가 생길 수 있습니다.
만약 회사에서 이 기능을 사용할 때 오류가 생긴다면 회사 보안 정책으로 엑셀 파일이 암호화되어 저장되었기에 정상적인 엑셀 파일로 파워 쿼리가 인식되지 않아 생기는 오류입니다.
그래서 보안 정책으로 인해 폴더 단위 분석이 안 되는 분들은 다중 시트를 처리하는 방법을 고민해야 합니다.
다중 시트는 파일이 열리면서 이미 보안 해제 되기에 문제가 되지 않습니다.

02 [Data] 열을 마우스 오른쪽 버튼으로 클릭한 후 [다른 열 제거]를 선택해서 불필요한 정보를 삭제합니다.

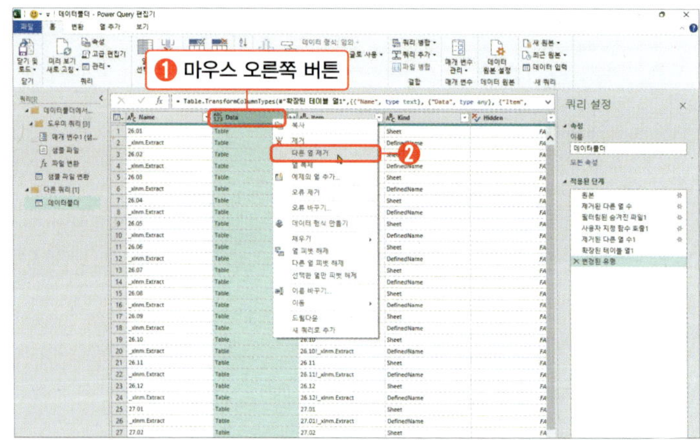

여기서 잠깐

혹시 항목 중 '_xlnm.extract'가 나타난다면 필터에서 제외하면 됩니다. '_xlnm.extract'는 수동으로 정의된 이름이나 피벗 테이블 소스나 범위를 테이블로 변환하지 않고 로딩해서 생기는 이름입니다.
현재는 [데이터폴더]의 36개 파일을 표로 지정하지 않았기에 생기는 것으로 [Name] 열을 확장해서 [_xlnm.extract] 항목을 체크 해제한 후 [확인]을 클릭하여 삭제하면 됩니다.

03 해당 열을 확장해서 [추가 로드]를 클릭하고 [원래 열 이름을 접두사로 사용]을 체크 해제한 후 [확인]을 클릭합니다.

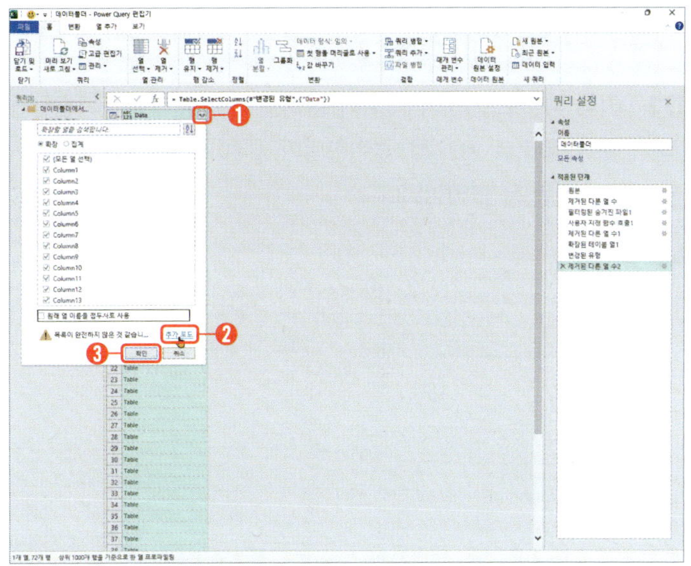

04 머리글이 있는데 인식되지 않으므로 [홈] 탭 – [변환] 그룹 – [첫 행을 머리글로 사용]을 클릭합니다.

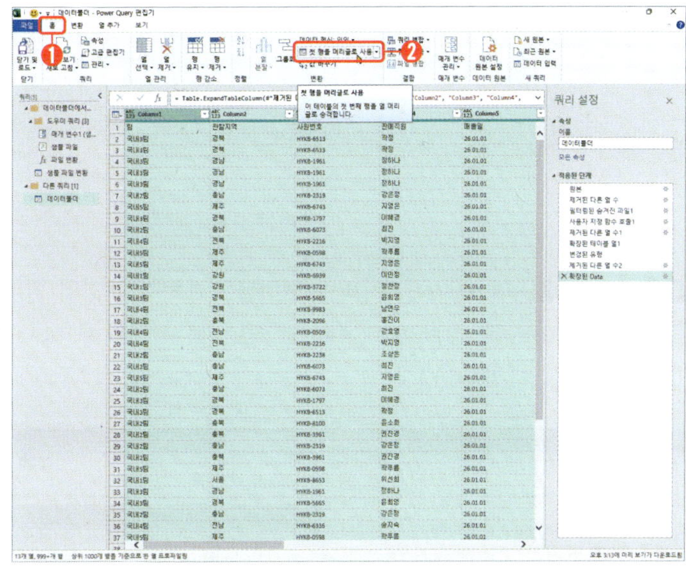

05 머리글 인식이 안 되었기에 다른 파일들도 모두 머리글을 데이터로 인식하고 있을 겁니다.

그래서 [팀] 열을 확장해서 [추가 로드]를 클릭하고 [팀]은 체크 해제한 후 [확인]을 클릭합니다.

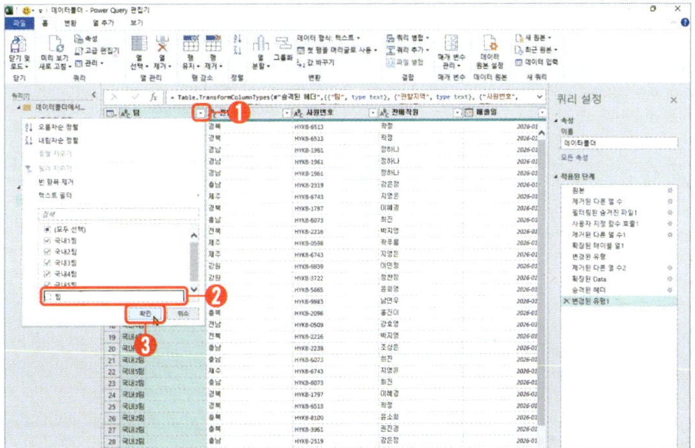

■ 데이터 분석하기

01 이제 엑셀로 가져가 데이터 분석을 진행하기 위해, [홈] 탭 – [닫기] 그룹 – [닫기 및 로드] – [닫기 및 다음으로 로드]를 클릭합니다. [데이터 가져오기] 대화상자가 나타나면 [연결만 만들기]를 선택하고 [확인]을 클릭합니다.

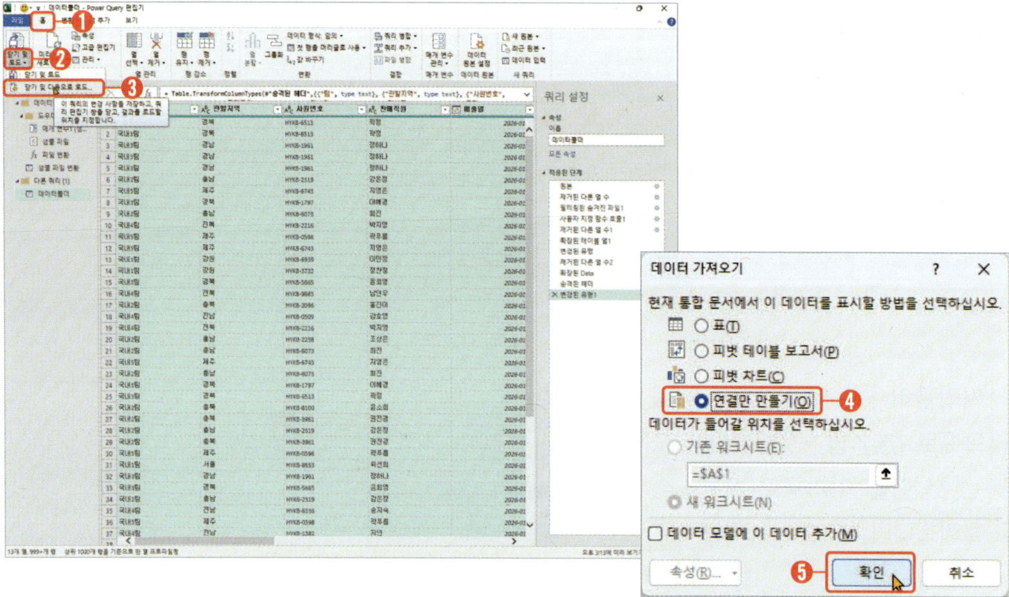

02 [삽입] 탭 – [표] 그룹 – [피벗 테이블] – [외부 데이터 원본에서]를 클릭합니다. [연결 선택]을 클릭해서 [데이터폴더] 쿼리를 선택하고 [열기]를 클릭한 후 다시 [확인]을 클릭해서 기존 워크시트에 피벗 테이블을 작성합니다.

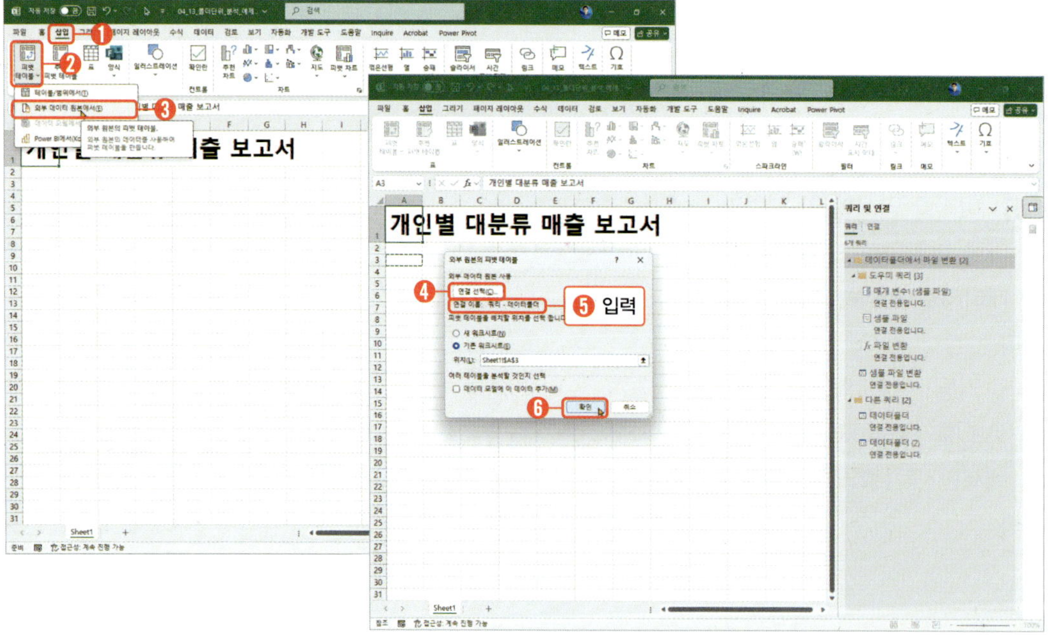

03 [행] 영역에 [매출일], [판매직원] 필드를 [열] 영역에 [대분류] 필드를 [값] 영역에 [금액] 필드를 드래그 & 드롭합니다. 그리고 날짜 데이터를 마우스 오른쪽 버튼으로 클릭한 후 그룹화를 실행합니다.

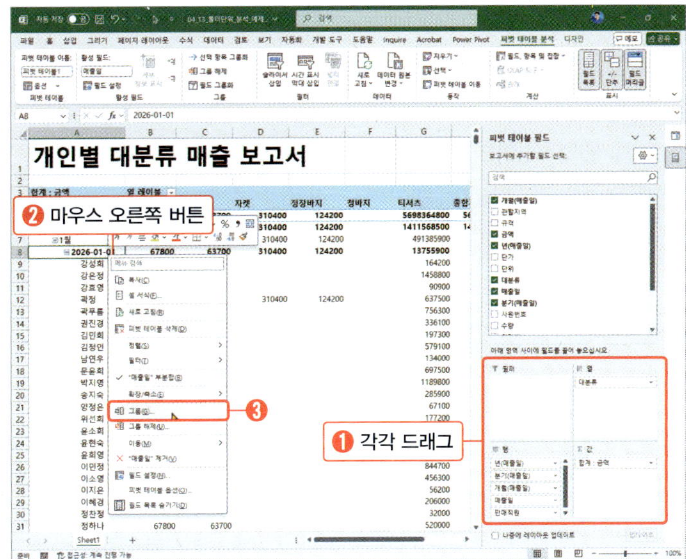

04 [그룹화] 대화상자가 나타나면 [단위]는 [연], [분기]를 선택한 후 [확인]을 클릭합니다.

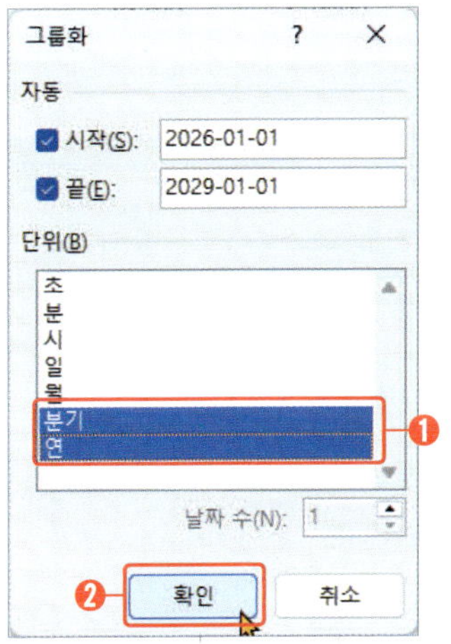

05 36개 월별, 3년간의 데이터의 보고서가 작성된 것을 확인할 수 있습니다. 이제 같은 형식의 월별 데이터가 생기면 해당 폴더에 두고 피벗 테이블을 [새로 고침]하면 그 기간까지 자동으로 보고서가 작성되는 것을 확인할 수 있습니다.

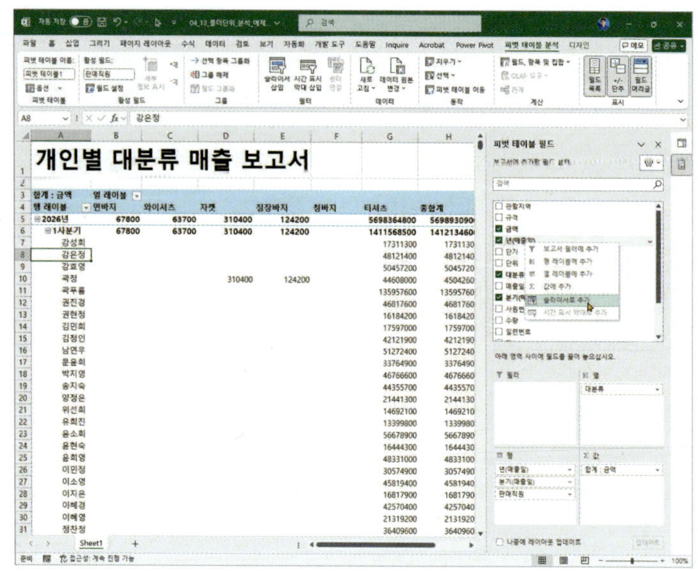

■ 슬라이서로 시각화하기

01 마지막으로 슬라이서를 적용해 보겠습니다. 필드 목록에서 [년(매출일)]을 마우스 오른쪽 버튼으로 클릭한 후 [슬라이서로 추가]를 선택하고, [분기(매출일)]을 마우스 오른쪽 버튼으로 클릭한 후 [슬라이서로 추가]를 선택합니다.

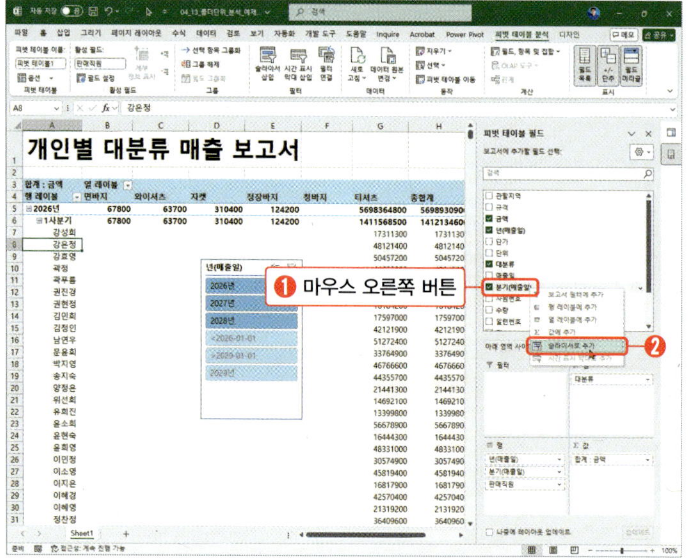

02 슬라이서를 적당히 배치하고 서식을 지정하기 위해, 데이터 중 임의의 셀을 마우스 오른쪽 버튼으로 클릭한 후 [필드 표시 형식]을 선택합니다.

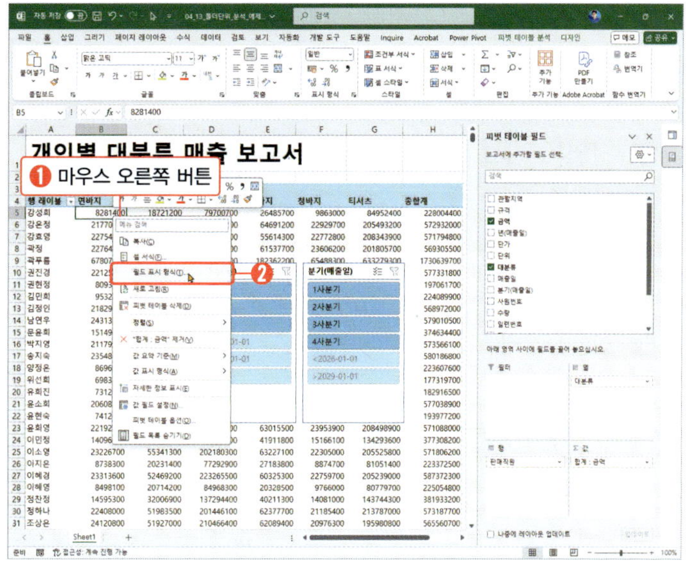

03 [셀 서식] 대화상자가 나타나면 [범주]에서 '숫자'를 선택하고 [1000단위 구분 기호 사용]을 체크하고 [확인]을 클릭합니다.

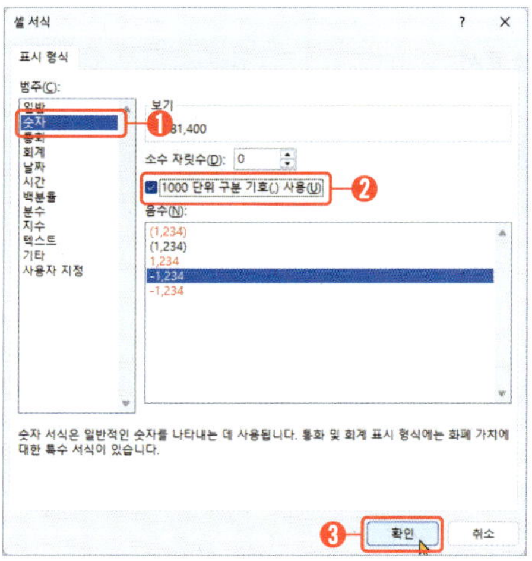

04 2행의 행 높이를 조정하고 2개의 슬라이서를 배치한 후 각각 [슬라이서] 탭 – [단추] 그룹 – [열] – [크기]를 '4'로 설정합니다.

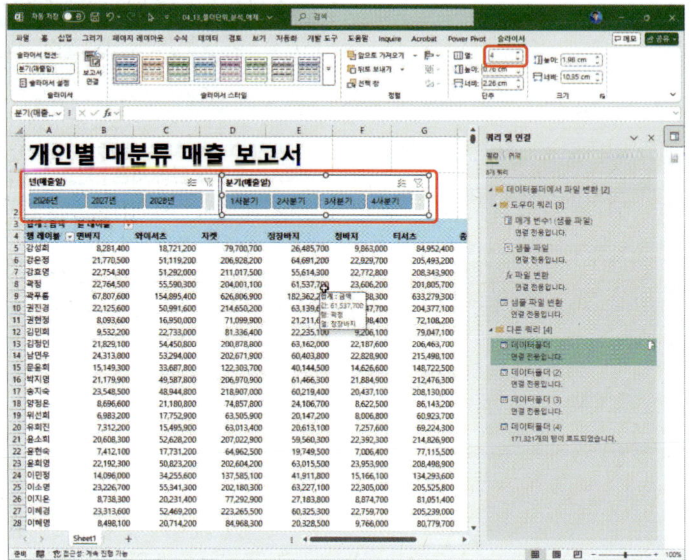

05 슬라이서에서 확인하려는 기간을 선택하면 변화된 보고서를 확인할 수 있습니다.

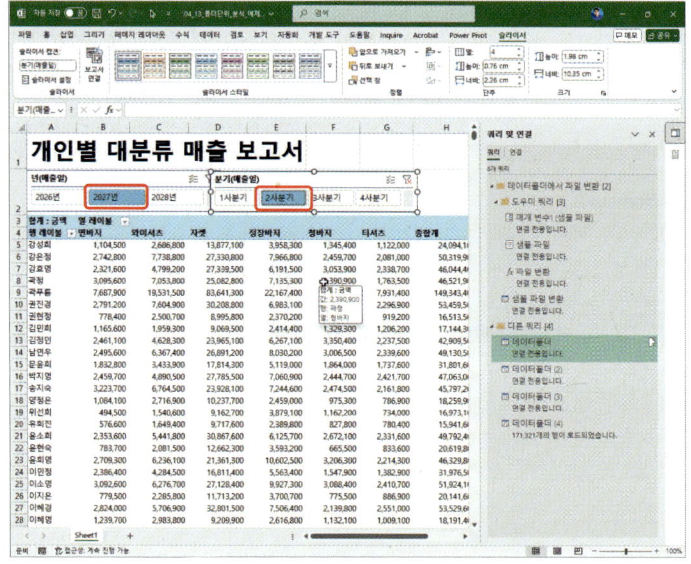

014 폴더 내 다른 필드명 파일 일괄 통계 분석

하나의 폴더 안에 있는 여러 엑셀 파일을 일괄 분석할 때, 각 파일의 머리글(필드명)이 서로 다른 경우 이를 통일하여 분석하는 방법을 알아보겠습니다. 이를 위해 파워 쿼리의 M 함수(M Function)를 활용해 머리글을 일관된 형식으로 변환하고, 모든 파일을 통합 분석하는 절차를 실습해 보겠습니다.

- **실습 파일 :** Part 04 > 예제 > 04_14_다른 필드명_폴더 단위_분석_예제.xlsx
- **완성 파일 :** Part 04 > 완성 > 04_14_다른 필드명_폴더 단위_분석_완성.xlsx

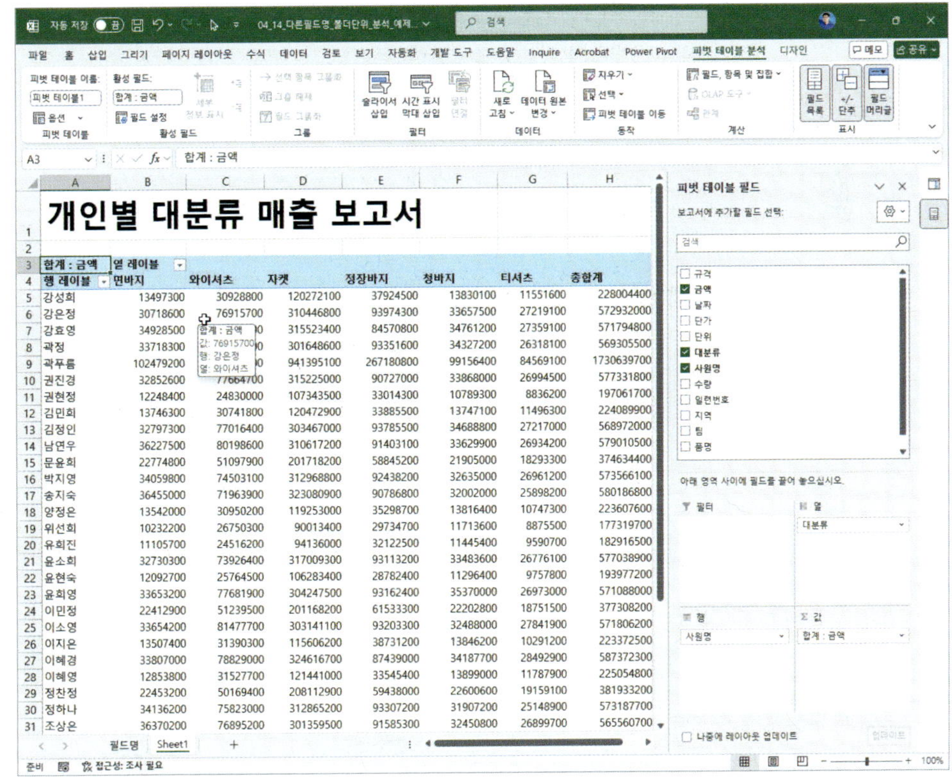

주요 기능	현업 활용
데이터 가져오기	• [폴더에서]를 통해 폴더 내 모든 파일을 일괄 분석할 수 있다.
M Functon	• =Table.Combine 함수를 이용해서 여러 테이블을 한 개의 테이블로 만들 수 있다.
사용자 지정 열	• 사용자가 열을 추가하고 M Function 등으로 나타낼 내용을 표시할 수 있다.

01 예제 파일을 불러온 후 [콘텐츠 사용]을 클릭하여 폴더 단위 분석을 진행하겠습니다. [데이터] 탭 – [데이터 가져오기 및 변환] 그룹 – [파일에서] – [폴더에서]를 클릭합니다.

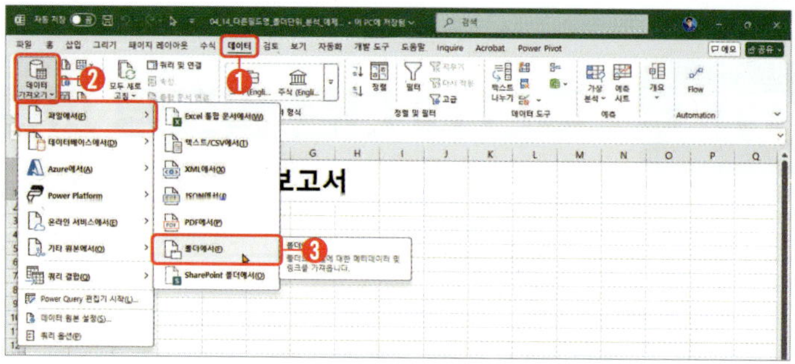

02 현재 예제 폴더의 하위 폴더 중 [필드명_다른_파일] 폴더를 선택하고 [확인]을 클릭합니다. [데이터 변환]을 클릭해서 파워 쿼리로 로딩합니다.

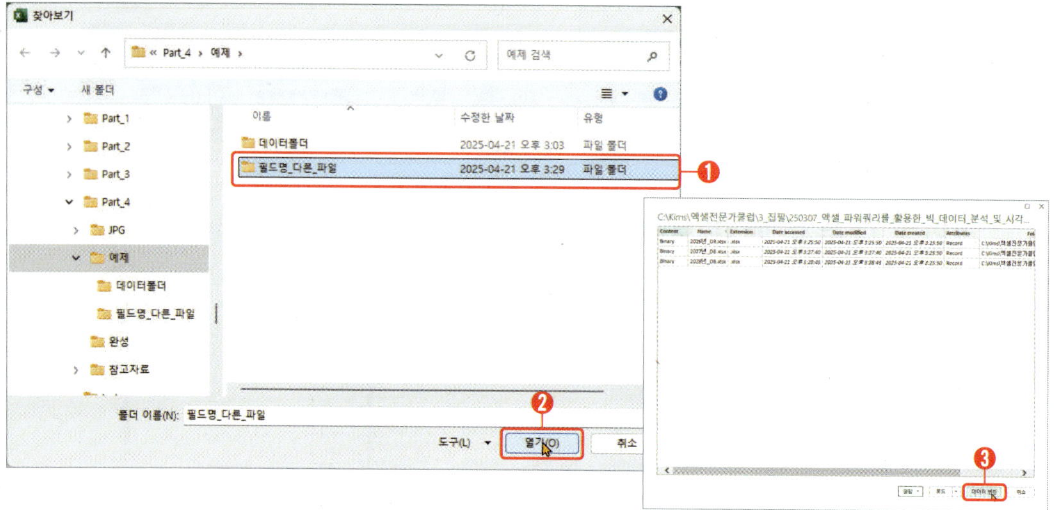

03 사용자 지정 열을 만들어서 머리글이 있는 데이터로 불러들이기 위해, [열 추가] 탭 – [일반] 그룹 – [사용자 지정 열]을 클릭합니다. [사용자 지정 열 수식]의 수식 부분에 아래와 같이 입력한 후 [확인]을 클릭합니다.

```
= Excel.Workbook([Content], true)
```

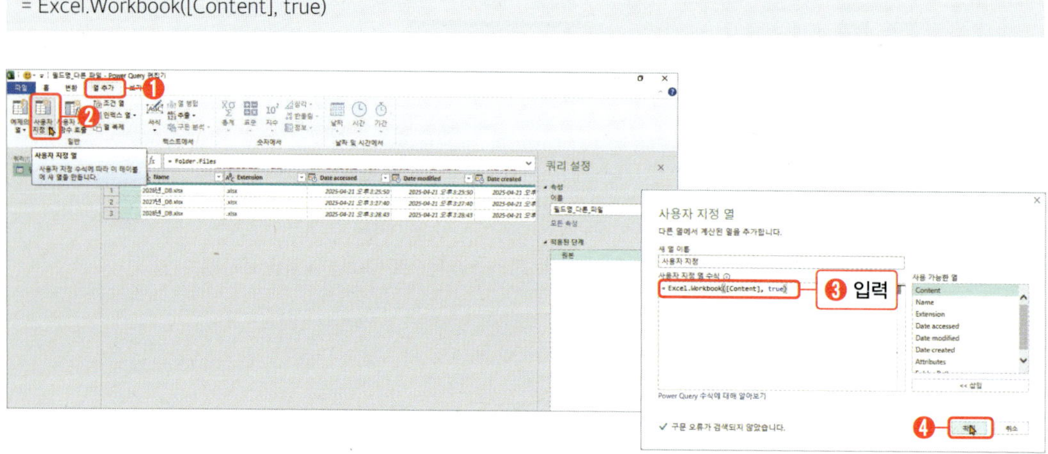

수식 설명

= Excel.Workbook([Content], true)

[Content] 항목의 이진(Binary) 콘텐츠에 헤더(머리글)를 인식해서 테이블로 변환하라는 의미입니다.

04 [사용자 지정] 열을 확장해서 [추가 로드]를 클릭한 후 [원래 열 이름을 접두사로 사용]을 체크 해제하고 [확인]을 클릭합니다.

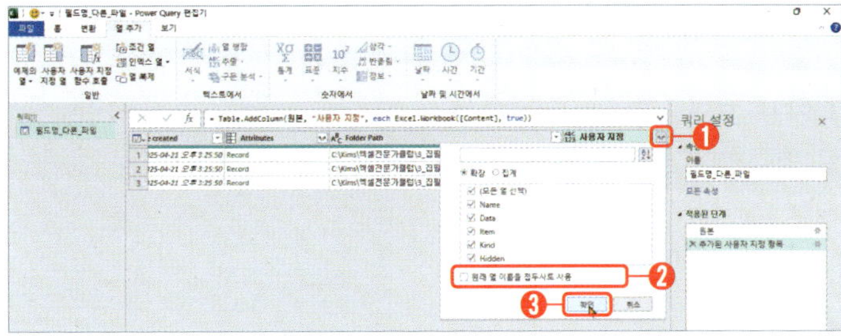

05 [Name.1] 열을 확장해서 [_xlmn._FilterDatabsase]의 체크를 해제하고 [확인]을 클릭합니다.

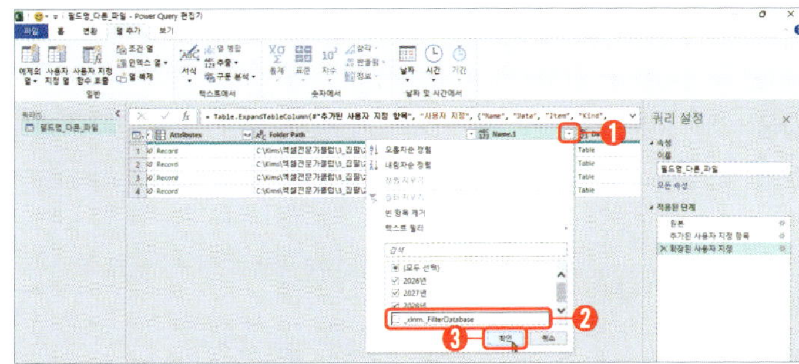

06 수식 입력줄 왼쪽의 [단계 추가]를 클릭해서 단계를 추가하고, 수식 입력줄에 수식을 아래와 같이 입력합니다.

```
= Table.Combine(#"필터링된 행"[Data])
```

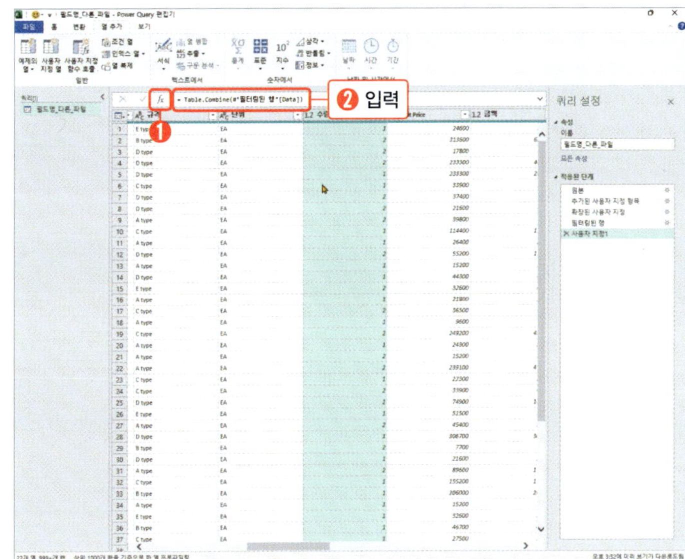

수식 설명

= Table.Combine(#"필터링된 행"[Data])

#"필터링된 행" 단계의 [Data] 열을 하나의 테이블로 합치라는 의미입니다.

07 다시 한번 수식 입력줄 왼쪽의 [단계 추가]를 클릭하여 단계를 추가하고, 수식 입력줄에 머리글의 고유 목록을 만들기 위해 아래와 같이 수식을 입력합니다. 입력한 후 결과를 확인하고 쿼리 이름을 '필드명'으로 변경합니다.

```
= Table.ColumnNames(#"사용자 지정1")
```

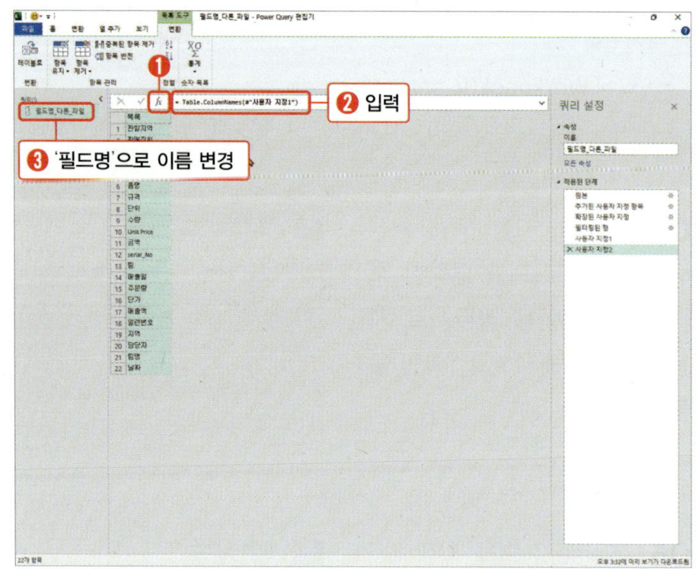

08 해당 데이터를 엑셀로 가져가기 위해, [홈] 탭 – [닫기] 그룹 – [닫기 및 로드] – [닫기 및 다음으로 로드]를 클릭합니다. [데이터 가져오기] 대화상자가 나타나면 [표], [새 워크시트]를 선택하고 [확인]을 클릭합니다.

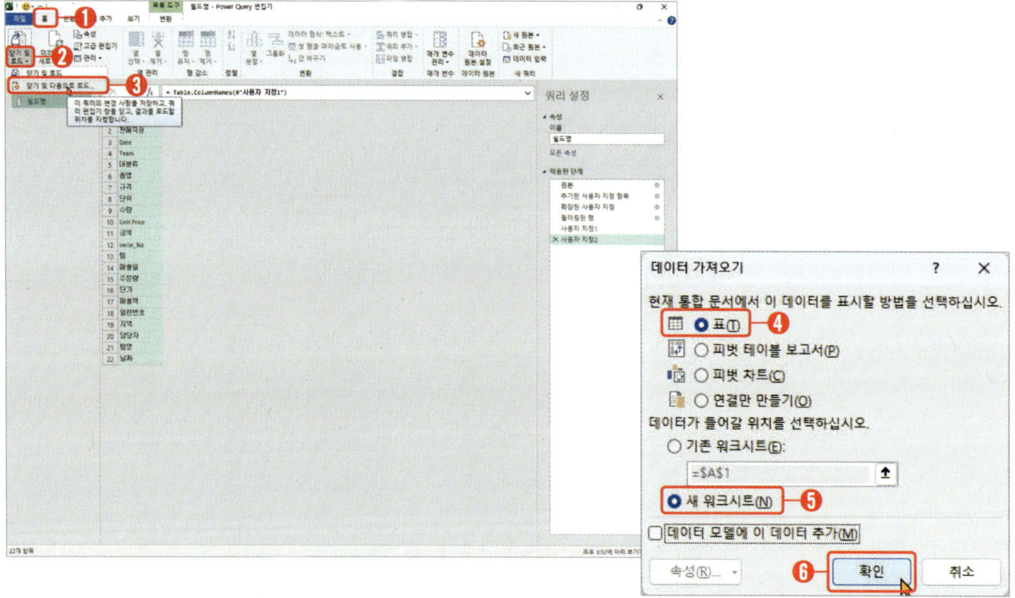

09 [B1] 셀에 '변경'을 입력하고 각 머리글이 어떻게 변환되어야 하는지 통일된 이름을 나열합니다. 데이터 중 임의의 셀을 마우스 오른쪽 버튼으로 클릭한 후 [표/범위에서 데이터 가져오기]를 선택합니다.

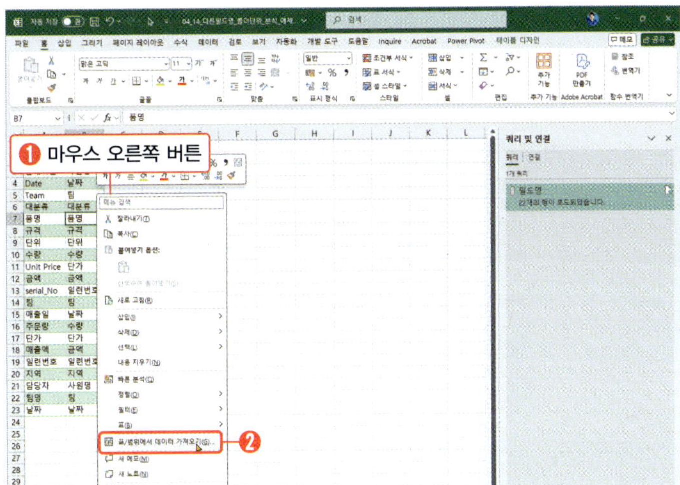

⊕ 추가 정보

완성 파일은 아래와 같습니다.

필드명	변경
관할지역	지역
판매직원	사원명
Date	날짜
Team	팀
대분류	대분류
품명	품명
규격	규격
단위	단위
수량	수량
Unit Price	단가
금액	금액
serial_No	일련번호
팀	팀
매출일	날짜
주문량	수량
단가	단가
매출액	금액
일련번호	일련번호
지역	지역
담당자	사원명
팀명	팀
날짜	날짜

10 파워 쿼리에서 [단계 추가]를 클릭하고, 변경할 머리글 내용을 리스트로 변환하기 위해, 수식 입력줄에 아래와 같이 수식을 입력합니다.

```
= Table.ToRows(#"변경된 유형")
```

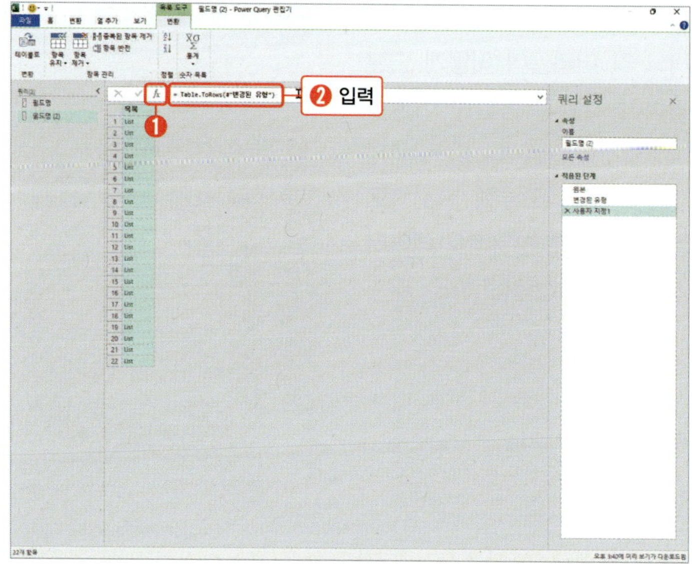

11 해당 쿼리의 이름을 '필드명_변경'으로 변경합니다.

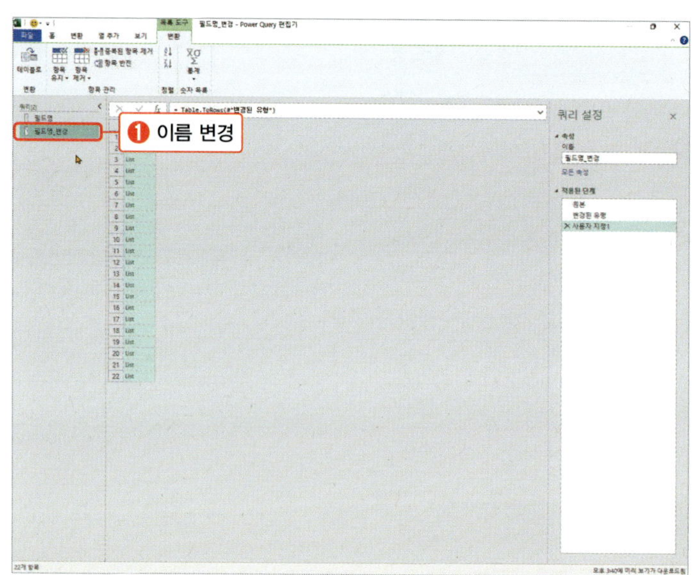

12 이제 변경된 머리글을 적용하기 위해, 새롭게 또 쿼리를 작성할 필요 없이 [필드명] 쿼리를 복사해서 불필요한 부분을 삭제하고 사용하겠습니다. [필드명] 쿼리를 마우스 오른쪽 버튼으로 클릭한 후 [복제]를 선택합니다.

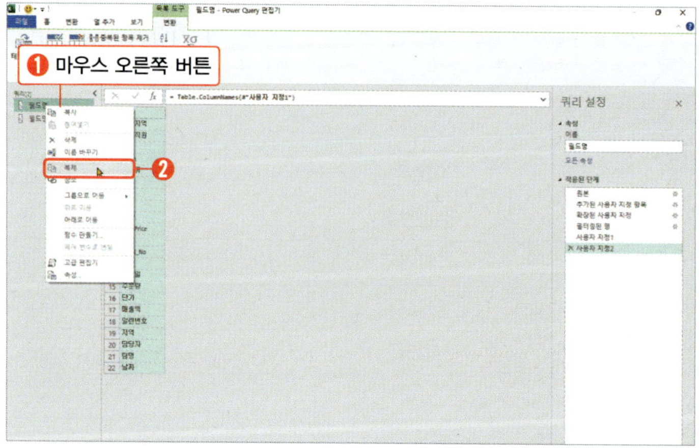

13 쿼리 이름을 '통합'으로 변경하고, 우측의 적용된 단계 중 마지막 2개 단계를 삭제해서 [필터링된 행] 단계까지만 남깁니다. 단계 삭제는 삭제할 단계의 좌측으로 마우스 커서를 이동시키면 [X] 표시가 나타나는 데 클릭하면 삭제됩니다.

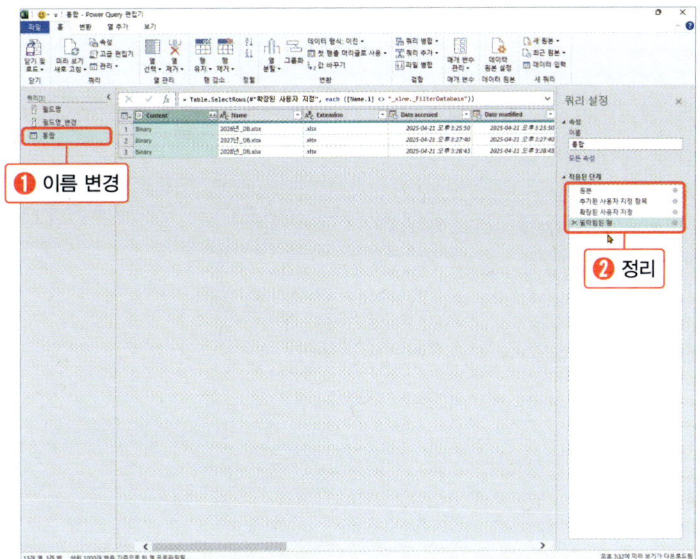

14 머리글을 통일시키기 위해 [열 추가] 탭 – [일반] 그룹 – [사용자 지정 열]을 클릭합니다.

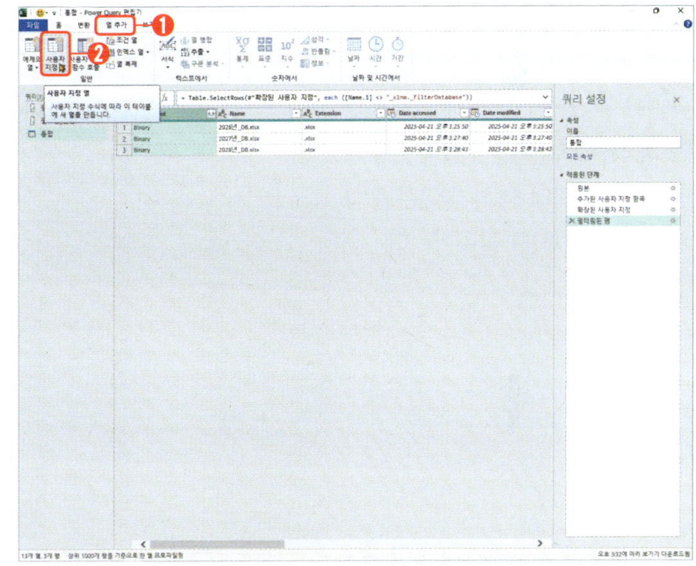

15 [사용자 지정 열 수식] 부분에 수식을 아래와 같이 입력한 후 [확인]을 클릭합니다.

```
= Table.RenameColumns([Data],
필드명_변경, MissingField.Ignore)
```

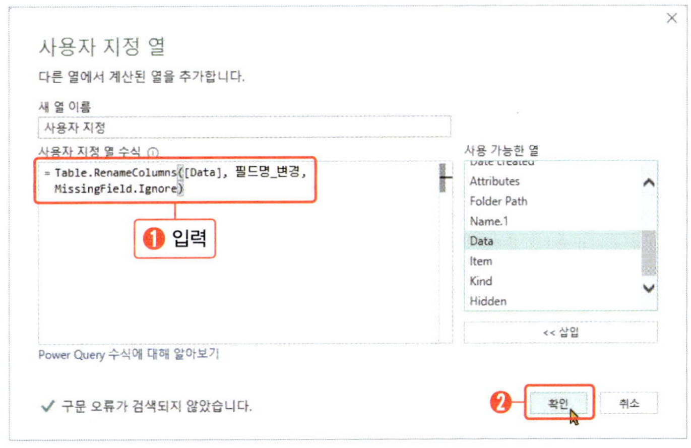

16 머리글이 통일된 데이터로 통합하기 위해 [단계 추가]를 클릭하고, 수식 입력줄에 아래와 같이 입력합니다.

```
= Table.Combine(#"추가된 사용자 지정 항목1"[사용자 지정])
```

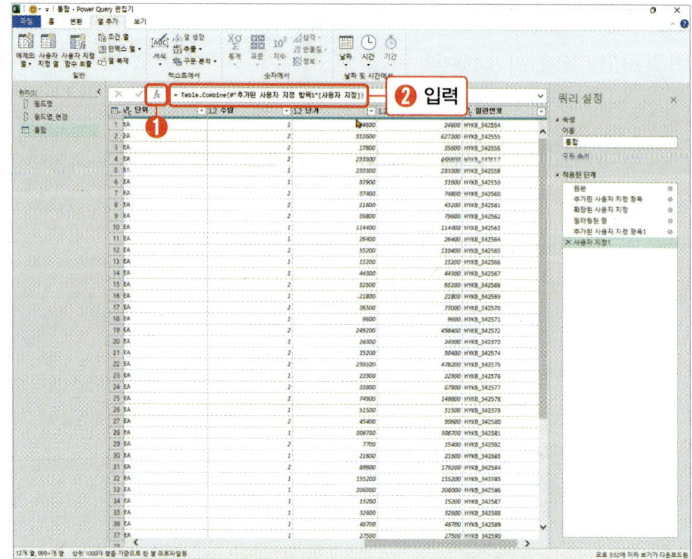

17 통일된 머리글로 하나의 데이터베이스로 작성된 것을 확인할 수 있습니다. 이제 데이터 형식을 지정하기 위해 [날짜] 열의 데이터 형식 아이콘을 확장해서 [날짜]를 클릭합니다.

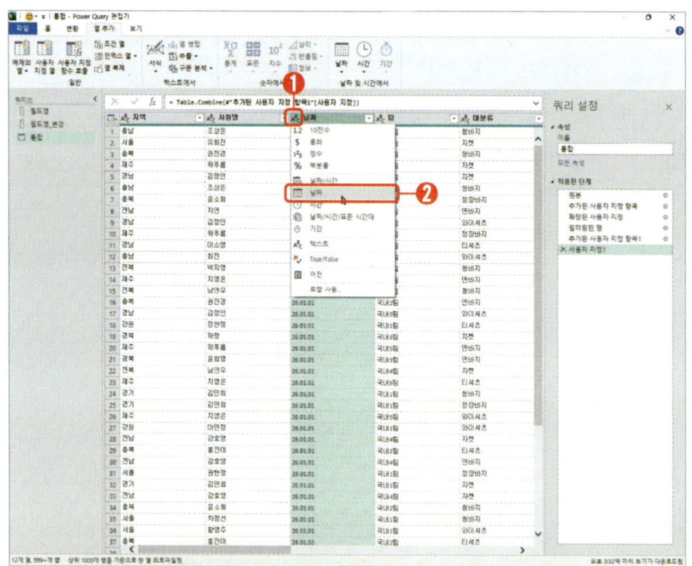

18 엑셀로 데이터를 가져가 분석하기 위해 [홈] 탭 – [닫기] 그룹 – [닫기 및 로드] – [닫기 및 다음으로 로드]를 클릭합니다. [데이터 가져오기] 대화상자에서 [연결만 만들기]를 체크하고 [확인]을 클릭합니다.

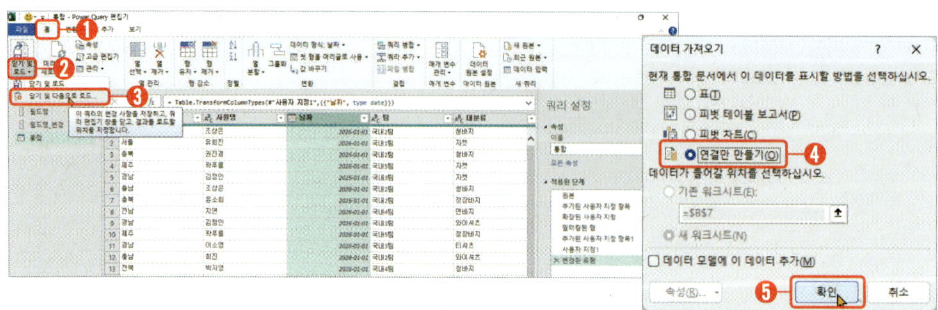

19 [삽입] 탭 – [표] 그룹 – [피벗 테이블]을 확장해서 [외부 데이터 원본에서]를 클릭합니다.

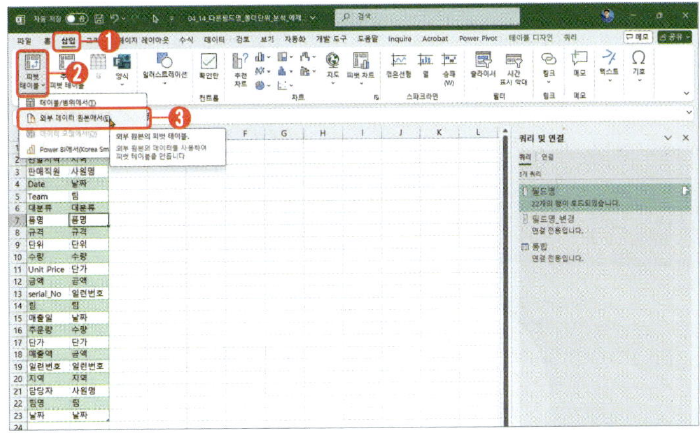

20 [연결 선택]을 클릭해서 [통합] 쿼리를 선택한 후 [확인]을 클릭하고, [기존 워크시트]를 선택하고 위치는 [Sheet1] 시트의 [A3] 셀을 선택하고 [확인]을 클릭하여 피벗 테이블을 작성합니다.

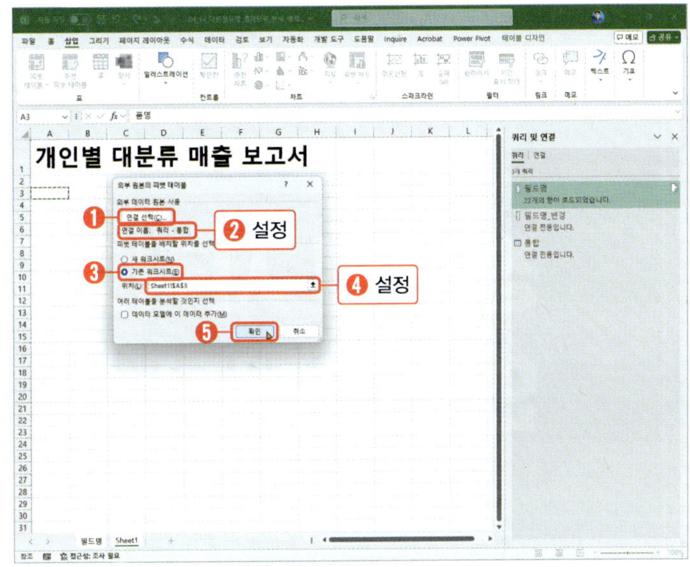

21 [행] 영역에 [사원명] 필드, [열] 영역에 [대분류] 필드, [값] 영역에 [금액] 필드를 드래그 & 드롭합니다. 최종 다른 머리글을 통일시켜서 지정한 폴더의 모든 파일을 분석한 자료를 확인할 수 있습니다.

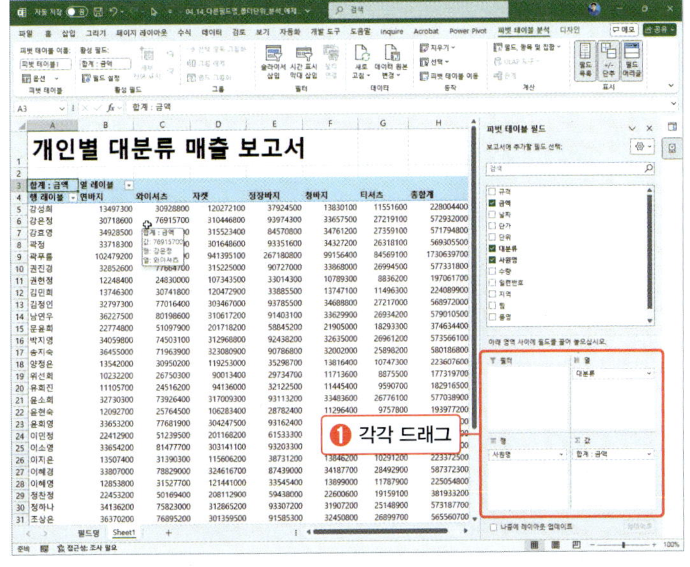

Part 05

정보의 시각화와 인포그래픽

파워 쿼리, 피벗 테이블, 그리고 다양한 함수들을 활용하면 사용자가 데이터를 손쉽게 집계하고 분석할 수 있습니다. 이제부터는 이렇게 분석된 자료를 바탕으로, 의사결정에 직접 활용할 수 있는 보고용 자료를 작성하고, 다양한 조건 변화에도 자동으로 반응하는 BI 도구 수준의 대시보드와 인포그래픽을 만드는 과정을 함께 익혀보겠습니다.

이 부분은 단순한 데이터 분석 못지않게 중요한 영역으로, 차트와 시각화는 결과만 보이기 때문에 만드는 과정과 원리를 충분히 이해하고 익히는 연습이 필요합니다. 따라서 여러 번의 실습과 복습을 통해 시각화의 원리를 몸에 익히는 것이 무엇보다 중요합니다.

001 셀에서 표시하는 추이 곡선 및 차트 효과

집계된 자료를 시각화하는 방법에는 여러 가지가 있지만, 그중에서도 가장 손쉽게 익힐 수 있는 기능이 바로 '차트 효과'입니다. 이 기능은 몇 번의 마우스 클릭만으로도 손쉽게 작성할 수 있으며, 다양한 서식과 옵션을 통해 데이터의 흐름과 패턴을 직관적으로 표현할 수 있습니다.

이번에는 피벗 테이블을 이용해 데이터를 빠르게 집계한 뒤, 셀 서식과 결합해 시각적으로 한층 더 명확하게 표현하는 방법을 함께 알아보겠습니다.

- **실습 파일 :** Part 05 > 예제 > 05_01_스파크라인_예제.xlsx
- **완성 파일 :** Part 05 > 완성 > 05_01_스파크라인_완성.xlsx

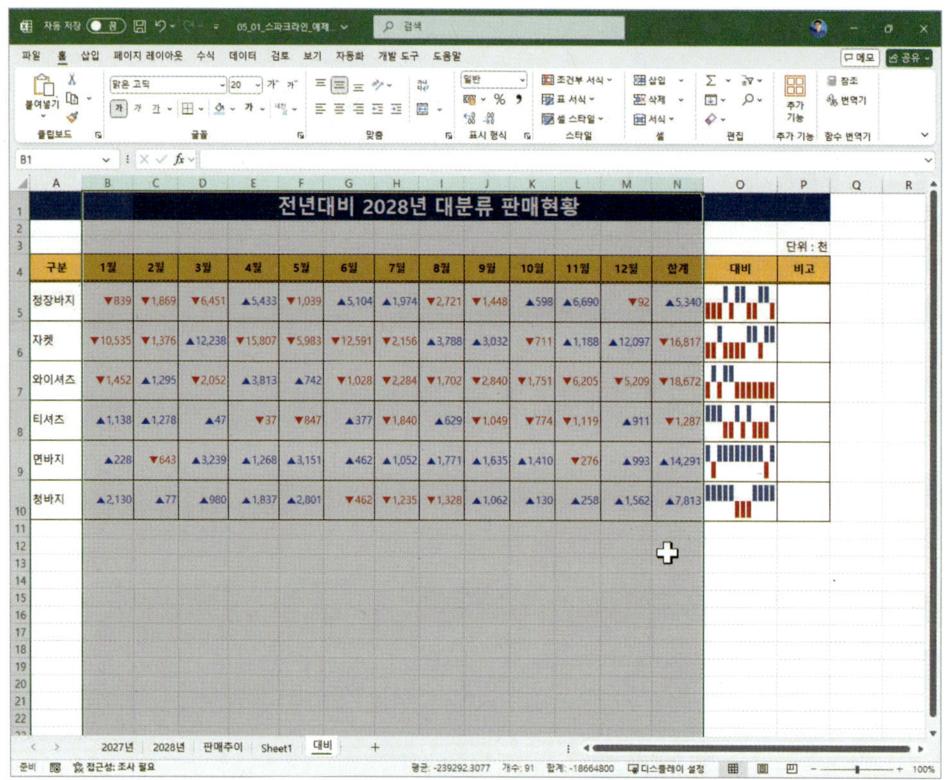

주요 기능	현업 활용
정보의 시각화	• 숫자로만 되어 있는 데이터를 빠르고 쉽게 시각화해서 셀에 간단한 차트 효과를 나타낼 수 있다.
스파크 라인	• 마우스 클릭 한 두번만으로 셀에서 간단히 추이 곡선, 묶은 세로 막대 등을 표시할 수 있다.
셀 서식	• 셀 서식을 통해 양수,음수, 0, 문자열의 값을 별도의 서식으로 표시할 수 있다. • 그러므로 한 눈에 증감을 손쉽게 파악할 수 있다.

■ 데이터 불러와 피벗 테이블 만들기

01 예제 파일을 불러온 후 [보안 경고]의 [콘텐츠 사용]을 클릭합니다. 이는 2027~2028년 데이터베이스를 파워 쿼리로 미리 연결한 [통합] 쿼리가 포함되어 있기 때문입니다.

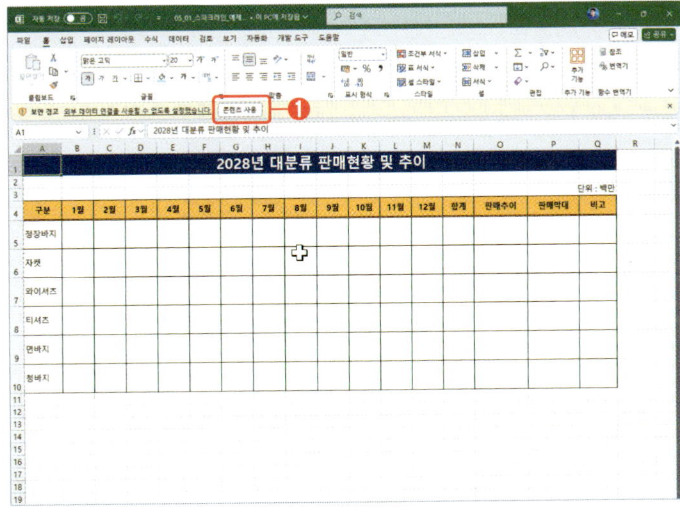

02 그럼 [통합] 쿼리를 이용해 피벗 테이블로 [판매추이] 시트에 2028년도의 대분류별 월별 매출을 집계하겠습니다. [삽입] 탭 – [표] 그룹 – [피벗 테이블] – [외부 데이터 원본에서]를 클릭합니다.

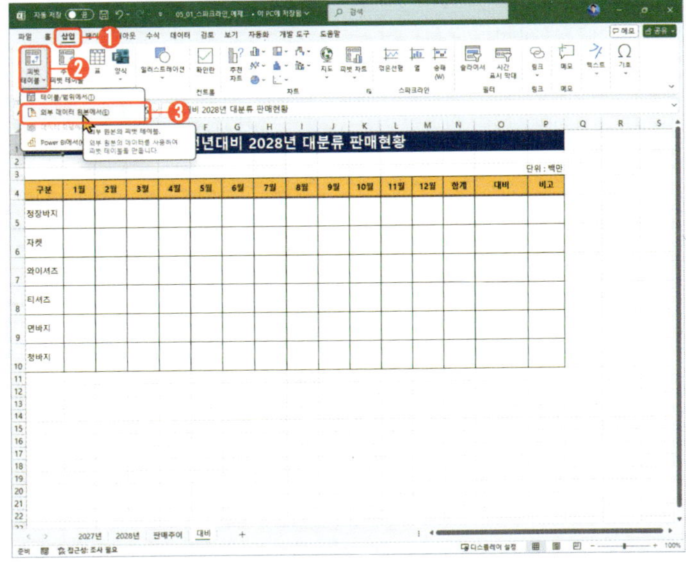

03 [연결 선택]을 클릭해서 [통합] 쿼리를 선택하고 [확인]을 클릭합니다.

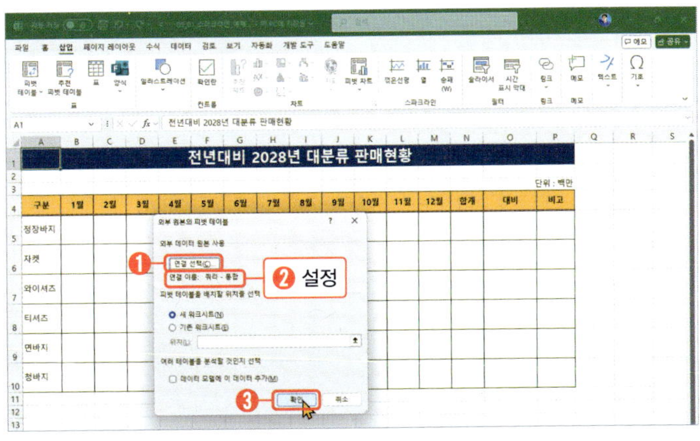

04 새 워크시트에 빈 피벗 테이블이 작성되면 [행] 영역에 [대분류], [매출일] 필드, [값] 영역에 [금액] 필드를 드래그 & 드롭합니다.

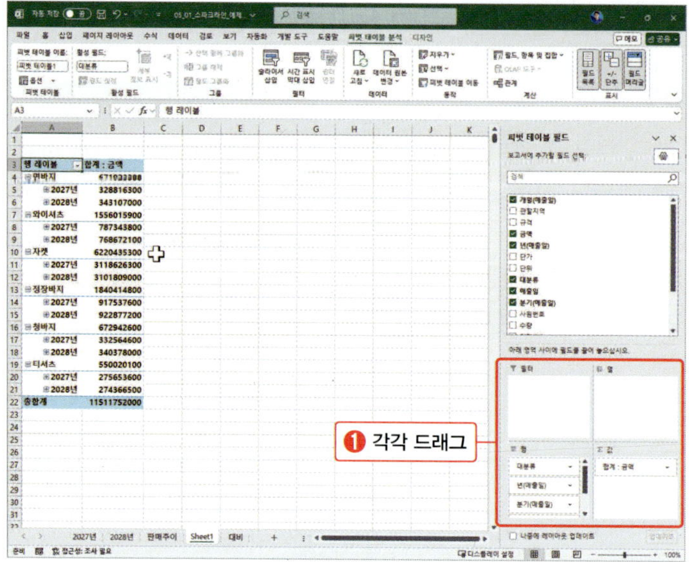

05 연도 중 하나의 데이터를 마우스 오른쪽 버튼으로 클릭한 후 [그룹]을 선택하고, [그룹화] 대화상자에서 [단위]는 [연], [월]을 선택한 후 [확인]을 클릭합니다.

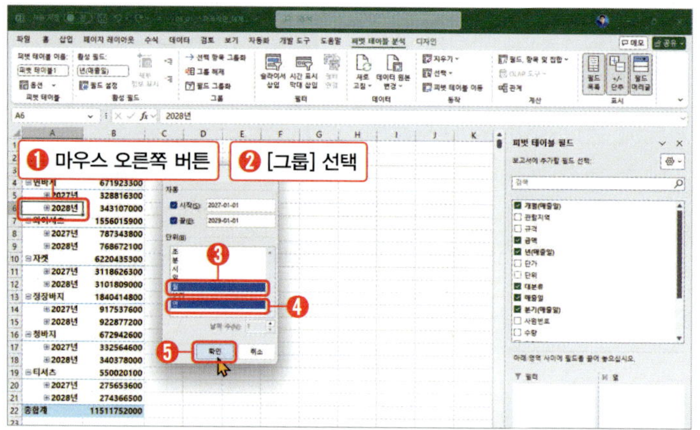

06 [판매추이] 시트로 이동해서 [B5] 셀을 선택하고 '='를 입력합니다. 그리고 [Sheet1] 시트로 이동해서 정장바지의 2028년 1월 데이터를 선택한 후 Enter를 누릅니다.

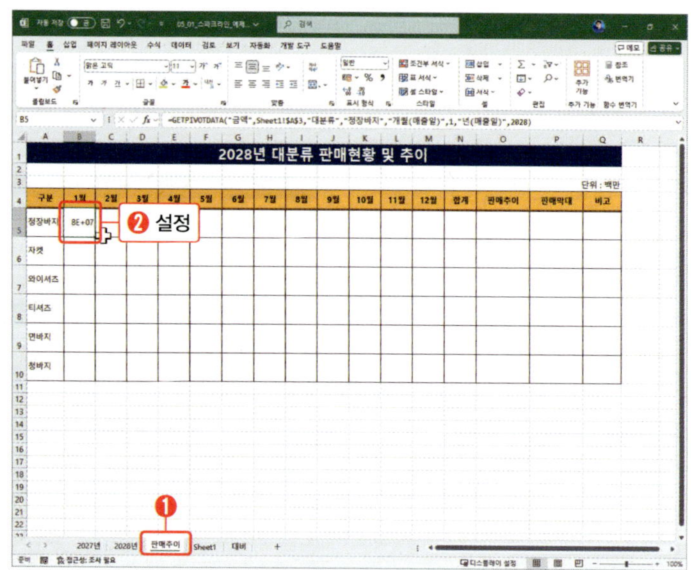

07 해당 수식을 청바지의 12월까지 채웁니다.

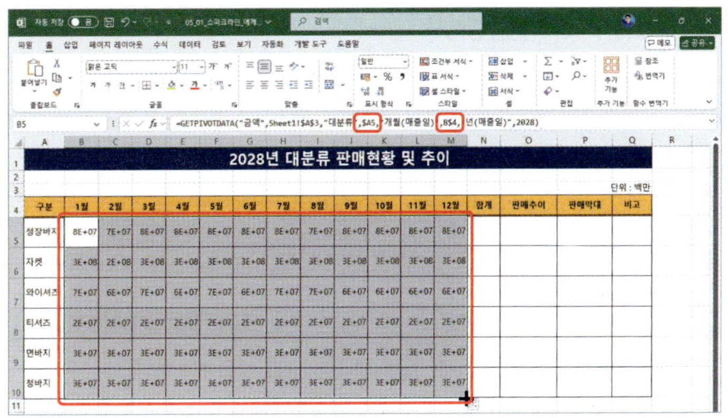

여기서 잠깐

슬라이서 추가 방법은 본문 83P의 내용을 참고해 주세요.

08 [N5] 셀을 선택하고 수식을 다음과 같이 입력합니다.

```
=BYROW(B5:N10,SUM)
```

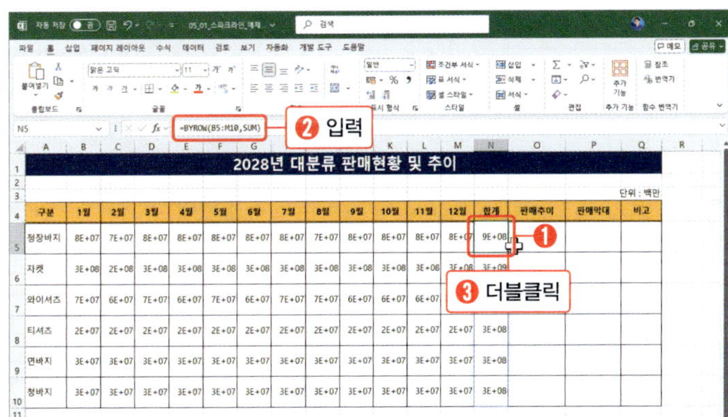

여기서 잠깐

BYROW 수식을 지원하지 않는 하위 로컬 버전 사용자는 [N5] 셀에 '=SUM(B5:M5)'를 입력한 후 해당 수식을 [N10] 셀까지 채워주면 됩니다.

09 큰 금액으로 인해 금액이 나타나도록 정리하면 열 너비가 너무 커져 한 화면에 보기도 불편하고 한 장 출력이 어려울 수 있습니다. 해당 셀의 데이터를 [Q3] 셀에 적었듯이 백만 단위로 변경하겠습니다. [B5:N10] 셀을 선택하고 Ctrl+1을 눌러 [셀 서식] 대화상자를 불러옵니다. [범주]는 '사용자 지정'을 선택하고 [형식]은 '#,##0,,'을 입력한 후 [확인]을 클릭합니다.

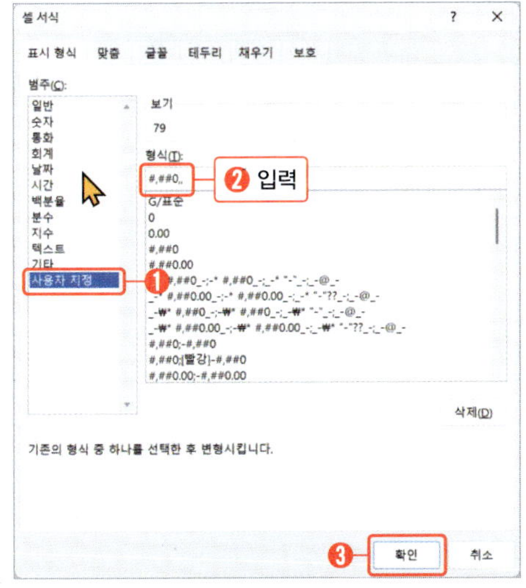

여기서 잠깐

'#,##0,,'는 '#,##0'까지 입력하면 숫자를 쉼표 스타일로 표시하게 되는데 마지막에 ','는 천 단위 구분 기호이므로 한 번 누를 때마다 마지막 3자리씩 정리하게 되므로 ','를 두 번 눌러 6자리를 표시에서 정리하게 되므로 백 만 단위가 되는 것입니다.

■ 데이터 시각화하기

01 이제 정리된 집계 내용을 시각화하기 위해, [O5:O10] 셀을 선택하고 [삽입] 탭 – [스파크라인] 그룹 – [꺾은선형]을 클릭합니다. [스파크라인 만들기] 대화상자가 나타나면 [데이터 범위]는 [B5:M10] 셀을 선택하고 [확인]을 클릭합니다. 여기서 [N] 열의 합계는 포함하지 않습니다. 셀에 매출 추이 곡선이 표시되는 것을 확인할 수 있습니다.

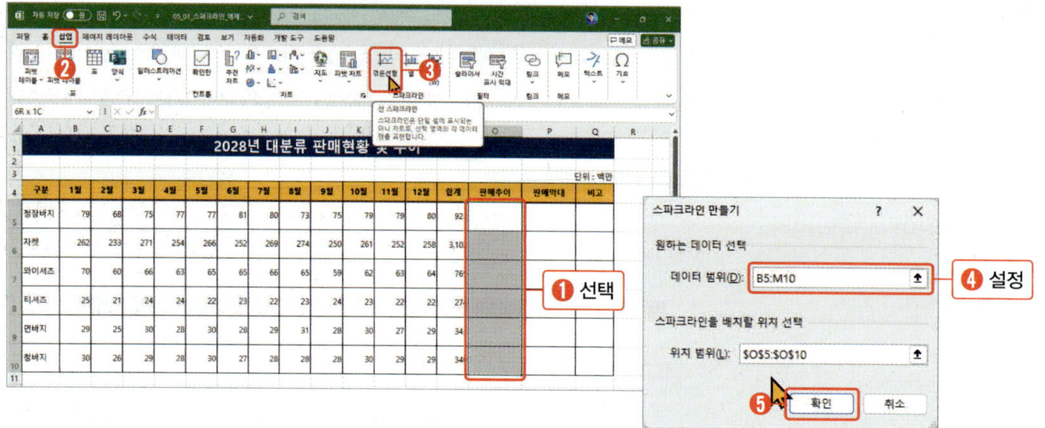

02 이번에는 묶은 세로 막대형 효과가 나타나는 스파크라인을 적용하기 위해, [P5:P10] 셀을 선택하고 [삽입] 탭 – [스파크라인] 그룹 – [열]을 클릭합니다. [스파크라인 만들기] 대화상자가 나타나면 마찬가지로 [데이터 범위]는 [B5:M10] 셀을 선택하고 [확인]을 클릭합니다.

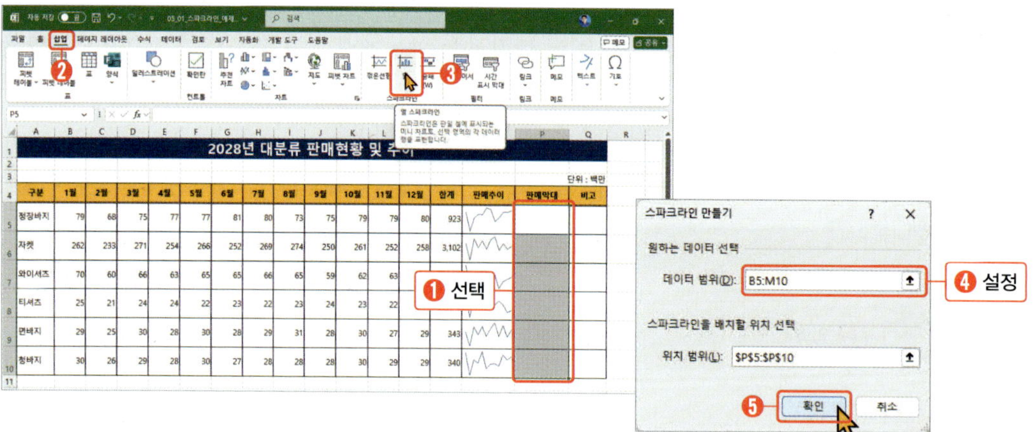

03 나타난 스파크라인에 가장 매출이 많은 월의 막대에 빨간색으로 표시하기 위해, [스파크라인] 탭 – [스타일] 그룹 – [표식 색]을 확장해서 [높은 점] – [표준색] – [빨강]을 클릭합니다.

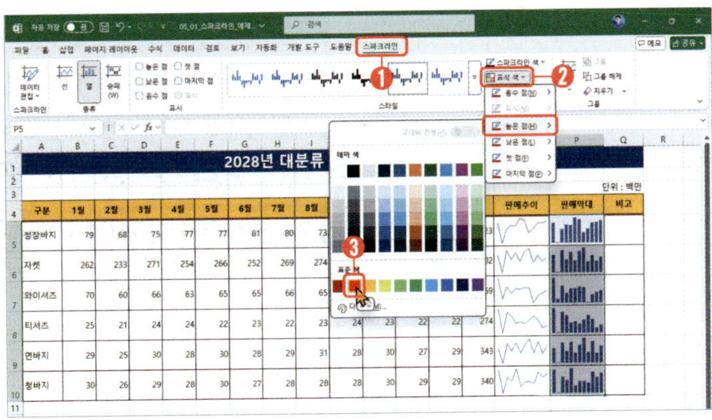

04 대분류별로 매출이 가장 많았던 월이 빨간색 막대로 나타나는 것을 확인할 수 있습니다.

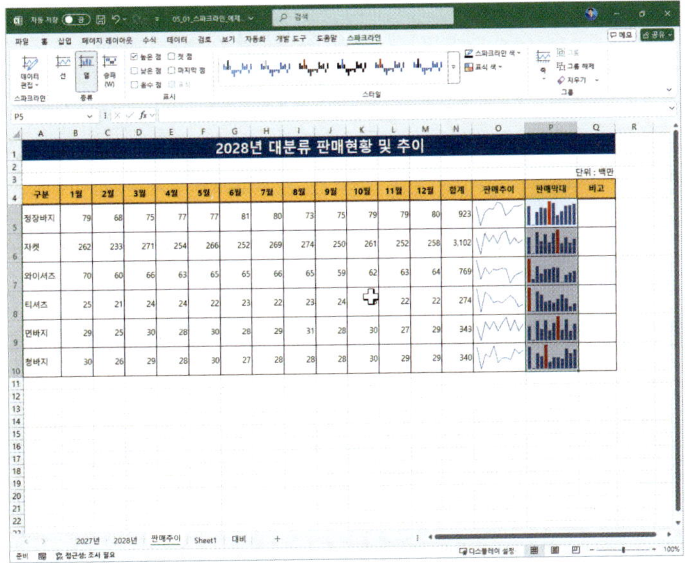

05 이번에는 2028년의 월별 대분류 매출이 전년 동월대비 얼마의 증감이 있었는지 확인하고 시각화해 보겠습니다.

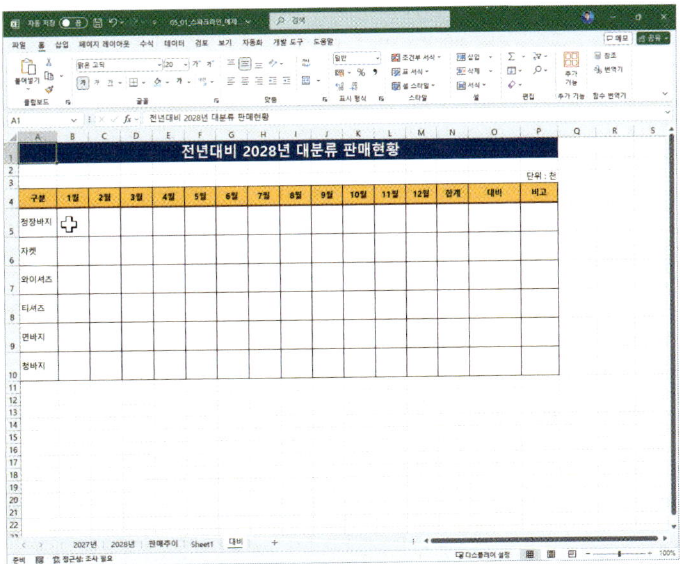

06 피벗 테이블이 작성되었던 [Sheet1] 시트로 이동해서 [값] 영역에 [금액] 필드를 다시 한번 드래그 & 드롭합니다. 그리고 [C3] 셀을 선택하고 필드명은 '전년동월대비매출'이라고 입력합니다.

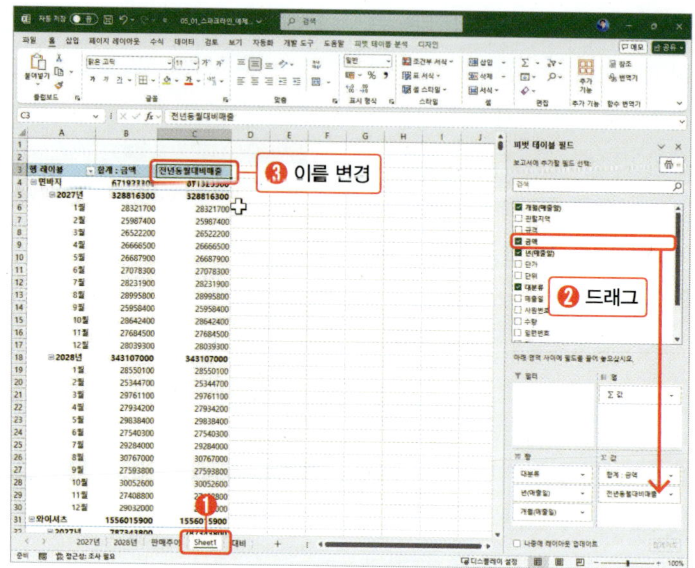

07 데이터 중 임의의 셀을 마우스 오른쪽 버튼으로 클릭한 후 [값 표시 형식] – [[기준값]에 과의 차이]를 선택합니다. [값 표시 형식] 대화상자가 나타나면 [기준 필드]는 '년(매출일)', [기준 항목]은 '(이전)'을 선택하고 [확인]을 클릭합니다.

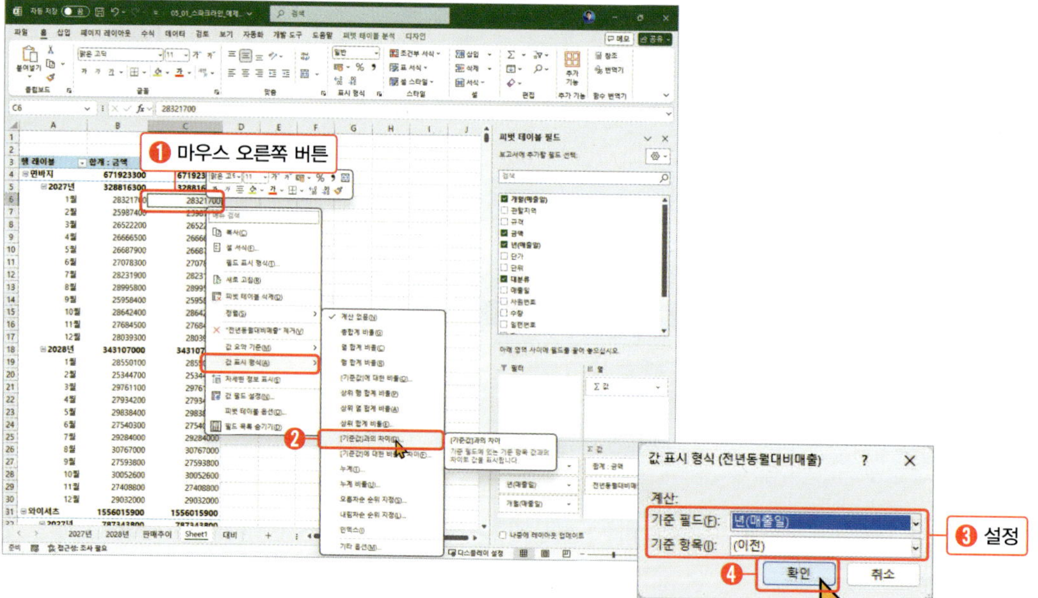

08 대분류별로 전년동월대비 매출의 증감액이 표시된 것을 확인할 수 있습니다.

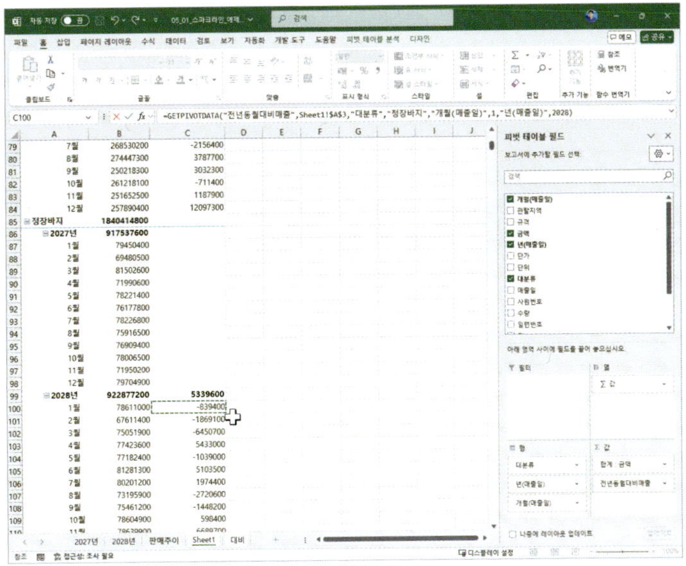

09 [대비] 시트로 이동해서 [B5] 셀을 선택한 후 '='을 입력하고 정장바지의 2028년 1월의 전년대비 증감액이 표시된 피벗 테이블 시트의 값([Sheet1] 시트의 [C100] 셀)을 선택한 후 Enter를 누릅니다. 해당 수식의 변수를 아래와 같이 변경하고 해당 수식을 [M10] 셀까지 채웁니다.

```
=GETPIVOTDATA("전년동월대비매출",Sheet1!$A$3,"대분류",$A5,"개월(매출일)",B$4,"년(매출일)",2028)
```

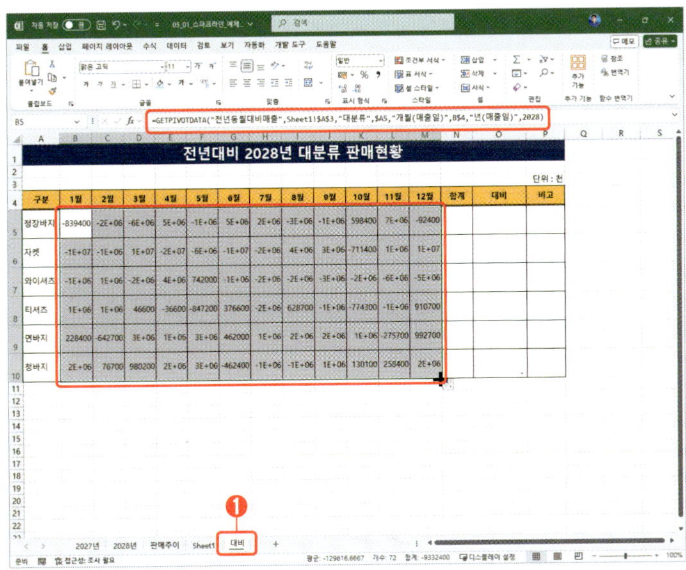

10 [N] 열에 합계를 작성하기 위해, [N5] 셀을 선택하고 아래와 같이 수식을 입력합니다.

```
=BYROW(B5:M10,SUM)
```

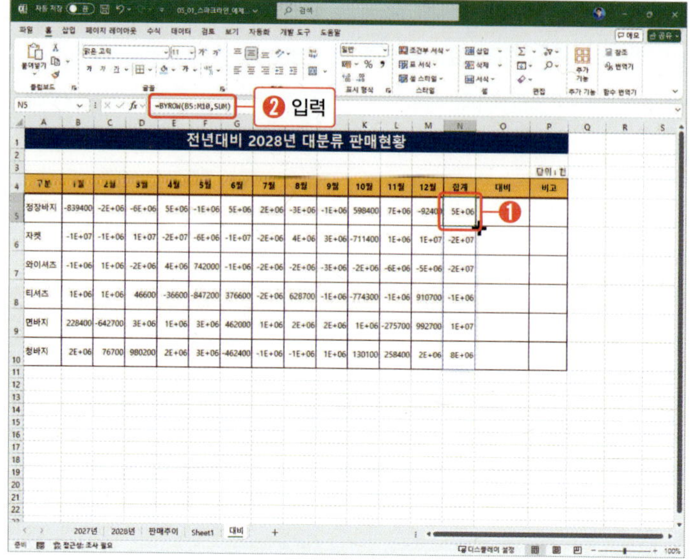

11 이번에는 데이터를 [P3] 셀 내용과 같이 천 단위로 표시하겠습니다. [B5:N10] 셀을 선택하고 Ctrl+1을 눌러 [셀 서식] 대화상자를 불러옵니다. [범주]는 '사용자 지정'을 선택하고, [형식]에 '#,##0,'를 입력한 후 [확인]을 클릭합니다.

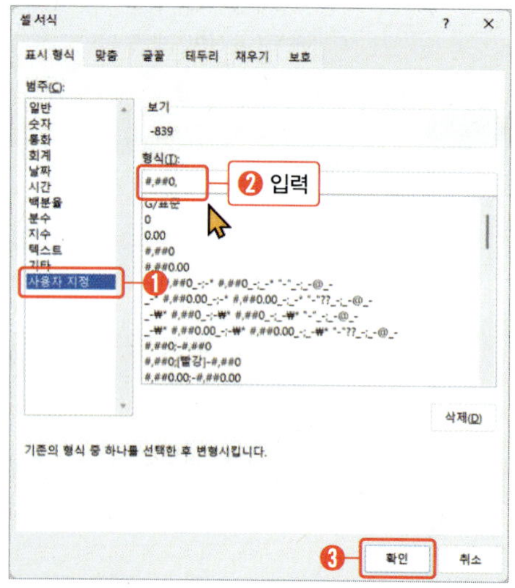

12 이제 대비 열에 스파크라인을 표현하기 위해, [O5:O10] 셀을 선택하고 [삽입] 탭 – [스파크라인] 그룹 – [승패]를 클릭합니다. [스파크라인 만들기] 대화상자에서 [데이터 범위]는 [B5:M10] 셀을 선택하고 [확인]을 클릭합니다.

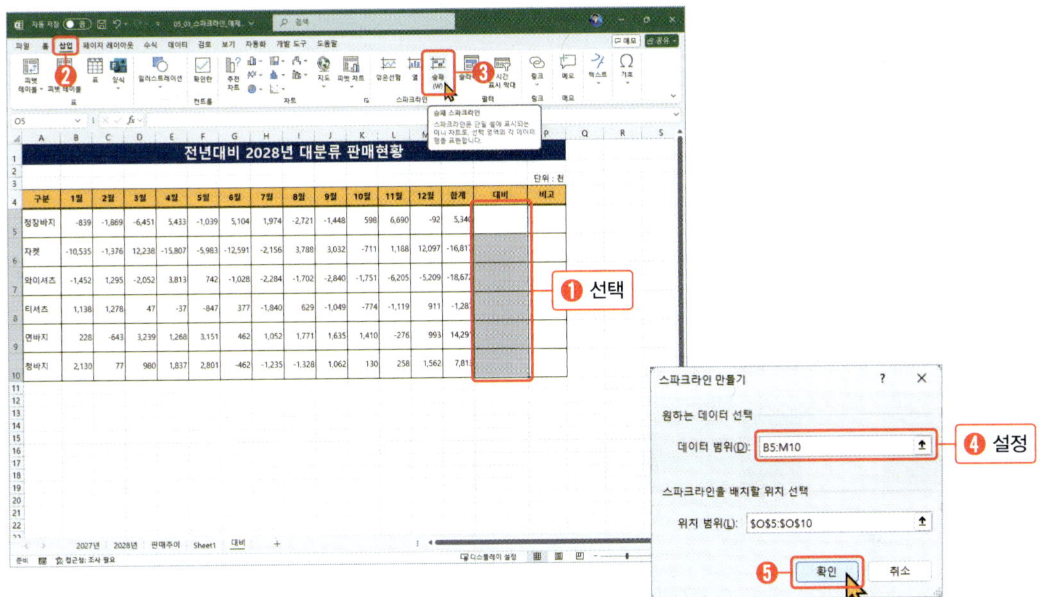

13 마지막으로 통계량에 셀 서식을 이용해서 시각화를 추가하겠습니다. [B5:N10] 셀을 선택하고 Ctrl+1을 눌러 [셀 서식] 대화상자를 불러옵니다. [범주]는 '사용자 지정'을 선택하고 [형식]에 '[파랑]▲#,##0;[빨강]▼#,##0;;'를 입력한 후 [확인]을 클릭합니다.

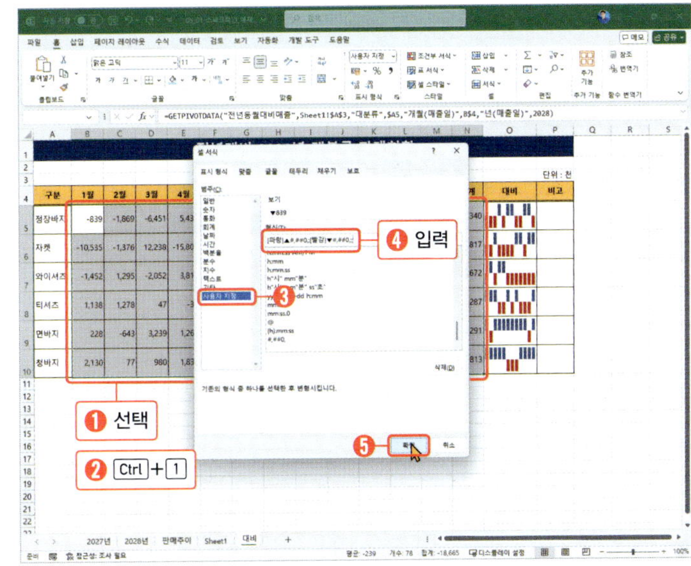

여기서 잠깐

[파랑]▲#,##0;[빨강]▼#,##0;;

❶ : 사용자 지정 셀 서식 지정 중 양수를 나타내는 부분으로 파란색으로 ▲를 붙이고, 천 단위 쉼표 스타일로 지정

❷ : 사용자 지정 셀 서식 지정 중 음수를 나타내는 부분으로 빨간색으로 ▼를 붙이고, 천 단위 쉼표 스타일로 지정

❸ : 0을 표시하는 부분으로 아무런 표시를 하지 않음

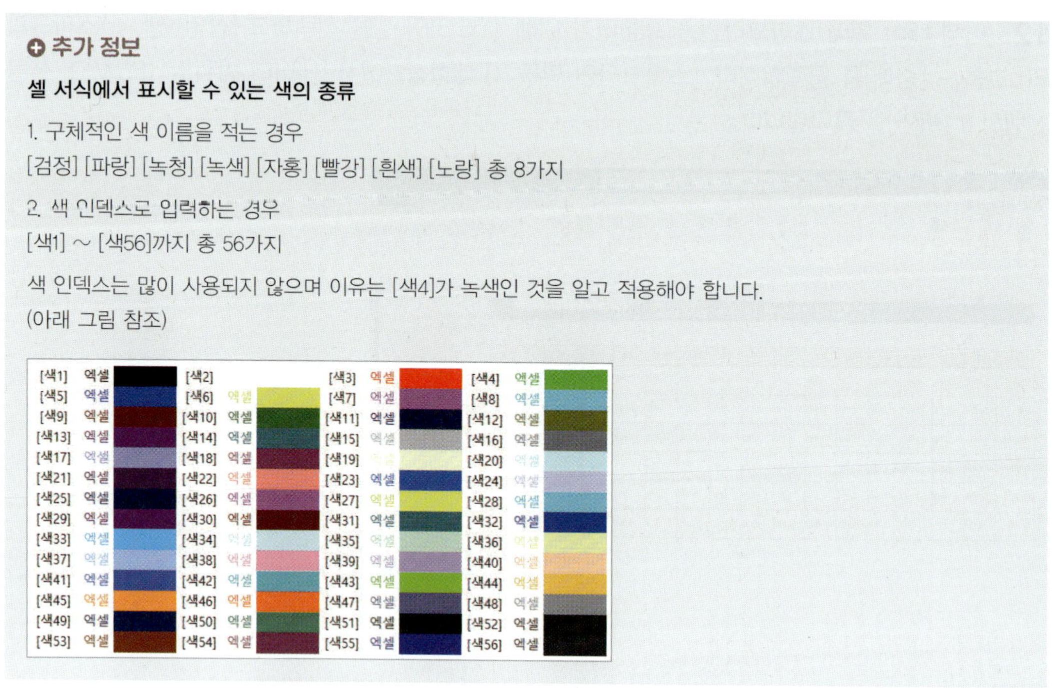

⊕ 추가 정보

셀 서식에서 표시할 수 있는 색의 종류

1. 구체적인 색 이름을 적는 경우
[검정] [파랑] [녹청] [녹색] [자홍] [빨강] [흰색] [노랑] 총 8가지

2. 색 인덱스로 입력하는 경우
[색1] ~ [색56]까지 총 56가지

색 인덱스는 많이 사용되지 않으며 이유는 [색4]가 녹색인 것을 알고 적용해야 합니다. (아래 그림 참조)

14 나타난 데이터의 앞에 기호가 생겨서 열 너비가 좁아 #으로 표시되므로, [B] 열부터 [N] 열까지 모두 선택하고 열과 열 사이에 커서를 위치시킨 후 화살표 모양으로 커서가 변경되면 더블클릭합니다. 열 너비가 데이터 너비에 맞춰 자동 맞춤됩니다.

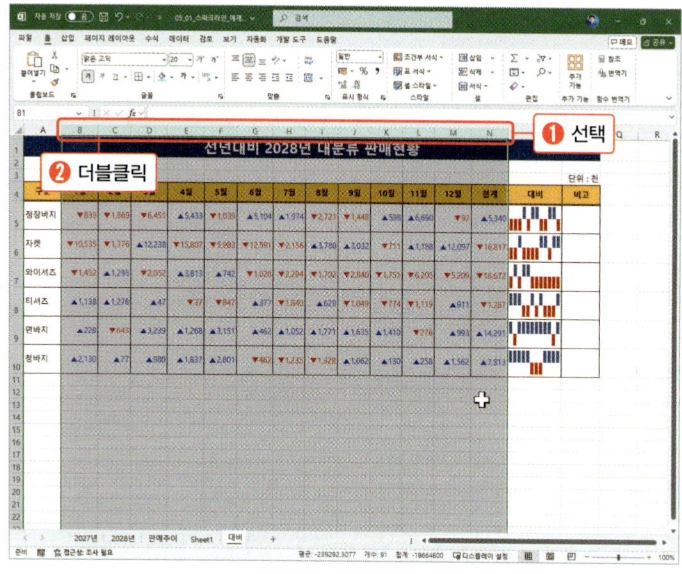

002 스파크라인을 활용한 목표 관리

이번에는 스파크라인 기능을 활용하여 판매 목표 금액과 실제 실적을 비교하고, 기준선을 함께 표시하는 방법을 살펴보겠습니다. 이렇게 시각화하면 각 지점이 언제, 어느 정도 목표치를 초과하거나, 미달했는지를 한눈에 파악할 수 있습니다.

- **실습 파일 :** Part 05 > 예제 > 05_02_스파크라인을_활용한_목표 관리_예제.xlsx
- **완성 파일 :** Part 05 > 완성 > 05_02_스파크라인을_활용한_목표 관리_완성.xlsx

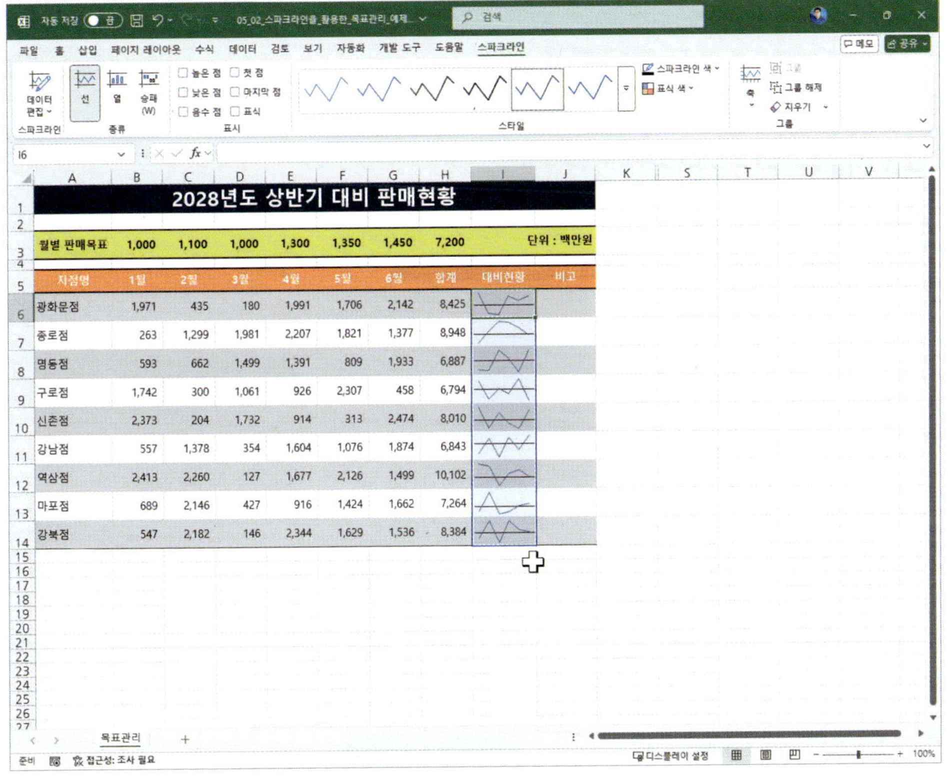

주요 기능	현업 활용
참조	• 데이터 참조를 이용해서 목표 대비 실적을 빠르게 표시할 수 있다.
스파크라인	• 셀에서 간단하게 추이 곡선을 표시할 수 있다.
축 표시	• 축 표시를 통해 기준선을 만들고 월별 목표 대비 실적의 달성 여부를 확인할 수 있다.

01 예제 파일을 불러온 후 각 대리점의 실적이 3행에 있는 목표와의 차이를 나타내겠습니다. 먼저 [A6:G14] 셀을 복사해서 [L6] 셀에 붙여 넣습니다.

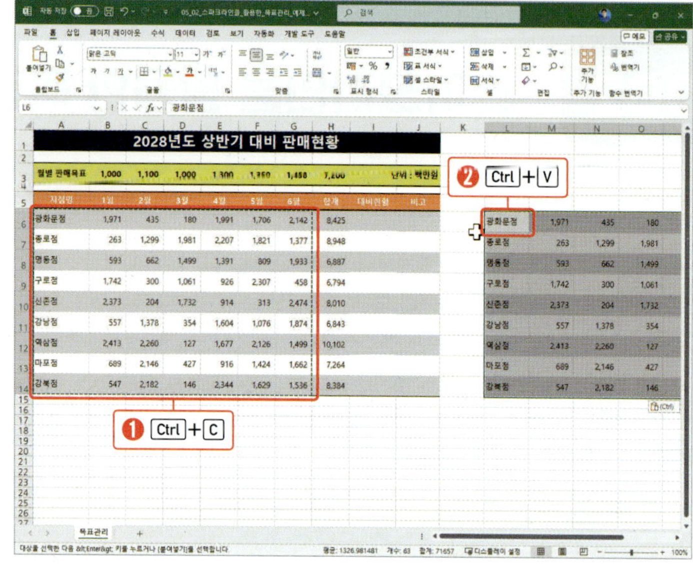

02 [L6] 셀을 선택하고 '=B6–B$3'을 입력하고 [R14] 셀까지 채웁니다.

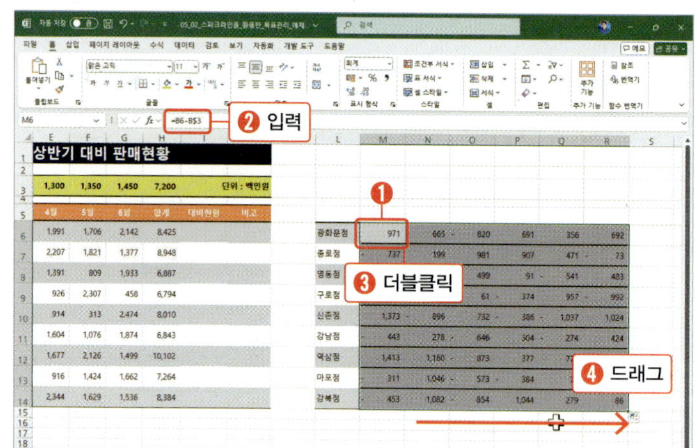

03 [I6:I14] 셀을 선택하고 [삽입] 탭 – [스파크라인] 그룹 – [꺾은선형]을 클릭합니다. [스파크라인 만들기] 대화상자에서 [데이터 범위]는 [M6:R14] 셀을 지정하고 [확인]을 클릭합니다.

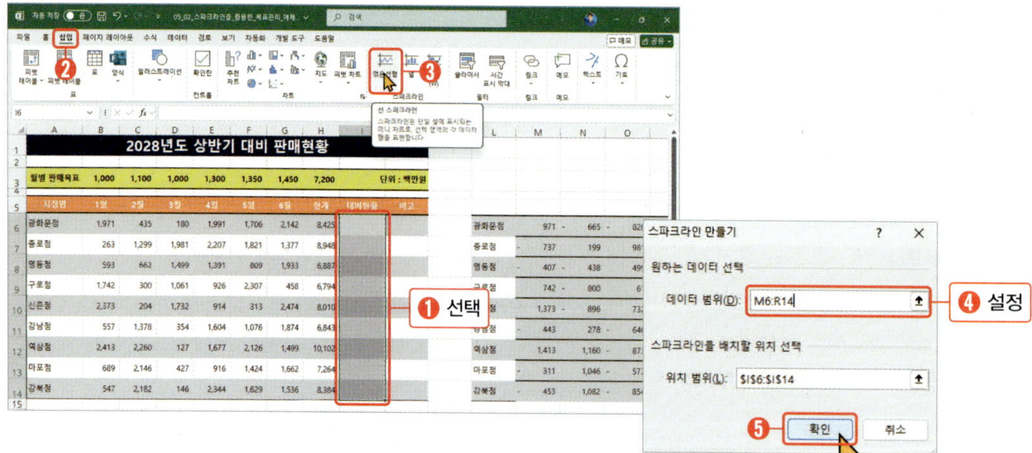

04 스파크라인이 생성된 것을 확인할 수 있습니다. 이제 기준선을 표시하기 위해, [스파크라인] 탭 – [그룹] 그룹 – [축] – [축 표시]를 클릭합니다.

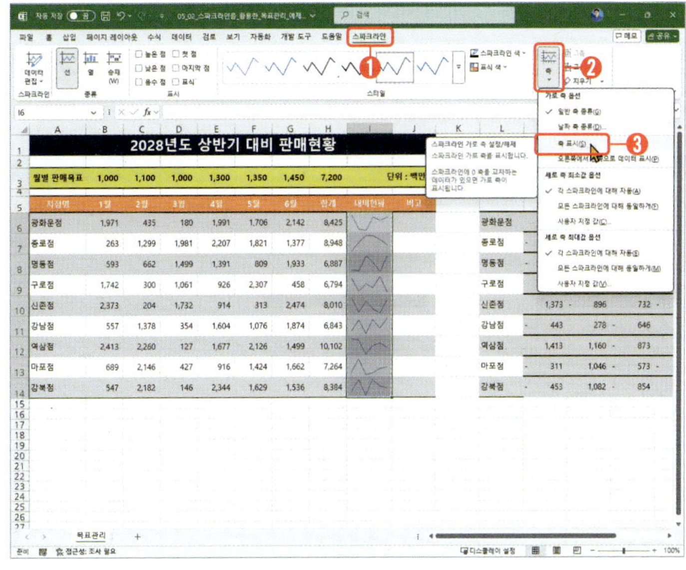

05 스파크라인에 축이 표시되는 것을 확인할 수 있습니다. 이제 우측 데이터를 숨기기 위해, [L] 열부터 [R] 열까지 선택하고 마우스 오른쪽 버튼으로 클릭한 후 [숨기기]를 선택합니다.

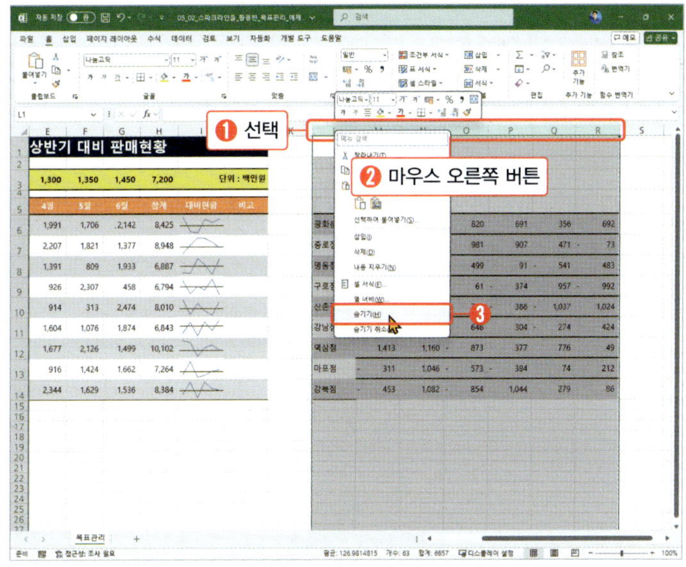

06 셀을 숨기면 스파크라인이 나타나지 않는 것을 확인할 수 있습니다. 이를 수정하기 위해 [스파크라인] 탭 – [스파크라인] 그룹 – [데이터 편집] – [숨겨진 셀/빈 셀]을 클릭합니다. [숨겨진 셀/빈 셀 설정] 대화상자에서 [숨겨진 행 및 열에 데이터 표시]를 체크하고 [확인]을 클릭합니다.

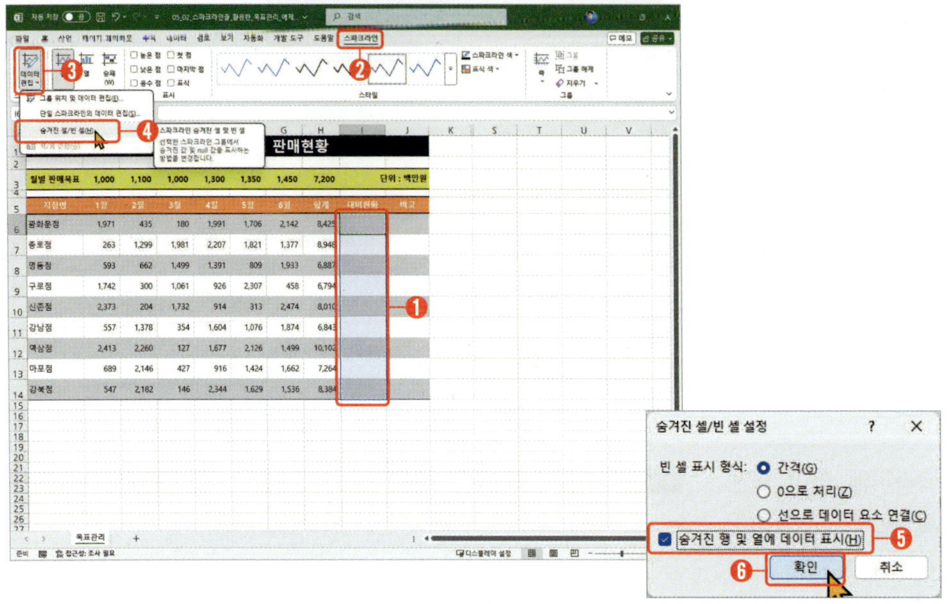

07 다시 스파크라인이 표시되는 최종 결과를 확인할 수 있습니다.

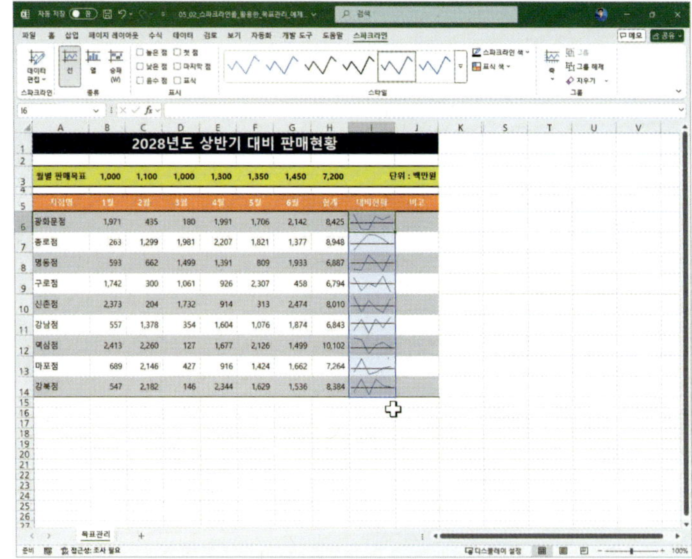

003 조건부 서식을 이용한 다양한 시각화 기법

데이터 시각화 기법 중 스파크라인만큼 자주 활용되면서도 손쉽게 적용할 수 있는 기능이 바로 '조건부 서식'입니다. 말 그대로, 지정한 셀에 특정 조건이 충족될 때 자동으로 서식이 적용되는 기능으로, 사용자가 설정한 기준에 따라 데이터의 변화나 경향을 직관적으로 표현할 수 있습니다. 이번에는 조건부 서식을 활용한 다양한 시각화 사례와 실무 적용 기법을 단계별로 살펴보겠습니다.

- **실습 파일 :** Part 05 > 예제 > 05_03_조건부서식_시각화_예제.xlsx
- **완성 파일 :** Part 05 > 완성 > 05_03_조건부서식_시각화_완성.xlsx

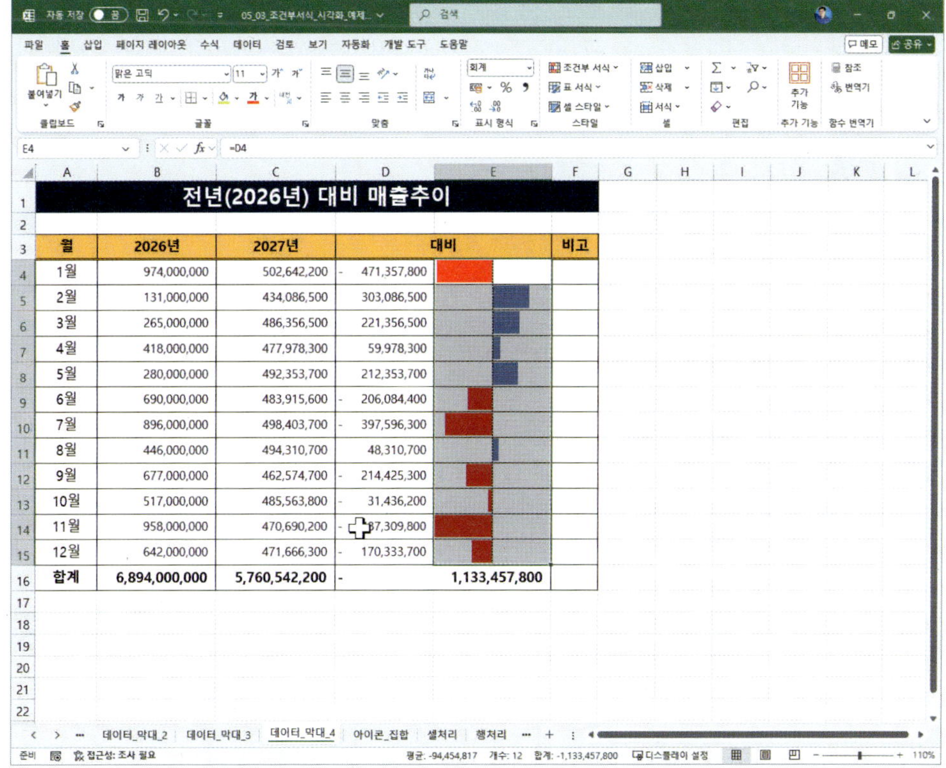

주요 기능	현업 활용
데이터 막대	• 조건부 서식의 데이터 막대를 이용해서 손쉽게 정보를 시각화할 수 있다.
아이콘 집합	• 아이콘 집합을 이용해서 다양한 아이콘으로 정보를 시각화할 수 있다.
수식을 사용하는 조건부 서식	• 수식을 조건으로 해당 조건에 부합되는 데이터만을 시각화할 수 있다.

■ 데이터 변환하기

01 예제 파일을 불러온 후 [데이터_막대_1] 시트의 2027년 팀별 대비 실적을 나타내고자 합니다. 먼저 데이터가 있는 [2027년] 시트를 선택합니다. [D] 열의 매출이 문자열로 입력된 것을 확인할 수 있는데, 데이터 변환을 위해 [D2] 셀을 선택하고, Ctrl+Shift+↓를 눌러 변환할 데이터를 선택합니다. [데이터] 탭 – [데이터 도구] 그룹 – [텍스트 나누기]를 클릭합니다. 여기서 [D] 열 데이터를 자세히 보면 월, 일, 년 문자열이라는 것을 알 수 있습니다.

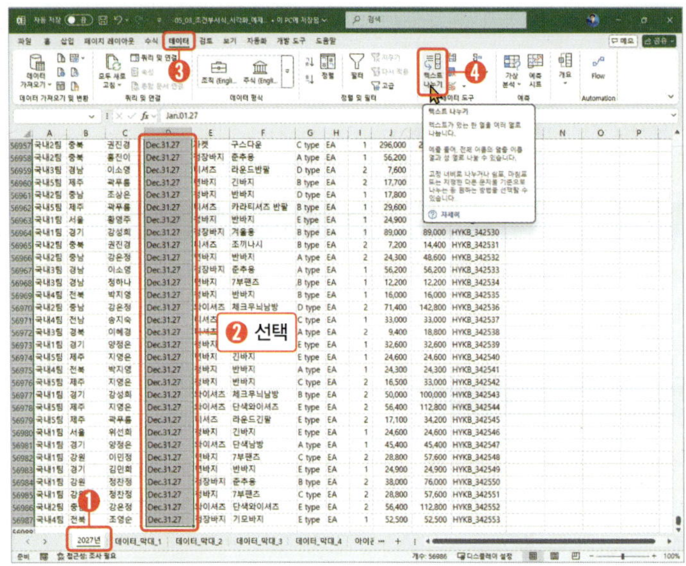

02 텍스트 마법사 1, 2 단계는 다음으로 넘기고, 3단계에서 [열 데이터 서식]을 [날짜]로 선택하고 옵션을 확장해서 '월일년'을 선택한 후 [마침]을 클릭합니다.

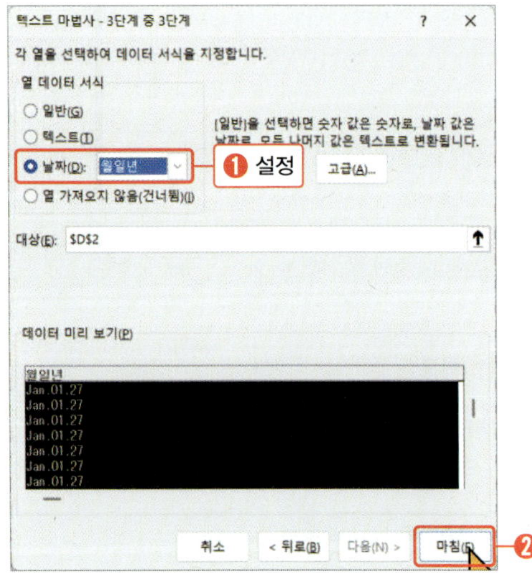

■ 피벗 테이블 작성하고 시각화하기

01 데이터 중 임의의 셀을 선택하고, Ctrl+T를 누릅니다. [머리글 포함]이 체크된 상태로 표로 만듭니다. 그리고 피벗 테이블 작성을 위해 [테이블 디자인] 탭 – [도구] 그룹 – [피벗 테이블로 요약]을 클릭하고 기본 설정 그대로 [확인]을 클릭합니다.

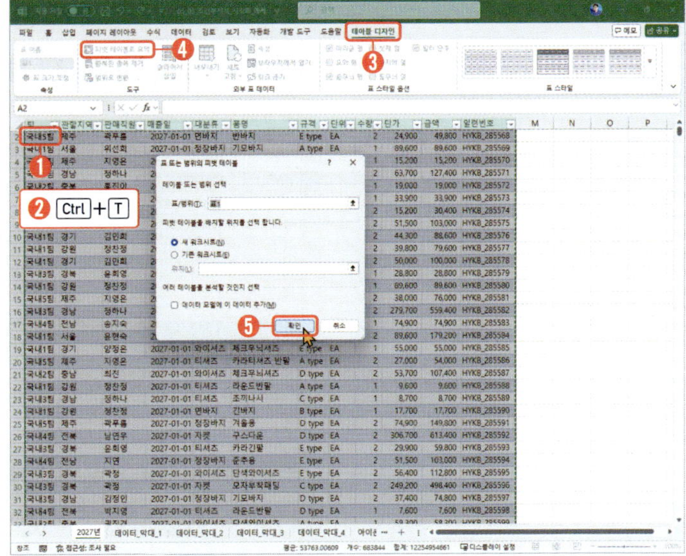

02 [행] 영역에 [팀] 필드, [값] 영역에 [금액] 필드를 차례로 드래그 & 드롭합니다.

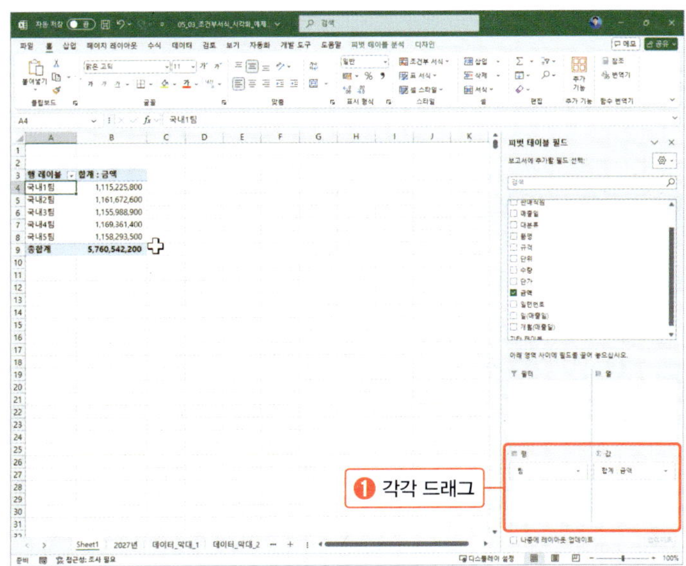

03 [데이터_막대_1] 시트로 이동해서 [C4] 셀을 선택하고 '='을 입력하고, 2027년 국내1팀의 실적을 피벗 테이블([Sheet1] 시트의 [B4] 셀)에서 선택한 후 Enter를 누릅니다.

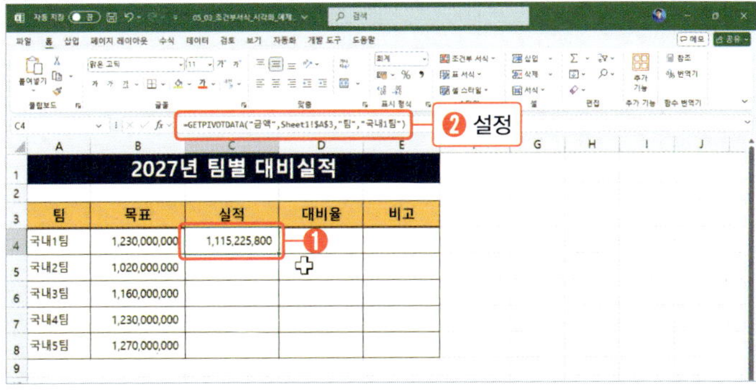

04 [C4] 셀의 수식을 아래와 같이 변경하고 나머지 영역을 채웁니다.

```
=GETPIVOTDATA("금액",Sheet1!$A$3,"팀",A4)
```

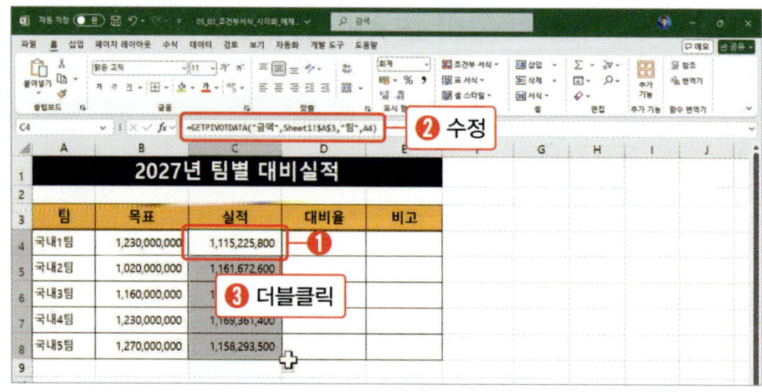

05 [D4] 셀을 선택하고 '=C4/B4'로 수식을 입력한 후 나머지 영역을 채웁니다.

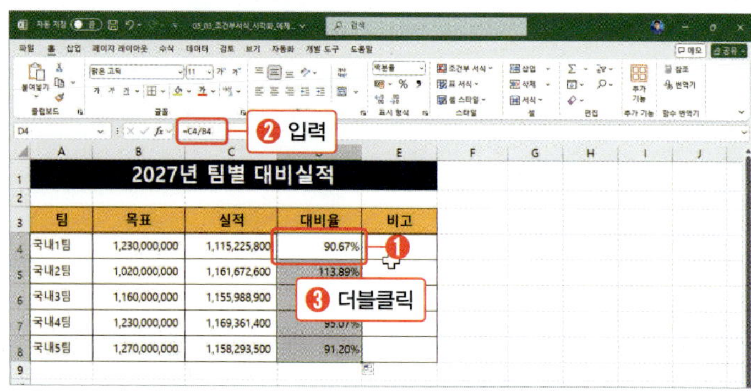

■ 조건부 서식을 이용한 시각화

01 데이터 막대 조건부 서식을 표시하기 위해, [D4:D8] 셀을 선택하고 [홈] 탭 – [스타일] 그룹 – [조건부 서식] – [데이터 막대] – [단색 채우기]에서 적당한 색상을 선택합니다. 그러면 대비율에 따라서 크기가 다른 데이터 막대가 표시되는 것을 확인할 수 있습니다.

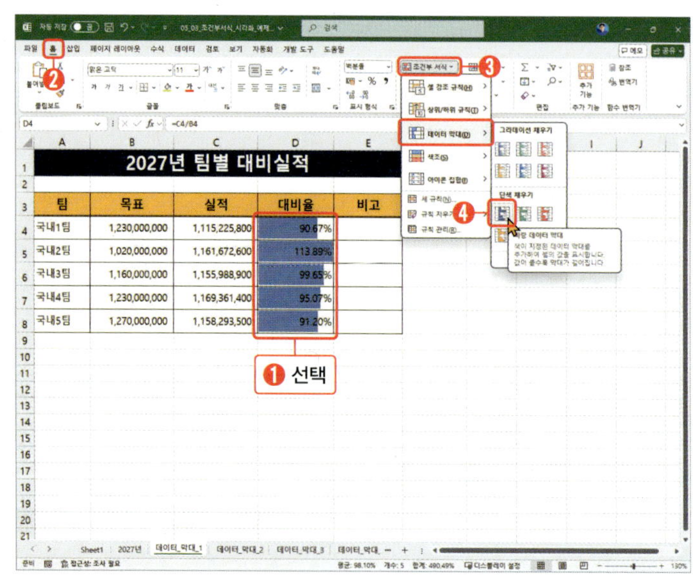

02 [데이터_막대_2] 시트에서 100% 기준의 데이터 막대를 표시해 보겠습니다. [10] 행을 마우스 오른쪽 버튼으로 클릭한 후 [삽입]을 선택해서 행을 삽입합니다.

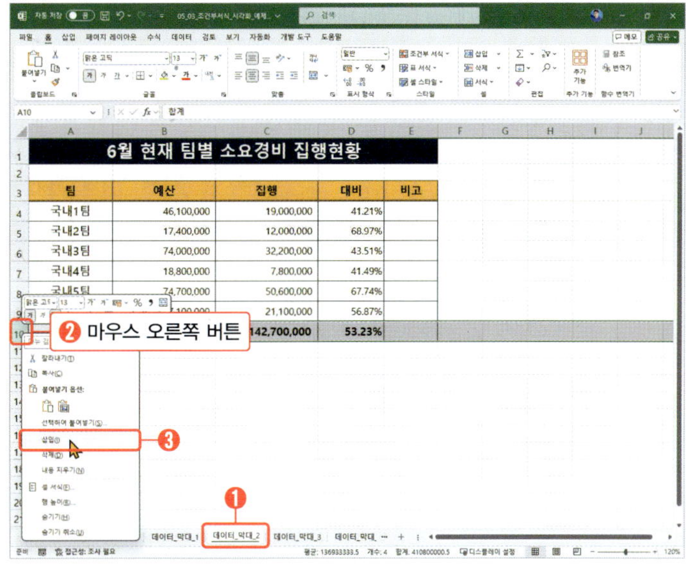

03 삽입된 [D10] 셀에 '100%'를 입력하고, [홈] 탭 – [스타일] 그룹 – [조건부 서식] – [데이터 막대] – [단색 채우기]에서 적당한 색상을 선택합니다.

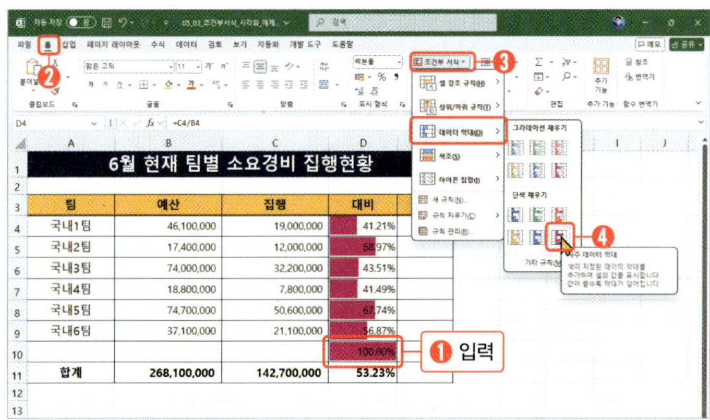

04 다시 [10] 행을 마우스 오른쪽 버튼으로 클릭한 후 [숨기기]를 선택하면, 100% 기준 대비율 막대를 표시할 수 있습니다.

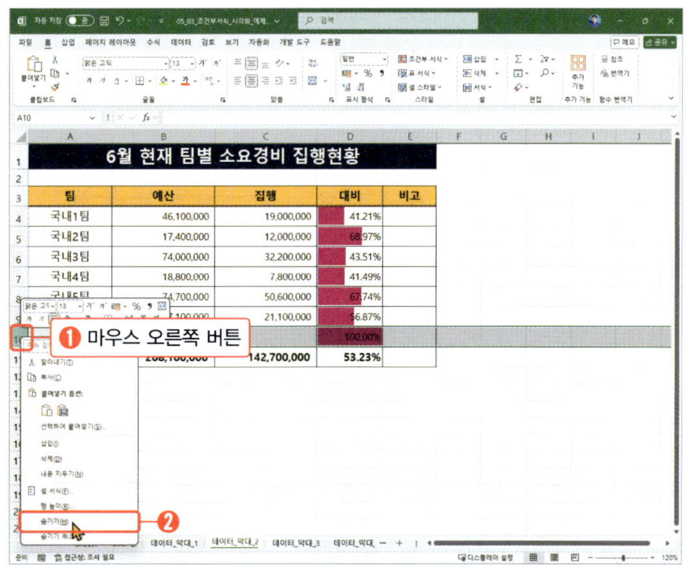

여기서 잠깐

데이터 막대는 선택한 데이터 중 최대값을 해당 열을 채우고 나머진 비율만큼 줄여 표시합니다. 현재 데이터는 소요 경비 집행 현황으로 집행이 예산을 초과할 수 없으므로 100%라는 것을 알고 있고, 100% 기준의 집행 대비율을 그려낸 것입니다.

05 [데이터_막대_3] 시트를 선택하고 다른 열에 데이터 막대를 표시하는 방법을 알아보겠습니다. 먼저 [H4] 셀을 선택하고 '=G4'를 입력한 후 [H11] 셀까지 수식을 채웁니다.

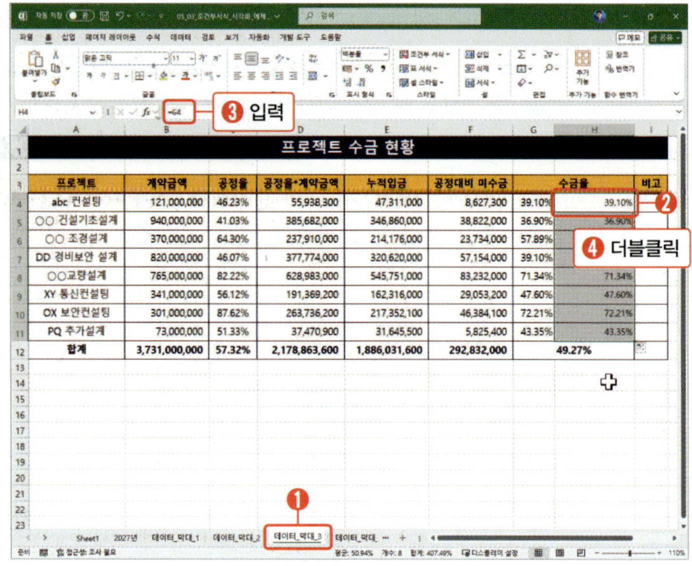

06 [홈] 탭 – [스타일] 그룹 – [조건부 서식] – [기타 규칙]을 클릭합니다. [새 서식 규칙] 대화상자에서 [막대만 표시]에 체크하고 [최대값]은 '백분율', '100'으로 설정한 후 [확인]을 클릭합니다.

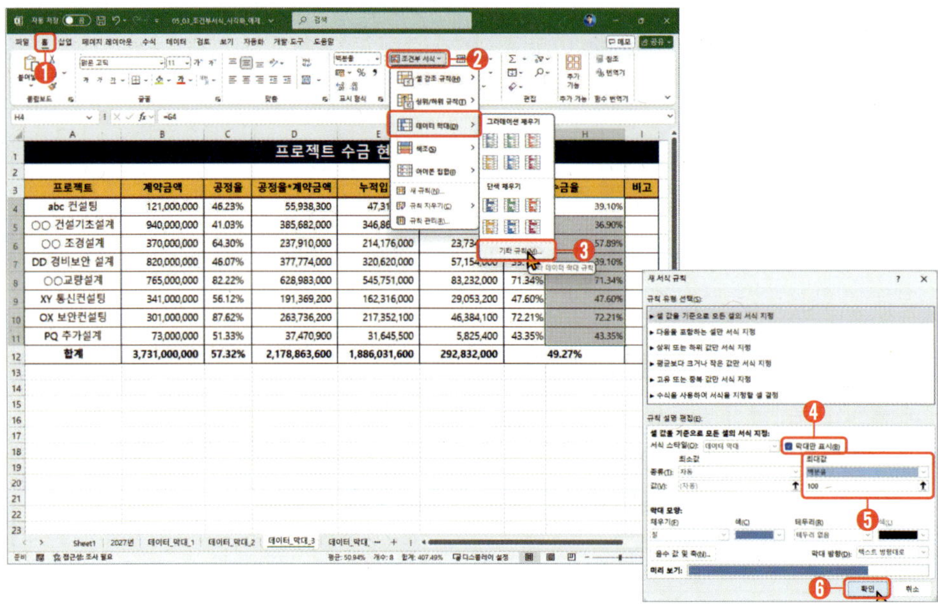

07 다른 열에 데이터 막대가 표시는 되었지만 100% 기준 막대를 표현하고자 한 부분에서는 의도와는 다른 결과가 나타났습니다. 해당 조건부 서식을 수정하기 위해, [홈] 탭 – [스타일] 그룹 – [조건부 서식] – [규칙 관리]를 클릭합니다. [조건부 서식 규칙 관리자] 대화상자에서 해당 셀에 지정된 조건부 서식이 나타나면 수정할 조건부 서식을 선택하고 [규칙 편집]을 클릭합니다.

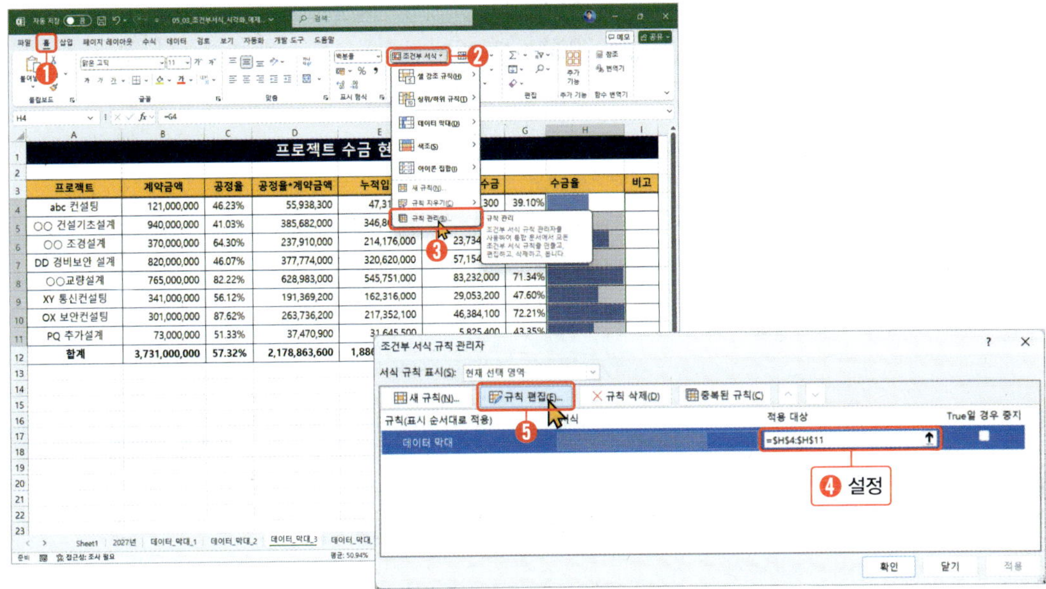

08 [최대값]을 '숫자', '1'로 설정하고 [확인]을 클릭하면, 100% 기준 대비율 막대가 표시된 것을 확인할 수 있습니다.

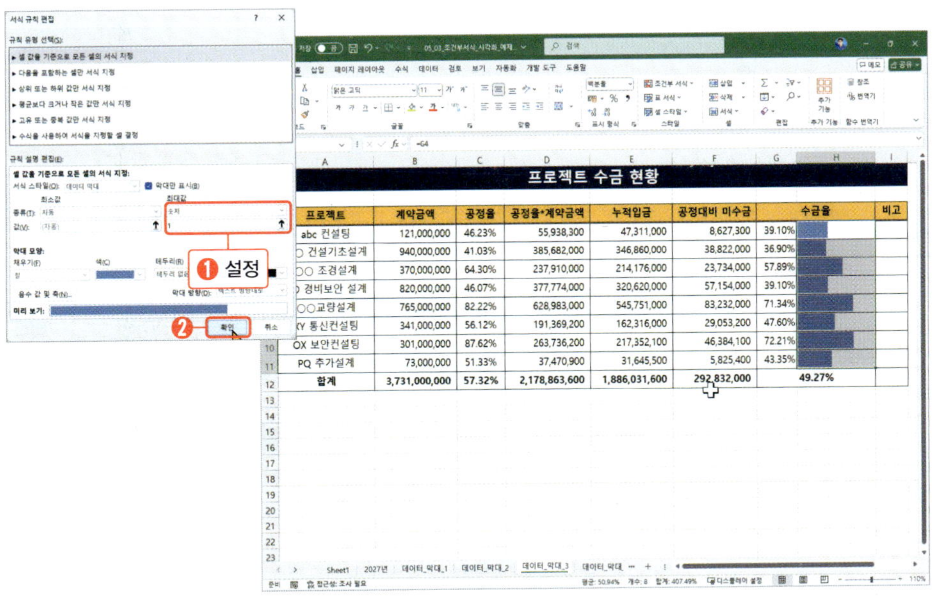

여기서 잠깐

100% 기준 대비율 막대를 그리기 위해서 숫자 '1'을 입력하는 이유는, '1'을 입력하면 절대값으로 인식하고 '%'를 입력하면 상대값으로 인식하기 때문입니다. 예를 들어, 50%로 입력하면 절반으로 인식합니다.

09 [데이터_막대_4] 시트를 선택하고 전년동월대비 매출 증감을 표시해 보겠습니다. 이번 데이터의 특징은 양수와 음수가 혼재된다는 것입니다.

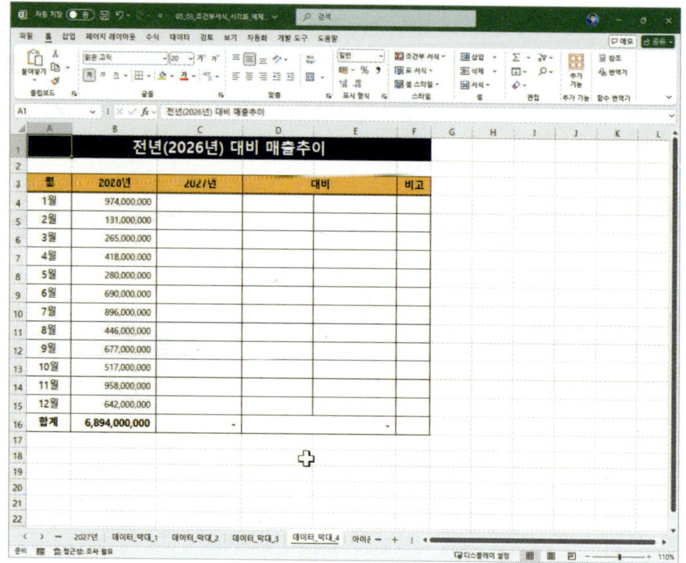

10 피벗 테이블이 작성된 [Sheet1] 시트로 이동해서 [열] 영역에 [매출일] 필드를 드래그 & 드롭합니다. 이어서 마우스 오른쪽 버튼으로 클릭한 후 [그룹]을 선택하고, [단위]는 '월'을 선택한 후 [확인]을 클릭합니다.

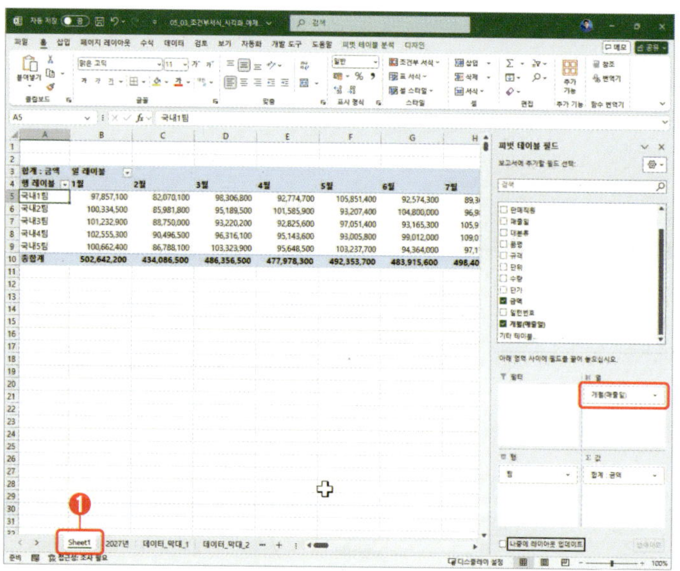

11 [데이터_막대_4] 시트로 돌아와서 [C4] 셀을 선택한 후 '='를 입력하고, 2027년 1월 매출인 [Sheet1] 시트의 [B10] 셀을 선택한 후 Enter를 누릅니다.

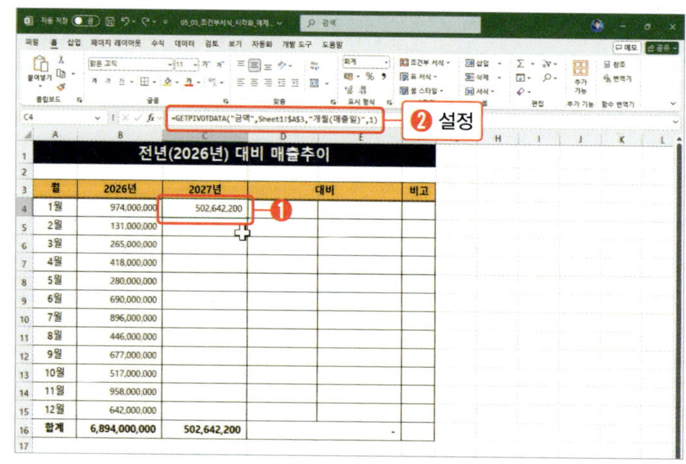

12 해당 수식을 12월까지 채웁니다.

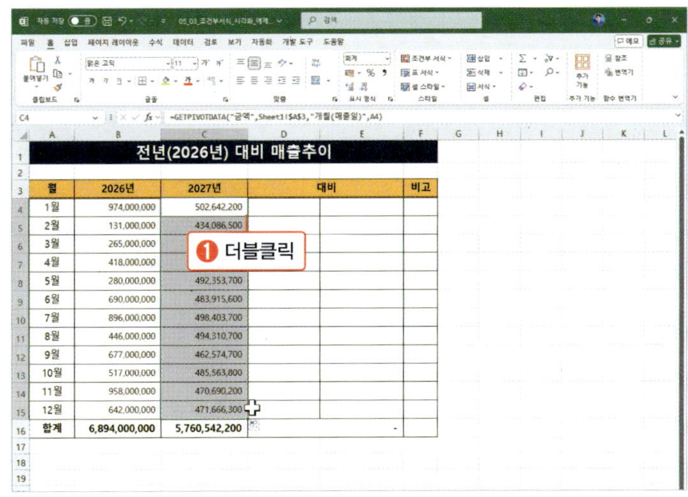

13 [D4] 셀을 선택하고 '=C4-B4'로 수식을 입력한 후 12월까지 채웁니다.

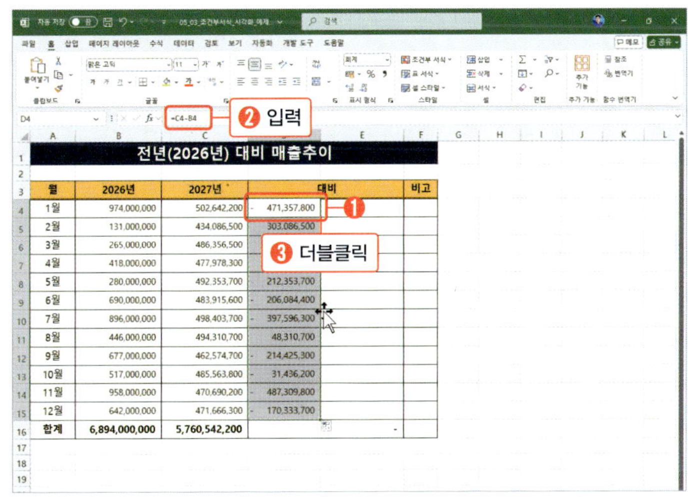

14 [E4] 셀을 선택하고 '=D4'를 입력한 후 12월까지 채웁니다.

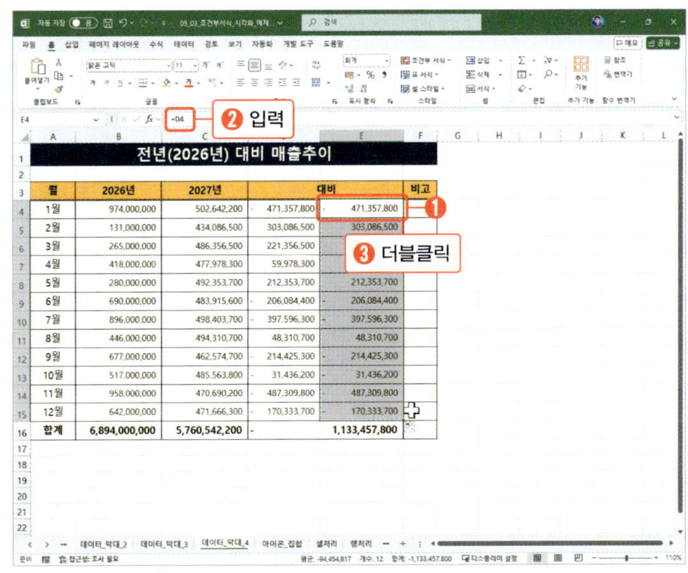

15 [홈] 탭 – [스타일] 그룹 – [조건부 서식] – [데이터 막대] – [기타 규칙]을 클릭합니다. [새 서식 규칙] 대화상자에서 [막대만 표시]를 체크하고 [음수값 및 축]을 클릭합니다.

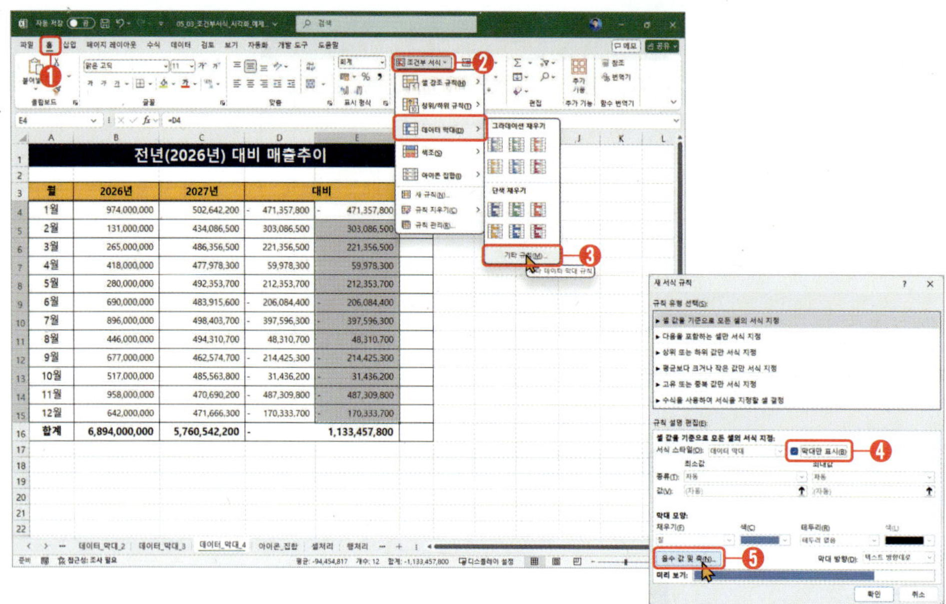

16 [축 설정]은 [셀 중간점]을 선택한 후 [확인]을 클릭하고 [새 서식 규칙] 대화상자도 [확인]을 클릭하면, 전년동월대비 매출 증감 데이터 막대를 확인할 수 있습니다.

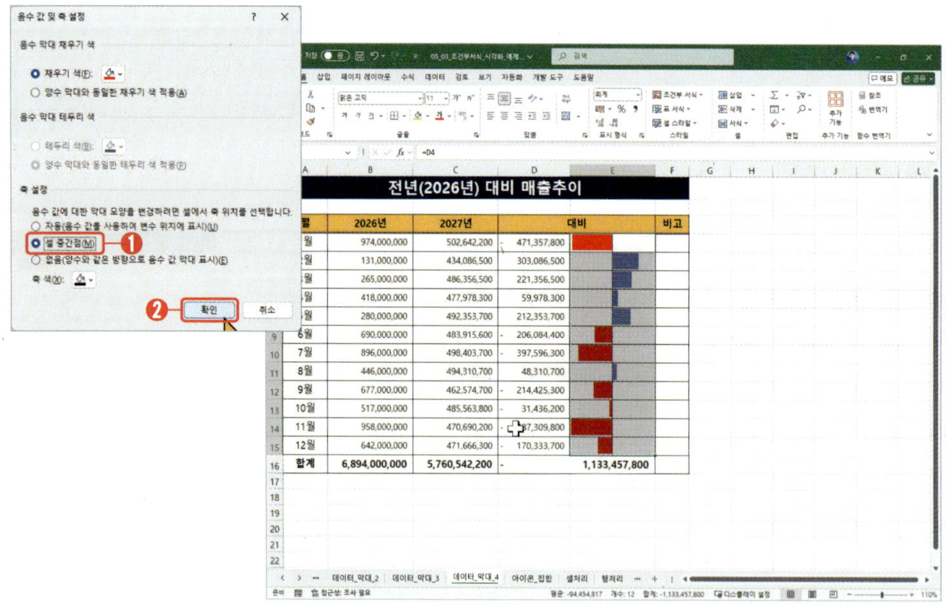

■ 아이콘 집합으로 대비율 표시하기

01 [아이콘_집합] 시트를 선택하고 [14] 행부터 [17] 행의 조건으로 대비율을 표시해 보겠습니다. [D5:D12] 셀을 선택하고 [홈] 탭 – [스타일] 그룹 – [조건부 서식] – [아이콘 집합] – [기타 규칙]을 클릭합니다.

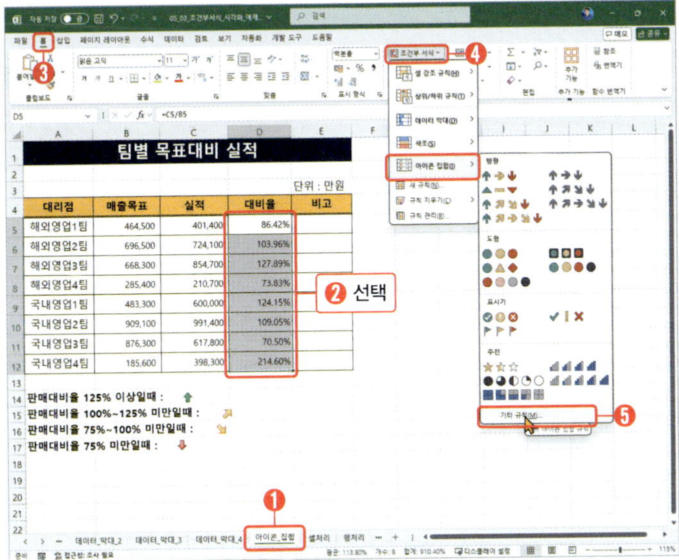

02 [새 서식 규칙] 대화상자에서 [아이콘 스타일] – [4방향 화살표(컬러)]를 클릭합니다. [종류]를 모두 '숫자'로 설정하고, 첫 번째 아이콘의 값은 1'.25', 두 번째는 '1', 세 번째는 '0.75'로 입력한 후 [확인]을 클릭합니다.

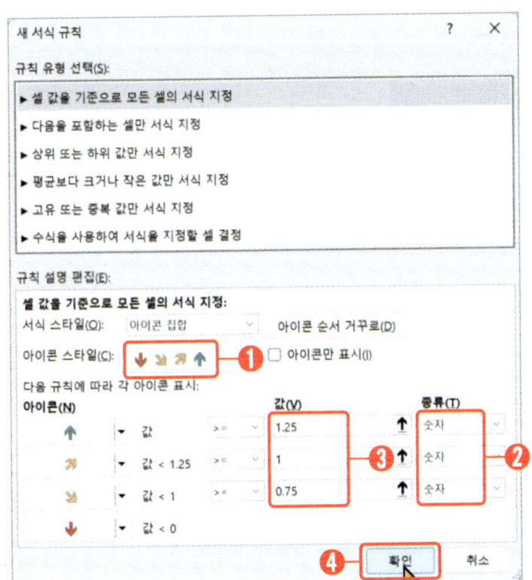

03 사용자가 지정한 조건에 맞는 아이콘으로 표시된 것을 확인할 수 있습니다.

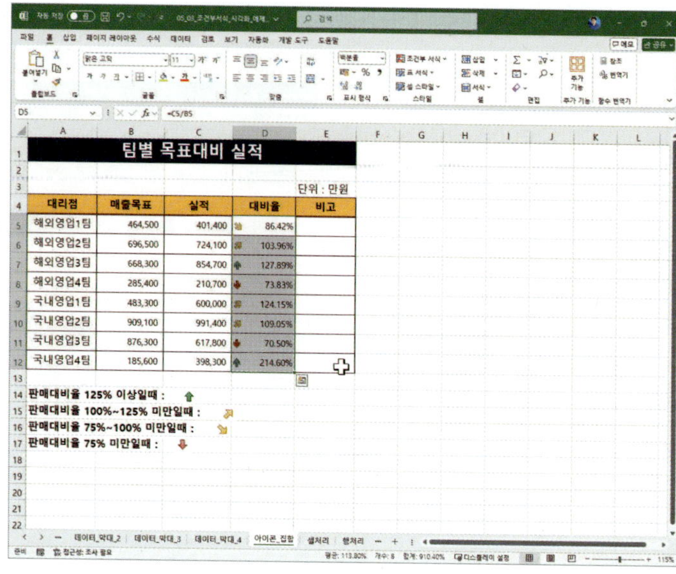

■ 수식을 이용한 조건부 서식

01 [셀처리] 시트에서 이번에는 수식을 조건으로 대비율이 100% 미만인 대리점에 주황색으로 표시하는 조건부 서식을 나타내기 위해, [A5:A12] 셀을 선택하고 [홈] 탭 – [스타일] 그룹 – [조건부 서식] – [새 규칙]을 클릭합니다.

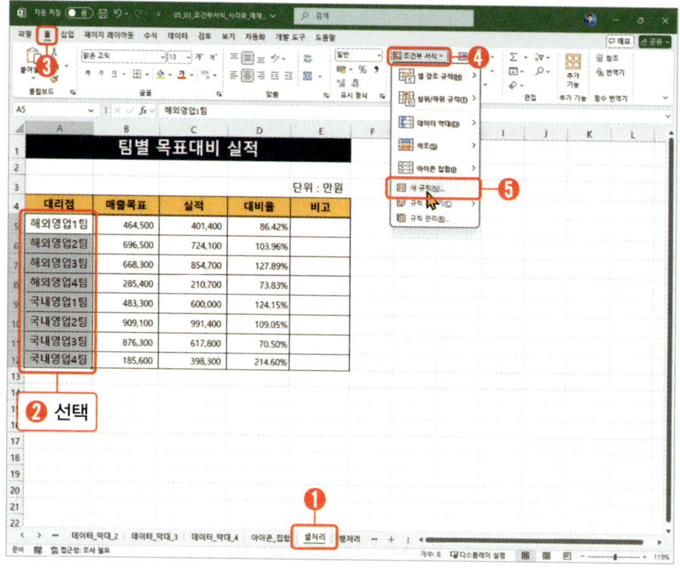

여기서 잠깐

조건부 서식은 항상 결과가 나타날 셀을 선택하고 실행합니다.

02 [규칙 유형 선택]은 [수식을 사용하여 서식을 지정할 셀 결정]을 선택하고 [다음 수식이 참인 값의 서식 지정]에 '=D5<100%'를 입력한 후 [서식]을 클릭합니다. [채우기] 탭에서 '주황색'을 선택한 후 [확인]을 클릭하고 [새 서식 규칙] 대화상자도 [확인]을 클릭해서 닫습니다.

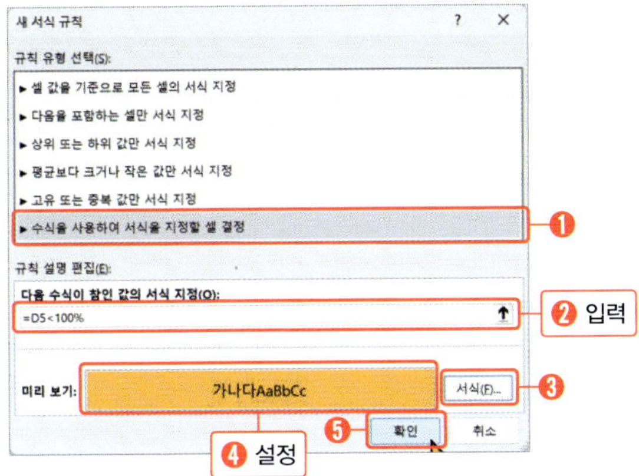

03 선택한 셀에 [D] 열 값이 100% 미만이라면 주황색으로 표시된 것을 확인할 수 있습니다.

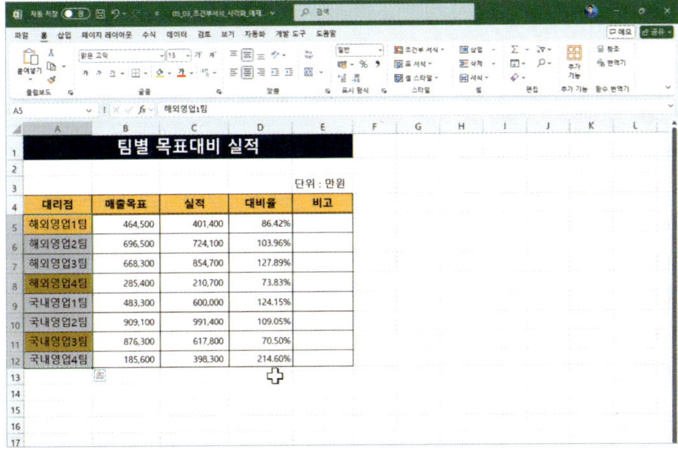

대리점	매출목표	실적	대비율	비고
해외영업1팀	464,500	401,400	86.42%	
해외영업2팀	696,500	724,100	103.96%	
해외영업3팀	668,300	854,700	127.89%	
해외영업4팀	285,400	210,700	73.83%	
국내영업1팀	483,300	600,000	124.15%	
국내영업2팀	909,100	991,400	109.05%	
국내영업3팀	876,300	617,800	70.50%	
국내영업4팀	185,600	398,300	214.60%	

04 [행처리] 시트를 선택하고 이번에는 대비율이 100%가 안되는 행 전체에 주황색으로 나타내는 조건부 서식을 지정해 보기 위해, [A5:E12] 셀을 선택하고 [홈] 탭 – [스타일] 그룹 – [조건부 서식] – [새 규칙]을 클릭합니다.

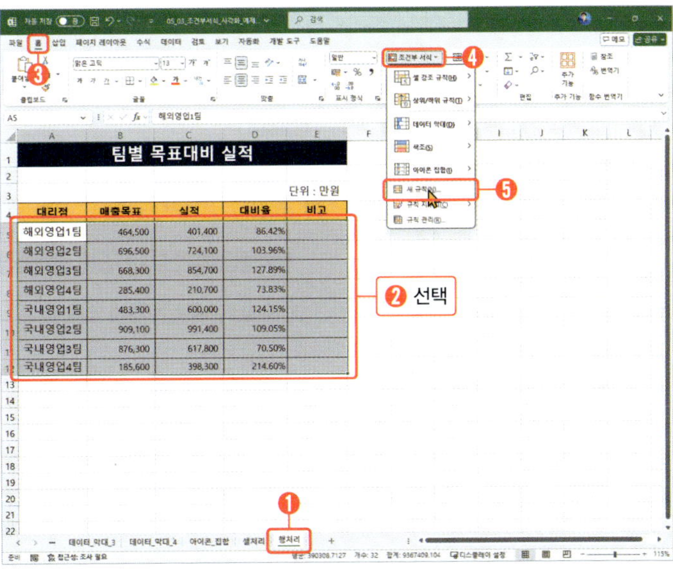

05 [규칙 유형 선택]은 [수식을 사용하여 서식을 지정할 셀 결정]을 선택하고 [다음 수식이 참인 값의 서식 지정]에 '=$D5<100%'를 입력한 후 [서식]을 클릭합니다. [채우기] 탭에서 '주황색'을 선택하고, [확인]을 클릭한 후 [새 서식 규칙] 대화상자도 [확인]을 클릭해서 닫습니다.

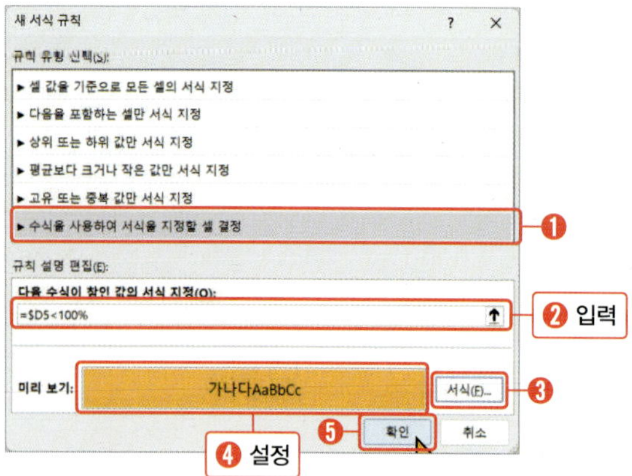

여기서 잠깐

선택한 5개 열이 모두 [D] 열을 참조해야 하므로 '$D5'로 입력해야 합니다.

06 조건을 만족하는 행 전체가 주황색으로 표시된 것을 확인할 수 있습니다.

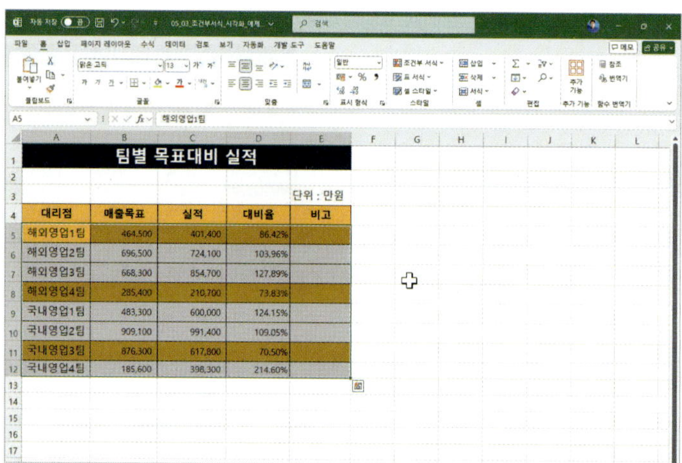

07 여기서 [C5] 셀의 값을 '470000'으로 100% 이상이 되게끔 입력하면 해당 조건부 서식이 사라지는 것을 확인할 수 있습니다.

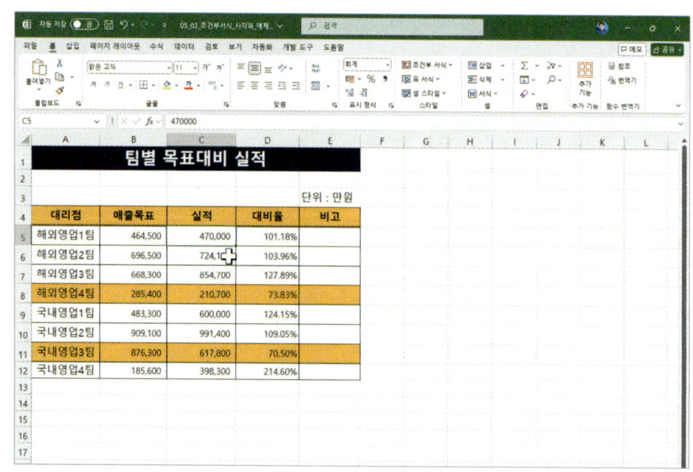

004 조건부 서식을 활용하는 자동화 휴가 계획표

엑셀에서 '수식을 사용하는 조건부 서식'을 활용하면 단순한 데이터 강조를 넘어 다양한 형태의 시각화를 구현할 수 있습니다. 특히 이를 응용하면 휴가 계획표나 간트 차트처럼 일정 관리에 유용한 형태로도 표현할 수 있죠. 이번에는 사내에서 매년 여름마다 반복되는 휴가 계획표 작성 업무를 보다 효율적으로 자동화하는 방법을 단계별로 살펴보겠습니다.

- **실습 파일 :** Part 05 > 예제 > 05_04_조건부 서식_활용_휴가 계획표_예제.xlsx
- **완성 파일 :** Part 05 > 완성 > 05_04_조건부 서식_활용_휴가 계획표_완성.xlsx

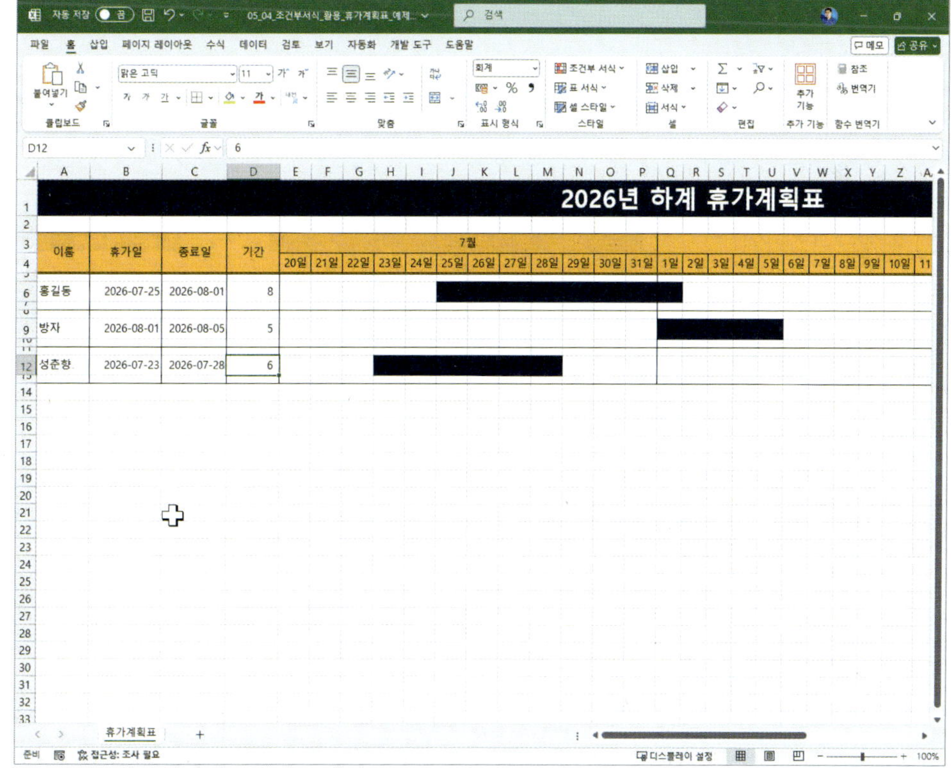

주요 기능	현업 활용
참조	• 혼합 참조를 이용하여 열, 어느 행이 고정되는지를 파악해서 입력하면 다른 사람의 휴가 계획표도 계속 추가할 수 있다.
셀 서식	• yyyy-mm-dd 형식의 날짜를 간단히 날짜만 나오게 해서 열 크기를 줄여서 사용할 수 있다.
내장함수	• AND라는 논리곱 내장 함수를 이용해서 휴가 기간에 해당되는지를 표시할 수 있다.

01 예제 파일을 불러온 후 [E4] 셀의 내용을 보면 2026-07-20으로 정상적인 날짜 데이터지만 셀 서식을 이용해서 날짜만 나타나도록 만들어 둔 것을 확인할 수 있습니다. [E4] 셀을 선택하고 Ctrl+1을 누르고 [셀 서식] 대화상자의 [사용자 지정]을 확인해 보면 알 수 있습니다.

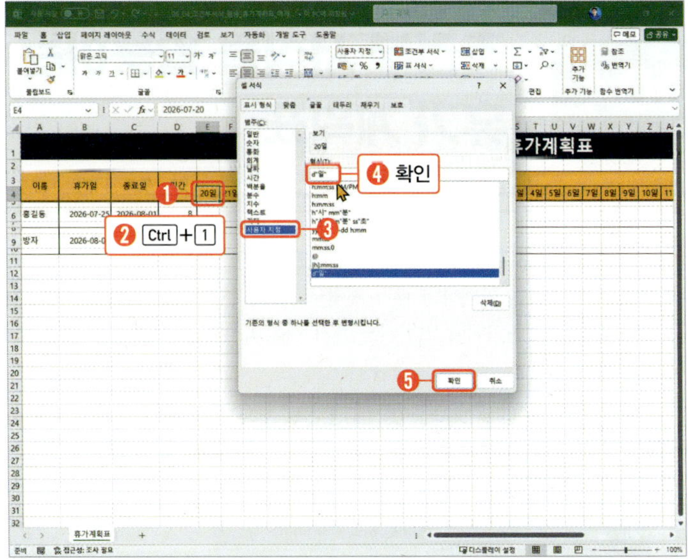

02 먼저 홍길동의 휴가 기간을 표시하기 위해, 조건부 서식이 나타날 범위 [E6:AL6] 셀을 선택하고 [홈] 탭 – [스타일] 그룹 – [조건부 서식] – [새 규칙]을 클릭합니다.

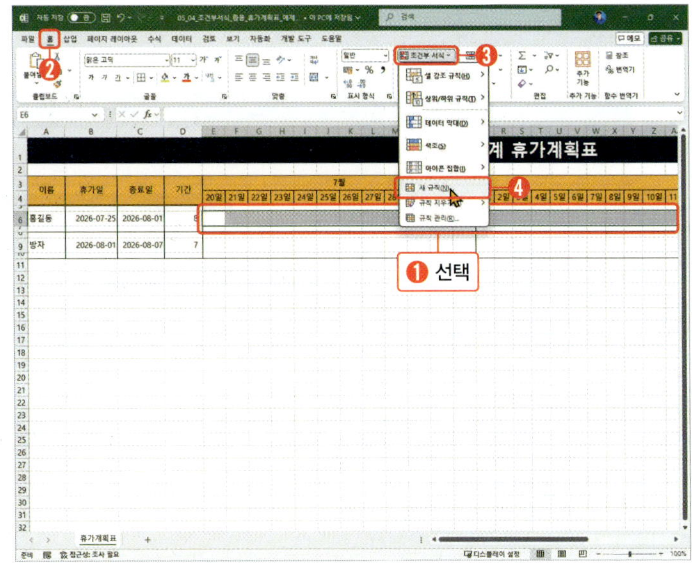

03 [새 서식 규칙] 대화상자가 나타나면 [규칙 유형 선택]은 [수식을 사용하여 서식을 지정할 셀 결정]을 선택하고, [다음 수식이 참인 값의 서식 지정] 부분에 아래와 같은 수식을 입력한 후 [서식]을 클릭합니다. [채우기] 탭에서 '진한파랑'을 선택하고 [확인]을 클릭하고, [새 서식 규칙] 대화상자도 [확인]을 클릭해서 닫는다.

```
=AND(E$4>=$B6,E$4<=$C6)
```

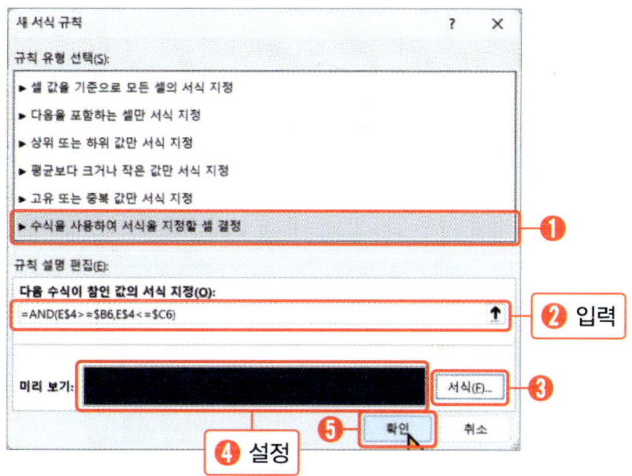

수식 설명

=AND(E$4>=$B6,E$4<=$C6)

[E4] 셀(2026-07-20)이 [B6] 셀(휴가 시작일(2026-07-25))보다는 크거나 같고, [E4] 셀(2026-07-20)이 [C6] 셀(휴가 종료일(2026-08-01))보다는 작거나 같아야 한다.

04 나머지 인원은 [E6:AL6] 셀을 복사해서 [E9] 셀에 붙여 넣습니다.

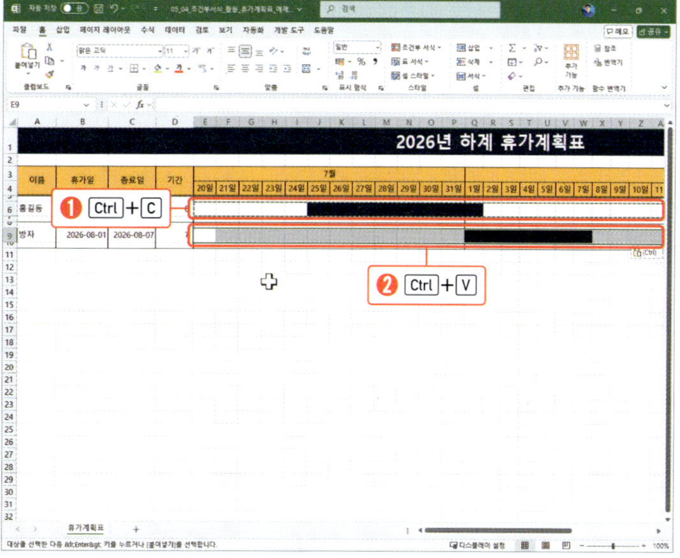

05 이제 [D9] 셀의 기간을 '5'로 변경해 보면, 막대가 바뀌는 것을 확인할 수 있습니다.

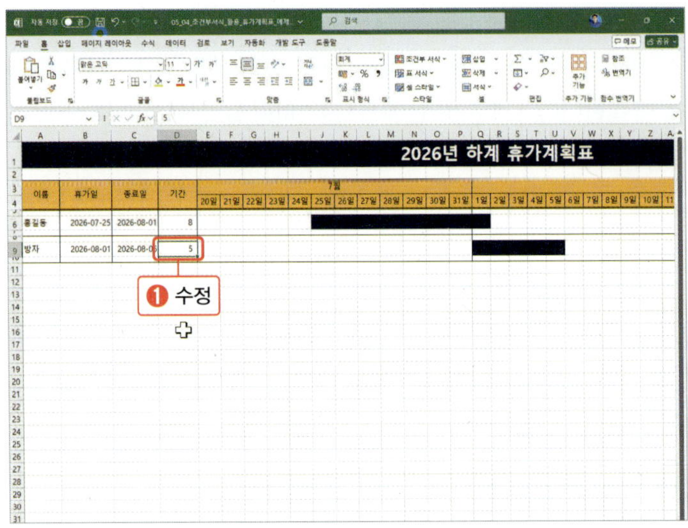

06 만약 인원이 추가된다면 8행부터 10행까지 전체 행을 선택하고 복사한 뒤 11행을 선택한 후 Enter를 누르면 행 높이도 복사한 내용과 같게 조건부 서식도 지정된 것을 확인할 수 있다.

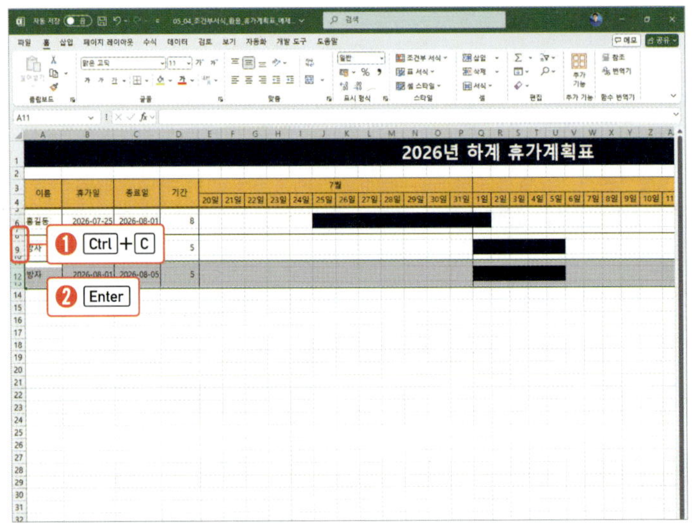

07 이름을 변경하고, 기간도 변경해 보면 바뀌는 막대를 확인할 수 있습니다.

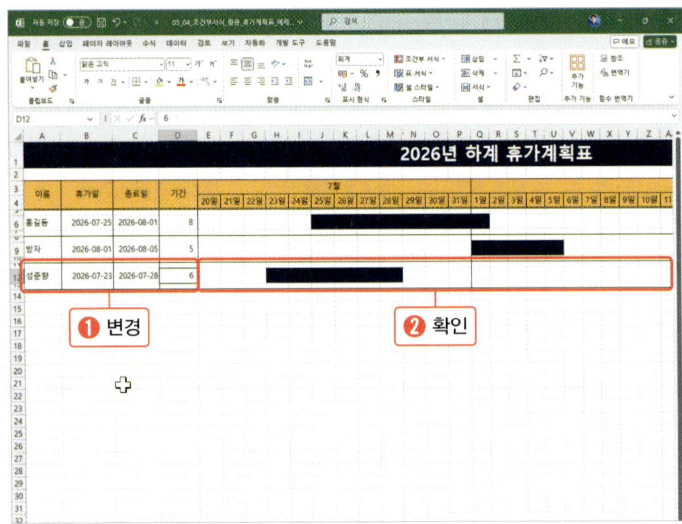

005 목표 대비 실적 분석을 위한 이중 축 차트

엑셀 2013 버전부터 추가된 추천 차트 기능은 사용자가 선택한 데이터를 기반으로 가장 적합한 차트 유형을 자동으로 제안해 줍니다. 이 기능을 활용하면 차트 작성에 익숙하지 않더라도 상황에 맞는 시각화를 쉽게 만들 수 있습니다. 이번에는 추천 차트를 이용해 매출 대비 실적을 분석하는 반응형 이중 축 차트 보고서를 작성해 보겠습니다.

- **실습 파일 :** Part 05 > 예제 > 05_05_이중 축_차트_예제.xlsx
- **완성 파일 :** Part 05 > 완성 > 05_05_이중 축_차트_완성.xlsx

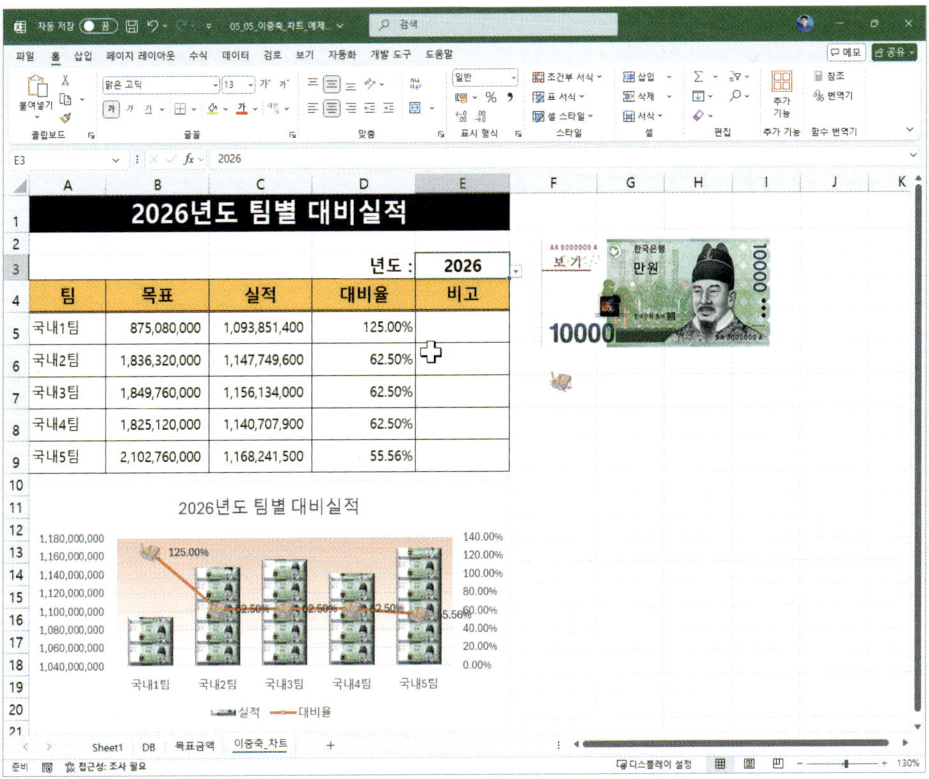

주요 기능	현업 활용
추천 차트	• 선택한 범위를 쉽게 원하는 차트로 작성할 수 있게 도와준다.
데이터 유효성 검사	• 입력할 데이터를 미리 나열하고, 선택으로 입력할 수 있다.
클립아트 적용	• 다양한 클립아트나 그림을 차트에 적용할 수 있다.

■ 데이터 불러오기

01 예제 파일을 불러온 후 팀별 매출대비 실적의 기준이 되는 년도를 유효성 검사로 지정하겠습니다. 현재 [DB] 시트를 확인하면 2026~2028년까지 데이터가 있습니다. [이중축_차트] 시트에서 [E3] 셀을 선택하고 [데이터] 탭 – [데이터 도구] 그룹 – [데이터 유효성 검사]를 클릭합니다.

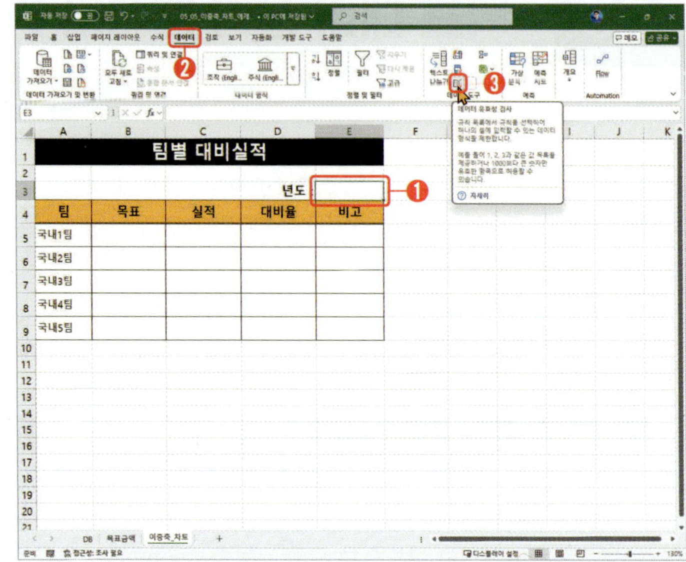

02 [제한 대상]은 '목록', [원본]은 '2026,2027,2028'을 입력하고 [확인]을 클릭합니다. 입력한 후 분석 기준인 '2027'을 선택해 둡니다.

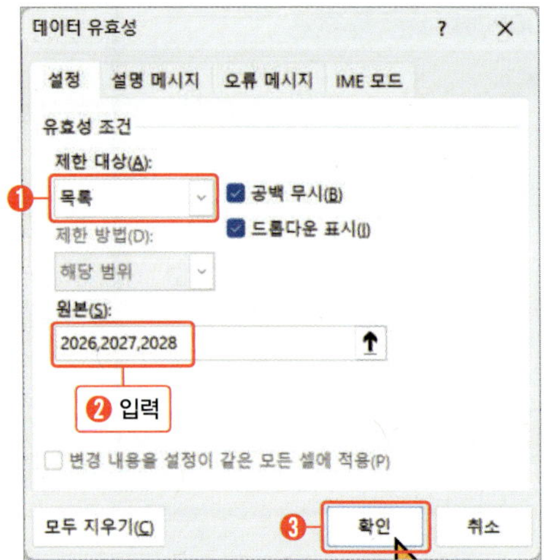

03 목표 금액을 가져오겠습니다. [목표금액] 시트로 이동해서 확인해 보면 연도와 팀이라는 2개의 조건을 만족할 때 목표 금액을 가져와야 합니다. 2가지 이상의 다중 조건을 나타낼 때는 기준열로 파생열을 만드는 방법이 가장 쉽습니다. [A] 열을 새롭게 추가하고 [A4] 셀을 선택하고 '2026국내1팀'을 입력한 후 Enter를 누르고, Ctrl+E를 눌러 빠른 채우기로 파생열을 만듭니다.

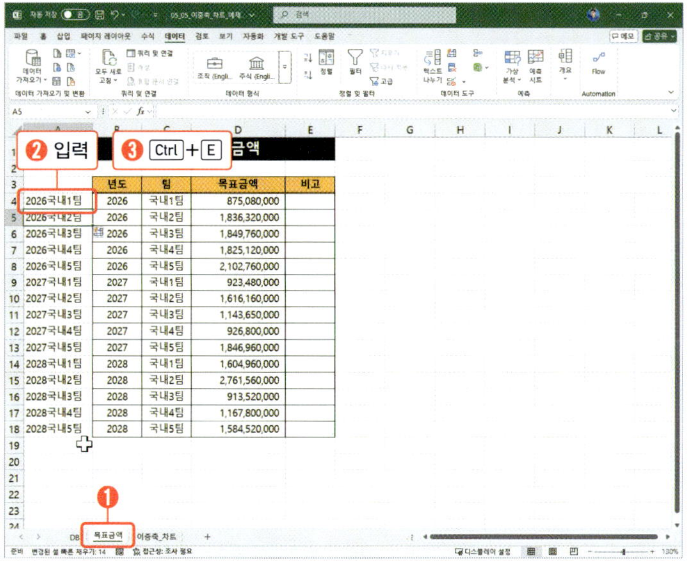

여기서 잠깐

물론 XLOOKUP 함수를 이용하면 파생열이 없어도 가능합니다. 이번 예제는 VLOOKUP을 활용하려고 파생열을 만들었습니다.

04 [A4:D18] 셀을 선택하고 [이름 상자]에 '목표금액'을 입력합니다.

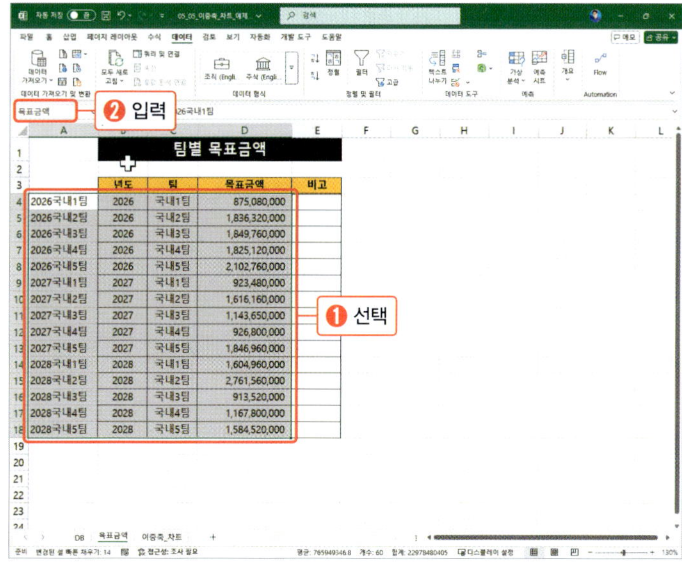

05 [이중축_차트] 시트로 돌아와 [B5] 셀에 VLOOKUP 수식을 아래와 같이 적용하고 나머지는 채워 넣습니다. 이때 인수가 많아 이해가 쉽지 않다면 아래와 같이 ',' 다음에 Space Bar 를 눌러 띄워도 됩니다.

```
=VLOOKUP($E$3&A5,목표금액,4,0)
```

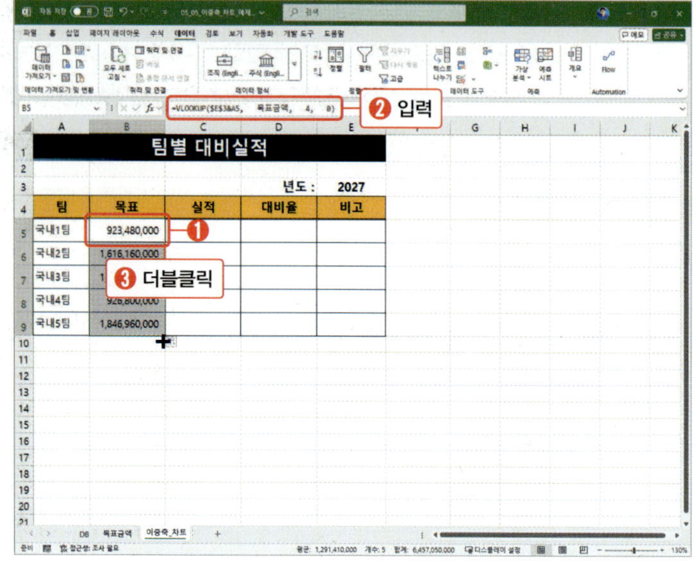

■ 실적 집계를 위한 피벗 테이블 작성하기

01 이제 실적을 집계하기 위해, [DB] 시트로 이동해서 [머리글 포함]으로 표로 만든 후 [테이블 디자인] 탭 – [도구] 그룹 – [피벗 테이블로 요약]을 클릭합니다. 기본 설정 그대로 [확인]을 클릭해서 새 워크시트에 빈 피벗 테이블을 작성합니다.

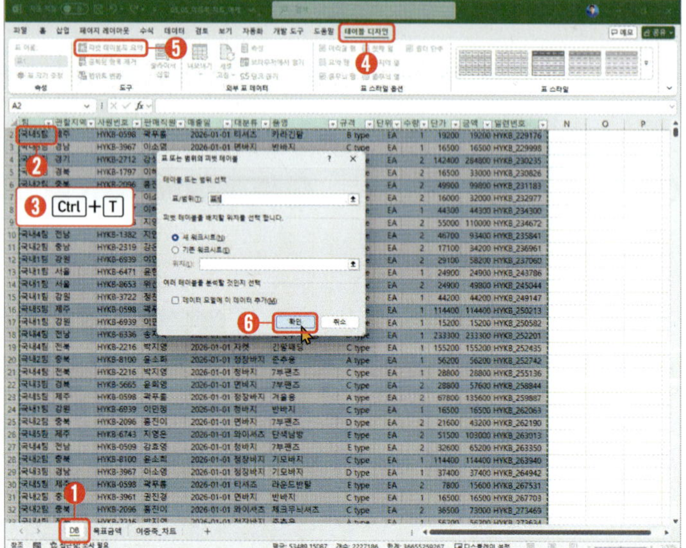

02 [행] 영역에 [팀], [매출일] 필드, [값] 영역에 [금액] 필드를 드래그 & 드롭합니다.

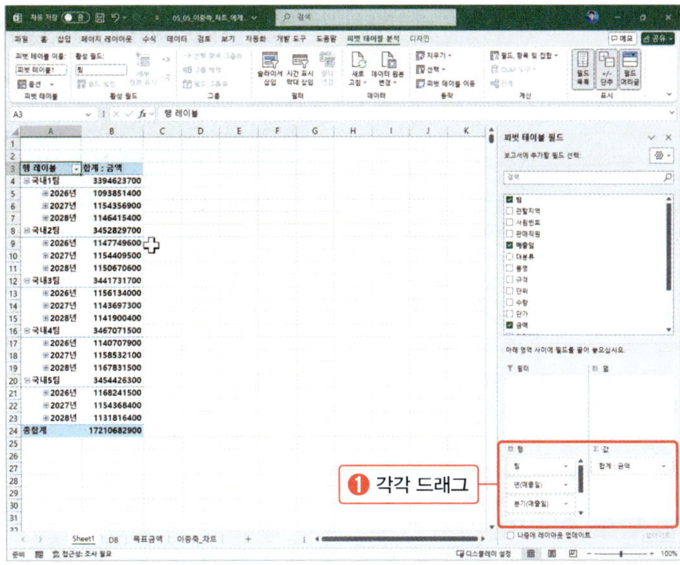

03 [이중축_차트] 시트로 돌아와 [C5] 셀에 '='를 입력한 후 2027년의 국내1팀의 매출을 피벗 테이블이 작성된 [Sheet1] 시트의 [B6] 셀을 선택한 후 Enter를 누릅니다.

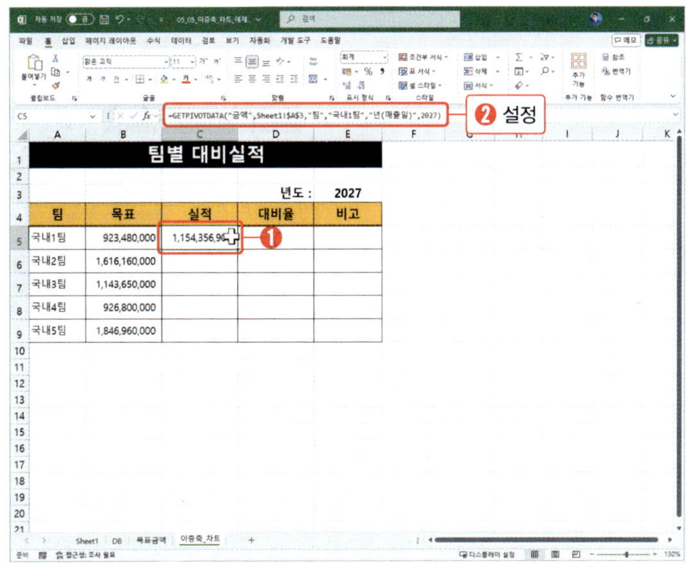

04 해당 수식의 변수를 아래와 같이 변경하고 나머지는 영역은 채웁니다.

=GETPIVOTDATA("금액", Sheet1!$A$3,"팀",A5,"년(매출일)", $E$3)

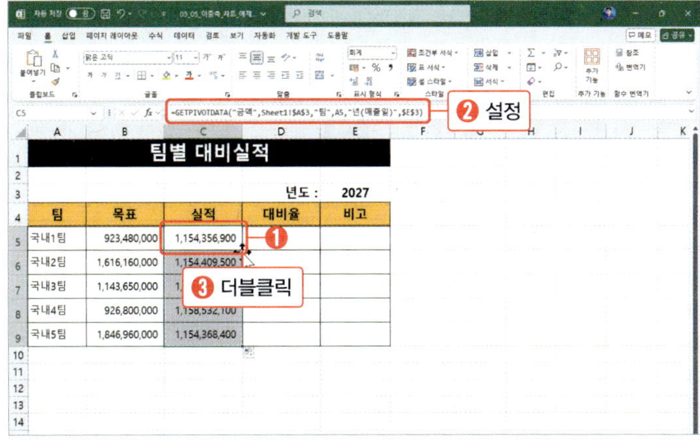

05 [D5] 셀을 선택하고 '=C5/B5'를 입력한 후 나머지는 채웁니다.

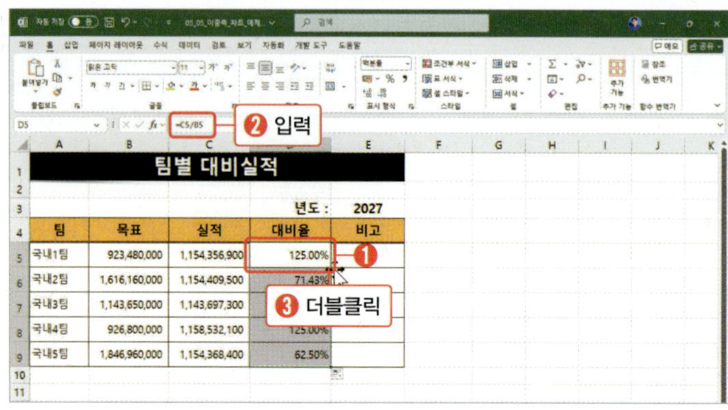

■ 차트 작성하기

01 이제 차트를 작성하기 위해, 차트 작성 범위인 [A4:A9] 셀을 선택하고 Ctrl을 누른 상태로 [C4:D9] 셀을 선택한 뒤 [삽입] 탭 – [차트] 그룹 – [추천 차트]를 클릭합니다.

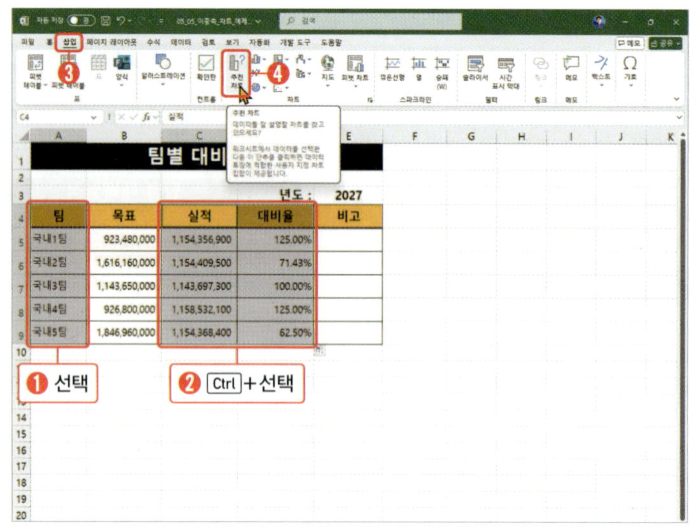

02 첫 번째 [묶은 세로 막대형] 차트를 선택하고 [확인]을 클릭합니다.

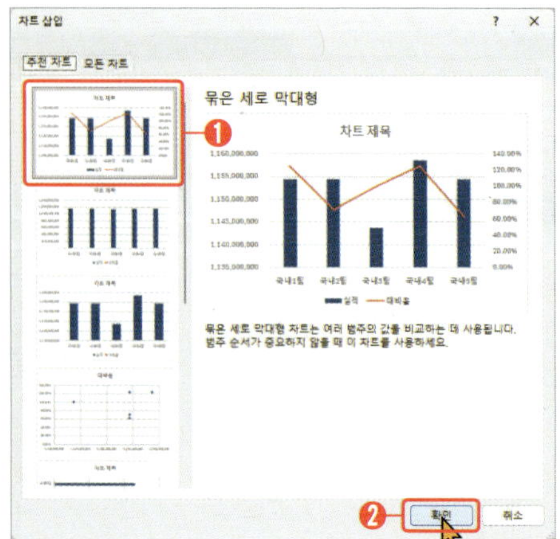

03 적당한 곳에 차트를 위치시킵니다. 이제 차트의 제목을 데이터와 연동시키기 위해, [A1] 셀을 선택하고 아래와 같이 입력합니다.

```
=E3&"년도 팀별 대비실적"
```

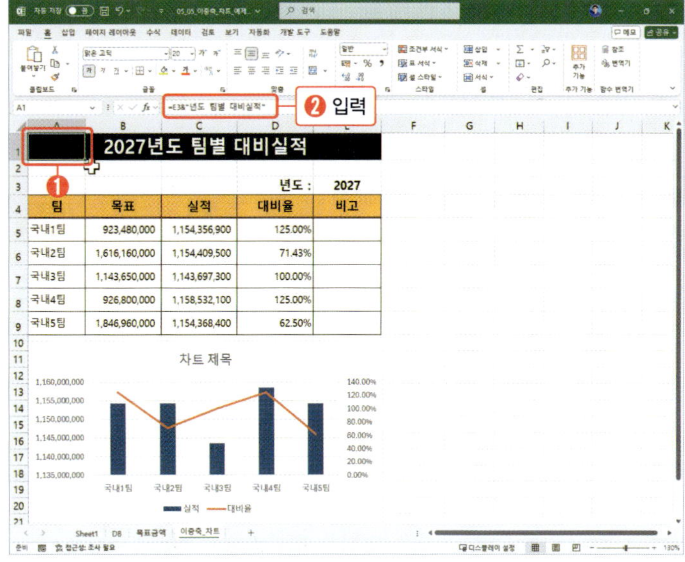

팀	목표	실적	대비율	비고
국내1팀	923,480,000	1,154,356,900	125.00%	
국내2팀	1,616,160,000	1,154,409,500	71.43%	
국내3팀	1,143,650,000	1,143,697,300	100.00%	
국내4팀	926,800,000	1,158,532,100	125.00%	
국내5팀	1,846,960,000	1,154,368,400	62.50%	

04 차트의 제목을 선택하고 수식 입력줄에 '='을 입력하고 [A1] 셀을 선택한 뒤 Enter를 누릅니다.

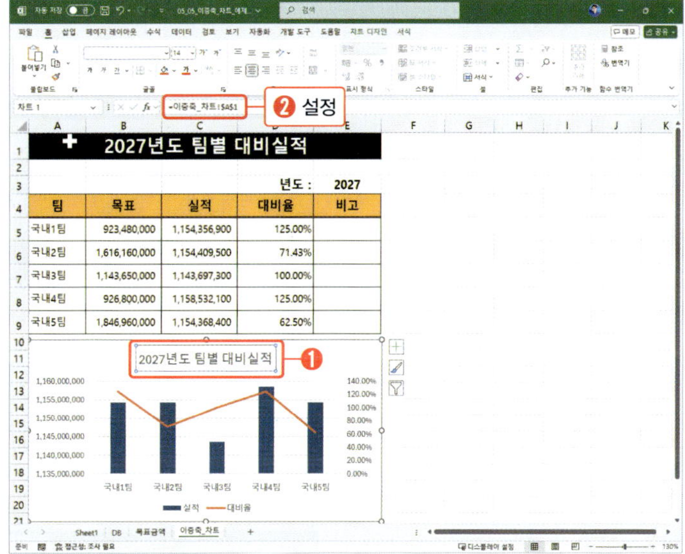

팀	목표	실적	대비율	비고
국내1팀	923,480,000	1,154,356,900	125.00%	
국내2팀	1,616,160,000	1,154,409,500	71.43%	
국내3팀	1,143,650,000	1,143,697,300	100.00%	
국내4팀	926,800,000	1,158,532,100	125.00%	
국내5팀	1,846,960,000	1,154,368,400	62.50%	

05 차트의 꺾은선이 대비율인데 중요한 지표라 수치를 표시하겠습니다. 꺾은선의 꼭지점을 선택하고, 마우스 오른쪽 버튼으로 클릭한 후 [데이터 레이블 추가]를 선택합니다.

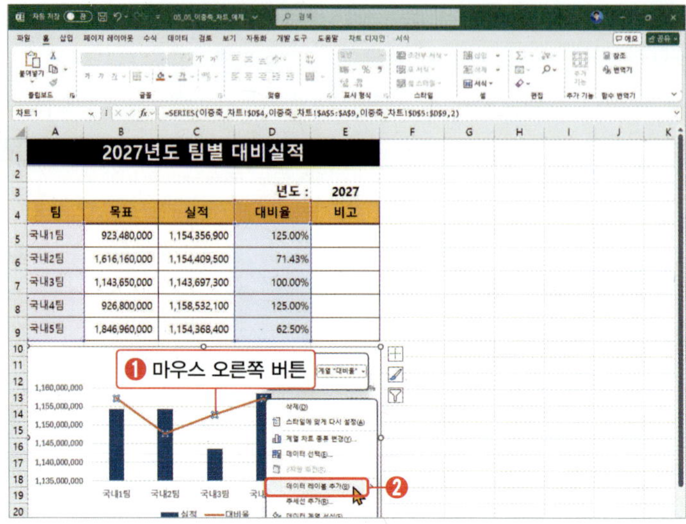

06 그림 영역에 그라데이션 효과를 적용하기 위해, 차트의 그림 영역을 마우스 오른쪽 버튼으로 클릭한 후 [그림 영역 서식]을 선택합니다.

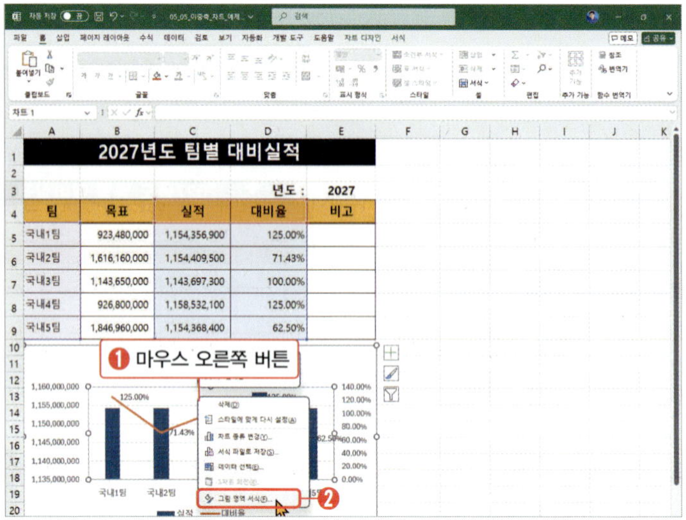

07 우측으로 나타난 [그림 영역 서식] 작업 창 상단 아이콘 중 [채우기 및 선] – [채우기]를 확장해서 [그라데이션 채우기]를 클릭합니다.

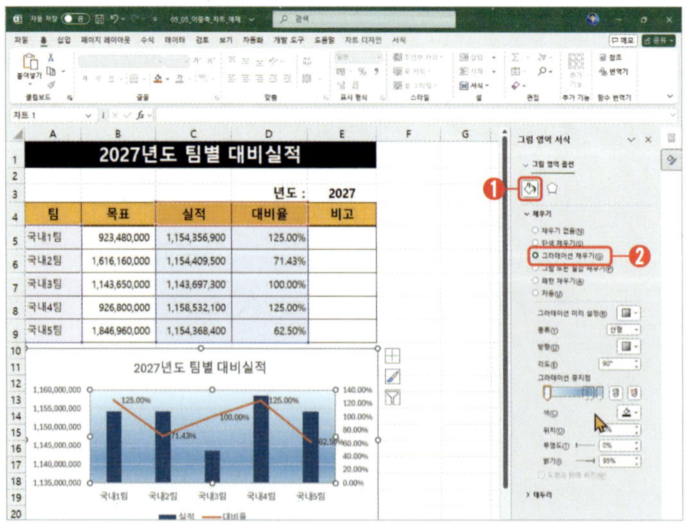

08 [그라데이션 중지점] 총 4개 있었는데 1개를 삭제하겠습니다. 삭제할 중지점을 드래그해서 서식 창의 바깥 영역으로 이동시키면 삭제됩니다. 첫 번째 중지점은 [색] – [주황, 강조2, 60% 더 밝게]를, 두 번째 중지점은 [주황, 강조2, 80% 더 밝게]를, 마지막은 [흰색, 배경 1]을 선택합니다.

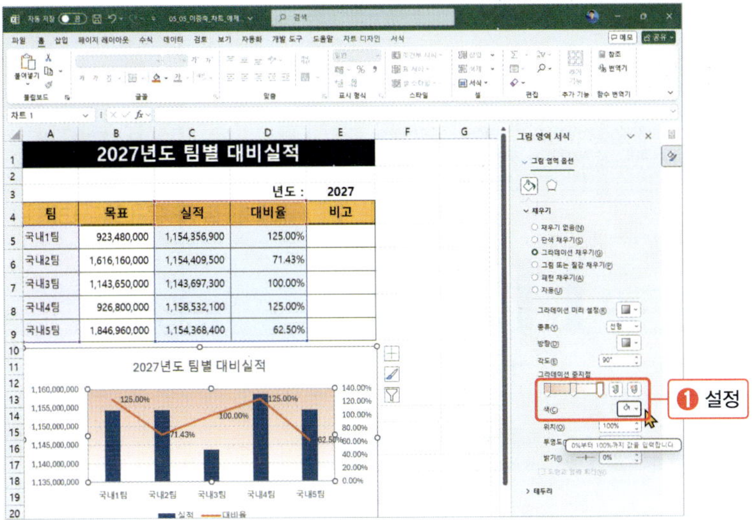

여기서 잠깐

현재 각도가 90도로 되어 있는데 색상의 그라데이션 방향이 12시에서 아래로 변경되었습니다. 이는 오피스의 그라데이션 기준점 방향이 9시로 설정되어 있기 때문입니다. 그래서 9시에서 90도면 12시이고 해당 방향에서 중심점 방향으로 색상이 변해가게 되는 것입니다.

중지점을 삭제할 때는 밖으로 드래그해서 놓으면 삭제되고 추가할 때는 바의 특정 부분을 클릭하면 해당 부분에 중지점이 삽입됩니다.

09 이번에는 막대에 입체감을 표현하기 위해, 막대를 마우스 오른쪽 버튼으로 클릭한 후 [데이터 계열 서식]을 선택합니다.

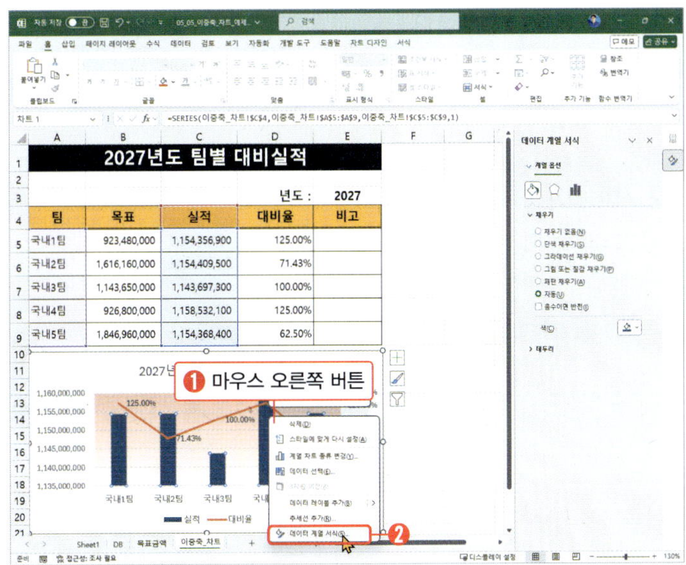

10 [데이터 계열 서식] 작업 창의 [효과]를 확장해서 [3차원 서식] – [위쪽 입체]의 [너비]나 [높이]를 '6 pt'로 설정하면, 입체 효과가 나타나는 것을 확인할 수 있습니다.

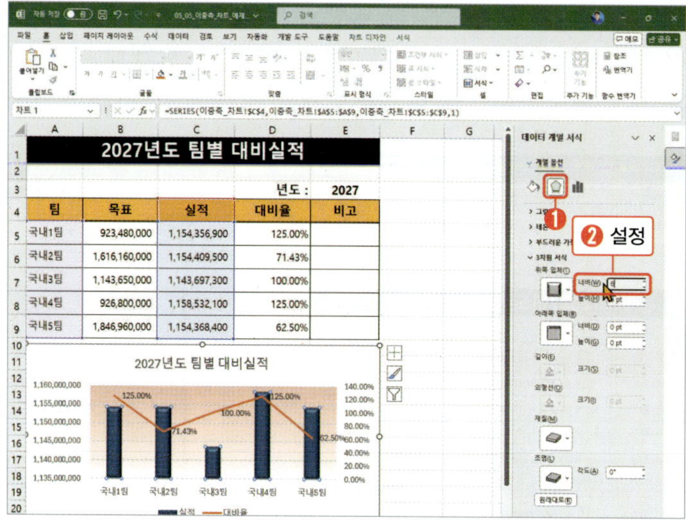

11 이번에는 막대 대신 돈을 쌓아서 표시해 보겠습니다. 해당 이미지를 가져오기 위해 google.com에서 '돈'을 입력하고 [이미지]를 클릭합니다.

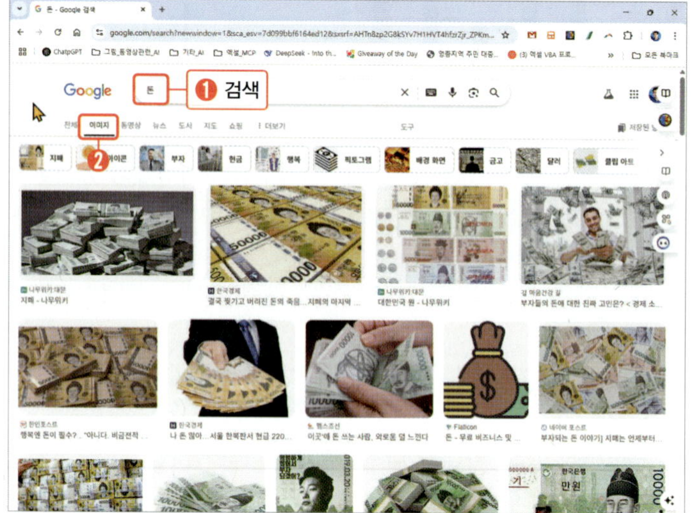

12 마음에 드는 이미지(만원권 화폐 이미지)를 확인했으면, 마우스 오른쪽 버튼으로 클릭한 후 [이미지 복사]를 선택합니다.

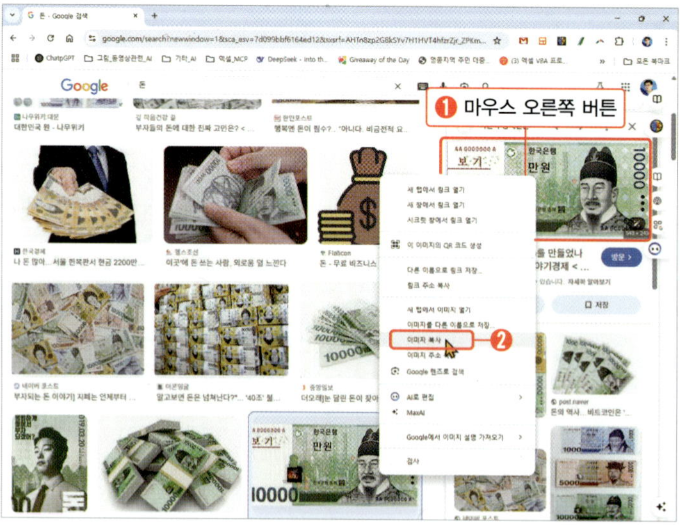

13 엑셀로 돌아와 붙여 넣을 적당한 셀에 붙여 넣고 크기를 적당히 조절합니다. Ctrl+C를 눌러 해당 이미지를 복사합니다.

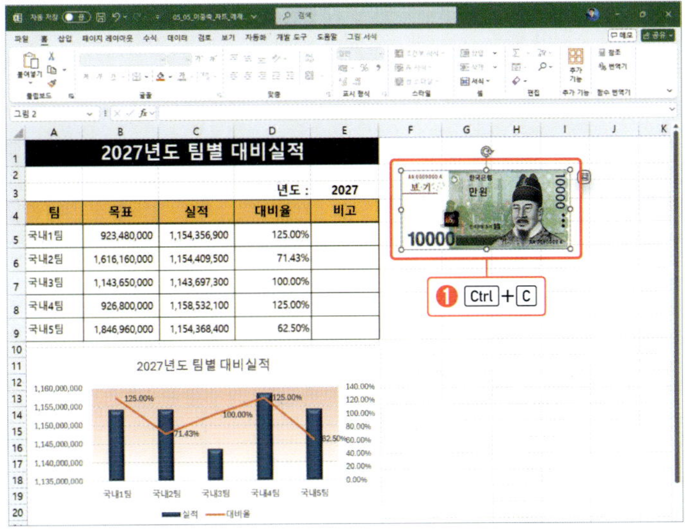

14 임의의 막대를 선택한 후 Ctrl+V를 눌러 붙여 넣습니다.

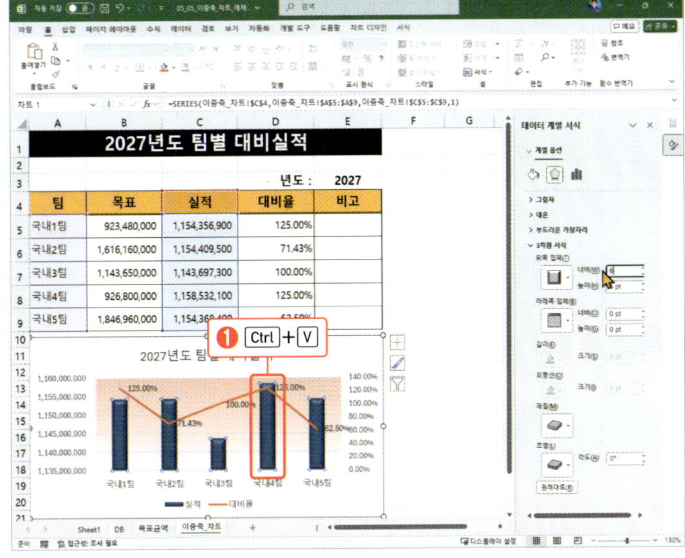

15 지폐를 쌓은 형태로 변경하기 위해, 지폐를 마우스 오른쪽 버튼으로 클릭한 후 [데이터 계열 서식]을 선택합니다.

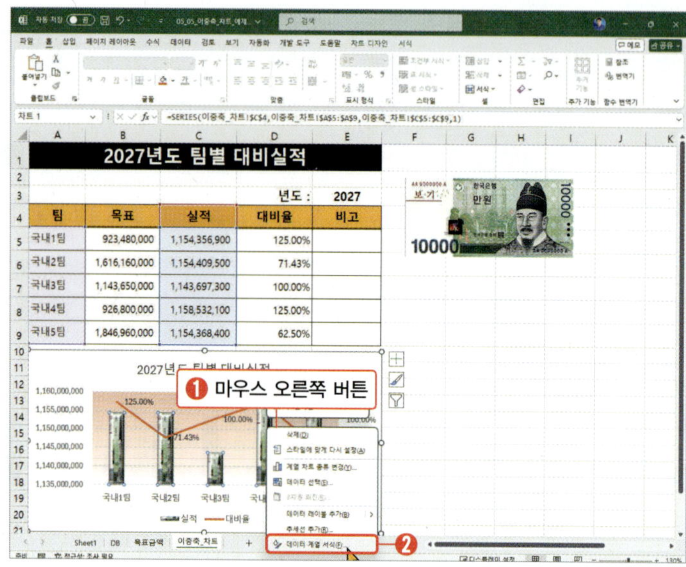

16 [데이터 계열 서식] 작업 창에서 [채우기 및 선] – [채우기]를 확장한 후 [쌓기]를 클릭합니다.

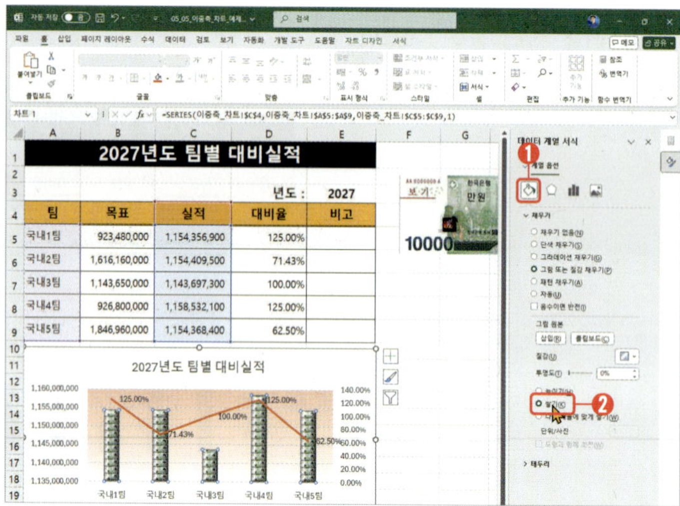

17 지폐가 너무 작아서 크기를 조절하기 위해, [데이터 계열 서식] 작업 창의 세 번째 아이콘 계열 옵션을 클릭하고 [간격 너비]를 '50%'로 설정합니다.

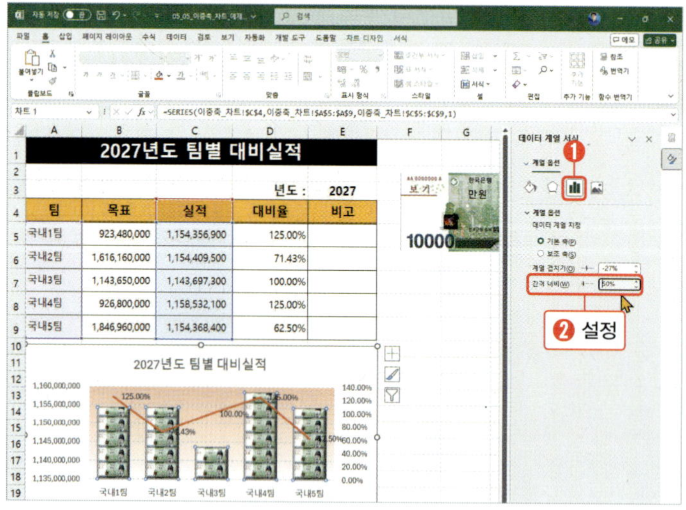

18 이번에는 엑셀에서 제공하는 아이콘을 적용해 보기 위해, [삽입] 탭 – [일러스트레이션] 그룹 – [아이콘]을 클릭합니다.

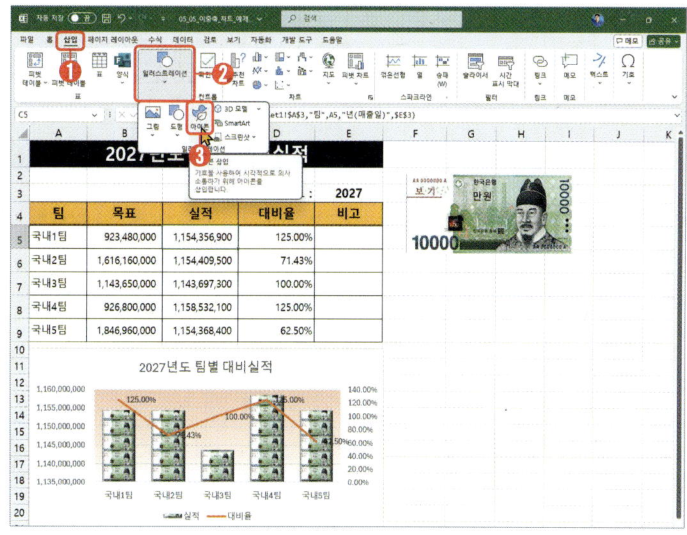

19 [스톡 이미지] 창에서 '돈'을 입력하고 [스티커] 탭에서 나오는 아이콘 중 세 번째 아이콘을 선택한 후 [삽입]을 클릭합니다.

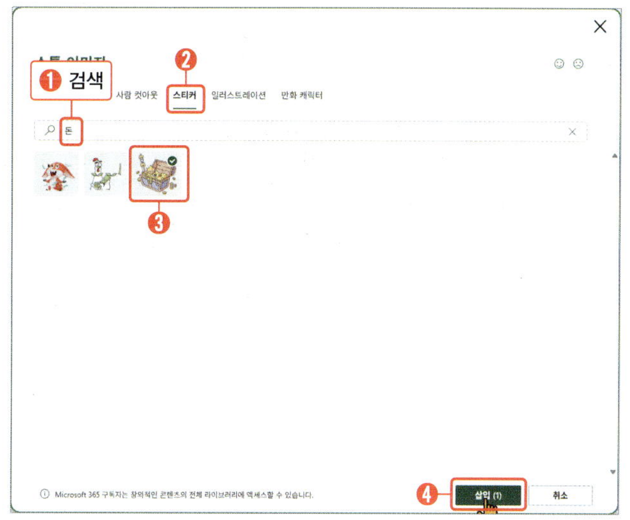

20 시트에 삽입된 아이콘을 적당한 크기로 줄이고, Ctrl+C를 눌러 복사합니다.

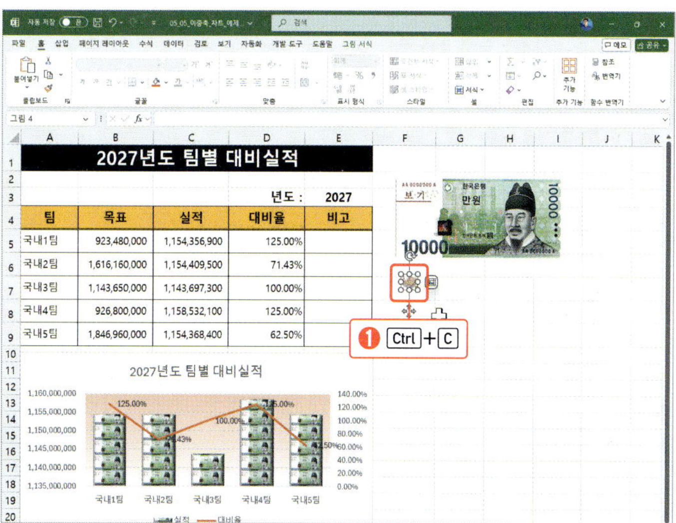

21 차트의 꺾은선 중 꼭지점 부분을 선택하고 Ctrl+V를 눌러 붙여 넣습니다.

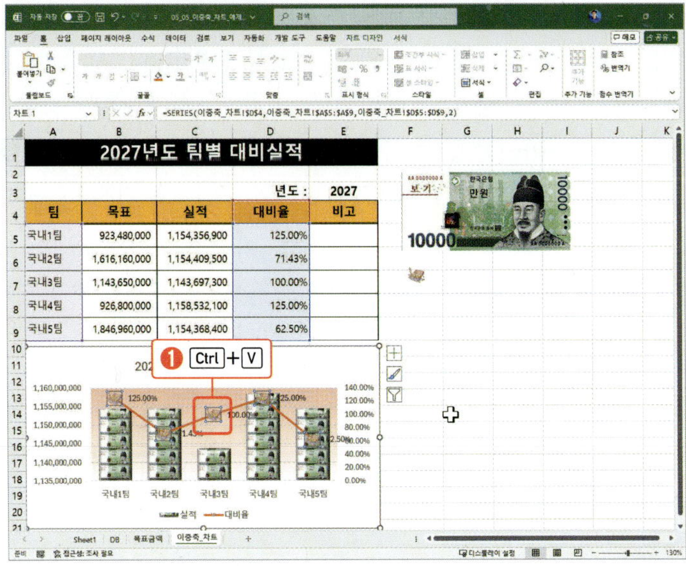

22 이제 [E3] 셀의 값을 '2026'으로 변경해 보면, 데이터가 변경되고 차트도 바뀌고 차트 제목도 변경되는 것을 확인할 수 있습니다.

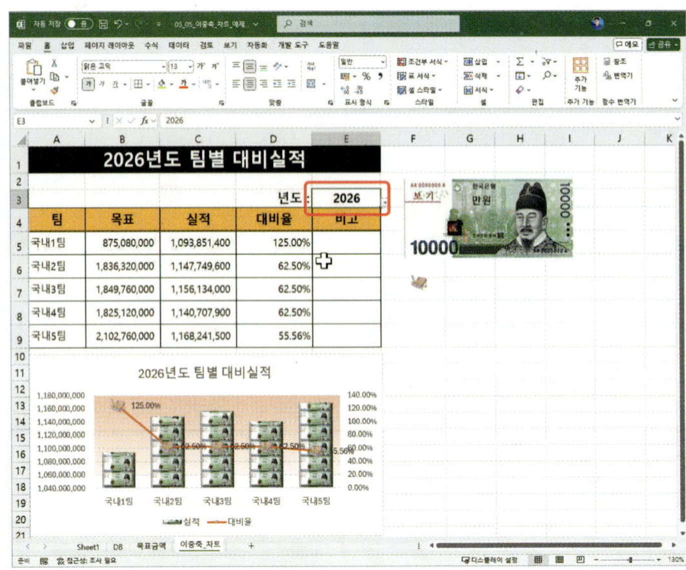

006 가로 막대 차트와 와플 차트를 활용한 진행 상황 시각화

이번에는 진행 상황이나 업무 진척도를 표현할 때 유용한 두 가지 차트를 살펴보겠습니다. 하나는 가로 막대형 진행 바 차트, 다른 하나는 와플(waffle) 형태의 차트로, 조건부 서식을 응용하여 만들 수 있습니다. 이 두 가지 차트를 통해 진행 현황을 직관적으로 시각화하는 방법을 익혀보겠습니다.

- **실습 파일 :** Part 05 > 예제 > 05_06_각종_진행 현황_차트_예제.xlsx
- **완성 파일 :** Part 05 > 완성 > 05_06_각종_진행 현황_차트_완성.xlsx

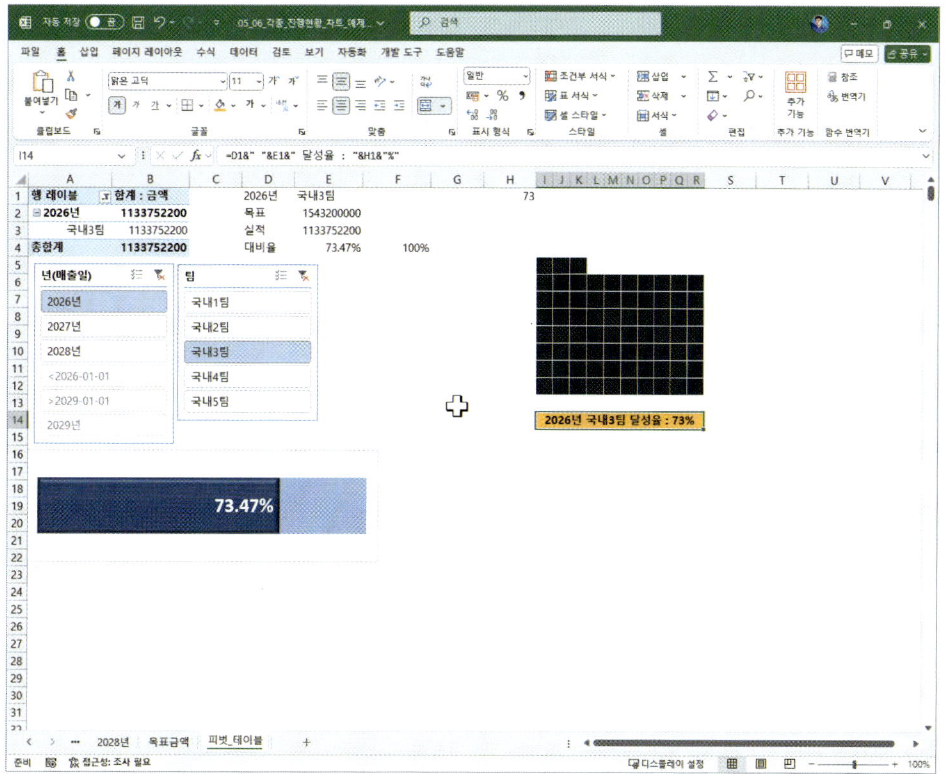

주요 기능	현업 활용
내장 함수	• SEQUENCE 함수를 이용해서 지정한 행, 열만큼 숫자를 넣을 수 있다.
조건부 서식	• 수식을 사용해서 목표 대비 실적 만큼을 와플 차트로 작성할 수 있다.
슬라이서	• 다양한 조합의 결과를 손쉽게 표시할 수 있다.

■ 외부 데이터 불러와 슬라이서 만들기

01 예제 파일을 불러온 후 [보안 경고]가 나타나면 [콘텐츠 사용]을 클릭합니다. 예제 파일은 '통합'이라는 쿼리로 2026~2028년 까지의 데이터를 통합했고, [목표금액] 시트의 연도별 팀별 매출 목표를 '목표금액'으로 이름 정의해 뒀습니다.

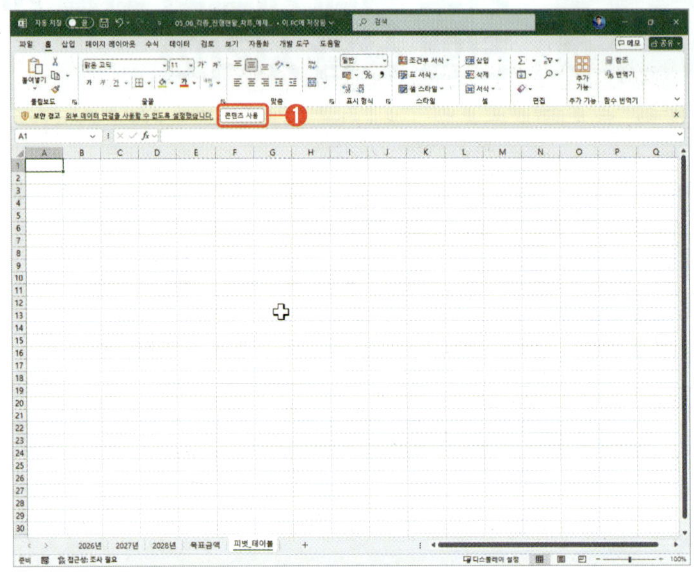

02 작성하려는 내용은 특정 연도에 특정 팀이 연초에 수립한 매출 목표 금액 대비 얼만큼의 성과, 혹은 진행 상황을 살펴보고자 함입니다. 먼저 피벗 테이블을 작성하기 위해, [삽입] 탭 – [표] 그룹 – [피벗 테이블] – [외부 데이터 원본에서]를 클릭합니다.

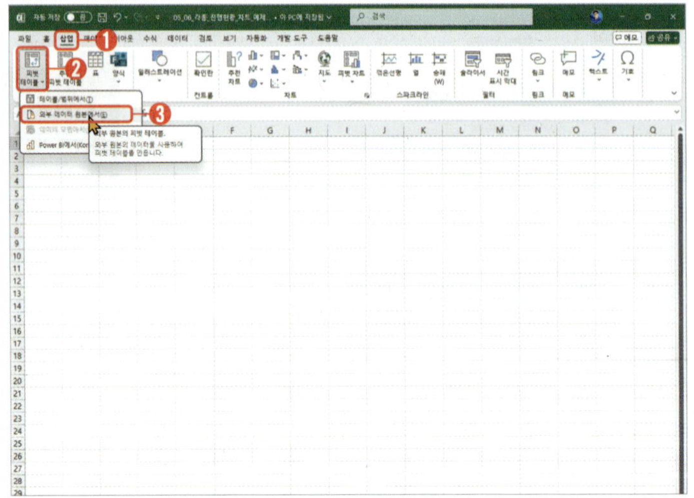

03 [연결 선택]을 클릭해서 [통합] 쿼리를 선택하고 [확인]을 클릭합니다. [외부 데이터 원본의 피벗 테이블] 대화상자에서 [기존 워크시트]를 선택하고 위치는 [피벗_테이블] 시트의 [A1] 셀을 선택한 후 [확인]을 클릭합니다.

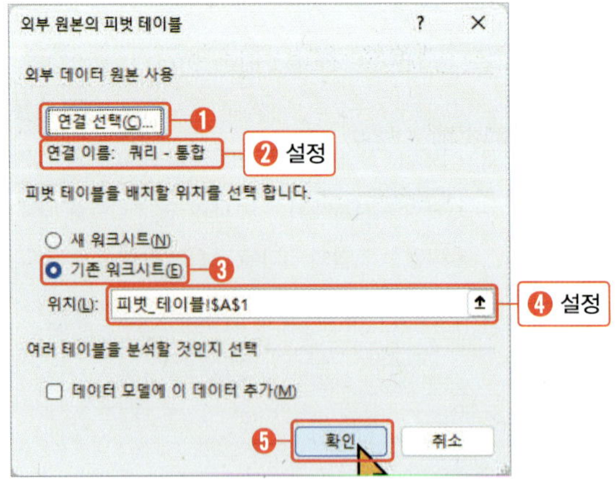

04 [행] 영역에 [매출일], [팀] 필드, [값] 영역에 [금액] 필드를 드래그 & 드롭합니다. 연도를 하나 마우스 오른쪽 버튼으로 클릭한 후 [그룹]을 선택하고, [그룹화] 대화상자에서 [연]을 선택하고 [확인]을 클릭합니다.

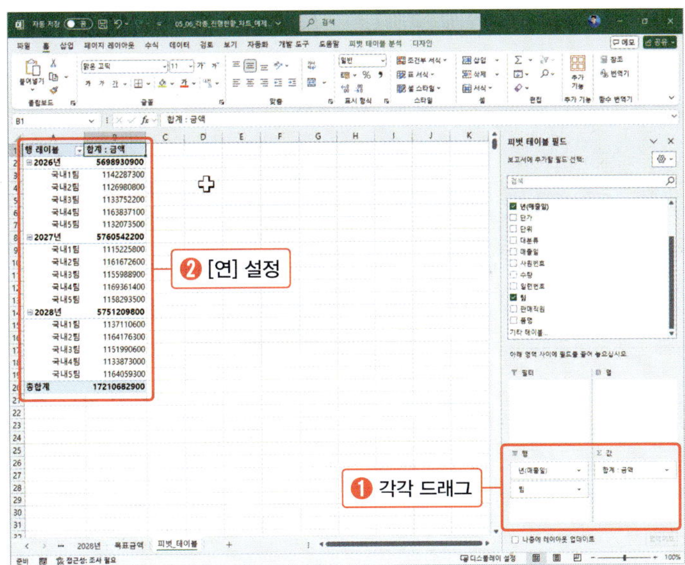

05 필드 목록에서 [년(매출일)], [팀] 필드를 각각 마우스 오른쪽 버튼으로 클릭한 후 각각 [슬라이서로 추가]를 선택합니다.

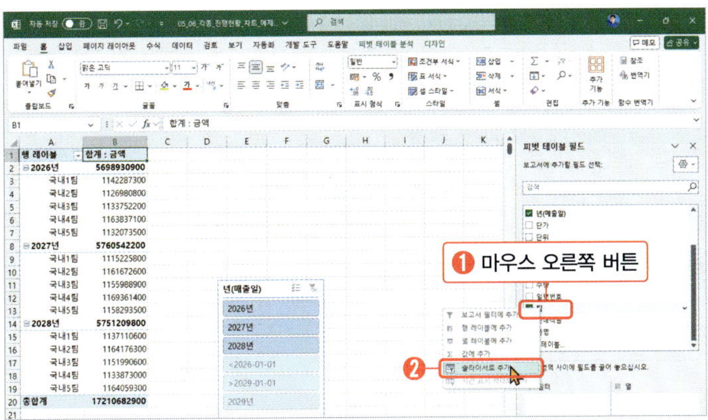

06 [2027년], [국내3팀]을 선택하고, [D1] 셀에 '=A2'를 입력하고, [E1] 셀에는 '=A3' 를 입력합니다. [D2] 셀에는 '목표' [D3] 셀에는 '실적' [D4] 셀에는 '대비율'을 입력합니다. [E2] 셀에는 VLOOKUP 함수를 사용해서 해당 연도, 해당 팀의 목표 금액을 [목표금액] 시트에서 가져오겠습니다. 해당 셀에 아래와 같이 수식을 입력합니다.

```
=VLOOKUP(D1&E1,목표금액!$A$5:$D$19,4,0)
```

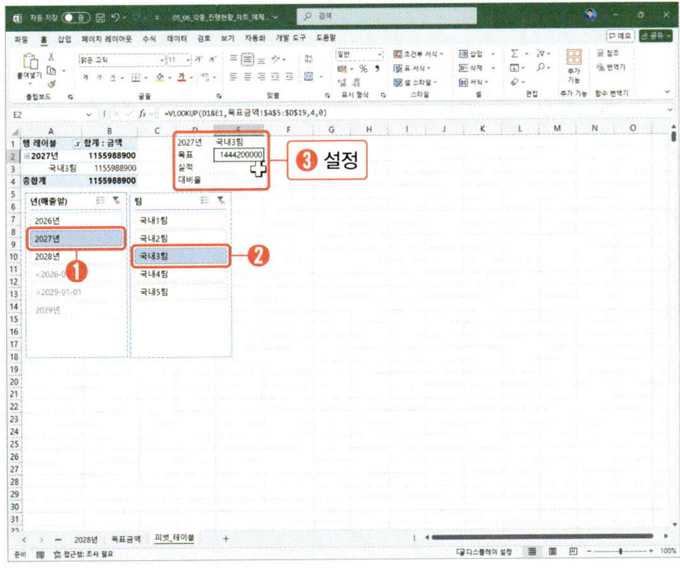

07 [E3] 셀에 '='을 입력하고 총합계 금액인 [B4] 셀을 선택한 후 Enter를 눌러 아래와 같이 수식을 완성합니다. [E4] 셀에는 '=E3/E2'를 입력해서 대비율을 완성합니다.

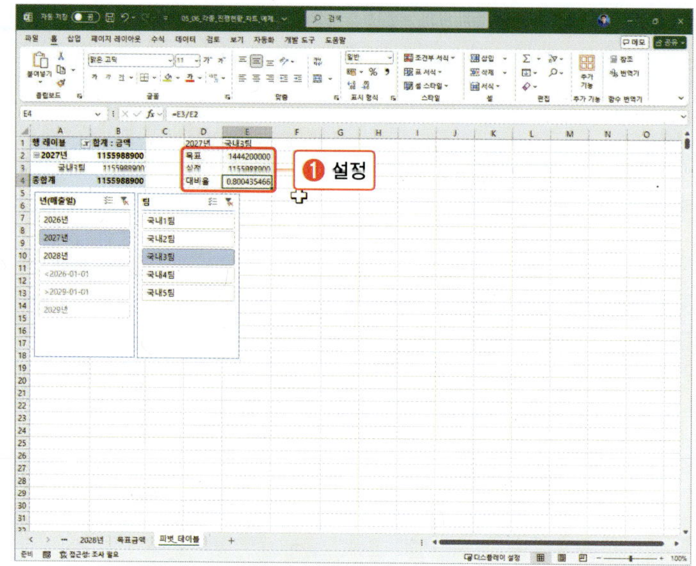

08 [E4] 셀의 셀 서식을 지정하기 위해, [홈] 탭 – [표시 형식] 그룹 – [백분율 스타일]을 클릭하고, [자릿수 늘림]을 두 번 클릭해서 소수점 2자리까지 표현합니다.

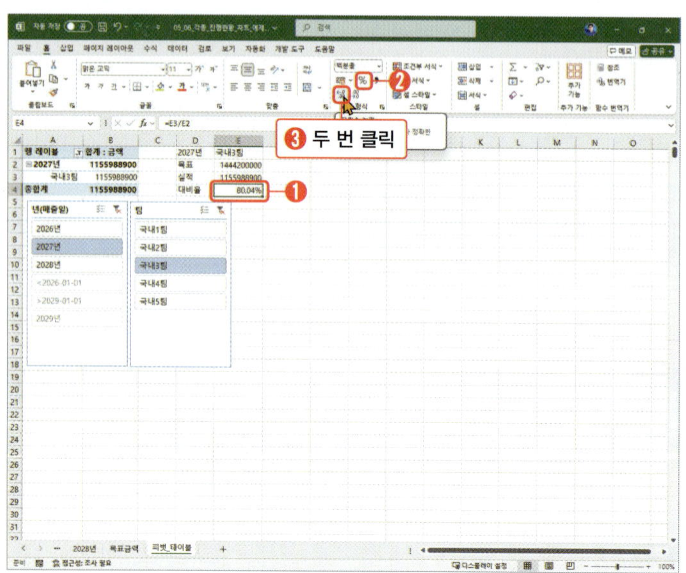

여기서 잠깐

셀 서식을 지정하는 이유는 진행바의 레이블을 표시할 때 백분율로 나타내기 위해서 입니다. 레이블을 표시하면 해당 셀의 서식 그대로 레이블이 표현되기 때문입니다. 물론 서식 창에서 변경할 수 있지만 번거로우므로 셀에서 서식을 지정하고 레이블로 표시하는 것 훨씬 더 쉽습니다.

■ 차트 작성하기

01 차트를 작성하기 위해, [D4:E4] 셀을 선택하고 [삽입] 탭 – [차트] 그룹 – [세로 또는 가로 막대형 차트 삽입] – [묶은 가로 막대형]을 클릭합니다.

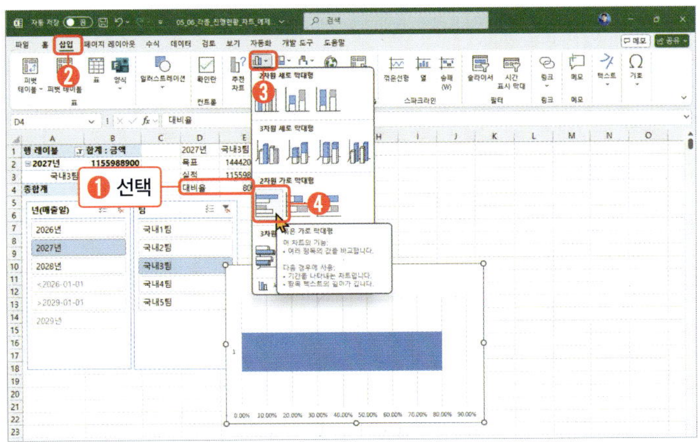

02 삽입된 차트의 우측 [차트 요소]를 클릭하고 [축]을 제외한 나머지를 체크 해제합니다.

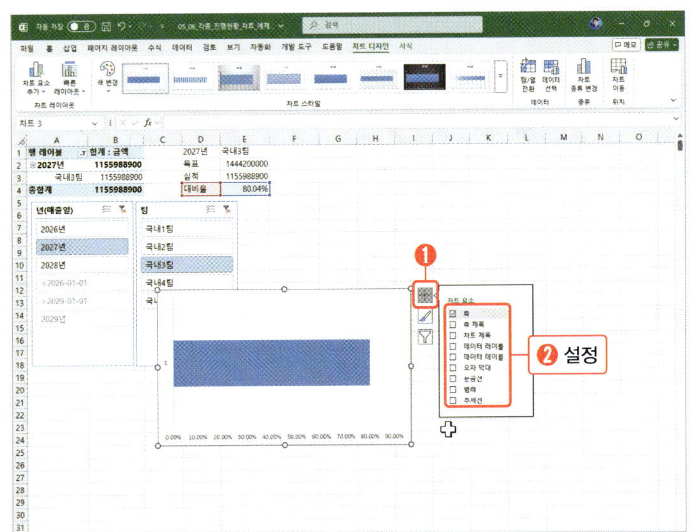

03 하단의 가로 축 레이블을 마우스 오른쪽 버튼으로 클릭하고 [축 서식]을 선택합니다.

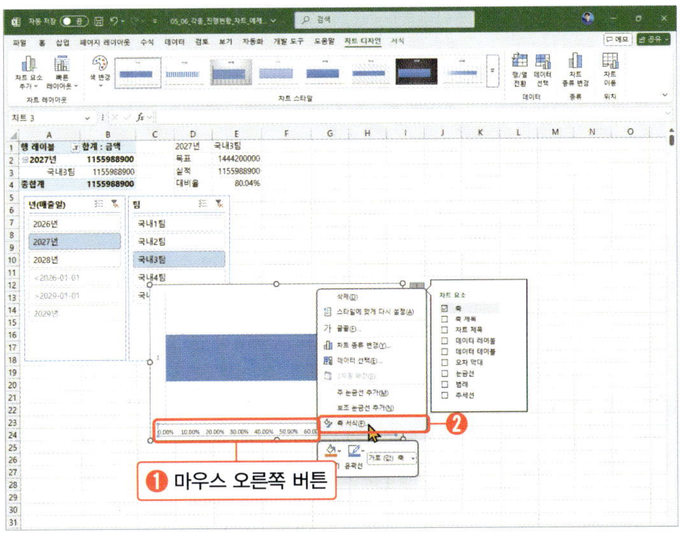

04 100% 기준 진행바 차트를 작성하기 위해 [최대값]을 '1'로 설정합니다.

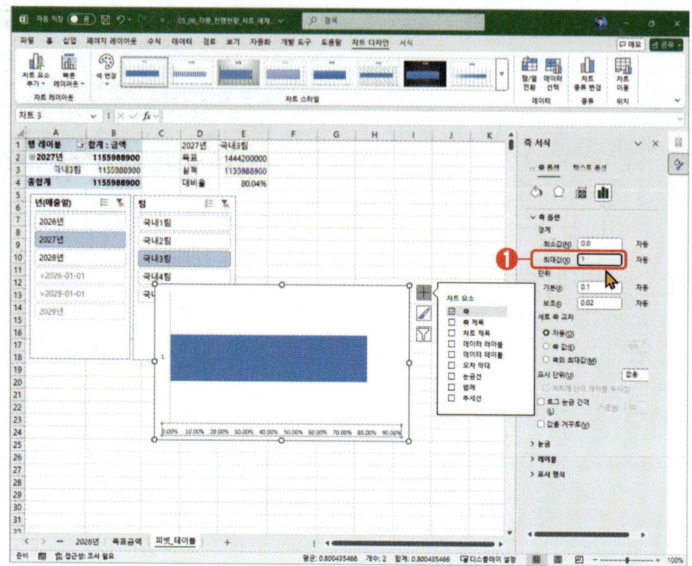

05 이제 100%가 되는 가로 막대와 겹치게 만들기 위해, [F4] 셀에 '100%'를 입력하고 차트 영역을 마우스 오른쪽 버튼으로 클릭한 후 [데이터 선택]을 선택합니다.

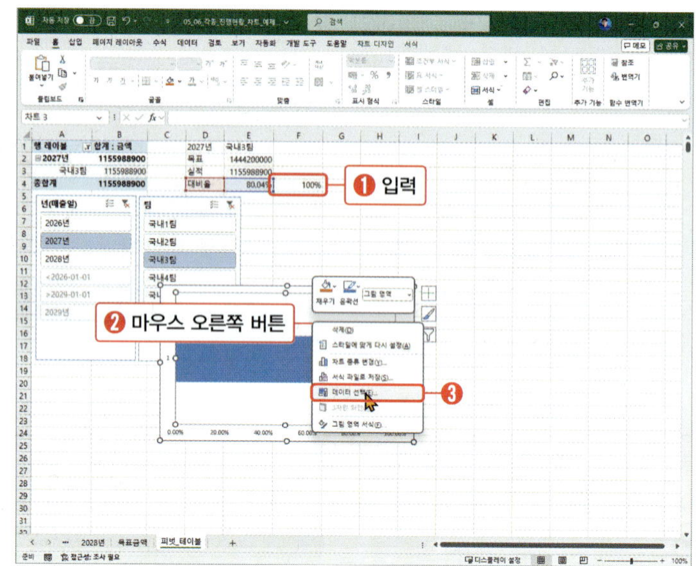

06 [데이터 원본 선택] 대화상자가 나타나면 [추가]를 클릭합니다.

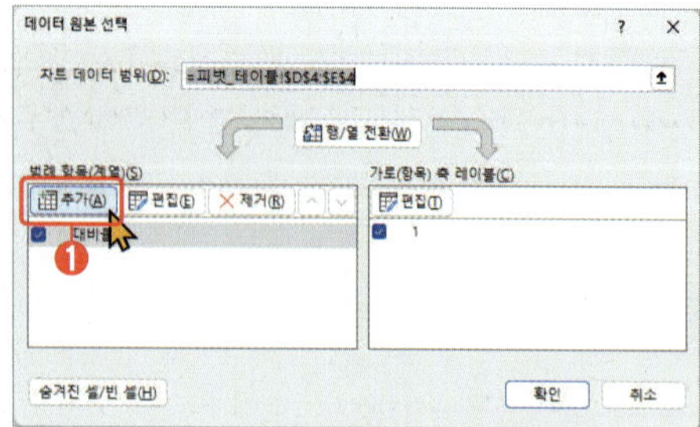

07 [계열 값]에서 [F4] 셀을 선택하고 [확인]을 클릭합니다. [데이터 원본 선택] 대화상자도 [확인]을 클릭해서 닫습니다.

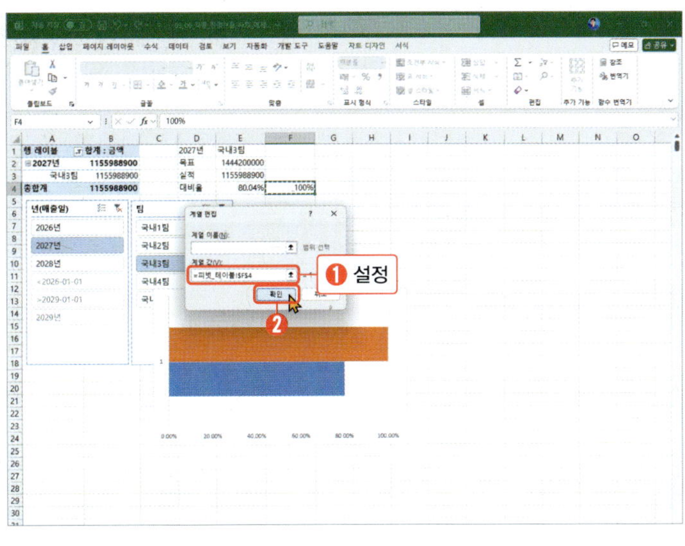

여기서 잠깐

[F4] 셀을 선택할 때 그냥 클릭하면 '={1}+피벗_테이블!$F$4'로 만들어지기 때문에 오류가 생깁니다. [계열 값]을 모두 지우고 [F4] 셀을 선택하면 됩니다.

08 중첩시키기 위해 차트를 마우스 오른쪽 버튼으로 클릭한 후 [데이터 계열 서식]을 선택합니다.

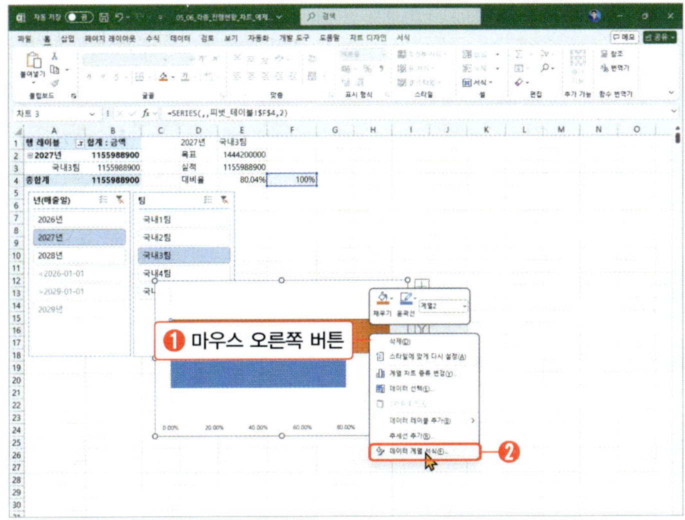

09 [계열 옵션] – [계열 옵션] – [계열 겹치기]를 '100%'로 설정합니다.

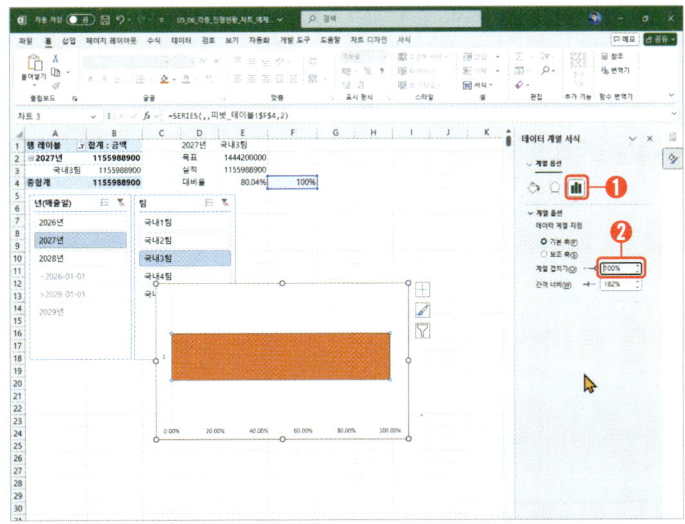

10 이제 진행바를 표시하기 위해, 다시 차트를 마우스 오른쪽 버튼으로 클릭한 후 [데이터 선택]을 선택합니다. [데이터 원본 선택] 대화상자가 나타나면 [범례 항목(계열)]에서 '계열2'를 선택하고 [위로 이동]을 클릭해서 이동시킵니다.

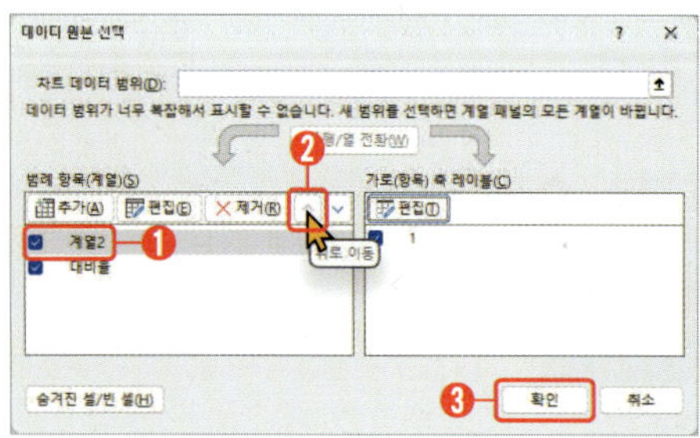

11 불필요한 세로 축의 '1'은 Delete를 눌러서 삭제하고 대비율을 표시하기 위해, 대비율 막대를 마우스 오른쪽 버튼으로 클릭한 후 [데이터 레이블 추가]를 선택합니다.

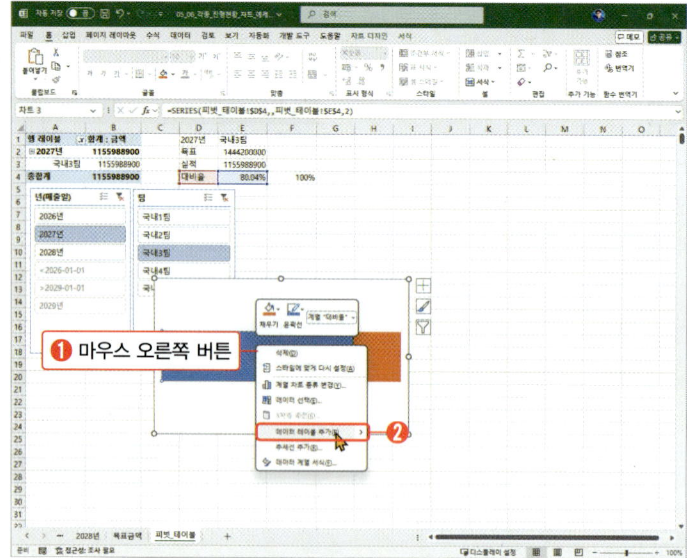

12 레이블을 진행바의 우측으로 이동시키기 위해, 나타난 레이블을 마우스 오른쪽 버튼으로 클릭한 후 [데이터 레이블 서식]을 선택합니다.

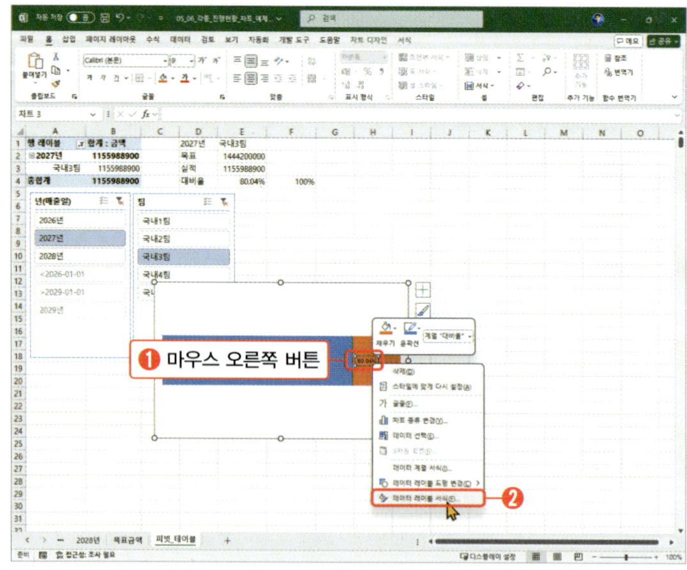

13 [레이블 옵션] – [레이블 옵션] – [레이블 위치]에서 [안쪽 끝에]를 클릭합니다.

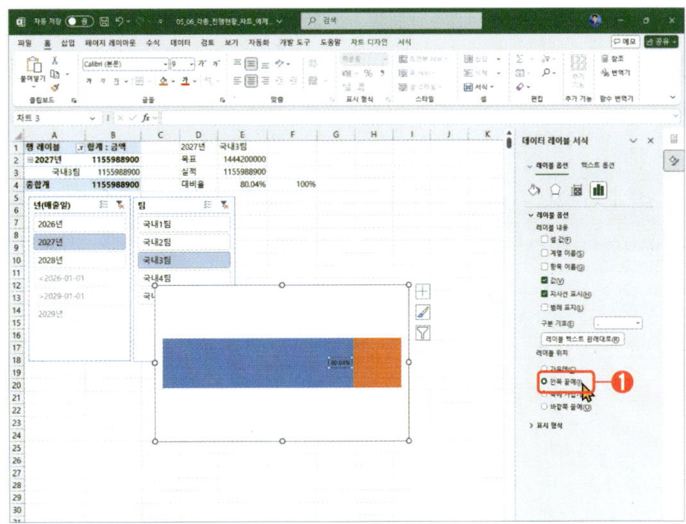

14 레이블의 서식을 변경하기 위해, 레이블을 선택하고 [홈] 탭 – [글꼴] 그룹에서 [글꼴]은 '굵게', [글꼴 색]은 '흰색', [글꼴 크기]는 '20'으로 설정합니다.

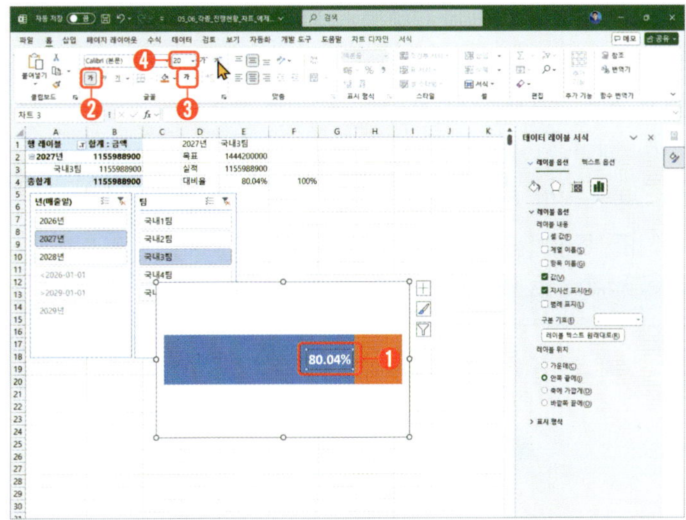

15 이제 진행바의 색을 변경하고 입체감을 표현하기 위해, 진행바를 선택하고 잠시 후 더블클릭하면 우측에 [데이터 요소 서식] 작업 창이 나타납니다.

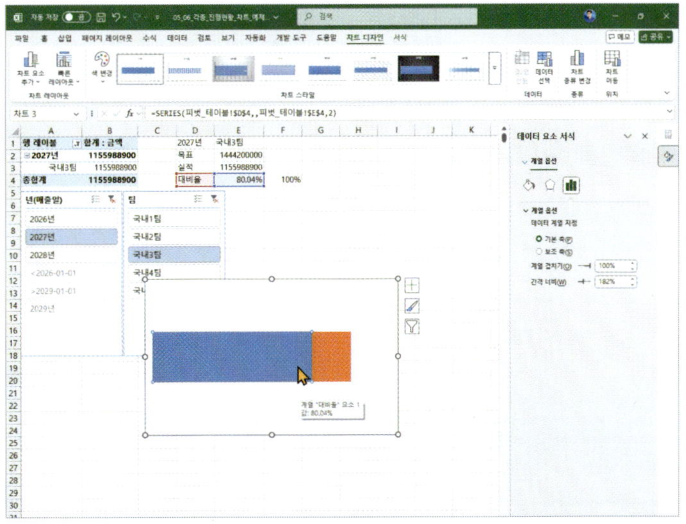

16 [채우기 및 선]을 클릭, [채우기]를 확장해서 색은 [파랑, 강조 1, 50% 더 어둡게]를 선택하고 [효과]를 클릭, [3차원 서식] – [위쪽 입체]의 [너비]나 [높이]를 '6pt'로 설정합니다.

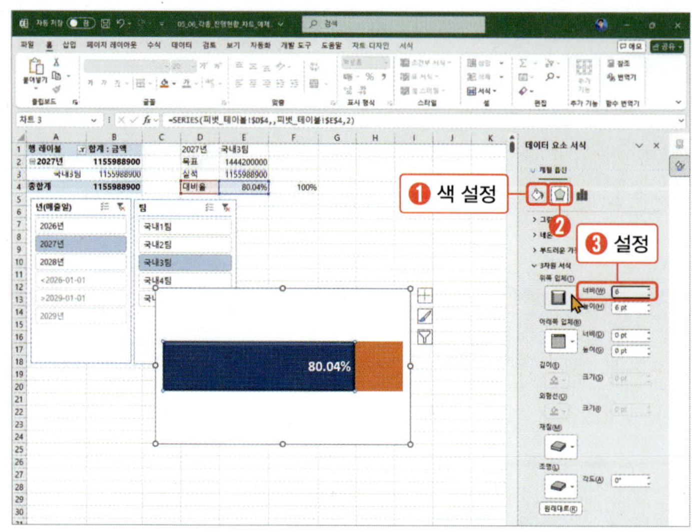

17 주황색 바도 색을 변경하기 위해, 해당 바를 마우스 오른쪽 버튼으로 클릭한 후 [데이터 계열 서식]을 선택합니다. [채우기 및 선]을 클릭, [채우기]를 확장해서 [색]은 [파랑, 강조 1, 60% 더 밝게]를 선택합니다.

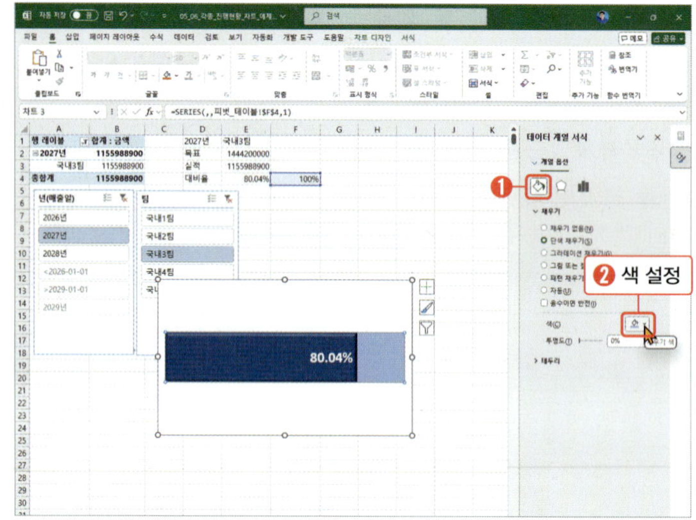

18 슬라이서에서 [2028년], [국내1팀]을 선택해 보면, 진행 바가 움직이고 레이블의 변화도 확인할 수 있습니다.

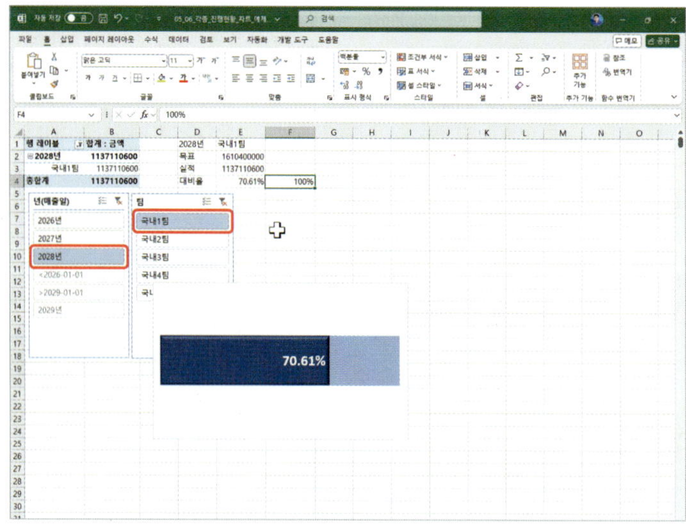

19 마지막으로 진행바의 크기를 조정하기 위해, 차트 영역을 마우스 오른쪽 버튼으로 클릭한 후 [데이터 계열 서식]을 선택합니다.

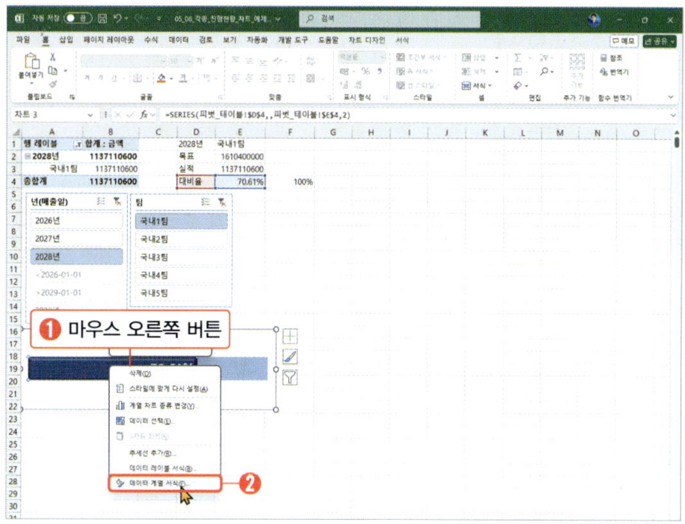

20 [계열 옵션] – [계열 옵션] – [간격 너비]를 '60%'로 설정합니다.

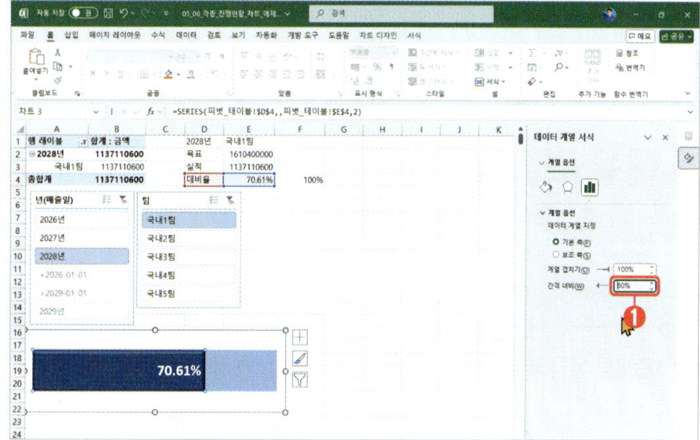

■ 와플 차트 작성하기

01 이제 동일한 데이터로 와플 차트를 작성하기 위해, 먼저 [H1] 셀을 선택하고 '=INT(E4*100)'을 입력해서 대비율 값을 숫자로 표현합니다.

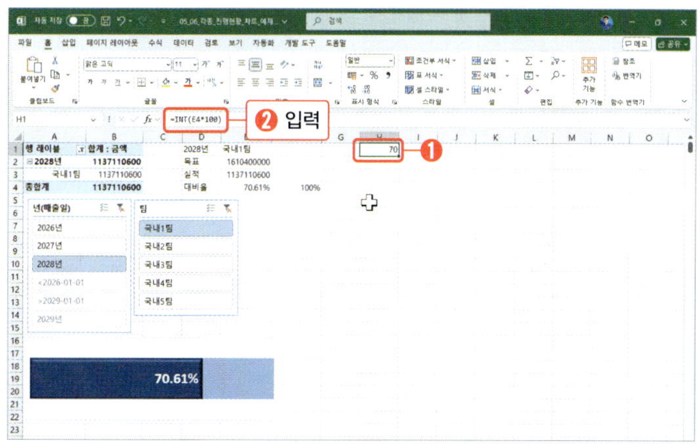

02 [I3] 셀을 선택하고 수식을 아래와 같이 입력합니다.

= SEQUENCE(10,10)

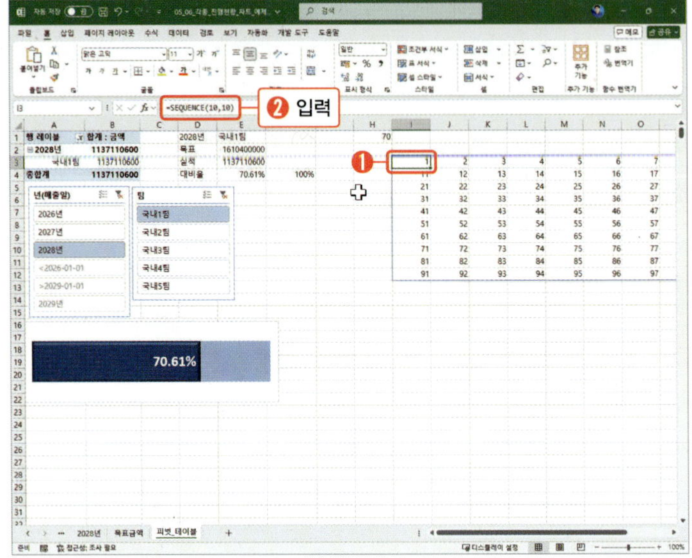

수식 설명

= SEQUENCE(10,10)

❶ : 행 방향으로 10, 열 방향으로 10인 셀 크기에 1부터 증분 1인 숫자를 입력

따라서 1부터 100까지 숫자를 입력하라는 뜻입니다.

03 해당 수식을 내림차순으로 아래쪽에 1부터 배치시키기 위해 아래와 같이 수식을 변경합니다.

=SORT(SEQUENCE(10,10),,-1)

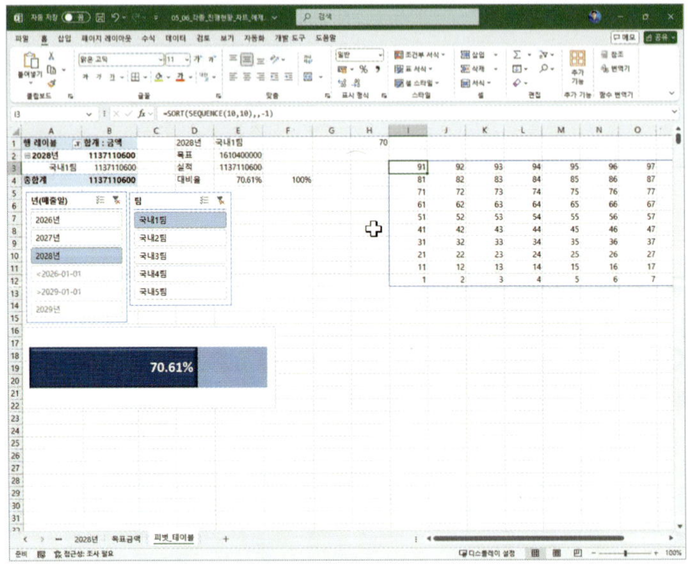

여기서 잠깐

SORT나 SEQUENCE 함수를 지원하지 않는 엑셀 버전 사용자는 숫자를 입력해 두고 진행해도 됩니다.

04 [I] 열부터 [R] 열까지의 전체 열을 선택하고 마우스 오른쪽 버튼으로 클릭한 후 [열 너비]를 선택합니다. [열 너비] 대화상자에서 '2.25'를 입력하고 [확인]을 클릭합니다.

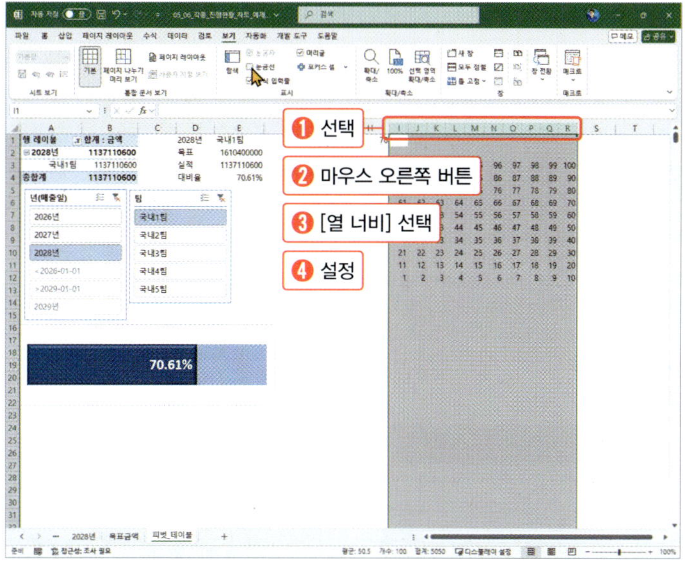

05 조건부 서식을 지정하기 위해, [I3:R12] 셀을 선택하고 [홈] 탭 – [스타일] 그룹 – [조건부 서식] – [새 규칙]을 클릭합니다.

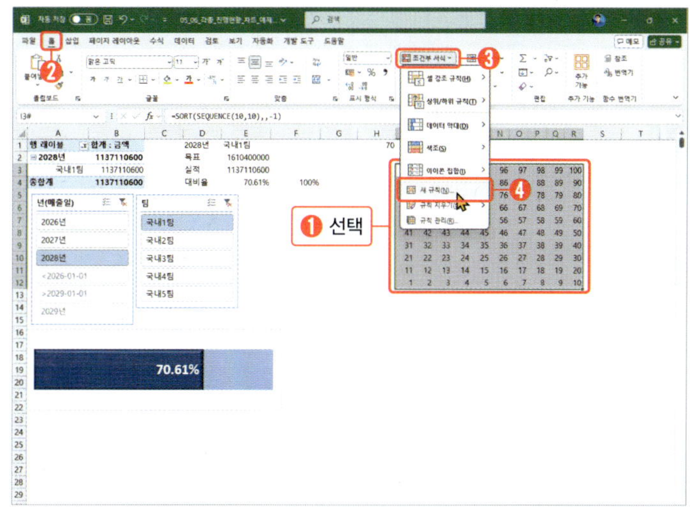

06 [새 서식 규칙] 대화상자가 나타나면 [규칙 유형 선택]은 [수식을 사용하여 서식을 지정할 셀 결정]을 선택하고 [다음 수식이 참인 값의 서식 지정]은 '=I3<=$H$1'을 입력한 후 [서식]을 클릭합니다.

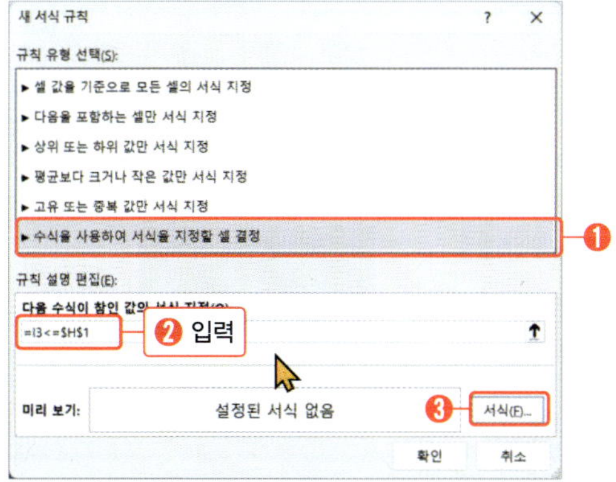

07 [채우기] 탭에서 [청회색, 텍스트 2, 50% 더 어둡게]를 클릭합니다. [테두리] 탭에서 [색] – [흰색, 배경 1]을 선택하고 [윤곽선]을 클릭한 후 [확인]을 클릭합니다.

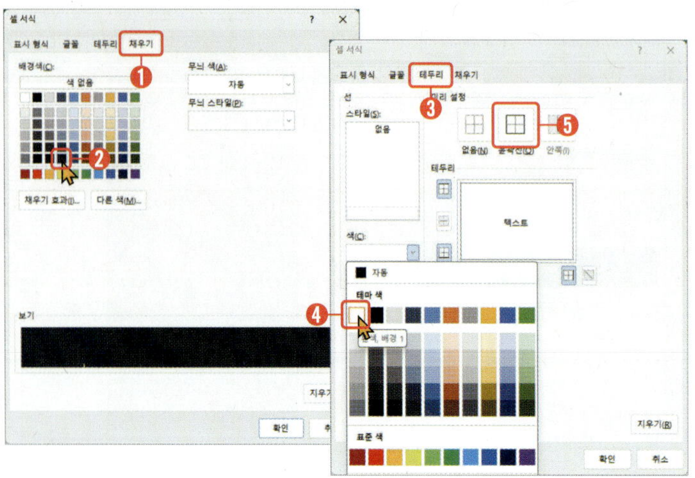

여기서 잠깐

[윤곽선]을 선택하고 [색]을 지정하는 순서가 아니고 먼저 [색]을 선택하고 [윤곽선]을 선택해야 합니다.

08 [글꼴] 탭을 선택하고 [색] – [청회색, 텍스트 2, 50% 더 어둡게]를 선택하고 [확인]을 클릭합니다. [새 서식 규칙] 대화상자도 [확인]을 클릭해서 닫습니다.

09 와플 차트가 생성되었지만 조건을 만족하지 못하는 값은 모두 폰트가 보여지는 문제가 있습니다. 그래서 조건부 서식이 지정된 범위 [I3:R12] 셀을 선택하고 [홈] 탭 – [글꼴] 그룹 – [글꼴 색] – [흰색, 배경 1]을 선택합니다.

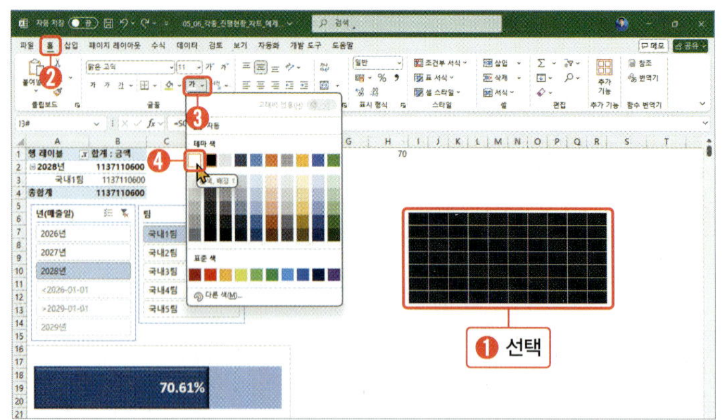

10 차트 하단 [I14:R14] 셀을 선택하고 [홈] 탭 – [맞춤] 그룹 – [병합하고 가운데 맞춤]을 클릭합니다. [글꼴] 그룹에서 [글꼴]은 '굵게', [글꼴 크기]는 '16'으로 설정한 후 수식을 아래와 같이 입력합니다.

=D1&" "&E1&" 달성율 : "&H1&"%"

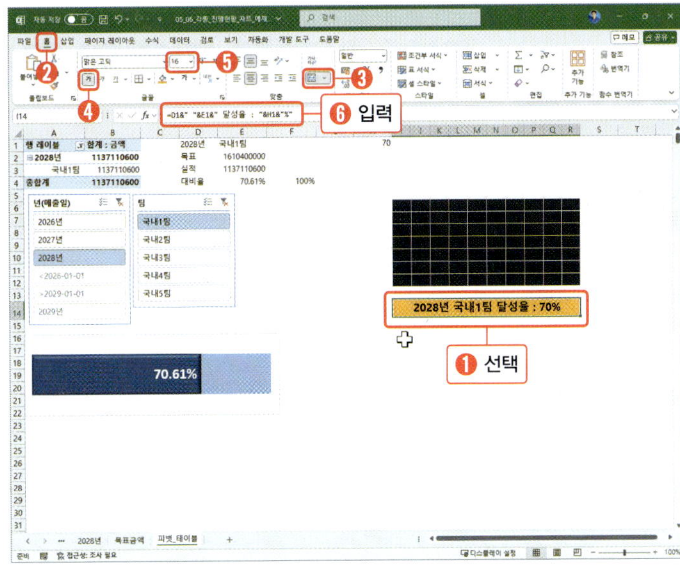

11 이제 [국내3팀]을 선택하면 해당 팀의 가로 진행바와 와플 차트가 같이 변경되는 것을 확인할 수 있습니다.

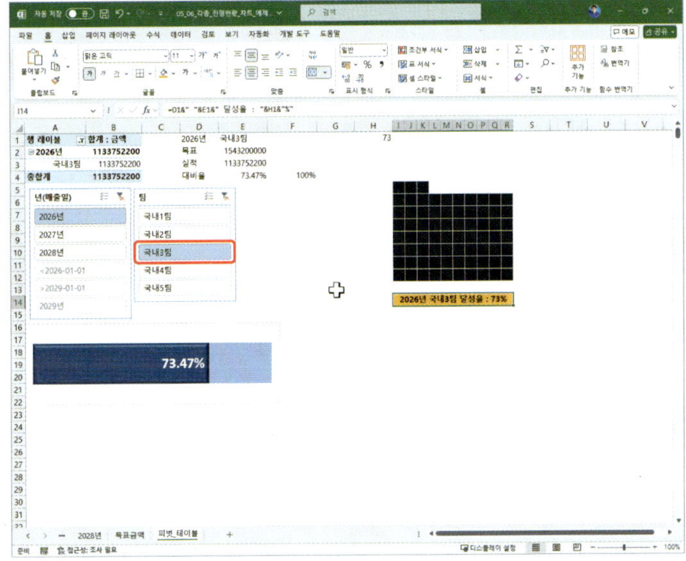

007 원형 차트를 활용한 목표 대비 실적 시각화

앞서 묶은 가로 막대형 차트와 와플 차트를 활용해 진행률을 시각적으로 표현하는 방법을 살펴보았습니다. 이번에는 원형 차트를 이용해 목표 대비 실적을 시각화하는 두 가지 형태의 차트를 만들어 보겠습니다. 이 예제를 통해 실무에서 자주 활용되는 원형 차트의 다양한 활용 팁과 구성 방법을 익힐 수 있습니다.

- **실습 파일 :** Part 05 > 예제 > 05_07_각종_진행현황_원형차트_예제.xlsx
- **완성 파일 :** Part 05 > 완성 > 05_07_각종_진행현황_원형차트_완성.xlsx

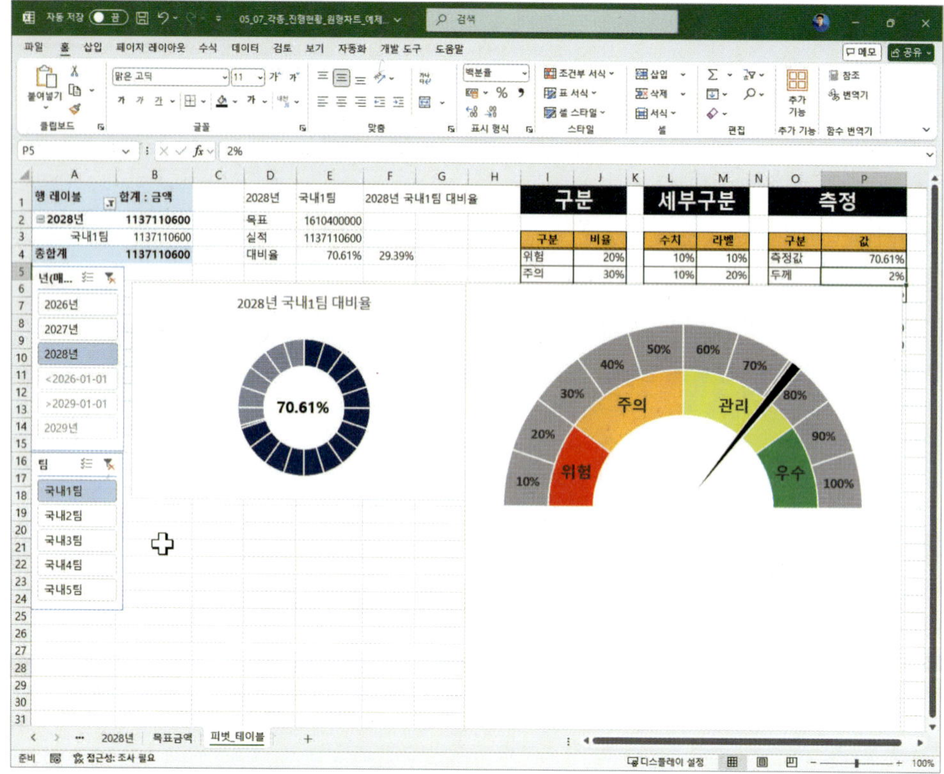

주요 기능	현업 활용
M Function	• =Excel.CurrentWorkbook() 함수를 이용해서 여러 개 시트의 데이터를 일괄 분석할 수 있습니다.
도넛형 차트	• 속도계 차트를 만들 수 있고 보조 축을 이용하면 게이지까지 표시할 수 있습니다.
배열 상수	• 도넛형 차트의 5% 구분선을 배열 상수를 통해서 표시할 수 있습니다.

■ 데이터 정리하기

01 예제 파일을 불러온 후 [보안 경고]에서 [콘텐츠 사용]을 클릭합니다. 미리 2026~2028년까지의 3개 시트 데이터를 '통합'이라는 쿼리로 만들어 두었고 '목표금액'이라는 이름 정의도 만들었습니다.

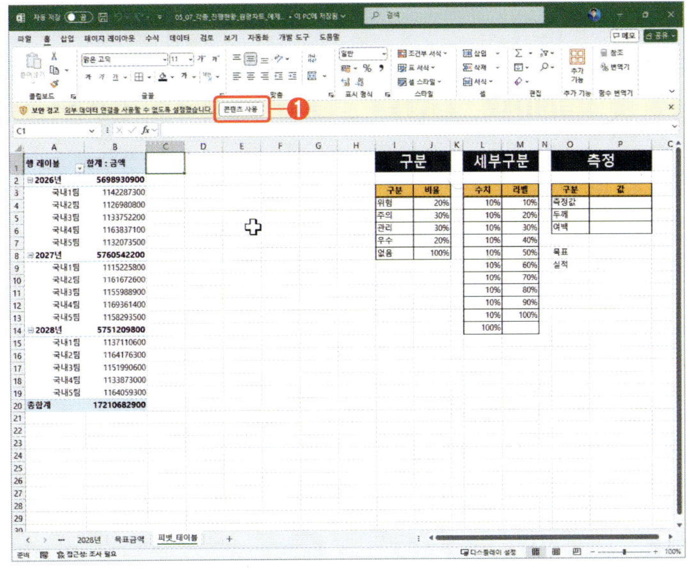

02 작성되어 있는 피벗 테이블 선택하고 필드 목록에서 [년(매출일)]과 [팀] 필드를 슬라이서로 추가하고 적당한 곳에 배치합니다.

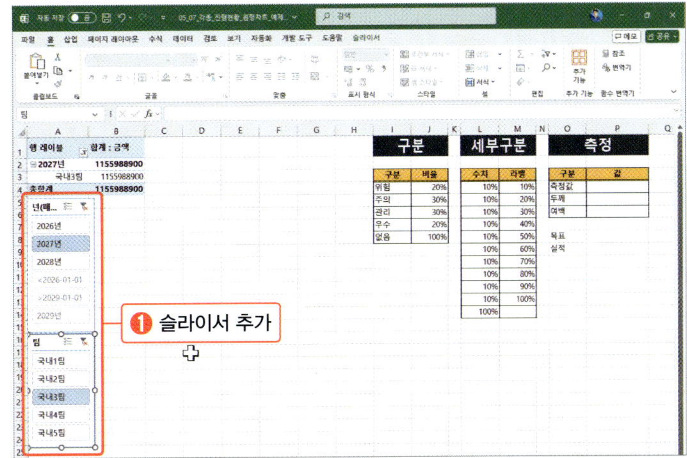

03 [D1] 셀에는 '=A2', [E1] 셀에는 '=A3'을 입력합니다.

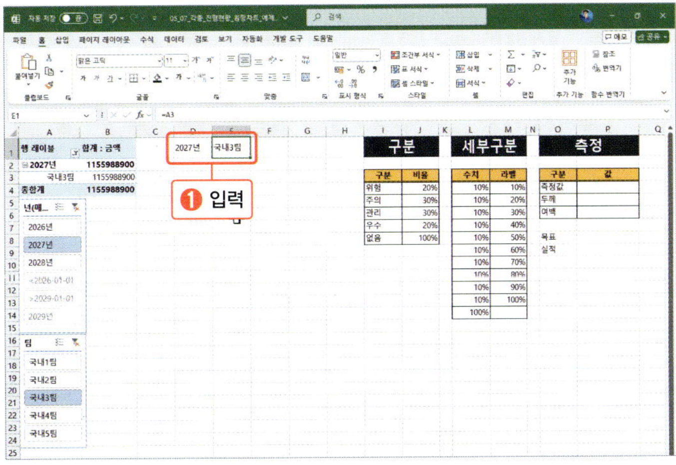

04 [D2] 셀부터 '목표', '실적', '대비율'을 입력하고 [E2] 셀에는 아래와 같이 수식을 입력합니다.

```
=VLOOKUP(D1&E1,목표금액!$A$5:$D$19,4,0)
```

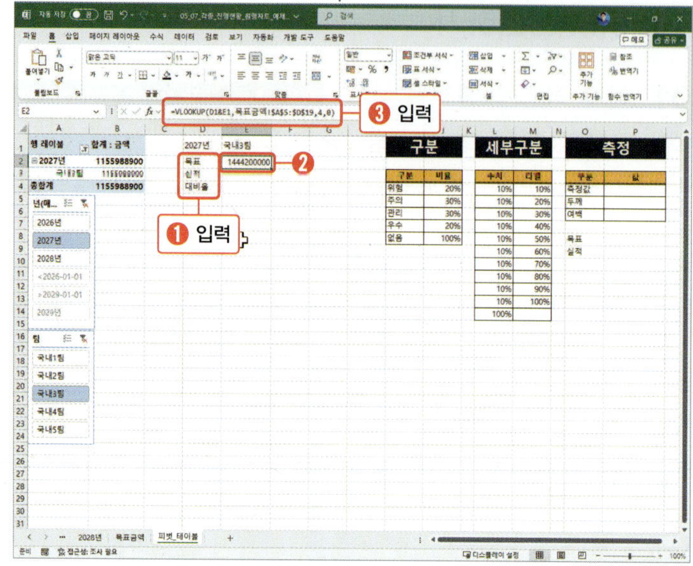

05 [E3] 셀에는 '='을 입력하고 총합계인 [B4] 셀을 클릭한 후 Enter를 누릅니다. 그러면 아래와 같이 수식이 자동 작성됩니다.

```
=GETPIVOTDATA("금액",$A$1)
```

[E4] 셀에는 '=E3/E2'를 입력하고 백분율 스타일로 소수점 2자리까지 표현해 둡니다.

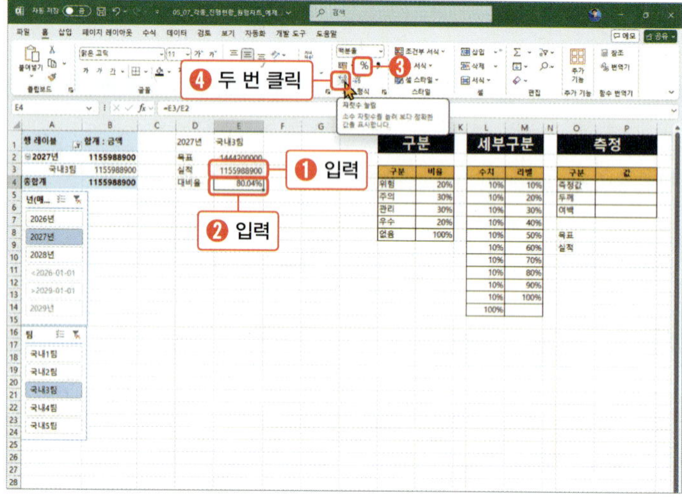

06 [F4] 셀에는 '=1-E4'를 입력합니다.

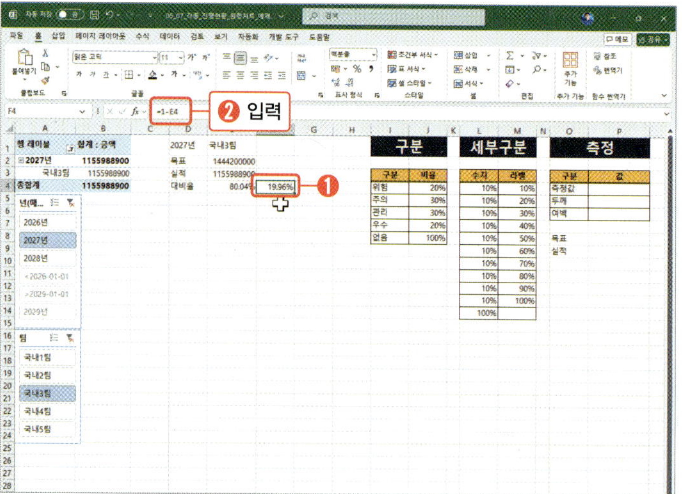

■ 차트 작성하기

01 이제 차트를 작성하기 위해, [D4:F4] 셀을 선택하고 [삽입] 탭 – [차트] 그룹 – [원형 또는 도넛형 차트 삽입] – [도넛형]을 클릭합니다.

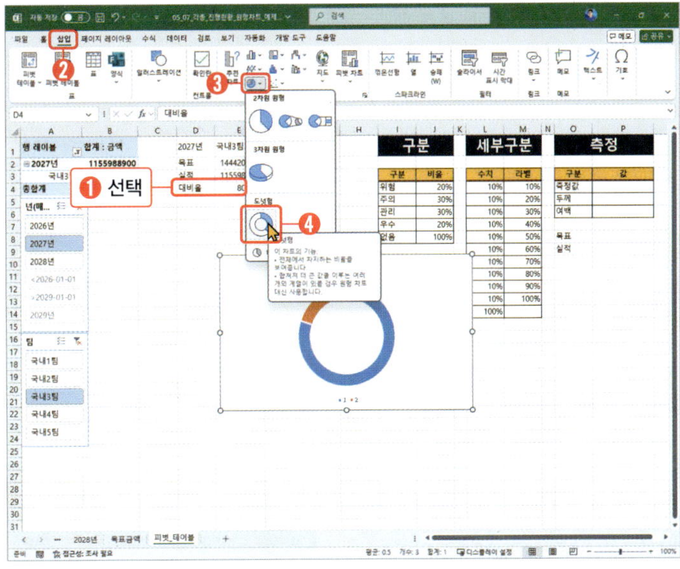

02 도넛형 차트에서 눈금선을 만들기 위해, 차트 영역을 마우스 오른쪽 버튼으로 클릭한 후 [데이터 선택]을 선택합니다. [데이터 원본 선택] 대화상자가 나타나면 [추가]를 클릭합니다.

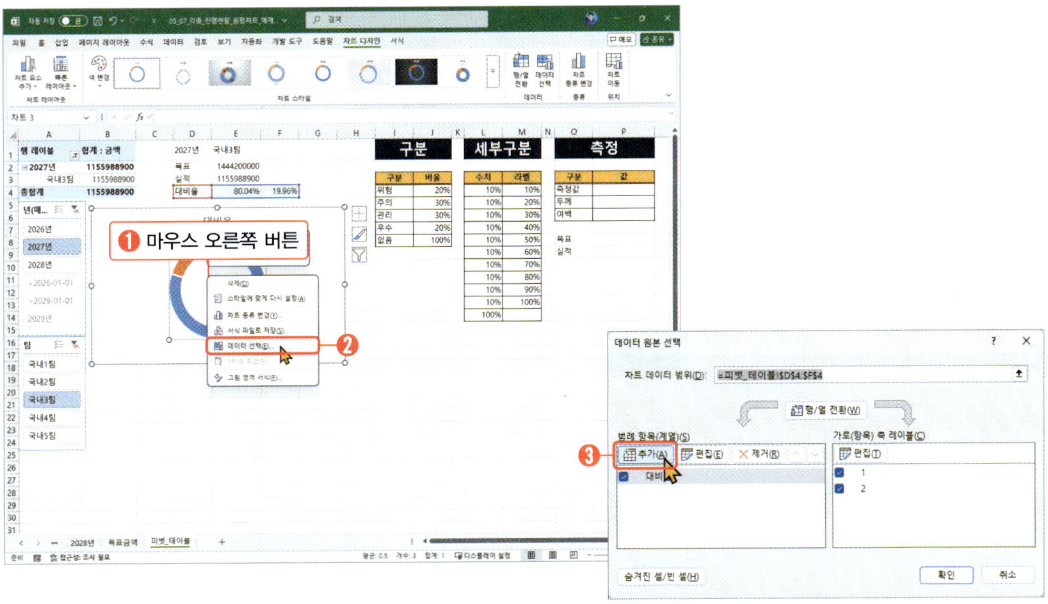

03 [계열 값]에 기존 입력되어 있는 내용을 지우고 아래와 같이 입력한 후 [확인]을 클릭합니다. [데이터 원본 선택] 대화상자도 [확인]을 클릭해서 닫습니다.

```
={1,1,1,1,1,1,1,1,1,1,1,1,1,1,1,1,1,1,1,1}
```

1이 20개 입력되어 있는 배열 상수인데 이는 '100% / 20 = 5%'이므로 5%씩의 눈금선을 그리기 위해서 입니다.

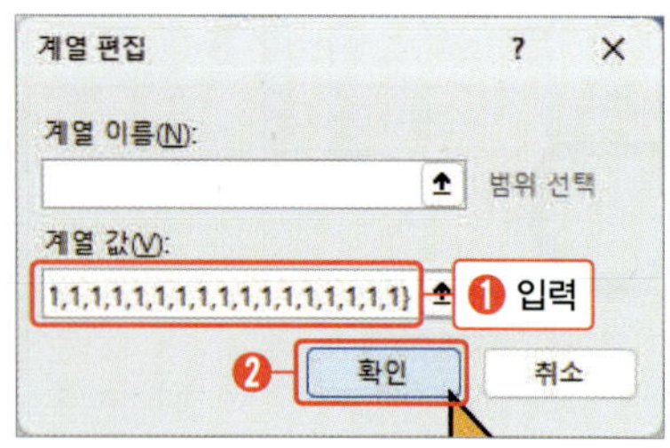

04 삽입한 계열2의 채우기 색을 변경하기 위해, 바깥쪽 차트 영역을 마우스 오른쪽 버튼으로 클릭한 후 [데이터 계열 선택]을 선택합니다.

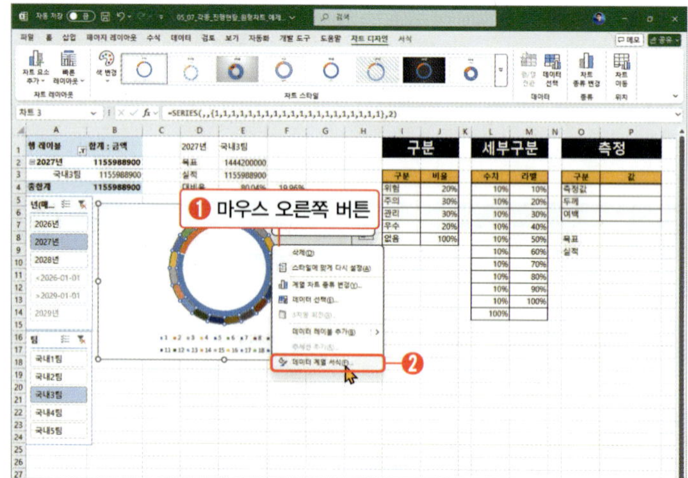

05 [데이터 계열 서식] 작업창에서 [채우기 및 선]을 클릭하고 [채우기] – [색] – [파랑, 강조 5, 50% 더 어둡게]를 선택합니다.

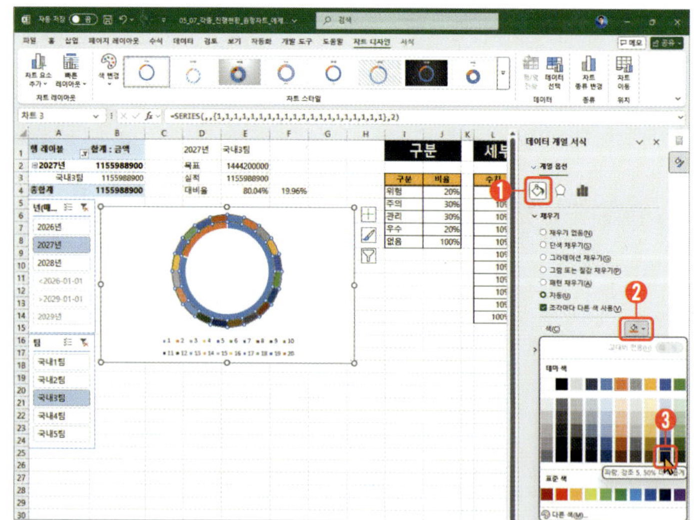

06 안쪽 원의 채우기 색도 변경하기 위해, 그 상태 그대로 안쪽 원의 주황색 부분(크기가 작은)을 선택하고, 잠시 후 다시 선택해서 해당 요소만 선택합니다. [색] – [흰색, 배경 1]을 선택하고 [투명도]는 '50%'로 설정합니다.

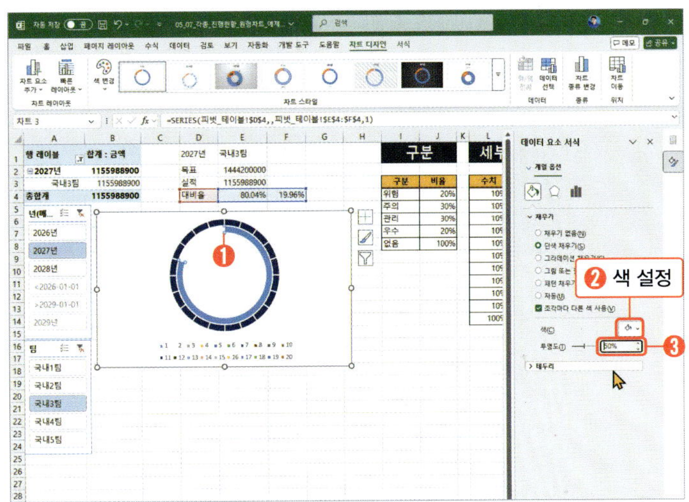

07 안쪽 원의 하늘색 부분(크기가 큰)을 클릭하고 [색] – [흰색, 배경 1]을 선택한 후 [투명도]는 '100%'로 설정합니다.

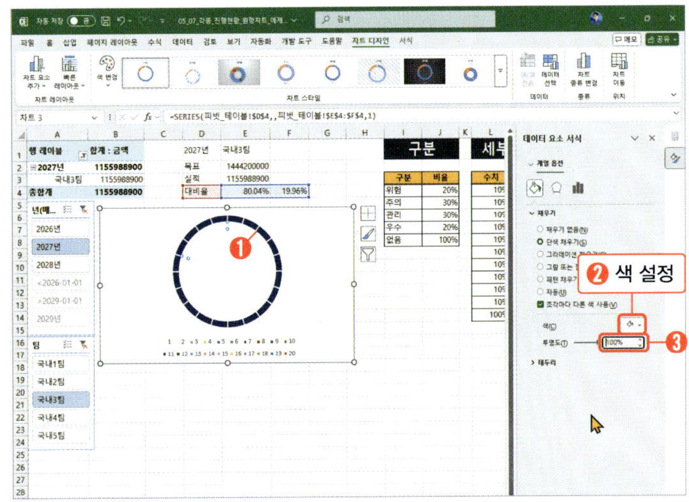

08 도넛의 크기를 조정하기 위해, 차트 영역을 마우스 오른쪽 버튼으로 클릭한 후 [데이터 계열 서식]을 선택합니다.

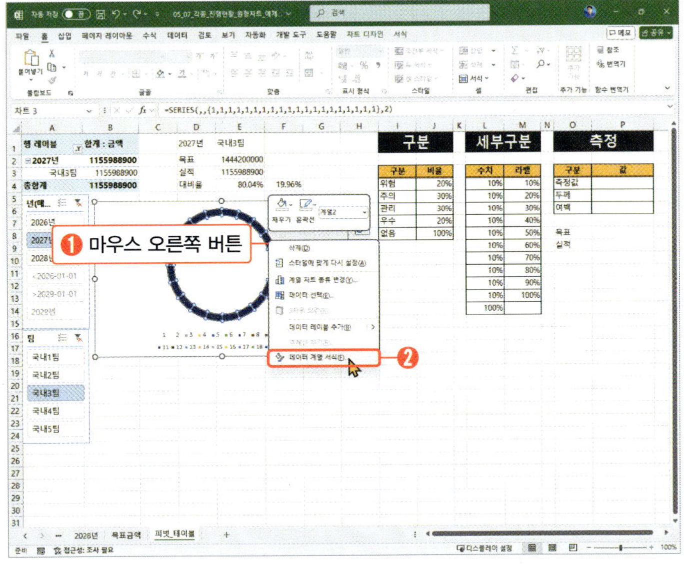

09 [도넛 구멍 크기]는 수치가 작으면 작을수록 구멍 크기가 커집니다. [도넛 구멍 크기]를 '60%'로 설정합니다.

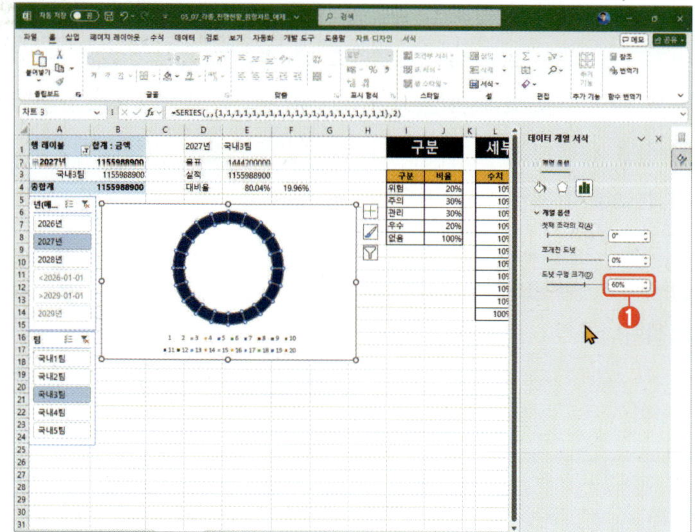

10 이제 2개의 차트를 중첩시키기 위해 차트 영역을 마우스 오른쪽 버튼으로 클릭한 후 [계열 차트 종류 변경]을 선택합니다.

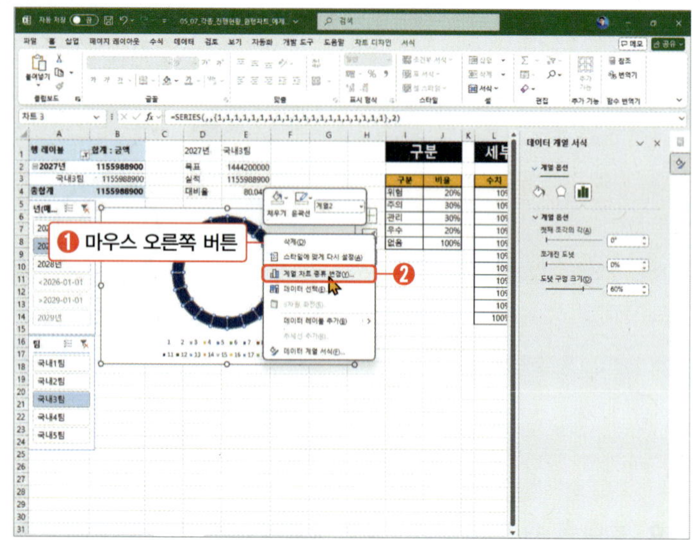

11 [차트 종류 변경] 대화상자가 나타나면 [대비율]의 [보조 축]에 체크하고 [확인]을 클릭합니다.

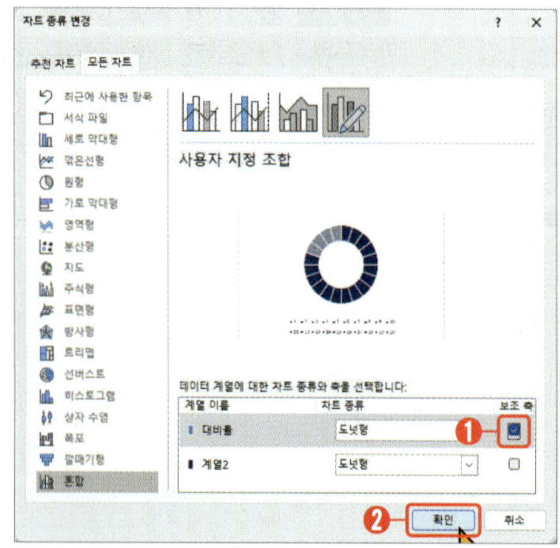

12 그림과 같이 중첩되고 투명도 100%인 부분은 그대로 배경색이 나타나고, 투명도 50%인 부분은 조금 희미하게 표시됩니다. 그래서 50%인 부분이 아직 100%에서 미달된 부분이라는 것을 표시해 줍니다.

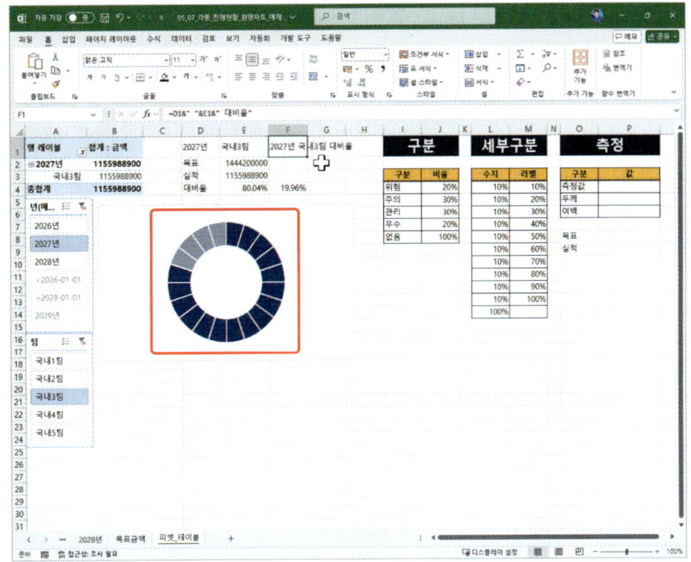

13 차트 제목을 표시하고 데이터와 연동시키기 위해, 차트를 선택하고 [차트 요소]를 클릭해서 [차트 제목]을 체크합니다.

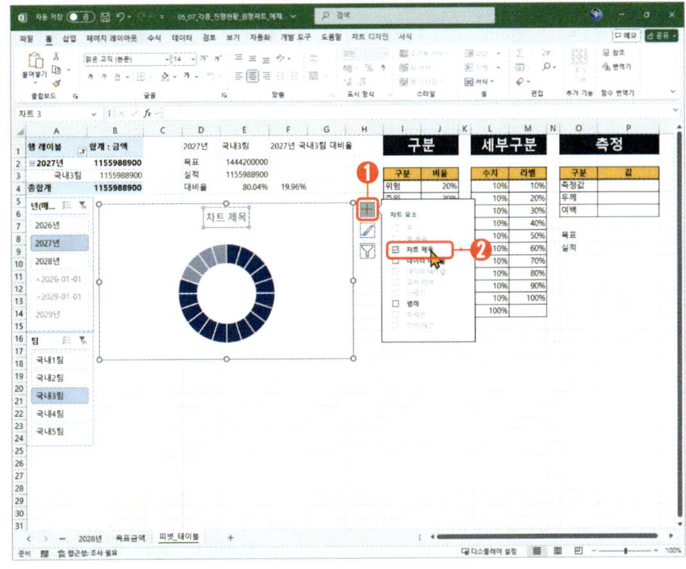

14 [F1] 셀에 '=D1&" "&E1&" 대비율"'을 입력하고 Enter를 누릅니다. 차트 제목을 선택하고 수식 입력줄에 '='을 입력하고 [F1] 셀을 선택한 후 Enter를 누릅니다.

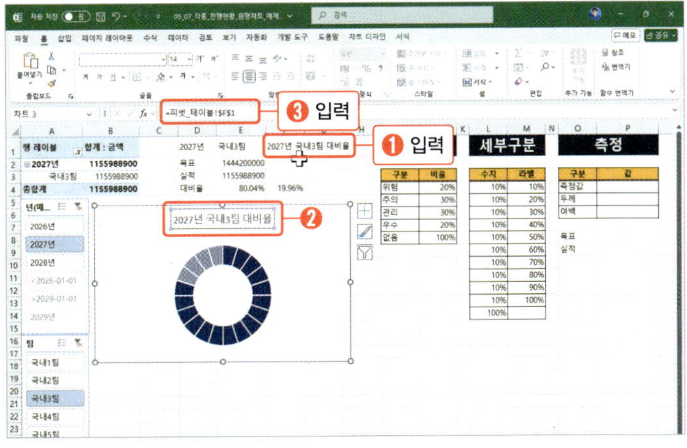

15 마지막으로 정확한 수치를 차트에 표시하기 위해, [삽입] 탭 – [일러스트레이션] 그룹 – [도형] – [직사각형]을 클릭합니다.

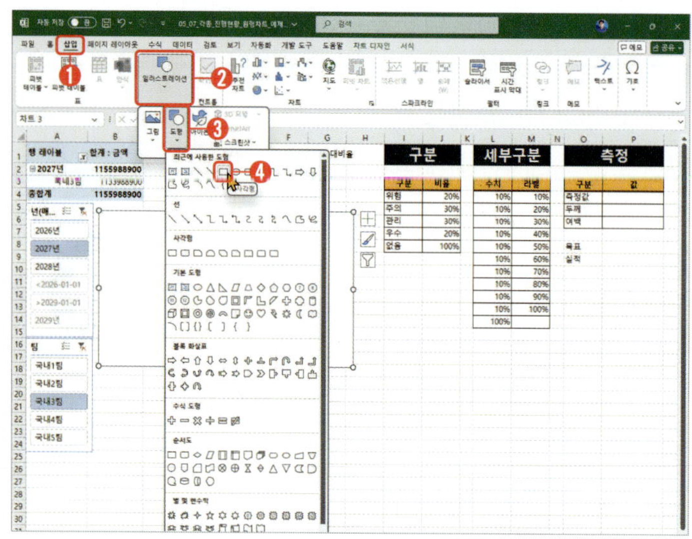

16 작성한 차트의 가운데 부분에 적당한 크기로 삽입하고, 수식 입력줄에 '='를 입력하고 [E4] 셀을 선택한 후 Enter를 누릅니다.

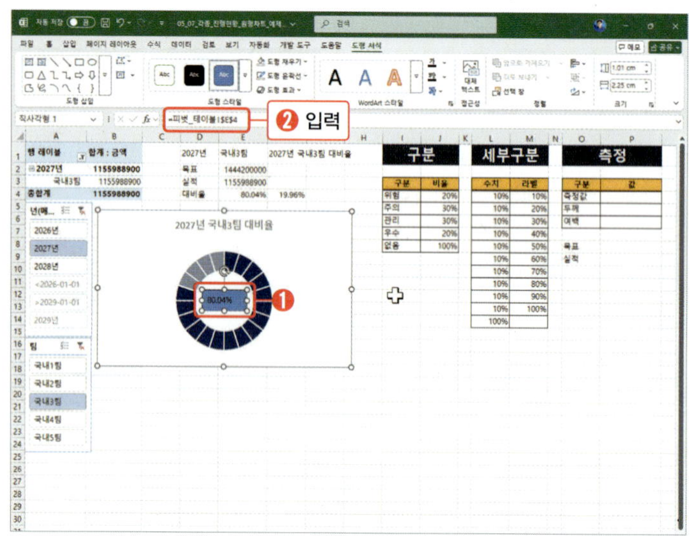

17 수치가 한쪽으로 치우쳐 있기 때문에, [홈] 탭 – [글꼴] 그룹 – [맞춤] – [가운데 맞춤]을 클릭해서 세로를 가운데로 맞추고, 다시 두 번째 행의 [가운데 맞춤]을 클릭해서 가로도 가운데로 맞춰줍니다. [글꼴 크기]는 '16', [굵게]로 설정합니다.

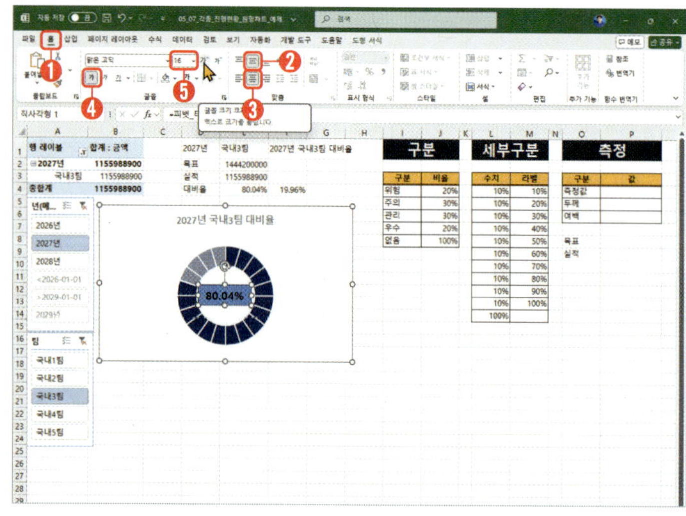

18 마지막으로 배경과 테두리 선을 삭제하기 위해, [도형 서식] 탭 – [도형 스타일] 그룹 – [도형 채우기] – [채우기 없음]을 클릭하고, 같은 방법으로 [도형 윤곽선] – [윤곽선 없음]도 클릭합니다.

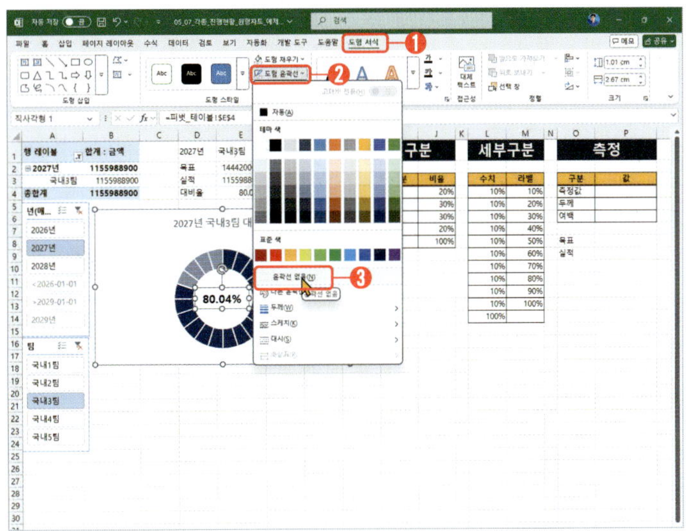

19 이제 슬라이서에서 [2027년], [국내4팀]을 선택하면 차트의 제목도 바뀌고 차트도 변경되는 것을 확인할 수 있습니다.

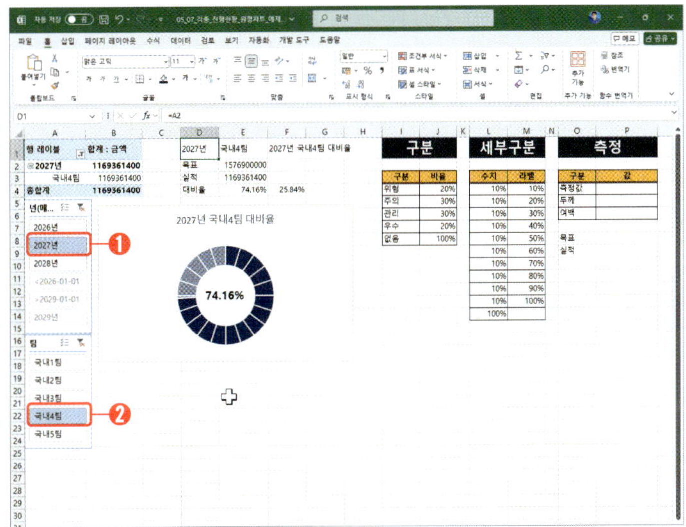

20 이번에는 반원 차트를 응용한 속도계 차트를 작성, 대비율을 표시해 보겠습니다. [I3:J8] 셀을 선택하고 [삽입] 탭 – [차트] 그룹 – [원형 또는 도넛형 차트 삽입] – [도넛형]을 클릭합니다.

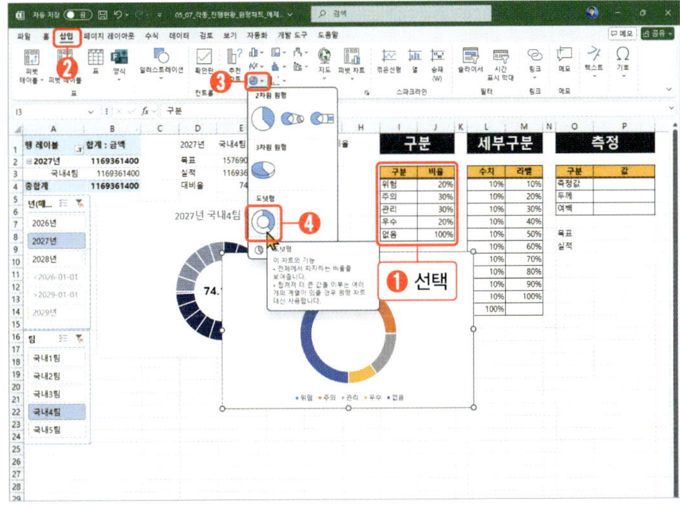

21 차트의 바깥 테두리에 수치가 나타날 부분을 추가하기 위해, [L3:L14] 셀을 선택하고 Ctrl+C를 눌러 복사하고 차트를 선택한 후 Ctrl+V를 눌러 붙여 넣습니다.

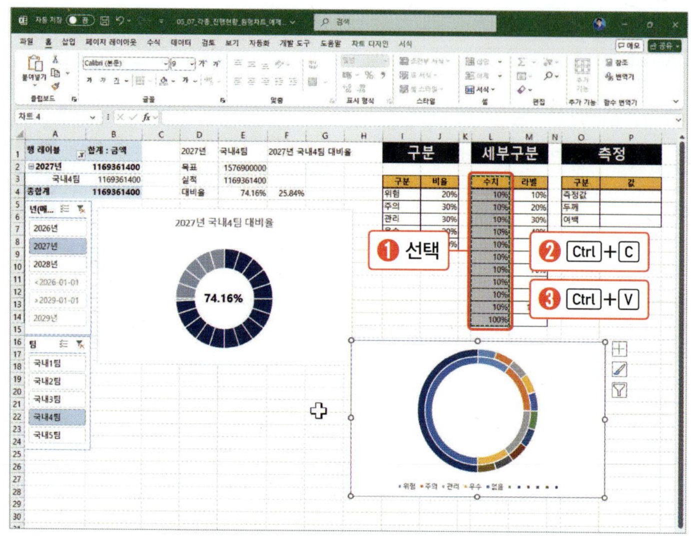

22 차트의 채우기 색을 포함한 각종 옵션을 변경하기 위해, 차트 영역을 마우스 오른쪽 버튼으로 클릭한 후 [데이터 계열 서식]을 선택합니다.

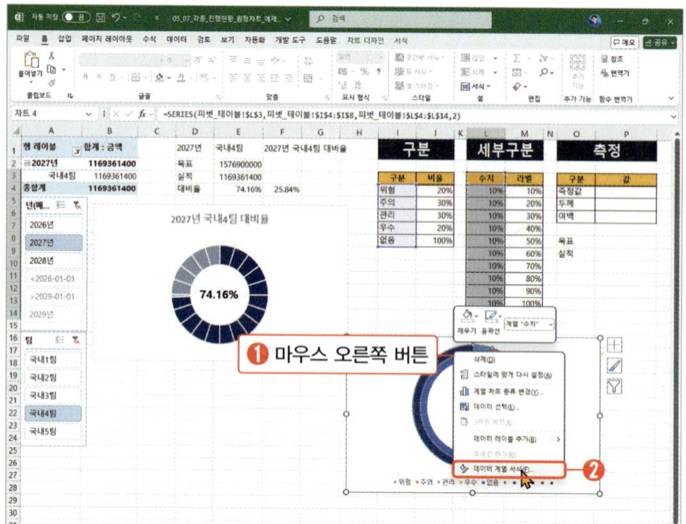

23 [데이터 계열 서식] 작업 창에서 [계열 옵션] – [계열 옵션]의 [첫째 조각의 각]을 '270도'로 설정합니다.

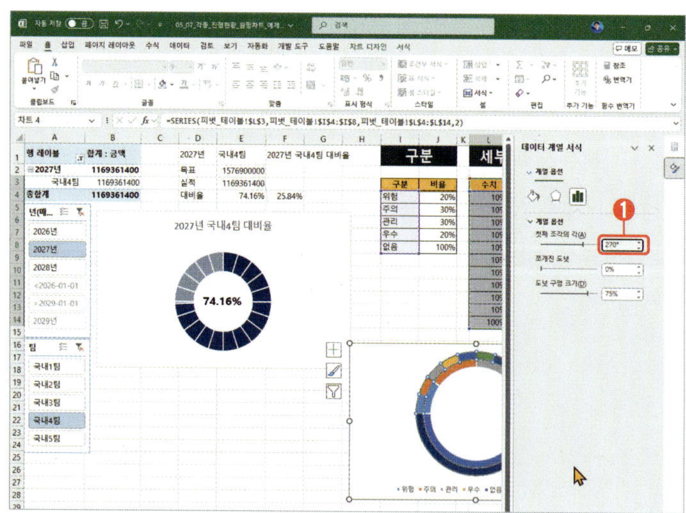

여기서 잠깐

이전에 차트를 작성하면 오피스의 각 설정 기준점이 9시 방향이라고 했습니다. 이번에도 9시 방향에 시계 방향으로 회전하기에 270도를 입력하면 좌측의 반원이 하단부로 내려오게 됩니다.

24 바깥쪽 원을 선택하고 [채우기 및 선]을 선택하고 [채우기]를 확장해서 [색] – [흰색, 배경 1, 35% 더 어둡게]를 클릭합니다.

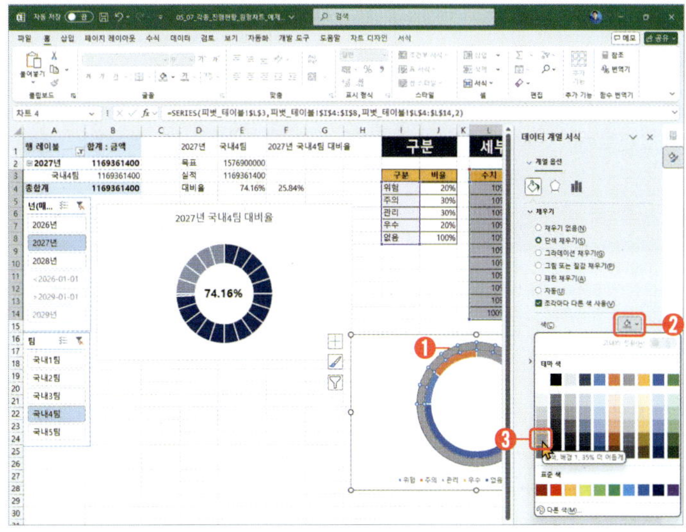

25 안쪽 원의 마지막 원(위험, 20%에 해당)을 선택하고 잠시 후 다시 더블클릭해서 서식 창 상단이 [데이터 요소 서식]으로 변경된 것을 확인한 뒤 [색] – [빨강]을 선택합니다.

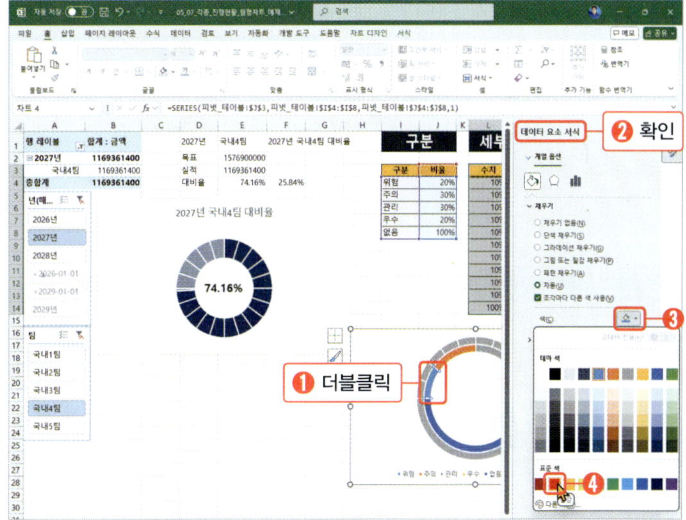

26 그다음 원을 선택하고 [색] – [주황]을 선택합니다.

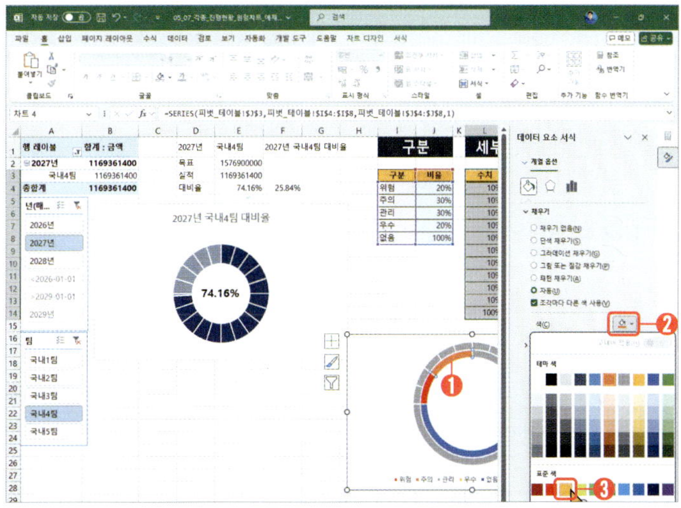

27 그다음 원을 선택하고 [색] – [노랑]을 선택합니다.

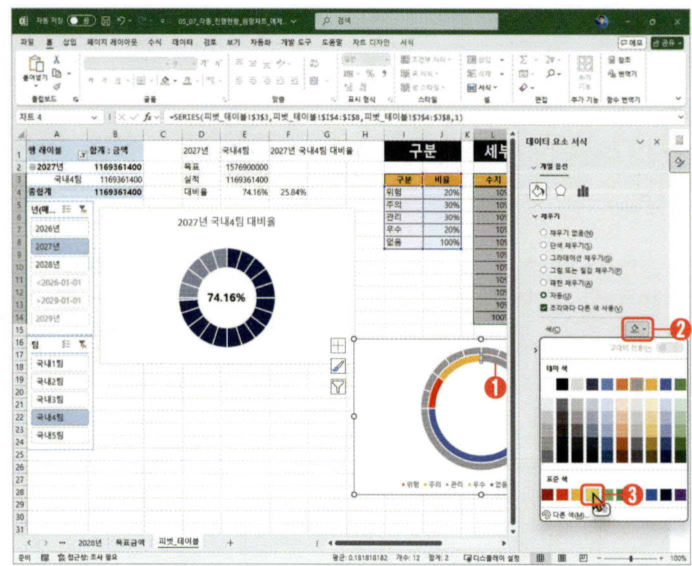

28 마지막 원을 선택하고 [색] – [녹색]을 선택합니다.

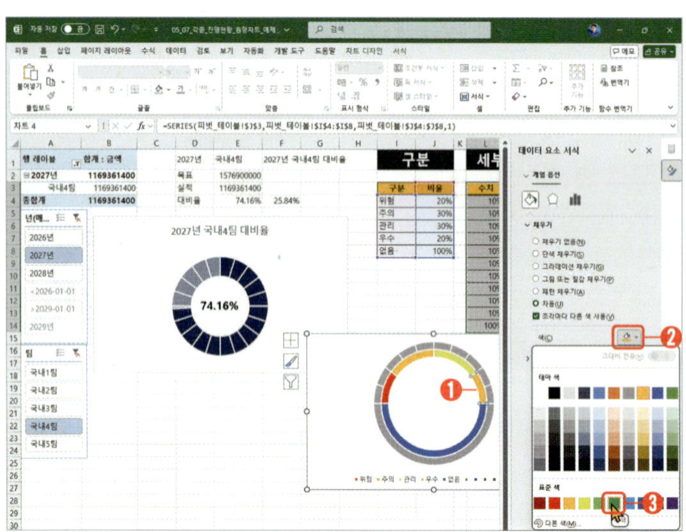

29 이제 데이터 레이블을 표시하기 위해, 먼저 바깥쪽 원을 선택하고 마우스 오른쪽 버튼을 클릭한 후 [데이터 레이블 추가]를 선택합니다.

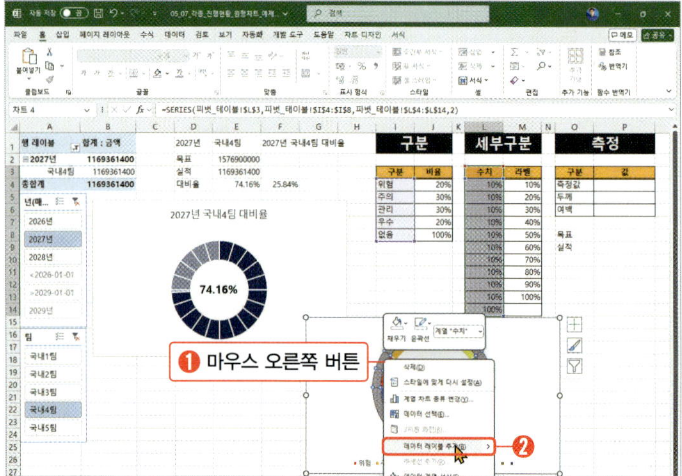

30 안쪽에 작성된 차트를 마우스 오른쪽 버튼으로 클릭한 후 [데이터 레이블 추가]를 선택합니다.

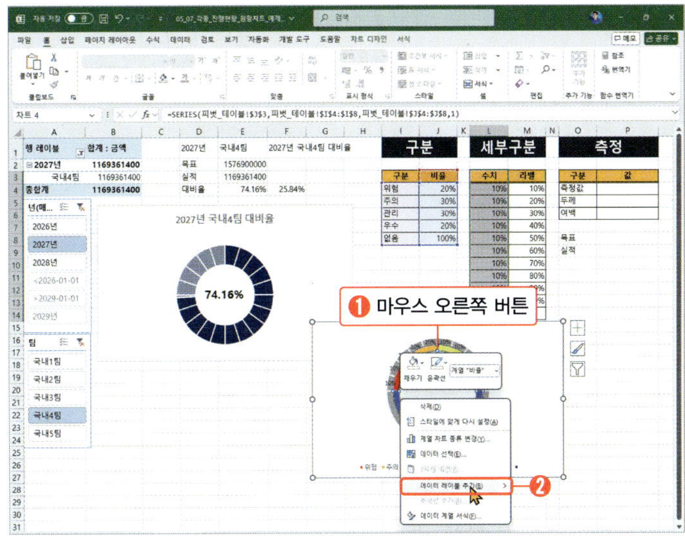

31 차트의 채우기 색 및 도넛 크기를 조정하기 위해, 바깥쪽 도넛 차트의 차트 영역을 마우스 오른쪽 버튼으로 클릭한 후 [데이터 계열 서식]을 선택합니다.

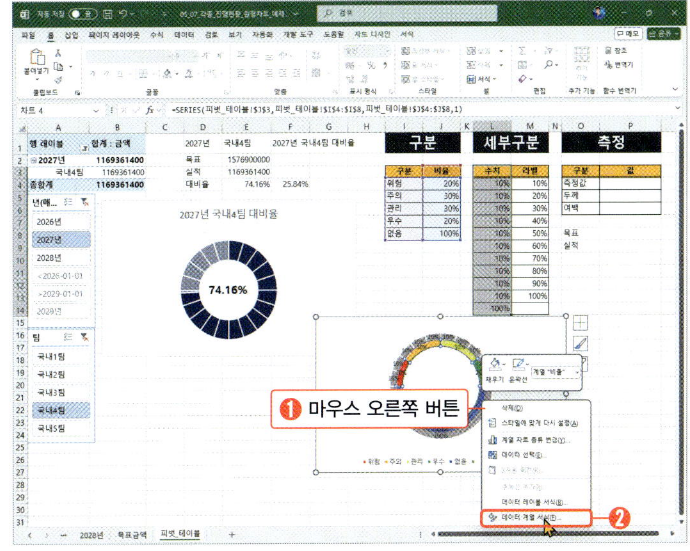

32 [채우기 및 선]을 클릭하고 [채우기] – [색] – [흰색, 배경 1, 35% 더 어둡게]를 선택합니다. [계열 옵션]을 클릭하고 [계열 옵션] – [도넛 구멍 크기]를 '50%'로 설정합니다.

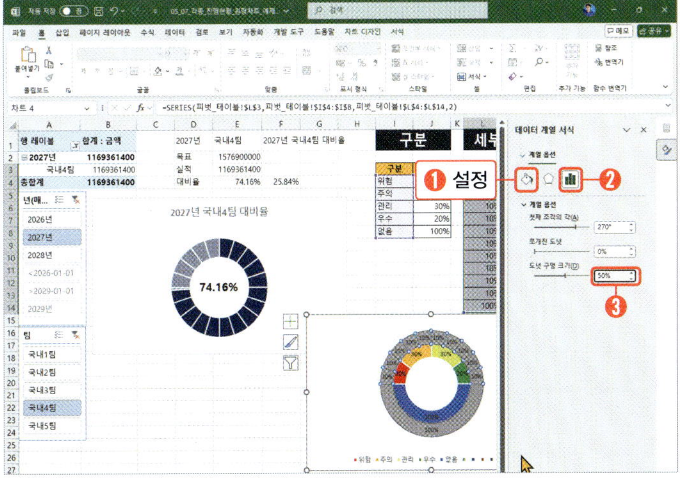

33 하단부의 반원을 선택하고 잠시 후 더블클릭해서 작업 창 상단에 [데이터 요소 서식]으로 바뀐 것을 확인한 뒤 [채우기 및 선]을 클릭하고 [채우기] – [채우기 없음]을 선택합니다.

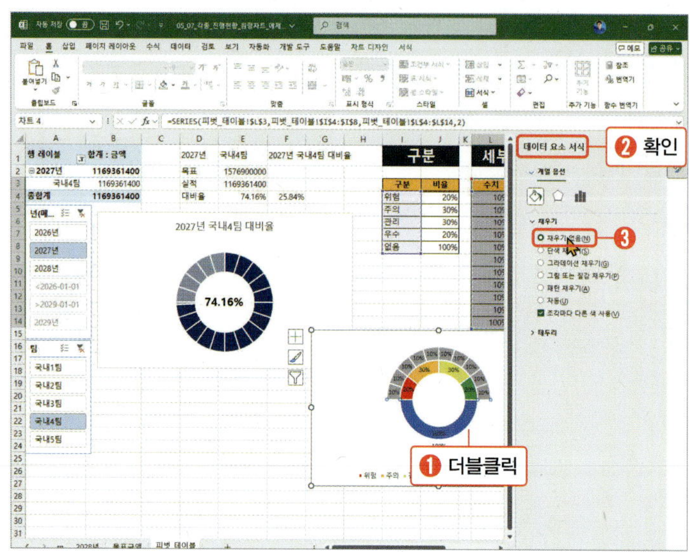

34 안쪽 원의 하단부를 같은 방법으로 선택하고 [채우기] – [채우기 없음]을 선택합니다.

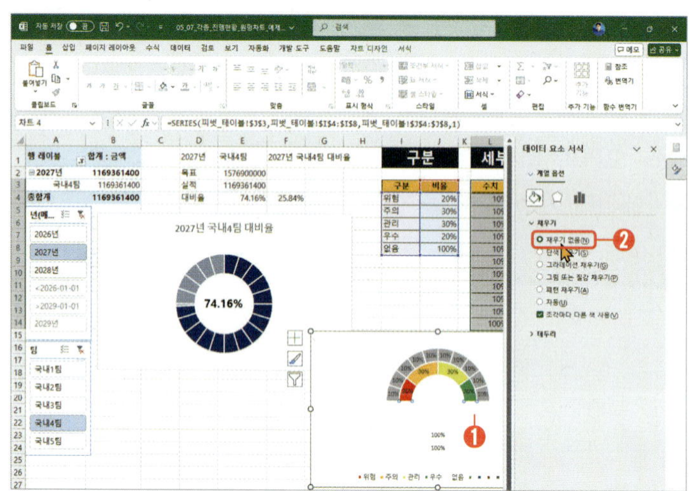

35 이제 레이블의 내용을 변경하기 위해, 바깥쪽 도넛 차트의 레이블을 마우스 오른쪽 버튼으로 클릭한 후 [데이터 레이블 서식]을 선택합니다.

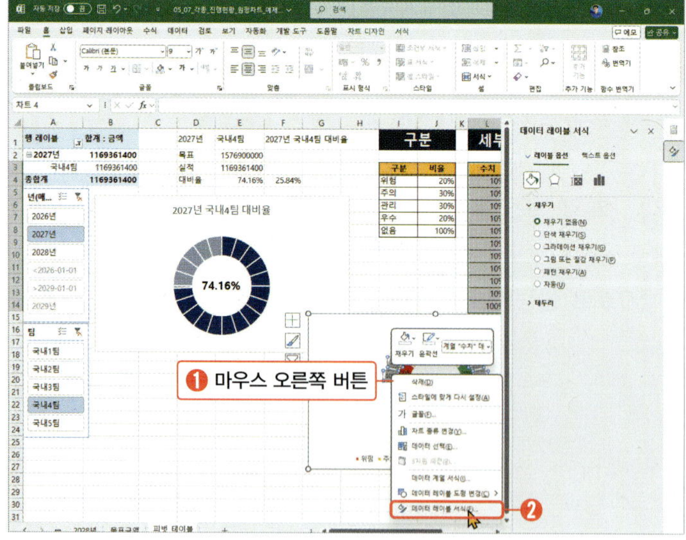

36 [레이블 옵션] – [레이블 옵션] – [셀 값]을 클릭하고, [M4:M13] 셀을 선택한 후 [확인]을 클릭합니다.

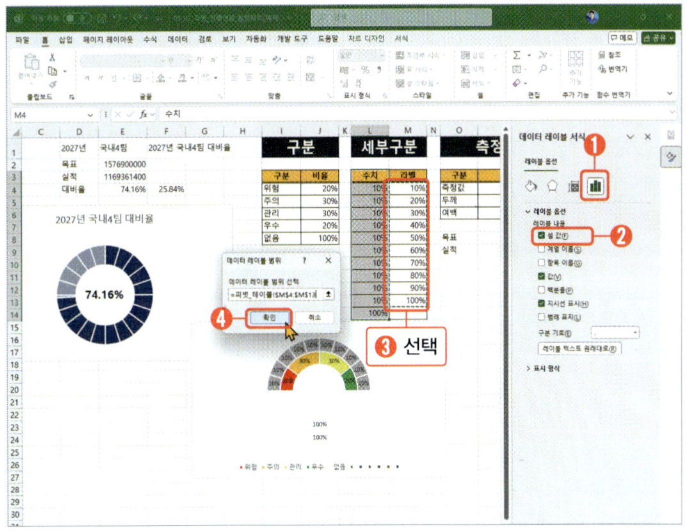

37 [값], [지시선 표시]의 체크를 해제하면, 선택한 셀의 값이 레이블로 표시되는 것을 확인할 수 있습니다.

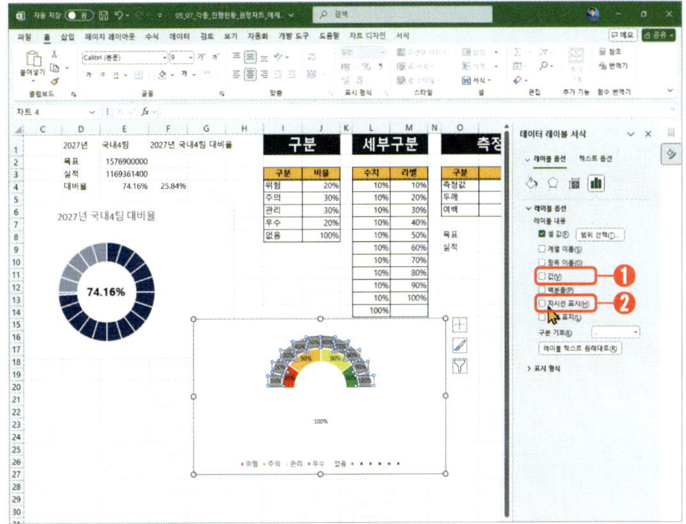

38 같은 방법으로 안쪽 도넛 차트의 레이블을 선택하고, [셀 값]을 체크한 뒤 범위는 [I4:I7] 셀로 설정하고 [확인]을 클릭합니다.

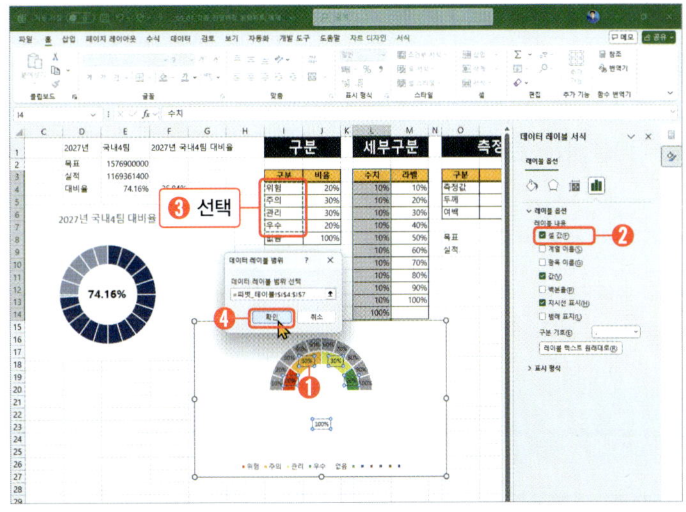

39 [값], [지시선 표시]의 체크를 해제합니다.

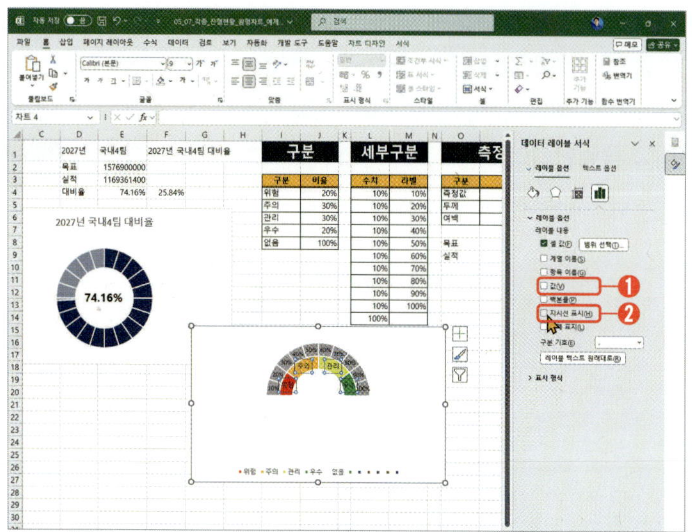

40 이제 마지막으로 속도계 차트의 지침 부분을 작성하겠습니다. [P4] 셀에 '=E4'를 입력하고 [P5] 셀에는 '3%', [P6] 셀에는 '=2-SUM(P4:P5)'를 입력합니다.

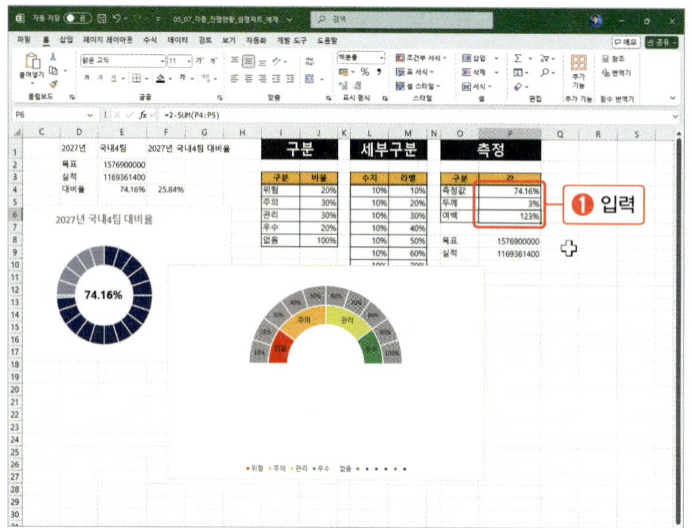

41 [O3:P6] 셀을 선택하고 Ctrl+C를 눌러 복사하고, 차트를 선택한 후 Ctrl+V를 눌러 붙여 넣습니다.

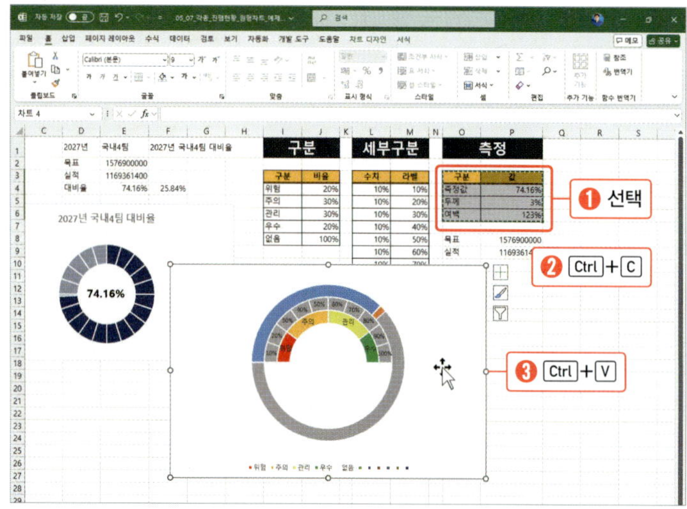

42 삽입된 차트를 마우스 오른쪽 버튼으로 클릭한 후 [계열 차트 종류 변경]을 선택합니다.

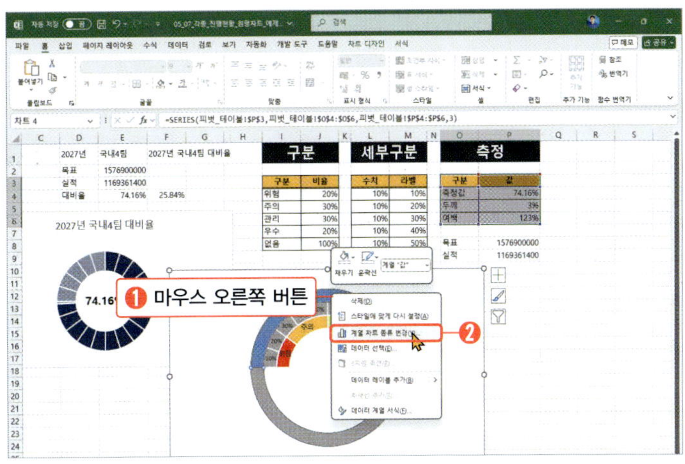

43 [차트 종류 변경] 대화상자가 나타나면 [값] 계열의 차트를 [보조 축]으로 지정하고 [차트 종류]를 확장해서 [원형]을 선택한 후 [확인]을 클릭합니다.

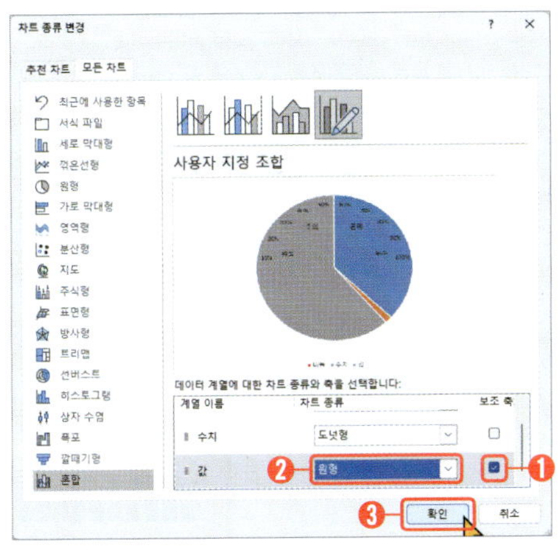

44 차트를 마우스 오른쪽 버튼으로 클릭한 후 [데이터 계열 서식]을 선택합니다.

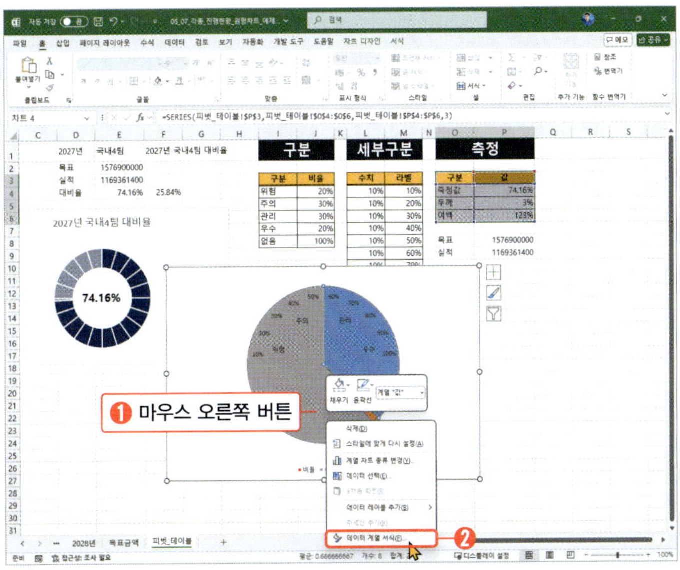

45 [계열 옵션] – [계열 옵션] – [첫째 조각의 각]을 '270도'로 설정합니다.

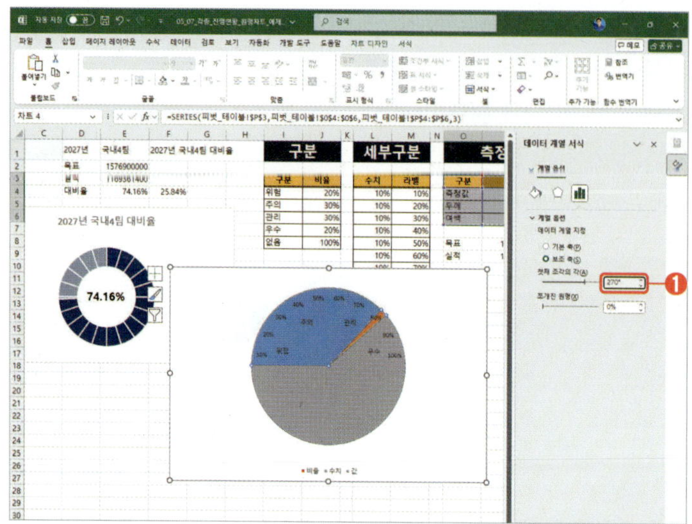

46 회색 원을 선택하고 잠시 후 더블클릭해서 [데이터 요소 서식] 작업 창의 [채우기 및 선] – [채우기] – [색] – [채우기 없음]을 선택합니다. 마찬가지로 파란색 원을 선택하고 [채우기 없음]을 선택합니다.
마지막으로 지침이 되는 주황색 원을 선택하고 [색] – [검정, 텍스트 1]을 선택합니다.

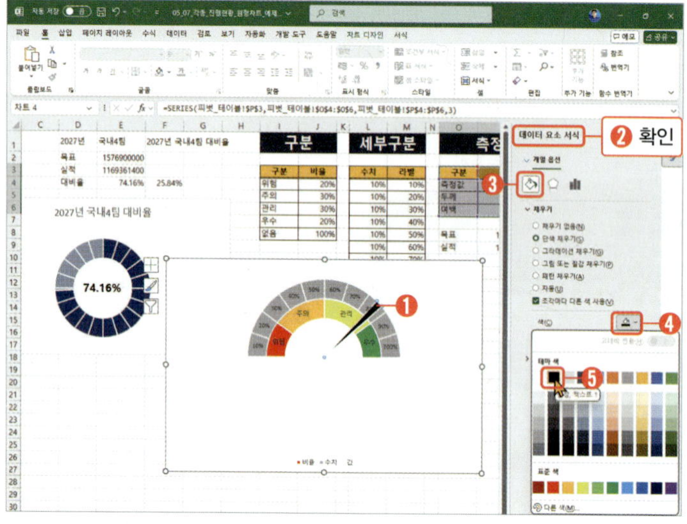

47 차트를 적당한 크기로 조정하고 배치합니다.

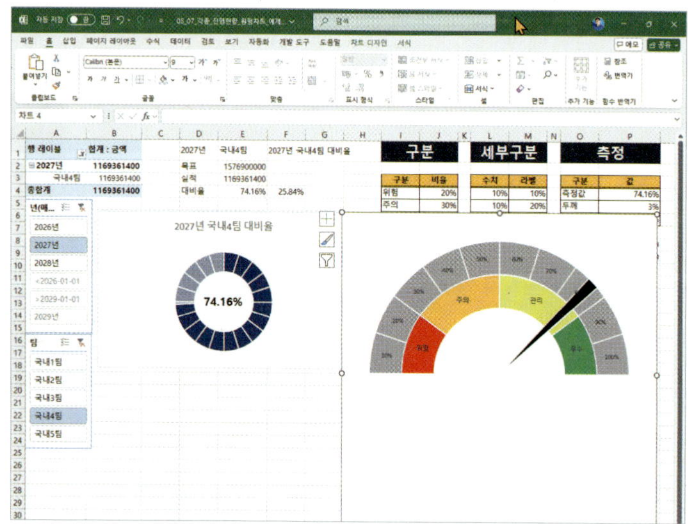

48 레이블의 서식을 변경하기 위해, 안쪽 원의 레이블을 선택하고 [홈] 탭 – [글꼴] 그룹에서 [굵게], [글꼴 크기]는 '16'으로 설정합니다.

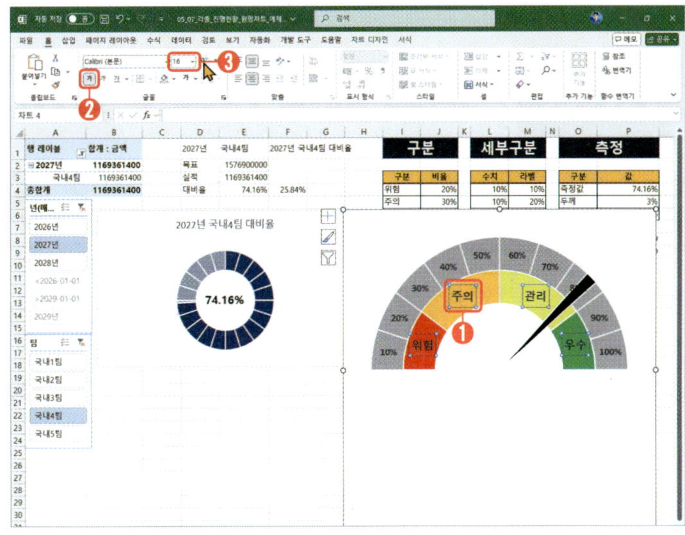

49 속도계 차트의 지침선 크기를 조정하려면, [P5] 셀을 선택하고 '2%'로 입력하고 Enter를 누르면 더 얇아진 지침선을 확인할 수 있습니다.

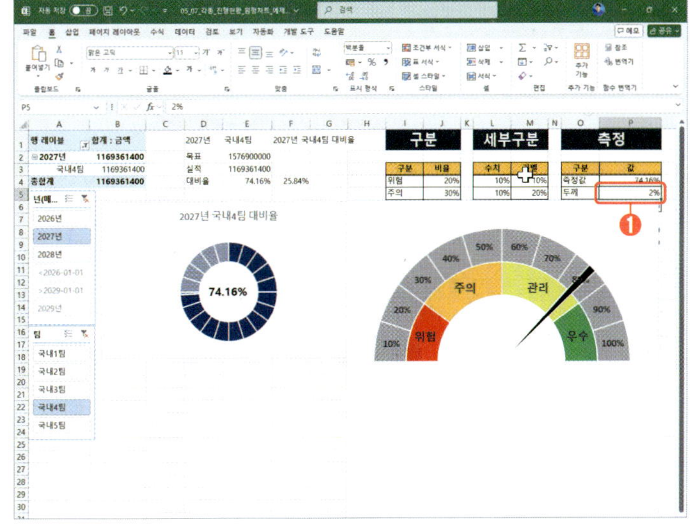

50 마지막으로 슬라이서에서 [2028년], [국내1팀]을 선택해 보면, 작성해 둔 2개의 차트가 같이 변경되는 것을 확인할 수 있습니다.

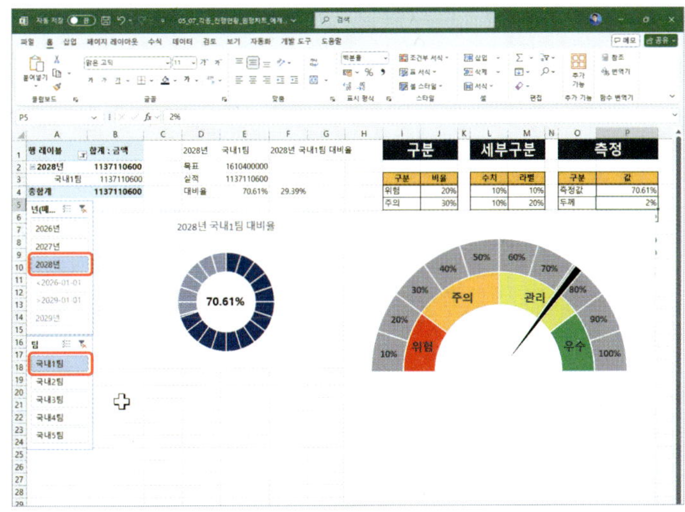

008 성별 제품 만족도 표시 인포그래픽 기법

엑셀에서 제공하는 기본 아이콘만으로도 시각적으로 뛰어난 인포그래픽 차트를 만들 수 있습니다. 이번에는 각 제품별 남녀 만족도 차이를 아이콘을 활용해 표현하는 방법을 알아보겠습니다. 또한, 슬라이서에서 선택한 항목의 이름을 차트 제목과 자동으로 연동하는 기법도 함께 적용해 보겠습니다.

- **실습 파일 :** Part 05 > 예제 > 05_08_제품만족도_인포그래픽_차트_예제.xlsx
- **완성 파일 :** Part 05 > 완성 > 05_08_제품만족도_인포그래픽_차트_완성.xlsx

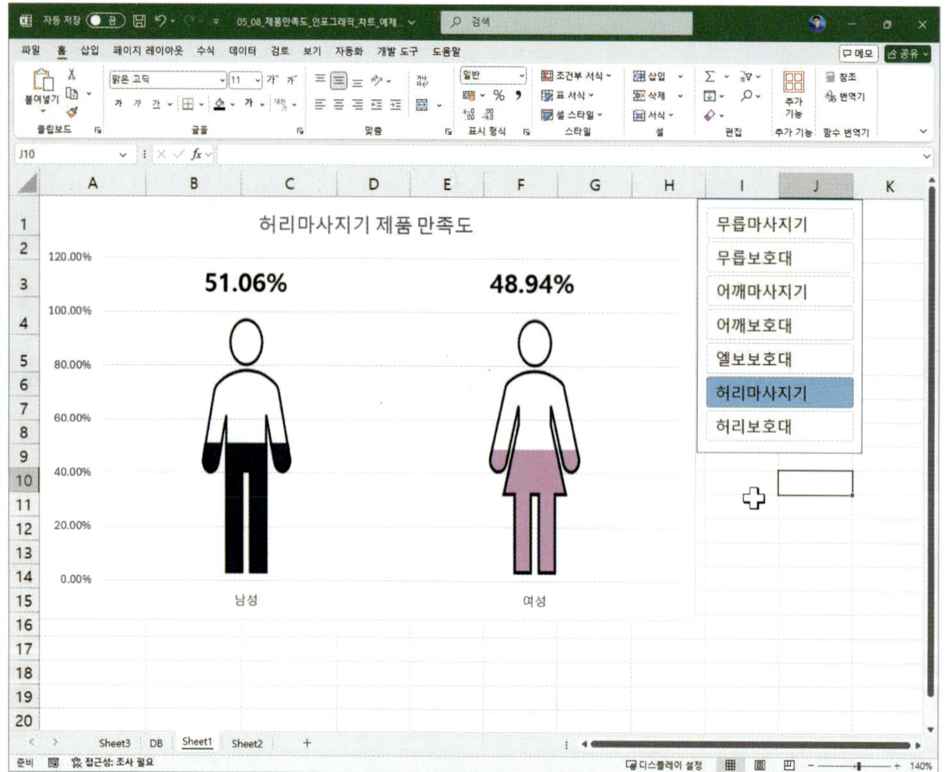

주요 기능	현업 활용
값 표시 형식	• 행 합계 비율을 통해 남녀별 만족도를 쉽게 산출할 수 있다.
묶은 세로 막대형 차트	• 묶은 세로 막대형 차트를 작성 후 아이콘을 적용해서 시각화할 수 있다.
아이콘	• 삽입한 아이콘을 투명하게 만들고 윤곽선을 표시하거나, 특정 색으로 채울 수 있다.

■ 데이터 불러와 시각화하기

01 예제 파일에는 이미 데이터가 표로 만들어져 있습니다. [DB] 시트를 선택하고 제품 만족도 피벗 테이블을 작성하기 위해, [테이블 디자인] 탭 – [도구] 그룹 – [피벗 테이블로 요약]을 클릭하고 기본 설정 그대로 [확인]을 클릭합니다.

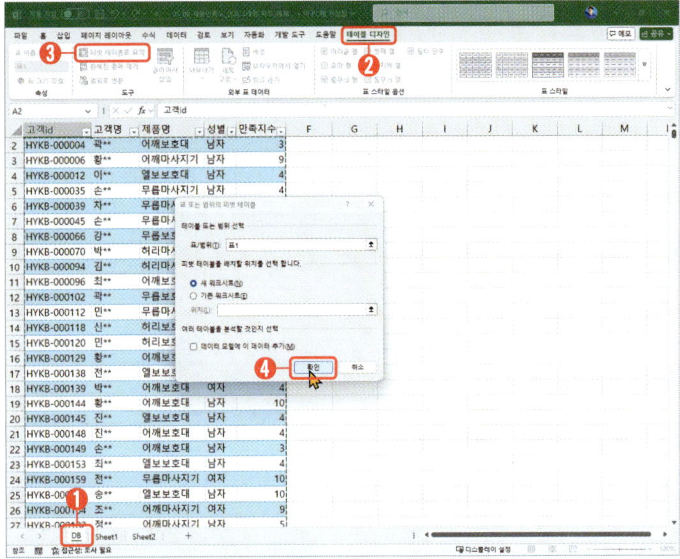

02 작성된 피벗 테이블의 [행] 영역에 [제품명], [만족지수] 필드, [열] 영역에 [성별] 필드, [값] 영역에 [고객id] 필드를 드래그 & 드롭합니다. 이때 [고객명] 필드를 [값] 영역에 추가하지 않는 이유는 같은 이름이 있을 수 있기 때문에 잘못된 통계가 작성될 수 있으므로 고유한 값인 [고객id] 필드를 [값] 영역에 넣어서 개수를 산출합니다. 만족지수 중 하나의 데이터를 선택하고 [행 레이블]을 확장해서 [8], [9], [10]만을 체크하고 [확인]을 클릭합니다.

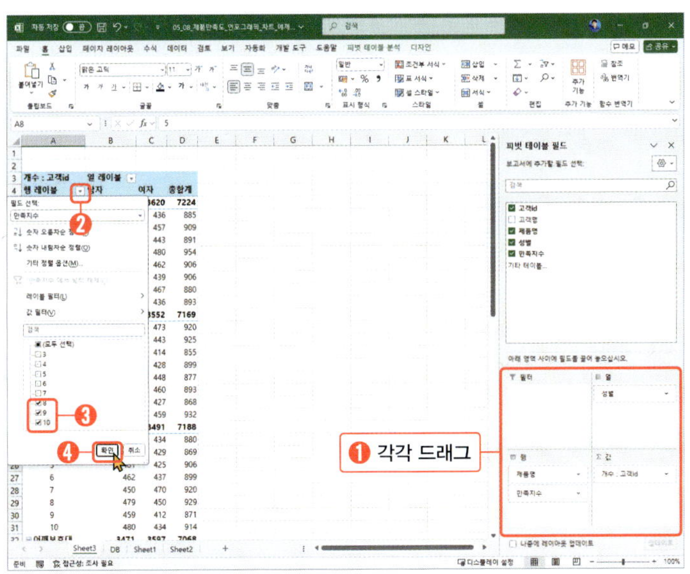

여기서 잠깐

어느 데이터를 선택하고 필터하는 것이 중요한데 반드시 만족지수 중 데이터를 선택해야 합니다. 만약 제품명을 선택하고 필터하게 되면 제품명만 나열됩니다.

03 데이터 중 임의의 셀을 마우스 오른쪽 버튼으로 클릭하고 [값 표시 형식] – [행 합계 비율]을 선택합니다.

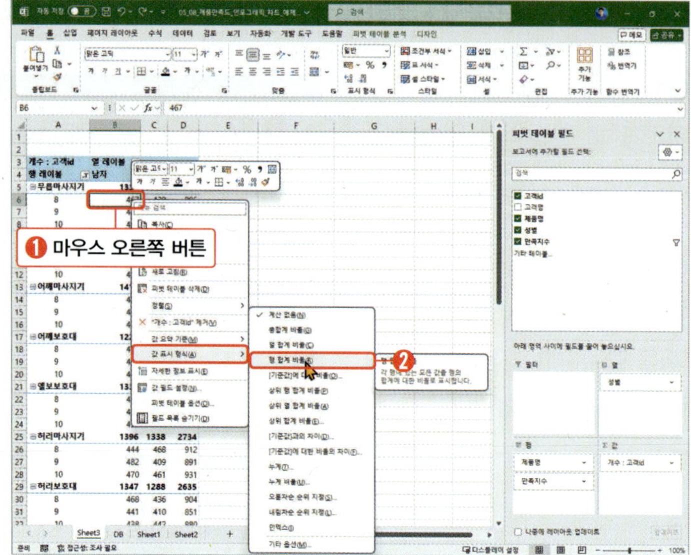

04 슬라이서로 연동될, 즉 차트의 제목으로 사용할 데이터 작성을 위해 피벗 테이블을 하나 더 만듭니다. [DB] 시트에서 [테이블 디자인] 탭 – [도구] 그룹 – [피벗 테이블로 요약]을 클릭하고 [기존 워크시트]를 선택합니다. 현재 피벗 테이블이 작성된 시트(Sheet3)의 [F3] 셀을 선택하고 [확인]을 클릭합니다.

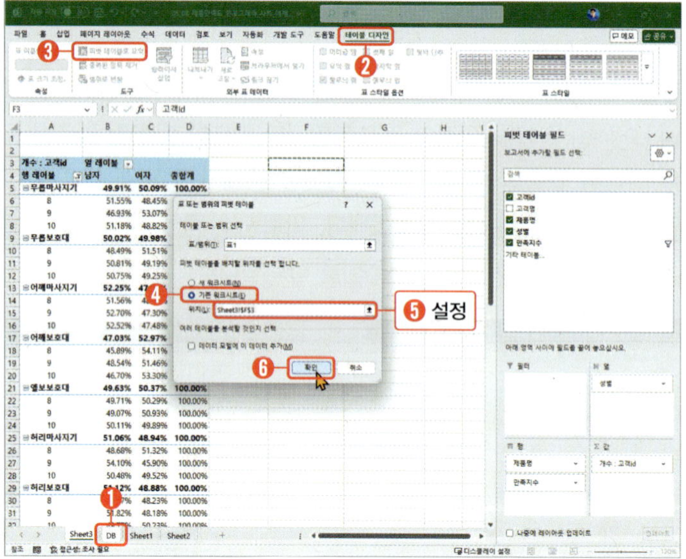

05 [행] 영역에 [제품명] 필드만 드래그 & 드롭합니다. 그리고 필드 목록에서 [제품명] 필드를 마우스 오른쪽 버튼으로 클릭한 후 [슬라이서로 추가]를 선택합니다.

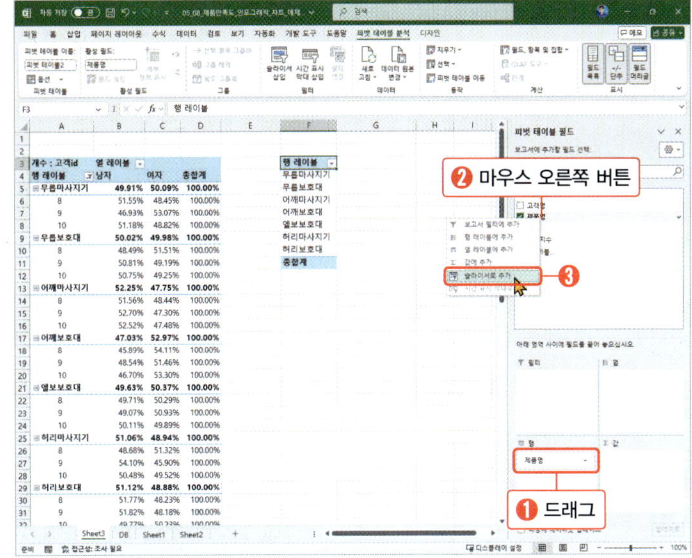

06 삽입된 슬라이서를 마우스 오른쪽 버튼으로 클릭한 후 [보고서 연결]을 선택합니다.

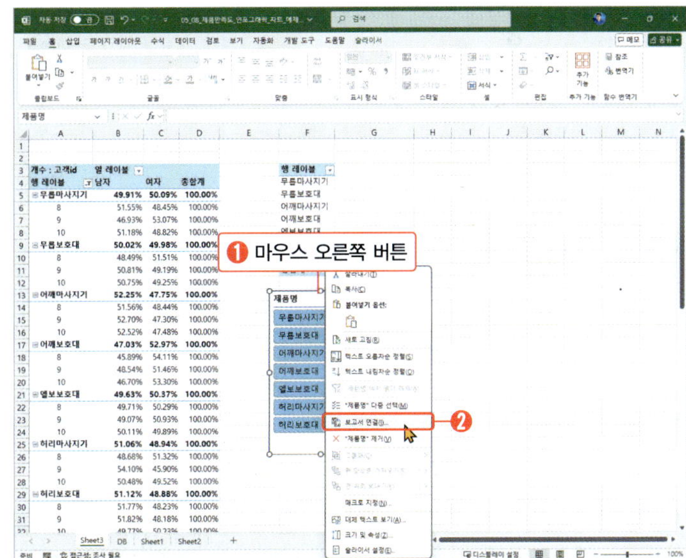

07 작성된 2개의 피벗 테이블이 연동되도록 모두 체크하고 [확인]을 클릭합니다.

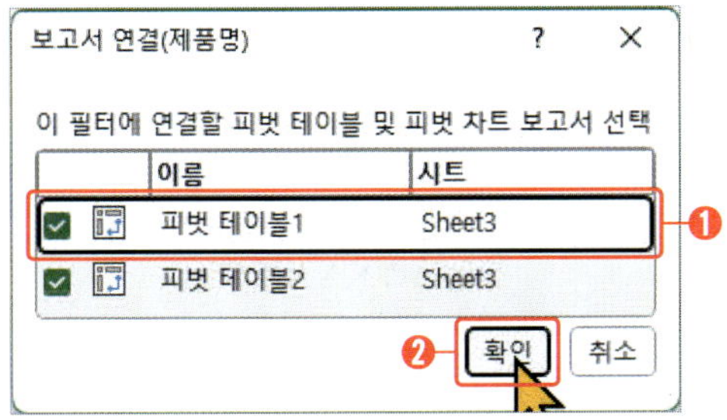

08 이제 슬라이서에서 [무릎보호대]를 선택하면 2개의 슬라이서가 연동되는 것을 확인할 수 있습니다.

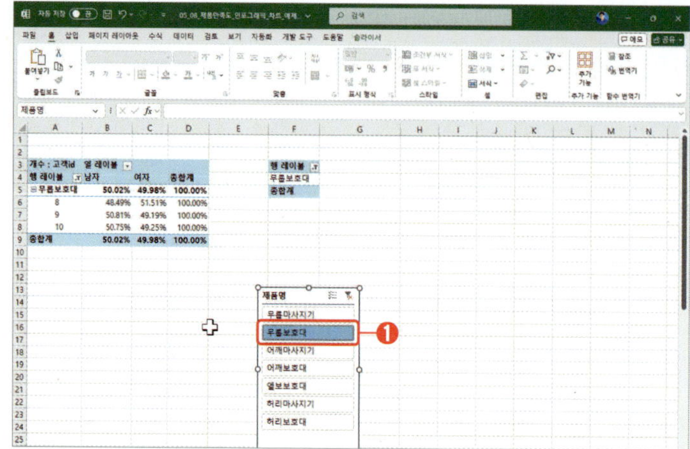

09 차트 제목으로 사용할 내용을 작성하기 위해, [Sheet1] 시트의 [A4] 셀에 '=Sheet3!$F$4'를 입력하고 [A1] 셀에 아래와 같은 수식을 입력합니다.

```
=A4&"제품 만족도"
```

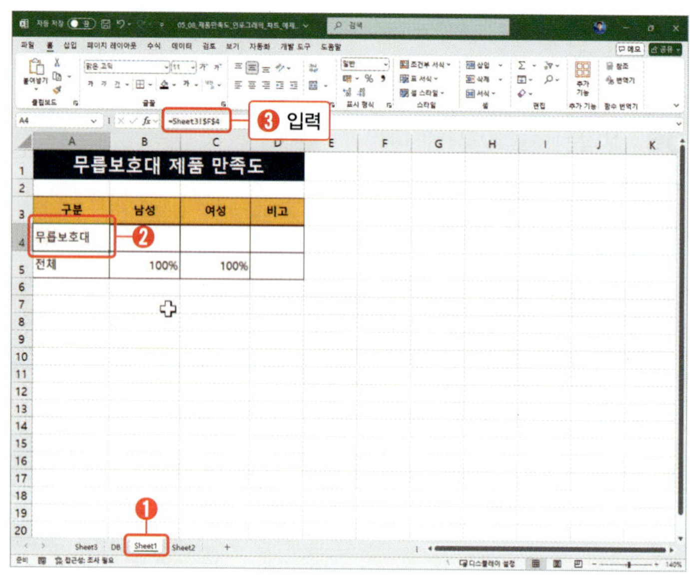

10 [B4] 셀을 선택하고 '='를 입력한 후 무릎보호대의 남성 만족도 수치를 피벗 테이블에서 선택([Sheet3] 시트의 [B5] 셀)하고 Enter 를 누릅니다. [C4] 셀에는 '=1-B4'를 입력하면, [B4] 셀에는 아래와 같은 수식을 작성합니다.

```
=GETPIVOTDATA("고객id",Sheet3!$A$3,"제품명",A4,"성별","남자")
```

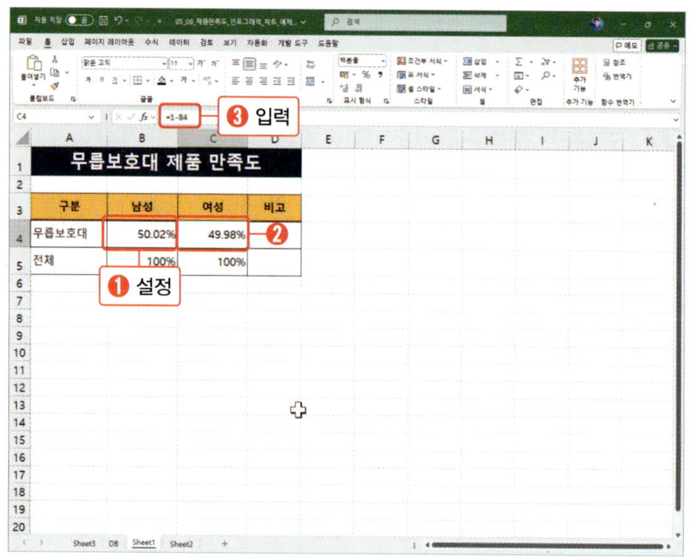

11 이제 차트를 작성하기 위해, [A3:C5] 셀을 선택하고 [삽입] 탭 – [차트] 그룹 – [세로 또는 가로 막대형 차트 삽입] – [묶은 세로 막대형]을 클릭합니다.

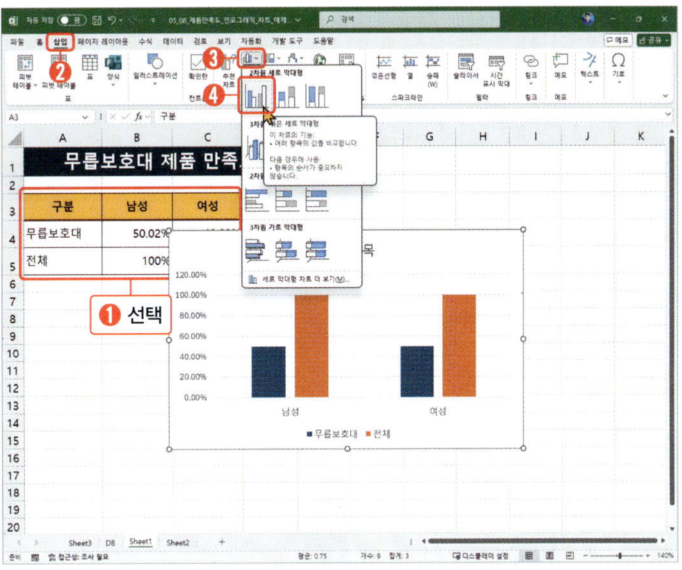

12 차트 제목인 [A1] 셀 내용을 변경하기 위해, 차트 제목을 선택하고 수식 입력줄에 '=' 입력 후 [A1] 셀을 선택하고 Enter 를 누릅니다.

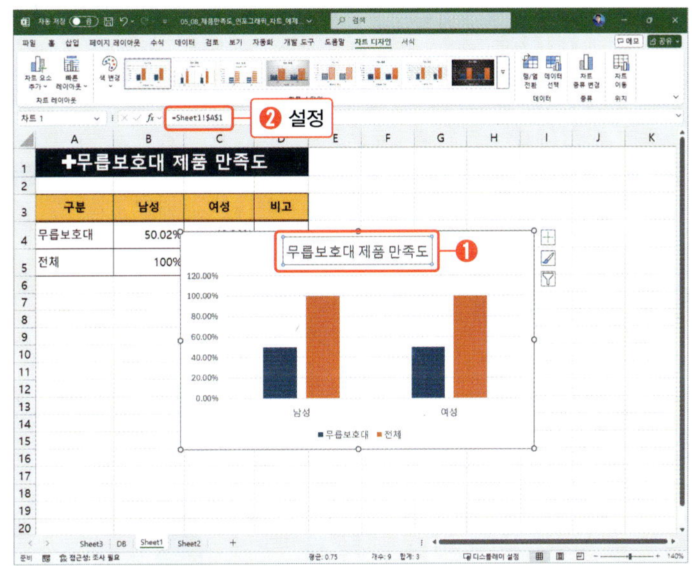

13 뒤쪽 데이터를 굳이 보일 필요가 없으므로 차트를 [A1] 셀 부근으로 이동시키고 크기를 적당히 조절합니다.

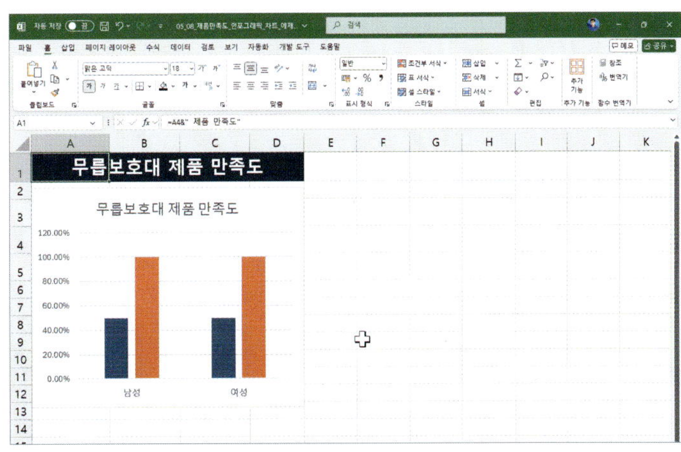

14 [Sheet3] 시트에서 슬라이서를 선택한 후 Ctrl+X를 눌러 잘라냅니다. [Sheet1] 시트에서 Ctrl+V를 눌러 붙여 넣습니다. 슬라이서에서 [어깨보호대]를 선택하면 막대 크기가 변경되는 것을 확인할 수 있습니다.

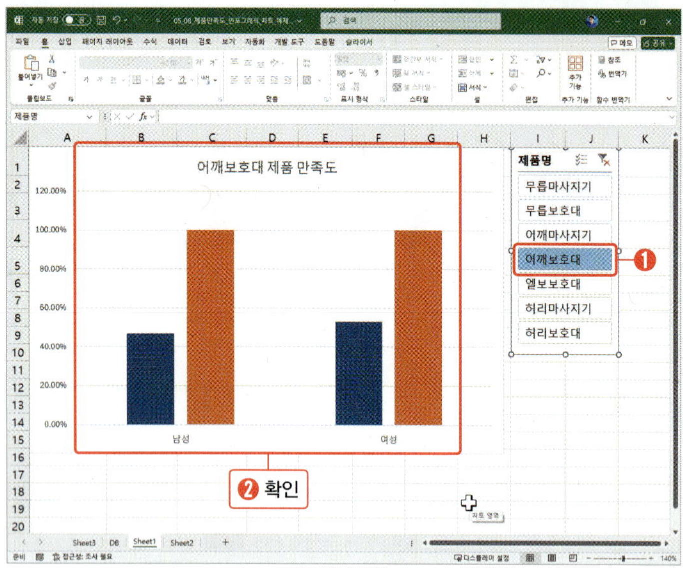

15 슬라이서의 크기를 줄이기 위해, 슬라이서를 마우스 오른쪽 버튼으로 클릭한 후 [슬라이서 설정]을 선택합니다.

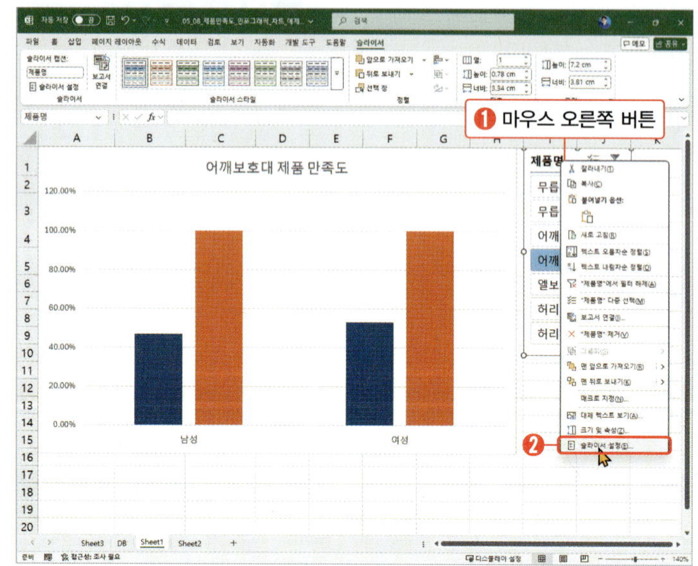

16 [슬라이서 설정] 대화상자가 나타나면 [머리글 표시]의 체크를 해제하고 [확인]을 클릭합니다.

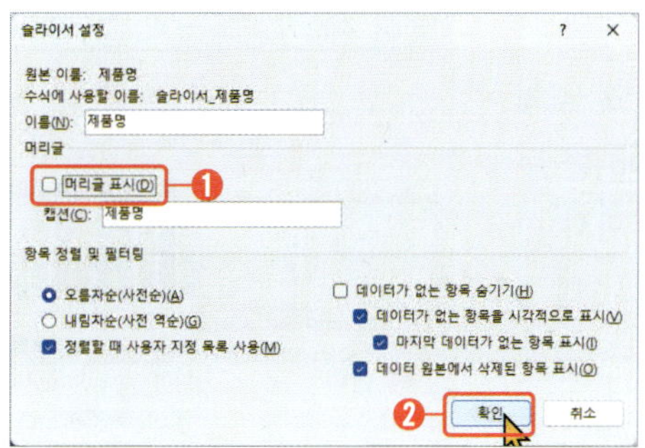

■ 데이터 시각화에 기본 아이콘 활용하기

01 엑셀 기본 제공 아이콘을 삽입하기 위해, [Sheet2] 시트에서 [삽입] 탭 – [일러스트레이션] 그룹 – [아이콘]을 클릭합니다.

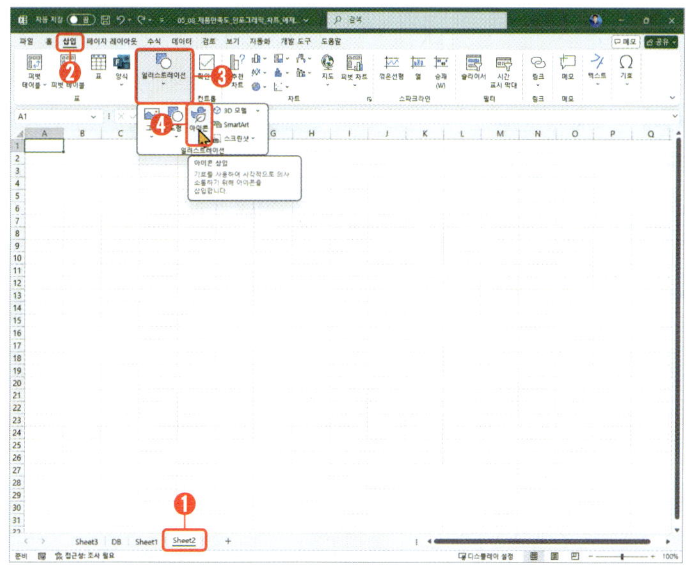

02 [스톡 이미지] 창이 나타나면 [아이콘] 탭에서 '사람'으로 검색하고 그림과 같은 아이콘 2개를 삽입합니다.

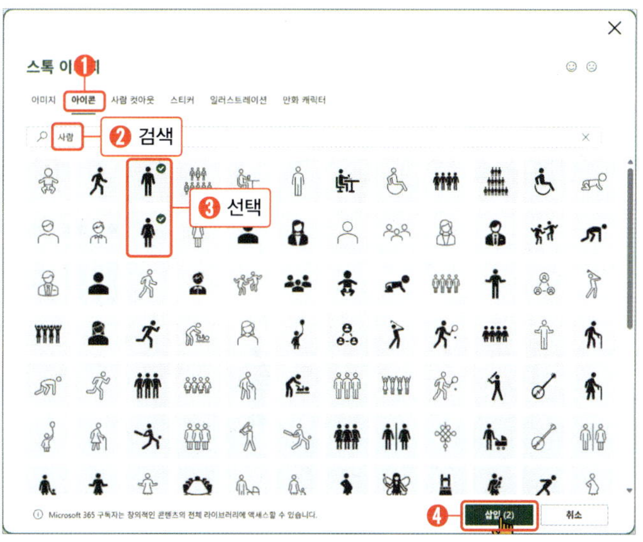

03 삽입된 아이콘을 개별 선택해서 가로로 배치하고 임의의 아이콘 선택한 후 Ctrl을 누른 상태로 다른 아이콘까지 선택합니다. [그래픽 형식] 탭 – [그래픽 스타일] 그룹 – [그래픽 채우기] – [채우기 없음]을 클릭합니다.

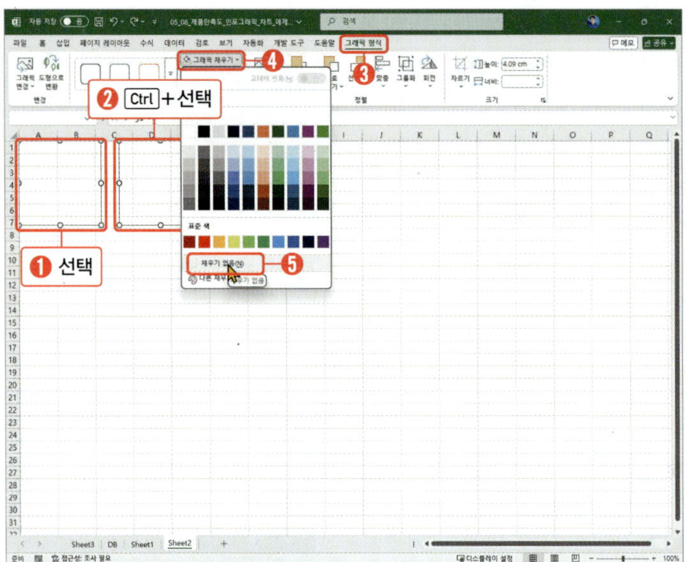

04 [그래픽 윤곽선] – [검정, 텍스트 1]을 선택합니다.

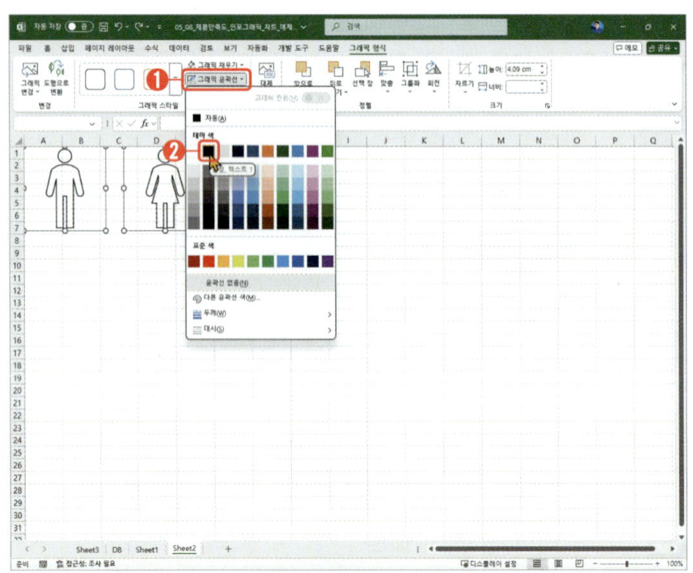

05 2개의 아이콘을 다시 선택하고 Ctrl을 누른 상태로 드래그하면 아이콘이 복사됩니다. 복사된 남자 아이콘을 선택하고 [그래픽 형식] 탭 – [그래픽 스타일] – [그래픽 채우기] – [진한 청록, 강조 1, 50% 더 어둡게]를 클릭합니다.

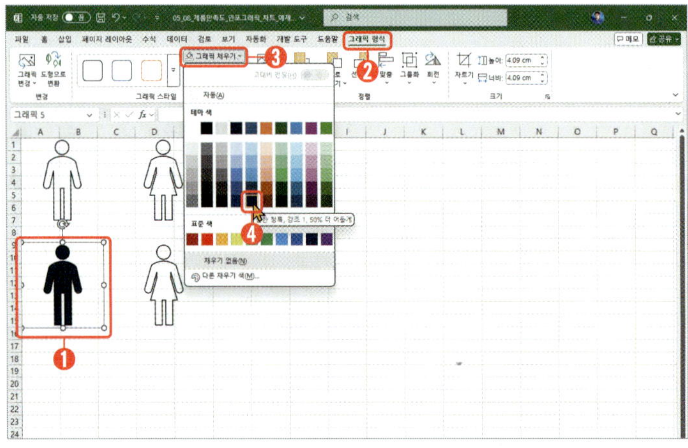

06 같은 방법으로 복사된 여자 아이콘을 선택하고 [그래픽 형식] 탭 – [그래픽 스타일] – [그래픽 채우기] – [진한 보라, 강조 5, 60% 더 밝게]를 클릭합니다.

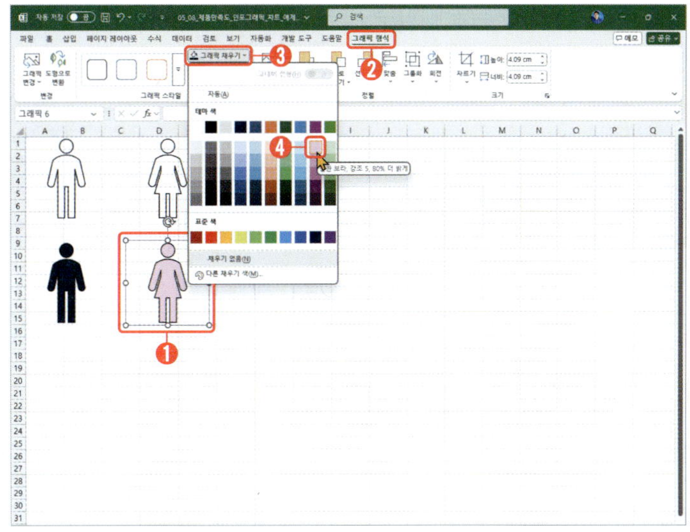

07 차트에 해당 아이콘을 적용하기 위해 [Sheet2] 시트에서 테두리만 있는 남자 아이콘을 복사하고 [Sheet1] 시트로 이동해서 차트의 남자 막대 중 100% 막대를 선택하고 Ctrl +V를 눌러 붙여 넣습니다.

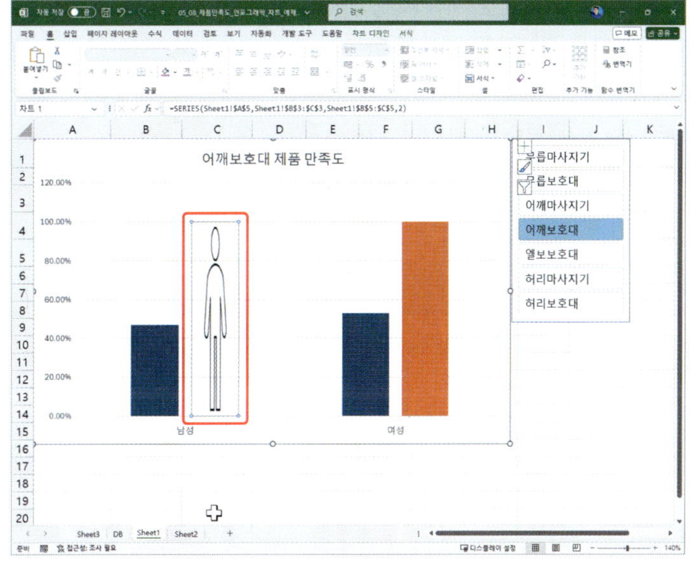

08 같은 방법으로 여자 아이콘도 복사하여 붙여 넣습니다.

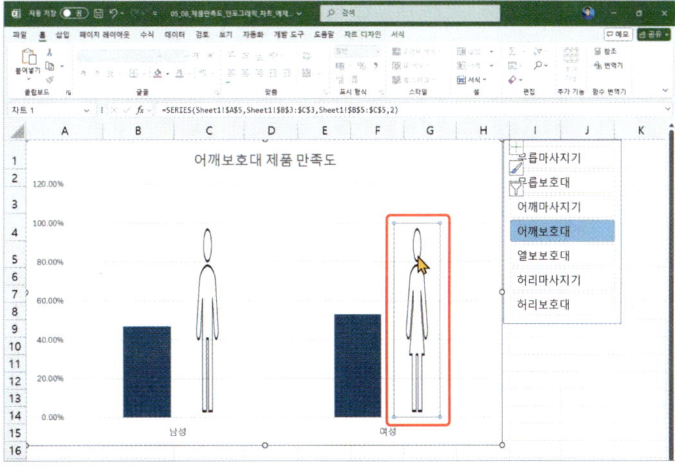

09 채워져 있던 남자 아이콘을 복사해서 남자 파란색 막대 부분에 붙여 넣고, 같은 방법으로 여자 아이콘을 복사해서 여자 파란색 막대 부분에 붙여 넣습니다.

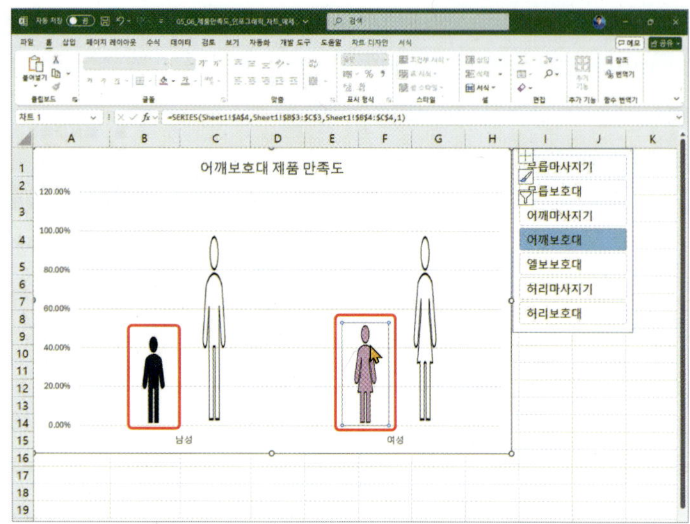

10 이제 붙여진 남자 아이콘 중 하나를 선택하고 잠시 후 다시 클릭해서 요소를 선택합니다. 마우스 오른쪽 버튼으로 클릭한 후 [데이터 요소 서식]을 선택합니다.

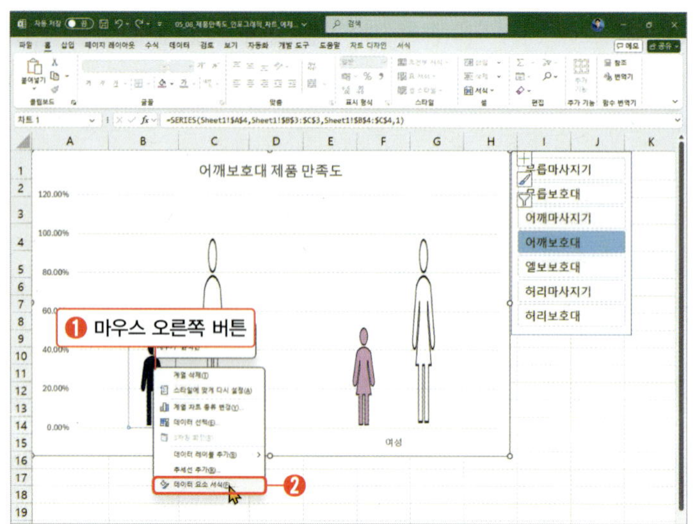

11 [채우기 및 선] – [채우기] – [다음 배율에 맞게 쌓기]를 클릭합니다.

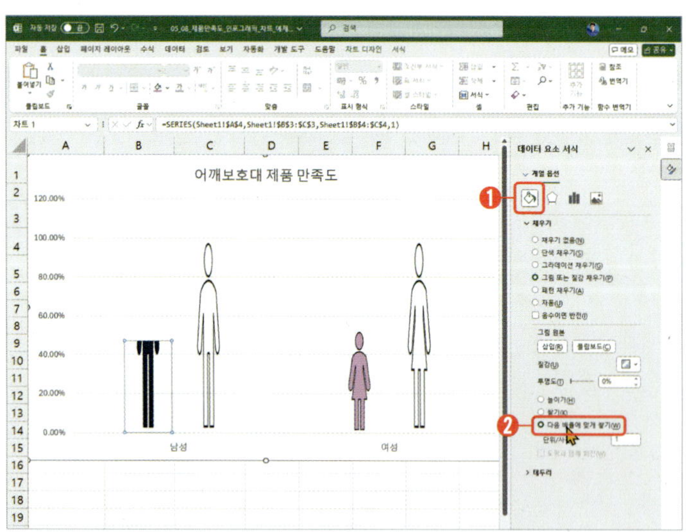

12 여자 아이콘 중 채워져 있던 아이콘을 클릭하고 [다음 배율에 맞게 쌓기]를 클릭합니다.

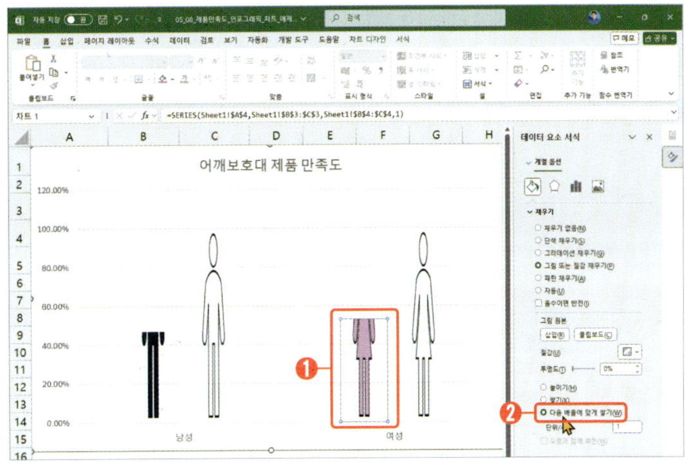

13 이제 남녀 아이콘을 중첩시키기 위해, 시트의 임의의 셀을 한 번 클릭한 뒤 가운데가 빈 남녀 아이콘 중 하나를 마우스 오른쪽 버튼으로 클릭한 후 [데이터 계열 서식]을 선택합니다.

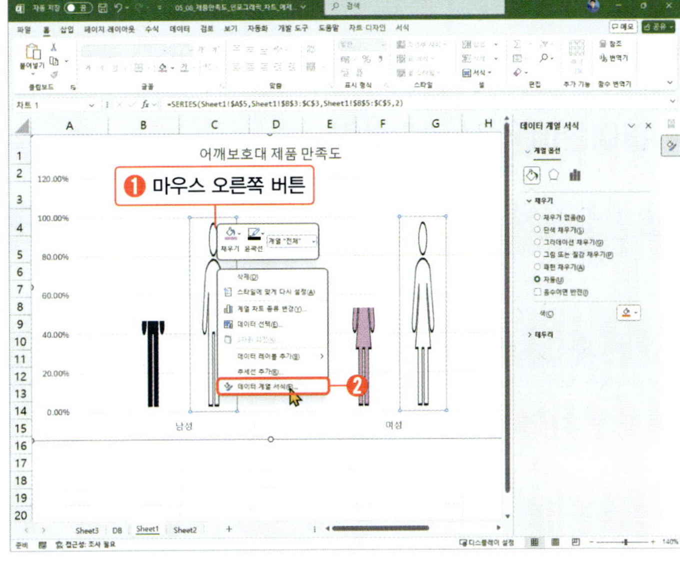

여기서 잠깐

엑셀 시트의 임의의 셀을 한 번 선택하고 진행하는 것은 지금 상태 그대로 다른 아이콘을 선택하면 또 [데이터 요소 서식] 작업 창이 나타나기 때문에 [데이터 계열 서식]을 선택하기 위해서입니다.

14 [계열 옵션] – [계열 옵션] – [계열 겹치기]를 '100%', [간격 너비]는 '50%'로 설정합니다.

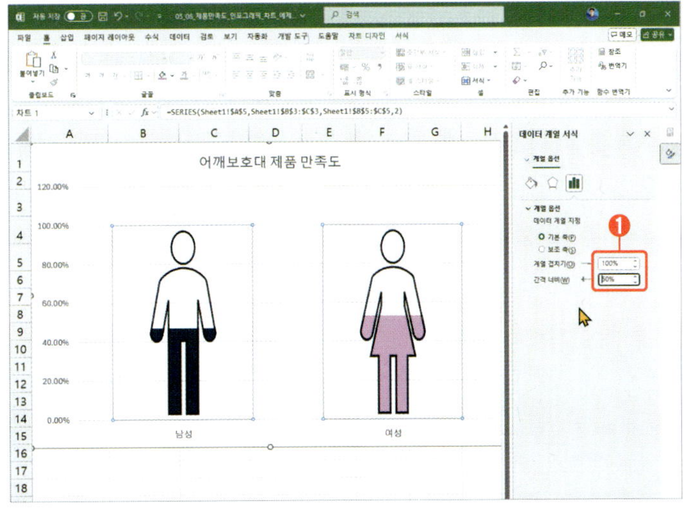

15 완성된 인포그래픽 차트를 확인할 수 있습니다.

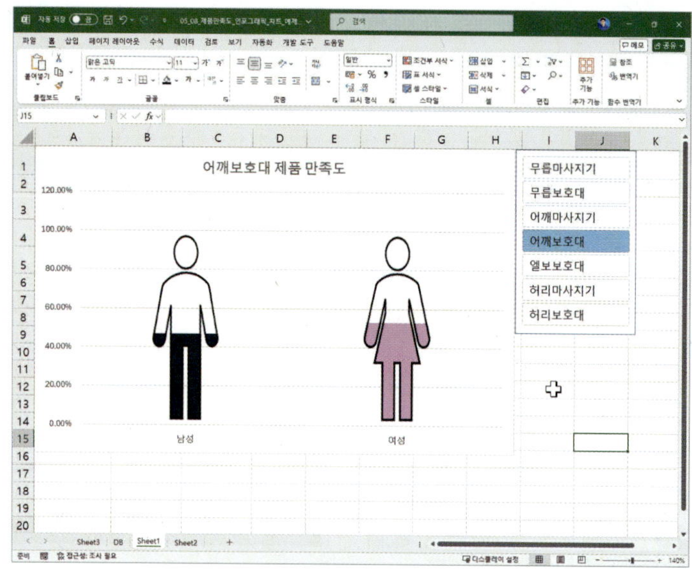

■ 아이콘에 수치 입력하기

01 이제 각각의 아이콘 상단에 수치를 표시하기 위해, [삽입] 탭 – [일러스트레이션] 그룹 – [도형] – [직사각형]을 클릭합니다.

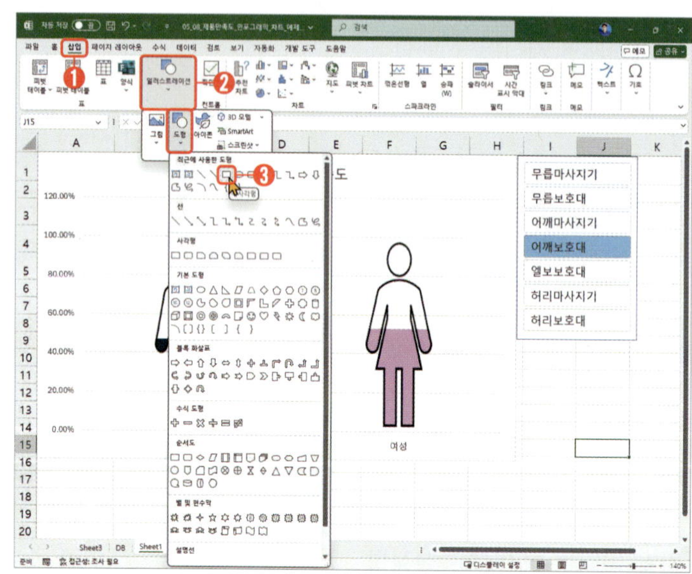

02 남자 아이콘의 머리 위에 적당한 크기로 배치하고 수식 입력줄을 선택한 후 남성의 제품 만족도 수치가 있는 셀 주소를 아래와 같이 입력해서 참조하게 합니다. 값이 나타나면 [홈] 탭 – [글꼴] 그룹에서 [굵게], [글꼴 크기]는 '18'로 설정합니다.

```
=Sheet3!B5
```

[도형 서식] 탭 – [도형 스타일] 그룹 – [도형 채우기] – [채우기 없음]을 클릭하고, [도형 윤곽선] – [윤곽선 없음]을 클릭합니다.

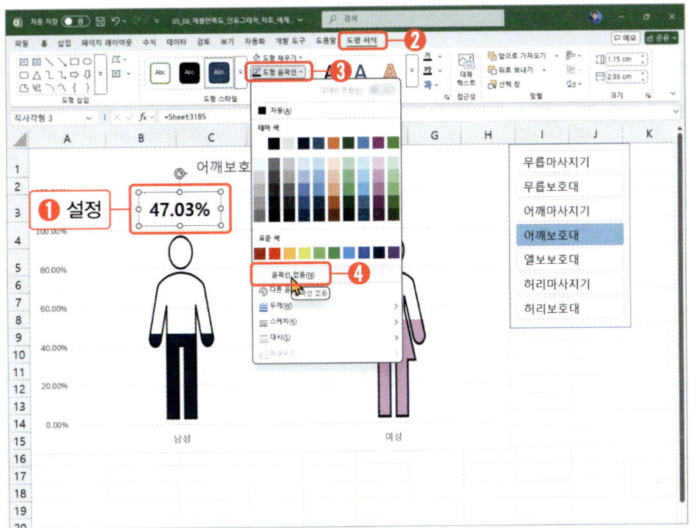

여기서 잠깐

직사각형 박스에 '='을 입력하고 피벗 테이블 자료를 선택해서 가져오면 '이 수식에 범위 참조 또는 정의된 이름이 누락되었습니다.'라는 오류가 나타납니다. 도형 개체에서 이렇게 피벗 테이블 내용을 바로 참조하지 못하기에 해당 값이 있는 셀을 참조하는 형식으로 적어주는 것입니다.

03 Ctrl을 누른 상태로 직사각형을 선택하고 여자 아이콘의 머리위로 드래그해서 복사합니다. 수식 입력줄을 선택하고 '=Sheet3!C5'를 입력합니다.

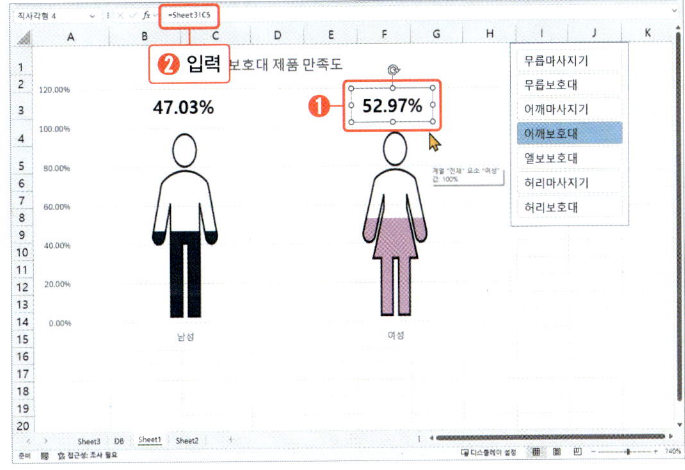

04 이제 슬라이서에서 다른 제품명을 선택해 보면 차트 제목과 수치도 변경되고, 남녀 아이콘의 크기도 바뀌는 인포그래픽 차트를 확인할 수 있습니다.

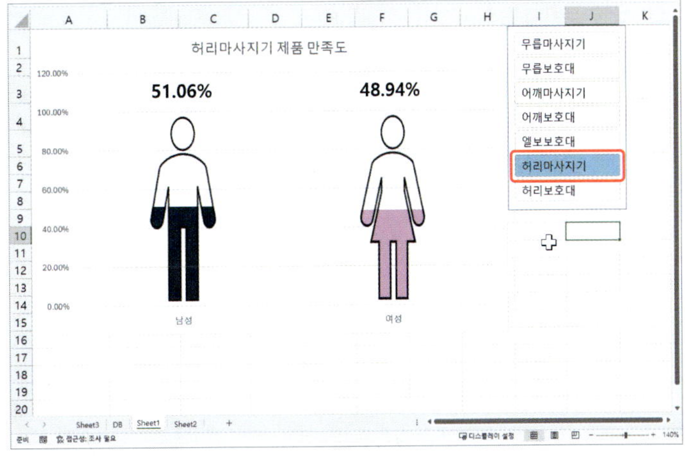

009 슬라이서와 표를 이용한 대륙별 지도 차트

이번에는 지도 차트와 슬라이서를 함께 사용하여, 선택한 대륙의 각 국가별 철강재 수입량을 시각화해 보겠습니다. 슬라이서는 피벗 테이블뿐 아니라 일반 표에도 적용할 수 있으므로, 이를 활용하면 보다 간단하고 빠르게 대륙별 인터랙티브 지도 차트를 작성할 수 있습니다.

- **실습 파일 :** Part 05 > 예제 > 05_09_등치 지역도_차트_예제.xlsx
- **완성 파일 :** Part 05 > 완성 > 05_09_등치 지역도_차트_완성.xlsx

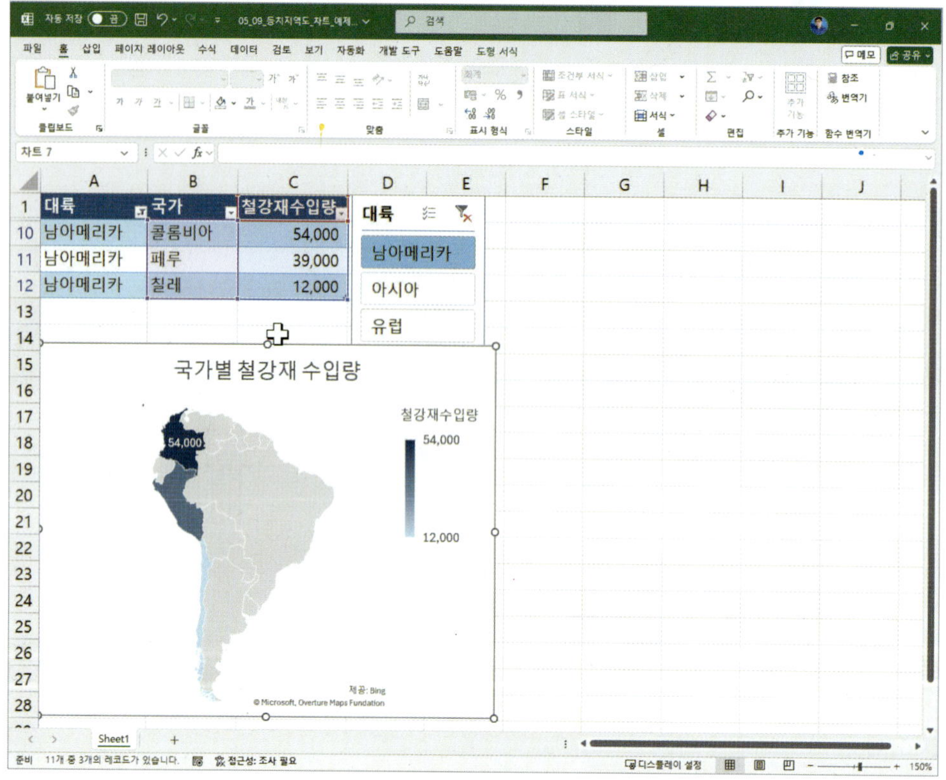

주요 기능	현업 활용
등치 지역도 차트	• 지도를 기준으로 차트를 작성할 수 있다.
표	• 표 기능을 이용해서 동적 범위를 활용한 데이터로 활용할 수 있다.
슬라이서	• 슬라이서를 적용, 특정 대륙을 선택, 차트에 반영시킬 수 있다.

01 예제 파일을 불러온 후 먼저 데이터를 표로 만듭니다. 임의의 셀을 선택한 후 Ctrl+T를 누르고, [머리글 포함]의 체크를 확인하고 [확인]을 클릭해서 표로 작성합니다.

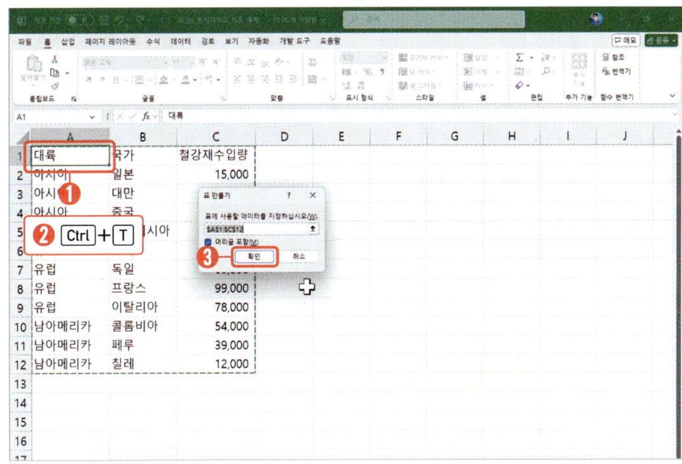

02 [테이블 디자인] 탭 – [도구] 그룹 – [슬라이서 삽입]을 클릭하고, [대륙]을 체크한 후 [확인]을 클릭합니다.

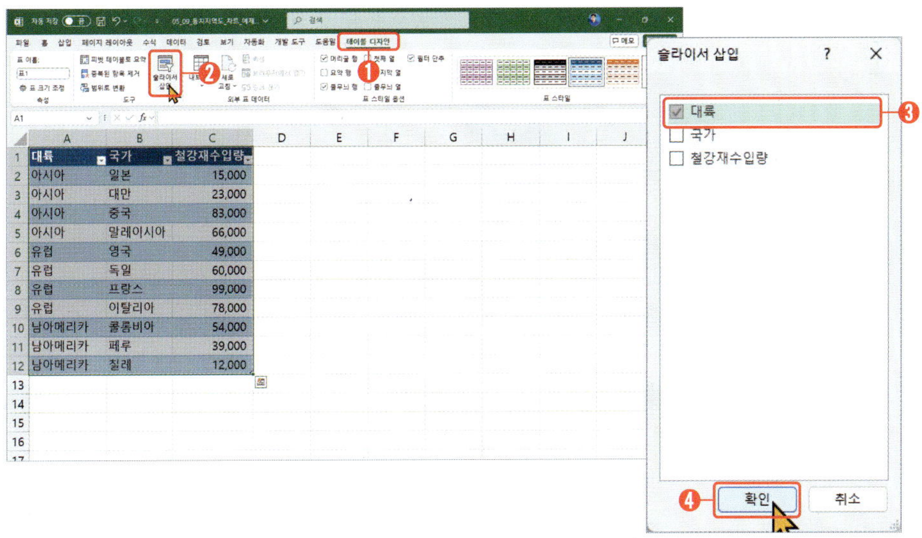

03 표에서 임의의 셀을 선택하고 [삽입] 탭 – [차트] 그룹 – [지도] – [등치 지역도]를 클릭합니다.

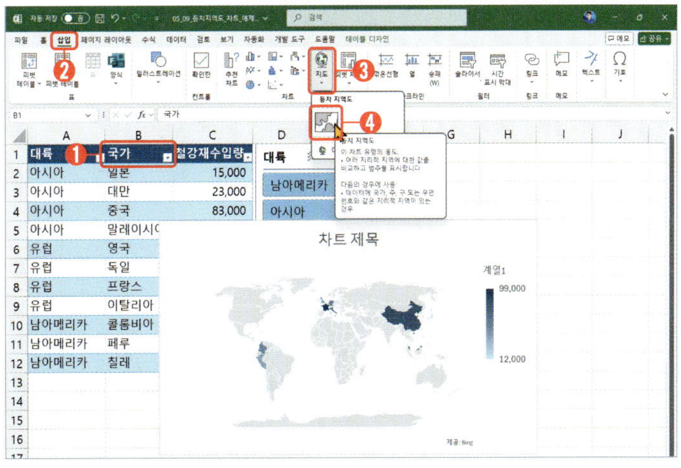

04 슬라이서를 사용하기 편한 위치로 이동시키고, 등치 지역도 차트도 적당한 위치로 이동시킵니다. 차트 중 표시가 있는 지역을 마우스 오른쪽 버튼으로 클릭한 후 [데이터 레이블 추가]를 클릭합니다.

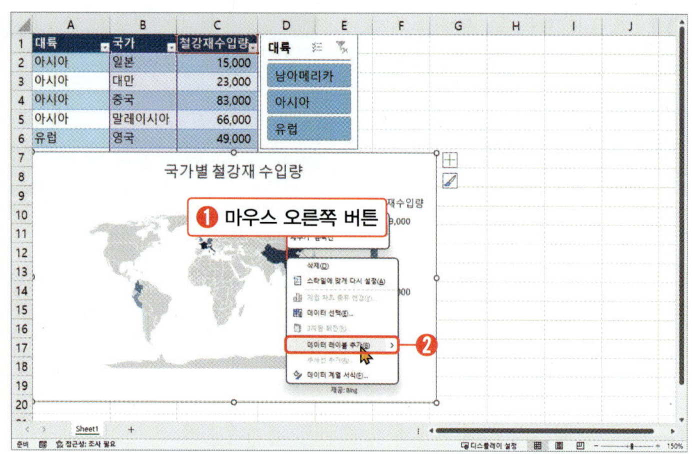

05 이제 슬라이서에서 [아시아]를 선택하면 해당 대륙의 차트로 변경되는 결과를 확인할 수 있습니다.

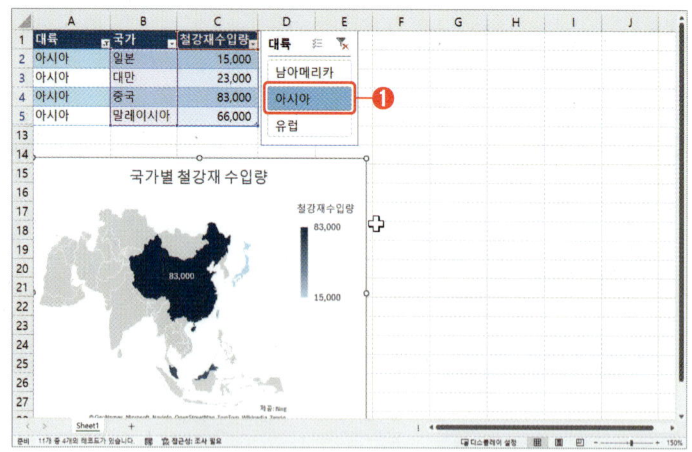

06 다른 대륙도 제대로 작동하는지 확인하기 위해 [남아메리카]를 선택해 봅니다. 변화된 등치 지역도 차트를 확인할 수 있습니다.

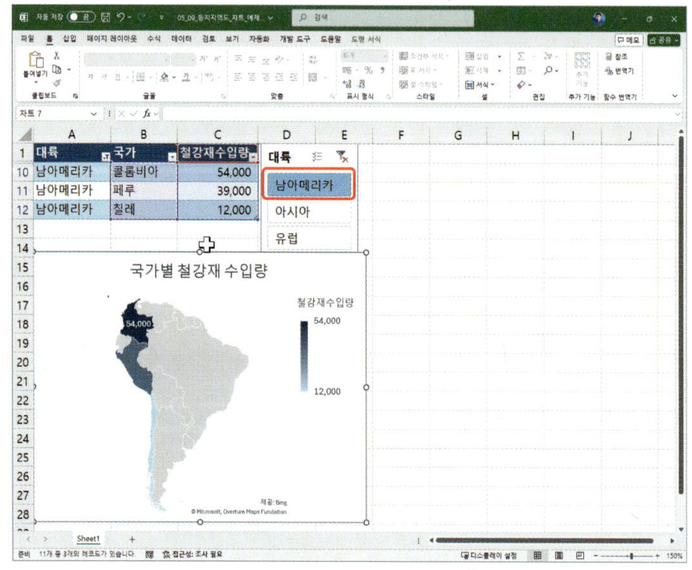

010 확인란을 이용한 선택 데이터의 대비 분석 차트

이번에는 새롭게 추가된 확인란 기능을 활용하여 복잡했던 방사형 분석 차트를 보다 간단하게 구성해 보겠습니다. 이 기능을 사용하면 선택한 항목이나 계열만을 대상으로 손쉽게 비교 · 분석 차트를 만들 수 있습니다. 확인란을 지원하지 않는 로컬 버전에서는 [개발 도구] → [양식 컨트롤] → [확인란]을 사용해야 합니다.

- **실습 파일 :** Part 05 > 예제 > 05_10_방사형_분석 차트_예제.xlsx
- **완성 파일 :** Part 05 > 완성 > 05_10_방사형_분석 차트_완성.xlsx

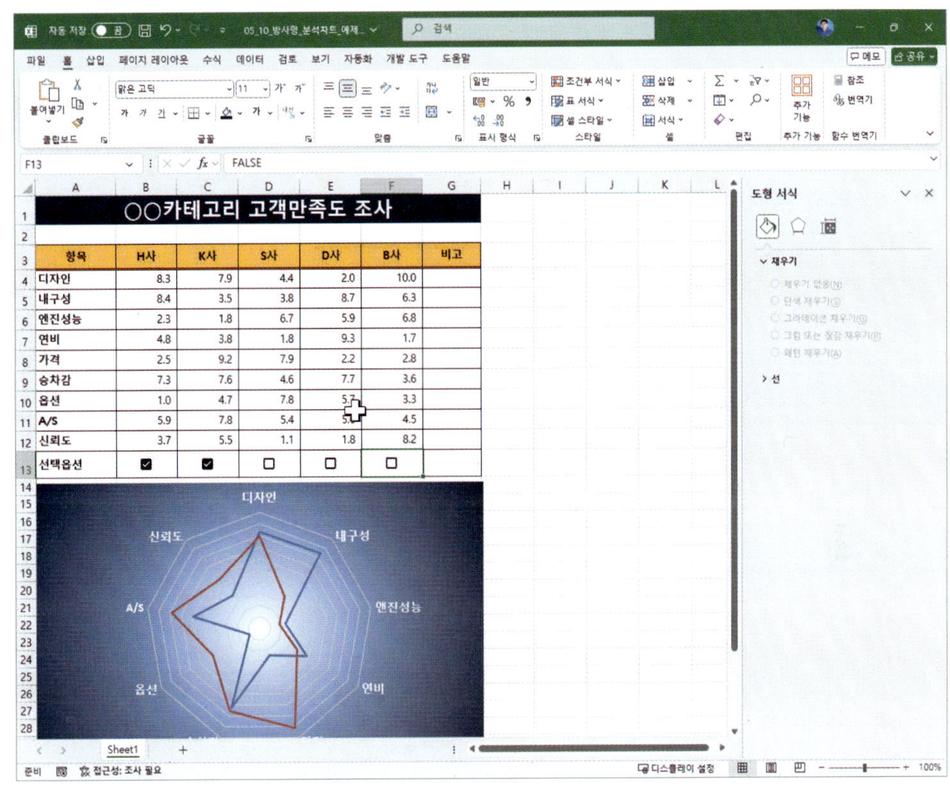

주요 기능	현업 활용
방사형 차트	• SWAT 분석의 기초가 되는 차트를 쉽게 만들 수 있다.
확인란	• 특정 데이터만을 차트에 반영시켜 볼 수 있다.
내장 함수	• NA( ) 함수는 차트에 반영되지 않는다는 특징을 이용해서 선택 내용만 차트에 나타나도록 할 수 있다.

■ 확인란 활용하기

01 예제 파일을 불러온 후 데이터를 확인합니다. 현재 나타내려는 결과는 카테고리별로 고객 만족도를 업체별로 손쉽게 비교 분석을 하려고 합니다. 먼저 [확인란]을 추가하기 위해, [B13:F13] 셀을 선택하고 [삽입] 탭 – [컨트롤] 그룹 – [확인란]을 클릭합니다.

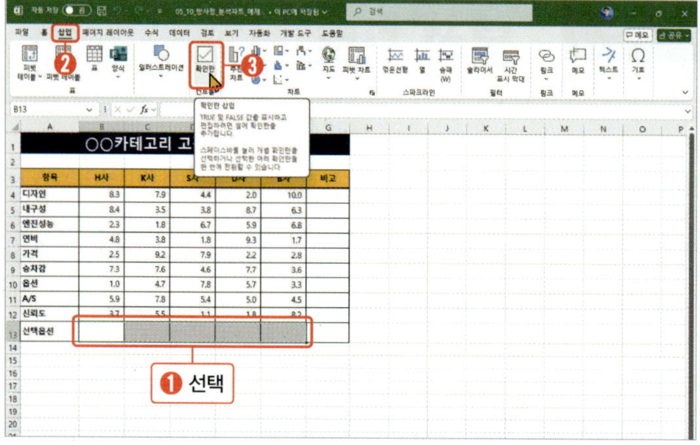

02 확인란이 체크된 회사 데이터만 표시하기 위해 필요 데이터를 다른 곳으로 복사하겠습니다. [A3:F12] 셀을 선택, 복사해서 [A15] 셀에 붙여 넣습니다.

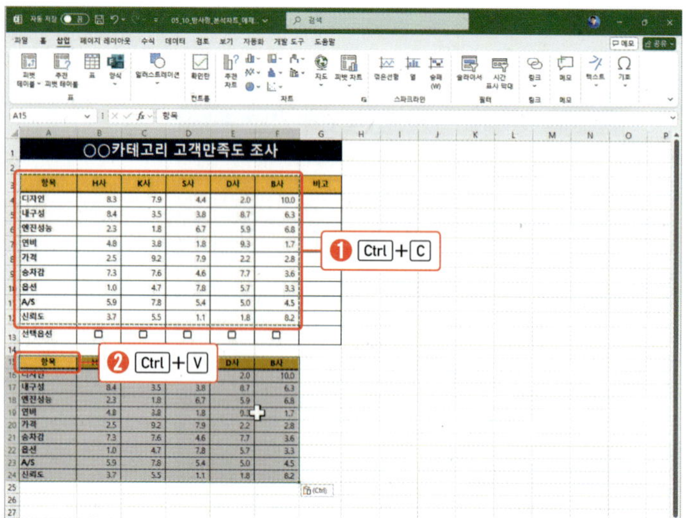

03 [B16:F24] 셀을 선택하고 Delete를 눌러 데이터를 삭제합니다. 그리고 [B16] 셀을 선택하고 아래와 같이 수식을 입력한 후 [F24] 셀까지 채웁니다.

```
=IF(B$13,B4,NA())
```

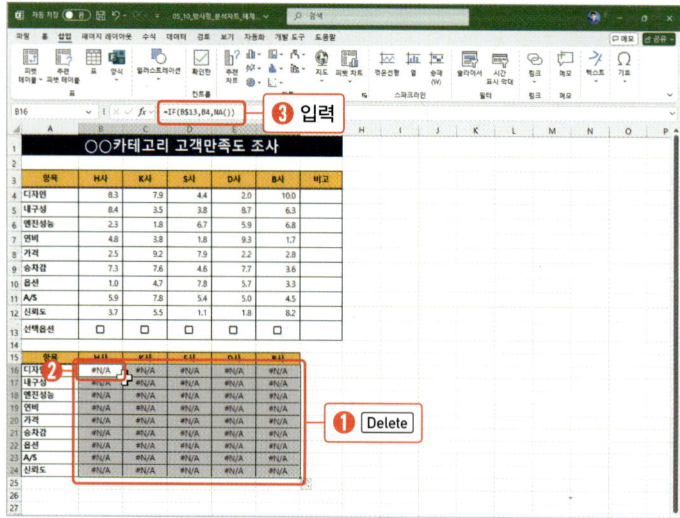

수식 설명

=IF(B$13,B4,NA())

만약에 [B13] 셀의 값이 참(TRUE)이라면 [B4] 셀 값을 나타내고, 그렇지 않다면(FALSE) #N/A 오류를 반환하라는 의미입니다.

[확인란]은 체크하면 TRUE를 반환하고 체크 해제하면 FALSE를 반환합니다. 그러므로 위와 같이 수식을 입력하고, [B13] 셀의 확인란을 체크하면 [B4:B12] 셀 값이 [B16:B24] 셀에 표시됩니다.

⊕ 추가 정보

확인란이 지원되지 않는 하위 엑셀 버전은 먼저 [개발 도구] 탭을 나타내야 합니다. 상위의 홈부터 도움말까지의 탭 이름을 마우스 오른쪽 버튼으로 클릭한 후 [리본 사용자 지정]을 선택하고, 우측의 박스에서 [개발 도구]를 체크한 후 [확인]을 클릭하면 됩니다.

[개발 도구] 탭 – [컨트롤] 그룹 – [양식 컨트롤] – [확인란]을 이용하면 되고, 삽입한 뒤 마우스 오른쪽 버튼으로 클릭한 후 컨트롤 서식에서 셀 연결을 특정 셀과 연결하면 같은 효과를 볼 수 있습니다.

04 몇몇 확인란을 체크하거나 체크를 지워서 결과가 정상인지를 확인해 봅니다.

E13 | TRUE

OO카테고리 고객만족도 조사

항목	H사	K사	S사	D사	B사	비고
디자인	8.3	7.9	4.4	2.0	10.0	
내구성	8.4	3.5	3.8	8.7	6.3	
엔진성능	2.3	1.8	6.7	5.9	6.8	
연비	4.8	3.8	1.8	9.3	1.7	
가격	2.5	9.2	7.9	2.2	2.8	
승차감	7.3	7.6	4.6	7.7	3.6	
옵션	1.0	4.7	7.8	5.7	3.3	
A/S	5.9	7.8	5.4	5.0	4.5	
신뢰도	3.7	5.5	1.1	1.8	8.2	
선택옵션	☑ ❶	☐	☐	☑ ❷	☐	

항목	H사	K사	S사	D사	B사
디자인	8.3	#N/A	#N/A	2.0	#N/A
내구성	8.4	#N/A	#N/A	8.7	#N/A
엔진성능	2.3	#N/A	#N/A	5.9	#N/A
연비	4.8	#N/A	#N/A	9.3	#N/A
가격	2.5	#N/A	#N/A	2.2	#N/A
승차감	7.3	#N/A	#N/A	7.7	#N/A
옵션	1.0	#N/A	#N/A	5.7	#N/A
A/S	5.9	#N/A	#N/A	5.0	#N/A
신뢰도	3.7	#N/A	#N/A	1.8	#N/A

■ 방사형 차트 활용하기

01 이번에는 방사형 차트를 작성하기 위해, [A15:F24] 셀을 선택하고 [삽입] 탭 – [차트] 그룹 – [폭포, 깔때기형, 주식형, 표면형 또는 방사형 차트 삽입] – [방사형]을 클릭합니다.

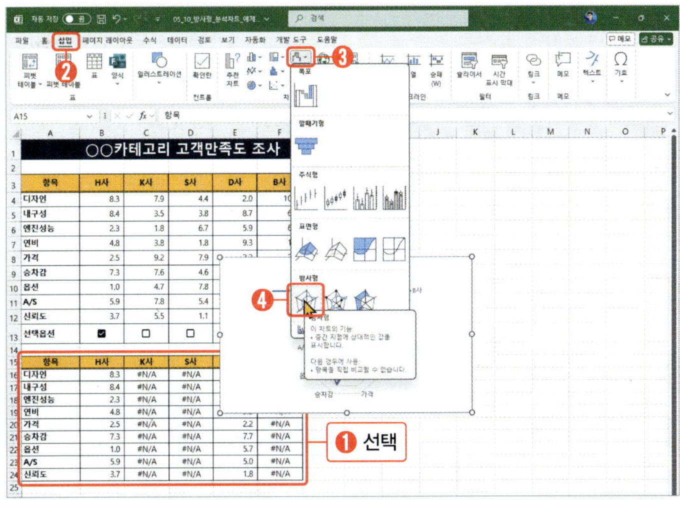

02 차트를 적당한 위치에 배치하고 [차트 요소]를 클릭한 후 [축], [눈금선]을 제외하고 모두 선택 해제합니다.

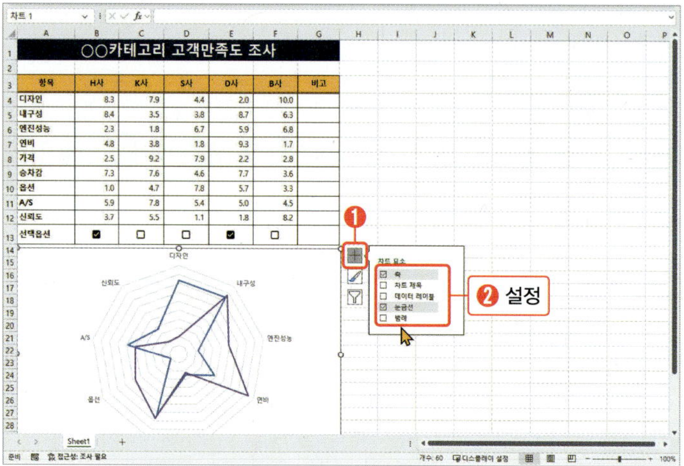

03 시인성을 높이기 위해 차트 영역을 마우스 오른쪽 버튼으로 클릭한 후 [차트 영역 서식]을 선택합니다.

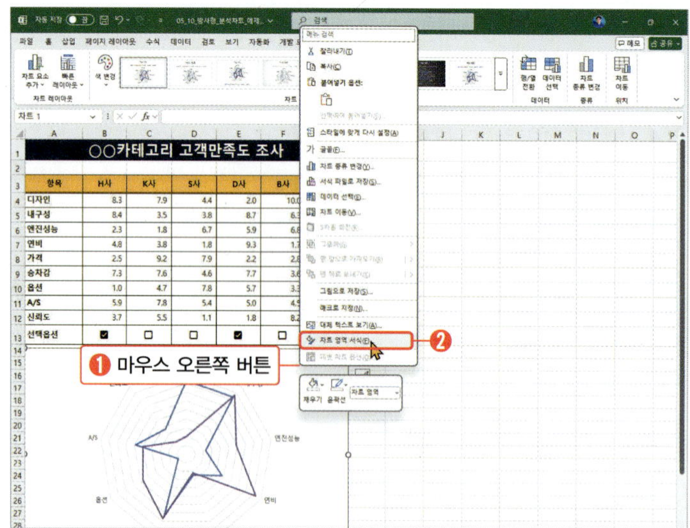

04 [채우기 및 선] – [채우기]를 확장해서 [그라데이션 채우기]를 클릭합니다. [종류]는 '방사형', [방향]은 '가운데'를 선택합니다. 중지점을 3개만 남기고 첫 번째는 [색] – [흰색, 배경 1], 두 번째는 [색] – [진한 파랑, 텍스트 2, 60% 더 밝게], 세 번째는 [색] – [진한 파랑, 텍스트 2, 50% 더 어둡게]를 선택합니다.

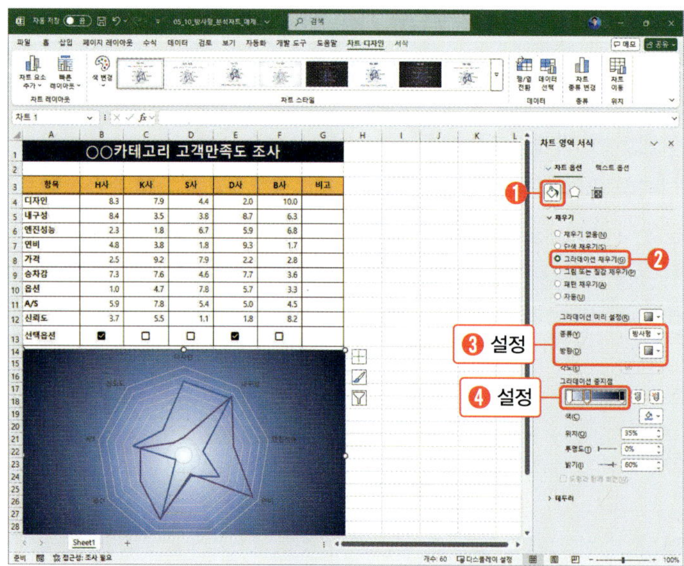

05 [항목 레이블]을 클릭하고 [홈] 탭 – [글꼴] 그룹에서 글꼴 색은 [흰색, 배경 1]을 선택하고 [굵게], [글꼴 크기]는 '12'로 설정합니다.

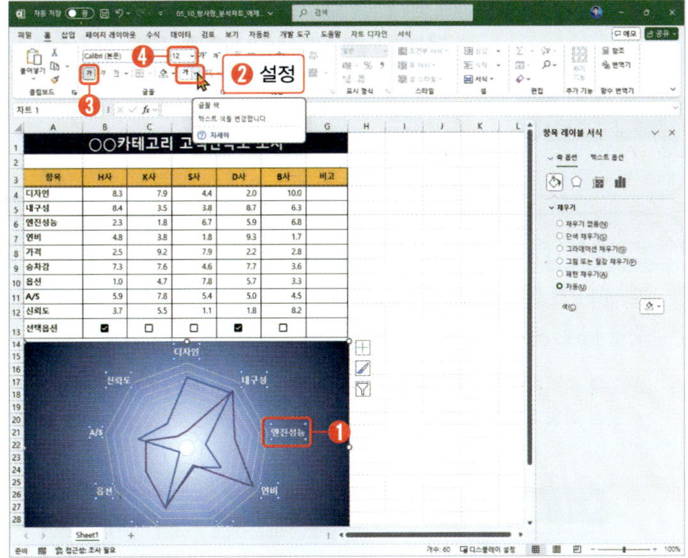

항목	H사	K사	S사	D사	B사	비고
디자인	8.3	7.9	4.4	2.0	10.0	
내구성	8.4	3.5	3.8	8.7	6.3	
엔진성능	2.3	1.8	6.7	5.9	6.8	
연비	4.8	3.8	1.8	9.3	1.7	
가격	2.5	9.2	7.9	2.2	2.8	
승차감	7.3	7.6	4.6	7.7	3.6	
옵션	1.0	4.7	7.8	5.7	3.3	
A/S	5.9	7.8	5.4	5.0	4.5	
신뢰도	3.7	5.5	1.1	1.8	8.2	
선택옵션	☑	☐	☐	☑	☐	

06 이제 확인해 보려는 회사의 확인란을 클릭하면 변화하는 방사형 차트를 확인할 수 있습니다.

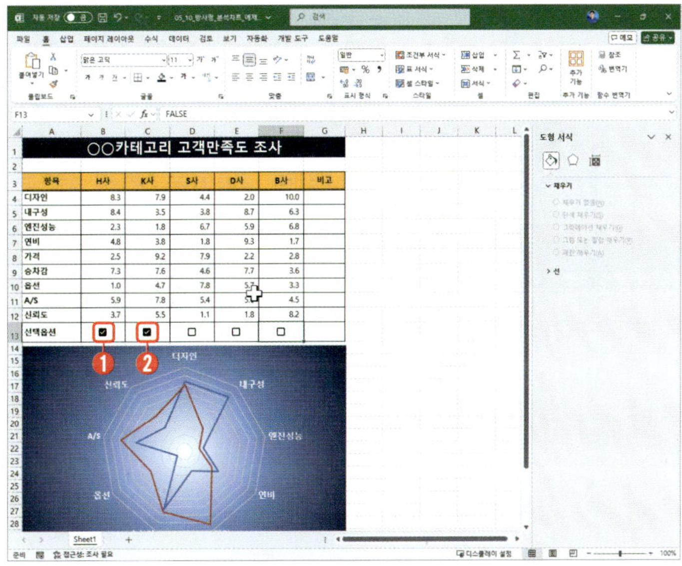

011 세부 디테일을 표시하는 원형 대 원형 차트

팀별 매출을 원형 차트로 나타내고 특정 팀의 세부 지역별 매출 내용을 작은 원에 표시. 특정 분류의 디테일을 추가 표시하고자 할 때 원형 대 원형 차트를 작성하면 됩니다. 해당 차트는 데이터 영역 배치 팁만 알아두면 엑셀이 템플릿을 제공하기에 손쉽게 그릴 수 있습니다.

- **실습 파일 :** Part 05 > 예제 > 05_11_원형_대_원형_차트_예제.xlsx
- **완성 파일 :** Part 05 > 완성 > 05_11_원형_대_원형_차트_완성.xlsx

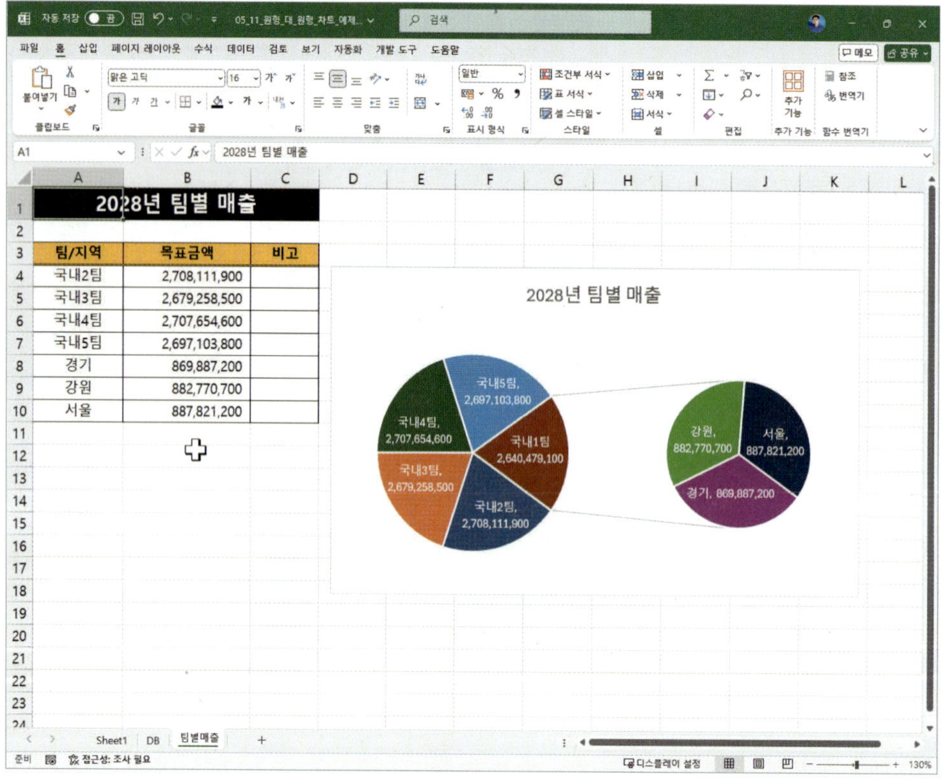

주요 기능	현업 활용
원형 대 원형 차트	• 매출 중 특정 대분류의 세부를 표시할 수 있다.
GETPIVOTDATA 함수	• 피벗 테이블로 작성된 내용을 손쉽게 나타낼 수 있다. • 어렵고 복잡한 함수를 사용하지 않아도 된다.
차트 작성 팁	• 작은 원에 포함한 값을 데이터 영역의 하단에 배치하면 손쉽게 원형 대 원형 차트를 작성할 수 있다.

■ 데이터 정리하기

01 예제 파일을 불러온 후 피벗 테이블을 먼저 작성하겠습니다. [DB] 시트를 선택한 상태로 [테이블 디자인] 탭 – [도구] 그룹 – [피벗 테이블로 요약]을 클릭하고 기본 설정 그대로 [확인]을 클릭합니다.

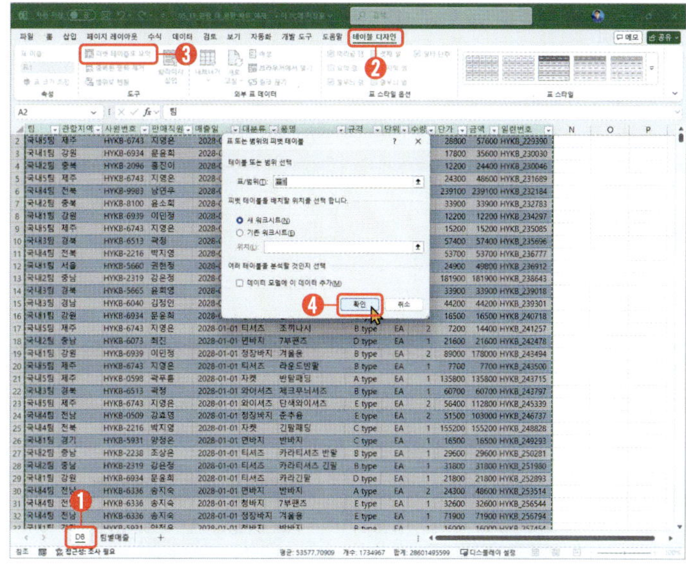

02 [행] 영역에 [팀]과 [관할지역] 필드, [값] 영역에 [금액] 필드를 드래그 & 드롭합니다.

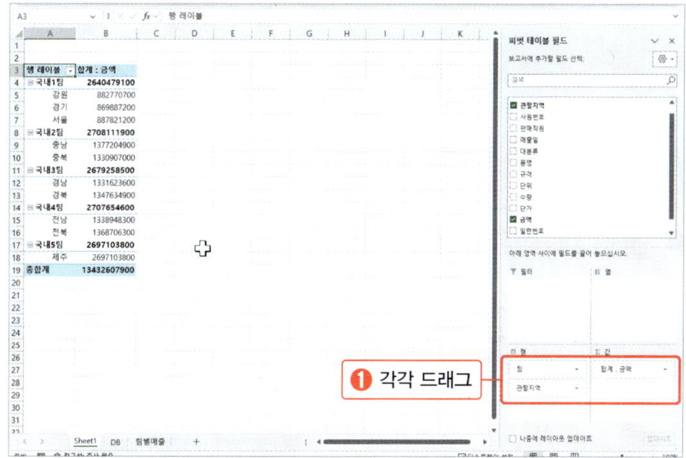

03 국내1팀의 세부 내용을 표시하기 위해, 국내1팀을 제외한 나머지 팀의 매출부터 산출합니다.
[팀별매출] 시트로 이동해서 [B4] 셀을 선택하고 국내2팀의 매출 합계인 피벗 테이블이 작성된 [Sheet1] 시트의 [B8] 셀을 선택하고 Enter 를 누릅니다.

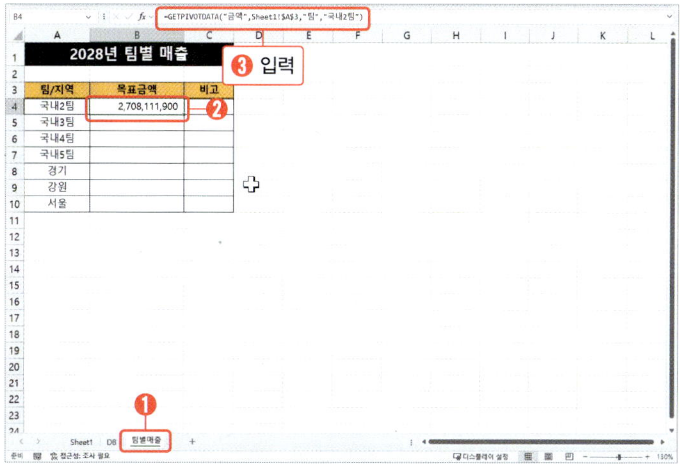

04 해당 셀의 수식을 아래와 같이 변경하고 국내5팀까지를 채웁니다.

=GETPIVOTDATA("금액", Sheet1!$A$3,"팀",A4)

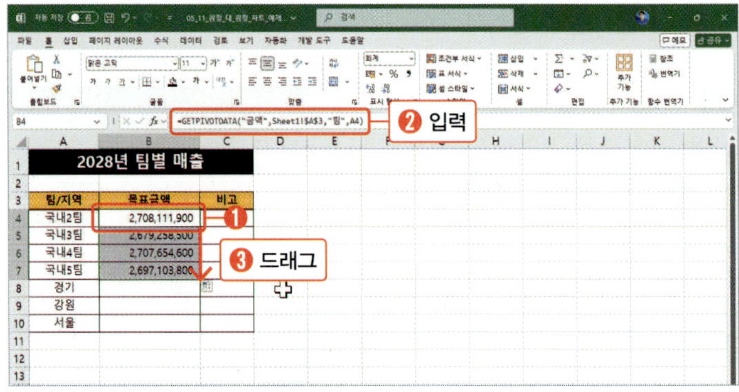

05 [B8] 셀에 '='을 입력하고 국내1팀, 경기지역의 매출인 [Sheet1] 시트의 [B6] 셀을 선택, Enter를 누릅니다. 다시 해당 셀의 수식을 아래와 같이 변경하고 [B10] 셀까지 채웁니다.

=GETPIVOTDATA("금액", Sheet1!$A$3,"팀","국내1팀","관할지역",A8)

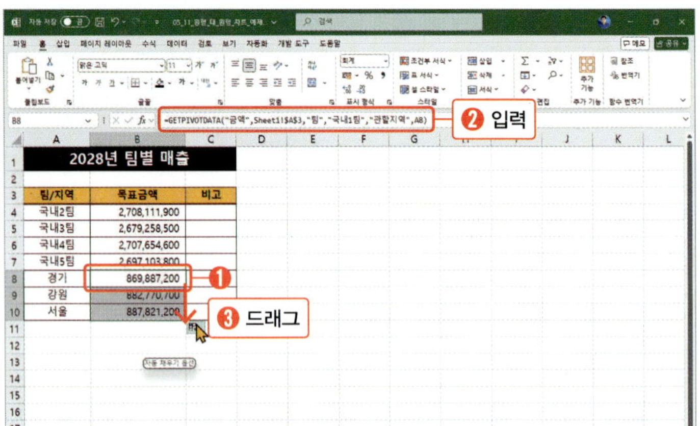

■ 원형 대 원형 차트 활용하기

01 원형 대 원형 차트를 작성하기 위해, [A3:B10] 셀을 선택하고 [삽입] 탭 – [차트] 그룹 – [원형 또는 도넛형 차트 삽입] – [원형 대 원형]을 클릭합니다.

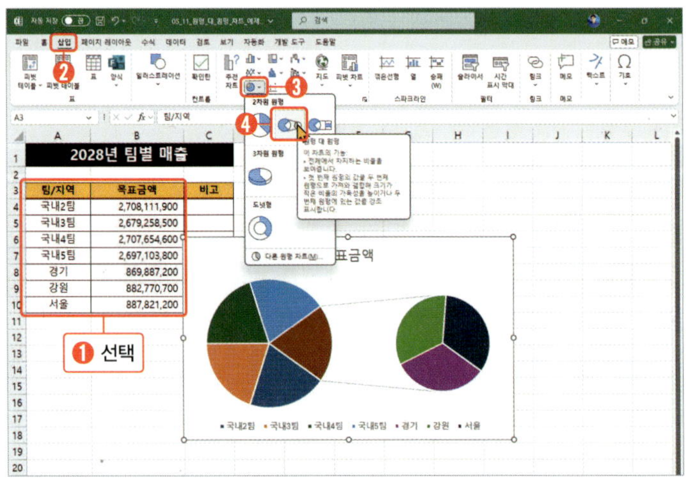

여기서 잠깐

간단히 원형 대 원형 차트가 생성된 것을 확인할 수 있습니다. 원형 대 원형 차트를 쉽게 그리는 팁은 작은 원에 포함할 값을 데이터 영역의 마지막에 배치해 둔다는 것입니다.

그리고 혹시 작은 원 5개를 배치하려는데 3개로 표시된다면 작은 원을 마우스 오른쪽 버튼으로 클릭한 후 [데이터 계열 서식]을 선택하고 [계열 옵션] – [둘째 영역 값]을 나타내고자 하는 항목 수로 조정하면 됩니다.

02 차트 제목을 선택하고 수식 입력줄에 '='을 입력한 후 [A1] 셀을 선택하고 Enter를 눌러 제목을 표시합니다. 그리고 차트의 범례를 선택하고 Delete를 눌러 삭제합니다.

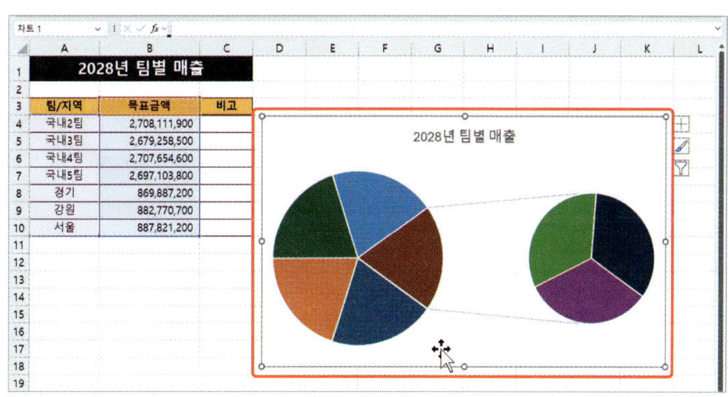

03 차트를 마우스 오른쪽 버튼으로 클릭한 후 [데이터 레이블 추가]를 선택합니다.

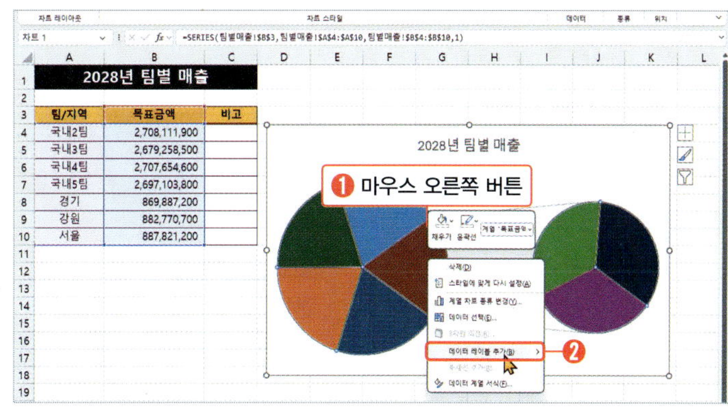

04 레이블을 마우스 오른쪽 버튼으로 클릭한 후 [데이터 레이블 서식]을 클릭합니다.

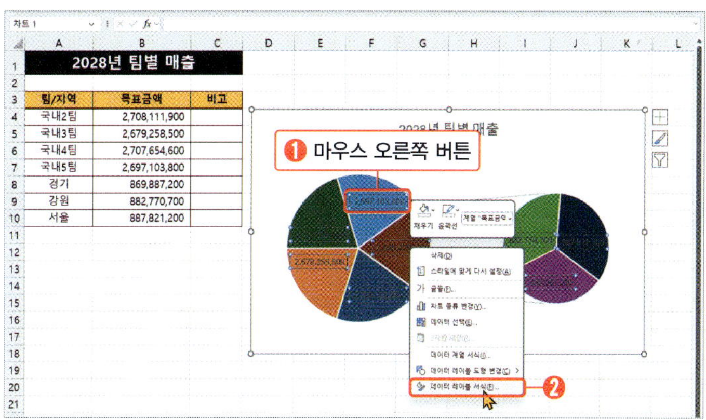

05 [레이블 옵션] – [항목 이름]을 체크해서 팀명이 나타나도록 합니다.

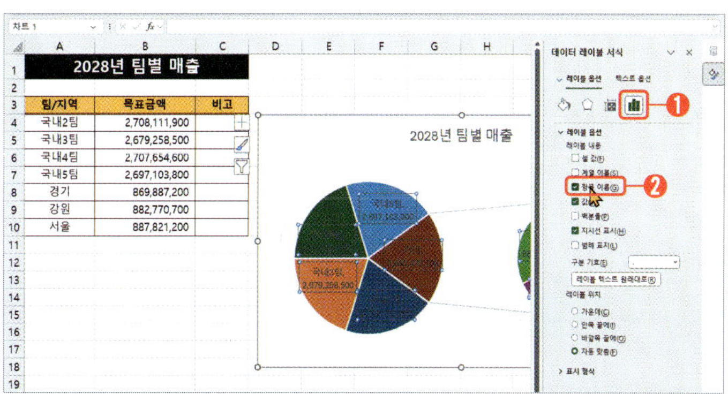

06 하지만 작은 원에 대응된 큰 원이 기타로 표시되는 것을 확인할 수 있습니다.

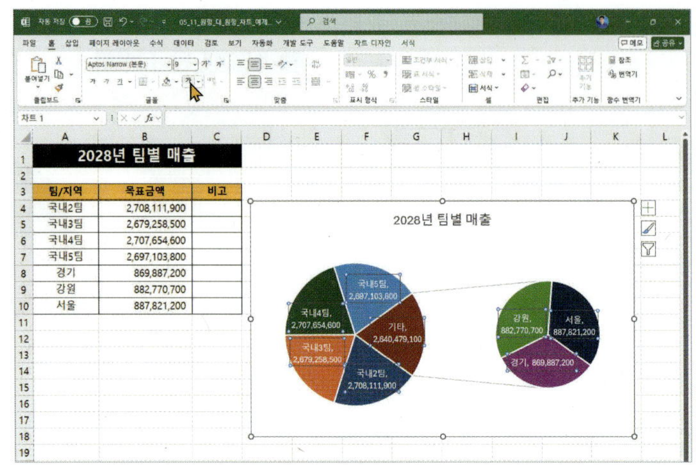

07 해당 레이블을 변경하기 위해, 레이블을 선택하고 잠시 후 다시 기타 레이블만 선택합니다. 내부를 클릭해서 '기타'를 삭제하고, '국내1팀'을 입력한 후 외부 셀을 클릭합니다.

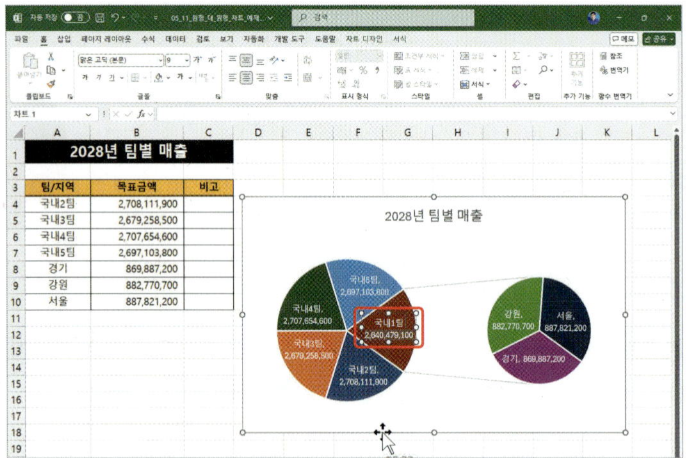

08 국내1팀 세부 매출을 포함한 팀별 매출 원형 대 원형 차트를 확인할 수 있습니다.

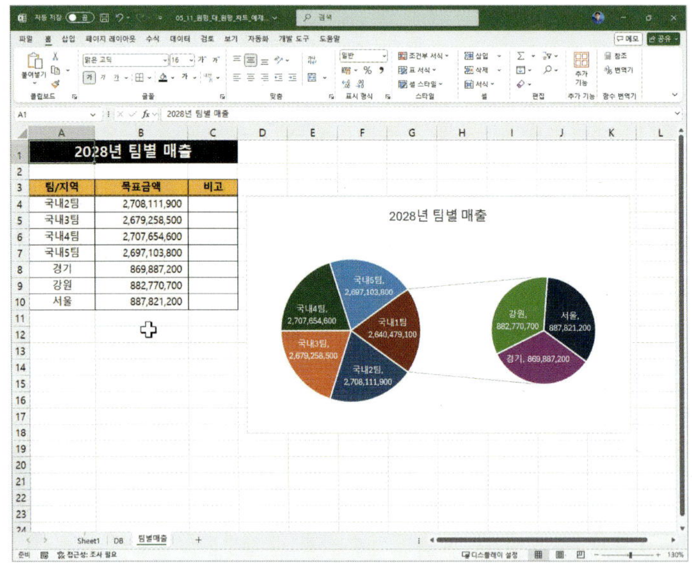

012 다양한 옵션과 통계 분석을 한눈에 확인하는 대시보드

이번에는 지금까지 익힌 여러 기능과 차트 작성법을 응용하여, 하나의 시트에 다양한 분석 차트를 배치하고 슬라이서 옵션 선택에 따라 자동으로 연동되는 대시보드를 만들어 보겠습니다. 또한 엑셀에서 직접 구현하기 어려운 생키(Sankey) 차트를 별도의 이미지로 제작한 뒤, 대시보드 내에서 함께 연동하는 방법도 알아보겠습니다.

- **실습 파일 :** Part 05 > 예제 > 05_12_매출_대시보드_시각화_예제.xlsx
- **완성 파일 :** Part 05 > 완성 > 05_12_매출_대시보드_시각화_완성.xlsx

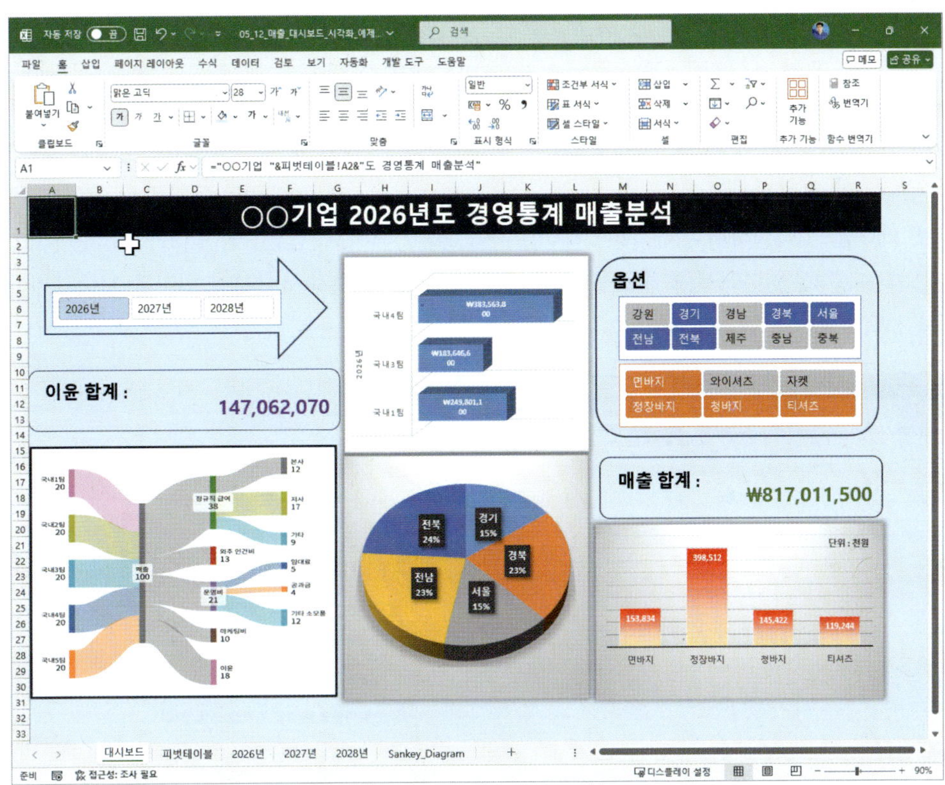

주요 기능	현업 활용
피벗 테이블	• 피벗 테이블로 분석하려는 내용을 별도로 작성해서 표시할 수 있다.
내장 함수	• INDIRECT 수식을 이용하면 그림 개체를 특정 조건에 따라 표시되게 할 수 있다.
슬라이서	• 보고서 연결을 통해 피벗 테이블로 정리된 분석을 다양한 조합의 결과로 표시할 수 있다.

■ 슬라이서 삽입하기

01 예제 파일을 불러온 후 [보안 경고]에서 [콘텐츠 사용]을 클릭합니다. 예제 파일은 2026~2028년까지의 데이터를 '통합'이라는 쿼리로 작성해 뒀습니다.

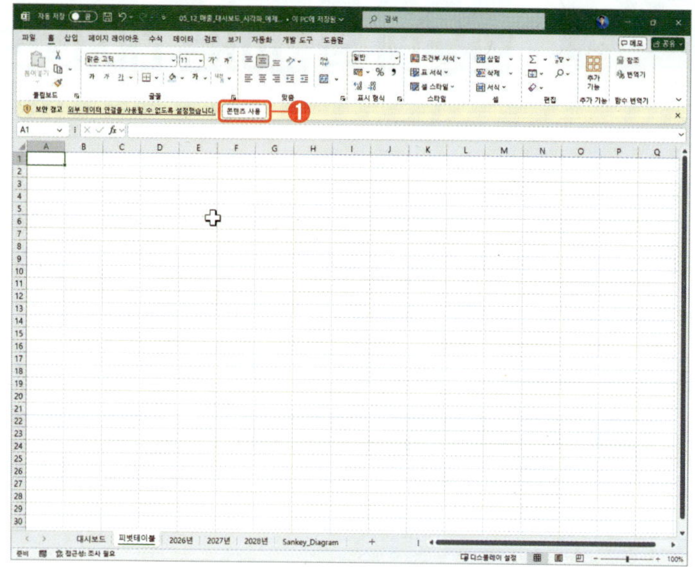

02 피벗 테이블을 작성하기 위해, [피벗테이블] 시트를 선택하고 [삽입] 탭 – [표] 그룹 – [피벗 테이블] – [외부 데이터 원본에서]를 클릭합니다. [연결 선택]을 클릭해서 [통합] 쿼리를 선택, [기존 워크시트]를 선택하고 [A1] 셀을 선택한 후 [확인]을 클릭합니다.

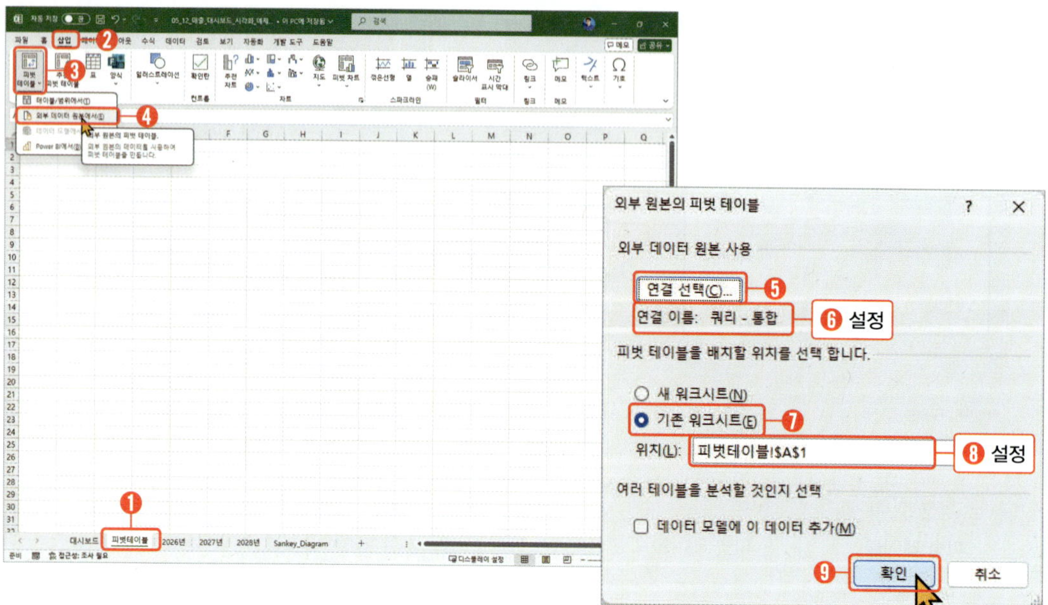

03 [행] 영역에 [매출일], [팀] 필드, [값] 영역에 [금액] 필드를 드래그 & 드롭합니다. 행의 연도 중 임의의 셀을 마우스 오른쪽 버튼으로 클릭한 후 [그룹]을 선택하고, [단위] – [연]을 선택한 후 [확인]을 클릭합니다.

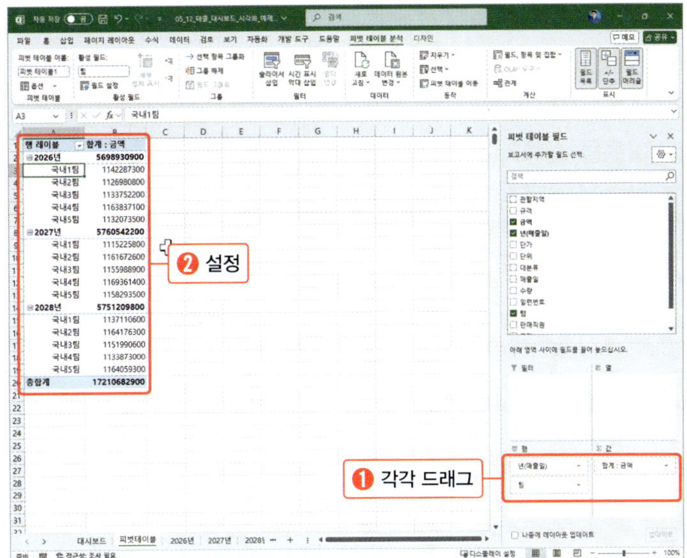

04 데이터 중 임의의 셀을 마우스 오른쪽 버튼으로 클릭한 후 [필드 표시 형식]을 선택합니다. [셀 서식] 대화상자가 나타나면 [범주]에서 '통화'를 선택하고 [확인]을 클릭합니다.

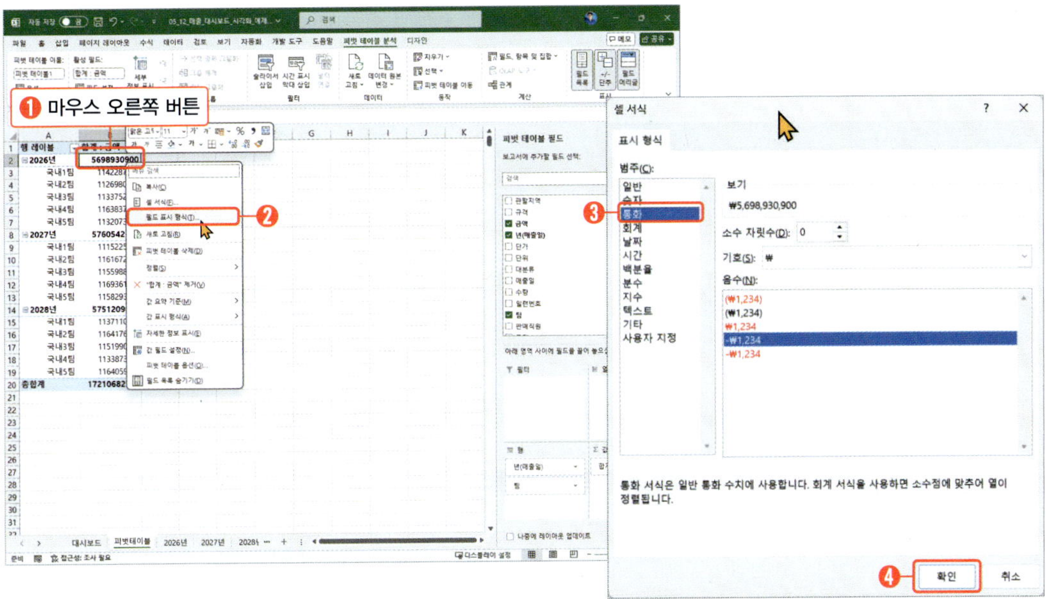

05 슬라이서로 특정 연도를 선택하면 [C1] 셀에 매출의 이윤 비율을 표시하고, [C2] 셀에는 이윤을 산출되도록, [C1] 셀에 아래와 같은 수식을 입력합니다.

```
=SWITCH(A2,"2026년",18%,"2027년",12%,"2028년",16%)
```

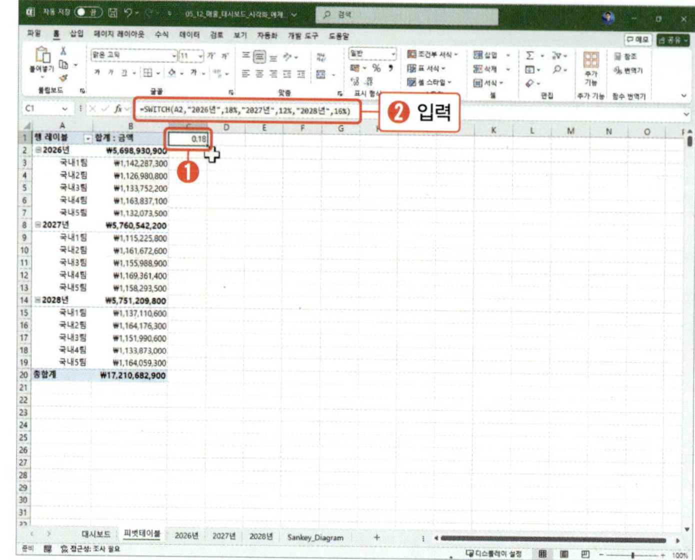

수식 설명

=SWITCH(A2,"2026년",18%,"2027년",12%,"2028년",16%)

❶ : 기준 셀

❷ : 기준 셀(A2) 값이 '2006년'이면 18%로 표시

❸ : 기준 셀(A2) 값이 '2007년'이면 12%로 표시

❹ : 기준 셀(A2) 값이 '2008년'이면 16%로 표시

⊕ 추가 정보

SWITCH 수식을 지원하는 않는 엑셀 버전을 사용하면, 아래와 같이 입력해도 됩니다.

=IF(A2="2026년",18%,IF(A2="2027년",12%,IF(A2="2028년",16%)))

또는,

=VLOOKUP(A2,{"2026년",0.18;"2027년",0.12;"2028년",0.16},2,0)

06 [C2] 셀에는 이윤값을 표시하는 수식을 입력한 후 [홈] 탭 – [표시 형식] 그룹 – [쉼표 스타일]을 클릭해서 서식을 변경합니다.

```
=C1*GETPIVOTDATA("합계 : 금액",$A$1)
```

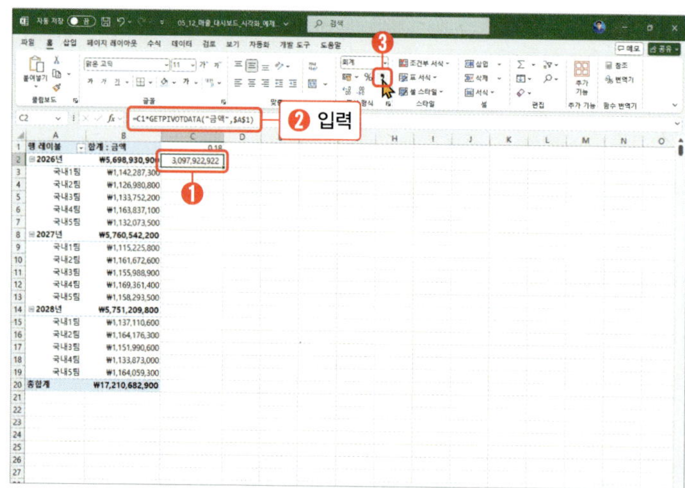

07 필드 목록에서 [년(매출일)] 필드를 마우스 오른쪽 버튼으로 클릭한 후 [슬라이서로 추가]를 선택합니다.

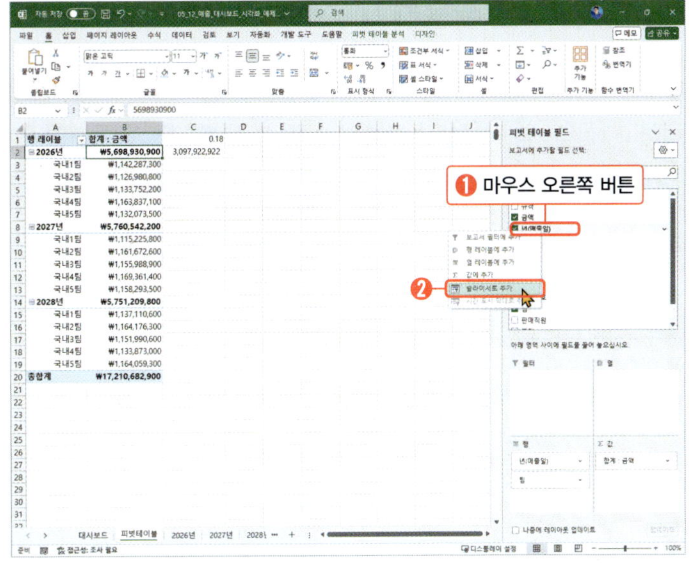

08 삽입된 슬라이서를 마우스 오른쪽 버튼으로 클릭한 후 [슬라이서 설정]을 선택합니다. [슬라이서 설정] 대화상자가 나타나면 [머리글 표시]를 체크 해제하고 [확인]을 클릭합니다.

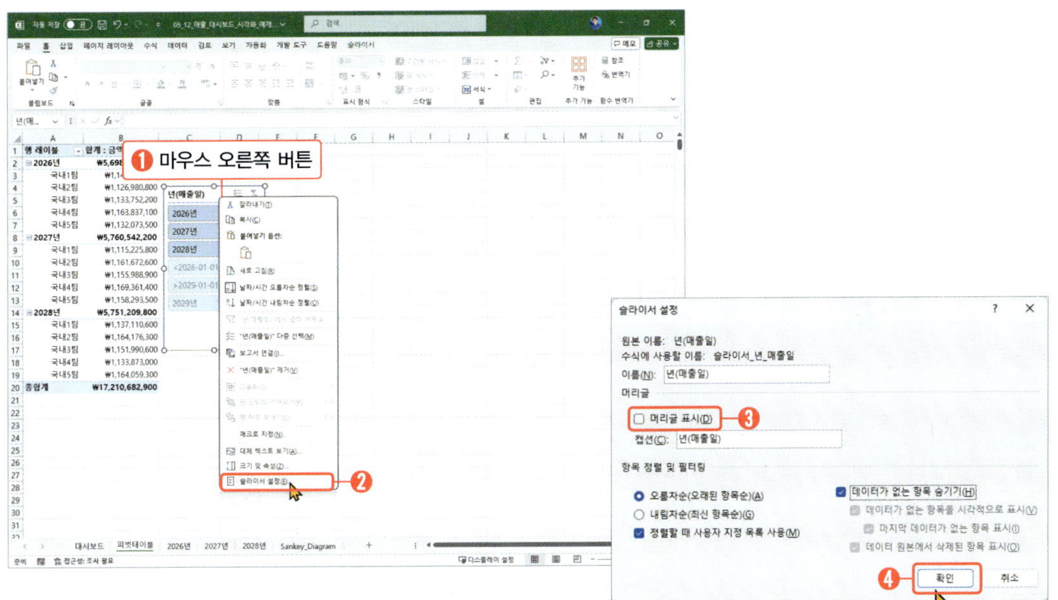

■ 다양한 차트 활용하기

01 작성된 피벗 테이블을 선택하고 [삽입] 탭 – [차트] 그룹 – [피벗 차트]를 클릭합니다.

여기서 잠깐

오피스 365 이전 버전은 [피벗 차트]가 [분석] 탭의 [계산]과 [표시] 그룹 사이에 있습니다.

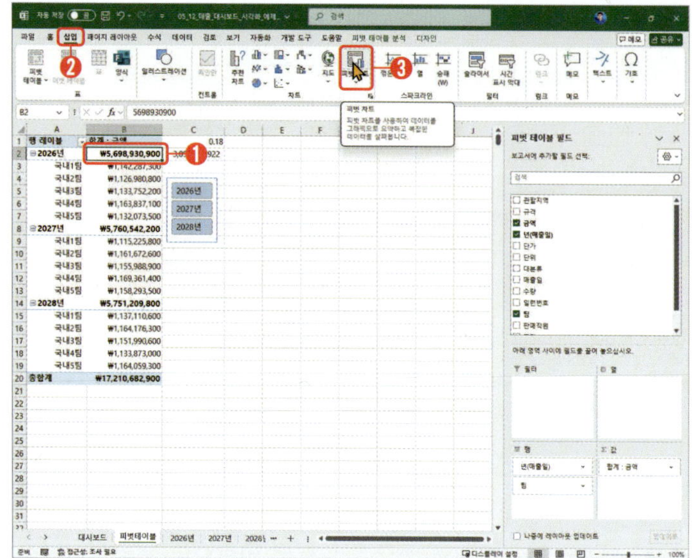

02 [차트 삽입] 대화상자가 나타나면 [모든 차트]에서 [가로 막대형] 차트를 선택하고, 상단의 5번째 [3차원 누적 가로 막대형]을 선택한 후 [확인]을 클릭합니다.

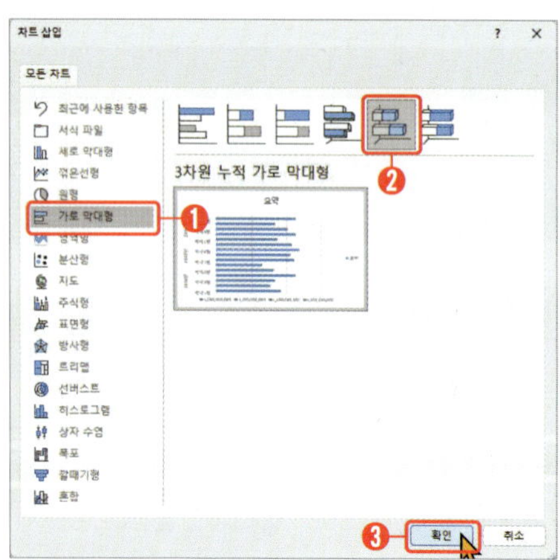

03 차트를 선택하고 [디자인] 탭 – [차트 스타일] 그룹 – [스타일 3]을 클릭합니다. [차트 요소]를 클릭해서 [축], [데이터 레이블], [눈금선]만 체크합니다.

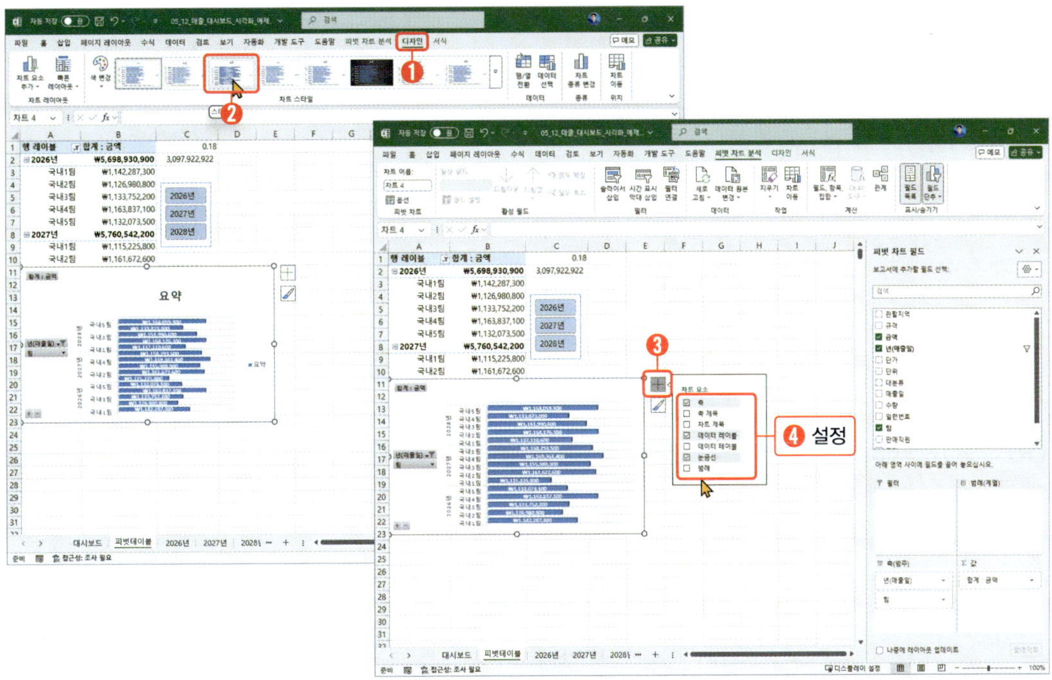

04 불필요한 버튼을 보이지 않게 처리하기 위해, [피벗 차트 분석] – [표시/숨기기] 그룹 – [필드 단추] – [모두 숨기기]를 클릭합니다.

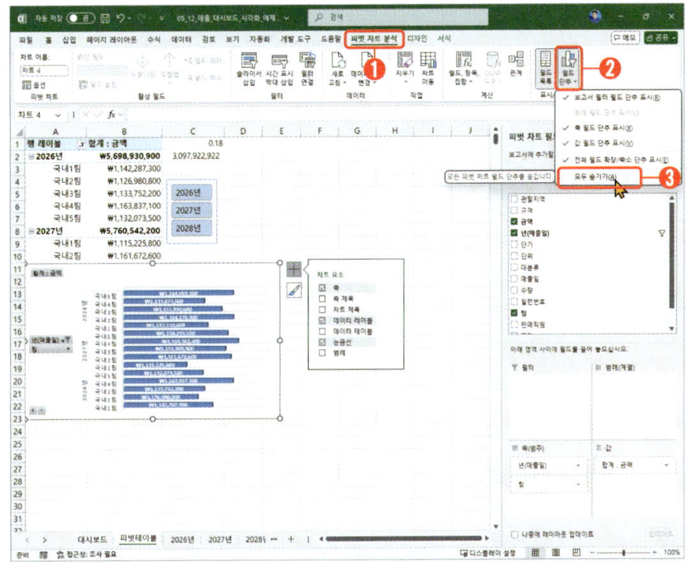

05 슬라이서에서 [2026년]만 선택하고, 이제 두 번째 피벗 테이블을 작성하겠습니다. 좀 더 손쉽게 작성하기 위해 [A:B] 열을 선택하고 복사한 뒤 [E] 열 이름을 선택한 후 붙여넣습니다.

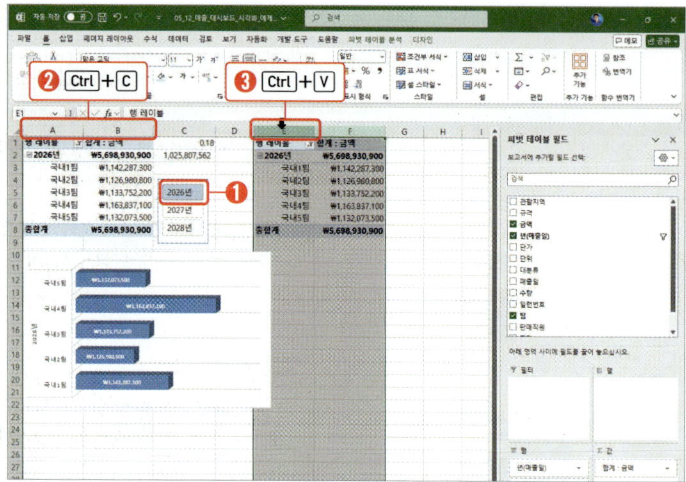

06 복사된 피벗 테이블의 기존 필드들을 삭제한 후 [행] 영역에 [관할지역] 필드, [값] 영역에 [금액] 필드를 드래그 & 드롭합니다.

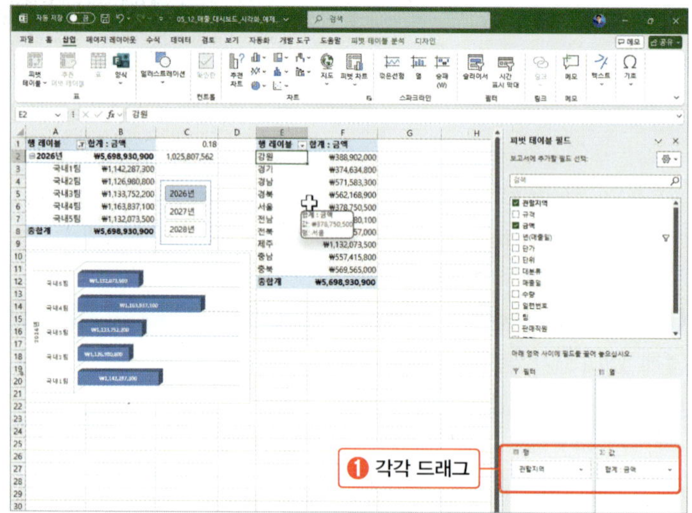

07 필드 목록에서 [관할지역] 필드를 마우스 오른쪽 버튼으로 클릭한 후 [슬라이서로 추가]를 선택하여 슬라이서를 추가합니다. 피벗 테이블을 선택하고 [삽입] 탭 – [차트] 그룹 – [피벗 차트]를 클릭합니다.

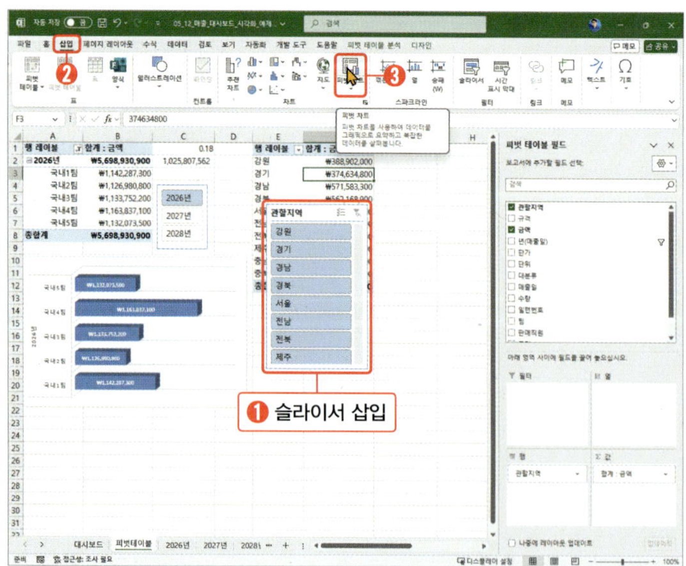

08 [차트 삽입] 대화상자의 [모든 차트]에서 [원형]을 선택하고, 위쪽 두 번째 [3차원 원형]을 선택한 후 [확인]을 클릭합니다.

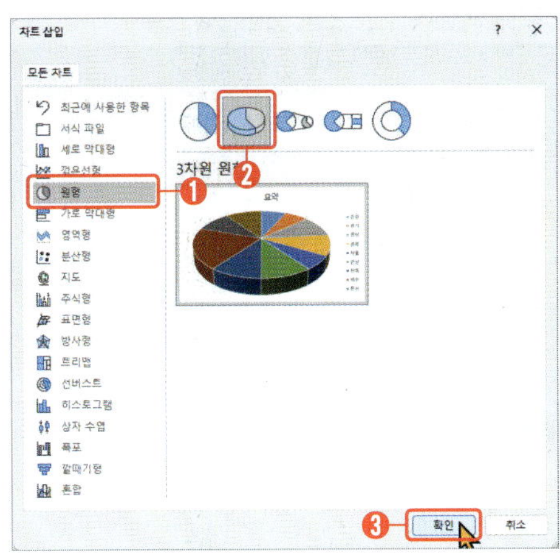

09 차트를 선택하고 [디자인] 탭 – [차트 스타일] 그룹 – [스타일 3]을 클릭합니다.

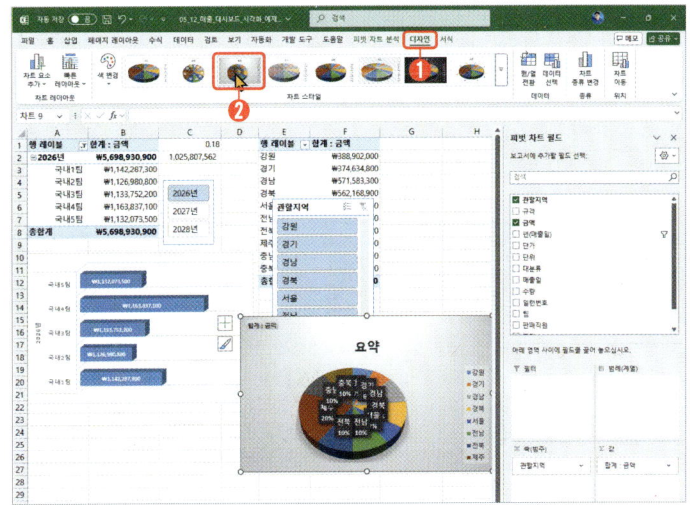

10 [차트 요소]를 클릭해서 [데이터 레이블]만 체크하고 나머지는 체크 해제합니다.

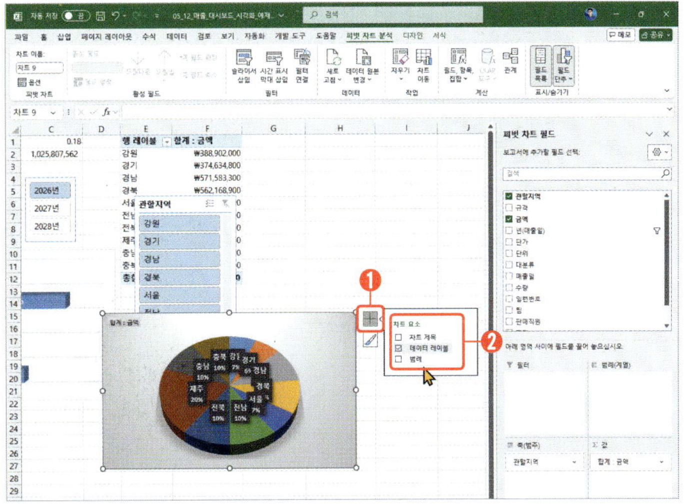

11 [피벗 차트 분석] 탭 – [표시/숨기기] 그룹 – [필드 단추] – [숨기기]를 클릭합니다.

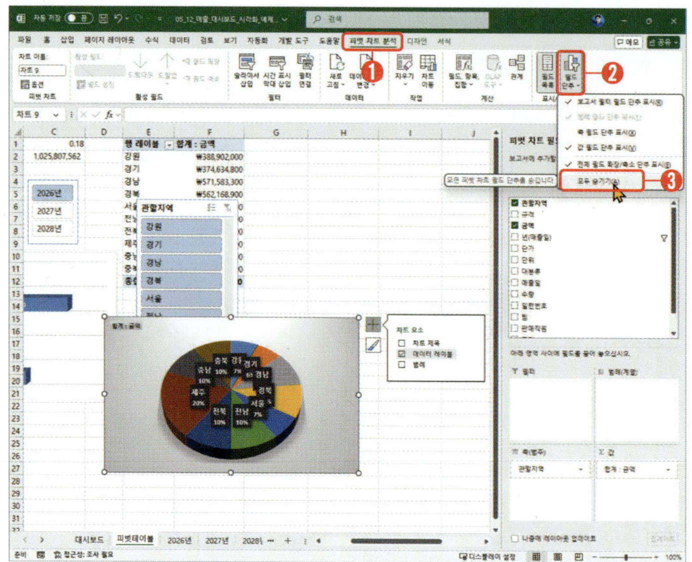

12 세 번째 피벗 테이블을 작성하기 위해, [E:F] 열을 복사하고 [H] 열 이름을 클릭한 뒤 붙여 넣습니다. 이후 기존 필드들을 삭제하고 [행] 영역에 [대분류] 필드, [값] 영역에 [금액] 필드를 배치합니다. 필드 목록에서 [대분류] 필드를 마우스 오른쪽 버튼으로 클릭한 후 [슬라이서로 추가]를 선택합니다. 그리고 [삽입] 탭 – [차트] 그룹 – [피벗 차트]를 실행합니다.

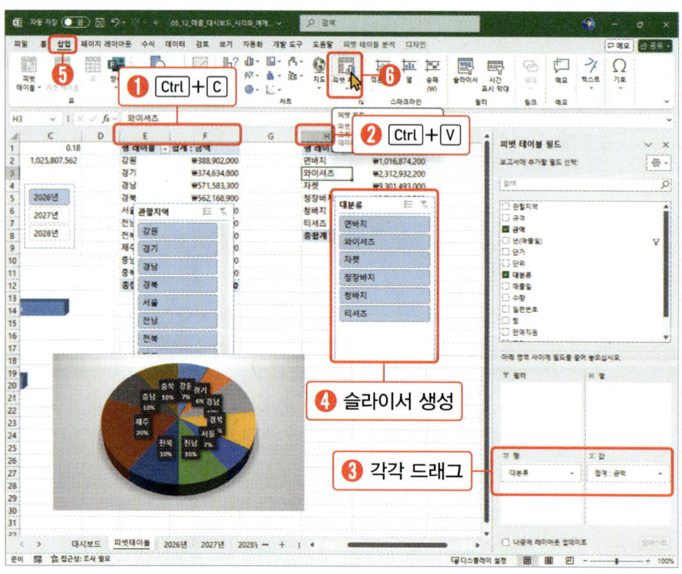

13 [차트 삽입] 대화상자의 [모든 차트]에서 [세로 막대형]을 선택하고 첫 번째 [묶은 세로 막대형]을 선택한 후 [확인]을 클릭합니다.

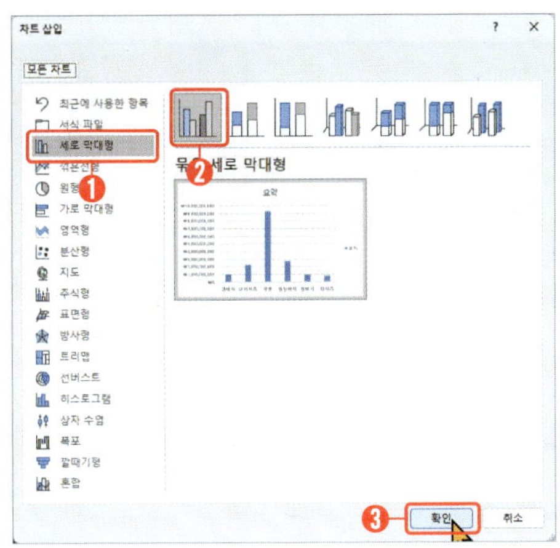

14 [차트 요소]를 클릭해서 [축], [눈금선]을 제외한 항목은 체크 해제합니다.

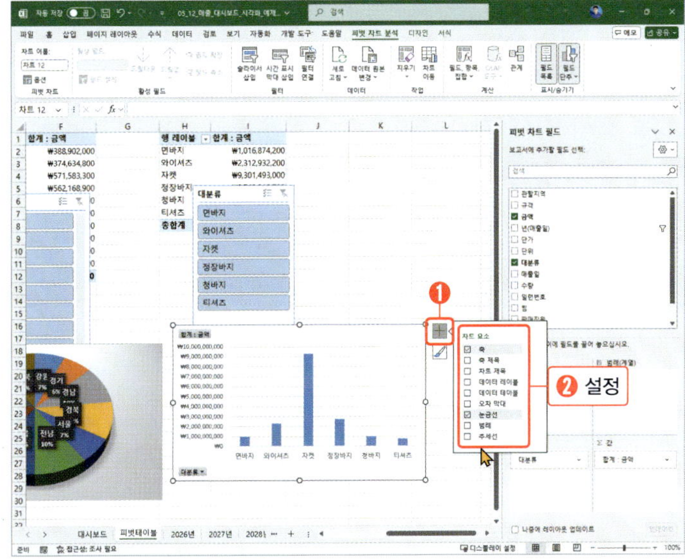

15 [피벗 차트 분석] 탭 – [표시/숨기기] 그룹 – [필드 단추] – [모두 숨기기]를 클릭합니다.

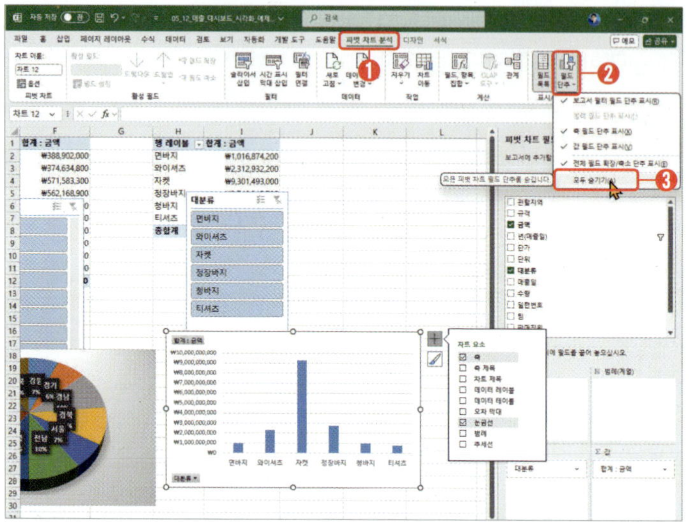

16 차트를 선택하고 [디자인] 탭 – [차트 스타일] – [스타일 5]를 클릭합니다. [차트 요소]를 클릭해서 [축], [눈금선], [데이터 레이블]을 제외한 항목은 체크 해제합니다.

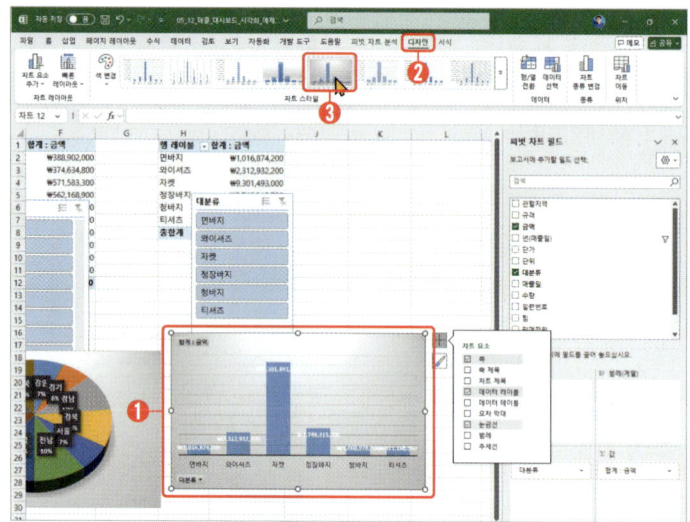

17 [대분류] 슬라이서를 마우스 오른쪽 버튼으로 클릭한 후 [슬라이서 설정]을 선택합니다.

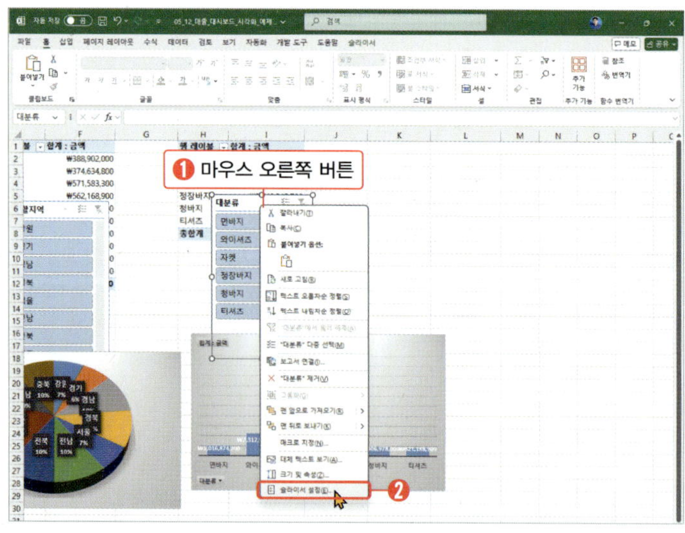

18 [슬라이서 설정] 대화상자가 나타나면 [머리글 표시]에 체크를 해제하고 [확인]을 클릭합니다.

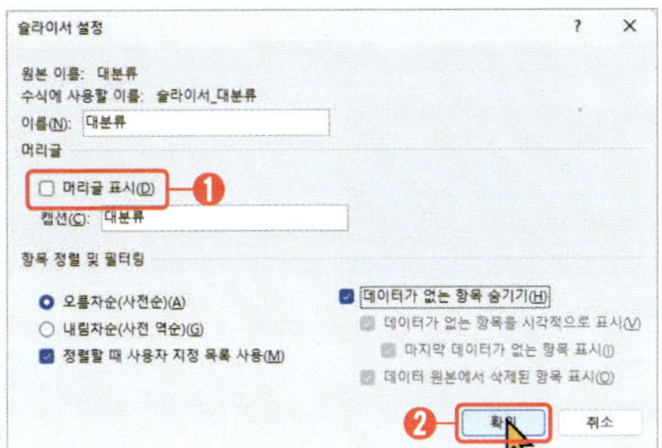

19 [슬라이서] 탭 – [슬라이서 스타일] 그룹에서 [자세히]를 클릭하여 확장하고 [연한 주황, 슬라이서 스타일 어둡게 2]를 선택합니다.

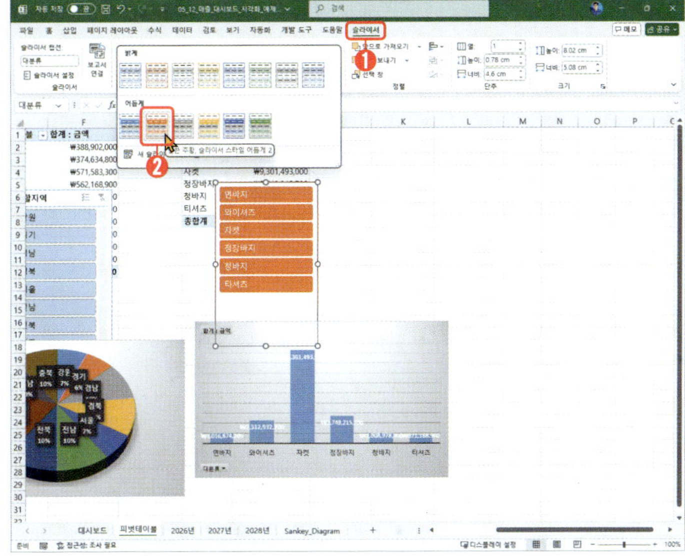

20 [관할지역] 슬라이서를 마우스 오른쪽 버튼으로 클릭한 후 [슬라이서 설정]을 선택합니다.

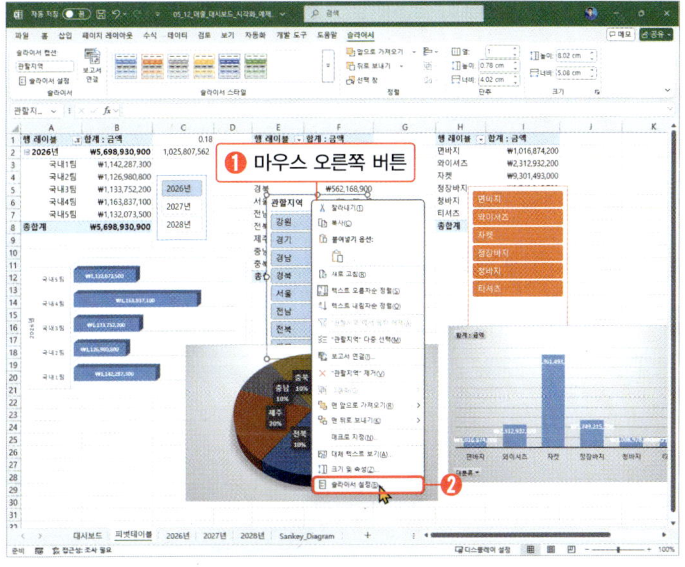

21 [머리글 표시]를 체크 해제하고 [확인]을 클릭합니다.

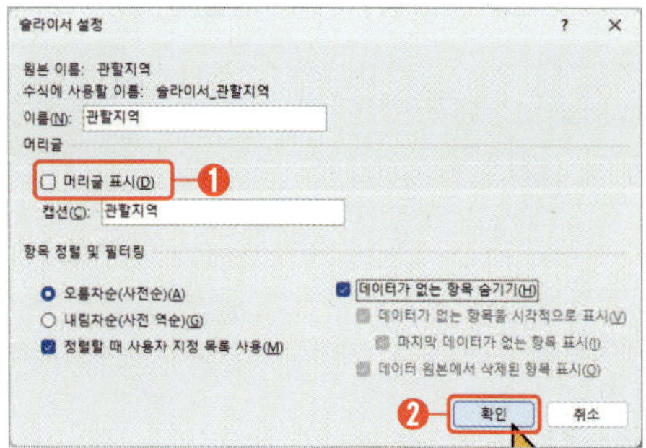

22 [슬라이서] 탭 – [슬라이서 스타일] 그룹에서 [자세히]를 클릭하여 확장하고 [연한 파랑, 슬라이서 스타일 어둡게 5]를 선택합니다.

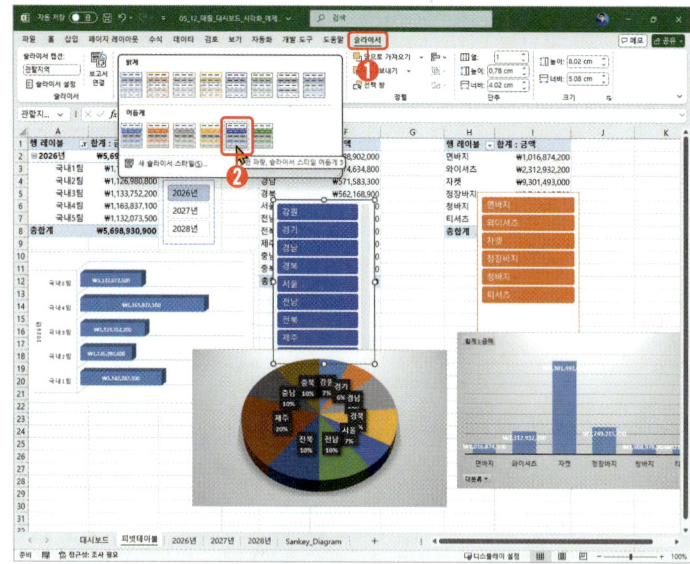

23 이제 작성된 모든 슬라이서, 차트를 [대시보드] 시트로 이동시키겠습니다. F5를 눌러 [이동] 대화상자가 나타나면 [옵션]을 클릭합니다.

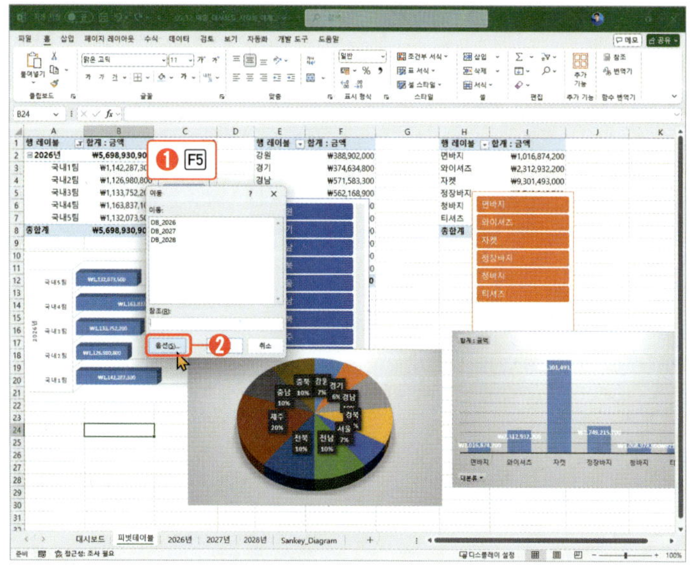

24 [개체]를 선택하고 [확인]을 클릭한 후 Ctrl+X를 눌러 잘라냅니다.

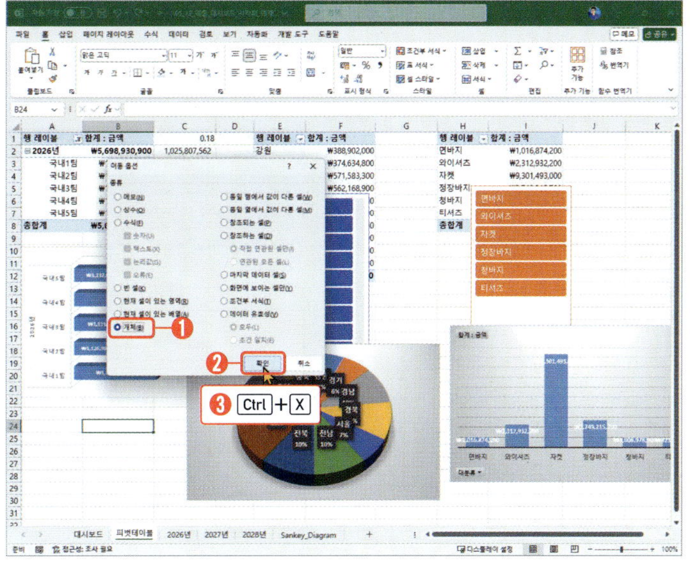

25 [대시보드] 시트를 선택하고 Ctrl+V를 눌러 붙여 넣습니다.

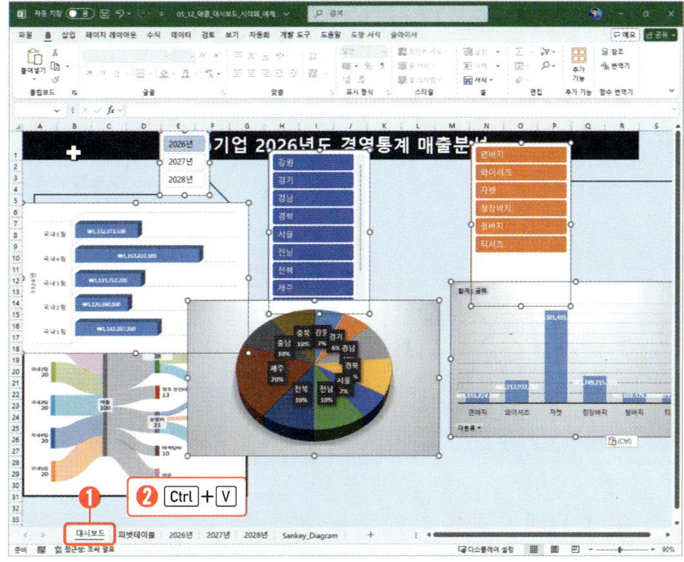

26 슬라이서와 차트를 적당한 위치로 아래 그림과 같이 배치합니다. 이때 [연도]는 [슬라이서] 탭 – [단추] 그룹 – [열]에서 '3', [대분류]는 '3', [관할지역]은 '5'로 설정하고 배치합니다.

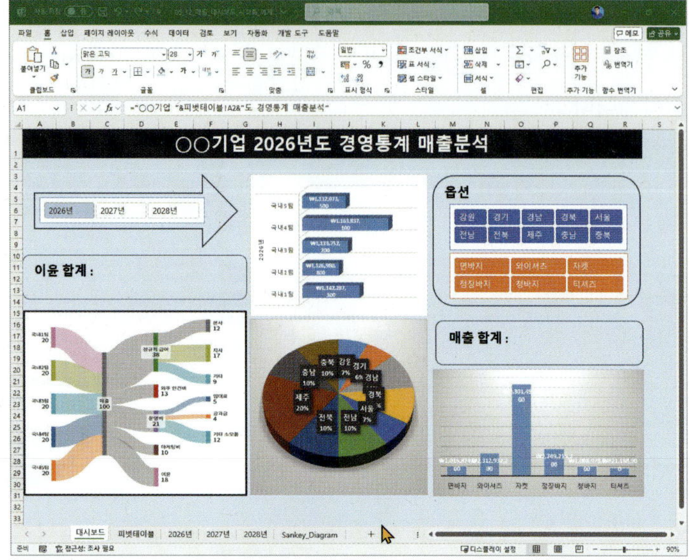

27 다른 데이터와 연동시키기 위해 [연도] 슬라이서를 마우스 오른쪽 버튼으로 클릭한 후 [보고서 연결]을 선택합니다.

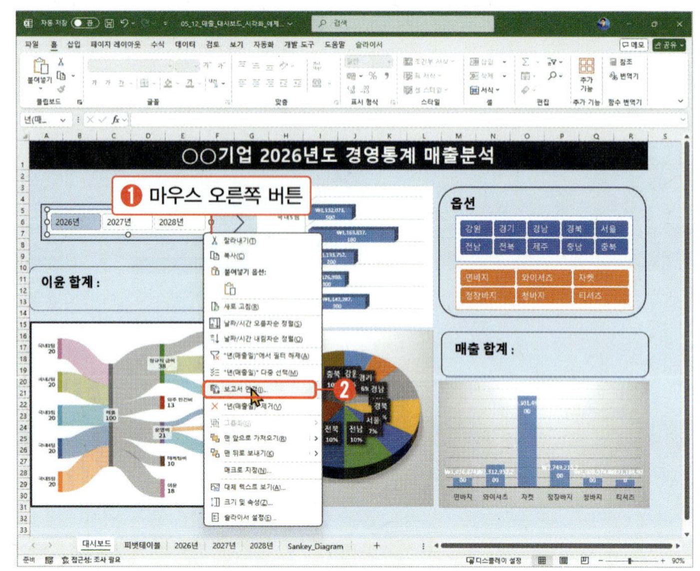

28 데이터가 연동될 모든 피벗 테이블을 체크하고 [확인]을 클릭합니다.

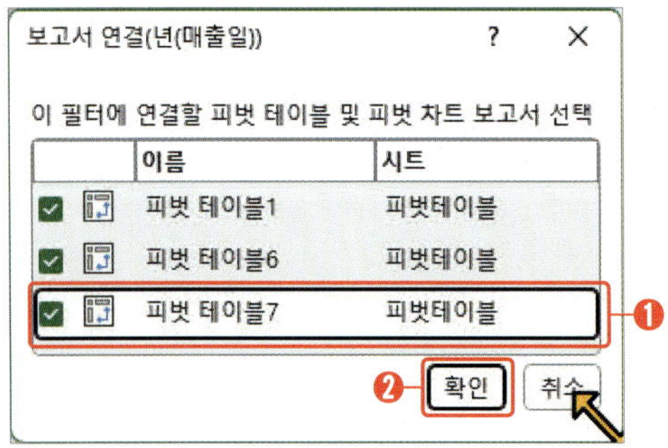

29 같은 방법으로 [관할지역], [대분류] 슬라이서의 [보고서 연결]을 통해 다른 피벗 테이블과 모두 연결합니다. 연결을 마쳤으면 특정 값을 슬라이서에서 선택하면 선택한 옵션에 따른 결과가 같이 연동되어 표시되는 것을 확인할 수 있습니다.

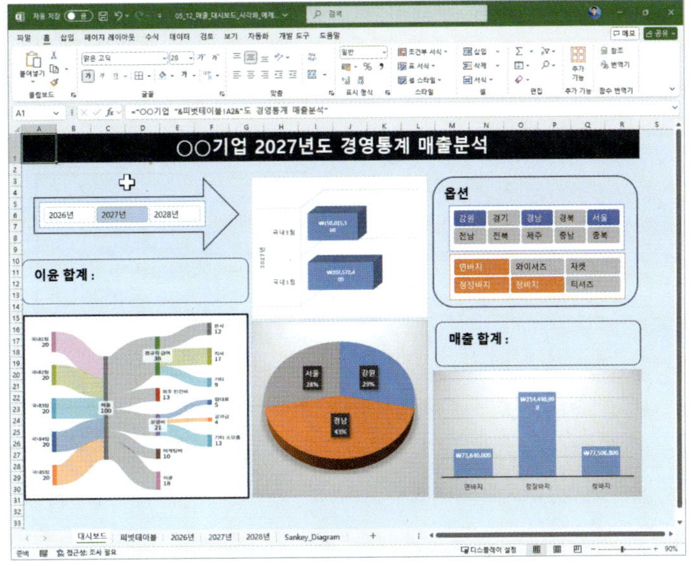

■ Sankey 차트와 연동시키기

01 이제 좌측 하단의 Sankey 차트를 선택한 연도와 연동되도록 설정하겠습니다. Sankey 차트는 엑셀에서 제공되는 템플릿이 없고 그리기 쉽지 않아서 웹에서 작성해서 그림으로 [Sankey_Diagram]이라는 시트에 넣어 뒀습니다. [Sankey_Diagram] 시트로 이동해서 먼저 [A3:F21] 셀을 선택하고 [이름 상자]에 '차트_2026년'을 입력합니다.

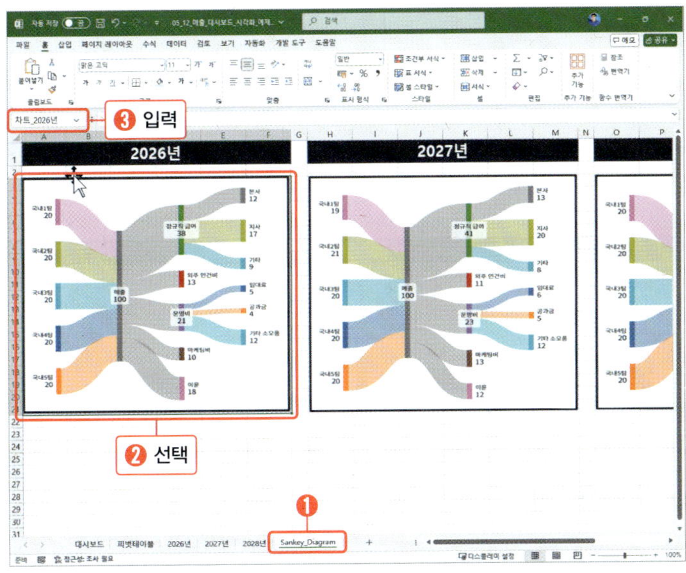

02 [H3:M21] 셀을 선택하고 [이름 상자]에 '차트_2027년'을 입력합니다.

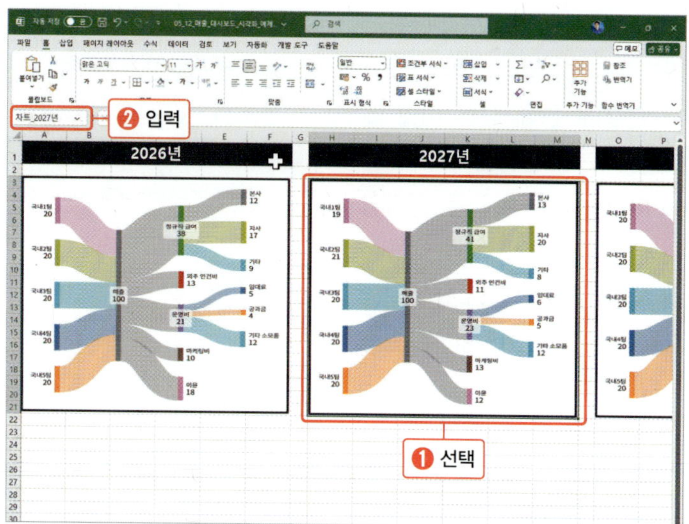

03 [O3:T21] 셀을 선택하고 [이름 상자]에 '차트_2028년'을 입력합니다.

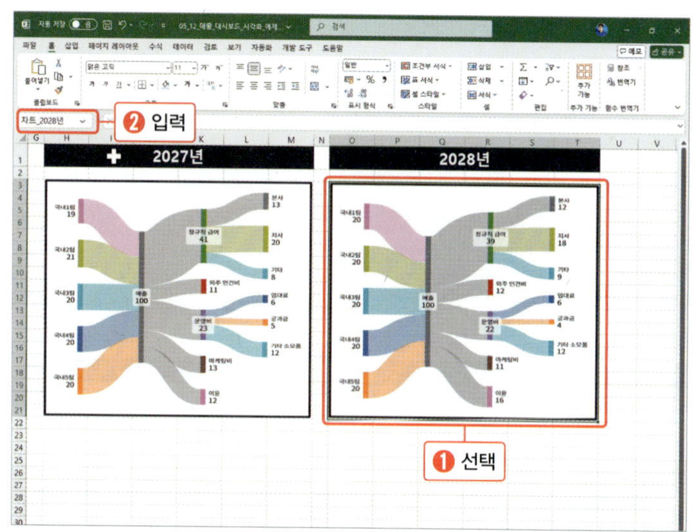

04 해당 이름 정의는 [수식] 탭 – [정의된 이름] 그룹 – [이름 관리자]를 실행하면 확인할 수 있습니다.

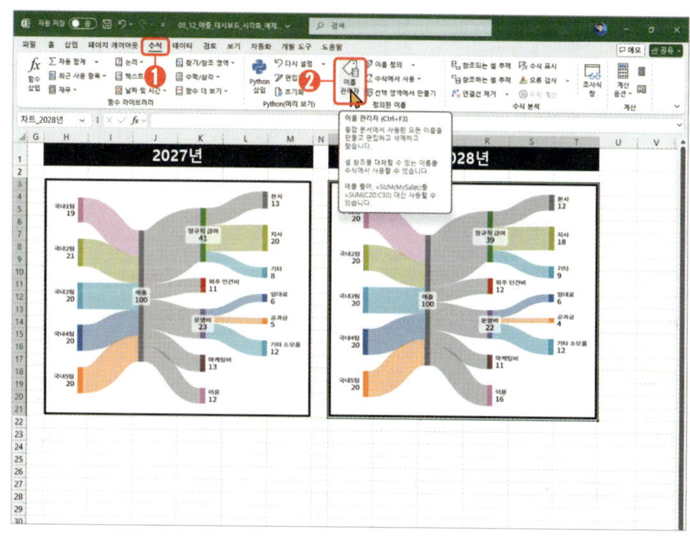

여기서 잠깐

이름 관리자의 단축키는 Ctrl+F3입니다.

05 '차트_2026년'을 선택하면 아래에 [참조 대상] 부분에 해당 이름 정의의 데이터 참조 범위를 확인할 수 있습니다. 이제 Sankey 차트를 연동시키기 위해 이름 정의를 추가하겠습니다. [새로 만들기]를 클릭합니다.

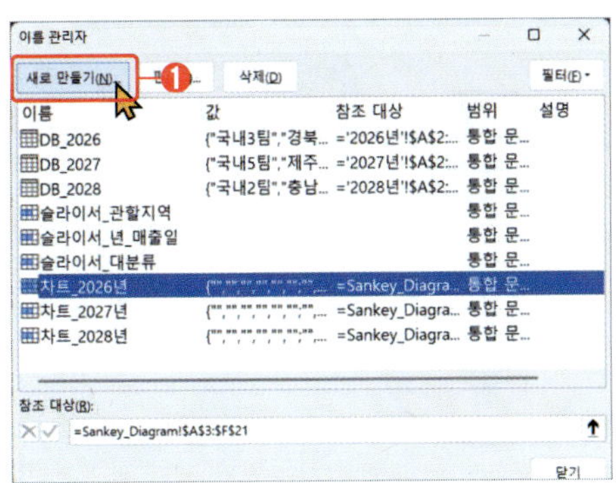

06 [이름 편집] 대화상자에서 [이름]에 '차트'를 입력하고, [참조 대상]에는 수식을 아래와 같이 입력합니다.

```
=INDIRECT("차트_"&피벗테이블!$A$2)
```

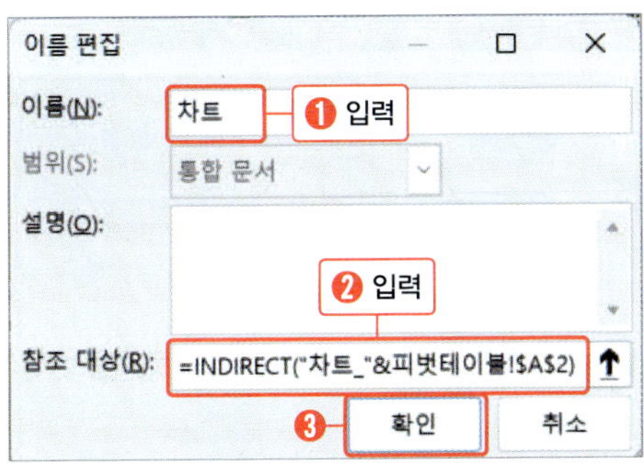

수식 설명

=INDIRECT("차트_"&피벗테이블!$A$2)

❶ : '차트_' 라는 텍스트

❷ : [피벗 테이블] 시트의 [A2] 셀 값 즉 현재 '2027년'

따라서 '차트_'라는 텍스트와 '2027년'이라는 텍스트가 합쳐져서 '차트_2027년'이라는 텍스트가 되고 해당 텍스트를 사용할 수 있는 참조 범위로 INDIRECT 수식이 만들어 준다는 의미입니다.
곧 방금 이름 정의한 내용을 사용할 수 있도록 만든 것입니다.

07 [대시보드] 시트로 이동해서 선택한 연도와 Sankey 차트를 연동시키겠습니다. 이미 삽입해 놓은 Sankey 차트를 선택하고 수식 입력줄에 '=차트'를 입력합니다.

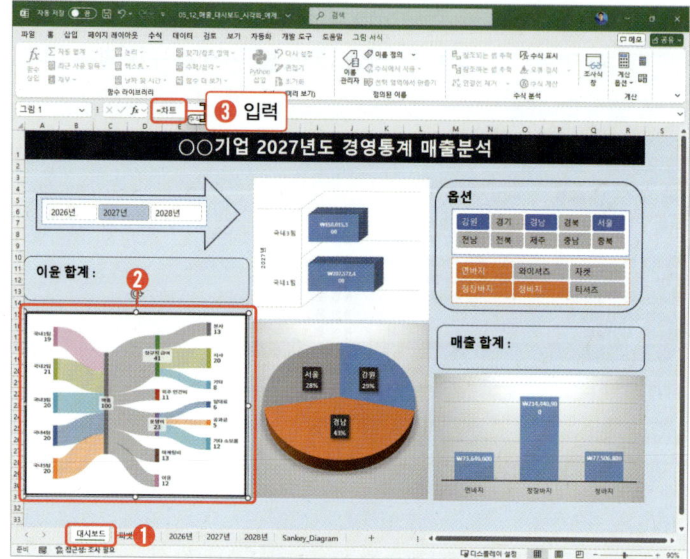

08 차트가 2027년 Sankey 차트로 변경되는 것을 확인할 수 있습니다. 이때 차트 크기가 조정된다면 조절점을 이용해서 적당한 크기로 맞춰 줍니다.

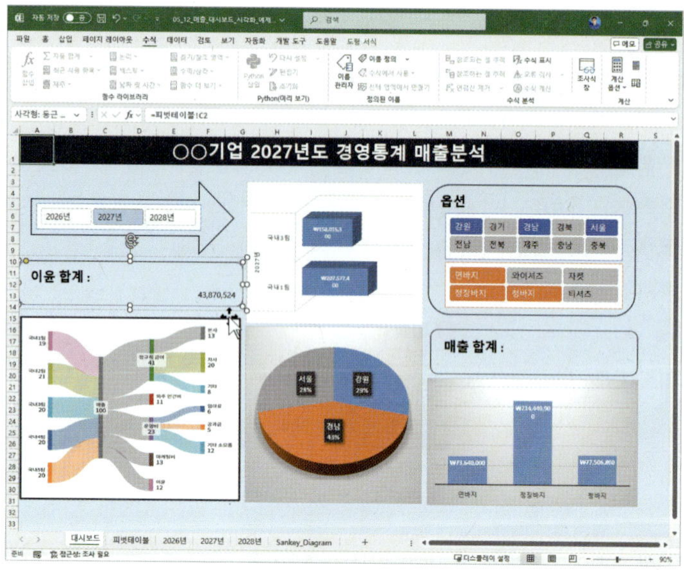

■ 기타 다양한 서식 설정하기

01 이제 이윤 합계와 해당 옵션의 매출 합계를 표시하겠습니다. 이윤 합계 박스를 선택하고 수식 입력줄에 아래와 같이 수식을 입력합니다.

```
=피벗테이블!C2
```

값이 나타나면 [홈] 탭 – [글꼴] 그룹에서 [굵게], [글꼴 크기]는 '20', [글꼴 색]은 '자주'로 설정합니다.

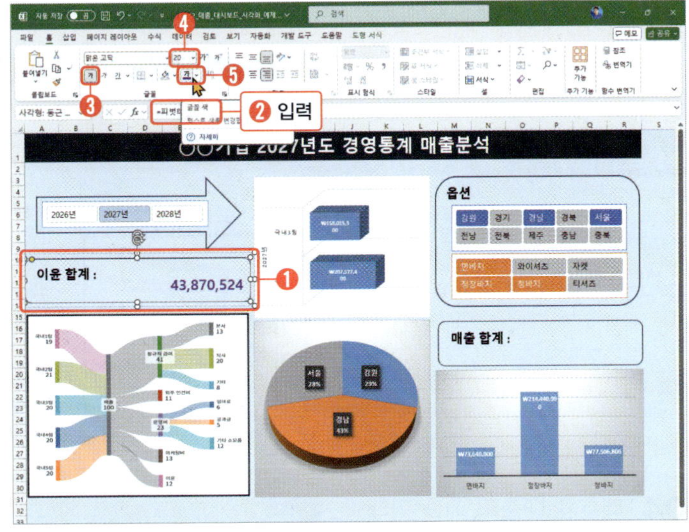

여기서 잠깐

직사각형 내부에 수식을 적을 수 없기에 참조하는 형태로 적어야 합니다. 여기서 [C2] 셀은 첫 번째 피벗 테이블 우측에 작성해둔 이윤 합계입니다.

02 매출 합계 박스를 선택하고 수식 입력줄에 아래와 같은 수식을 입력합니다.

```
=피벗테이블!B2
```

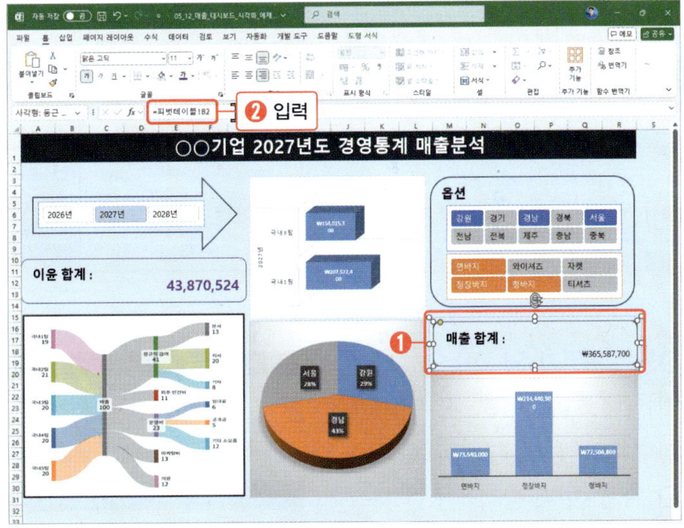

03 값이 나타나면 [홈] 탭 – [글꼴] 그룹에서 [굵게], [글꼴 크기]는 '20', [글꼴 색]은 '녹색, 강조 6, 25% 더 어둡게'를 선택합니다.

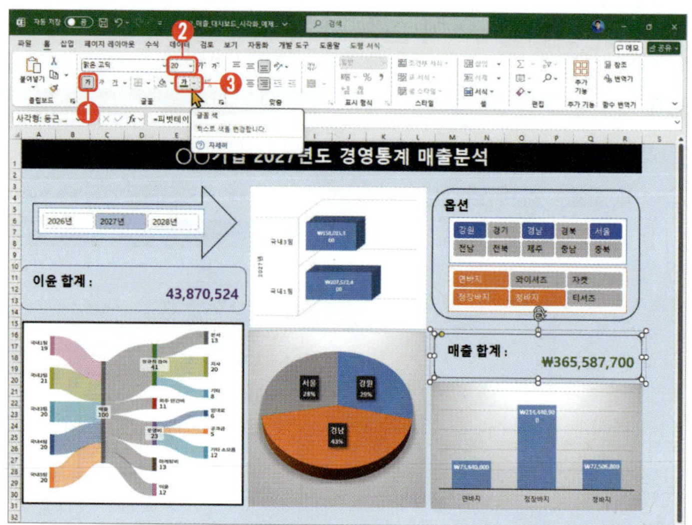

04 대분류 매출의 매출 막대 색상을 그라데이션 채우기로 변경하기 위해, 막대를 마우스 오른쪽 버튼으로 클릭한 후 [데이터 계열 서식]을 선택합니다.

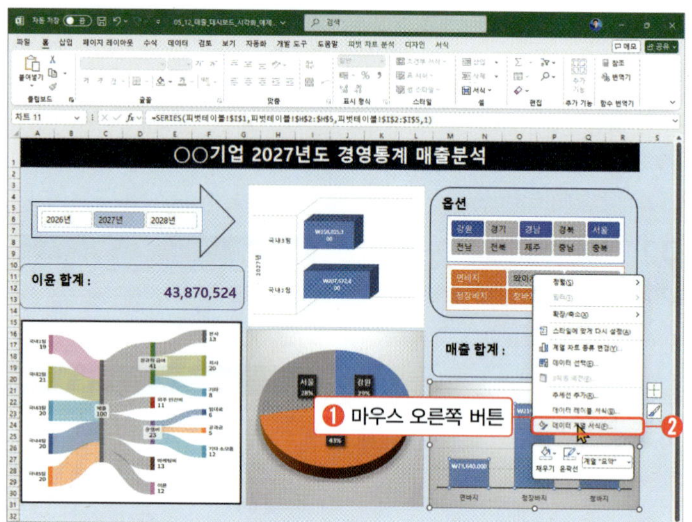

05 [채우기 및 선] – [채우기] – [그라데이션 채우기]를 선택하고 중지점을 3개로 만든 뒤 첫 번째 중지점은 [색] – [빨강], 두 번째 중지점은 [색] – [주황, 강조 2, 60% 더 밝게], 세 번째 중지점은 [색] – [황금색, 강조 4, 60% 더 밝게]를 선택합니다.

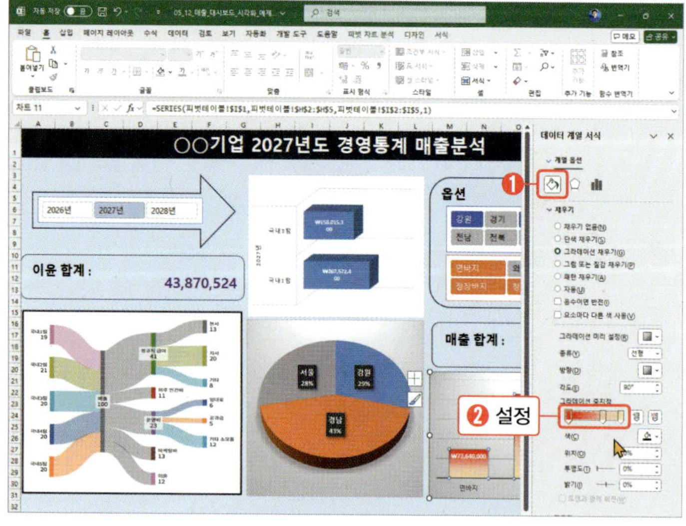

06 이번에는 막대 차트의 레이블 값을 천 단위로 변경, 표시하기 위해, 레이블을 마우스 오른쪽 버튼으로 클릭한 후 [데이터 레이블 서식]을 선택합니다.

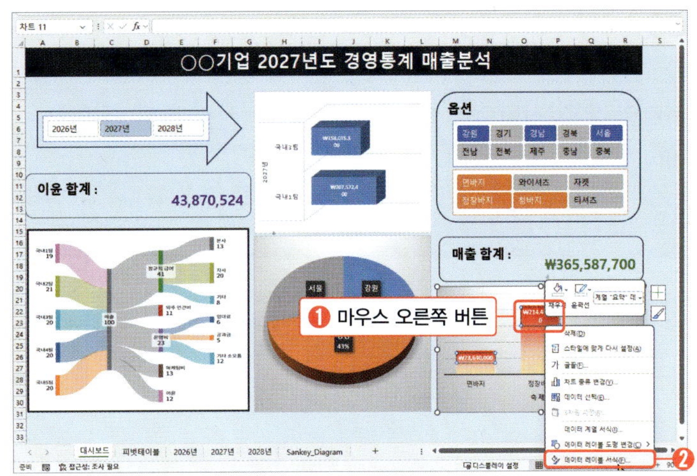

07 [레이블 옵션] – [표시 형식] – [서식 코드]에 '#,##0,'을 입력하고 [추가]를 클릭합니다.

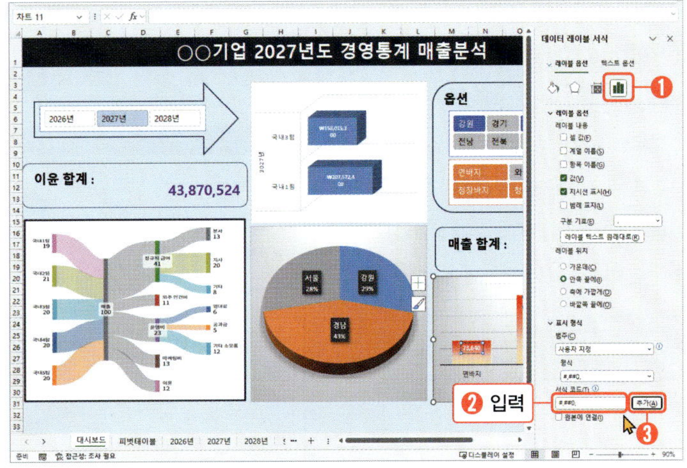

08 해당 차트를 선택하고 [차트 요소]를 클릭해서 [축 제목] – [기본 가로]를 체크합니다.

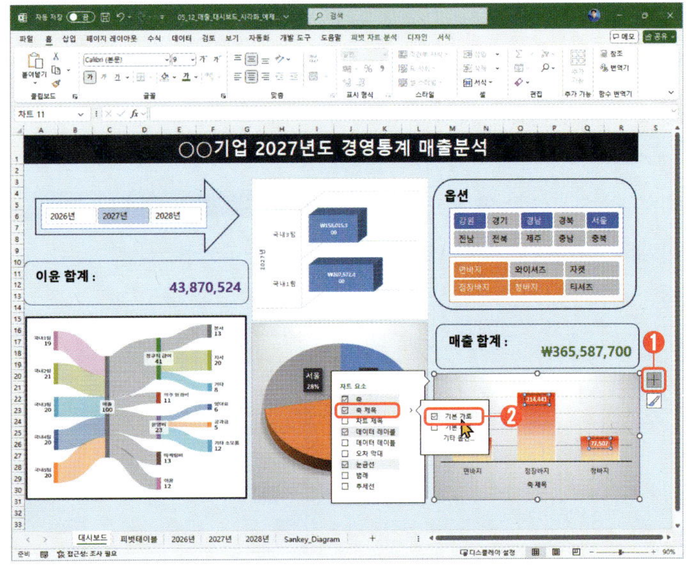

09 아래쪽에 나타난 축 제목을 '단위 : 천원'으로 수정하고 차트의 우측 상단으로 이동시킵니다.

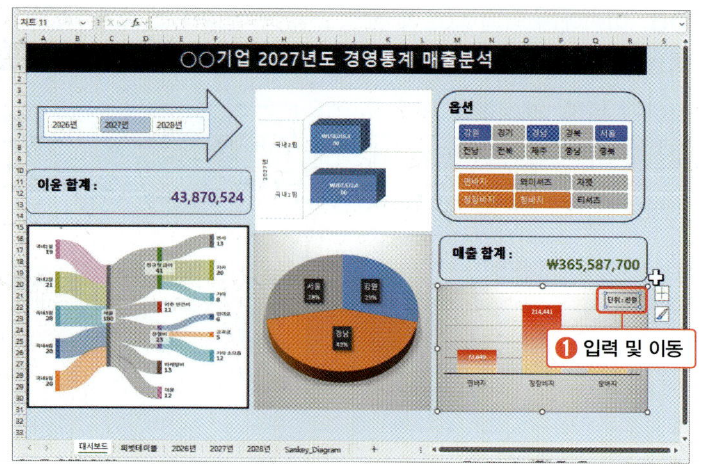

10 입체감을 위해 각 차트를 선택하고 [서식] 탭 – [도형 스타일] 그룹 – [도형 효과]를 확장해서 [그림자] – [바깥쪽] – [오프셋: 가운데]를 클릭합니다. 가로 막대형 차트, 원형 차트, 막대 차트 모두 같은 방법으로 설정합니다.

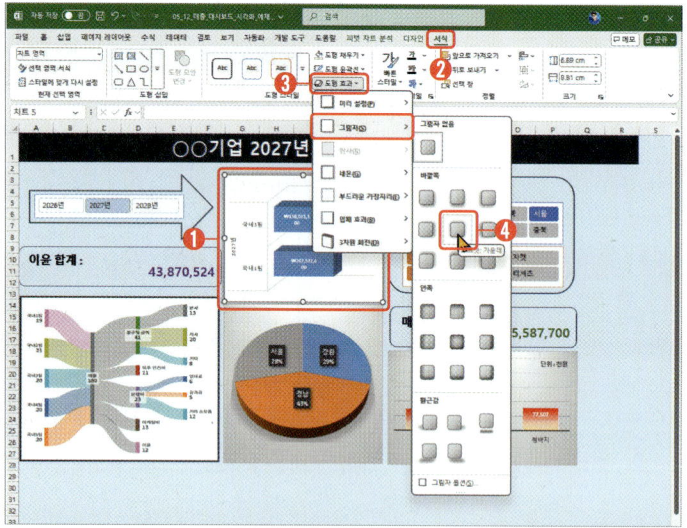

11 최종 결과를 확인하겠습니다. 특정 연도, 특정 지역, 특정 대분류를 슬라이서에서 선택하면 해당 선택 항목의 매출 합계가 나타나고 해당 항목에 대한 이윤 합계도 표시됩니다. 아울러 차트의 변화와 Sankey 차트도 변화되는 것을 확인할 수 있습니다.

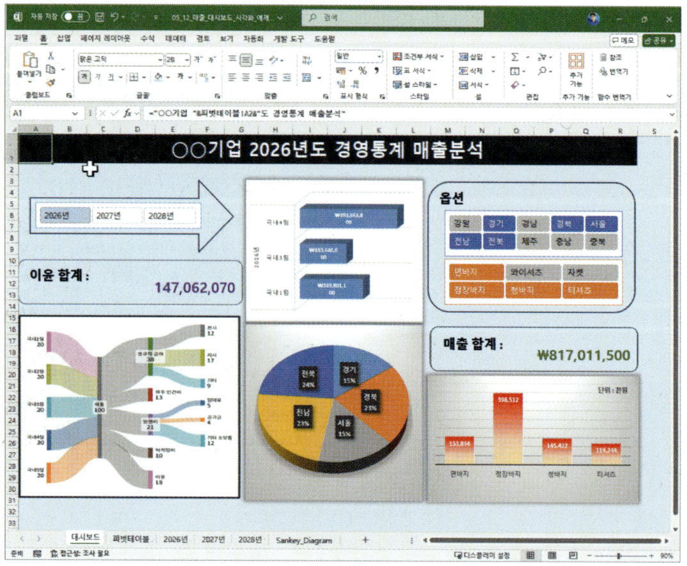

013 Sankey Diagram 작성하기

엑셀에서 직접 작성하기 어려운 Sankey Diagram(생키 다이어그램)을 손쉽게 만들어주는 웹사이트를 소개합니다. 이 사이트는 Chapter 12에서 사용한 Sankey 차트를 제작한 곳으로, 간단한 데이터 입력만으로 차트를 생성하고 PNG 파일로 다운로드할 수 있습니다. 이를 활용하면 데이터의 흐름이나 비중을 직관적으로 표현하는 시각 자료를 빠르게 제작할 수 있습니다.

- **완성 파일 :** Part 05 > 완성 > 05_13_Sankey_Diagram.png

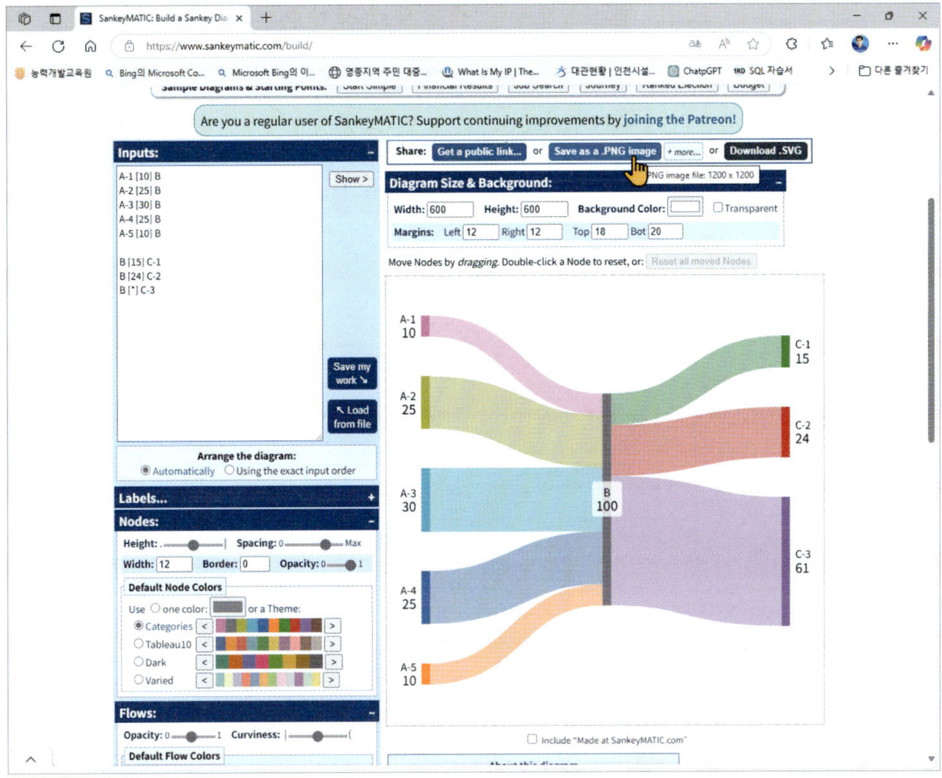

01 웹 브라우저를 열고 'https://www.sankeymatic.com'으로 이동합니다. 아래쪽으로 스크롤해서 마지막에 [Try SankeyMATIC]을 클릭합니다.

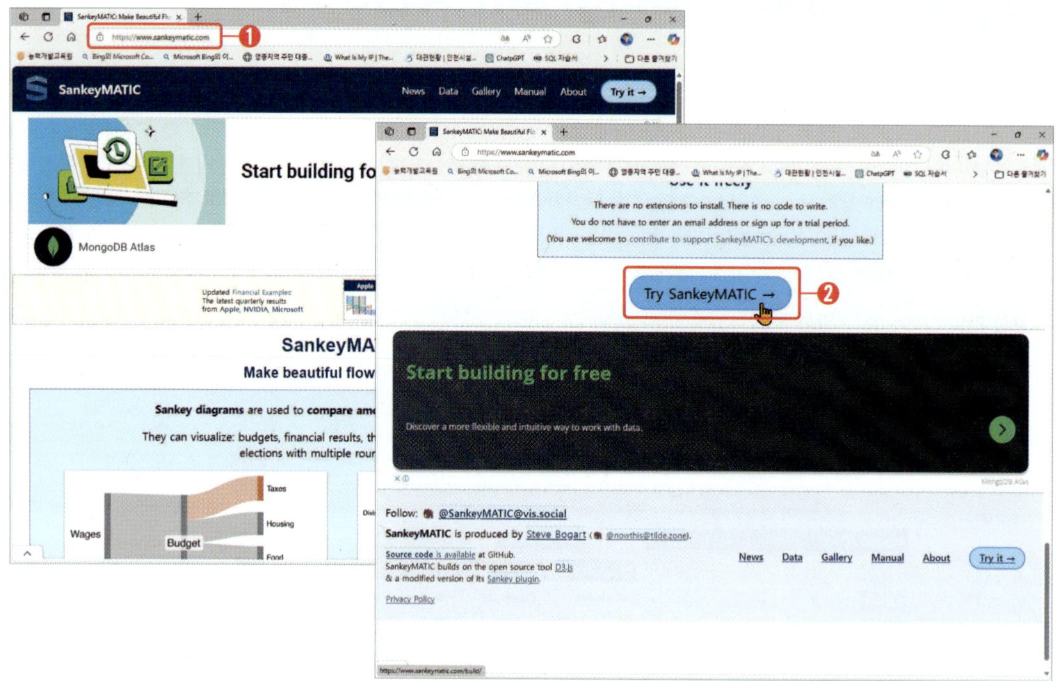

02 왼쪽에 [inputs:] 박스 내부에 필요한 내용을 작성하면 우측에 표시됩니다. 각 행마다 한 줄씩 입력하는 데 아래와 같이 입력하겠습니다.

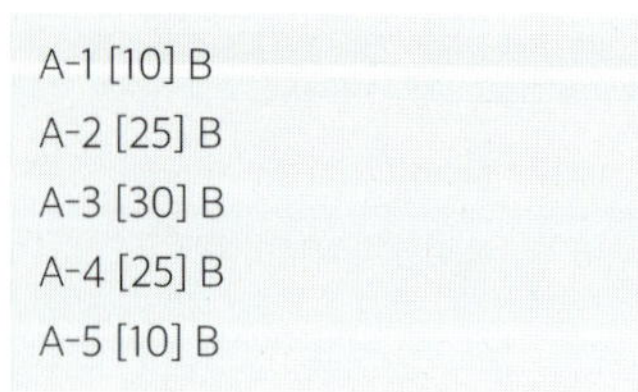

```
A-1 [10] B
A-2 [25] B
A-3 [30] B
A-4 [25] B
A-5 [10] B
```

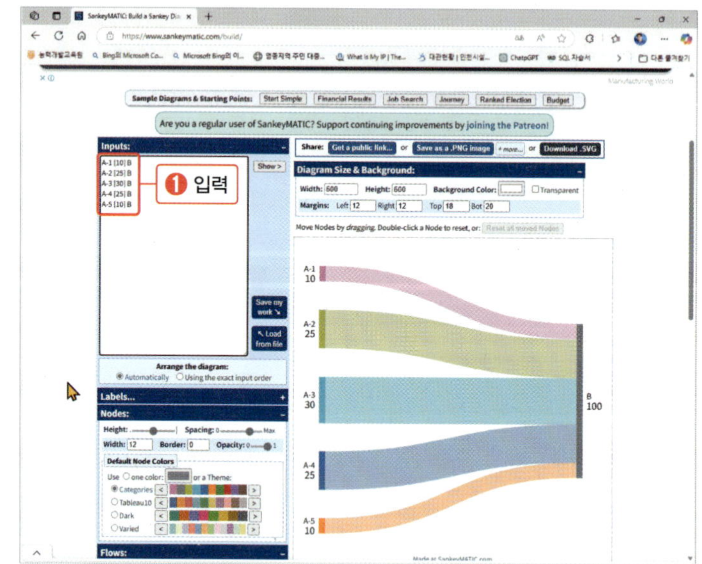

A-1부터 A-5까지가 B로 표시되고 각각의 값은 가운데 [ ]안에 입력했으며 그 크기만큼 두께도 조정된 것을 볼 수 있습니다.

03 이제 그 하단에 한 줄 띄우고 다시 아래와 같이 입력합니다.

```
B [15] C-1
B [24] C-2
B [*] C-3
```

여기서 마지막에 수치를 넣는 곳에 '*'를 입력하면 총수량에서 나머지 전체값이 적용됩니다.

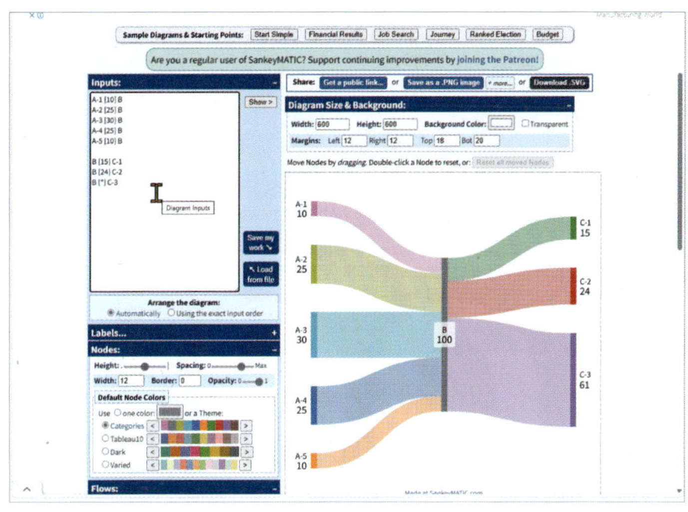

04 작성된 차트를 다운로드하기 전에 우측 하단에 [Include "Made at SankeyMATIC.com"]의 체크를 해제합니다. 그대로 둬도 되지만 나중에 그림 하단에 'Made at SankeyMATIC.com'가 같이 저장되기 때문에 삭제했습니다.

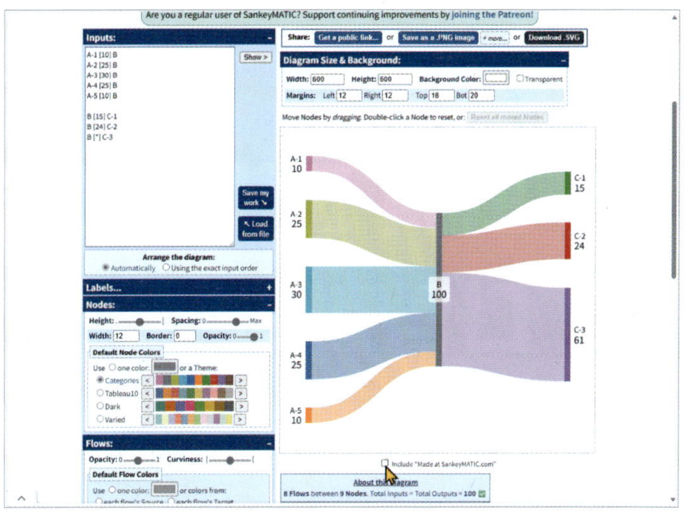

05 이제 마지막으로 우측 상단의 [Save as a.PNG image]를 클릭해서 해당 차트를 png 파일로 다운로드합니다.

Part 06

파워 피벗을 활용한 다양한 분석

이번 파트에서는 파워 피벗(Power Pivot)을 활용해 기존 피벗 테이블로는 구현하기 어려웠던 고급 분석 결과를 만들어 보겠습니다. 파워 피벗은 추가 기능으로 메뉴 탭에 표시해 사용하며, 표로 구성된 데이터나 파워 쿼리로 생성한 쿼리를 기반으로 분석할 수 있습니다.
또한 데이터 모델과 DAX 함수를 함께 활용하면, 더 깊이 있는 분석과 자동화된 시각화를 구현할 수 있습니다.

001 추가 기능으로 파워 피벗을 메뉴 탭에 표시하는 방법

파워 피벗은 기본적으로 엑셀의 상단 메뉴 탭에 표시되지 않습니다. 이번에는 엑셀의 추가 기능 설정을 통해 파워 피벗 메뉴 탭을 활성화하는 방법을 알아보겠습니다.

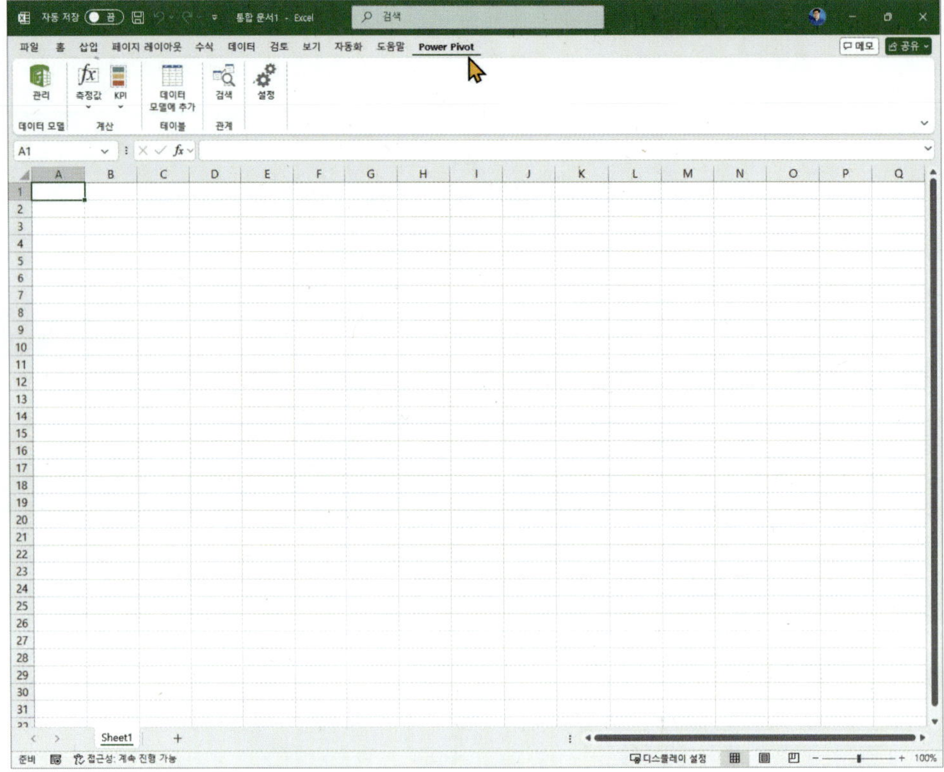

주요 기능	현업 활용
환경 설정	• 다양한 추가 기능이나 전반적인 엑셀 사용자 환경을 설정할 수 있다.

01 엑셀의 상단 메뉴 중 하나를 마우스 오른쪽 버튼으로 클릭한 후 [리본 메뉴 사용자 지정]을 클릭합니다.

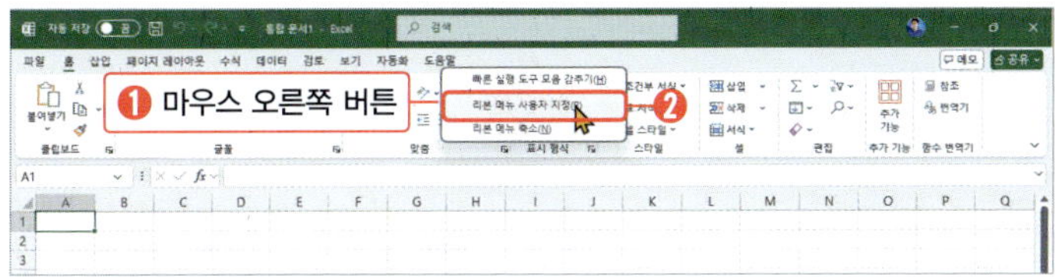

여기서 잠깐

[파일] 탭 – [옵션]을 클릭해도 됩니다.

02 [추가 기능] 범주를 선택하고 [관리]에서 'COM 추가 기능'을 선택한 후 [이동]을 클릭합니다.

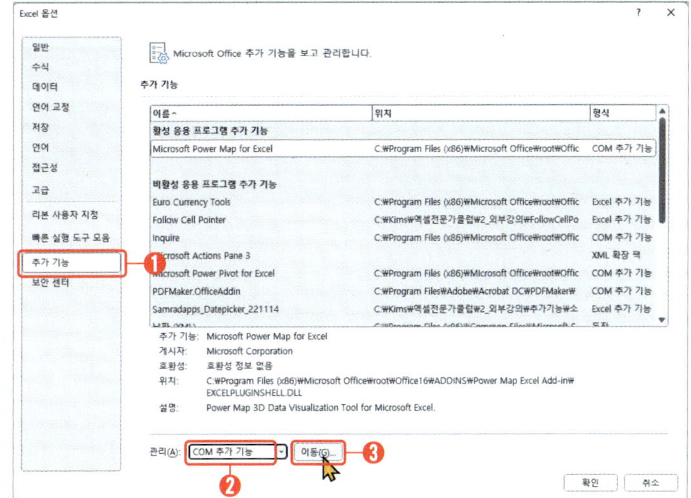

03 [Microsoft Power Pivot for Excel]을 체크하고 [확인]을 클릭합니다.

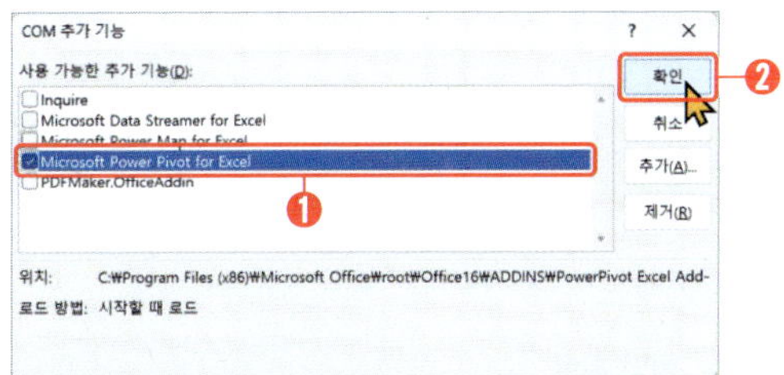

04 메뉴 탭에 [Power Pivot] 탭이 생성된 것을 확인할 수 있습니다.

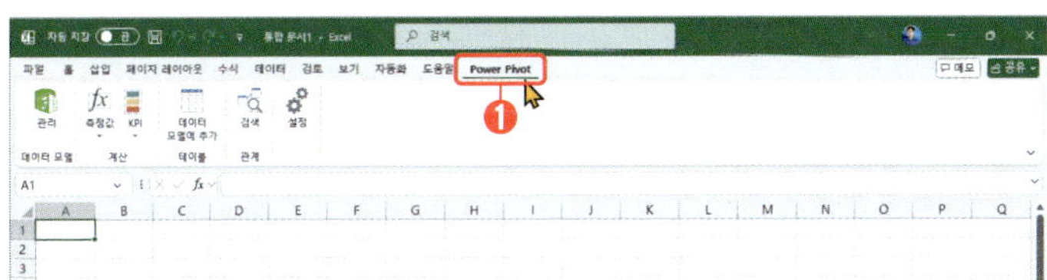

002 파워 피벗으로 데이터를 로딩하는 방법

파워 피벗에서 데이터를 불러와 관계를 설정하고 분석하는 전체 구조를 데이터 모델(Data Model)이라고 합니다. 이번에는 다양한 데이터 로딩 방식을 살펴보고, 데이터의 특성과 상황에 맞게 효율적으로 파워 피벗으로 로딩하는 방법을 알아보겠습니다.

- **실습 파일 :** Part 06 > 예제 > 06_01_데이터_로딩_예제.xlsx
- **완성 파일 :** Part 06 > 완성 > 06_01_데이터_로딩_완성.xlsx

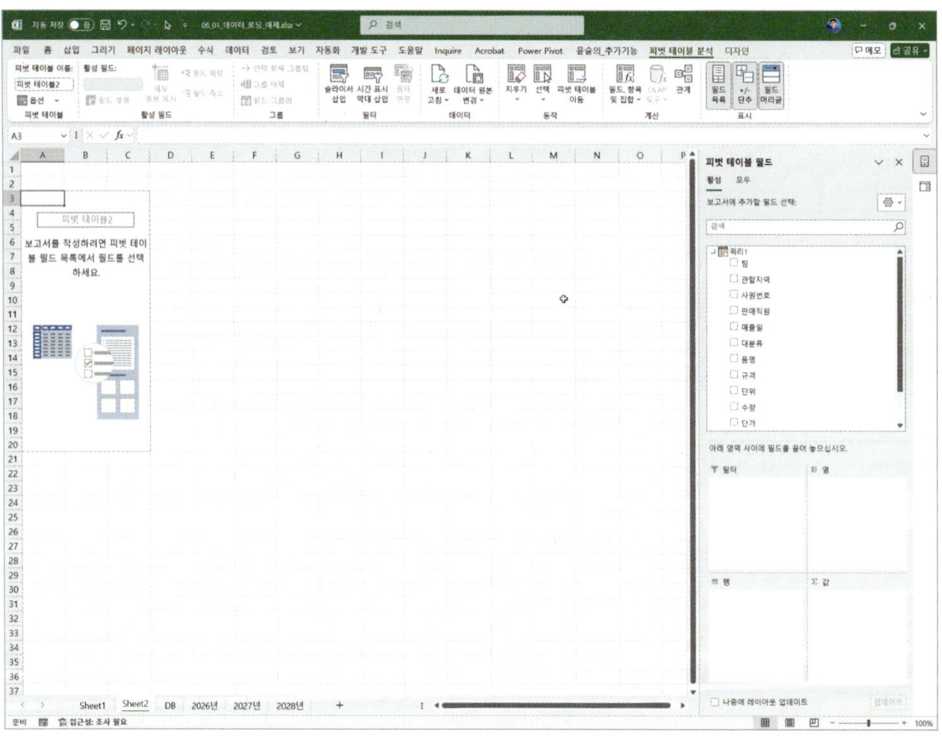

주요 기능	현업 활용
데이터 로딩 방법	• 데이터 로딩하는 여러 가지 방법을 알아보고, 현업에서는 상황에 맞게 적용할 수 있다.
데이터 모델	• 데이터 모델을 이용하면 좀 더 다양한 시각화, 분석을 진행할 수 있다.
파워 쿼리 활용	• 여러 시트로 나열된 데이터를 파워 쿼리를 통해 하나의 데이터베이스로 작성해서 데이터 모델로 활용할 수 있다.

01 불러온 예제 파일을 확인해 보면 먼저 데이터를 표로 만들어 두었습니다. 첫 번째 시트의 표 데이터를 파워 피벗으로 불러오기 위해, [DB] 시트에서 [삽입] 탭 – [표] 그룹 – [피벗 테이블] – [데이터 모델에서]를 클릭합니다. [데이터 모델의 피벗 테이블] 대화상자에서 [새 워크시트]를 선택한 후 [확인]을 클릭합니다.

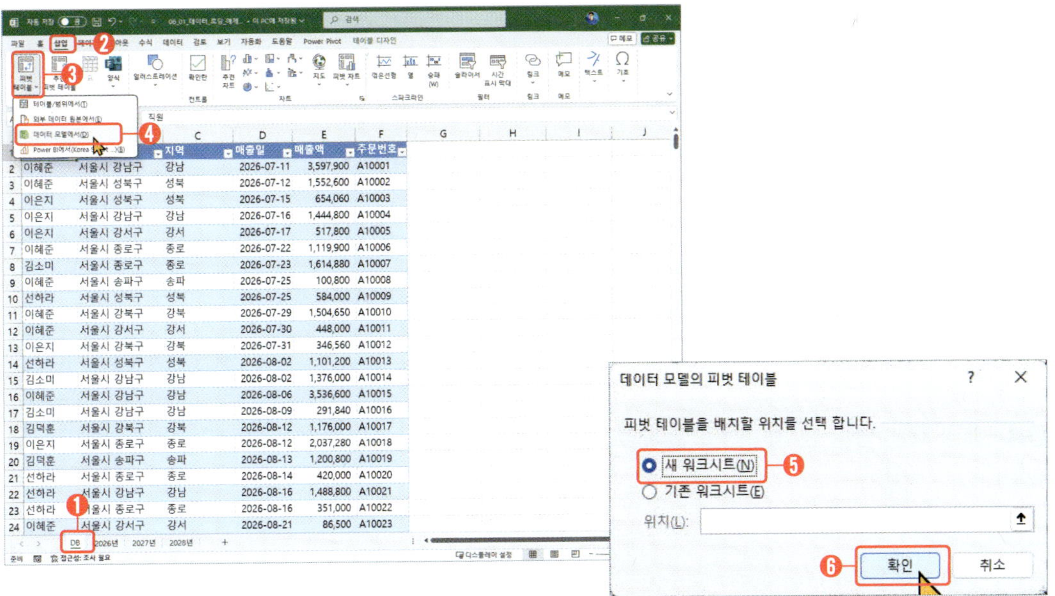

02 새 워크시트에 빈 피벗 테이블이 만들어졌고 데이터 모델에 해당 데이터가 추가된 것입니다. 우측의 필드 목록을 보면 이전과 약간의 차이를 볼 수 있는데 [활성], [모두] 탭이 생긴 것을 볼 수 있고, 하단에 현재 파일의 모든 표가 나열된 것을 확인할 수 있습니다.

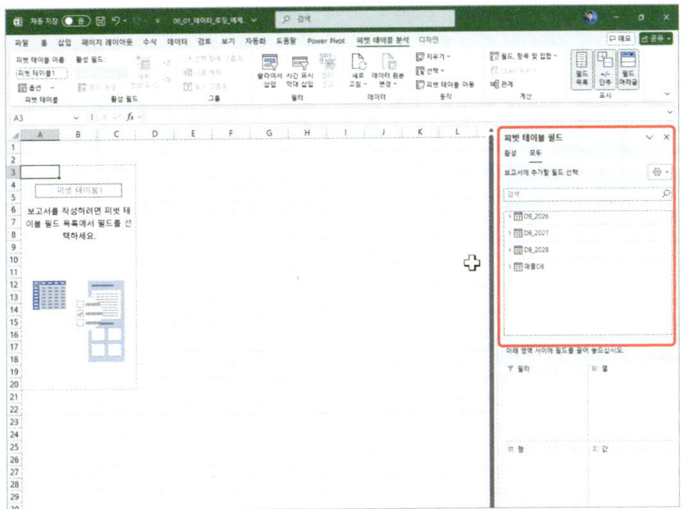

03 파일의 표 데이터를 로딩하는 두 번째 방법입니다. [DB] 시트의 표에서 임의의 셀을 선택하고 [Power Pivot] 탭 – [테이블] 그룹 – [데이터 모델에 추가]를 클릭합니다.

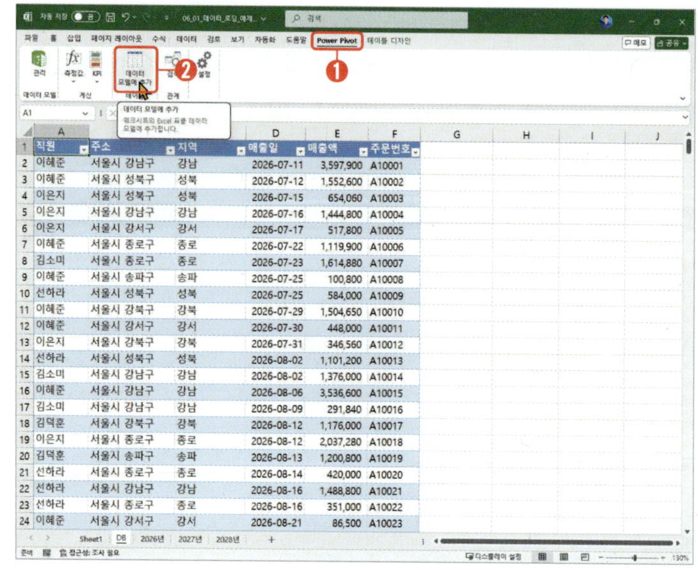

04 해당 표는 방금 전 데이터 모델에 추가 되어있으므로 메시지가 나타나면, 무시하고 [확인]을 클릭합니다.

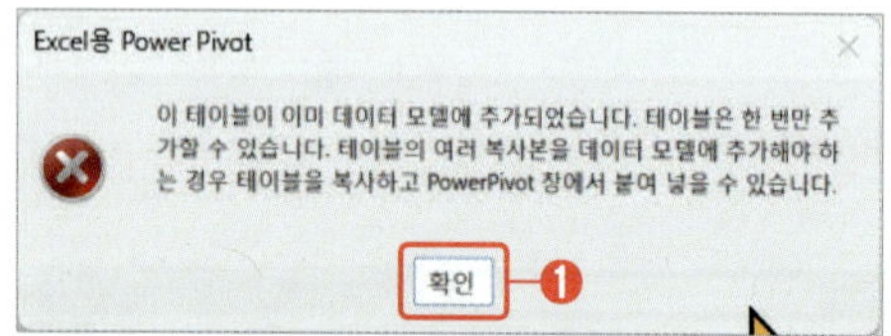

05 파워 피벗 창이 새롭게 열리고 [DB] 시트의 표 데이터가 나타나는 것을 확인할 수 있습니다. 이제 해당 데이터를 피벗 테이블로 분석하려면, [홈] 탭 – [외부 데이터 가져오기] 그룹 – [피벗 테이블]을 클릭하면 됩니다.

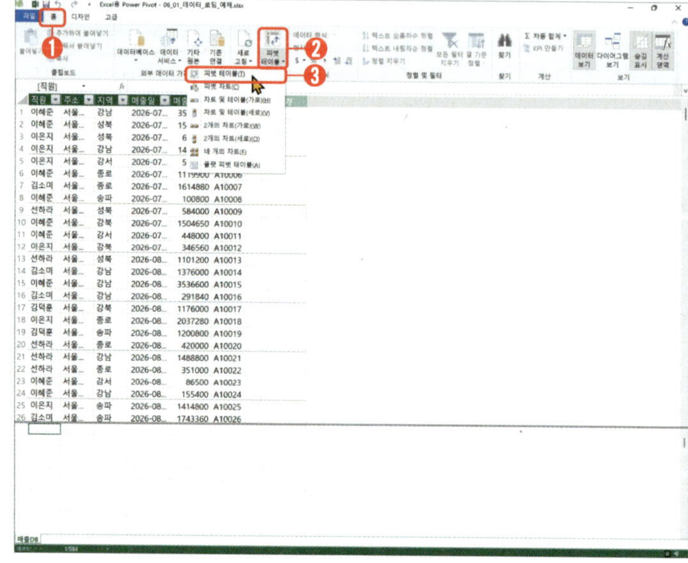

06 이번에는 파워 쿼리로 작성된 쿼리를 데이터 모델에 추가하는 방법을 알아보겠습니다. 파워 피벗 창을 닫고 [DB] 시트로 돌아와 [데이터] 탭 – [데이터 가져오기 및 변환] 그룹 – [데이터 가져오기] – [Power Query 편집기 시작]을 클릭합니다.

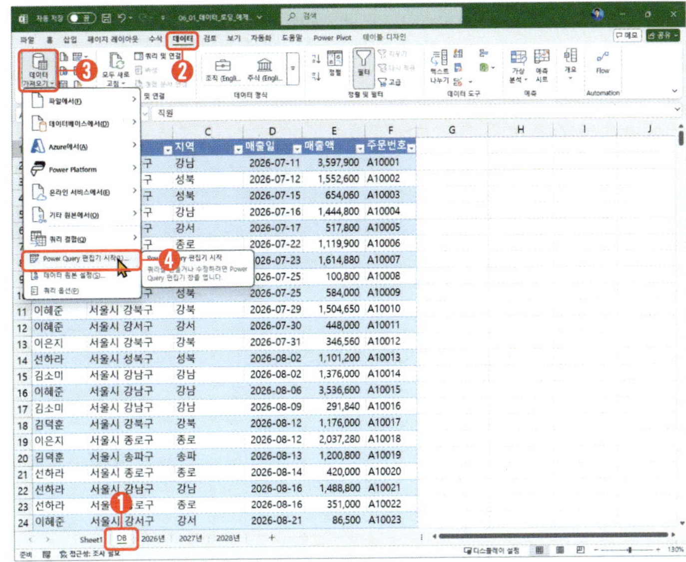

07 파워 쿼리 창을 마우스 오른쪽 버튼으로 클릭한 후 [새 쿼리] – [기타 원본] – [빈 쿼리]를 선택합니다.

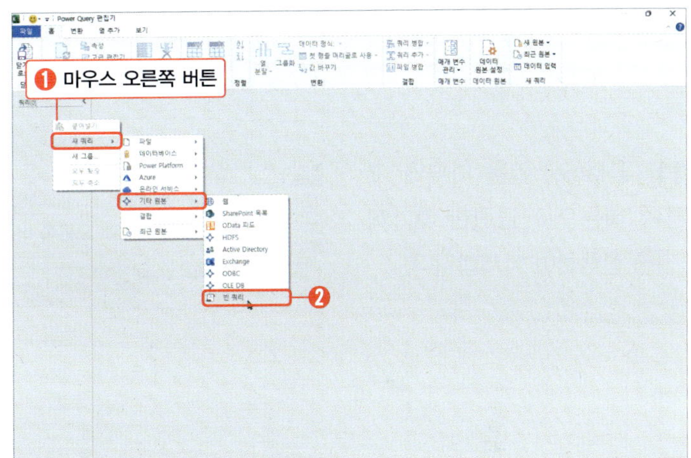

08 수식 입력줄에 다음과 같이 입력하고 Enter를 누릅니다.

```
=Excel.CurrentWorkbook()
```

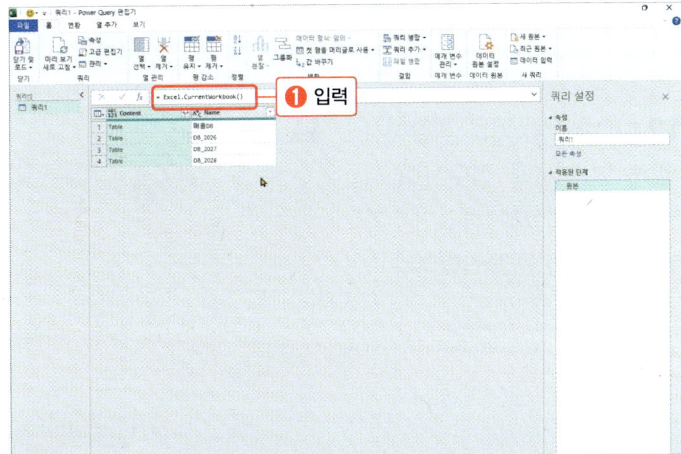

09 2026~2028년까지의 데이터만 통합하기 위해 [Name] 열을 확장해서 [텍스트 필터] – [시작 문자]를 클릭합니다.

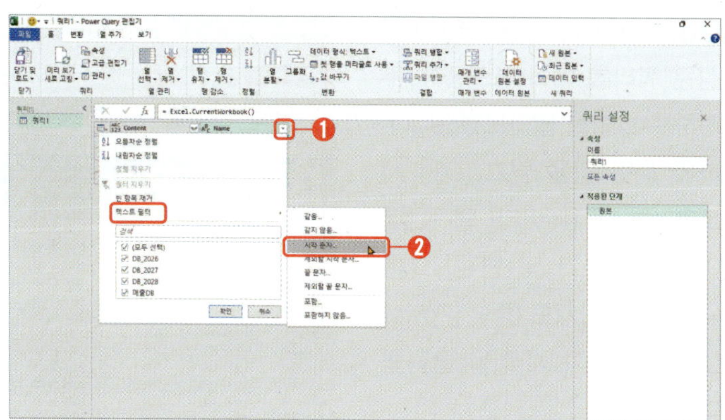

10 [시작 문자]에 'DB'를 입력하고 [확인]을 클릭합니다.

11 [Name] 열을 마우스 오른쪽 버튼으로 클릭한 후 [제거]를 선택하여 삭제합니다.

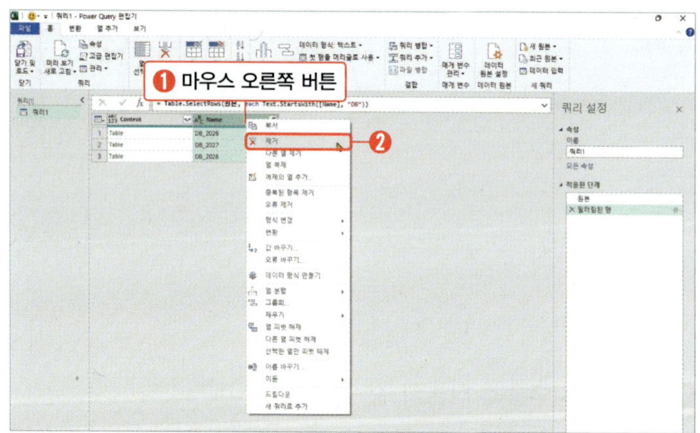

12 [Content] 열을 확장해서 [원래 열 이름을 접두사로 사용]에 체크를 해제하고, [추가 로드]와 [확인]을 클릭합니다.

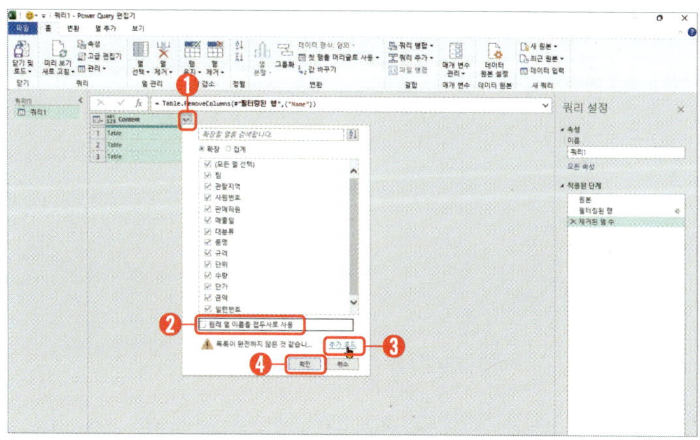

13 [홈] 탭 – [닫기] 그룹 – [닫기 및 로드] – [닫기 및 다음으로 로드]를 클릭합니다.

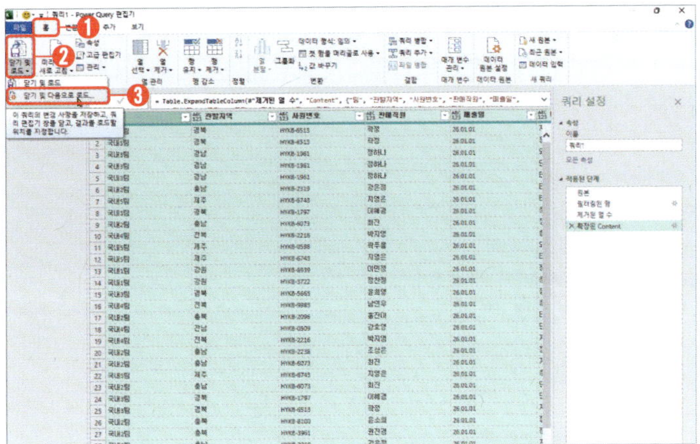

14 [데이터 가져오기] 대화상자에서 [데이터 모델에 이 데이터 추가]를 체크하고, 데이터가 한 시트에 모두 나열되지 않을 가능성이 있으므로 [연결만 만들기]를 체크한 후 [확인]을 클릭합니다.

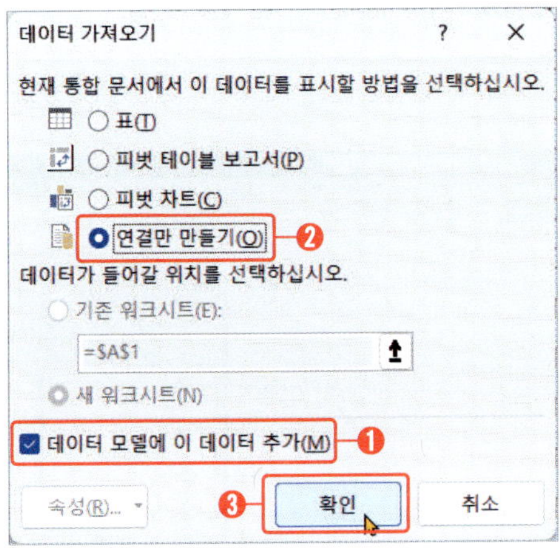

15 이제 피벗 테이블을 작성한다고 가정하고 [삽입] 탭 – [표] 그룹 – [피벗 테이블] – [외부 데이터 원본에서]를 클릭합니다.

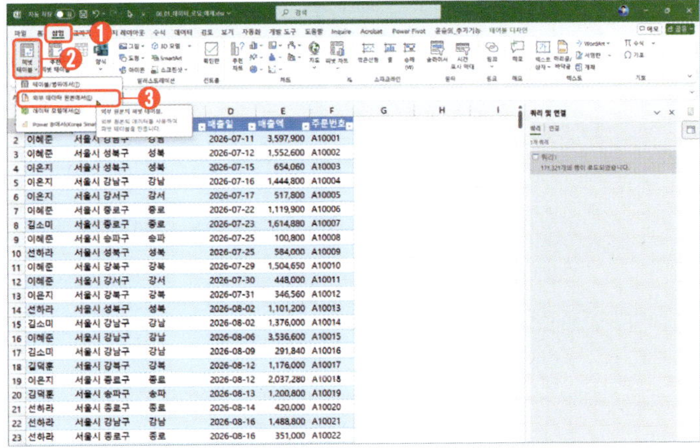

16 [외부 원본의 피벗 테이블] 대화상자에서 [연결 선택]을 클릭하여 방금 전 작성한 [쿼리 1] 쿼리를 선택하고 [열기]를 클릭합니다. [외부 원본의 피벗 테이블] 대화상자도 [확인]을 클릭해서 닫습니다.

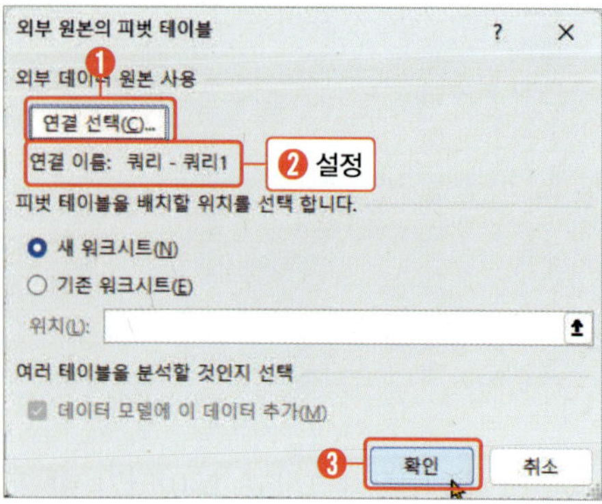

여기서 잠깐

이때 이미 데이터 모델에 해당 쿼리 데이터가 추가되어 있으므로 [데이터 모델에 이 데이터 추가]가 체크는 되어 있지만 비활성되어 있습니다.

17 새 워크시트에 빈 피벗 테이블이 만들어 졌고, 필드 목록을 보면 파워 피벗으로 로딩되었을 때와 같은 형태로 나타나는 것을 확인할 수 있습니다.

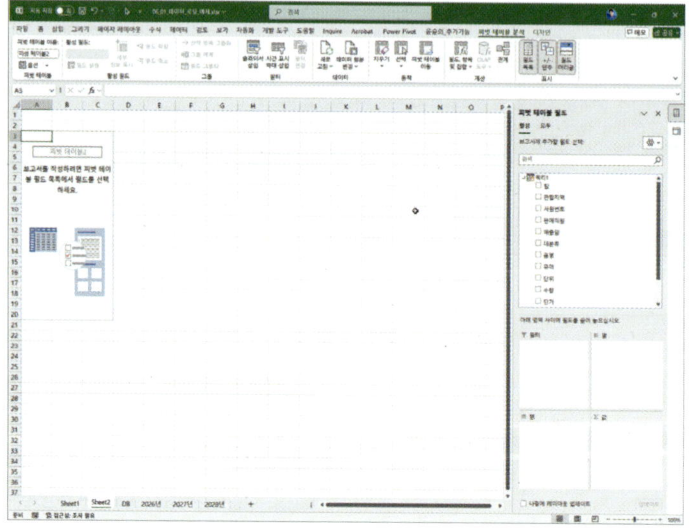

003 데이터 모델의 통계량을 활용한 통계 오류 처리

파워 피벗의 데이터 모델을 활용하면 기존 피벗 테이블에서는 지원하지 않던 다양한 통계량 계산이 가능합니다. 이번에는 이러한 통계 기능을 이용해 설문 데이터의 통계 결과에서 발생할 수 있는 오류를 수정하고 보정하는 방법을 알아보겠습니다.

- **실습 파일 :** Part 06 > 예제 > 06_02_고유개수_예제.xlsx
- **완성 파일 :** Part 06 > 완성 > 06_02_고유개수_완성.xlsx

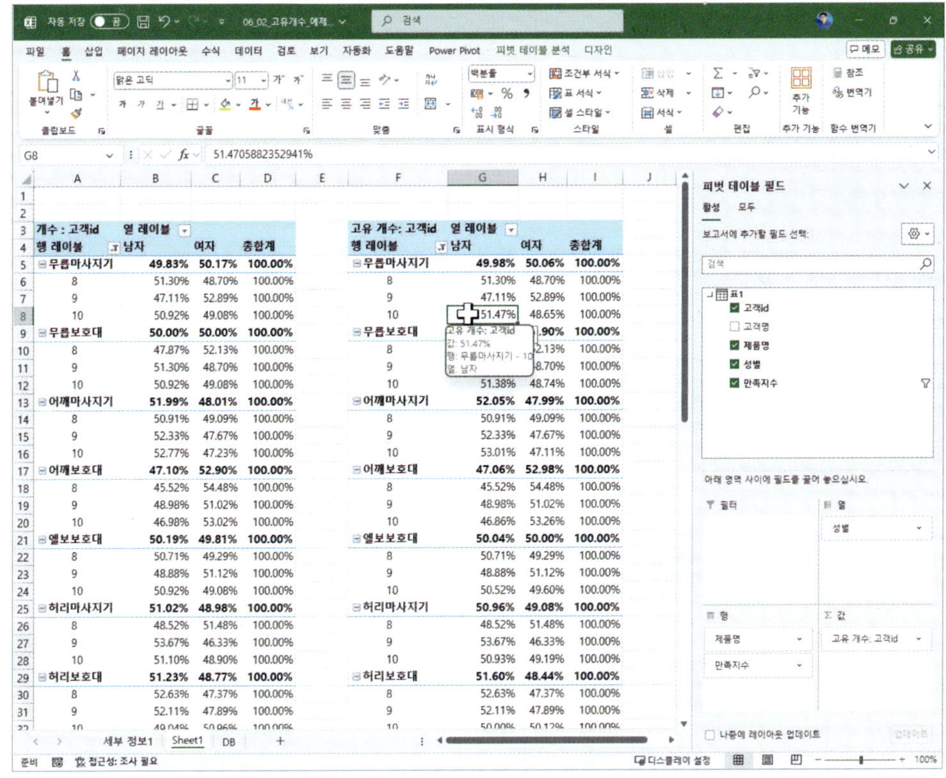

주요 기능	현업 활용
데이터 모델	• 데이터 모델을 이용하면 기존 피벗 테이블에서는 나타나지 않던 고유 개수 통계량을 이용할 수 있다.
고유 개수	• 고유 개수를 통해 중복 입력된 자료를 쉽게 확인할 수 있다.
내장 함수	• COUNTA 함수는 비어 있지 않은 셀의 개수를 나타내는 수식이다. • 중복 입력 검증 시 개수를 파악할 수 있다.

01 예제 파일의 데이터를 확인해 보면 제품별로 남녀 간의 제품 만족지수를 설문한 자료입니다. 먼저 일반 피벗 테이블을 먼저 작성해 보겠습니다. [테이블 디자인] 탭 – [도구] 그룹 – [피벗 테이블로 요약]을 클릭합니다.

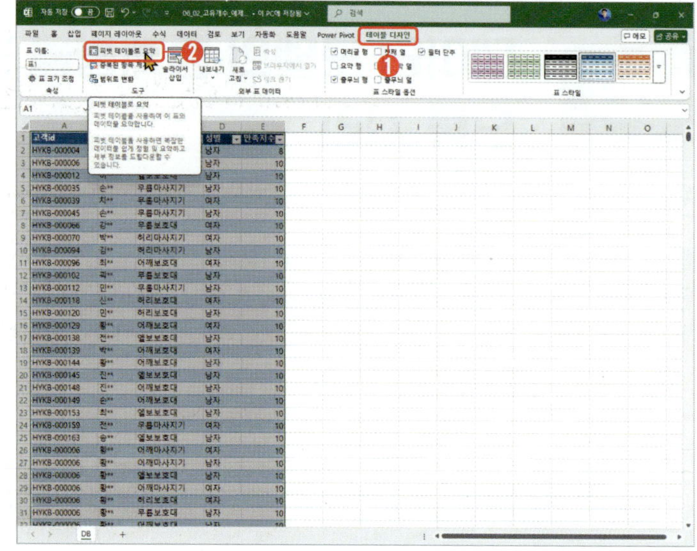

02 [표 또는 범위의 피벗 테이블] 대화상자가 나타나면 기본 설정 그대로 [확인]을 클릭합니다.

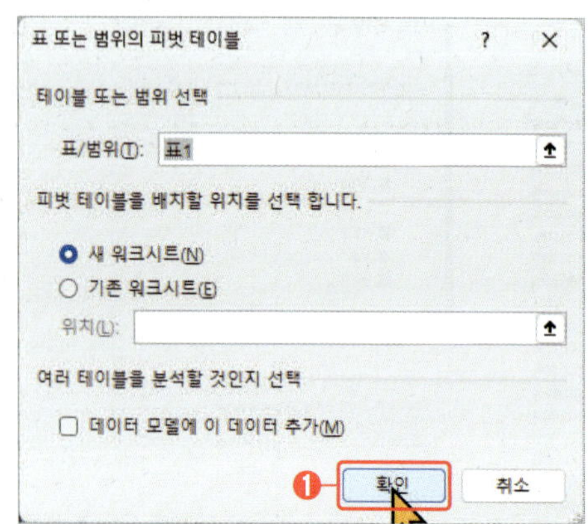

03 [행] 영역에 [제품명], [만족지수] 필드, [열] 영역에 [성별] 필드, [값] 영역에 [고객id] 필드를 드래그 & 드롭합니다.

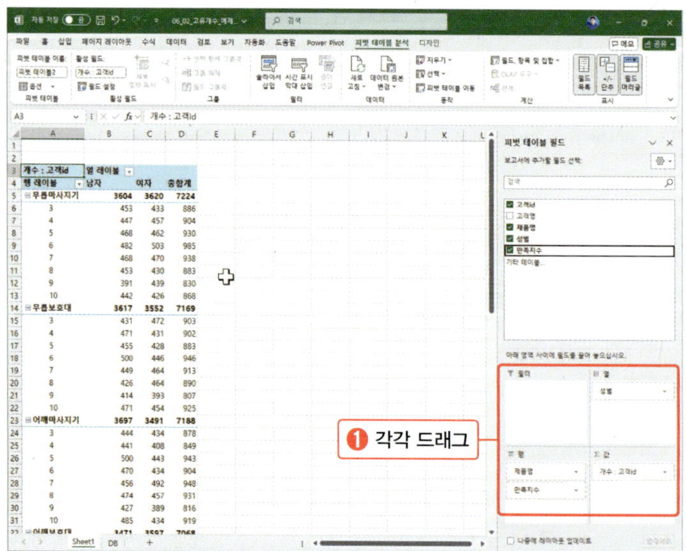

04 만족지수가 [8], [9], [10]인 제품만 결과로 처리하기 위해, 만족지수 중 데이터를 선택하고 [행 레이블]을 확장해서 [8], [9], [10]만 체크하고 [확인]을 클릭합니다.

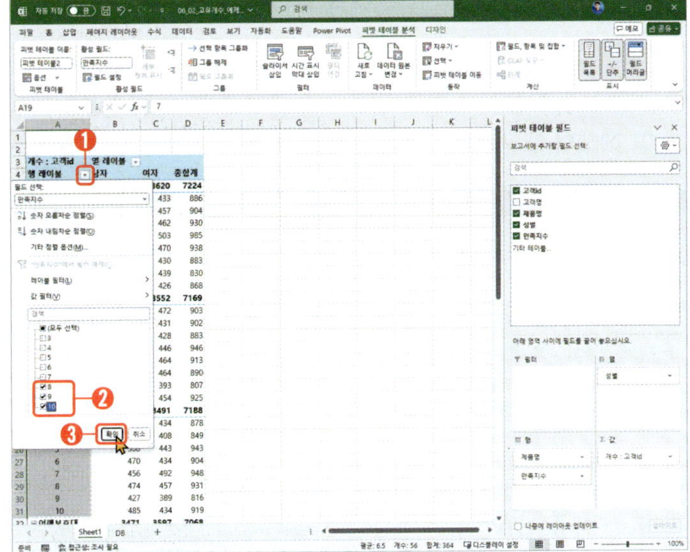

05 데이터 중 임의의 셀을 마우스 오른쪽 버튼으로 클릭한 후 [값 표시 형식] – [행 합계 비율]을 선택하면, 제품별로 남녀 간 만족지수 비율을 확인할 수 있습니다.

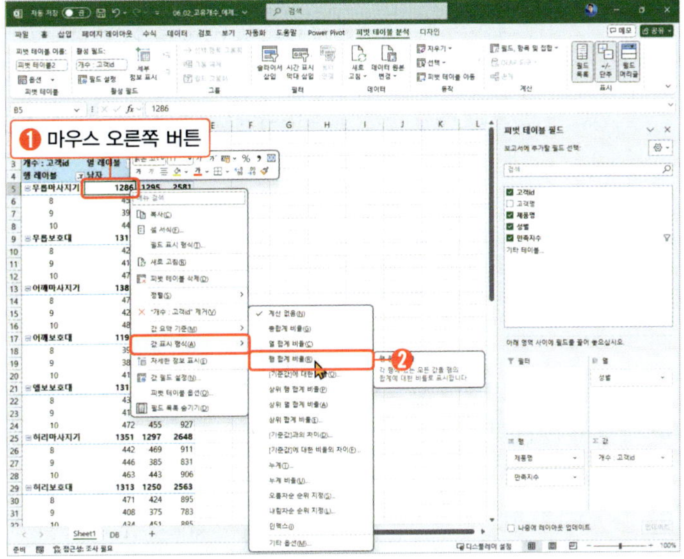

06 이번에는 데이터 모델을 사용해서 피벗 테이블을 만들어 보겠습니다. [DB] 시트에서 [테이블 디자인] 탭 – [도구] 그룹 – [피벗 테이블로 요약]을 클릭하고, 결과를 비교하기 위해 [기존 워크시트]를 선택하고 위치는 피벗 테이블이 작성된 시트의 우측 [F3] 셀을 선택합니다. 하단의 [데이터 모델에 이 데이터 추가]를 체크하고 [확인]을 클릭합니다.

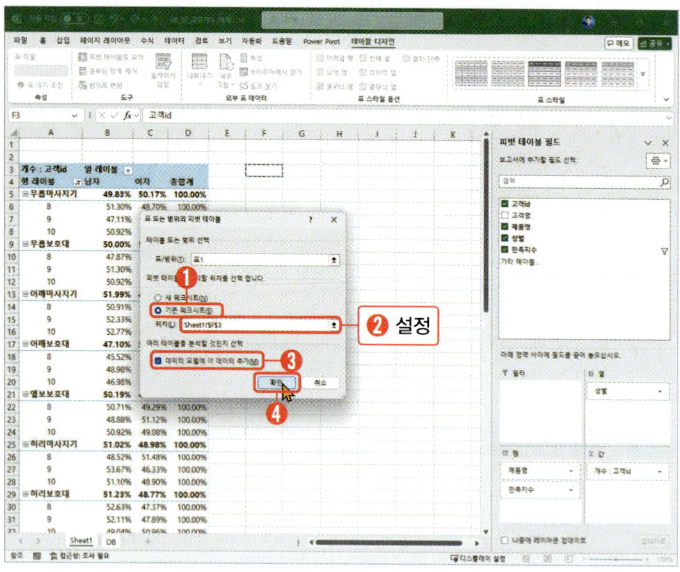

07 필드 목록에서 [표1]을 확장해서 [행] 영역에 [제품명], [만족지수] 필드, [열] 영역에 [성별] 필드, [값] 영역에 [고객id] 필드를 드래그 & 드롭합니다. 만족지수 중 데이터를 선택하고 [행 레이블]을 확장해서 [8], [9], [10]만 체크하고 [확인]을 클릭합니다.

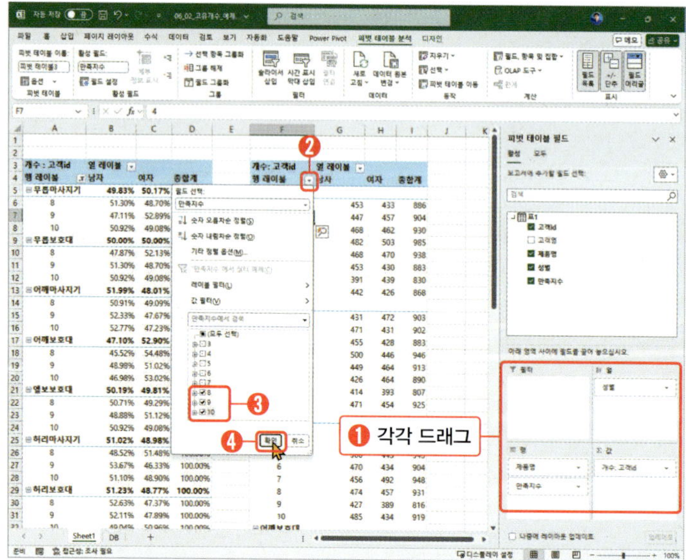

08 데이터 중 임의의 셀을 마우스 오른쪽 버튼으로 클릭하고 [값 요약 기준] – [고유 개수]를 선택합니다.

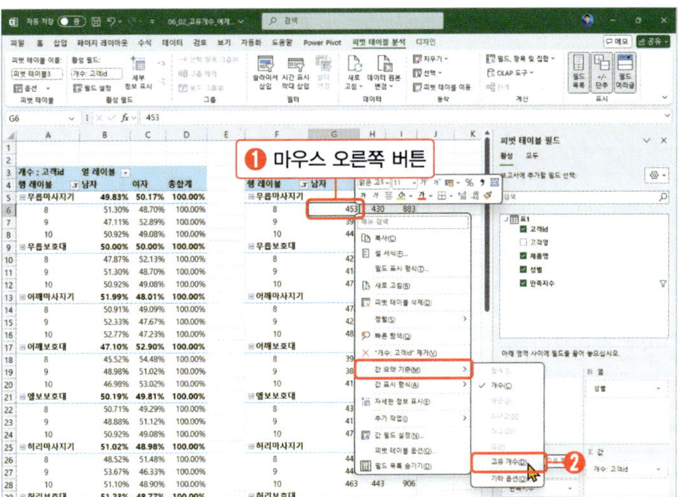

09 데이터 중 임의의 셀을 마우스 오른쪽 버튼으로 클릭한 후 [값 표시 형식] – [행 합계 비율]을 선택하면, 제품별로 남녀 간 만족지수 비율을 확인할 수 있습니다.

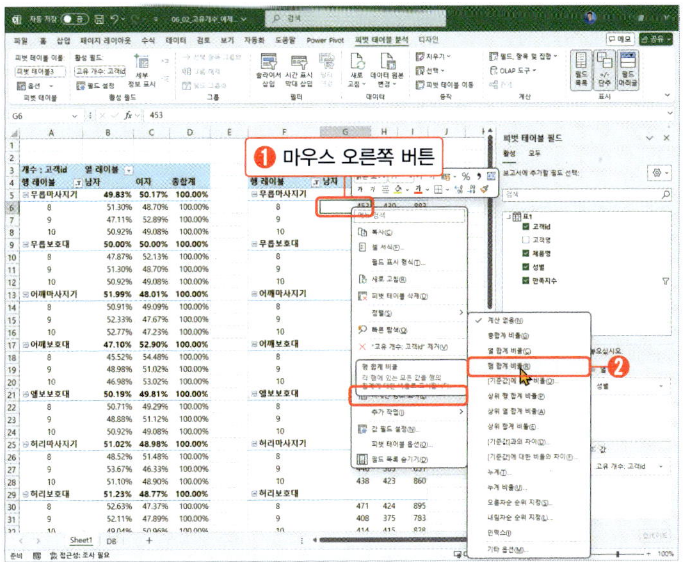

10 부분합도 표시해 두기 위해, [디자인] 탭 – [레이아웃] 그룹 – [부분합] – [그룹 상단에 모든 부분합 표시]를 클릭합니다.

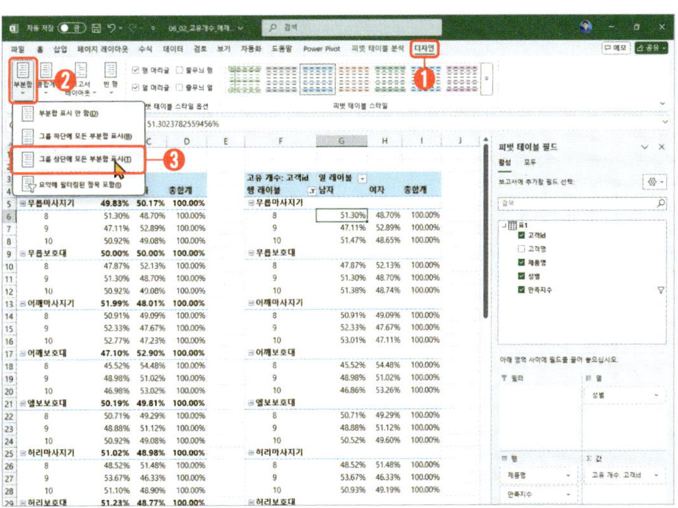

11 일반 피벗 테이블로 작성한 내용과 데이터 모델로 추가하고 분석한 자료와 수치의 차이를 볼 수 있습니다. 이유를 확인하기 위해 일반 피벗 테이블로 작성한 [무릅마사지기], [남자], [만족지수] 10의 데이터 50.92%([B8] 셀)을 더블클릭해서 세부 정보를 확인해 보겠습니다.

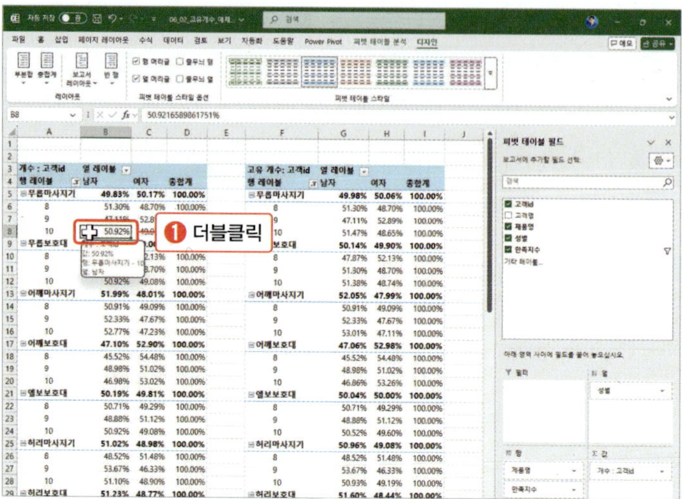

12 새로운 시트의 해당 값의 세부 정보가 나타나는 것을 확인할 수 있습니다. 그런데 고객 iD HYKB-000006 인분이 무릎마사지기의 만족지수 10을 여러 번 입력한 것을 확인할 수 있습니다.

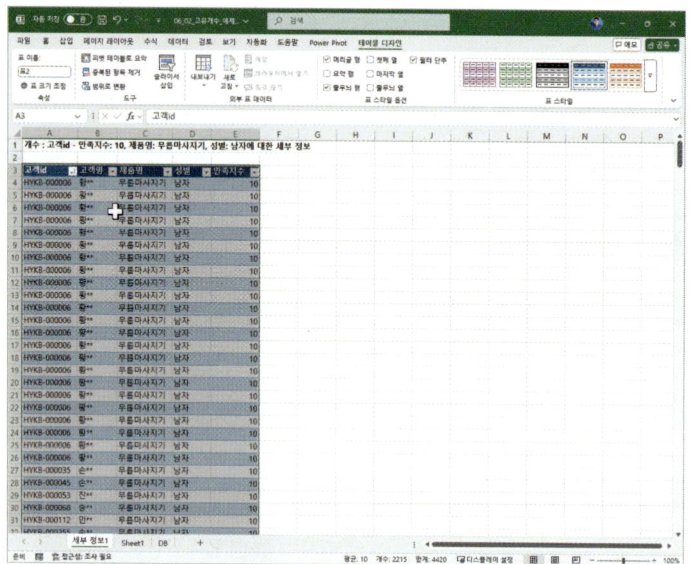

13 다시 [Sheet1] 피벗 테이블 시트로 돌아와서 데이터 모델에 추가해서 만든 피벗 테이블의 같은 조건의 통계량의 세부 정보를 확인해 보기 위해, [G8] 셀을 더블클릭합니다.

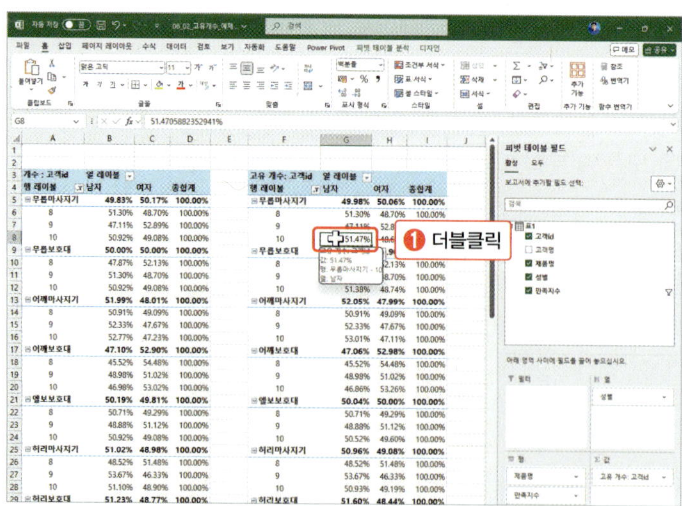

14 새 워크시트에 해당 통계량의 세부 정보가 나타납니다.

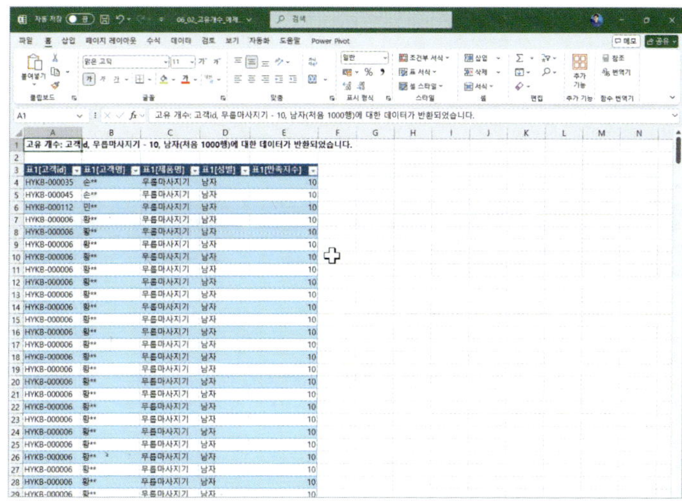

15 데이터의 개수를 확인해 보겠습니다. [G3] 셀에 아래와 같이 수식을 입력합니다. 입력하기 어려우므로 '=COUNTA('를 입력하고 [A3] 셀 상단으로 커서를 이동시켜 검은 아래 화살표 모양으로 커서가 바뀔 때 클릭하면 해당 열을 손쉽게 참조할 수 있습니다.

```
=COUNTA(표_ExternalData_1[표1'[고객id']])
```

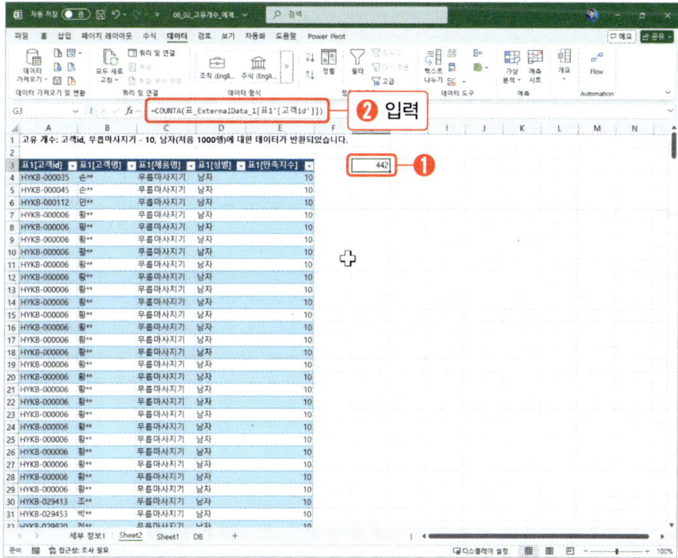

16 이번에는 고객id 중 고유한 값이 몇 개인지를 확인해 보겠습니다. [G4] 셀에 아래와 같이 수식을 입력합니다. 결과를 확인해 보면 총 데이터는 442개이지만 고유한 목록개수는 420개 입니다.

```
=COUNTA(UNIQUE(표_ExternalData_1[표1'[고객id']]))
```

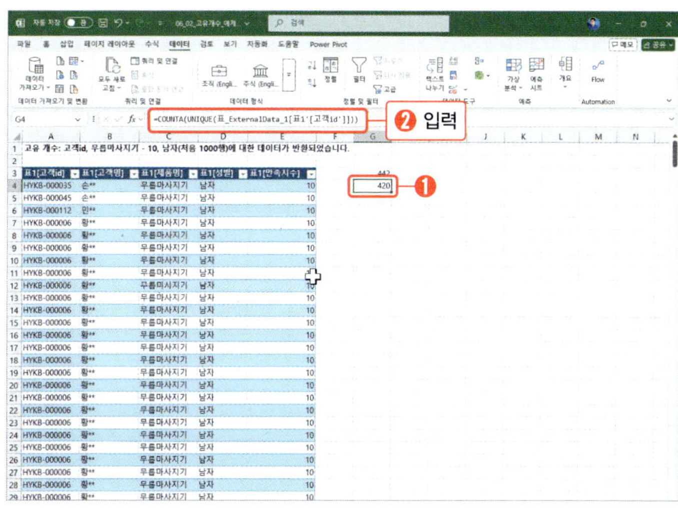

여기서 잠깐

UNIQUE 수식을 지원하지 않는 엑셀 버전 사용자는 배열 수식을 이용할 수 있습니다.
'=SUM(1/COUNTIF(A4:A445,A4:A445))'를 입력하고 Ctrl+Shift를 누른 상태로 Enter를 누르면 같은 결과를 확인할 수 있습니다.

17 피벗 테이블이 작성된 [Sheet1] 시트에서 데이터를 마우스 오른쪽 버튼으로 클릭한 후 [값 표시 형식] – [계산 없음]을 선택하면 420으로 계산된 것을 확인할 수 있습니다.

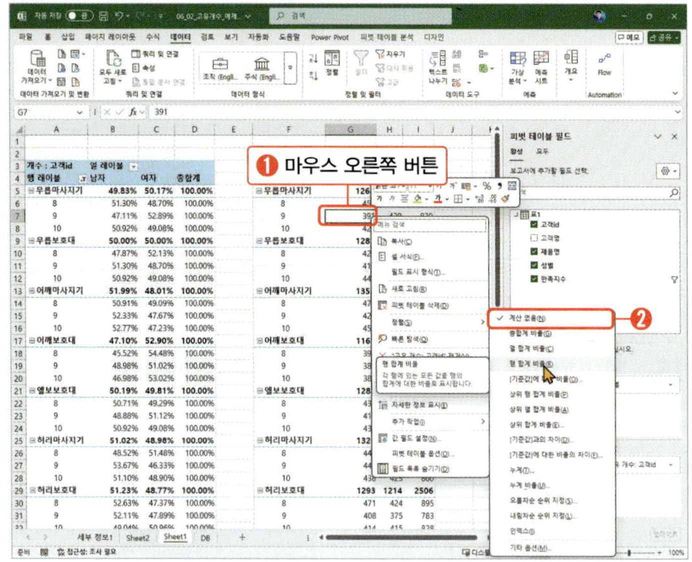

18 일반 피벗 테이블로 작성된 데이터 중 임의의 셀을 마우스 오른쪽 버튼으로 클릭한 후 [값 표시 형식] – [계산 없음]을 선택하면 확실히 다른 결과를 확인할 수 있습니다.

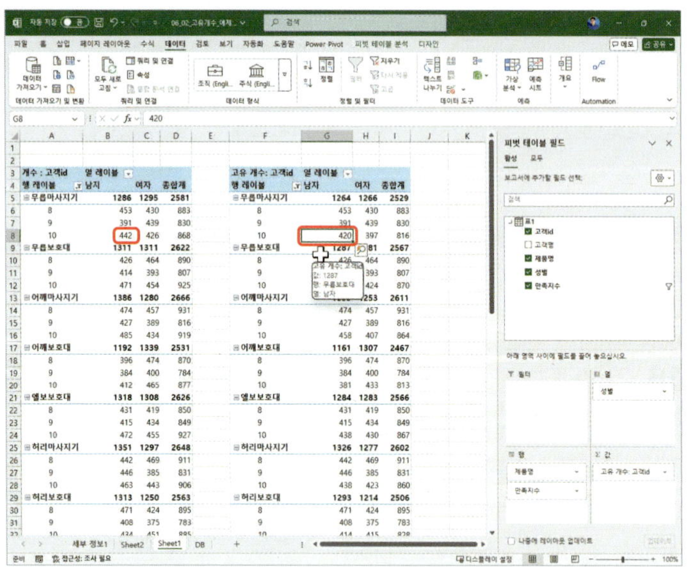

004 계산 필드의 오류를 수정하는 SUMX DAX 함수

피벗 테이블에서 계산 필드를 사용해 수량 × 단가의 총합을 구할 경우, 실제 의도와 달리 수량 합계 × 단가 합계로 계산되어 잘못된 결과가 나타날 수 있습니다. 이번에는 이러한 기존 피벗 테이블 계산 필드의 한계를 살펴보고, SUMX DAX 함수를 사용해 정상적인 금액 합계를 산출하는 방법을 비교 · 확인해 보겠습니다.

- **실습 파일 :** Part 06 > 예제 > 06_03_DAX_SUMX_예제.xlsx
- **완성 파일 :** Part 06 > 완성 > 06_03_DAX_SUMX_완성.xlsx

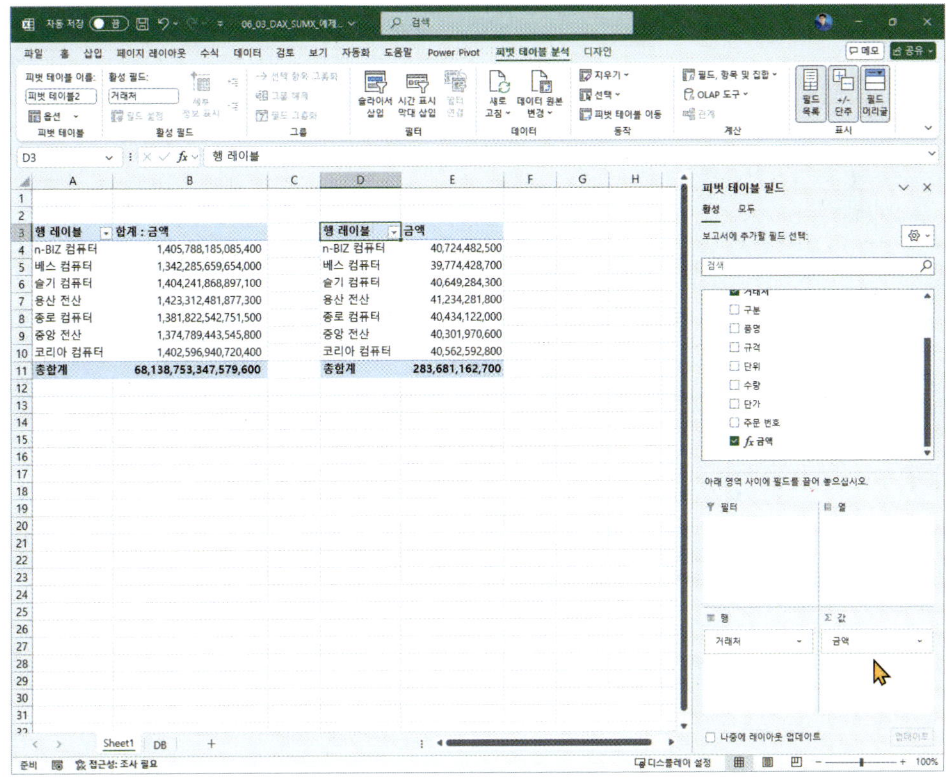

주요 기능	현업 활용
DAX 함수	• SUMX 함수를 이용해서 행 단위 계산을 수행한 뒤 합계를 구할 수 있다.
계산 필드의 문제점	• 계산 필드는 행 단위 계산 후 합계를 구하지 못하고 열 전체 합계를 이용한다. 그러므로 정상 금액보다 훨씬 잘못된 결과가 산출된다.
DAX 함수의 필요성	• 기존 계산 필드나 피벗 테이블이 하지 못하는 일을 DAX 함수를 이용하면 결과를 만들어 낼 수 있다.

01 예제 파일을 불러온 후 먼저 피벗 테이블을 작성하겠습니다. [테이블 디자인] 탭 – [도구] 그룹 – [피벗 테이블로 요약]을 클릭하고 기본 설정 그대로 [확인]을 클릭합니다.

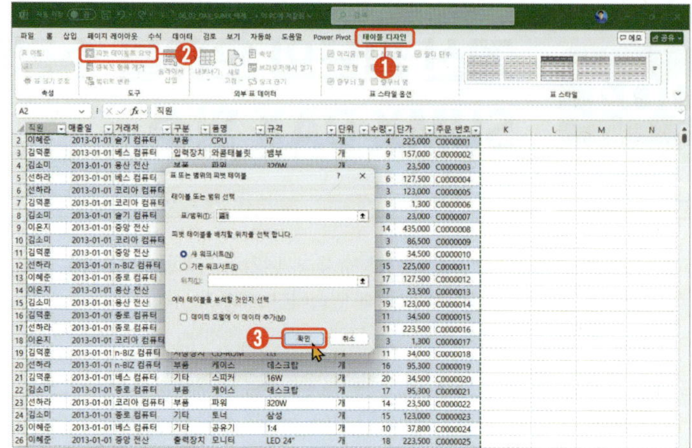

02 계산 필드를 이용해 매출 합계를 산출하기 위해, [피벗 테이블 분석] 탭 – [계산] 그룹 – [필드, 항목 및 집합] – [계산 필드]를 클릭합니다.

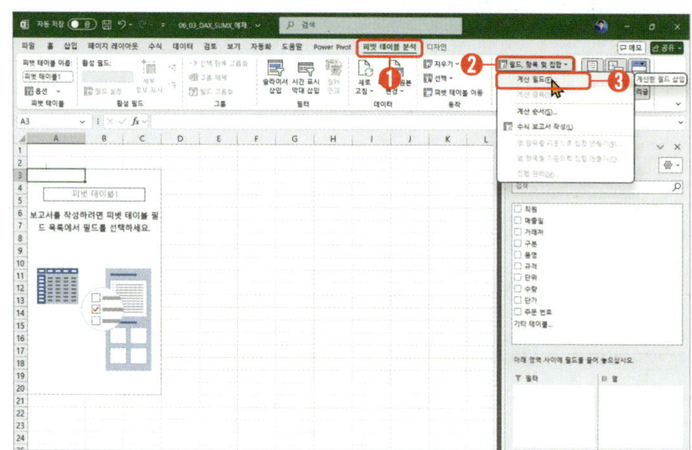

03 [이름]은 '금액'을 입력하고 [수식]에 아래와 같이 수식을 입력한 후 [추가]를 클릭하고 [확인]을 클릭해서 닫습니다.

```
= 수량 * 단가
```

이때 아래 필드 목록에서 해당 필드를 선택한 후 [필드 삽입]을 클릭해서 수식을 좀 더 쉽게 작성할 수 있습니다.

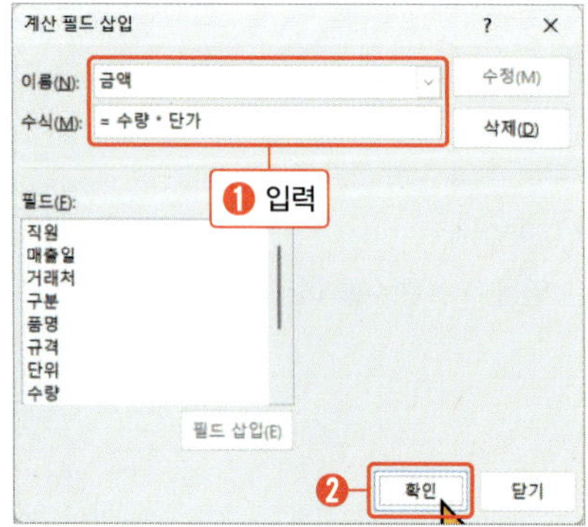

04 [행] 영역에 [거래처] 필드, [값] 영역에 [금액] 필드를 드래그 & 드롭합니다. 상당히 큰 금액이 산출되는 것을 확인할 수 있습니다.

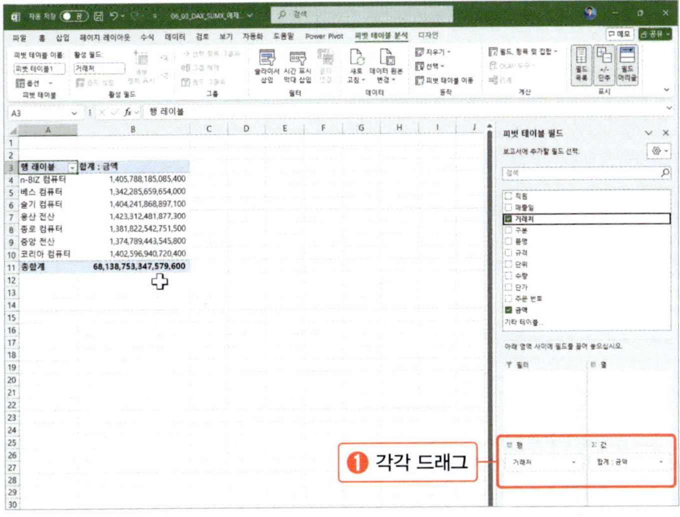

05 이번에는 DAX SUMX 함수를 이용해 보겠습니다. [DB] 시트로 이동해서 [테이블 디자인] 탭 – [도구] 그룹 – [피벗 테이블로 요약]을 클릭합니다. 비교를 위해 [기존 워크시트]를 선택하고 [위치]는 [Sheet1] 시트의 [D3] 셀을 선택한 후 [데이터 모델에 이 데이터 추가]를 체크하고 [확인]을 클릭합니다.

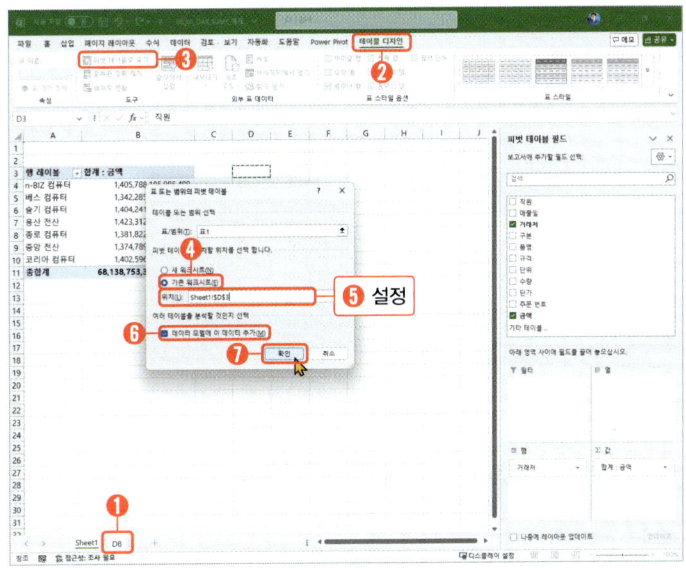

06 필드 목록에서 [표1]을 마우스 오른쪽 버튼으로 클릭한 후 [측정값 추가]를 선택합니다.

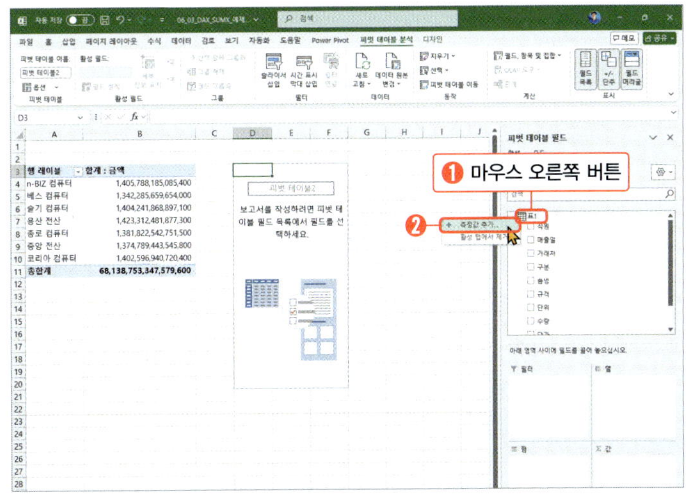

07 [측정값 이름]은 '금액'을 입력하고 [수식] 부분에 아래와 같은 수식을 입력합니다.

```
=SUMX('표1', '표1'[수량] * '표1'[단가])
```

[범주]는 '숫자'를 선택하고 '10진수', [소수 자릿수]는 '0', [1000 단위 구분 기호(,) 사용]에 체크하고 [확인]을 클릭합니다.

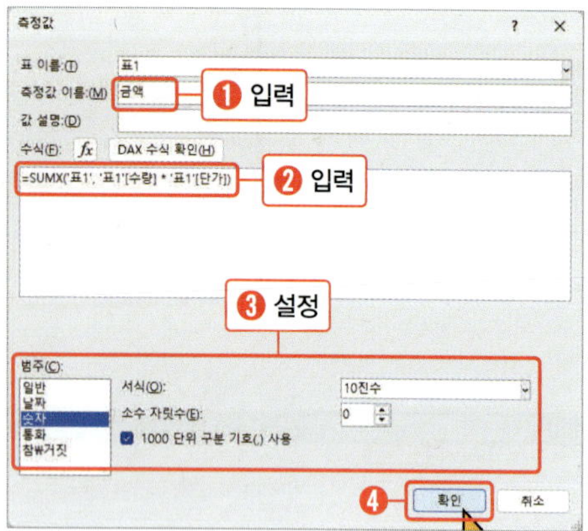

08 [행] 영역에 [거래처] 필드, [값] 영역에 [금액] 필드를 드래그 & 드롭하면, 이전 피벗 테이블 자료와 큰 금액 차이를 볼 수 있습니다. 계산 필드는 [수량*단가]로 처리되는게 아니고 [수량 합계*단가 합계]로 계산되기 때문입니다. 하지만 SUMX 함수를 이용하면 정상 집계할 수 있습니다.

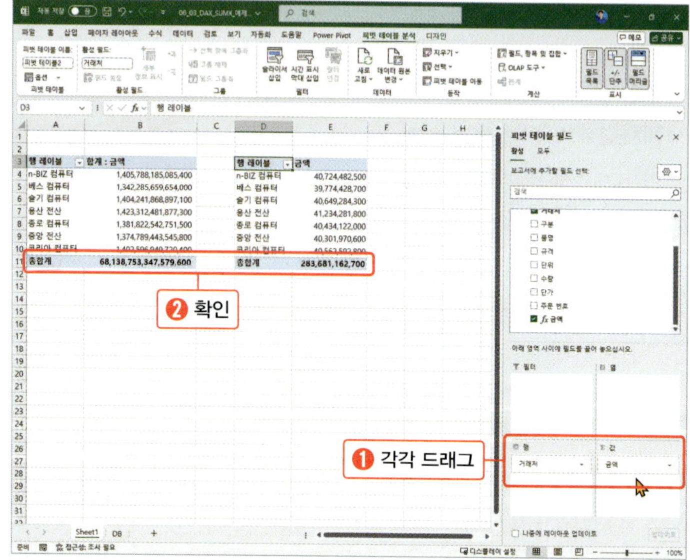

005 CALCULATE DAX 함수를 활용한 전년도 대비 매출 분석

파워 피벗에서 사용되는 DAX 함수 중 CALCULATE 함수는 활용 빈도가 매우 높고 핵심적인 기능을 담당합니다. 이번에는 CALCULATE 함수를 이용해 2027년과 2028년의 매출을 각각 집계하고, 이를 기반으로 전년 대비 매출 증가율(대비 비율)을 계산하는 방법을 알아보겠습니다.

- **실습 파일 :** Part 06 > 예제 > 06_04_DAX_CALCULATE_예제.xlsx
- **완성 파일 :** Part 06 > 완성 > 06_04_DAX_CALCULATE_완성.xlsx

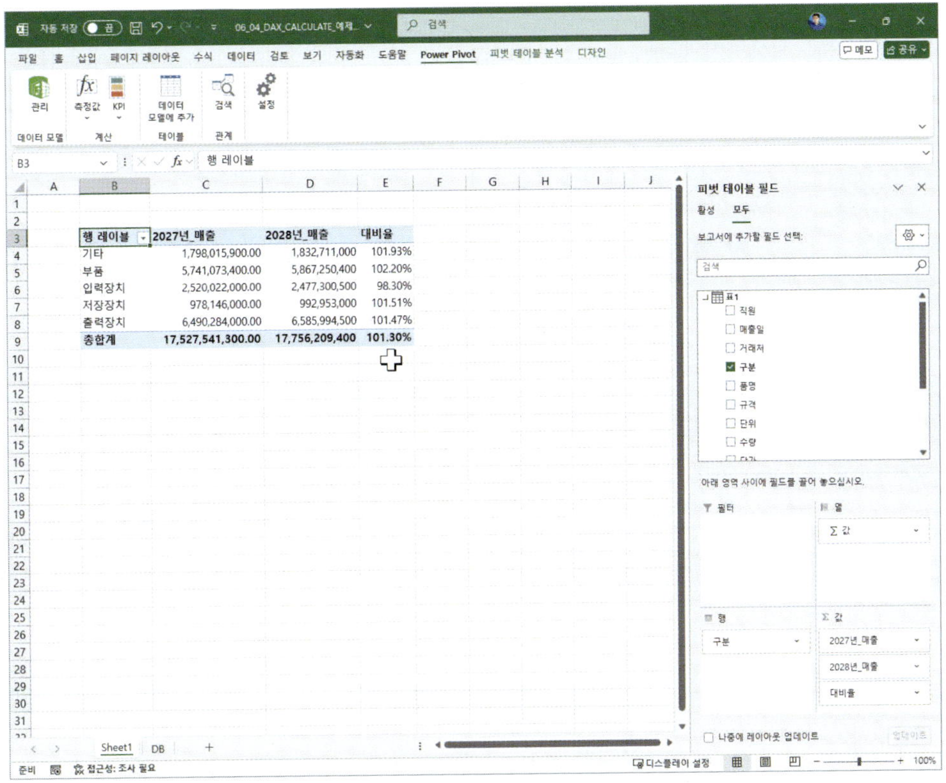

주요 기능	현업 활용
DAX 함수(FILTER)	• 테이블에서 조건을 만족하는 행만 필터하는 함수로 2027년, 2028년 등의 행만 필터해서 각종 통계량을 만들 수 있다.
DAX 함수(CALCULATE)	• 기본 계산에 필터를 적용하여 조건별 계산을 수행하는 함수이다.
DAX 함수(DIVIDE)	• 0으로 나누면 생기는 오류를 방지하기 하며 나누기 연산을 수행하는 함수이다.

01 예제 파일을 불러온 후 [Power Pivot] 탭 – [테이블] 그룹 – [데이터 모델에 추가]를 클릭해서 파워 피벗에 데이터를 로딩합니다.

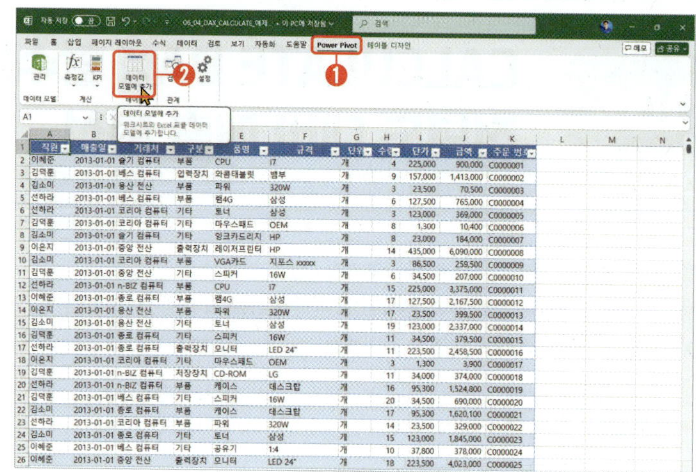

02 피벗 테이블을 작성하기 위해, [홈] 탭 – [피벗 테이블] – [피벗 테이블]을 클릭합니다. [피벗 테이블 만들기] 대화상자가 나타나면 [새 워크시트]를 선택하고 [확인]을 클릭합니다.

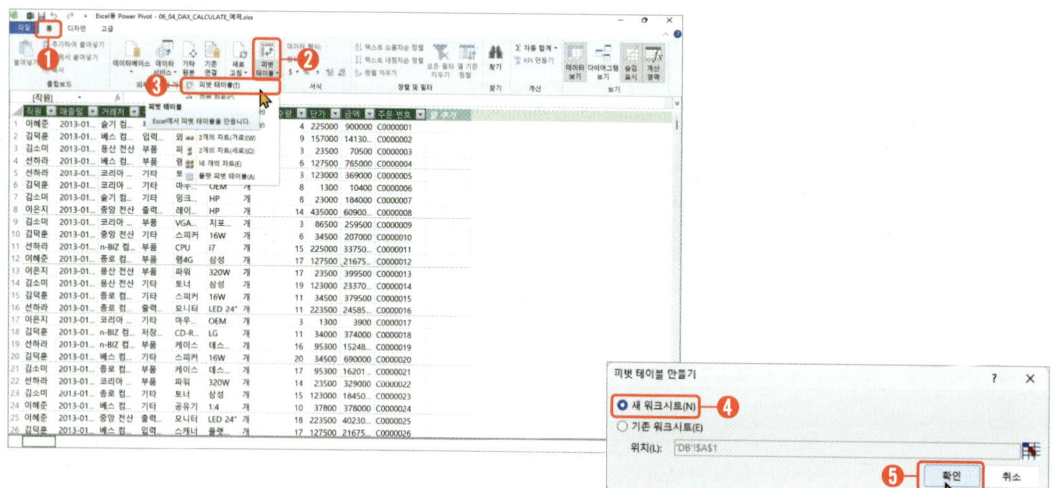

03 측정값을 만들기 위해, [Power Pivot] 탭 – [계산] 그룹 [측정값] – [새 측정값]을 클릭합니다.

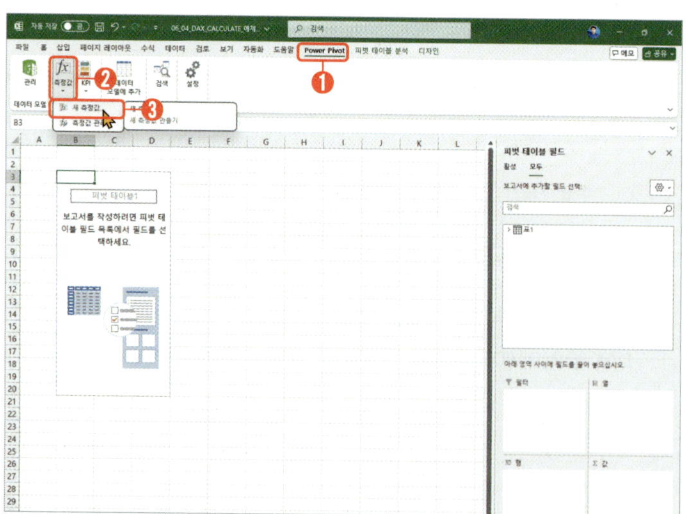

04 [측정값 이름]은 '2027년_매출'을 입력하고 [수식]에는 아래와 같은 수식을 입력합니다.

```
=CALCULATE(SUM('표1'[금액]), FILTER('표1',YEAR('표1'[매출일])=2027))
```

[범주]는 '숫자'를 선택하고 '10진수', [1000 단위 구분 기호(,) 사용]에 체크하고 [확인]을 클릭합니다.

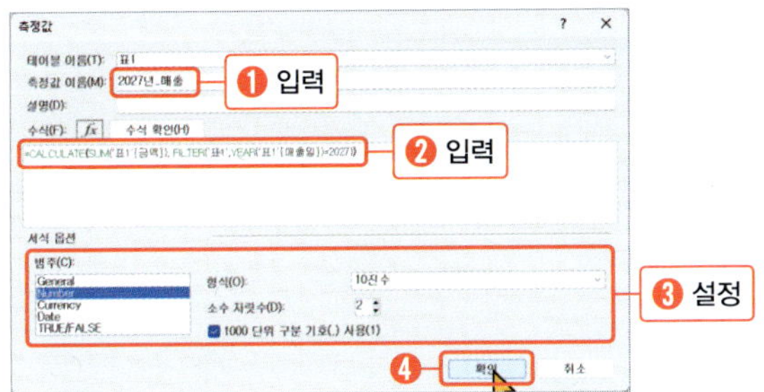

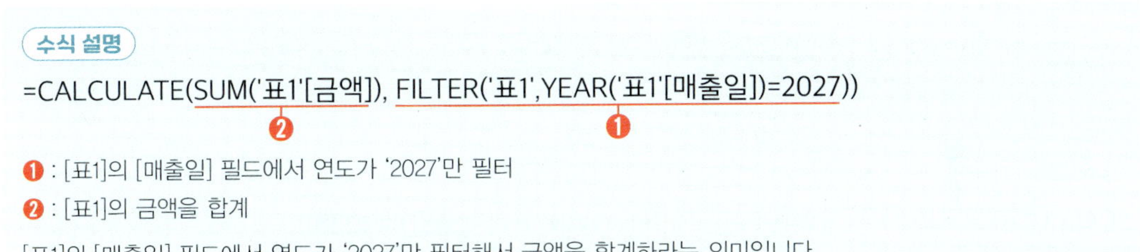
수식 설명

=CALCULATE(SUM('표1'[금액]), FILTER('표1',YEAR('표1'[매출일])=2027))

❶ : [표1]의 [매출일] 필드에서 연도가 '2027'만 필터

❷ : [표1]의 금액을 합계

[표1]의 [매출일] 필드에서 연도가 '2027'만 필터해서 금액을 합계하라는 의미입니다.

05 2028년 매출 측정값을 추가하기 위해, 필드 목록에서 [표1]을 마우스 오른쪽 버튼으로 클릭한 후 [측정값 추가]를 선택합니다.

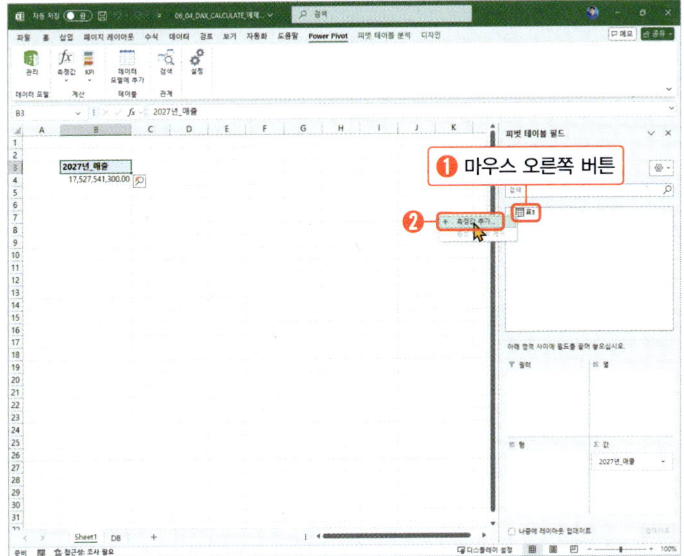

06 [측정값 이름]은 '2028년_매출'을 입력하고 [수식]에는 아래와 같은 수식을 입력합니다.

```
=CALCULATE(SUM('표1'[금액]), FILTER('표1',YEAR('표1'[매출일])=2028))
```

[범주]는 '숫자'를 선택하고 '10진수', [1000 단위 구분 기호(,) 사용]에 체크하고 [확인]을 클릭합니다.

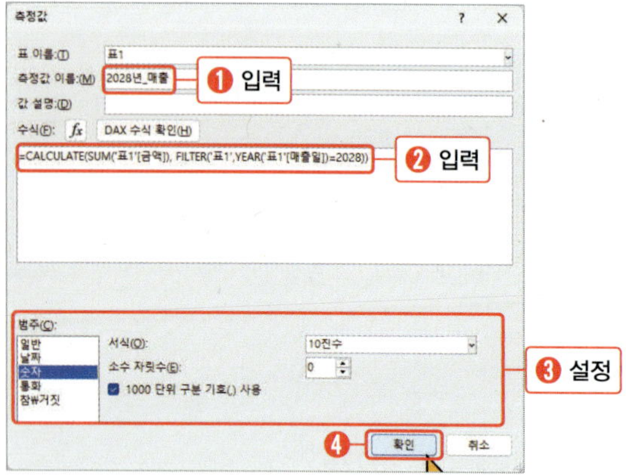

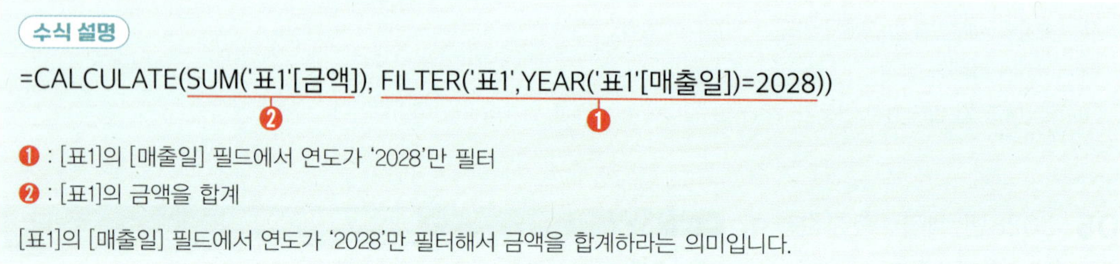

수식 설명

=CALCULATE(SUM('표1'[금액]), FILTER('표1',YEAR('표1'[매출일])=2028))

❶ : [표1]의 [매출일] 필드에서 연도가 '2028'만 필터

❷ : [표1]의 금액을 합계

[표1]의 [매출일] 필드에서 연도가 '2028'만 필터해서 금액을 합계하라는 의미입니다.

07 이번에는 2028년 매출의 전년대비 신장율을 구하기 위해, 필드 목록에서 [표1]을 마우스 오른쪽 버튼으로 클릭한 후 [측정값 추가]를 선택합니다.

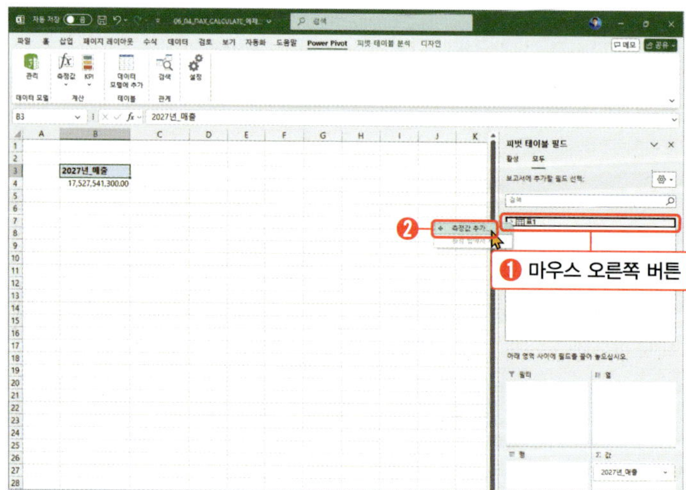

08 [측정값 이름]은 '대비율'을 입력하고 [수식]에 아래와 같은 수식을 입력합니다.

```
=DIVIDE([2028년_매출], [2027년_매출])
```

[범주]는 '숫자', [서식]은 '백분율'을 선택하고, [소수 자릿수]는 '2', [1000 단위 구분 기호(,) 사용]에 체크하고 [확인]을 클릭합니다.

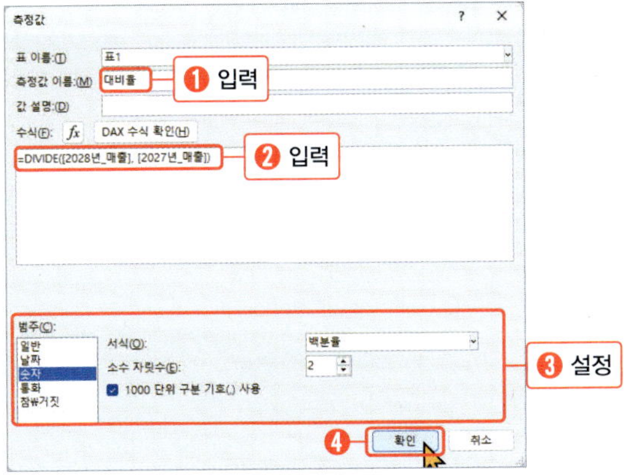

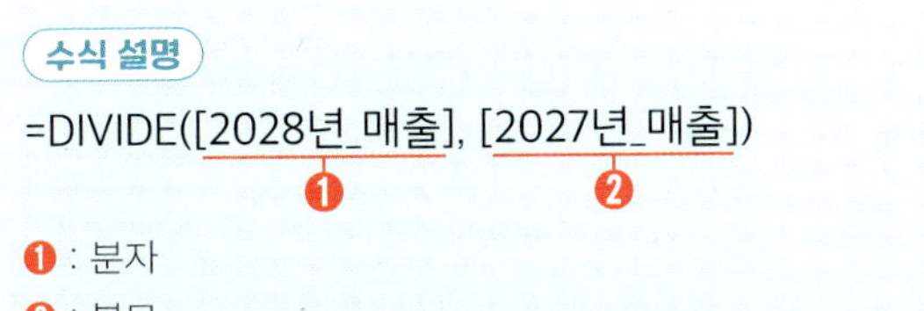

❶ : 분자

❷ : 분모

2027년 대비 2028년 매출 증감율을 표시하라는 의미입니다.

여기서 DIVIDE 함수를 사용하는 이유는 0으로 나누는 오류를 방지하고 오류 발생 시 기본값을 반환할 수 있기 때문입니다.

09 필드 목록에서 [행] 영역에 [구분] 필드, [값] 영역에 작성한 측정값 3가지를 드래그 & 드롭합니다. 그림과 같이 2027년 대비 2028년 매출 증감율을 나타낼 수 있습니다.

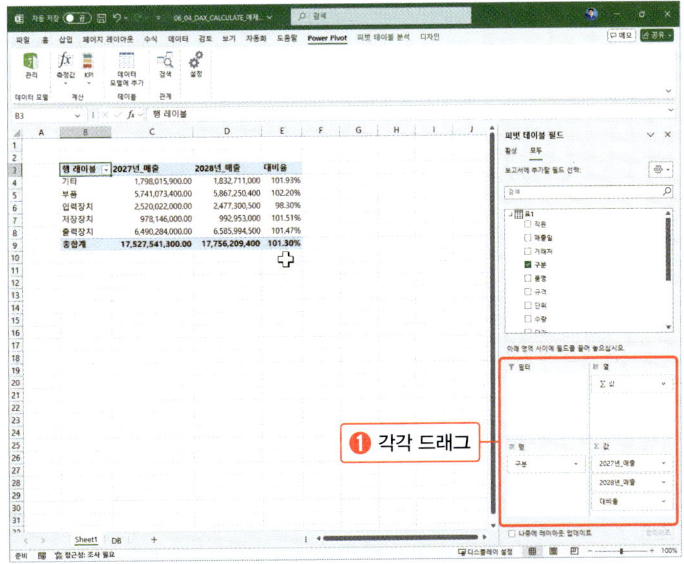

⊕ 추가 정보

활용 빈도가 높은 DAX 함수와 문법

함수명	설명	문법
SUM	숫자 열의 합을 계산	SUM(Sales[Amount])
SUMX	각 행에 대해 식을 계산한 후 그 결괏값을 합산	SUMX(Sales, Sales[Quantity]*Sales[Price])
RELATED	관계형 테이블에서 값을 가져옴	RELATED(Product[ProductName])
CALCULATE	주어진 조건에 따라 값을 계산	CALCULATE(SUM(Sales[Amount]), Sales[Region] = 'East')
FILTER	테이블에서 특정 조건을 만족하는 행을 반환	FILTER(Sales, Sales[Amount] 〉 1000)
ALL	모든 필터를 제거하고 전체 테이블 반환	ALL(Sales)
ALLEXCEPT	특정 열을 제외하고 필터 제거	ALLEXCEPT(Sales, Sales[Category])
VALUES	특정 열의 고유 값을 반환	VALUES(Sales[Category])
AVERAGE	숫자 열의 평균을 계산	AVERAGE(Sales[Amount])
COUNT	숫자 값이 있는 행 개수를 반환	COUNT(Sales[OrderID])
COUNTA	비어 있지 않은 값의 개수를 반환	COUNTA(Sales[Customer])
COUNTROWS	테이블의 행 개수를 반환	COUNTROWS(Sales)
DISTINCTCOUNT	고유한 값의 개수를 반환	DISTINCTCOUNT(Sales[CustomerID])
IF	특정 조건에 따라 값을 반환	IF(Sales[Amount] 〉 1000, "High", "Low")
SWITCH	여러 조건을 평가하여 값을 반환	SWITCH(Sales[Category], "A", 10, "B", 20, 0)
LOOKUPVALUE	특정 조건에 맞는 값을 조회	LOOKUPVALUE(Product[Price], Product[ProductID], Sales[ProductID])
RANKX	지정된 기준에 따라 순위를 반환	RANKX(ALL(Sales), Sales[Amount])
DIVIDE	안전한 나눗셈 수행 (0으로 나누는 오류 방지)	DIVIDE(Sales[Amount], Sales[Quantity], 0)
DATEADD	날짜를 추가 또는 감소	DATEADD(Sales[Date], -1, MONTH)
TOTALYTD	연간 누적 합을 계산	TOTALYTD(SUM(Sales[Amount]), Sales[Date])

006 예약자 현황을 손쉽게 확인하는 CONCATENATEX DAX 함수

닫혀 있는 파일에서 여러 개의 표를 한꺼번에 파워 쿼리로 로딩한 뒤, 이를 파워 피벗에서 관계로 연결해 활용할 수 있습니다. 이번에는 이러한 관계 설정 방법과 관계가 설정된 표 사이에서 자주 사용되는 RELATED 함수의 활용법을 살펴보겠습니다. 또한 슬라이서를 이용해 선택한 날짜의 예약자 현황을 동적으로 표시하는 방법도 함께 알아보겠습니다.

- **실습 파일 :** Part 06 > 예제 > 06_05_예약 현황_예제.xlsx
- **완성 파일 :** Part 06 > 완성 > 06_05_예약 현황_완성.xlsx

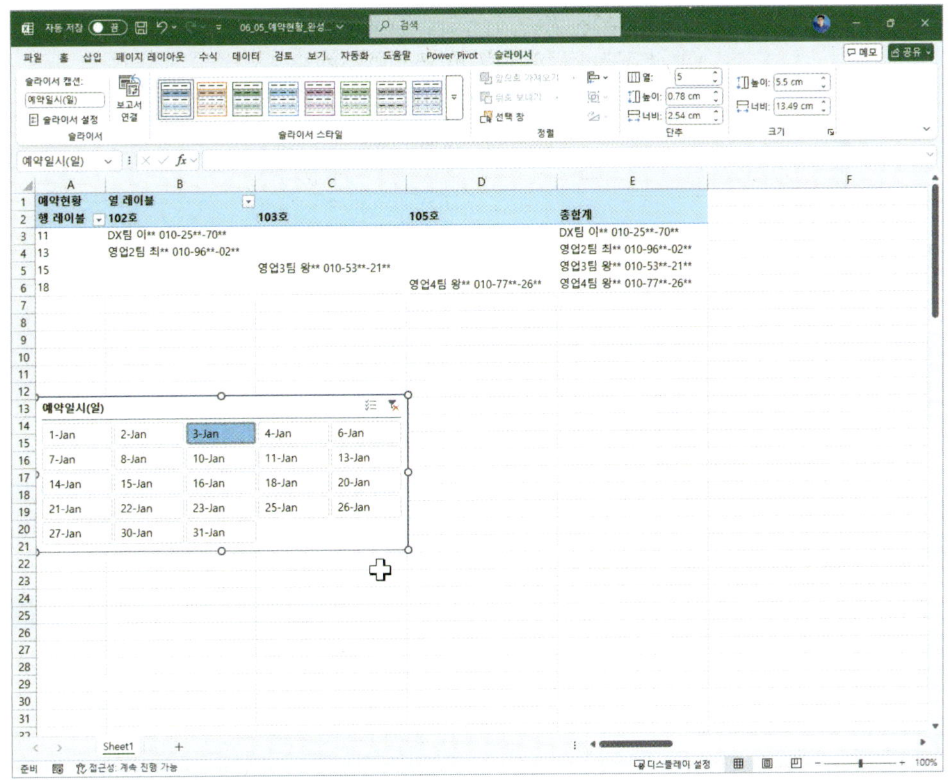

주요 기능	현업 활용
DAX 함수(CONCATENATEX)	• 지정한 구분자로 텍스트를 연결해서 하나의 문자열을 만들 때 사용된다.
DAX 함수(RELATED)	• 다른 테이블의 열을 활용하기 위해서 사용한다.
슬라이서	• 클릭만으로 필터된 결과를 빨리 나타낼 수 있어서, 보고자 하는 예약 날짜를 선택할 때 사용한다.

■ 데이터 불러오기

01 불러온 예제 파일을 확인해 보면, 아무런 내용이 없는 것을 확인할 수 있습니다. 이번에는 '06_05_예약현황_데이터.xlsx' 파일은 닫아둔 채로 해당 파일의 데이터를 가져와 처리하는 방법을 확인해 보겠습니다. [Power Pivot] 탭 – [데이터 모델] – [관리]를 클릭합니다.

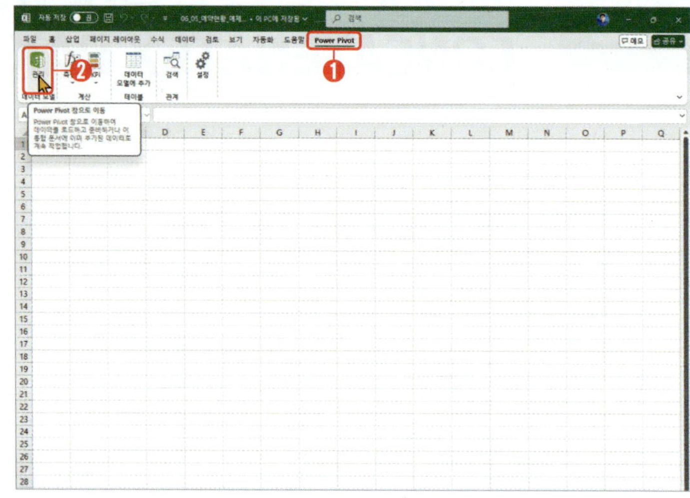

02 빈 파워 피벗 창이 나타나면, [홈] 탭 – [외부 데이터 가져오기] 그룹 – [기타 원본]을 클릭합니다. [테이블 가져오기 마법사] 창이 나타나면 맨 마지막까지 스크롤해서 [Excel 파일]을 선택하고 [다음]을 클릭합니다.

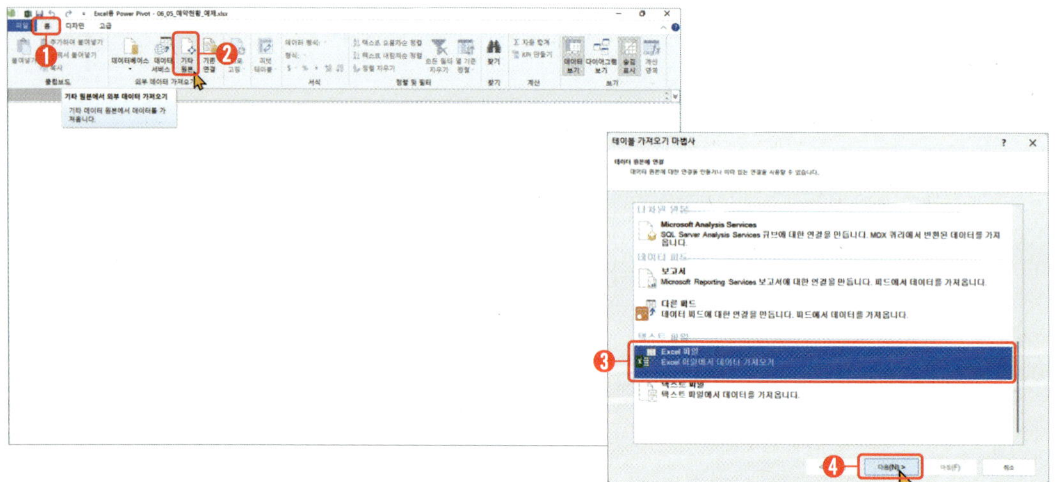

03 [찾아보기]를 클릭해서 '06_05_예약현황_데이터.xlsx' 파일을 선택하고, [첫 행을 머리글로 사용합니다]에 체크한 후 [다음]을 클릭합니다.

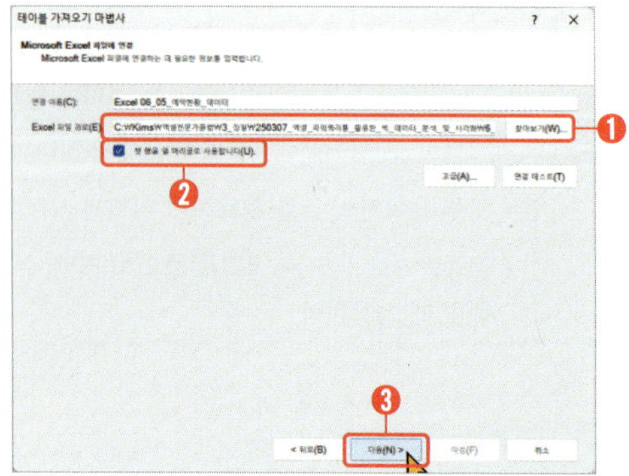

04 해당 파일의 데이터 표가 나타납니다. 두 개의 표를 모두 선택하고 [마침]을 클릭합니다.

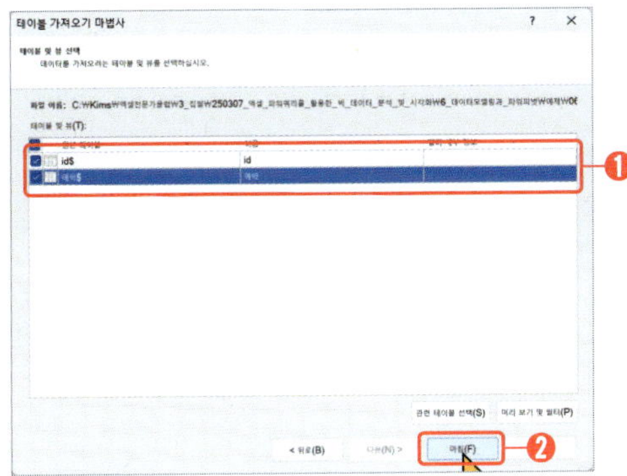

05 [성공] 메시지를 확인하고 [닫기]를 클릭합니다.

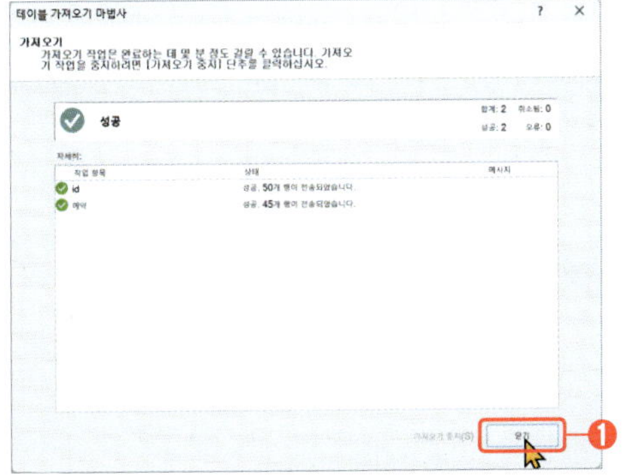

■ 관계 설정 및 피벗 테이블 만들기

01 닫혀 있던 엑셀 파일에서 두 개의 표가 한번에 로딩되었습니다. 관계 설정을 위해 [홈] 탭 – [보기] 그룹 – [다이어그램 보기]를 클릭합니다.

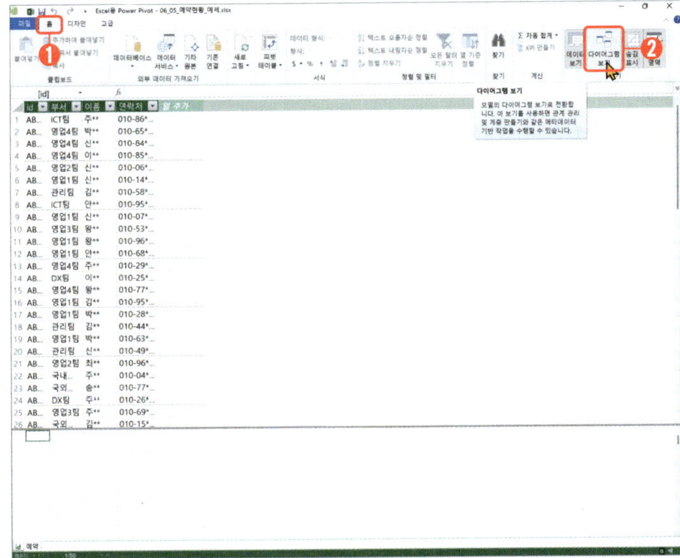

02 [id] 표의 [id]를 마우스로 드래그해서 [예약] 표의 [예약자id]로 드래그하면, 간단히 관계 설정이 끝났습니다.

> **⊕ 추가 정보**
>
> 파워 피벗의 관계 설정은 LEFT JOIN과는 다릅니다. SQL의 JOIN처럼 테이블을 합치는 동작을 하지 않습니다. 파워 피벗의 관계 설정은 '1:다'의 관계입니다.

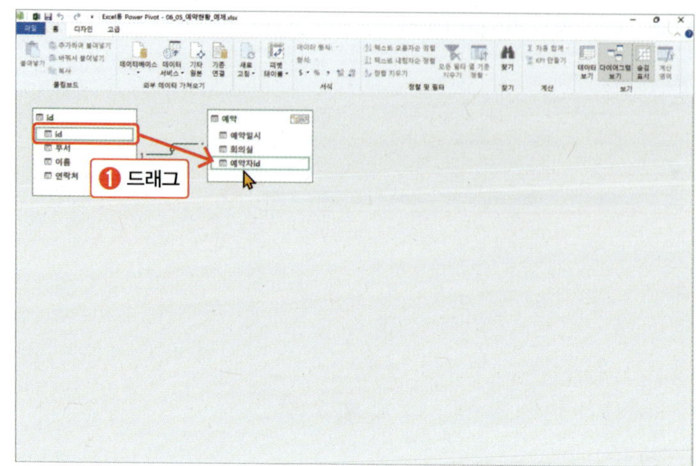

03 이제 피벗 테이블을 작성하기 위해, [홈] 탭 – [외부 데이터 가져오기] 그룹 – [피벗 테이블] – [피벗 테이블]을 클릭합니다. [피벗 테이블 만들기] 대화상자에서 [기존 워크시트]를 선택하고 [A1] 셀을 위치로 지정한 후 [확인]을 클릭합니다.

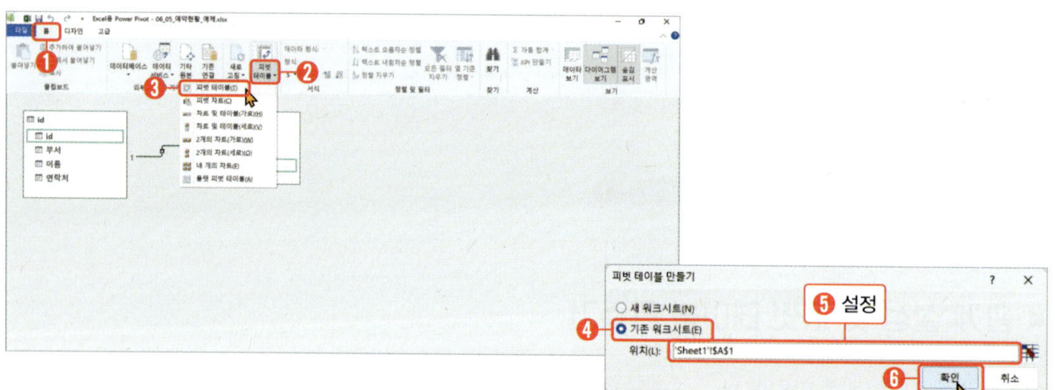

04 측정값을 추가하기 위해, 필드 목록에서 [예약] 필드를 마우스 오른쪽 버튼으로 클릭한 후 [측정값 추가]를 선택합니다.

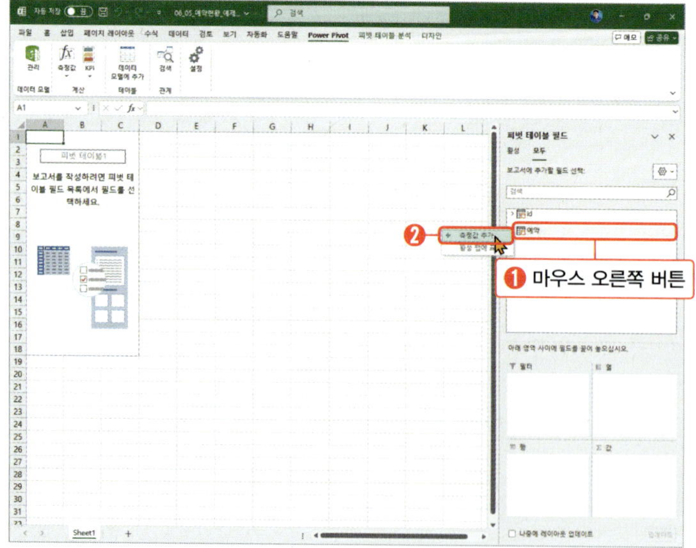

05 [측정값 이름]은 '예약현황'을 입력하고, [수식]에 아래와 같은 수식을 입력합니다.

```
=CONCATENATEX('예약',RELATED('id'[부서]) & " " & RELATED('id'[이름]) & " " &RELATED('id'[연락처]))
```

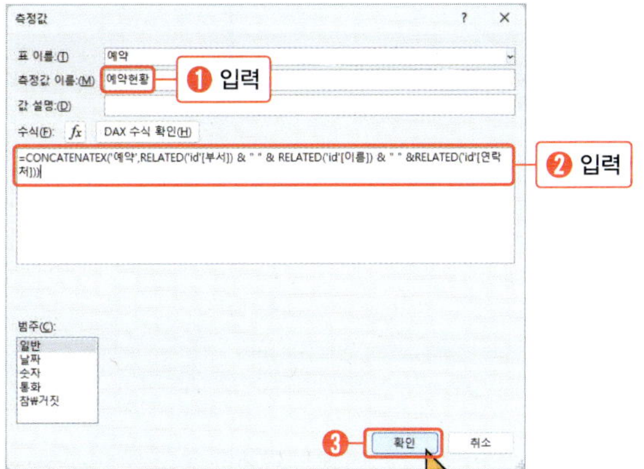

수식 설명

=CONCATENATEX('예약',RELATED('id'[부서]) & " " & RELATED('id'[이름]) & " " &RELATED('id'[연락처]))

❶ : 테이블 이름

❷ : 연결할 문자열로 관계 설정된 [id] 테이블의 '부서, 이름, 연락처'를 연결된 문자열로 작성

[예약] 테이블의 모든 행에 관련된 [id] 테이블의 '부서, 이름, 연락처'를 연결된 문자열로 모아서 출력하라는 의미입니다.

06 [행] 영역에 [예약일시] 필드, [열] 영역에 [회의실] 필드, [값] 영역에 [예약현황] 필드를 드래그 & 드롭합니다.

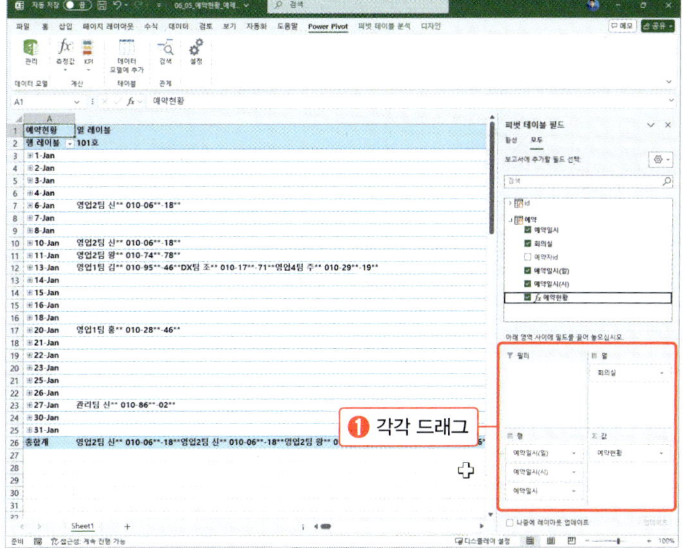

07 [총합계]는 필요 없는 내용이라 삭제하겠습니다. [총합계]를 마우스 오른쪽 버튼으로 클릭한 후 [합계 제거]를 선택합니다.

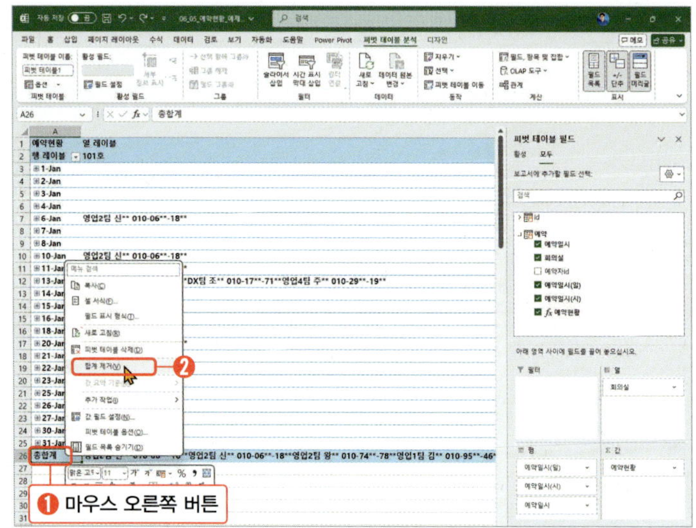

08 [예약일시]를 마우스 오른쪽 버튼으로 클릭한 후 [그룹]을 선택합니다. [그룹화] 대화상자가 나타나면 [시]를 선택하고 [확인]을 클릭합니다.

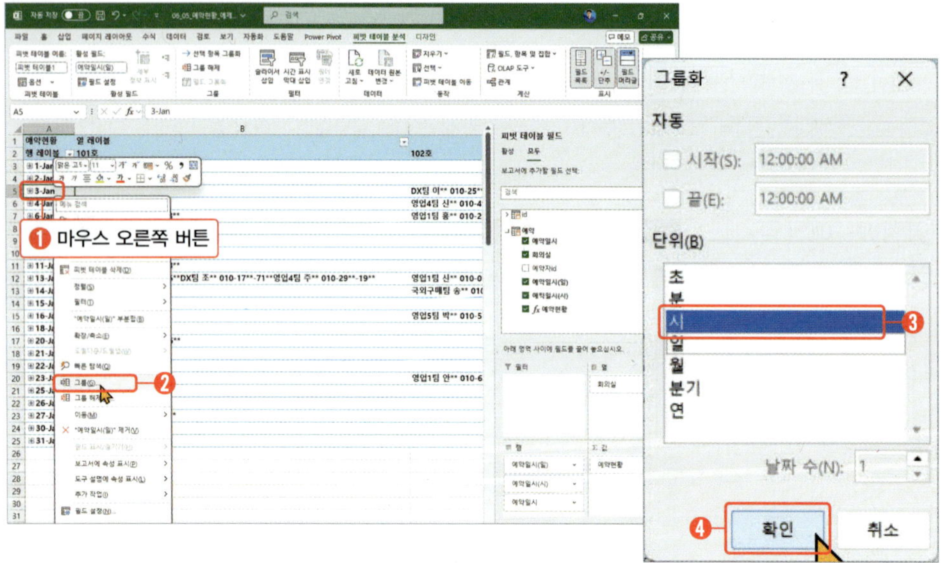

■ 예약 정보 확인을 위한 슬라이서 추가하기

01 필드 목록에서 [예약일시(일)] 필드를 마우스 오른쪽 버튼으로 클릭한 후 [슬라이서로 추가]를 선택합니다.

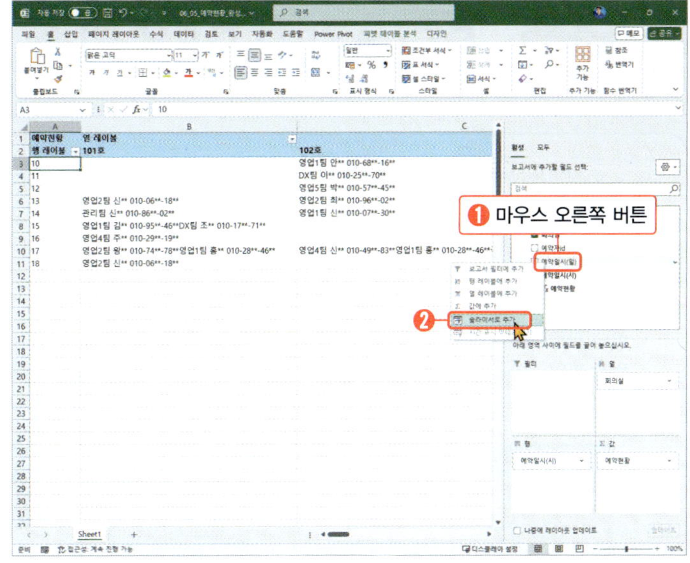

02 [슬라이서] 탭 – [단추] 그룹 – [열]을 '5'로 설정하여, 슬라이서 열 크기를 조정합니다.

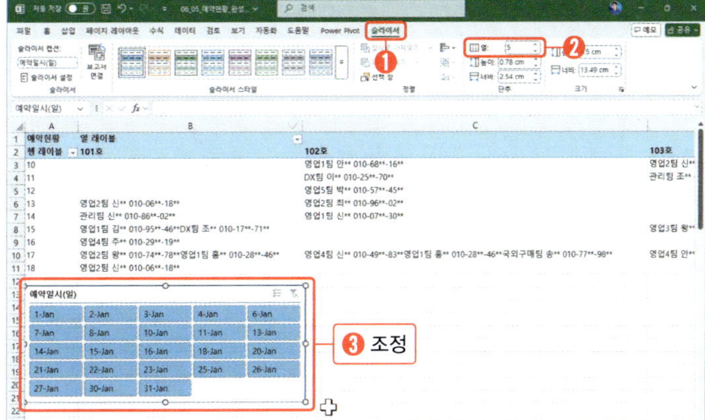

03 이제 특정 날짜를 클릭하면 해당 일에 몇 시에 회의실 몇 호를 누가 예약했는지 예약 정보를 한눈에 확인할 수 있습니다.

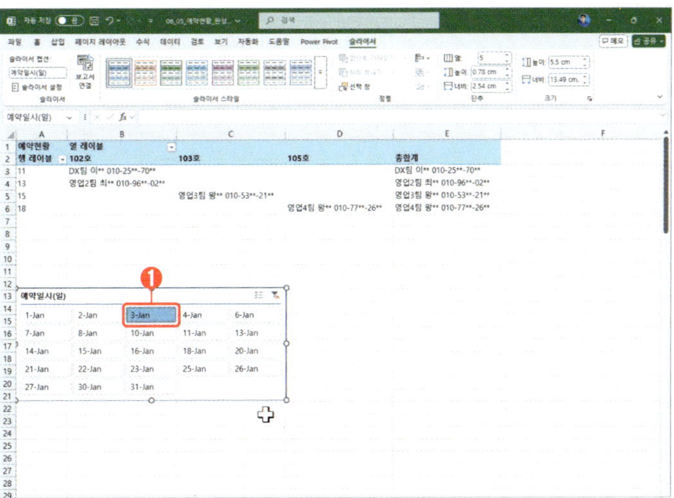

007 파워 피벗의 관계 설정과 RELATED DAX 함수

열려 있는 파일의 두 개 이상 테이블을 데이터 모델에 추가하면, 관계 설정을 통해 단가 정보를 쉽게 불러와 내역을 자동으로 구성할 수 있습니다. 관계 설정은 데이터를 더욱 효율적으로 관리할 수 있도록 도와주며, 관계가 구축된 후에는 RELATED 함수를 활용해 필요한 값을 간편하게 참조할 수 있습니다. 이번에는 이러한 관계 설정 방법과 함께 RELATED 함수의 활용법을 익혀보겠습니다.

- **실습 파일 :** Part 06 > 예제 > 06_06_피벗 테이블_관계 설정_DAX_측정값_예제.xlsx
- **완성 파일 :** Part 06 > 완성 > 06_06_피벗 테이블_관계 설정_DAX_측정값_완성.xlsx

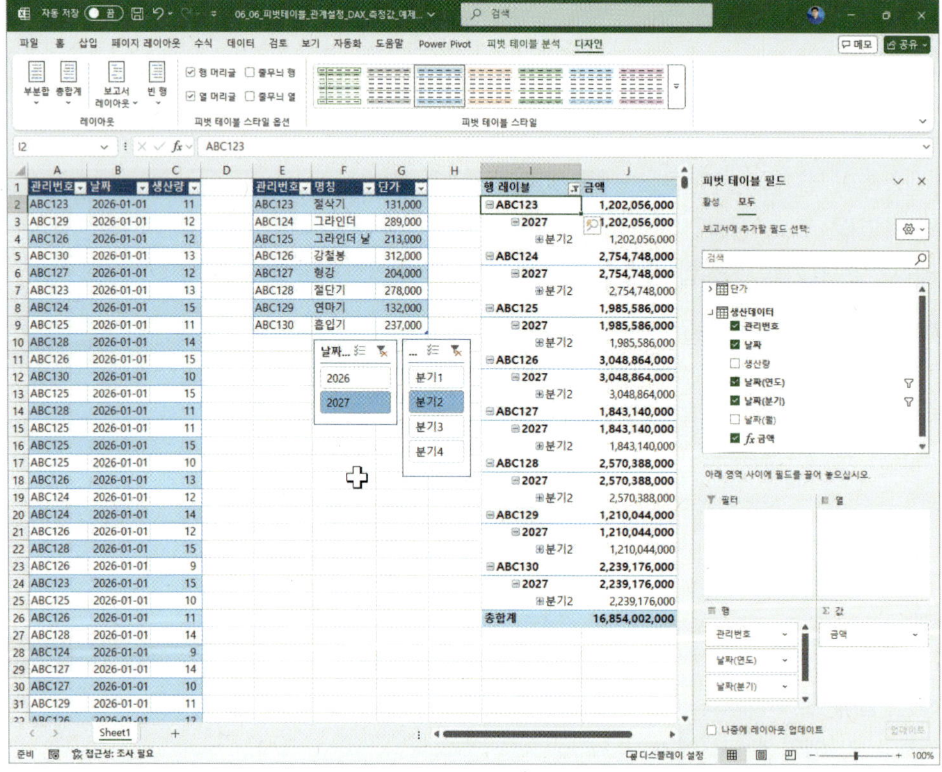

주요 기능	현업 활용
관계 설정	• 테이블 간 공통된 열을 기준으로 연결하는 것을 '관계 설정'이라고 하고 동적 분석, 중복 작업 최소화, 데이터 관리의 용이함 등이 장점이다.
DAX 함수(RELATED)	• 다른 테이블의 열을 활용하고자 할 때 사용하는 함수이다.
다이어그램 보기	• 관계 설정을 손쉽게 하기 위해 각 테이블과 열을 나타내고 마우스로 관계 설정을 할 수 있다.

■ 데이터 불러와 관계 설정하기

01 예제 파일을 불러온 후 좌측의 [생산데이터] 표를 선택하고 [Power Pivot] 탭 – [테이블] 그룹 – [데이터 모델에 추가]를 클릭합니다. 데이터가 로드된 것을 확인한 후 파워 피벗 창을 닫습니다.

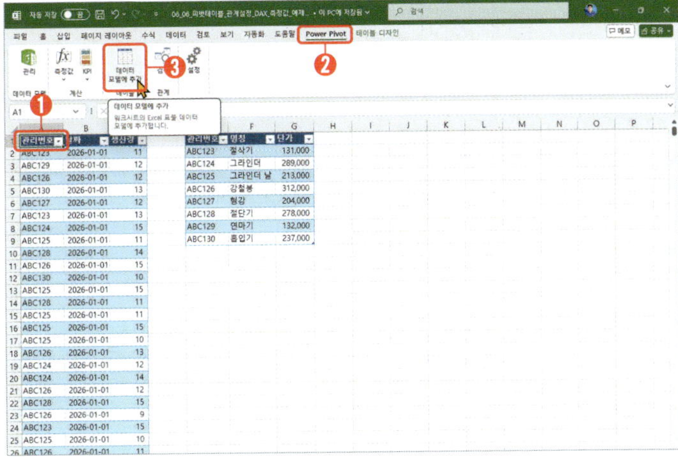

02 이번에는 우측의 [단가] 표를 선택하고 [Power Pivot] 탭 – [테이블] 그룹 – [데이터 모델에 추가]를 클릭합니다.

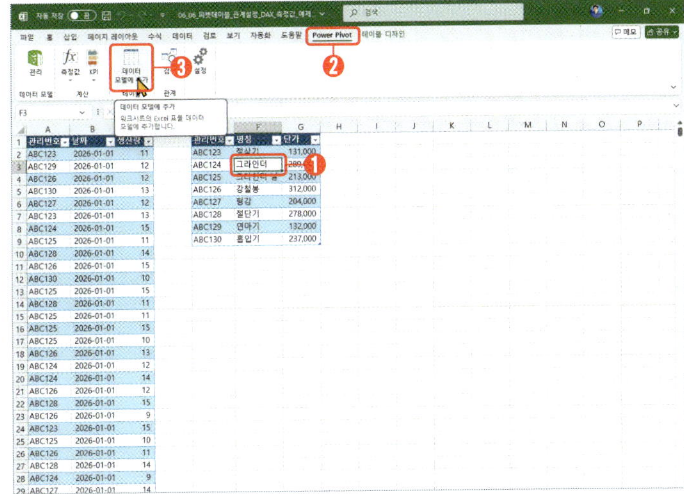

03 2개의 테이블이 로드되었습니다. 관계 설정을 위해 [홈] 탭 – [보기] 그룹 – [다이어그램 보기]를 클릭합니다.

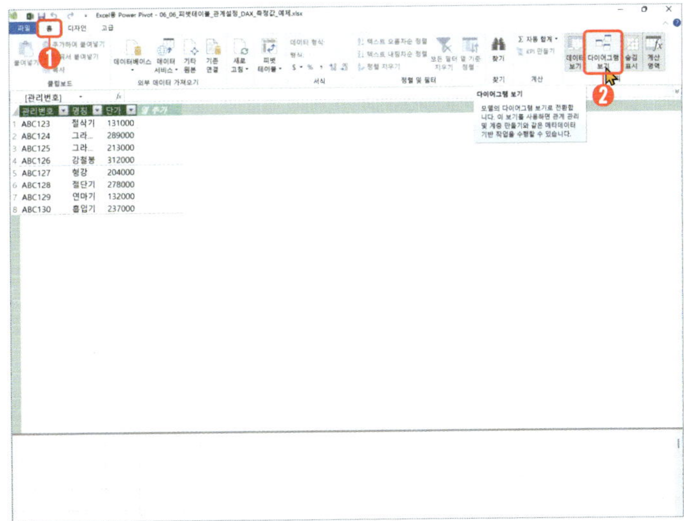

04 [단가] 테이블의 [관리번호]를 [생산데이터] 테이블의 [관리번호]로 드래그하여 연결합니다.

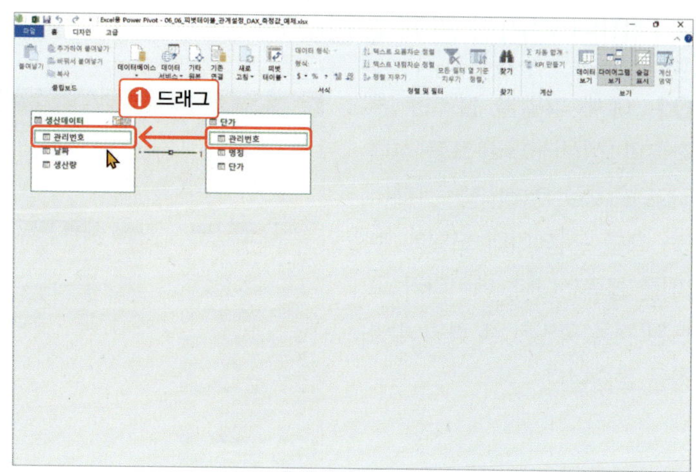

■ 피벗 테이블 작성하기

01 피벗 테이블을 작성하기 위해, [홈] 탭 – [외부 데이터 가져오기] 그룹 – [피벗 테이블] – [피벗 테이블]을 클릭합니다.

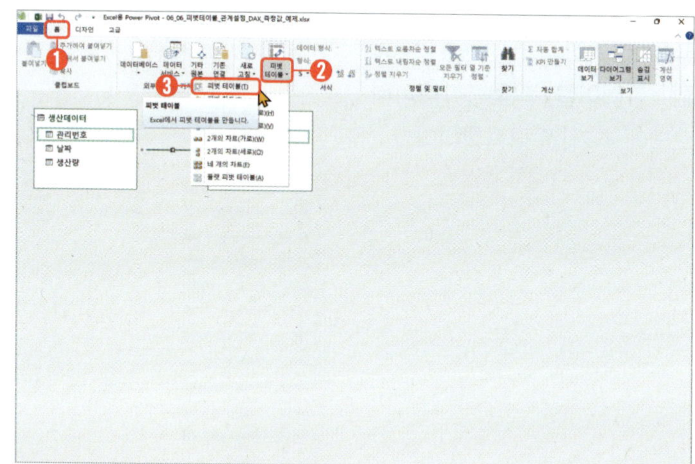

02 [피벗 테이블 만들기] 대화상자가 나타나면 [기존 워크시트]를 선택하고, [위치]는 [Sheet1] 시트의 [I1] 셀을 선택한 후 [확인]을 클릭합니다.

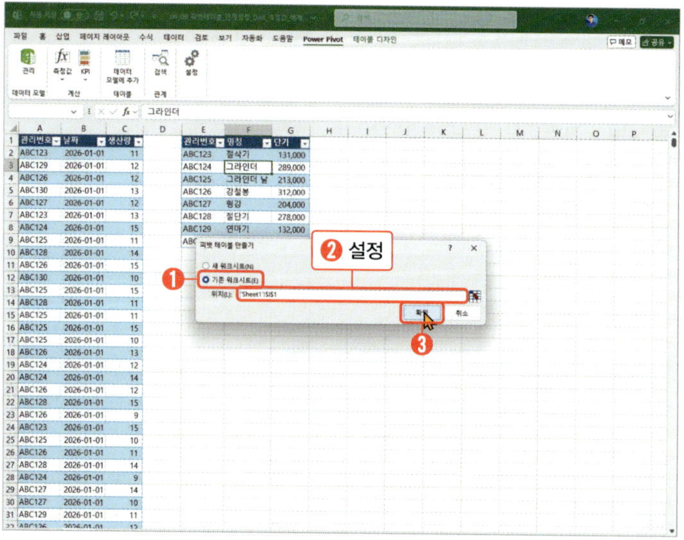

03 필드 목록에서 [생산데이터] 필드를 마우스 오른쪽 버튼으로 클릭한 후 [측정값 추가]를 선택합니다.

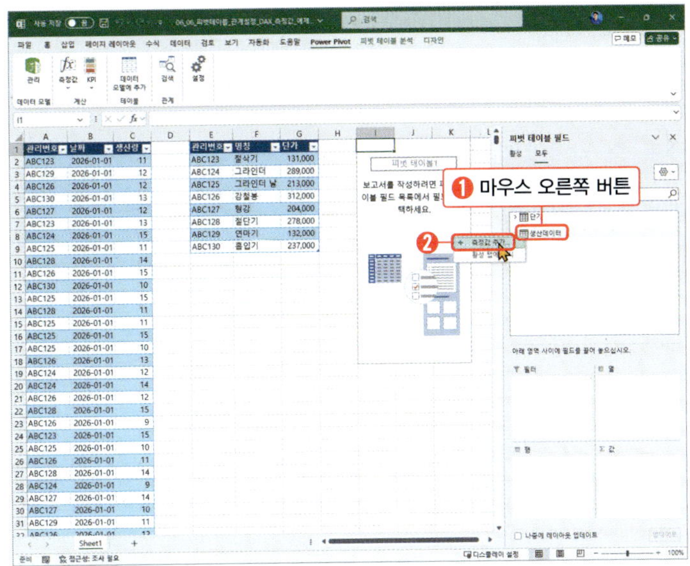

04 [측정값] 대화상자에서 [측정값 이름]은 '금액', [수식]에 아래와 같은 수식을 입력합니다.

```
=SUMX('생산데이터', '생산데이터'[생산량]*RELATED('단가'[단가]))
```

[범주]는 '숫자'를 선택하고 [서식]은 '정수', [1000단위 구분 기호(,) 사용]을 체크하고 [확인]을 클릭합니다.

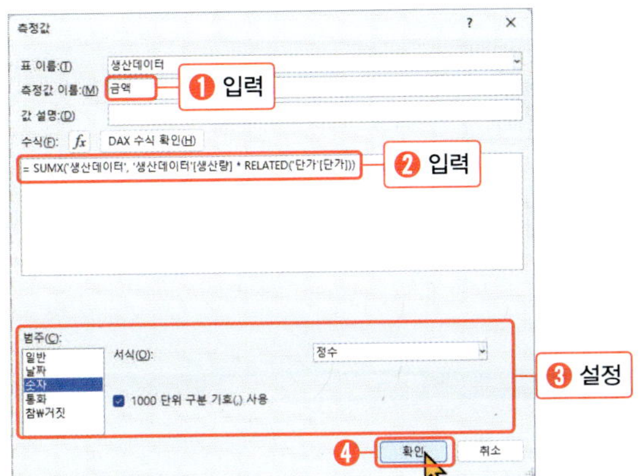

수식 설명

=SUMX('생산데이터', '생산데이터'[생산량]*RELATED('단가'[단가]))

생산 데이터의 각 행에서 생산량과 단가 테이블의 단가와 곱한 값을 합산하라는 의미입니다.

05 [행] 영역에 [관리번호], [날짜] 필드, [값] 영역에 [금액] 필드를 드래그 & 드롭합니다. 연도 중 임의의 데이터를 마우스 오른쪽 버튼으로 클릭한 후 [그룹]을 선택합니다.

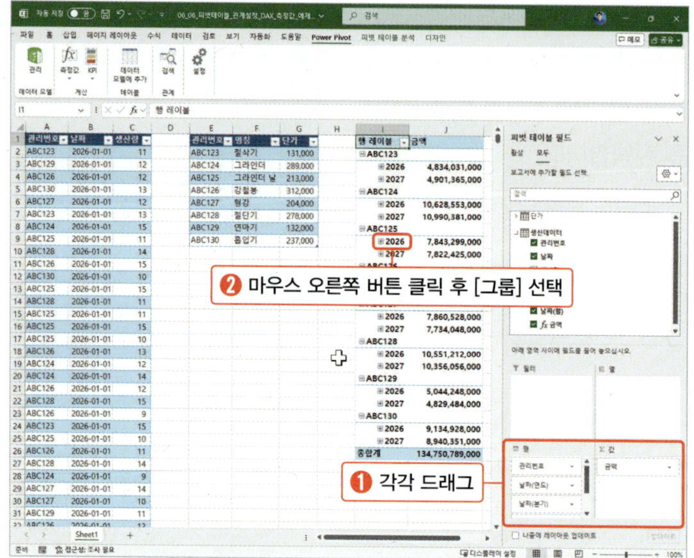

06 [그룹화] 대화상자에서 [연], [분기]를 선택하고 [확인]을 클릭합니다.

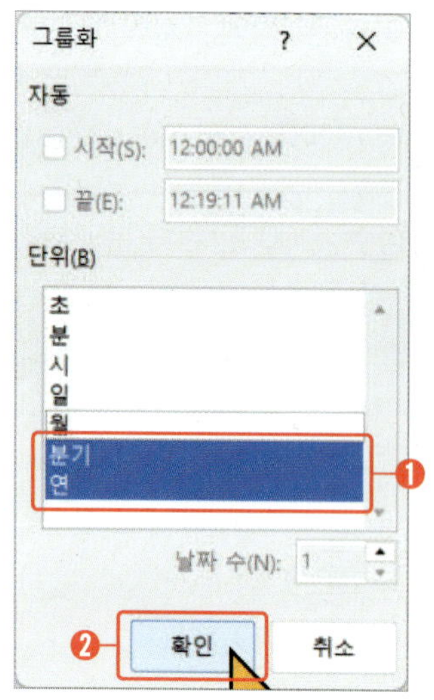

07 필드 목록에서 [날짜(년도)], [날짜(분기)] 필드를 각각 마우스 오른쪽 버튼으로 클릭한 후 [슬라이서로 추가]를 선택합니다.

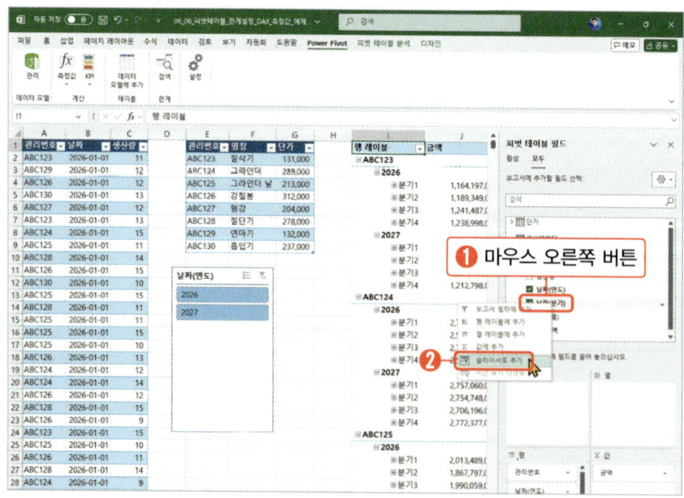

08 슬라이서의 크기를 적당히 조절하고 원하는 기간을 선택하면 값의 변화를 확인할 수 있습니다.

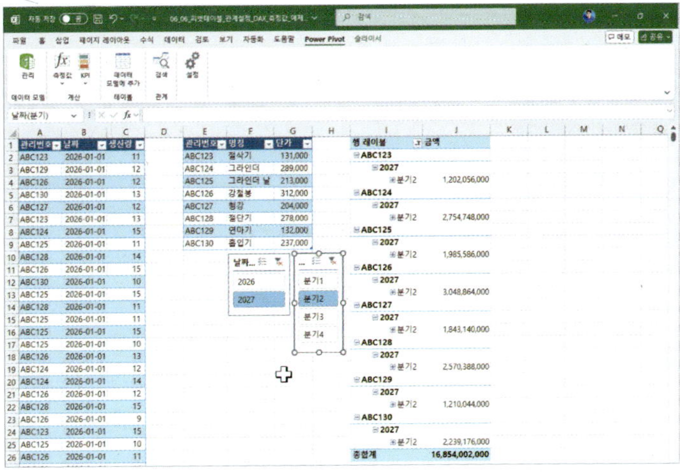

09 부분합을 표시하기 위해, 피벗 테이블을 선택하고 [디자인] 탭 – [레이아웃] 그룹 – [부분합] – [그룹 상단에 모든 부분합 표시]를 클릭합니다.

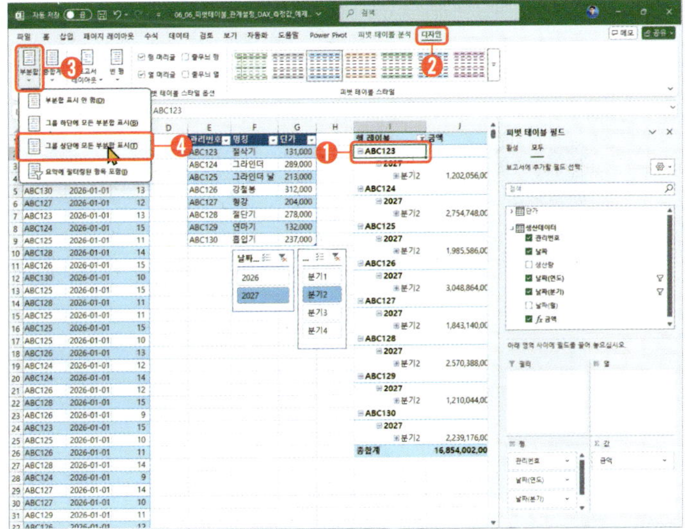

10 부분합이 포함된 최종 결과를 확인할 수 있습니다.

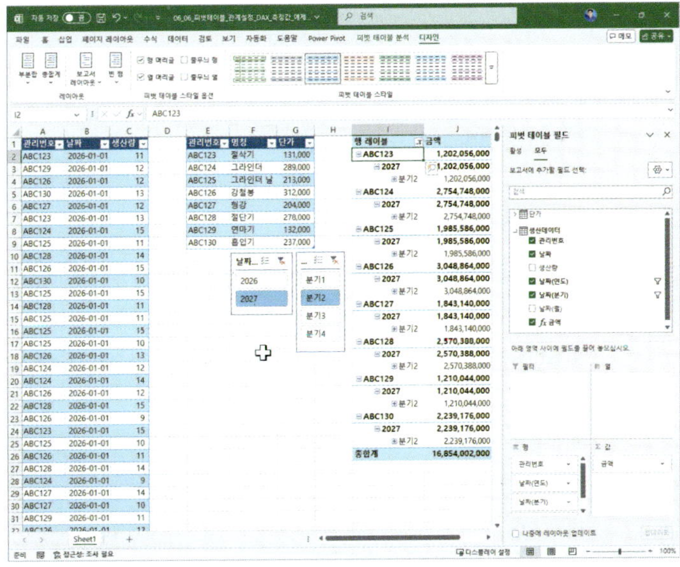

008 계층 구조를 활용한 시각화 기법

파워 피벗의 계층 구조(Hierarchy) 기능을 활용하면 상위 · 하위 단계로 자유롭게 이동하며 매출을 손쉽게 분석할 수 있습니다. 이번에는 파워 쿼리로 만든 쿼리를 데이터 모델에 추가한 뒤, 계층 구조별로 매출을 확인하고 시각화하는 방법을 익혀보겠습니다.

- **실습 파일 :** Part 06 > 예제 > 06_07_계층 구조_시각화_예제.xlsx
- **완성 파일 :** Part 06 > 완성 > 06_07_계층 구조_시각화_완성.xlsx

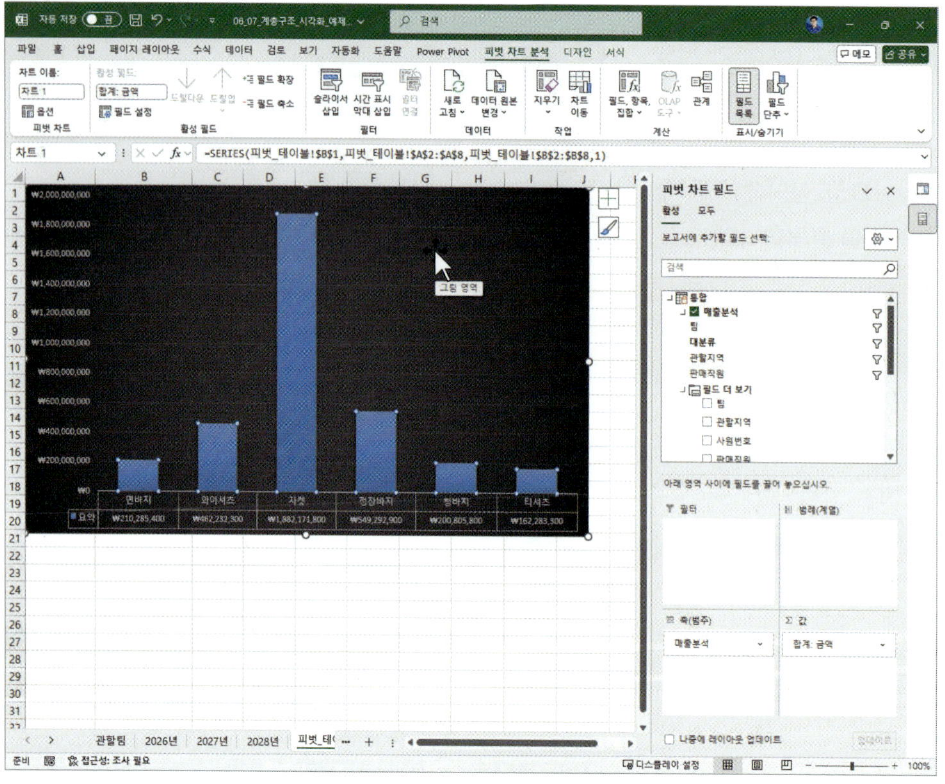

주요 기능	현업 활용
다이어그램 보기	• 관계 설정을 손쉽게 하기 위해 테이블을 시각적으로 확인하고 관리하는 기능이다.
계층 구조	• 데이터를 단계별로 그룹화, 분석할 수 있는 구조로 만드는 기술이다.
드릴다운/드릴업	• 계층 구조에서 하위로 한 단계씩 내려가거나, 상위로 한 단계씩 올라갈 때 사용한다.

01 불러온 예제 파일을 확인해 보면, 파워 쿼리를 이용해서 2026~2028년까지의 데이터를 '통합'이라는 쿼리로 만들어 둔 상태입니다. 그러므로 [보안 경고]가 나타나면 [콘텐츠 사용]을 클릭합니다.

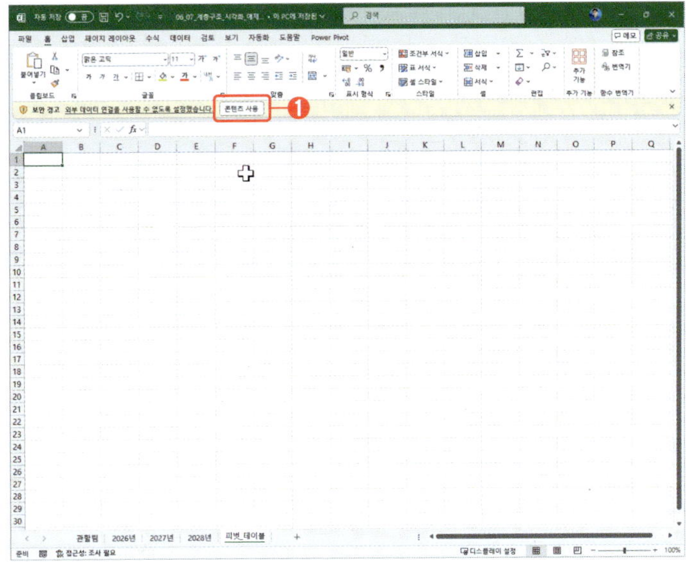

02 현재 [통합] 쿼리는 [연결만 만들기]로 작성되었기에 쿼리를 표시하고 데이터 모델에 추가하겠습니다. [데이터] 탭 – [쿼리 및 연결] 그룹 – [쿼리 및 연결]을 클릭해서 쿼리를 표시합니다.

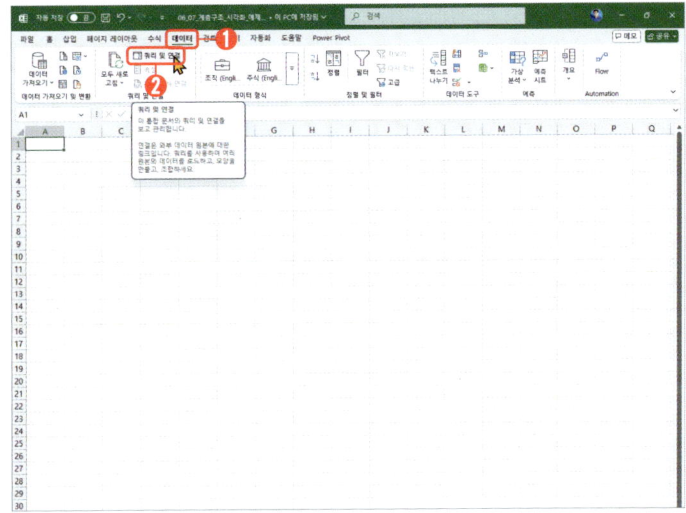

03 [통합] 쿼리를 마우스 오른쪽 버튼으로 클릭한 후 [다음으로 로드]를 클릭합니다.

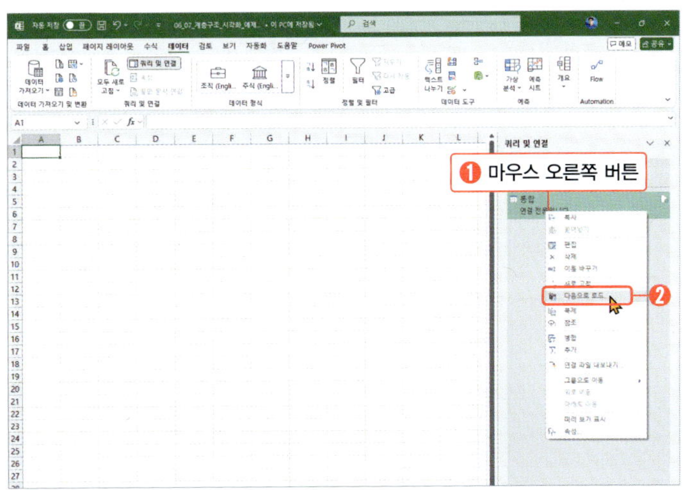

04 [데이터 가져오기] 대화상자에서 [피벗 테이블 보고서]를 선택하고 [기존 워크시트]의 [A1] 셀을 선택, [데이터 모델에 이 데이터 추가]를 체크하고 [확인]을 클릭합니다. 이렇게 파워 쿼리를 [연결만 만들기]를 통해 작성해도 다시 데이터 모델에 손쉽게 추가할 수 있습니다.

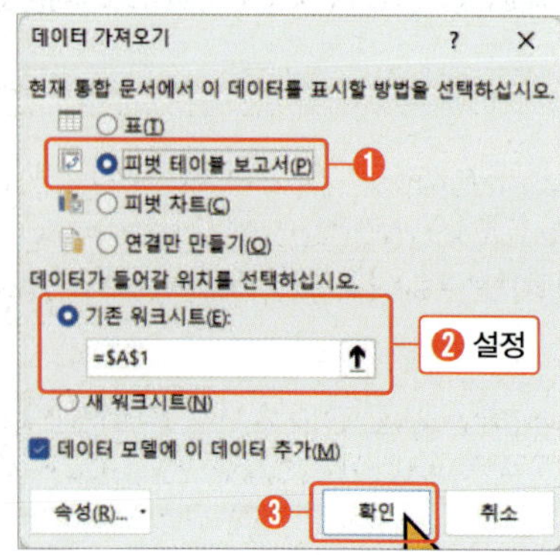

05 계층 구조를 만들기 위해, [Power Pivot] 탭 – [데이터 모델] 그룹 – [관리]를 클릭합니다.

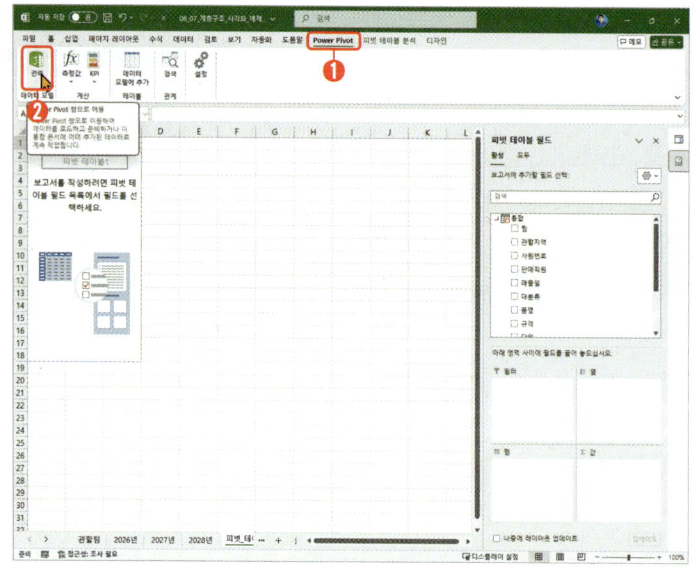

06 [홈] 탭 – [보기] 그룹 – [다이어그램 보기]를 클릭합니다.

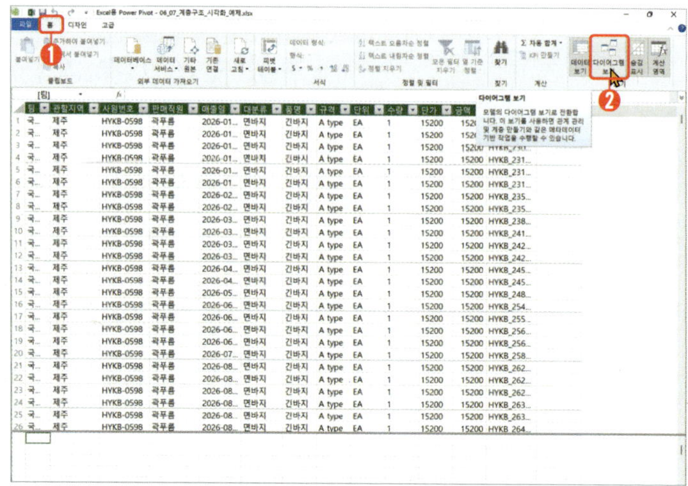

07 [팀]을 선택하고 Ctrl을 누른 상태로 [관할지역], [판매직원], [대분류]를 선택합니다. 마우스 오른쪽 버튼으로 클릭한 후 [계층 구조 만들기]를 선택합니다.

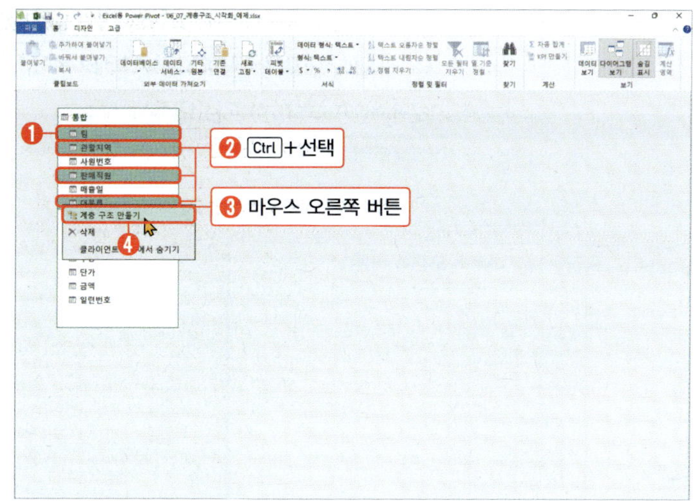

08 계층 구조 이름은 '매출분석'으로 입력합니다.

여기서 잠깐

팀부터 계층 구조가 만들어졌는데 하위 계층 순서를 변경하고 싶다면 매출분석 계층 구조의 하위 아이템을 드래그해서 옮길 수 있습니다.

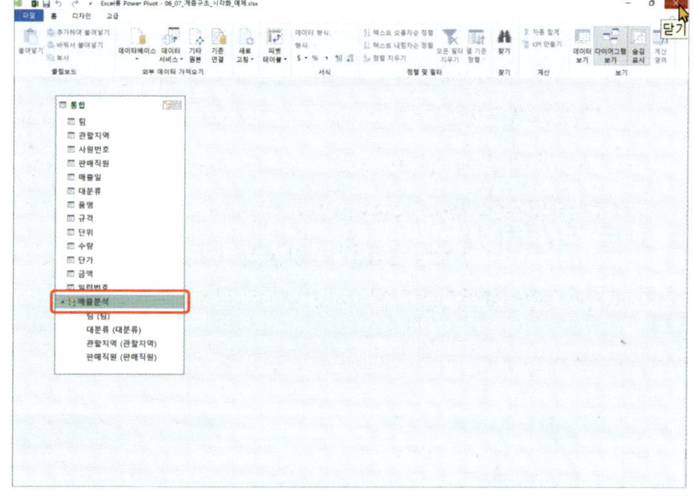

09 피벗 테이블을 작성하기 위해, [홈] 탭 – [피벗 테이블] – [피벗 테이블]을 클릭합니다. 생성된 피벗 테이블에서 [매출분석] 필드를 [행] 영역, [필드 더 보기]를 클릭해서 [금액] 필드를 [값] 영역에 드래그 & 드롭합니다.

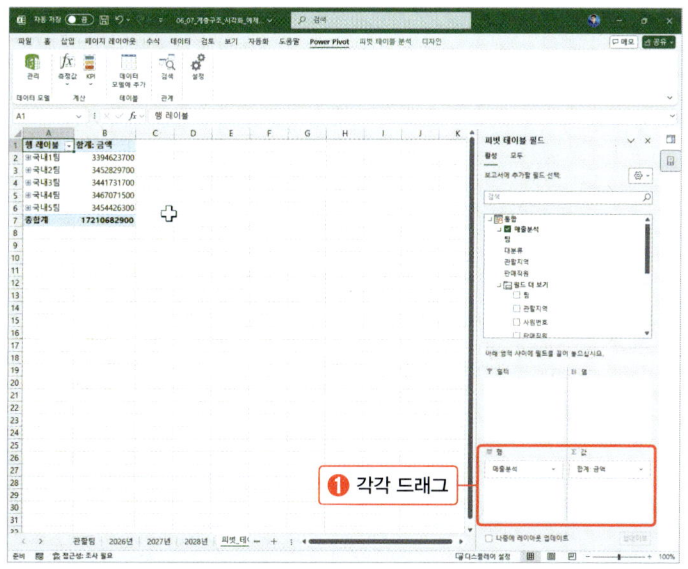

10 서식을 지정하기 위해, 데이터 중 임의의 셀을 마우스 오른쪽 버튼으로 클릭한 후 [필드 표시 형식]을 선택합니다. [셀 서식] 대화상자의 [범주]에서 '통화'를 선택하고 [확인]을 클릭합니다.

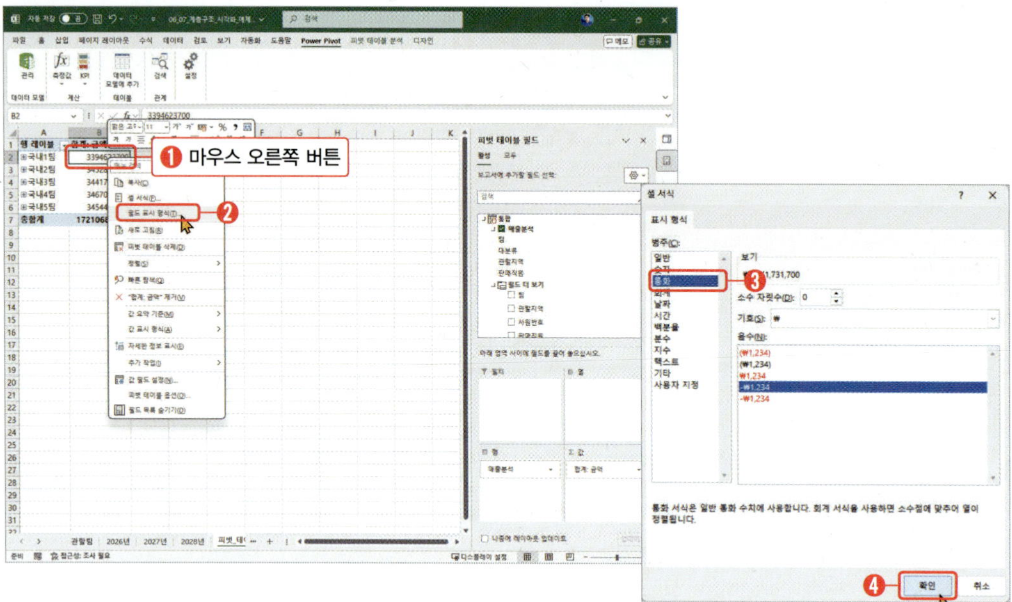

■ 차트 작성하기

01 차트를 작성하기 위해 [삽입] 탭 – [차트] 그룹 – [피벗 차트]를 클릭하고, [차트 삽입] 대화상자에서 [묶은 세로 막대형]을 선택한 후 [확인]을 클릭합니다.

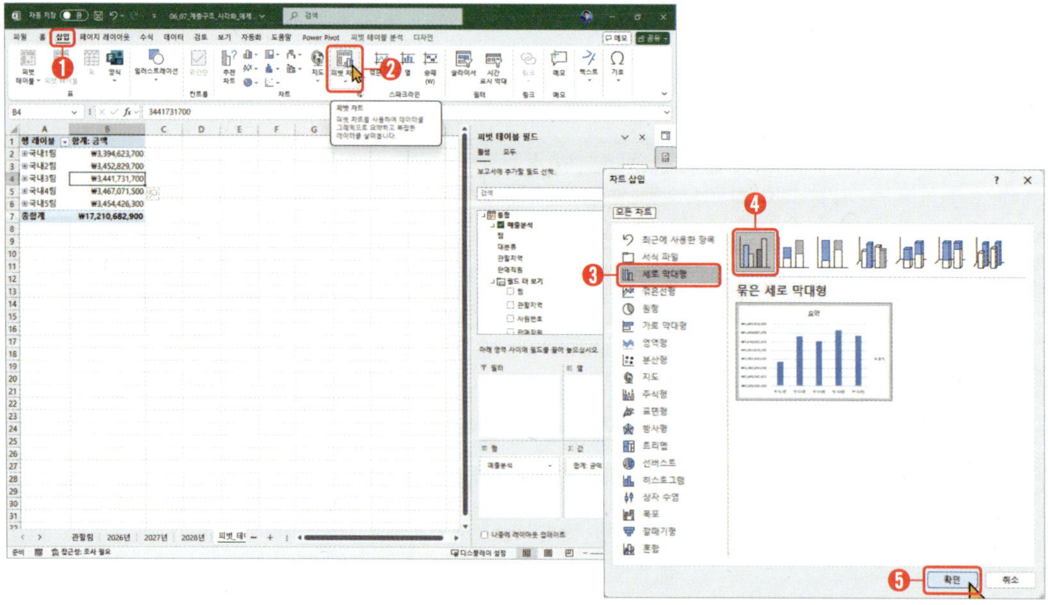

02 차트를 적당한 크기로 조정하고 [디자인] 탭 – [차트 스타일] 그룹 – [스타일 9]를 클릭합니다.

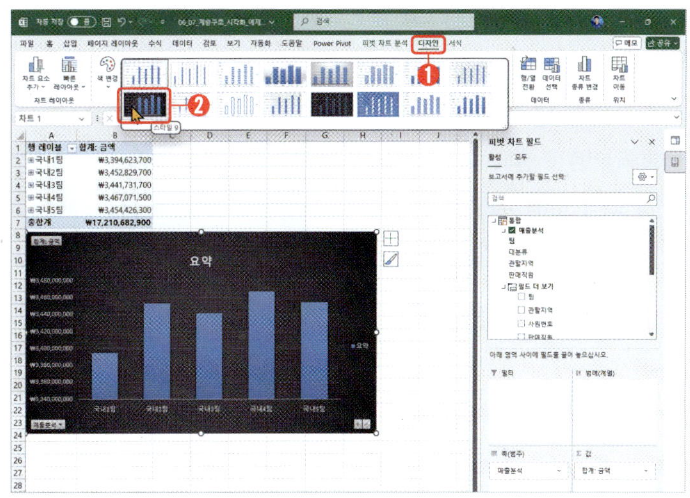

03 [차트 요소]를 클릭하고 [차트 제목], [범례]는 체크 해제하고 [데이터 테이블]을 체크합니다.

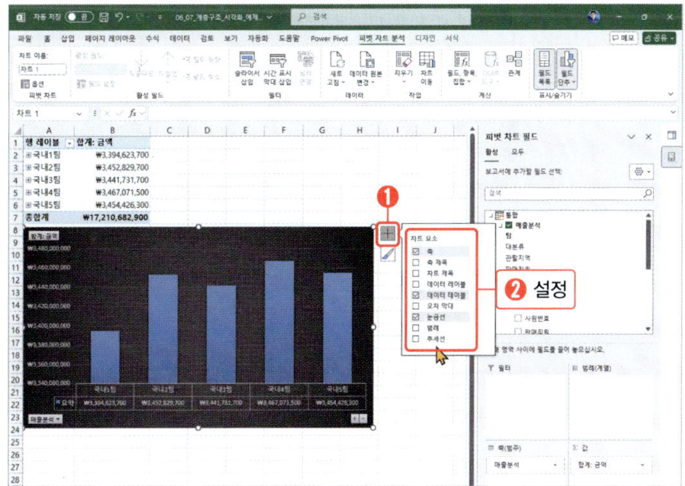

04 불필요한 단추는 숨기기 처리하기 위해, [피벗 차트 분석] 탭 – [표시/숨기기] 그룹 – [필드 단추] – [모두 숨기기]를 클릭합니다.

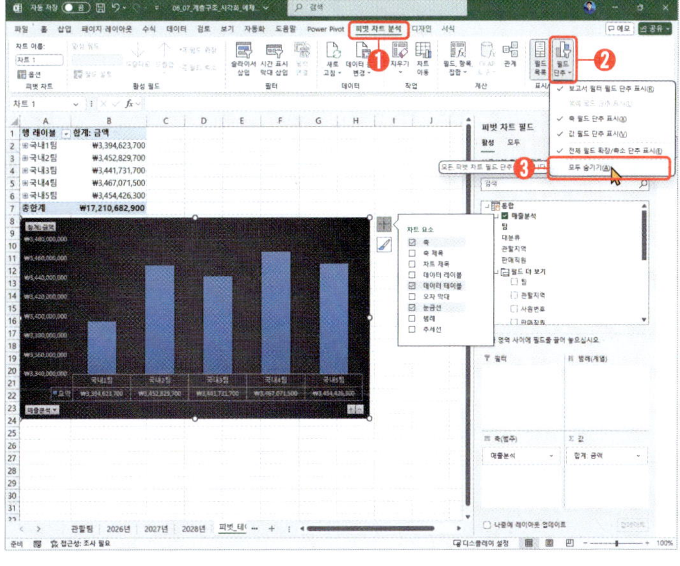

05 차트를 적당한 장소로 적당한 크기로 조절하고, 차트에서 [국내4팀]의 매출 막대를 더블클릭하면 드릴다운되면서 계층 구조의 하위 대분류의 매출 막대로 변경되는 것을 확인할 수 있습니다.

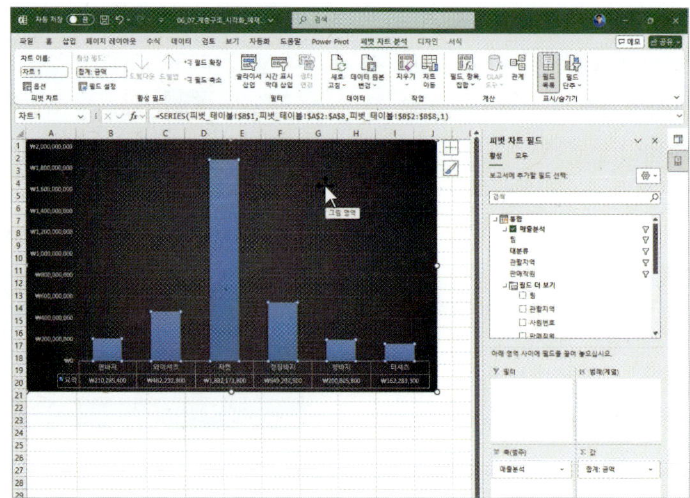

06 다시 [자켓] 데이터 막대를 더블클릭하면, 하위 [지역] 매출 막대로 변경되는 것을 확인할 수 있습니다.

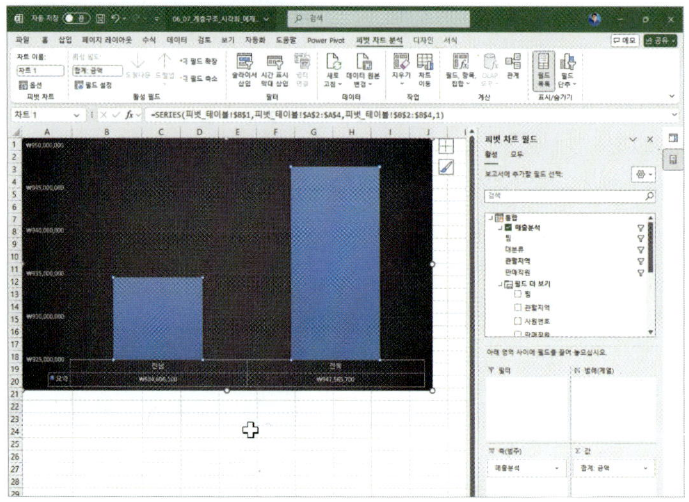

07 계층 구조의 상위로 올라가려면, [피벗 차트 분석] 탭 - [활성 필드] 그룹 - [드릴업]을 클릭하면 됩니다.

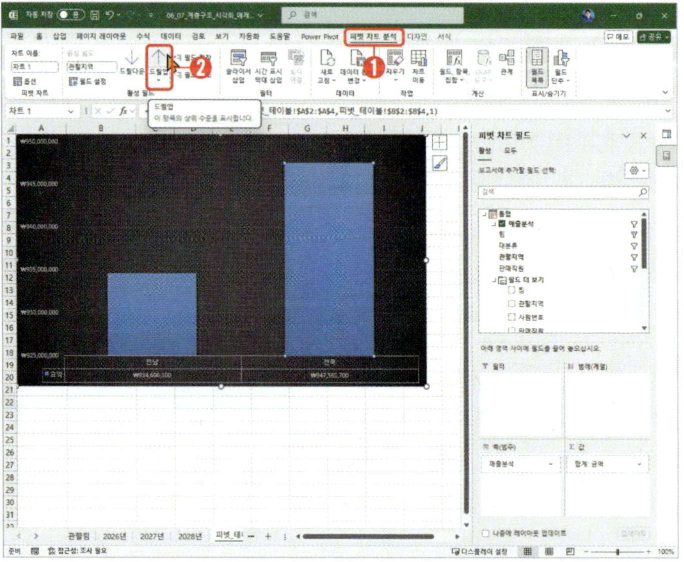

08 매출 막대를 마우스 오른쪽 버튼으로 클릭한 후 [드릴다운/드릴업]에 커서를 두고 이동할 수도 있습니다.

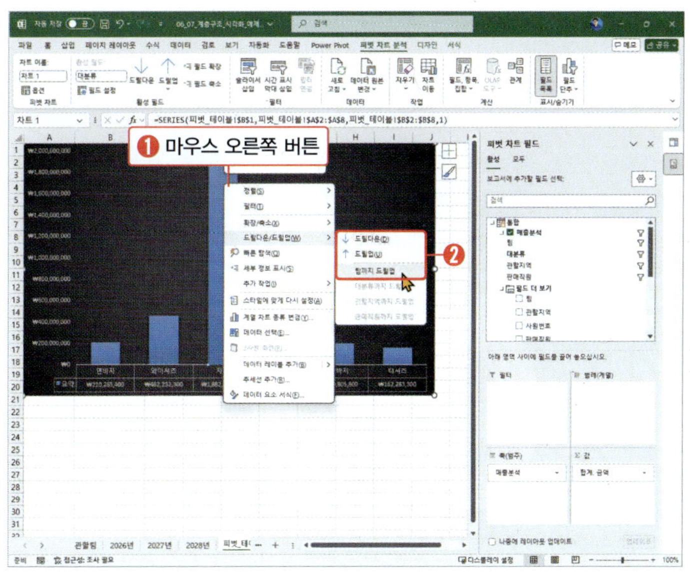

Part

07

엑셀 VBA를 활용한 업무 자동화

엑셀은 매크로 기록기 기능을 제공하며, 사용자가 수행한 작업을 그대로 VBA 코드로 변환해 줍니다. 역설적으로, VBA를 잘 활용하기 위해서는 엑셀 기능 자체를 충분히 이해하고 있어야 보다 효율적인 자동화가 가능합니다. 이번 파트에서는 매크로 기록기를 활용해 반복 업무를 손쉽게 자동화하는 방법과 함께, 매크로 기록기로는 저장되지 않는 순환문(Loop) 작성법을 익혀 업무 효율을 높이는 실전 자동화 기법을 살펴보겠습니다.

001 매크로 기록기의 사용법과 코드의 이해

002 데이터 범위의 다양한 선택 방법과 속성

003 사용자 메뉴 작성 및 디버깅을 위한 폰트 변경

004 IF, With 문의 사용법

005 Select Case 문의 사용법

006 VBA에서 엑셀 함수를 사용하는 방법

007 For Next 순환문을 이용한 자동화

008 병합, 또는 2행씩 나열되어 있는 데이터의 처리

009 여러 시트의 데이터를 한번에 처리하는 자동화

010 주민번호를 검증하는 사용자 정의 함수

011 나만의 리본 메뉴 탭을 만드는 방법

001 매크로 기록기의 사용법과 코드의 이해

엑셀 개발 도구 탭을 나타내는 방법부터 매크로 기록기를 이용하는 방법, 작성된 코드를 쉽게 해석하는 방법을 알아보겠습니다. 앞으로 가장 많이 활용하게 될, 내용이므로 꼼꼼하게 학습하는 게 중요합니다.

- **실습 파일 :** Part 07 > 예제 > 07_01_매크로 기록기와_코드 수정_예제.xlsx
- **완성 파일 :** Part 07 > 완성 > 07_01_매크로 기록기와_코드 수정_완성.xlsm

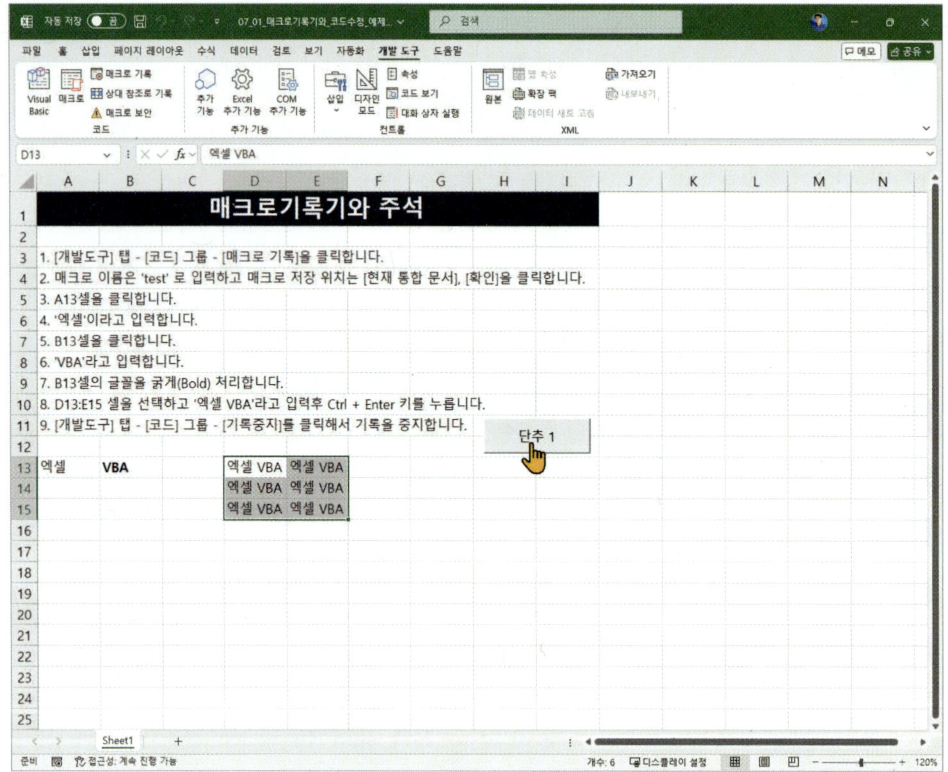

주요 기능	현업 활용
개발 도구	• 엑셀 VBA를 활용하기 위해 메뉴 탭에 [개발 도구] 탭을 표시, 활용한다.
매크로 기록기	• 내가 진행하는 내용을 엑셀이 자동 코드를 만들어주는 기능으로 엑셀 VBA를 쉽게 배울 수 있게 도와주고 많이 활용되는 기능이다.
매크로 지정	• 모듈에 입력된 코드를 클릭하면 실행되도록 버튼과 연결한다.

01 예제 파일을 불러온 후 아직 [개발 도구] 탭이 나타나지 않았으므로 해당 탭부터 표시하겠습니다. 임의의 메뉴 탭을 마우스 오른쪽 버튼으로 클릭한 후 [리본 메뉴 사용자 지정]을 선택합니다.

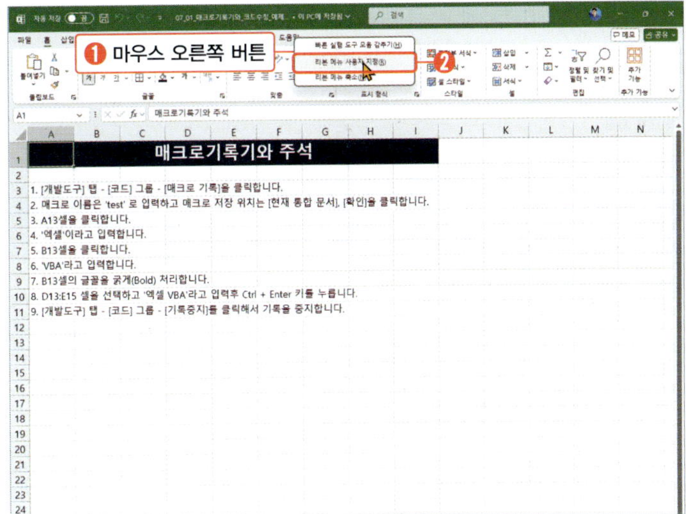

02 [Excel 옵션] 창의 [리본 사용자 지정]까지 빠르게 이동할 수 있습니다. 오른쪽에서 [개발 도구]를 체크하고 [확인]을 클릭합니다.

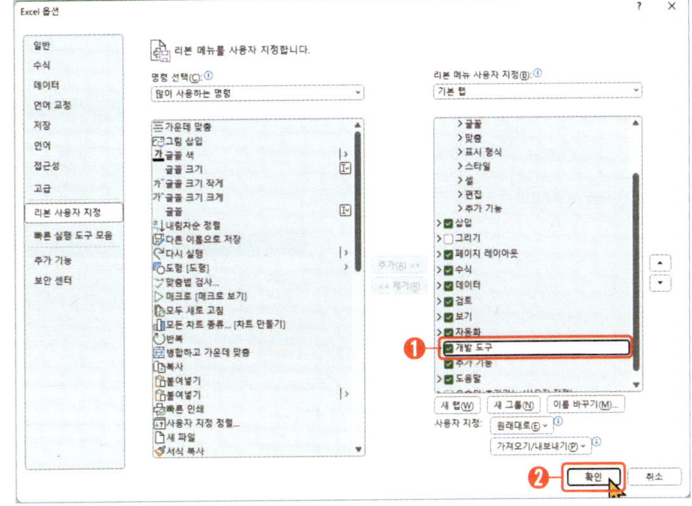

03 [개발 도구] 탭이 나타난 것을 볼 수 있습니다. 이제 예제에 있는 내용을 매크로 기록기로 기록해 보겠습니다. [개발 도구] 탭 – [코드] 그룹 – [매크로 기록]을 클릭합니다.

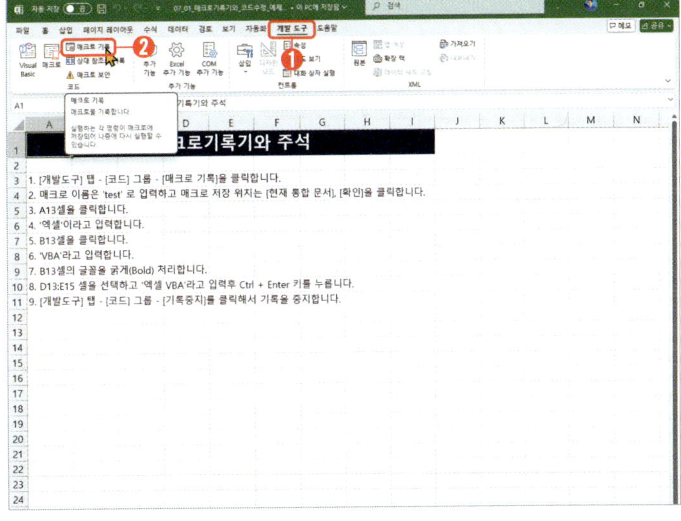

04 [매크로 이름]에 'test'를 입력하고 [매크로 저장 위치]는 '현재 통합 문서'를 확인하고 [확인]을 클릭합니다.

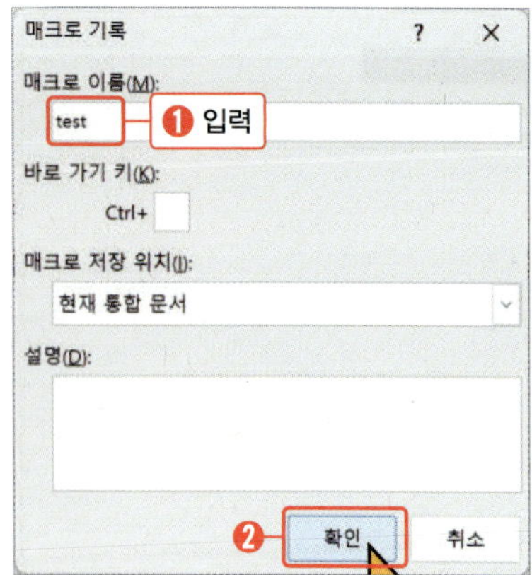

여기서 잠깐

매크로 기록기가 동작하고 있을 때는 [개발 도구] 탭 – [코드] 그룹 – [매크로 기록] 단추가 [기록 중지]로 변경됩니다.

05 [A3] 셀부터 진행하라는 내용 그대로 실행하겠습니다. [A13] 셀을 선택합니다.

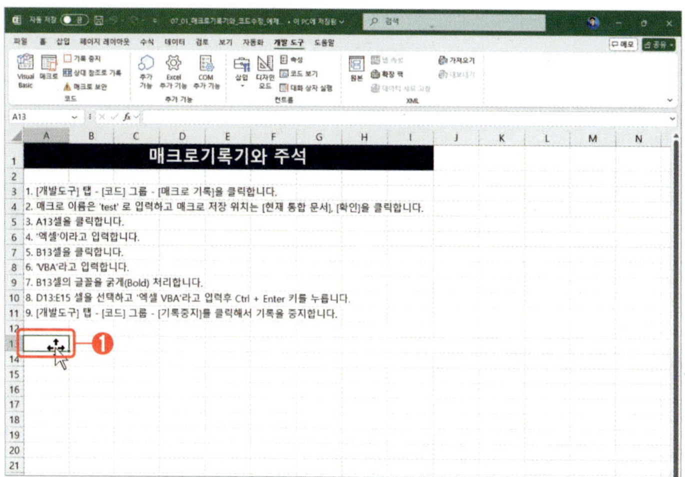

06 해당 셀에 '엑셀'이라고 입력하고 [Enter]를 누르면, 커서는 [A14] 셀로 이동합니다.

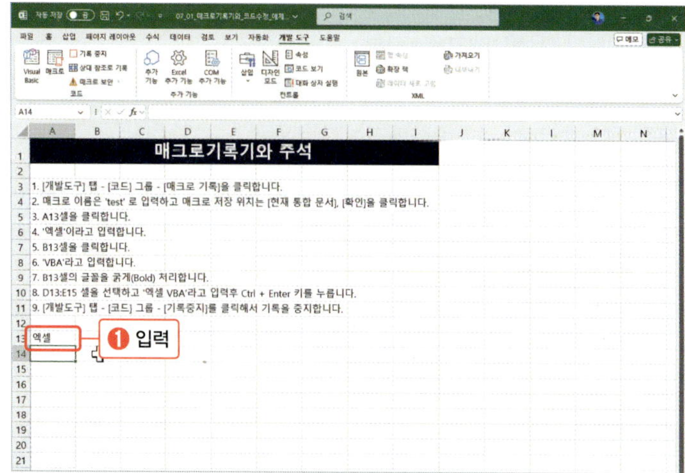

07 이번에는 [B13] 셀에 'VBA'를 입력하고 Enter 를 누릅니다. 그리고 다시 [B13] 셀을 선택하고 [홈] 탭 – [글꼴] 그룹 – [굵게]를 클릭해서 글꼴을 굵게 처리합니다.

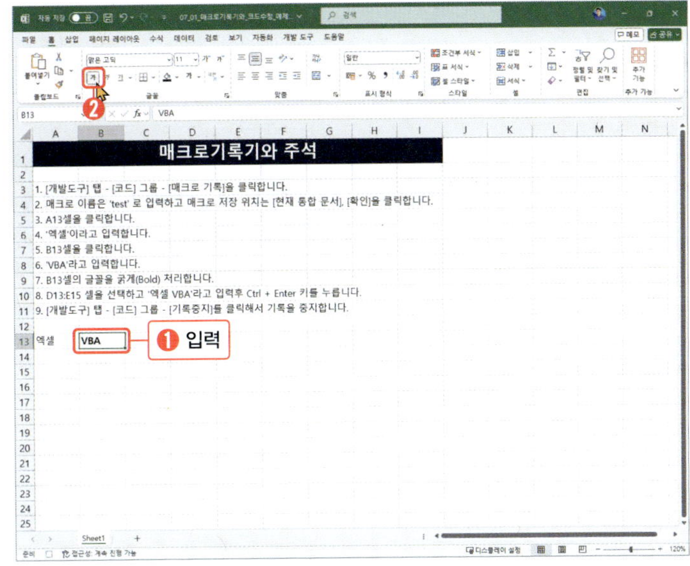

08 이번에는 [D13:E15] 셀을 선택하고, 해당 셀에 '엑셀VBA'를 입력합니다. 그리고 Ctrl + Enter 를 눌러 일괄 입력합니다.

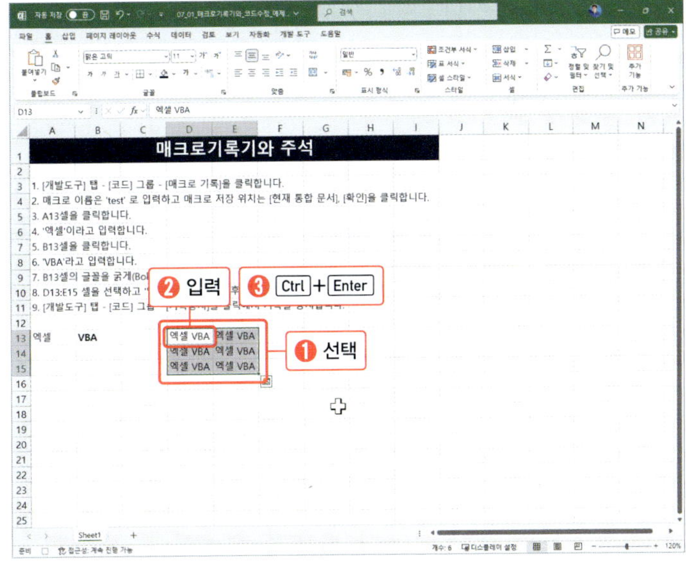

09 모든 내용을 진행했으므로, [개발 도구] 탭 – [코드] 그룹 – [기록 중지]를 클릭하여 매크로 기록을 중지합니다.

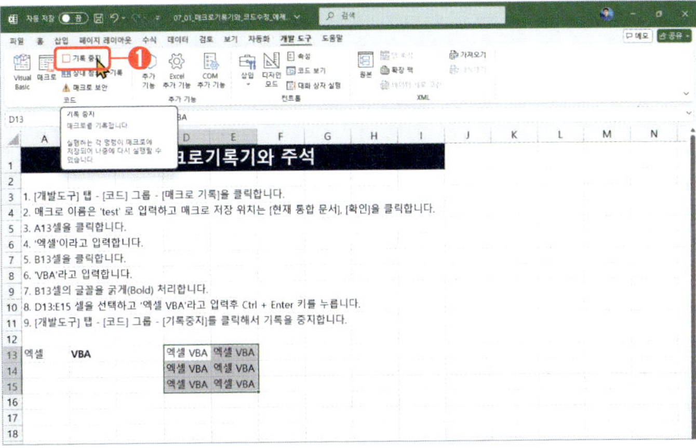

10 이제 기록된 코드를 확인해 보기 위해, [개발 도구] 탭 – [코드] 그룹 – [Visual Basic]을 클릭해서 VBA 편집기(Visual Basic Editor) 창으로 이동합니다.

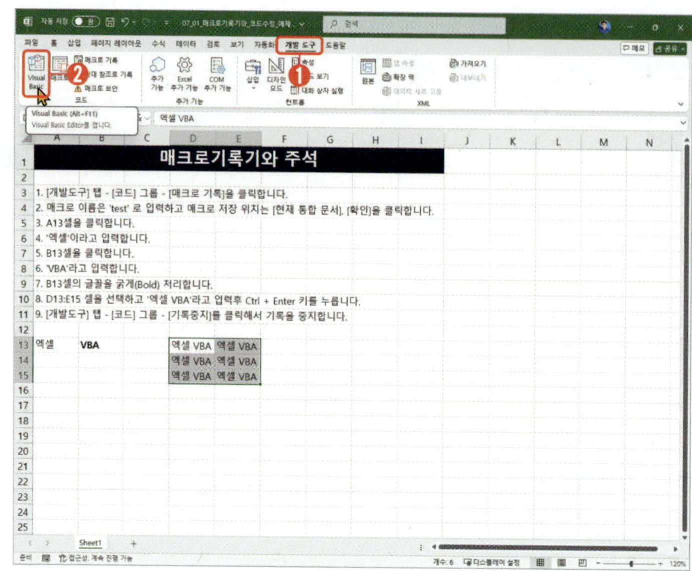

여기서 잠깐

Alt+F11을 누르면 빠르게 이동하게 됩니다. 엑셀 VBA를 사용하면 가장 많이 사용하게 되는 단축키로 VBA 편집기(Visual Basic Editor) 창과 엑셀 창으로 서로 이동합니다.

11 VBA 편집기 창이 나타나고 좌측 [프로젝트] 창에 현재 실행하고 있는 파일이 보입니다. 파일의 하단에 [모듈]을 확장하면 [Module1]이 있는데 더블클릭하면 해당 모듈의 코드가 오른쪽에 나타납니다.

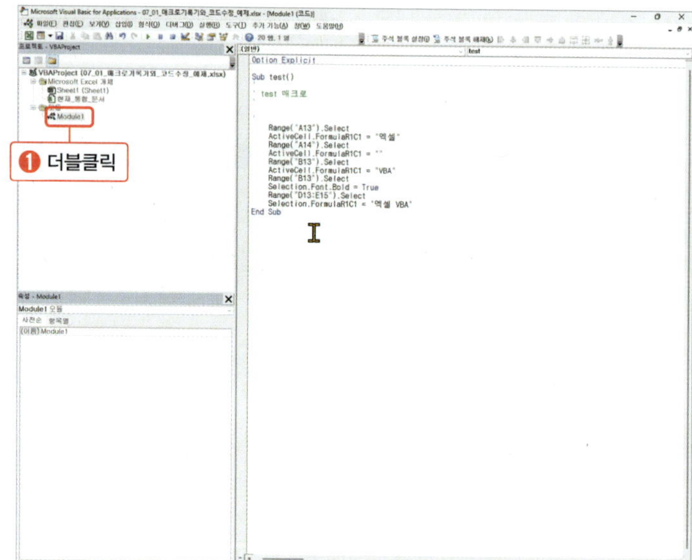

여기서 잠깐

만약 [프로젝트] 창이 나타나지 않는다면 Ctrl+R을 누르거나, [보기] – [프로젝트 탐색기]를 클릭해서 나타내면 됩니다.

12 이제 작성된 코드가 어떻게 동작하는지 확인해 보겠습니다. 먼저 화면을 반으로 분할해서 해당 코드가 무엇을 의미하는지 확인하겠습니다. VBA 편집기 창을 선택한 상태에서 [⊞]+[→]를 눌러 화면 오른쪽 절반에 배치합니다. 같은 방법으로 엑셀 창을 선택하고 [⊞]+[←]를 눌러 화면 왼쪽 절반에 배치합니다.

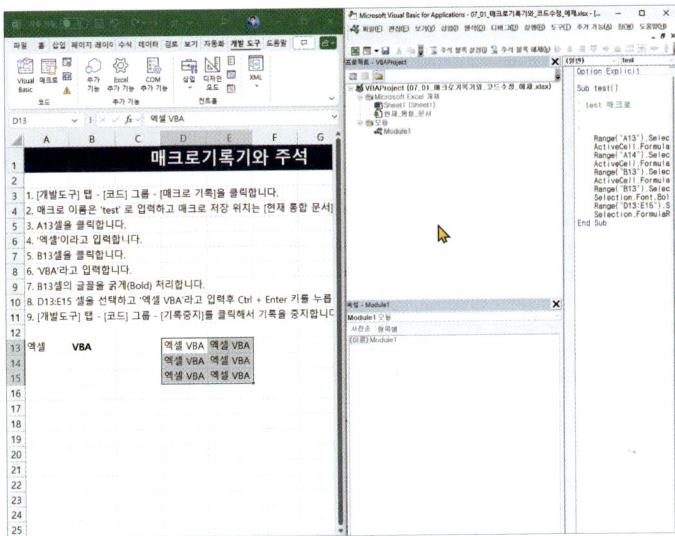

13 엑셀 창에서 [A13:E15] 셀의 내용을 지웁니다.

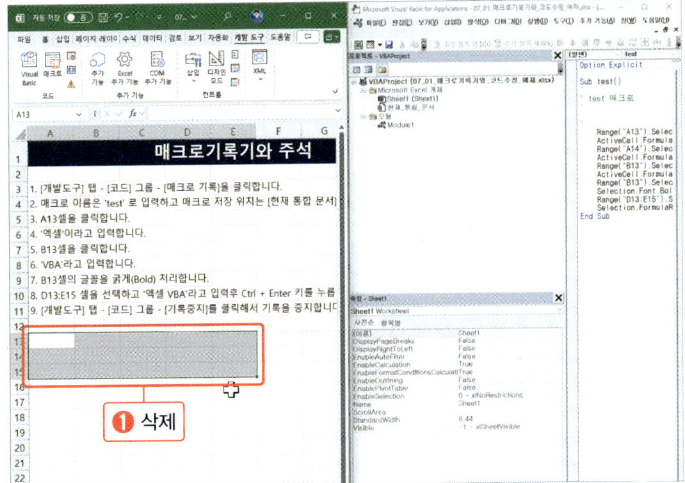

14 VBA 편집기 창을 선택하고 [F8]을 누르면 맨 위에 노란색으로 특정 코드에 표시되는 것을 볼 수 있습니다. [F8]을 누르면 해당 코드가 어떤 일을 엑셀에서 진행하는지를 알 수 있습니다. 물론 지금 선택된 부분은 매크로 이름의 선언부라 별다른 차이가 없습니다.

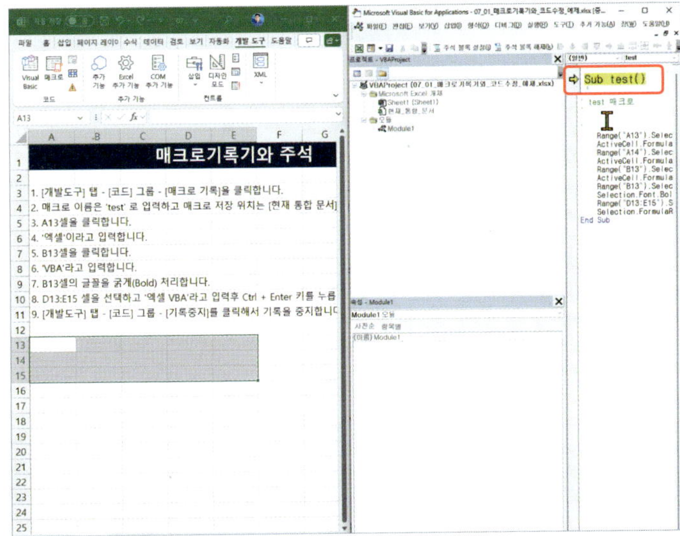

15 F8을 한 번씩 누르면서 엑셀 창의 변화를 확인해 보면 노란색 처리된 코드가 엑셀 창에서 어떻게 동작하며, 어떤 일을 하는지 손쉽게 확인할 수 있습니다. 본인이 작성한 코드가 잘 기억이 안 날 때도 확인할 수 있고, 또 인터넷이나 각종 공개된 소스를 활용할 때 코드 해석을 손쉽게 할 수도 있습니다.

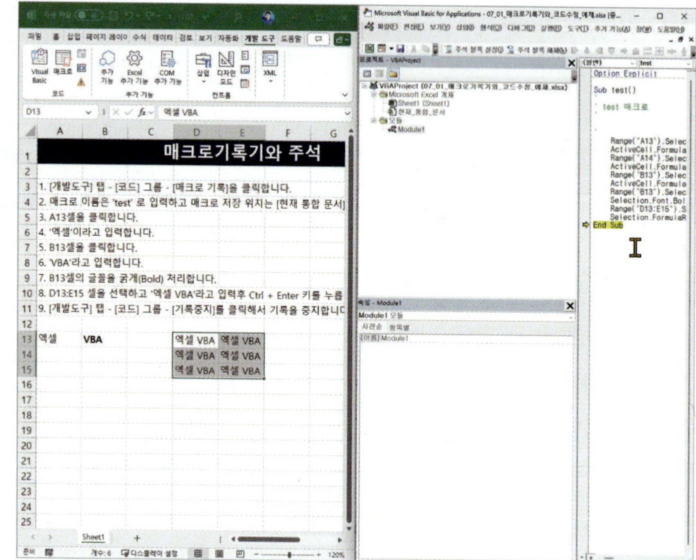

16 진행 중 원래 상태로 되돌리고 싶다면 [실행] – [재설정]을 클릭하면 노란색 코드 선택 부분이 사라집니다.

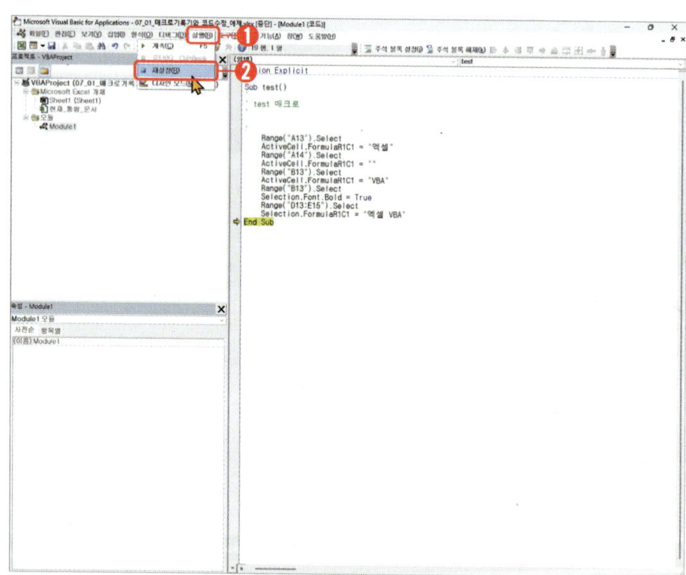

⊕ 추가 정보

엑셀에서 셀을 표시하는 방법

- [A5] 셀 : Range("A5")
- [A5] 셀 : Cells(5,"A") 또는 Cells(5,1)
- [A5:D10] 셀 : Range("A5:D10")

17 이제 엑셀 창으로 돌아가서 버튼을 클릭하면 매크로가 동작하도록 만들겠습니다. Alt + F11을 눌러 엑셀 창으로 이동한 후 먼저 [A13:E15] 셀을 선택, 내용을 지웁니다. [개발 도구] 탭 – [컨트롤] 그룹 – [삽입] – [양식 컨트롤] – [단추]를 클릭합니다. 단추를 삽입할 임의의 셀을 클릭하거나 드래그해서 단추 크기를 조정합니다.

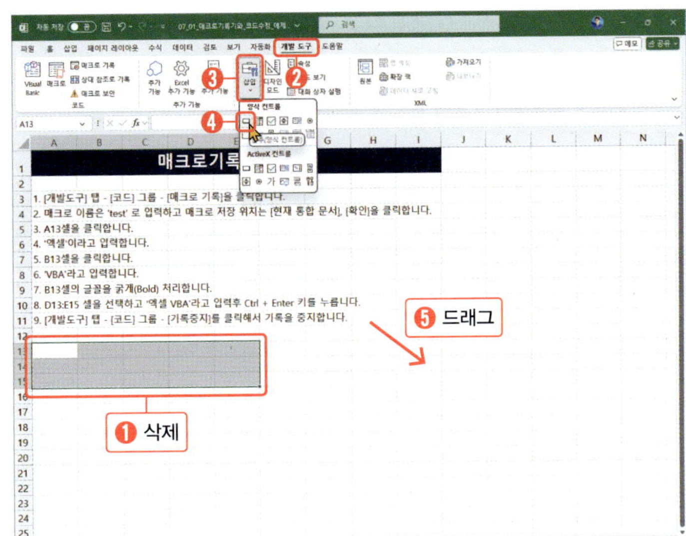

18 [매크로 지정] 대화상자가 나타나면, [매크로 이름]에서 기록해 뒀던 'test'를 선택하고 [확인]을 클릭합니다.

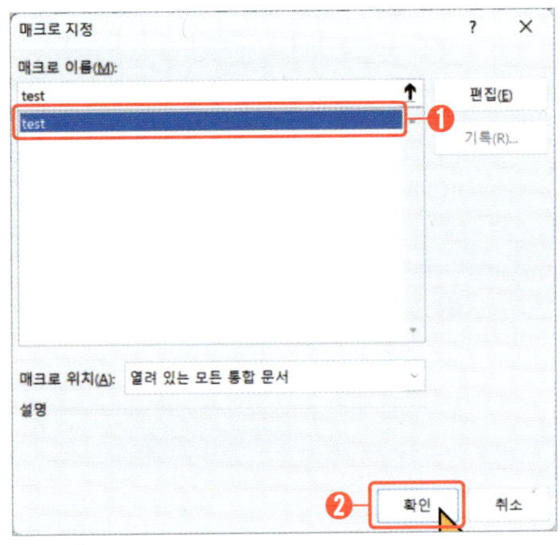

19 이제 삽입한 단추를 클릭하면 지정한 매크로가 동작하는 것을 확인할 수 있습니다.

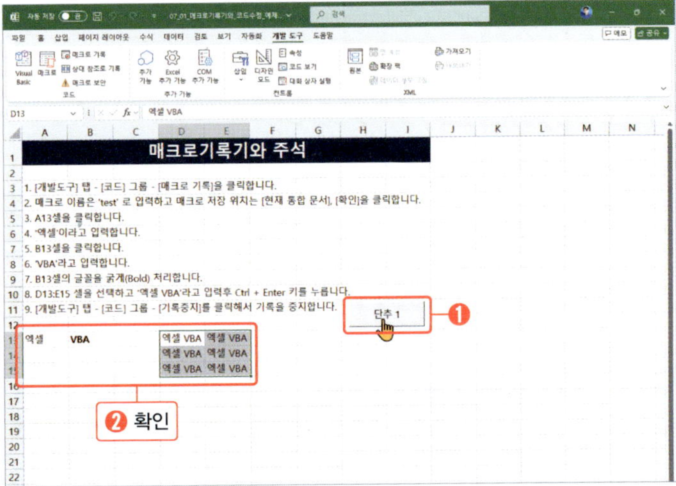

20 작성한 자료를 저장하기 위해 [파일] 탭 – [다른 이름으로 저장]을 클릭합니다.

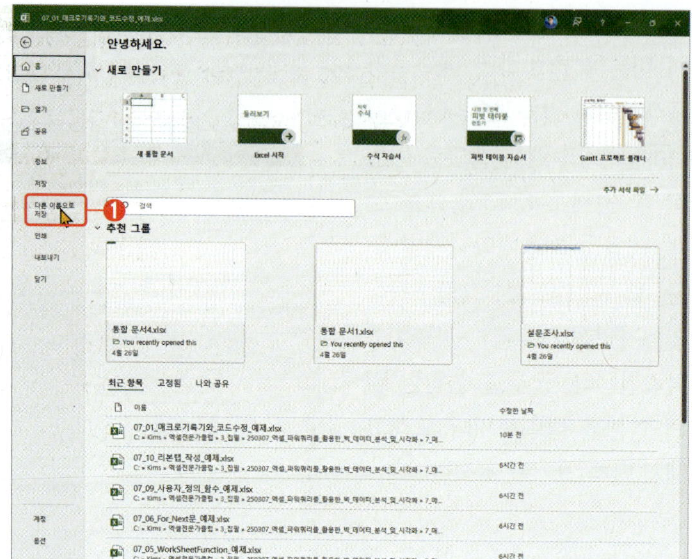

21 지정할 폴더를 선택하고 [파일 형식]은 'Excel 매크로 사용 통합 문서 (*.xlsm)'을 선택, 파일명을 입력한 후 [저장]을 클릭합니다. 엑셀 매크로가 포함된 파일은 반드시 *.xlsm 파일로 저장해야 합니다.

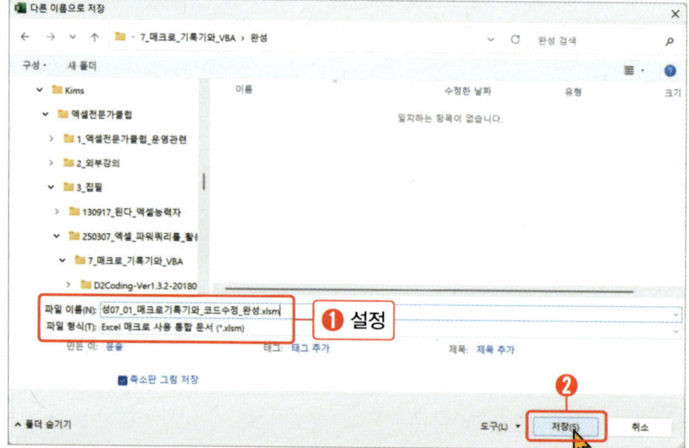

002 데이터 범위의 다양한 선택 방법과 속성

엑셀의 모든 데이터는 셀에 입력되기 때문에, 자동화를 위해 특정 범위를 빠르고 정확하게 선택하는 기능이 매우 중요합니다. 이번에는 VBA에서 데이터 범위를 효율적으로 지정하는 다양한 방법과, 범위 선택 시 함께 알아두면 유용한 주요 속성들을 살펴보겠습니다.

- **실습 파일 :** Part 07 > 예제 > 07_02_데이터 범위의_다양한_선택 방법_예제.xlsx
- **완성 파일 :** Part 07 > 완성 > 07_02_데이터 범위의_다양한_선택 방법_완성.xlsm

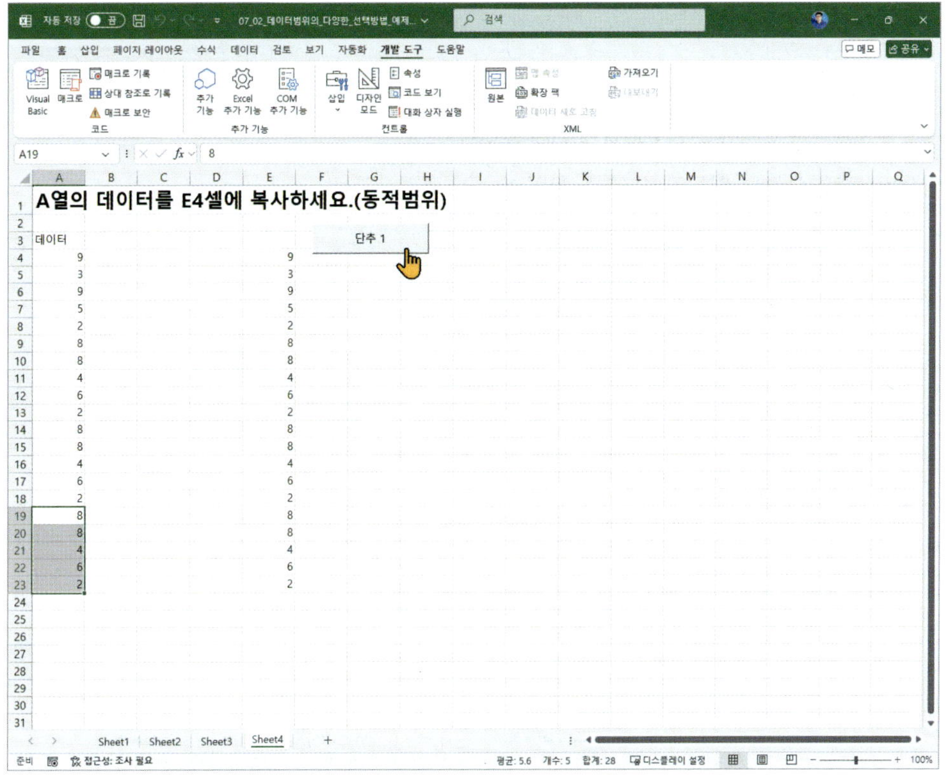

주요 기능	현업 활용
동적 범위의 적용	• CurrentRegion 속성을 이용해서 특정 셀 기준 연속된 전체 범위를 지정, 동적 범위를 활용할 수 있다.
코드의 복사, 편집	• 작성된 코드를 편집기에서 복사, 붙여넣기, 편집해서 재생산할 수 있다.
데이터 복사	• Copy 메서드를 이용해서 데이터를 복사할 수 있다.

01 예제 파일을 불러온 후 [Sheet1] 시트를 선택합니다. 1행, 2행에 적힌 내용을 매크로 기록기로 기록해 보겠습니다. [개발 도구] 탭 – [코드] 그룹 – [매크로 기록]을 실행합니다.

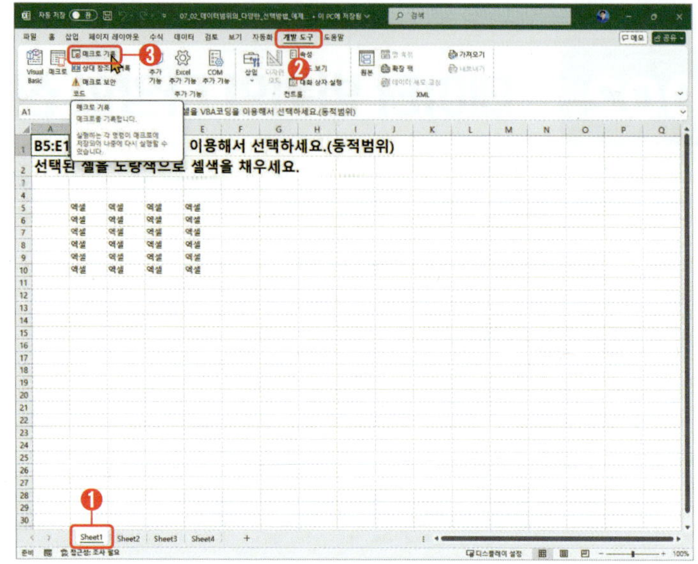

02 [매크로 이름]에 'test1'을 입력하고 [매크로 저장 위치]는 '현재 통합 문서'로 두고 [확인]을 클릭합니다.

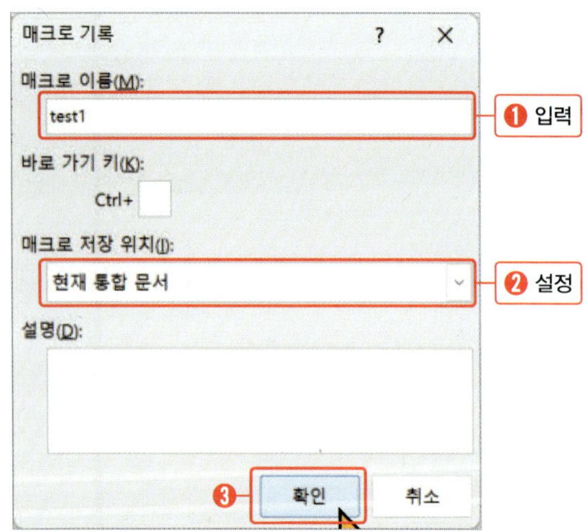

03 [B5:E10] 셀을 선택하고 [홈] 탭 – [글꼴] 그룹 – [채우기 색]을 확장해서 [노랑]을 클릭합니다.

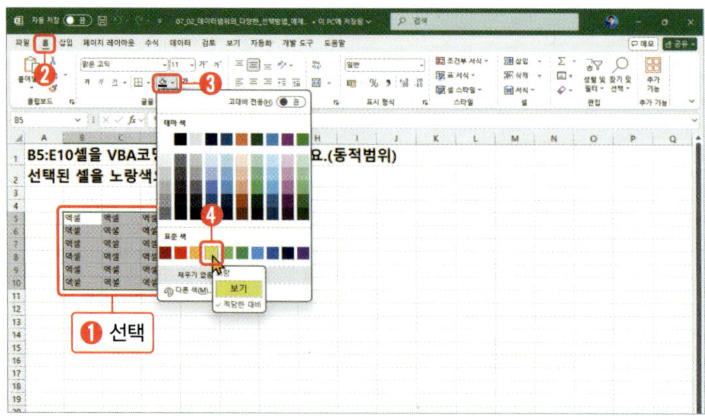

04 매크로 기록을 마무리하기 위해, [개발 도구] 탭 – [코드] 그룹 – [기록 중지]를 클릭합니다.

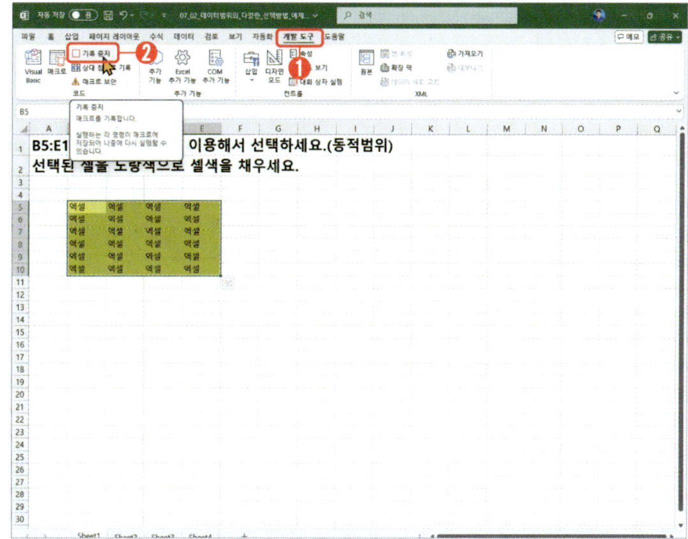

05 버튼을 삽입해서 해당 내용이 정상 동작하는지 확인해 보겠습니다. [개발 도구] 탭 – [컨트롤] 그룹 – [삽입]을 확장해서 [양식 컨트롤] – [단추]를 클릭합니다. 삽입할 셀을 클릭하거나 드래그해서 단추를 삽입합니다.

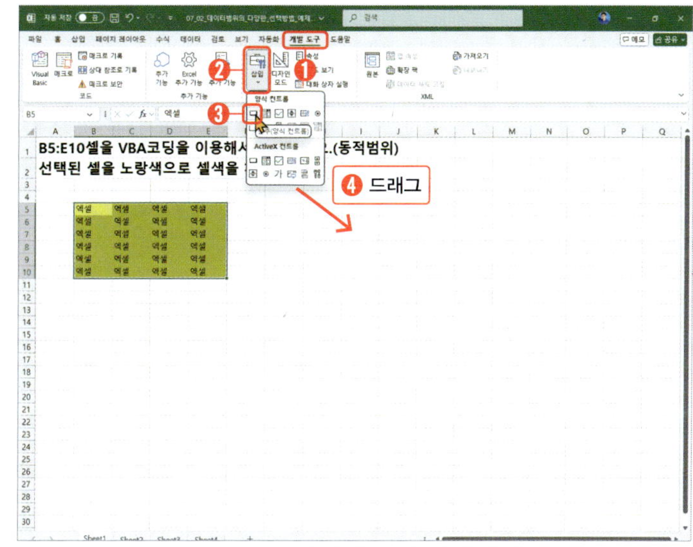

06 [매크로 이름]을 'test1'에서 선택하고 [확인]을 클릭합니다.

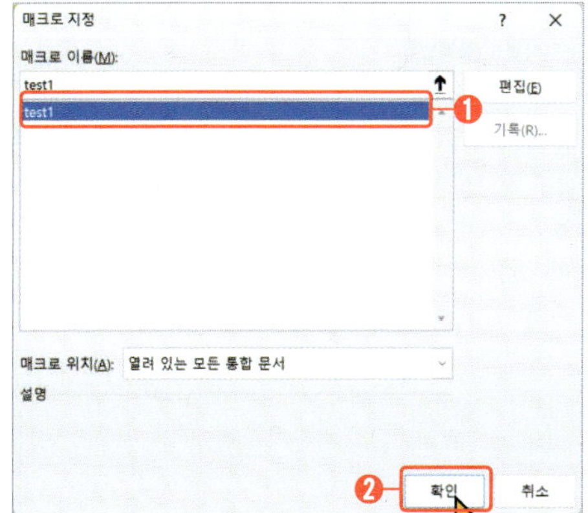

07 동작 여부를 확인하기 위해 [B5:E10] 셀을 선택하고 [홈] 탭 – [글꼴] 그룹 – [채우기 색] – [흰색]을 클릭합니다.

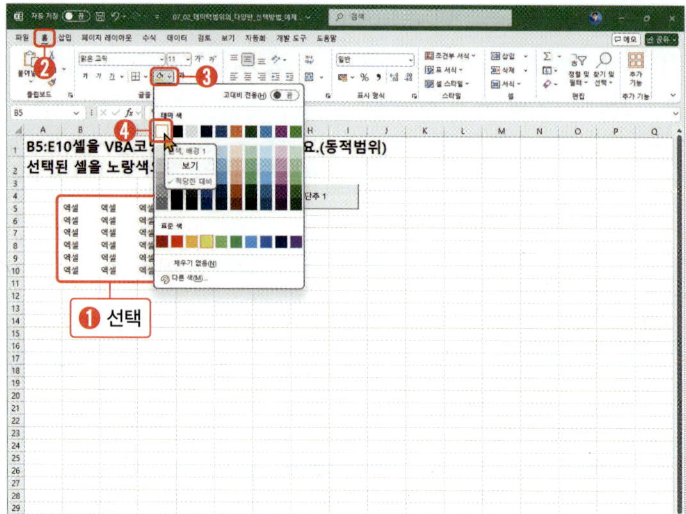

08 삽입된 단추를 클릭하면 그림과 같이 정상 동작하는 결과를 볼 수 있습니다.

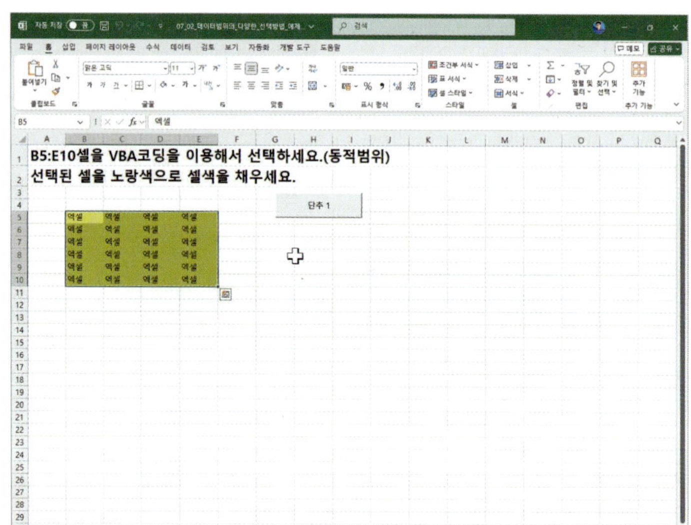

09 이번에는 데이터가 추가되었다고 가정하고 [F5:F10] 셀에도 '엑셀'이라는 데이터를 입력합니다.

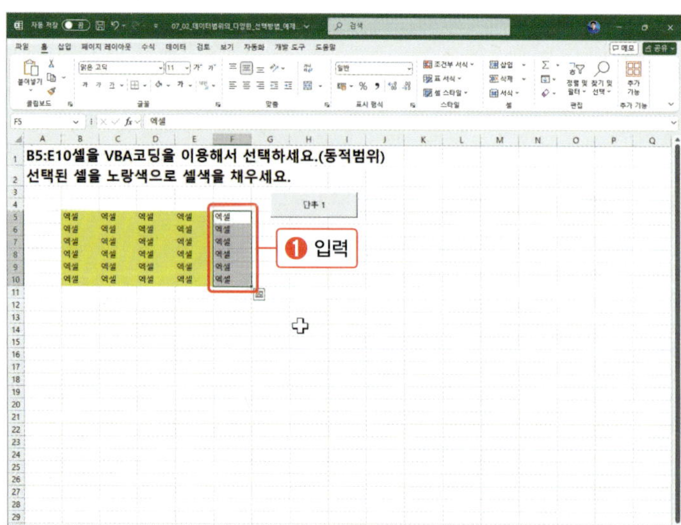

10 [B5:E10] 셀을 선택하고 [홈] 탭 – [글꼴] 그룹 – [채우기 색] – [흰색]을 클릭합니다.

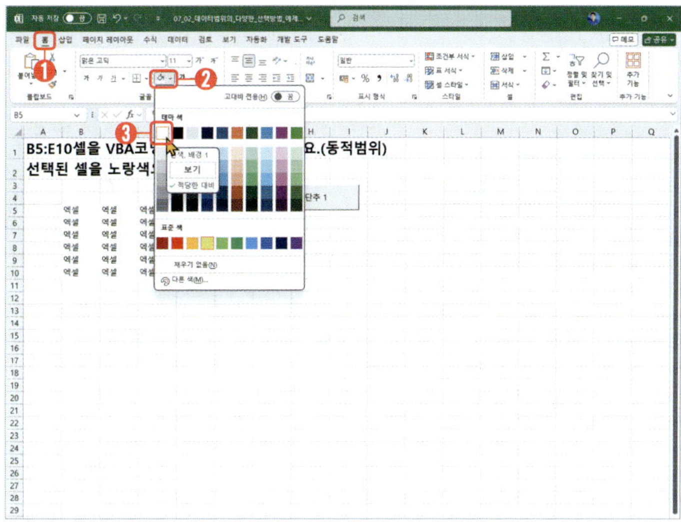

11 단추를 클릭하면 추가된 데이터는 표시되지 않고 [B5:E10] 셀까지만 코드가 동작하는 것을 볼 수 있습니다.

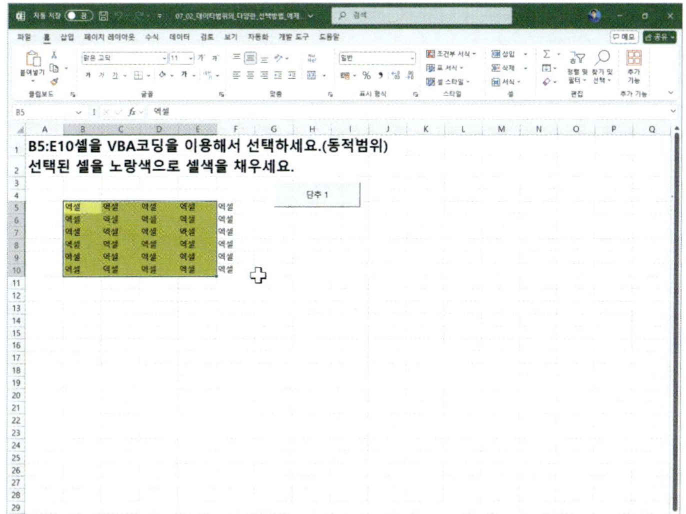

12 이제 추가된 데이터까지 해당 코드가 동작되도록 코드를 수정하기 위해 [개발 도구] 탭 – [코드] 그룹 – [Visual Basic]을 클릭해서 VBA 편집기 창으로 이동합니다.

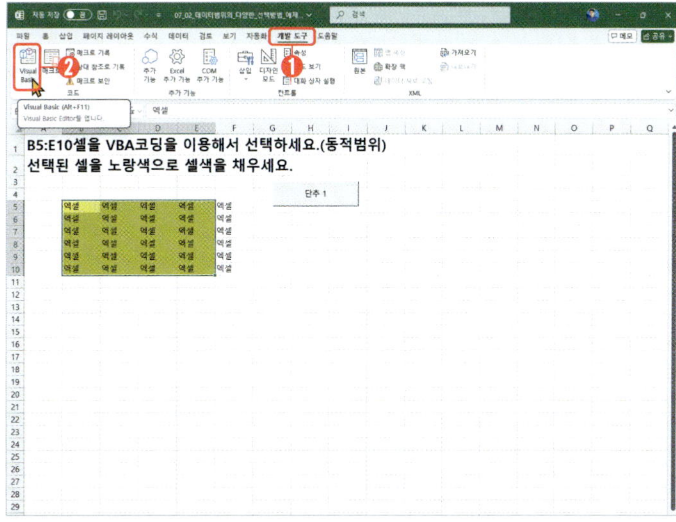

13 파일명 아래 [모듈]을 확장해서 [Module1]을 더블클릭해서 코드를 나타냅니다.

코드의 첫 줄을 보면 'Range("B5:E10").Select'라는 코드가 있는데 해당 범위를 선택하고 진행했기에 그 선택된 범위만 동작했던 것입니다.

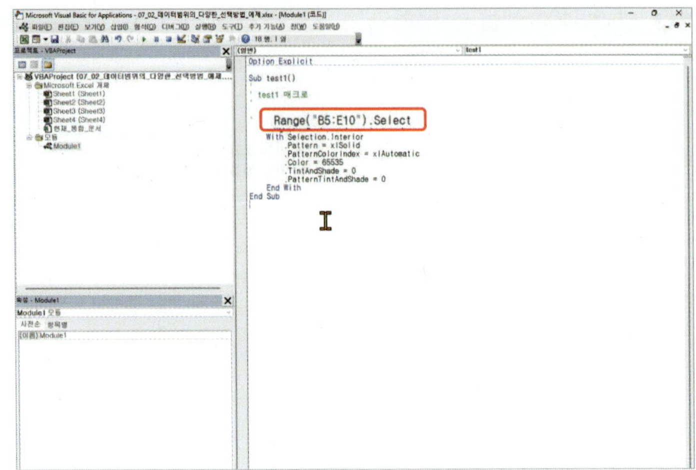

14 해당 코드의 맨 앞에 ' 를 입력하고 마지막에서 Enter 를 눌러 한 줄을 추가해 둡니다.

여기서 잠깐

엑셀 VBA에서 주석 처리는 ' 문자를 붙여서 처리합니다. 주석 처리된 코드는 동작되지 않고 무력화됩니다. 따라서 코드의 해석을 쓸 때도 많이 사용됩니다.

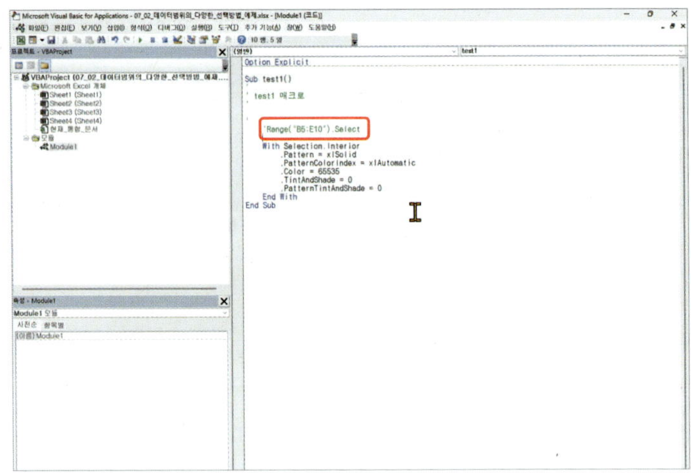

15 삽입된 줄에 아래와 같이 입력합니다.

```
Range("b5").CurrentRegion.Select
```

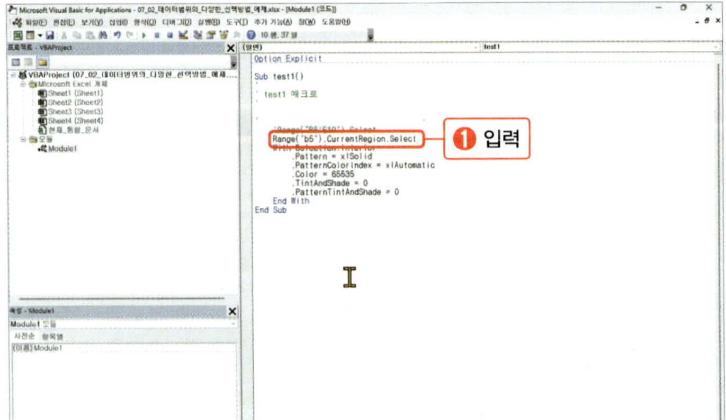

코드 설명

Range("b5").CurrentRegion.Select

위 코드를 해석하면 [B5] 셀에서 '연속된 범위를 선택한다'라고 해석합니다.
따라서 [B5] 셀 기준의 동적 범위가 되는 것입니다.

16 Alt+F11을 눌러 엑셀 창으로 이동한 후 삽입했던 단추를 클릭하면 확장된 범위까지 코드가 적용되는 것을 볼 수 있습니다.

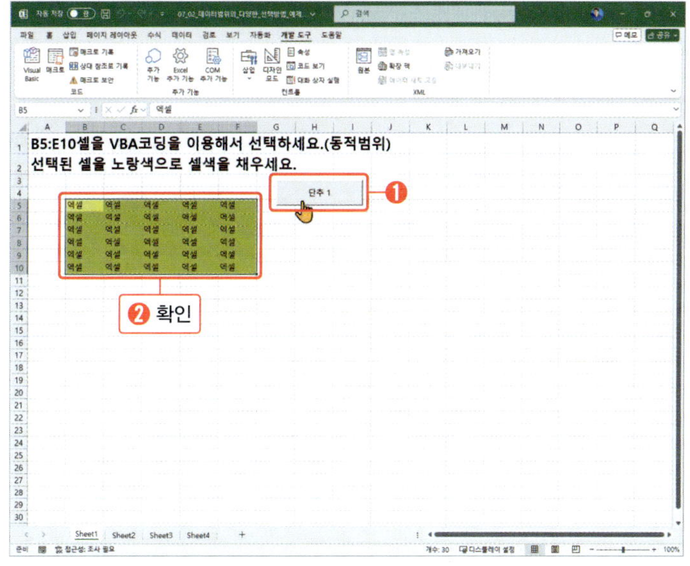

17 행 방향으로 추가된 데이터도 동작하는지 확인해 보겠습니다. [B11:F13] 셀을 선택하고 '엑셀'이라고 입력합니다.

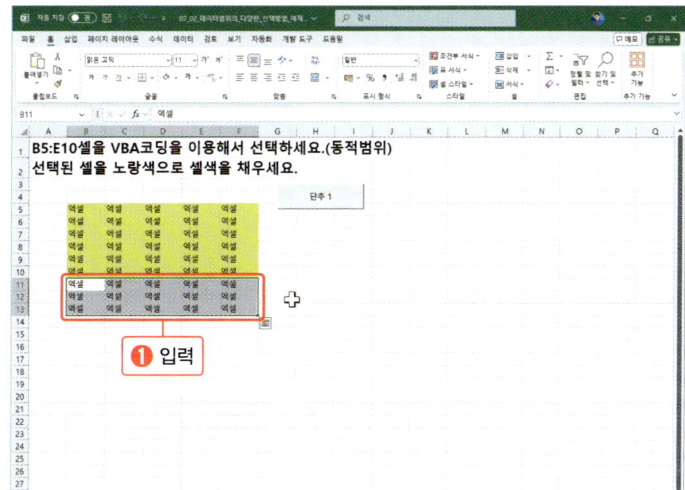

18 버튼을 클릭해서 결과를 확인해 보면 새롭게 추가된 데이터까지 코드가 동작하는 것을 볼 수 있습니다.

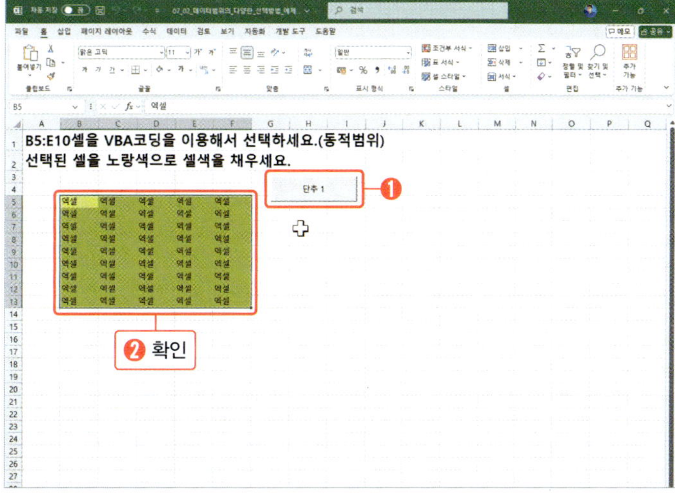

19 이번에는 현재 시트의 모든 데이터 영역을 선택하는 방법을 확인하기 위해 [Sheet2] 시트를 선택하고, [개발 도구] 탭 – [코드] 그룹 – [Visual Basic]을 클릭해서 VBA 편집기 창으로 이동합니다.

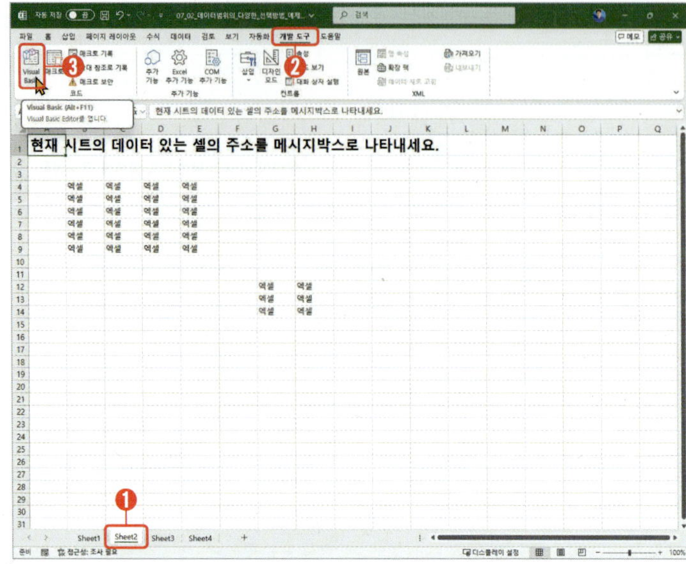

20 이미 작성했던 'test1' 맨 아래부분에 'sub test2'까지만 입력하고 Enter 를 누릅니다. 그림과 같이 ( )와 End Sub까지 자동 생성됩니다.

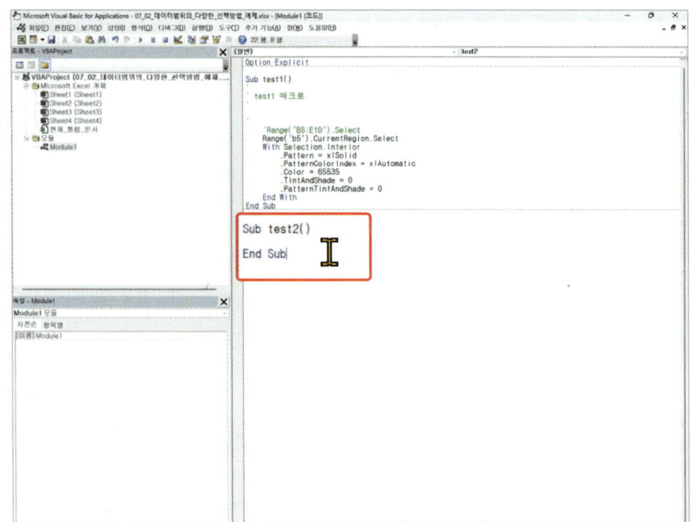

21 메시지 박스로 Sheet2의 데이터가 있는 영역 주소를 표시해 보겠습니다.
생성된 코드의 가운데에 아래와 같이 코드를 입력합니다.

```
MsgBox Sheet2.UsedRange.
Address
```

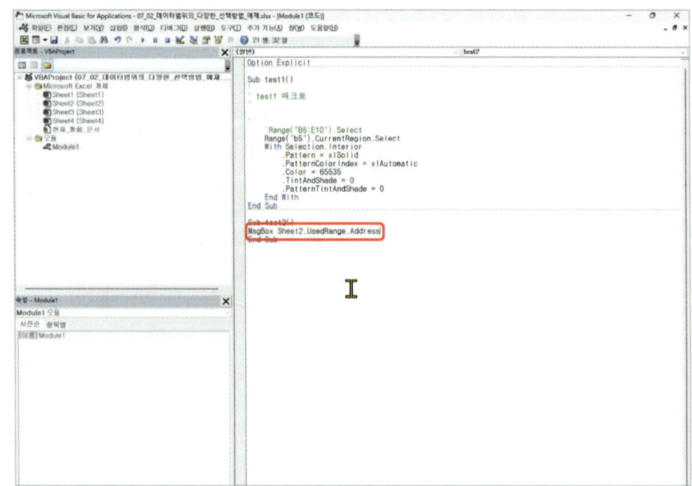

코드 설명

MsgBox Sheet2.UsedRange.Address

[Sheet2] 시트에서 사용된 셀 범위의 주소를 메시지 박스로 표시하라는 의미입니다.

22 [Alt]+[F11]을 눌러 엑셀 창으로 돌아와서 [개발 도구] 탭 – [컨트롤] 그룹 – [삽입] – [양식] – [단추]를 클릭, 시트에 삽입하고 [매크로 이름]은 'test2'를 선택하고 [확인]을 클릭합니다.

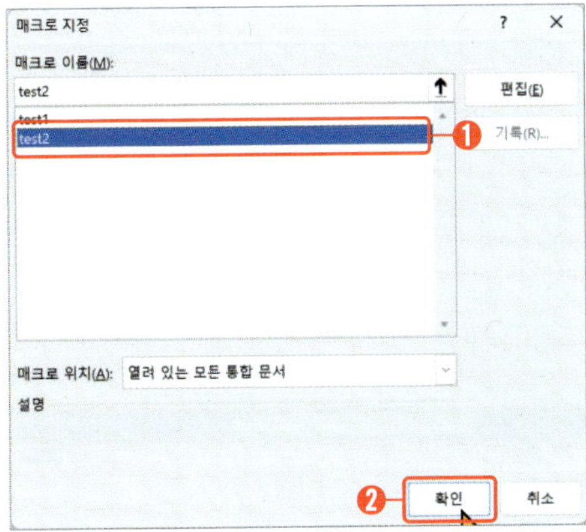

23 단추를 클릭하면 아래와 같은 셀 주소를 볼 수 있습니다.

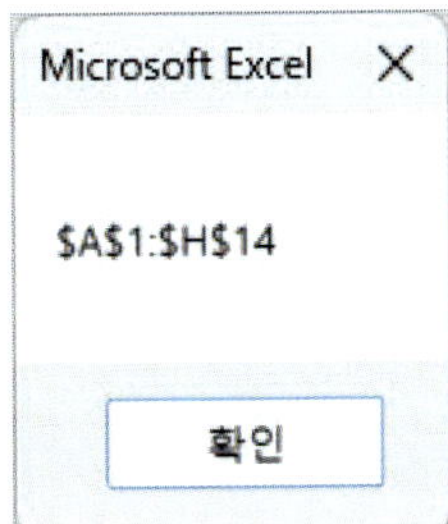

여기서 잠깐

[A1] 셀부터 [H14] 셀까지가 나타났습니다.

UsedRange 속성은 지정한 시트의 셀 범위를 첫 번째 셀부터 마지막 셀까지 사각형 박스 형태로 입력받는 것을 확인할 수 있습니다. 그중 특정 데이터만 처리하거나, 할 때는 이후 배우게 되는 IF 문을 이용하거나 해당 범위 전체를 순환하는 순환문을 이용해서 처리하게 됩니다.

24 이번에는 Range 속성과 End 속성을 이용해서 동적 범위를 빠르게 선택하는 방법을 알아보겠습니다.
[Sheet3] 시트로 이동합니다. 나타내고자 하는 결과는 [A] 열에서 머리글을 제외하고 숫자가 있는 데이터 영역만 메시지 박스로 주소를 나타내고 싶은 것입니다.

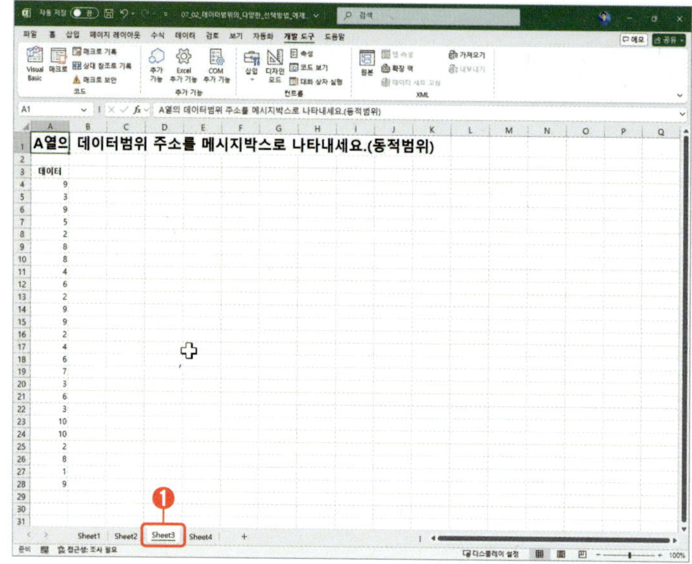

25 [개발 도구] 탭 – [코드] 그룹 – [Visual Basic]을 클릭해서 VBA 편집기 창으로 이동합니다.

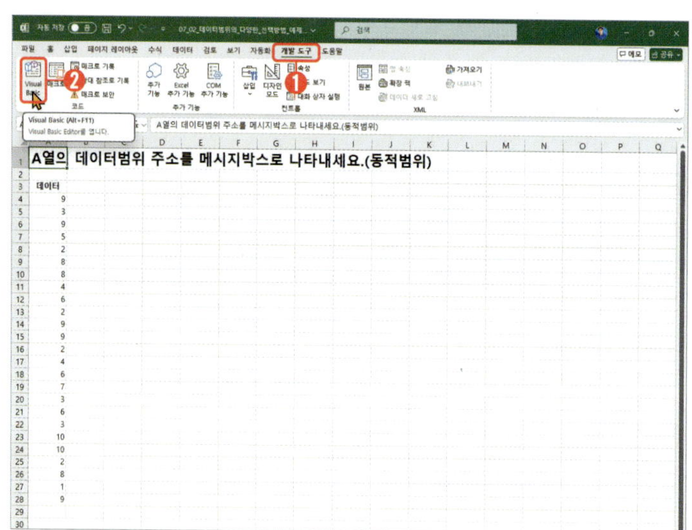

26 맨 마지막에 'test3' 프로시저를 추가해 보겠습니다. 'Sub test3'까지 입력하고 Enter 를 누릅니다.

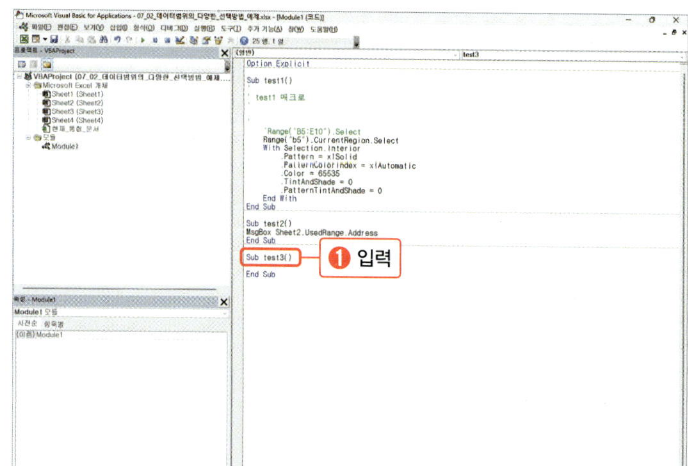

27 코드를 아래와 같이 입력합니다.

```
MsgBox Sheet3.Range(Sheet3.Range("a4"), Sheet3.Cells(Rows.Count, "A").End(xlUp)).Address
```

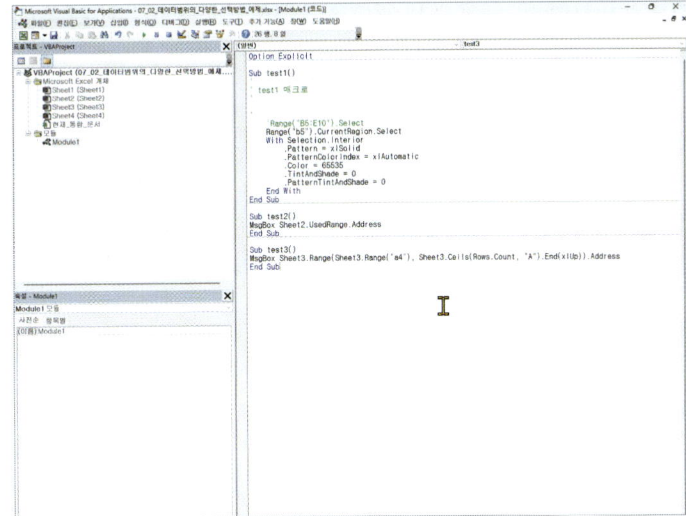

코드 설명

MsgBox(⑤) Sheet3.Range(③)(Sheet3.Range("a4")(①), Sheet3.Cells(Rows.Count, "A").End(xlUp)(②)).Address(④)

❶ : [Sheet3] 시트의 [A4] 셀

❷ : [Sheet3] 시트의 [A] 열 마지막 셀(A1048576)에서 Ctrl+↑를 눌러 만나는 셀

❸ : 위 2개의 셀을 맨 처음과 맨 마지막으로 하는 범위

❹ : 해당 범위의 주소

❺ : 위 주소를 메시지 박스로 표시

[A4] 셀과 [A1048576] 셀에서 Ctrl+↑를 눌렀을 때 만나는 셀까지의 셀 주소를 메시지 박스로 나타내라는 의미입니다.

⊕ 추가 정보

매우 중요하고 활용 빈도가 높은 속성 2가지

Range 속성은 내부에 처음 셀, 마지막 셀을 입력하면 그 전체 범위를 지정할 수 있습니다.
End 속성은 엑셀에서 Ctrl+화살표를 누르는 것과 같이 동작하며 위는 'xlup', 아래는 'xldown', 오른쪽은 'xlToRigh', 왼쪽은 'xlToLeft'로 표시됩니다.

Cells 속성에서 첫 번째 Rows.Count라고 적은 것은 향후 엑셀이 버전 업했을 때 행 크기가 커지더라도 맨 마지막 행에서 올라가 만나는 셀을 선택하기 위함입니다. 따라서 현재 엑셀 버전의 Rows.Count = 1,048,576입니다.

28 Alt+F11을 눌러 엑셀 창으로 돌아와서 [개발 도구] 탭 – [컨트롤] 그룹 – [삽입] – [양식] – [단추]를 클릭하여 시트에 삽입하고 [매크로 이름]은 'test3'을 선택하고 [확인]을 클릭합니다.

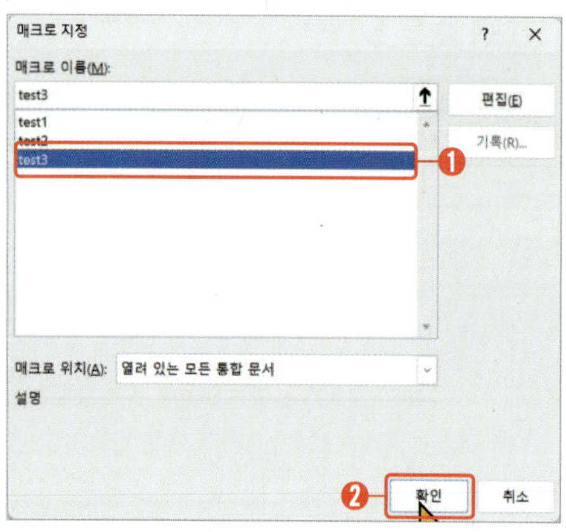

29 삽입한 단추를 클릭하면 아래와 같이 [A] 열 데이터 범위가 표시되는 것을 볼 수 있습니다.

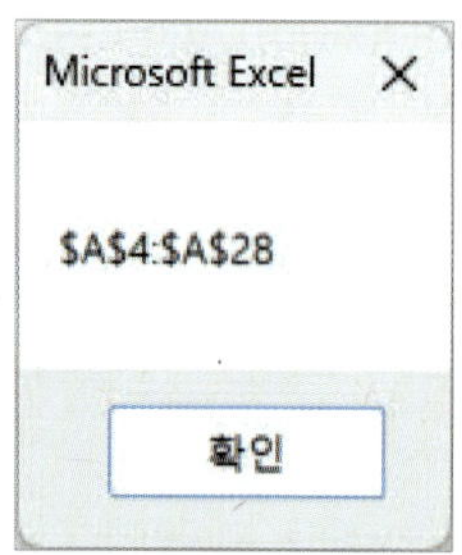

30 [A21:A28] 셀의 내용을 삭제하고 확인해 보겠습니다.

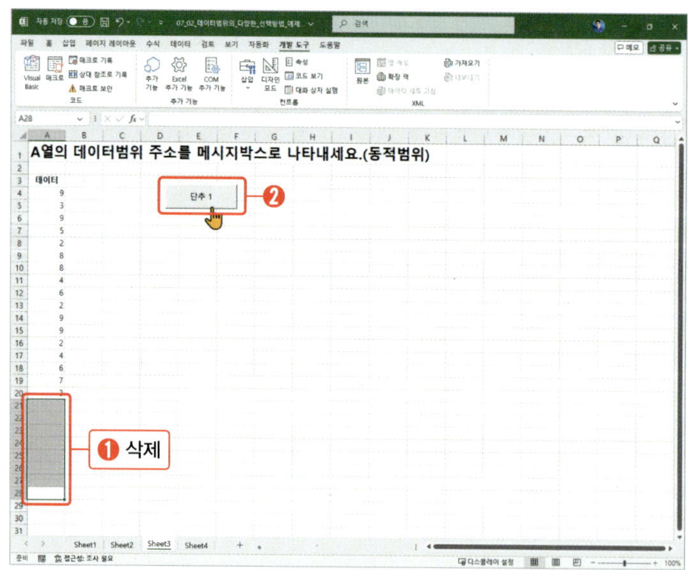

31 단추를 클릭하면 삭제된 데이터 범위를 제외한 결과가 나타납니다.

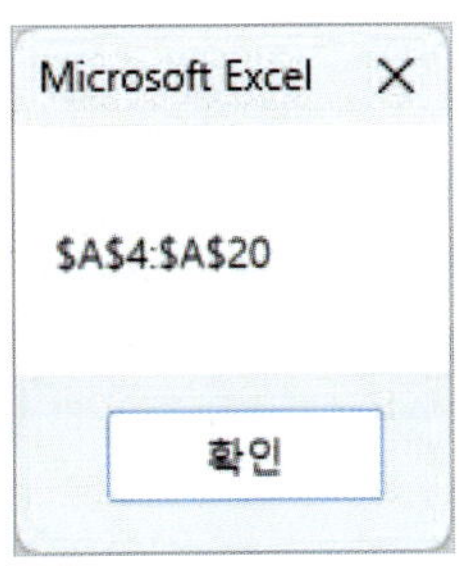

32 가운데 데이터를 지워도 동작하는지 확인하기 위해 [A9:A12] 셀의 내용을 삭제합니다.

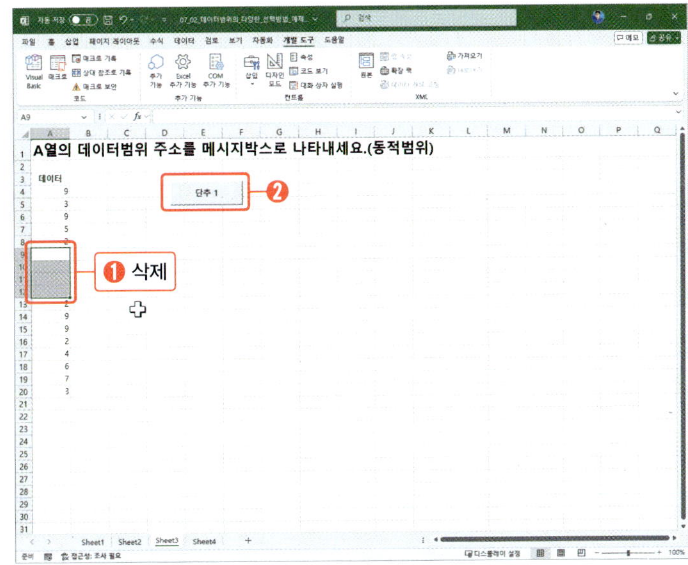

33 단추를 클릭하면 아래와 같은 결과를 확인할 수 있습니다. 동적 범위를 지정할 때 [A4] 셀에서 Ctrl+↓를 눌렀을 때의 셀까지 만나는 범위를 지정했을 때, 가운데 공백이 있으면 원하지 않는 결과가 나타나므로 마지막 셀에서 Ctrl+↑를 누를 때 만나는 셀을 지정하는 방법을 선택한 것입니다.

34 마지막으로 데이터를 복사하는 코드를 확인해 보겠습니다. [Sheet4] 시트를 선택하고 [개발 도구] 탭 – [코드] 그룹 – [Visual Basic]을 클릭해서 VBA 편집기 창으로 이동합니다.

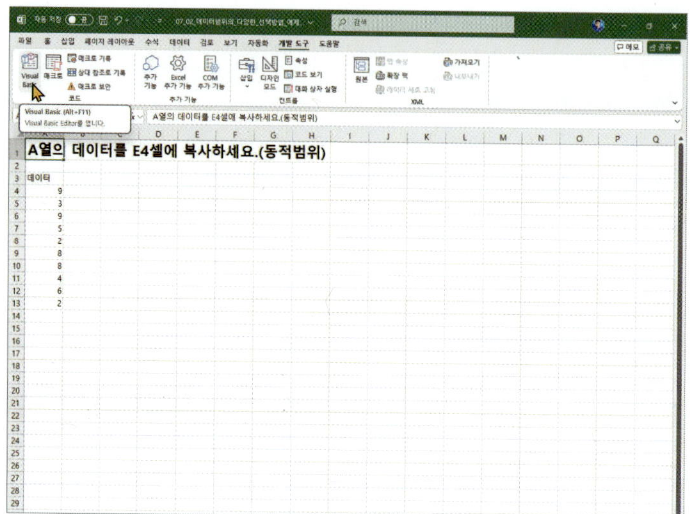

35 맨 마지막에 'test4' 프로시저를 추가하고 아래와 같이 코드를 추가합니다.

```
Sheet4.Range(Sheet4.Range("a4"), Sheet4.Cells(Rows.Count, "a").End(xlUp)).Copy Sheet4.Range("e4")
```

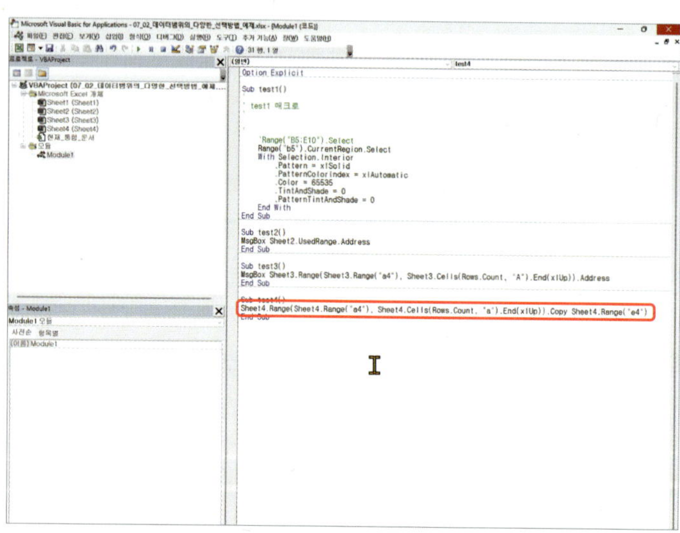

코드 설명

```
Sheet4.Range(Sheet4.Range("a4"), Sheet4.Cells(Rows.Count, "a").End(xlUp)).Copy Sheet4.Range("e4")
```

❶ : [Sheet4] 시트의 [A4] 셀

❷ : [Sheet4] 시트의 [A] 열 마지막 셀(A1048576)에서 Ctrl+↑를 눌러 만나는 셀

❸ : ① 셀부터 ② 셀까지의 전체 범위

❹ : ③ 범위를 복사

❺ : [Sheet4] 시트의 [E4] 셀에 붙여넣기

[Sheet4] 시트의 [A4] 셀에서 [A] 열의 마지막 셀(A1048576)에서 Ctrl+↑를 눌러 만나는 셀 까지를 복사하고, [Sheet4] 시트의 [E4] 셀에 붙여 넣으라는 의미입니다.

36 Alt+F11을 눌러 엑셀 창으로 돌아와 [개발 도구] 탭 – [컨트롤] 그룹 – [삽입] – [양식] – [단추]를 클릭하고 붙여 넣을 셀을 선택하거나, 드래그합니다. [매크로 지정] 대화상자가 나타나면 [매크로 이름]에서 'test4'를 선택하고 [확인]을 클릭합니다.

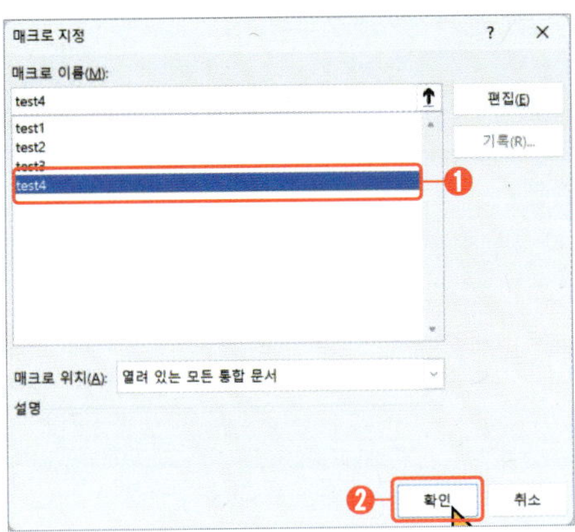

37 단추를 클릭하면 정상 동작하는 것을 확인할 수 있습니다.

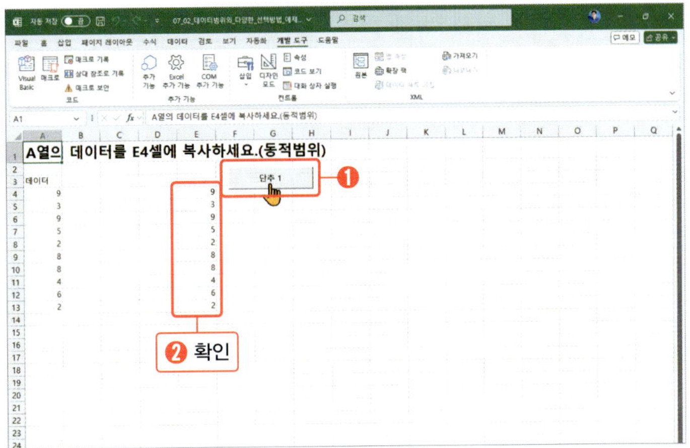

38 아래로 데이터를 좀 더 추가하고 클릭해도 동적 범위가 정상 동작하는 것을 확인할 수 있습니다.

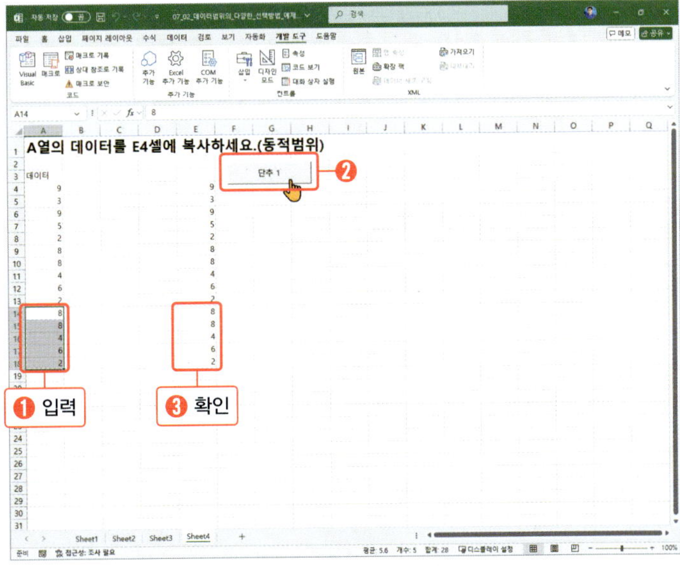

39 이제 작성한 코드가 너무 가로로 길어 2행으로 처리하겠습니다. Alt+F11을 눌러 VBA 편집기 창으로 이동한 후 작성했던 코드의 'Copy'라는 뒷부분을 클릭하고 '_ + 공백(Space Bar)'을 입력한 후 Enter를 누릅니다.

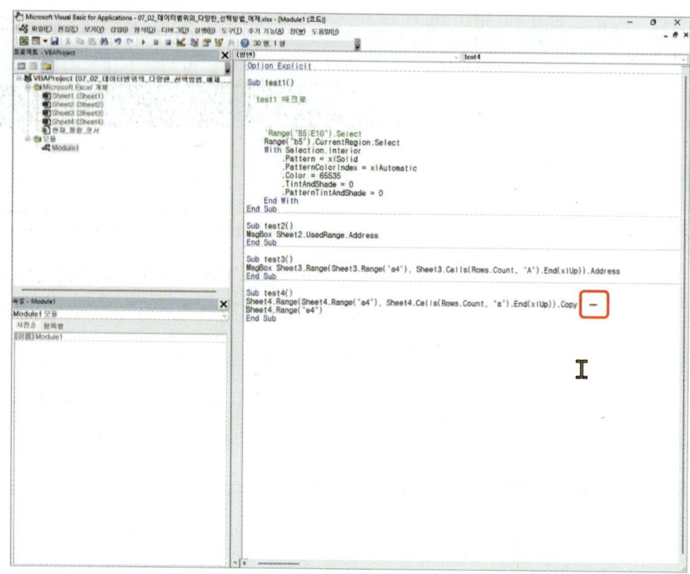

여기서 잠깐

엑셀 VBA에서 코드를 2행으로 처리하고자 할 때 '_ + 공백 문자'로 처리하면 됩니다.

40 Alt+F11을 눌러 엑셀 창으로 돌아와 데이터를 좀 더 추가하고 단추를 클릭해도 동적 범위가 정상 동작하는 것을 확인할 수 있습니다.

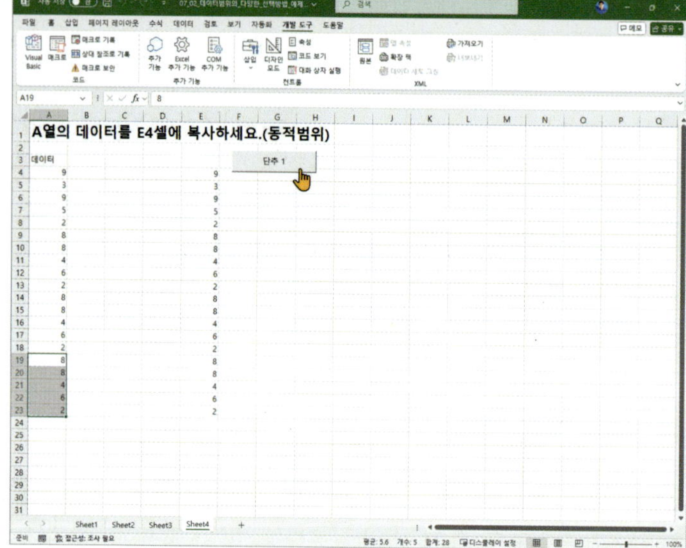

003 사용자 메뉴 작성 및 디버깅을 위한 폰트 변경

엑셀 VBA로 코드를 작성하다 보면, 대문자 영문 O와 숫자 0(제로)이 잘 구분되지 않아 오타나 수정 실수가 자주 발생합니다. 이번에는 이러한 실수를 줄이기 위해 VBA 편집기 창의 폰트를 변경하는 방법, 그리고 자주 사용하는 주석 처리 · 해제 기능을 단축키로 설정하는 방법 등 전반적인 코딩 작업을 더욱 효율적으로 수행할 수 있는 기법을 알아보겠습니다.

- **실습 파일 :** Part 07 > 예제 > 07_03_폰트_변경_및_사용자_메뉴_작성_예제.xlsm
- **완성 파일 :** Part 07 > 완성 > 07_03_폰트_변경_및_사용자_메뉴_작성_완성.xlsm

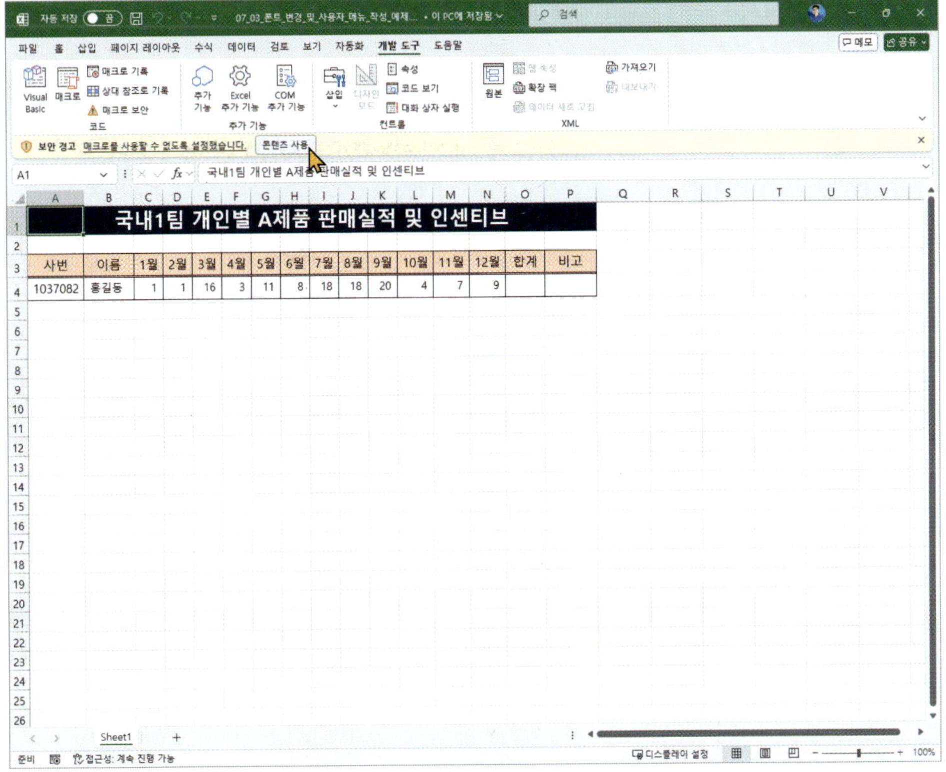

주요 기능	현업 활용
폰트 변경	• VBA에서 사용하면 좋은 문자의 구분이 조금 더 용이한 폰트를 적용하는 방법을 통해 오타를 빠르게 찾을 수 있다.
사용자 메뉴 작성	• 자주 사용하는 메뉴를 VBA 편집기 창에서 만들고 또 단축키를 만들어 사용함으로 업무 효율을 높일 수 있다.
코드의 수정	• 실행 〉 재설정을 통해 오류 코드를 리셋하고 수정할 수 있다.

01 예제 파일을 불러온 후 [콘텐츠 사용]을 클릭합니다. 이는 이미 해당 파일에 'test' 프로시저를 추가해 뒀기 때문에 나타나는 것입니다.

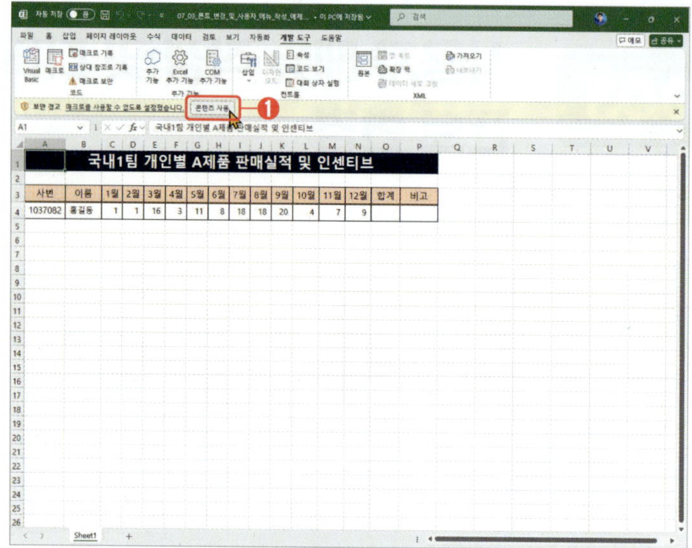

02 단추를 삽입하기 위해 [개발 도구] 탭 – [컨트롤] 그룹 – [삽입] – [양식] – [단추]를 클릭한 후 적당한 셀을 선택합니다.

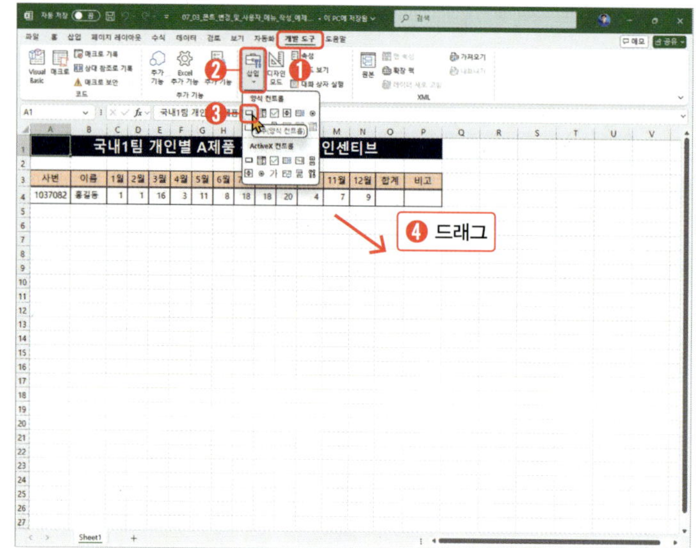

03 [매크로 지정] 대화상자의 [매크로 이름]에서 'test'를 선택하고 [확인]을 클릭합니다.

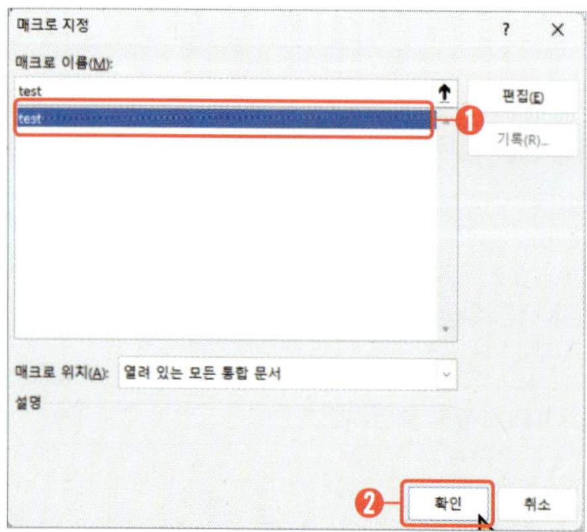

04 단추를 클릭하고 실행하면 아래와 같이 오류 메시지를 확인할 수 있습니다. [디버그]을 클릭해서 해당 코드를 수정하겠습니다.

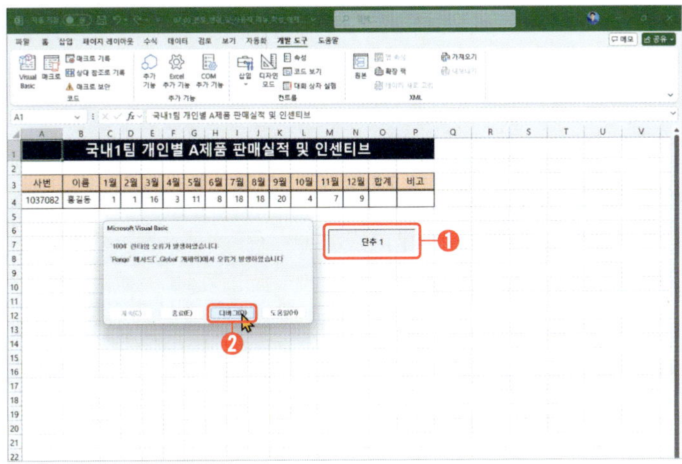

05 VBA 편집기 창으로 이동했고 어느 부분에 코드 오류가 있는지 노란색으로 표시되어 있습니다. 그런데 문제는 아무리 봐도 오류가 없어 보입니다. 0과 O를 잘못 입력한 것 같아서, 'Range("04")'부분을 'Range("O4")'로 변경합니다. 그리고 [실행] – [재설정]을 클릭합니다.

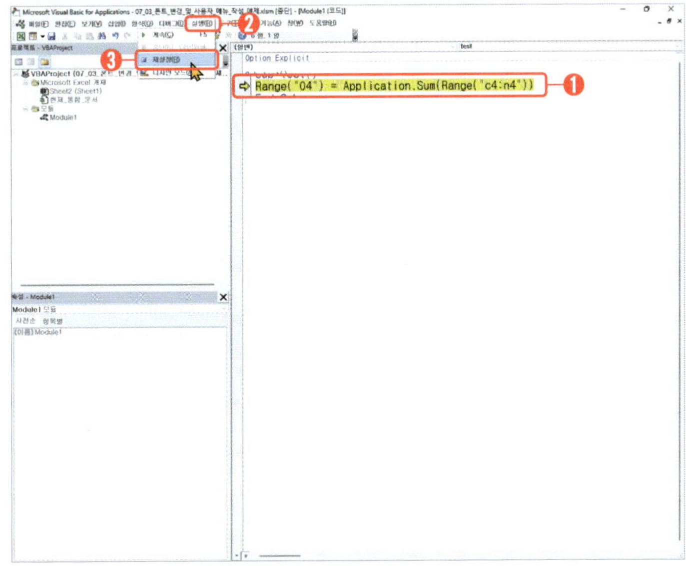

여기서 잠깐

오류가 발생한 코드를 수정하면 반드시 [재설정]을 통해서 리셋해야 수정된 코드가 정상 동작합니다.

06 Alt+F11을 눌러 엑셀 창으로 이동해서 단추를 클릭했더니 정상 동작해서 [O4] 셀에 합계가 나타났습니다. 이와 같이 VBA 편집기 창에서 0과 O를 잘못 입력하면 눈에 띄지도 않고 수정도 어렵습니다. 그래서 0을 사선이 표시된 0으로 표시하는 폰트를 설치하겠습니다.

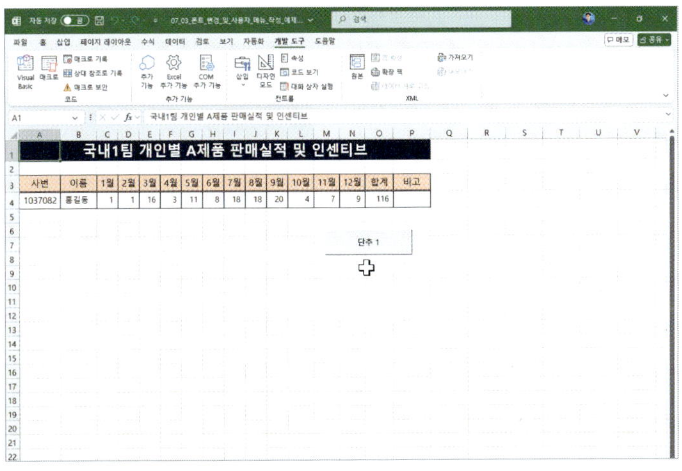

07 브라우저에서 'google.com'으로 이동합니다. 검색 창에 'd2coding 폰트 다운로드'를 입력하고 검색하면 첫 번째 GitHub 등록된 글꼴을 다운로드할 수 있는 정보가 나타나면 이동합니다.

URL : https://github.com/naver/d2codingfont

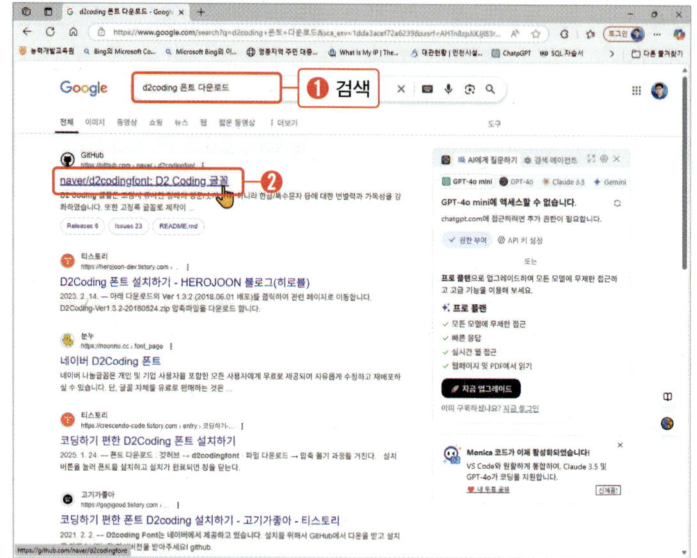

⊕ 추가 정보

GitHub는 전 세계 개발자들이 코드를 공유하고 협업할 수 있도록 도와주는 개발자용 온라인 소셜 플랫폼입니다.

08 왼쪽 리스트 중 가장 최근 자료 1.3.2를 클릭합니다.

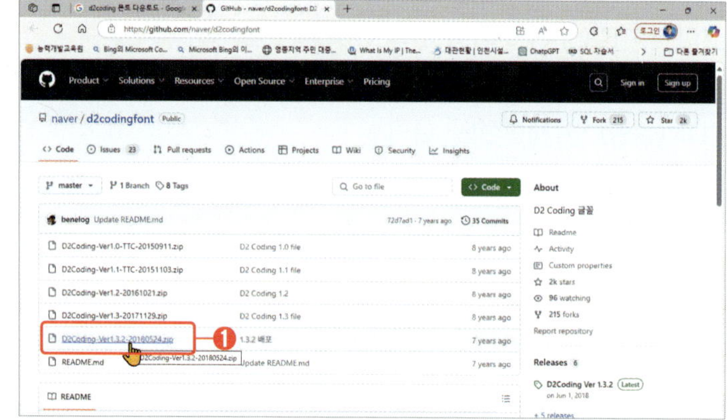

09 우측에 있는 다운로드 버튼을 클릭해서 적당한 폴더에 다운로드하고 압축 해제합니다.

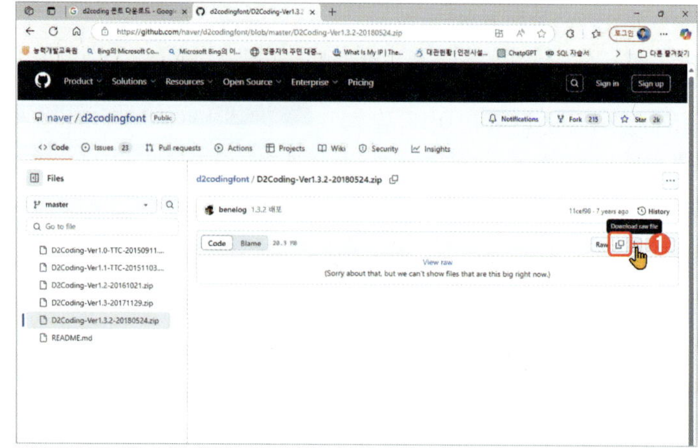

10 압축해제 완료하면 [D2Coding-Ver1.3.2-20180524] – [D2CodingAll] 폴더로 이동합니다. 'D2Coding-Ver1.3.2-20180524-all.ttc' 파일을 마우스 오른쪽 버튼으로 클릭한 후 [설치]를 실행합니다.

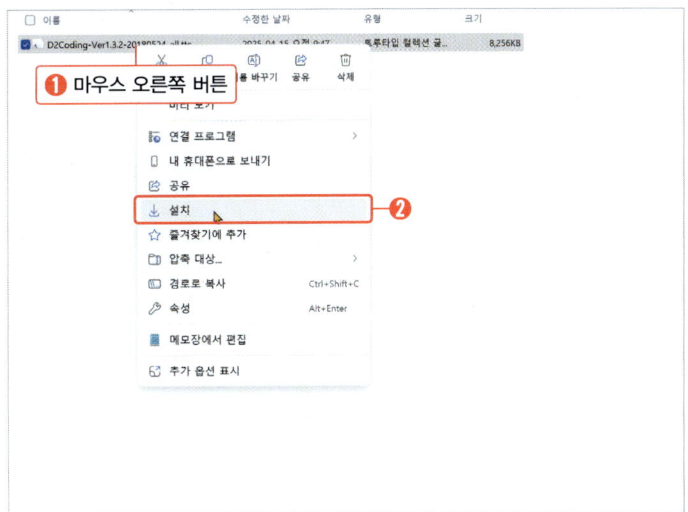

11 VBA 편집기 창에서 [도구] – [옵션]을 클릭합니다.

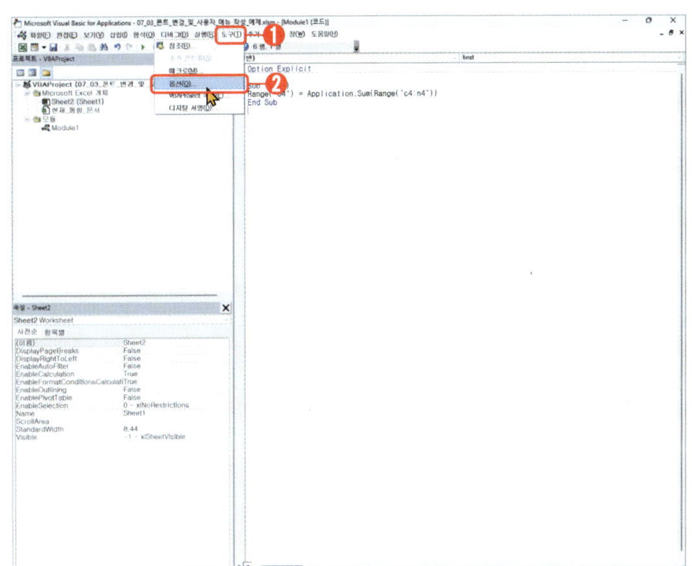

12 [편집기 형식] 탭을 선택하고 [글꼴]에 'd2coding'을 입력한 후 Ctrl+↑를 누르면 손쉽게 D2Coding (영어) 폰트를 선택할 수 있습니다. [확인]을 클릭합니다.

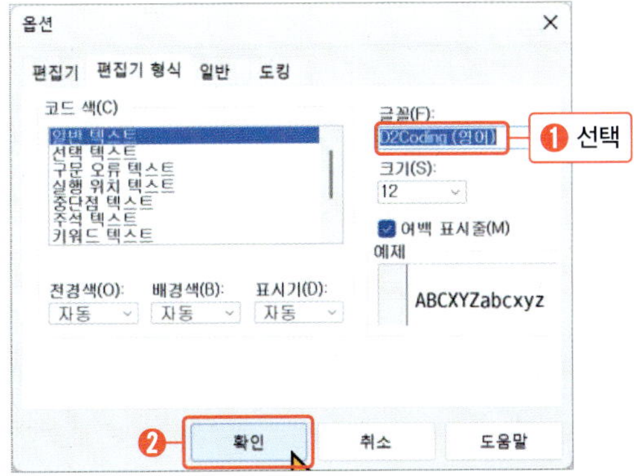

13 아래는 오류가 있을 때 숫자 0을 입력했을 때 표시는 내용입니다. 사선이 있는 0으로 표시되서 구분이 쉽습니다.

```
Sub test()
Range("04") = Application.Sum(Range("c4:n4"))
End Sub
```

14 아래는 대문자 영문 O을 입력했을 때 표시되는 내용입니다.
구분이 매우 쉽습니다.

```
Sub test()
Range("O4") = Application.Sum(Range("c4:n4"))
End Sub
```

15 이번에는 자주 사용하는 기능을 메뉴에 띄우고 또 단축키를 만드는 방법을 알아보겠습니다. 가장 많이 사용하는 기능인 범위를 일괄 주석 처리하거나, 주석 해제하는 아이콘을 작성하겠습니다. [보기] – [도구 모음] – [편집]에 해당 기능이 있지만, 단축키가 없으므로 작성하는 것입니다. [도구 모음]의 빈 영역을 마우스 오른쪽 버튼으로 클릭한 후 [사용자 지정]을 선택합니다.

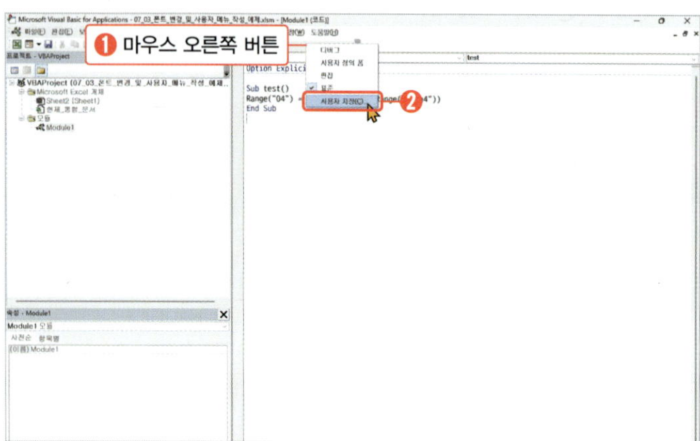

16 [사용자 지정] 대화상자에서 [새로 만들기]를 클릭하고, [새 도구 모음] 대화상자에서 [도구 모음 이름]에 '주석'을 입력한 후 [확인]을 클릭합니다.

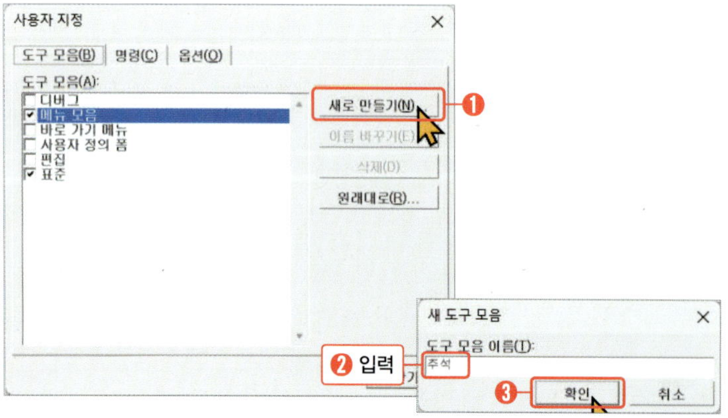

17 [명령] 탭의 [범주]에서 [편집]을 선택하고 [명령]을 아래로 드래그해서 [주석 블록 설정]을 작성한 [주석] 도구 모음으로 드래그 & 드롭합니다.

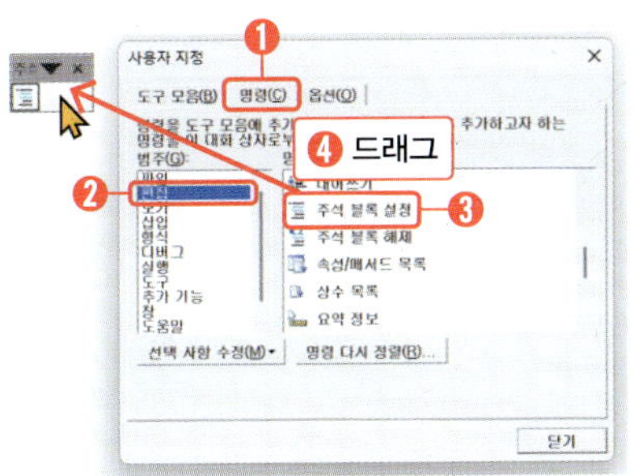

18 [주석] 도구 모음에 삽입된 [주석 블록 설정]을 마우스 오른쪽 버튼으로 클릭한 후 [이름]을 선택하고, '주석 블록 설정(&j)'를 입력하고 [이미지 및 텍스트]를 체크합니다.

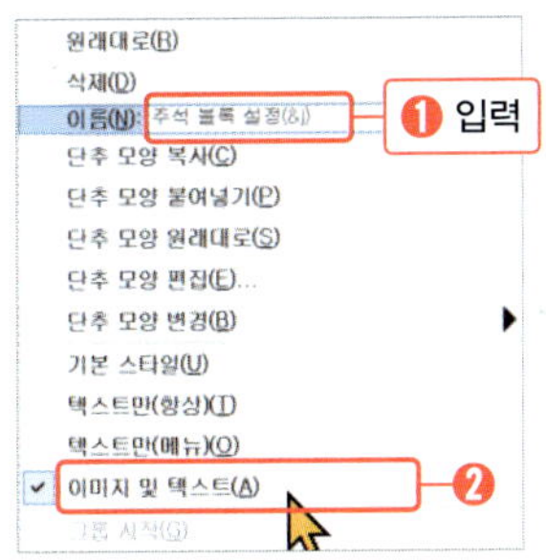

19 [명령]을 아래로 드래그해서 [주석 블록 해제]를 작성한 [주석] 도구 모음으로 드래그 & 드롭합니다.

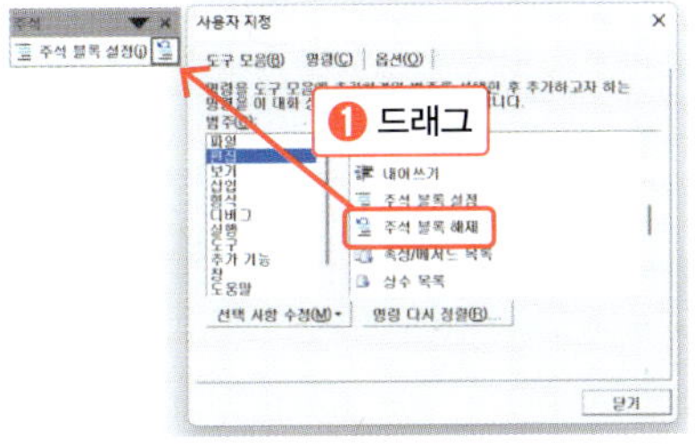

20 삽입된 [주석 블록 해제]를 마우스 오른쪽 버튼으로 클릭한 후 [이름]은 '주석 블록 해제(&k)'를 입력하고, [이미지 및 텍스트]를 체크합니다.

21 아래와 같이 작성된 [주석] 도구 모음을 확인할 수 있습니다.

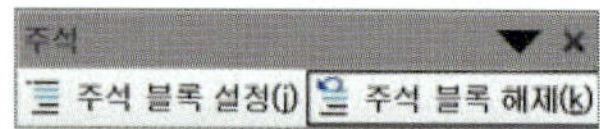

22 해당 도구 모음을 이동, 배치시킵니다.

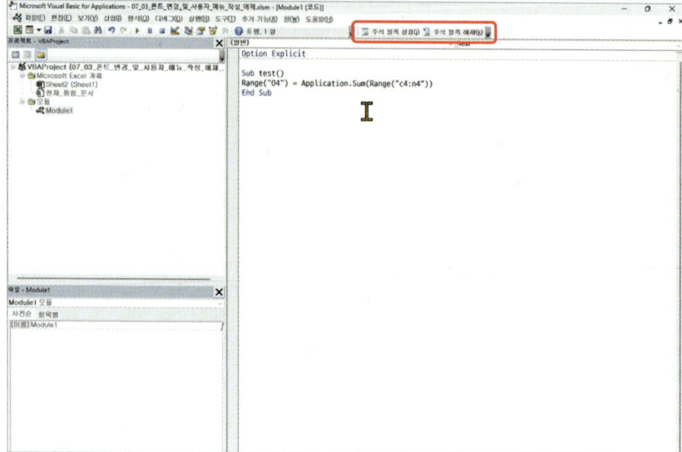

23 이제 범위를 선택하고 Alt+J를 누르면 선택 범위의 코드가 모두 주석 처리된 것을 확인할 수 있습니다.

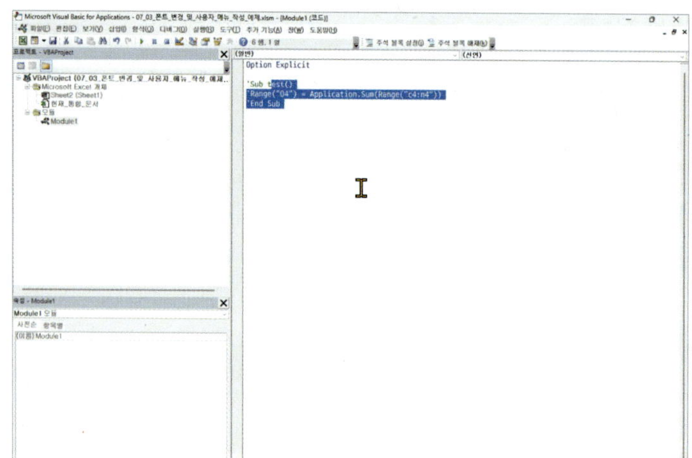

24 이 상태 그대로 다시 Alt+K를 누르면 다시 주석 블록 해제된 것을 확인할 수 있습니다.
이와 같은 방법으로 필요한 기능을 더 추가해서 사용하면 됩니다.

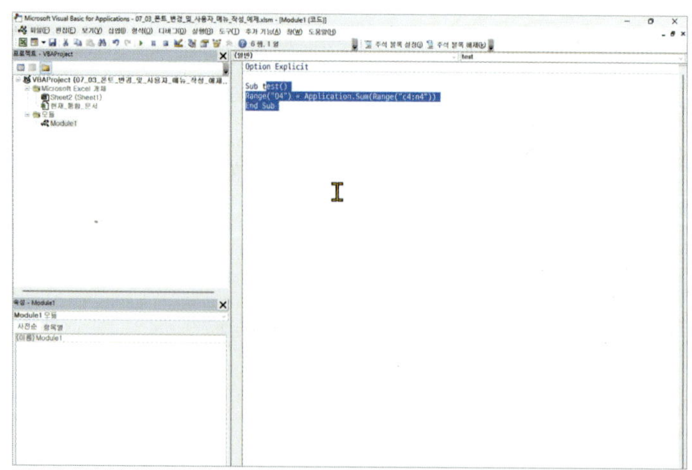

004 IF, With 문의 사용법

이제 매크로 기록기만으로는 구현하기 어려운 작업을 위해, VBA 편집기 창에서 직접 코드를 입력하는 코딩 작업을 시작하겠습니다. VBA에서는 기록된 코드를 수정하거나 새로운 기능을 직접 작성해야 하는 경우가 매우 많으며, 그 과정에서 가장 자주 사용되는 구문이 IF 문과 With 문입니다.

이번에는 두 구문의 기본 구조와 활용법을 익혀, 보다 효율적으로 코드를 작성하는 방법을 살펴보겠습니다.

- **실습 파일 :** Part 07 > 예제 > 07_04_IF_With문_예제.xlsm
- **완성 파일 :** Part 07 > 완성 > 07_04_IF_With문_완성.xlsm

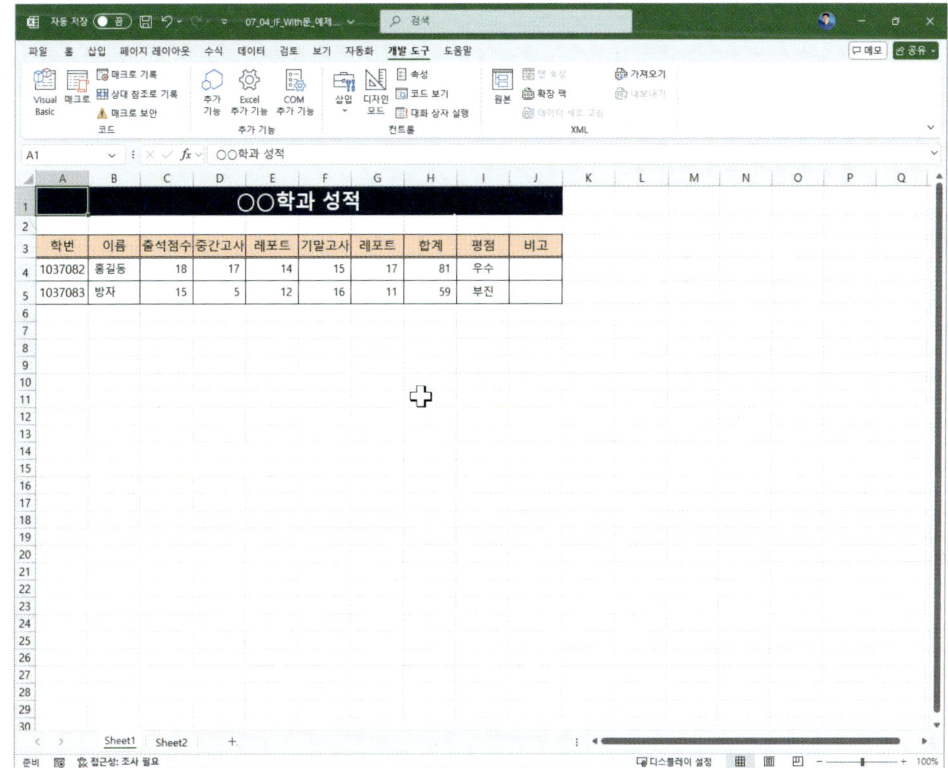

주요 기능	현업 활용
IF 문	• 엑셀 내장 함수와 같이 코드에서 IF 문을 이용하여 조건에 따른 참, 거짓을 반환받을 수 있다.
With 문	• 자주 사용하는 객체 등을 With 문을 통해서 표시함으로써 가독성을 높이고 수정도 용이하게 할 수 있다.
시트 객체 이름	• 시트 이름으로 시트를 표시할 때 시트명이 달라지면 생기는 오류를 시트 객체 이름으로 표시하면 시트 이름으로 인한 오류를 방지할 수 있다.

01 예제 파일을 불러온 후 [보안 경고]가 나타나면 [콘텐츠 사용]을 클릭합니다. [Sheet1] 시트에서 [I4], [I5] 셀에 성적 평가를 하는데 실행 버튼은 [Sheet2] 시트에 만들어 두겠습니다. [Sheet2] 시트에서 [개발 도구] 탭 – [코드] 그룹 – [Visual Basic]을 클릭해서 VBA 편집기 창으로 이동합니다.

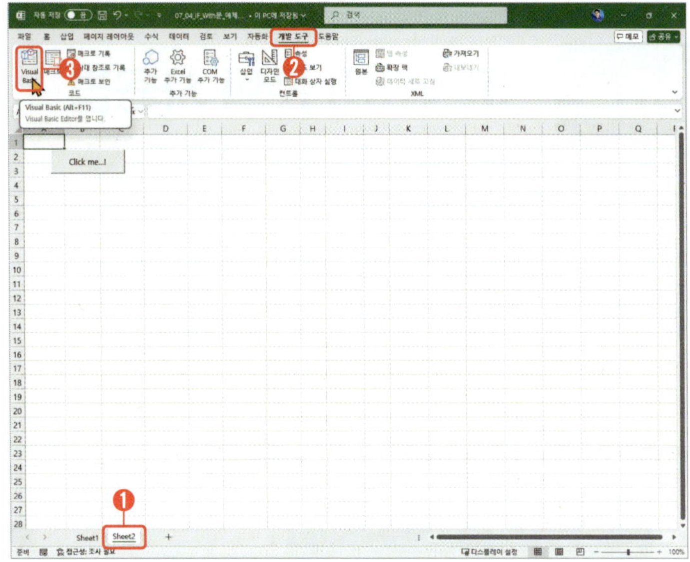

02 [프로젝트] 창에서 해당 예제의 [모듈]을 찾아 확장하고 [Module1]을 더블클릭합니다. test 프로시저 내부에 아래와 같이 코딩합니다.

```
If Sheet1.Range("h4") >= 80 Then
    Sheet1.Range("i4") = "우수"
Else
    Sheet1.Range("i4") = "부진"
End If
```

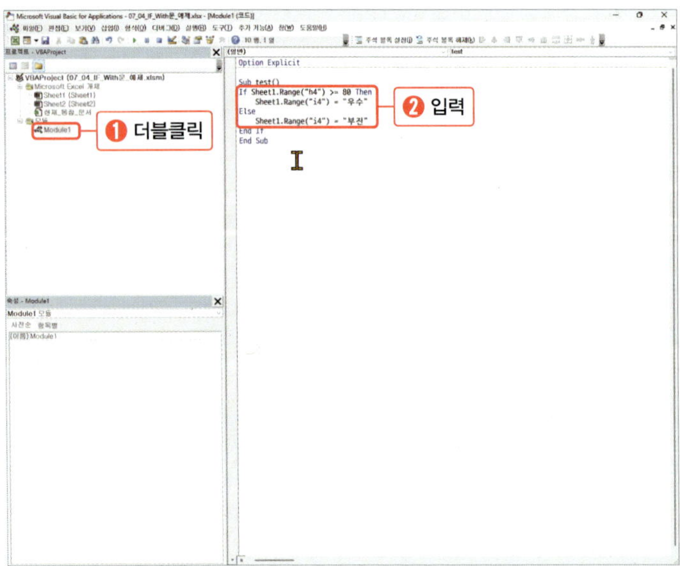

코드 설명

If Sheet1.Range("h4") >= 80 Then ··· [Sheet1] 시트의 [H4] 셀 값이 '80' 이상이라면,
　Sheet1.Range("i4") = "우수" ··· [Sheet1] 시트의 [I4] 셀에 '우수'라고 나타내고,
Else ··· 그렇지 않다면
　Sheet1.Range("i4") = "부진" ··· [Sheet1] 시트의 [I4] 셀에 '부진'이라고 써라.
End If

⊕ 추가 정보

'Sheet1'은 시트 코드 이름인데 이렇게 입력하는 이유는 예를 들어, '성적'이라는 시트명을 가진 시트를 나타낼 때 Sheets("성적") 또는, Worksheets("성적")이라고 쓰면 되지만, 만약 시트 이름이 바뀌게 되면 오류가 생기므로 시트 코드 이름으로 코드를 작성하는 것이 더 안정적입니다.

03 이번에는 [I5] 셀에도 위와 같은 조건으로 성적 평가를 하겠습니다. 위 작성 코드 하단에 아래와 같이 코드를 입력합니다.

```
If Sheet1.Range("h5") >= 80 Then
    Sheet1.Range("i5") = "우수"
Else
    Sheet1.Range("i5") = "부진"
End If
```

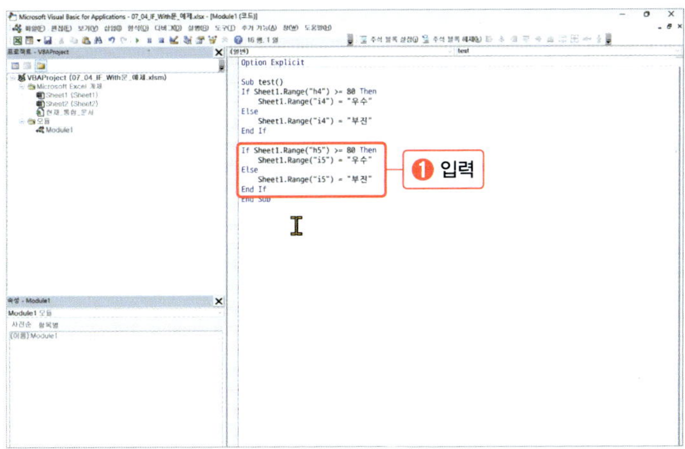

코드 설명

If Sheet1.Range("h5") >= 80 Then ··· [Sheet1] 시트에서 [H5] 셀 값이 80 이상이라면
　Sheet1.Range("i5") = "우수" ··· [Sheet1] 시트의 [I5] 셀에 '우수'라고 쓰고,
Else ··· 그렇지 않다면
　Sheet1.Range("i5") = "부진" ··· [Sheet1] 시트의 [I5] 셀에 '부진'이라고 써라
End If

04 작성된 코드를 보면 'Sheet1'이라는 시트 코드 이름이 반복 사용되는 것을 볼 수 있습니다. 그래서 With 문을 이용해서 코드를 수정하겠습니다. 해당 코드의 맨 위에 'With Sheet1'을 입력하고 맨 마지막에 'End With'를 입력합니다. 그리고 기존의 IF 문 전체를 선택한 후 [Tab]을 눌러 들여쓰기 합니다.

```
With Sheet1
    If Sheet1.Range("h4") >= 80 Then
        Sheet1.Range("i4") = "우수"
    Else
        Sheet1.Range("i4") = "부진"
    End If

    If Sheet1.Range("h5") >= 80 Then
        Sheet1.Range("i5") = "우수"
    Else
        Sheet1.Range("i5") = "부진"
    End If
End With
```

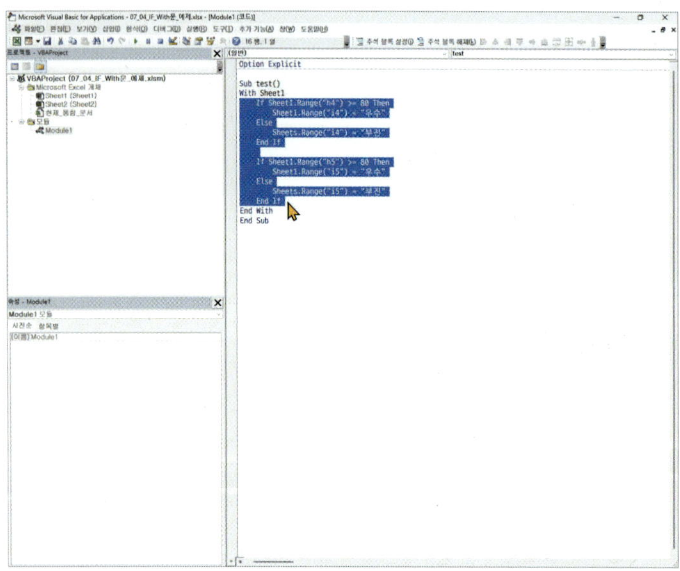

여기서 잠깐

코드를 들여쓰기하는 것은 나중에 코드를 구조적으로 한눈에 파악하기 매우 좋습니다. 그래서 마우스를 이용하여 기존 IF 문을 블록으로 잡은 다음 [Tab]을 누르면 IF 문은 With 문 내부의 코딩으로 쉽게 구조를 나타낼 수 있습니다. 만약 [Shift]+[Tab]을 누르면 반대로 내어쓰기가 됩니다.

05 이제 IF 문 내부의 'Sheet1'을 삭제하면 됩니다. IF 문 전체를 블록으로 선택합니다.

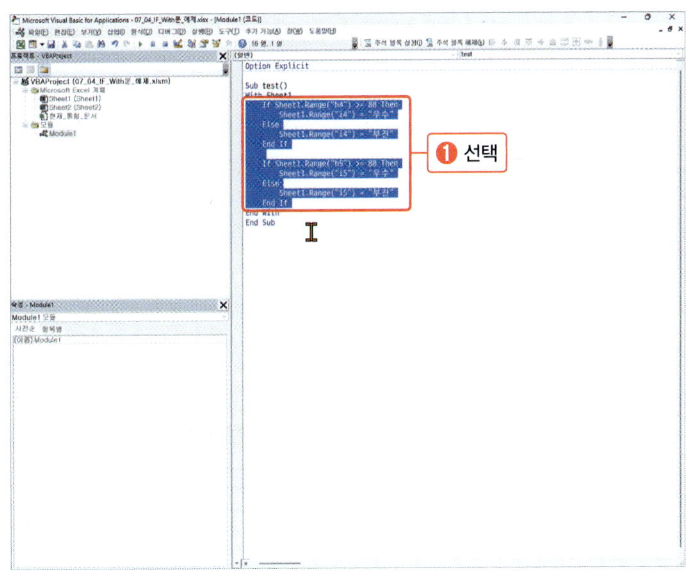

06 [편집] – [바꾸기]를 클릭하고, [바꾸기] 대화상자에서 [찾을 내용]에 'Sheet1', [선택한 텍스트]에 체크를 확인한 후 [모두 바꾸기]를 클릭하면 결과를 확인할 수 있습니다.

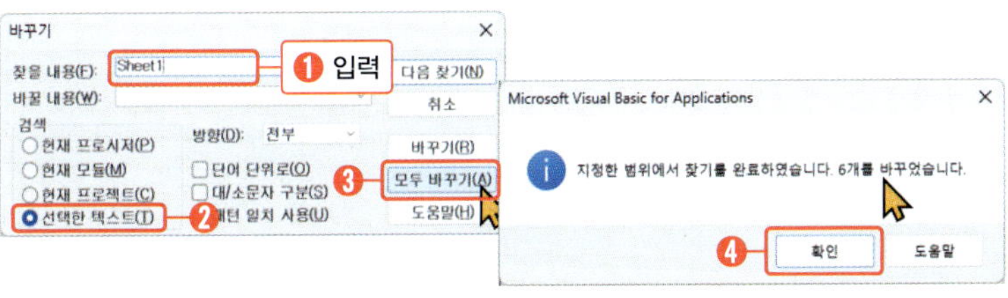

여기서 잠깐

[바꾸기]의 단축키는 엑셀의 '찾기 및 바꾸기'와 같은 Ctrl+H입니다.

07 그림과 같이 코딩이 변경되었습니다. 이 코드에서 이제 With ~ End With 문 사이에 있는 코딩 중 .(마침표)로 시작하는 부분은 모두 'Sheet1'이라는 내용이 생략되어 있다고 생각하면 됩니다.

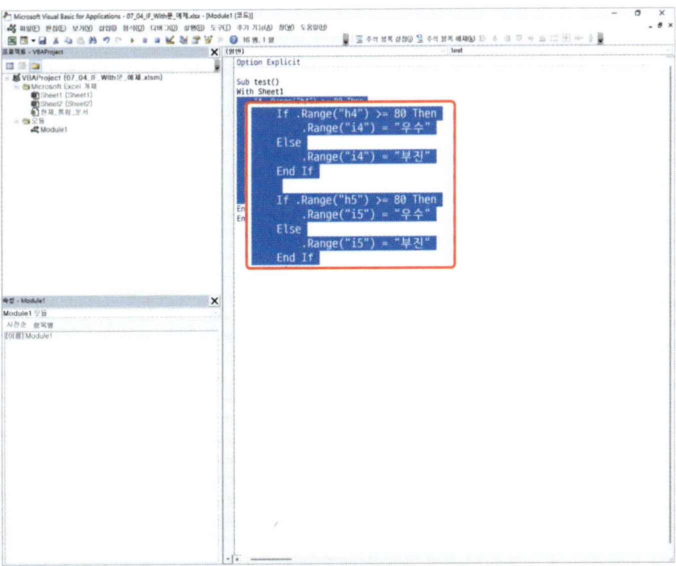

추가 정보

With 문을 사용하는 이유

코딩을 하며 시트가 변경될 때 With 문을 사용하지 않으면 코딩 내부의 시트 코드 이름을 일일이 모두 변경해야 할 수도 있지만, With 문을 이용하면 'Sheet2'로 변경되었다고 가정했을 때 'With Sheet1'을 'Sheet2'로만 변경해도 됩니다.

08 Alt+F11을 눌러 엑셀 창으로 이동해서 [Sheet2] 시트의 단추를 클릭하고, [Sheet1] 시트로 이동해 보면 결과를 확인할 수 있습니다.

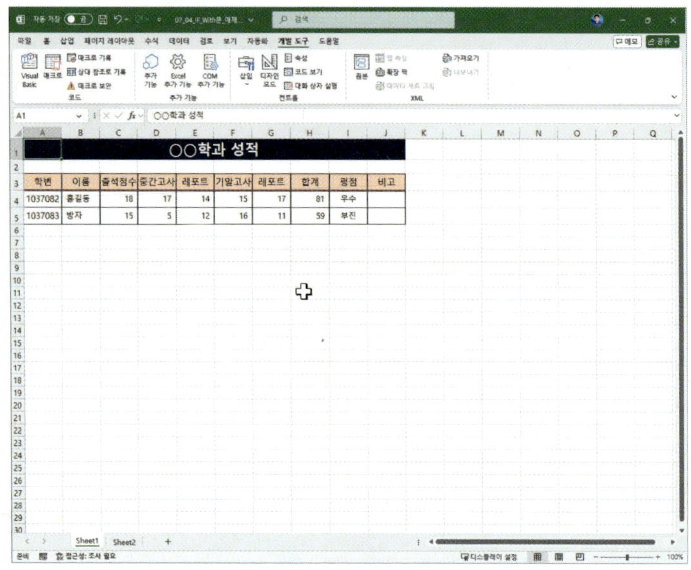

005 Select Case 문의 사용법

성적을 단순히 '우수' 혹은 '부진'처럼 두 가지로 나누는 것이 아니라, 예를 들어, 60점 미만은 '낙제', 60~70점은 'D' 등과 같이 여러 등급으로 세분화해 결과를 표시하고 싶을 때가 있습니다. 이러한 다중 조건을 처리할 때는 VBA의 조건 분기 구문 중 하나인 Select Case 문을 사용하면 간결하고 효율적으로 구현할 수 있습니다. 이번에는 Select Case 문의 구조와 활용법을 익혀 보다 다양한 조건 분기 처리를 수행하는 방법을 살펴보겠습니다.

- **실습 파일 :** Part 07 > 예제 > 07_05_Select_Case 문_예제.xlsm
- **완성 파일 :** Part 07 > 완성 > 07_05_Select_Case 문_완성.xlsm

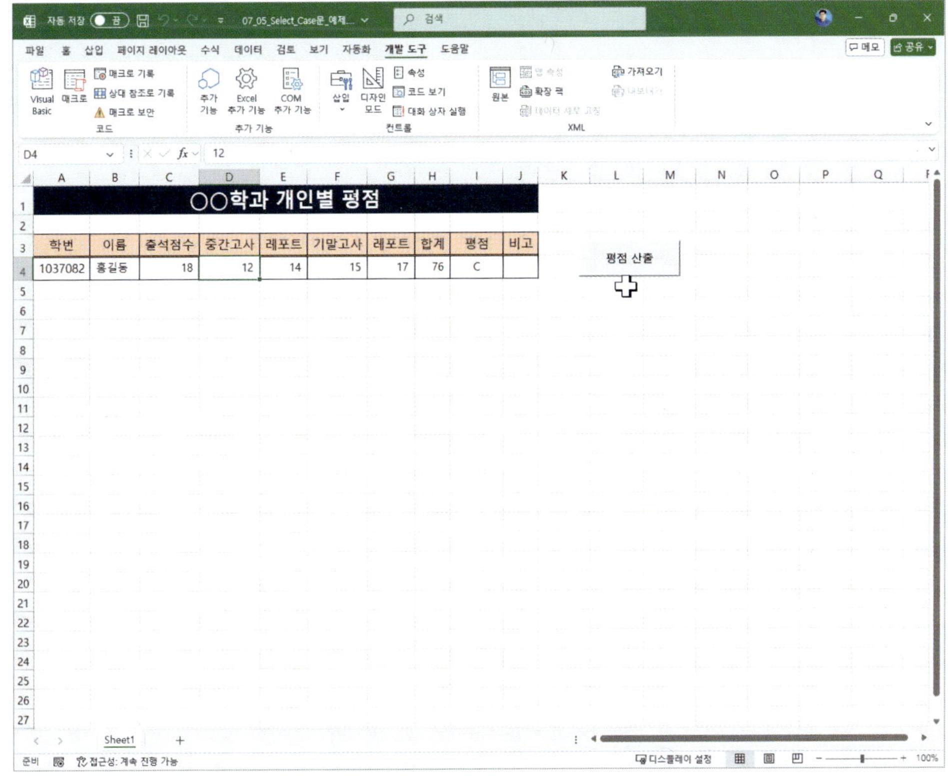

주요 기능	현업 활용
IF 문의 조건 분기	• IF 문을 이용해서 조건 분기로 성적의 절대 평가를 할 수 있다.
Select Case 문	• IF 문을 통한 조건 분기는 코드의 가독성이 떨어지고 수정도 불편하므로 Select Case 문을 사용할 수 있다.
주석 처리	• 실행에 영향을 주지 않도록 블록을 설정하고 빠르고 주석 처리할 수 있다.

01 예제 파일을 불러온 후 [보안 경고]에서 [콘텐츠 사용]을 클릭합니다. [I4] 셀에 [H4] 셀의 합계를 기준으로 절대 평가를 하기 위한 코드 작성을 위해 [개발 도구] 탭 – [코드] 그룹 – [Visual Basic]을 클릭해서 VBA 편집기 창으로 이동합니다.

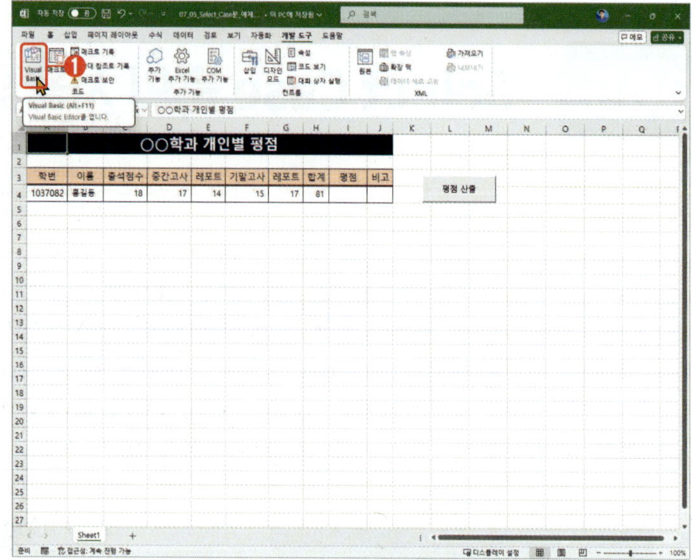

02 [프로젝트] 창에서 해당 예제의 [모듈]을 찾아 확장하고 [Module1]을 더블클릭합니다. 해당 프로시저에 먼저 IF 구문을 이용해서 코딩해 보겠습니다. 아래와 같이 코딩합니다.

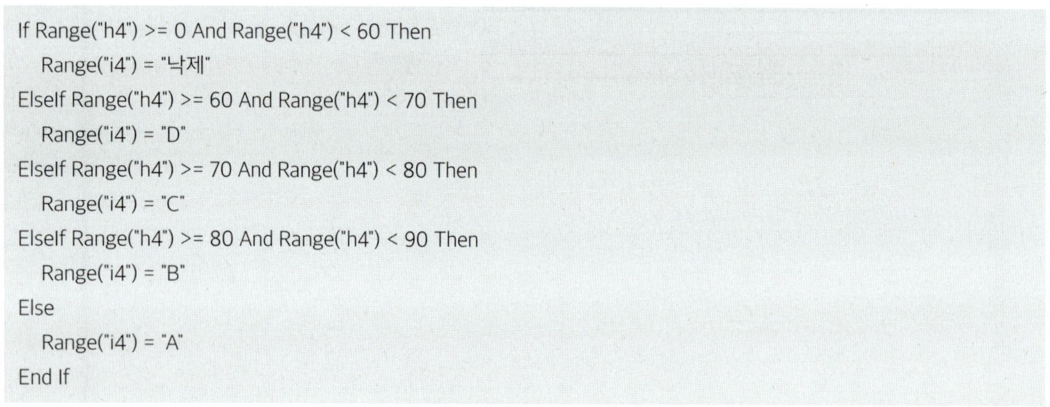

```
If Range("h4") >= 0 And Range("h4") < 60 Then
    Range("i4") = "낙제"
ElseIf Range("h4") >= 60 And Range("h4") < 70 Then
    Range("i4") = "D"
ElseIf Range("h4") >= 70 And Range("h4") < 80 Then
    Range("i4") = "C"
ElseIf Range("h4") >= 80 And Range("h4") < 90 Then
    Range("i4") = "B"
Else
    Range("i4") = "A"
End If
```

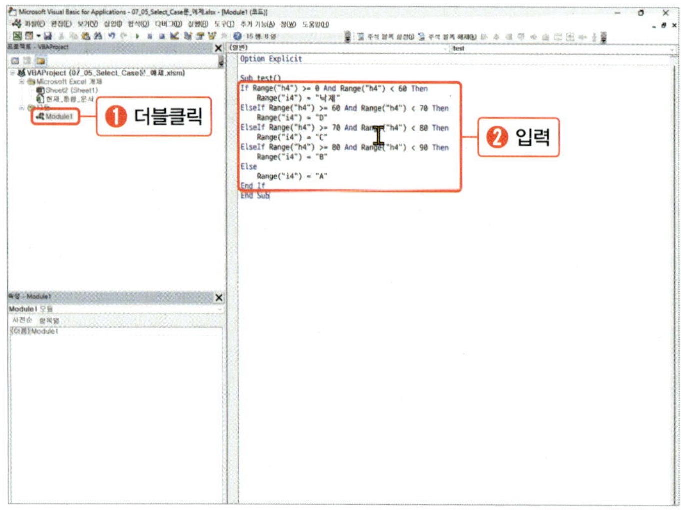

코드 설명

If Range("h4") >= 0 And Range("h4") < 60 Then	···	[H4] 셀 값이 0보다 크거나 같고 60 미만이라면
Range("i4") = "낙제"	···	[I4] 셀에 '낙제'라고 쓰고,
ElseIf Range("h4") >= 60 And Range("h4") < 70 Then	···	[H4] 셀 값이 60보다 크거나 같고 70 미만이라면
Range("i4") = "D"	···	[I4] 셀에 'D'라고 쓰고
ElseIf Range("h4") >= 70 And Range("h4") < 80 Then	···	[H4] 셀 값이 70보다 크거나 같고 80 미만이라면
Range("i4") = "C"	···	[I4] 셀에 'C'라고 쓰고
ElseIf Range("h4") >= 80 And Range("h4") < 90 Then	···	[H4] 셀 값이 80보다 크거나 같고 90 미만이라면
Range("i4") = "B"	···	[I4] 셀에 'B'라고 쓰고
Else	···	위 조건을 모두 만족하지 못한다면
Range("i4") = "A"	···	[I4] 셀에 'A'라고 나타내라.
End If		

03 Alt+F11을 눌러 엑셀 창으로 돌아와서 단추를 클릭하면 [I4] 셀에 결과가 나타납니다.

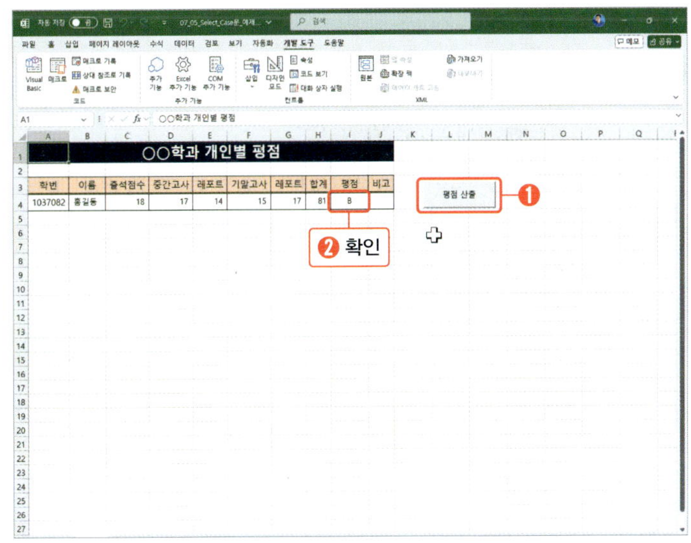

04 중간고사 점수를 변경해서 다시 단추를 클릭하면 또 바뀐 평점을 정상 산출되는 것을 확인할 수 있습니다. 하지만 IF 구문은 조건이 많아지면 너무 복잡하고 코드도 길어서 좀 더 효율적인 코드로 변경하기 위해 VBA 편집기 창으로 이동합니다.

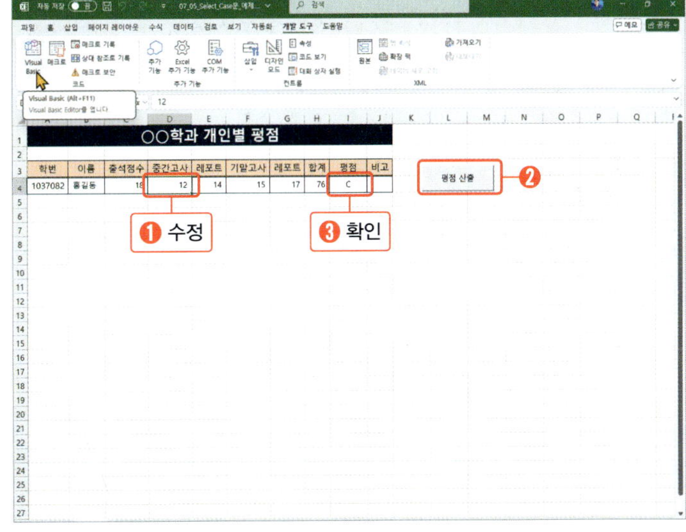

05 기존의 IF 문을 블록으로 잡고 사용자 도구 모음으로 작성해 둔 [주석 블록 설정]을 클릭하거나 설정한 단축키 Alt+J를 눌러 주석 처리합니다.

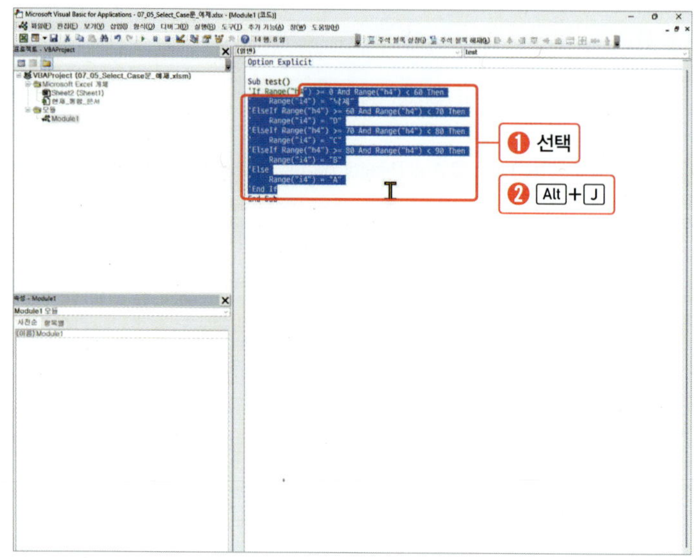

06 그 아래쪽에 아래와 같이 코드를 작성합니다.

```
Select Case Range("h4")
    Case Is < 60
        Range("i4") = "낙제"
    Case Is < 70
        Range("i4") = "D"
    Case Is < 80
        Range("i4") = "C"
    Case Is < 90
        Range("i4") = "B"
    Case Else
        Range("i4") = "A"
End Select
```

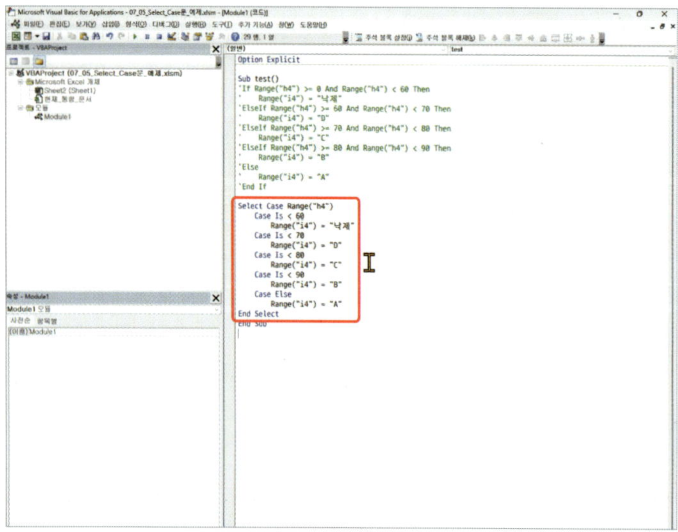

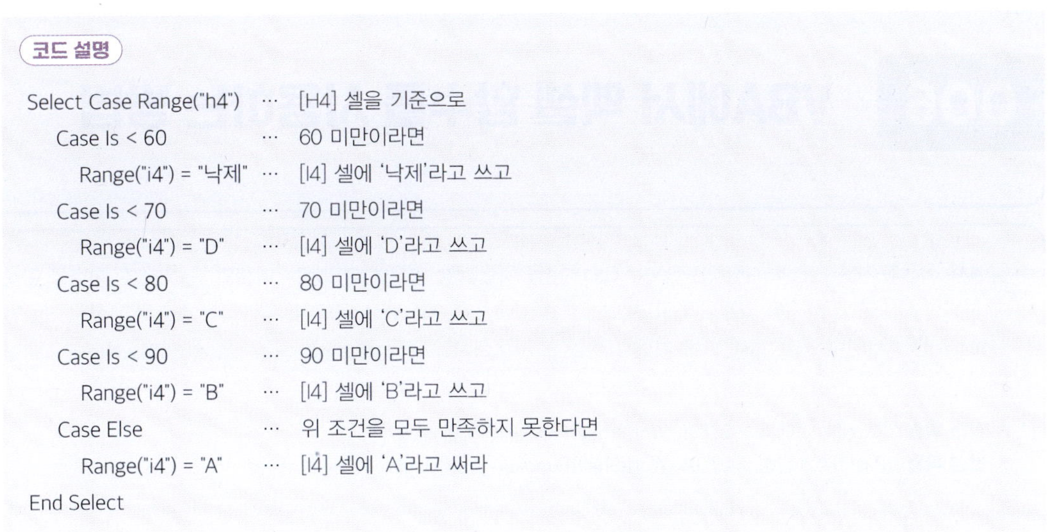

코드 설명

```
Select Case Range("h4")  … [H4] 셀을 기준으로
    Case Is < 60         … 60 미만이라면
      Range("i4") = "낙제" … [I4] 셀에 '낙제'라고 쓰고
    Case Is < 70         … 70 미만이라면
      Range("i4") = "D"  … [I4] 셀에 'D'라고 쓰고
    Case Is < 80         … 80 미만이라면
      Range("i4") = "C"  … [I4] 셀에 'C'라고 쓰고
    Case Is < 90         … 90 미만이라면
      Range("i4") = "B"  … [I4] 셀에 'B'라고 쓰고
    Case Else            … 위 조건을 모두 만족하지 못한다면
      Range("i4") = "A"  … [I4] 셀에 'A'라고 써라
End Select
```

07 Alt+F11을 눌러 엑셀 창으로 돌아와 중간고사 점수를 변경하고 단추를 클릭하면 평점이 조건에 맞게 잘 산출되는 것을 확인할 수 있습니다.

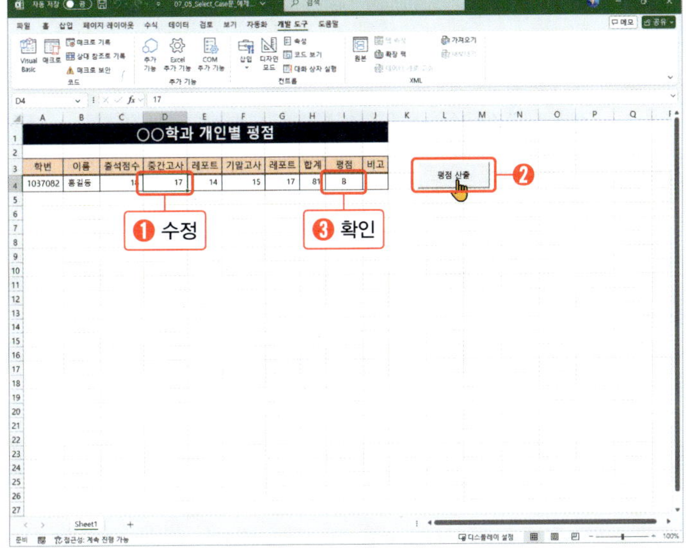

006 VBA에서 엑셀 함수를 사용하는 방법

앞에서 조건 분기를 손쉽게 처리하는 Select Case 문을 익혔지만, 경우에 따라서는 엑셀의 VLOOKUP 함수를 활용해 동일한 결과를 만들 수도 있습니다. 이번에는 엑셀의 내장 함수를 VBA 코드 안에서 직접 호출하고 활용하는 방법을 살펴보겠습니다. 이를 통해 VBA 코딩과 엑셀 함수의 장점을 함께 활용하는 효율적인 작성법을 익혀보겠습니다.

- **실습 파일 :** Part 07 > 예제 > 07_06_WorkSheetFunction_예제.xlsm
- **완성 파일 :** Part 07 > 완성 > 07_06_WorkSheetFunction_완성.xlsm

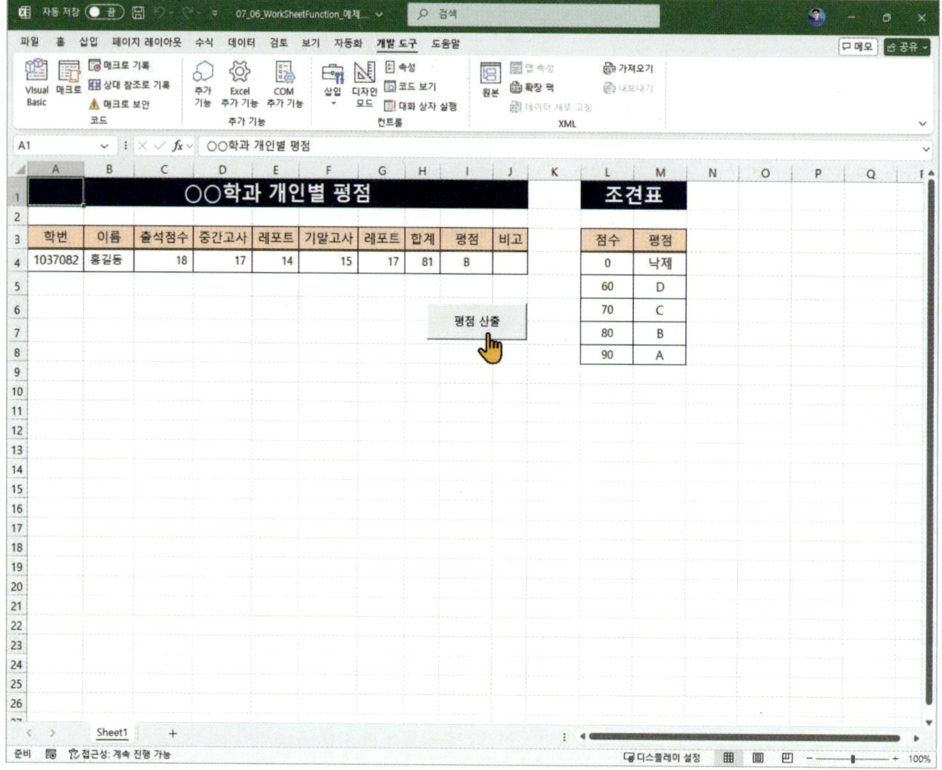

주요 기능	현업 활용
WorksheetFunction 속성	• WorksheetFunction 속성을 이용하면 엑셀 내장 함수를 VBA에서도 사용할 수 있다. 단, 모든 엑셀 내장 함수를 사용할 수 있는 건 아니다.

01 예제 파일을 불러온 후 [보안 경고]가 나타나면 [콘텐츠 사용]이나 [매크로 포함]을 클릭합니다. 그림과 같이 [L4:M8] 셀의 기준으로 [I4] 셀에 평점을 산출하기 위해, [개발 도구] 탭 – [코드] 그룹 – [Visual Basic]을 클릭해서 VBA 편집기 창으로 이동합니다.

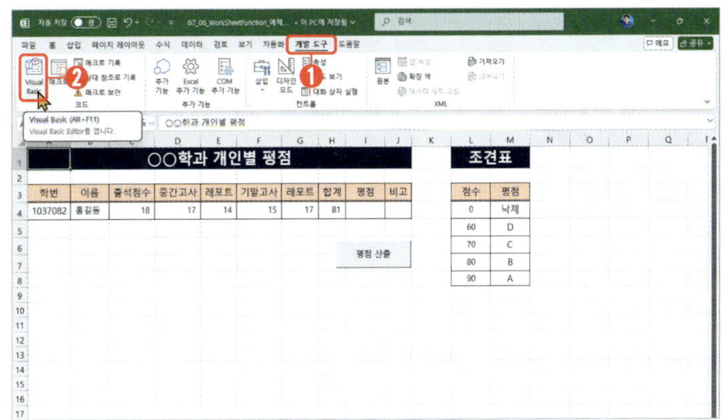

02 test 프로시저에 아래와 같이 코딩합니다.

```
Range("i4") = Application.WorksheetFunction.VLookup(Range("h4"), Range("l4:m8"), 2, 1)
```

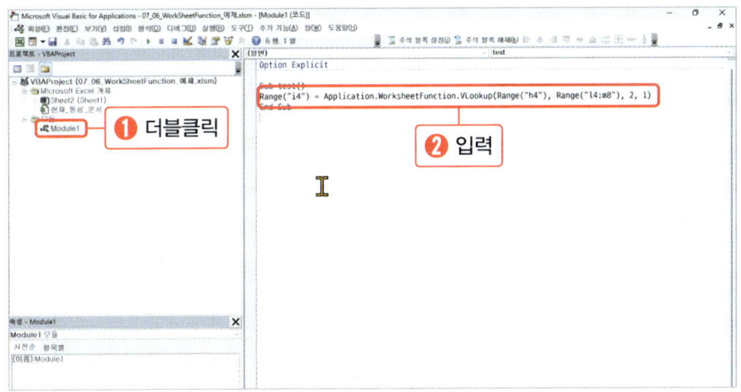

추가 정보

엑셀 VBA에서 엑셀 내장 함수를 사용하려면 WorksheetFunction 속성을 이용해야 하며, 모든 엑셀 내장 함수를 지원하는 건 아닙니다.

코드 설명

Range("i4") = Application.WorksheetFunction.VLookup(Range("h4"), Range("l4:m8"), 2, 1)

❶ : 결과가 나타날 셀([I4] 셀)
❷ : 엑셀 내장 함수를 사용하기 위한 속성
❸ : 엑셀 VLOOKUP 내장 함수
❹ : VLOOKUP 함수의 4개 인수(엑셀과 마찬가지)

03 Alt+F11을 눌러 엑셀 창으로 돌아와 단추를 클릭하면 결과를 확인할 수 있습니다.

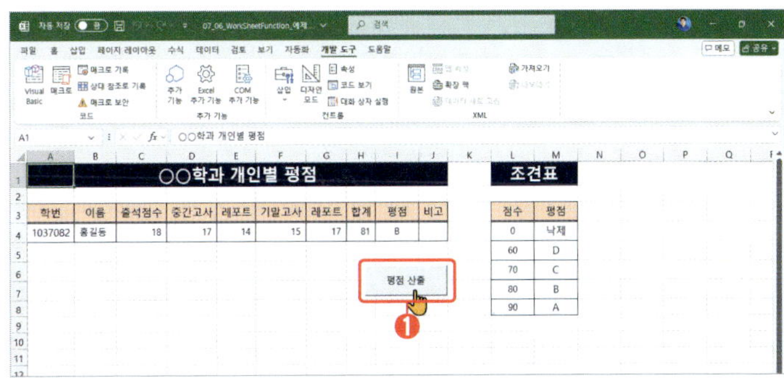

007 For Next 순환문을 이용한 자동화

지금까지 익힌 코드를 바탕으로, 클릭 한 번으로 데이터의 마지막 행까지 반복 처리하며 평점을 자동으로 계산하는 기능을 만들어 보겠습니다. 이때 사용하는 For Next 순환문은 VBA 자동화에서 가장 기본적이면서도 필수적으로 익혀야 할 반복 구조입니다. 이번 실습을 통해 For Next 문을 활용한 자동화의 흐름과 활용법을 확실히 익히겠습니다.

- **실습 파일 :** Part 07 > 예제 > 07_07_For_Next문_예제.xlsm
- **완성 파일 :** Part 07 > 완성 > 07_07_For_Next문_완성.xlsm

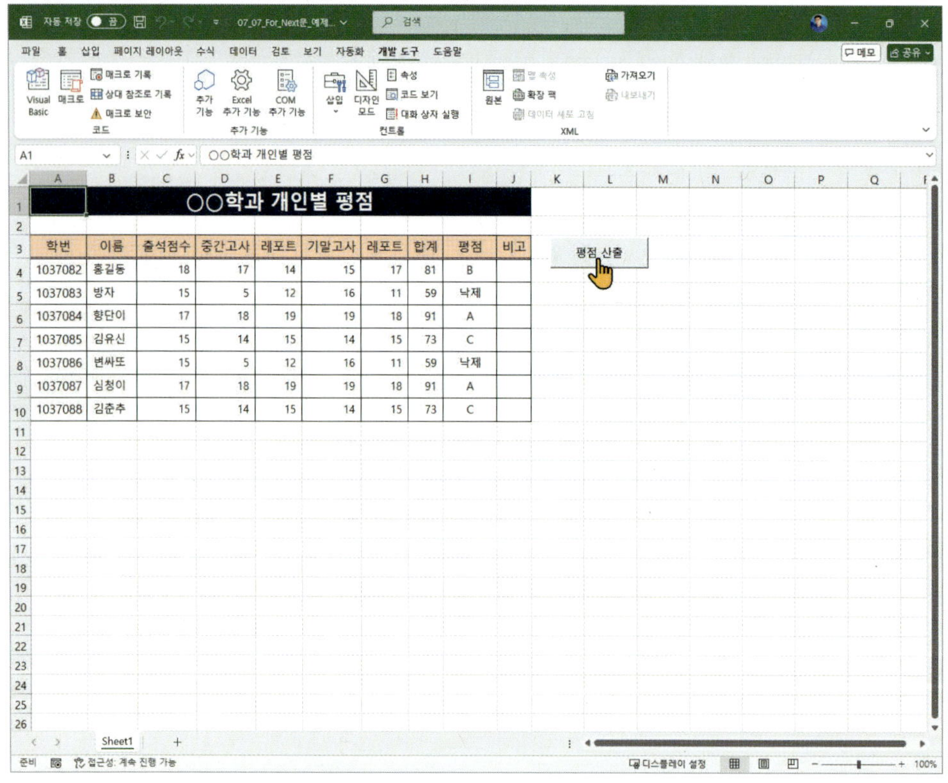

주요 기능	현업 활용
변수	• VBA에서 변수를 선언할 수 있고 변수는 Dim 문을 통해서 선언한다.
데이터 형식	• 다양한 데이터 형식으로 변수를 선언할 수 있고 변수의 크기를 확인하고 지정해야 한다.
For Next 순환문	• VBA에서 자동화의 기본이 되는 For Next 순환문은 변수로 지정한 값을 지정한 범위 내에서 순환하며 코드를 실행하게 된다.

01 예제 파일을 불러온 후 [보안 경고]가 나타나면 [콘텐츠 사용]이나 [매크로 포함]을 클릭합니다. 이번에는 [I4:I7] 셀까지 평점을 클릭 한 번으로 모두 만들려고 합니다. 먼저 [개발 도구] 탭 – [코드] 그룹 – [Visual Basic]을 클릭해서 VBA 편집기 창으로 이동합니다.

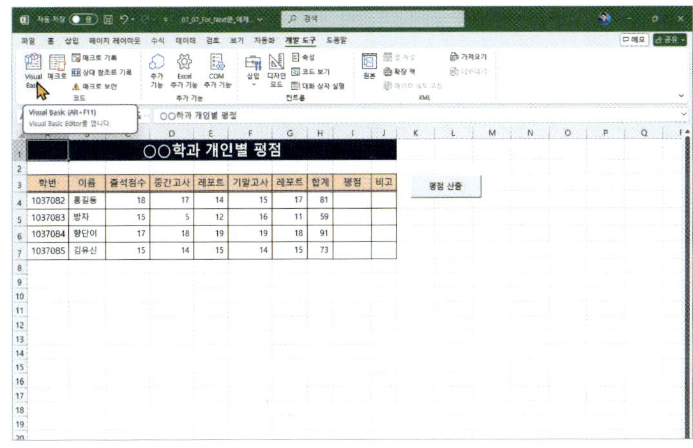

02 [프로젝트] 창에서 해당 예제의 [모듈]을 찾아 확장하고 [Module1]을 더블클릭합니다. test 프로시저의 내부에 아래와 같이 코딩합니다.

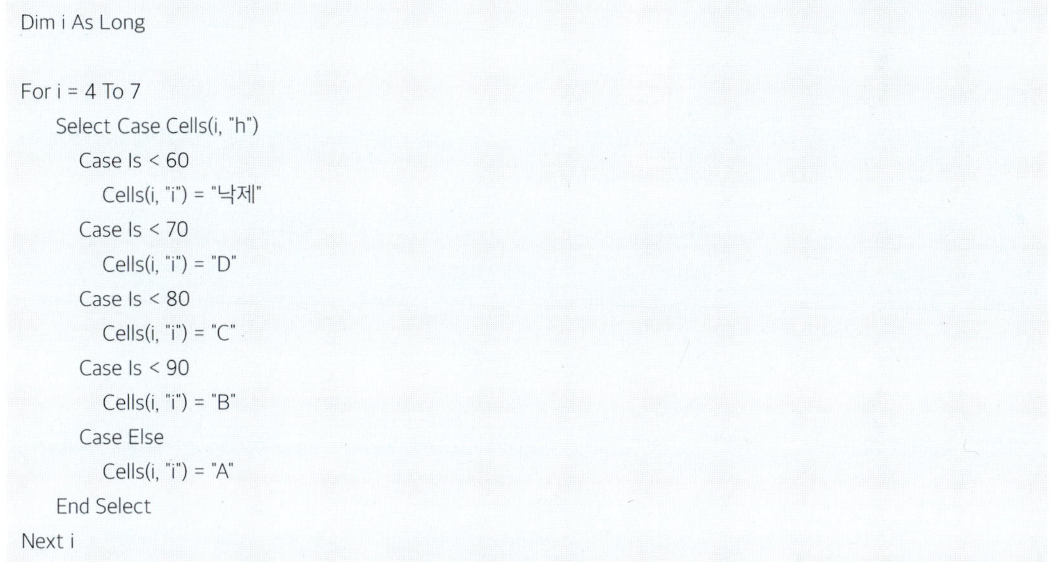

```
Dim i As Long

For i = 4 To 7
    Select Case Cells(i, "h")
        Case Is < 60
            Cells(i, "i") = "낙제"
        Case Is < 70
            Cells(i, "i") = "D"
        Case Is < 80
            Cells(i, "i") = "C"
        Case Is < 90
            Cells(i, "i") = "B"
        Case Else
            Cells(i, "i") = "A"
    End Select
Next i
```

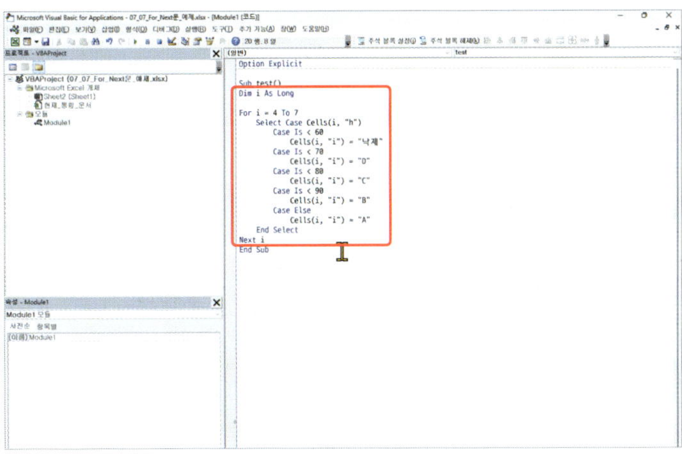

코드 설명

```
Dim i As Long                  … 순환할 변수를 선언
For i = 4 To 7                 … 변수 i는 4부터 7까지 순환
    Select Case Cells(i, "h")  … [H4] 셀 기준(첫 번째)
        Case Is < 60           … 60 이하라면
            Cells(i, "i") = "낙제"  … [I4] 셀에 '낙제'라고 쓰고
        Case Is < 70           … 70 이하라면
            Cells(i, "i") = "D"     … [I4] 셀에 'D'라고 쓰고
        Case Is < 80           … 80 이하라면
            Cells(i, "i") = "C"     … [I4] 셀에 'C'라고 쓰고
        Case Is < 90           … 90 이하라면
            Cells(i, "i") = "B"     … [I4] 셀에 'B'라고 쓰고
        Case Else              … 위 조건을 모두 만족하지 못하다면
            Cells(i, "i") = "A"     … [I4] 셀에 'A'라고 써라
    End Select
Next i                         … 지정한 마지막 수 7이 안 되었다면 다시 순환
```

추가 정보

처음으로 변수라는 개념이 나타났습니다. 변수를 선언할 때는 Dim 문을 이용해서 선언합니다. 그리고 데이터 형식은 아래 표와 같고 녹색 처리된 부분은 주로 사용되는 변수들입니다.

데이터 형식	저장 용량	범위
Byte	1바이트	0부터 255까지
Boolean	2바이트	True 또는 False
Integer	2바이트	−32,768부터 32,767까지
Long(긴 정수)	4바이트	−2,147,483,648부터 2,147,483,647까지
LongLong (LongLong 정수)	8바이트	−9,223,372,036,854,775,808에서 9,223,372,036,854,775,807 사이(64비트 플랫폼에서만 유효함)
LongPtr (32비트 시스템에서는 Long 정수, 64비트 시스템에서는 LongLong 정수)	32비트 시스템에서는 4바이트, 64비트 시스템에서는 8바이트	32비트 시스템에서는 −2,147,483,648에서 2,147,483,647 사이, 64비트 시스템에서는 −9,223,372,036,854,775,808에서 9,223,372,036,854,775,807 사이
Single (단정도 부동 소수점)	4바이트	−3.402823E38부터 −1.401298E−45까지(음수값), 1.401298E−45부터 3.402823E38까지(양수값)
Double (배정도 부동 소수점)	8바이트	−1.79769313486232E308부터 −4.94065645841247E−324까지(음수값), 4.94065645841247E−324부터 1.79769313486232E308까지(양수값)
Currency (정수 값 잘림)	8바이트	−922,337,203,685,477.5808부터 922,337,203,685,477.5807까지

데이터 형식	저장 용량	범위
Decimal	14바이트	+/-79,228,162,514,264,337,593,543,950,335(소수점 이하 없음); +/-7.9228162514264337593543950335(숫자의 오른쪽으로부터 28번째); +/-0.0000000000000000000000000001(0이 아닌 최소 숫자)
Date	8바이트	100년 1월 1일부터 9999년 10월 31까지
Object	4바이트	모든 개체 참조
String (가변 길이)	10바이트 +문자열 길이	0부터 약 20억까지
String (고정 길이)	문자열 길이	1부터 약 65,400까지
Variant (숫자)	16바이트	Double형 범위 내의 모든 숫자
Variant (문자)	22바이트 + 문자열 길이	변수 길이 String과 같은 범위
사용자 정의 형식 (Type 사용)	요소가 사용하는 숫자	해당 데이터 형식의 범위값과 각 요소의 범위값이 같음

03 Alt+F11을 눌러 엑셀 창으로 돌아와 단추를 클릭하면 [4] 행부터 [7] 행까지 한번에 산출되는 것을 확인할 수 있습니다.

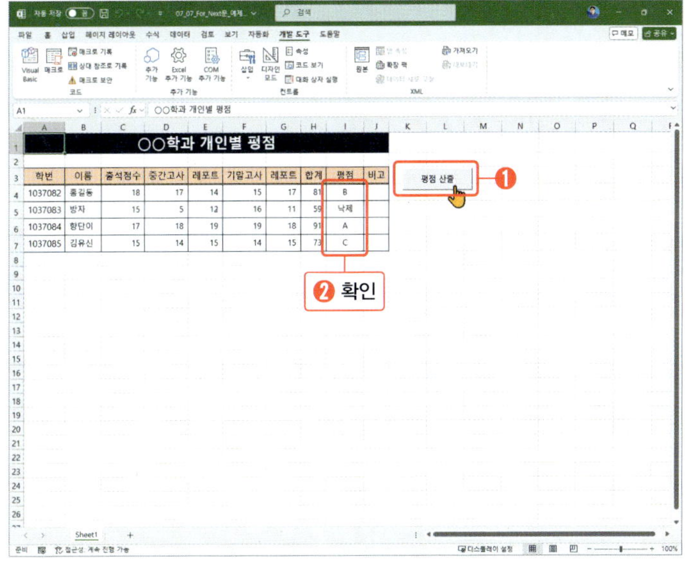

04 그림 데이터가 추가되는 상황을 확인해 보겠습니다. [8] 행부터 [10] 행까지 임의의 데이터를 추가합니다. [H4:H7] 셀까지의 내용을 지우고 단추를 클릭하면 추가된 행은 결과가 나타나지 않는 것을 확인할 수 있습니다. 다시 동적 범위를 순환할 수 있도록 코드를 수정하기 위해서, VBA 편집기 창으로 이동합니다.

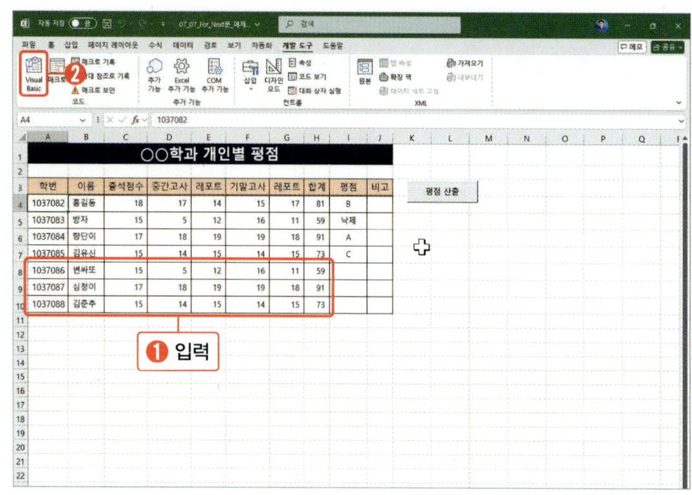

06 코드를 아래와 같이 수정합니다.

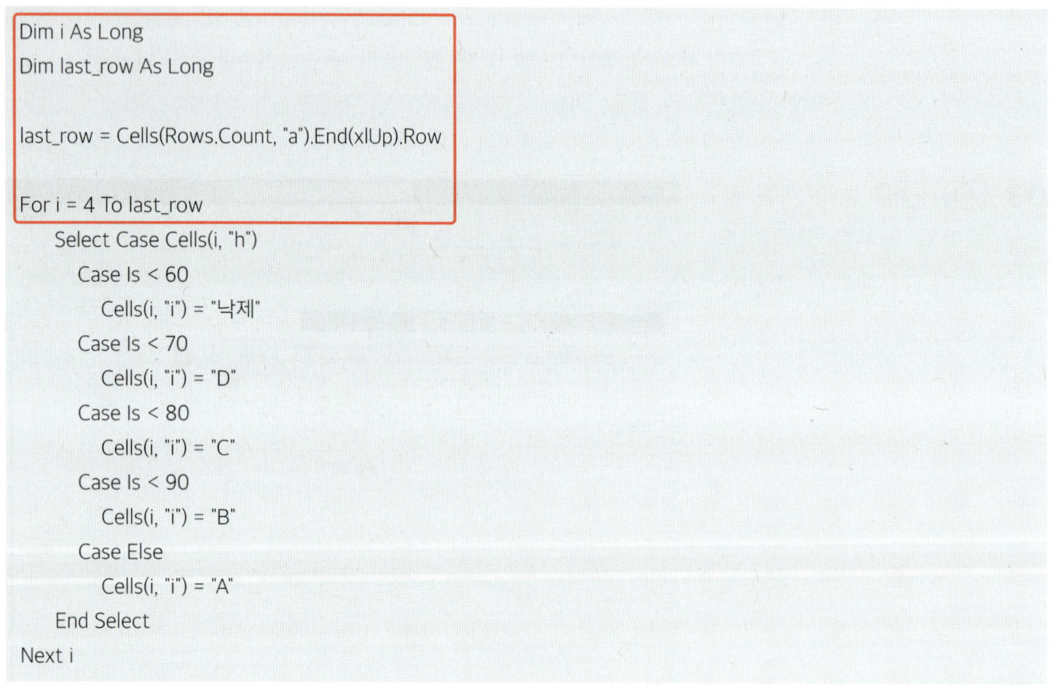

```
Dim i As Long
Dim last_row As Long

last_row = Cells(Rows.Count, "a").End(xlUp).Row

For i = 4 To last_row
    Select Case Cells(i, "h")
        Case Is < 60
            Cells(i, "i") = "낙제"
        Case Is < 70
            Cells(i, "i") = "D"
        Case Is < 80
            Cells(i, "i") = "C"
        Case Is < 90
            Cells(i, "i") = "B"
        Case Else
            Cells(i, "i") = "A"
    End Select
Next i
```

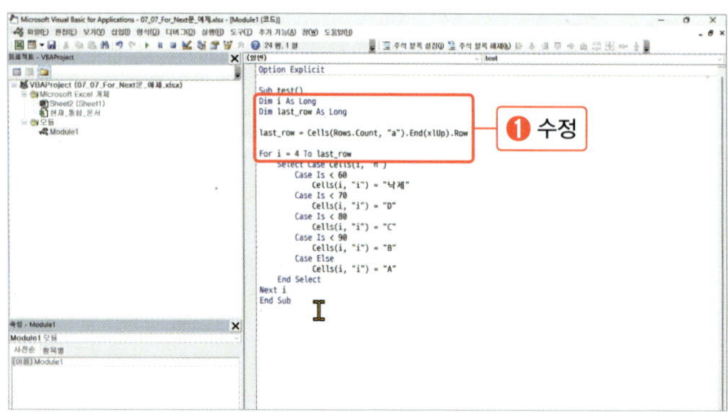

코드 설명

코드	설명
Dim i As Long	… 순환할 변수를 선언
Dim last_row As Long	… 마지막 데이터가 있는 행을 담을 변수
last_row = Cells(Rows.Count, "a").End(xlUp).Row	… [A1048576] 셀에서 Ctrl+↑를 눌러 만나는 셀의 행 번호(결국은 데이터가 입력된 마지막 행)
For i = 4 To last_row	… 변수 i는 4부터 마지막 행까지 순환
Select Case Cells(i, "h")	… [H4] 셀 기준(첫 번째)
Case Is < 60	… 60 이하라면
Cells(i, "i") = "낙제"	… [I4] 셀에 '낙제'라고 쓰고
Case Is < 70	… 70 이하라면
Cells(i, "i") = "D"	… [I4] 셀에 'D'라고 쓰고
Case Is < 80	… 80 이하라면
Cells(i, "i") = "C"	… [I4] 셀에 'C'라고 쓰고
Case Is < 90	… 90 이하라면
Cells(i, "i") = "B"	… [I4] 셀에 'B'라고 쓰고
Case Else	… 위 조건을 모두 만족하지 못하다면
Cells(i, "i") = "A"	… [I4] 셀에 'A'라고 써라
End Select	
Next i	… 지정한 마지막 행 번호가 되지 안 되었다면 다시 순환

07 Alt+F11을 눌러 엑셀 창으로 돌아와 단추를 클릭하면, 이제 추가된 데이터까지 평점이 나타나는 것을 확인할 수 있습니다.

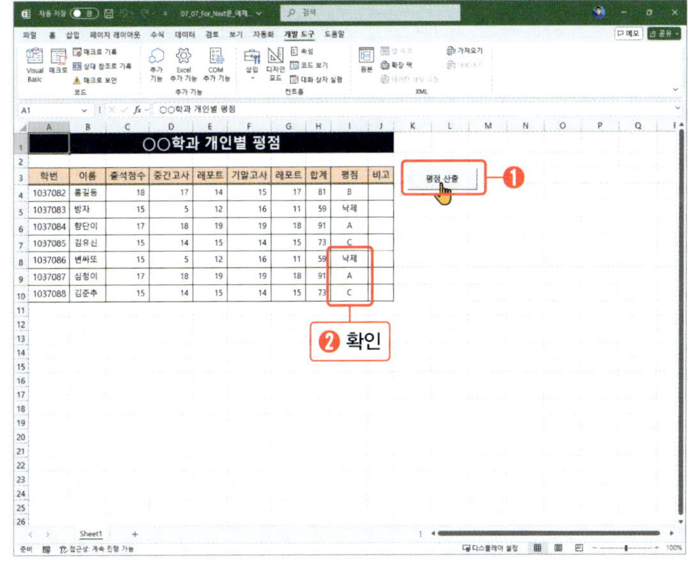

008 병합, 또는 2행씩 나열되어 있는 데이터의 처리

실무에서는 예기치 못한 형태의 데이터를 다뤄야 하는 경우가 많으며, 그중에는 병합된 셀이나 2행 단위로 나열된 데이터처럼 처리하기 까다로운 구조도 존재합니다. 이번에는 이러한 데이터가 주어졌을 때, 2행 단위 합계를 기준으로 평점을 계산하는 방법을 실습해 보겠습니다. 앞에서 익힌 For Next 순환문을 활용하면 이러한 형태의 데이터도 손쉽게 자동화할 수 있습니다.

- **실습 파일 :** Part 07 > 예제 > 07_08_For_Next 문_2번째_예제.xlsm
- **완성 파일 :** Part 07 > 완성 > 07_08_For_Next 문_2번째_완성.xlsm

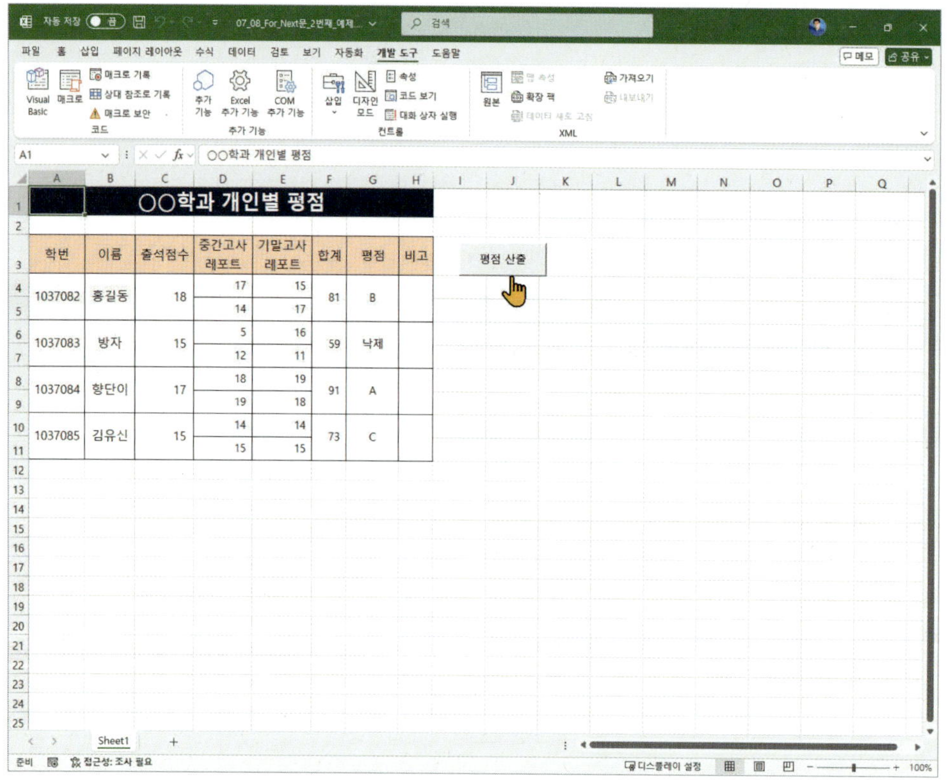

주요 기능	현업 활용
Dim 문	• 변수를 선언하는 문으로 Dim I As Long이라고 선언한다면 변수 i를 Long형으로 선언한다는 뜻이다.
End(xlup) 속성	• 엑셀에서 빠른 커서 이동을 하는 Ctrl을 누르고 방향키를 누르는 것과 같은 동작으로 xlup, xldown, xltoleft, xltoRight가 있다.
For Next 문	• For Next 순환문에서 Step을 지정하면 지정한 Step으로 변수를 변화하며 실행할 수 있다. • 2행으로 병합된 셀을 처리할 때 Step 2로 지정하면 한 행씩 건너뛰며 실행하게 된다.

01 예제 파일을 불러온 후 [보안 경고]가 나타나면 [콘텐츠 사용]이나 [매크로 포함]을 클릭합니다. 이번에는 그림과 같이 1행씩 건너뛰며 평점을 산출해야 하는 상황입니다. [개발 도구] 탭 – [코드] 그룹 – [Visual Basic]을 클릭해서 VBA 편집기 창으로 이동합니다.

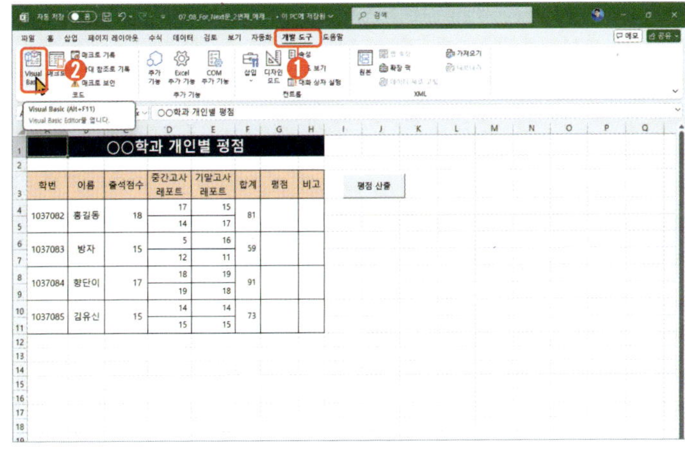

02 test 프로시저 내부에 아래와 같이 코딩합니다.

```
Dim i As Long
Dim last_row As Long

last_row = Cells(Rows.Count, "a").End(xlUp).Row

For i = 4 To last_row
    Select Case Cells(i, "f")
      Case Is < 60
        Cells(i, "g") = "낙제"
      Case Is < 70
        Cells(i, "g") = "D"
      Case Is < 80
        Cells(i, "g") = "C"
      Case Is < 90
        Cells(i, "g") = "B"
      Case Else
        Cells(i, "g") = "A"
    End Select
Next i
```

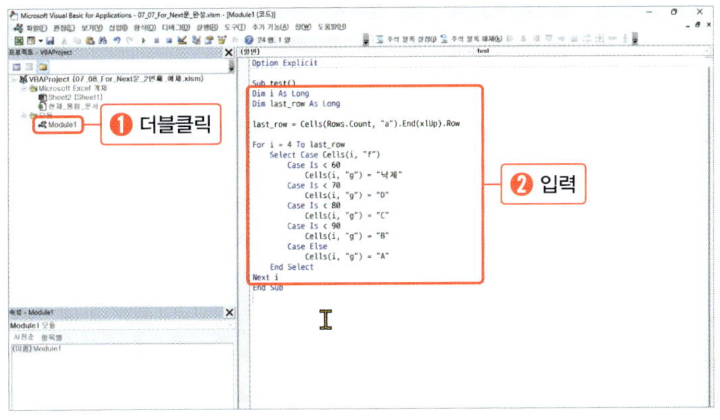

03 앞선 따라하기와 같이 코딩하면 순환을 할 때 모든 행을 순환합니다. 그래서 For 문을 아래와 같이 2행씩 순환하도록 Step을 추가합니다.

```
For i = 4 To last_row   =>   For i = 4 To last_row Step 2
```

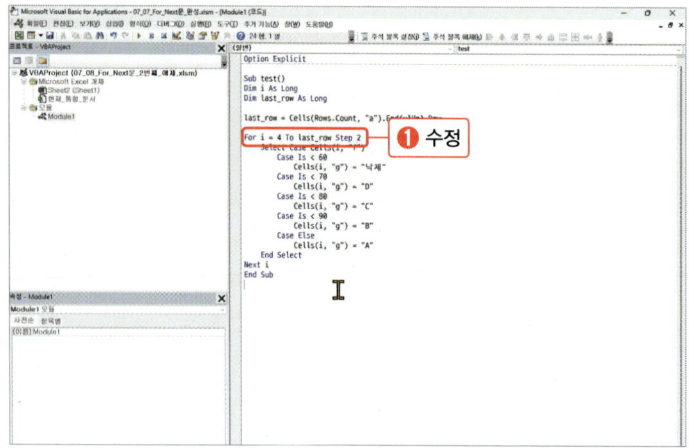

04 Alt+F11을 눌러 엑셀 창으로 돌아와 단추를 클릭해 보면, 2행 단위로 순환하며 결과를 만든 것을 확인할 수 있습니다.

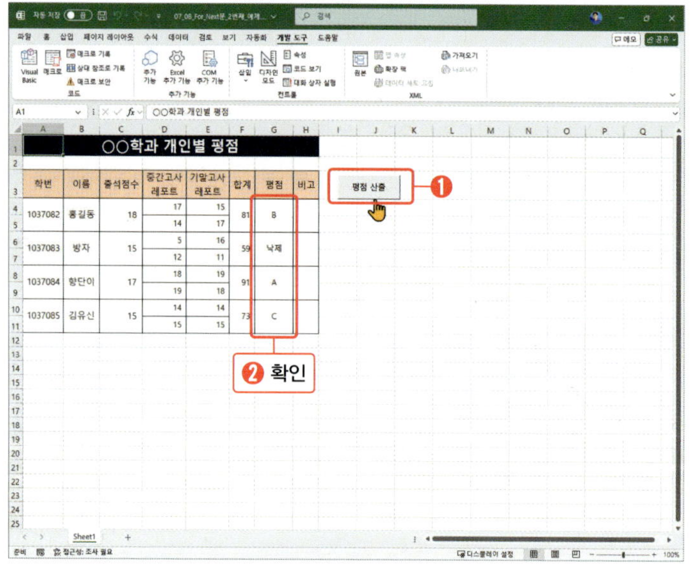

009 여러 시트의 데이터를 한번에 처리하는 자동화

지금까지는 하나의 시트에서 마지막 행까지 동적으로 순환하며 결과를 작성하는 방법을 익혔습니다. 이번에는 데이터가 여러 시트에 분산되어 있을 때, 이를 한 번에 자동으로 정리하는 방법을 살펴보겠습니다. 이 과정에서 새로운 순환문인 For Each ~ Next 문을 익혀, 시트를 반복 처리하는 자동화 기법을 함께 학습하겠습니다.

- **실습 파일 :** Part 07 > 예제 > 07_09_For_Each_Next 문_예제.xlsm
- **완성 파일 :** Part 07 > 완성 > 07_09_For_Each_Next 문_완성.xlsm

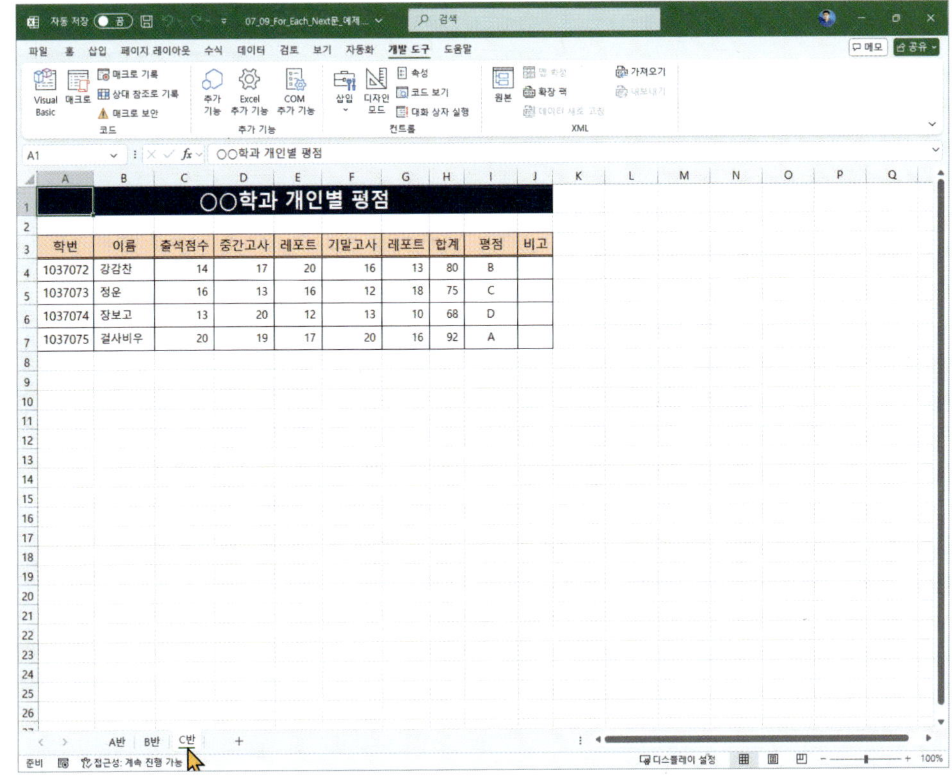

주요 기능	현업 활용
Select Cast 문	• 조건 분기를 할 때 가독성 있게 코드를 작성할 수 있다.
주석 처리	• 코드에 설명을 달거나 실행되지 않게 할 때 주석 처리하면 된다.
For Each~Next 문	• 컬렉션이나 배열 안에서 각 객체를 순환할 때 사용하면 For Next 순환문보다 좀 더 편하게 사용할 수 있다.

01 예제 파일을 불러온 후 [보안 경고]가 나타나면 [콘텐츠 사용]이나 [매크로 포함]을 클릭합니다. 그림과 같이 총 3개의 시트가 준비되어 있고 데이터 양식은 동일하며 클릭 한 번으로 모든 시트의 평점을 나타내고자 합니다. [개발 도구] 탭 – [코드] 그룹 – [Visual Basic]을 클릭해서 VBA 편집기 창으로 이동합니다.

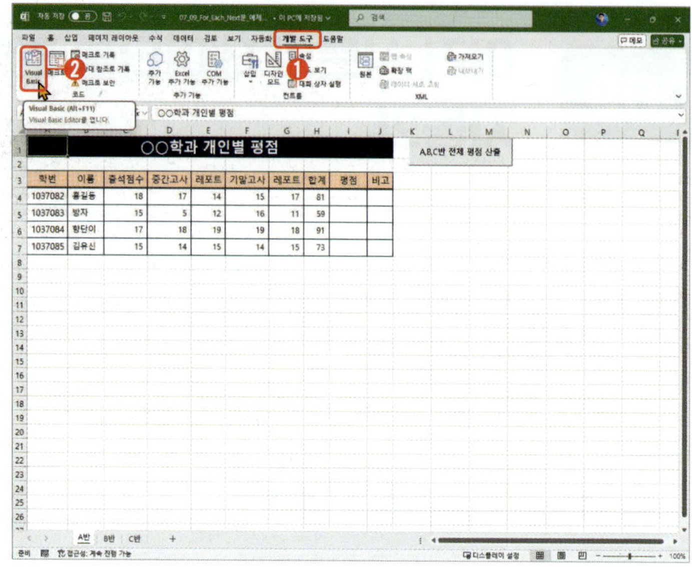

02 test 프로시저 내부에 아래와 같이 코드를 작성합니다. 코드를 자세히 살펴보면, 기존에는 하나의 시트에서만 성적을 처리하던 방식을, For Each ~ Next 순환문을 이용해 첫 번째 시트, 두 번째 시트…와 같이 시트를 차례대로 순환하며 마지막 시트까지 동일한 작업을 수행하도록 구성한 것입니다.

```
Dim Sh As Worksheet
Dim i As Long
Dim last_Row As Long

For Each Sh In Worksheets
    last_Row = Sh.Cells(Rows.Count, "a").End(xlUp).Row

    For i = 4 To last_Row
        Select Case Sh.Cells(i, "h")
            Case Is < 60
                Sh.Cells(i, "i") = "낙제"
            Case Is < 70
                Sh.Cells(i, "i") = "D"
            Case Is < 80
                Sh.Cells(i, "i") = "C"
            Case Is < 90
                Sh.Cells(i, "i") = "B"
            Case Else
                Sh.Cells(i, "i") = "A"
        End Select
    Next i
Next Sh
```

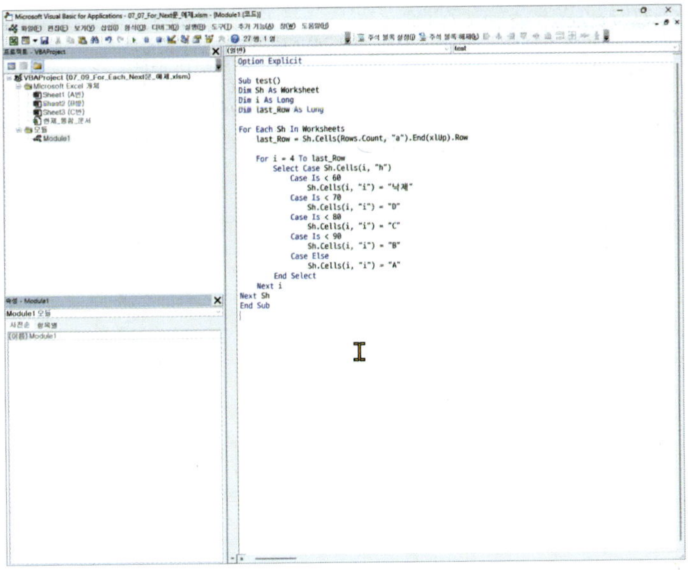

```
Option Explicit

Sub test()
Dim Sh As Worksheet
Dim i As Long
Dim last_Row As Long

For Each Sh In Worksheets
    last_Row = Sh.Cells(Rows.Count, "a").End(xlUp).Row

    For i = 4 To last_Row
        Select Case Sh.Cells(i, "h")
            Case Is < 60
                Sh.Cells(i, "i") = "낙제"
            Case Is < 70
                Sh.Cells(i, "i") = "D"
            Case Is < 80
                Sh.Cells(i, "i") = "C"
            Case Is < 90
                Sh.Cells(i, "i") = "B"
            Case Else
                Sh.Cells(i, "i") = "A"
        End Select
    Next i
Next Sh
End Sub
```

코드 설명

```
Dim Sh As Worksheet                                   … 시트 순환 변수
Dim i As Long                                         … 행 순환 변수
Dim last_Row As Long                                  … 마지막 행 변수
For Each Sh In Worksheets                             … 각 시트를 순환하며
    last_Row = Sh.Cells(Rows.Count, "a").End(xlUp).Row … 해당 시트의 마지막 행을 변수에 담고

    For i = 4 To last_Row                             … 해당 시트의 [4] 행부터 마지막 행까지 순환
        Select Case Sh.Cells(i, "h")                  … 해당 시트의 [H4] 셀 기준(첫 번째)
            Case Is < 60                              … 해당 값이 60 이하라면
                Sh.Cells(i, "i") = "낙제"              … 해당 시트의 [I4] 셀에 '낙제'라고 쓰고
            Case Is < 70                              … 해당 값이 70 이하라면
                Sh.Cells(i, "i") = "D"                … 해당 시트의 [I4] 셀에 'D'라고 쓰고
            Case Is < 80                              … 해당 값이 80 이하라면
                Sh.Cells(i, "i") = "C"                … 해당 시트의 [I4] 셀에 'C'라고 쓰고
            Case Is < 90                              … 해당 값이 90 이하라면
                Sh.Cells(i, "i") = "B"                … 해당 시트의 [I4] 셀에 'B'라고 쓰고
            Case Else                                 … 모든 조건을 만족하지 못한다면
                Sh.Cells(i, "i") = "A"                … 해당 시트의 [I4] 셀에 'A'라고 써라
        End Select
    Next I                                            … 마지막 행에 도달하지 않았으면 순환
Next Sh                                               … 마지막 시트에 도달하지 않았으면 순환
```

03 [Alt]+[F11]을 눌러 엑셀 창으로 돌아와 단추를 클릭하고, [B반], [C반] 시트를 확인해 보면 정상 결과를 확인할 수 있습니다.

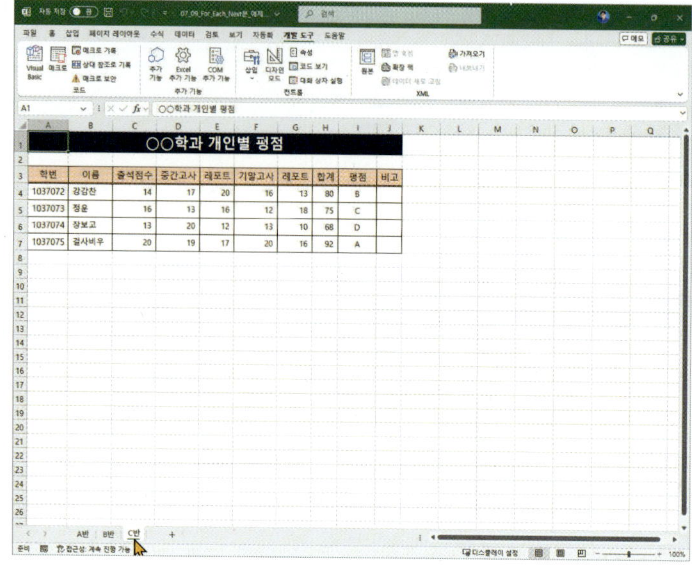

010 주민번호를 검증하는 사용자 정의 함수

VBA로 사용자가 함수를 만들어 사용할 수도 있습니다. 작성 방법은 기존의 모듈을 추가해서 코딩하는 것과 별다른 것이 없습니다. 주민등록번호를 검증하는 사용자 정의 함수를 만들어 보겠습니다.

- **실습 파일 :** Part 07 > 예제 > 07_10_사용자_정의_함수_예제.xlsm
- **완성 파일 :** Part 07 > 완성 > 07_10_사용자_정의_함수_완성.xlsm

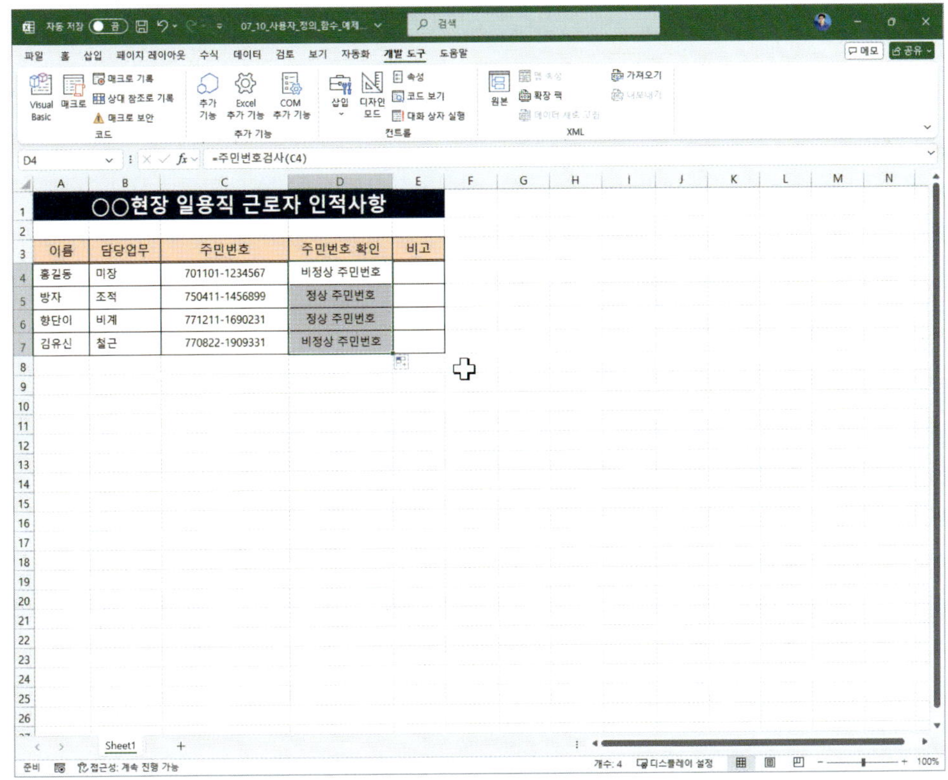

주요 기능	현업 활용
선언	• Function으로 선언하면 사용자가 엑셀 함수와 같이 함수를 만들어 사용할 수 있다.
Len 함수	• VBA 내장 함수로 데이터의 길이를 변환한다.
Cint 함수	• 형 변환 함수로 데이터를 정수형으로 변환한다.

01 예제 파일을 불러온 후 [보안 경고]가 나타나면 [콘텐츠 사용]이나 [매크로 포함]을 클릭합니다. 그리고 [C] 열에 있는 주민번호가 정상인지를 확인하는 사용자 정의 함수를 만들기 위해, [개발 도구] 탭 – [코드] 그룹 – [Visual Basic]을 클릭해서 VBA 편집기 창으로 이동합니다.

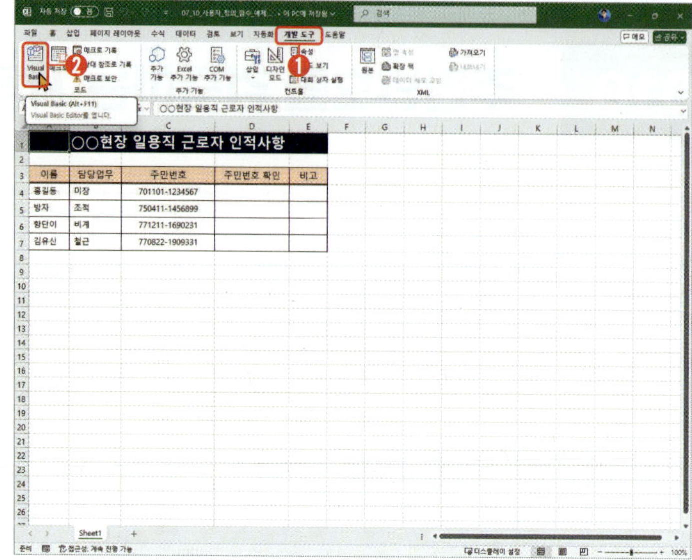

02 [프로젝트] 창에서 해당 예제의 [모듈]을 찾아 확장하고 [Module1]을 더블클릭하고 아래와 같이 코딩합니다.

```
Function 주민번호검사(ByVal 번호 As String) As String
Dim 가중치 As Variant
Dim 합계 As Integer, i As Integer
Dim 검증값 As Integer
Dim 마지막숫자 As Integer

번호 = Replace(번호, "-", "") ' 하이픈 제거
If Len(번호) <> 13 Then
    주민번호검사 = "비정상 주민번호"
    Exit Function
End If

가중치 = Array(2, 3, 4, 5, 6, 7, 8, 9, 2, 3, 4, 5)
For i = 0 To 11
    합계 = 합계 + CInt(Mid(번호, i + 1, 1)) * 가중치(i)
Next i

검증값 = (11 - (합계 Mod 11)) Mod 10
마지막숫자 = CInt(Right(번호, 1))

If 검증값 = 마지막숫자 Then
    주민번호검사 = "정상 주민번호"
Else
    주민번호검사 = "비정상 주민번호"
End If
End Function
```

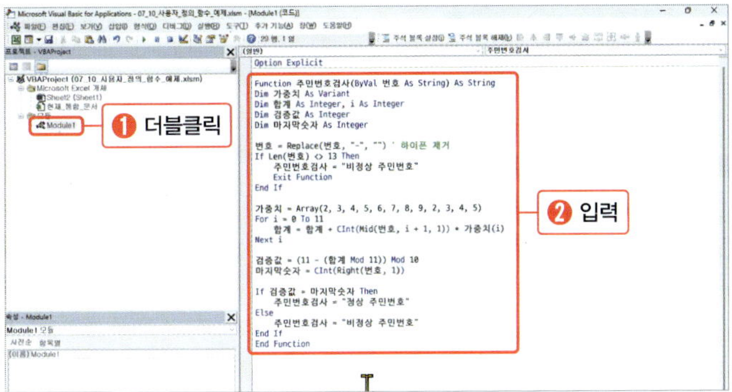

코드 설명

코드	설명
Function 주민번호 검사(ByVal 번호 As String) As String	사용자 정의 함수를 작성하므로 Function으로 선언하고 결과는 String(문자)를 반환
Dim 가중치 As Variant	가중치 변수
Dim 합계 As Integer, i As Integer	합계변수, i 순환변수
Dim 검증값 As Integer	검증값 변수(정상값)
Dim 마지막숫자 As Integer	주민번호 마지막 번호
번호 = Replace(번호, "-", "")	인수로 적용할 번호는 내부의 –를 제거
If Len(번호) <> 13 Then	주민번호 검사의 인수인 번호의 데이터 길이가 13이 아니라면
주민번호검사 = "비정상 주민번호"	결과를 '비정상 주민번호'라고 쓰고
Exit Function	이 코드를 종료하고
End If	
가중치 = Array(2, 3, 4, 5, 6, 7, 8, 9, 2, 3, 4, 5)	배열을 만들어서
For i = 0 To 11	0부터 11까지 12개를 순환(배열 인덱스가 0부터 시작하므로)
합계 = 합계 + CInt(Mid(번호, i + 1, 1)) * 가중치(i)	주민번호 첫 번째 숫자부터 배열의 첫 번째(2)를 곱하고 주민번호 두 번째 숫자는 배열의 두 번째(3)를 곱하고 이렇게 주민번호의 앞에서 12자리를 모두 각 배열과 곱해서 합계에 저장
Next i	
검증값 = (11 - (합계 Mod 11)) Mod 10	11 – 합계를 11로 나눈 나머지 값을 10으로 나눈 나머지 값을 검증값에 담는다.
마지막숫자 = CInt(Right(번호, 1))	주민번호 마지막 숫자를 변수에 담는다(숫자로 변환해서 담는다).
If 검증값 = 마지막숫자 Then	만약에 검증값과 마지막 숫자가 같다면
주민번호검사 = "정상 주민번호"	주민번호 검사의 결과는 '정상 주민번호'로 표시하고
Else	그렇지 않다면
주민번호검사 = "비정상 주민번호"	주민번호 검사의 결과는 '비정상 주민번호'로 표시해라
End If	
End Function	

03 Alt+F11을 눌러 엑셀 창으로 돌아와서 [D4] 셀에 '=주민번호검사(C4)'를 입력한 후 나머지는 복사해서 채웁니다. 그러면 주민번호 검증 결과를 확인할 수 있습니다.

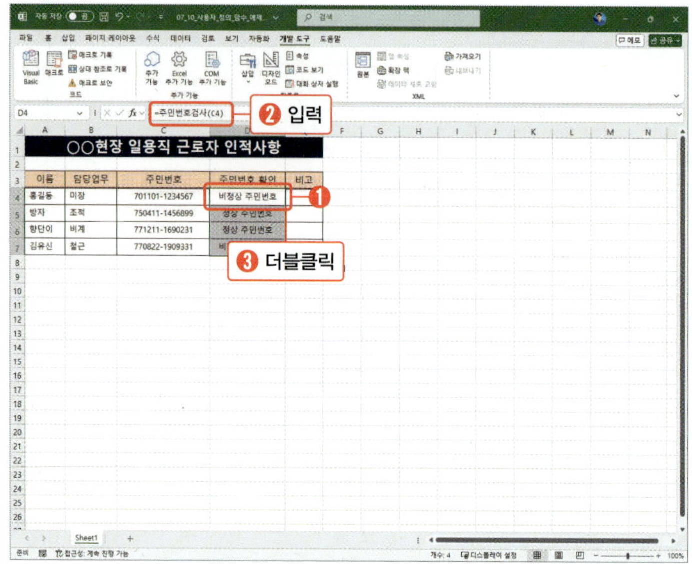

04 그럼 주민번호의 검증 로직을 시트에서 다시 한번 설명하겠습니다. [G4] 셀에서 아래와 같이 수식을 입력하고 [R4] 셀까지 복사해 넣습니다.

```
=MID(SUBSTITUTE($C$4,"-",""),COLUMN(A1),1)*1
```

이는 [C4] 셀의 주민번호를 좌측에서 12개까지 나열한 것입니다.

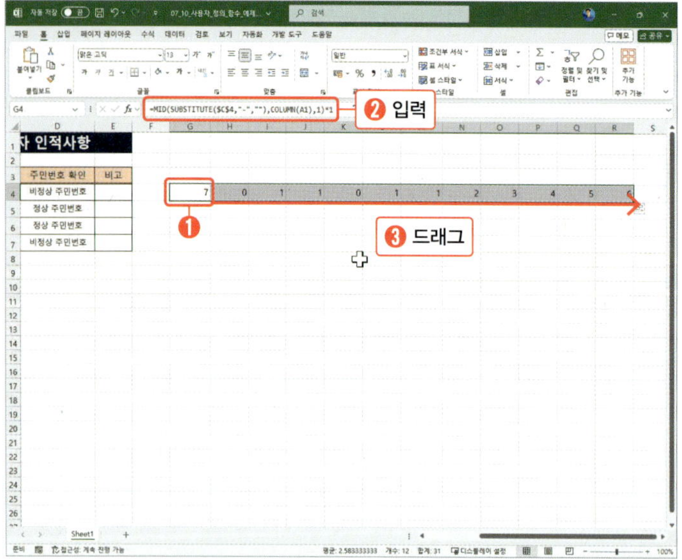

05 [G5:R5] 셀에 아래와 같이 '2, 3, 4, 5, 6, 7, 8, 9, 2, 3, 4, 5'를 각각 입력합니다. 코드에서 가중치라는 배열로 만들었던 숫자입니다.

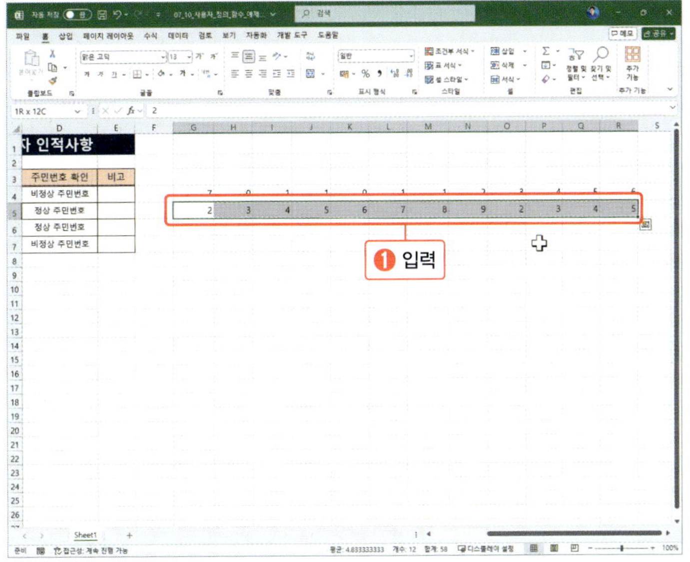

06 [G6] 셀에 '=G4*G5'를 입력하고 [R6] 셀까지 복사합니다.

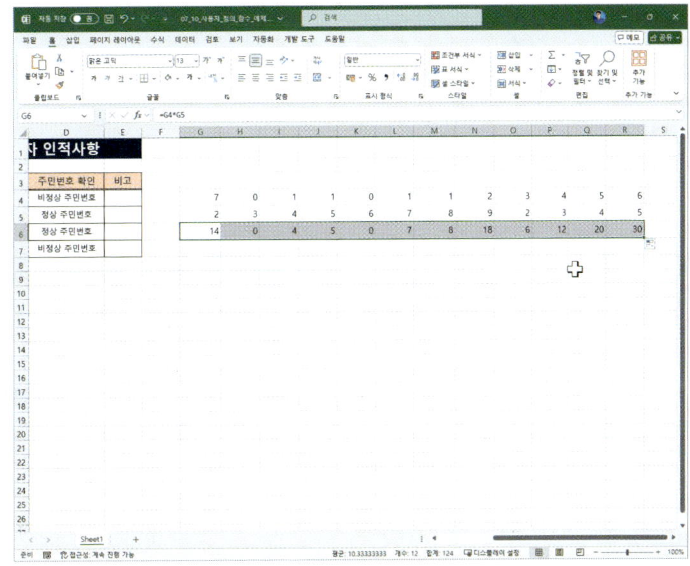

07 [G8] 셀에 '=SUM(G6:R6)'으로 합계를 작성합니다.

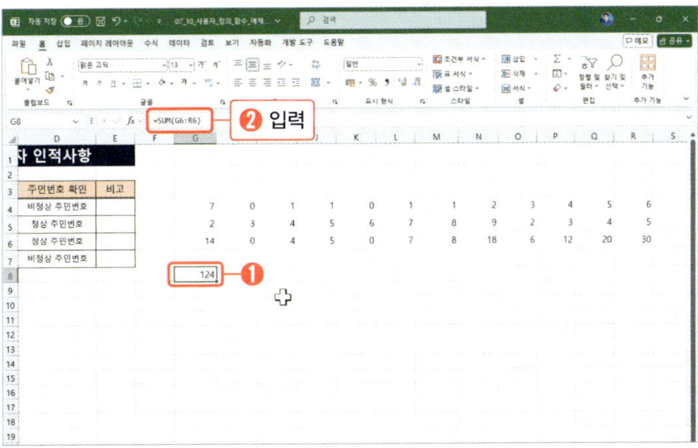

08 [I8] 셀에 '=MOD(MOD(11-G8,11),10)'을 입력합니다.

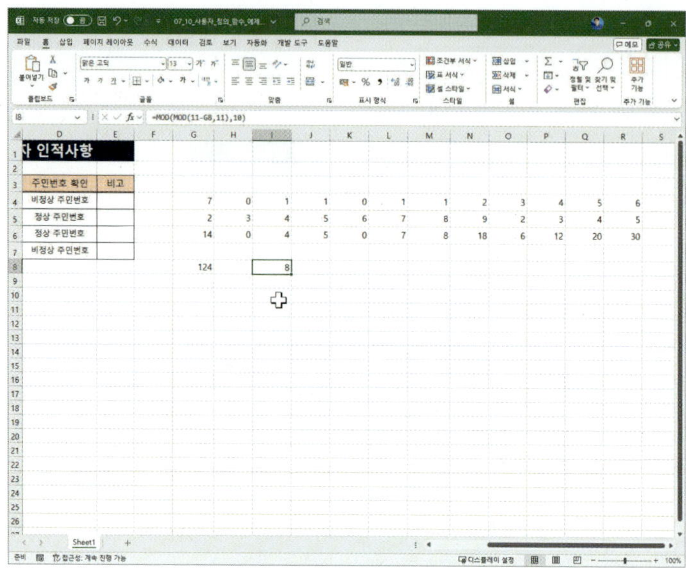

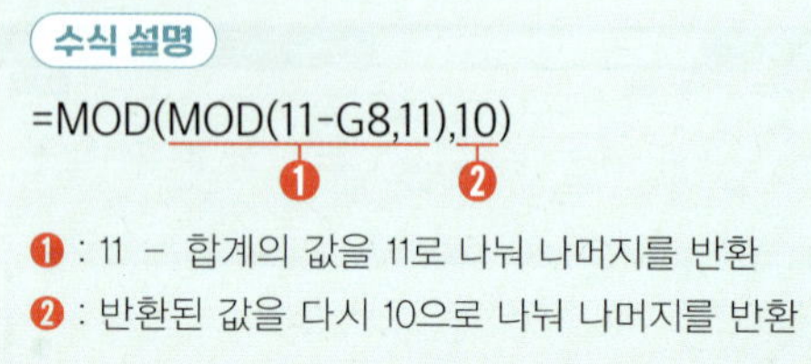

❶ : 11 - 합계의 값을 11로 나눠 나머지를 반환

❷ : 반환된 값을 다시 10으로 나눠 나머지를 반환

09 결국은 마지막 지정한 로직에 의해 산출된 [I8] 셀 값과 주민번호가 끝자리가 같으면 정상 주민번호이고 그렇지 않다면 비정상 주민번호로 판단하는 것입니다.

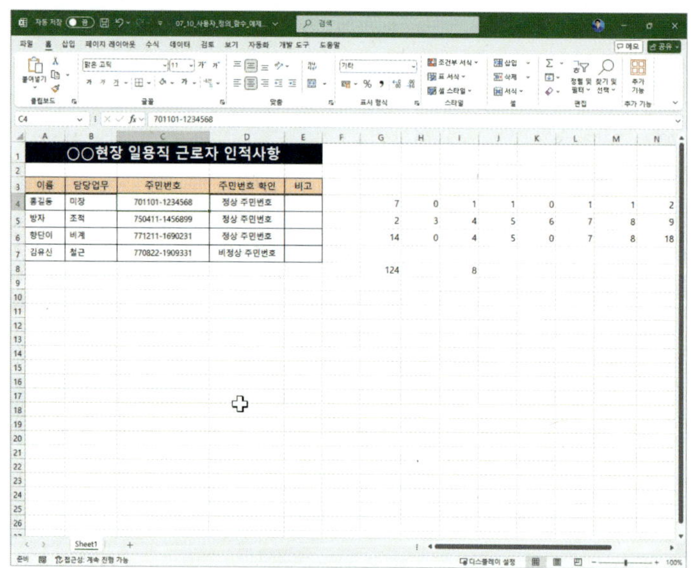

011 나만의 리본 메뉴 탭을 만드는 방법

업무를 하다 보면 자주 사용하는 기능들이 반복적으로 필요할 때가 많습니다. 이번에는 이러한 기능들을 상단의 리본 메뉴 탭에 직접 배치하여, 클릭 한 번으로 자동 실행되도록 구성하는 나만의 리본 메뉴 탭을 만드는 방법을 살펴보겠습니다. 이를 통해 업무 효율을 크게 높일 수 있는 사용자 맞춤형 작업 환경을 구축할 수 있습니다.

- **실습 파일 :** Part 07 > 예제 > 07_11_리본 탭_작성_예제.xlsx
- **완성 파일 :** C:₩Users₩[사용자이름]₩AppData₩Roaming₩Microsoft₩Excel₩XLSTART₩PERSONAL.XLSB

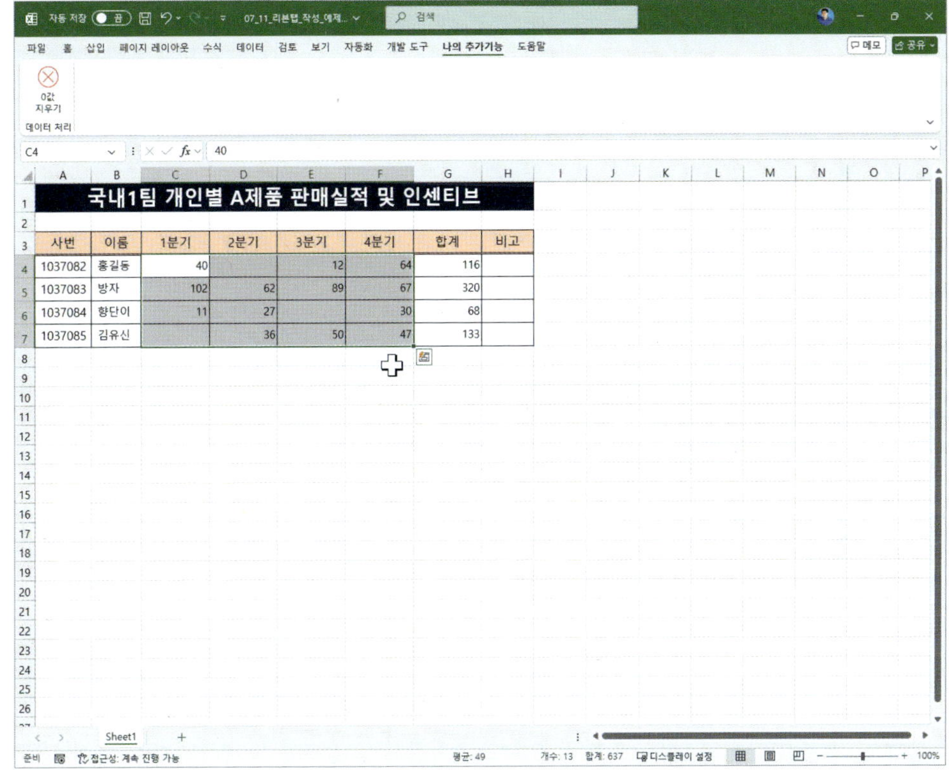

주요 기능	현업 활용
매크로 기록기	• 매크로 기록기를 통해 저장 위치를 '개인용 통합 문서'로 지정하면 리본 탭을 손쉽게 만들 수 있다.
탭 만들기	• 리본 사용자 지정을 통해서 탭을 만들고 입력된 매크로를 활용할 수 있다.
탭 삭제	• 작성된 리본 탭을 리본 사용자 지정을 에서 간단히 삭제할 수 있다.

01 불러온 예제 파일의 [C4:F7] 셀에서 '0'으로 입력된 값을 지우고 싶습니다. 업무 중 '0' 값만 지우는 일을 자주 하는데 이 기능을 리본 메뉴 탭에 작성해 보겠습니다. 먼저 [C4:F7] 셀을 선택하고 [개발 도구] 탭 – [코드] 그룹 – [매크로 기록]을 클릭합니다.

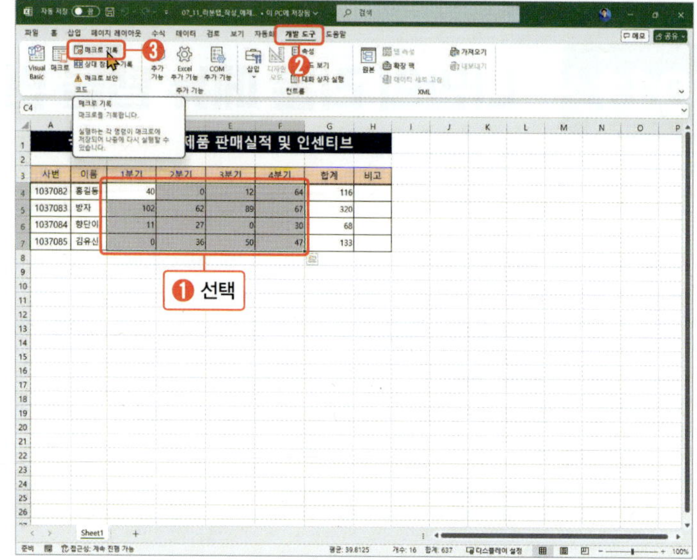

02 [매크로 이름]에 'test'를 입력하고 [매크로 저장 위치]를 '개인용 매크로 통합 문서'로 설정한 후 [확인]을 클릭합니다.

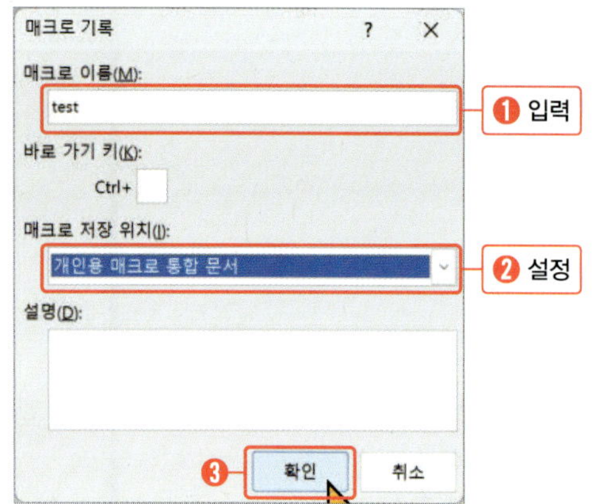

03 찾기 및 바꾸기 기능을 이용해서 0 값을 모두 삭제하겠습니다. Ctrl+H를 눌러 [찾기 및 바꾸기] 대화상자가 나타나면 [찾을 내용]에 '0'을 입력하고, [옵션]을 클릭해서 [전체 셀 내용 일치]를 체크한 후 [모두 바꾸기]를 클릭합니다. 결과는 [확인]을 클릭해서 닫습니다.

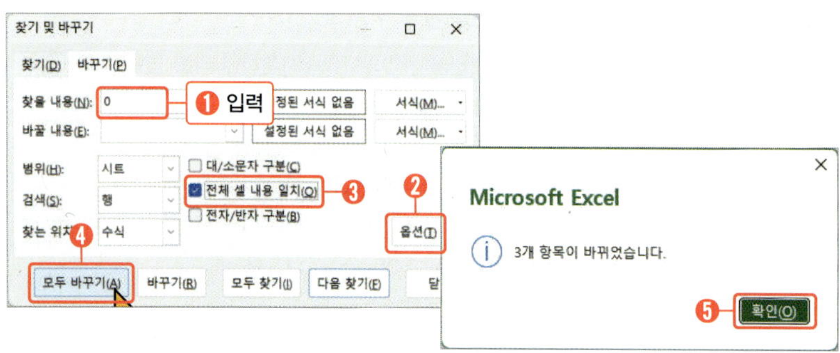

04 [개발 도구] 탭 – [코드] 그룹 – [기록 중지]를 클릭합니다.

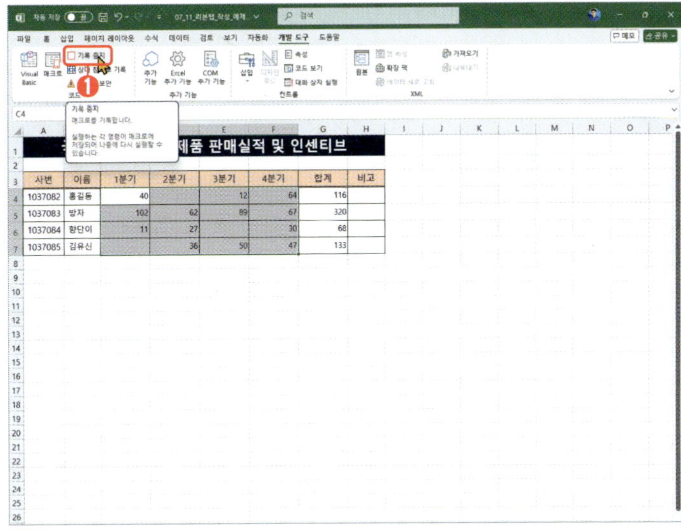

05 리본 메뉴 탭 중 임의의 탭을 마우스 오른쪽 버튼으로 클릭한 후 [리본 메뉴 사용자 지정]을 클릭합니다.

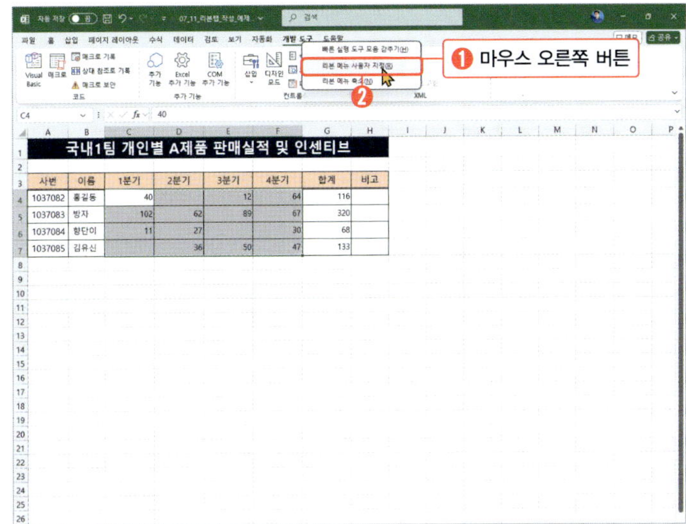

06 [Excel 옵션] 창이 나타나면 우측 하단의 [새 탭]을 클릭합니다.

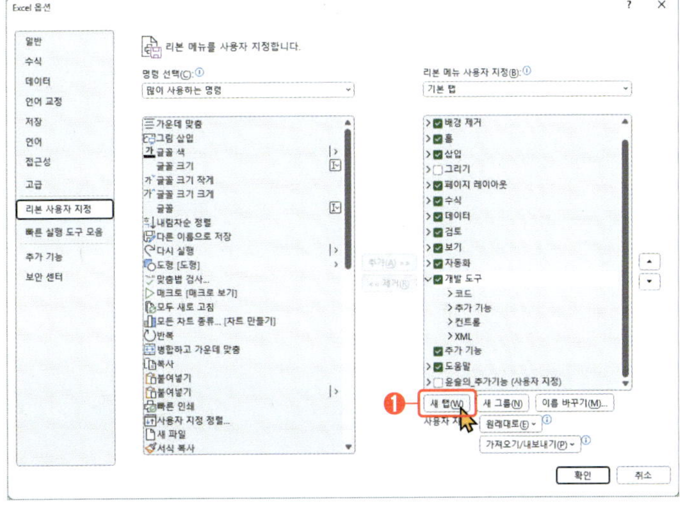

07 생성된 탭을 선택하고 [이름 바꾸기]를 클릭합니다.

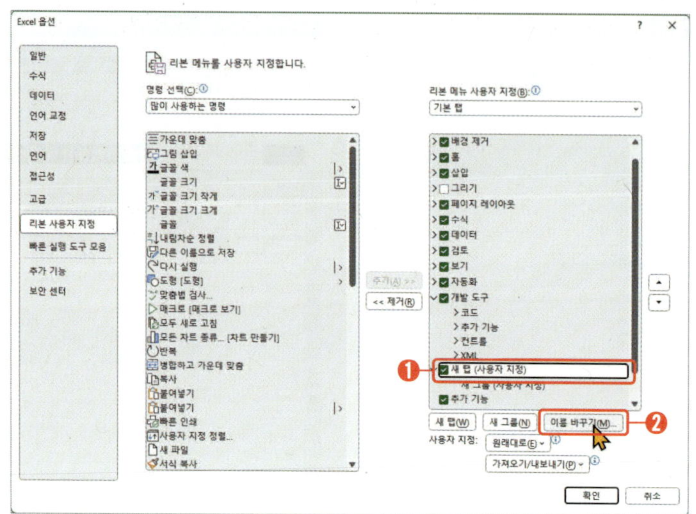

08 [표시 이름]에 '나의 추가기능'을 입력하고 [확인]을 클릭합니다.

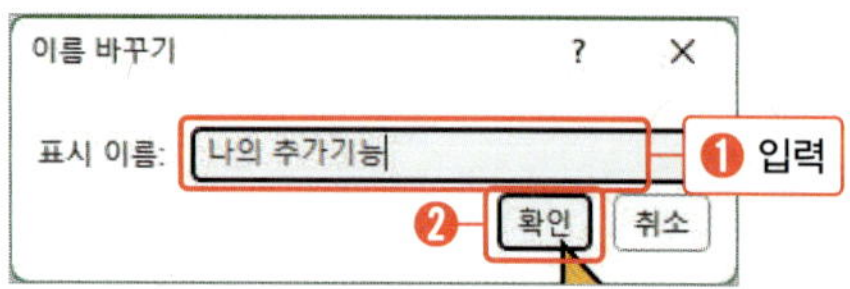

09 이번에는 생성된 그룹을 선택한 후 마찬가지로 [이름 바꾸기]를 클릭합니다.

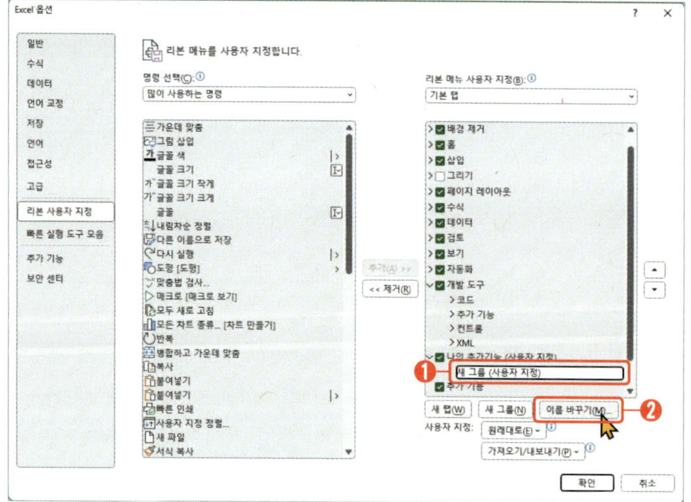

10 [표시 이름]에 '데이터 처리'를 입력하고 [확인]을 클릭합니다.

11 이제 좌측 박스의 [명령 선택]을 확장해서 '매크로'를 선택하면 입력했던 test 매크로가 나타납니다. 앞에서 작성한 [데이터 처리] 그룹을 선택한 상태에서 test 매크로를 선택하고 [추가]를 클릭합니다.

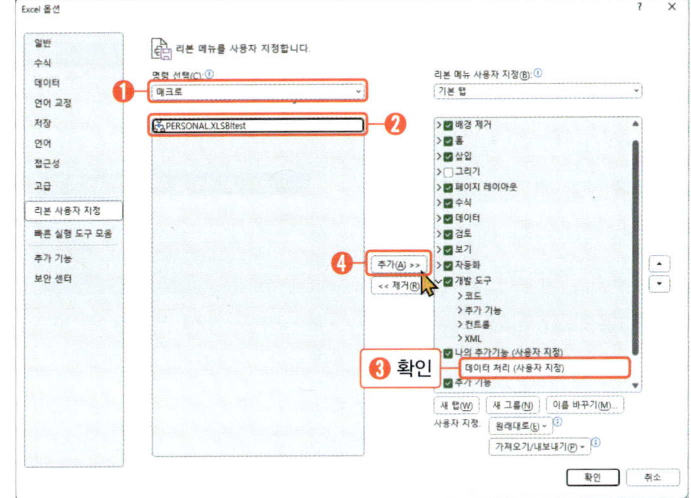

12 삽입된 test 매크로를 선택하고 [이름 바꾸기]를 클릭합니다.

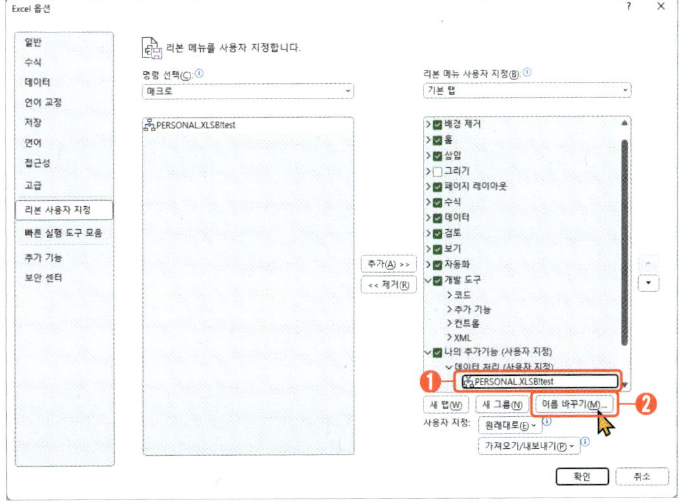

13 [표시 이름]에 '0값 지우기'를 입력하고, 적당한 아이콘을 선택한 후 [확인]을 클릭합니다. [Excel 옵션] 창도 [확인]을 클릭해서 닫습니다.

14 리본 메뉴 마지막에 [나의 추가기능]이라는 탭과 방금 입력한 [0값 지우기]가 생성된 것을 확인할 수 있습니다. 이제 정상 동작하는지 테스트해 보겠습니다. [C4:F7] 셀 중에 빈 셀에 0을 다시 입력해 둡니다.

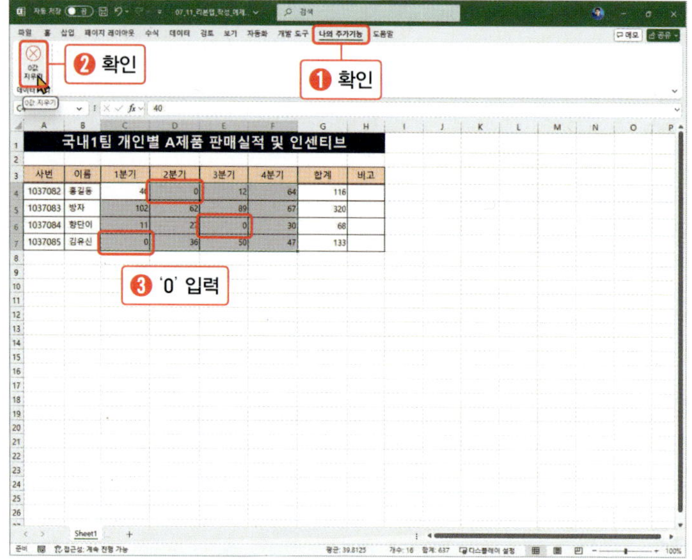

15 해당 범위를 선택하고 [나의 추가기능] 탭 – [데이터 처리] 그룹 – [0값 지우기]를 클릭하면 선택한 범위 중 0만 지워지는 것을 확인할 수 있습니다.

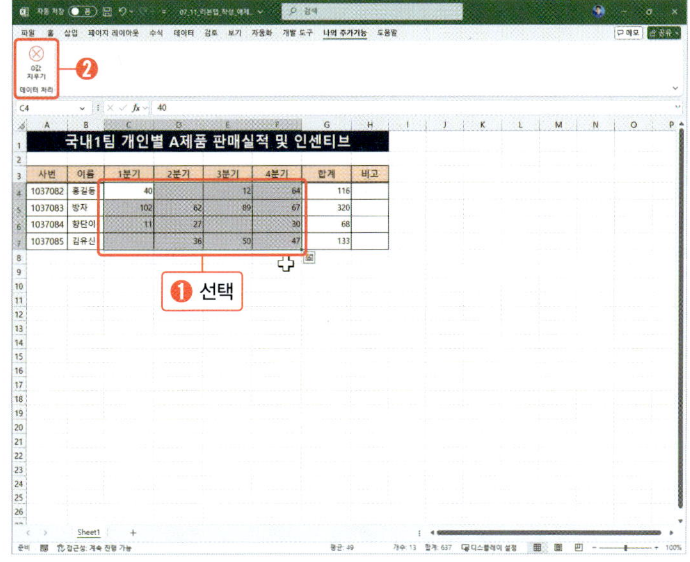

여기서 잠깐

이제 엑셀을 종료하고 다시 실행해도 항상 [나의 추가기능] 탭을 나타나게 됩니다.

해당 파일이 저장된 곳은, C:₩Users₩[사용자 이름]₩AppData₩Roaming₩Microsoft₩Excel₩XLSTART 폴더의 PERSONAL.XLSB 파일입니다.

예를 들어, 사용자 이름이 'kims' 라면, C:₩Users₩kims₩AppData₩Roaming₩Microsoft₩Excel₩XLSTART 폴더입니다.

16 작성된 리본 메뉴 탭을 지우는 방법을 알아보겠습니다. 리본 메뉴 탭 중 임의의 탭을 마우스 오른쪽 버튼으로 클릭한 후 [리본 메뉴 사용자 지정]을 선택합니다.

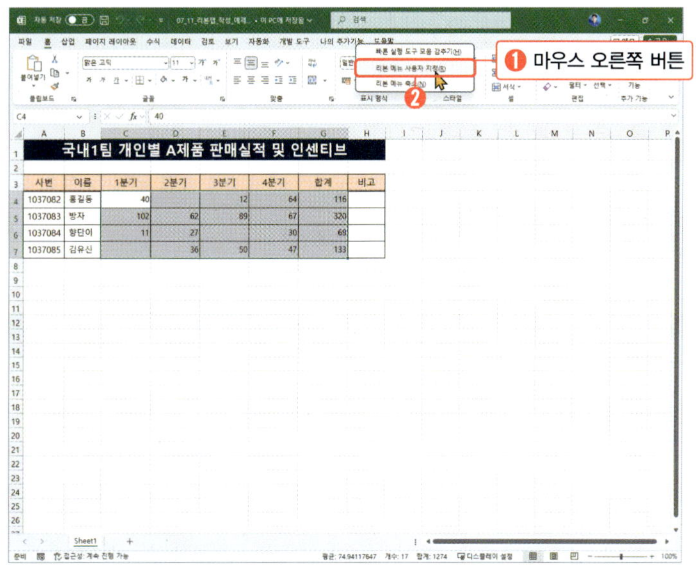

17 작성한 리본 메뉴 탭을 마우스 오른쪽 버튼으로 클릭한 후 [제거]를 클릭합니다.

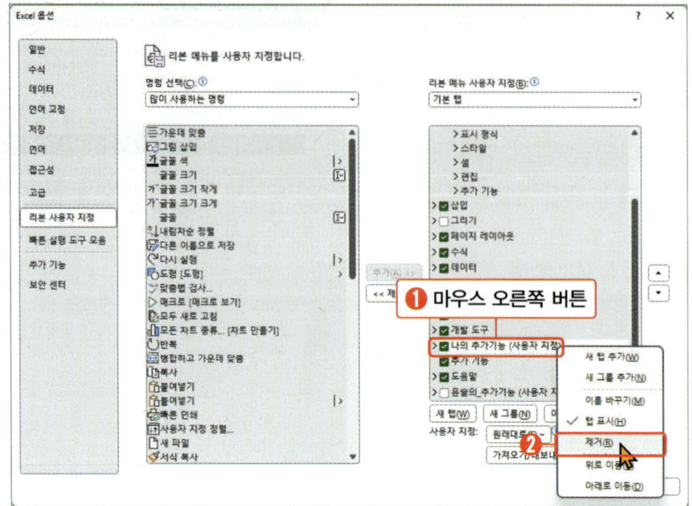

18 해당 리본 메뉴가 사라진 것을 확인할 수 있습니다. [확인]을 클릭하여 엑셀 창으로 돌아갑니다.

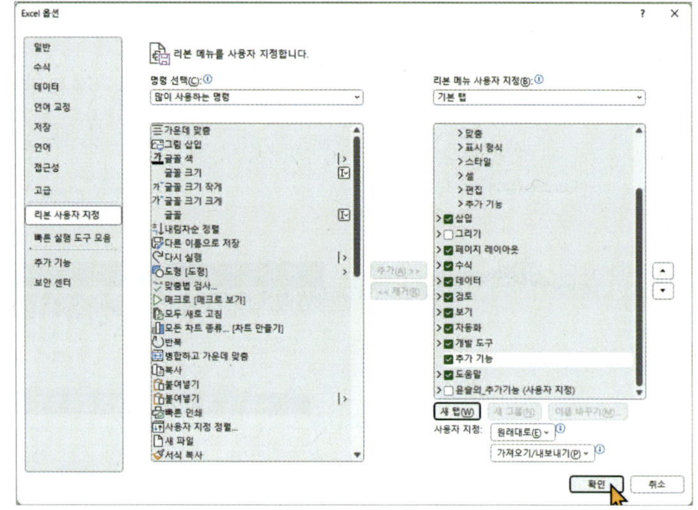

19 상단 메뉴 탭에서도 사라진 것을 확인할 수 있습니다.

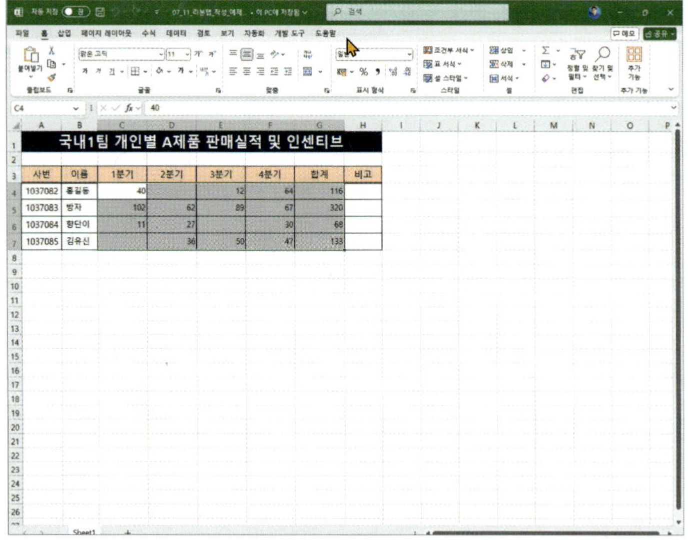

MEMO

Part

08

업무 효율을 높이는 엑셀 꿀팁

엑셀 데이터를 효율적으로 관리, 활용하기 위해선 다양한 기능의 옵션을 알아둘 필요가 있지만 자꾸 버전 업되는 엑셀의 기능, 옵션을 모두 기억하고 사용하기 쉽지 않은 것이 현실입니다. 그래서 간단하지만 알아두면 업무 효율을 높일 수 있는 엑셀 꿀팁에 대해 알아보겠습니다.

001

상태 표시줄 정보의 활용과 개체의 손쉬운 조작법

엑셀의 특정 표시줄 하나도 모두 활용하는 방법이 있습니다. 상태 표시줄을 활용하는 방법과 각종 개체를 빠르게 선택하거나 화살표를 쉽게 빠르게 여러 번 표시하는 방법, 마지막으로 서식 복사를 여러 번 다중 처리하는 방법까지 알아 보겠습니다.

- **실습 파일 :** Part 08 > 예제 > 08_01_시트_개체_통계량_예제.xlsx
- **완성 파일 :** Part 08 > 완성 > 08_01_시트_개체_통계량_완성.xlsx

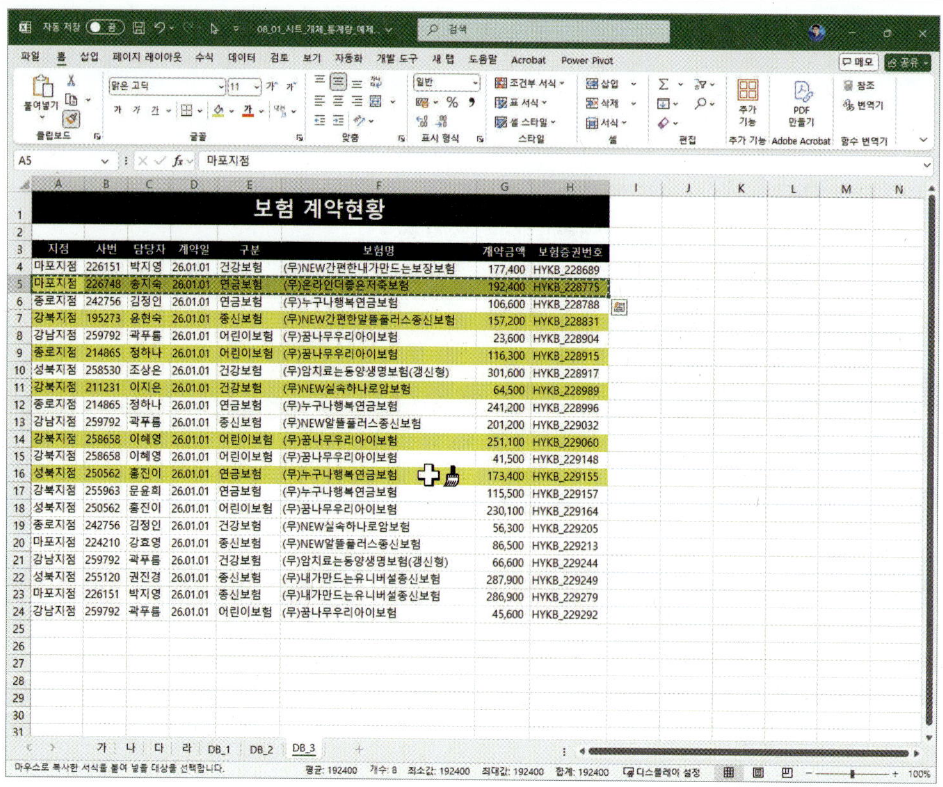

주요 기능	현업 활용
개체 선택	• Ctrl을 누르고 하나씩 선택하던 개체를 한번에 손쉽게 선택할 수 있다.
상태 표시줄 통계량	• 선택한 데이터의 각종 통계량을 함수 사용 없이 셀에 표시할 수 있다.
서식 복사	• 서식 붙여넣기를 여러 번 적용할 때 빠르고 쉽게 적용할 수 있다.

01 예제 파일을 불러온 후 확인해 보면, 한 개 파일에 여러 개 시트가 있는 것을 확인할 수 있습니다. 이럴 때 빠르게 원하는 시트로 이동하기 위해 좌측 하단에 [<]나 [>]로 되어 있는 시트 이동 단추를 마우스 오른쪽 버튼으로 클릭합니다.

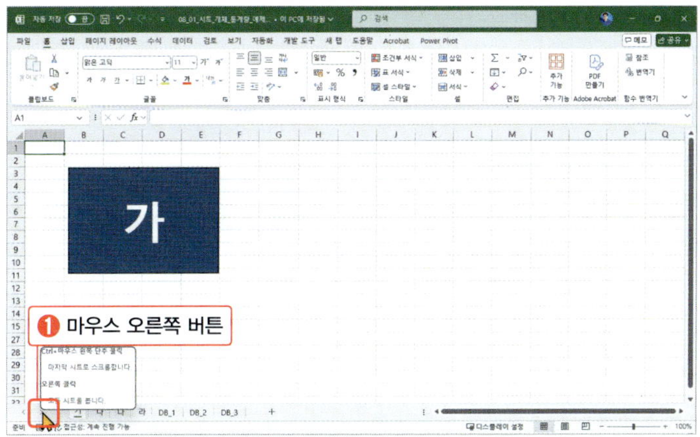

여기서 잠깐

단순히 다음 시트로 이동할 때는 Ctrl+Page Down, 앞 시트로 이동할 때는 Ctrl+Page Up을 누르면 됩니다.

02 [활성화] 대화상자가 나타나고 이동할 시트를 더블클릭하거나, 선택한 후 [확인]을 클릭하면 빠르게 이동할 수 있습니다.

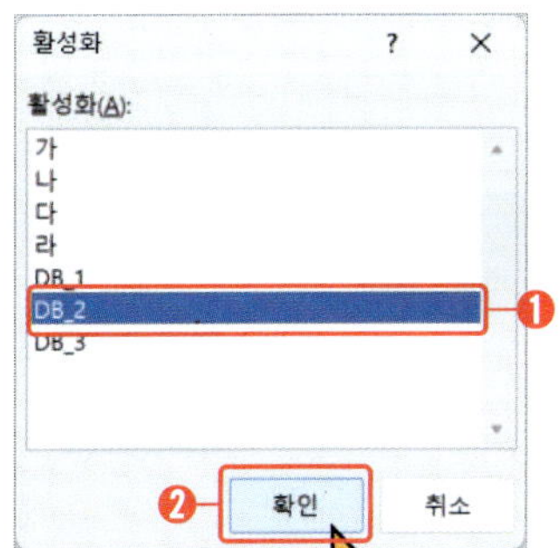

03 [라] 시트를 보면 4개의 사각 도형 개체가 있는데 이들의 높이도 맞추고 가로 폭도 똑같이 조정하려고 합니다. 일일이 Ctrl을 누르고 선택하는 게 불편하기에, [홈] 탭 – [편집] 그룹 – [찾기 및 선택] – [개체 선택]을 클릭합니다.

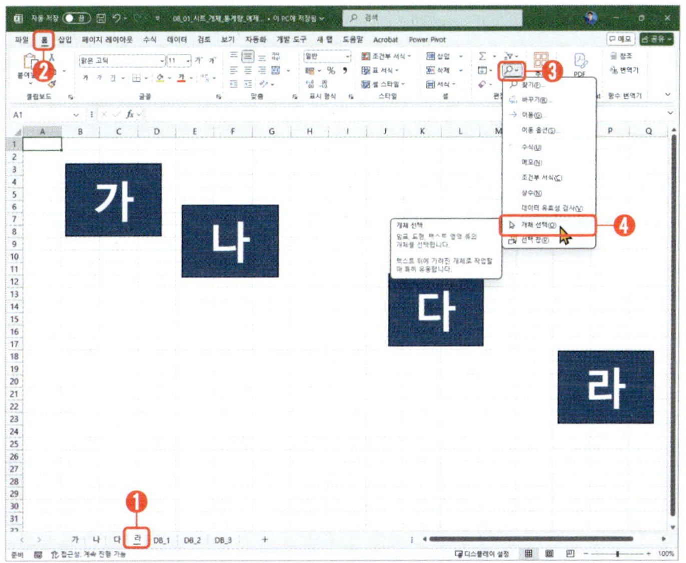

04 마우스 오른쪽 버튼을 클릭한 후 4개의 사각 도형 개체가 있는 범위를 드래그하면 모든 사각 도형 개체를 손쉽게 선택됩니다.

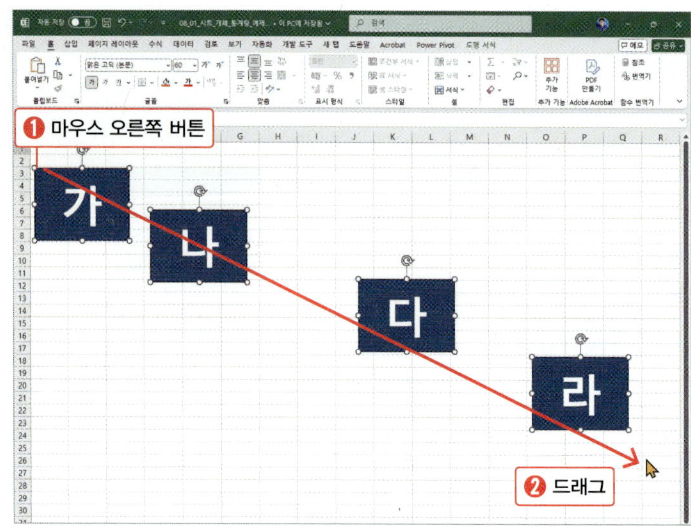

05 이 상태에서 [도형 서식] 탭 – [정렬] 그룹 – [맞춤] – [위쪽 맞춤]을 클릭합니다.

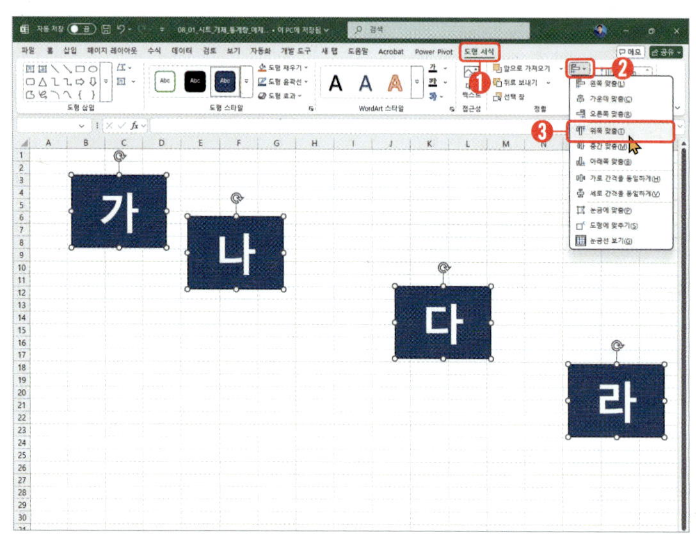

06 그 상태 그대로 이번에는 [도형 서식] 탭 – [정렬] 그룹 – [맞춤] – [가로 간격을 동일하게]를 클릭합니다.

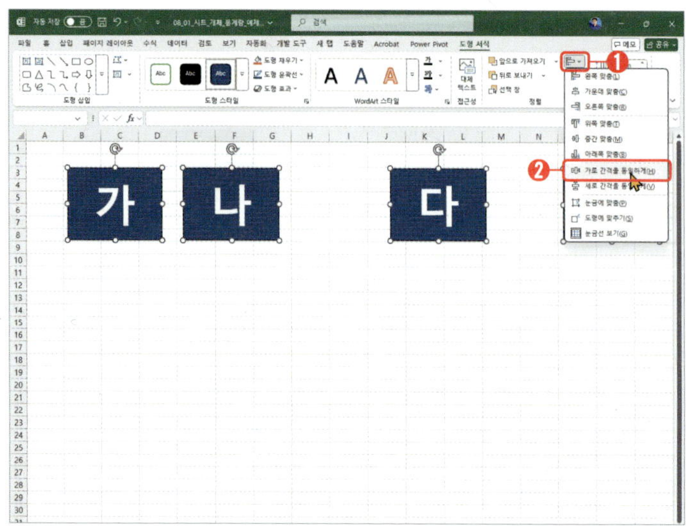

07 화면처럼 위쪽과 가로 간격이 동일하게 정리됩니다. 개체를 자주 선택하고 작업하는 사람들이 [개체 선택]을 [빠른 실행 도구 모음]에 두고 사용하면 업무효율을 높이는 데 도움이 될 겁니다. [홈] 탭 – [편집] 그룹 – [찾기 및 선택] – [개체 선택]을 마우스 오른쪽 버튼을 클릭한 후 [빠른 실행 도구 모음에 추가]를 선택하면 됩니다.

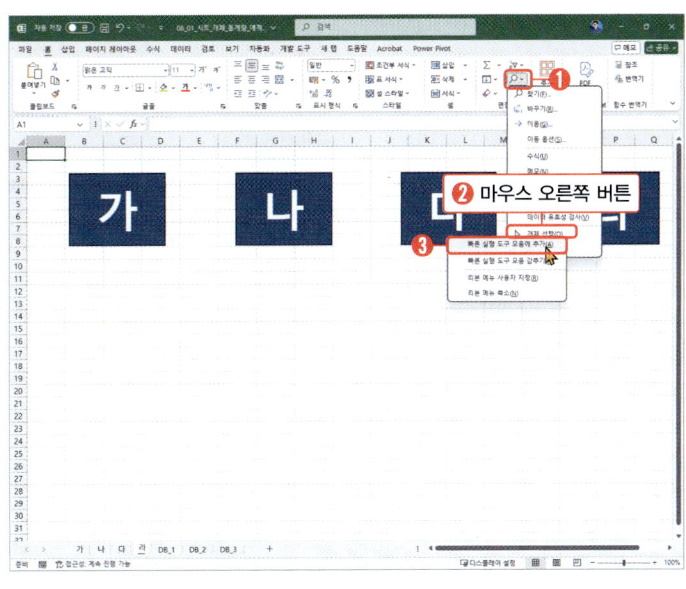

여기서 잠깐

개체 선택 모드를 해제하려면 Esc를 누르면 됩니다.

08 이번에는 4개의 사각 도형 개체에 화살표로 경로 표시를 하겠습니다. 이러한 경우 화살표를 일일이 클릭해서 그리면 불편합니다. [삽입] 탭 – [일러스트레이션] 그룹 – [도형] – [선 화살표]을 마우스 오른쪽 버튼을 클릭한 후 [그리기 잠금 모드]를 선택합니다.

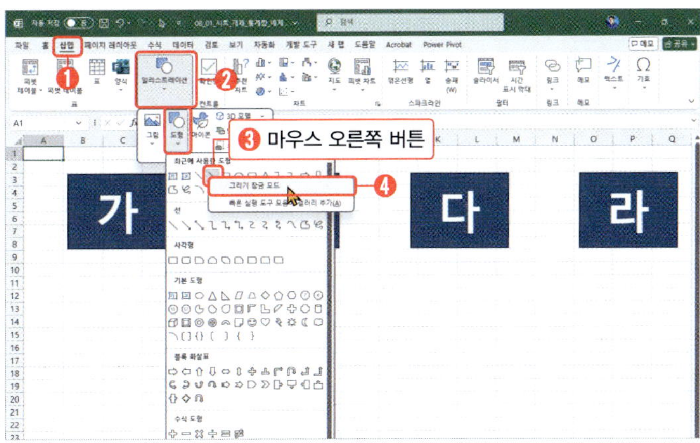

09 이제 도형 개체로 커서를 움직이면 4개의 점이 표시되고 해당점에서 다음 도형으로 드래그하면 또 점이 생깁니다. 그리고 계속해서 화살표를 이와 같은 방법으로 그릴 수 있습니다. Esc를 누르면 [그리기 잠금 모드]는 해제됩니다.

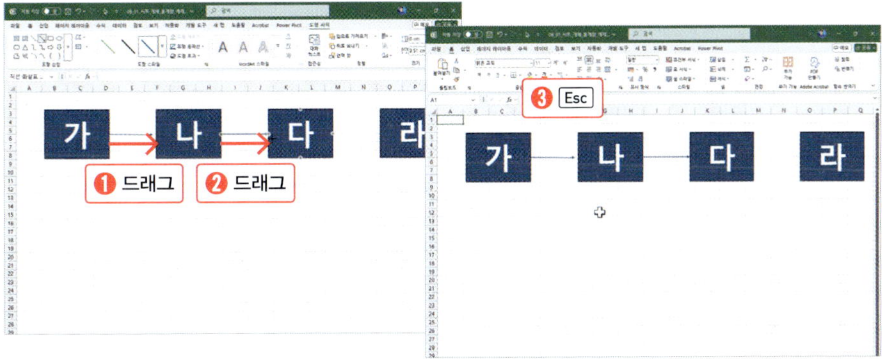

10 이번에는 선택한 데이터를 손쉽게 확인하는 기초 통계량입니다. [DB_1] 시트로 이동해서 계약 금액이 있는 [G4:G24] 셀을 선택하면, 아래쪽 상태 표시줄에 선택한 데이터의 평균, 개수, 합계 통계량이 나타납니다. 추가 통계량을 보고 싶다면 상태 표시줄을 마우스 오른쪽 버튼을 클릭합니다.

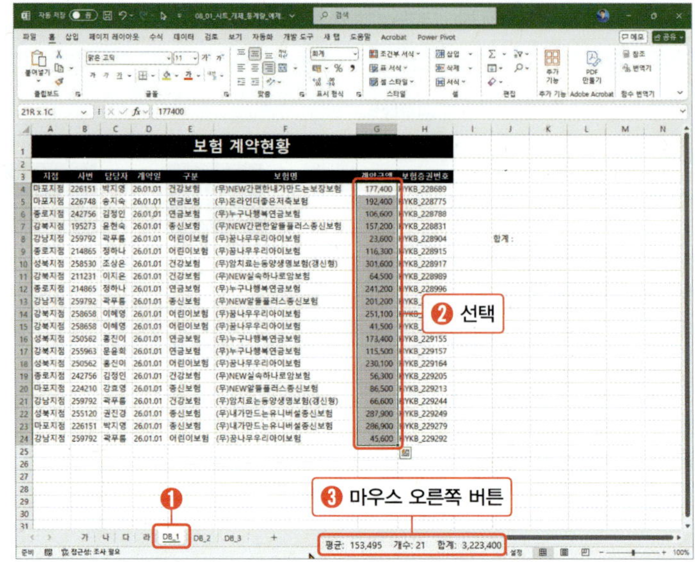

11 [최소값], [최대값]을 확인하기 위해 체크하면, 상태 표시줄에서 이제 선택한 데이터의 [최소값], [최대값]도 표시됩니다.

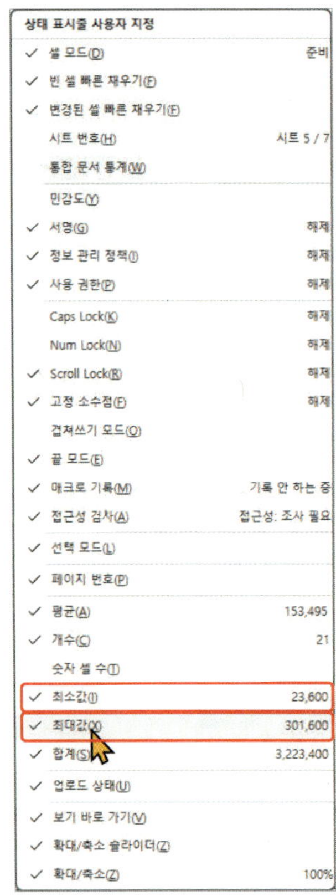

12 상태 표시줄 통계량을 활용하는 방법을 알아보겠습니다. 선택 데이터의 합계 금액을 [K8] 셀에 나타내려고 합니다. 상태 표시줄에 있는 합계 금액을 클릭하고, 시트의 [K8] 셀에서 Ctrl+V를 눌러 붙여 넣습니다.

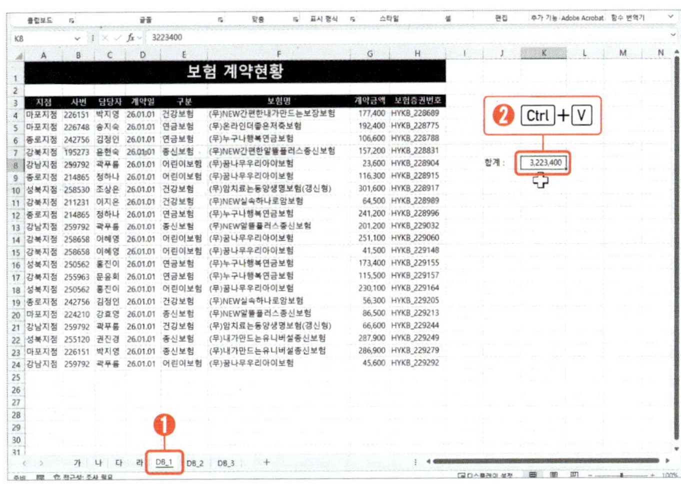

13 이번에는 서식 붙여 넣기의 단축키에 대해서 알아보겠습니다. [DB_2] 시트로 이동해서 [A5:H5] 셀의 서식을 [A9:H9] 셀에 서식 붙여 넣기 위해, [A5:H5] 셀을 선택, 복사합니다.

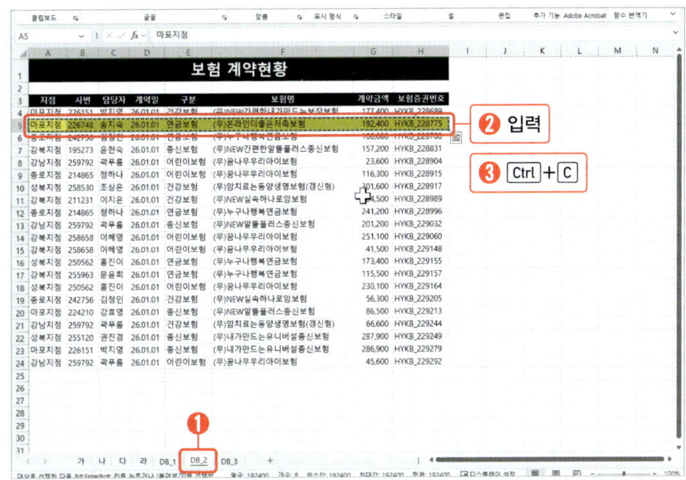

14 [A9] 셀을 선택하고 Ctrl+Alt+V를 같이 누릅니다. [선택하여 붙여 넣기] 대화상자가 나타나고 서식은 (T)로 되어 있습니다. 이 상태에서 T를 한 번 누르고 Enter를 누르면 됩니다.

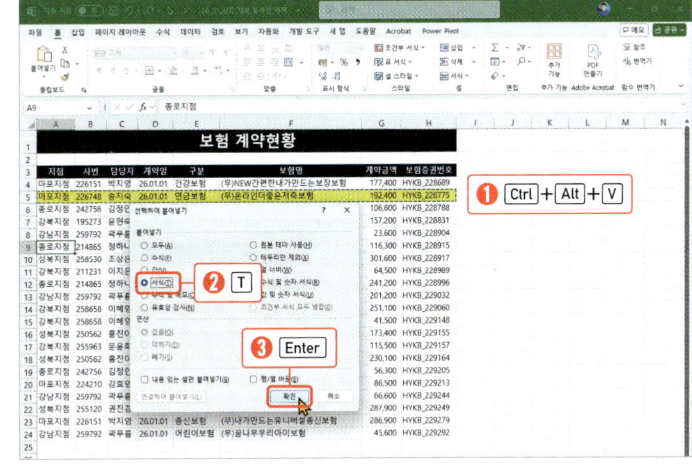

여기서 잠깐

선택하여 붙여 넣기 단축키는 반드시 클립보드에 복사된 내용이 있을 때만 동작합니다. 많이 사용하는 값 붙여 넣기는 Ctrl+Alt+V 이후 V, Enter를 누르면 되고, 서식 붙여 넣기는 Ctrl+Alt+V 이후 T, Enter를 누르면 됩니다.

15 손쉽게 서식 붙여 넣기를 한 결과를 확인할 수 있습니다.

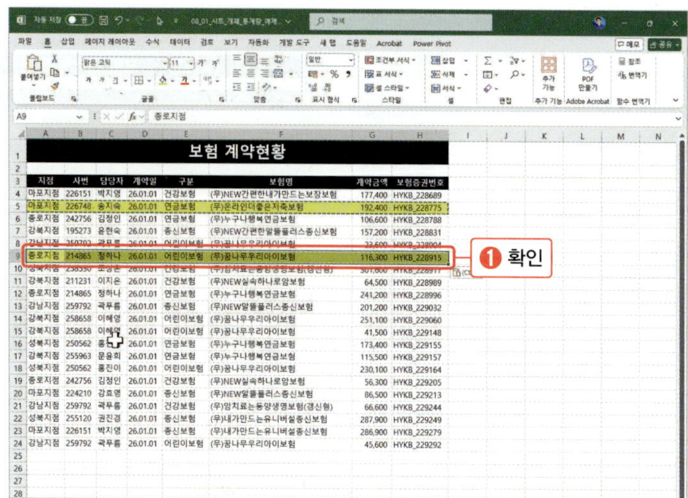

16 이번에는 서식 붙여 넣기를 여러 번 실행하는 방법을 알아보겠습니다. [DB_3] 시트에서 [A5:H5] 셀을 선택하고, [홈] 탭 – [클립보드] 그룹 – [서식 복사]를 더블클릭합니다.

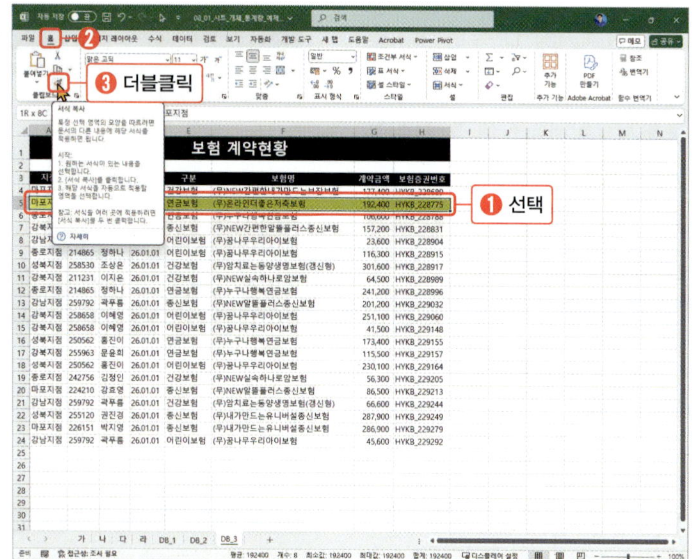

17 이제 붙여 넣으려는 행의 첫 번째 셀을 클릭하면 계속해서 서식 복사할 수 있습니다.

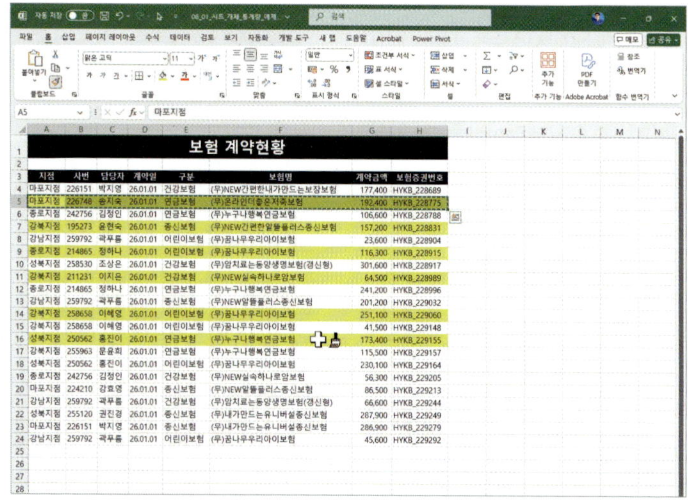

여기서 잠깐

다중 서식 복사 모드를 해제하는 방법도 Esc를 누르면 됩니다.

002 셀 서식과 이름 정의의 다양한 활용법

데이터를 편집할 때는 다른 열에 영향을 주지 않고 행을 삽입하거나 삭제하는 방법, 빈 셀에만 0을 입력하거나 0만 선택적으로 삭제하는 방법 등 다양한 편집 기술이 필요합니다. 또한 이름 정의를 활용하면 특정 셀이나 범위로 빠르게 이동할 수 있으며, 셀 서식을 통해 24시간을 초과하는 시간도 정확히 표시하거나 시각화할 수 있습니다. 이번에는 이러한 기능들을 실무에서 활용하는 다양한 방법을 익혀보겠습니다.

- **실습 파일 :** Part 08 > 예제 > 08_02_셀 서식_키_이름 정의_예제.xlsx
- **완성 파일 :** Part 08 > 완성 > 08_02_셀 서식_키_이름 정의_완성.xlsx

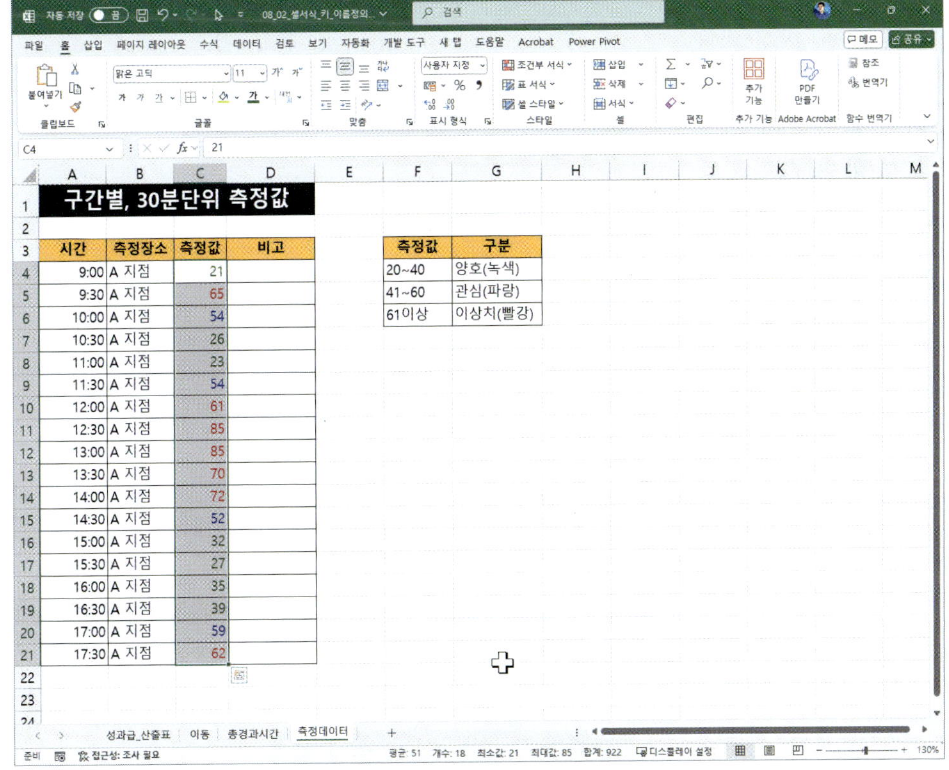

주요 기능	현업 활용
Shift의 활용	• 다른 열에 영향 없이 행을 삽입, 삭제할 수 있다.
빈 셀에 0값 채우기, 삭제하기	• 빈 셀에만 0 값을 빠르게 채우거나, 0 값 데이터만 빠르게 삭제할 수 있다.
셀 서식	• 24시간을 초과한 시간을 모두 표시하거나, 조건을 입력하고 조건별로 나타나는 색을 지정할 수 있다.

01 예제 파일을 불러온 후 첫 번째 [성과급_산출표] 시트를 보면, 사원번호에 'HY230993'이 입력되지 않을 것을 확인했습니다. 이러한 경우 전체 행을 삽입하면 우측의 조견표 테이블도 행이 추가되므로 행 삽입 이전 데이터 [A6:E6] 셀을 선택하고 우측 하단에 커서를 이동시켜 채우기 핸들로 변경합니다.

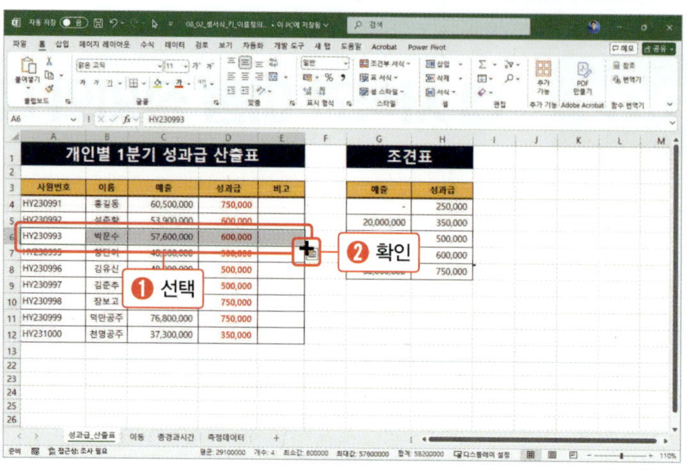

02 채우기 핸들로 상태에서 Shift를 누르면 위, 아래 화살표 모양으로 커서가 변경되는데 이때 한 행 밑으로 드래그하면 다른 열 데이터에 영향을 주지 않고 행을 삽입할 수 있습니다.

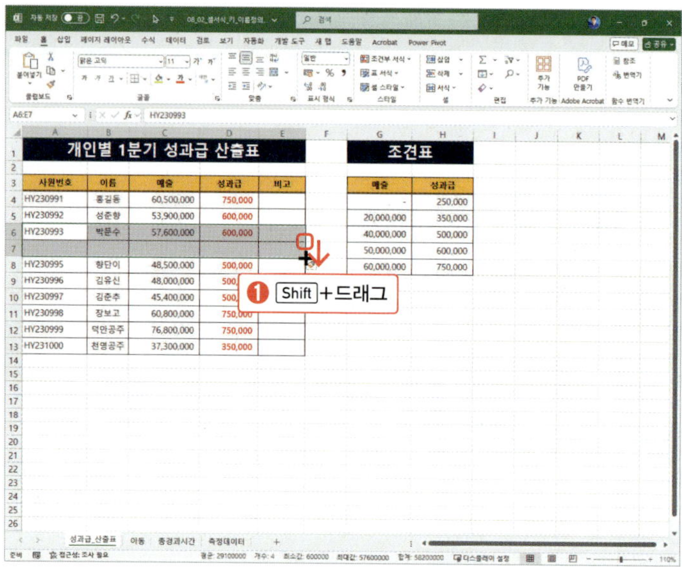

여기서 잠깐

다른 열에 영향 없이 행을 삭제할 때는 채우기 핸들 형태에서 Shift를 누르고 위쪽으로 한 행 드래그하면 됩니다.

03 이번에는 [이동] 시트에서 [C4:J15] 셀의 빈 곳에 '0'을 채우겠습니다. 먼저 [C4:J15] 셀을 선택하고 [홈] 탭 – [편집] 그룹 – [찾기 및 선택] – [이동]을 클릭합니다.

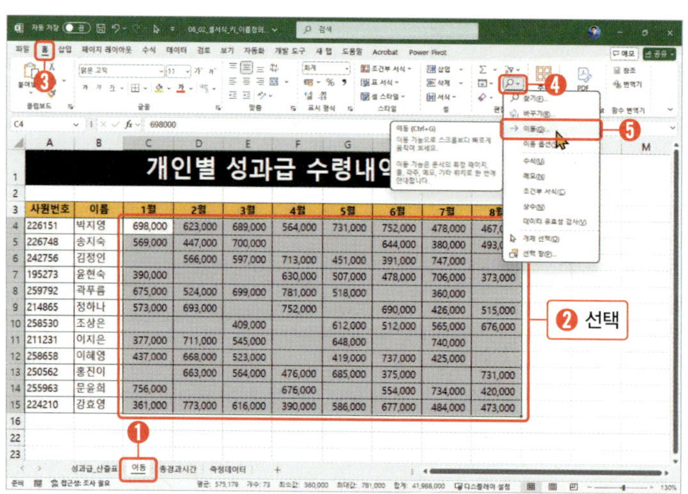

여기서 잠깐

이동의 단축키는 F5입니다.

04 [이동] 대화상자가 나타나면 [옵션]을 클릭하고, [이동 옵션] 대화상자에서 [빈 셀]만 체크하고 [확인]을 클릭합니다.

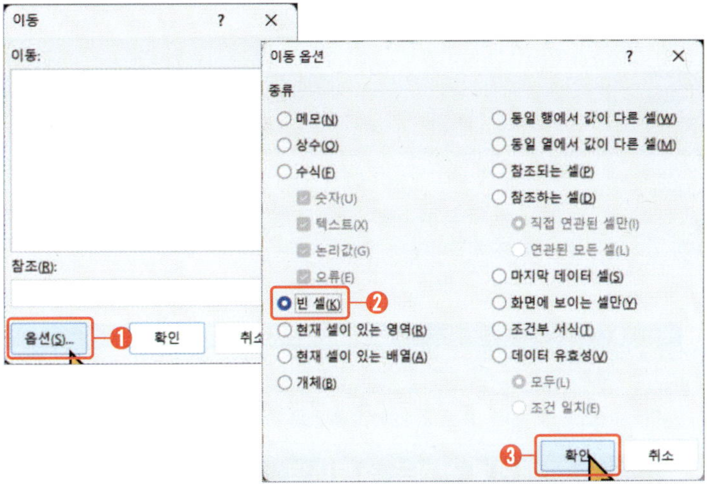

05 '0'을 입력하고 Ctrl+Enter를 누릅니다.

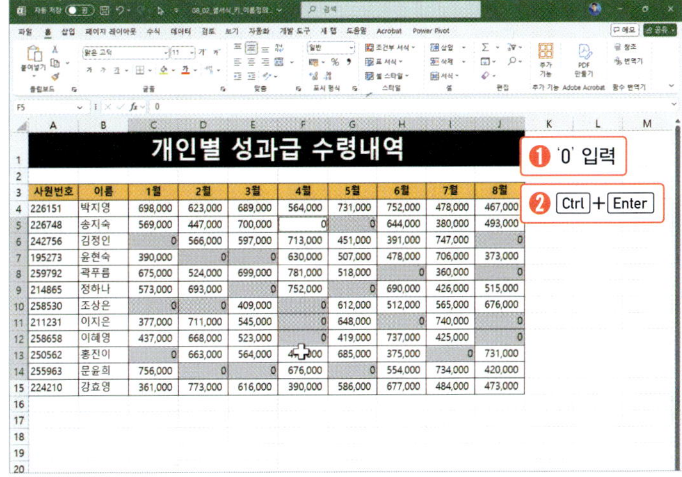

06 이번에는 범위 중 0 값만 삭제하는 방법을 알아보기 위해, [C4:J15] 셀을 선택하고 [홈] 탭 – [편집] 그룹 – [찾기 및 선택] – [바꾸기]를 클릭합니다.

여기서 잠깐

찾기 및 바꾸기의 단축키는 Ctrl+H입니다.

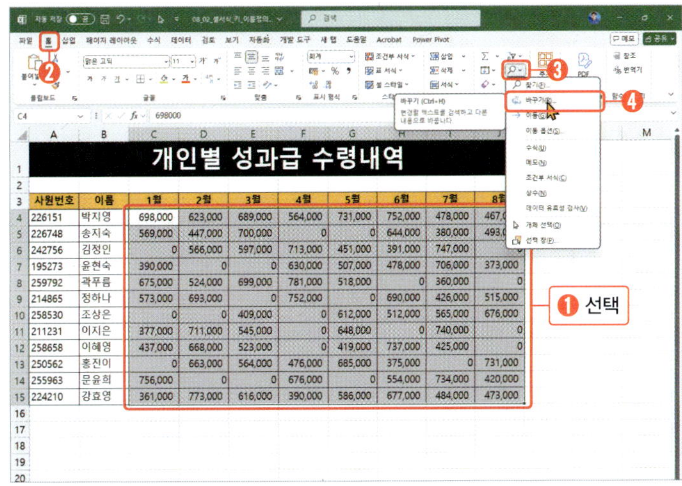

07 [찾을 내용]에 '0'을 입력하고 [옵션]을 클릭해서 확장한 후 [전체 셀 내용 일치]를 체크하고 [모두 바꾸기]를 클릭합니다.

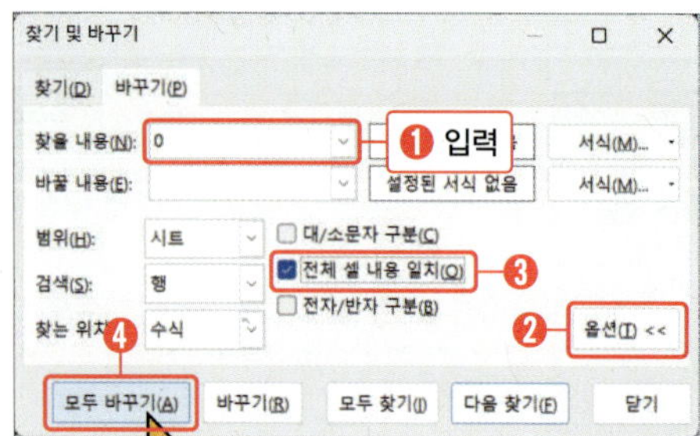

여기서 잠깐

[전체 셀 내용 일치]를 체크하지 않으면, 10인 데이터의 0도 지워져서 1로 표시됩니다.

08 간단히 0만 삭제된 것을 확인할 수 있습니다.

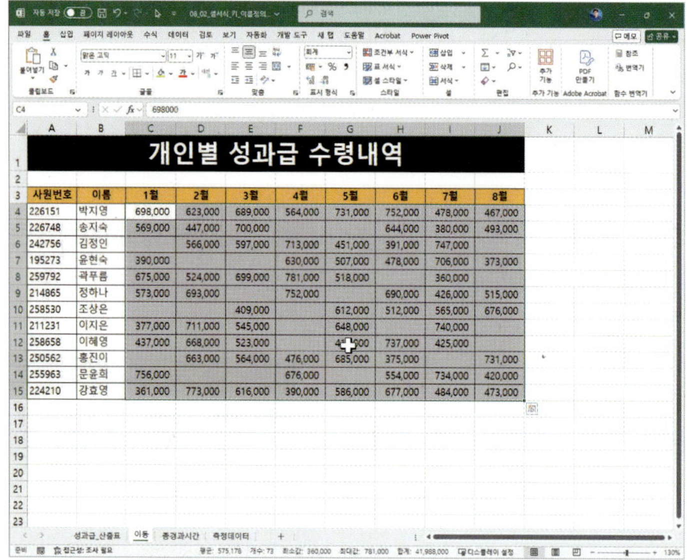

09 이번에는 특정 범위(4, 5, 6월의 데이터)를 빠르게 선택하는 방법을 알아보겠습니다. 먼저 [F4:H15] 셀을 선택하고 [이름 상자]에 '특정범위'를 입력합니다.

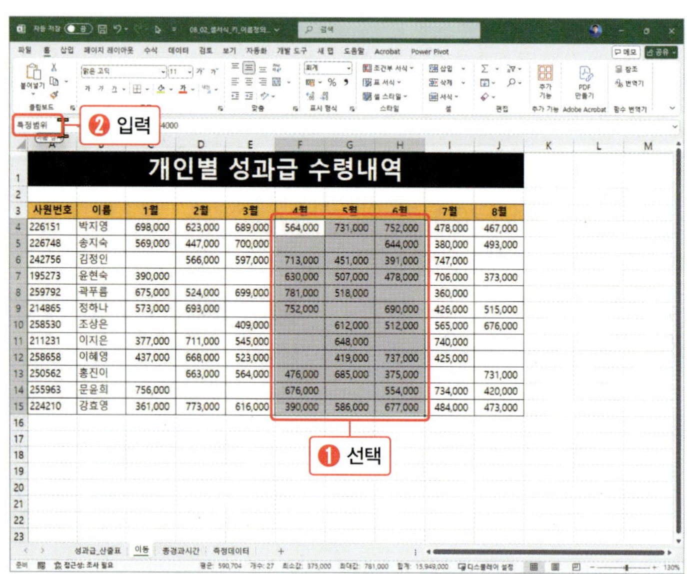

10 임의의 셀을 선택하고 이제 특정 범위만 빠르게 선택하기 위해, [이름 상자]를 확장하면 '특정범위'가 나타납니다. 이때 해당 이름 정의를 선택하면 빠르게 범위를 선택할 수 있습니다.

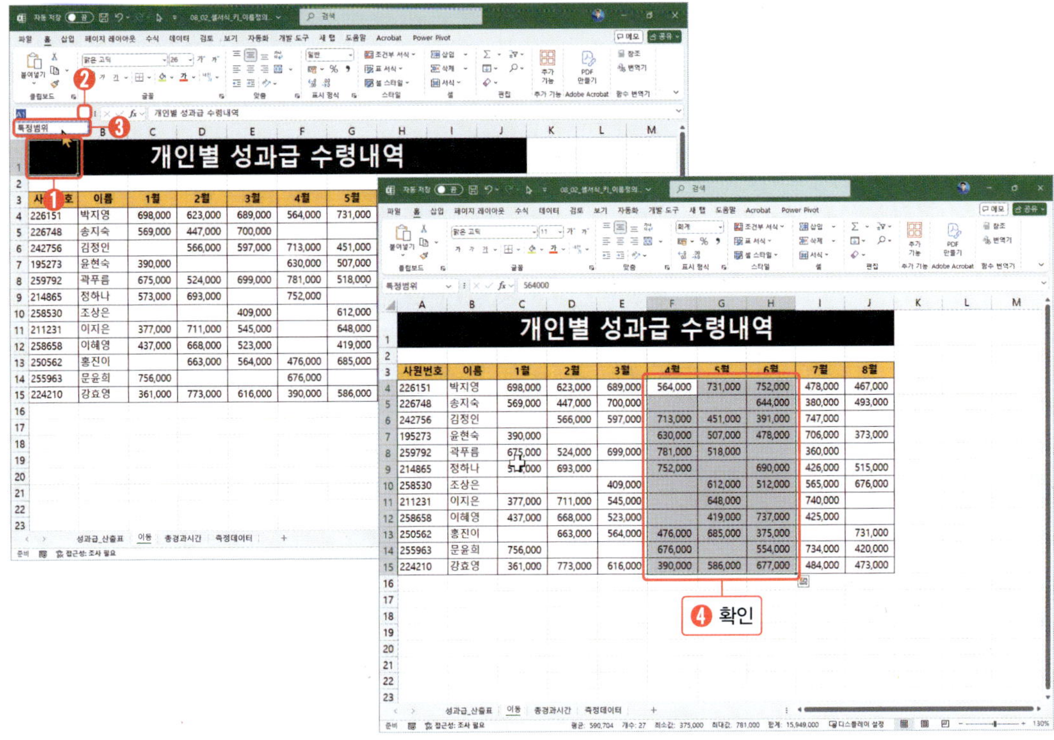

11 이번에는 셀 서식을 이용해서 24시간을 초과하는 시간을 표시해 보겠습니다. [총경과시간] 시트에서 [D4] 셀에 '=C4-B4'를 입력하고 나머지 채워 넣습니다. 그런데 유심히 보면 [D4] 셀의 정상 값은 34시간인데 24시간을 제외한 10시간만 표시된 것을 확인할 수 있습니다. 모든 시간을 표시하기 위해 Ctrl+1을 눌러 [셀 서식] 대화상자를 불러옵니다.

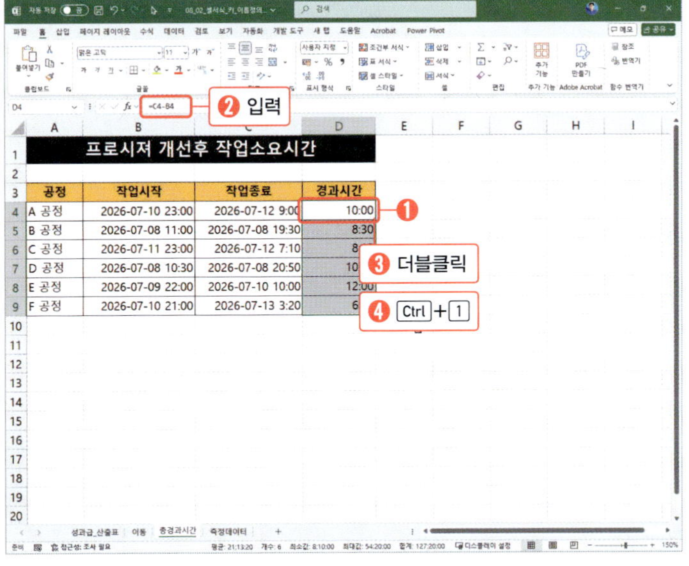

12 [셀 서식] 대화상자의 [범주]에서 '사용자 지정'을 선택하고 [형식]에 '[h]:mm'을 입력한 후 [확인]을 클릭하면, 정상 경과 시간이 산출됩니다.

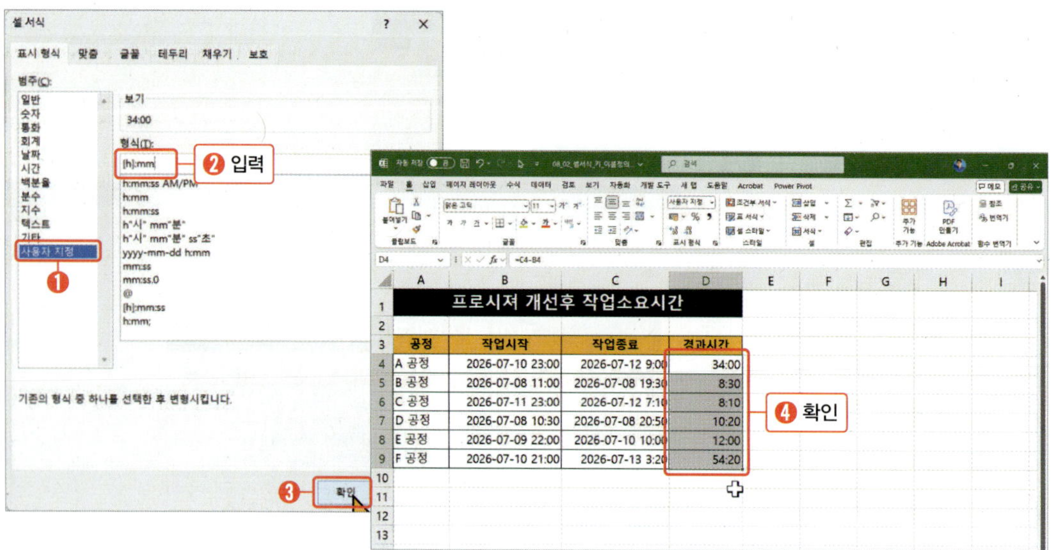

13 이번에는 측정치를 조건부로 색을 표시하는 방법을 확인하겠습니다. 먼저 30분 단위의 측정 시간부터 입력하기 위해, [측정데이터] 시트의 [A5] 셀에 '=A4+"0:30"'을 입력하고 나머진 채워 넣습니다.

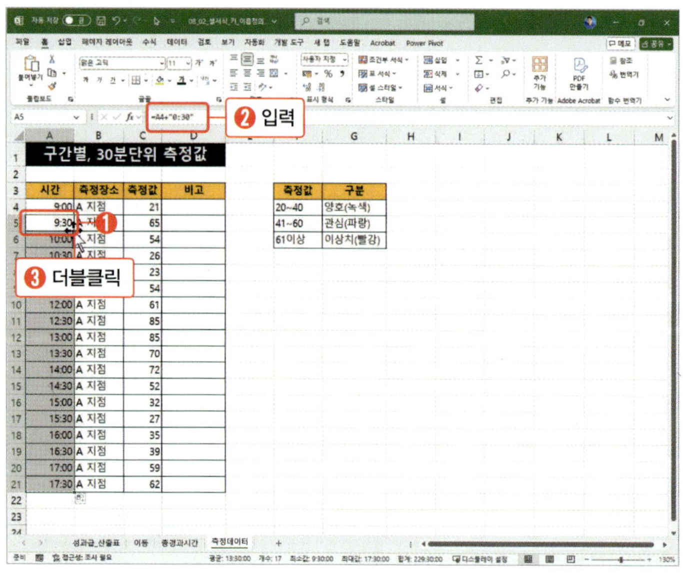

여기서 잠깐

엑셀에서 데이터를 입력하면 서식이 자동 지정되는 2개의 데이터가 날짜와 시간입니다.
이 2개의 데이터는 문자처럼 " "로 입력해도 연산할 수 있습니다. 따라서 수식을 '=A4+TIME(0,30,0)'으로 입력하지 않아도 됩니다.

14 [C4:C21] 셀을 선택하고 20~40을 녹색으로 표시하기 위해, [홈] 탭 – [글꼴] 그룹 – [글꼴 색] – [녹색, 강조 6, 25% 더 어둡게]를 클릭합니다.

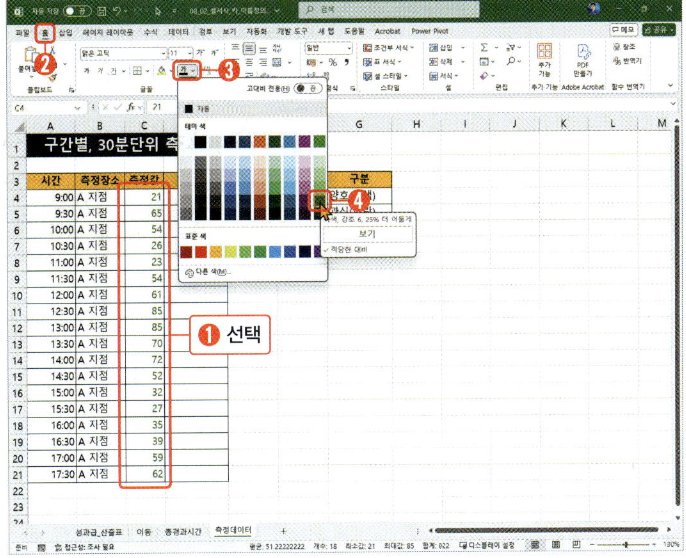

15 Ctrl+1을 눌러 [셀 서식] 대화상자가 나타나면 [범주]에서 '사용자 지정'을 선택하고, [형식]에 아래와 같이 입력합니다.

```
[빨강][>60]0;[파랑][>40]0;0
```

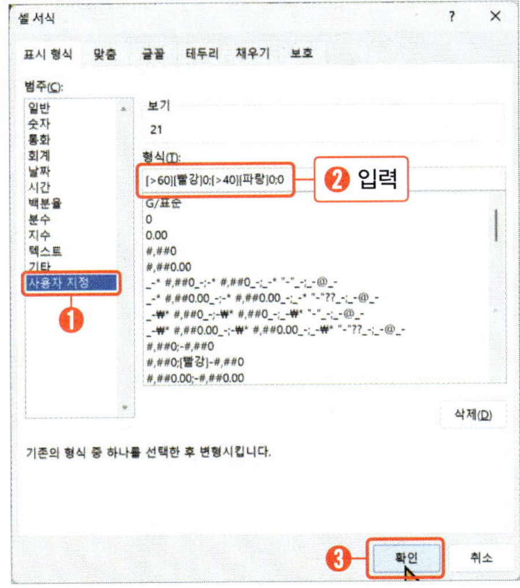

여기서 잠깐

지금 입력한 데이터가 모두 100 미만이므로 천 단위 구분 기호를 쓰지 않았고, 만약 쉼표 스타일로 나타내고자 한다면 '[빨강][>60]#,##0;[파랑][>40]#,##0;#,##0'을 입력하면 됩니다.
한 가지 더 주의할 사항은 순서를 잘 지켜서 큰 값이 첫 번째 조건이 돼서 해당 조건을 만족하지 못하면 다음 조건의 서식으로 나타낼 수 있게끔 해야 합니다. 만약 '[파랑][>40]0;[빨강][>60]0;0'으로 입력한다면, 41도 파란색, 61도 파란색으로 표시됩니다.

16 3가지 색으로 구분된 측정값을 확인할 수 있습니다.

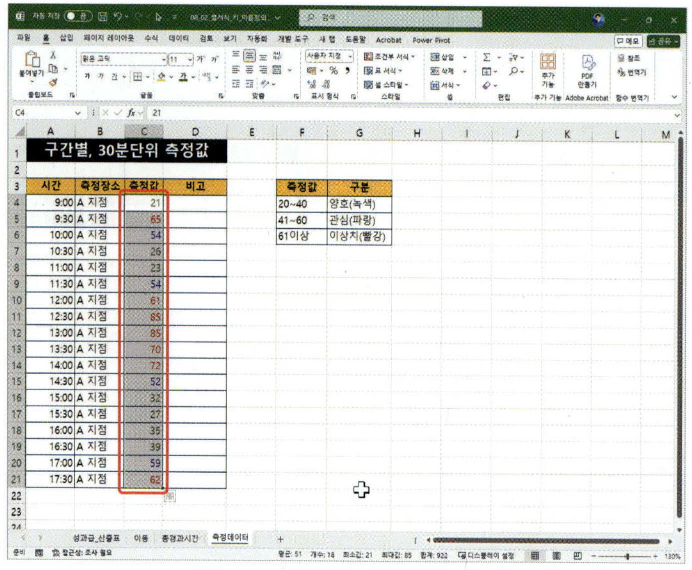

003 정렬을 사용한 데이터 조작과 대표 문자의 변환

정렬 기능을 활용하면 데이터를 한 행씩 빠르게 삽입하거나 재배치할 수 있어 편집 효율을 크게 높일 수 있습니다. 또한 엑셀에서 사용하는 대표 문자는 단순히 '데이터 바꾸기' 기능을 적용하면 의도하지 않은 결과가 나타날 수 있는데, 이를 올바르게 처리하는 방법도 함께 다룹니다. 아울러 내역서 작성 시 자주 사용하는 병합하고 가운데 맞춤 기능이 오히려 불편을 초래하는 상황을, 보다 효율적인 다른 방식으로 해결하는 기법도 익히겠습니다.

- **실습 파일 :** Part 08 > 예제 > 08_03_정렬_바꾸기_개체_예제.xlsx
- **완성 파일 :** Part 08 > 완성 > 08_03_정렬_바꾸기_개체_완성.xlsx

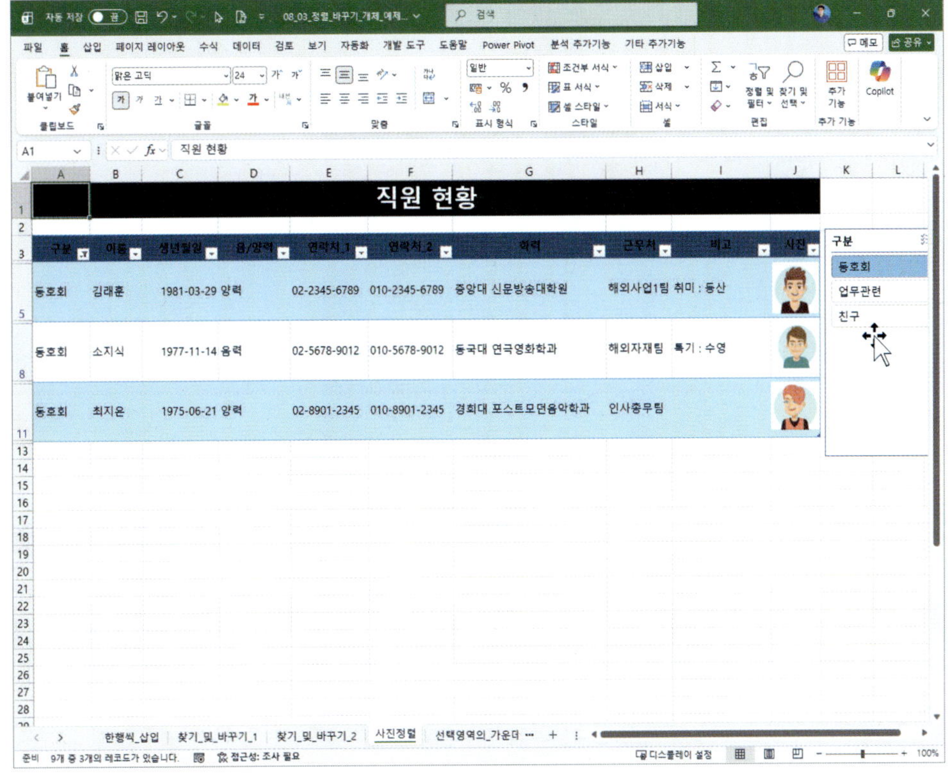

주요 기능	현업 활용
한 행씩 삽입	• 정렬을 이용해서 빠르게 행 삽입을 할 수 있다.
대표 문자의 변환	• 변환 접두어를 이용해서 엑셀 대표 문자도 변환할 수 있다.
사진 데이터 포함 필터	• 사진이 포함된 테이블을 정렬을 통해 사진까지 같이 정렬시킬 수 있다.

01 예제 파일을 불러온 후 [한행씩_삽입] 시트의 데이터마다 한 행씩 삽입하려고 합니다. 먼저 데이터가 없는 열을 찾아야 하는데, 현재 [G] 열은 '비고'라는 머리글만 있고 데이터가 없습니다. [G1] 셀에 '1', [G2] 셀에 '2'를 입력합니다.

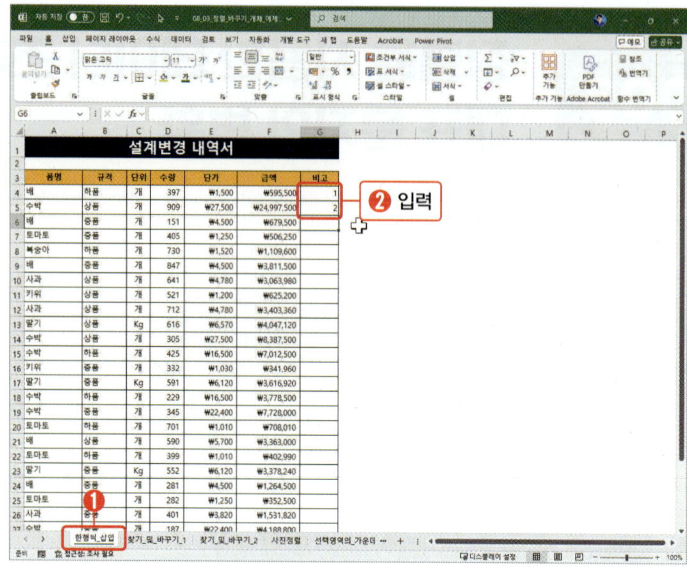

02 입력된 [G1:G2] 셀을 선택하고 채우기 핸들을 더블클릭해서 데이터를 채웁니다.

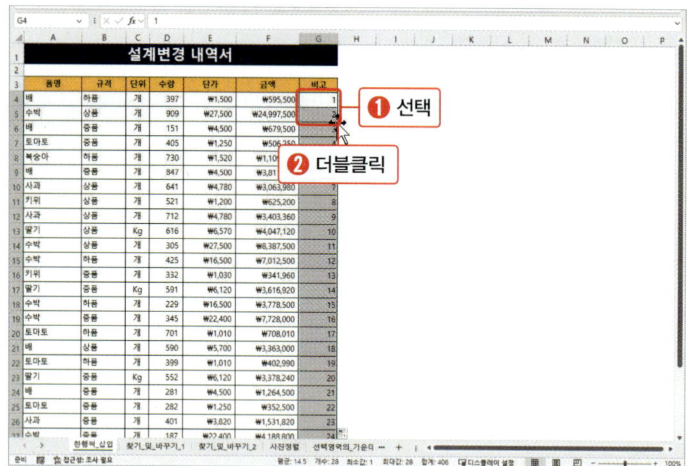

03 채워진 데이터를 복사해서 데이터가 있던 마지막 셀의 다음 셀에 붙여 넣습니다.

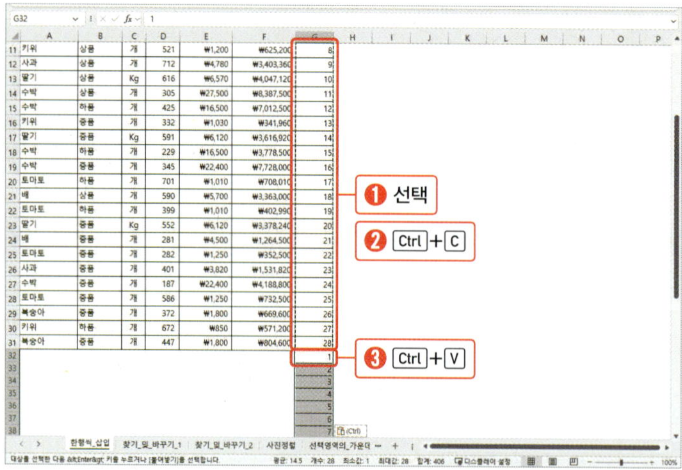

04 다시 머리글이 있는 [G3] 셀로 이동한 후 [데이터] 탭 – [정렬 및 필터] 그룹 – [텍스트 오름차순 정렬]을 클릭합니다.

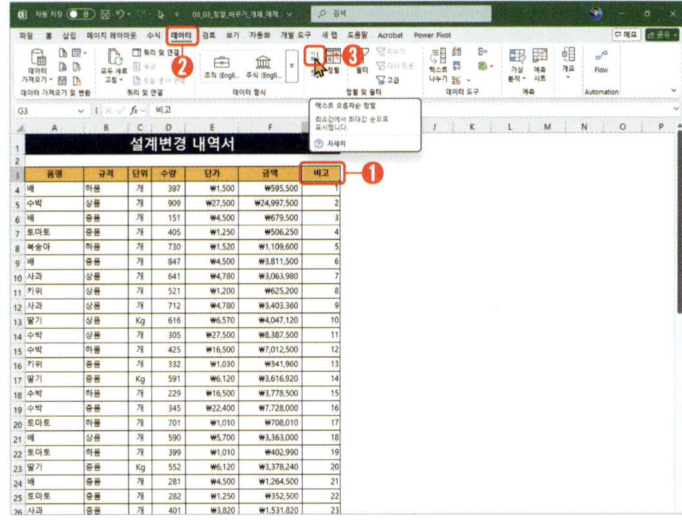

여기서 잠깐

이때 Ctrl+↑를 누르면 빠르게 이동할 수 있습니다.

05 모든 데이터마다 한 행씩 삽입되었습니다.

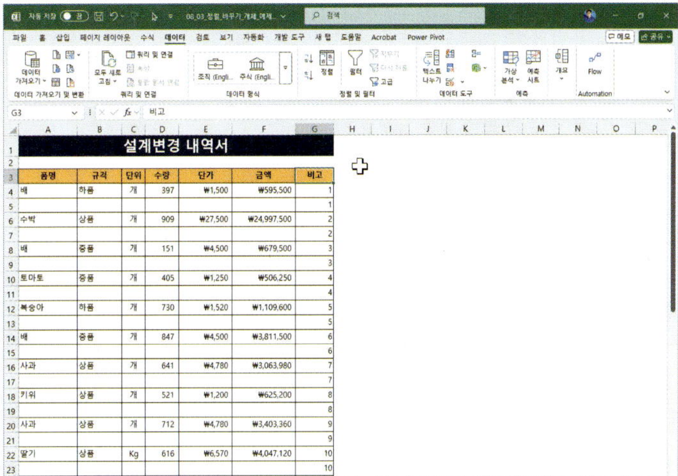

06 이번에는 대표 문자(*, ?)의 데이터 변환을 알아보기 위해 [찾기_및_바꾸기_1] 시트에서 [B4:B9] 셀을 선택하고 [홈] 탭 – [편집] 그룹 – [찾기 및 선택] – [바꾸기]를 클릭합니다.

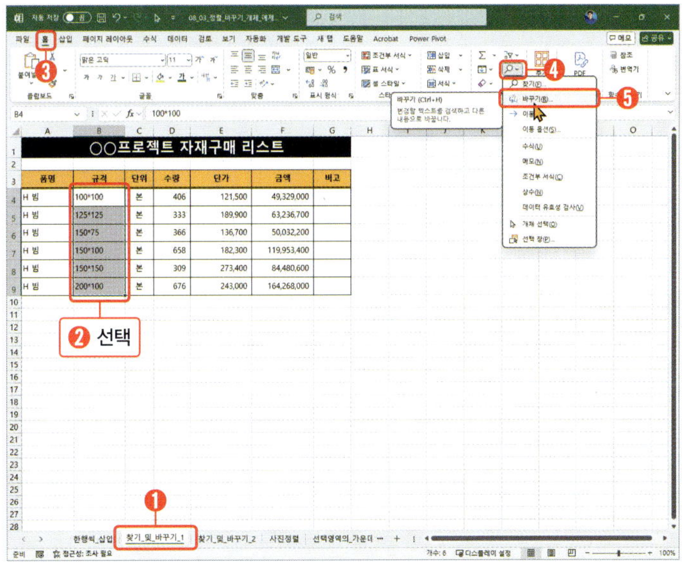

07 [찾을 내용]은 '~*', [바꿀 내용]은 'x'를 입력한 후 [모두 바꾸기]를 클릭합니다.

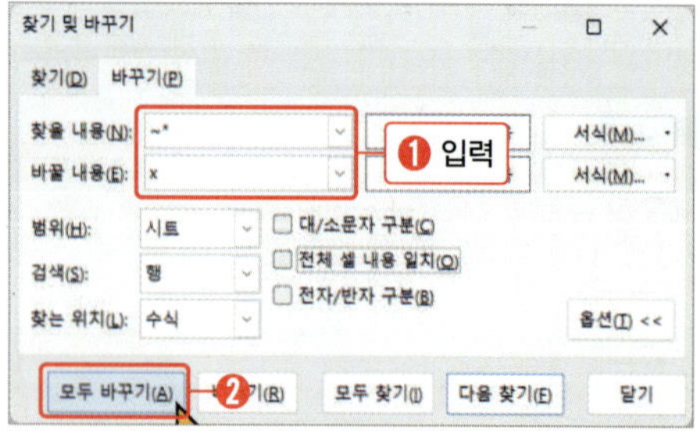

여기서 잠깐

대표 문자(*, ?)는 [찾을 내용]을 입력할 때 반드시 접두어 '~'를 포함해야 합니다.
이를 포함하지 않으면 전체 데이터가 변경됩니다.

08 이번에는 '~' 문자의 변환에 대해 알아보기 위해, Ctrl+H를 누르고 [찾기 및 바꾸기] 대화상자가 나타나면 [찾을 내용]은 'x', [바꿀 내용]은 '~'을 입력한 후 [모두 바꾸기]를 클릭합니다.

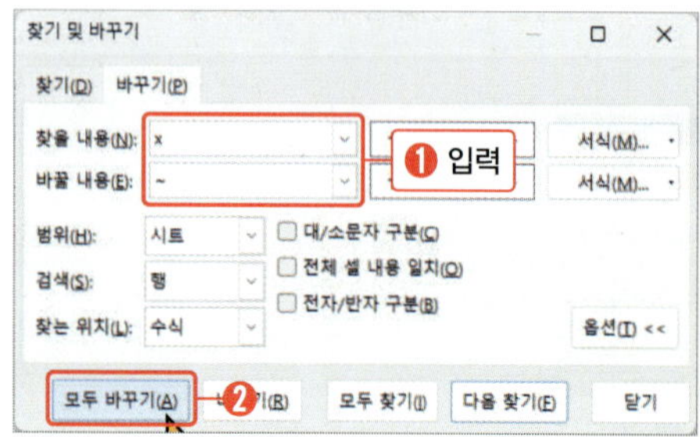

09 다시 [찾을 내용]에 '~', [바꿀 내용]은 '–'를 입력한 후 [모두 바꾸기]를 클릭하면 바꿀 대상을 찾지 못했다는 오류가 나타납니다.

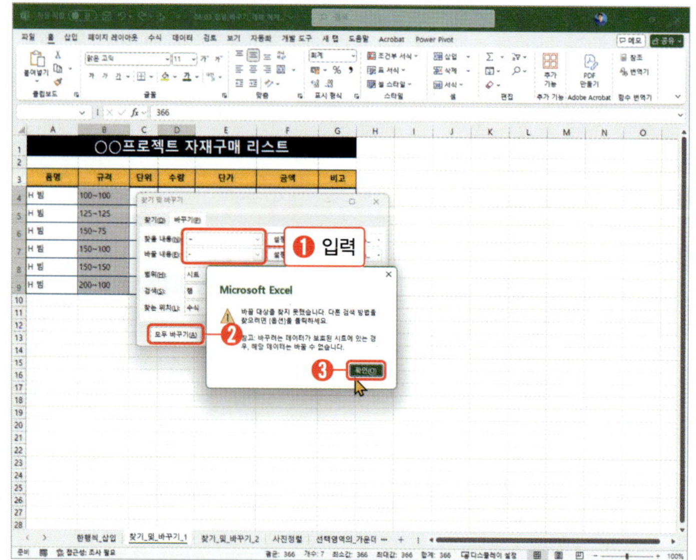

10 [찾을 내용]에 '~~', [바꿀 내용]에 '~'를 입력한 후 [모두 바꾸기]를 클릭하면 정상 결과를 확인할 수 있습니다.

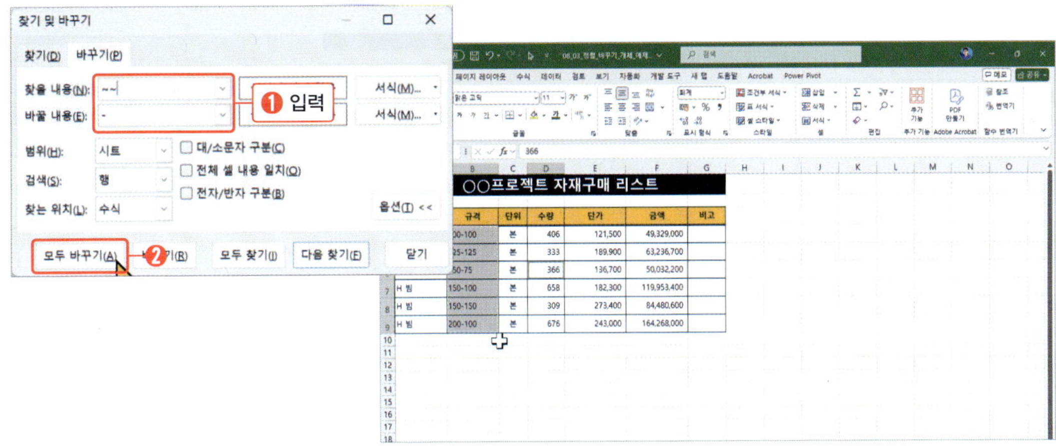

여기서 잠깐

'~' 문자는 대표 문자가 아니지만 '~' 문자만 입력하면 대표 문자 변환 접두어인지 변환 대상인지 구분이 되지 않습니다. 그래서 엑셀에서는 '~'를 예외로 대표 문자인 것처럼 취급해서 '~' 접두어를 넣어야 정상 동작하게 됩니다.

12 [찾기_및_바꾸기_2] 시트에서 대표 문자 중 '?' 문자의 변환에 대해 알아보겠습니다. [B4:B8] 셀을 선택하고 Ctrl+H를 눌러 [찾기 및 바꾸기] 대화상자를 불러옵니다. [찾을 내용]은 '?', [바꿀 내용]은 '->'를 입력한 후 [모두 바꾸기]를 클릭합니다.

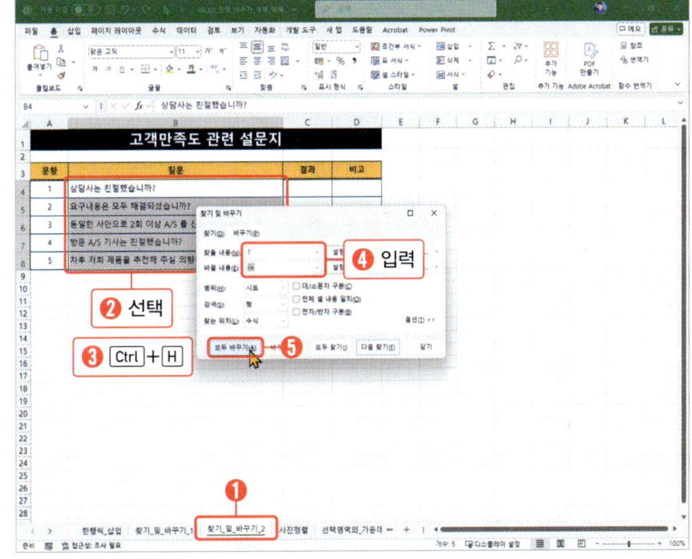

13 모든 내용이 변경되는 것을 확인할 수 있습니다.

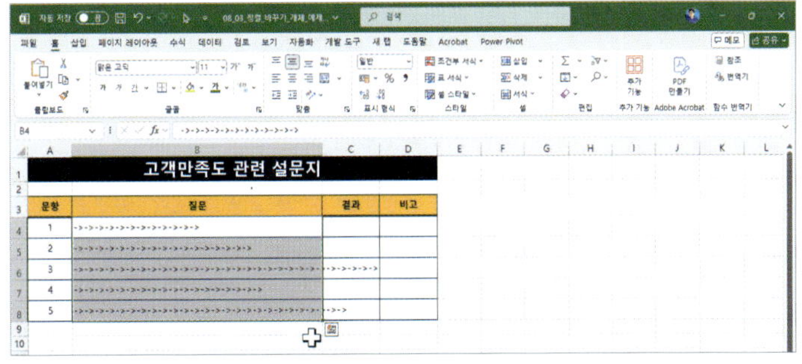

14 Ctrl+Z를 눌러 되돌리기 하고 '?' 문자도 대표 문자이므로 [찾을 내용]은 '~?', [바꿀 내용]은 '->'를 입력한 후 [모두 바꾸기]를 클릭하면 정상 결과를 확인할 수 있습니다.

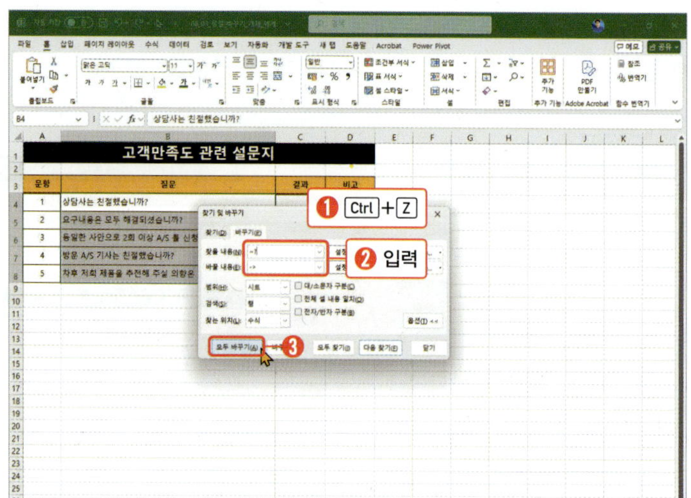

15 정상 결과를 확인할 수 있습니다.

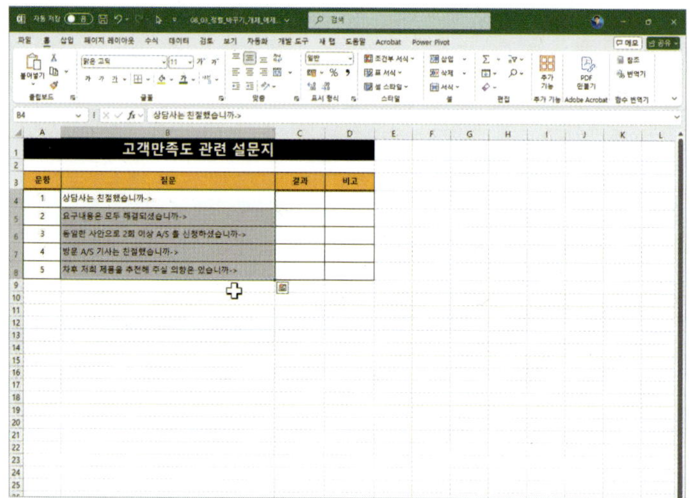

16 [사진정렬] 시트에는 직원 현황 정보가 있는데 사진까지 포함되어 있습니다. 사진을 포함한 정렬 방법을 알아보겠습니다. 먼저 표로 만들기 위해 임의의 셀을 선택하고, Ctrl+T를 눌러 [머리글 포함] 체크를 확인한 후 [확인]을 클릭합니다.

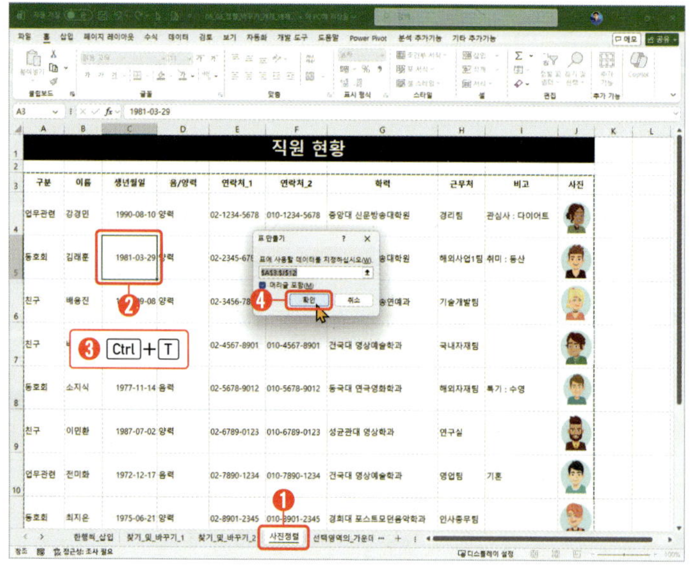

17 필터를 위한 슬라이서를 삽입하기 위해, [테이블 디자인] 탭 – [도구] 그룹 – [슬라이서 삽입]을 클릭합니다. [슬라이서 삽입] 대화상자가 나타나면 [구분]을 선택하고 [확인]을 클릭합니다.

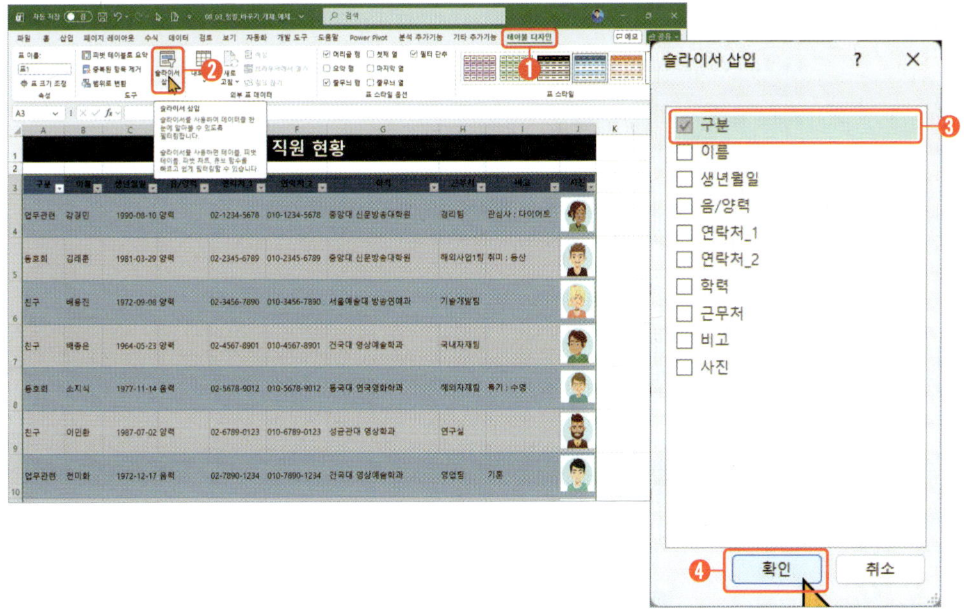

18 슬라이서에서 특정 구분을 선택하면 맨 아래쪽에 마지막 사진이 항상 남는 것을 확인할 수 있습니다.

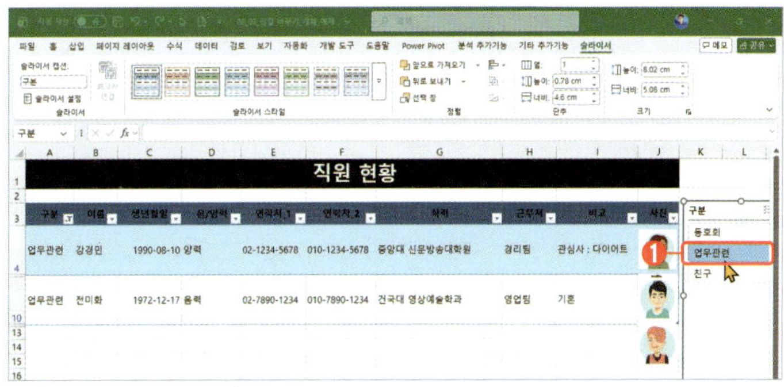

19 이름 수정하기 위해 일단 슬라이서의 필터를 해제합니다. 사진 개체만 선택하기 위해, 먼저 임의의 셀을 선택하고 F5를 눌러 [이동] 대화상자를 불러오고 [옵션]을 클릭합니다.

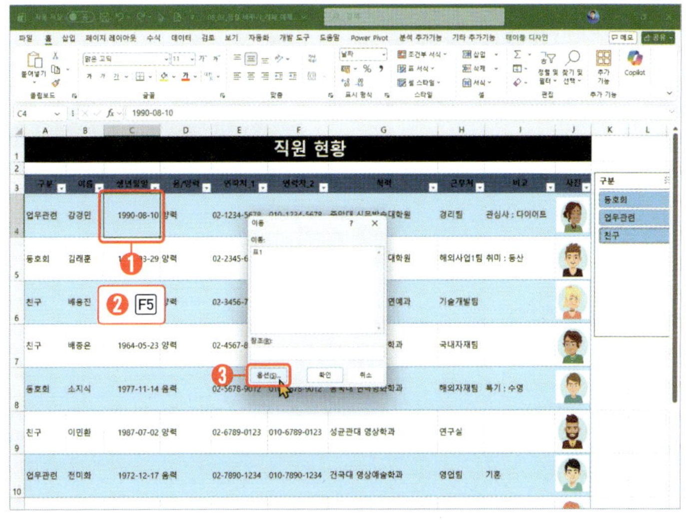

20 [이동 옵션] 대화상자에서 [개체]를 선택하고 [확인]을 클릭합니다.

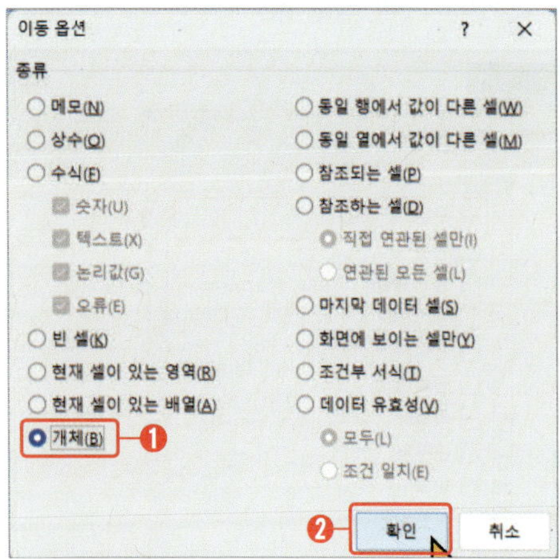

21 슬라이서까지 선택된 것을 확인할 수 있는데 Ctrl을 누른 상태로 슬라이서를 클릭해서 슬라이서는 선택 해제합니다.

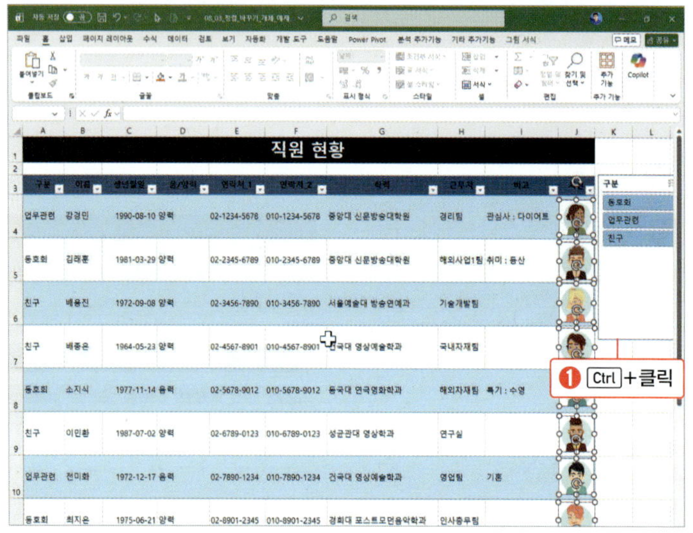

22 선택된 사진 중 하나를 마우스 오른쪽 버튼을 클릭한 후 [개체 서식]을 선택합니다.

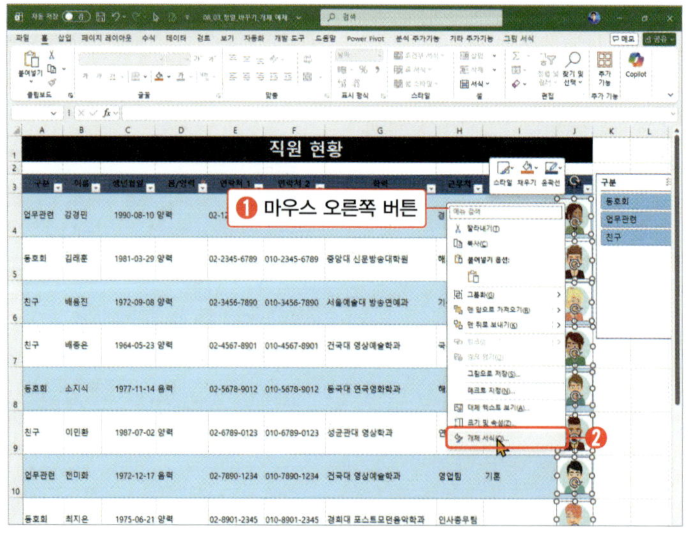

23 [그림 서식] 작업 창의 [크기 및 속성]을 선택하고 [속성] – [위치와 크기 변함]을 선택합니다.

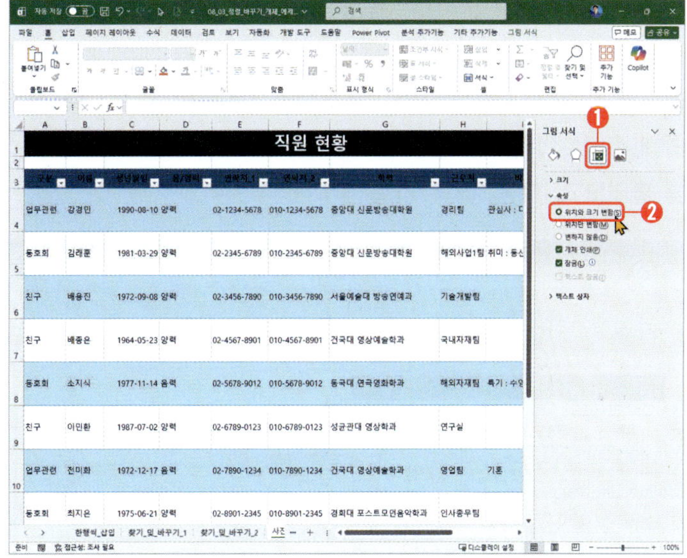

24 이제 시트로 돌아와서 슬라이서 특정 구분을 선택하면 정상 동작하는 것을 확인할 수 있습니다.

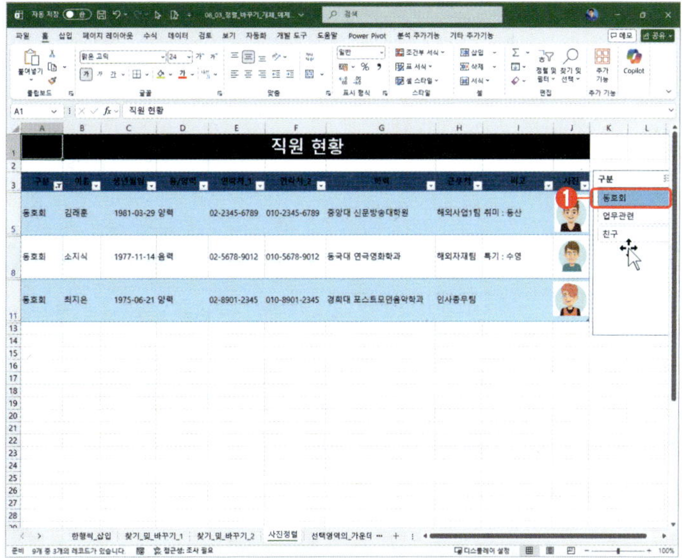

25 [선택영역의_가운데] 시트로 이동하고 내역서 작성 시 '재료비, 노무비, 경비'와 같은 경우 [병합하고 가운데 맞춤]을 이용해서 선택 범위의 가운데 정렬을 많이 합니다. 하지만 그 방법은 향후 데이터를 선택할 때 병합된 셀이 포함되면 2개 열이 같이 선택되는 문제점이 있습니다. 같은 효과를 나타내며 별도의 열, 셀로 선택하기 위해 [E3:F3] 셀을 선택하고 Ctrl+1을 눌러 [셀 서식] 대화상자를 불러오고, [맞춤] 탭의 [가로]에서 '선택 영역의 가운데로'를 선택, [확인]을 클릭합니다.

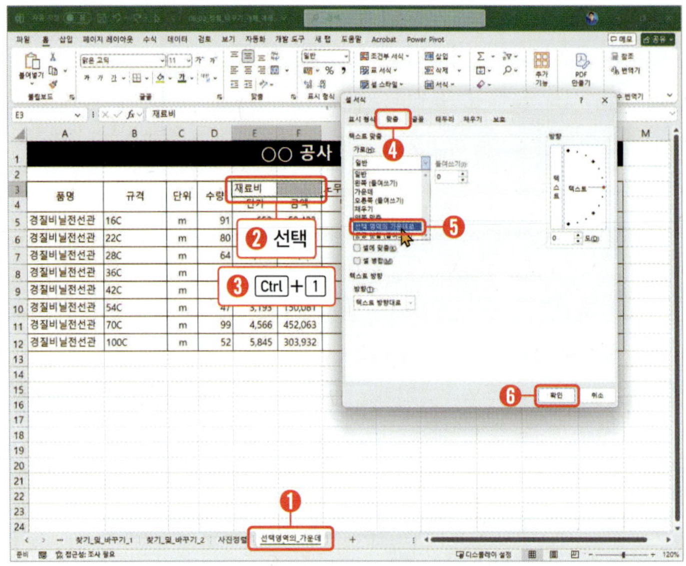

27 '노무비, 경비'도 서식을 복사해서 적용합니다. 이후 [F2:F12], [H2:H12], [J2:J12] 셀을 선택해도 2개의 열로 선택되지 않고 선택한 셀만 선택할 수 있습니다.

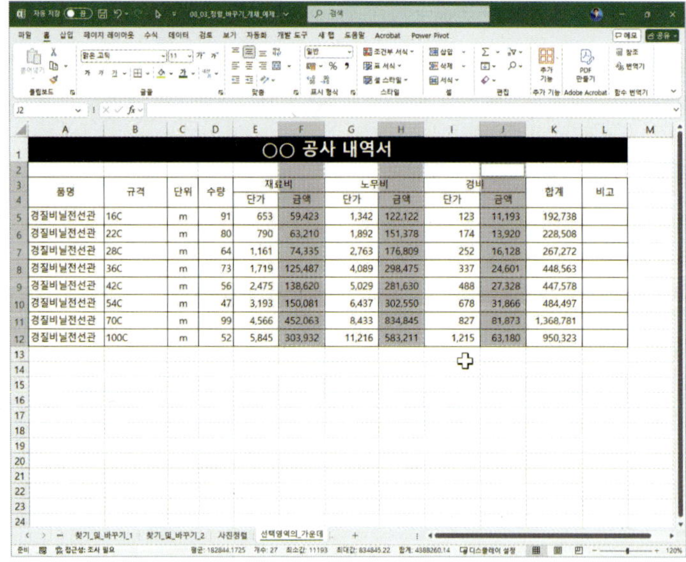

004 한 개 열 데이터의 데이터베이스 작성법 및 다중열 문자의 날짜 변환

엑셀로 다양한 데이터를 다루다 보면 한 개 열에 몰려 있는 데이터를 정상적인 데이터베이스 형태로 변환해야 할 때가 자주 있습니다. 또한 두 개의 표에서 변경된 값을 비교해 찾는 작업, 시스템에서 다운로드된 문자열 형태의 날짜를 다중 열 구조에서 정상 날짜 형식으로 변환하는 작업 역시 실무에서 매우 빈번합니다. 이번에는 이러한 세 가지 상황을 손쉽게 처리할 수 있는 practical한 엑셀 활용법을 익혀보겠습니다.

- **실습 파일 :** Part 08 > 예제 > 08_04_데이터 변환_이동_날짜 변환_예제.xlsx
- **완성 파일 :** Part 08 > 완성 > 08_04_데이터 변환_이동_날짜 변환_완성.xlsx

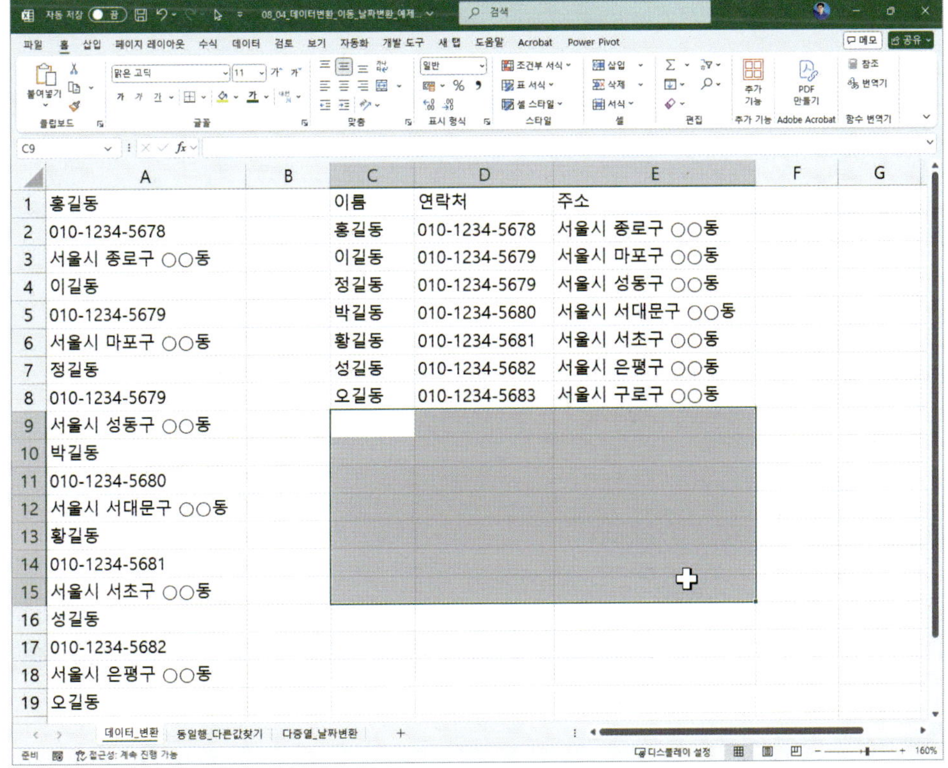

주요 기능	현업 활용
데이터 변환	• 한 개 열로 작성된 데이터를 정상 데이터베이스로 손쉽게 변환할 수 있다.
동일 행 다른 값 찾기	• 2개의 표에서 서로 달라진 값을 빠르게 표시할 수 있다.
다중열 문자 날짜 변환	• 2개 이상의 열에 입력된 문자 형식의 날짜를 정상 날짜로 변환할 수 있다.

01 예제 파일을 불러온 후 [데이터_변환] 시트에서 [A] 열의 한 개 열 데이터를 정상 데이터베이스로 변환하려 합니다. 먼저 [C1:E1] 셀에 각각 '이름', '연락처', '주소' 머리글을 입력합니다.

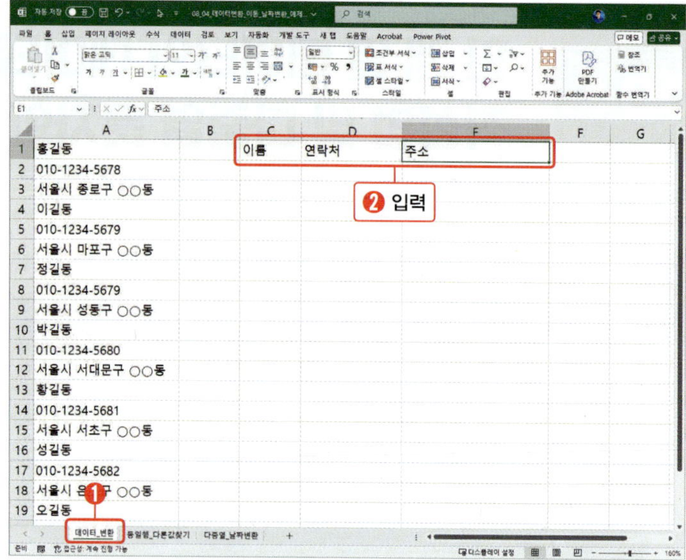

02 [A] 열 데이터 중 두 사람의 데이터를 참조합니다.

셀	입력	비고
C2	=A1	
D2	=A2	
E2	=A3	
C3	=A4	
D3	=A5	
E3	=A6	

03 [C2:E3] 셀을 선택하고 Ctrl+H를 눌러 [찾기 및 바꾸기] 대화상자를 불러옵니다. [찾을 내용]은 '=a', [바꿀 내용]은 'xxx'를 입력하고 [모두 바꾸기]를 클릭합니다.

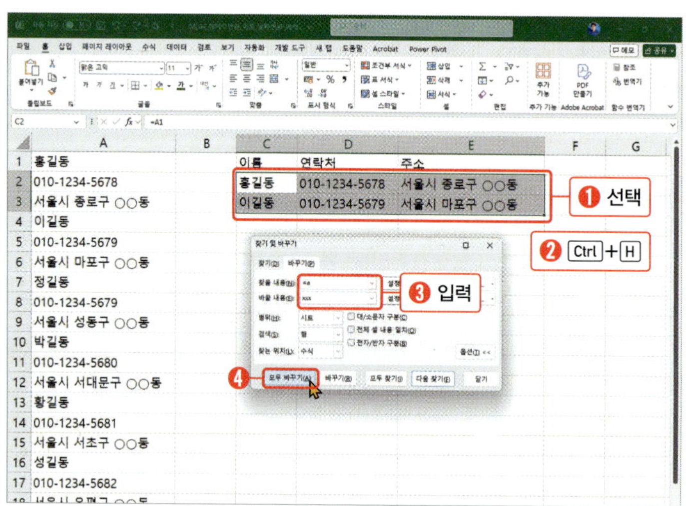

04 [C2:E3] 셀을 채우기 핸들로 아래로 드래그합니다. 그럼 'xxx' 문자 뒤에 숫자 증분만큼 변경되어 나타나는 것을 확인할 수 있습니다.

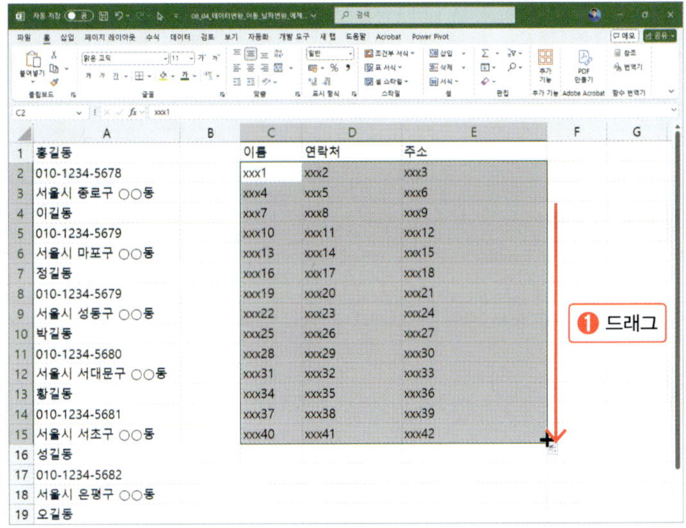

05 다시 Ctrl+H를 눌러 [찾기 및 바꾸기] 대화상자를 불러옵니다. [찾을 내용]은 'xxx', [바꿀 내용]은 '=a'를 입력하고 [모두 바꾸기]를 클릭합니다.

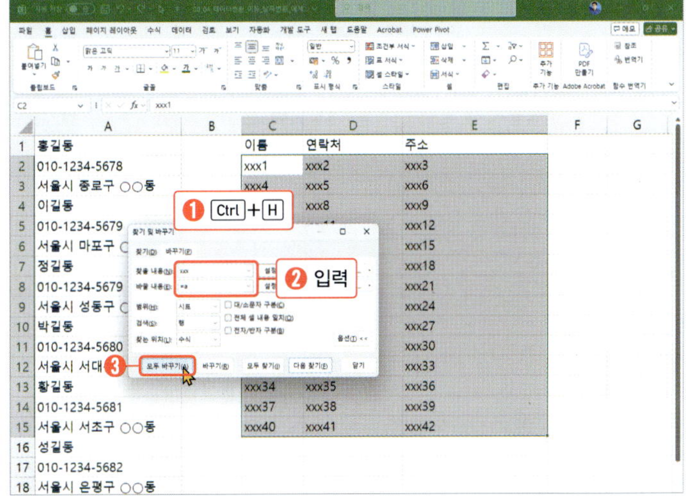

06 정상 데이터가 된 것을 확인할 수 있습니다. 아래쪽 0이 나타난 곳은 [A] 열 데이터 중 데이터가 없는 범위입니다.

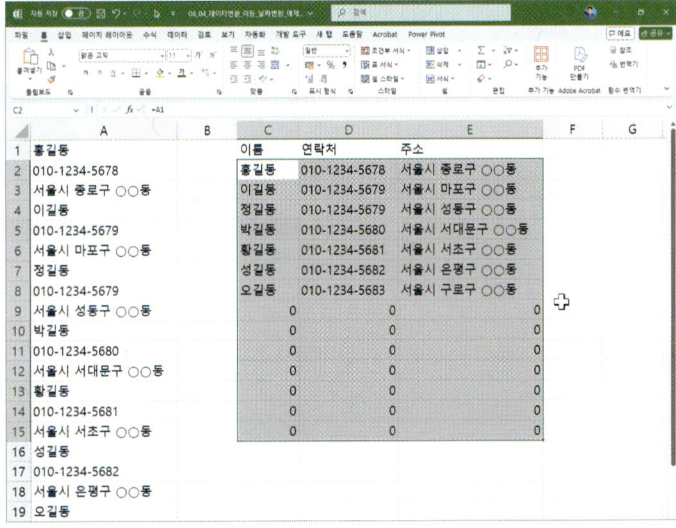

07 0으로 나타난 범위만 선택하고, Delete를 눌러 삭제합니다.

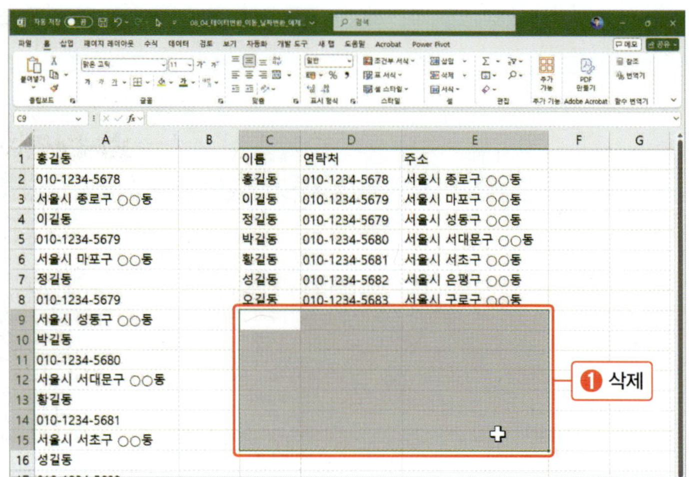

08 이번에는 동일한 2개의 표에서 달라진 값을 찾는 일을 종종하게 되는데 이를 빠르고 쉽게 하는 방법을 알아보겠습니다. [동일행_다른값찾기] 시트에서 [L4:L29] 셀을 선택하고 Ctrl을 누른 상태로 [D4:D29] 셀을 선택합니다.

여기서 잠깐

[L] 열을 먼저 선택하는 이유는 떨어져 있는 범위일 때는 먼저 선택한 곳에 결과가 나타나기 때문입니다. 만약 연속된 범위라면 기준 열과 비교 열을 같이 선택하고 진행하면 우측 열에 표시됩니다.

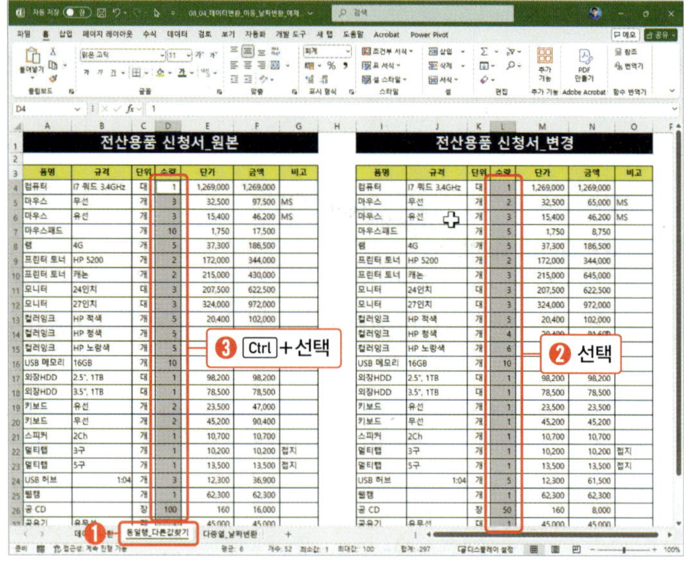

09 F5를 눌러 [이동] 대화상자가 나타나면 [옵션]을 클릭하고, [이동 옵션] 대화상자에서 [동일 행에서 값이 다른 셀]을 선택한 후 [확인]을 클릭합니다.

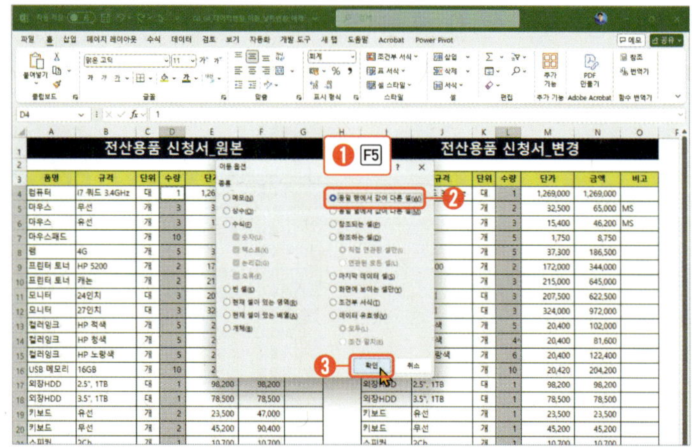

10 [홈] 탭 – [글꼴] 그룹 – [채우기 색] – [노랑]을 클릭하면, 값이 달라진 셀만 노란색으로 표시되는 것을 확인할 수 있습니다.

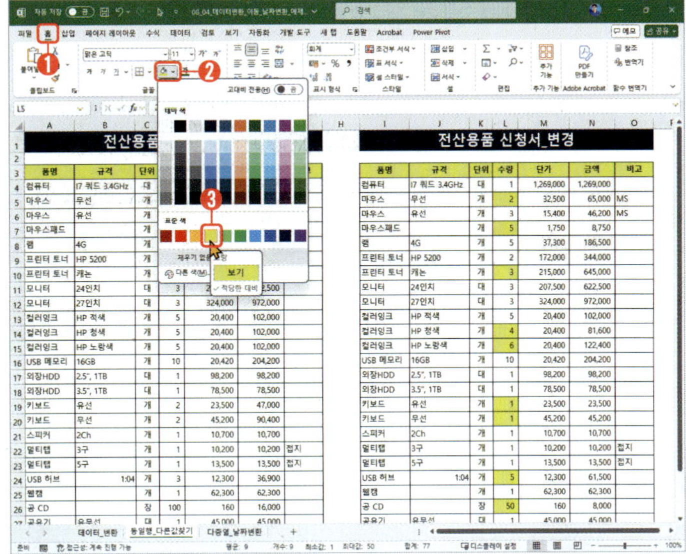

11 이번에는 [다중열_날짜변환] 시트에서 다중열 문자 날짜(mm.dd.yy)를 변환하는 방법을 확인하기 위해, 먼저 [B3:J3] 셀을 복사, [B11] 셀을 마우스 오른쪽 버튼을 클릭한 후 [행/열 바꿈]을 클릭합니다.

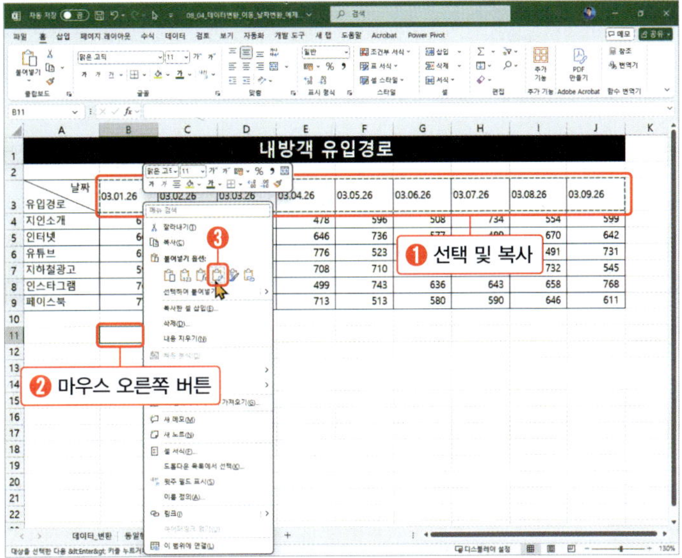

12 [데이터] 탭 – [데이터 도구] 그룹 – [텍스트 나누기]를 클릭하고, 1, 2 단계는 다음으로 넘기고 3단계의 [열 데이터 서식]에서 [날짜]를 선택하고 '월일년'로 설정한 후 [마침]을 클릭합니다.

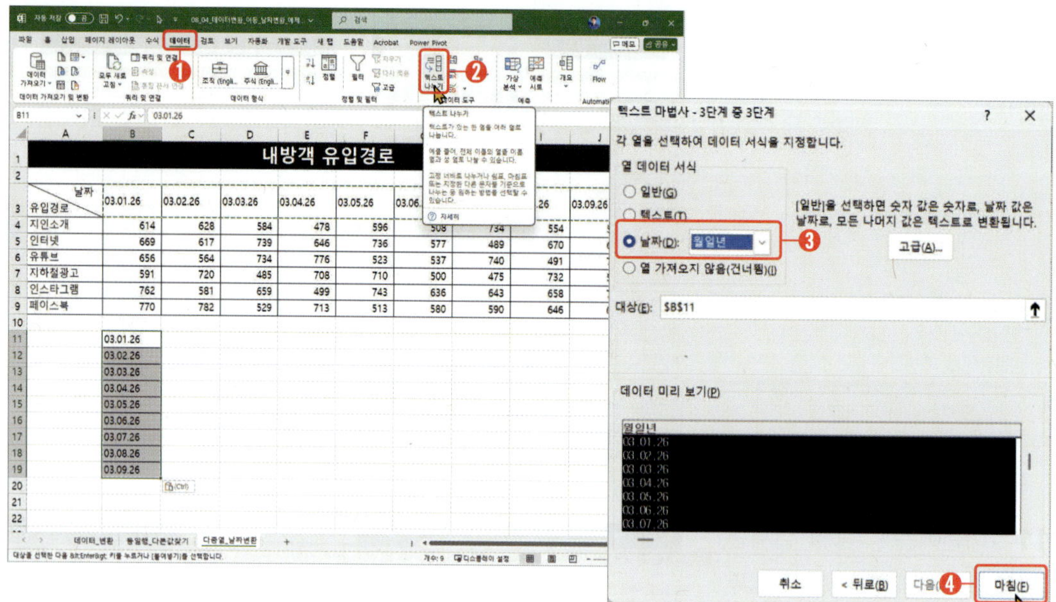

13 정상 날짜로 변환되었으면 해당 데이터를 복사하고, [B3] 셀을 마우스 오른쪽 버튼을 클릭한 후 [행/열 바꿈]을 클릭합니다.

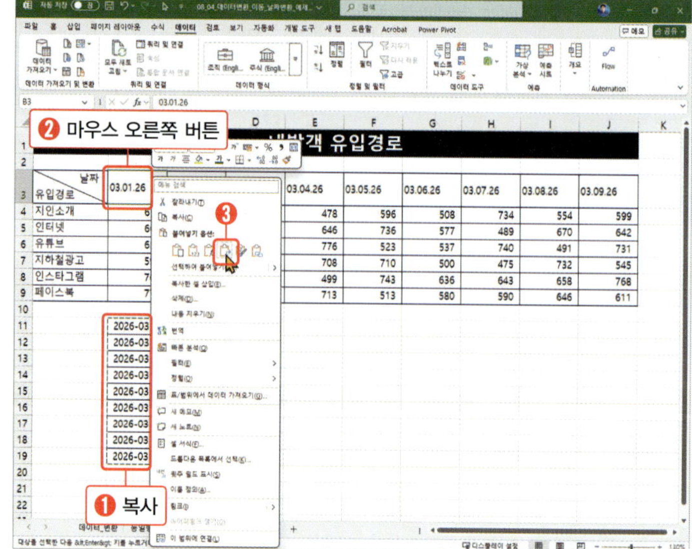

여기서 잠깐

행/열 바꿈을 통해 이렇게 변환하는 이유는 [텍스트 나누기]를 한 번에 한 개 열만 처리 가능하기 때문입니다.

14 정상 결과를 확인할 수 있습니다.

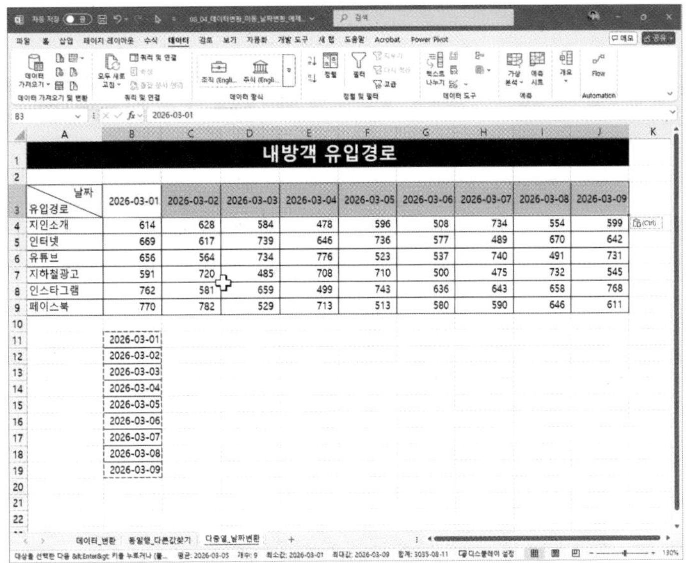

005 필터된 데이터의 수정 및 함수 적용 방법

데이터가 누적되는 형태가 아니라 기존 데이터를 지속적으로 수정해야 하는 업무 환경에서는, 필터로 추린 데이터에만 값을 변경하거나 함수를 적용해야 하는 경우가 자주 발생합니다. 또한 숨겨진 행을 제외하고 필요한 데이터만 복사하는 작업 역시 실무에서 매우 많이 요구되는 기능입니다. 이번에는 이러한 세 가지 상황을 간편하게 해결할 수 있는 실무 활용 팁을 알아보겠습니다.

- **실습 파일 :** Part 08 > 예제 > 08_05_필터 관련_예제.xlsx
- **완성 파일 :** Part 08 > 완성 > 08_05_필터 관련_완성.xlsx

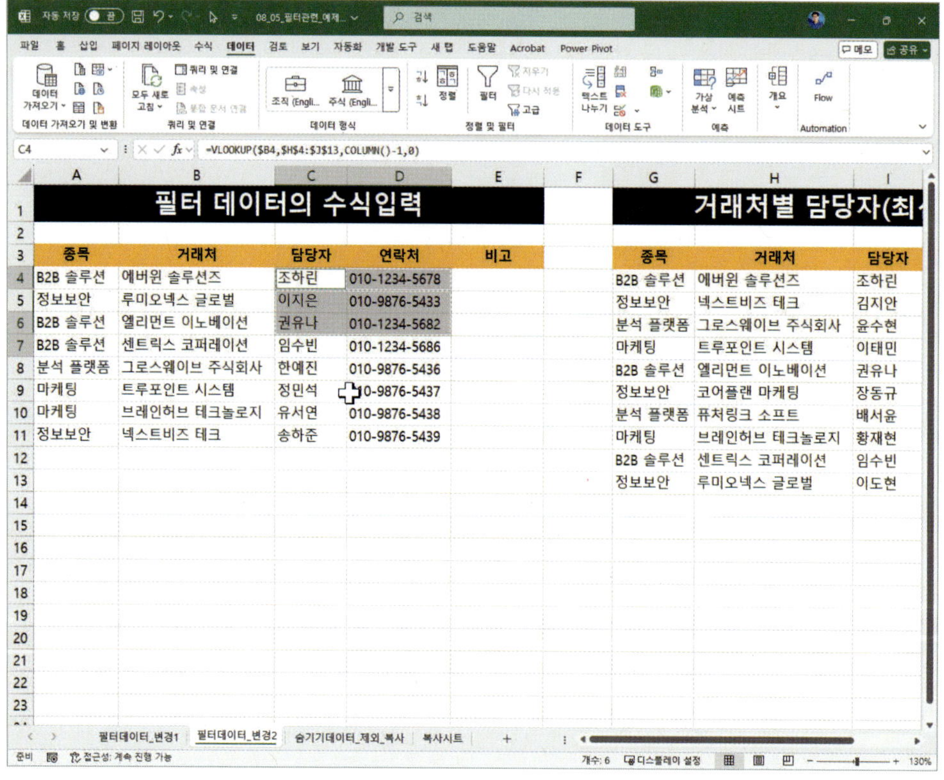

주요 기능	현업 활용
필터 후 데이터 변환	• 필터를 적용한 데이터만 특정 값으로 변경할 수 있다.
필터 데이터 복사	• 필터된 데이터를 다른 시트에 숨겨진 행을 무시하고 복사할 수 있다.
필터 데이터 수식 적용	• 필터된 데이터에만 VLOOKUP 등의 수식을 적용할 수 있다.

01 예제 파일을 불러온 후 [필터데이터_변경1] 시트에서 필터한 데이터만 변경하는 방법을 알아보겠습니다. 데이터 중 임의의 셀을 선택하고 [데이터] 탭 – [정렬 및 필터] 그룹 – [필터]를 클릭합니다.

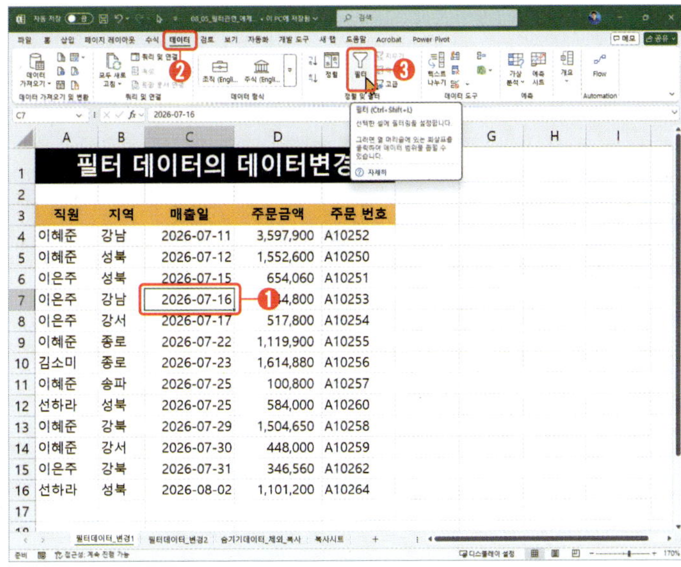

02 [직원] 열을 확장해서 [이은주]만 선택하고 [확인]을 클릭합니다.

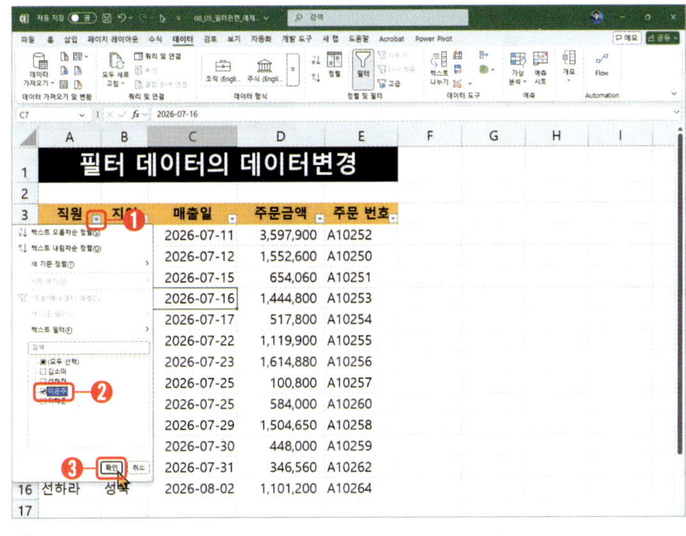

03 필터된 데이터를 선택하고 F5를 눌러 [이동] 대화상자가 나타나면 [옵션]을 클릭합니다.

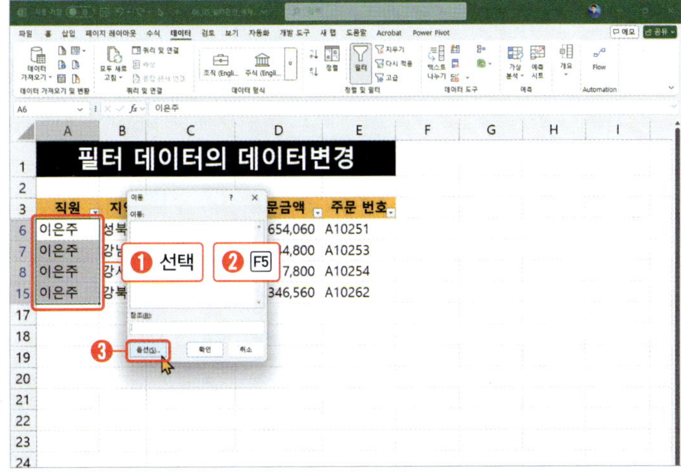

04 [이동 옵션] 대화상자에서 [화면에 보이는 셀만]을 선택하고 [확인]을 클릭합니다.

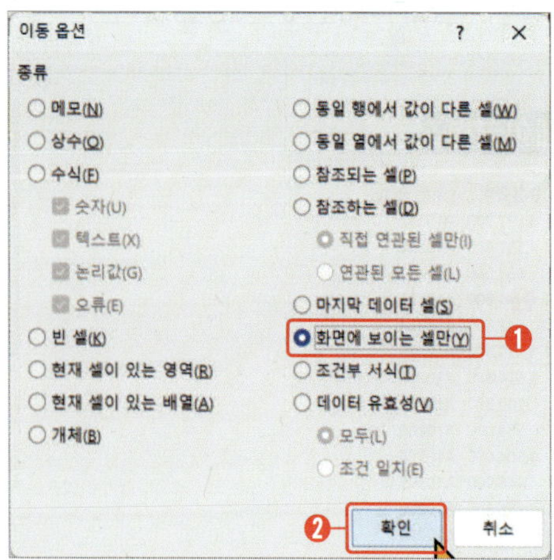

05 '이은지'를 입력한 후 [Ctrl]+[Enter]를 누릅니다.

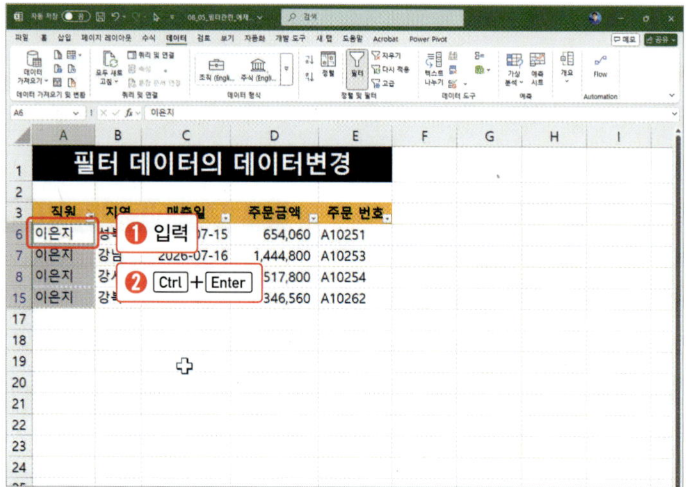

06 [데이터] 탭 – [정렬 및 필터] 그룹 – [필터]를 다시 클릭해서 필터 해제하면 '이은주'란 이름만 '이은지'로 변경된 것을 확인할 수 있습니다.

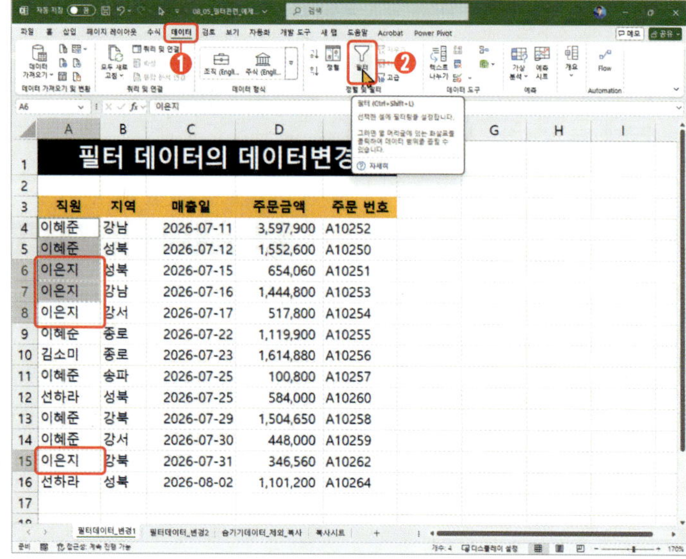

07 [필터데이터_변경2] 시트를 선택하고 이번에는 필터 데이터의 함수 삽입을 알아보겠습니다. 거래처별 담당자가 변경되어 왼쪽 데이터에서 'B2B 솔루션' 회사의 담당자와 연락처를 변경하려고 합니다. 먼저 [A3:D11] 셀에서 임의의 셀을 선택하고 [데이터] 탭 – [정렬 및 필터] 그룹 – [필터]를 클릭합니다.

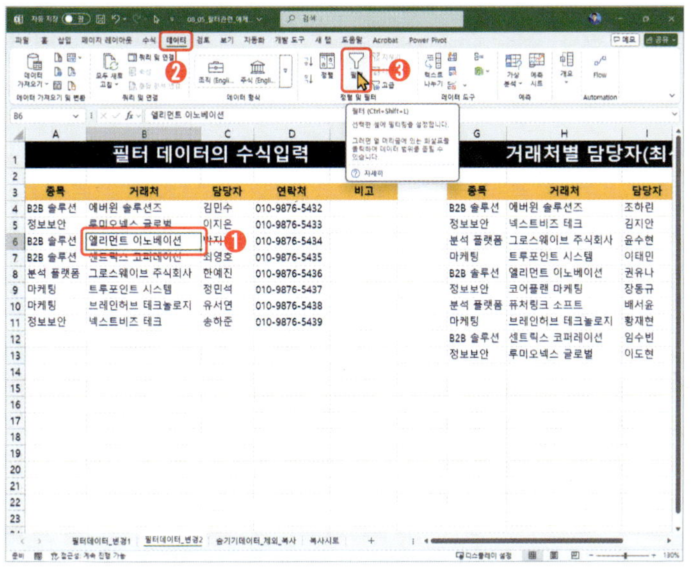

08 [종목] 열을 확장한 후 [B2B 솔루션]만 체크하고 [확인]을 클릭합니다.

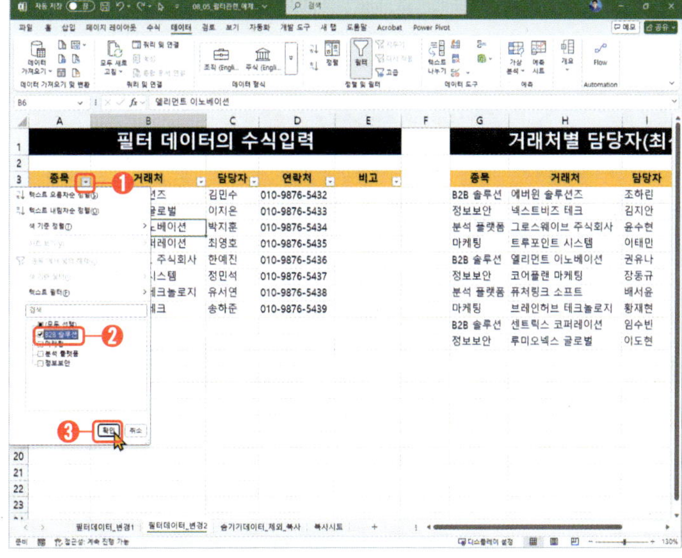

09 필터된 데이터 중 담당자, 연락처 부분인 [C4:D7] 셀을 선택하고 F5를 눌러 [이동] 대화상자를 불러오고 [옵션]을 클릭합니다.

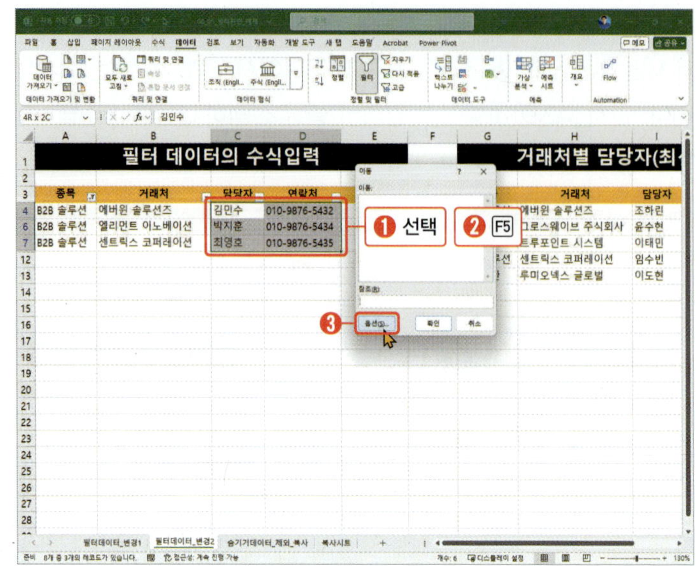

10 [이동 옵션] 대화상자에서 [화면에 보이는 셀만]을 선택하고 [확인]을 클릭합니다.

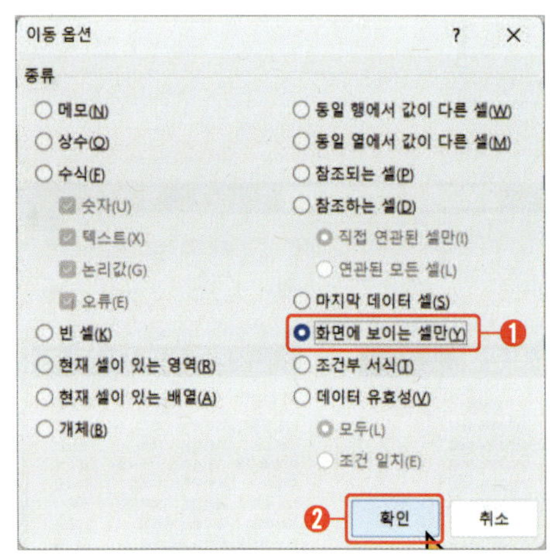

11 [C4] 셀에 '=VLOOKUP($B4,$H$4:$J$13,COLUMN()-1,0)'를 입력하고 Ctrl+Enter를 누릅니다.

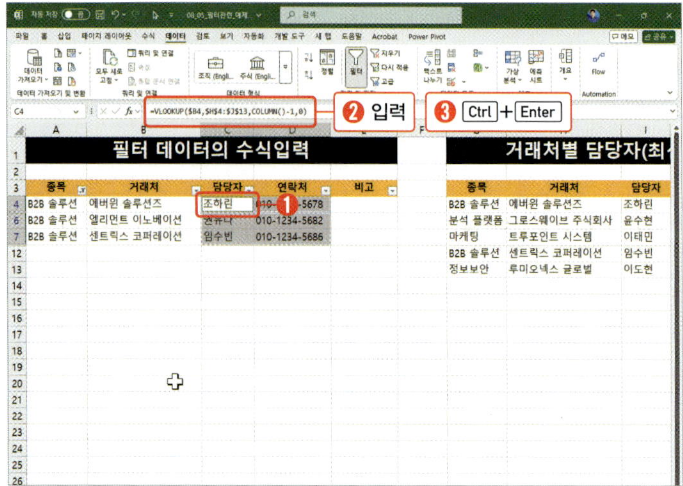

수식 설명

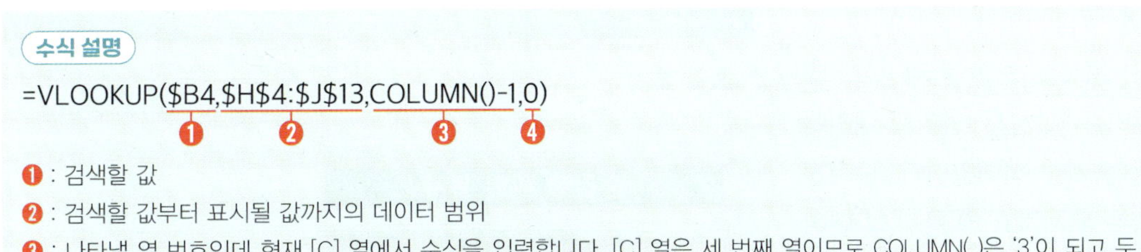

❶ : 검색할 값

❷ : 검색할 값부터 표시될 값까지의 데이터 범위

❸ : 나타낼 열 번호인데 현재 [C] 열에서 수식을 입력합니다. [C] 열은 세 번째 열이므로 COLUMN( )은 '3'이 되고 두 번째 열에서 값을 가져오기 위해 '-1'을 입력함

❹ : 기준 열에서 정확하게 일치하는 값을 가져옴

[B4] 셀 값을 [H4:H14] 셀에서 정확한 값을 찾아서 두 번째 열에서 값을 가져오라는 의미입니다.

12 [데이터] 탭 – [정렬 및 필터] 그룹 – [필터]를 클릭해서 필터 해제합니다.

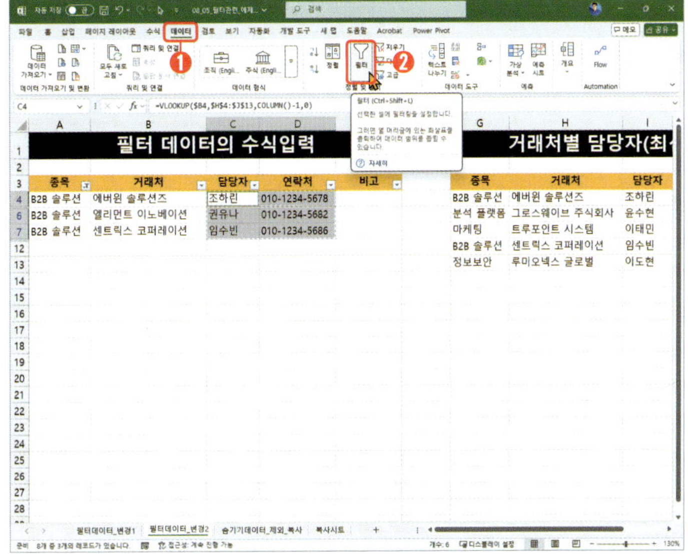

13 'B2B 솔루션'의 데이터만 최신 자료로 변경된 것을 확인할 수 있습니다.

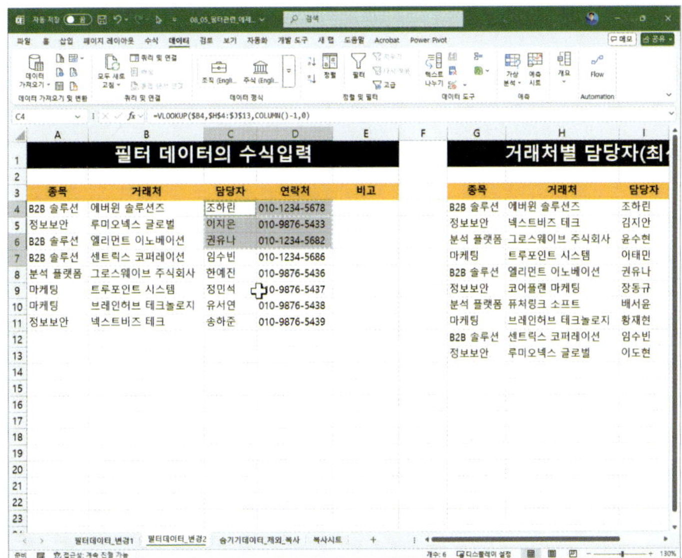

14 [숨기기데이터_제외_복사] 시트를 보면 현재 시트 데이터는 '이은지' 이외의 데이터는 숨겨진 상태입니다. 숨겨진 행은 무시하고 '이은지'의 데이터만 [복사시트]에 붙여넣기 위해, [A3:E8] 셀을 선택하고 F5 를 눌러 [이동] 대화상자가 나타나면 [옵션]을 클릭합니다.

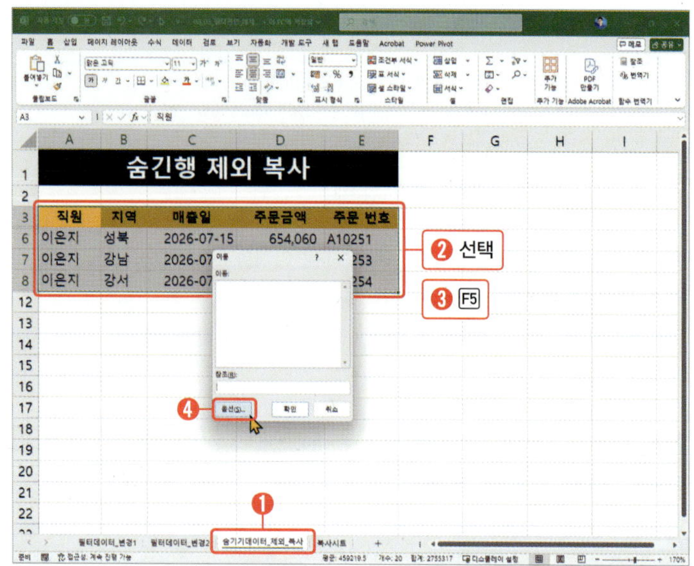

15 [이동 옵션] 대화상자에서 [화면에 보이는 셀만]을 선택하고 [확인]을 클릭합니다.

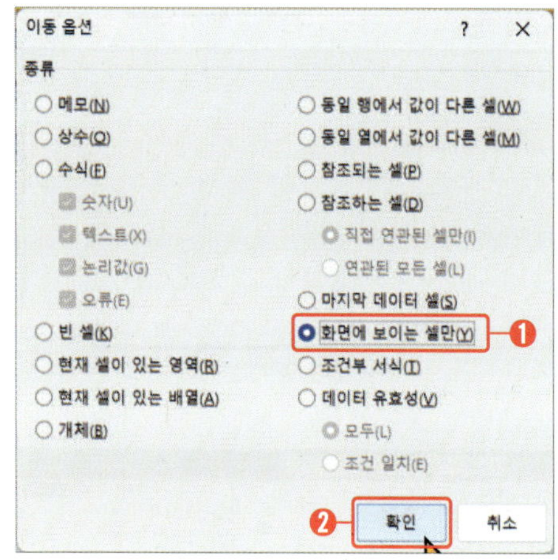

16 Ctrl+C를 눌러 해당 데이터를 복사합니다.

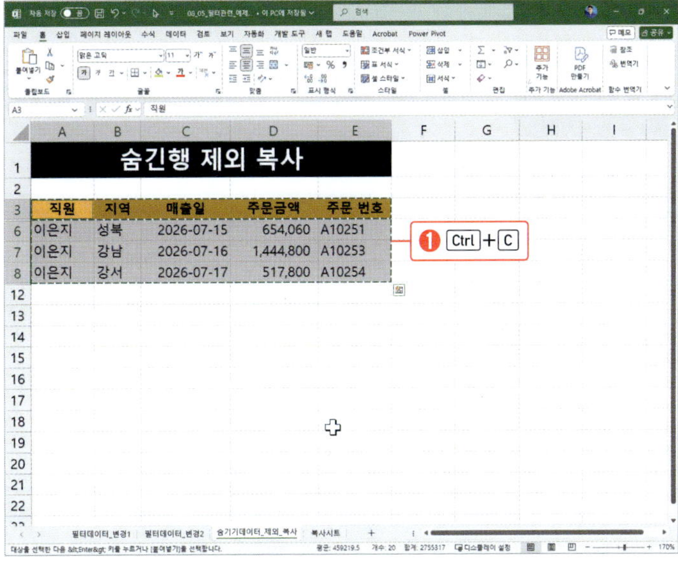

17 [복사시트] 시트에서 [A3] 셀을 선택하고 Ctrl+V를 눌러 붙여 넣으면, 숨겨진 행을 제외한 데이터만 복사된 것을 확인할 수 있습니다.

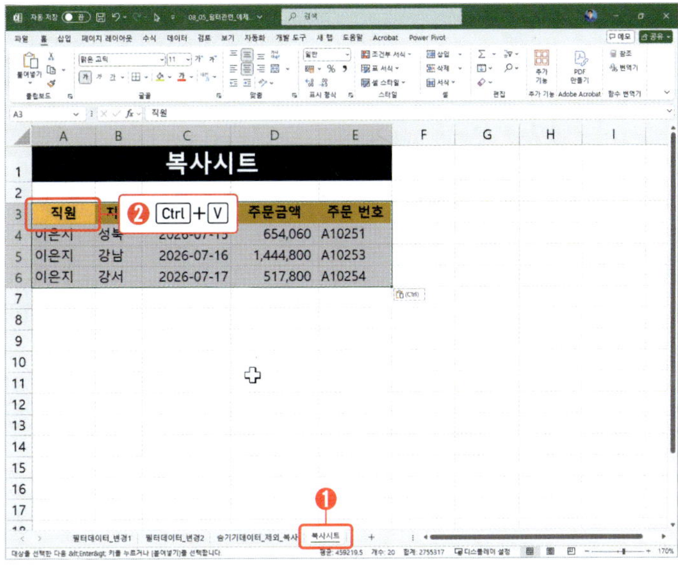

006 프로젝트 진행률을 나타내는 방법

스파크라인에서 제공하는 세 가지 유형 외에는 가로 막대형 형태로 진행률을 표현할 수 있는 기능이 기본적으로 없습니다. 이번에는 폰트 조정과 간단한 함수를 조합하여, 프로젝트의 진행 상황을 직관적으로 확인할 수 있는 가로 막대형 진행률 표시 기법을 알아보겠습니다.

- **실습 파일 :** Part 08 > 예제 > 08_06_프로젝트_진행 상황_예제.xlsx
- **완성 파일 :** Part 08 > 완성 > 08_06_프로젝트_진행 상황_완성.xlsx

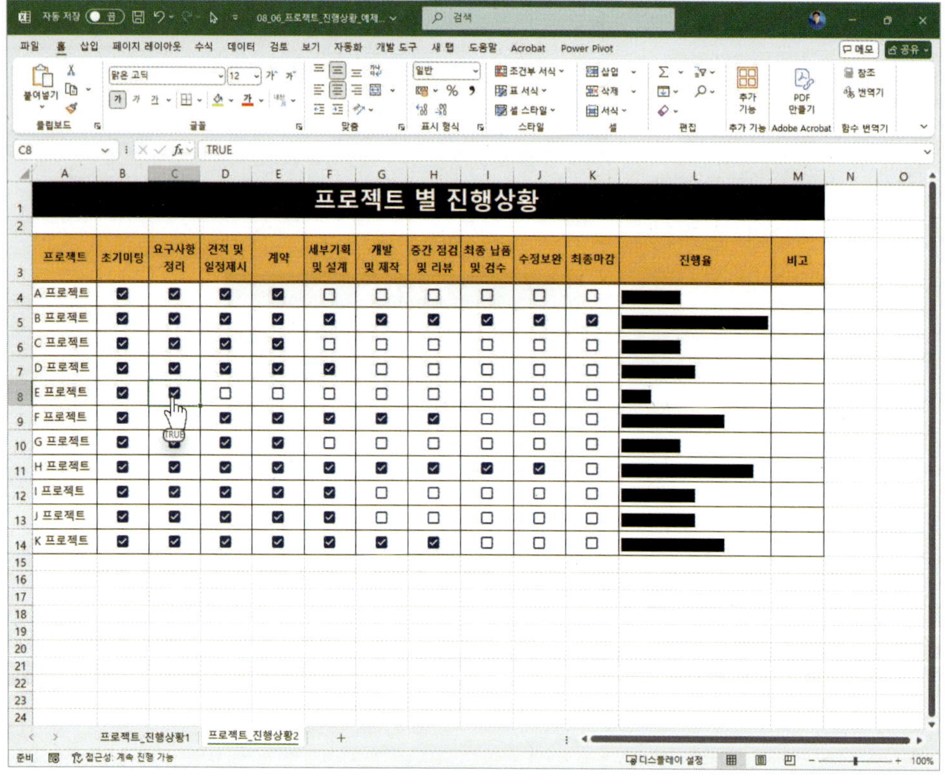

주요 기능	현업 활용
확인란	• 확인란을 이용해서 프로젝트 진행 현황을 체크할 수 있다.
REPT 함수	• REPT 함수를 이용해서 확인란에서 체크한 수량 만큼의 바를 그릴 수 있다.
Stencil 폰트	• Stencil 폰트를 적용해서 연속된 가로 막대 바로 표시할 수 있다.

01 예제 파일을 불러온 후 [프로젝트_진행상황1] 시트를 확인해 보면, [확인란]이 없는 오피스 365 이전 버전에도 사용할 수 있는 내용입니다. 먼저 [B4:K14] 셀을 선택하고 [홈] 탭 – [글꼴] 그룹 – [글꼴] – [Wingdings 2]를 클릭합니다.

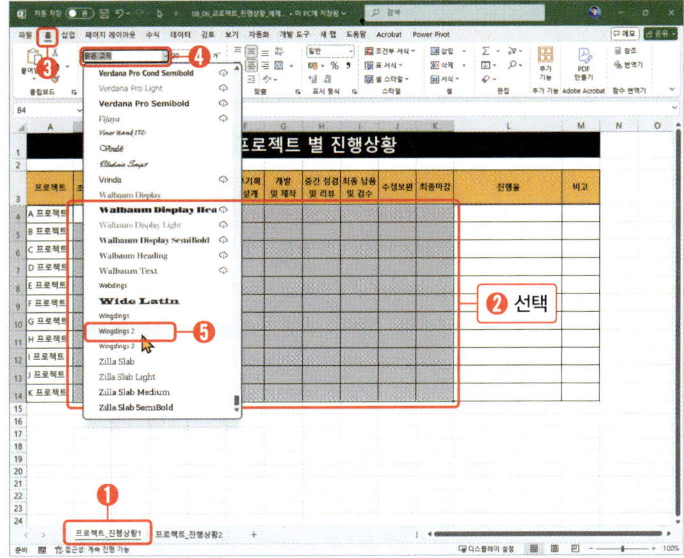

02 [B4] 셀에 대문자 'P'를 입력한 후 Enter를 누르면, 체크 표시가 나타나는 것을 확인할 수 있습니다.

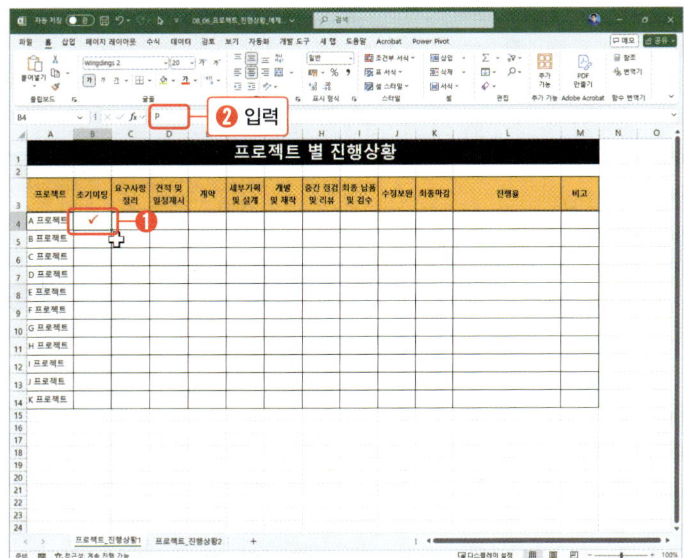

03 테스트를 위해 그림과 같이 적당히 데이터를 입력합니다.

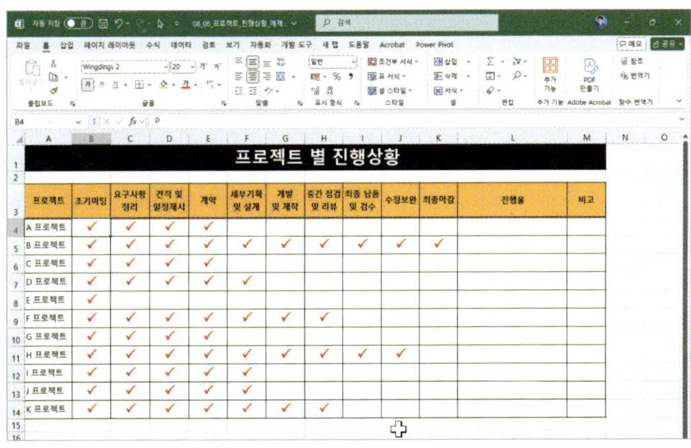

04 [L4] 셀에 '=REPT("|",COUNTIF(B4:K4,"P")*10)'을 입력합니다.

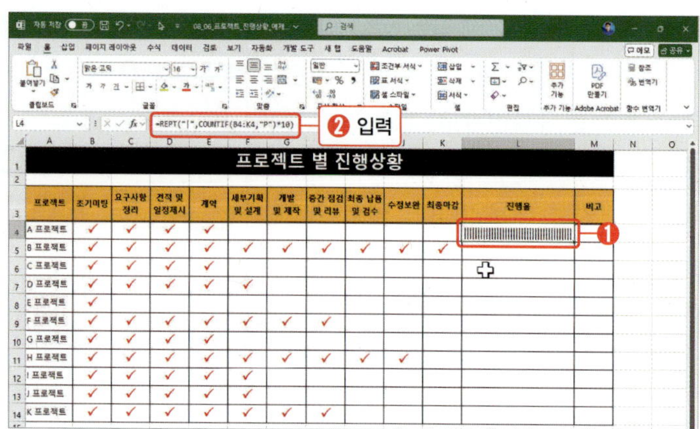

수식 설명

=REPT("|",COUNTIF(B4:K4,"P")*10)

❶ : 반복할 문자

❷ : [B4:K4] 셀에서 'P' 문자의 개수를 세서 10을 곱한다.

"|" 문자를 [B4:K4] 셀에서 'P' 문자의 개수를 세서 10을 곱한 개수만큼 반복해서 표시하라는 의미입니다.

05 [L4] 셀을 선택하고 [홈] 탭 – [글꼴] 그룹 – [글꼴] – [STENCIL]을 클릭합니다.

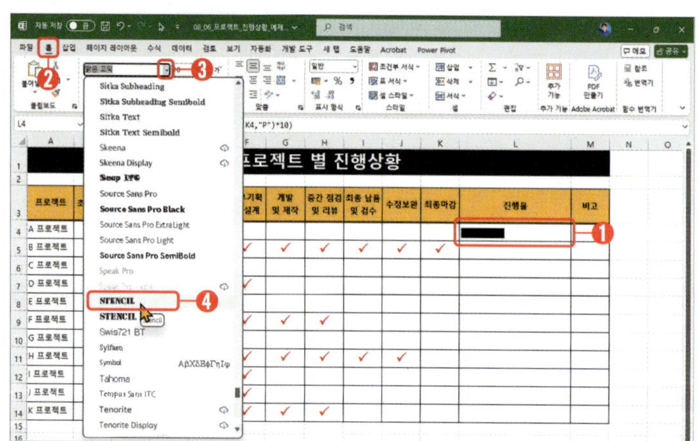

06 나머지 영역을 복사해서 채웁니다.

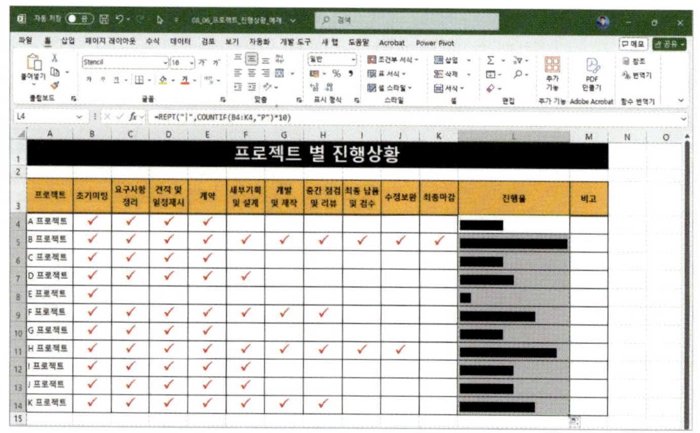

07 테스트를 위해 [C8] 셀에 'P'를 입력하고 Enter를 누르면, [L8] 셀에 있는 막대 크기가 변하는 것을 확인할 수 있습니다.

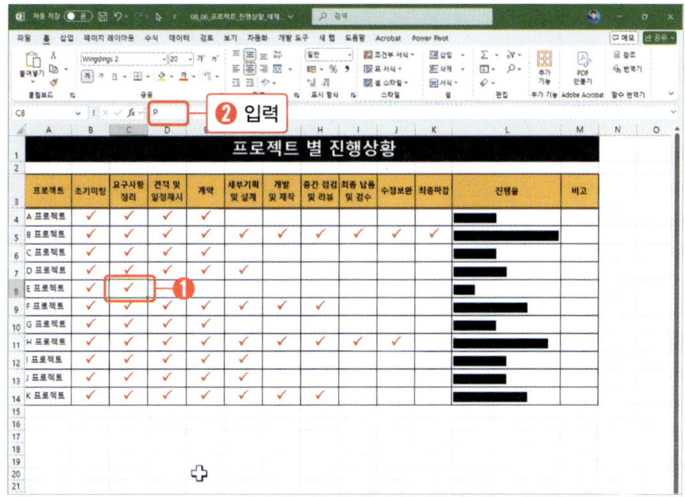

08 이번에는 오피스 365에서 제공하는 [확인란]을 이용하고자 합니다. [프로젝트_진행상황2] 시트에서 먼저 [B4:K14] 셀을 선택하고 [삽입] 탭 – [컨트롤] 그룹 – [확인란]을 클릭합니다.

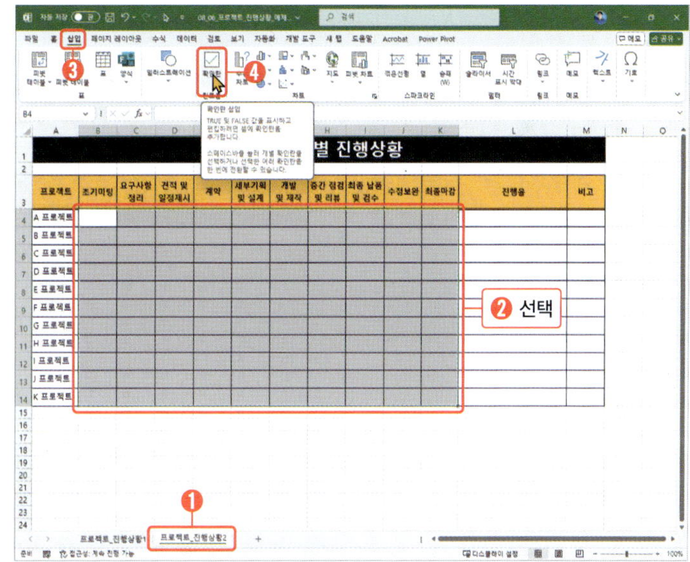

09 그림과 같이 적당히 체크합니다.

여기서 잠깐

확인란을 일일이 체크하는 것보다 범위를 선택하고 Space Bar를 누르면 해당 범위의 확인란이 한번에 체크됩니다.

10 [L4] 셀에 '=REPT("|",COUNTIF(프로젝트_진행상황2!B4:K4,TRUE)*10)'을 입력합니다.

여기서 잠깐

확인란은 체크하면 TRUE를 반환하고 체크 해제하면 FALSE를 반환합니다.

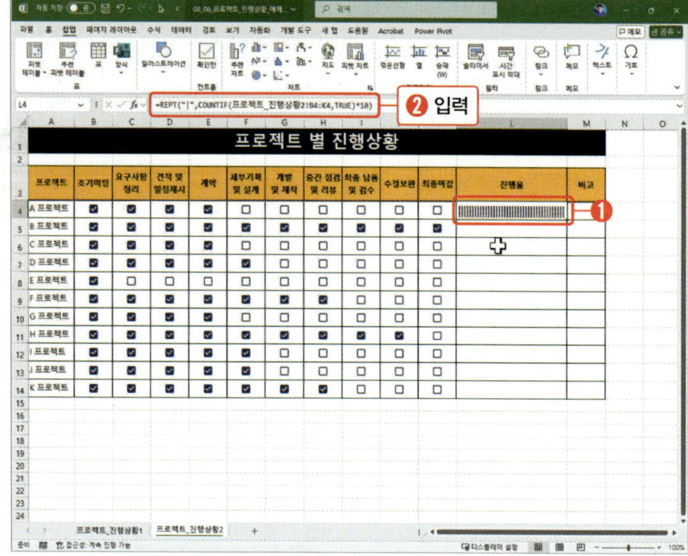

11 [L4] 셀을 선택하고 [홈] 탭 – [글꼴] 그룹 – [글꼴]을 클릭해서 'Stencil'을 입력하고 Enter를 눌러서 폰트 지정을 합니다.

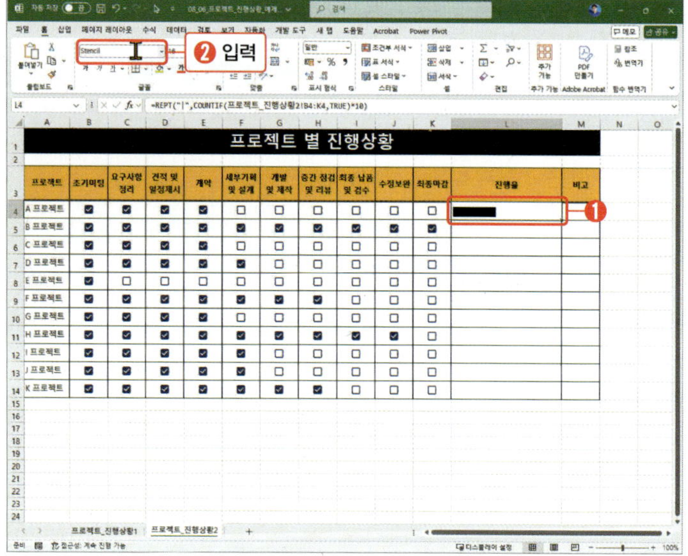

12 [L4] 셀 수식을 나머지 영역도 채워줍니다.

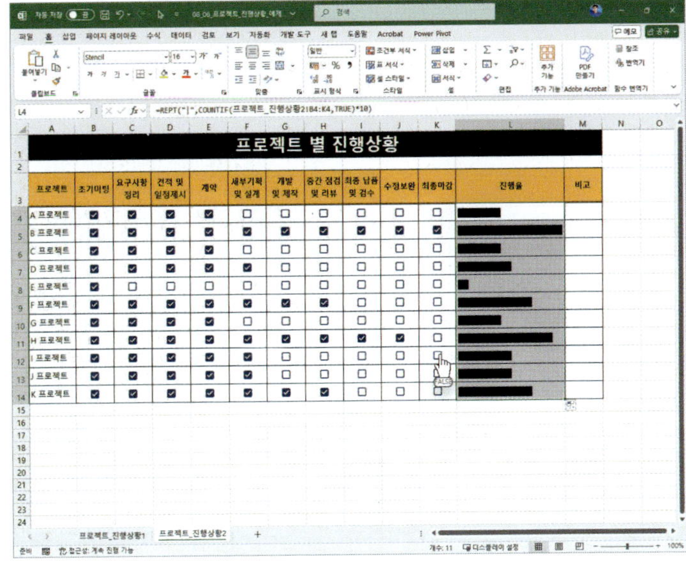

13 테스트를 위해 [C8] 셀의 [확인란]을 체크합니다. [L8] 셀의 막대 크기가 변경되는 것을 확인할 수 있습니다.

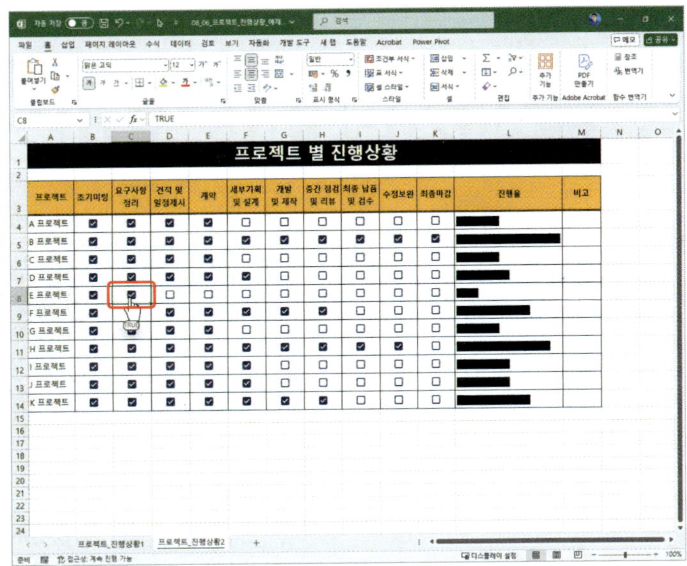

Part

09

생성형 AI를 이용하여 업무 생산성을 높이는 방법

최근 생성형 AI는 다양한 산업 분야에서 주목받으며 업무 환경을 크게 변화시키고 있습니다. 엑셀 또한 이러한 흐름에 발맞춰 생성형 AI, 파이썬, 각종 LLM(Language Model)과 결합해 기존에는 어렵거나 복잡하게 처리하던 업무를 더 쉽고 빠르게 해결할 수 있는 환경이 마련되고 있습니다. 이번 파트에서는 이러한 기술들을 활용해 업무 효율과 생산성을 극대화하는 실질적인 활용 방법을 살펴보겠습니다.

001 엑셀 파이썬의 활용과 ChatGPT를 활용한 코딩

오피스 365 파이썬에서는 Pandas 라이브러리를 이용해서 표 형태의 데이터(데이터 프레임)를 분석할 수 있게 되었습니다. 파이썬과 ChatGPT를 활용해서 어려운 코딩을 좀 더 쉽게 작성, 수정하고 시각화하는 방법을 알아보겠습니다.

- **실습 파일 :** Part 09 > 예제 > 09_01_파이썬을_활용한_시각화_예제.xlsx
- **완성 파일 :** Part 09 > 완성 > 09_01_파이썬을_활용한_시각화_완성.xlsx

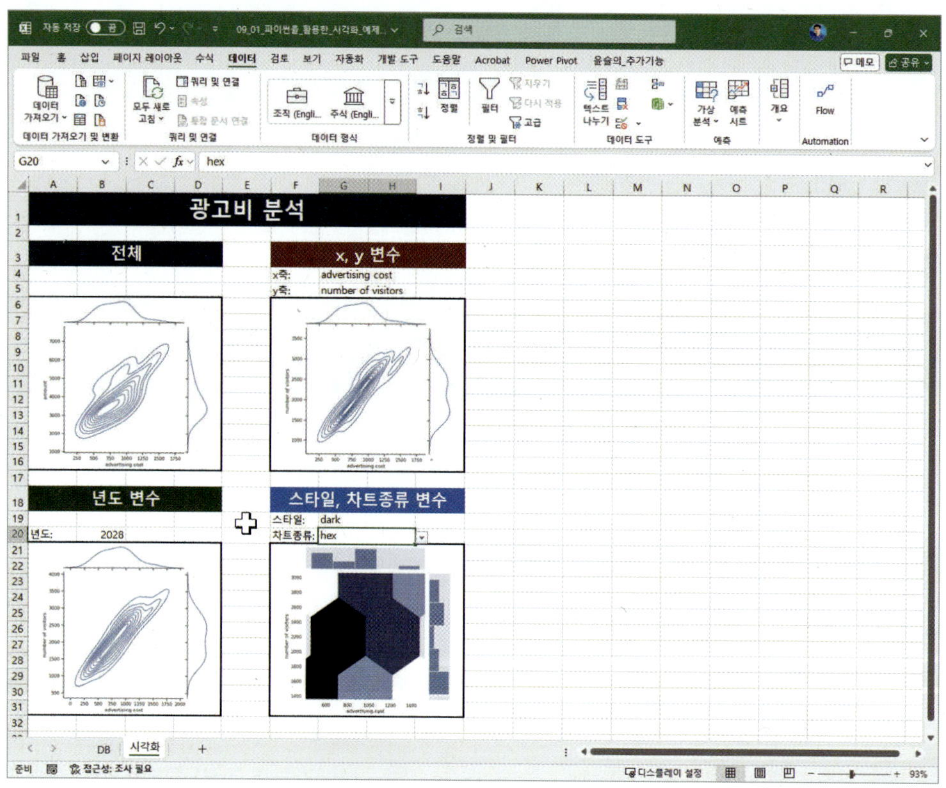

주요 기능	현업 활용
파이썬 코드 적용	• 파이썬을 이제 엑셀에서도 활용할 수 있게 되어 좀 더 다양한 빅데이터 분석이나 손쉬운 시각화가 가능해졌다.
생성형 AI 활용	• 생성형 AI를 활용해서 질문, 답변 형식으로 바이브 코딩을 적용할 수 있다.
다양한 차트 활용	• 기존 엑셀이 지원하지 않았던 다양한 차트 등을 활용해서 손쉬운 시각화를 할 수 있다.

01 예제 파일을 불러와 확인해 보면, 년, 월별 광고비 대비 각종 통계량 데이터를 확인할 수 있습니다. [DB] 시트로 이동해서 먼저 데이터를 표로 만들겠습니다. Ctrl+T를 누르고 [표 만들기] 대화상자에서 [머리글 포함]의 체크를 확인하고 [확인]을 클릭합니다.

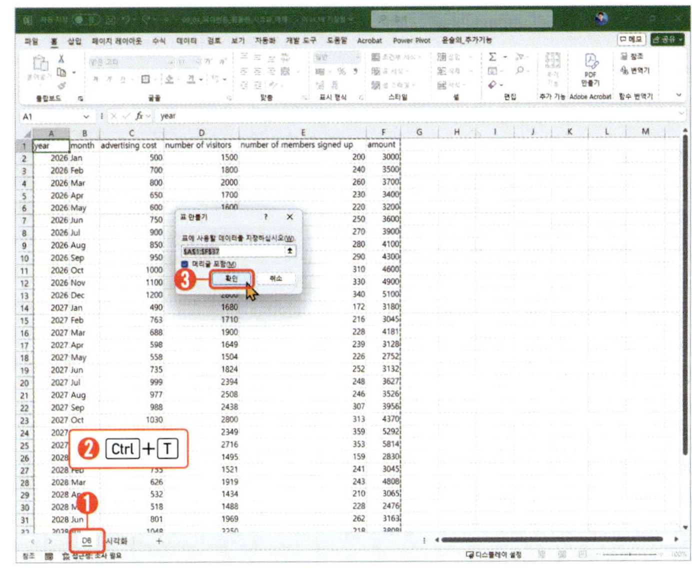

여기서 잠깐

반드시 표로 만들고 사용해야만 하는 것은 아닙니다.

02 데이터를 Pandas Data Frame으로 불러와 활용하는 방법을 알아보기 위해, [H1] 셀을 선택하고 '=py'까지 입력한 후 Tab을 누릅니다.

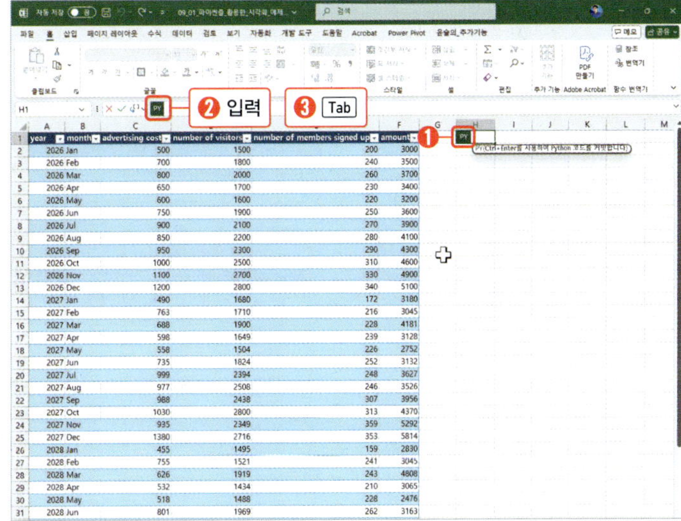

여기서 잠깐

엑셀에서 파이썬 코드를 작성하는 방법은 아래와 같습니다.

1. [수식] 탭 – [Python(미리 보기)] 그룹 – [Python 삽입] 클릭
2. '=py' 입력한 후 Tab
3. 단축키로 Ctrl+Alt+Shift+P

03 아래와 같이 코드를 작성하고 [Ctrl]+[Enter]를 눌러 커밋(변경 사항을 확정, 저장하는 작업)합니다.

```
df = xl("표1[#모두]", headers=True)
```

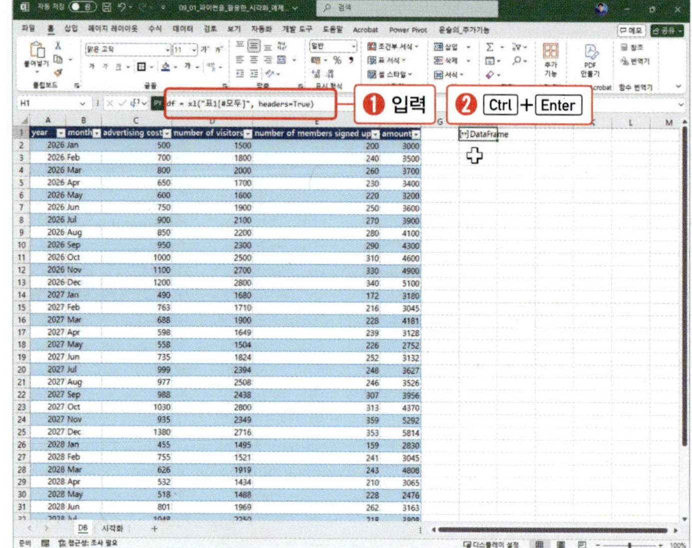

여기서 잠깐

[Ctrl]+[A]를 사용하지 못하므로 'df = ' 까지 입력한 후 [A1] 셀을 선택하고, [Ctrl]+[Shift]+[→], [Ctrl]+[Shift]+[→][↓]로 적용하면 빠릅니다.

04 [H1] 셀을 선택한 상태에서 수식 입력줄 옆의 [Python 개체]를 확장해서 [Excel 값]을 클릭하면 데이터를 확인할 수 있습니다.

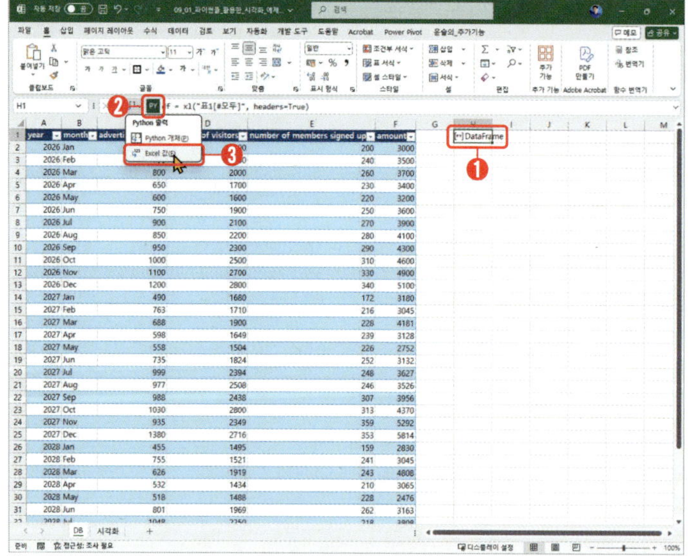

05 데이터가 Pandas Data Frame으로 불러온 것을 확인할 수 있습니다.

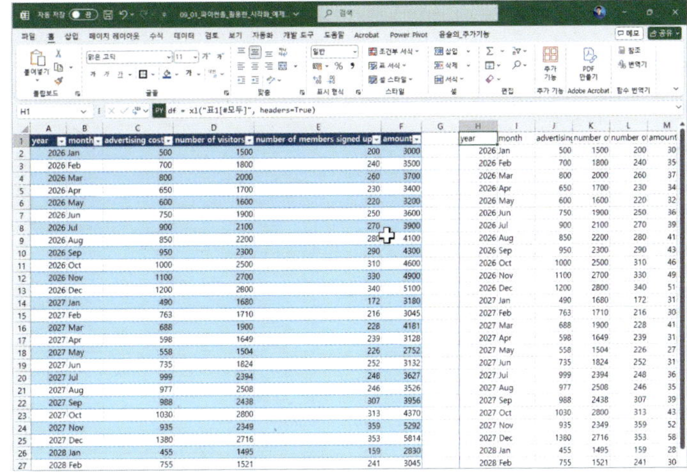

06 [H1] 셀을 선택한 상태에서 수식 입력줄 옆의 [Python 개체]를 확장해서 [Python 개체]를 클릭하면 개체로 변환, 표시됩니다.

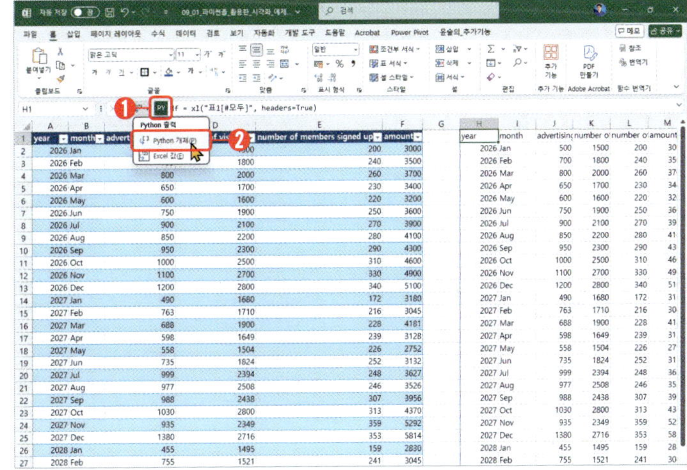

07 이제 데이터 프레임의 간단한 통계량을 확인해 보겠습니다. [H3] 셀을 선택하고 Ctrl + Alt + Shift + P를 누르고 [H1] 셀을 선택한 후 뒤에 코드를 덧붙여 아래와 같이 입력합니다. Ctrl + Enter를 눌러 커밋합니다.

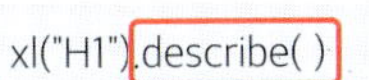

```
xl("H1").describe( )
```

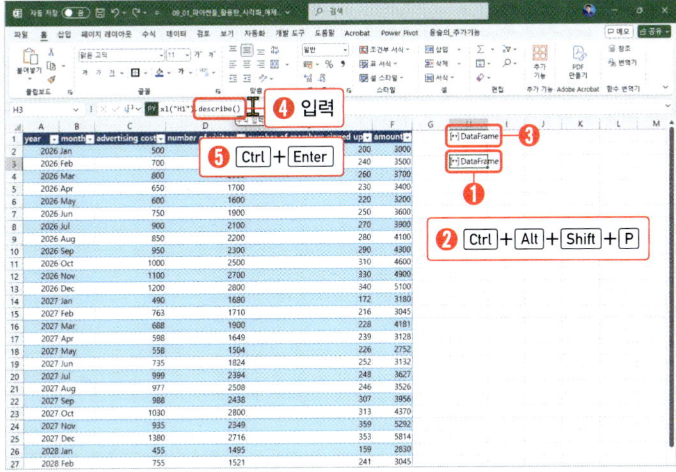

08 수식 입력줄 옆의 [Python 개체]를 확장해서 [Excel 값]을 클릭하면 모든 필드에 대한 요약된 기초 통계 정보를 확인할 수 있습니다.

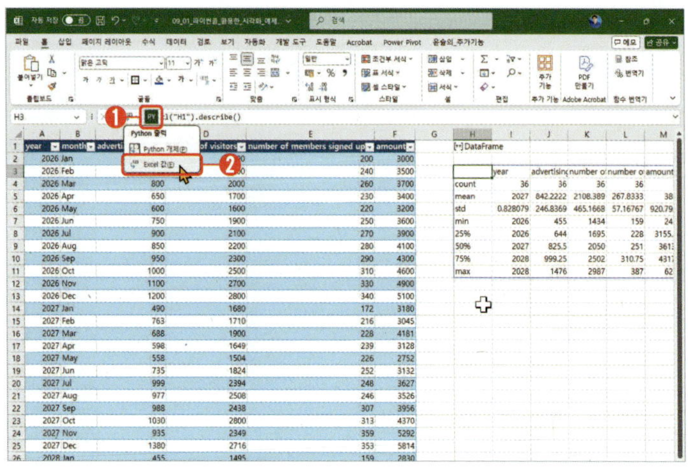

여기서 잠깐

[H3] 셀을 선택한 상태에서 마우스 오른쪽 버튼을 클릭한 후 [Python 개체] – [Excel 값]을 선택해도 결과를 확인할 수 있습니다.

09 이번에는 특정 필드의 요약 기초 통계 정보를 나타내 보겠습니다. [H3] 셀을 선택하고 코드를 아래와 같이 변경하고 Ctrl+Enter를 눌러 커밋합니다.

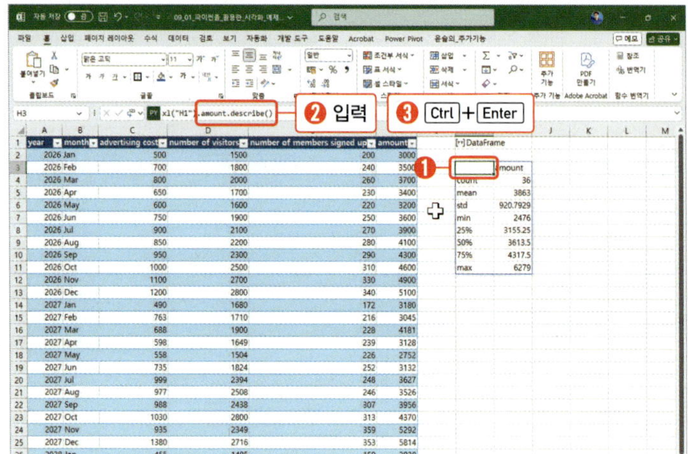


```
xl("H1").amount.describe( )
```

[amount] 열의 요약 통계만 나타낼 수 있습니다.

10 이번에는 그룹화를 통해 매출의 합계를 나타내기 위해, [H13] 셀을 선택하고 아래와 같이 코드를 입력하고 Ctrl+Enter를 눌러 커밋합니다.

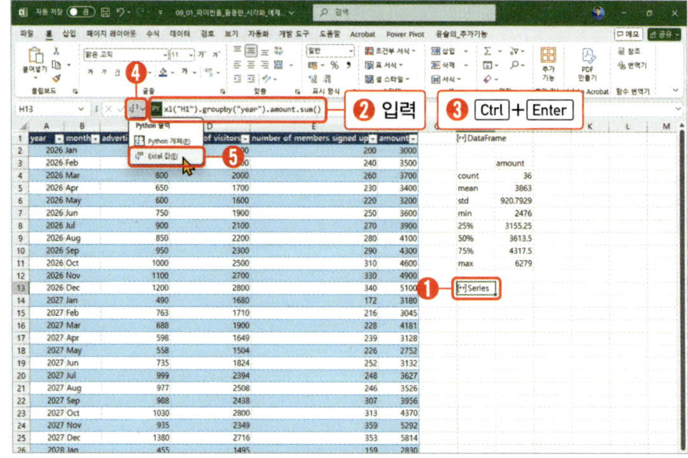


```
xl("H1").groupby("year").amount.sum()
```

코드 설명

xl("H1").groupby("year").amount.sum()

[year] 열을 그룹화하고, [amount] 열의 합계를 작성하라는 의미입니다.

11 이번에는 간단한 묶은 세로 막대형 차트를 작성하기 위해, [H13] 셀의 코드를 아래와 같이 수정하고 Ctrl+Enter를 눌러 커밋합니다.

```
xl("H1").groupby("year").amount.sum().plot(kind="bar")
```

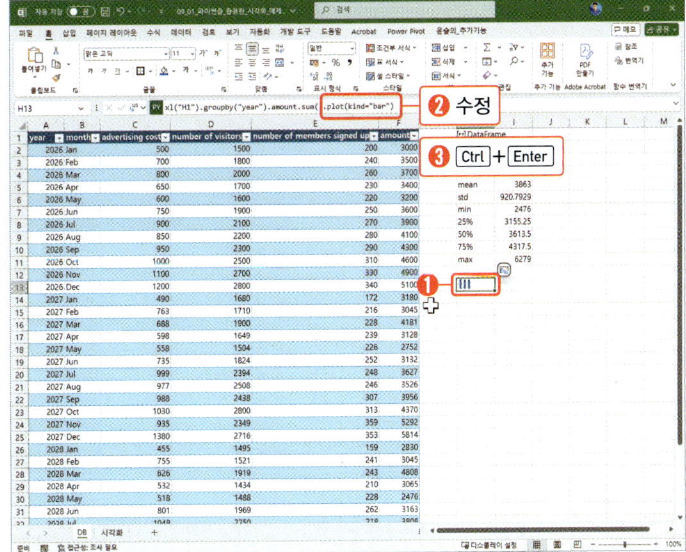

⊕ 추가 정보

차트의 종류는 다음과 같습니다.

kind	그래프 종류	설명
line	선 그래프(기본값)	시간 흐름이나 추세 분석용
bar	수직 막대 그래프	범주형 데이터 비교
barh	수평 막대 그래프	긴 항목명 비교에 유리
hist	히스토그램	데이터 분포 확인
box	박스 플롯	사분위수, 이상치 확인
kde	커널 밀도 추정	부드러운 분포 곡선
density	kde의 별칭	동일한 결과
area	면적 그래프	누적 데이터 시각화
pie	파이 차트	구성 비율 시각화
scatter	산점도	두 수치형 변수 관계
hexbin	2D 밀도 히트맵	산점도 + 밀도 정보(많은 데이터에 유리)

12 만약 [H13] 셀의 값이 [[PY] Image]로 나오면 [H13] 셀을 마우스 오른쪽 버튼을 클릭한 후 [Python 출력] – [Excel 값]을 선택하고, 우측 상단의 [참조 만들기]를 클릭하면 생성된 차트가 나타납니다.

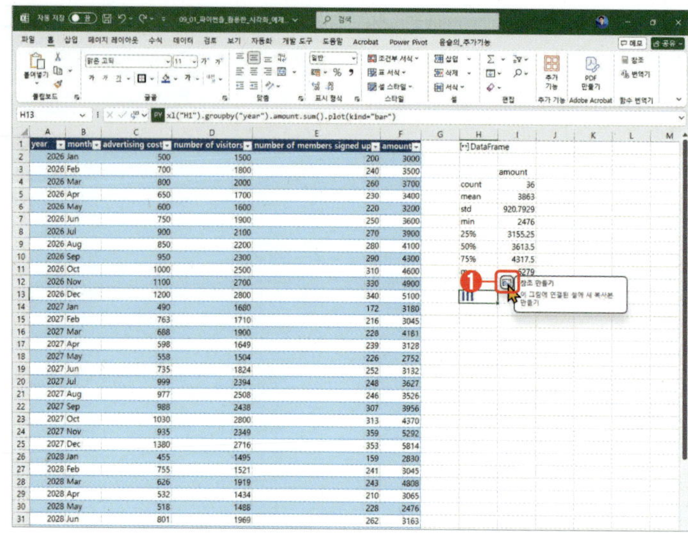

여기서 잠깐

[H13] 셀에 코드 입력을 마무리했을 때 차트 이미지가 나타나면 우측 상단의 [참조 만들기]를 클릭하면 차트가 생성됩니다.

13 간단히 엑셀 파이썬을 사용하는 방법을 익혔습니다. 이제 [DB] 시트의 데이터로 좀 더 활용도 있는 시각화를 진행하겠습니다.

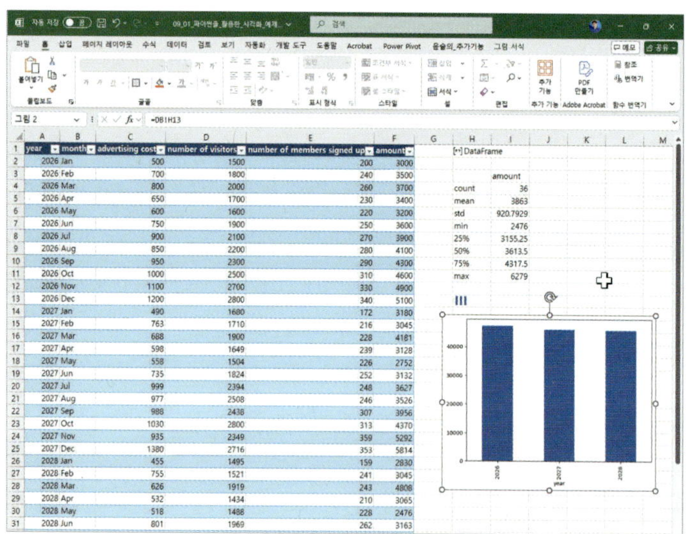

14 대표적인 파이썬 시각화 라이브러리인 'seaborn.pydata.org' 사이트로 이동합니다.

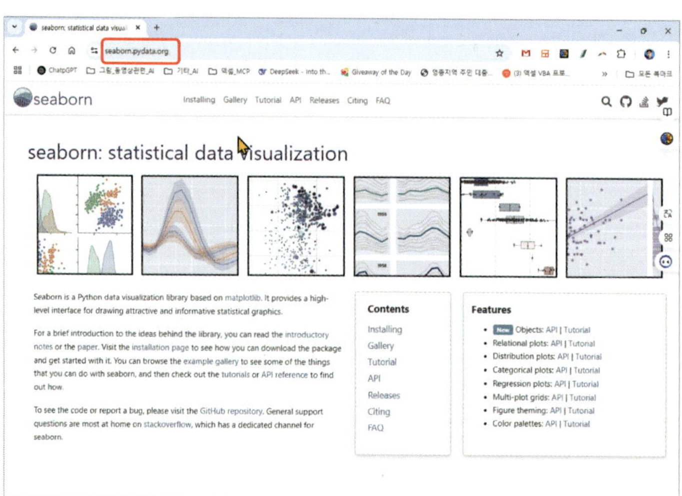

15 상단의 [Gallery]를 클릭하면 많은 차트 샘플을 확인할 수 있습니다. 이곳에서 'jointplot'을 이용해 보겠습니다. 해당 차트를 클릭합니다.

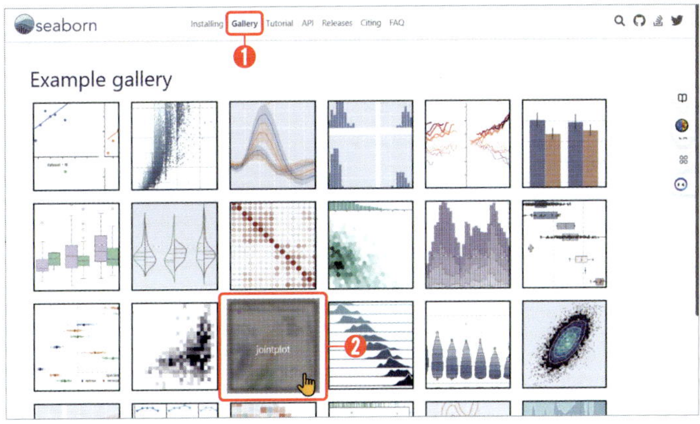

16 아래쪽에 파이썬 코드가 나타나 있고, 우측 상단에 [copy]를 클릭해서 해당 코드를 복사합니다.

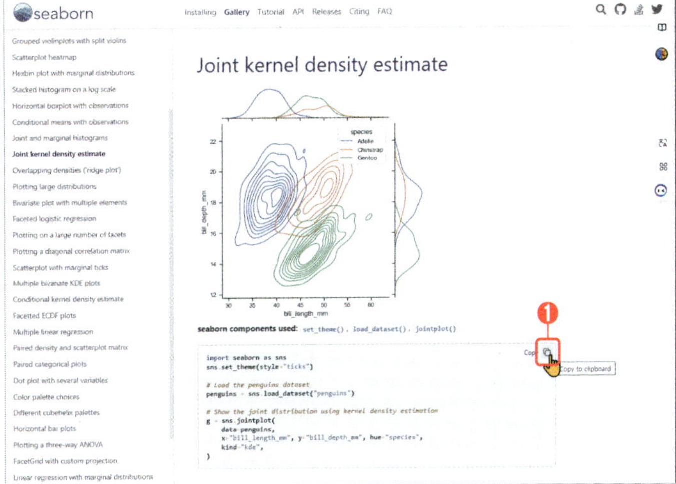

17 웹 브라우저에서 ChatGPT를 활용해서 코드를 수정하기 위해, 'ChatGPT.com'으로 이동해서 수정하려는 내용을 입력합니다.

> '엑셀 파이썬에서 df = xl("표1[#모두]", headers=True) 이고 advertising cost 를 x축으로 amount를 y축으로 하는 차트를 그리려고 하는데 아래 코드를 수정해줘'

그 아래에 방금 복사해둔 코드를 붙여넣기하고 Enter 를 누릅니다.

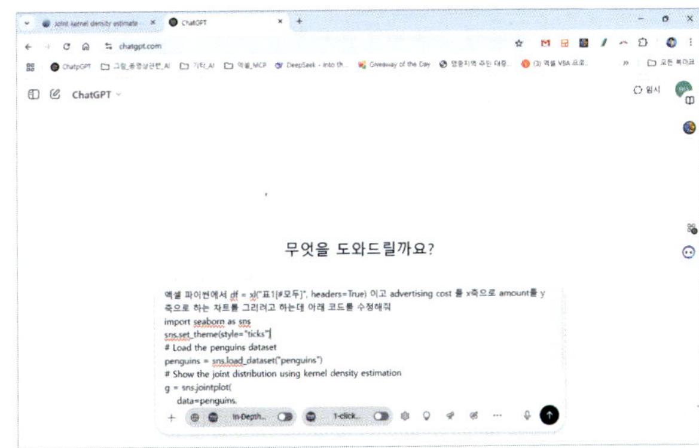

18 '응답1', '응답2'가 작성되었는 데 둘 중 '응답1'의 코드를 복사, 사용하기 위해, '응답1'의 코드를 복사합니다.

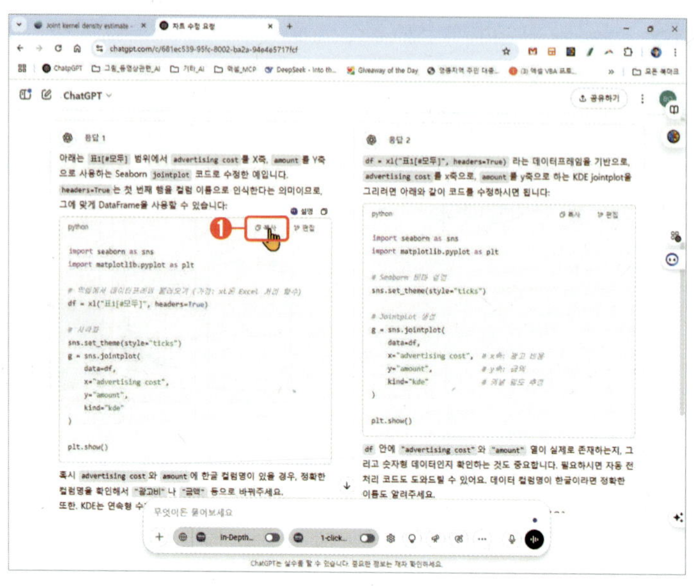

여기서 잠깐

상황에 따라 ChatGPT의 답변 코드가 다를 수 있기 때문에, PART 09의 예제 폴더에 'Sample.txt' 파일을 추가했으니, 참고해 주세요.

19 엑셀로 돌아와서 [시각화] 시트의 [A6] 셀을 선택하고, '=py'를 입력한 후 Tab을 누르고 방금 복사한 코드를 붙여넣기한 후 Ctrl+Enter를 눌러 커밋합니다. 이후 해당 셀에 [Image]라고 나타나면 [Python 개체]를 확장해서 [Excel 값]을 클릭합니다. 작성된 차트를 확인할 수 있습니다.

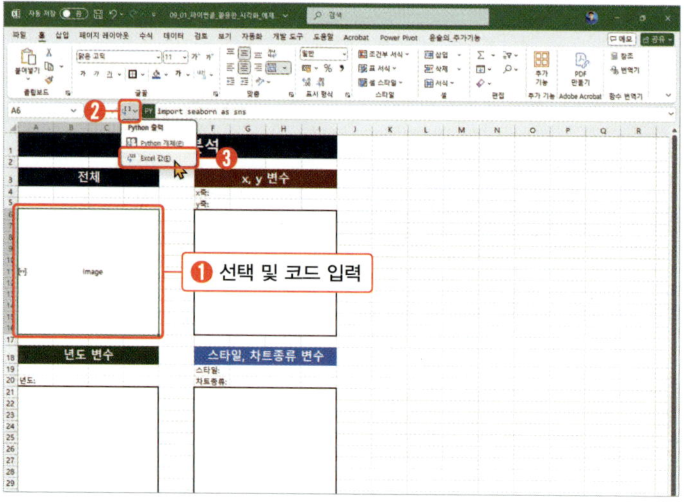

20 이번에는 x축과, y축을 변수로 활용하는 방법을 알아보겠습니다. 먼저 [G4] 셀을 선택하고 [데이터] 탭 – [데이터 도구] 그룹 – [데이터 유효성 검사]를 클릭하고, [제한 대상]은 '목록', [원본]은 [DB] 시트의 [B1:F1] 셀을 선택한 후 [확인]을 클릭합니다.

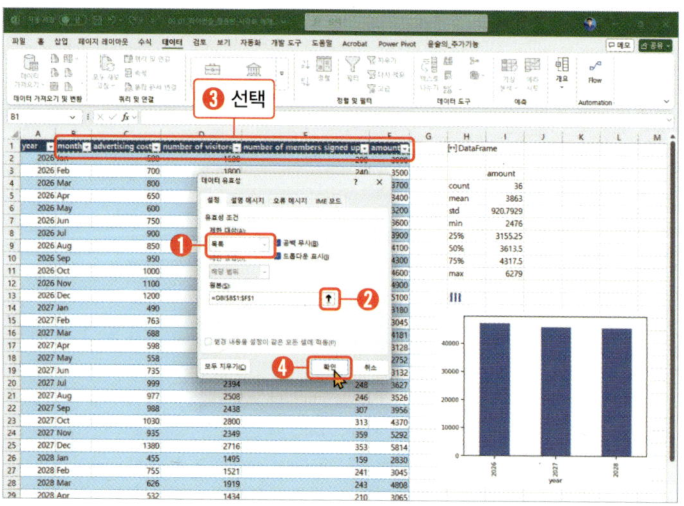

21 [G4] 셀에는 'advertising cost'를 선택해 두고 [G4] 셀을 복사해서 [G5] 셀에 붙여넣고, [G5] 셀에서 'amount'를 선택합니다.

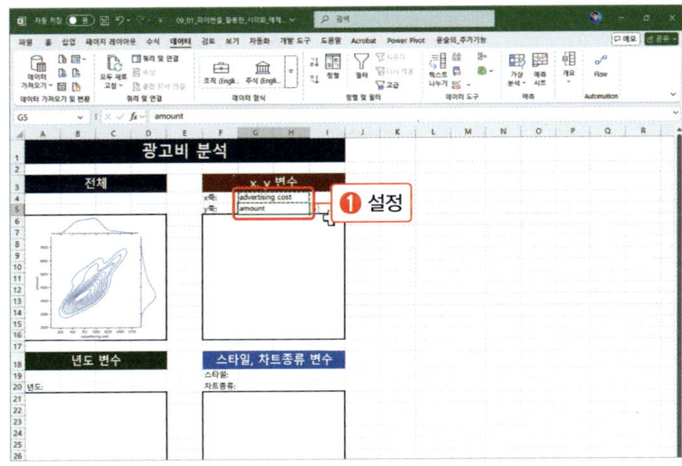

22 [A6] 셀을 선택하고 복사한 뒤 [F6] 셀을 선택하고 붙여 넣습니다. [F6] 셀의 복사된 코드를 x축, y축을 변수로 사용하기 위해 아래와 같이 변경합니다.

```
import seaborn as sns
import matplotlib.pyplot as plt
# 엑셀에서 데이터프레임 불러오기(가정: xl은 Excel 처리 함수)
df = xl("표1[#모두]", headers=True)
x_col = xl("$G$4")
y_col = xl("$G$5")
# 시각화
sns.set_theme(style="ticks")
g = sns.jointplot(
    data=df,
    x=x_col,
    y=y_col,
    kind="kde"
)
plt.show()
```

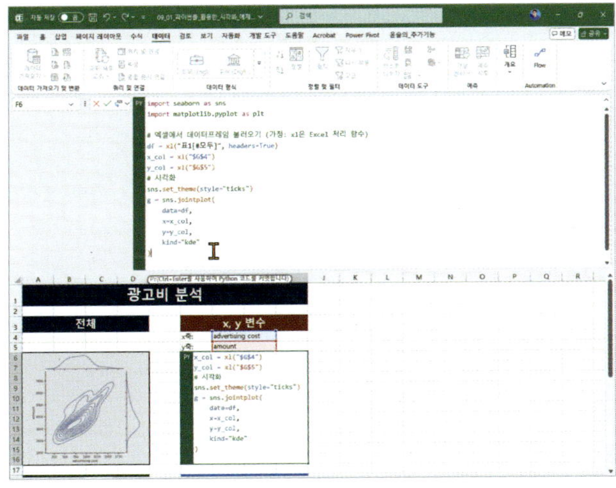

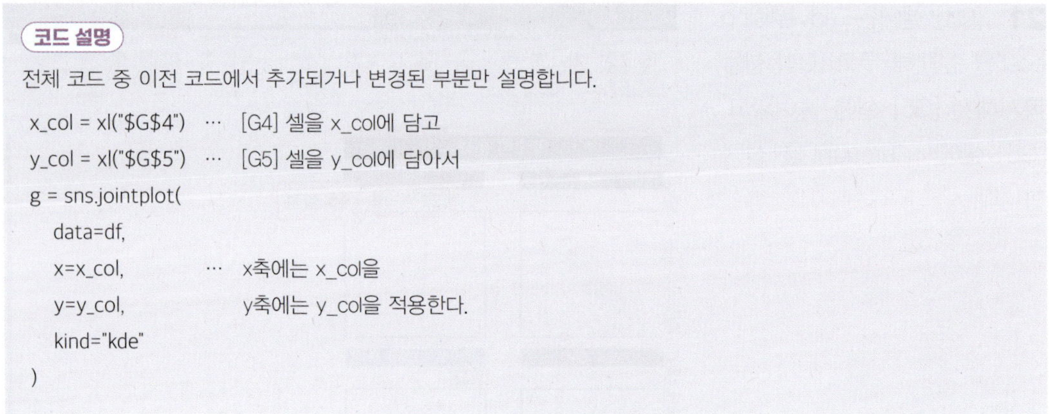

코드 설명

전체 코드 중 이전 코드에서 추가되거나 변경된 부분만 설명합니다.

```
x_col = xl("$G$4")  ···  [G4] 셀을 x_col에 담고
y_col = xl("$G$5")  ···  [G5] 셀을 y_col에 담아서
g = sns.jointplot(
    data=df,
    x=x_col,          ···  x축에는 x_col을
    y=y_col,               y축에는 y_col을 적용한다.
    kind="kde"
)
```

23 이제 x축과 y축을 변경하면 변경된 옵션에 따라 차트가 변경되는 것을 확인할 수 있습니다.

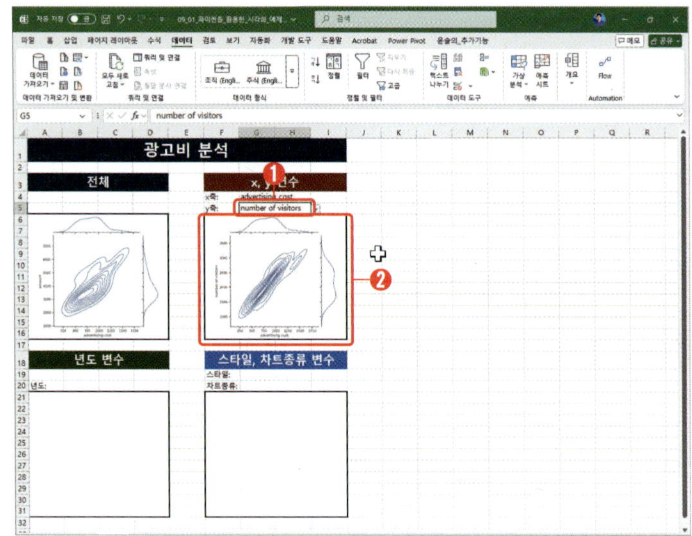

⊕ 추가 정보

엑셀에서 파이썬을 사용할 때 import 구문은 코드 블록마다 매번 적어야 합니다.
엑셀에서 파이썬 코드를 작성하면 A에서 import 한 내용이 B 셀에 자동으로 이어지지 않습니다.
Jupiter Notebook과 다르게 각 코드 블록은 독립적으로 실행되기 때문입니다.
데이터 프레임 역시 import 구문과 함께 적어주는 것이 안정적입니다.

24 이번에는 연도를 변수에 추가하겠습니다. 미리 데이터 유효성 검사를 지정해 둔 [B20] 셀은 '2027'을 선택해 둡니다. [F6] 셀을 복사해서 [A21] 셀에 붙여 넣습니다.

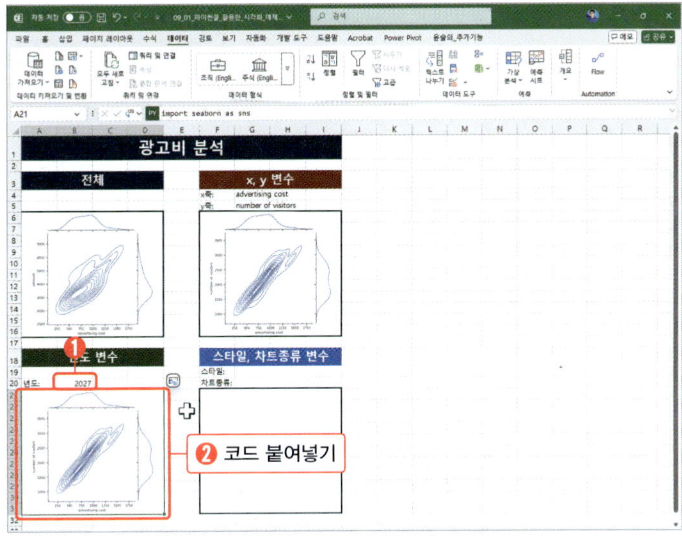

25 코드 수정이 어렵다면 다시 한번 ChatGPT의 도움을 받겠습니다. [A21] 셀의 코드를 복사하고 웹 브라우저로 가서 작업하려는 내용을 구체적으로 적습니다.

'년도가 엑셀의 B20셀에 있고 year 필드에서 해당 년도의 데이터만 필터해서 차트를 그리려고 하는데 코드 수정부탁해'

위와 같이 입력했고 그 아래쪽에 복사한 코드를 붙여넣고 Enter를 누릅니다.

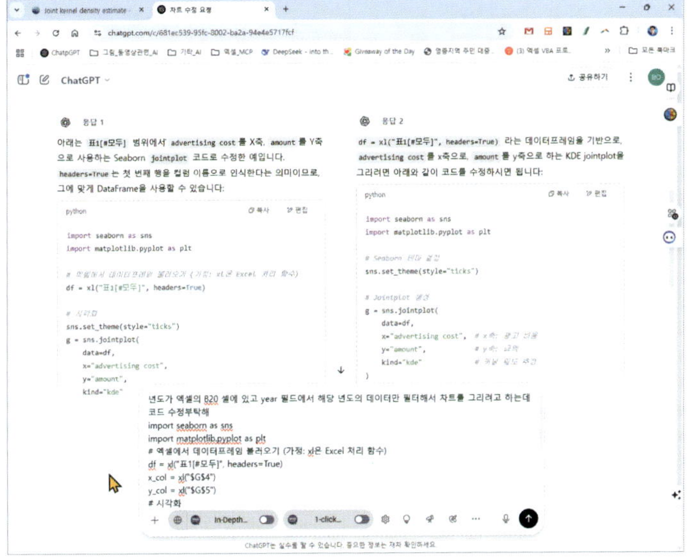

26 답변 코드를 복사합니다.

여기서 잠깐

상황에 따라 ChatGPT의 답변 코드가 다를 수 있기 때문에, PART 09의 예제 폴더에 'Sample_01.txt' 파일을 추가했으니, 참고해 주세요.

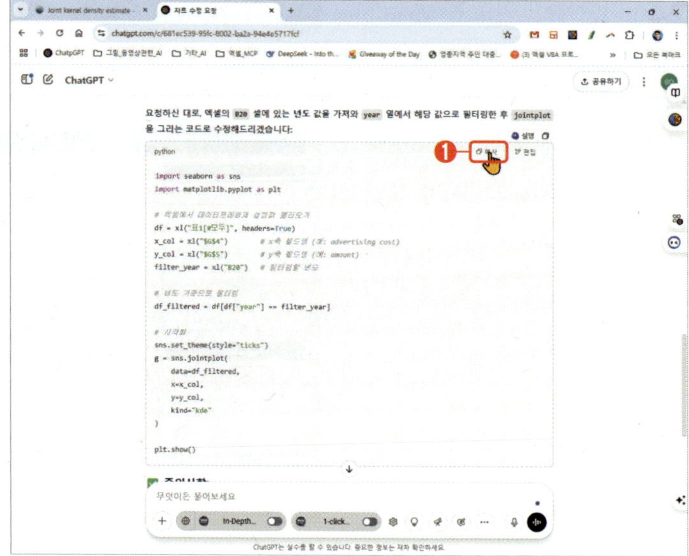

27 [A21] 셀을 선택하고 기존 코드를 삭제하고 복사한 코드를 붙여 넣습니다. Ctrl + Enter를 눌러 커밋합니다.

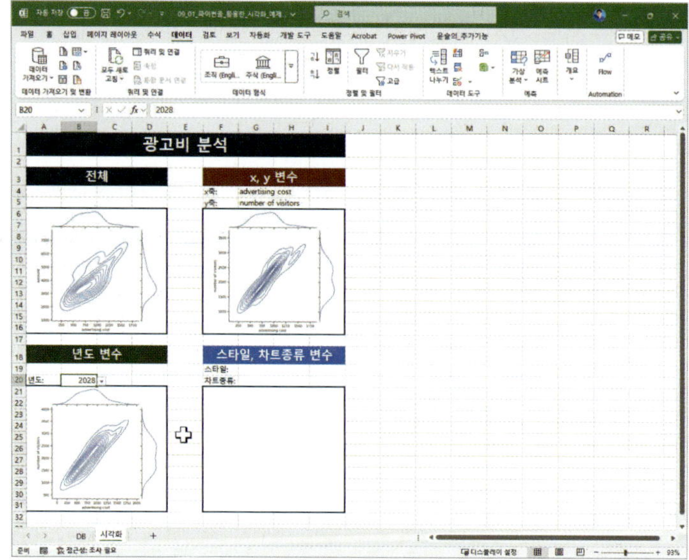

⊕ 추가 정보

매번 답변이 조금씩 달라질 수 있어 현재 예제 파일(Sample_01.txt)에 추가된 코드를 아래에 적습니다.

```
import seaborn as sns
import matplotlib.pyplot as plt
# 엑셀에서 데이터프레임과 설정값 불러오기
df = xl("표1[#모두]", headers=True)
x_col = xl("$G$4")        # x축 필드명 (예: advertising cost)
y_col = xl("$G$5")        # y축 필드명 (예: amount)
filter_year = xl("B20")  # 필터링할 년도
# 년도 기준으로 필터링
df_filtered = df[df["year"] == filter_year]
# 시각화
sns.set_theme(style="ticks")
g = sns.jointplot(
    data=df_filtered,
    x=x_col,
    y=y_col,
    kind="kde"
)
plt.show()
```

28 마지막으로 이번에는 차트의 스타일과 차트 종류도 변수로 나타내고자 합니다.

[A21] 셀을 복사해서 [F21] 셀에 붙여 넣습니다. [G19] 셀은 'darkgrid'를, [G2] 셀은 'reg'를 선택합니다.

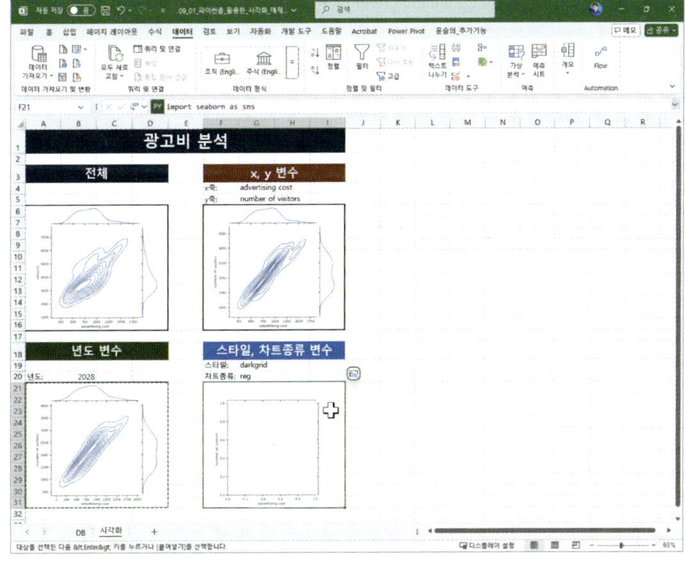

29 원하는 차트가 나타나지 않습니다. 이제 코드를 잘 살펴보면 이전에 x축이나 y축 변수는 절대 참조로 지정했고 연도는 상대 참조로 지정한 것을 확인할 수 있습니다. 그래서 [A21] 셀에서 [F21] 셀로 복사되면서 필터링할 연도 셀이 변경된 것이 문제였습니다. 필터링할 연도 부분을 아래와 같이 코드를 수정하고 Ctrl+Enter를 눌러 커밋합니다.

```
filter_year = xl("$B$20")
```

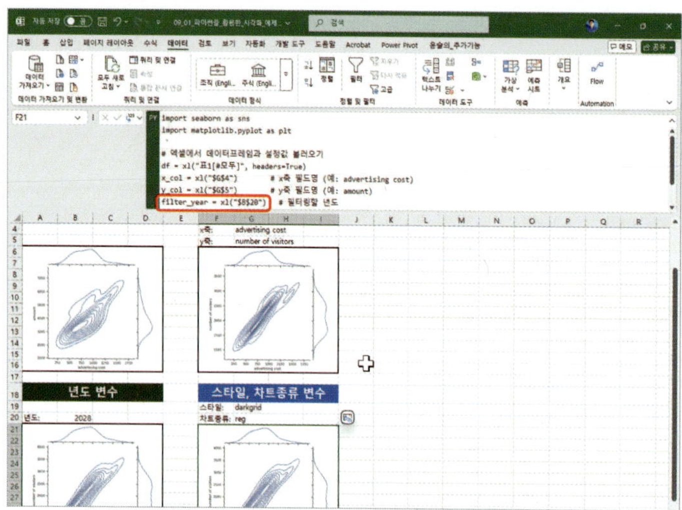

30 [F21] 셀의 코드를 스타일과 차트를 변수로 적용, 표시하기 위해 아래와 같이 코드를 작성하고 Ctrl+Enter를 눌러 커밋합니다.

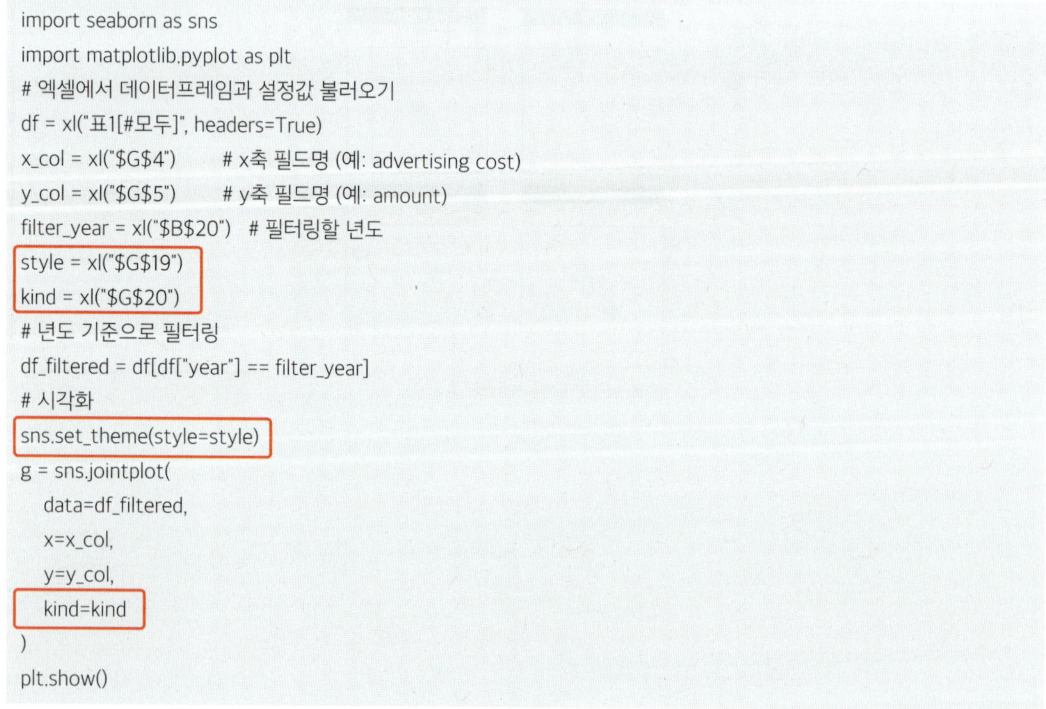

```
import seaborn as sns
import matplotlib.pyplot as plt
# 엑셀에서 데이터프레임과 설정값 불러오기
df = xl("표1[#모두]", headers=True)
x_col = xl("$G$4")       # x축 필드명 (예: advertising cost)
y_col = xl("$G$5")       # y축 필드명 (예: amount)
filter_year = xl("$B$20")  # 필터링할 년도
style = xl("$G$19")
kind = xl("$G$20")
# 년도 기준으로 필터링
df_filtered = df[df["year"] == filter_year]
# 시각화
sns.set_theme(style=style)
g = sns.jointplot(
    data=df_filtered,
    x=x_col,
    y=y_col,
    kind=kind
)
plt.show()
```

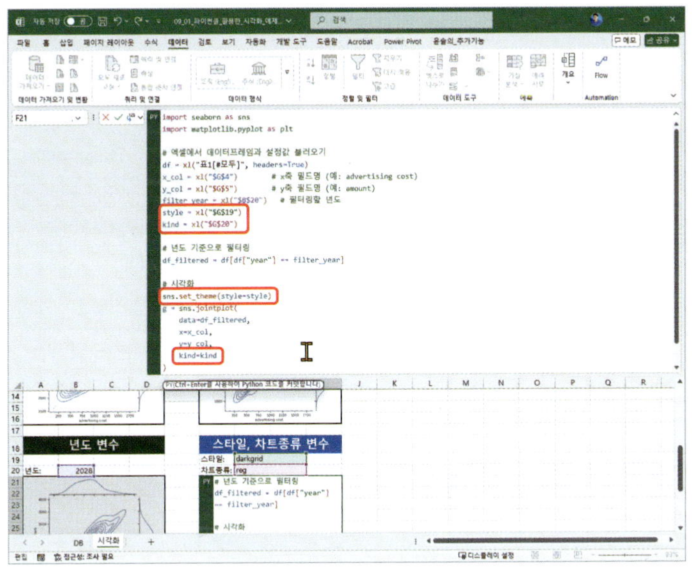

코드 설명

변경이나 추가된 부분만 설명합니다.

style = xl("$G$19")	…	[G19] 셀 내용을 style에 담고
kind = xl("$G$20")	…	[G20] 셀 내용을 kind에 담는다.
sns.set_theme(style=style)	…	style에 변수 style을 적용하고
kind=kind	…	kind에 변수 kind를 적용합니다.

31 [G19] 셀은 'dark', [G20] 셀은 'hex'를 선택하면 각 옵션에 따른 차트의 변경을 확인할 수 있습니다.

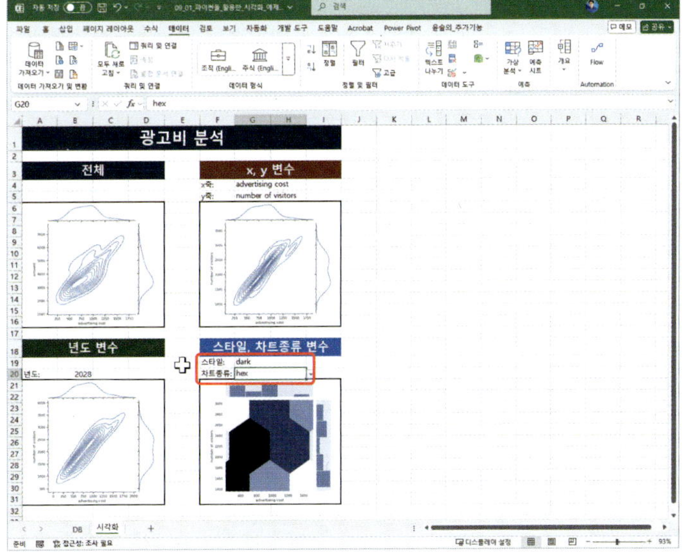

➕ 추가 정보

Seaborn에서 사용할 수 있는 style 종류와 kind 값

Style	배경색	그리드	눈금(tick)	느낌
darkgrid	어두운 회색	있음	있음	분석 작업용 기본
whitegrid	흰색	있음	있음	보고서/프레젠테이션 적합
dark	어두운 회색	없음	있음	차분한 스타일
white	흰색	없음	있음	미니멀한 느낌
ticks	흰색	없음	강조된 눈금선	논문/학술지 느낌

kind 값	설명	용도
scatter	기본값. 산점도(points) 표시	단순 산점도. 이상값/클러스터 파악
reg	산점도 + 회귀선 표시	선형 관계. 회귀선 추정
resid	잔차 플롯(y − 예측값) 표시	모델의 적합도 확인(잔차 패턴)
kde	커널 밀도 추정(contour + 히트맵 느낌)	두 변수의 분포 패턴이 부드럽게 표현됨
hex	hexbin plot(밀도 표현에 유리함)	대용량일 때 점 겹침 방지. 육각 밀도 구간 표시

MEMO

002 AI를 활용한 나만의 추가 기능 탭 만들기

이번에는 생성형 AI를 활용해, 사용자의 업무 환경에 맞는 사용자 정의 탭(추가 기능 탭)을 손쉽게 코딩하고 적용하는 방법을 알아보겠습니다. 엑셀 관련 코드는 다양한 형태로 오픈 소스로 공유되어 있으며, 생성형 AI의 검색 · 요약 · 추론 기능을 활용하면 자연어로 간단히 질문하는 것만으로도 필요한 코드를 빠르게 생성할 수 있습니다. 이를 바탕으로 나만의 자동화 기능을 리본 메뉴에 탭 형태로 구성하는 실전 방법을 익혀보겠습니다.

- **실습 파일 :** Part 09 > 예제 > 09_02_사용자_정의_탭_예제.xlsx
- **완성 파일 :** Part 09 > 완성 > 09_02_사용자_정의_탭_완성.xlsx

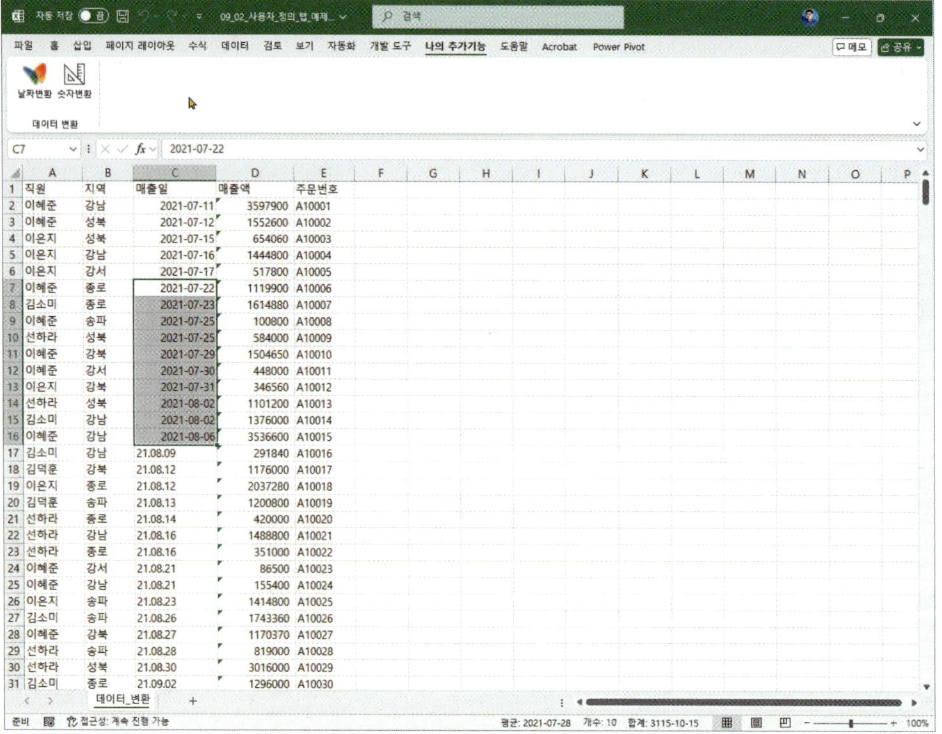

주요 기능	현업 활용
사용자 지정 탭	• 나만의 업무 환경에 맞는 탭을 작성해서 현업에서 업무 효율을 높일 수 있다.
생성형 AI	• 자연어 기반의 질문을 통해 어렵고 복잡했던 VBA 코드를 생성하고 탭에 적용할 수 있다.
범용 툴	• 엑셀 기본 기능으로 구현되지 않는 다양한 기능을 작성해서 범용 툴로 만들 수 있다.

01 예제 파일은 간략한 매출 관련 데이터로 매출일과 매출액이 비정상적인 문자 속성 데이터로 입력된 상태입니다. 예제 파일을 불러온 후 [데이터_변환] 시트의 매출일과 매출액을 정상 데이터로 변환하고 추가 기능 탭을 만들겠습니다. 먼저 [C2:C6] 셀까지 정상 날짜로 변환할 데이터를 선택하고, [개발 도구] 탭 – [코드] 그룹 – [매크로 기록]을 클릭합니다.

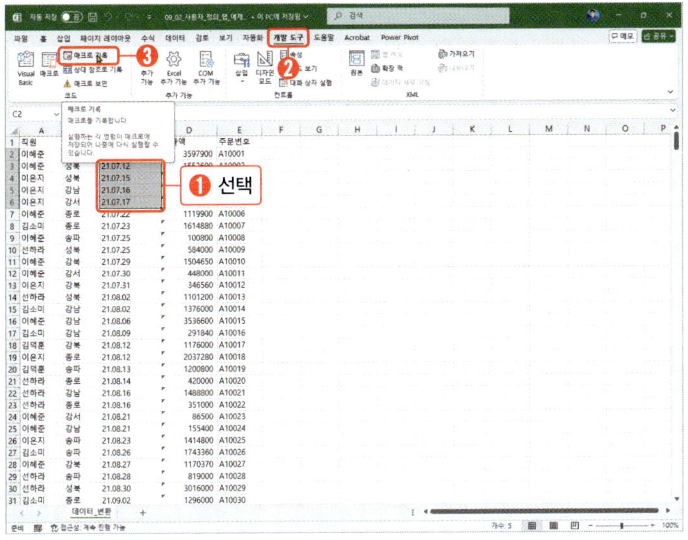

02 [매크로 기록] 대화상자가 나타나면 [매크로 이름]에 '날짜변환'을 입력하고, [매크로 저장 위치]는 '개인용 매크로 통합 문서'를 선택한 후 [확인]을 클릭합니다.

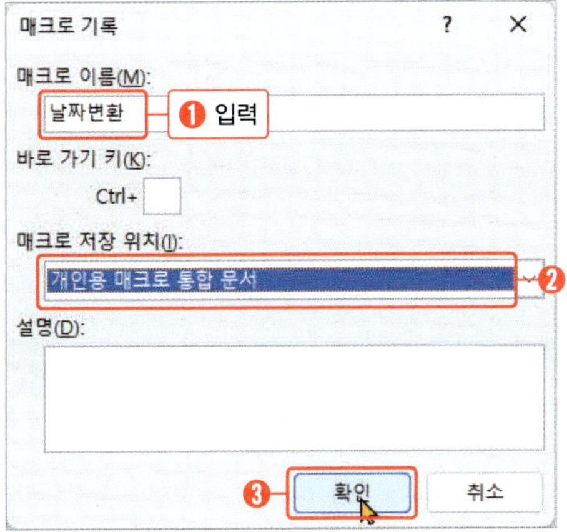

03 [데이터] 탭 – [데이터 도구] 그룹 – [텍스트 나누기]를 클릭합니다.

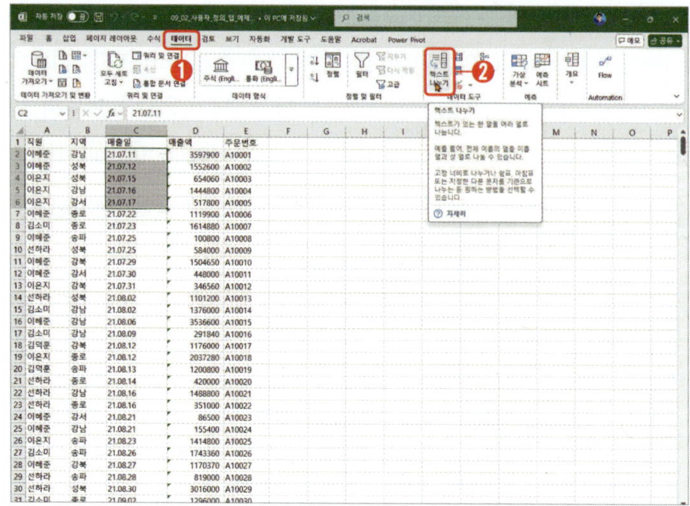

04 텍스트 마법사가 나타나면 1, 2단계는 [다음]을 클릭하여 넘기고, 3단계에서 [열 데이터 서식]을 '날짜'로 선택하고 [마침]을 클릭합니다.

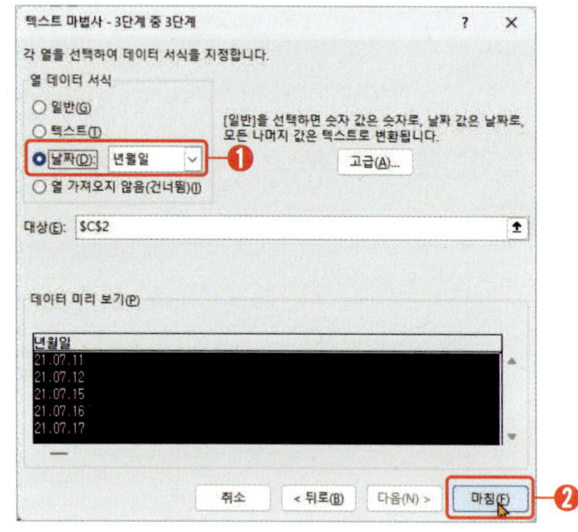

05 코드 기록을 마무리하기 위해 [개발 도구] 탭 – [코드] 그룹 – [기록 중지]를 클릭합니다.

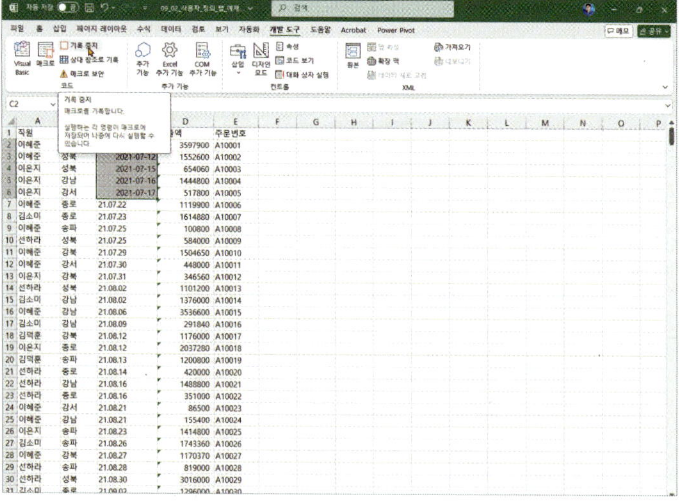

06 기록된 코드를 확인하기 위해 [개발 도구] 탭 – [코드] 그룹 – [Visual Basic]을 클릭합니다.

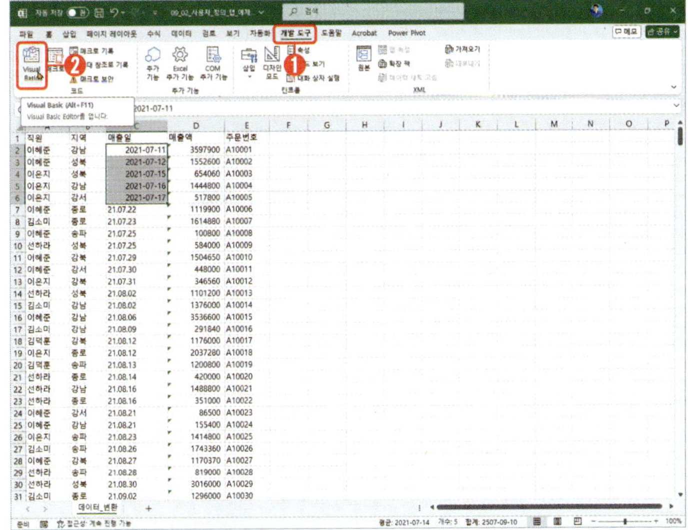

07 나타난 VBA 편집기 창에서 [프로젝트] 창의 'PERSONAL.XLSB' 파일을 찾아서 하위로 [Module1]까지 진입 후 더블클릭해서 코드를 나타냅니다.

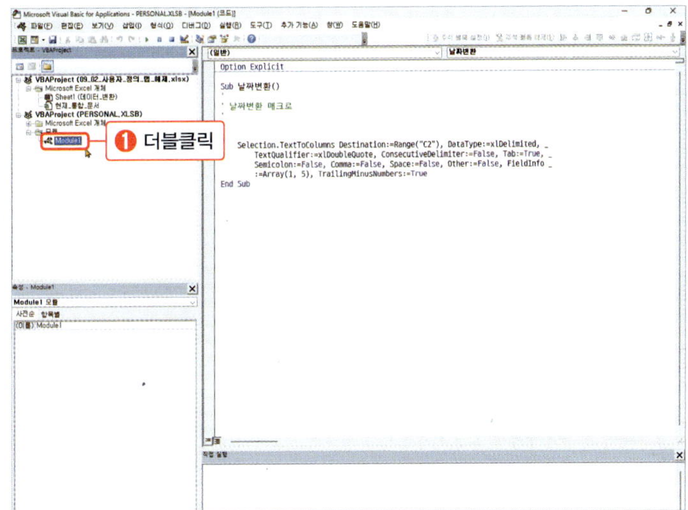

08 나타난 코드 중에 첫 번째 줄에 있는 'Destination:=Range("C2")'로 되어 있는 코드를 'Destination:=Selection'으로 변경합니다. 변경 후 왼쪽 상단의 엑셀 아이콘을 클릭하거나 Alt+F11을 눌러 엑셀 창으로 돌아갑니다.

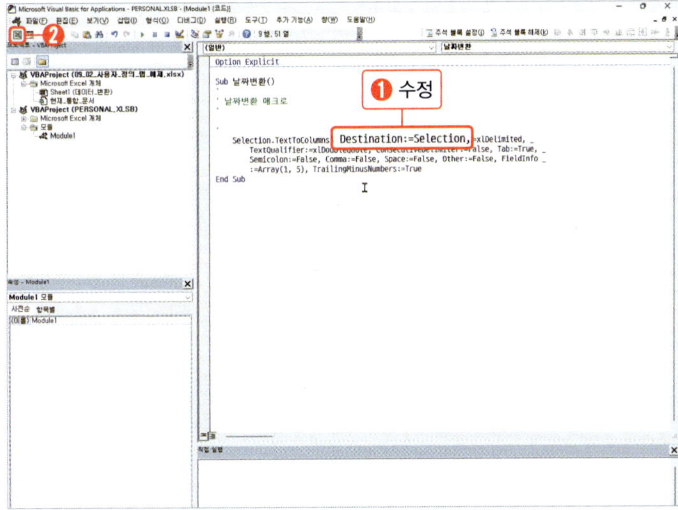

09 엑셀 창의 상단 탭 중 임의의 탭을 마우스 오른쪽 버튼으로 클릭한 후 [리본 메뉴 사용자 지정]을 선택합니다.

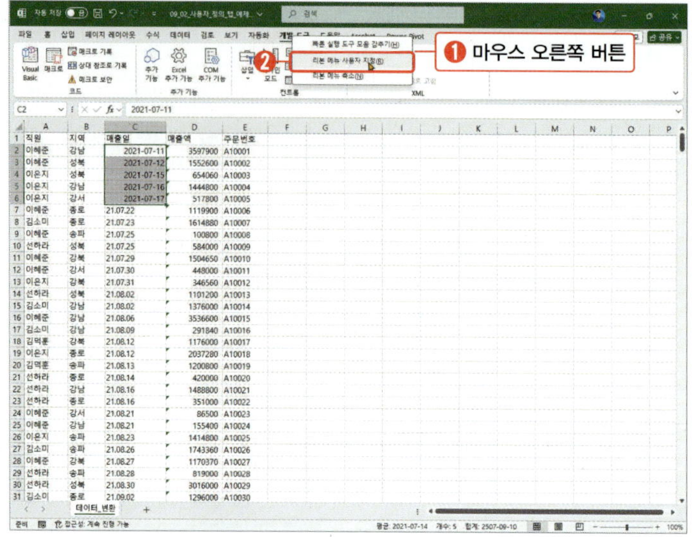

10 새로운 사용자 지정 탭을 만들기 위해 우측 하단의 [새 탭]을 클릭합니다.

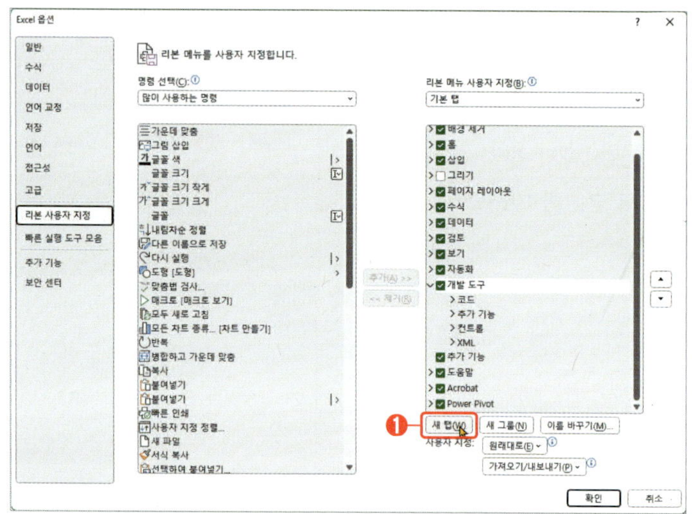

11 리본 메뉴 사용자 지정 부분에 [새 탭(사용자 지정)]이 나타납니다. 해당 탭을 선택하고 [이름 바꾸기]를 클릭합니다.

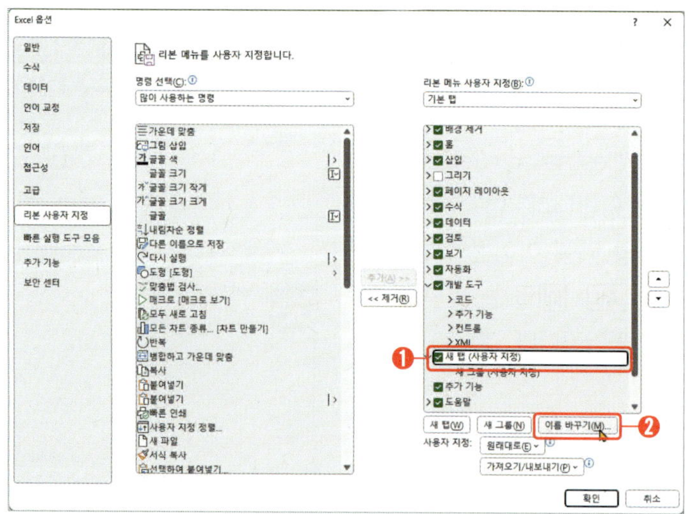

12 [이름 바꾸기] 대화상자의 [표시 이름]에 '나의 추가기능'을 입력합니다.

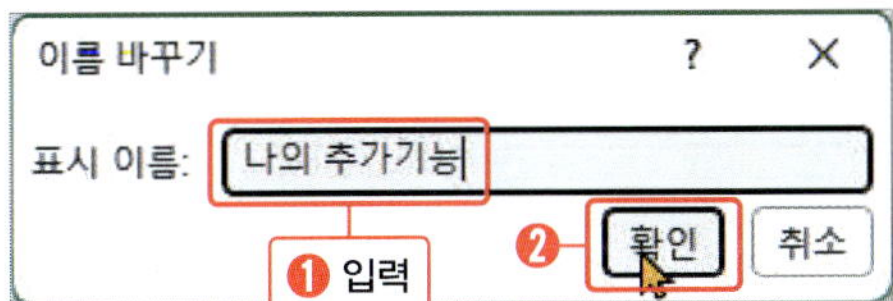

13 [나의 추가기능(사용자 지정)] 탭 하단에 [새 그룹(사용자 지정)]의 이름도 변경하겠습니다. 해당 그룹을 선택하고 [이름 바꾸기]를 클릭합니다.

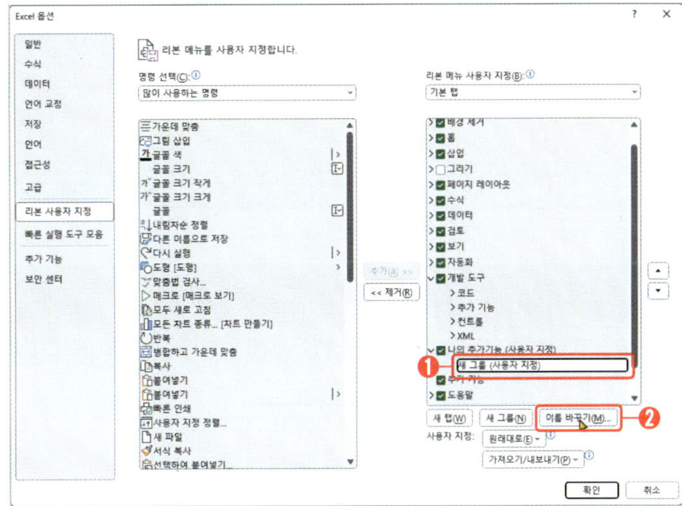

14 그룹명에는 아이콘이 표시되지 않으므로 [표시 이름]만 '데이터 변환'으로 입력한 후 [확인]을 클릭합니다.

15 이제 데이터 변환 그룹에 입력한 코딩을 적용하겠습니다. [명령 선택]을 확장해서 '매크로'를 선택하면 입력했던 'PERSONAL.XLSB!날짜변환' 매크로가 나타납니다. 해당 매크로를 선택하고 [추가]를 클릭합니다.

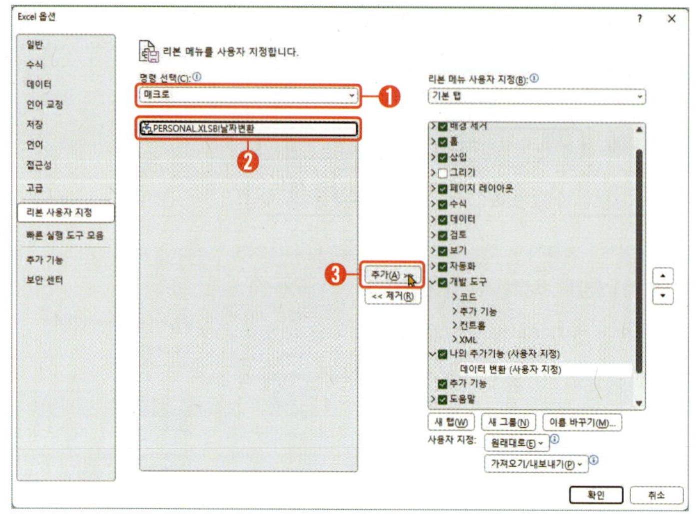

16 [데이터 변환] 그룹 하단에 추가한 매크로가 나타나고 선택한 후 [이름 바꾸기]를 클릭합니다. 나타내고 싶은 아이콘을 선택하고 [표시 이름]은 '날짜변환'이라고 입력하고 [확인]을 클릭합니다.

17 그림과 같이 탭, 그룹이 표시되고 마지막에 방금 입력한 매크로의 아이콘과 이름이 표시됩니다. [확인]을 클릭합니다.

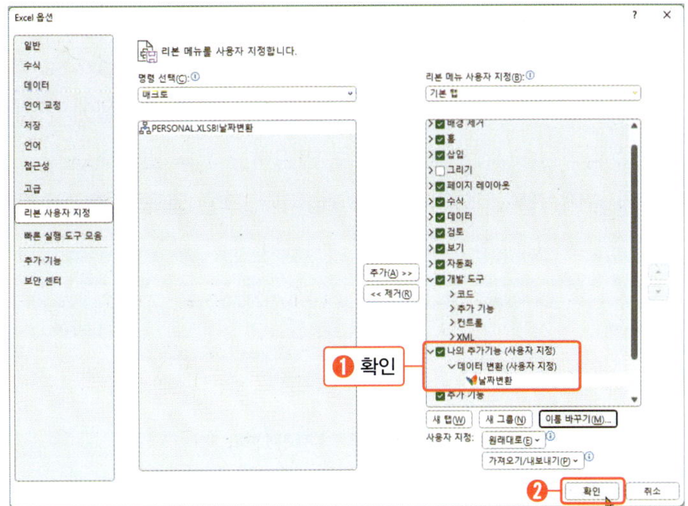

18 상단 탭에 사용자가 입력한 [나의 추가기능] 탭이 보이고 해당 탭을 선택하면 [데이터 변환] 그룹과 [날짜변환]이 나타납니다.

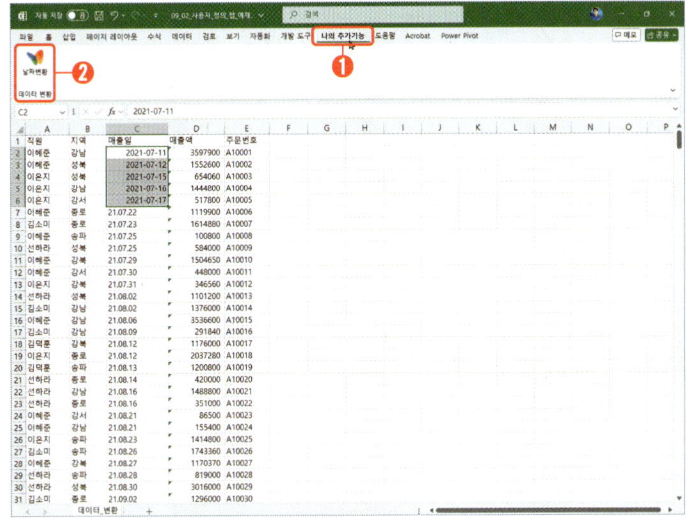

19 이제 해당 코드를 테스트하겠습니다. [C7:C16] 셀을 선택하고 [나의 추가기능] 탭 – [데이터 변환] 그룹 – [날짜변환]을 클릭합니다. 문자열로 입력되었던 날짜가 정상 날짜로 변경된 것을 확인할 수 있습니다.

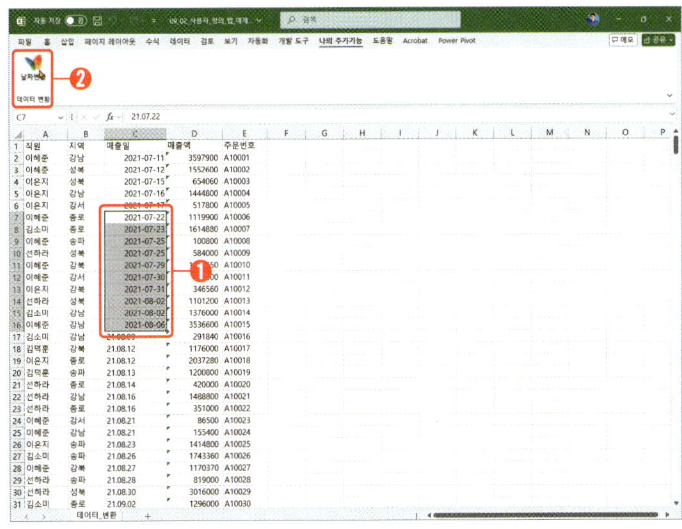

20 이제 사용자의 추가 기능 탭을 작성했으니 이제 생성형 AI를 활용해서 다양한 기능을 추가 기능으로 만들겠습니다. 먼저 문자로 입력된 숫자를 정상 숫자로 변환하는 기능을 삽입해 보겠습니다. 'https://ChatGPT.com/'으로 이동하고 프롬프트에 '엑셀에서 범위를 선택하고 선택된 범위에 있는 문자로 입력된 숫자를 정상 숫자로 변경하는 코드 만들어줘'라고 입력하고 [Enter]를 눌렀습니다. 아래와 같이 VBA 코드가 제공되었습니다. 그럼 코드 우측 상단의 [코드 복사]를 클릭합니다.

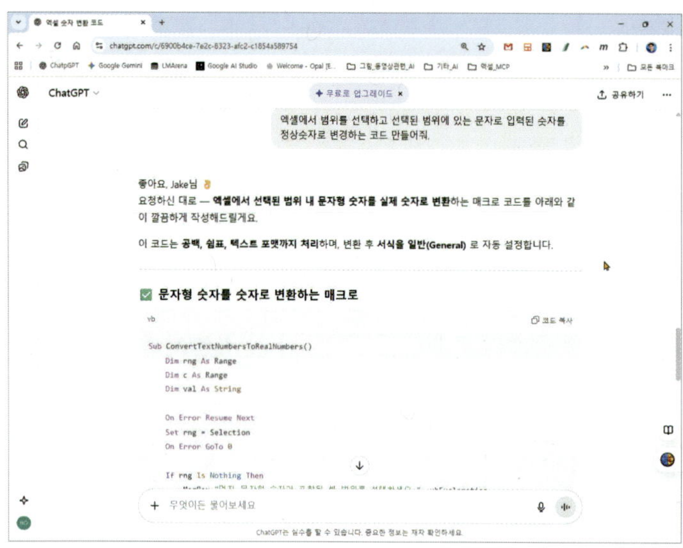

여기서 잠깐

ChatGPT의 계정은 미리 등록해 두고 진행하세요.

생성형 AI는 같은 질문을 해도 약간씩 다른 결과를 보여줍니다. 제공된 자료의 코딩은 아래와 같습니다(PART 09 예제 폴더 Sample_02.txt).

```
Sub ConvertTextNumbersToRealNumbers()
    Dim rng As Range
    Dim c As Range
    Dim val As String

    On Error Resume Next
    Set rng = Selection
    On Error GoTo 0

    If rng Is Nothing Then
        MsgBox "먼저 문자형 숫자가 포함된 셀 범위를 선택하세요.", vbExclamation
        Exit Sub
    End If

    Application.ScreenUpdating = False
    Application.Calculation = xlCalculationManual

    For Each c In rng
        If Not IsEmpty(c.Value) Then
            val = Trim(CStr(c.Value))
```

```
            ' 숫자로 변환 가능한 경우만 처리
            If IsNumeric(Replace(val, ",", "")) Then
                c.Value = CDbl(Replace(val, ",", ""))
            End If
        End If
    Next c

    rng.NumberFormat = "General"

    Application.Calculation = xlCalculationAutomatic
    Application.ScreenUpdating = True

    MsgBox "선택된 범위의 문자형 숫자가 정상 숫자로 변환되었습니다.", vbInformation
End Sub
```

21 엑셀 창으로 돌아와서 VBA 편집기 창 'PERSONAL.XLSB' 파일 [Module1]의 코드 맨 하단을 선택한 후 Ctrl+V를 눌러 복사한 코드를 삽입하고, Alt+F11을 눌러 엑셀 창으로 이동합니다.

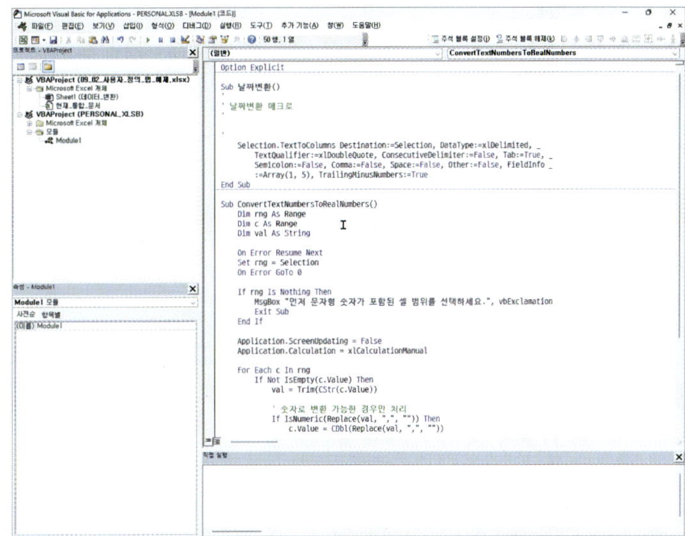

22 이제 삽입된 코드를 추가 기능 탭에 등록하겠습니다. 임의의 탭을 마우스 오른쪽 버튼을 클릭한 후 [리본 메뉴 사용자 지정]을 선택합니다.

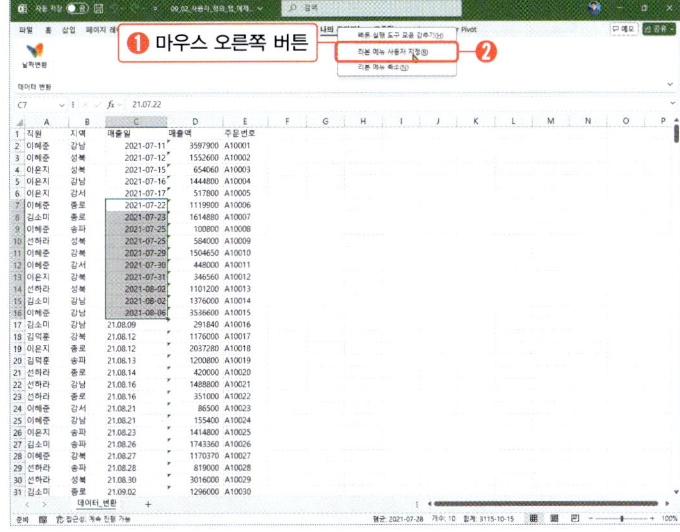

23 [나의 추가기능] – [데이터 변환] 그룹을 선택하고 우측의 [명령 선택]에서 '매크로'를 선택하고 나타난 매크로 중 방금 입력한 매크로를 찾아서 선택한 후 [추가]를 클릭합니다.

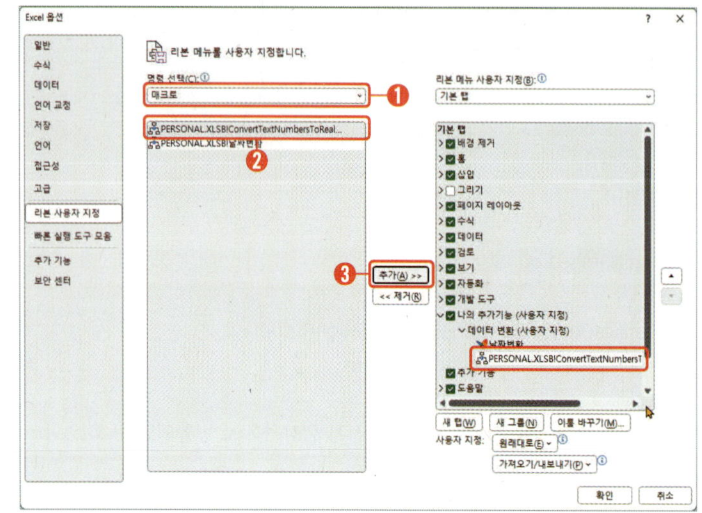

24 [나의 추가기능] 탭 – [데이터 변환] 그룹에서 삽입된 매크로를 선택하고 [이름 바꾸기]를 클릭합니다. 적당한 아이콘을 선택하고 [표시 이름]에 '숫자변환'을 입력하고 [확인]을 클릭합니다.

25 그림과 같이 표시된 것을 확인하고 [확인]을 클릭해서 닫습니다.

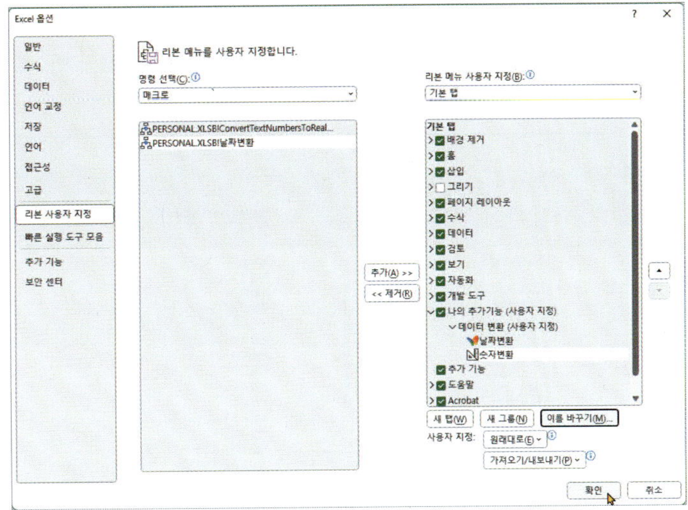

26 [나의 추가기능] 탭을 보면 [데이터 변환] 그룹에 [숫자변환]이 표시된 것을 확인할 수 있습니다.

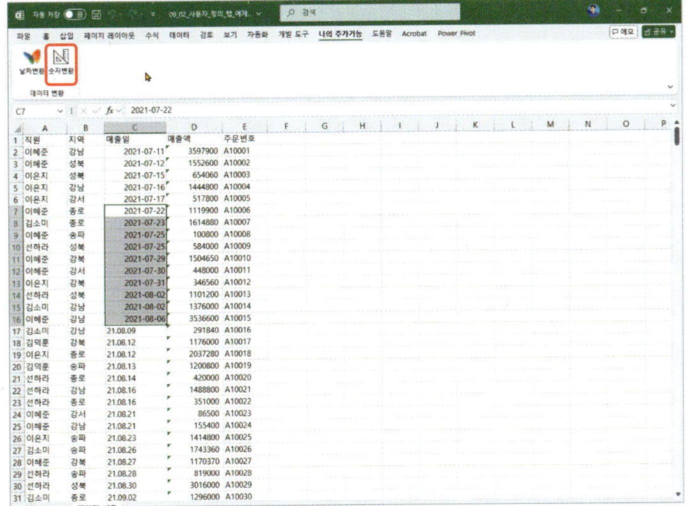

27 복사한 코드를 정상 동작 여부를 확인하기 위해, [D2:D16] 셀을 선택하고 [나의 추가기능] 탭 – [데이터 변환] 그룹 – [숫자변환]을 클릭합니다. 정상 숫자로 변환되고 메시지 박스가 나타납니다.

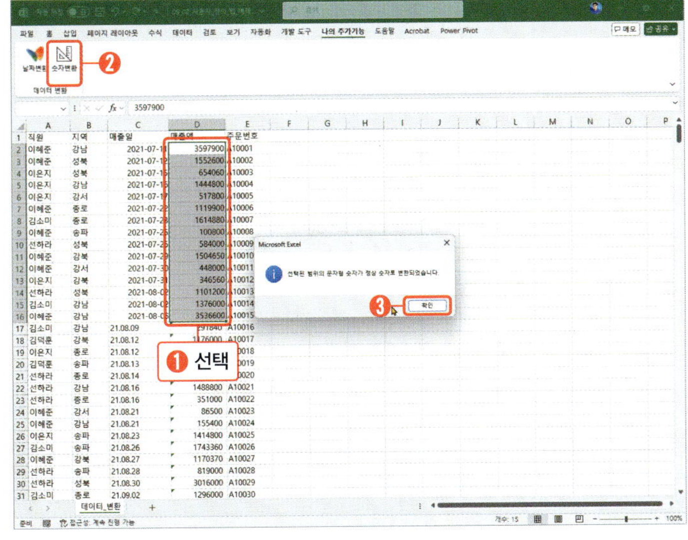

여기서 잠깐

만약 생성된 [나의 추가기능] 탭을 삭제하려면 [Excel 옵션] 창의 탭에서 해당 탭을 마우스 오른쪽 버튼을 클릭한 후 [제거]를 실행하면 삭제할 수 있습니다.

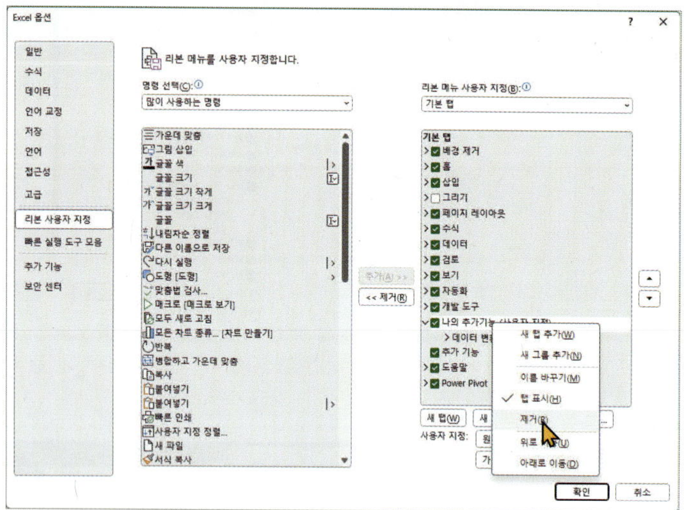

또 현재 만든 'PERSONAL.XLSB' 파일을 보관하거나 다른 컴퓨터에도 사용하려면 VBA 편집기 창의 직접 실행 창에 '? application.startuppath'를 입력한 후 Enter를 누르면 Path를 확인할 수 있고 복사한 뒤 탐색기에서 해당 경로를 붙여 넣으면 손쉽게 이동할 수 있습니다. 혹시 직접 실행 창이 나타나지 않는다면 Ctrl+G를 누르면 됩니다.

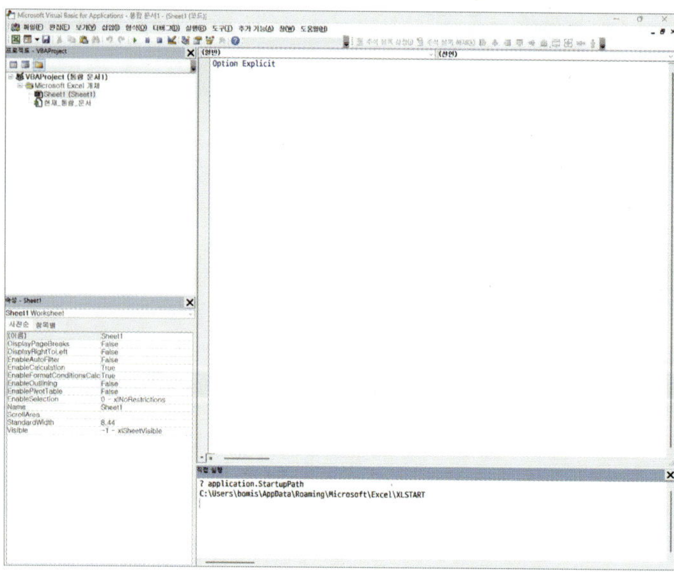

엑셀로 시작하는 데이터 분석과 업무 자동화

1판 1쇄 2026년 2월 20일

저　　자 | 김철
발 행 인 | 김길수
발 행 처 | ㈜영진닷컴
주　　소 | ㈜08512 서울 금천구 디지털로 9길 32
갑을그레이트밸리 B동 10층
등　　록 | 2007. 4. 27. 제16-4189호

ISBN | 978-89-314-8229-4

YoungJin.com Y.
영진닷컴